Oswald Bayer
Vernunft und Vertrauen

Theologische Bibliothek Töpelmann

Herausgegeben von
Bruce McCormack, Friederike Nüssel
und Christoph Schwöbel †

Band 200

Oswald Bayer
Vernunft und Vertrauen

Zur Grundorientierung lutherischer Theologie

DE GRUYTER

ISBN 978-3-11-153093-2
e-ISBN (PDF) 978-3-11-076842-8
e-ISBN (EPUB) 978-3-11-076850-3
ISSN 0563-4288

Library of Congress Control Number: 2022940559

Bibliografische Information der Deutschen Nationalbibliothek
Die Deutsche Nationalbibliothek verzeichnet diese Publikation in der Deutschen Nationalbiblio-grafie; detaillierte bibliografische Daten sind im Internet über http://dnb.dnb.de abrufbar.

© 2024 Walter de Gruyter GmbH, Berlin/Boston
Dieser Band ist text- und seitenidentisch mit der 2023 erschienenen gebundenen Ausgabe.

www.degruyter.com

Vorwort

...wenn ich nur IHN vernehm'

Im Gebrauch des Substantivs „Vernunft" wird selten das implizierte Verb beachtet. „Vernehmen" aber ist meist nicht intransitiv gebraucht, sondern transitiv: Ich vernehme etwas, ich vernehme jemanden. In solchem Vernehmen „nehme" ich etwas, was mir entgegengebracht wird, was mir entgegenkommt, was sich mir mitteilt. Vernunft nimmt also, was ihr gegeben ist und gegeben wird. Und sie selbst ist die Gabe, die sich einer Mitteilung verdankt. Vernunft ist mitgeteilte Gabe. Sie bildet sich durch eine Anrede, die dem sie wahrnehmenden Menschen von außen zukommt. Die lateinische Definition des Menschen als „animal rationale", als Lebewesen, dem Vernunft zukommt, verdeckt diesen sprachlichen Gabecharakter, während die griechische Fassung als „ζῷον τὸν λόγον ἔχον" (zōon ton logon echon)" durchaus so gelesen und gehört werden kann, daß sie die Sprachlichkeit noch markiert – wenn auch nicht deutlich ist, daß sie dem Menschen, der sie als Gabe und Anrede wahrnimmt, von außen zukommt. Doch läßt sich im Wort „logos" mithören, daß Vernunft vernehmende Vernunft und nicht ohne Sprache ist. Als Sprache ist Vernunft nicht nur eine Sache der Logik, sondern zugleich der Ästhetik, einer ganz elementaren und umfassenden Ästhetik, die nicht nur einen Ausschnitt der Wirklichkeit, sondern diese als ganze betrifft.

In äußerster Weite und Tiefe, radikal also, hat den sprachlichen Charakter der gesamten Wirklichkeit und damit des gesamten Gottes-, Welt- und Selbstbewußtseins Johann Georg Hamann zur Geltung zu bringen versucht: Ohne Wort keine Welt! Nicht nur Teil IV („Glaube und Vernunftkritik"), sondern auch andere Texte der vorliegenden Sammlung wie „Das alte Buch in neuer Zeit" bezeugen, daß ich mich an der Hamannforschung nicht nur aus einem „rein" historischen Interesse beteilige; Hamann ist für mich vielmehr zu einem durch keinen anderen Gesprächspartner zu ersetzenden Mäeuten geworden. Die Augen geöffnet hat mir Hamann in meinem Umgang mit Luthers Theologie des schöpferischen Gotteswortes; in dieser Sammlung wird sie vor allem in Teil II („Wahrnehmungen des Wortes") aufgenommen und verantwortet.

Teil I bietet nach einem kurzen Pilottext („Glück im Wort") die beiden Schlüsseltexte („Vertrauen" und „Glaube und Vernunft") zum Verstehen des Gesamttitels. Es folgen zwei Beiträge zu den elementaren Dimensionen des Menschseins, die allem Vernehmen und Vertrauen Tiefenschärfe geben und die äußerste Weite des alle Texte dieser Sammlung bestimmenden ästhetischen Wort- und Sprachbegriffs deutlich machen wollen. Teil III („Öffentliches Geheimnis") richtet die Aufmerksamkeit vor allem auf christologische und soteriologische

Brennpunkte. Teil V („Gott und Gabe. Theologie in der Schule Luthers") dokumentiert im Wesentlichen Lern- und Lehrstunden mit dem Mitschüler Martin Luther in der Schule des Heiligen Geistes. Der Schwerpunkt liegt auf der Gotteslehre und auf dem Gabecharakter dessen, worauf es ankommt.

Besonders in Teil II wird deutlich, daß in der Schule des Heiligen Geistes nicht nur das Herz schlägt, sondern wesentlich auch der Kopf arbeitet – wie dies Luther nachdrücklich in seiner Charakterisierung der „meditatio" zusammen mit „oratio" und „tentatio" herausstellt: „nicht allein im Herzen, sondern auch äußerlich die mündliche Rede und buchstäbische[n] Wort[e] im Buch immer reiben und treiben, lesen und wiederlesen, mit fleißigem Aufmerken und Nachdenken, was der heilige Geist damit meint". Die in der Artistenfakultät gelehrten und gelernten „sieben freien Künste" und mit ihnen wissenschaftliche Arbeit jeder Art ist also für den Reformator konstitutives Moment der meditatio. Ebenso bedeutsam und in der Kirchengeschichte unerhört ist die Stellung der tentatio nicht irgendwo am Rande, sondern inmitten des Theologiebegriffs. Die Situation des Theologen ist die Jakobs am Jabbok: Kämpfender Glaube! Anselm von Canterburys „fides quaerens intellectum" ist durchaus auch Luthers Devise; zuvor aber – wesentlich – ist der Theologe tentatus/a quaerens certitudinem. Theologin, Theologe ist, wer von der Anfechtung getrieben, betend in die Heilige Schrift hineingeht, um sie andern Angefochtenen so auszulegen, daß auch sie betend in die Heilige Schrift hineingehen, von ihr ausgelegt und des Heils gewiß werden.

Fast alle in diesem Band versammelten Texte sind Vorträge, die mehrheitlich im vergangenen Jahrzehnt bei den verschiedensten Gelegenheiten in wissenschaftlichen und kirchlichen Zusammenhängen gehalten wurden – was die „Entstehungs- und Veröffentlichungsnachweise" belegen. So antworten sie auf verschiedene Herausforderungen und sind damit von diesen – keineswegs nur an der Oberfläche – mitgeprägt.

Auch in dieser Sammlung werden die Texte wiederum in ihrem ursprünglichen Umfang belassen, damit sie jeweils für sich gelesen werden können. Überschneidungen lassen sich dabei nicht vermeiden, weisen zugleich aber auch darauf hin, woran mir vor allem liegt: an der Korrelation von Vernehmen und Vertrauen, von vorgegebenem Versprechen und dem dieses wahrnehmenden Glauben – mag auch der thematische Schwerpunkt jeweils recht verschieden sein. Jedesmal aber geht es der Grundorientierung nach um das, worauf es in der Theologie ankommt: um den Vorlauf dessen, der mich samt allen Kreaturen so anredet, daß ich ihm vertrauen, mich auf ihn hin verlassen kann – wie denn im Gleichnis der Vater dem verlorenen Sohn zuvorkommt, ihn schon von Weitem sieht und ihm entgegeneilt (Lk 15,20). Immer geht es um den, der in seiner Freiheit und Liebe mich samt allen Kreaturen anredet, hört und erhört hat, bevor ich zu ihm rufe; „ehe sie rufen, will ich antworten" (Jes 65,24). „Ich ließ mich suchen von denen, die nicht nach mir fragten; mich finden von denen, die mich nicht suchten" (Jes 65,1).

Mag diese Sammlung von 38 Einzeltexten auf den ersten Blick als willkürliche Zusammenstellung von Disparatem erscheinen, so dürfte genauerem Lesen und Vergleichen nicht verborgen bleiben, daß eine bestimmte Grundorientierung alle Texte leitet. Sie gleichen daher nicht etwa nebeneinander gesetzten opaken Steinbrocken; sie gleichen vielmehr prismatischen Brechungen eines einzigen theologischen Prismas: Gottes Selbstvorstellung „Ich bin der Herr, dein Gott!", von Luther treffsicher als Versprechen, ja als Inbegriff allen Versprechens charakterisiert. Das vorliegende Buch, geprägt von einem jahrzehntelangen Umgang seines Autors mit Luther und Hamann, fächert in dogmatischen, ethischen und, nicht zuletzt, religionsphilosophischen Erörterungen dieses Prisma auf und bietet als ganzes ein breites Spektrum systematischer Theologie.

Für die Zukunft der Kirche und der Wissenschaft hoffe und wünsche ich, daß Luthers triadischer Theologiebegriff von vielen neu entdeckt wird, sich mehr und mehr Geltung verschafft und so die Theologie durch oratio, meditatio und tentatio ihre genuine Prägung wiedererlangt.

Zu danken habe ich Vielen, allen voran aber Edgar Thaidigsmann und Johannes von Lüpke für ihre nun ein halbes Jahrhundert währende Freundschaft, ohne die auch dieses Buch nicht denkbar ist.

Vikar Michael de Campos hat die Texte im Formalen vereinheitlicht; stud. phil. Charlotte Vosseler, stud. theol. Robert Vosseler und stud. theol. Jan Philipp Weber haben die Register erstellt. Herzlichen Dank! Dankbar bin ich auch den Herausgebern der „Theologischen Bibliothek Töpelmann" im Verlag Walter de Gruyter für die Aufnahme des Buches in ihre Reihe sowie dem Verlag selbst, besonders Dr. Albrecht Döhnert, Dr. Eva Frantz und den anderen Mitarbeitern.

Tübingen/Hennef, 3. Februar 2022   Oswald Bayer

Inhalt

Teil I: Aufmerken und Nachdenken

1 Glück im Wort — 3
I   Fides ex auditu — 3
II   Welches Wort? — 4
III   Das Eine Wort — 6
IV   „Wer auf das Wort achtet, findet Glück." — 8

2 Vertrauen — 9
I   Verschiedene Arten von Vertrauen — 9
II   Vertrauen ist nicht selbstverständlich; Vertrauen und Kontrolle — 10
III   Bedrohung des Vertrauens als dessen Voraussetzung — 10
IV   Mißtrauen — 11
V   Grundbestimmtheit des Vertrauens: Gottvertrauen — 11
VI   Worin liegt das Gottvertrauen? — 12
VII Nicht einfach gegeben; Vertrauen als Antwort — 14
VIII Versprechen und Vertrauen; Gott und Mensch in einer Vertrauensgemeinschaft — 15
IX   Furcht und Vertrauen; „Gott über alle Dinge fürchten, lieben und [ihm] vertrauen" — 16
X   Vertrauen und Mißtrauen als Affekt — 18
XI   Das eine Gottvertrauen und die verschiedenen Arten von Vertrauen — 19

3 Glaube und Vernunft — 21
I   Die Vernunft der Religion — 21
II   Erster Versuch — 21
II.1 Die heile Vernunft oder: Die Identität von Glaube und Vernunft — 21
II.2 Die gebrochene Vernunft — 24
III   Zweiter Versuch — 29

4 Adam, wo bist Du? — 36
I   Sich verstecken — 37
II   Ver-rückt — 38

III	In Frage gestellt ——	40
IV	Wieder offen ——	42

5 Die Seele als Antwort —— 43
- I Der von Gott angeredete Mensch —— 43
- II Die Seele im Selbstverhältnis: Ich und Selbst —— 46
- III Selbstunterscheidung am Beispiel des Gotteslobs —— 49
- IV Sprachraum als Raum der Freiheit —— 50
- V Die auf ein gegebenes Wort hin sich verlassende Seele —— 52

Teil II: Wahrnehmungen des Wortes

6 Die Schöpfung hören. Jochen Kleppers Morgenlied —— 57
- I Hinführung zum Thema —— 57
- II Das Thema —— 60
- III Durchführung des Themas —— 63

7 Wahrnehmen: Hören und Glauben —— 70
- I Ein Blick ins Wörterbuch —— 70
- II Sehen vor dem Hören? —— 70
- III Der Primat des Hörens —— 71
- IV Im Hören des Wortes sehen —— 75
- V Leibliches Wort —— 77
- V.1 Zueignung —— 77
- V.2 Das sich zueignende Sein Jesu Christi —— 78
- VI Nachwort —— 80

8 Das alte Buch in neuer Zeit. Zur Theologie der Predigt —— 82
- I Zeitgenossenschaft —— 82
- II Der „garstige breite Graben" und seine Überwindung —— 83
- III Claritas interna scripturae —— 85
- IV Claritas externa scripturae I: ex auditu (Röm 10,17) —— 89
- V Claritas externa scripturae II: Präsentation des anwesenden Christus im Wort —— 90
- VI Wer redet zu wem was, wie, in welcher Absicht? —— 91

9 Wissenschaftliche Methoden in der theologischen Auslegung der Bibel —— 95
- I Theologische Auslegung. Was macht die Bibel zur Heiligen Schrift? —— 95
- II Wissenschaftstheorie. Monastisches (konstitutiv) und Scholastisches (regulativ) —— 97
- III Der neuprotestantische Umbruch —— 99
- IV Die Bibel als Apriori der Gottes-, Selbst- und Weltwahrnehmung; ihre Subjektstellung —— 102
- V Wissenschaftliche Methoden —— 104

10 Askesis: Kämpfender Glaube —— 109
- I Erste Verständigung über „Aszetik" —— 109
- II Wissenschaftstheoretische Perspektive —— 113
- III Vita passiva; der Spitzensatz einer evangelischen Aszetik —— 114
- IV Die Textwelt der Bibel als Raum der Erfahrung und Übung; elementare und umfassende Ästhetik —— 115
- V Textmeditation; das äußere – mündliche wie schriftliche – Wort —— 116
- VI Das Gebet —— 120
- VII Anfechtung —— 122
- VIII Unterwegs —— 124
- IX Das Urbild des kämpfenden Glaubens —— 125

11 Lutherischer Pietismus. Oratio, Meditatio, Tentatio bei August Hermann Francke —— 127
- I Einsatz —— 127
- II Nach- und Wirkungsgeschichte —— 129
- III Textinterpretation —— 132

12 Philologie des Kreuzes. Hamanns „Spiritualität": Bibelfrömmigkeit —— 140
- I Homme de lettres —— 140
- II Gottes Geist: Fleisch, in Knechtsgestalt; trinitarische Kondeszendenz —— 143
- III „Anwendung" —— 145
- IV Der Zeuge will nicht überzeugen; Einzelner vor Gott —— 146
- V Philologus crucis; Idiomenkommunikation —— 149
- VI Elementare und umfassende Ästhetik —— 152
- VII Metakritik: Nach-Lese; Partikularität und Universalität —— 154

13 „Geschmack an Zeichen". Zweifel und Gewißheit im Briefgespräch Hamanns mit Lavater —— 158
I   Die Kernstelle —— 158
II   Lavaters Brief —— 160
III   Hamanns Antwortbrief als ganzer —— 164
IV   Das Mittelstück als Ganzes —— 165
V   Die Kernstelle: Geschmack an Zeichen —— 168
VI   Verallgemeinerungsfähig? —— 170
VII   Zusammenfassung —— 173

Teil III: Öffentliches Geheimnis

14 Vor Gott schweigen —— 177
I   Menschliche Leere und göttliche Fülle —— 177
II   „Wehe mir, ich bin zum Schweigen gebracht!" —— 178
III   Unser Vielreden und Gottes Tiefschweigen —— 179
IV   Biblisches Bilderverbot und neuplatonische Bilderlosigkeit —— 181
IV.1 Neuplatonische Bilderlosigkeit —— 182
IV.2 Das biblische Bilderverbot —— 183
IV.3 Die Aufgabe kritischer Bestimmung des Verhältnisses —— 184
V   Entspringt Gottes Wort seinem Schweigen? —— 186
VI   Das Schweigen als Grund menschlichen Wortes —— 187
VII   Schlußbemerkung —— 188

15 Gottes Verborgenheit —— 189
I   Gottes Verborgenheit als erkenntniskritisches Problem —— 189
II   Gottes Verborgenheit als sündentheologisches Problem —— 192
III   Jes 45,15: die erfreuliche, staunenswerte Verborgenheit Gottes —— 194
IV   Kreuzestheologische Verborgenheit Gottes —— 195
V   Die zu klagende schreckliche Verborgenheit Gottes —— 197
VI   Die eschatische Aufhebung der Verborgenheit Gottes —— 198

16 Öffentliches Geheimnis. Sein Bekenntnis und sein Verständnis —— 201
I   Was bleibt? Verbum Dei manet in aeternum —— 201
II   Apokalyptische Öffentlichkeit: vor Gott und den Menschen —— 203
III   Öffentlichkeit und Geheimnis; Differenzierungen —— 205
III.1 Das öffentliche Geheimnis des Gottesnamens —— 206
III.2 Das Geheimnis des Bösen, dessen gebrochene Öffentlichkeit —— 209
III.3 „[N]icht communicable wie eine Ware" —— 211

17 Amt und Ordination —— 214

I Ordination —— 214
II Das fundamentale allgemeine Wortamt (CA 5) —— 214
III Allgemeines Priestertum und besonderes Pfarramt (CA 14); sacerdos und minister —— 216
IV Das Gewicht der Taufe —— 218
V Der besondere Dienst an der Allgemeinheit —— 219
VI Das besondere Amt des Pfarrers als Amt der Einheit —— 220
VII Professionelle Kompetenz —— 221
VIII „Öffentlichkeit" (CA 14) —— 222
IX „Der Glaube muß alles tun" —— 224
X Keine reine Ordnungsangelegenheit —— 225
XI Ein Sakrament? —— 227
XII Menschliche Bildungsarbeit und göttliche Geistgabe —— 229

18 Der verborgene Glanz der Gnade. Dimensionen eines weiten Begriffs —— 230

I Die Freude unverdienten Beschenktseins —— 230
II Schöpfungsgnade; Gottes Wesen: barmherzig und gnädig —— 233
III Die Gnade leuchtet im Wort, geschieht aber auch incognito —— 235
IV Die Gnade als Gabe der Freiheit —— 237
V Rebellion gegen die Gnade: die Sünde; Gottes verständlicher Zorn —— 239
VI Gottes unverständlicher Zorn; seine schreckliche Verborgenheit —— 242
VII Das Gnadenlicht auf dem Angesicht Jesu Christi —— 243

19 Gottes Zorn und sein Erbarmen —— 245

I Σπλαγχνισθείς – ὀργισθείς: Konstitutive Doppelpoligkeit: Gottes Barmherzigkeit und sein Zorn —— 245
II Gottes Name und seine Eiferheiligkeit —— 248
III Die Todesdrohung schützt das Leben —— 250
IV Zornlose Liebe? Ist der Zorn keine Eigenschaft Gottes? —— 251
V Erbarmungsloser Zorn? Für eine diagnostische Auslegung des doppelten Ausgangs —— 254
VI Unverständlicher „Zorn" —— 256
VII Gott: „ein glühender Backofen voller Liebe" —— 257

20 Gott für uns. Die Heilsbedeutung des Todes Jesu —— 259

I Die Textkonstitution der Heilsbedeutung des Todes Jesu —— 259

II	Christologie und Sündenlehre: kommunizierende Röhren —— 262
III	Sündenvergebung: Willensumsturz in Gott —— 263
IV	Gesetz und Evangelium im Zweikampf —— 265
V	Stellvertretung —— 266
VI	Die Freiheit vom Gesetz; Gal 3,13 —— 267
VII	Vater und Sohn; Satisfaktion? —— 269
VIII	Opfer als (Hin-) Gabe Gottes —— 270
IX	Umstellung und Exzentrizität —— 271

21 Gefährte Deiner Nacht —— 273
　　Meditation eines Weihnachtsliedes von Jochen Klepper —— 273

22 „Der du allein der Ewige heißt…". Eine Erinnerung an Jochen Klepper —— 278
I	Die drei Grundzüge —— 278
II	Von Bibeltexten her und auf sie hin —— 280
III	Irreguläres Pfarramt —— 284

23 Trost —— 286
I	Klage und Adventsbitte —— 286
II	Trost: ein Gottesprädikat —— 287
III	Trost als Reich Gottes, als endgültiges Heil – in Christus —— 288
IV	Der „einzige" Tröster und die vielen Tröster: Engel —— 290
V	Zuspruch und vertrauende Antwort —— 294

Teil IV: Glaube und Vernunftkritik

24 „[D]as ganze Vermögen zu denken beruht auf Sprache". Eine Einführung in Hamanns „Metakritik über den Purismum der Vernunft" —— 303
I	Die „Hauptfrage" —— 303
II	„[D]as ganze Vermögen zu denken beruht auf Sprache" —— 305
II.1	Der Text (nach H V, 213,18 – 28) —— 305
II.2	Kommentar —— 305
III	Metakritik: wider die Sprachvergessenheit transzendentaler Vernunftkritik —— 314

25 Scheidekunst oder Ehekunst? Glaube und Geschichte bei Kant und Hamann —— 315

- I   Kant —— 315
- I.1   Grundriss —— 315
- I.2   Kant als Scheidekünstler; Anamnesis und Konstruktion —— 318
- I.3   „Geschichtszeichen"; Genese und Geltung —— 319
- I.4   Präexistenter Christus – irdischer Jesus —— 322
- I.5   Moralgesetz und Bibelkritik —— 323
- II   Hamann —— 326
- II.1   Reine Vernunft? —— 326
- II.2   Dass „ein historischer Plan einer Wissenschaft immer besser als ein [rein] logischer" ist —— 328
- II.3   Geschichte als Christusgeschichte: Zeit der Mitte; Idiomenkommunikation —— 329
- II.4   Geschichtswahrheit und Geschichtsglaube —— 332
- II.5   Keine „einäugige" Geschichtsbetrachtung! —— 333
- II.6   Der Glaube als Aneignung der sich mir zusprechenden Geschichte —— 335
- III   Corpus mysticum der vernünftigen Wesen —— 336

26 Mitte – Anfang und Ende. Hamanns Gesamtverständnis von Natur und Geschichte —— 338

- I   Zwischen Metaphysik und Mythologie —— 338
- II   Undurchdringliche Nacht —— 339
- III   Gegebene Mitte —— 341
- IV   Der archimedische Punkt: der Gottesname —— 343
- V   Ganzes und Fragmente —— 346
- VI   Das Elementarbuch aller historischen Literatur: die Bibel —— 348
- VII   Urkunde, historisches Apriori —— 349
- VIII   Schlussbemerkung —— 350

27 Nicht ohne Skepsis. Metaphysik als metakritische Aufgabe der Theologie —— 351

- I   Der geschichtliche Archetyp der Metaphysik —— 352
- II   Die Leistung der Metaphysik: Ordnungsstiftung —— 353
- III   Metaphysik und Mythologie —— 354
- IV   Das metaphysische Bedürfnis und die biblische Tradition —— 357
- IV.1   Dtn 6,4f identisch mit der μία ἀρχή? —— 357

IV.2	Die metaphysische Verkennung kommunikativer Beziehung (a) und christologischer Identität (b) von Gott und Mensch —— 358	
IV.2.a	Schöpfung: Stiftung und Bewahrung von Gemeinschaft; verbum efficax —— 358	
IV.2.b	In Christo creator et creatura unus et idem est —— 360	
V	Nachchristliche natürliche Theologie —— 363	
VI	Der Raum zwischen Glauben und Schauen —— 364	
VII	Nicht ohne Skepsis; Koh 3,11b —— 365	
VIII	Gott: Alles in Allem —— 367	

Teil V: Gott und Gabe. Theologie in der Schule Luthers

28 „Welchen Gott hast du?" Luthers Gotteslehre —— 373
I Die zuvorkommende Zusage und der nachfolgende Glaube —— 373
II Gütig und barmherzig: Gottes Name —— 375
III Einziger Gott und ganzer Glaube —— 376
IV Gott und Abgott, Glaube und Unglaube —— 376
V Selbstrechtfertigung als „höchste Abgötterei" —— 377
VI Götter: Verabsolutierungen des Geschöpflichen —— 378
VII Vernünftige Gotteserkenntnis —— 379
VIII Gewissheit; geistgewirkter „Glaube in Christo" —— 380
IX Gemeinsamkeiten und Grenzen zwischen Christen und Nichtchristen; die vier Widerfahrnisse Gottes —— 382
X Gott alles in allem: kategorisches sich Geben —— 383

29 Nichts als Geben. Der sich selbst gebende Gott —— 385
I Dreifaches Geben —— 385
II Das Herrenmahl als ursprünglicher „Sitz im Leben" des Gebens —— 389
III Gabe und Zusage —— 390
IV Freigebige Fülle; Überschuß —— 392
V Die verstörende Differenz —— 393

30 Angeklagt und anerkannt. Luthers Rechtfertigungslehre in gegenwärtiger Verantwortung —— 395
Erster Teil: Kampf um gegenseitige Anerkennung auf Leben und Tod —— 395
I Gotteserkenntnis und Selbsterkenntnis —— 395

II	Rechtfertigung als gegenseitige Anerkennung von Gott und Mensch —— 397
II.1	Durch und durch negativ bestimmt —— 397
II.2	Unterscheidung von Gesetz und Evangelium —— 399

Zweiter Teil: Ricoeur und Luther —— 405
Dritter Teil: Grundzüge der Rechtfertigungslehre —— 409

I	Grund und Mitte —— 409
II	Sein dürfen —— 410
III	Bekehrung zur Welt —— 411

31 Das paulinische Erbe bei Luther —— 413

I	Iustitia dei —— 413
II	Lex et Euangelium (= Promissio) —— 414
III	Sola fide —— 418
IV	Vorrede zum Römerbrief (1522) —— 420
V	Der Römerbrief als Schlüssel der ganzen Heiligen Schrift —— 421
VI	Die Doppelfront: Enthusiasmus und Gesetzlichkeit —— 424

32 Verschiedene Blickrichtungen. Gerecht und Sünder zugleich —— 426

I	Vorbemerkung —— 426
II	Eine Problemstellung —— 430
III	Wissenschaftstheoretische Perspektive —— 431
IV	Sein und Werden; die reformatorische Zweidimensionalität der Taufe —— 431
V	Primär identifizierendes „als", nicht teleologisches „zum" —— 436
VI	Gottes ewige Gegenwart —— 438
VII	Zwei verschiedene Blickrichtungen; die Kategorie der relatio —— 440

33 Notwendige Umformung? Reformatorisches und neuzeitliches Freiheitsverständnis im Gespräch und Konflikt —— 443

I	Die Fragestellung —— 443
II	Luthers Freiheitsverständnis in nuce —— 446
III	Gespräch zwischen reformatorischem und neuzeitlichem Freiheitsverständnis —— 450
III.1	Reine Innerlichkeit des Gewissens? —— 450
III.2	Begrenzung der Kompetenz des Staates zugunsten der Gewissensfreiheit —— 452
III.3	Der freie Wille; „äußere" Freiheit innerhalb der Grenzen der bloßen iustitia civilis —— 454

III.4 Der neuzeitliche Narziß oder die Verlagerung des Gottesverhältnisses in die Reflexivität des Selbstverhältnisses —— 456
III.5 Gesetz und Evangelium in der Neuzeit: das Problem der säkularisierten Freiheit —— 459
IV Schlußbemerkung —— 460
V Beigabe —— 461

34 Menschenwürde bei Luther —— 465
I Die Definition des Menschen —— 465
II Würdelose Würde; Sprachvernunft —— 467
III Schutz der würdelosen Würde des Menschen; Gewissensfreiheit —— 469
IV Verborgene theologische Begründung —— 471

35 Lohngerechtigkeit? —— 472
I Die alte Welt —— 473
II Die neue Welt —— 474
III Wort als Tat; heute —— 477
IV Die neue Welt im Streit mit der alten —— 478

36 Ethik der Gabe —— 480
I Religionsphilosophischer Zugang —— 480
I.1 Gegeben —— 480
I.2 Empfangen und Überliefern —— 483
I.3 Die Asymmetrie im Logos des Gebens und Nehmens; Autorität und Kritik —— 484
II Theologische Explikation —— 485
II.1 Schöpfungswirklichkeit als Gabe —— 485
II.2 Communicamur passive; das Abendmahl geben und empfangen —— 487
II.3 Christus als donum —— 489
II.4 Trinitarisches sich Geben —— 489
II.5 Das Verb: der Vorgang des Gebens —— 491
II.6 Gabe und Zusage —— 492
III Ethik der Gabe —— 493
III.1 Die Gabe will Gegengabe: „Du willst ein Opfer haben" —— 493
III.2 Christus als „exemplum" im Unterschied zu Christus als „donum" —— 494
III.3 Die Zerstörung und Verkehrung des Gebens und Nehmens in deren Unterlassung —— 496

III.4 Kampf der besiegten Sünde gegen das Evangelium —— 498

37 Uns voraus. Bemerkungen zur Lutherforschung und Lutherrezeption —— 500
I Luther: unser Mitschüler —— 500
II Exemplarische Punkte —— 502
II.1 Schöpfung durch das Wort; Weltlichkeit —— 502
II.2 Ontologie, Metaphysik, Philosophie —— 506
II.3 Pure promissio und reine Gabe —— 508
II.4 Die Unterscheidung von Gesetz und Evangelium —— 512
III Schattenseiten: Intoleranz und Inkonsequenz —— 514
IV Neuschöpfung; Bekehrung zur Welt —— 516

38 Fragen Luthers an uns —— 518

Entstehungs- und Veröffentlichungsnachweise —— 522
Teil I: Aufmerken und Nachdenken —— 522
Teil II: Wahrnehmungen des Wortes —— 522
Teil III: Öffentliches Geheimnis —— 523
Teil IV: Glaube und Vernunftkritik —— 524
Teil V: Gott und Gabe. Theologie in der Schule Luthers —— 525

Abkürzungen —— 527

Verzeichnis der zitierten Literatur —— 529

Bibelstellenregister —— 565

Personenregister —— 576

Sachregister —— 583

Teil I: **Aufmerken und Nachdenken**

1 Glück im Wort

I Fides ex auditu

Es sind nun über 40 Jahre vergangen, seit ich hier, in Täbingen, Pfarrer war: 1972–74. Und nun soll ich sagen – das haben Sie mir zur Aufgabe gemacht –, was den Glauben am Leben hält, was ihn nährt, wodurch er sich nicht auflöst und abstirbt, sprachlos, stumm wird, so daß dort, wo ein Feuer, wo Begeisterung war, nun eine öde Stille herrscht und ich abgestumpft oder zynisch, verzagt oder gleichgültig, lustlos und träge geworden bin. Die Spannung auf Gott hin ist erlahmt, ich habe keine Hoffnung mehr, die Liebe ist erkaltet, der Glaube verloren, tot.

Aus vielen Gründen kann es zum Tod des Glaubens, zum Verlust des großen, unbedingten Vertrauens, kommen. Dann hat die *Anfechtung*, die ungeheure In-Frage-Stellung, gesiegt. Was der Anfechtung gewachsen ist, was ihr standhält, ist das, was den Glauben am Leben hält, ihn – in der Überwindung der Anfechtung – immer wieder neu schafft.

Was aber hält, gegen die Anfechtung, den Glauben am Leben? Ja, noch gründlicher gefragt: Was schafft ihn? Wie kommt er überhaupt zustande? Wie kann es überhaupt Glauben geben?

Darauf gibt es nur *eine* Antwort: Der Glaube kommt durch das *Wort* – einige von Ihnen lernen in der Schule Latein, deshalb kann ich die Antwort lateinisch geben, knapp und kurz: fides ex auditu (Röm 10,17). Der Glaube kommt aus dem Wort, durch das Wort, in und mit dem Wort. Ohne dieses Wort ist nichts. Ohne Wort keine Welt. Alles, was ist, ist durch dieses Wort. Ja: Gott selbst ist Wort, indem Vater, Sohn und Heiliger Geist miteinander sprechen und aufeinander hören. Auch wir Menschen sind, wie auch unsere Mitgeschöpfe, Wort. Denn wir sind angeredet und können deshalb unserem Schöpfer und unseren Mitgeschöpfen antworten – müssen dies aber auch: Wir müssen als Verantwortliche uns verantworten, Rechenschaft geben.

Fragen wir also nach dem, was den Glauben nicht nur am Leben hält, sondern überhaupt erst schafft, dann müssen wir auf das Wort achten. „Wer auf das Wort achtet, findet Glück" heißt es in den „Sprüchen Salomos" (16,20). So wollen wir nun unser Glück suchen und diesem Spruch nachdenken:

II Welches Wort?

Darauf kommt es offenbar an: auf das Wort zu achten, aufmerksam aufs Wort zu sein. Aber auf *welches* Wort? Es begegnen ja *viele* Worte, Wörter und Stimmen, die auf uns einreden, die unsere Aufmerksamkeit wollen und uns Glück verheißen. Welches ist das *eine* Wort, das in dieses Gewirr einbricht, Klarheit schafft und *wahres* Glück bringt?

Auf dem Hauptbahnhof einer Millionenstadt, inmitten unzähliger durcheinander hastender Menschen – jeder geht in eine andere Richtung – , inmitten eines babylonischen Stimmengewirrs kann es geschehen, dass ich plötzlich meinen Namen höre: klar und deutlich, unterschieden von den vielen sich überkreuzenden und überlagernden Stimmen in ihrer Vieldeutigkeit. Indem ich mit meinem Namen gerufen werde, werde ich getroffen, gestellt, ausgerichtet auf den, der mich anspricht. Sein Wort ist ein Machtwort: Es hat die Macht, mich aus dem Stimmengewirr herauszuheben, mich selbst von einem diffusen Umfeld zu unterscheiden und zu einem unverwechselbar Einzelnen zu machen, der nun – gestellt, auf den Rufenden ausgerichtet – gezielt antworten kann: antworten darf oder, je nachdem, antworten muß.

An dieser Szene kann uns deutlich werden, was es inmitten des Bahnhofs und Jahrmarkts der menschlichen Sehnsüchte, Glücksbilder und Lebensziele, der aus Angst und Gier geborenen vielen Götter mit dem *einen* Wort auf sich hat, „das wir zu hören, dem wir im Leben und Sterben zu vertrauen und zu gehorchen haben", wie es die erste These der Barmer Theologischen Erklärung von 1934 sagt. Dieses *eine* Wort ist ein ganz bestimmter *Name* – wie es denn unmittelbar parallel zu „Wer auf das Wort achtet, findet Glück" heißt: „Glück dem, der auf Jahwe, auf den HERRN, vertraut!" *Auf das Wort zu achten ist nichts anderes als auf den Herrn zu vertrauen.*

Das *Wort* ist wesentlich Gottes *Name*. Wer auf diesen Namen achtet, ihn hört, ergrübelt und erdichtet ihn sich nicht – um ganz davon zu schweigen, dass er ihn nicht als Handlungsziel setzen oder wählen kann. Denn Gottes Name *widerfährt*: Inmitten der vielen Götter und Göttinnen, der vielen Herren und Mütter mit ihren tausend Namen, die alle Gehör und Gehorsam finden wollen, sich gegenseitig vielleicht Platz lassen, vor allem aber sich den Platz streitig machen, inmitten des Gewoges und Geschiebes ihrer Versprechungen und Verlockungen, ihrer Drohungen und Nötigungen – siehe: ein Schnitt, ein Durchbruch, wie der Durchbruch der Sonnenstrahlen durch die Wolken, eine Stille: Alles in uns schweige! – Da gibt sich der wahre Gott, das wahre Glück, mit seinem Namen, mit ruhiger Stärke, einer kraftvollen Klarheit, die ausrichtet, orientiert, Eindeutigkeit schafft: kraftvoll, durchaus, aber zugleich zart und verletzlich wie ein Liebesversprechen: „Ich will mit Dir sein!" (Ex 3,12). „Das ist mein Name ewiglich; dabei sollt Ihr meiner gedenken für und für!" (Ex 3,15). So gibt sich Gott in der Wüste dem Mose aus dem brennenden Dornbusch zu hören – und der verhüllte sein Angesicht (Ex 3,6). So gibt sich Gott, ebenfalls in der Wüste, dem Elia in der Stille zu hören – als eine Stimme verschwebenden Schweigens; und Elia verhüllte sein Antlitz mit seinem Mantel (1Reg 19,12f). Auch Gerhard Tersteegen hört mit seinem Lied „Gott ist gegenwärtig..." (EG 165) diesen Namen in Ehrfurcht; wir verstehen, dass unsere jüdischen Geschwister Gottes Eigennamen nicht aussprechen.

„Ich will mit Dir sein!" – das ist Gottes Name, das große Versprechen verlässlicher Liebe: Ich will mit Dir sein auf den Wegen, Umwegen und Abwegen Deiner Lebensgeschichte und Glückssuche; ich will mit Euch sein auf den Wegen, Umwegen und Abwegen der ganzen Weltgeschichte. Ich will Dir in meiner Güte und Gnade genug geben und Dich in meiner Barmherzigkeit aus aller Not erretten und zum guten Ziel führen – „auch durch die Nacht" (EG 376,3).

Dieses Glücksversprechen ist beschlossen in der Urzusage, mit der ich angesprochen werde, indem mir Gottes Name, das *eine* Wort, auf das ich achten soll, widerfährt: „Ich bin der HERR, Dein Gott!" (Ex 20,2). Diese Urzusage ist uns im Leben, Leiden und Sterben Jesu Christi menschlich nahe gekommen, auf den Leib gerückt, so dass wir durch den Sohn im Heiligen Geist Gottes Namen – seine Gnade und Barmherzigkeit – nicht nur hören, sondern auch schmecken und sehen können. „Schmecket und sehet, wie freundlich der HERR ist. Wohl dem, der auf ihn traut!" (Ps 34,9). Jesus Christus, der HERR, ist der „Immanuel" (Mt 1,23): Gott mit uns – „im Schlamm und in der Arbeit, dass ihm die Haut raucht", wie Luther den Immanuelnamen predigt (WA 4, 608f); er geht mit uns durch dick und dünn. Er spricht *für* uns, wenn unser eigenes Herz *gegen* uns spricht. Er tritt für uns ein, wenn andere mit uns fertig sind und uns fallen lassen, wenn sie sagen: Du bist ja ein Versager und Nichtsnutz! Er verteidigt uns, wenn der „alt böse Feind" (EG 362,1) unser Leben verklagt (Apk 12,10; EG 124,4), es uns miesmachen will, so dass wir seiner überdrüssig werden und in Schwermut fallen. Wenn andere sich von uns entfernen, so ist er nahe, mir näher als ich mir selbst. Wenn Andere uns verdammen und wir uns selbst nicht mehr leiden können, wenn wir, in unserem trotzigen und verzagten Herzen eingeschlossen, allein sind, spricht er mich gerecht. Getrost macht er mich damit und zuversichtlich. Er führt mich aus dem Leichtsinn wie aus der Schwermut und gibt mir Lebensmut. Denn: „Ich bin gekommen, damit Ihr das Leben habt und es in Fülle habt" (Joh 10,10): Leben und volles Genüge. Ich habe, bekennt Jochen Klepper, „nur in ihm Genüge, / in seinem Wort mein Glück" (EG 452,3).

III Das Eine Wort

„Jesus Christus, wie er uns in der Heiligen Schrift bezeugt wird, ist das eine Wort Gottes, das wir zu hören, dem wir im Leben und im Sterben zu vertrauen und zu gehorchen haben." Was besagt dieses Bekenntnis der Barmer Synode von 1934 für unseren Umgang mit den Fragen nach dem Glück?

Unsere urmenschliche Suche nach Glück wird von dem einen Wort, auf das wir achten sollen, nicht etwa einfach ausgeschlossen. Als ob unsere Sehnsucht nach Schönheit, Sonne, Luft, Liebe, Anerkennung, Schutz und Hilfe in Nöten, als ob die Sehnsucht nach Frieden, das Hungern und Dürsten nach Gerechtigkeit – als ob dies alles schlichtweg zu negieren wäre!

Wenn Jesus Christus als das eine Wort Gottes mit der Urzusage: „Ich bin der HERR, Dein Gott!" das erste Gebot: „Du sollst keine anderen Götter neben mir haben!" zur Geltung bringt, läßt er allerdings die Stimme einer Eifersucht hören, die alles andere außer sich dann ausschließt, wenn dieses andere angebetet, verehrt sein, Macht über uns gewinnen will, wenn all das Lebensnotwendige und von Gott sehr gut Geschaffene grenzenlos wird und maßlos, wenn es unsere ganze Sorge und Aufmerksamkeit beansprucht und wir nichts anderes mehr im Sinn haben als etwa das Glück der Gesundheit, das Glück der Familie oder erfüllter Arbeit, das Glück des Erfolges, des Ansehens oder des Hobbys. Alles Gute und dem Leben Dienliche kann Dir zum Götzen werden, wenn Du Dein Herz daran hängst, wenn Du Dich ganz darauf verlässt, wenn Du Dir davon eine letzte Erfüllung und in diesem Sinne das wahre Glück versprichst. Dann wird Dir die Liebe zur Göttin Venus, die Sorge für die Kinder zur Göttin Diana, die Sorge um den Lebensunterhalt zum Gott Pluto und Mammon, die lebensnotwendige Bearbeitung von Konflikten zum Gott Mars, zum Kriegsgott – als ob der Krieg der Vater aller Dinge wäre! Dann wird Dir aus der Liebe zum Wort der Gott Logos, dann wird Dir die Sehnsucht nach Schönheit, Licht und klarem Denken zum Gott Apoll und zur Göttin Athene.

Wer aber auf das *eine* Wort achtet, dem allein wir im Leben und im Sterben vertrauen dürfen, und wer so weise wie Salomon ist, vor allem Anderen um ein „hörendes Herz" zu bitten (1Reg 3,9) – um ein Herz, das dieses Wort hört – , der gewinnt ein nüchternes und kritisches Verhältnis zu den genannten Lebensnotwendigkeiten und ihrer Tendenz, sich zu verabsolutieren und dabei Dauer, ja Ewigkeit zu wollen. Ist der, der sich uns in seinem Namen versprochen hat, *allein* der ewige, dann bin ich zeitlich und endlich – ewig freilich, sofern mir das unverbrüchliche Liebesversprechen „Ich will mit Dir sein!" gegeben wurde. Als zeitliche und endliche Wesen in dieser versprochenen Ewigkeit aufgehoben, müssen wir das Glück, jung und schön, intelligent und reich, geachtet und geliebt zu sein, nicht vermessen und verzweifelt beanspruchen oder verbissen festhalten und rechthaberisch sichern – als ob wir vor Gott dem Schöpfer ein Recht auf Glück hätten! Als zeitliche und endliche Wesen in Gottes Ewigkeit aufgehoben, indem wir auf sein Wort achten und ihm vertrauen, können wir das gewährte Glück uns dankbar gefallen lassen, ohne es von uns aus verewigen zu wollen; seine Zerbrechlichkeit und Brüchigkeit muß nicht verkannt werden, und auch der Melancholie darüber müssen wir uns nicht schämen. Das zerbrechliche Glück dürfen wir, wenn es eintrifft und mir zufällt, dankbar genießen – ohne jene heidnische Angst, die den Neid der Götter fürchtet. Die endlichen Freuden haben ihr Recht, ihren Raum, ihre Zeit und ihre Schönheit; der Genuß des Endlichen ist sein gerechtfertigter Gebrauch.

Kommen die bösen Tage, widerfährt uns Unglück, Verlust des allernächsten Menschen, Verlust der Gesundheit, Verlust des Arbeitsplatzes, Verlust einer Freundschaft, Verlust der Anerkennung durch Andere oder gar der Selbstachtung, fallen wir aus der Freude am Leben in Mutlosigkeit und Lebensüberdruß, dann wird es unter dem Ansturm und der Wucht dieser Anfechtungen schwer, auf das Wort zu achten, auf den HERRN zu vertrauen und darin Glück zu finden. Das große Liebesversprechen „Ich will mit Dir sein!" ist dann gegen den Augenschein zu glauben; das Glück dieser Liebe ist dann unter ihrem Gegenteil verborgen.

In der Lutherbibel stand bis vor Kurzem der in seiner exklusiven Formulierung anstößige Satz: „Allein die Anfechtung lehrt aufs Wort merken" (Jes 28,19). Die Anfechtung *allein*? Das ist eine Zuspitzung, die jedenfalls einer realistischen und nüchternen Sicht der Dinge dient! Es liegt das Glück nicht auf der Straße: Es muß erfochten sein – indem ich auf das eine Wort Gottes so achte, dass ich es, wenn nötig, auch gegen den im Unglück verborgenen Gott in Anspruch nehme und ihm seine Zusage „Ich will mit Dir sein!" vorhalte, in der Anfechtung – wie es Jakob am Jabbok tat (Gen 32) – als Waffe gebrauche, mit der ich mich „wehre" (EG 343,3). So wird in der Anfechtung nicht etwa die Echtheit des Glaubens getestet, sondern Gottes Wort, das *in* der Anfechtung und *gegen* sie seine Glaubwürdigkeit und Macht erweist. Auf diese Weise lehrt die Anfechtung aufs Wort merken: auf die Kraft, die in ihm steckt. Es vermag die zweifelnde Frage zu überwinden, ob Gott sein Versprechen hält, und mich in die Gewißheit zu führen, „daß weder Tod noch Leben, [...] weder Gegenwärtiges noch Zukünftiges, weder Hohes noch Tiefes noch keine andere Kreatur uns scheiden kann von der Liebe Gottes, die in Christus Jesus ist, unserem HERRN" (Röm 8,38f). Sollte diese Liebe denn nicht das wahre Glück sein? Machen läßt es sich gewiß nicht, wohl aber finden.

IV „Wer auf das Wort achtet, findet Glück."

Konzentriertes Achten, konzentrierte Aufmerksamkeit auf das Wort verschafft uns, worauf Luthers Kleiner Katechismus hinweist, der tägliche Umgang mit den Zehn Geboten, dem Glaubensbekenntnis, dem Vaterunser, der Taufe, der Absolution und dem Abendmahl. „Seht, wie so mancher Ort / hochtröstlich ist zu nennen, da wir IHN finden können / im Nachtmahl, Tauf und Wort." (EKG 8,2) Dürfen diese Stücke des Katechismus als das gelten, worauf es ankommt, so trifft dies innerhalb dieser Stücke ganz besonders auf das „Nachtmahl", das Abendmahl, zu. In dieses ist der Name Gottes, sein Versprechen, seine Zusage, mit uns Menschen hier unten „im Schlamm und in der Arbeit" zu sein, verdichtet, konzentriert. Sie wird mir dargereicht, ausgeteilt, in die Hand, in den Mund und – Gott geb's! – in das Herz gegeben. Sie liegt im Gabewort, welches das Essen des Brotes und das Trinken des Weines durchdringt und umfängt: „Das ist mein Leib, das ist mein Blut, für euch, für dich gegeben zur Vergebung der Sünde" und zur Errettung von *allem* Bösen. „Mein Leib, mein Blut": „Das stärke und bewahre dich im rechten Glauben zum ewigen Leben!" Mit diesem handfesten Trost und Trotz dürfen, sollen und können wir uns wehren – gegen die Anfechtung, die uns den Glauben, das unbedingte Vertrauen, das wir zum Leben brauchen, rauben will. Gott selber hat uns die Waffe in die Hand, ins Ohr und Herz gegeben, mit der wir uns wehren sollen: sein eigenes Wort, in dem er selber bei uns ist und unsern Glauben schafft und am Leben hält, so daß wir beten können: „Mein Herz hält Dir vor Dein Wort: ‚Ihr sollt mein Antlitz suchen!' Darum suche ich auch, HERR, Dein Antlitz" (Ps 27,8).

2 Vertrauen

I Verschiedene Arten von Vertrauen

Ohne Vertrauen[1] ist menschliches Leben nicht – in keiner Sekunde. Und zwar in den verschiedendsten Dimensionen; ich nenne vier:

Vertrauen in zwischenmenschlich nahen Beziehungen wie in der Gemeinschaft zwischen Eltern und Kindern, Mann und Frau in der Ehe, in der Gemeinschaft von Freunden

in zwischenmenschlich ferneren, distanzierteren, versachlichten Beziehungen gesellschaftlicher und politischer Art wie zwischen Nachbarn, Mitbürgern und Volksvertretern

in ökonomischen Beziehungen wie zwischen Vertragspartnern, z. B. zwischen Käufern und Verkäufern

in wissenschaftlichen und technischen Beziehungen – so z. B. wenn ich als Autofahrer darauf vertraue, daß die Straße hinter der nächsten Kuppe weiterführt, nicht aber plötzlich abbricht und ich in einen Abgrund stürze.

Es gibt keinen Bereich unseres Lebens, in dem die Beziehungen, in dem Teilnahme und Austausch ohne Vertrauen möglich wären. Dabei ist das Vertrauen jeweils spezifischer Art. Ich vertraue meiner Frau anders als meinem Arzt, anders auch einem Verkäufer und seinem Gewährleistungsversprechen – ganz zu schweigen vom „Systemvertrauen", der „Verlagerung von persönlichem Vertrauen in abstrakte Regelsysteme"[2].

Diese verschiedenen Arten des Vertrauens sind nicht aufeinander zurückführbar oder aus einer dieser Arten ableitbar – wie dies oft unter Berufung auf Eriksons „Urvertrauen" („basic trust")[3] geschieht. Danach prägen die frühkindlichen Erfahrungen mit den nächsten Bezugspersonen *alle* Arten des Vertrauens und Mißtrauens. Dieses „Urvertrauen" sei sozusagen die Bedingung der Möglichkeit einer jeden Art von Vertrauen, dessen Grundbestimmtheit. Auf die Frage

---

1 Zur aktuellen Vertrauensforschung: Vertrauen verstehen, hg. v. Simon Peng-Keller und Andreas Hunziker (Hermeneutische Blätter 1/2), Zürich 2010; Vertrauen interdisziplinär, hg. v. Ingolf U. Dalferth und Simon Peng-Keller (Hermeneutische Blätter 1/2), Zürich 2013.
2 Barbara Grimpe, Globale Ökonomie jenseits dünner Beschreibungen. Erste Überlegungen zu Vertrauen im neuen Markt für Mikrofinanzen. In: Vertrauen verstehen (s. o. Anm. 1), 215–224, hier 220 unter Berufung auf Niklas Luhmann, Vertrauen. Ein Mechanismus der Reduktion sozialer Komplexität, Stuttgart 1968, 60 ff.
3 Vgl. Erik Homburger Erikson, Childhood and Society, New York 1950.

nach der Grundbestimmtheit der verschiedenen Arten des Vertrauens müssen wir zurückkommen.

II Vertrauen ist nicht selbstverständlich; Vertrauen und Kontrolle

So sehr ohne Vertrauen menschliches Leben nicht ist, so wenig *selbstverständlich* ist das Vertrauen. Jeder Mensch macht mehr oder weniger die Erfahrung, daß Vertrauen enttäuscht, daß ein Versprechen nicht gehalten wird und eine Ehe zerbricht, daß Geldanlagen nicht sicher sind, daß eine Brücke einstürzt. Angesichts solcher jedem mehr oder weniger bewußten Gefährdung des Vertrauens und dessen Scheitern will jeder Mensch sich sichern, absichern, die Abläufe kontrollieren, Herr der Lage werden bzw. bleiben. Dies aber führt in eine schwierige Situation: Einerseits ist jedes Vertrauen letztlich ungesichert und schließt wesentlich ein „Dennoch" ein; es geschieht faktisch trotz der nicht auszuschließenden Gefährdung, ist also in jedem Fall ein Wagnis. Andererseits darf dieses Wagnis kein blindes Abenteuer, kein Roulettespiel, keine irrationale Fahrlässigkeit und Tollkühnheit, kein Wagnis ohne Augenmaß sein. Inwieweit aber lassen sich Beziehungen und Verhältnisse durch Kontrolle sichern oder gar meistern, wenn grundlegend doch das risikoreich offene Vertrauen ist? Es liegt auf der Hand, daß das unser Leben bestimmende Vertrauen durch Kontrolle nur reguliert, nie aber konstituiert werden kann.

III Bedrohung des Vertrauens als dessen Voraussetzung

Die Feststellung, daß Vertrauen nicht selbstverständlich ist, muß noch weiter vertieft werden; sie ist radikal gemeint und ist in ihrer Radikalität deutlich zu machen. Die Gefährdung des Vertrauens ist nämlich keine gelegentliche Störung, keine nur sekundäre Bedrohung; Mord, Terror, Krieg, vor allem der Genozid, beweisen dies. Die Bedrohung des Vertrauens dürfte als das, wogegen das Vertrauen steht und kämpft, geradezu dessen Voraussetzung sein. Vertrauen wäre dann die Überwindung elementarer Unfähigkeit zu vertrauen; es wäre nicht nur die aktuell gegenwärtige, sondern die schon apriorische Überwindung dessen, was Vertrauen in Frage stellt, anficht. Vertrauen ist Überwindung der Angst – so wie nach Paul

Tillich der Mut zum Sein die Angst überwindet, wobei Angst nicht erst pathologisch, sondern schon ontologisch zu verstehen ist.[4]

Vertrauen stellt sich also nicht einfach von selbst ein; es ist nicht einfach als „souveräne Daseinsäußerung" gegeben.[5] Es ist vielmehr ein Wunder, über das man nur staunen kann; es läßt sich in seiner wirklichen Kraft nur als Überwindung seiner Leben nichtenden Bedrohung verstehen.

IV Mißtrauen

Die Bedrohung und Zerstörung des Vertrauens ist das mit der Angst verbundene *Mißtrauen*. Es stellt, was ist, in Frage. Nach der biblischen Urgeschichte sät die Schlange das Mißtrauen: „Sollte Gott gesagt haben?" (Gen 3,1) Und Mephistopheles in Goethes „Faust" urteilt im Blick auf das, was ist: „besser wär's, daß nichts entstünde"[6]. Das ist ein Urteil, in dem sich das Mißtrauen in seiner ganzen Macht der Vernichtung bekundet. So sehr Descartes mit seiner Forderung radikalen Zweifelns im Bereich der Wissenschaft und Technik recht hat, so verheerend und zerstörend ist das Mißtrauen, wenn es im mephistophelischen Sinn universal wird und existentielle Wucht gewinnt. Gewiß ist der kein guter Wissenschaftler, der nicht bei den Meistern des Verdachts – wie Feuerbach, Marx, Nietzsche und Freud – in die Schule gegangen ist. Aber wehe denen, die über das in wohldefinierten Bereichen notwendige Maß hinaus das Mißtrauen zur Herrschaft kommen lassen! Es ist dann nicht mehr lebensförderlich – wie etwa im Bereich der Wissenschaft und Technik, aber auch der Ökonomie und Politik –, sondern Leben zerstörend.

V Grundbestimmtheit des Vertrauens: Gottvertrauen

Kommen wir auf die Frage nach einer Grundbestimmtheit des Vertrauens, nach einem „Urvertrauen" zurück! Von vielen aufgenommen wurde, wie schon gesagt, die These Eriksons, wonach die frühkindlichen Erfahrungen mit den nächsten Bezugspersonen alle Arten des Vertrauens und des Mißtrauens prägen. Es dürfte jedoch nicht möglich sein, den Beweis dafür zu erbringen, daß frühkindliche

---

4 Paul Tillich, Der Mut zum Sein, GW XI, Stuttgart (1969), ²1976, 11–139.
5 Gegen Knud Ejler Løgstrup, Auseinandersetzung mit Kierkegaard 1968; Norm und Spontaneität, Tübingen 1989; Beyond the Ethical Demand, Notre Dame 2007.
6 Johann Wolfgang von Goethe, Faust I, 1341; vgl. Faust II, 11595–11603.

Erfahrungen die so verschiedenen Arten von Vertrauen und Mißtrauen allein oder auch nur vornehmlich bestimmen.

Strittig ist vor allem das Verhältnis dieser Erfahrungen zur *Religion*. Ist diese nur der Ausdruck oder aber das Motiv des frühkindlich gebildeten Urvertrauens? Ist sie dessen Ausdruck, dann ist sie abgeleitet, eine vielleicht notwendige, aber doch sekundäre Größe. Ist sie aber – was ich für wahr halte – dessen Motiv, dann ergibt sich eine ganz andere Perspektive. Der Soziologe Peter Ludwig Berger hat sie in seinem Buch „Auf den Spuren der Engel. Die moderne Gesellschaft und die Wiederentdeckung der Transzendenz" eindrücklich gezeichnet. Er bezieht sich auf die Szene, in der eine Mutter ihr Kind, das nachts jäh aufwacht, im Dunkel sich ängstigt und schreit, in die Arme nimmt und tröstet: „Hab' keine Angst! Es ist doch alles gut!" Ist wirklich alles gut? Vielleicht kommt gleich am nächsten Tag die Mutter bei einem Verkehrsunfall ums Leben; dann ist für das Kind nicht mehr alles gut. Berger fragt nun: *„Belügt die Mutter das Kind?"*[7] Seine Antwort: „Nur wenn ein religiöses Verständnis des menschlichen Daseins Wahrheit enthält, kann die Antwort aus vollem Herzen ‚Nein' lauten [...]. *Weil der Trost, den sie gibt, über sie und ihr Kind, über die Zufälligkeit der Person und der Situation hinausreicht und eine Behauptung über Wirklichkeit als solche enthält"*[8] – über die Gesamtwirklichkeit als getragen und bestimmt von einer Macht, „in der Liebe nicht durch Tod zunichte wird und in der das Vertrauen in die Mächtigkeit der Liebe, Chaos zu bannen, seine Rechtfertigung findet"[9].

So ist wahrer Trost und wahres Vertrauen, das Menschen einander schenken können, im genauen Sinn des Wortes „relativ": bezogen auf Gott selbst und – ob wir es wissen oder nicht – allein durch ihn verbürgt und allein von ihm gerechtfertigt, gerechtfertigt und verbürgt durch das *Gottvertrauen*. Wenn das Gottvertrauen *jede* Art von Vertrauen verbürgt und rechtfertigt, so liegt auf der Hand, daß es selbst kein religiöses Sondervertrauen, kein spezieller Fall des ja je verschiedenen innerweltlich-alltäglichen Vertrauens ist, auch nicht eine Modifikation des Urvertrauens im Sinne Eriksons.

VI Worin liegt das Gottvertrauen?

Worin nun liegt dieses jedes Vertrauen verbürgende und rechtfertigende, also grundlegende und zielgebende Vertrauen? Martin Luther, für den Vertrauen und

---

[7] Peter Ludwig Berger, Auf den Spuren der Engel. Die moderne Gesellschaft und die Wiederentdeckung der Transzendenz, Frankfurt/M. 1972, 82.
[8] AaO, 82f.
[9] AaO, 85.

Glauben identisch sind, definiert: „Fides est fiducia praesentis promissionis"[10]. Glaube ist das Vertrauen auf die gegenwärtige – jetzt ergehende – Zusage, die mich biographisch konkret in der Taufe, in der Absolution und im Herrenmahl sowie in jeder davon geleiteten und bestimmten Erfahrung erreicht. Ein Beispiel dieser Zusage ist Jes 43,1: „So spricht der HERR, der Dich geschaffen hat [...]: Fürchte Dich nicht, denn ich habe Dich erlöst; ich habe Dich bei Deinem Namen gerufen; Du bist mein!"

In jeder gegenwärtigen Zusage wiederholt sich die Urzusage, die „promissio omnium promissionum,[11] die Magna Charta Israels und der Kirche: „Ich bin der HERR, Dein Gott!" (Ex 20,2). Diese Selbstvorstellung und Selbstzusage Gottes ist eins mit seinem Namen. Dieser geheimnisvolle Name – als Zusage mitgehender Verläßlichkeit in freier, ungeschuldeter Gegenwart (Ex 3,14) – legt sich für Luther im Großen Katechismus so aus: „ICH, ich will Dir genug geben und aus aller Not helfen"[12]. Das ist ein Versprechen für Zeit und Ewigkeit – das Versprechen, das mich unsterblich macht,[13] das Versprechen, mit dem der, der es gibt, für den Trost bürgt, mit dem jene Mutter ihrem Kind Weltvertrauen gibt. Weltvertrauen ohne Gottvertrauen ist eine Illusion – wobei ich wohl weiß, daß Gottvertrauen bis zu unserem Tode davon angefochten wird, selbst eine Illusion, Psalm 23 etwa eine Fata Morgana zu sein und zu verhüllen, daß wir „gleichsam auf dem Rücken eines Tigers in Träumen" hängen.[14]

---

10 WA TR 4, 403,11–15 (Nr. 4613): „Mirabilis est Deus in affectibus humanis formandis, fide, spe, amore, tristitia, oboedientia, qui sunt motus mentis, et tamen illas appetitiones in nobis ipsis non possumus considerare, sed tantum sentire. Fides est fiducia praesentis promissionis, spes est expectatio futurae liberationis; illa visibilia Deus condidit mirabiliter in mentibus hominum."
11 WA 30 II, 358,1–4 (Glossen zum Dekalog; 1530), zu: „Ego sum dominus deus tuus, qui eduxi te de terra Aegypti de domo servorum" (Ex 20,2): „ Promissio omnium promissionum fons et omnis religionis et sapientiae caput, Euangelium Christum promissum complectens." Vgl. u. Teil V, Kap. 28: „Welchen Gott hast Du?", Anm. 1 und 2.
12 BSELK 932,9–11 [BSLK 560,40f]. Vgl. 930,14f [560,11–13]; 934,25 [563,17f]; 936,21f [564,26–28]; 938,8–13 [565,27–36]; 940,4f [566,49–567,1].
13 Vgl. Martin Luther: „Ubi igitur et cum quocunque loquitur Deus, sive in ira, sive in gratia loquitur,is certo est immortalis. Persona Dei loquentis et verbum significat nos tales creaturas esse, cum quibus velit loqui Deus usque in aeternum et immortaliter" (WA 43, 481,32–35; zu Gen 26,24f; 1535–1545).
14 Friedrich Nietzsche, Über Wahrheit und Lüge im außermoralischen Sinn. In: Ders., Werke in drei Bänden, hg.v. Karl Schlechta, Bd. III, München 1966, 309–322, hier 311.

VII Nicht einfach gegeben; Vertrauen als Antwort

Da dieses Vertrauen der Mutter und ihres Kindes wie jedes Vertrauen in Gottes Namen, in seinem Versprechen gründet, ist das Vertrauen keine sich selbst erzeugende religiöse Befindlichkeit, keine alles grundierende Stimmung, die einfach gegeben wäre. Es ist – für Luther, wie gesagt, identisch mit dem Glauben – nicht an und für sich zu bestimmen, kein sozusagen „absolutes" Vertrauen.[15] Entscheidend ist vielmehr, *worauf* ich vertraue, *woraufhin* ich mich verlasse – buchstäblich: „mich verlasse"[16], von mir weggehe, ja: mir entnommen werde, um außerhalb meiner selbst in dem zu sein, der mir versprochen hat und verspricht, mir genug zu geben und mich aus aller Not zu retten. Vertrauen ist also *ekstatisches* Vertrauen und geschieht allein von Gottes Zusage her und auf sie hin. In diesem Sinne ist Vertrauen *Antwort*. Es ist zwar gewiß ein Wagnis, aber *kein unbegründetes Wagnis.*[17]

Luthers These, daß das Vertrauen des Menschen nachfolgt und das Versprechen Gottes dem Vertrauen des Menschen vorausgeht, ihm zuvorkommt, steht nicht im Einklang mit dem neuprotestantischen Verständnis, wie es sich klassisch bei Schleiermacher bekundet. Danach ist der Gottesglaube – als „Gefühl schlechthinniger Abhängigkeit" – im frommen Selbstbewußtsein immer schon „mitgesetzt"[18] und ‚eingeschlossen'[19]. In Schleiermachers Glaubenslehre heißt es programmatisch: „Die schlechthinnige Abhängigkeit" als „Grundbeziehung" „schließt zugleich das Gottesbewußtsein [...] in das Selbstbewußtsein ein".[20]

---

15 Anders Tillich, für den die tiefste Anfechtung durch Gottes Schweigen und Tod – wenn „der Gott des Vertrauens" uns „in dem Dunkel der Verzweiflung und der Sinnlosigkeit verlassen" hat – nur durch den „Gott über Gott" und den diesem entsprechenden „absoluten Glauben" überwunden werden kann: AaO (s.o. Anm. 4), 137–139.
16 „Sich verlassen auf" hat im Unterschied zu dem rein intentionalen „vertrauen auf" ein ausdrücklich selbstbezügliches Moment; der Selbstbezug ist freilich negativer Art.
17 Das Gebet, in dem das Gottvertrauen lebt, geschieht kraft der Zusage der Erhörung nicht „als auf ein Abenteuer, kommt's, so kommt's, wie wenn man nach einer Birne wirft" (WA 4, 624, 20 f: Rogatepredigt vom 13. Mai 1520. Dazu: Oswald Bayer, Martin Luthers Theologie. Eine Vergegenwärtigung, Tübingen (2003), ³2007, 315–323).
18 Friedrich Schleiermacher, Der christliche Glaube nach den Grundsätzen der evangelischen Kirche im Zusammenhange dargestellt, ²1830/31, § 4.4.
19 Vgl. Anm. 20.
20 Schleiermacher (s.o. Anm. 18), § 4.4: „Die schlechthinnige Abhängigkeit" als „Grundbeziehung" „schließt zugleich das Gottesbewußtsein [...] in das Selbstbewußtsein ein."

Solche Theologie – so lautet die drastische Kritik Franz Overbecks – meine, „Gott täglich bei sich im Sack zu haben".[21]

VIII Versprechen und Vertrauen; Gott und Mensch in einer Vertrauensgemeinschaft

Schleiermachers Bestehen auf Gottes prinzipieller Immanenz im Glauben nötigt dazu, jene berühmten Sätze Luthers im Großen Katechismus zur engsten Zusammengehörigkeit von Gott und Glaube genauer in den Blick zu fassen, in denen er scheinbar von einer Gleichursprünglichkeit von Gott und Glaube redet und damit mit Schleiermacher grundsätzlich im Einklang zu sein scheint.

Luther vertritt keine Gleichursprünglichkeit von Gott und Glaube, wohl aber *eine strenge Korrelation von zuvorkommender Zusage und nachfolgendem Glauben*. Diese strenge Korrelation hat Luther in der Schrift „Von der babylonischen Gefangenschaft der Kirche" (1520), seiner wirkmächtigsten Schrift, klassisch so formuliert: „Gott hat mit den Menschen nie anders gehandelt noch handelt er anders mit ihnen als im Wort der Zusage. Umgekehrt können wir mit Gott nie anders handeln als im Glauben an das Wort der Zusage."[22]

Damit ist eine *Vertrauensgemeinschaft* bezeichnet, in der nicht nur der Mensch Gott vertraut, nämlich seiner Zusage glaubt, sondern auch Gott dem Menschen traut, sich ihm wie ein Mann seiner Frau anvertraut, ihm sein Vertrauen schenkt. So ist das Gottvertrauen zweipolig. Es ist sowohl im Sinne eines genitivus subiectivus und auctoris wie auch im Sinne eines genitivus obiectivus zu verstehen. Gottvertrauen im Sinne eines genitivus obiectivus meint das Vertrauen, das sich auf den sich zusagenden Gott richtet. Diese Ausrichtung und Zuversicht[23] ist

---

21 Franz Overbeck, Christentum und Kultur. Gedanken und Anmerkungen zur modernen Theologie. Aus dem Nachlaß herausgegeben von Carl Albrecht Bernoulli (Basel 1919), Darmstadt ²1963, 267 f.
22 WA 6, 516,30–32: „Neque enim deus [...] aliter cum hominibus unquam egit aut agit quam verbo promissionis. Rursus, nec nos cum deo unquam agere aliter possumus quam fide in verbum promissionis eius" (De captivitate, 1520).
23 Es ist eine eigene, lohnende Aufgabe, die sprachliche und sachliche Bedeutung herauszustellen, die der „Zuversicht" in Luthers Theologie zukommt. Sie meint im Entscheidenden dasselbe wie „Vertrauen", betont aber besonders die wohlgemute Hoffnung sowie die Gewißheit des Heils. Wer sich im Gottvertrauen alles Guten „versieht", verspricht sich, erwartet von Gottes Versprechen alles Gute. Nach Luthers Übersetzung von Hebr 11,1 (1546) ist der Glaube als Vertrauen „eine gewisse Zuversicht des, das man hofft, und ein nicht Zweifeln an dem, was man nicht sieht" (WA DB 7,371), nach der Römerbriefvorrede des Septembertestaments (1522) „eine lebendige, erwegene [= wagend vertrauende] Zuversicht auf Gottes Gnade, so gewiß, daß er tausendmal

jedoch nur möglich kraft des Gottvertrauens im Sinne eines genitivus subiectivus und auctoris – also kraft des Vertrauens, das Gott zu eigen ist und das er, als Autor, als Schöpfer, schafft. Es ist sein Vertrauen zu mir, sein Glaube an mich, den er mir gibt und den ich empfange, um ihn in meinem Vertrauen auf ihn ihm zurückzugeben.

Dies klingt ungewohnt, ja theologisch anstößig. Aber Luther hat ein starkes Argument, das Gottvertrauen so zu verstehen. Es werde, schreibt Luther in seiner ersten Psaltervorrede (1524), „im Psalter oft zu Gott gesagt: dein Glaube oder: in deinem Glauben, darum daß *er solchen Glauben gibt* und auf seine Treue baut, so daß die zwei Worte Wahrheit und Treue im Hebräischen fast gleich und schier eines für das andere genommen wird. Wie auch auf deutsch wir sagen: der hält Glauben, der wahrhaftig und treu ist. Wiederum wer die Treue bricht, den hält man für falsch und ungläubig."[24] Entsprechend übersetzt Luther 1524–1528 im Psalter Gottes אמת (ämeth) bzw. אמונה (ämuna) nicht, wie später durchgehend, mit „Treue" oder „Wahrheit", sondern an vielen Stellen mit „Glauben"; Gott ist der, „der Glauben hält ewiglich" (Ps 146,6) – und zwar deshalb, weil er als Schöpfer durch sein Wort und mit ihm der angeredeten Kreatur einen verläßlichen Grund gibt, so daß diese aus Treu und Glauben auf Treu und Glauben hin existiert: vertrauend und sich verlassend selbstlos aus sich hinaussteht und einsteht in Gottes verläßliches Wort der Zusage und Treue.

Gottvertrauen ist also ein beidseitiges Geschehen, ein einziges Gabegeschehen, in dem auch der Geber empfängt und auch der Empfänger gibt. Der Empfänger gibt dem Geber der Zusage sein Vertrauen und der Geber empfängt dieses Vertrauen, auf das er durchaus wartet. Gott gibt und nimmt, der Mensch nimmt und gibt.

IX Furcht und Vertrauen; „Gott über alle Dinge fürchten, lieben und [ihm] vertrauen"

Lebten wir im Paradies, so wäre dieses paradiesische Leben ein Leben in ungebrochenem Vertrauen zwischen dem Schöpfer und seinem Geschöpf sowie in

---

darüber stürbe. Und solche Zuversicht und Erkenntnis göttlicher Gnaden macht fröhlich, trotzig und lustig gegen Gott und alle Kreaturen (WA DB 7,15–18). Vgl. weiter Luthers Erklärung des Ersten Gebots im Großen Katechismus („Glauben und Zuversicht": BSELK 932,4f [BSLK 560,31f]) und den „Sermon von den guten Werken" (WA 6, 209, 26; 1520: „Zuversicht, Trauen, Glauben"). Zwischen Glauben, Vertrauen und Zuversicht besteht nach Luther nicht nur eine Familienähnlichkeit; sie sind im Entscheidenden synonym.

24 WA DB 10 I, 96,4–9 (Erste Psaltervorrede, Hervorhebung hinzugefügt; 1524). Vgl. Röm 3,3.

IX Furcht und Vertrauen; „Gott über alle Dinge fürchten, lieben und [ihm] vertrauen"

ungebrochenem Welt- und Selbstvertrauen – ohne den Riß und Bruch eines Mißtrauens und Zweifelns: „Sollte Gott gesagt haben?" (Gen 3,1) Doch das Paradies haben wir verloren. Die Urversuchung, die an den Menschen herantritt, in ihm aufsteigt und Anklang findet, liegt darin, Gottes Versprechen, ihm alles Gute zu gönnen und ihn aus aller Not zu erretten, nicht zu trauen und stattdessen sich radikal selbst zu sichern, sich bis in die Wurzel seiner Existenz selbst in die Hand bekommen und damit sein Geschöpfsein und seine Endlichkeit nicht wahrhaben, sondern Selbstschöpfer, Gott selbst sein zu wollen.

Die Urversuchung keimt also im Mißtrauen: Vielleicht ist Gottes Versprechen doch nicht zu trauen? Das Mißtrauen, der Unglaube, stellt Gottes Versprechen – und damit: ihn selbst! – in Frage. Dies ist keine harmlose Disputationsübung, sondern hat radikale Konsequenzen: An die Stelle des offenen und zuversichtlichen Vertrauens tritt die *Furcht vor Gott*, dem man nun aus dem Weg gehen, vor dem man sich verstecken muß. „Und Adam versteckte sich mit seinem Weibe vor dem Angesicht Gottes, des HERRN", heißt es in der biblischen Urgeschichte (Gen 3,8). Er versteckte sich, weil er sich fürchtete; er freut sich nicht mehr, Gott zu hören, sondern „fürchtet" seine Stimme (Gen 3,10). *Wer Gott nicht vertraut, muß ihn fürchten*. Statt des verlorenen Vertrauens herrscht nun nicht nichts, sondern eben: die Furcht – samt den tausendfachen Gestalten der Angst.[25] Der Trost des ersten Gebots, des Gottesnamens, wird zur Härte und Strenge. „Alles fließt nämlich," sagt Luther, „aus jenem gewaltigen Ozean des Ersten Gebotes und wieder in ihn zurück. Keine fruchtbarere und vollere Troststimme wurde je gehört und soll je gehört werden, aber auch keine härtere und strengere als die Stimme des Ersten Gebotes: ‚Ich bin der HERR, dein Gott.'"[26]

Luthers berühmte Erklärung des Ersten Gebotes im Kleinen Katechismus „Wir sollen Gott über alle Dinge fürchten, lieben und [ihm] vertrauen"[27] addiert also nicht etwa Gottvertrauen, Gottesliebe und eine vielleicht als „Ehrfurcht" zu verstehende Gottesfurcht. Vielmehr steht das mit der Gottesliebe identische Gottvertrauen der Gottesfurcht alternativ entgegen; das Gottvertrauen treibt die Furcht

---

[25] Es ist durchaus fraglich, ob die seit Kierkegaard getroffene kategorische Unterscheidung von „Angst" und „Furcht" sachlich und terminologisch aufrechtzuerhalten ist. Vgl. Birgit Stolt, die Luther in die neuere Emotionsforschung einbezieht: „Laßt uns fröhlich springen!" Gefühlswelt und Gefühlsnavigierung in Luthers Reformationsarbeit. Eine kognitive Emotionalitätsanalyse auf philologischer Basis, Berlin 2012, bes. 53–108: „Grundgefühle der Religion: Angst/Furcht und Liebe/Freude".
[26] WA 14, 640,30–33 (zu Dtn 10,18; 1525), übersetzt. Vgl. u. Teil IV, Kap. 27: „Nicht ohne Skepsis".
[27] BSLK 507,42f. Zur Diskussion um das Verständnis dieses Satzes: Albrecht Beutel, „Gott fürchten und lieben". Entstehung der lutherischen Katechismusformel. In: Ders., Protestantische Konkretionen. Studien zur Kirchengeschichte, Tübingen 1998, 45–65.

und Angst, die dem Mißtrauen und Unglauben entspringt, aus: „Furcht ist nicht in der Liebe" (1Joh 4,18), nicht im Vertrauen.

X Vertrauen und Mißtrauen als Affekt

Vertrauen und Mißtrauen, Liebe und Furcht sind Affekte, Emotionen. Affiziert – angesprochen, ja: angemacht – wird das menschliche Herz:[28] das Zentrum der Einsicht, des Willens, des Begehrens und Fühlens. Entscheidend ist, *wovon, wodurch und woraufhin* das menschliche Herz bewegt wird. Ist es Gottes Urzusage „Ich bin der HERR, Dein Gott"? Oder sind es die Versprechungen und Verlockungen der Götter – etwa des Geldes oder Ruhmes, der Schönheit oder Gesundheit? Gottes Urzusage wird im *rechten* Vertrauen, das fascinosum und tremendum der Götter im *falschen* Vertrauen wahrgenommen.

Beidesmal aber geht es um einen Affekt – wenn auch in entgegengesetzter und einander widersprechender Ausrichtung. Luther wundert sich über diese menschliche Grundkraft:[29] Gott sei in ihr in einer staunenswerten Weise. Man könne sie nicht aus der Distanz „betrachten" („considerare"), ihr nicht kognitiv, nicht theoretisch innewerden, sondern sie nur „fühlen" („sentire"). Gleichwohl ist Vertrauen als Affekt nicht irrational, nicht ohne Einsicht,[30] weil von einem verständlichen Wort geschaffen und von ihm bleibend bestimmt. Vertrauen als Affekt ist also keine frei schwebende Stimmung oder gar eine Leistung der eigenen Lebensführung, keine Tugend, die man ausbilden, zu der man sich aufschwingen könnte. Vertrauen ist und bleibt durch das Wort der Zusage *gegeben*.

Dieses spezifische Gegebensein des Vertrauens, dessen eigentümliche Passivität schließt jedoch keineswegs aus, daß die mit Gottes Vertrauen Begabten zugreifen,[31] den propositionalen Gehalt des Versprechens wahrnehmen (notitia), dem Versprechen zustimmen (assensus) und so das „Amen" sprechen sowie mit allen Fasern ihres Herzens das geschenkte Vertrauen leben (fiducia).[32] In diesem

---

28 Vgl. Birgit Stolt, Martin Luthers Rhetorik des Herzens (UTB 2141), Tübingen 2000; Dies., „Laßt uns fröhlich springen!" (s.o. Anm. 25).
29 Vgl. dazu und zum Folgenden den o. Anm. 10 zitierten Text.
30 Vgl. Thorsten Dietz, „Brannte nicht unser Herz in uns?" Verhältnisbestimmungen von Gefühl und Einsicht. In: Emmaus – Begegnung mit dem Leben, hg.v. Elisabeth Hartlieb und Cornelia Richter, Dietrich Korsch zu Ehren, Stuttgart 2014, 135–145.
31 Luthers Doktorand Johannes Macchabäus Scotus redete in seiner Promotionsdisputation vom verbum als „recte intellectum et fide apprehensum" (WA 39 II, 159,18 f; 1542).
32 So läßt sich die traditionell unter Berufung auf Luther kritisch beurteilte triadische Glaubensdefinition Melanchthons – fides als notitia, assensus und fiducia – für das Verständnis des Vertrauens bei Luther positiv aufnehmen. Zu Melanchthon eingehend: Cornelia Richter, Melan-

Sinn ist Vertrauen nicht nur göttliche, sondern auch menschliche Aktivität – in jener Vertrauensgemeinschaft von promissio und fides, von Zusage und Glauben.

XI Das eine Gottvertrauen und die verschiedenen Arten von Vertrauen

In der Erfahrung und dem Erleben ist das geschenkte Gottvertrauen nie rein – in dem Sinne, daß es sich isolieren ließe von dem Vertrauen und Mißtrauen in den verschiedenen Bereichen, die wir eingangs in den Blick gefaßt haben: im zwischenmenschlich nahen, im gesellschaftlichen und politischen, im wirtschaftlichen, im wissenschaftlichen und technischen Bereich. Das Gottvertrauen geschieht vielmehr *in* all diesen Bereichen. Es begründet die von Vertrauen getragenen Beziehungen und Verhältnisse, relativiert und begrenzt sie kritisch und richtet sie aus. Kurz: Das Gottvertrauen ist Grund und Grenze, Maß und Kriterium des Welt- und Selbstvertrauens.

Diese Fassung des Vertrauensbegriffs in der klaren Unterscheidung und Zuordnung von Gottvertrauen einerseits und Welt- und Selbstvertrauen andererseits bekundet sich eindrucksvoll und unvergeßlich im Kleinen Katechismus, der das Erste Gebot als Präambel und Auslegungsmatrix aller folgenden Gebote begreift. Vor Luther waren die Zehn Gebote gewöhnlich im Sinne einer additiven Reihung verstanden worden. Im Kleinen Katechismus ist dies jedoch anders: Zunächst wird das Erste Gebot – genauer gesagt: Gottes Selbstzusage „Ich bin der HERR, Dein Gott" – mit dem absoluten Satz ausgelegt: „Wir sollen Gott über alle Dinge fürchten, lieben und [ihm] vertrauen".[33] In der Erklärung aller folgenden Gebote wiederholt Luther stereotyp jeweils diesen absoluten Satz und führt ihn – ein genialer Griff! – betont als Begründung in einem Konsekutivsatz mit: „Wir sollen Gott fürchten und lieben, daß wir [beispielsweise zum fünften Gebot] unserem Nächsten an seinem Leib keinen Schaden noch Leid tun, sondern ihm helfen und [ihn] fördern in allen Leibesnöten."[34] So wird elementarem Vertrauen gedient und

---

chthons *fiducia*. Gegen die Selbstmächtigkeit des Menschen. In: Gottvertrauen. Die ökumenische Diskussion um die fiducia, hg.v. Ingolf U. Dalferth und Simon Peng-Keller (QD 250), Freiburg i.Br. 2012, 209–242, bes. 232–242.

33 Exemplarisch bekundet sich die Opposition von „fürchten" und „lieben/vertrauen" im Schlußteil von Luthers Auslegung des Ersten Gebots: „Drohwort" und tröstliche „Verheißung" (BSELK 942,27 f [BSLK 569,32f]). Daß hier mit „fürchten" nicht etwa die Ehrfurcht gemeint ist, sondern der Gegensatz von „fürchten" einerseits und von „lieben" und „vertrauen" andererseits, zeigt BSELK 940,29–31 (BSLK 567,41–44).

34 BSELK 864,4–6 (BSLK 508,31–34).

dem Mißtrauen und der Angst, getötet zu werden, gewehrt – wie *alle Gebote Vertrauen bilden und ihm dienen:* dem Vertrauensverhältnis zwischen den Generationen (viertes Gebot), dem Vertrauensverhältnis zwischen Mann und Frau (sechstes Gebot), dem Vertrauensverhältnis im Bereich der Wirtschaft (siebtes Gebot), den durch Lüge und Wortbruch bedrohten Vertrauensverhältnissen im gesellschaftlichen, innerstaatlichen und weltpolitischen Bereich (achtes Gebot), der im innersten Herzen des Menschen durch Neid, Gier und Geiz bedrohten Vertrauensgemeinschaft (neuntes und zehntes Gebot).

Eigens zu betonen ist, daß es sich jeweils, wie gesagt, um einen Konsekutivsatz handelt, also um einen Folgesatz – nicht etwa um einen eine Erfüllung erst intendierenden Finalsatz; das „daß" ist also im Sinne einer inneren, natürlichen Folge zu verstehen. Das heißt: Der Glaube, das Vertrauen, kann – mit innerer Notwendigkeit – gar nicht anders, als in der Liebe tätig zu sein; aus dem Vertrauen entspringen und „fließen"[35] alle guten Werke.

Ich sprach von Luthers „genialem Griff". Mit ihm macht er katechetisch einfach jedem Kind deutlich, daß das Gottvertrauen nicht eine Art des Vertrauens *neben* anderen Arten des Vertrauens ist und auch nicht der Ausdruck eines anthropologisch aufweisbaren Ur- oder Grundvertrauens. Das Gottvertrauen ist ganz eigener Art und insofern individuell[36] – weil es sich dem einen, ganz bestimmten, Namen verdankt, in dem der dreieine Gott sich selbst zusagt und gibt, die Vertrauensgemeinschaft schaffend, die nichts anderes ist als das Gottesreich.

---

35 WA 6, 210,1 (Sermon von den guten Werken; 1520).
36 „Das höchste Wesen ist im eigentlichsten Verstand ein *Individuum*" (Johann Georg Hamann an Johann Gottlieb Steudel am 4. Mai 1788; Johann Georg Hamann, Briefwechsel, Bd. VII, hg.v. Arthur Henkel, 1979, 460, 3f). Dazu: Oswald Bayer, Autorität und Kritik. Zu Hermeneutik und Wissenschaftstheorie, Tübingen 1991, 112, bes. Anm. 22.

3 Glaube und Vernunft

I Die Vernunft der Religion

Vernunft und Religion, Religion und Vernunft werden in verschiedener Weise aufeinander bezogen; vorausgesetzt ist dabei meist eine *kategoriale Unterscheidung*, so dass „Vernunft" und „Religion" als zwei Größen aufgefasst werden, die in einem eher spannungsreichen oder eher entspannten Verhältnis der Unter-, Über- oder Gleichordnung stehen, einander ergänzen und sich gegenseitig erhellen oder aber sich widersprechen, ja sogar: sich ausschließen. Eine *Identifizierung* von Religion und Vernunft begegnet prominent in der Domestizierung der Religion zu einer „Religion innerhalb der Grenzen der bloßen Vernunft" (Kant). Demgegenüber schlage ich vor, von einer Vernunft innerhalb der Grenzen der Religion zu reden – falls überhaupt von „Grenzen" der Religion gesprochen werden kann. Das aber ist dann nicht möglich, wenn „Religion" keine abgrenzbare Provinz im menschlichen Gemüte und kein Subsystem der Gesellschaft ist, sondern die äußerste Weite und Tiefe des Menschseins in der Welt betrifft und also dem Denken wie dem Handeln, der Metaphysik wie der Moral, der theoretischen wie der praktischen Vernunft zuvorkommt, ihr – freilich nicht zeitlich, wohl aber sachlich – vorausliegt, sie begründet und leitet, durchdringt und umfängt. Dementsprechend läßt sich durchaus von einer *Vernunft der Religion* reden: Dies wäre dann die sich innerhalb der Religion bildende und aus ihr heraus sich ergebende „Vernunft", nicht aber irgendeine „Vernunft", deren Begriff dem der Religion übergeordnet und vorausgesetzt werden könnte, so dass sich von diesem vorausgesetzten Vernunftbegriff her ermitteln und identifizieren ließe, was als Vernunft der Religion gelten könnte. „Es ist die der Religion selbst innewohnende Vernunft, nicht etwa Vernunft von der Art, die der Religion von außen beigelegt werden müsste."[1]

II Erster Versuch

II.1 Die heile Vernunft oder: Die Identität von Glaube und Vernunft

Eine Vernunft der Religion im besagten Sinne einer sich innerhalb der Religion bildenden und aus ihr heraus sich ergebenden Vernunft waltet ungebrochen

---

[1] Dietrich Rössler, Die Vernunft der Religion, München 1976, 123.

freilich nur im Paradies und darf für das Eschaton erhofft werden. Diese Vernunft ist das ungebrochene, ganze, allseitige Vernehmen der durch Gottes allmächtiges Wort geschaffenen Wirklichkeit, ein leibhaft und affektiv erkennendes und anerkennendes Innewerden, ein Vernehmen, Nehmen und Beantworten dessen, was schlechthin Gabe ist – dargeboten und mitgeteilt in dem Wort ‚Von dem allem darfst Du nehmen und essen!' (vgl. Gen 2,16); das Verhältnis zum Geber der Gabe ist nicht abstrakt personalistisch zu fassen, sondern wird als durch die Mitgeschöpfe vermitteltes wahrgenommen – Schöpfung ist Rede *an* die Kreatur *durch* die Kreatur. Die Vernunft vernimmt eine durch die Zusage und Gabe des Schöpfers geschaffene Wirklichkeit; deren Schöpfer schafft und zeitigt sie mit seinem kommunikativen Wort, mit seinen einräumenden Bestimmungen und Zuordnungen, durch die er Verhältnisse setzt, Mitteilung, Austausch und Gemeinschaft ermöglicht, alles mit allem erfüllt und sich in schenkender Tugend neidlos verströmt. Die Vernunft, die diese Wirklichkeit nicht nur erkennend und nicht nur gestaltend, sondern im umfassenden Sinne „ästhetisch" – mit Herzen, Mund und Händen – wahrnimmt[2] und sich im „natürlichen"[3] Umgang mit den Mitgeschöpfen der Goldenen Regel entsprechend in der Liebe erfüllt, läßt sich vom unangefochtenen Glauben und seiner Gewissheit nicht unterscheiden; der den göttlichen Logos hörende *Glaube und* die den Logos vernehmende und in seinem Licht sehende[4] *Vernunft sind identisch.*[5] Sie müssen nicht erst in ein Verhältnis zueinander treten bzw. in ein Verhältnis zueinander gesetzt werden.

Die schöpfungsgemäße Identität von Glaube und Vernunft sei nun noch weiter ausgeführt – in einer Explikation der Rede von der *Gottebenbildlichkeit* des Menschen. Damit ist nicht etwa eine Qualität bezeichnet, die dem Menschen von

---

2 Vgl. paradigmatisch: Johann Georg Hamann, Aesthetica in nuce (1762). In: Ders., Sämtliche Werke (in 6 Bänden), hg. von Josef Nadler, Bd. II, Wien 1950, 195–217; dazu: Oswald Bayer, Schöpfung als Anrede. Zu einer Hermeneutik der Schöpfung, Tübingen ²1990, 9–32.
3 „Natürlich" im schöpfungstheologischen, protologischen Sinn – ganz im Unterschied zur Bedeutung von „Natur" im sündentheologischen Sinn (z. B. Eph 2,3: „von Natur Kinder des Zorns").
4 Vgl. Ps 36,10: „in deinem Licht sehen wir das Licht". Dazu: Edgar Thaidigsmann, „In deinem Licht sehen wir das Licht" (Ps 36,10b). Aufklärung aus dem Wort Gottes. Festvortrag am 30. September 2009 im Ev. Stift in Tübingen. In: ders. Einsichten und Ausblicke. Theologische Studien, hg. v. Johannes von Lüpke, Berlin 2011, 23–30. Weiter: Johannes von Lüpke, Die Wirklichkeit im Werden – in welchem Licht sehen wir die Welt? In: Frank Vogelsang (Hg.), Unser Bild von der Welt und der Glaube an Gott, Evangelische Akademie im Rheinland, Bonn 2005, 121–129 (Unterscheidung und Zuordnung von Gen 1,3 und Gen 1,14f).
5 Besonders prägnant – unter Aufnahme vor allem des Johannesprologs und 1Joh 1,1–4 – ist diese Wahrnehmung, in der Vernunft und Glaube identisch sind, von Hamann in seiner Schrift „Des Ritters von Rosenkreuz letzte Willensmeinung über den göttlichen und menschlichen Ursprung der Sprache" artikuliert: Werke (s. o. Anm. 2), Bd. III, Wien 1951, 25–33, hier 32, 8–31. Vgl. u. Teil II, Kap. 7: „Wahrnehmen als Hören und Glauben".

sich aus innewohnte; „Gottebenbildlichkeit" ist vielmehr ein Relationsbegriff – eine „ohn alle mein[e] Verdienst[e] und Würdigkeit"⁶ mir durch das Segenswort Gottes zugesprochene Würde, die ich vor allem hörend empfange, um aus dem Hören zum freien Reden, Denken und Handeln ermächtigt zu sein. Reden, Denken und Handeln ist Antworten.⁷ Die Gottebenbildlichkeit besteht in der dem Menschen mitgeteilten Fähigkeit zur alle Bereiche des Lebens betreffenden Antwort und Verantwortung.

Daß die Vernunft nicht menschliches Konstrukt, menschliches Eigengewächs und menschlicher Besitz, sondern sprachlich mitgeteilte *Gabe* ist, wird von der griechischen Form der philosophischen – der aristotelischen – Definition des Menschen noch eher aufbewahrt als von der lateinischen Fassung: „animal rationale", „Vernunftwesen". Nach der griechischen Fassung ist der Mensch das Lebewesen, das den Logos hat: ζῷον λόγον ἔχον; es hat ihn als ζῷον πολιτικόν, als politisches, als soziales Lebewesen.⁸ Zwar ist auch in dieser Fassung nicht deutlich, dass und inwiefern der Logos als Anrede von außen auf den Menschen zukommt und nicht ihm selbst entspringt; doch läßt sich im Wort „logos" durchaus mithören, dass Vernunft vernehmende Vernunft und nicht ohne Sprache ist. Ja, mehr: Vernunft ist Sprache.⁹ Als auf das Hören angewiesene wird die Sprachvernunft dem Menschen mitgeteilt; er empfängt sie und ist darin passiv. Deshalb kann Luther seine Definition des Menschen nur im Passiv bilden: „hominem iustificari fide"¹⁰: Der Mensch ist dadurch Mensch, dass er von Gott gerechtfertigt wird durch *Glauben*, d. h. durch das vernehmende Hören und gebende Antworten in schöpfungsgemäßem Gebrauch seiner *Sprachvernunft*. *Sein Wesen hat der Mensch im Glauben, der mit seiner Vernunft identisch ist.*

Mit dieser These der Identität von Glaube und Vernunft, Vernunft und Glaube könnte ich schließen – wenn wir noch im Paradies lebten. Wenn die Sünde nicht wäre, bestünde kein Unterschied zwischen Glaube und Vernunft. Alle Menschen wären von Gott gelehrte¹¹ Theologinnen und Theologen, die ihm lobend ant-

---

6 Martin Luther, Erklärung des ersten Artikels des Glaubensbekenntnisses im Kleinen Katechismus (1529): BSELK 870,16 (BSLK 511,5).
7 Entsprechend kommt der in der Vernunft liegenden Freiheit nicht jene reine und „absolute Spontaneität" zu, die ihr Kant zuschreibt (KrV A 445–448). Vielmehr ist sie durch ein eigentümliches „Zwischen" bestimmt: Sie spielt zwischen Vorgabe und Aneignung, Empfangen und Überliefern.
8 Aristoteles, Politica I, 2,1253 a 7–10.
9 Vgl. Oswald Bayer unter Mitarbeit von Benjamin Gleede und Ulrich Moustakas, Vernunft ist Sprache. Hamanns Metakritik Kants, Stuttgart-Bad Cannstatt 2002.
10 Martin Luther, Disputatio de homine (1536), These 32; WA 39 I, 176,34f.
11 Vgl. 1Thes 4,9 (θεοδίδακτοι); Joh 6,45; Jes 54,13; Jer 31,33f.

worten und zusammen mit allen anderen Geschöpfen – samt den mitphilosophierenden Engeln – Schüler des einen Lehrers sind. Ohne Adams Fall, so schildert Melanchthon den locus amoenus der paradiesischen Vernunftlandschaft, wären alle Menschen von Natur aus Theologinnen und Theologen. Dann „würdest du sehen, dass der ganze Erdkreis nichts anderes wäre als eine geräumige und dicht bevölkerte theologische Schule. Und in diesem Paradies, gleichsam einem Garten oder einer philosophischen Säulenhalle, in einer wundersamen, reizenden Gegend, wären überall so viele miteinander sich lagernde und umherwandelnde Schüler – ihre Mitphilosophen die Engel, ihr HERR und Lehrmeister Gott selber"[12].

II.2 Die gebrochene Vernunft

Die ursprüngliche Einheit von Glauben und Vernunft ist nun aber zerbrochen – mit der Sünde. Der Bruch geschieht, indem die Wahrheit des Gotteswortes in Frage gestellt wird: „Ja, sollte Gott gesagt haben?" (Gen 3,1) Mit dieser Frage und in ihrem Gefolge mit dem Griff nach der Allmacht[13] *erwacht* nicht etwa erst die menschliche Vernunft, wie beispielsweise Kant und Schiller meinten;[14] mit ihr *erstirbt* vielmehr die Einheit, die sie mit dem Glauben bildet; mit ihr wird sie, ihre bleibend aufs Hören angewiesene Endlichkeit verleugnend, zur Unvernunft. Der Mensch läßt sich durch die Verheißung der Schlange: „Ihr werdet sein wie Gott!" (Gen 3,5) verführen. Er rebelliert gegen Gott, will selbst Schöpfer werden,[15] Gott leugnen und dessen Allmacht sowie zugleich dessen Freiheit übernehmen.

---

12 Philipp Melanchthon, De studiis theologicis (1538); CR 11, 41–50, hier 44 f. Treffender, weil mehrdimensionaler, beschreibt Hamann die paradiesische Kommunikationsgemeinschaft: s. o. Anm. 5.
13 Gen 2,17 (vgl. Gen 3,5) verbietet den Griff nach der Allmacht, der lebenspraktischen (vgl. Gen 4,1) „Erkenntnis des Guten und Bösen", d.h. von „allem" (vgl. Gen 24,50; Num 24,13; Dtn 1,39; 2Sam 14,17 u. a.).
14 Immanuel Kant, Mutmaßlicher Anfang der Menschengeschichte (1786); Friedrich Schiller, Etwas über die erste Menschengesellschaft nach dem Leitfaden der Mosaischen Urkunde (1790). Zum Sündenbegriff bei Kant, Fichte, Schiller, Schelling, Goethe, Hegel und Schleiermacher: Elfriede Lämmerzahl, Der Sündenfall in der Philosophie des deutschen Idealismus, Berlin 1934.
15 „Nicht kann der Mensch von Natur aus wollen, dass Gott Gott sei; vielmehr wollte er, dass er selbst Gott sei und Gott nicht Gott": „Non ,potest homo naturaliter velle deum esse deum', Immo vellet se esse deum et deum non esse deum" (Martin Luther, Cl 5, 321; anders als in der WA – 1,225 – ist hier der polemische Bezug mit dem in diese These eingebauten und von ihr bestrittenen Satz Biels und Duns Scotus' nachgewiesen).

Von einer abstrakten Vernunftfeindlichkeit im frommen evangelischen Lager wie von römisch-katholischer und von philosophischer Seite wird oft übersehen, dass solche Rede von der radikalen Korruption des urständlichen Vernunftgebrauchs sich bei Luther und in der durch ihn gestifteten protestantischen Tradition nicht auf die Vernunft schlechthin bezieht – als ob Luther ein „Misologe" wäre![16] –, sondern des genaueren auf ihr verkehrtes Urteil über das, was Mitte, Ursprung und Ziel des menschlichen Daseins betrifft,[17] also über das Gottesverhältnis und die Heilsfrage; in *diesen* Dingen, im Bereich der iustitia dei, der Gottesgerechtigkeit, sei die Vernunft eine „Hure"[18]. Anders, ganz anders aber im Bereich der iustitia civilis, der innerweltlichen juristischen, politischen, wissenschaftlichen, wirtschaftlichen, familialen und ehelichen Verhältnisse. Hier sei die Vernunft – wohlgemerkt: *nach* dem Fall – geradezu „etwas Göttliches": „divinum quiddam", wie Luther in der Disputatio de homine (1536) zuspitzt.[19]

Halten wir fest: So sehr zunächst (II.1) – im Blick auf das Paradies und das Eschaton – die *Identität* von Glaube und Vernunft herauszustellen war, so sehr geht es jetzt – im Blick auf den Zustand der Welt *nach* dem Fall – um eine *Unterscheidung*, die erst im Eschaton aufgehoben wird. Im Folgenden geht es um diese Unterscheidung und weitere Unterscheidungen im vielspältigen Verhältnis von Glaube und Vernunft *nach* dem Fall und *vor* dem Eschaton. Von ihnen aber läßt nicht ohne ein protologisches und eschatologisches Kriterium reden, das sich konkret freilich nur von der christologischen Mitte aus ergibt.

Zunächst aber ist nun näher auszuführen, was es besagt, wenn Luther die Vernunft einerseits als „Hure", andererseits als „etwas Göttliches" sieht.

Luther hat äußerst scharf gegen die Vernunft polemisiert – nämlich gegen jene pervertierte Vernunft, sich sich anmaßt, etwas vom homo peccator und deus

---

[16] „Der die Wissenschaft hasset, um desto mehr aber die Weisheit liebet, den nennt man einen *Misologen*" (Immanuel Kants Logik, hg. v. Gottlob Benjamin Jäsche. In: Kant, Werke in 10 Bänden, hg. v. Wilhelm Weischedel, Bd. 5, Darmstadt 1968, 449). Vgl. Platon, Laches 188 c 6; Phaidon 89 d 1–4; Politeia 456 a 4.
[17] In seiner Disputatio de homine (1536) spricht Luther der Philosophie, die den Menschen nur als animal rationale bedenkt, ab, seine causa efficiens und causa finalis – seinen Schöpfer und Richter bzw. Vollender – zu kennen: WA 39 I, 175,28–31 (Thesen 13 f).
[18] Vgl. paradigmatisch die philosophischen Thesen der Heidelberger Disputation (2. These mit Begründung: WA 59, 409,20–410,12; 1518).
[19] WA 39 I, 175,9 f (Disputatio de homine, 1536; These 4). Diese Hochschätzung der Vernunft in innerweltlichen Bereichen, im Bereich der iustitia civilis, hindert Luther nicht daran, gegebenenfalls auch hier eine Verkehrung, Verkennung und Verblendung der Vernunft zu diagnostizieren und von ihr als „Hure" zu reden – wie im Sermon vom ehelichen Leben (1522): „Wenn die kluge Hure, die natürliche Vernunft, welcher die Heiden gefolgt sind, wo sie am klügsten sein wollten, das eheliche Leben ansieht […]" (WA 10 II, 295,16–296,11; Text modernisiert).

iustificans, vom sündigenden Menschen und rechtfertigenden Gott, zu verstehen, die sich also anmaßt, in Sachen der Sünde, der Gnade und des Heils recht urteilen zu können. Sagt die ratio als aufrechnender und schlussfolgernder Verstand: „Du bist, was Du leistest und dir leisten kannst!", dann gilt: „fides occidit rationem";[20] der Glaube tötet die Vernunft. Er überwindet die unaufgeklärte, unerleuchtete, verblendete Vernunft, die sich daran stößt, dass statt des „Du bist, was Du leistest und dir leisten kannst!" gelten soll: „Du bist, was dir schlechthin gegeben ist!" Allein in dieser Hinsicht – der soteriologischen Hinsicht, im Blick auf das Heil, im Blick auf das Ganze unseres Daseins in der Welt – spricht Luther der gefallenen, der nicht mehr und noch nicht durch den Glauben erleuchteten Vernunft die Kompetenz radikal ab.

„Außerhalb von Christus", heißt es in der probatio zur zweiten der philosophischen Thesen der Heidelberger Disputation, sei das Philosophieren dasselbe, was der geschlechtliche Umgang außerhalb der Ehe ist: Hurerei. Wie die Geschlechtlichkeit „nur derjenige gut gebraucht, der verheiratet ist, so philosophiert nur der gut, der ein Narr, d. h. ein Christ, ist"[21].[22] Luther geht es um den rechten Umgang mit dem Wissen. Wer sich durch das Wort vom Kreuz zum Narren hat machen lassen, sucht in der vernünftigen Kommunikation nicht das Seine. Er ist von solcher Perversion vielmehr befreit und läßt in der Liebe sein Wissen dem Nächsten und dessen Not zugute kommen. Er will nicht seinen Ruhm, trachtet nicht nach Hohem, sondern hat einen Blick für das Niedrige;[23] er sieht die Geschichte von unten, aus der Perspektive der Armen und Elenden und gewinnt so teil an dem, was ich „messianische Vernunft"[24] nennen möchte. In der Sünde aber, im Unglauben, ist der die messianische Vernunft garantierende Schöpfer

---

20 WA 40 I, 359,7–373,2 (zu Gal 3,6 bzw. Gen 15,6; 1531). Dazu: Gerhard Ebeling, Fides occidit rationem. Ein Aspekt der theologia crucis in Luthers Auslegung von Gal 3,6. In: Ders., Lutherstudien, Bd. III, Tübingen 1985, 181–222.
21 WA 59, 409,20f (Die philosophischen Thesen der Heidelberger Disputation, 1518).
22 Im selben Sinne votiert Melanchthon in „De discrimine Evangelii et Philosophiae" (CR 12, 689–691). In einer Mahnung wie Kol 2,8 („Seht zu, dass euch niemand einfange durch Philosophie und leeren Trug, gegründet auf die Lehre von Menschen und auf die Mächte der Welt und nicht auf Christus.") sieht Melanchthon die Philosophie nicht als leeren Trug schlechthin abgetan, sondern unterscheidet Missbrauch von gutem Gebrauch – „so, wie wenn einer sagt: Laß dich nicht vom Wein einfangen, er nicht den Wein als solchen, sondern seinen Missbrauch tadelt" (CR 12, 689).
23 Vgl. Edgar Thaidigsmann, Gottes schöpferisches Sehen. Elemente einer Sehschule im Anschluß an Luthers Auslegung des Magnificat. In: NZSTh 29 / 1987, 19–38.
24 Es ist die Gerechtigkeit des Messias, in der er für die Armen und Elenden eintritt, für ihr (Lebens)Recht kämpft (vgl. paradigmatisch: Ps 72, bes. 1–4.12–14). Der Messias sorgt gegen die elementare Bedrohung durch das Chaos für die Weltordnung, die Maat. So ist der messianische Geist der wahre Logos, die wahre Vernunft.

und Richter verkannt. Die verblendete Vernunft tappt daneben, sie spielt Blinde Kuh mit Gott[25], so dass sie das Gott nennt, was nicht Gott ist, und Gott – am Kreuz und in der Krippe – nicht für Gott hält; „denn dass Jesus von Nazareth Christus" und damit Gottes Sohn „wäre, konnte niemand denken"[26], wenn er nicht durch den Heiligen Geist erleuchtet ist.

Umso erstaunlicher, dass trotz der Sünde die Vernunft, mit Luther zu reden, als „Erfinderin und Lenkerin aller [freien] Künste, der medizinischen Wissenschaft, der Jurisprudenz und all dessen, was in diesem Leben an Weisheit, Macht, Tüchtigkeit und Herrlichkeit von Menschen besessen wird"[27], wirkt und dass Gott nicht zuletzt durch sie diese vergehende Welt auf seine Zukunft hin bewahrt. Denn „selbst nach Adams Fall hat Gott der Vernunft diese Hoheit", ihren Herrschaftsauftrag (Gen 1,28), „nicht genommen, sondern vielmehr bestätigt"[28]. Im irdischen Bereich ist die Vernunft in der Tat „eine Sonne und eine Art göttlicher Macht, in diesem Leben dazu eingesetzt, all diese Dinge [der medizinischen Wissenschaft, der Jurisprudenz usw.] zu verwalten"[29]. Hier ist die ratio „Erfinderin", ja „Lenkerin"[30], Herrscherin, Königin. Die Vernunft innerhalb der Grenzen der bloßen iustitia civilis ist, weil ihrer Grenzen bewusst, auch ihrer Leistungsfähigkeit bewusst und, nicht zuletzt, ihrer Selbstgefährdung. Innerhalb ihrer Grenzen kann sie nicht hoch genug geschätzt werden. Sie ist jedoch von Absolutismen entlastet und auf diese Weise freigesetzt zu einer nüchternen Wahrnehmung und Verwirklichung des innerweltlich und innergeschichtlich Möglichen und Notwendigen.

Es ist keine Frage, dass die Vernunft innerhalb der Grenzen der bloßen iustitia civilis den Raum bestimmt, der Christen und Nichtchristen gemeinsam ist, in dem sie sich miteinander verständigen müssen, aber auch verständigen können; es ist der Bereich, in dem Gott, die sündige und vergehende Welt auf seine Zukunft hin erhaltend, sein weltliches Regiment – auch durch Gottlose – ausübt und in dem selbst – ja gerade – Christen, wie Luther in provozierender Schärfe sagt, die Wirtschaft gestalten, die Stadt verwalten und die Kinder erziehen müssen, „als wäre kein Gott da"[31].

---

25 Martin Luther, Der Prophet Jona ausgelegt (1526); WA 19, 206,31–207,13.
26 AaO, 207, 2f.
27 WA 39 I, 175,11–13 (Disputatio de homine, These 5).
28 Ebd. Z.20f (These 9). In dieser Vernunft überführt die Weisheit als Gesetz nicht der Sünde; sie wirkt vielmehr im Sinne des usus politicus legis – um in Kürze Luthers Bezeichnung (WA 40 I, 479, 17–480,31; bes. 479,30) zu gebrauchen.
29 WA 39 I, 175,18f (These 8).
30 Ebd., Z.11 (These 5).
31 Martin Luther, Der 127. Psalm, ausgelegt an die Christen zu Riga, 1524; WA 15, 373,3.

Freilich: Die bange Frage bricht auf, wie eine säkularisierte Gesellschaft der besagten Grenzen und damit ihrer Weltlichkeit innewird. Wenn allein der Glaube von Absolutismen entlastet, muß dann der Unglaube nicht eo ipso das Weltliche mit Heilserwartungen belasten und so den Vernunftgebrauch verkehren und zerstören? Sind dann Anmaßung und Verzweiflung, superbia und desperatio, nicht unausweichlich? Gibt es wahre Weltlichkeit ohne Religion? Oder wird Weltlichkeit ohne Religion selbst religiös? Es geschieht ja nicht selten, dass etwa die Liebe oder die Arbeit, der Sport oder die Nation religiös aufgeladen werden.

Die bange Frage, ob und wie eine säkularisierte Gesellschaft ihrer Grenzen und ihrer Endlichkeit innewird, hat in besonderer Weise Max Horkheimer umgetrieben: „Jedes endliche Wesen – und [auch] die Menschheit ist endlich –, das als Letztes, Höchstes, Einziges sich aufspreizt, wird zum Götzen, der Appetit nach blutigen Opfern hat"[32] – was Horkheimer, sachlich übereinstimmend mit der von Albert Camus gegebenen Charakterisierung des „revolutionären" Menschen, der das Absolute politisch ins Werk setzen will[33], mit dem Hinweis auf den kommunistischen und nationalsozialistischen Totalitarismus belegt[34], der kein humanes Maß mehr kennt. Für das humane Maß aber sorgt nach Horkheimer das Innewerden meiner eigenen Endlichkeit angesichts des Unendlichen. „Das Bewusstsein unserer [...] Endlichkeit" sei zwar „kein Beweis für die Existenz Gottes", doch könne es, wie Horkheimer ganz gegen sein sonstiges Urteil sagt, „die *Hoffnung* hervorbringen, dass es ein positives Absolutes gibt"[35]. Zugleich aber gilt umgekehrt: Dieses Wissen um die Endlichkeit des Menschen „ist nur möglich durch den Gedanken an Gott"[36], an das Unendliche.

Mit dieser Argumentation stellt sich Horkheimer der Sache nach – auch wenn er dies nicht ausdrücklich reflektiert – in die von der antiken meditatio mortis sich herschreibende Tradition des Rufes „Erkenne dich selbst!": Erkenne dich als Sterblichen – angesichts der Unsterblichen.[37] „Gibt es auf Erden ein Maß?" fragt

---

32 Max Horkheimer, Die Aktualität Schopenhauers. In: Ders., Zur Kritik der instrumentellen Vernunft, hg.v. Alfred Schmidt, Frankfurt/M. 1974, 248–268, hier 264. Vgl. u. Teil IV, Kap. 27: „Nicht ohne Skepsis", Anm. 91.
33 Albert Camus, Der Mensch in der Revolte (franz. 1951, Paris), Reinbek 1969.
34 Horkheimer (s.o. Anm. 32), 264 f.
35 Max Horkheimer, Die Sehnsucht nach dem ganz Anderen. Ein Interview mit Kommentar von Helmut Gumnior, Hamburg 1970, 56.
36 AaO, 57.
37 Vgl. besonders: Wolfgang Schadewaldt, Der Gott von Delphi und die Humanitätsidee (opuscula 23), Pfullingen 1965.

Hölderlin und antwortet: „Es gibt keines." [38] Die *Himmlischen* sind das Maß der Irdischen. So reicht die antike Tradition hinein in die Neuzeit. Als ein locus classicus dafür kann die dritte der Meditationen Descartes' gelten, in der Descartes den ersten seiner beiden Gottesbeweise führt. Danach kann sich der Mensch als Endliches, als finitum, nur unter Voraussetzung eines infinitum, eines Unendlichen, begreifen; umgekehrt schließt das Wissen um die eigene Endlichkeit die Idee eines Unendlichen ein.[39]

III Zweiter Versuch

Für die in einer ersten Ausführung entfaltete These von einer durch die Religion bestimmten Vernunft ist keine allseitige Zustimmung zu erwarten;[40] Kant und Hegel, Feuerbach, Marx, Nietzsche und Freud etwa stimmen nicht zu und bilden einen andern – freilich einen *jeweils* anderen[41] – Begriff von „Vernunft" und „Religion" aus.

Um zu einer differenzierteren Bestimmung des Verhältnisses von Glaube und Vernunft zu gelangen, die nicht nur binnenkirchlich und binnentheologisch diskutabel ist, versuche ich eine zweite Ausführung der These von einer durch die Religion bestimmten Vernunft.[42] Dabei berücksichtige ich im Ansatz die Irritation, die jene mit der ersten Ausführung dargelegte supralapsarische Einheit von Glaube und Vernunft stört und von der Rede des Papstes in Regensburg am 12. September 2006 mit deutlichem Unwillen berührt wurde, als er auf den mit Duns Scotus beginnenden spätmittelalterlichen Voluntarismus und damit auf die erste der drei Wellen einer von ihm diagnostizierten „Enthellenisierung" hin-

---

38 Friedrich Hölderlin, In lieblicher Bläue [...]. In: Ders., Sämtliche Werke, Kleine Stuttgarter Ausgabe, hg. v. Friedrich Beißner, Bd. 2, 1953, 372–374, hier 372 (Es ist umstritten, ob dieser Text Hölderlin zuzuschreiben ist).
39 Rene Descartes, Meditationes de prima philosophia (1641), lat.-dt. Ausgabe, hg. v. Lüder Gäbe (PhB 250a) Hamburg 1959, 22–24.
40 Vgl. immerhin: Gesine Schwan, „Mut zur Weite der Vernunft". Braucht Wissenschaft Religion?. In: Benedikt XVI. (s. u. Anm. 43), 33–75 und Dies., Wissenschaft braucht Religion!. In: CICERO. Magazin für politische Kultur, 3/ 2007, 78–80.
41 Zum Problem der Einheit der Vernunft und der Pluralität der „Vernünfte": Oswald Bayer, Schriftautorität und Vernunft. In: Autorität und Kritik. Zu Hermeneutik und Wissenschaftstheorie, Tübingen 1991, 39–58, hier 39–41 sowie: Vernunft ist Sprache (s. o. Anm. 9).
42 Diese Ausführung ist weithin identisch mit Passagen meiner Tübinger Abschiedsvorlesung von 2005: „Die Vielheit des einen Gottes und die Vielheit der Götter" (s. u. Anm. 47).

wies,⁴³ die für ihn bei den Reformatoren zum Zuge kommt.⁴⁴ Gemeint ist die Rede von der Allmacht, in der Gott auch Böses wirkt. Sie stellt die Stimmigkeit der supralapsarischen Einheit von Glaube und Vernunft insofern in Frage, als sie – vor allem von den biblischen Klageliedern und dem Hiobbuch her – auf Gottes reine Schöpfergüte Schatten wirft, die nicht von der menschlichen Sünde herrühren; es gibt nur wenige Theologen, die dieses Problem nicht umgehen. Erst recht bereitet es philosophischem Verstehen extreme Schwierigkeiten und wird spätestens seit Plato als unvernünftig abgelehnt.⁴⁵

Läge die Zustimmung zur These von einer durch die Religion bestimmten Vernunft vor, brächen schwerwiegende Unterschiede in der Beantwortung der Frage auf, wie denn der umfassende Begriff, der der „Religion", des Näheren zu bestimmen sei. Dazu gibt es keinen Konsens.⁴⁶ Mein Vorschlag geht nun dahin, zur Bezeichnung dessen, was als „Religion" gelten kann, die Aufmerksamkeit auf das mehrdeutige Metaprädikat der „Allmacht" zu richten.⁴⁷ Es ermöglicht dem Theologen angemessener und aufschlussreicher als etwa die Rede von „schlechthinniger Ursächlichkeit" oder von „Unendlichkeit" die kritische Bezugnahme auf Religionswissenschaft wie Religionsphilosophie. So kann das Metaprädikat der Allmacht eine erste und vorläufige Umschreibung des als nomen appellativum, als Allgemeinname, verstandenen Wortes „Gott", wie sie etwa mit der harmlos klingenden Wendung „alles bestimmende Wirklichkeit" gebraucht wird, in ihrer wahren Bedeutung erschließen: „Wirklichkeit" wird dann als „Wirksamkeit", ja als „Wirkmacht" verstanden; bei „Gott" und den „Göttern"

---

43 Benedikt XVI., Glaube, Vernunft und Universität. Erinnerungen und Reflexionen. In: Glaube und Vernunft. Die Regensburger Vorlesung. Vollständige Ausgabe. Kommentiert von Gesine Schwan, Adel Theodor Khoury, Karl Kardinal Lehmann, Freiburg/Basel/Wien o.J. 2006, 11–32, hier 20 f.
44 AaO, 23 f.
45 Es sei unerträglich und unvernünftig, dass Homer in der Ilias (XXIV, 525–533) von zwei Fässern, einem Faß des Guten wie einem Faß des Bösen, redet – als ob „Zeus uns ein Spender sei ,des Guten wie des Bösen'" (Platon, Politeia 379e; vgl. 380b/c sowie 379b, 617e und Theaitet 176b/c). Wenn – wie etwa nach dem Buch Hiob (40,1–41,25) – schon zur ursprünglichen Schöpfung auch das Gott- und Menschenwidrige gehört, können die metaphysischen Transzendentalien des „unum" und „bonum" in der Theologie nicht mehr ungebrochen bestimmend sein. Daß schon in der ursprünglichen Schöpfung „Leben und Tod, Herrlichkeit und Grausamkeit miteinander verbunden" sind, betont, in der Nachfolge Luthers, Knud E. Løgstrup, Schöpfung und Vernichtung. Religionsphilosophische Betrachtungen (Metaphysik 4), Tübingen 1990, 69.
46 Zur offenen Diskussion prägnant: Ernst Feil, Art. „Religion.I. Zum Begriff", RGG⁴, Bd. 7 (2004), 263–267.
47 Vgl. zum Folgenden: Oswald Bayer, Die Vielheit des einen Gottes und die Vielheit der Götter. In: Ders., Zugesagte Gegenwart, Tübingen 2007, 95–110, hier 102 f (dort [Anm. 26–28] auch der Nachweis der Zitate).

geht es dann um die Frage, wer die Macht hat, wer das erste und letzte Wort spricht, wer sein Versprechen halten und seine Drohung wahr machen kann, wer also wahr, nämlich zuverlässig ist, Recht behält und rettet – im Unterschied zu den Göttern, die nicht retten können.

Es liegt auf der Hand, dass damit schon innerhalb einer bestimmten Perspektive geredet ist, die sich mir aus den Texten der Bibel erschlossen hat; ein Buddhist wird in der Explikation seines Religionsverständnisses wohl kaum so einsetzen. Der Vorschlag ist gleichwohl von heuristischer Kraft. Er ermöglicht es, in ein Gespräch jedenfalls mit dem Judentum und Islam einzutreten, durchaus aber auch mit dem Buddhismus. Zwar lassen sich die Religionen nicht auf eine umfassende Einheit hin transzendieren oder – in transzendentalem Rückgang – auf eine allen zugrunde liegende Einheit zurückführen; jede Religion hat ihr je eigenes historisches Apriori, ihre je eigene Textwelt und Lebensform, die unhintergehbar die jeweilige Perspektive und Orientierung bestimmen.[48] Aber Analogien, funktionale Äquivalente, Berührungen und Überschneidungen lassen sich finden. Sie machen ein Gespräch möglich, das, wenn es unausweichlich ist, zu einem Streitgespräch, ja zu einem Kampf um gegenseitige Anerkennung wird. Darin spielen kritische Vermittlungsbegriffe eine entscheidende Rolle – wie der der Allmacht, den ich hervorheben möchte.

Wer, wie auch Luther es getan hat, mit dem Begriff der „Allmacht" den übergeordneten Gesichtspunkt für das Verständnis von „Religion" gewinnt, packt gleichsam den Stier bei den Hörnern. Leichter scheint es, etwa mit Whitehead Gottes Schöpfung und Errettung „in der geduldigen Ausübung der überwältigenden Rationalität seiner begrifflichen Harmonisierung" zu sehen[49] oder die Synthese von Vernunft und Glaube auch für die Situation nach dem Fall so in Anschlag zu bringen, wie Benedikt XVI. es tut.[50] Damit aber wird das intrikate Verhältnis von Intellekt und Wille, Weisheit und Macht sowohl in der Gotteslehre wie anthropologisch nicht gründlich bedacht. Der Horizont wird zu eng; realitätsblind wird die Macht der Sünde, die offene Wunde der Theodizee,[51] erst recht

---

48 Zu dem damit angesprochenen Religionsbegriff: Oswald Bayer, Theologie (HST 1), Gütersloh 1994, 517–521 (Theologie als Religionswissenschaft) sowie Ders., Gott als Autor. Zu einer poietologischen Theologie, Tübingen 1999, 244f und 247.
49 Alfred North Whitehead, Prozeß und Realität. Entwurf einer Kosmologie, Frankfurt/M. 1979, 618.
50 Glaube, Vernunft und Universität (s.o. Anm. 43).
51 Mit der Frage der Theodizee ist seit Plato (Politeia 617e; vgl. o. Anm. 45) der äußerste Horizont gegeben, in dem sich alle Formen theologischer Wissenschaft bewegen – und mit ihnen alle nur denkbaren Formen zusammenhängenden Wissens, die den Namen „Wissenschaft" verdienen. In der Stellungnahme zur Frage der Theodizee hat jede Wissenschaft den Prüfstein, an dem sie ihre Qualität erweist. Mit dieser These fällt christliche Theologie nicht etwa von außen in philoso-

aber die Prädestination zum Unglauben zusammen mit der ganzen Wucht der schrecklichen Verborgenheit Gottes verkannt.

Wer dagegen mit dem Begriff der Allmacht einsetzt und an ihm festhält, macht es sich so schwer wie nötig, indem er sich der Aporie stellt, die Hans Jonas klar und scharf so formulierte: „Göttliche Allmacht kann mit göttlicher Güte nur zusammen bestehen um den Preis gänzlicher göttlicher Unerforschlichkeit, d. h. Rätselhaftigkeit. Angesichts der Existenz des Bösen oder auch nur des Übels in der Welt müssten wir Verständlichkeit in Gott der Verbindung der beiden andern Attribute aufopfern."[52] Jonas hält streng an Gottes Verstehbarkeit fest und gibt die Rede von Gottes Allmacht preis. Luther dagegen hält sowohl an Gottes Güte wie an seiner Allmacht fest und zugleich an Gottes Einheit, muß dabei aber spannungsvolle Unterscheidungen treffen und im Blick auf das Problem der Theodizee und der Prädestination zum Unglauben Gottes Unbegreiflichkeit – in der Klage – bis zum Jüngsten Tage aushalten, an dem das Licht der Herrlichkeit diese Unbegreiflichkeit aufklären wird.[53]

Die wahrzunehmenden und auszuhaltenden spannungsvollen Unterscheidungen sind die folgenden:

- *erstens* die zwischen der Schöpfung und ihrer Verkehrung,
- *zweitens* die zwischen dieser Verkehrung und der gleichwohl waltenden Langmut Gottes, der diese sündige und vergehende Welt kraft seines „weltlichen" Regimentes im „politischen Gebrauch des Gesetzes" (politicus usus legis) durch menschliche Vernunft – nicht nur in deren Sorge für das Recht und den Frieden, sondern im Zusammenhang der gesamten menschlichen Kultur, aller ihrer Sphären – auf seine Zukunft hin erhält,
- *drittens* die Unterscheidung zwischen dem usus elenchticus legis – der der Sünde überführenden, sie anklagenden und verdammenden Funktion des heiligen, gerechten und guten Gottesgesetzes, das sich im Doppelgebot der Liebe zusammenfasst – und der kraft des Heilswerks Jesu Christi geschehenden Sündenvergebung als Neuschöpfung, also dem Evangelium,
- *viertens* zwischen dem in Jesus Christus offenbaren und dem schrecklich verborgenen Gott und
- *fünftens* die Unterscheidung zwischen Glauben und Schauen (2Kor 5,7), d. h. zwischen dem angefochtenen und dem unangefochtenden Glauben, für den

---

phische Fragestellungen ein, sondern sieht sich mit diesen in einem gemeinsamen Streitraum, der von Seiten der Philosophie schon seit Plato und Aristoteles eröffnet ist.
52 Hans Jonas, Der Gottesbegriff nach Auschwitz. Eine jüdische Stimme. In: Ders., Philosophische Untersuchungen und metaphysische Vermutungen, Frankfurt/ M. 1994, 202 f.
53 Martin Luther, de servo arbitrio (1525); WA 18, 785,20–38.

Gottes Gerechtigkeit nicht mehr unverständlich, sondern durchsichtig ist, der sie – im Licht der Herrlichkeit – schaut.

Die protestantische, jedenfalls die lutherische Perspektive unterscheidet sich nicht zuletzt von römisch-katholischen wie zugleich auch von neuprotestantischen Perspektiven dadurch, dass sie die eben genannten Spannungen nicht – etwa im Gebrauch des Schemas von Natur und Gnade – entschärft, sondern aushält. Dies bedeutet, dass auch die durch den Glauben erleuchtete, die aus ihrer Verkehrung zurechtgebrachte, neu geschaffene Vernunft die Vielheit und Verschiedenheit, in welcher der eine Gott uns widerfährt, nicht von vornherein in eine immer schon gegebene oder denkbare *Einheit* zurückführen und in ihr aufgehoben sehen kann, um auch an sperrigen Phänomenen vorbei und über sie hinweg eine theoretische Letztbegründung zu erreichen. Zwar können und müssen Christen sich selber und Nichtchristen von ihrem Glauben „Rechenschaft geben" (λόγον διδόναι (logon didonai); vgl. 1Petr 3,15); das ist dem Glauben, der durch den Logos geschaffen ist, wesentlich. Doch muß er, der als durch den Logos geschaffene auf das Erkennen aus ist (fides quaerens intellectum), sich keineswegs unter jenen herrscherlichen Willen zur Einheit beugen, den die Vernunft der Metaphysik seit Aristoteles ungebrochen bejaht: „Die Dinge wollen aber nicht schlecht regiert werden" heißt es im Schlusssatz der später so genannten „Metaphysik" des Aristoteles. „„Nicht gut ist die Herrschaft von vielen; einer sei Herrscher"".[54] Zitiert ist damit ein Wort der Ilias (II, 204) eine Akklamation, mit der Agamemnon als der eine Herrscher und Heerführer anerkannt werden soll. Aristoteles überträgt damit das monarchische Prinzip aus der Sphäre des Politischen auf die Weltordnung, die als „göttlich" prädiziert wird.

Diesem Einheitsbegriff der Metaphysik kann die Theologie nicht folgen; sie kann sich nur metakritisch auf ihn beziehen, muß dies aber auch tun.[55] Statt sich dem metaphysischen Einheitsbegriff zu fügen, gilt es, die bezeichnete *Vielheit* und Verschiedenheit existentiell wie auch im Denken als *irreduzibel* wahrzunehmen – interimistisch freilich, d. h. solange wir noch nicht, im Schauen, am Ziel, sondern, im Glauben, auf dem Weg sind, den zu gehen Zeit braucht. In dieser Wahrnehmung gilt der Programmsatz „fides quaerens intellectum" auf ihre Weise durchaus. Doch grundlegender ist der Satz, der ihm voraus liegt: Tentatus bzw. tentata quaerens certitudinem; der bzw. die Angefochtene sucht nach Gewißheit.

In der Wahrnehmung der in via irreduziblen Verschiedenheit – auf die wir jetzt nochmals achten wollen – ist jener Verschränkung der Zeiten Rechnung zu

---

54 Aristoteles, Metaphysik, 1076 a. Vgl. o. Anm. 41.
55 Vgl. u. Teil IV, Kap. 27: „Nicht ohne Skepsis".

tragen, in der wir leben: Das gegenwärtig – im Wort vom Kreuz – sich mitteilende Heil verbürgt die kommende Vollendung der Welt und läßt den Widerspruch der leidenden und seufzenden Kreatur der alten Welt zur zugesagten Schöpfung, der neuen Welt, mit Schmerzen erfahren. Dieser Verschränkung der Zeiten durch den Bruch hindurch entsprechend widerfährt Gott in verschiedener – in vierfacher – Weise: Er widerfährt in seinem Zorn, in dem er der Sünde überführt, anders als in seiner vergebenden Liebe, anders auch in seiner Langmut, in der er, im weltlichen Gebrauch des Gesetzes, die alte Welt auf seine Zukunft hin erhält, erst recht aber in seiner schrecklichen Verborgenheit, in der er – für uns unentwirrbar – Leben und Tod, alles in allem wirkt.[56]

Im Bezug auf diese vier für uns irreduziblen Widerfahrnisse Gottes zeigt sich eine Stufung der Gemeinsamkeit zwischen Christen und Nichtchristen – bis hin zu einer Scheidung. Indem wir auf diese Stufung blicken, bietet sich uns die notwendig differenzierte protestantische Stellungnahme zur Frage der „Vernunft der Religion" – „die" protestantische Stellungnahme meint: diejenige Stellungnahme, die ich als lutherischer Theologe zu verantworten bereit bin. Sie ist von der Sache her notwendig differenziert und kann nicht vom einfachen Modell einer Komplementarität von Glaube und Vernunft bestimmt sein.

Die größte Gemeinsamkeit zwischen allen Menschen besteht in der Erfahrung der schrecklichen Verborgenheit dessen, der in seiner Allmacht alles in allem wirkt: Licht und Finsternis, Lebensgewährung und Lebensversagung, Glück und Unglück, Leben und Tod. Der Schrecken dieser Verborgenheit hat seine Pointe darin, dass ich nicht weiß, wie ich mit der mir widerfahrenden Allmacht dran bin; ihre Uneindeutigkeit reißt mich in den Strudel der Ungewissheit. Begegnet mir ein überwältigendes dunkles Es als stummes und taubes, unerbittliches Schicksal – fascinosum und tremendum zugleich? Vischnu in seiner Güte und zugleich Kali, die zerstört? Die Erfahrung der schrecklichen Verborgenheit der Allmacht, ihrer Uneindeutigkeit, verbindet Nichtchristen mit Christen – auch wenn diese die Verborgenheit schärfer noch als andere empfinden, weil sie von dem Gott gehört haben, der eindeutig Liebe ist.

Verbunden sind Christen und Nichtchristen auch in jenem eher leisen Widerfahrnis Gottes, in dem er langmütig die gefallene und korrumpierte Welt durch die menschliche Vernunft, vor allem durch Ethos und Recht erhält: mit dem usus politicus legis. In diesem Zusammenhang läßt sich denn auch – besonders von der Goldenen Regel (Mt 7,12) her – der Wahrheitskern des Gedankens eines

---

56 Vgl. Martin Luther, de servo arbitrio (1525); WA 18, 685,331–34. Die fraglichen Phänomene werden plastisch dargestellt von Thomas Reinhuber, Kämpfender Glaube. Studien zu Luthers Bekenntnis am Ende von De servo arbitrio (TBT 104), Berlin/New York 2000, 114–150.

„Weltethos" finden und würdigen; nicht zufällig haben die Reformatoren den Dekalog und die lex naturae zusammengesehen, ja: die lex naturae dem Dekalog sogar vorausgesetzt. Christen protestieren freilich, wo die Notordnung des Rechts, Gabe dessen, der auch die gefallene Welt nicht fallen läßt, hypostasiert wird, vor allem aber, wo Repräsentanten staatlicher Macht – wie römische Cäsaren – göttliche Verehrung beanspruchen und damit endliche und fehlsame Geschöpfe (1Petr 2,13) sich verabsolutieren. Sie protestieren, wo die Sphäre des Politischen mit Heilserwartungen aufgeladen wird; sie protestieren, wo die Abgötterei der Selbstrechtfertigung beginnt und beispielsweise die Liebe zur Heimat zum Götzen Nationalismus wird.

Noch prekärer als im usus politicus legis ist die Gemeinsamkeit zwischen Christen und Nichtchristen im usus elencticus legis – in jenem Widerfahrnis, in dem der eine wahre Gott Sünde aufdeckt, der Sünde überführt, indem er anklagt und verurteilt. Auch alle Nichtchristen kennen – in welcher Gestalt auch immer – die Erfahrung der Differenz zwischen Sein und Sollen, Fakt und Norm; sie kennen das Phänomen des „Gewissens" samt den „Gedanken, die einander anklagen oder auch entschuldigen" (Röm 2,15). Wer sich freilich selbst rechtfertigen will, sei er Christ oder Nichtchrist, erliegt damit der schlimmsten Abgötterei.

Davon geheilt werde ich nur durch das Evangelium, durch das vierte und letzte, das endgültige Widerfahrnis des einen wahren Gottes, das den Nichtchristen vom Christen unterscheidet, so sehr es gerade jedem Nichtchristen gilt. Das Evangelium ist es ja, was den Christen überhaupt erst zum Christen macht; es kann anderswo und anderswie als eben durch sich selbst nicht gefunden, nicht angetroffen werden – auch nicht in Spuren und Analogien. Denn das Evangelium ist mit einem Eigennamen identisch. „In keinem andern ist das Heil, auch ist kein anderer Name unter dem Himmel den Menschen gegeben, durch den wir sollen selig werden" als allein der Name Jesu Christi (Act 4,12; vgl. Joh 14,6). Das Evangelium kann in den ersten drei Widerfahrnissen und damit auch in der Erfahrung der Nichtchristen schon deshalb nicht impliziert sein, weil es die eschatische Kraft ist, die durch ihre Eindeutigkeit die Ambivalenzen jener Widerfahrnisse erst überwindet – freilich nicht so, dass es vor ,dem Eschaton nicht selbst missverstanden werden könnte.

4 Adam, wo bist Du?

Adam, wo bist Du? Die Frage zielt in die Höllenfahrt der Selbsterkenntnis. Um der Wahrheit willen gilt es der Frage, die wir uns selbst sind und die uns aus Gottes Munde entgegenkommt, standzuhalten – der Frage nach dem Ort unseres Menschseins: Adam, wo bist Du?

Mit der Antwort dürfen wir es uns nicht so leicht machen, wie das neue Evangelische Gesangbuch, das diese Frage im einschlägigen Lied des Nürnberger Ratsschreibers Lazarus Spengler (1479 – 1534) einfach übergeht, um sofort mit der Antwort einzusetzen.[1] Als unerträglich und unzumutbar wurde der Anfang des Liedes kurzerhand gestrichen, er lautete:

> „Durch Adams Fall ist ganz verderbt / Menschlich Natur und Wesen; / Dasselb Gift ist auf uns geerbt, / dass wir nicht konnten g'nesen / ohn Gottes Trost der uns erlöst hat / von dem großen Schaden, / darein die Schlang Eva bezwang, / Gott's Zorn auf sich zu laden."[2]

Zugegeben: ein starker Tobak! Es prasselt nur so von knallharten Begriffsbrocken: Adams „Fall", sein Sturz; die völlige „Verderbnis" der menschlichen Natur, des menschlichen Wesens; „Gift", „auf uns geerbt", also „Erbsünde": unheilbar, ein Radikalschaden – und in alledem: Gottes „Zorn". Sollen wir uns diese Attacke gefallen lassen? Oder sie einfach übergehen, wie es das neue Gesangbuch getan hat? Jedoch: sollen solche Stolpersteine[3] von vornherein aus dem Weg geräumt werden, so dass es schon gar nicht mehr zu einer bohrenden Nachfrage und damit vielleicht zu einer aufschlussreichen Entdeckung und Einsicht kommt? Christentum light?

Adam, wo bist Du? Diese Frage macht es uns gewiss nicht leicht. Doch stellt sie sich unausweichlich. Wir wollen sie in ihrem biblischen Zusammenhang hören und achten dazu auf Gen 2,16 – 17 und 25 sowie auf Gen 3,1 – 11:

> (2,16) Und Gott der HERR gebot dem Menschen und sprach: Du darfst essen von allen Bäumen im Garten; (17) aber von dem Baum der Erkenntnis des Guten und Bösen sollst Du nicht essen; denn an dem Tage, da Du davon issest, mußt Du des Todes sterben. (25) Und sie waren beide nackt, der Mann uns seine Frau, und schämten sich nicht.

---

1 EG 612,1 (Christ ist der Weg, das Licht …): vierte Strophe des ursprünglichen Liedes (EKG 243).
2 EG 243,1.
3 Der Verstümmelung des Liedes von Lazarus Spengler entspricht genau die umstandslose Auslassung von Ps 51,7 („Siehe, ich bin in südlichem Wesen geboren, und meine Mutter hat mich in Sünden empfangen."), des locus classicus für die Lehre von der „Erbsünde", im Psalmengebet der evangelischen Kirche. Vgl. EG 727. Vgl. Luthers Ich, ich, ich… in: Oswald Bayer, Martin Luthers Theologie. Eine Vergegenwärtigung, Tübingen (2003) ⁴2016, 173 – 175.

(3,1) Aber die Schlange war listiger als alle Tiere auf dem Felde, die Gott der HERR gemacht hatte, und sprach zu der Frau: Ja, sollte Gott gesagt haben: Ihr sollt nicht essen von allen Bäumen im Garten? (2) Da sprach die Frau zu der Schlange: Von den Früchten der Bäume im Garten dürfen wir essen; (3) aber von den Früchten des Maumes mitten im Garten hat Gott gesagt: Esset nicht davon, rühret sie auch nicht an, dass ihr nicht sterbet! (4) Da sprach die Schlange zu der Frau: Ihr werdet keineswegs des Todes sterben, (5) sondern Gott weiß: an dem Tage, da ihr davon esset, werden eure Augen aufgetan, und ihr werdet sein wie Gott und wissen, was gut und böse ist.

(6) Und die Frau sah, dass von dem Baum gut zu essen und dass er eine Lust für die Augen wäre und verlockend, weil er klug machte. Und sie nahm von der Frucht und aß und gab ihrem Mann, der bei ihr war, auch davon, und er aß. (7) Da wurden ihnen beiden die Augen aufgetan, und sie wurden gewahr, dass sie nackt waren, und flochten Feigenblätter zusammen und machten sich Schurze. (8) und sie hörten Gott den HERRN, wie er im Garten ging, als der Tag kühl geworden war. Und Adam versteckte sich mit seiner Frau vor dem Angesicht Gottes des HERRN unter den Bäumen im Garten. (9) Und Gott der HERR rief Adam und sprach zu ihm: Wo bist Du? (10) Und er sprach: Ich hörte dich im Garten und fürchtete mich; denn ich bin nackt, darum versteckte ich mich. (11) Und er sprach: Wer hat dir gesagt, dass Du nackt bist? Hast Du gegessen von dem Baum, von dem ich dir gebot, Du solltest nicht davon essen?

I Sich verstecken

Ein Kind läuft weg und versteckt sich. Die Mutter geht auf die Suche; sie sucht und ruft: „Wo bist Du denn?" „Wo bist Du denn?" Die Mutter liebt das Kind; sie sorgt sich um das Kind. Ihre Liebe und Sorge lassen sie rufen, versetzen sie in Bewegung. Sie läßt das Kind nicht dort, wohin es weggegangen ist; sie geht ihm vielmehr nach und will es mit ihrem Rufen finden, mit ihm wieder zusammensein.

So ist der Gott der Bibel: ein suchender und rufender Gott; „unser Gott kommt und schweigt nicht" (Ps 50, 3). Er sucht und ruft; er läuft dem wie Jona weglaufenden und sich versteckenden Adam nach, weil er ihn vermisst und Sehnsucht nach ihm hat – so wie in Jesu Gleichnis der Vater den verlorenen Sohn von weitem sieht und ihm entgegenläuft (Lk 15,20). Von selber würde Adam nie aus seinem Versteck herausfinden. Ja, von selber würde der nicht einmal wissen, weshalb er sich schämt und sich versteckt. Das muß ihm durch den suchenden und rufenden Gott erst gesagt werden. Das erkennt er in seinem Versteck vor sich selbst nicht, denn dort ist es dunkel. Das erkennt er allein im hellen Licht von Gottes Angesicht, vor dem er sich aber gerade versteckt; weshalb er sich schämt und versteckt, das erkennt er allein vor Gott, der ihn stellt, indem er ihn ruft und fragt: „Adam, wo bist Du?"

Die Antwort auf diese Frage soll natürlich nicht den Fragenden belehren. Als ob der nicht Bescheid wüsste! Die Frage will vielmehr den Angerufenen zur Besinnung und Antwort bringen. Er soll sich vor dem Angesicht Gottes über seinen Ort klar werden. Dazu wird ihm durch die Frage Freiheit und Gelegenheit gegeben. Gott respektiert den Menschen als Person, indem er mit seiner Frage sozusagen ein ordentliches Gerichtsverfahren eröffnet: Adam darf sich verantworten, muß dies aber auch. Gottes Frage ermächtigt zur Antwort, nötigt zugleich aber auch zu ihr. „Wo bist Du?" und zugleich immer auch: „Wo ist Dein Bruder?" (Gen 4,9), Dein Mitmensch? Beide Fragen gehören so unauflöslich zusammen wie das Doppelgebot der Liebe. „Wo bist Du? Wo ist Dein Mitmensch?" Diese Doppelfrage stellt mich. Ich werde angesprochen, mit meinem Namen genannt. Ich kann nicht ausweichen; eine Flucht ist unmöglich, wenn Gott mich anruft und stellt, mich gnädigerweise nicht im Dunkel meines Verstecks läßt, sondern mich herausholt. Gottes Anruf ist unausweichlich; ich kann ihm nicht entfliehen. Denn: „Wo soll ich hingehen vor Deinem Geist, und wo soll ich hinfliehen vor Deinem Angesicht? Führe ich gen Himmel, so bist Du da. Bettete ich mir in die Hölle, siehe, so bist Du auch da. Nähme ich Flügel der Morgenröte und bliebe am äußersten Meer" (Ps 139,7–9), so würde auch dort Deine Frage mich suchen und finden.

II Ver-rückt

„Adam, wo bist Du?" An welchem Ort? Nicht dort, wohin Du ursprünglich – als mein Geschöpf – gehörst, wohin ich Dich gesetzt, eingesetzt habe: um den Garten zu bebauen und zu bewahren (Gen 2,15), Dich Deines Lebens mit Deinen Mitmenschen und den anderen Mitgeschöpfen zu freuen und dabei Deine Existenz als verdankte wahrzunehmen. Dort bist Du nicht, vielmehr verrückterweise verrückt: an einen anderen Ort ver-setzt. Nicht durch ein Schicksal, nicht durch ein Verhängnis von außen, sondern durch selbsteigene Entscheidung und Tat.

Was ist geschehen? Was geschieht noch immer – jeden Tag, ist doch die Urgeschichte, auf die wir hören, Gegenwartsgeschichte: Adam, jeder Mensch, Mann und Frau, wird gefragt: „Wo bist Du? Wo ist Dein Mitmensch?" In welche Geschichte gehört diese Frage hinein? In die ganze Geschichte meines eigenen Lebens und der Weltgeschichte! Diese Geschichte fing und fängt nach Gottes Willen, Wort und Werk nicht mit des Menschen Griff nach der verbotenen Frucht an. Sie fing und fängt vielmehr mit der überströmenden Güte und Freundlichkeit Gottes an, der dem Menschen eine ihm zuvor bereitete (vgl. Eph 2,10) Welt eröffnet: „Von dem allem darfst Du nehmen und essen! Hör, sieh, greif zu: Nimm hin und iß, laß Dir meine Freundlichkeit schmecken: Leben und volles Genüge!" (vgl. Gen 2,16). *Unser ursprünglicher Ort ist mitten im Paradies*: Wir sind zu aufrechten Geschöpfen geschaffen, die sich mit klarem Blick nach vorne wach und aufmerksam ganz dem gegebenen Leben hingeben – nicht auf sich selbst reflektiert, nicht auf sich selbst zurückgebogen, in diesem Sinne also selbstvergessen: „Und sie waren beide nackt, der Mann und seine Frau, und schämten sich nicht." (Gen 2,25) Sie sind nicht, in der Scham, auf sich selbst zurückgeworfen, in sich selbst verkrümmt und verbohrt, sondern sehen im Blick auf Gottes Angesicht von sich selbst ab und bewegen sich unbefangen in der ihnen von Gott eröffneten Welt. Und wenn die durch Gottes Zusage geschehende große Freigabe des Lebensraumes, von allem zu nehmen, zu essen und es sich schmecken zu lassen, fest mit einem strengen Verbot verbunden ist – „aber von dem Baum der Erkenntnis von gut und böse sollst Du nicht essen, denn an dem Tage, da Du davon issest, wirst Du des Todes sterben" (Gen 2,17) –, dann will Gott mit diesem strengen und strikten Verbot dem Menschen nicht etwa etwas Gutes vorenthalten, sondern ihn durch diese Todesdrohung vor einem selbstverschuldeten Tod schützen: Er will den Menschen davor schützen, vom Baum der Erkenntnis von gut und böse zu essen. Was besagt dies?

Das hebräische Wort für „erkennen" meint nicht distanziertes Hinsehen, Beobachten und Reflektieren, sondern ein lebenspraktisches Innewerden des Erkannten; Adam „erkannte" seine Frau Eva und sie wurde von diesem Erkanntwerden schwanger (Gen 4,1). „Erkenntnis" ist also ein Innewerden des Erkannten, ja: im intimen Umgang mit ihm ein seiner mächtig Werden. Und „gut und böse" ist im Alten Testament an vielen Stellen die zweiseitige Wendung für „alles"[4]; von einem allseits Gebildeten etwa heißt es, dass er „gut und böse" kennt. So ist die „Erkenntnis von gut und böse" nichts anderes als „Allmacht". Gottes strenges und striktes Verbot verbietet uns also den Griff nach der Allmacht, den Versuch, die Grenzen unseres Geschöpfseins aufzuheben, unsere Endlichkeit und Irrtumsfähigkeit zu verkennen und zu überspielen. Verbot und Todesdrohung Gottes widersprechen nicht seiner neidlosen und großzügigen Freigabe, sondern stärken und schützen sie; sie sind reine Fürsorge: Verfalle nicht der Hybris, verfalle nicht etwa dem Gedanken, nach der Allmacht zu greifen. Du wirst dabei alles verlieren – so wie am Ende Ilsebill, die Frau des Fischers, im Märchen. Ja, Du wirst Dein Leben verlieren. Übernimm Dich nicht. Verfalle nicht dem Größenwahn. Sonst sägst Du den Ast, auf dem Du sitzst, selbst ab. Du wirst unfehlbar herunterfallen und Dir den Hals brechen. „Von dem Baum der Erkenntnis von gut und böse sollst Du nicht essen, denn an dem Tage, da Du davon issest, wirst Du des Todes sterben!" Mit diesem Verbot samt der Todesdrohung will der gütige und barmherzige Schöpfer uns, sein Geschöpf, vor der Hybris wie der mit ihr verschwisterten Verzweiflung bewahren.

---

4 Vgl. z. B. 2Sam 14,17.20 und weiter o. Kap. 3, Anm. 13.

III In Frage gestellt

Nun aber geschieht es – unbegreiflicherweise! – , dass diese Fürsorge Gottes, mit der er das Leben schützen und vor tödlicher Hybris und tödlicher Verzweiflung bewahren will, in Frage gestellt und verdächtigt wird. Als ob Gott dem Menschen etwas – gar das Schönste, Größte und Beste – *nicht* gönnt und neidet! Als ob er ihm etwas vorenthalten wollte! Die Urversuchung, die an den Menschen herantritt, in ihm aufsteigt und Anklang findet, liegt darin, Gottes Versprechen – „Ich gebe und gönne Dir alles Gute und sorge für Dich!" – nicht zu trauen und stattdessen sich radikal selbst sichern, sich bis in die Wurzel seiner Existenz selbst in die Hand bekommen und damit sein Geschöpfsein nicht wahrhaben, sondern Selbstschöpfer, Gott selbst sein zu wollen.

Die Urversuchung keimt also im Misstrauen. Vielleicht kann ich Gottes Versprechen doch nicht trauen? Vielleicht wird mir etwas vorenthalten? Vielleicht gar das Allerwichtigste, das Schönste? Spricht aus jenem Verbot und der Todesdrohung wirklich die Fürsorge des gütigen Vaters, der für mich nur das Beste will, der nichts anderes will als dass mein Leben gelingt – nämlich: dass ich mich vor ihm und zusammen mit allen Mitgeschöpfen meines Lebens freue? Oder ist die verbotene Frucht die Droge, die mein Leben und die ganze Menschheitsgeschichte erst recht erfüllt und vollendet, ja: ins Unendliche steigert? In die Freiheit einer grenzenlosen Selbstbestimmung steigert? Bringt sie den letzten Kick? Ein erregender, faszinierender Gedanke! Sollte ich es denn nicht einfach mal wagen, es einfach mal ausprobieren, versuchen? Zwar ist klar und scharf eine Grenze gesetzt; es steht deutlich geschrieben und jede kann es lesen; jeder hat es gehört: „Achtung: Lebensgefahr!" Aber der Widerspruch, die Gegenstimme ist verlockend: ein überwältigendes Versprechen, das Gottes Lebenszusage zu überbieten vorgibt und die Warnung, die Todesdrohung, aufhebt: „Du wirst keineswegs des Todes sterben, sondern Gott weiß, sobald Du diese Droge nimmst, wird sich Dein Bewusstsein weiten, werden Deine Augen aufgetan und Du wirst sein wie Gott und wissen, was gut und böse ist. Erst dies wird dann wahres Leben sein: entschränkt, voll und rund."

Es ist, als stünde ich am Kraterrand eines feuerflüssigen Vulkans und blickte gebannt hinab, von der Tiefe magisch angezogen und wie von einem Schwindel ergriffen. „Spring doch!" „Wirf Dich hinab!" (vgl. Mt 4,6) Die biblische Geschichte verhüllt diese Dramatik des Schwindels der Freiheit und erzählt die Versuchung an der magischen Grenze ästhetisch ansprechend als ein Liebäugeln: „Und die Frau sah, dass von dem Baum gut zu essen und dass er eine Lust für die Augen wäre und verlockend, weil er klug machte." (Gen 3,6a) Gleichwohl: Das Überlegen und liebäugelnde Zuwarten, mithin das Schweben im Möglichen – bei Lichte besehen: im Unmöglichen – nimmt ein Ende, die Entscheidung fällt; ich begehe die Tat: greife zu, nehme und esse. „Und sie nahm von der Frucht und aß und gab ihrem Mann, der bei ihr war, auch davon und er aß." (Gen 3,6b)

Und siehe da: Das Versprechen der Schlange hat nicht einfach getrogen; es beginnt sich zu erfüllen: „Da wurden ihnen beiden die Augen aufgetan..." (Gen 3,7) Was sie wahrnehmen ist nun aber etwas ganz Anderes als das, was versprochen war. *Die Erfüllung passt zum Versprechen wie die Faust aufs Auge*; sie kehrt es radikal um und bringt bittere Enttäuschung mit sich: Versprochen war überschwängliche Fülle, gekommen ist die Erkenntnis eigener Leere und Nacktheit. Versprochen war entschränkter Beziehungsreichtum, gekommen die Armut, die darin liegt, auf sich selber reduziert zu sein. Versprochen war die Erkenntnis von gut und böse: die souveräne Kenntnis und Beherrschung aller in sich differenzierter Zusammenhänge, gekommen ist die Erkenntnis des eigenen Nichtwissens und das schmerzliche Innewerden elementaren Angewiesenseins. Versprochen war die Allmacht, gekommen aber die Erkenntnis der Ohnmacht.

Im Paradies war seine Nacktheit dem Menschen kein Problem (Gen 2,25), weil sie vom freundlichen und anerkennenden Blick des göttlichen Angesichtes bekleidet, geschützt war und auch zwischen Mensch und Mitmensch die Unbefangenheit jede in sich selbst zurückgebogene Reflexion erübrigte; die Nacktheit war durch das gegenseitige Wohlwollen bedeckt und bekleidet. Sie war da, aber ich musste mich ihrer nicht schämen. Ich war nicht bloßgestellt und dem misstrauischen, übelwollenden Blick der Andern ausgeliefert; „die Hölle – das sind die Andern" (Sartre).[5] Im Paradies dagegen hatten die Andern mit ihrem Blick mich nicht fixiert und kalt verkannt, sondern freundlich gelten lassen und anerkannt. Jetzt aber bin ich bloßgestellt, werde beschämt und muß mich schämen. Warum?

Warum schämen wir uns jetzt, nachdem wir auf das Versprechen der Schlange hereingefallen sind und nach der Droge der Allmacht gegriffen haben? Warum *schämen* wir uns jetzt plötzlich unserer Ohnmacht und Nacktheit? *Dies geschieht in der Scham des Spielers, der sein ganzes Vermögen verspielt hat; der ganze Reichtum dessen, was unsere Nacktheit bedeckt und bekleidet hatte, ist verloren.*

Das ist es doch: Gottes zugesagte und mitgeteilte Güte – Von dem allem dürft Ihr nehmen und essen! – war uns nicht genug; wir wollten mehr als genug und haben all das, was wir zur Genüge hatten, verloren: die Unbefangenheit und Offenheit, den aufrechten Gang und den zuversichtlichen Blick nach vorne, das gegenseitige Vertrauen unter Gottes freundlichem Blick in seiner gnädigen Gegenwart. All dies haben wir aufs Spiel gesetzt und verloren, selbstverschuldet.

---

5 Jean-Paul Sartre, A huis clos (1944 unter dem Titel „Die Anderen"), deutsch „Bei geschlossenen Türen" (1949) bzw. „Geschlossene Gesellschaft".

Einer solchen Dummheit im Missbrauch der uns geschenkten Freiheit kann ich mich nur schämen.

IV Wieder offen

Nun aber bleiben wir in dieser Scham nicht mit uns allein, in uns selbst reflektiert, in uns selbst verschlossen. Allein fänden wir aus der Spirale der Selbstreflexion nicht heraus. Allein blieben wir in unserem dunklen Versteck. Gott sei Dank aber werden wir in unserem Versteck aufgesucht und herausgerufen: „Adam, wo bist Du?" Nur vor dem hellen Angesicht Gottes gewinnen wir Klarheit über unseren Ort, der jetzt nicht mehr unser urprünglicher Ort ist, sondern der verkehrte. „Denn unsere Verkehrung", die von uns selbst verschuldete Verkehrung unseres Ortes – so müssen wir auf Gottes suchende Frage antworten – „stellst Du vor Dich, was uns selbst verborgen, von uns selbst unerkannt bleibt, ins Licht vor Deinem Angesicht." (Ps 90,8; vgl. Ps 19,13)

Mir selbst verborgen, von mir selbst unerkannt... Was wir vom Abgrund unserer Verkehrung und Dummheit, vom Abgrund unseres Größenwahns und unserer Verzweiflung erkennen, ist höchstens die Spitze des Eisbergs.

Aber da ist einer, der mir ins Herz sieht, der mich besser kennt als alle anderen Menschen, besser als ich mich selbst.

Laßt uns nun vor ihn treten und in der Stille ihm auf die Frage „Wo bist Du? Und: Wo ist Dein Bruder, für den Du verantwortlich bist?" antworten, auch wenn wir damit in ein Licht treten, das schmerzt. Laßt uns der Wahrheit ins Auge sehen, auch wenn sie weh tut.

Laßt uns vor Gott unsere Schuld eingestehen und die Torheit bekennen, nach der Droge der Allmacht gegriffen zu haben.

Richte mich, Gott, aber verwirf mich nicht. Ich fliehe in Dein unergründliches Erbarmen. Kyrie eleison...

Da der verlorene Sohn noch ferne war, suchte und sah ihn sein Vater und es jammerte ihn; er lief zu ihm und fiel ihm um seinen Hals und küsste ihn (vgl. Lk 15,20). So „schließt er wieder auf die Tür / zum schönen Paradeis; / der Cherub steht nicht mehr davor. / Gott sei Lob, Ehr und Preis, / Gott sei Lob, Ehr und Preis!" (EG 27,6)

5 Die Seele als Antwort

I Der von Gott angeredete Mensch

Das hebräische Wort, das Luther mit „Seele" übersetzt, heißt נפש (näphäsch), der Grundbedeutung nach: „Kehle". Es meint konkret, ja: geradezu drastisch die leibliche Verfassung des Menschen, der ohne die Speise- und Luftröhre, ohne Luft und Nahrung, die ihm von außen zukommen und auf diese Weise gegeben werden, nicht leben kann. Daher *hat* der Mensch nicht nur eine „Seele", sondern *ist* „Seele" (Gen 2,7). Als Leib Seele, ist er kein autarker Raum, in dem er allein, selbstreferentiell, auf sich und seinesgleichen bezogen, existieren, sich selbst setzen und bestimmen könnte. Er ist vielmehr in radikaler Weise bedürftig und darauf angewiesen, dass ihm Luft und Nahrung gegeben wird: „Es wartet alles auf dich, dass Du ihnen Speise gebest zu seiner Zeit. Wenn Du ihnen gibst, so sammeln sie; wenn Du Deine Hand auftust, so werden sie mit Gutem gesättigt. Verbirgst Du [aber] Dein Angesicht, so erschrecken sie; nimmst Du weg ihren Odem, so vergehen sie und werden wieder Staub. Du sendest aus Deinen Odem, so werden sie geschaffen, und Du machst neu das Antlitz der Erde" (Ps 104,27–30).

Die radikale und elementare Bedürftigkeit und Angewiesenheit des Menschen und seiner Mitgeschöpfe muss sich nicht notwendig auf ein Du beziehen; der Bezugspunkt könnte auch anonym bleiben und einem gebenden Es oder einer nährenden Natur zugeschrieben werden, wenn es denn überhaupt einer Unterscheidung zwischen einem Gegebenen und einem Geber im Sinne einer Unterscheidung etwa von Wirkung und Ursache bedarf, was beispielsweise Nietzsche bestreitet; die indogermanische Grammatik nötige dazu, zur Tat immer auch noch einen Täter hinzuzudichten.[1]

---

[1] Nietzsche kritisiert den Glauben, „daß alles Tun einen Täter voraussetze, es ist der Glaube an das ‚Subjekt', der tiefe Glaube an Subjekt und Prädikat oder an Ursache und Wirkung" (Aus dem Nachlaß der Achtzigerjahre. In: Friedrich Nietzsche, Werke in drei Bänden, hg.v. Karl Schlechta, Bd. III, München 1966, 501). „Ehemals nämlich glaubte man an ‚die Seele', wie man an die Grammatik und das grammatische Subjekt glaubte: man sagte, ‚Ich' ist Bedingung, ‚denke' ist Prädikat und bedingt – Denken ist eine Tätigkeit, zu der ein Subjekt als Ursache gedacht werden *muß*" (Jenseits von Gut und Böse. Vorspiel einer Philosophie der Zukunft, 1886). Nietzsche kämpft gegen den „Seelen-Aberglaube[n]" als „Subjekt- und Ich-Aberglaube[n]", der sich einer „Verführung von Seiten der Grammatik" verdankt (ebd. 565; Vorrede). „Dürfte sich der Philosoph nicht über die Gläubigkeit an die Grammatik erheben?" (ebd. 600); Nietzsche will nicht zu denen gehören, „welche in den Schlingen der Grammatik (der Volks-Metaphysik) hängengeblieben sind" (Die fröhliche Wissenschaft, 1882/87; Werke Bd. II, 222). „Ich fürchte, wir werden Gott nicht los, weil wir noch an die Grammatik glauben" (Götzendämmerung, 1889, Werke Bd. II, 960).

Die Texte der Bibel, besonders die poetischen wie die der Psalmen, schreiben den Bezugspunkt jener Bedürftigkeit und Angewiesenheit nun aber nicht einem verursachenden bzw. gebenden Es, auch nicht einer selbständigen und selbstmächtigen Natur zu, sondern fassen ihn *personal:* Sie schreiben ihn einem anredenden Du zu, das auf eine Antwort wartet. Warum? Mit einem neutrischen *anonymen* Es oder einem neutrischen rein *begrifflichen* Es wie mit dem unum, verum, pulchrum und bonum der Metaphysik lässt sich nicht kommunizieren. Indem dieses Es nur gedacht wird, stellt sich noch keine Gemeinschaft her – wie auch eine mütterliche Natur zwar in religiösem Gefühl dankbar empfunden, aber nicht so angeredet werden kann, daß eine Gemeinschaft entstünde, in der die Beziehung nicht ohne Differenz wäre. Eine antwortende Anrede, wie sie die Sprache der Psalmen bereithält, ist ausgeschlossen. In dieser Sprache aber ist auffallend oft von der verlangenden, sich sehnenden, sich ausstreckenden „Seele" die Rede: „Meine Seele verlangt nach Deinem Heil; ich hoffe auf Dein Wort; meine Augen sehnen sich nach Deinem Wort" (Ps 119,81 f); „wie der Hirsch schreit nach frischem Wasser, so schreit meine Seele, Gott, zu dir!" (Ps 42,2; vgl. Ps 143,6). *Dieses Aus-Sein und außer sich Sein der Seele ist die Antwort auf ein zuvorkommendes Wort, mit dem die Seele angeredet ist und deshalb antworten kann, aber auch antworten, sich ver-antworten muß.* „Mein Herz hält dir vor Dein Wort: ‚Ihr sollt mein Antlitz suchen.' Darum suche ich auch, HERR, Dein Antlitz" (Ps 27,8), Deine Gegenwart.

Nach Martin Luther ist der Mensch ein solches Geschöpf, das in einer niemals rückgängig zu machenden Weise angesprochen ist, mit dem Gott unsterblich und in Ewigkeit reden will, sei es im Zorn, sei es in der Gnade.[2] So ist die Unsterblichkeit der Seele im Gespräch, in Wort und Antwort wahrgenommen. In diesem Sinne ein Wortwechsel, ist die „Seele" mein nicht zuletzt schöpfungstheologisch und eschatologisch zu bedenkender *Sprachraum*, in dem ich vor allem höre und gehört werde.

---

2 WA 43,481,32–35 (zu Gen 26,24 f; 1541/42): „Ubi igitur et cum quocunque loquitur Deus, sive in ira, sive in gratia loquitur, is certo est immortalis. Persona Dei loquentis et verbum significant nos tales creaturas esse, cum quibus velit loqui Deus usque in aeternum et immortaliter." Luther argumentiert ganz im Duktus von Lk 20,34–38. Im Gegensatz zu Luthers eminent sprachlicher Verfassung der Seele als Antwort steht ihre moderne Verinnerlichung, wie sie im Pentameter eines Distichons Schillers zum Ausdruck kommt: „„...*Spricht* die Seele, so spricht, ach! Schon die *Seele* nicht mehr"" (Friedrich Schiller, Gedichte. Tabulae Votivae. In: Musenalmanach für das Jahr 1797, SW Bd. 1, München ³1962). Kant formalisiert, entleiblicht und spiritualisiert die Seele zum denkenden Ich. „Das: *Ich denke* muß alle meine Vorstellungen begleiten können" (KrV B 131; vgl. B 399–432); „die Seele" ist ein Synonym für „das denkende Ich" (KrV A 351). Zu Johann Georg Hamanns Metakritik dieser These: Oswald Bayer, Autorität und Kritik. Zu Hermeneutik und Wissenschaftstheorie, Tübingen 1991, (83–107: Wahrheit oder Methode?) 87 f.

Als Leib Seele, ist der Mensch in einen weiten Erfahrungs- und *Verantwortungshorizont* gesetzt (Gen 2,15), in dem er frei atmen kann. Der endliche, sterbliche Mensch hat, weil er vom Schöpfer des Alls angesprochen ist, unbeschadet seiner Endlichkeit und Sterblichkeit teil an diesem All, ja: an dessen Schöpfer selbst und ist damit auf Gott hin und von ihm her „reich" (Lk 12,21).[3] Zwar kommt die Seele jedem Geschöpf individuell zu, weil Gott es mit Namen gerufen hat; „Gott, der HERR, rief sie mit Namen, / daß sie all ins Leben kamen [...]"[4]. Doch ist der Mensch, als Leib Seele, unbeschadet seiner Individualität hineingenommen in den Gesamtzusammenhang der Schöpfung, in die gesamte Natur- und Weltgeschichte, so daß eine strikte Disjunktion von Individualseele und Weltseele nicht sachgemäß ist.[5]

Eine Verkennung des Geschaffen- und Gegebenseins des innerweltlichen Horizontes und damit dessen Verabsolutierung – und sei es in der metaphysischen Fassung Gottes als des Inbegriffs und Grundes des Selbst wie der Welt – beschädigt, ja: zerstört die Seele: „Was hülfe es dem Menschen, so er die ganze Welt gewönne und nähme doch Schaden an seiner Seele?" – genauer übersetzt: „und büße dabei seine Seele ein?" (Mt 16,26). Das Gleichnis vom reichen Kornbauern (Lk 12,16–21) erzählt, wie und womit einer seine Seele „einbüßt", „verliert": Der reiche Kornbauer verfehlt sich nicht mit seinem ökonomischen Verhalten als solchem. Seine Seele verliert er allein dadurch, daß er von einer als solcher durchaus vernünftigen innerweltlichen Vorsorge für die Zukunft seiner Existenz sich eine geradezu eschatische: endgültige Ruhe (Lk 12,19) und Sättigung, ja: eine nicht mehr zu überbietende Vollendung verspricht; das Vorletzte

---

3 Diese Partizipation kann, wie bei Herder, umschlagen und sich in eine Verabsolutierung des geschaffenen in ein selbstmächtiges Selbst verkehren. Vgl., worauf mich freundlicherweise Hans Graubner hinweist, das Gedicht „Selbst. Ein Fragment". In: Johann Gottfried Herder, Sämtliche Werke, hg.v. Bernhard Suphan, Bd. 29, Berlin 1884, 139–144, hier 139, 2.Strophe: „Du selbst bist, was aus Allem du dir schufst / und bildetest und wardst und jetzo bist, / Dir bist, dein Schöpfer selbst und dein Geschöpf."
4 Wilhelm Hey, „Weißt du, wieviel Sternlein stehen..." (1837): EG 511,2; aufgenommen ist Jes 40,26.
5 Aufschlußreich auch noch für die heutige Urteilsbildung über das Verhältnis von Individual- und Universaleschatologie ist die in der Scholastik vor allem des 13. Jahrhunderts und dann wieder im Zusammenhang des V. Laterankonzils (1512–1517) geführte philosophisch-theologische Kontroverse um die Sterblichkeit oder Unsterblichkeit der Individualseele (DH 1440 f) sowie die Ewigkeit oder Endlichkeit der Welt(seele), auf die Luther sich mit der dritten seiner philosophischen Thesen der Heidelberger Disputation (1518) bezieht: „Facile fuit Aristoteli mundum aeternum opinari, quando anima humana mortalis est eius sententia" (WA 59, 410,14 f). Dazu: Theodor Dieter, Der junge Luther und Aristoteles. Eine historisch-systematische Untersuchung zum Verhältnis von Theologie und Philosophie (TBT 105), Berlin/New York 2001, 454–463 (§ 21: Die Ewigkeit der Welt und die Sterblichkeit der Seele).

wird ihm zum Letzten, zum „ultimate concern" (Paul Tillich). Sein Sorgen für die Ökonomie läßt keinen Raum mehr für die Seelsorge: für das „für meine Seele sorgen, / daß, wenn nun dein großer Tag / uns erscheinet und dein Gericht, / ich davor erschrecke nicht"[6]. Jener reiche Kornbauer aber erschrickt, weil er erschreckt wird durch einen Ruf, der, mit dem jähen Tod, von ihm völlig unerwartet, seine Seele zurückruft, „zurückfordert" (Lk 12,20). Er muß eine umfassende Rechenschaft darüber ablegen, daß er das Vorletzte mit dem Letzten verwechselt und damit dem Ersten Gebot widersprochen hat. Im Willen, sein Leben innerweltlich sichernd zu gewinnen, im Willen, selbst für einen Abschluß, für eine abrundende Vollendung seines Selbst zu sorgen, verkennt und verleugnet er dessen Schöpfer, Erlöser und Vollender und verliert eben damit seine Seele; „wer seine Seele retten will [um ihretwillen], wird sie verlieren; wer aber seine Seele verliert um meinetwillen, der wird sie finden" (Mt 16,25). Das heißt: Wer sich in seinem Hochmut wie seiner Verzweiflung selbst verleugnet und damit den verkehrten Umgang mit seinem Selbst – das Mißverhältnis zu ihm – verliert, der wird sein wahres Selbst finden. „Darum [...] suche dich nur in Christus und nicht in dir, so wirst du dich auf ewig in ihm finden."[7]

II Die Seele im Selbstverhältnis: Ich und Selbst

Wie man sieht, geht es bei der „Seele" des Menschen als seinem Selbst nicht etwa um einen Teil oder eine besondere Dimension des Menschen, sondern um dessen Grundausrichtung in einem undurchschaubar weiten Erfahrungs- und Verantwortungshorizont, der gleichwohl seine Bestimmtheit hat, die nicht zuletzt mit der Unterscheidung von Ich, Selbst und dem Schöpfer beider gegeben ist:

Von dem im jeweiligen Augenblick hörenden und redenden, schweigenden und singenden – sozusagen „transitorischen" – Ich notwendig zu unterscheiden ist sein Selbst, das er in dessen Totalität vor allem *zeitlich*, aber auch leiblichgenetisch hinter sich und vor sich hat und dessen er grundsätzlich nicht mächtig ist. „Mein sind die Jahre nicht, / die mir die Zeit genommen; / Mein sind die Jahre nicht, / die etwa möchten kommen [...]".[8]

---

[6] Heinrich Albert, „Gott des Himmels und der Erden...", 1642 (EG 445,4).
[7] WA 2, 690,24f (Ein Sermon von der Bereitung zum Sterben, 1519). Ähnlich wie Mt 16,25 scheint es auch Jes 44,20 um Verlust und Rettung der Seele zu gehen.
[8] Andreas Gryphius: „Augenblick" (zweistrophiges Gedicht. In: Andreas Gryphius, „Augenblick", Gesamtausgabe der deutschsprachigen Werke, 8 Bde., hg. von Marian Szyrocki und Hugh Powell, Bd. 2, Tübingen 1963, Nr 76, S. 182f.). Vgl. meine Meditation dieses Gedichtes als Meditation der *zugesagten* Gegenwart: Oswald Bayer, Zugesagte Gegenwart, Tübingen 2007, 1–6. Der

II Die Seele im Selbstverhältnis: Ich und Selbst — 47

Es fragt sich nun, wie sich das transitorische Ich zu seinem Selbst verhält. So wenig sich beide identifizieren lassen, so wenig lassen sie sich voneinander isolieren; das Ich partizipiert am Selbst und das Selbst manifestiert sich im Ich. Dieses Verhältnis von Ich und Selbst ist äußerst gefährdet;[9] deshalb ist die Sorge um die Seele, die Seelsorge, verständlich und nötig.[10] Es geht dabei um Verlust oder Gewinn des Selbst, um Tod oder Leben der Seele. „Sein oder Nichtsein ist hier die Frage".[11] Die „Seele" steht immer auf der Kippe: „anima mea in manibus meis semper": „mein Leben ist immer in Gefahr" (Ps 119,109).[12]

Wer die Seele in seinen Selbstbesitz bringen und *als* Selbstverhältnis leben will, verspielt und verliert sie in dessen Enge, in dem ihr keine Luft mehr zukommt und sie nicht mehr atmen kann. Im freien, (ge)rechten Verhältnis zu seinem Schöpfer aber findet sich das Ich *in* einem Selbstverhältnis, das durch einen weiten und tiefen Zusammenhang – allem voran: durch die Eltern – vermittelt ist.[13] Er liegt in seiner Undurchdringlichkeit und Unergründlichkeit meiner be-

---

Augenblick ist dann kein isolierter Augenblick, wenn er als der wahrgenommen wird, mit und in dem die ganze Fülle Gottes und seiner Schöpfung sich mir *im Zuspruch* eröffnet und zukommt, wie denn jedes Selbst seine Vor- und Nachgeschichte, genauer: seine Vor- und Nachgeschichten hat, die zu ihm gehören wie es zu ihnen. Deshalb kann von einem „dreifachen" Weg der Seele geredet werden: Christof Gestrich, Die menschliche Seele – Hermeneutik eines dreifachen Wegs, Tübingen 2019, bes. 81–93 und 255–25. „Die Seele [...] geht einen Weg durch drei verschiedene Dimensionen (Anfahrt, Biographie und Ausfahrt)" (81).
9 Vgl. u. Anm. 12.
10 Das Wort „Seelsorge" stammt von Sokrates, der nach Plato jeden einzelnen Mitbürger in Athen dazu bringen wollte, sich um seine [unsterbliche] Seele zu sorgen (apol. 29e2; 30b1;36c) und damit seine ihn als Menschen auszeichnende Freiheit und Verantwortung wahrzunehmen.
11 William Shakespeare, Hamlet III,1.
12 Wörtlich übersetzt: Mein Leben liegt auf den Fingerspitzen der geöffneten Hand (und droht mir deshalb immer zu entgleiten) oder, freier: Mein Leben, elementar bedroht, steht auf dem Spiel (freundlicher Hinweis von Hartmut Gese). Der Psalmvers meint also keineswegs, daß ich mich selbst in der Hand hätte und über den Grund meiner Existenz selbst verfügen könnte. Das Gegenteil wird, in der Tradition der ignatianischen Exerzitien, von Karl Rahner vertreten (Ders., Grundkurs des Glaubens, Freiburg, [11]1976, 422): „Wo der Mensch gesammelt bei sich ist und, sich selber besitzend, in Freiheit sich selber wagt, vollzieht er keinen Augenblick gereihter Nichtigkeiten, sondern sammelt er Zeit in Gültigkeit." Zur angesprochenen ignatianischen Tradition: Ernst Wolf, Menschwerdung des Menschen? Zum Thema Humanismus und Christentum. In: Ders., Peregrinatio, Bd. 2, München 1965, 119–138, hier 127: „anima mea in manibus meis semper" [Ps 119,109] als „jesuitische Devise". Sieht man in dieser Devise ein neuzeitliches Freiheitsverständnis wirksam, so ist freilich zu bedenken, daß sich damit die ignatianische „indifferencia" verbindet: die aktive Bereitschaft, Gottes Wort und Willen Raum zu geben, die Wahl der Wahl Gottes (die Wahl seiner Erwählung) zu treffen.
13 Eindrucksvoll bringt Johann Georg Hamann diese Zusammenhänge in den „Brocken" (1759) zur Sprache: „Hieraus sieht man, wie notwendig unser Selbst in dem Schöpfer desselben ge-

wußten Wahrnehmung immer schon voraus. Ich kann ihn nicht selbst ausdenken oder gar herstellen, ihn aber – sozusagen als Innenarchitekt eines schon fertigen Hauses – gestalten: Der Mensch wurde in den Garten gesetzt, „damit er ihn bebaue und bewahre" (Gen 2,15). Er gewinnt seine Seele, indem er die Differenz zwischen dem gebenden Schöpfer und meinem Ich wie meinem Selbst als Geschöpf wahrnimmt und anerkennt, den gegebenen und auf den Geber hin zu relativierenden Verantwortungshorizont nicht selbst endgültig bilanzierend abzuschließen versucht, sondern offen läßt und die unvermeidliche wie berechtigte Daseinsvorsorge nicht verabsolutiert, also auf sie sein ganzes Vertrauen setzt, damit aber zum Letzten macht, statt sie von diesem zu unterscheiden und Vorletztes sein zu lassen.

Damit wird weiter deutlich, worin der Verlust der Seele liegt: Wenn der reiche Kornbauer hört, daß „noch in dieser Nacht deine Seele von dir (zurück)gefordert" wird, dann ist nicht nur gesagt, daß das ihm gegebene Leben ihm wieder genommen und er wieder zu Staub wird (Ps 104,29; s. o.). Die Pointe liegt vielmehr darin, daß der Verlust der Seele, ihre Zurücknahme, ihre Annullierung unmittelbar mit der Nötigung verbunden ist, vor dem Jüngsten Gericht Rechenschaft abzulegen und ein endgültiges Urteil zu empfangen.[14] Wer Alles will, verliert Alles – wie im Märchen der Fischer un syne Fru.[15]

---

gründet ist, daß wir die Erkenntnis unserer Selbst nicht in unserer Macht haben, daß um den Umfang desselben auszumessen, wir bis in den Schoß der Gottheit dringen müssen, die allein das ganze Geheimnis unseres Wesens bestimmen und auflösen kann" (Johann Georg Hamann, Londoner Schriften. Historisch-kritische Neuedition von Oswald Bayer und Bernd Weißenborn, München 1993, 409,7–12 im Kontext des gesamten § 1 (407–411). „Es ist die Frage nicht allein, wenn ich mein eigen Selbst ergründen will, zu wissen, was der Mensch [rein als solcher] ist? Sondern auch, was der Stand desselben ist? Bist du frei oder ein Sklave? Bist du ein Unmündiger, eine Waise, eine Witwe [...]" (AaO, 409,20–23). So findet Hamann zu einer ganz und gar unnarzißtischen Selbsterkenntnis: „Um die Erkenntnis unserer Selbst zu erleichtern, ist in jedem Nächsten mein eigen Selbst als in einem Spiegel sichtbar. Wie das Bild meines Gesichts im Wasser wiederscheint, so ist mein Ich in jedem Nebenmenschen zurückgeworfen" (AaO, 410,5–8). Zum Gesamtverständnis der „Brocken": Johannes von Lüpke, Hamanns „Brocken" und ihre englischen Hintergründe. In: Johann Georg Hamann und England. Hamann und die englischsprachige Aufklärung, hg.v. Bernhard Gajek, Frankfurt /M. u. a. 1999, 41–58. Zu den Vor- und Nachgeschichten des Selbst: s. o. Anm. 8.
14 Vgl. Johann Sebastian Bach, Kantate „Tue Rechnung! Donnerwort (BWV 168): Aria (Bass) Tue Rechnung! / Donnerwort, das / die Felsen selbst / zerspaltet, Wort, / wovon mein Blut / erkaltet! Tue / Rechnung! Seele, / fort! / Ach! Du musst Gott / wiedergeben Seine / Güter, Leib und / Leben! / Tue Rechnung! Donnerwort". Daß du deiner Verantwortung nicht entrinnen kannst – selbst nicht durch den Tod: das ist auch die Pointe von Platons Verständnis der Seele (vgl. o. Anm. 10).
15 Von dem Fischer un syner Fru. In: Brüder Grimm, Kinder- und Hausmärchen, Darmstadt 1967, 135–142.

III Selbstunterscheidung am Beispiel des Gotteslobs

Was bislang in Kürze sichtbar geworden ist, soll nun genauer bedacht werden. Das kann am besten weiterhin im Blick auf die viele Kirchenlieder bestimmende Struktur der Psalmen geschehen – exemplarisch im Blick auf die erste Strophe des Morgenliedes von Paul Gerhardt: „Wach auf, mein Herz, und singe / dem Schöpfer aller Dinge, / dem Geber aller Güter, / dem frommen [= gerechten] Menschenhüter."[16]

In der Mitte der ersten Zeile steht ein Vokativ, umrahmt von zwei Verben, die im Imperativ stehen. Wie auch andere Lieder Paul Gerhardts – z. B. „Du, meine Seele, singe [...] dem [...]"[17] – ist dieser Einsatz und Anfang dem Eingang bestimmter Psalmen nachgebildet, für die hier exemplarisch der Eingang von Psalm 103 stehen mag: „Lobe, meine Seele, den HERRN [...]". Bei den folgenden Überlegungen können wir uns an diese Grundstruktur halten, ohne den Unterschied von „Herz" und „Seele" in diesem Zusammenhang eigens thematisieren zu müssen.[18]

Wie komme ich dazu, zu loben und zu danken – und zwar so, dass ich mein Lob nicht als Selbstlob aus mir heraus und vor mich bringe, um es zu mir selbst zu wenden, vielmehr dazu: mein Lob einem Anderen zuzuwenden, so dass es eine Adresse findet, die nicht ich selber bin? Nur dadurch, dass ich Grund zum Loben habe und dieser Grund nicht in mir selber liegt. Nur dadurch, dass Ziel und Objekt meines Lobens der Grund meines Lobens sind. Was wird gelobt? Genauer, nämlich personal gefragt: Wer wird gelobt? Der, der mir Wohltaten erwiesen hat, die ich nicht vergessen soll. „Lobe, meine Seele, den HERRN, / und vergiss nicht, / was er dir Gutes getan hat." Man könnte einwenden, dass man sich in solchem Lob, wenn Objekt und Grund identisch sind, im Kreise drehe. Doch dies ist kein sinnloses Kreisen, sondern ein äußerst sinnvolles.

Denn – und darauf ist nun zu achten – zwischen dem Grund und dem Ziel des Lobens findet sich ein bewusstes Ich, ein Ich, das sich zu seiner „Seele" in Beziehung setzt, sie anruft, um sie auf das Ziel des Lobens hin anzusprechen. Das den Imperativ sprechende bewusste Ich ist so vom Grund und Ziel des Lobens durchdrungen, dass es sich selbst überhaupt nicht reflektiert und dementsprechend sprachlich gar nicht ausdrücklich erscheint, im Imperativ „Lobe!" aber

---

16 EG 446,1. Vgl. die Interpretation des ganzen Liedes: Oswald Bayer, Schöpfung als Anrede. Zu einer Hermeneutik der Schöpfung, Tübingen (1986), ² 1990, 109 – 127.
17 EG 302,1.
18 Zum Verhältnis von „Herz" und „Seele": Johannes von Lüpke, Das exzentrische Herz. In: Ders., Gottesgedanke Mensch. Anthropologie in theologischer Perspektive, Leipzig 2018, 163 – 174, hier 169.

mitgesetzt ist. Umso nachdrücklicher erscheint die angerufene „Seele", mein Leben, von dem das mit dem Imperativ redende transitorische Ich sich offenkundig unterscheidet. Es bekundet sich ein Ich, das ruft und sich zu einem Ich, einem Selbst, verhält, das als „meine Seele", als mein Gesamtleben, angerufen wird. Mein Gesamtleben, das angerufen wird, ist also das, von dem das im Imperativ verhüllt redende transitorische Ich sich offenkundig unterscheidet.

IV Sprachraum als Raum der Freiheit

Was besagt diese Unterscheidung meiner selbst von mir selbst, die Unterscheidung von „Ich" und „Selbst"? Diese Frage lässt sich nicht erledigen, indem man sich von manchen Exegeten beruhigen lässt, die sagen, es handle sich um eine Selbstaufforderung. Diese vorschnelle Bezeichnung verstellt die Erkenntnis, dass sich in diesem Eingang des Psalms ein uranthropologischer Sachverhalt bekundet, nämlich die Reflexivität menschlichen Lebens überhaupt.[19] Bedenken wir den Eingang des Psalms und mit ihm den Eingang des Morgenliedes von Paul Gerhardt, so zeigen sich uns Hauptmomente eines biblisch- theologischen Verständnisses der Seele.

Die auffällige Unterscheidung des rufenden Ich vom angerufenen und aufgerufenen Selbst kann kaum anders verstanden werden denn als Ausdruck einer eigentümlichen *Freiheit* – nicht einer Freiheit, die sich in der Selbstbeherrschung zeigte, einer Freiheit, in der ich meiner Seele, meines Gesamtlebens mächtig wäre[20] und als starkes und wollendes Ich mich mit ihr, mit der Seele, meinem Gesamtleben, immer schon zusammengeschlossen hätte oder mich mit ihr zusammenschlösse und auf diese Weise Herr im eigenen Hause wäre.[21] Vielmehr ist

---

19 Nach Bultmanns Paulusdarstellung ist der Mensch „Leib", „sofern er ein Verhältnis zu sich selbst hat" (Rudolf Bultmann, Theologie des Neuen Testaments, Tübingen [1953], ³1958, 196; vgl. aaO, 158). Dies ist aber wohl eher von seiner „Seele" zu sagen.
20 Vgl. o. Anm. 12.
21 Freud spricht bekanntlich von der „psychologischen" Kränkung, die sich daraus ergebe, „daß die seelischen Vorgänge an sich unbewußt sind und nur durch eine unvollständige und unzuverlässige Wahrnehmung dem Ich zugänglich und ihm unterworfen werden". Solche Aufklärung komme „der Behauptung gleich, daß das Ich nicht Herr sei in seinem eigenen Haus." (Sigmund Freud, Eine Schwierigkeit der Psychoanalyse. In: Ders., Gesammelte Werke, hg.v. Anna Freud u. a. Bd. XII, Frankfurt/M, 1947, 3–12, hier 11. Bei Kant dagegen heißt es: „Zur inneren Freiheit aber werden zwei Stücke erfordert: seiner selbst in einem gegebenen Fall [also aktuell] *Meister* (animus sui compos) und [habituell] über sich selbst *Herr* zu sein (imperium in semetipsum), d.i. seine Affekte zu *zähmen* und seine Leidenschaften zu *beherrschen*" (Immanuel Kant, Die Metaphysik

diese Freiheit nicht durch solche incurvatio, solche Verkrümmung in mich selbst, nicht durch einen Abschluss und eine Rückversicherung gekennzeichnet, sondern durch wagende Offenheit sowohl der Erinnerung wie der Erwartung, der Vor- und Nachgeschichten des Selbst. In dieser Unterscheidung, einem sprachlichen Verhältnis, ist Freiheit wirksam. Schlösse ich als bewusstes Ich mich mit dem, was in eminentem Sinn mein Gesamtleben ist, zu einem „Ich will" zusammen, dann ginge diesem Verhältnis, das geatmet und dem zugleich sprachlicher Raum gelassen wird, die Luft aus; zurück bliebe als einsame Monade das neuzeitliche Individuum, der neuzeitliche Narziß,[22] der sich in diesem Kurzschluss mit sich selbst und mit seinesgleichen zusammenschließen will und dann auch nicht mehr wirklich loben und singen kann. Er will sich energisch selbst festhalten, sich selbst garantieren und kann sich darin nicht mehr freilassen; er will sich selbst (er)halten und kann sich deshalb nicht mehr tragen lassen; er will sich nicht verlieren, sondern sich selbst gewinnen – und dies ohne Umschweife, in kurzem Prozess. Es „setzt sich das subjektive [transitorische] Ich, um eine trügerische Ruhe zu gewinnen[vgl. Lk 12,19], voreilig an den Platz des noch gar nicht erschienenen [[23]] oder voll ausgebildeten Selbst".[24] Die auf ihren Schöpfer hin relativierte Seele dagegen kann in all ihrer Unruhe (Ps 42,6.12; 43,5) und Sehnsucht (Ps 42,2f) *warten* und sich, wie ein Vogel in der Luft, tragen lassen.[25]

Indem mein bewusstes Ich sich zu meinem Selbst als meinem unergründlichen und unabgeschlossenen Gesamtleben, es anrufend, frei verhält, atmet es. Es weitet sich nicht aus, um eine Vergrößerung seiner Stärke zu erstreben. Es bleibt, im Gegensatz zu den Omnipotenzträumen neuzeitlicher Subjektivität, in der Haltung des Bittenden und Anrufenden. Indem das rufende Ich, das sprachlich gar nicht ausdrücklich erscheint, seine „Seele" *anruft*, bekundet es deutlich, daß es des Angerufenen nicht mächtig ist. Vielmehr wird gerade mit der Gebärde des Bittens Raum gelassen: Raum dazu, mit meinem ganzen Leben in seiner Leiblichkeit und Lebendigkeit bis in die Tiefe des Unbewussten den zu loben, auf den hin die Seele angesprochen wird: den „Schöpfer aller Dinge, den Geber aller Güter". Dieses Lob lässt sich nicht einfach beschließen und wollen. Deshalb wird

---

der Sitten. Metaphysische Anfangsgründe der Tugendlehre. Einleitung. In: Ders., Werke in 10 Bänden, hg.v. Wilhelm Weischedel, Bd. 7, Darmstadt 1968, 539).
22 Vgl. Oswald Bayer, Der neuzeitliche Narziß. In: Ders., Gott als Autor. Zu einer poietologischen Theologie, Tübingen 1999, 73–85: genaues Pendant zum vorliegenden Text.
23 „Es ist aber noch nicht erschienen, was wir sein werden" (1Joh 3,2).
24 Christof Gestrich, Luther mit Leib und Seele. Impulse für die christliche Eschatologie. In: Denkraum Katechismus, hg.v. Johannes von Lüpke und Edgar Thaidigsmann, Tübingen 2009, 289–314, hier 301.
25 Vgl. die u. Anm. 26 nachgewiesene Gedichtstrophe.

mit dem Imperativ die Seele bzw. das Herz auch nicht angeherrscht, sondern angeredet. Damit wird freier Raum zwischen dem redenden transitorischen Ich und seiner angeredeten Seele, seinem angeredeten Selbst gelassen und diese in seiner Unabgeschlossenheit und Offenheit auf seinen Schöpfer, Erlöser und Vollender hin wahrgenommen. In der Dichtung kommt diese Unabgeschlossenheit und Offenheit der Seele, in der sie sich nach ihrem Schöpfer, Erlöser und Vollender sehnt und ihm entgegenhofft, so zur Sprache: „[...] und meine Seele spannte / weit ihre Flügel aus, / flog durch die stillen Lande, / als flöge sie nach Haus".[26]

So läßt sich das in actu redende Ich als *transitorisches Ich* verstehen und die angeredete „Seele" als *die Gesamtheit meines Selbst, wie es im Zeitraum der Erinnerung und Erwartung im Angesicht des ewigen Gottes lebt*.[27]

V Die auf ein gegebenes Wort hin sich verlassende Seele

Entscheidend ist der weitere Zusammenhang, innerhalb dessen die besagte Unterscheidung des anrufenden Ich von der angerufenen Seele geschieht. Er besteht, negativ gesagt, darin, dass *ich mich mit der angeredeten Seele nicht auf mich selbst zurückbeziehe, sondern – im Gegenteil! – mich gerade verlasse, aus mir selbst herausgehe, genauer: aus mir selbst herausgerissen werde*. Das Morgenlied Paul Gerhardts hört ja mit dem Ende der ersten Zeile nicht auf. Wäre dies der Fall, dann bezöge sich der Anrufende auf sich selbst zurück und endete im Selbstlob. Dies aber geschieht gerade nicht. Der Singende findet einen anderen Adressaten als sich selbst; sein Lied gilt nicht seinem Selbst, sondern dessen Schöpfer: dem „Schöpfer aller Dinge, dem Geber aller Güter" und damit der danach als Erfüllung eines Versprechens erzählten Errettungsgeschichte, in der sich die den Adressaten bezeichnenden Substantive – „Schöpfer aller Dinge", „Geber aller Güter" – auslegen.[28] Entsprechend findet im Psalm 103 das Lob seinen Adressaten, der zu-

---

[26] Dritte Strophe des dreistrophigen Gedichts von Joseph von Eichendorff „Mondnacht" (1835, erstmals veröffentlicht 1840). In: Joseph von Eichendorff, Es war, als hätt' der Himmel die Erde still geküsst. Gedichte, hg.v. Miriam Kronstädter und Hans-Joachim Simm, Wiesbaden 2014, 157f. Innere und äußere Landschaft liegen ineinander. Lutherische Eschatologie, die assertorisch redet, wird allerdings nicht einstimmen können, wenn das Schlußkolon („als flöge") als Irrealis eines „als ob" zu verstehen wäre. Denn die Gottesgewißheit kann nicht im Irrealis zur Sprache kommen – sowenig sie sich als empirische Realität ausweisen läßt.
[27] Vgl. o. Anm. 8 und 13.
[28] S.o. Anm. 16.

gleich der Grund des Lobes ist und den Lobenden zu der bemerkenswerten Selbstunterscheidung bringt, die wir nun noch weiter bedenken wollen.

Die Selbstreflexivität, in der ich lebe, ist nicht derart, dass ich mir selbst genug wäre, dass ich mich selbst, die Welt und Gott in mich hereinholen, mir aneignen, in mich aufnehmen könnte oder müsste. Es ist im Gegenteil offenbar Grund, aus sich herauszugehen und seine Seele, sein ganzes Leben, sein Herz, wie Paul Gerhardt sagt, spazieren gehen zu lassen: „Geh aus, mein Herz, und suche Freud […]".[29] D. h.: Du brauchst nicht in dich selbst verkrümmt zu sein, Du brauchst nicht in dir selber hocken zu bleiben! Ich brauche offenbar keine Angst zu haben, mich zu verlieren, wenn ich aus mir selbst herausgehe, wenn ich mich selbst verlasse. Freilich, wenn mir nichts gesagt und entgegengetreten wäre und ich deshalb auch nichts hätte, woraufhin ich mich verlassen könnte, dann hätte ich Angst, aus mir selbst herauszugehen. Denn dann würde ich mich ja verlieren, ohne mich zu finden. Mich ganz verlieren und verlassen kann ich mich nur dann, wenn ich mich auf ein Versprechen, auf ein gegebenes Wort hin verlassen kann, wenn ich gewiss sein darf, dann nicht ins Nichts zu fallen, wenn ich mich aus mir selbst herauswage und, in der Konsequenz des Urvorgangs, den wir hier bedenken, auf den zugehe, dem das Lob meines ganzen unergründlichen[30] und unabgeschlossenen Lebens gilt.

„Wer seine Seele retten will [um ihretwillen], wird sie verlieren; wer aber seine Seele verliert um meinetwillen, der wird sie finden" (Mt 16,25: s. o.). Der findet seine Seele, sein wahres Selbst, wer dieses als das Vorletzte von einem Letzten, dem zu lobenden Schöpfer, zu unterscheiden weiß, Schöpfer und Geschöpf nicht identifiziert und damit, entgegen dem Ersten Gebot, Geschöpf und menschliches Werk vergöttlicht, zum Götzen macht. Rede ich aber meine Seele, mein Selbst, es relativierend, auf dessen Schöpfer hin an, es dazu aufrufend, *ihn*, nicht sich selbst, zu loben, dann bin ich im (ge)rechten Verhältnis zu Gott, zur Welt und zu mir selbst. Ich lebe *in* einem mir eröffneten Selbstverhältnis, nicht aber *als* Selbstverhältnis, in dem „die Beziehung zum Schöpfer aufgekündigt und in eine Selbstbeziehung eingeholt wird."[31]

---

29 Paul Gerhardt, „Geh aus, mein Herz, und suche Freud […]" (EG 503,1 bzw. 676,1).
30 Vgl. besonders Jer 17,9. Luther übersetzt, Augustins Betonung der mit der desperatio verschwisterten superbia aufnehmend: „Es ist das Herz ein trotzig und verzagt Ding, wer kann es ergründen?" Wer kennt sein eigenes Herz, das „tiefer ist als alles [andere]" – so die LXX (übersetzt von mir) –, bis auf den Grund? Wer ihm auf den Grund kommen will, wird in einen Abgrund stürzen.
31 Johannes von Lüpke, Die Seele als Raum der Gottesbegegnung. In: Ders., Gottesgedanke (s.o. Anm. 18), 149–162, hier 155.

In der Anrede an meine Seele, ihren Schöpfer zu loben, bleibe ich nicht in mir selbst hängen, beziehe ich mich nicht auf mich selbst, sondern trete aus mir heraus und über mich hinaus. Im Lob bleibe ich nicht in mir selbst. Im Lob bin ich in all meiner Lebendigkeit, im Atmen und Singen außerhalb meiner selbst, ekstatisch: in dem, der die Quelle des Lebens ist. „Denn bei dir ist die Quelle des Lebens, und in deinem Licht sehen wir das Licht" (Ps 36,10; vgl. Jer 2,13).

Ist das Selbst seinem Wesen nach in der dargelegten Weise ekstatisch, steht es aus sich heraus und in das wirksame Wort des Schöpfers ein, vertraue ich dem mir gegebenen unfaßbar großen Versprechen, dann kann jener subjektivitätstheoretischen Rekonstruktion der christlichen Theologie, die sich gegenwärtig – jedenfalls im deutschen Sprachbereich – großer Beliebtheit erfreut, nicht zugestimmt werden. Der historische Sachverhalt, daß im Zuge der anthropologischen Wende seit Mitte des 18. Jahrhunderts „das Gottesverhältnis zunehmend in die Reflexivität des Selbstverständnisses verlagert" wurde,[32] muß nicht zum Gesetz der Dogmatik werden. Damit wäre ja gerade der ekstatische Charakter der Seele verkannt und aus dem Vorletzten wieder ein Letztes geworden. Mit solcher Bejahung einer Subjektmetaphysik – jedenfalls dann, wenn sie „Gott" als Inbegriff der Subjektivität verstünde[33] – würde sie ja gerade den ekstatischen Charakter der Seele und die Externität ihres Schöpfers, Erlösers und Vollenders verkennen, mit ihrer Absicht aber, anschlußfähig an ein Allgemeines zu werden und öffentlich Plausibilität zu gewinnen, in ihrer Selbstverkrümmung sich in reine und letztlich immer leere Innerlichkeit der Seele verlieren[34] – wie jener Hund der Fabel Aesops, der, ein Stück Fleisch im Maul, nach dessen Spiegelbild im Wasser schnappte und dabei beides, das Fleisch wie dessen Spiegelbild, verlor.

---

32 Christian Danz, Gott und die menschliche Freiheit. Studien zum Gottesbegriff in der Neuzeit, Neukirchen-Vluyn 2005, 5. Vgl. Ders., „Und sie werden hingehen: diese zur ewigen Strafe, aber die Gerechten in das ewige Leben" (Mt 25,46). Überlegungen zur Funktion und Bedeutung des Letzten Gerichts in der protestantischen Theologie. In: NZSTh 53, 2011, 71–89, hier 86: Die Theologie des modernen Protestantismus habe in Anknüpfung an Luther (!) „das Verständnis des Glaubens in das Selbstverhältnis des individuellen Subjekts und dessen Selbsterfassung verlagert."

33 Dies scheint nach Ausweis der üblichen neuprotestantischen Berufung auf Kierkegaard aber gar nicht der Fall zu sein. Denn Kierkegaard wahrt die Differenz zwischen Schöpfer und Geschöpf: Indem das Selbst „sich zu sich selbst verhält und indem es es selbst sein will, gründet sich das Selbst durchsichtig in der Macht, welche es gesetzt hat" (Sören Kierkegaard, Die Krankheit zum Tode [1849], übersetzt von Emanuel Hirsch, Düsseldorf 1957, 10). Doch: Ist mit dieser These wirklich ausgeschlossen, daß das Gottesverhältnis mit dem Selbstverhältnis zusammenfällt? Emanuel Hirsch, der kommentierende Übersetzer, versteht Kierkegaard jedenfalls so: daß „der Mensch, indem er sich zu sich selbst verhält, schlechthin zu Gott sich verhält" (AaO, 169).

34 Vgl. Bernd Wannenwetsch, Lob der Äußerlichkeit. Evangelische *praxis pietatis* als gottesdienstliche Frömmigkeit. In: Denkraum Katechismus, hg.v. Johannes von Lüpke und Edgar Thaidigsmann, Tübingen 2009, 389–413.

Teil II: **Wahrnehmungen des Wortes**

6 Die Schöpfung hören. Jochen Kleppers Morgenlied

I Hinführung zum Thema

Jochen Klepper will nach nichts Anderem fragen als nach den Worten der Heiligen Schrift, um „mit dem Text",[1] „dem Sprachgut und Wortschatz der Bibel zu dichten".[2] Das auf das göttliche Wort hörende Dichten geschieht für Klepper in genauem und aufmerksamem Lesen der Lutherbibel.[3] Klepper spricht – vor allem in seinen Liedern – Texte der Lutherbibel nach, läßt sich von ihnen den Wortlaut, Klang und Rhythmus seiner eigenen Sprache geben und erhofft sich von solchem Gehorsam, der Eitelkeit des Schriftstellers und leerem Geschwätz zu entgehen: „Ich bewahre mich in dem Worte Deiner Lippen vor Menschenwerk" (Ps 17,4).[4]

In seinem Aufsatz „Das göttliche Wort und der menschliche Lobgesang" (1939),[5] seinem „Testament",[6] schreibt Klepper: „Unfaßlich ist die Fülle von Bibelworten, die als geschlossene Zeile ins Lied übernommen und zum Ausgangspunkt eines geistlichen Liedes werden können. Ist's nicht der Anfang eines Morgenliedes, wenn es bei Jesaja heißt:

> ‚Er weckt mich alle Morgen;
> er weckt mir das Ohr – ?'."[7]

Dabei hat Klepper das Lied vor Augen, das er am 12. April 1938, dem Dienstag der Karwoche, gedichtet hatte; der kurze Eintrag im Tagebuch lautet: „Ich schrieb heute ein Morgenlied über Jesaja 50,4.5.7.8, die Worte, die mir den ganzen Tag

---

[1] Jochen Klepper, Unter dem Schatten Deiner Flügel. Aus den Tagebüchern der Jahre 1932–1942, hg.v. Hildegard Klepper. Auswahl, Anmerkungen und Nachwort von Benno Mascher. Stuttgart 1956 (Im Folgenden nur mit Datum und Seite zitiert), 12. Juli 1938, 615.
[2] Jochen Klepper: Das göttliche Wort und der menschliche Lobgesang. In: Das Buch der Christenheit. Betrachtungen zur Bibel. hg.v. Kurt Ihlenfeld. Berlin 1939, 128–162; wieder In: Ders.: Nachspiel. Erzählungen, Aufsätze, Gedichte. Witten, Berlin 1960, 102–131, hier 114.
[3] Vgl. 22./23. September 1935, 291 (anläßlich der Lektüre von Rudolf Thiels „Luther"): Luthers „Sprache ist die einzige, die ich zu verstehen, die mich zu treffen vermag; die einzige, vor der ich mich nicht mühen und quälen muß."
[4] Jochen Klepper, Der christliche Roman. In: Ders., Nachspiel (wie Anm. 2), 84–101, hier 90. Vgl. Ps 119 als ganzen, bes. V. 172: „Meine Zunge soll ihr Gespräch haben von deinem Wort [...]."
[5] Klepper, Lobgesang, 102–131
[6] 25. November 1938, 685.
[7] Klepper, Lobgesang, 114.

nicht aus dem Ohr gegangen waren."[8] Diesem Morgenlied soll unsere Aufmerksamkeit gelten.

Morgenlied[9]

Er weckt mich alle Morgen; er weckt mir das Ohr, daß ich höre wie ein Jünger. Der Herr hat mir das Ohr geöffnet; und ich bin nicht ungehorsam und gehe nicht zurück. Denn ich weiß, daß ich nicht zuschanden werde. Er ist nahe, der mich gerecht spricht.

Die Bibel

I.
[1] Er weckt mich alle Morgen;
[2] er weckt mir selbst das Ohr.
[3] Gott hält sich nicht verborgen,
[4] führt mir den Tag empor,
[5] daß ich mit seinem Worte
[6] begrüß' das neue Licht
[7] Schon an der Dämmerung Pforte
[8] ist er mir nah und spricht.

II.
[1] Er spricht wie an dem Tage,
[2] da er die Welt erschuf.
[3] Da schweigen Angst und Klage;
[4] nichts gilt mehr als sein Ruf!
[5] Das Wort der ewgen Treue,
[6] die Gott uns Menschen schwört,
[7] erfahre ich aufs neue,
[8] so wie ein Jünger hört.

III.
[1] Er will, daß ich mich füge.
[2] Ich gehe nicht zurück.
[3] Hab' nur in ihm Genüge,
[4] in seinem Wort mein Glück.
[5] Ich werde nicht zuschanden,
[6] wenn ich nur ihn vernehm':
[7] Gott löst mich aus den Banden!
[8] Gott macht mich ihm genehm!

---

8 12. April 1938, 577.
9 Zitiert nach: Jochen Klepper, Kyrie. Geistliche Lieder (1938). In: Ders., Ziel der Zeit. Die gesammelten Gedichte (1962). Bielefeld ³1980, 43–95, hier 46f.

IV.
¹ Er ist mir täglich nahe
² und spricht mich selbst gerecht.
³ Was ich von ihm empfahe,
⁴ gibt sonst kein Herr dem Knecht.
⁵ Wie wohl hat's hier der Sklave –
⁶ der Herr hält sich bereit,
⁷ daß er ihn aus dem Schlafe
⁸ zu seinem Dienst geleit'.

V.
¹ Er will mich früh umhüllen
² mit seinem Wort und Licht,
³ verheißen und erfüllen,
⁴ damit mir nichts gebricht;
⁵ will vollen Lohn mir zahlen,
⁶ fragt nicht, ob ich versag'.
⁷ Sein Wort will helle strahlen,
⁸ wie dunkel auch der Tag.

Wie allen seinen Liedern, sieht man von seiner Nachdichtung des ambrosianischen Morgengesanges ab,[10] stellt Klepper im KYRIE[11] auch diesem Lied einen biblischen Text voran, dem er nicht nur der Idee oder gar nur der Spur nach folgt, den er vielmehr wortwörtlich aufnimmt und von dem er sich in einer kaum zu ermessenden Tiefe bestimmen läßt.

Den Text, den er mit seinem Lied auslegt, sticht Klepper aus dem dritten Gottesknechtslied aus, das nach dem Urteil der meisten Exegeten die Verse 4–9 des 50. Kapitels des Jesajabuches umfaßt.[12] Klepper beginnt, was bemerkenswert ist, sogleich mit der zweiten Hälfte des Verses 4 (nach der Lutherbibel von 1912, Kleppers Bibel), in der die Voraussetzung dessen zur Sprache kommt, was in der ersten Hälfte gesagt ist: Die Vollmacht zu reden, zu lehren, kommt aus dem Hören. „Er weckt mich alle Morgen; er weckt mir das Ohr, daß ich höre wie ein Jünger". Dann fügt er sofort Vers 5 an: „Der HERR hat mir das Ohr geöffnet; und ich bin nicht ungehorsam und gehe nicht zurück." Den Vers 6 läßt er ganz aus, und vom Vers 7 zitiert er nur den Schluß: „Denn ich weiß, daß ich nicht zuschanden werde." Er schließt mit dem Beginn des Verses 8: „Er ist nahe, der mich gerecht spricht".

---

10 „Schon bricht des Tages Glanz hervor ..."; Klepper, Kyrie, 45.
11 AaO, 46 f.
12 Umfassend und eingehend zum dritten Gottesknechtslied (Jes 50, 4–9): Hans-Jürgen Hermisson, Deuterojesaja. In: Biblischer Kommentar. Altes Testament. Neukirchen 2009, Bd. XI / 13, 97–150 (Das Bekenntnis des Gottesknechts).

Der – im Block, erstaunlicherweise ohne Angabe des biblischen Buches, des Kapitels und der Verse, lediglich mit der Unterschrift „Die Bibel" – über das Lied gesetzte Bibeltext täuscht insofern, als Klepper die von ihm vorgenommenen Auslassungen nicht markiert. Durch sie aber bildet sich, wie wir sehen werden, ein neuer Text.

Ausgelassen wird zunächst die Erzählung *spezifischer* Prophetenberufung (Vers 4a: „Gott der HERR hat mir eine Zunge gegeben, wie sie Jünger haben, daß ich wisse, mit den Müden zu rechter Zeit zu reden"); stehen bleibt das Bekenntnis einer *jeden* Menschen betreffenden Berufung und Erweckung („Er weckt mich alle Morgen ..."). Ausgelassen wird ebenso konsequent die Erzählung des *Leidens* des Gottesknechtes – bis auf eine kleine Andeutung, die mit dem ausgeschriebenen Zitat Vers 5b stehengeblieben ist: „und ich bin nicht ungehorsam und gehe nicht zurück". Des Weiteren fehlt, wie gesagt, der gesamte – für die Passionsgeschichte Jesu vorbildliche – Vers 6: „Ich hielt meinen Rücken dar denen, die mich schlugen, und meine Wangen denen, die mich rauften; mein Angesicht verbarg ich nicht vor Schmach und Speichel" und, zusammen mit Vers 7a, der entsprechende Teil aus Vers 7: „Darum habe ich mein Angesicht dargeboten wie einen Kieselstein".

II Das Thema

1. Indem Klepper die Erzählung der Berufung eines ganz bestimmten einzelnen Propheten vollständig in den Hintergrund rückt, gebraucht er den von ihm übrig gelassenen Text dazu, die Berufung und Erweckung zu bekennen, die nicht nur einem besonderen Propheten, sondern *jedem* Menschen „alle Morgen" widerfährt. Waren die Gottesknechtslieder im Zusammenhang des ganzen Deuterojesajabuches nicht ohne einen schöpfungstheologischen Horizont,[13] so wird dieser in Kleppers Lied nun so bestimmend, daß kaum mehr von einer Auslegung geredet werden kann, schwerlich auch von einer Vertiefung. Vielmehr nimmt Klepper *eine thematische Neubestimmung* vor. Das „alle Morgen" des Bibeltextes vertieft er in einer unerwarteten, aber dann doch plausiblen – jedenfalls nicht im Widerspruch zum deuterojesajanischen Textzusammenhang stehenden[14] – Weise

---

13 Vgl. Hans-Jürgen Hermisson, Studien zu Prophetie und Weisheit. Gesammelte Aufsätze, hg.v. Jörg Barthel, Hannelore Jauss und Klaus Koenen. Tübingen 1998, 117–131 (Jakob und Zion. Schöpfung und Heil. Zur Einheit der Theologie Deuterojesajas).

14 Klepper führt „scheinbar einen ganz neuen Gedanken ein, aber in Wirklichkeit hat er den Propheten damit genau verstanden. Für Dtjes ist das Wort Gottes das schöpferische Wort, das die Welt verändert. Im großen wie im kleinen"; Hermisson, Deuterojesaja (s.o. Anm. 12), 144.

zum *gegenwärtigen, heute* sich einstellenden Morgen: zum *Schöpfungs*morgen, der er ja in der Tat ist – wenn man ihn nur als solchen hört, ihn als solchen wahrnimmt. Kurz: *Klepper macht aus dem dritten Gottesknechtslied ein Schöpfungslied par excellence.*

Es liegt nahe, an die erste Strophe des Morgenliedes von Johannes Zwick zu denken – nicht nur wegen des „all Morgen", sondern, wie wir sehen werden, noch aus einem anderen Grund: „All Morgen ist ganz frisch und neu, / des Herren Gnad und große Treu; / sie hat kein End den langen Tag, / drauf jeder sich verlassen mag."[15]

2. Wenn Klepper aus dem dritten Gottesknechtslied ein Schöpfungslied par excellence macht, heißt dies nicht, daß er das Motiv des *Gottesknechtes* völlig verschwinden läßt. Er nimmt es, in der vierten Strophe, durchaus auf – freilich in einer verblüffenden, ganz und gar unerwarteten Wende des Herr-Knecht-Verhältnisses, die sich in dieser Weise nicht im Alten Testament, sondern nur im Neuen Testament findet: „Selig sind die Knechte, die der Herr, so er kommt, wachend findet. Wahrlich, ich sage euch: Er wird sich schürzen und wird sie zu Tische bitten und zu ihnen treten und ihnen dienen." (Lk 12,37)[16]. Zugleich ist an die Szene der Fußwaschung zu denken (Joh 13): Der Logos, durch den alles geschaffen ist (Joh 1,3), Gott selbst, der Herr, wird der unterste Diener (vgl. Phil 2,6–11); der Herr bindet die Schürze um, bückt sich und dient den Jüngern[17] – so, wie sich Gott der Schöpfer tief bückte und sich die Hände dreckig machte, um aus dem Staub der Erde den Menschen zu schaffen (Gen 2,7; vgl. die Neuschöpfung: Joh 9,6). Der dem Sklaven dienende Herr, selbst Sklave, ist kein Anderer als der Schöpfer des Himmels und der Erden, der des Wortes und des Lichtes Mächtige, der sich täglich bereithält, den Sklaven aus dem Dunkel der Nacht, „aus dem Schlafe / zu seinem Dienst [zu] geleit[en]" – zu dem Dienst, der zunächst im wachen, aufmerksamen Hören besteht.

Mit dieser verblüffenden Wendung des Gottesknechtsmotivs, wonach Gott selber als Knecht dient, bringt Klepper das pro nobis des Schöpfers und der Schöpfung zur Geltung. Daß Gott – nach dem Nizänischen Glaubensbekenntnis – „für uns Menschen und zu unserem Heil [...] vom Himmel gekommen" ist, überträgt Klepper aus dem zweiten Artikel des Glaubensbekenntnisses in den ersten, indem er von dem Herrn redet, der dem Knecht, dem Sklaven, „täglich" irdisch und weltlich „nahe" kommt, ihn jeden Morgen neu „aus dem Schlafe" zum Dienst geleitet. Der Schöpfer ist, wie vor Klepper besonders Johann Georg Hamann

---

15 EG 440,1. Vgl. Thr 3,22f.
16 Der Text der Lutherbibel von 1912 wurde an zwei Stellen nach der revidierten Fassung von 1984 verändert.
17 Nur wer sich diesen Dienst gefallen läßt, hat Teil an ihm (Joh 13,8).

wahrgenommen hat, der deus humilis, der sich – wie der Sohn und der Heilige Geist – tief bückt, um zu dienen.[18]

3. In derselben Strophe vier, in der Klepper das aus dem Text gerückte spezifisch deuterojesaianische Gottesknechtsmotiv völlig überraschend und umgewandelt – in der Version Lk 12,37 – wieder auftauchen läßt, erscheint ausdrücklich zugleich das *Rechtfertigungsmotiv*, das, wie wir sehen werden, das ganze Lied bestimmt. Es ist mit dem Schöpfungsmotiv auf das Innigste verwoben, ja: mit ihm letztlich identisch.

Zu Beginn der Strophe vier – „Er ist mir täglich nahe / und spricht mich selbst gerecht" – nimmt Klepper den letzten Satz des von ihm über sein Lied gestellten Bibeltextes auf, den Anfang von Jes 50,8: „Er ist nahe, der mich gerecht spricht." Diese gegen alle Anfeindung und Anfechtung[19] erfolgende Gerechtsprechung liegt nach dem Wortlaut der Strophe vier im Empfangen und Erleiden eben jenes Dienstes des Herrn, der sich bereit hält, seinen Knecht, seinen Sklaven, „aus dem Schlafe zu seinem Dienst [zu] geleit[en]" – das heißt: ihn aus dem Dunkel und der Gefahr der Nacht heute, an diesem Morgen, zu wecken, ihm „schon an der Dämmerung Pforte" nahe zu sein und sein wirksames Schöpferwort, sein „Es werde!" (Gen 1)[20] zu sprechen und ihn so „mit seinem Wort und Licht" zu „umhüllen".

Wir haben damit in Umrissen das Thema des Liedes gefunden, das Klepper selbst „Morgenlied" nennt und das wir als solches im evangelischen Gottesdienst[21] singen. Das Lied bekennt und lobt – das ist offenkundig sein Hauptthema – Gottes Schöpfung: seinen „alle Morgen" neu ergehenden wirksamen Schöpferruf. Zugleich aber ist es ein Gottesknechtslied und ein Rechtfertigungslied. Diese drei unterscheidbaren Motive hat Klepper äußerst kunstvoll zu einer unauflöslichen Einheit, zu einem ganz und gar einheitlichen Text verwoben, den wir dann auch, wenn wir ihn singen, gleichsam synthetisch wahrnehmen. Doch dürfte eine Analyse, wie sie im Folgenden vorgenommen wird, diese Einheit nicht zerstören, sondern dazu helfen, sie sozusagen plastisch, mehrdimensional, wahrzunehmen.

---

18 Vgl. Johann Georg Hamann, Londoner Schriften. Historisch-kritische Neuedition von Oswald Bayer und Bernd Weißenborn. München 1993, 151,37–152,8 (paradigmatisch).
19 Dem ursprünglichen Sinn des dritten Gottesknechtsliedes nach wird der Prophet gerade in seiner Heils- und Trostbotschaft nicht gehört und ihretwegen angefeindet und abgelehnt: Hermisson, Deuterojesaja, 144f.
20 Vgl. die erste Strophe von „Der Herr ist nah": „Die Menschenjahre dieser Erde / sind alle nur ein tiefes Bild, / das uns dein heiliges ‚Es werde!' / am Anfang aller Zeit enthüllt. / Allein in diesem Schöpferwort / besteht, was Menschen tun, noch fort." (Klepper, Kyrie, 87).
21 Vgl. EG 452.

Nach der Bestimmung des Themas achten wir nun Strophe um Strophe auf das Rhema: auf die konkrete Art und Weise der Durchführung des Themas.

III Durchführung des Themas

1. Die erste Strophe setzt mit dem emphatischen, für den Eigennamen Gottes stehenden „Er"[22] ein – mit der dritten Person des hymnischen Bekenntnisses, wie es in den Psalmen begegnet; es hätte nahegelegen, diesen Stellvertreter des Gottesnamens mit Großbuchstaben zu schreiben: ER. Klepper läßt jede der fünf Strophen – offenkundig mit Absicht – so beginnen, trägt damit der vierfachen Nennung des Gottesnamens im biblischen Text Rechnung und markiert damit die „Grundgegebenheit" der im gesamten Lied besungenen Kommunikation.[23]

Den übernommenen und die erste Doppelzeile bildenden Bibeltext, aus rhythmischen Gründen nur um ein einziges Wort („selbst") ergänzt, legt Klepper im Folgenden aus. Zunächst formuliert er eine parallele Doppelzeile und erweitert mit ihr die erste Doppelzeile zu einem parallelismus membrorum: Daß ER mich weckt, ist identisch damit, daß ER sich offenbart, sich „nicht verborgen" hält. Gottes Offenbarung ist jedoch keine personalistische, weltlose Anrede, sondern besteht darin, daß er mir den Tag emporführt, mir das „neue Licht" schafft; dem Glauben nicht verborgen, vielmehr offenbar ist er als der Schöpfer (Röm 1,19 f). Mit der Finalbestimmung „daß ich ..." nimmt das Lied wieder den Bibeltext auf, ersetzt nun aber das wie ein Jünger „Hören", das dann erst später, am Ende der zweiten Strophe, ausdrücklich erscheint, durch ein „Begrüßen". Dies scheint auf die Seite der menschlichen Antwort auf das göttliche Wort zu gehören, jedenfalls nicht mit dem Hören identisch zu sein. Da das „Begrüßen" jedoch „mit seinem [mit Gottes] Worte" geschieht, antworte ich nicht erst mit *meinem* Worte auf die Erweckung durch den Schöpfer, vielmehr legt er mir *sein* Wort, sich mir mitteilend, in den Mund, indem er mich weckt und anspricht. Denn: „Meine Zunge soll ihr Gespräch haben von *Deinem* Wort" (Ps 119,172). „Ich bewahre mich in dem

---

22 Parallel steht dazu in der dritten Zeile: „Gott". In ihrer „Verdeutschung der Schrift" ersetzen Martin Buber und Franz Rosenzweig das Tetragramm, den Gottesnamen, durch das Pronomen „ICH", „DU", „ER" und bringen damit die personale Beziehung Gottes zu den Menschen eindrücklich zur Geltung.

23 „Das vierfache ‚der Herr Jahwe' ist Leitmotiv dieses Gottesknechtslieds und als Klammer des Textes und seiner Teile zugleich die Grundgegebenheit, die das prophetische Wirken umschließt" (Hermisson, Deuterojesaja, 146).

Worte *Deiner* Lippen vor Menschenwerk" (Ps 17,4).²⁴ Indem ich „das neue Licht" „mit *seinem* Worte" begrüße, nehme ich mit meiner Antwort teil an seinem Schöpferwort, das mich in diese Welt, in diesen Tag ruft. Das Schöpferwort erhellt; es schafft Licht (Gen 1,1–3). In diesem Sinne sind schon in der ersten Strophe Wort und Licht einander zugeordnet; in der Schlußstrophe wird diese Zuordnung kräftig verstärkt wieder aufgenommen.

Die letzte Doppelzeile der Strophe bringt noch einmal die Situation des Übergangs vom Dunkel zum Licht – „an der Dämmerung Pforte" – zur Sprache, mithin den Schöpfungsmorgen. In ihm ist der Schöpfer heute gegenwärtig; in ihm „ist er mir nah und spricht".

2. Das Ende der ersten Strophe und der Anfang der zweiten reichen sich gleichsam die Hand; dasselbe Verb („spricht") wird wiederholt und betont so nachdrücklich den Sprachcharakter der Schöpfung. Gottes mich anredendes Sprechen heute, mit dem er „mir den Tag empor[führt]", ist das Sprechen des Uranfangs, jenes „Tages", „da er die Welt erschuf". Doch geht das Gefälle nicht von diesem ‚Datum' aus, das ja nicht entfernt in der Vergangenheit liegt, sondern das Gegebene, die Faktizität des Geschehenen, die Faktizität der Seinsgründung, sagt: Das Gefälle geht vielmehr, wie in Luthers Erklärung des Schöpfungsartikels im Kleinen Katechismus,²⁵ eindeutig von der Erfahrung des heute zu hörenden Wortes aus; es geht vom Heute zurück zu einem Uranfang. Der Schwerpunkt des ganzen Liedes liegt, wie in Luthers genannter Erklärung des Schöpfungsartikels, eindeutig in der Gegenwart, im Heute. Das heutige Geschehen wird mit dem uranfänglichen nicht nur verglichen; vielmehr geschieht es genau so wie „an dem Tage, / da er die Welt erschuf". *Es geschieht nicht das Gleiche, sondern Dasselbe.*

„Da schweigen Angst und Klage; / nichts gilt mehr als sein Ruf" – das Wort dessen, „der die Toten lebendig macht und dem Nichtsein ruft, daß es sei" (Röm 4,17). Demnach liegt der Erfahrung der Schöpfung etwas voraus: „Angst und Klage" als das Chaos, das durch Gottes machtvollen Schöpferruf zum Schweigen gebracht, überwunden wird. „Schöpfung" versteht hier Klepper, wie auch Johann Georg Hamann, als überwundene und damit erhörte Klage.²⁶ Zwar strahlt das Licht aus sich selbst; es ist in seinem Gutsein, seiner Schönheit und Fülle mehr als

---

24 Vgl. Klepper, Roman, 90. Vgl. 1Petr 4,11 und dessen Bedeutung für Hamann (s.u. Kap. 12: „Philologie des Kreuzes", Anm. 27).
25 Vgl. Oswald Bayer, Schöpfung als Anrede. Zu einer Hermeneutik der Schöpfung. Tübingen 1986, ²1990, 80–108, hier 97f (Übergewicht des Präsens über das Perfekt, das als präsentisches Perfekt zu verstehen ist).
26 Vgl. Oswald Bayer, Theologie der Klage. In: Ders., Zugesagte Gegenwart. Tübingen 2007, 61–69, hier 66f. Hamann kann deutlich machen, daß die Erhörung der Klage bzw. die Erfüllung der Bitte der Klage bzw. der Bitte *zuvorkommt.*

die Überwindung des Dunkels, der Nacht, des Chaos. Aber es ist eben dies auch. Es will erfahren und ermessen sein, was es bedeutet, wenn inmitten des Buches der „Klagelieder" das Bekenntnis der göttlichen Barmherzigkeit und Treue laut wird: „Die Güte des HERRN ist's, daß wir nicht gar aus sind; seine Barmherzigkeit hat noch kein Ende, sondern sie ist alle Morgen neu, und deine Treue ist groß" (Thr 3,22f). „All Morgen ist ganz frisch und neu / des Herren Gnad und große Treu".[27] Wie die Angst und Klage der Exilierten, die „an den Wassern von Babylon saßen und weinten" (Ps 137,1), durch den vom Propheten bezeugten Ruf des allmächtigen Schöpfers zum Schweigen gebracht werden (Jes 40–55), so geschieht einem jeden Menschen die Hilfe Gottes „am Morgen",[28] dem Schöpfungsmorgen.[29] „Auch wer zur Nacht geweinet, / der stimme froh mit ein. / Der Morgenstern bescheinet / auch deine Angst und Pein."[30] „Beglänzt von seinem Lichte, / hält euch kein Dunkel mehr."[31] „Welch Dunkel uns auch hält, / sein Licht hat uns getroffen."[32] Es ist ein Grundzug in Kleppers Liedern, zur Sprache zu bringen, daß Dunkel, Angst und Klage zwar überwunden, gleichwohl aber in diesem Leben nicht für immer verschwunden sind, sondern, womit die Schlußzeile des Morgenlieds („wie dunkel auch der Tag") realistisch rechnet, wiederkehren: „Noch manche Nacht wird fallen / auf Menschenleid und -schuld".[33] Deshalb ist es ein Wunder, wenn ich das Wort, welches das Dunkel besiegt, heute „aufs neue" höre und „erfahre".

Was jetzt gegen alles Dunkel, gegen Angst und Klage nur noch gilt, ist des Schöpfers Ruf: Gottes Gemeinschaft stiftendes und erhaltendes Wort. Dieses „Wort der ewigen Treue" – das Wort dessen, „der Himmel und Erde gemacht hat" (Ps 124,8 u. ö.), „der Treue hält ewiglich" (Ps 146,6) und nicht preisgibt das Werk seiner Hände (Ps 138,8) – „schwört" Gott „uns Menschen" zu.[34] Kleppers Got-

---

27 EG 440,1. Vgl. Thr 3,22f.
28 Vgl. Ps 30,6; 46,6 u. ö. Dazu: Bernd Janowski, Rettungsgewißheit und Epiphanie des Heils. Das Motiv der Hilfe Gottes „am Morgen" im Alten Orient und im Alten Testament, Bd. I: Alter Orient (Wissenschaftliche Monographien zum Alten und Neuen Testament, 59). Neukirchen 1989.
29 Vgl. Oswald Bayer, Der Schöpfungsmorgen. In: Ders., Schöpfung als Anrede, 109–127.
30 „Die Nacht ist vorgedrungen ...", Strophe 1 (Klepper, Kyrie, 58).
31 AaO, 59 (Strophe 4).
32 „Gott fährt mit Jauchzen auf ...", Strophe 4 (Klepper, Kyrie, 77).
33 „Die Nacht ist vorgedrungen ..." (Klepper, Kyrie, 77f), Strophe 4.
34 Daß sich Gott den Menschen verspricht, ja: „schwört", sich ins Wort begibt und ein verbindliches Verhältnis eingeht, ist ein kräftiges biblisches, vor allem alttestamentliches Motiv: Die Bibelkonkordanzen bieten s.v. „schwören" zahlreiche Belegstellen; die eindrücklichste ist Hebr 6,11–18. Die fundamentale Bedeutung von Gottes „Schwur" hat Johann Georg Hamann in der ihm eigenen Konzentration so zum Ausdruck gebracht: „Ein anderes δός μοι ποῦ στῶ kenne und weiß ich nicht, als Sein Wort, sein Schwur, und sein *Ich bin* – und *werde seyn* [Ex 3,14], worin die ganze

tesgewißheit ist die Gewißheit von Gottes Treue. Gottes Treue, seine Zuverlässigkeit ist sein Wesen – im Unterschied zu uns Menschen: „sind wir untreu, so bleibt er doch treu; denn er kann sich selbst nicht verleugnen" (2Tim 2,13).[35]

Weil ER mit seinem Treueschwur „mir selbst das Ohr" weckt, kann ich hören – „wie ein Jünger hört". Mit diesem Zitat aus dem dritten Gottesknechtslied (Jes 50,4: „daß ich höre wie ein Jünger") endet die zweite Strophe und bildet so mit dem Beginn der ersten Strophe eine inclusio: Dem *Weckruf* entspricht das *Hören* – das Hören des „Jüngers": dessen, der (nach der Wortbedeutung des hebräischen Äquivalentes) „unterwiesen", „unterrichtet" wird, der – mit einem „hörenden Herzen" (1Reg 3,9) – „lernt". *Die Schöpfung will gehört und gelernt sein.*

3. Umschloß der Bibeltext am Anfang der ersten und am Ende der zweiten Strophe Kleppers ganz und gar schöpfungstheologische – jeden Menschen betreffende – Auslegung dieses Textes, so greift nun die dritte Strophe jenen Zug des Gottesknechtsliedes auf, der in *spezifischer* Weise die Situation des Gottesknechts betrifft, der dem Leiden und der Anfechtung, die ihn in der Ausführung seines besonderen prophetischen Auftrags treffen, nicht entflieht; der in dieser Strophe aufgenommene Bibeltext lautet: „ich bin nicht ungehorsam und gehe nicht zurück. Denn ich weiß, daß ich nicht zuschanden werde" (Jes 50,5b und 7d).

Wie schon bemerkt, läßt Klepper Jes 50,6 und 7abc – die Hauptmasse des Textes, in dem der Prophet von seinem besonderen Geschick erzählt und der für die Passionsgeschichte Jesu vorbildlich wird – aus. Es spricht ein „Ich", in dem sich *jeder* unterbringen kann. Das Leiden und die Anfechtung, vor denen ich nicht zurückweiche – „Ich gehe nicht zurück" –, denen ich mich vielmehr stelle, ja: in die ich mich gehorsam „füge", ist das, was jedem Menschen widerfahren kann und widerfährt – in welcher Gestalt auch immer. Es muß nicht das harte Geschick des deuterojesajanischen Gottesknechts oder das Unglück eines Jeremia sein. Ganz banale Widrigkeiten des Alltags können mich zum Ungehorsam verführen, also mich davon abbringen, auf den Ruf des Schöpfers konsequent zu hören. Demgegenüber trotzt der hörende Jünger, der die Schöpfung gelernt hat und lernt; er widersteht: „Ich gehe nicht zurück." Grund und Kraft seines Widerstandes bekennt er zuversichtlich: „Hab' nur in ihm Genüge [2Kor 12,9; Joh 10,10: „Leben und volle Genüge haben"], / in seinem Wort mein Glück";[36] Prov 16,20 ist auf-

---

Herrlichkeit seines alten und neuen Namens besteht" (an Friedrich Heinrich Jacobi am 23. Januar 1785: Johann Georg Hamann: Briefwechsel, Bd. 5, hg.v. Arthur Henkel. Frankfurt/M. 1965, 333, 18–20).

35 2Tim 2,13 assoziiert Klepper selbst mit seinem „Morgenlied über Jesaja 50,4.5.7.8" (12. April 1938, 577).

36 Vgl. Oswald Bayer, Lust am Wort. In: Ders., Gott als Autor. Zu einer poietologischen Theologie. Tübingen 1999, 221–229.

genommen: „Wer auf das Wort achtet, findet Glück." Der unglückliche Jeremia, in dessen Leben Angst und Klage nicht schwiegen, bekennt gleichwohl, in Gottes Wort sein Glück zu haben: „Stellte Dein Wort sich ein, so verschlang ich's; zur Wonne wurde mir Dein Wort. Zur Freude meines Herzens wurde es mir, daß ich Deinen Namen trage" (Jer 15,16). In Luthers Übersetzung: „Dein Wort ward meine Speise, da ich's empfing; und Dein Wort ist meines Herzens Freude und Trost". Der Erfahrung des Propheten entsprechend hält Klepper in seinem Tagebuch fest: „Gott kann von uns nur noch im Leiden gelobt werden."[37] Ja, er findet darin „das Thema meines Lebens": „Daß ich ihn leidend lobe, / das ist's, was er begehrt'."[38]

Das Lob im Leiden, das zuversichtliche Bekenntnis, trotz allem Unglück „in seinem Wort mein Glück" zu haben, wird in der dritten Doppelzeile der Strophe in der – im Vernehmen des Schöpferrufes begründeten – Gewißheit des Gottesknechtes, „daß ich nicht zuschanden" (Jes 50,7d), daß ich nicht scheitere und beschämt werde, nochmals zur Sprache gebracht: „Ich werde nicht zuschanden, / wenn ich nur ihn vernehm'". Der sich vernehmen lassende Schöpfer ist der Retter, der „aus den Banden" löst, so daß Angst und Klage schweigen, jedenfalls nicht mehr herrschen.

Die „Bande" der Unfreiheit, die mich binden, sind nicht nur äußere Widrigkeiten und Feinde wie die des Propheten im Gottesknechtslied. Klepper setzt vielmehr einen gegenüber dem Bibeltext neuen Akzent, indem er in der letzten Doppelzeile, ganz deutlich in der letzten Zeile, die Konstellation auf dem Anerkennungs- und Rechtfertigungsforum verändert. War dieses im Gottesknechtslied durch die besonderen Gegner des einen Propheten bestimmt, die von Gott durch die Gerechtsprechung und Rehabilitierung des angeklagten Propheten ins Unrecht gesetzt werden (Jes 50,8f), so geht es nun, sachlich der paulinischen Inanspruchnahme des Jesajatextes in Röm 8,31–39 folgend, *jeden* Menschen betreffend, um den Sünder vor Gott, der ihn anklagt, seiner Sünde überführt und ihn durch das Wort der Vergebung aus der Unfreiheit der Sünde „löst", so daß er als Erlöster bekennen kann: „Gott macht mich ihm genehm!"

4. Mit dieser Schlußzeile wird die Gerechtsprechung des Sünders als dessen Gerechtmachung, genauer: wird *je meine* Rechtfertigung bekannt – im Sinne der paulinisch-lutherischen Rede von der Rechtfertigung des Gottlosen allein durch den Glauben an das diesen Glauben wirkende gnädige Christuswort. Diese Schlußzeile schlägt die Brücke zu der Doppelzeile, mit der die vierte Strophe beginnt: „Er ist mir täglich nahe / und spricht mich selbst gerecht."

---

37 24. Dezember 1935, 322.
38 15. August 1935, 277. Dazu: Oswald Bayer, Leidend loben. Das Wortamt des Dichters. In: Ders., Gott als Autor, 41–50.

Klepper nimmt damit fast wörtlich den letzten Satz des Bibeltextes auf, den er über sein Lied stellt: „Er ist nahe, der mich gerecht spricht" (Jes 50,8a). Die Umwandlung des Relativsatzes in eine Parataxe und die drei kleinen Hinzufügungen dienen dem Rhythmus der Zeilen. Zugleich intensivieren die Hinzufügungen die personale und zeitliche Bestimmtheit des im Bekenntnis erzählten Rechtfertigungsgeschehens: ER „selbst" (wie in der zweiten Zeile der ersten Strophe) spricht mich gerecht und ist „mir" nicht verborgen und fern, sondern nahe – und dies „täglich", jeden Tag neu.

Die folgenden sechs Zeilen, die sich als Auslegung der zweiten Zeile („und spricht mich selbst gerecht") verstehen lassen, samt der Schlußstrophe singen und sagen nichts anderes als das Rechtfertigungsgeschehen in seiner schöpfungstheologischen Weite und Tiefe. Von der verblüffenden Wendung des Gottesknechtsmotivs, wonach Gott selber mir mit dem täglichen Schöpfungsmorgen als Knecht dient, war schon die Rede. Ist Kleppers Aufnahme des dritten Gottesknechtsliedes in dessen Umgestaltung zu einem „Morgenlied" insgesamt kühn, so bilden doch diese verblüffenden sechs Zeilen das kühnste Moment dieser Umgestaltung: Die christologische Herr-Knecht-Dialektik kommt schöpfungstheologisch zur Geltung; Jesus Christus, Herr als Knecht und Knecht als Herr (Phil 2,6–11; vgl. Mk 10,45), ist der Schöpfungsmittler. Der Herr der Schöpfung erscheint nicht im Kommandowort des Oberbefehlshabers, sondern trägt die Züge dessen, der seinen Jüngern die Füße wäscht, ihnen dient.

„Was ich von ihm empfahe, / gibt sonst kein Herr dem Knecht." Daß er „mich ihm genehm" macht, also „mich selbst gerecht" spricht: das kann ich nur „empfangen". Entsprechend ist, was ich empfange, reine Gabe; Gottes Sein ist bedingungsloses, unbedingtes Geben.[39]

5. Der Herr, der den Knechten dient (Lk 12,37),[40] ist der Herr in seiner Herrlichkeit. Von dieser Herrlichkeit ist die strahlende Schlußstrophe durchdrungen. Die Leitbegriffe der ersten und letzten Doppelzeile, die einander entsprechen und den Mittelteil rahmen, sind „Wort" und „Licht": die Macht der Kommunikation und der gründlichen Aufklärung. Das Wort bringt Licht, erhellt; es strahlt. Der Herr, der den Knechten dient, ist der Herr des Wortes und des Lichtes. Trete ich in den Tag, dann trete ich in das nicht einfach selbstverständliche, sondern wunderhaft gewährte Licht. Das Licht, das mich umhüllt, in das ich eintauche, spricht mich an – wie es denn selbst dem ansprechenden Gotteswort entspringt (Gen 1,1–3).

---

39 Gottes trinitarisches Sein als dreifaches sich Geben ist eindrucksvoll von Martin Luther vertreten worden: WA 26, 505,38–506,9 (Vom Abendmahl Christi. Bekenntnis, 1528). Vgl. u. Teil V, Kap. 29: „Nichts als Geben".
40 S.o. II.2.

Doch bleibt es nicht beim Anfang in der Frühe des Tages, in der Frühe der Welt – so sehr in diesem Anfang schon alles beschlossen ist.[41] Der Bogen des Wortes und Lichtes spannt sich vom Anfang zum Ende – dem „Ziel der Zeit"[42] –, vom Morgen zum Abend, von der Verheißung zur Erfüllung, zur Vollendung meines je eigenen Lebens und der ganzen Welt, „damit mir nichts gebricht"; „mir wird nichts mangeln" (Ps 23,1).

Die Fülle der Vollendung betont Klepper mit der Wendung vom „vollen Lohn". Damit bringt er, vielleicht an das zweite Gottesknechtslied in dessen „Gewißheit des bei Gott verwahrten Lohns" (Jes 49,4) anknüpfend,[43] die rechtfertigungstheologische Pointe der Bibel, vor allem des Neuen Testaments, zur Geltung, wonach der himmlische Lohn im Unterschied zum irdischen nicht verdient, sondern unverdient ausbezahlt wird (Mt 20,1–15), reine Gabe ist und paradoxerweise dem „Versager" gewährt wird: ER „will vollen Lohn mir zahlen, / fragt nicht, ob ich versag'." Der volle Lohn wird mir „ohn all[e] mein[e] Verdienst[e] und Würdigkeit"[44] zuteil.[45]

„Sein Wort will helle strahlen, / wie dunkel auch der Tag!" Eindrucksvoll schließt so das Morgenlied, das mehr als nur ein Morgenlied ist, weil der, der verheißt und erfüllt, schon am Anfang, am Morgen, in seiner alles umfassenden Fülle ganz gegenwärtig ist.[46] Die gesamte Strophe bekennt den Gotteswillen; dreimal wird das Verb „wollen" gebraucht. Des Gotteswillens ist das redende Ich gewiß. Die ganze Fülle seiner Glaubensgewißheit mündet in die letzte Doppelzeile, die das Lied nur in formaler Hinsicht abschließt. Dem Inhalt nach bringt sie eine große Eröffnung zur Sprache; es bietet sich ein strahlend zuversichtlicher Ausblick und Vorblick: die feste Erwartung und Hoffnung, daß über jedes Dunkel – das, wie in Kleppers Liedern durchgehend,[47] auch hier nicht verkannt wird – das Licht des Wortes siegt. „Sein Wort will helle strahlen, / wie dunkel auch der Tag!"

---

41 Vgl. Kleppers Lied „Der Herr ist nah", 2. Strophe: „[...] Nichts ist, was nicht in deine Hände / am ersten Tag beschlossen war, / und leben wir vom Ursprung her, / bedrückt uns keine Zukunft mehr" (Klepper, Kyrie, 87).
42 Kleppers Gedicht aus Joh 15,3 (Klepper, Kyrie, 27), Vgl. aaO, 10 („Ziel der Zeiten").
43 Hermisson, Deuterojesaja (s.o. Anm. 12), 144.
44 Luther, Erklärung des ersten Artikels des Glaubensbekenntnisses im Kleinen Katechismus, BSELK 870,16 (BSLK 511,5).
45 Vgl. u. Teil V, Kap. 35: „Lohngerechtigkeit?".
46 Diese von der tatsächlichen Entsprechung, ja geradezu Identität von Verheißung und Erfüllung bestimmte zeitliche Universalität kennzeichnet die Theologie Deuterojesajas insgesamt: Jahwe ist darin der einzige, der wahre Gott, der gegen und über alle Fremdgötter Recht behält, daß er sein früher gegebenes Wort hält; er täuscht und lügt nicht: *Er erfüllt, was er verspricht*. Darin ist er der Zeit mächtig; darin ist er allmächtig. Zur Ubiquität des Anfangs und Ursprungs s. Anm. 41.
47 Vgl. oben die Anm. 30 bis 33.

7 Wahrnehmen: Hören und Glauben

I Ein Blick ins Wörterbuch

Ein Blick ins Wörterbuch zeigt, dass „Wahrnehmen"[1] zuerst (1.1) meint: hinsehen, aufmerken, acht haben, dann auch (1.2) in Acht nehmen, sorgen für, ein Amt, eine Gelegenheit ergreifen, tätig wahrnehmen. Die zweite Bedeutung setzt die erste voraus: „Wahrnehmen" meint zunächst ein aufmerksames, bewusstes[2] und konzentriertes Hinsehen und erst dann das tätige Ergreifen einer Chance, die sich bietet, einer guten Gelegenheit. So kann Verantwortung wahrnehmen nur, wer gesehen hat. Sonst stellt sich statt bewusstem Handeln blinde Geschäftigkeit ein. So notwendig und unausweichlich die zweite Dimension des Wahrnehmens ist, so grundlegend ist die erste. Des weiteren (2.) ist wichtig, dass „wahrnehmen" meint, etwas zuerst *sinnlich*, dann aber auch *gedanklich* zu erkennen (2.1). Solche Erkenntnis geschieht zuerst mit dem Auge, dann auch durch andere Sinne: hörend, schmeckend, riechend, tastend (2.2).

II Sehen vor dem Hören?

In der Begriffsgeschichte spiegelt sich das Urteil, dass dem Sehen der Vorrang vor dem Hören zukommt – wie es Goethes Gedicht „Aug' um Ohr" zum Ausdruck bringt:

> „Was dem Auge dar sich stellet,
> Sicher glauben wir's zu schaun,
> Was dem Ohr sich zugesellet,
> Gibt uns nicht ein gleich Vertraun;
> Darum deine lieben Worte
> Haben oft mir wohlgetan,
> Doch ein Blick am rechten Orte
> Übrig läßt er keinen Wahn."[3]

---

[1] Deutsches Wörterbuch von Jacob und Wilhelm Grimm, Bd. 27, München 1984, 941–967. Das Wort hat nichts mit „wahr" und „Wahrheit" zu tun. Vgl. Anm. 2.
[2] „Wahrnehmen" ist verwandt mit dem englischen „to be aware of something": etwas wissen oder kennen, sich einer Sache bewusst sein.
[3] Johann Wolfgang von Goethe, Hamburger Ausgabe in 14 Bänden, hg.v. Erich Trunz, Bd. I (Gedichte und Epen I), München 1989, 311.

Es geht nach Goethe also nichts über die Autopsie. Sie hat den Vorrang vor dem, was man nur durch das Hörensagen kennt. Damit stellt sich Goethe in eine lange Tradition – ob sie nun platonisch den Augen des Geistes oder empiristisch den Sinnen traut oder ob sie, wie bei Kant als „Erkenntnis" in einer Verschränkung von „Anschauung" und „Begriff" in Anspruch genommen wird.

III Der Primat des Hörens

Mit dieser Tradition bricht der christliche Glaube, insofern für ihn die Stelle der mit den Augen des Geistes geschauten „Idee" das „Wort" einnimmt:[4] Er kennt sich, seinen Gegenstand und Grund nur vom Hören des Gesagten, sozusagen vom Hörensagen: Fides ex auditu (Röm 10,17)! Der Glaube kommt „aus der Predigt", wie Luther recht eindimensional übersetzt, aus dem Gehör und dem Gehörten; das zugrunde liegende griechische Wort ἀκοή (akoe) umschließt mindestens fünf Bedeutungsdimensionen. Es meint erstens das, wodurch gehört wird, die Hörfähigkeit, theologisch: die empfangene Hörfähigkeit, zu der ich ermächtigt bin; zweitens den Akt des Hörens: dass ich höre; drittens den Modus des Hörens: wie ich höre; viertens: das, was gehört wird, was ich aufnehme, rezipiere; fünftens das, was gesagt, was zu Gehör gebracht wird.

Zwar ist Luthers Behauptung: „solae aures sunt organa Christiani hominis"[5] („Allein die Ohren sind die Organe eines Christenmenschen") überscharf und läßt sich, wie wir sehen werden,[6] in ihrer Ausschließlichkeit nicht halten. Sie weist aber eindrücklich und anstößig darauf hin, dass in der Wahrnehmung, in dem, was Aufmerksamkeit verdient, der Primat dem Hören zukommt; dem entspricht das Bilderverbot samt der Tradition der apophatischen Theologie bis hin zu ihren

---

4 Dies bekundet sich in wünschenswerter Deutlichkeit etwa in Luthers Rede vom Wort als der glänzenden Amtskette, die Gott um das Sinnliche der Person gelegt hat und beispielsweise eine Frau zur Ehefrau und Mutter und einen Mann zum Ehemann und Vater oder, im politischen Bereich, zur „Obrigkeit" macht: Das Wort ist gleichsam die forma, die die materia qualifiziert und bestimmt. Vgl. z. B. im Blick auf die Ehe: WA 34 I, 54, 17–28; 55,6–19; 57,21–28; 64,25–29 (Hochzeitspredigt über Hebr 13,4 vom 8. Januar [?] 1531). Weiter: WA 16, 491,15–32 (Predigten über Ex 20, zum vierten Gebot; 29. Oktober [?] 1525).
5 WA 57 III, 222,7 (zu Hebr 10,5; 1518). Aus den vielen weiteren Belegen vgl. nur Luthers Merseburger Predigt vom 6. August 1545 über Ps 8: Obwohl man Christi Reich „nicht sieht, wie man das weltliche [Reich] sieht, so hört man's dennoch." Denn „Christ Reich [ist] ein Hör-Reich, nicht ein Sehe-Reich. Denn die Augen leiten und führen uns nicht dahin, da wir Christum finden und kennen lernen, sondern die Ohren müssen das tun" (WA 51, 11,25–32).
6 Vgl. u. IV.

modernen Ausprägungen – zum Beispiel bei Max Horkheimer.[7] Das Hören konstituiert Israel wie die Kirche: „Höre, Israel, der HERR ist unser Gott; der HERR ist einzig!" (Dtn 6,4).[8] Es geht zunächst um das *reine* Hören. „Die Stimme seiner Worte hörtet ihr; aber keine Gestalt saht ihr außer der Stimme" (Dtn 4,12; vgl. das Bilderverbot: Dtn 4,15–19). Darin spitzt sich zu, was nicht nur die deuteronomistische Textwelt bestimmt, sondern unbestreitbar der Hauptzug des ganzen – kanonischen – Alten Testamentes ist. Die Geschichte Israels beginnt, folgt man dem biblischen Kanon, in genauer Entsprechung zum Anfang des ersten Schöpfungsberichts – zu Gottes schöpferischer Anrede (Gen 1,1–3) – mit Gottes Wort an Abram (Gen 12,1–3), das dieser hörte und glaubte: „Da zog Abram aus, wie der HERR zu ihm *gesagt* hatte" (Gen 12,4). Diesen hörenden und gehorchenden Abraham sieht das Neue Testament als „Vater" – als Urbild, als Prototyp – aller Glaubenden (Röm 4,11); er hat nichts in der Hand und vor Augen, sondern nur Gottes unsichtbare Zusage im Ohr und im Herzen; er zweifelt nicht an dem, was er nicht sieht. Entsprechend beginnt das große Glaubenskapitel im Hebräerbrief (Hebr 11) mit dem Definitionssatz: „Es ist aber der Glaube eine gewisse Zuversicht dessen, was man hofft, und ein Nichtzweifeln an dem, was man nicht sieht." (Hebr 11,1; vgl. Röm 8,24f und 2Kor 4,18).

Der erste Beleg für die Wahrheit dieses Definitionssatzes – Hebr 11,3 – hat eine so grundsätzliche, nämlich schöpfungstheologisch-ontologische Bedeutung für die Wahrnehmung, dass es sich lohnt, auf ihn so scharf wie möglich zu achten. Der sozusagen in einem synthetischen parallelismus membrorum gebildete Satz, in dem die creatio ex nihilo der creatio solo verbo entspricht, lautet: „Durch den Glauben erkennen wir, dass die Welt durch Gottes Wort gemacht ist, so dass alles, was man sieht, aus nichts geworden ist." Jüdische und christliche Theologie können weiter und tiefer als dieser Satz nicht greifen. Er fügt wie kein zweiter kurz und prägnant die Konstitutionsbedingungen unseres Wahrnehmungsraumes[9] zu einer Einheit und markiert den Ausgangspunkt unserer Überlegungen zum Wahrnehmen als Hören und Glauben: Dem Hören kommt in unserer menschlichen Wahrnehmung deshalb der Primat zu, weil die Welt aus dem Nichts – d. h.: unverdient – ins Dasein *gerufen* wurde. Ich empfange die mir unverdient gege-

---

[7] Zu Horkheimer: Oswald Bayer, „Die Furcht, dass es Gott nicht gebe". In: Ders., Gott als Autor. Zu einer poietologischen Theologie, Tübingen 1999, 97–111, bes. 104–107 („Rezeption des Bilderverbots").
[8] Bei diesem Hören ist freilich aufzumerken und insofern zu „sehen" – im Sinne des „Siehe!", des Signalwortes für den Einbruch der Transzendenz: „Siehe, da ist euer Gott!" (Jes 40,9). Vgl. Jes 35,4: „Sehet, euer Gott, der kommt...".
[9] Vgl. Oswald Bayer, Ethik der Gabe. In: Teil V, Kap.36; Anm. 7; Ders., Gott als Autor (s. o. Anm. 7), 229 („Hör- und Leseraum"); 244f, Anm. 27; 247, bes. Anm. 38.

bene Welt, durch die ihr Schöpfer sich mir zuspricht. Ohne seinen Zuspruch und Ruf wäre nicht etwas, sondern vielmehr nichts. Ohne Wort keine Welt. Gottes anredendes und zusagendes Gabewort aber ist auf Glauben aus; der Ruf will gehört, mit dem Herzen geglaubt, mit dem Munde bekannt, mit Herzen, Mund und Händen im Empfangen und Weitergeben beantwortet werden. Das Wort will und ersehnt die Antwort; die Gabe erwartet die Rückgabe und Weitergabe.

Im Blick auf dieses Geschehen von Wort und Glaube eigens hervorzuheben ist die *rechtfertigungstheologische* Dimension: Gottes alles begründendes Machtwort kommt jeder menschlichen Theorie und Praxis, jedem Denken und Tun zuvor; es geschieht bedingungslos und unverdient – in diesem Sinne: „aus nichts" („ex nihilo"). Deshalb ist diesem Wort und Werk Raum und Zeit zu lassen: „[...] du sollst von dein'm Tun lassen ab, / dass Gott sein Werk in dir hab'"![10] Das Wahrnehmen dieses Sabbats[11] geschieht im aufmerksamen – eher entspannten als gespannten – Hören: im Hören des Gottesnamens als jener geheimnisvollen „Stimme verschwebenden Schweigens", die Elia nach dem Sturmwind, dem Erdbeben und dem Feuer hörte.[12] Paul Valéry, der Dichter, pointiert: „Höre auf dieses feine, unaufhörliche Geräusch; es ist die Stille. Horch auf das, was man hört, wenn sich nichts [mehr] hören läßt."[13]

In dieser von menschlichem Werk leeren, insofern tatenlosen Stille[14] erkennt und anerkennt der Glaube, „dass die Welt durch Gottes Wort gemacht ist, so dass alles, was man sieht, aus nichts geworden ist". Damit ist in Kürze die wahre transzendentale Ästhetik formuliert: Was sich *sehen* läßt, läßt sich in einem Bezugsrahmen sehen, der selber nicht gesehen werden kann, weil er Sache des Wortes und des Glaubens ist. Ja selbst das Urlicht, in dessen Licht wir alles sehen,[15] ist nicht das Erste, sondern vom Wort geschaffen: „Am Anfang, als Gott

---

10 Martin Luther, „Dies sind die heilgen zehn Gebot..." (EG 231,4). Vgl. Johannes von Lüpke, Anvertraute Schöpfung. Biblisch-theologische Gedanken zum Thema „Bewahrung der Schöpfung", Hannover 1992, 88–91 (im Anschluß an die neutestamentlichen Erzählungen von Jesu Heilungen am Sabbat – besonders zu Joh 5,17).
11 Vgl. Jürgen Kaiser, Ruhe der Seele und Siegel der Hoffnung, Gütersloh 1996, 245–260 (zu Luther).
12 1Reg 19,11–13. Die zitierte Wendung in V.12 nach: Die Schrift. Verdeutscht von Martin Buber gemeinsam mit Franz Rosenzweig, Bd. 2 (Bücher der Geschichte), Stuttgart 1992, 406. Luther übersetzt: „stilles, sanftes Sausen", die „Zürcher Bibel" (1955): „das Flüstern eines leisen Wehens", „Zürcher Bibel" (2007): „das Flüstern eines sanften Windhauchs".
13 Paul Valéry: s.u. Teil III, Kap.14: „Vor Gott schweigen", Anm. 7.
14 Dazu ausführlicher: Oswald Bayer, Neuer Geist in alten Buchstaben. In: Ders., Gott als Autor (s.o. Anm. 7), 209–220, hier 215–219 („Raum der Stille").
15 Zum Verhältnis von Gen 1,3 und 1,14–18: Johannes von Lüpke (Urlicht-anderes Licht). Vgl. Joachim Ringleben, „In deinem Lichte sehen wir das Licht." Theologisch-Philosophische Über-

Himmel und Erde schuf – und die Erde war wüst und leer, und es war finster auf der Tiefe; und der Geist Gottes schwebte auf dem Wasser – , da sprach Gott: Es werde Licht! Und es ward Licht" (Gen 1,1–3; vgl. 2Kor 4,6)[16]. Der erste Hauptsatz der Bibel heißt also nicht: „Am Anfang schuf Gott Himmel und Erde", sondern: „Am Anfang *sprach* Gott...". Der Anfang des Johannesevangeliums ist insofern noch radikaler, als hier Gott selbst, nicht nur sein Handeln, als „Wort" erscheint: „Am Anfang war das Wort, und das Wort war bei Gott, und Gott war das Wort." (Joh 1,1) Das heißt: Gott ist in sich Kommunikationsmacht, die sich äußert, indem sie zur Kommunikation ermächtigt, indem sie Wort, Licht und Leben gibt.

Die beiden Konstitutionsbedingungen des Wahrnehmungsraumes als des alles Weitere begründenden Hörraumes – Wort und Glaube – können noch enger aufeinander bezogen werden als es das übliche Verständnis zulässt, wonach dem zuvorkommenden Wort Gottes der antwortende Glaube des Menschen nachfolgt. Ist nämlich Hebr 11,3 – was möglich ist – so zu verstehen, dass die Welt „durch den Glauben" als durch „Gottes Wort" geschaffen ist,[17] dann kann „Glaube" – im Sinne des hebräischen Wortes אֱמֶת(ämäth) bzw. אֱמוּנָה(ämunah) – nur als die Verlässlichkeit verstanden werden, die durch Gottes anredendes und zusagendes Wort den Geschöpfen gegeben wird und zukommt, also als Werk Gottes selber. So übersetzt Luther 1524–1528 im Psalter die ämäth bzw. ämunah Gottes nicht, wie später durchgehend, mit „Treue" oder „Wahrheit", sondern an vielen Stellen mit „Glauben" – und zwar deshalb, weil der Schöpfer durch und mit seinem Wort der angeredeten Kreatur einen verlässlichen Grund gibt, so dass diese auf Treu und Glauben hin existiert: anhypostatisch aus sich hinaussteht und enhypostatisch einsteht in Gottes Wort der Treue und Zusage. „Im Glauben, als Glaube [...] eröffnet sich eine neue Ontologie, welche die Seinsfrage unauflösbar mit dem nos

---

legungen zum Licht vom Gottesgedanken her. In: Abhandlungen der Braunschweigischen Wissenschaftlichen Gesellschaft, Bd. LIX, Braunschweig 2008, 267–279.

16 Zur Syntax von Gen 1,1–3: Manfred Weippert, Schöpfung am Anfang oder Anfang der Schöpfung? Noch einmal zu Syntax und Semantik von Gen 1,1–3. In: ThZ 60, 2004, 5–22; Bernd Janowski, Die Welt des Anfangs. Gen 1,1–2,4a als Magna Charta des biblischen Schöpfungsglaubens. In: Schöpfungsglaube vor der Herausforderung des Kreationismus, hg.v. Bernd Janowski, Friedrich Schweitzer, Christoph Schwöbel (Theologie Interdisziplinär), Neukirchen-Vluyn 2009, 10–23.

17 Klaus Haacker (Creatio ex auditu. Zum Verständnis von Hebr 11,3. In: ZNW 60, 1969, 279–281, hier 281) übersetzt Hebr 11,3 so: „Durch Glauben ist, wie wir erschließen (Röm 1,20), die Welt durch Gottes Wort erschaffen worden, so daß nicht aus vor Augen Liegendem das Sichtbare entstanden ist."

extra nos esse verbindet"[18]: damit verbindet, dass unser Sein und Existenzrecht außerhalb unseres eigenen Seins, jenseits seiner – mit Platon geredet: ἐπέκεινα τῆς οὐσίας (epekeina tes ousias)[19] – geschaffen und verbürgt ist, dass wir selbst und unsere Welt außerhalb unserer eigenen Möglichkeiten und Mächtigkeiten konstituiert sind.

Besteht Schöpfung in dem sich dem Gehör gebenden Wort und dem mit ihm im besagten Sinn identischen Glauben, dann kommt ihr der Charakter einer Kommunikation zu: Schöpfung ist Stiftung und Bewahrung von Gemeinschaft. Sie ist ein Wortwechsel zwischen dem redenden Gott und der ihm frei antwortenden Kreatur, die nicht nur *ihm* Antwort gibt, sondern auch *untereinander* sich in einem sprachlichen Kommunikationsgeschehen bewegt und das hörend Empfangene in einer Kette des geschaffenen Seins weitergibt: „Ein Tag sagt's dem andern, und eine Nacht tut's kund der andern"(Ps 19,3).[20]

IV Im Hören des Wortes sehen

Hebr 11,3 samt Gen 1 und Joh 1 bekunden den schöpfungstheologisch-ontologischen Grund, aus dem die Texte der Bibel in ihrer Gesamtheit mit dem abendländischen Primat des Sehens brechen. Thorleif Boman hat in seinem einflussreichen Buch „Das hebräische Denken im Vergleich mit dem griechischen"[21] diesen Bruch so dargestellt, dass das hebräische Hören und das griechische Sehen zur Alternative wird. Dies trifft, wie wir noch sehen werden, nicht zu. Doch ist auch die Gegenthese, dass nach dem Alten Testament „keine der beiden Fähigkeiten des Menschen [...] einen Vorrang vor der anderen" hat[22], nicht zu halten. Das Hören hat, wie gezeigt, den Vorrang.

Freilich darf vom Hören das Sehen nicht getrennt werden, ist doch das Erste, das Gottes Wort schafft, das Licht (Gen 1,1–3; vgl. Joh 1,4); indem das Wort das Licht schafft, leuchtet das Wort (Ps 119,105). Deshalb: Wer hört, der sieht. Er sieht

---

18 Walter Mostert, Zur ontologischen Frage bei Martin Luther. In: Ders., Glaube und Hermeneutik. Gesammelte Aufsätze, hg.v. Pierre Bühler und Gerhard Ebeling, Tübingen 1998, 89–100, hier 99.
19 Platon, Politeia 509b (übersetzt): „da doch das Gute selbst nicht das Sein ist, sondern noch über das Sein an Würde und Kraft hinausragt."
20 Ausführlicher: Oswald Bayer, Zugesagte Gegenwart, Tübingen 2007, 196–205: „Rechtfertigungslehre und Ontologie", hier 198f.
21 Thorleif Boman, Das hebräische Denken im Vergleich mit dem griechischen, (1952) 3. neubearbeitete Aufl. Göttingen 1959.
22 Bernd Janowski, Konfliktgespräche mit Gott. Eine Anthropologie der Psalmen, Neukirchen 2003, 85–97: „Sehen und Hören", hier 96.

mehr und anders als der, der nicht hört. Das gehörte Wort öffnet die Augen. Dies erzählen in eindrücklicher Weise die neutestamentlichen Wundergeschichten: Das Machtwort Jesu Christi, des Schöpfungsmittlers, in dem Schöpfer und Geschöpf in einer und derselben Person eins ist,[23] wandelt die alte, korrupte Welt zur „neuen Kreatur" (2Kor 5,17), zum neuen Sein und restituiert damit die ursprüngliche Schöpfung und ihre Wahrnehmung.

Das Hören des Gotteswortes schließt ein bestimmtes Sehen nicht aus, sondern auf, so dass es etwa Ps 48,9 heißen kann: „Wie wir es gehört haben, so haben wir es gesehen". Aus dem Hören des Wortes erschließt sich, was das Auge sehen kann, und dieses bleibt in das Gehörte verfasst – wie es in einer bemerkenswerten Wende vom Hören des Gesagten zum Sehen und wiederum zurück zum Gesagten und zu Sagenden in der Hirtengeschichte Lk 2 gleich mehrfach erzählt wird, abschließend Lk 2,20: „Und die Hirten kehrten wieder um, priesen und lobten Gott um alles, was sie gehört und gesehen hatten, wie denn zu ihnen gesagt war." Das gehörte Wort sagt die Geschichte, die dann auch gesehen wird.

In die mit der These, dass das Sehen aus dem Hören kommt, eingenommene Perspektive scheint sich freilich eine Reihe gewichtiger biblischer Texte nicht zu fügen, die scheinbar ganz eigenständig vom Sehen, vom Auge, von Gottes Angesicht, von seinem schöpferischen Sehen reden[24] – allem voran der „aaronitische" Segen: „Der HERR [...] lasse sein Angesicht leuchten über dir [...]"; „der HERR hebe sein Angesicht über dir" (Num 6,24f; vgl. Ps 31,17 und Ps 67,2). Doch wird dieser schöpferische Blick Gottes[25], in dem ich (an)gesehen werde und also bin,[26] im Wort zugesprochen und mitgeteilt. Insofern gilt auch hier, dass Gott mich durch seinen Zuspruch anblickt und ich im Hören des Wortes sehe.[27]

---

23 Vgl. Oswald Bayer und Benjamin Gleede (Hgg.), Creator est Creatura. Luthers Christologie als Lehre von der Idiomenkommunikation (TBT 138), Berlin/New York 2007.
24 Dazu die Belege bei Janowski (s.o. Anm. 22), 87–96.
25 Vgl. Edgar Thaidigsmann, Gottes schöpferisches Sehen. Elemente einer Sehschule im Anschluß an Luthers Auslegung des Magnificat (NZSTh 29, 1987, 19–38), wieder abgedruckt in: Ders., Einsichten und Ausblicke. Theologische Studien, hg.v. Johannes von Lüpke, Berlin 2011, 3–22. Zu Lk 1,48 („denn er hat die Niedrigkeit seiner Magd angesehen") vgl. Ps 31,8: „dass du mein Elend ansiehst".
26 Vgl. Gerhard Ebeling, Dogmatik des christlichen Glaubens, Bd. I, Tübingen 1979, 346–355: „Die coram-Relation als ontologischer Schlüssel zur Anthropologie".
27 Auch das Auge wird geschult, der Blick ist kulturell geformt. So negiert beispielsweise Ernst Gombrich die „Unschuld des Auges" (Ernst H. Gombrich, Art and Illusion, New York 1960, 9–30.326, passim). Vgl. Pierre Bourdieu, La distinction. Critique sociale du jugement, Paris 1979, dt.: Die feinen Unterschiede. Kritik der gesellschaftlichen Urteilskraft, Frankfurt/ M. 1982, 21: „Das ‚Auge' ist ein durch Erziehung reproduziertes Produkt der Geschichte. Das Gleiche gilt von der gegenwärtig als legitim sich behauptenden Wahrnehmungsweise von Kunst, der ästhetischen Einstellung [...]. Der ‚reine' Blick ist eine geschichtliche Erfindung". Vgl. ebenfalls: Jeffrey G. Sil-

Im Folgenden ist nun darzulegen, dass Gottes schöpferisches Wort zwar zuerst, aber keineswegs ausschließlich durch reines Hören wahrgenommen wird. Es erschließt sich vielmehr allen Sinnen, schließt sie, die durch dieses Wort geschaffen wurden, auf, läßt sich durch sie wahrnehmen. Es ist, wie Luther 1Kor 15,37 f predigt, „unser Haus, Hof, Acker, Garten und alles voll Bibel, da Gott durch seine Wunderwerke nicht allein predigt, sondern auch an unsere Augen klopft, unsere Sinne rührt und uns zugleich ins Herz leuchtet", „damit wir sollen aufmerken und wahrnehmen"[28]. Doch Gottes Wort spricht mit unseren Sinnen nicht nur unseren Leib an, sondern tut dies, indem es selbst in leiblicher Gestalt begegnet. Es ist „*leibliches* Wort".

V Leibliches Wort

V.1 Zueignung

„Leibliches Wort": Diese glückliche, weil überaus prägnante Bezeichnung begegnet an prominenter Stelle im fünften Artikel des Augsburger Bekenntnisses in polemischer Wendung gegen „die Wiedertäufer und andere, die lehren, dass wir ohne das leibliche Wort des Evangeliums den heiligen Geist [...] erlangen"[29]. Das Wort des Evangeliums ist sowohl in seiner mündlichen wie in seiner schriftlichen Gestalt „leiblich"[30]: leiblich in der Stimme des menschlichen Predigers, die sich hören läßt, leiblich in den geschriebenen und gedruckten Buchstaben – in der Schrift, die sich zu sehen und zu lesen gibt. Diese zweifache Leiblichkeit des

---

cock. 'Hearing and Seeing (Eye & Ear): Word and Image in the Bible, Luther, and the Lutheran Tradition'. In: Promising Faith for a Ruptured Age: An English Speaking Appreciation of Oswald Bayer. Edited by John T. Pless, Roland Ziegler, and Joshua C. Miller with Foreword by Oliver K. Olson, 209–226. Eugene, Oregon: Pickwick Publications, 2019.

28 WA 49, 434,16–19; Predigt vom 25. Mai 1544 über 1Kor 15,39–44.
29 BSELK 100,7–9 (BSLK 58,11–15).
30 Da – unter Platons Einfluß (Phaidros 257 b 7–278 b 6) – in der Lutherforschung und Lutherrezeption lange Zeit nur die Leiblichkeit der viva vox, nicht aber auch der Schrift und der Buchstaben hervorgehoben wurde (auf Kosten der Schrift und gegen die Schrift), ist es nicht unnötig, darauf hinzuweisen, dass für Luther auch die Schrift „leibliches Wort" ist: WA 36, 500,28–32; Predigt vom 11. August 1532 über 1Kor 15,(1 ff),3–7. Vgl. WA 28, 77,25–78,25; Predigt vom 8. August 1528 über Joh 17,1: Der Text sei als äußeres Wort gegeben, „dass man damit das Herz zusammen halte" – mithin „nicht zerstreuet werde" – und dass man „sich mit den Gedanken an die Buchstaben hefte, wie man sich mit der Faust an einen Baum oder eine Wand halten muß, damit wir nicht gleiten oder zu weit flattern und irre fahren mit eigenen Gedanken [...]".

Wortes[31] verstärkt und erweitert sich durch die Elemente der Sakramente der Taufe und des Herrenmahls, die, vom Wort durchdrungen und umschlossen, sich sehen, tasten, schmecken und, im Wasser der Taufe, spüren und fühlen lassen; Brot und Wein werden gegessen und getrunken, also einverleibt.

V.2 Das sich zueignende Sein Jesu Christi

Dieses leiblich-kreatürliche Wort ist nun *nicht etwa nur ein Hinweis* auf das in Jesus als dem Christus und Gottessohn „Fleisch gewordende" (Joh 1,14) ewige Wort, so dass sich Gotteswort und Menschenwort unterscheiden ließen; Luther hat einer solchen „metaphysischen Unterscheidung", wie er sie nannte, aufs Schärfste widersprochen und die *Einheit* von Gotteswort und Menschenwort als wahr bekräftigt.[32] Das „leibliche Wort", von dem der fünfte Artikel des Augsburger Bekenntnisses redet, ist vielmehr die Gestalt, in der im Heiligen Geist Jesus Christus selbst zu uns kommt, in der er sich selbst vergegenwärtigt, sich selbst uns ganz und gar zu eigen gibt: als Gott für uns. „Da soll Gott und Mensch nicht voneinander gesondert noch geschieden werden nach dem Verstand und Urteil menschlicher Vernunft"[33]. Kraft des Christusereignisses, der Fleischwerdung des ewigen Wortes, als eines leiblichen und damit räumlich wie zeitlich extensiven Seins ist auch dessen Selbstmitteilung und Zueignung konstitutiv sinnlich; Gottes menschenfreundliche Anrede läßt sich mit allen Sinnen wahrnehmen: „Schmecket und sehet, wie freundlich der HERR ist!" (Ps 34,9) Das Wort auf diese Weise wahrzunehmen, heißt – glauben.[34]

Daß in der Person Jesu Christi ein für allemal Gott nichtmehr ohne den Menschen und der Mensch nichtmehr ohne Gott ist und sich entsprechend zu denken, zu sagen und zu glauben gibt, bringt die Theologie mit der Lehre von der Idiomenkommunikation zur Geltung. Sie besagt, dass die Eigentümlichkeiten (die Idiomen, die idiomata) der göttlichen und menschlichen „Natur" Jesu Christi miteinander kommunizieren, sich einander mitteilen, aneinander Anteil geben, so dass der endliche Mensch Jesus von Nazareth allmächtig ist und tut, was allein Gott tun kann: Er vergibt Sünden und schafft die korrupte Schöpfung neu. Ihm kann deshalb nicht nur *wie* dem Schöpfer, sondern *als* dem Schöpfer akklamiert werden – was der Chorschluß der Geschichte der Heilung des Taubstummen Mk

---

31 Zu dieser zweifachen Leiblichkeit: Bayer, Neuer Geist in alten Buchstaben (s.o. Anm. 14).
32 Vgl. WA TR 3, 669–674 (Nr. 3868; vom 10. Mai 1538), besonders 673,31–36.
33 AaO, 673, 44f.
34 Vgl. zur Ausführung dieser These: Oswald Bayer, Gegenwart. In: Schöpfung als Anrede. Zu einer Hermeneutik der Schöpfung, Tübingen ²1990, 155–168, hier 164–168: „Kategorische Gabe".

7,31–37 paradigmatisch bezeugt: „Außer sich vor Staunen sagten sie: Er hat alles gut gemacht [vgl. Gen 1,31]: er macht, dass die Tauben hören und die Stummen sprechen."

Diese Heilungsgeschichte sagt pointiert, dass und wie das göttliche Wort, durch das alle Dinge gemacht sind und ohne das nichts gemacht ist, was gemacht ist (Joh 1,3), Mensch wurde (Joh 1,14); sie erzählt die Allmacht des Schöpfers und Neuschöpfers als eine im Geschöpflichen Wohnung nehmende, eine sich ins Kreatürliche erniedrigende und darin kommunikative Allmacht, die das verschlossene Ohr und den verschlossenen Mund im Zusammenhang neuer Gottes- und Selbstwahrnehmung zu neuer Wahrnehmung der Welt – der Welt als Schöpfung – öffnet; „des großen Gottes großes Tun", heißt es in Paul Gerhardts Sommerlied, „erweckt mir alle Sinnen; ich singe mit [...]"[35].

Das Christuswort erschließt nicht nur, sondern konstituiert eine neue Selbst-, Welt- und Gotteswahrnehmung, die tiefer und umfassender, konkreter und universaler nicht gedacht werden kann. Indem das ewige Wort, das die Welt unverdient – „aus nichts" – ins Dasein gerufen und das Dunkel hat hell werden lassen, Mensch wurde, hat es sich dem Menschsein Jesu Christi und damit endlicher Zeit und endlichem Raum auf ewig – unwiderruflich – mitgeteilt. Der unsichtbare Gott, dessen Unsichtbarkeit sich durch das Bilderverbot schützt, hat sich selbst ein definitives Bild gemacht, sich ganz in dieses Bild hineingegeben, sich darin „ausgeschüttet"[36]. Jesus Christus ist das „Bild des unsichtbaren Gottes" (Kol 1,15; Hebr 1,3) – nicht etwa nur sein Abbild; „in ihm wohnt" vielmehr „die ganze Fülle der Gottheit leibhaftig" (Kol 2,9; vgl. Kol 1,19).

Es ist keine leichte, gleichwohl aber unabweisbare Aufgabe der Theologie, *Gottes Sichtbarkeit und Unsichtbarkeit zusammen, gleichzeitig, in einer Einheit, zu denken;* sie hat damit Gottes Geheimnis zu wahren, es aber nicht zu verschweigen, sondern – als „kündliches Geheimnis"[37] – kund zu machen und sich dabei auch nicht zu scheuen, nicht nur von Gottes leiblichem Wort, sondern von seiner Leiblichkeit selbst zu reden,[38] ohne damit einem Materialismus zu verfallen.[39]

---

35 Paul Gerhardt, „Geh aus, mein Herz..." (EG 503,8).
36 BSELK 1054,24–27 (BSLK 651, 10–15) (Großer Katechismus, Erklärung des zweiten Artikels des Glaubensbekenntnisses).
37 1Tim 3,16 in der Übersetzung Martin Luthers (bis 1912).
38 Vgl. Oswald Bayer, Gottes Leiblichkeit. Zum Leben und Werk Friedrich Christoph Oetingers. In: Ders., Leibliches Wort. Reformation und Neuzeit im Konflikt, Tübingen 1992, 94–104.
39 Vgl. Oswald Bayer unter Mitarbeit von Benjamin Gleede und Ulrich Moustakas, Vernunft ist Sprache. Hamanns Metakritik Kants, Stuttgart-Bad Cannstatt 2002, 79f, bes. Anm. 51: „Hamanns theologisch motivierter Sensualismus schlägt [...] deshalb nicht in Materialismus um, weil er das Sinnliche und Materielle nur aufgrund seiner „figürliche[n], förmliche[n], tropische[n] und ty-

Dann wird sie, was auch philosophisch von höchster Bedeutung ist, jenes Letzten und Ersten inne, das dem Gegensatz von Intellektualismus und Empirismus vorausliegt: des Wortes, das zuerst hörend wahrzunehmen ist.

VI Nachwort

Johann Georg Hamann hat von seinen frühen eklektizistischen Versuchen[40] an eben dieses Letzte und Erste als das schöpferische Wort Gottes zur Geltung zu bringen,[41] ja: buchstäblich „wahrzunehmen" versucht – in einer worttheologischen Gestalt, die sich sprachphilosophisch reflektieren läßt. Das klassische Manifest seines Versuches sind die „Aesthetica in nuce" (1762) – von der Theologie immer noch nicht zureichend als eine Grundschrift ihrer Schöpfungslehre gewürdigt;[42] sprachphilosophisch stellt sich sein Versuch vor allem in seiner Metakritik Kants dar, direkt im 10. Abschnitt der „Metakritik über den Purismum der Vernunft" (1784), einer Metakritik der transzendentalen Ästhetik Kants, die von den „*Laute[n]* und *Buchstaben*" als den „wahren ästhetischen Elemente[n] aller menschlichen Erkenntnis und Vernunft" handelt.[43] Ich schließe mit einem Text Hamanns, der, ein Flickteppich aus biblischen Zitaten und Anspielungen, in einer äußerst kunstvollen und eindrücklichen Weise die Hauptmomente dessen versammelt, was ich als Glauben im Sinne des hörenden Wahrnehmens des trinitarischen – göttlichen und zugleich menschlichen – Schöpferwortes zu bedenken begonnen habe:

> „Adam also war Gottes; und Gott selbst führte den Erstgebornen und Ältesten unsers Geschlechts ein, als den Lehnträger und Erben der durch das Wort seines Mundes fertigen Welt. Engel, lüstern sein himmlisches Antlitz anzuschauen, waren des ersten Monarchen Minister und Höflinge. Zum Chor der Morgensterne jauchzeten alle Kinder Gottes. Alles schmeckte und sah, aus erster Hand und auf frischer That, die Freundlichkeit des Werkmeisters, der auf seinem Erdboden spielte und seine Lust hatte an den Menschenkindern – Noch war keine Creatur, wider ihren Willen, der Eitelkeit und Knechtschaft des vergänglichen Systems un-

---

pische[n] Bedeutungen (N III, 366,6 f; Fliegender Brief), als leibliche und gewisse Vermittlung des Geistigen zur einzigen Erkenntnisgrundlage erklärt."

40 Dazu: Hans Graubner, Hamanns Auseinandersetzung mit der Theodizee und sein Urteil über Voltaires Erschütterung. In: Das Erdbeben von Lissabon und der Katastrophendiskurs im 18. Jahrhundert, hg.v. Gerhard Lauer und Thorsten Unger, Wallstein Verlag 2008, 275–284, hier 275f.
41 AaO, 278f.
42 Vgl. Oswald Bayer, Schöpfung als „Rede an die Kreatur durch die Kreatur". In: Ders., Schöpfung als Anrede. Zu einer Hermeneutik der Schöpfung, ²1990, 9–32.
43 Text und Kommentar In: Bayer, Vernunft ist Sprache (s.o. Anm. 39), 329–336.

terworfen, worunter sie gegenwärtig gähnt, seufzet und verstummt, gleich dem delphischen Dreyfuß und der antimachiavellischen Beredsamkeit des Demosthenes an der Silberbräune; oder höchstens in der wassersüchtigen Brust eines Tacitus keucht, röchelt und zuletzt erstickt – Jede Erscheinung der Natur war ein Wort, – das Zeichen, Sinnbild und Unterpfand einer neuen, geheimen, unaussprechlichen, aber desto innigern Vereinigung, Mittheilung und Gemeinschaft göttlicher Energien und Ideen. Alles, was der Mensch am Anfange hörte, mit Augen sah, beschaute und seine Hände betasteten [1Joh 1,1–3], war ein lebendiges Wort; denn Gott war das Wort."[44]

---

[44] Johann Georg Hamann, Des Ritters von Rosenkreuz letzte Willensmeinung über den göttlichen und menschlichen Ursprung der Sprache (Königsberg 1772). In: Ders., Sämtliche Werke, hg.v. Josef Nadler, Bd. III, Wien 1951, 25–33, hier 32,8–26. Dazu: Elfriede Büchsel, Über den göttlichen und menschlichen Ursprung der Sprache. In: Hamann (Insel Almanach auf das Jahr 1988), hg.v. Oswald Bayer, Bernhard Gajek, Josef Simon, Frankfurt/M. 1987, 61–75; Reiner Wild, „Jede Erscheinung der Natur war ein Wort"; aaO, 91–103.

8 Das alte Buch in neuer Zeit. Zur Theologie der Predigt

I Zeitgenossenschaft

Als ich an der Waldenserfakultät in Rom studierte und dort mein homiletisches Seminar machte, hatte ich Eph 5,6–14 zu predigen und wollte der zum Seminargottesdienst versammelten Gemeinde zusprechen: „Ihr seid Kinder des Lichts!" Diesen Mittel- und Höhepunkt der Predigt in ihrer promissionalen Zuspitzung wollte ich verstärken durch die parallele Zusage: „Ihr seid Glückskinder!" Im Lexikon fand ich das italienische Äquivalent „Nati con la camicia!" – „mit dem Hemd geboren". Als ich dies an der für mich allerheiligsten Stelle der Predigt den Teilnehmern des Gottesdienstes zusprach, erntete ich ein donnerndes Gelächter, das mir auch nach mehr als einem halben Jahrhundert noch so gegenwärtig ist, als wäre es eben erst losgebrochen. Ich verstand die Welt nicht mehr. Was war geschehen? Ich hatte, ohne ihn zu kennen, den Werbespruch der größten italienischen Hemdenfirma gebraucht, die mit diesem Spruch regelmäßig im Fernsehen geworben hatte.

So geht es einem Prediger, der meint, ohne Teilnahme an der Zeitgenossenschaft biblische Texte predigen zu können: Er wird ausgelacht; wer zu asketisch das Fernsehen konsumiert, den bestrafen die Zeitgenossen. Und sage mir keiner, daß deren Spott irgend etwas zu tun hat mit der Verspottung und Verkennung des Heiligen Geistes, von dem die Pfingstgeschichte erzählt und von dem im Folgenden noch nachdrücklich die Rede sein muß.

Das war eine Erfahrung, die es in sich hat: *Der Gebrauch der Bibel als heiliger Schrift, die den Glauben zuspricht und gibt, kann nicht gelingen ohne eine intensive und extensive Wahrnehmung jeweiliger Zeitgenossenschaft.* Diese manifestiert sich zunächst in unendlich vielen Konkretionen eines Gemeingeistes des Selbstverständlichen im Alltäglichen etwa der Werbung und kurzatmiger Mode; „wer sich heute mit dem Zeitgeist verheiratet, wird morgen schon Witwer sein"[1]. Des Weiteren ist die Zeitgenossenschaft, diese synchronen Konkretionen umfassend und durchdringend, diachron bestimmt durch die langfristig wirksamen Grundtendenzen einer ganzen Epoche – für uns: der Neuzeit sowie der Postmoderne, zu deren Verständnis freilich nicht weniger als das Gedenken einer dreitausendjährigen Geschichte notwendig ist. „Wer nicht von dreitausend Jahren / Sich weiß

---

[1] Ein Søren Kierkegaard zugeschriebenes Diktum, das sich aber im Werk Kierkegaards nicht verifizieren läßt.

Rechenschaft zu geben, / Bleib im Dunkeln unerfahren, / Mag von Tag zu Tage leben."[2] Von den flüchtigen Manifestationen an der Oberfläche samt jener nachhaltigen Tiefenstruktur nochmals zu unterscheiden, weil beidem zugrundeliegend, sind schließlich die fundamentalanthropologischen Bestimmungen und Stimmungen der Zeitgenossen wie Freude und Angst, Sorge und Hoffnung, an denen, wer predigt, teilhat und bewußt teilnimmt. Kenntnis nicht nur, sondern eben Teilnahme an Freud und Leid derer, denen er bzw. sie predigt, kann wohl am intensivsten in einem gemeinsamen Raum und Ort, in dem man konkret zusammen lebt, geschehen.

II Der „garstige breite Graben" und seine Überwindung

Damit habe ich – freilich nur recht summarisch – drei Dimensionen unserer Gegenwart bezeichnet, die im Unterschied zum „alten" Buch, der Bibel, eine „neue" Zeit ist. Dabei ist „alt" und „neu" ganz und gar chronologisch verstanden, keineswegs qualifizierend. Im Sinne eines qualifizierenden Verständnisses ist für den Christen die aus der Bibel zu hörende Stimme – die Stimme des auferstandenen Gekreuzigten – unerhört neu. *Ostern wird nie mehr alt. Ostern ist ewig neu*, während unsere Gegenwart als vermeintlich „neue" Zeit im nächsten Augenblick schon wieder Vergangenheit, schon wieder „alt" geworden ist; „nichts ist so alt", sagt man, „wie die Zeitung von gestern." Ja: „Das Gras verdorrt, die Blume verwelkt [...]. Aber das Wort unseres Gottes bleibt in Ewigkeit!" (Jes 40,7 f): „Verbum Dei manet in aeternum."[3]

Der – nun wieder chronologisch ins Auge zu fassende – Unterschied zwischen dem „alten Buch" und der „neuen Zeit" ist aber nicht etwa ein abstraktes Gegenüber oder gar ein abstrakter Gegensatz. Vielmehr ist die „neue Zeit", unsere Zeitgenossenschaft, in tausendfacher Weise kulturell geprägt durch das „alte Buch" und seine Texte, die allerdings auch Säkularisierungen, Umformungen, Verschiebungen und Verzerrungen erfahren haben. Man darf und muß diese Umformungen freilich nicht devot als „Schicksal"[4] hinnehmen, muß ihnen viel-

---

2 Johann Wolfgang von Goethe, Werke (Hamburger Ausgabe in 14 Bänden, hg.v. Erich Trunz), Bd. 2, München, ¹⁴1989, 49 (West-östlicher Divan, Rendsch Nameh: Buch des Unmuts).
3 Vgl. u. Teil III, Kap.16: „Öffentliches Geheimnis".
4 So Emanuel Hirsch, Die Umformung des christlichen Denkens in der Neuzeit. Ein Lesebuch, Tübingen 1938 (Nachdruck 1985, mit Nachwort und bibliographischen Anhang hg.v. Hans Martin Müller), V (Vorrede): „Das Tor zur christlichen Vergangenheit ist uns allen zugeschlagen, seitdem dies Schicksal über uns gekommen ist: nur in den Formen der Sehnsucht und des Selbstbetrugs ist für den, an dem die Reflexion der letzten Jahrhunderte ihr Werk getan hat, noch ein Verhältnis

mehr, wo es nötig ist, metakritisch widersprechen – konstruktiv widersprechen: als Zeitgenosse im Widerspruch, wie Johann Georg Hamann (1730–1788).[5] Um sich ein solches metakritisches Urteil zu bilden, studiert man Kirchen-, Theologie- und Philosophiegeschichte. Die „Unterscheidung der Geister" (1Kor 12,10; 1Joh 4,1) ist zunächst *innerhalb* des Hauses der Kirche und Theologie dringend nötig, dann freilich aber auch im Blick nach außen und von außen her, im Blick auf die Zeitgenossenschaft im weitesten Sinn, die gleichwohl nicht abstrakt „außen" ist, sondern immer auch, wenngleich in unterschiedlicher Weise, *innerhalb* des Hauses der Kirche und jedes einzelnen Christen.

Auch wenn das alte Buch und die neue Zeit einander nicht abstrakt gegenüber- oder gar entgegenstehen, sondern tausendfach miteinander verwoben sind, bleibt im Entscheidenden der „garstige breite Graben", von dem Gotthold Ephraim Lessing sprach[6] – der Graben, der uns heute von der damals unter Pontius Pilatus geschehenen und erzählten Geschichte trennt. Die Nachrichten von Wundern, so argumentiert Lessing, sind selbst keine Wunder.[7] So stellt sich die Frage: Wie vergegenwärtigen sich biblische Texte? Wie, wodurch erlangen sie heute Bedeutung? Wie werden sie uns, wie werden wir ihnen gleichzeitig?[8] Etwa durch *unsere* Aneignung? Durch die je individuelle Aneignung, zu der die heutige Predigt die heutigen Hörerinnen und Hörer anregt und freisetzt? Ist es unsere eigene Deutungsaktivität und Rekonstruktionskraft, die das alte Buch in der neuen Zeit wiederholt und zu neuem Leben bringt? Müssen die biblischen Texte

---

zur alten Gestalt christlichen Glaubens und Denkens möglich." Vgl. Ders., Geschichte der neuern evangelischen Theologie im Zusammenhang mit den allgemeinen Bewegungen des europäischen Denkens (1949), Gütersloh 1960, Bd. 5, 621–626.

5 Von Hirsch als „frommer Außenseiter" verkannt (Geschichte der neuern evangelischen Theologie… [s.o. Anm. 4], Bd. 4, ²1960, 174–181). Anders: Oswald Bayer, Zeitgenosse im Widerspruch. Johann Georg Hamann als radikaler Aufklärer, München 1988. Speziell zu Hamanns Bedeutung für die Homiletik: Wolfgang-Dieter Baur, Johann Georg Hamann als Publizist. Zum Verhältnis von Verkündigung und Öffentlichkeit (TBT 49), Berlin/New York 1991.

6 Gotthold Ephraim Lessing, Über den Beweis des Geistes und der Kraft (1777). In: Ders., Werke in acht Bänden, hg.v. Herbert Göpfert, Bd. VIII (München 1979), 9–14, hier 13.

7 Lessing argumentiert, „daß Nachrichten von Wundern nicht Wunder sind. *Diese* […], die vor meinen Augen geschehenen Wunder, wirken *unmittelbar*. Jene aber, die Nachrichten von […] Wundern, sollen durch ein *Medium* wirken, das ihnen alle Kraft benimmt" (AaO, 10). Am Medium der Nachricht, an der Vermittlung durch die Erzählung „liegt es: daß dieser Beweis des Geistes und der Kraft jetzt weder Geist noch Kraft mehr hat; sondern zu menschlichen Zeugnissen von Geist und Kraft herabgesunken ist" (Ebd.).

8 Zu dem im Denken Kierkegaards zentralen Begriff der „Gleichzeitigkeit": Søren Kierkegaard, Philosophische Brocken (1844), 4. Kap. u.ö.; Ders., Abschließende unwissenschaftliche Nachricht zu den Philosophischen Brocken (1846); Ders., Einübung im Christentum (1850): GW hg.v. Emanuel Hirsch und Hayo Gerdes, 26. Abt., Gütersloh ²1986, 13f („Anrufung") und 71–74.

sich denn nicht gefallen lassen, daß sie das sind, was ich aus ihnen mache?⁹ Oder darf ich von der vor allem im Gottesdienst zur Heiligen Schrift werdenden Bibel erwarten, daß jene alten Nachrichten, Schrifttexte, an ihren heutigen Hörerinnen und Hörern heute dieselben Wunder tun wie die, die von diesen Texten berichtet werden? *Dann aber stellt sich das Verständnis dieser Texte als Glaube an das, was in diesen Texten gesagt ist und aus ihnen laut wird, durch nichts anderes ein als durch denselben Geist, der jene Wunder tat und die menschlichen Verfasser ihrer Erzählung bewegt hat.* Wenn diese berichteten Wunder auch an mir – wie an allen, die glauben – geschehen, „wo und wann Gott will" (CA 5), dann geschehen sie kraft desselben Geistes, der damals die berichteten Wunder tat – nicht nur diese Wunder *tat*, sondern auch die Schriftwerdung ihrer Erzählung betrieb. Der Text schafft sich seine inspirierte Hörerin, seinen inspirierten Hörer.[10]

III Claritas interna scripturae

Wir treffen damit auf das eine der beiden Hauptmomente des Predigt- und Hörgeschehens: daß das Vertrauen auf das zugesprochene Wort, der Glaube, nicht von uns – weder von dem Prediger noch von dem Hörer – gemacht wird, ja gar nicht gemacht werden kann, sondern das alleinige Werk Gottes selber, das Werk des Heiligen Geistes ist. Entsprechend hält das Augsburger Bekenntnis (1530) in seinem eben kurz schon angesprochenen fünften Artikel fest, daß Gott, vermittelt durch die sakramentale Predigt, „den heiligen Geist gibt, der den Glauben wirkt, wo und wann er will, in denen, die das Evangelium hören," („qui fidem efficit, ubi et quando visum est deo, in his, qui audiunt evangelium").[11] Dieser Text des Augsburger Bekenntnisses (CA 5) stimmt ganz mit Luthers Rede von einer „zweifachen Klarheit der Schrift" (duplex claritas scripturae) in de servo arbitrio (1525) überein; Luther unterscheidet eine äußere von einer inneren Klarheit:

> „Die eine, äußere, ist in den Dienst des Wortes gesetzt (in verbi ministerio posita), die andere hat ihren Ort in der Erkenntnis des Herzens (in cordis cognitione sita). Wenn du von der inneren Klarheit redest, so nimmt kein Mensch auch nur ein Jota in den Schriften wahr, wenn

---

9 Kommt es auf das an, was ich aus dem Text mache oder nicht vielmehr auf das, was der Text aus mir macht? „Beachte, daß die Kraft der Schrift die ist: sie wird nicht in den gewandelt, der sie studiert, sondern sie verwandelt den, der sie liebt, in sich und in ihre Kräfte hinein" (WA 3,397, 9–11; Dictata super Psalterium, 1513–1515, zu Ps 68,14, eigene Übersetzung).
10 Zum gesamten Abschnitt ausführlicher: Oswald Bayer, Neuer Geist in alten Buchstaben. In: Ders., Gott als Autor. Zu einer poietologischen Theologie, Tübingen 1999, 209–220. Weiter: Ulrich H.J. Körtner, Der inspirierte Leser. Zentrale Aspekte biblischer Hermeneutik, Göttingen 1994.
11 BSELK 100,3–5 (BSLK 58,4–7).

er nicht den Geist Gottes hat. Alle haben ein verfinstertes Herz [Röm 1,21], so daß sie, auch wenn sie alles, was in der Schrift steht, sagen und vorzubringen wissen, dennoch nichts davon wahrnehmen oder in Wahrheit erkennen, noch glauben sie Gott, weder daß sie Kreaturen Gottes sind noch etwas anderes, entsprechend jenem Psalmwort: ‚Es sprach der Tor in seinem Herzen: Gott ist nicht [Ps 14,1].' Der [Heilige] Geist ist nämlich erforderlich zum Verstehen der ganzen Schrift und eines jeden beliebigen ihrer Teile."[12]

Dieser radikalen Infragestellung menschlichen Hörvermögens, dieser Bezeugung soteriologischer Ohnmacht, die Luther mit dem Neuen – und Alten! – Testament teilt, müssen wir wegen ihrer Bedeutung für das, was von der Predigt zu erwarten ist, weiter nachgehen.

Ist der Glaube allein das Werk Gottes, dann kann die Predigerin, dann kann der Prediger *den Glauben beim Hörer nicht voraussetzen*, muß vielmehr damit rechnen, daß das Wort zwar gehört, aber nicht verstanden, sondern mißverstanden, verkannt und abgelehnt, ja: gehaßt und bekämpft wird – wie dies schon im Neuen Testament nicht nur von den Distanzierten, sondern selbst von den Jüngern erzählt wird.[13]

Exemplarisch deutlich werden mag dieser *Bruch*[14] und Skandal im Blick auf eines der johanneischen „Ich bin..."- Worte: „Ich bin das Brot des Lebens!" (Joh 6,35.48; vgl. 6,20): So sehr jeder Mensch den Lebenshunger und Lebensdurst kennt, so sehr also das Christuswort sich auf eine allgemeinmenschliche Erfahrung bezieht und an sie anknüpfen kann, so wenig leuchtet ein, daß der Lebenshunger und Lebensdurst nicht anders als durch den am Kreuz Erhöhten gestillt werden soll; dies steht gegen jedes Vorverständnis, jede mitgebrachte Auffassung, ist mithin ein Paradox. Der Widerspruch gegen dieses Paradox bleibt verständlicherweise nicht aus. „Viele seiner Jünger, die das hörten, sprachen: Das ist eine harte Rede; wer kann sie hören? [...] Von da an wandten sich viele seiner Jünger ab und gingen hinfort nicht mehr mit ihm" (Joh 6,60 und 66).

Daß das Christusbekenntnis nicht im Selbstbesitz des Glaubenden steht, das niemand von sich aus, aus eigener Vernunft und Kraft, „an Jesus Christus, meinen HERRN, glauben oder zu ihm kommen kann"[15], ist, negativ formuliert, die Grunderfahrung des christlichen Glaubens. Auf das Christusbekenntnis des Petrus hin sagt Jesus: „Fleisch und Blut haben dir das nicht offenbart, sondern mein Vater im Himmel" (Mt 16,17). Und Paulus urteilt: „Niemand kann Jesus den HERRN nennen außer durch den Heiligen Geist" (1Kor 12,3). Welcher vernünftige

---

12 WA 18, 609,4–12 (De servo arbitrio, 1525).
13 Vgl. nur Jes 6,9f; Mt 13,11–15; Joh 6,60–71; 12,39f; Act 17,32 und 28,26f.
14 Vgl. Roy A. Harrisville, Fracture. The Cross as Irreconcilable in the Language and Thought of Biblical writers, Grand Rapids 2006.
15 BSELK 872,16–17 (BSLK 511,47–512,1) (Kleiner Katechismus; 1529).

Mensch könnte je auf den Gedanken kommen, den Gekreuzigten als Gott zu bekennen? Das Wort vom Kreuz leuchtet Fleisch und Blut nicht ein, wird vielmehr als Eselei und Skandal (1Kor 1,23) abgelehnt; ins Bild gesetzt ist diese Ablehnung von der ältesten Kreuzesdarstellung, einem römischen Graffito,[16] das den Gekreuzigten mit einem Eselskopf zeigt, dazuhin, mit erhobenen Händen, einen Beter und die Unterschrift: „Alexamenos verehrt seinen Gott". Diese Verspottung der μωρία τοῦ σταυροῦ (moria tou staurou) ist menschlich durchaus verständlich. Dafür steht Petrus, der Jesus vom Kreuz fernhalten will: „Das widerfahre dir nur nicht. Jesus aber wandte sich um und sprach zu Petrus: Geh weg von mir, Satan! Du bist mir ein Ärgernis; denn Du meinst nicht, was göttlich, sondern was menschlich ist" (Mt 16,22f).

Geschieht aber das Wunder, daß kraft des Heiligen Geistes ein Hörer des Wortes vom Kreuz Jesus als seinen HERRN erkennt (2Kor 4,6), anerkennt, bekennt und ihm vertraut, dann hat er in einer Tiefe gehört, in der die Zustimmung nicht aufgrund einer ihn überzeugenden Rede, also persuasiv, geschehen ist, sondern antipersuasiv: verbunden mit einem Bruch des anthropologischen Kontinuums in einer „Höllenfahrt der Selbsterkenntnis"[17]. Denn mit dem geistgewirkten *Verstehen* des Wortes vom Kreuz unlöslich verbunden ist eine die ganze Existenz betreffende *Veränderung:* eine Lebenswende, die den persuasiven Bereich des Logos und Ethos, des Wissens und Tuns durchbricht und in eine vita passiva führt. Der Sache nach in der Nachfolge Martin Luthers haben Johann Georg Hamann und Søren Kierkegaard der damit angesprochenen antipersuasiven Kommunikation des Evangeliums in ihrer Zeitgenossenschaft Raum zu schaffen versucht.[18]

---

16 Abgebildet z.B. bei: Johannes Leipoldt/Walter Grundmann, Umwelt des Urchristentums, Bd. 3: Bilder zum neutestamentlichen Zeitalter, Berlin, ⁶1987, Abb. 213.
17 „[N]ichts als die Höllenfahrt der Selbsterkenntnis bahnt uns den Weg zur Vergötterung" (Johann Georg Hamann, Chimärische Einfälle. In: Ders., Kreuzzüge des Philologen, 1762 [Ders., Sämtliche Werke, hg.v. Josef Nadler, Bd. II, Wien 1950, 164,17 f]. „Glaube ist nicht jedermanns Ding [2Thes 3,2]), und auch nicht communicable wie eine Ware, sondern das Himmelreich und die Hölle in uns" (an Friedrich Heinrich Jacobi am 30. April 1787; Johann Georg Hamann, Briefwechsel, hg.v. Arthur Henkel, Frankfurt/M. 1979, Bd. VII, 176,6 – 8). Dazu eingehend: Oswald Bayer, Kommunikabilität des Glaubens. In: Ders., Autorität und Kritik. Zu Hermeneutik und Wissenschaftstheorie, Tübingen 1991, 108 – 116. Luther hat die „Höllenfahrt der Selbsterkenntnis" in seinem Lied „Nun freut euch, lieben Christen g'mein..." prägnant zur Sprache gebracht: EG 341, 2 und 3. Angesichts dieser Höllenfahrt kann Theologie nicht von einer universalen Offenheit auf Gott hin ausgehen. Denn in ihr wäre die universale Verschlossenheit, die Sünde, verkannt. Entsprechend ist die Rede vom „Dialog" kritisch zu sehen: Oswald Bayer, Theologie (HST 1), Gütersloh 1994, 520.
18 Vgl. Tim Hagemann, Reden und Existieren. Kierkegaards antipersuasive Rhetorik, Berlin/Wien 2001; Ders., Art. Antipersuasive Rhetorik. In: Historisches Wörterbuch der Rhetorik, hg.v. Gert Ueding, Berlin 2012, Bd. 10, 45 – 51 (48: Gemeinsamkeit mit Hamann und Unterschied zu

Respektiert, wer predigt, mit der interna claritas scripturae Gottes *Freiheit*, dann empfängt er selbst eine Freiheit und Entlastung, die der nicht hat, der meint, die Glaubwürdigkeit des Evangeliums hinge an der Glaubwürdigkeit und Authentizität seiner Person oder an der Aufrichtigkeit und Wahrhaftigkeit des Hörers,[19] oder gar meint, den Glauben des Andern schaffen und ihn bekehren zu müssen – etwa durch den Ruf zur Entscheidung: „Komm Du zu Jesus!" Wer die claritas interna und mit ihr die Freiheit *Gottes* respektiert, läßt vielmehr zugleich dem *Hörer* Freiheit. Anerkennt er mit dem Josef der Genesis, daß „Auslegen", streng genommen, „allein Gott zukommt" (Gen 40,8), und nimmt er den Ausspruch des einfältigen Schildknappen des Don Quichote „Gott versteht mich!" sozusagen als seine kurzgefaßte Transzendentalphilosophie,[20] also als Nennung der Bedingung der Möglichkeit des Verstehens überhaupt, dann kann er die Hörerinnen und Hörer seiner Predigt nicht anders wahrnehmen denn als Hörer und Hörerinnen *im Verborgenen*, die Gott besser kennt und versteht als er. Darin liegt ihre Freiheit. Die sich mitteilende Wahrheit nötigt nicht; deshalb kann und will ihr Zeuge sie nicht erzwingen. Sie geschieht als Sache des inspirierten Hörers in Freiheit und ist das Majestätsrecht jenes inneren Predigers,[21] der im Geist und in der Wahrheit endgültig auslegt und urteilt.

Damit haben wir das Wunder des Glaubens und das dunkle Rätsel des gleichwohl verständlichen Unglaubens berührt und können uns nun dem anderen der beiden Hauptmomente des Predigt- und Hörgeschehens zuwenden: dem „leiblichen Wort", ohne das sich kein Glaube bildet, ohne das kein Glaube geschieht. CA 5 redet von ihm[22] bzw., der Sache nach, von der externa claritas scripturae, in verbi ministerio posita: von der in das öffentliche Wortamt von Gott eingestifteten sinnlich hörbaren Aufklärungs- und Erhellungskraft, die wie die interna claritas göttlich und menschlich zugleich ist.

---

ihm). Weiter: Albrecht Haizmann. Indirekte Homiletik. Kierkegaards Predigtlehre in seinen Reden, Leipzig 2006.

19 Vgl. BSLK 65,37 f (Anm. zu CA 10; Wittenberger Konkordie; 1536): „nec pendere ex dignitate ministri aut sumentis." Dieser Antidonatismus gehört zum Kostbarsten der reformatorischen Theologie.

20 Ausführlicher und mit Nachweisen: Oswald Bayer, Zeitgenosse im Widerspruch. Johann Georg Hamann als radikaler Aufklärer, München 1988, 24.59 – 61.83.

21 Vgl. Augustinus, De magistro (im Bezug auf Eph 3,16), MPL 32,1193 – 1230; Der Lehrer (De magistro), übertragen von C.J. Perl ³1974, bes. 89. Vgl. weiter: Jer 31,33f; 1Thes 4,9; Joh 6,45; 1Joh 2,27.

22 BSELK 100,7– 9 (BSLK 58,12f).

IV Claritas externa scripturae I: ex auditu (Röm 10,17)

Von der claritas externa scripturae, vom „leiblichen Wort" in seiner mündlichen wie schriftlichen Gestalt[23] gilt: „Alles, was auch immer in der Schrift steht, ist durch das Wort in ganz gewisses Licht gerückt und aller Welt bekannt gemacht"[24], ist konstitutiv universal und öffentlich. Diese Externität des Glauben schaffenden Wortes betont Luther eindrucksvoll auch im Zuge seiner dreifachen Bestimmung der theologischen Existenz durch Oratio, Meditatio und Tentatio;[25] meditatio „ist: nicht allein im Herzen, sondern auch äußerlich die mündliche Rede und das buchstäbliche Wort im Buch immer treiben und reiben, lesen und wiederlesen, mit fleißigem Aufmerken und Nachdenken, was der Heilige Geist damit meint"[26].

Für Luther jedenfalls bindet sich der Heilige Geist – geradezu materialistisch, jedenfalls antispiritualistisch – an Laute und Buchstaben, an Geschriebenes und Mündliches – weshalb es selbstverständlich sein sollte, alle denkbaren wissenschaftlichen Methoden, die der Theologie als einer Sprachwissenschaft dienen können, zu testen und zu gebrauchen; darauf ist noch zurückzukommen. *Das laut werdende, sinnlich hörbare Wort und seine wissenschaftliche Reflexion ist selbst eine Gestalt des Heiligen Geistes, seine äußere Gestalt.* Denn er wirkt nicht erst „innerlich durch den Glauben", sondern schon „äußerlich" durch das leibliche, sakramentale Wort.[27] Das leibliche Wort bietet nicht etwa lediglich die *Möglichkeit* des Glaubens, der erst durch das innere Wirken des Heiligen Geistes zur *Wirklichkeit* würde. Vielmehr ist das äußere Wort selbst schon Ermächtigung zum Glauben – „dynamis" (Röm 1,16) im Sinne einer Wirklichkeit setzenden Macht. Das Wort der Predigt ist wirksam, verbum efficax (Jes 55,10 f; Ps 33,4).[28] *Es tut, was es sagt. Es ist wirksames, nicht etwa darstellendes Handeln.* Es ist nicht lediglich der Anlaß zum Glauben, sondern dessen Grund: πίστις ἐξ ἀκοῆς (pistis ex akoes), fides ex auditu (Röm 10,17): „So kommt der Glaube aus der Predigt, das Predigen aber aus dem Wort Christi."

Dieser das reformatorische Verständnis der Predigt bestimmende Programmsatz muß freilich so wahrgenommen werden, daß mindestens fünf Be-

---

23 Auch die Schrift ist „leibliches Wort": WA 36, 500,21–501, 16, bes. 500,30: „das leibliche oder schriftliche Wort" (1Kor 15, gepredigt am 11. August 1532).
24 WA 18, 609,13 f (de servo arbitrio, 1525); eigene Übersetzung.
25 WA 50, 658,29–660,16 (Vorrede zum 1.Bd. der Wittenberger Ausgabe der deutschen Schriften, 1539). Dazu als eingehende Interpretation: Bayer, Theologie (s. o. Anm. 17), 55–106.
26 WA 50, 659,22–25.
27 WA 26, 506,7–12 (Vom Abendmahl Christi. Bekenntnis, 1528).
28 Wirksam ist es selbst noch im Unglauben: 2Kor 2,15; 4,3f.

deutungsdimensionen von „akoe" beachtet werden:[29] akoe meint (erstens) mein Gehör, meine leiblichen Ohren: das, wodurch gehört wird, die Hörfähigkeit, theologisch: die empfangene Hörfähigkeit, zu der ich ermächtigt bin, auf die hin ich angesprochen werde: „Höre!", (zweitens) *daß* ich höre: der Akt des Hörens, (drittens) *wie* ich höre: der Modus des Hörens, (viertens) das, was gehört wird, was ich aufnehme, *rezipiere*, (fünftens) was gesagt, was zu Gehör gebracht wird. So sehr eine ausgeführte Homiletik alle diese Dimensionen von akoe bedenken muß, so wenig kann dies jetzt geleistet werden; die schon gegebenen Hinweise müssen im Augenblick genügen. Doch läßt sich nicht darauf verzichten, wenigstens die fünfte Dimension über die auch zu ihr schon gegebenen Hinweise hinaus zu thematisieren. Die Frage lautet: *Wer redet zu wem was wie in welcher Absicht?*

V Claritas externa scripturae II: Präsentation des anwesenden Christus im Wort

Orientieren wir uns an der bewährten „Torgauer Formel", die Luther mit seiner Predigt bei der Einweihung der ersten evangelischen Kirche, der Schloßkirche in Torgau, am 5. Oktober 1544 geprägt hat. Danach besteht der christliche Gottesdienst darin, „daß unser lieber Herr selbst mit uns rede[t] durch sein heiliges Wort und wir wiederum mit ihm reden durch Gebet und Lobgesang"[30]. Wenn der gesamte Gottesdienst in Gottes Dienst an uns durch sein anredendes Wort und in unserem Dienst als Antwort besteht, dann darf die Predigt, verstanden als besonderer Teil des Gottesdienstes, als eine spezielle Redegattung, dem Charakter des gesamten Gottesdienstes nicht widersprechen, sondern muß ihm entsprechen.

Das evangelische Verständnis des anredenden Predigtwortes bewahrt Luthers große hermeneutische Entdeckung, seine im strengen Sinn reformatorische Entdeckung. *Danach ist das sprachliche Zeichen selbst schon die Sache; es repräsentiert nicht eine abwesende, sondern präsentiert eine anwesende Sache:*[31] das

---

29 In freiem Anschluß an Walter Bauer, Griechisch-deutsches Wörterbuch zu den Schriften des Neuen Testaments und der übrigen urchristlichen Literatur, Berlin 51958, 60 f (Art. ἀκοή [akoe]).
30 WA 49, 588,17–18; 5. Oktober 1544. Vgl. WA 6, 516,30 – 32 (De captivitate Babylonica ecclesiae, 1520): „Neque enim deus [...] aliter cum hominibus unquam egit aut agit quam verbo promissionis. Rursus, nec nos cum deo unquam agere aliter possumus quam fide in verbum promissionis eius."
31 „Signum philosophicum est nota absentis rei, signum theologicum est nota praesentis rei": WA TR 4, 666,8 f (Nr. 5106; 1540).

Reich Gottes, real präsent in der Person Jesu Christi als der, mit Origenes geredet, „autobasileia"[32] „mitten unter Euch" (Lk 17,20 f). Luther machte diese Entdeckung 1518 zunächst in der durch das Ablaßunwesen notwendig gewordenen Neubesinnung auf das Bußsakrament. Daß das Zeichen selbst schon die Sache ist, besagt im Blick auf die Absolution, daß der Satz: „Ego te absolvo...": „Ich spreche Dich los von Deinen Sünden – im Namen des Vaters und des Sohnes und des Heiligen Geistes!" kein Urteil ist, das nur aussagt, feststellt und darstellt, was schon ist, also eine innere, göttliche, eigentliche Absolution voraussetzt; der Satz ist weder Aussage noch Ausdruck oder Darstellung. Er ist als promissio vielmehr eine Sprachhandlung, die einen Tatverhalt erst herstellt, ein Verhältnis erst schafft – zwischen dem, in dessen Namen gesprochen wird, und dem, zu dem gesprochen wird und der der Zusage glaubt oder nicht glaubt. „Promissio" ist rechtskräftige Zusage mit sofortiger Wirkung.

VI Wer redet zu wem was, wie, in welcher Absicht?

Wir sind jetzt in der Lage, die Frage „Wer redet zu wem was, wie, in welcher Absicht?" zu beantworten. Wer redet? Der Vater durch den Sohn im Heiligen Geist, vollgültig vertreten durch die menschliche Stimme der Predigerin bzw. des Predigers. Zu wem redet er? Zum Sünder. Was redet er? Er sagt die Sündenvergebung zu. Wie redet er? Zornig im der Sünde überführenden Gesetz, barmherzig und gnädig aber im Sünden vergebenden – lossprechenden, befreienden – Wort des Evangeliums. Mit welcher Absicht redet er? Um im Kampf mit dem Bösen, der in jeder Predigt geschieht,[33] den rechten Glauben zu schaffen, zu stärken und zu bewahren zum ewigen Leben.[34]

---

32 Zitiert nach Karl Ludwig Schmidt, Art. αὐτοβασιλεία (autobasileia), Theologisches Wörterbuch zum Neuen Testament, hg.v. Gerhard Kittel, Bd. I, 1933 (Nachdruck: Stuttgart 1957), 591,23–25.
33 Die Predigt hat ihren letzten Ernst darin, daß in und mit ihr der eschatologische Kampf zwischen Gott und dem Bösen geschieht, in dem es um das Heil bzw. Unheil eines jeden Einzelnen der Zuhörenden geht. Vgl. u. Kap. 10: „Askesis: Kämpfender Glaube".
34 Dem entspricht genau die Theologiedefinition Königs: Johann Friedrich König, Theologia positiva acroamatica (Rostock 1664, hg. und übers. v. Andreas Stegmann, Tübingen 2006, 24 (De Theologiae Praecognitis, § 54): „Theologia est habitus intellectus practicus, e verbo DEI scripto de vera religione haustus, ut eius opere [conj. statt opera] homo peccator per fidem ad vitam perducatur" („Theologie ist eine aus dem geschriebenen Wort Gottes geschöpfte und sich auf die wahre Gottesverehrung beziehende praktische Fertigkeit des Erkennens, die dazu bestimmt ist, daß durch ihre Ausübung der sündige Mensch durch den Glauben zum [ewigen] Leben geführt werde"; eigene Übersetzung).

Damit ist zugleich auch schon gesagt, worin die Bibel die maßgebende Heilige Schrift ist bzw. was sie, die ja auch – wenngleich gegen ihr Selbstverständnis – als Kulturdokument, als Weltliteratur gelesen werden kann, zur Heiligen Schrift macht. *Heilige Schrift ist die Bibel, insofern nur aus ihr sich die Glauben schaffende promissio vernehmen läßt und die deshalb das Buch des ewigen Lebens ist.* Die Bibel sagt nicht dieses und jenes; sie sagt uns z. B. nicht, wie ein Haus oder ein Auto zu bauen ist. Sie sagt nur das Eine, das sich paradigmatisch, modellhaft im Absolutionswort und im Gabewort des Herrenmahls vorstellt, zwar nicht überall in den biblischen Schriften gleich prägnant gefunden werden kann, aber sehr wohl zum Kriterium und, wo nötig, auch zur Sachkritik taugt. Dieses Kriterium muß sich freilich im Umgang mit den verschiedensten biblischen Textsorten – mit Klage-, Dank- und Lobpsalmen, mit Gebotssammlungen, Erzählungen, Gleichnissen, Stammbäumen usw. – bewähren. Doch sorgt diese Vielfalt dafür, daß die Predigt lebendig bleibt. In verschiedenen Texten kommen verschiedene Hörerinnen und Hörer vor; sie stehen als solche schon im Text: „im Buch ist von mir geschrieben" (Ps 40,8). „Mutato nomine, de te fabula narratur"[35]: „Du brauchst nur den Namen zu ändern und die Geschichte erzählt von dir!" So kann es einem Hörer, einer Hörerin geschehen, daß sie von der Gestalt einer bestimmten Geschichte berührt, getroffen, ja: überwältigt, jedenfalls verändert wird – etwa durch David vor Nathan, der ihn im Namen Gottes entdeckt und überführt: *„Du bist der Mann!"* (2Sam 12,7). Das kann ich mir nicht selber sagen; das muß mir, dem Verblendeten und Wahrheitsresistenten, von außen, von einem Anderen, gesagt werden. Gleichwohl werde ich so überführt, daß ich, wie David vor Nathan, mir selbst das Urteil spreche. Das mir widerfahrende Gesetz überführt mich zugleich von innen heraus; seine Externität ist keine Heteronomie, der gegenüber ich selbst nur ein mechanisches Echo wäre – aber eben auch keine Selbsterkenntnis als Selbstbespiegelung, keine Selbstaufklärung, sondern, wie schon gesagt, eine mir widerfahrende und mich in diesem Widerfahrnis zu einem Einzelnen machende Höllenfahrt.

Anders das Evangelium: unerhörter Lossspruch, bedingungsloser Freispruch. Ihm kann ich nicht, verständnisvoll von innen zustimmend, entgegengehen. Er kommt, mich – freilich in einem völlig anderen Sinn als in der Erfahrung des Gesetzes – ebenfalls zu einem Einzelnen machend, ganz von außen auf mich zu: als das, „was kein Auge gesehen und kein Ohr gehört hat und in keines Menschen Herz gekommen ist" (1Kor 2,9). Zum Glauben kann die Hörerin, kann der Hörer nur inspiriert – durch den Heiligen Geist erweckt, ermächtigt und erleuchtet – werden; darin erweist sich die claritas interna scripturae.

---

[35] Horaz, Satiren I /1,69 f.111

Doch geschieht dies, wenn es geschieht, nie anders als durch das leibliche Wort, das verbum vocale, das verbum externum und seine claritas. Wenn Luther sagt, sie habe ihren Ort „in verbi ministerio", im Wortamt, dann ist zunächst der Gottesdienst und ganz besonders die sakramentale Predigt im Blick, dann aber auch, aufs Engste damit verbunden, die Gottesdienstvorbereitung als menschliches Werk, als Handwerk, wie es die meditatio auch denkend, mit den Mitteln der Vernunft, also methodisch diszipliniert einübt: „nicht allein im Herzen, sondern auch äußerlich die mündliche Rede und das buchstäbliche Wort im [Bibel-]Buch immer reiben und treiben, lesen und wiederlesen, mit fleißigem Aufmerken und Nachdenken, was der heilige Geist damit meint"[36]. Wenn sich der Heilige Geist, wie schon herausgestellt, so sehr an Laute und Buchstaben bindet, dann ist es selbstverständlich und für den minister verbi nur ein Gewinn, ja: eine Freude, an der wissenschaftlichen Zeitgenossenschaft teilzuhaben und teilzunehmen, also philologische und rhetorische, historische und philosophische, strukturalistische und materialistische, soziologische und psychologische, pädagogische und nicht zuletzt: auf die Rolle der Geschlechter sich richtende Fragestellungen zu testen und zu gebrauchen[37] – freilich kritisch: „mit fleißigem Aufmerken und Nachdenken, was der heilige Geist damit meint".

Nach dem, was Sie bisher gehört haben, muß ich nicht besonders betonen, daß die genannten Fragestellungen sich nicht verabsolutieren und einem leer laufenden, eitlen und sterilen Wissenschaftsbetrieb ausgeliefert werden dürfen, daß sie als Momente der meditatio vielmehr nur im Zusammenhang mit der oratio und der tentatio – mit dem Gebet und der Anfechtung – *theologische* Fragestellungen sind. Notwendig sind sie, weil sie die Sache der Theologie regulieren, ohne sie konstituieren zu können; sie dienen der verantwortlichen Wahrnehmung der wissenschaftlichen Zeitgenossenschaft.

Zeitgenossenschaft muß freilich – das liegt auf der Hand – weiter und tiefer wahrgenommen werden, wenn in ihr dem Nächsten in Anknüpfung und Widerspruch das vom Gesetz unterschiedene Evangelium, die Christuspromissio, zugedient, zugespielt werden soll. Dazu braucht es des Gespürs für das, was an der Zeit ist (Koh 3,1–8) und durch keine wissenschaftliche Methode, sondern nur kraft der Erleuchtung durch den Heiligen Geist entdeckt werden kann.[38] Ist es Zeit zur

---

36 S.o. Anm. 26.
37 Ausführlicher: s.u. Kap. 9: „Wissenschaftliche Methoden in der theologischen Auslegung der Bibel".
38 Vgl. Luthers scharfe Provokation: „Kein Mensch ist auf Erden, der kann und weiß, das Evangelium und Gesetz recht zu unterscheiden [...] Allein der Heilige Geist kann diese Kunst. Dem Menschen Christus hat's auch gefehlt am Ölberge [...]": WA TR II, 4, 7–16 (Nr. 1234, 1531). Vgl. WA TR VI, 142,26–30 (Nr. 6716).

Predigt des Gesetzes? Oder Zeit zur Predigt des Evangeliums?[39] Zeit zum Lachen, Zeit zum Weinen? Zeit zum Reden oder jene Zeit zum Schweigen, zu der die Freunde Hiobs fanden: „und saßen mit ihm auf der Erde sieben Tage und sieben Nächte und redeten nichts mit ihm; denn sie sahen, daß der Schmerz sehr groß war" (Ijob 2,13). Es gilt, die Zeit, den Kairos, des *Andern* zu entdecken und zu spüren, mit ihm und ihr das Glück und den Schmerz, die Klage und den Lobpreis zu teilen, sich mit den Fröhlichen zu freuen und mit den Weinenden zu weinen (Röm 12,15). Dazu braucht es Einfühlung, Intuition, Rücksichtnahme, Takt. *Predigt ist Seelsorge oder sie ist keine Predigt.* Predigt als Seelsorge aber kann nur geschehen oratione, meditatione, tentatione: in der Solidarität dessen, der, von der Anfechtung getrieben, betend in die Heilige Schrift hineingeht, um sie anderen Angefochtenen so zu predigen, daß auch sie betend in die Heilige Schrift hineingehen und von ihr ausgelegt werden – im geistgewirkten Glauben an die geistgewirkte Zusage der Gegenwart Gottes. Dies geschieht nicht losgelöst vom Kontext der Zeitgenossenschaft. Dazu gehört nicht zuletzt, mit seinen Zeitgenossen den Alltag zu teilen – auch den *banalen* Alltag. Man sollte z. B. wissen, mit welchem Spruch eine Hemdenfirma wirbt.

---

39 Die Zeiterfahrung, die in Koh 3 zur Sprache kommt, hat Luther auf das tempus legis und das tempus gratiae hin zugespitzt: WA 40 /I, 209,16 – 210,19 (zu Gal 2,14); 526,21 – 32 und 527,21 – 27 (zu Gal 3,23); 1531 bzw. 1535.

9 Wissenschaftliche Methoden in der theologischen Auslegung der Bibel

I Theologische Auslegung. Was macht die Bibel zur Heiligen Schrift?

Unsere Aufmerksamkeit richtet sich auf die Frage nach der Notwendigkeit, nach dem Recht und nach der Funktion wissenschaftlicher Methoden in der theologischen Auslegung der Bibel – in ihrer *theologischen* Auslegung. Es ist auch eine andere – etwa *religionsgeschichtliche* – Auslegung der Bibel denkbar. Eine solche aber entspricht nicht dem Selbstverständnis der biblischen Texte, die *von sich aus* gepredigt und geglaubt, von sich aus *gepredigt* und *geglaubt* werden wollen. „Dies Buch zur Predigt treibt und weist. / Die heilt uns durch den Heil'gen Geist." So habe ich einst (1964) als Vikar für den Kirchenältesten getextet, der beim ersten Gottesdienst im renovierten Kirchengebäude mit diesem Spruch die Altarbibel hereintrug – wie die andern Kirchenältesten mit entsprechenden Sprüchen die Taufschale sowie Patene, Kelch und Kanne. „Dies Buch zur Predigt treibt und weist. / Die heilt uns durch den Heil'gen Geist." Im kirchlichen – genauer: gottesdienstlichen – Gebrauch ist die Bibel als Heilige Schrift anerkannt, dh als eine Textsammlung, die „nütze [ist] zur Lehre, zur Zurechtweisung, zur Besserung, zur Erziehung in der Gerechtigkeit": 2Tim 3,16. Noch aufschlussreicher und klarer sagt der vorausgehende Vers (2Tim 3,15), dass die „Heiligen Schriften" die Kraft haben, „dich weise zu machen, damit Du durch den Glauben an Jesus Christus gerettet wirst". So kurz und eindeutig wie möglich gesagt: *Die Bibel ist darin Heilige Schrift, dass sie Glauben schafft*; darin liegt ihre Autorität. Die Tradition des orthodoxen Luthertums hat deshalb völlig zu Recht die auctoritas normativa aus der auctoritas causativa – eben aus der den Glauben wirkenden und begründenden Autorität – erwiesen:[1] Weil und sofern die Bibel den Glauben schafft, ist sie Norm. Dies ist ein durchaus kritischer Satz: Nicht in jeder Hinsicht ist die Bibel Norm. Sie normiert nicht, wie ein Auto zu bauen ist; sie ist Norm, insofern sie den Glauben schafft.

Eine *theologische* Auslegung der Bibel zeichnet sich dadurch aus, dass sie eben diesen Glauben schaffenden Charakter der biblischen Texte wahrnimmt und ernst nimmt – mit der Konsequenz, diesem Hauptgesichtspunkt alle anderen

---

1 Vgl. Notger Slenczka, Das Evangelium und die Schrift. Überlegungen zum „Schriftprinzip" und zur Behauptung der „Klarheit der Schrift" bei Luther. In: Ders., Der Tod Gottes und das Leben des Menschen. Glaubensbekenntnis und Lebensvollzug, Göttingen 2003, 39–64, hier 60–63.

sinnvollen und möglichen Gesichtspunkte, etwa den religionswissenschaftlichen sowie den kultur- und sprachgeschichtlichen, zu- und unterzuordnen. Das besagt keineswegs, wie wir uns noch deutlich machen müssen,[2] dass nicht mit erheblichen, ja: einschneidenden Rückwirkungen dieser anderen Fragestellungen auf die Glaubensverkündigung zu rechnen wäre. Zudem muß gleich an dieser Stelle ausdrücklich gesagt werden, dass die Theologizität der Bibelauslegung nicht von der Wahrnehmung des *Kanons* und seiner Probleme abgelöst werden kann – so sehr es befremdet, dass das Buch Esther ebenso kanonisch sein soll wie der paulinische Römerbrief. Was *theologische* Bibelauslegung als wesentlich *kanonische* Bibelauslegung des Näheren besagt, ist jedoch ein eigenes Thema, das sich nicht eben im Vorübergehen erledigen läßt. Auf jeden Fall ist es unumgänglich, dass eine manchen als willkürlich erscheinende Bestimmung des Kriteriums theologischer Bibelauslegung wie Luthers Hinweis auf das, „was Christum treibet"[3], bzw. auf die „Gottesgerechtigkeit" als auf den „rechtfertigenden Gott und sündigen Menschen"[4] und zugleich auf die strenge Unterscheidung von Gesetz und Evangelium im gesamtkanonischen Horizont ausgewiesen und einleuchtend gemacht werden muß. Daß diese Aufgabe in harte Kontroversen führt, ist bekannt; denken Sie nur an die Debatte um die „New Perspective on Paul". Doch ist es, wie gesagt, unumgänglich, sich dieser Aufgabe zu stellen.[5]

---

2 Vgl. u. Abschnitt V.
3 WA DB 7, 384,25–32; Vorrede zum Jakobus- und Judasbrief, 1522. Die Luthertexte werden in moderner Schreibweise geboten.
4 WA 40 II, 328,1 f (zu Ps 51,2; 1532), übersetzt.
5 Luther hat dies auf seine Weise getan und z. B. in seiner Vorrede zum ersten Band der Wittenberger Ausgabe seiner lateinischen Schriften geltend gemacht, mit der reformatorischen Wende seines Lebens und seiner Theologie in der Entdeckung der wahren exegetischen Bedeutung der „Gottesgerechtigkeit" den entscheidenden Gesichtspunkt der theologischen Auslegung der Bibel gefunden zu haben, der sich gesamtkanonisch ausweisen läßt: „[...] Da zeigte mir sofort die ganze [!] Schrift ein anderes Gesicht. Ich durchlief dann die Schrift [...]" (WA 54, 185,12–186,20; 1545, übersetzt). Gesamtkanonische Rechenschaftsablagen sind vor allem Luthers Bibelvorreden. Dazu: Jörg Armbruster, Luthers Bibelvorreden. Studien zu ihrer Theologie (AGWB 5), Stuttgart 2005. Diese Rechenschaftsablagen zeigen ihre Stärken dem, der sie zu falsifizieren sucht.

II Wissenschaftstheorie. Monastisches (konstitutiv) und Scholastisches (regulativ)

Das bisher zur Theologizität der Bibelauslegung Gesagte hat wissenschaftstheoretische Implikationen und Konsequenzen, die wir uns nun deutlich machen müssen. Um einen leistungsfähigen Theologiebegriff zu gewinnen, ist zu fragen: „Was macht theologische Wissenschaft zur *Theologie?*" und „Was macht theologische Wissenschaft zur *Wissenschaft?*" Die Antwort läßt sich in folgende Doppelthese fassen, die im gegebenen Rahmen nicht entfaltet werden kann: „Was theologische Wissenschaft zur *Theologie* macht, ist ihre Beziehung auf jene elementaren Sprachhandlungen, in denen Gesetz und Evangelium konkret – verpflichtend und freimachend – wirken; diese Beziehung wird in dem Bekenntnis wahrgenommen, von ihnen schlechthin abhängig zu sein, und in dem Willen, in ihnen tätig zu werden."[6] Anders und kürzer definiert: *„Theologie kommt vom Gottesdienst her und geht auf ihn hin."* [7] Das ist die erste Hälfte der Doppelthese; nun die zweite: „Was theologische Wissenschaft zur *Wissenschaft* macht, ist ihr Vollzug in den wissenschaftlichen Methoden ihrer Zeit, die die Sache der Theologie nicht legitimieren oder konstituieren, wohl aber den nicht zuletzt zur Verarbeitung der Häresie notwendigen reflektierten und reflektierenden Umgang mit dieser Sache regulieren."[8] Ich behaupte also: Die Wissenschaft ist für die Theologie nicht konstitutiv, wohl aber regulativ, als solche jedoch notwendig, ja: wie wir sehen werden, am entscheidenden Punkt mitten im Konstitutiven begründet und aus ihm notwendig folgend. Pietas ist nie ohne eruditio; ohne eruditio würde sie in der Tat, wie Semler befürchtet,[9] barbarisch.

Was mit der Unterscheidung und Zuordnung des Konstitutiven und Regulativen geltend zu machen ist, läßt sich aufschlußreich und beziehungsreich auch mit der Unterscheidung und Zuordnung von „Monastischem" und „Scholastischem" sagen. Mit „Monastischem" bezeichne ich den Gottesdienst, von dem Theologie herkommt und auf den sie hingeht, und zugleich Luthers drei von ihm

---

6 Oswald Bayer, Theologie (HST 1), Gütersloh 1994, 496–499, hier 498.
7 AaO, 403.
8 AaO, 499f, hier 500.
9 Johann Salomo Semler, Erster Anhang zu dem Versuch einer Anleitung zur Gottesgelersamkeit, enthaltend eine historische und theol. Erleuterung des alten Ausspruchs oratio, meditatio, tentatio faciant theologum, in einer Zuschrift an seine Zuhörer, worin er seine Vorlesungen anzeigt, Halle 1758. Vgl. Athina Lexutt, „Der Mönch braucht keine Gelehrsamkeit". Luther zwischen Theologie und Religion in der Beurteilung Johann Salomo Semlers. Ein Beitrag zur Rezeption des Themas „Reformation und Mönchtum" im 18. Jahrhundert. In: Reformation und Mönchtum. Aspekte eines Verhältnisses über Luther hinaus, hg.v. Athina Lexutt, Volker Mantey und Volkmar Ortmann (SMHR 43), Tübingen 2008, 189–212.

so genannte „Regeln" der „rechte[n] Weise[,] in der Theologia zu studieren": oratio, meditatio, tentatio.[10] Das „Scholastische", das Schulmäßige, hat für Luther und für die ihm folgende breite Tradition in der lutherischen Orthodoxie und dem lutherischen Pietismus[11] seinen Ort nicht etwa jenseits, sondern *innerhalb* dieser Trias, nämlich in der meditatio.[12] „Meditieren" ist nach Luther streng und strikt Schriftmeditation und meint: „nicht allein im Herzen, sondern auch äußerlich die mündliche Rede und das buchstäbliche Wort im Buch immer reiben und treiben, lesen und wieder lesen [...]"[13] – wir dürfen fortfahren: lesen und wieder lesen unter allen nur denkbaren Fragestellungen, mit allen nur denkbaren Methoden; keine ist ausgeschlossen. Es liegt ganz auf dieser Linie, wenn die durch Luthers Trias geprägten Methodenbücher der lutherischen Orthodoxie und des lutherischen Pietismus, die der Bildung des professionellen Theologen dienen, wie etwa die „Methodus" Johann Gerhards und die „Methodus" August Hermann Franckes, unter dem Titel der „meditatio" den gesamten Aufbau des theologischen Studiums bieten, das in allen Fächern nichts anderes denn als Bibelauslegung verstanden ist. Diese ganze Tradition brach mit Johann Salomo Semler 1758 ab,[14] wurde gründlich vergessen und ist erst in neuester Zeit wiederentdeckt worden. Sie ist ebenso sachgemäß wie stichhaltig und sollte unbedingt wiedergewonnen werden – was verantwortlich freilich nur in einem metakritischen Umgang mit neuzeitlichen Entscheidungen und Schicksalen[15] versucht werden kann. Zu diesem metakritischen Umgang gehört zunächst eine Anamnese; sie soll im folgenden Abschnitt ansatzweise durchgeführt werden.

---

10 WA 50, 658,29–661,8 (Vorrede zum ersten Band der deutschen Schriften; 1539).
11 HST 1 (s. o. Anm. 6), 55–57. Weiter s. u. Kap. 11: „Lutherischer Pietismus".
12 Lutherischer Pietismus (s. o. Anm. 11), bes. Anm. 8, 28 und 38.
13 WA 50, 659,22–24 (Vorrede 139; s. o. Anm. 11). Bemerkenswert ist die unmittelbare Fortsetzung: „mit fleißigem Aufmerken und Nachdenken, was der Heilige Geist damit meint" (Z. 24f) – was er mit den *irdisch-materialistischen Lauten und Buchstaben* meint, an die er sich gebunden hat und bindet.
14 HST 1 (s. o. Anm. 6), 30f, 56–58, 88f, 391–393 sowie Lexutt (s. o. Anm. 9). Zur Wiederaufnahme der abgebrochenen Tradition: Karl-Adolf Bauer / Manfred Josuttis, Daß Du dem Kopf nicht das Herz abschlägst. Theologie als Erfahrung. Erwägungen zum Pastoralkolleg als Ort erfahrungsbezogener Theologie, Neukirchen 1996.
15 Die Entscheidungen etwa Semlers und Schleiermachers sind Ereignisse, die Epoche machen und wirken sich insofern schicksalhaft aus, als sich ihnen kaum einer entziehen kann. Gleichwohl bleibt jedem die Freiheit zum Widerspruch und zur Neuorientierung. Die Entscheidungen, die den Neuprotestantismus bestimmen, sind keine στοιχεῖα τοῦ κόσμου (stoicheia tou kosmou) (Gal 4,9; Kol 2,20). Vgl. Oswald Bayer, Leibliches Wort. Reformation und Neuzeit im Konflikt, Tübingen 1992, 1–15, bes. 8–10.

III Der neuprotestantische Umbruch

Der im 18. Jahrhundert geschehene geistige Umbruch wird mehrheitlich als notwendige und irreversible Transformation beurteilt und gerechtfertigt. Nur von einer Minderheit wird er als problematische Revolution wahrgenommen und kritisch bedacht. Doch kann niemand, um damit zu beginnen, die Augen vor zwei Revolutionen verschließen, deren Bedeutung wir nicht überschätzen können. Die eine liegt im Abbruch apokalyptischer Naherwartung und in der *Umwandlung des Geschichtsverständnisses* sowie der Erfahrung der Geschichte, besonders in dem in bestimmter Form erst in der Neuzeit aufgekommenen und sie bildenden Fortschrittsglauben. Im Zusammenhang damit steht als zweite Revolution die *Umwandlung der Anthropologie*, des Verständnisses des Menschen; der Mensch sei, wie vor allem Rousseau und Marx gelehrt haben, im Grunde gut – ist er böse, dann haben ihn die gesellschaftlichen Verhältnisse dazu gemacht und seien deshalb zu verändern. Seitdem hat das biblische Sünden- und Gerichtsverständnis seine breite Geltung verloren; der sich von CA 2 zu CA 17 spannende Bogen von der „Sünde" zum „Gericht" ist zerbrochen.

Eine noch grundsätzlichere Bedeutung kommt der sogenannten „anthropologischen Wende" zu, die den hermeneutischen Horizont völlig verändert hat. Indiz dafür ist, dass der Begriff „Theologie" zurücktritt und der Begriff „Religion" vorherrschend wird – und zwar in einer neuen Bedeutung: Bezeichnete er zuvor die öffentliche Lehre der Kirche und äußer(lich)e kultische Verbindlichkeiten, so jetzt – seit der zweiten Hälfte des 18. Jahrhunderts – die innere, psychische oder rational moralische Grundbefindlichkeit des Menschen;[16] dem entspricht die nun aufkommende Disziplin der „Religionsphilosophie".[17] Richtete der Begriff „Theologie" die Aufmerksamkeit auf „Gott" und das „Wort", so wird der Begriff „Religion" in seiner neuen Bedeutung die Bezeichnung für eine bestimmte Qualifizierung des menschlichen Selbstbewusstseins, das sich, wie nach Schleiermachers Reden „Über die Religion" (1799), in der Vorstellung eines personalen Gottes ausdrücken kann, aber nicht muß.[18]

---

[16] Dazu prägnant: Ernst Feil, Art. „Religion I und II", RGG⁴, Bd. 7 (2004), 263–274. Differenziert: Albrecht Beutel, Religion zwischen Luther und Schleiermacher. Bemerkungen zur Semantik eines theologiegeschichtlichen Schlüsselbegriffs. In: Über die Religion. Schleiermacher und Luther (VLAR 30), hg.v. Joachim Heubach, Erlangen 2000, 35–68.
[17] Vgl. Konrad Feiereis, Die Umprägung der natürlichen Theologie in Religionsphilosophie. Ein Beitrag zur deutschen Geistesgeschichte des 18. Jahrhunderts (EThSt 18), Leipzig 1965.
[18] Friedrich Daniel Ernst Schleiermacher, Über die Religion. Reden an die Gebildeten unter ihren Verächtern (PhB 255), hg.v. Hans-Joachim Rothert, Hamburg 1961, 71f.

Ist dieser ins Anthropologische gewendete Religionsbegriff leitend, dann wird bei der Auslegung der Bibel nicht zuerst und zuletzt nach dem deus dicens – wie er mir als mich rufender und suchender: „Adam, wo bist Du?" (Gen 3,9) nachgeht und entgegentritt – gefragt, sondern zuerst nach dem – freilich, wenn auch nur gleichsam im passivum divinum, auf den deus dicens verweisenden[19] – homo recipiens:[20] nach dem unmittelbaren religiösen Selbstbewusstsein (Schleiermacher) bzw. nach dem gläubigen Selbstverständnis (Bultmann). In dieser Frage, die alles Interesse auf sich zieht, ist die Tendenz neuzeitlicher Subjektivität bestimmend, auch noch ihre Vorgabe in sich selbst hineinzunehmen oder sie immer

---

19 Vgl. HST 1 (s.o. Anm. 6), 474.
20 Vgl. Oswald Bayer, Leibliches Wort. Reformation und Neuzeit im Konflikt, Tübingen 1992, 57–72. Was Luther (WA TR 3, 669–674 [Nr. 3868; vom 10. Mai 1538], bes. 670,18f) polemisch von den Schwärmern sagt: „definiunt verbum non secundum dicentem Deum, sed secundum recipientem hominem" („Definieren und achten also das Wort nicht nach Gott, der es redet, sondern nach dem Menschen, der es annimmt und empfängt" 673,3f), richtet sich gegen einen alten, nicht etwa erst neuzeitlichen Grundsatz der Erkenntnistheorie: „receptum est in recipiente per modum recipientis" (Thomas von Aquin, STh I, q.84, art.1; vgl. STh II/II, q.1, art. 2). Wenn Luther die Aufmerksamkeit zuerst und zuletzt auf den deus dicens richtet, kehrt er jenen erkenntnistheoretischen Grundsatz freilich nicht in jeder Hinsicht um. Seine Kritik an der *Verlagerung* des Interesses auf den Menschen – mithin seine sozusagen vorweggenommene Kritik der anthropologischen Wende – besagt nicht, dass der Mensch in dem durch das Wort geschaffenen Glauben durch den deus dicens nicht beteiligt würde, ist doch die fides ermächtigt, im Bekenntnis Gott das Seine zu geben und zuzusprechen, um auf diese Weise „creatrix divinitatis" – freilich „non in persona", sondern allein „in nobis" – zu werden (WA 40 I, 360,5f [zu Gal 3,6; 1531]). – Zu diesem entscheidenden Punkt theologischer Urteilsbildung, an dem es um die Legitimität des Neuprotestantismus schleiermacherscher Prägung geht: Notger Slenczka, Fides creatrix divinitatis. Zu einer These Luthers und zugleich zum Verhältnis von Theologie und Glaube. In: Denkraum Katechismus. Festgabe für Oswald Bayer zum 70. Geburtstag, hg.v. Johannes von Lüpke und Edgar Thaidigsmann, Tübingen 2009, 171–195. In scharfem Kontrast dazu: Bernd Wannenwetsch, Lob der Äußerlichkeit. Evangelische *praxis pietatis* als gottesdienstliche Frömmigkeit; aaO, 387–413, bes. 392: Im Anschluß an Levinas wird die Hermeneutik des „in seiner eigenen Innerlichkeit verlorenen Menschen" kritisiert, die „im monomanischen Ritual der Inkurvation" „alles in sich hineinzuschlingen vermag. Nichts vermag ihrer deutenden Aktivität äußerlich zu bleiben". Eine solche Kritik muß sich freilich metakritisch ausweisen und im Bezug zu einer Würdigung neuzeitlicher Psychologie bewähren, wie sie Kirsten Huxel vorgelegt hat: Ontologie des seelischen Lebens. Ein Beitrag zur theologischen Anthropologie im Anschluß an Hume, Kant, Schleiermacher und Dilthey, Tübingen 2004. – Bei aller Kritik an der Verlagerung der Aufmerksamkeit auf den homo recipiens in der dieser Kritik entsprechenden Anerkennung der Heiligen Schrift als Subjekt (s.u. Abschnitt IV) kann es keine Frage sein, daß dabei die Subjektivität des Rezipienten nicht etwa verkannt oder gar ausgeschlossen ist; sie wird vielmehr gerade aufgeschlossen und freigesetzt.

schon in sich – und sei es im Gefühl schlechthinniger Abhängigkeit – vorzufinden. [21]

Die notwendige Konsequenz dieses Ausgangs beim homo recipiens für den Umgang mit dem Text ist die, ihn als *Ausdrucksphänomen* zu nehmen; entsprechend ist der Gottesdienst – wie bei Schleiermacher – „darstellendes" und kein „wirksames" Handeln.[22] Der Text ist nicht mehr, um mit Hölderlin und dem Zweiten Petrusbrief (1,19)[23] zu reden, der „veste Buchstab"[24], dessen Fremdheit sich nicht ins Heimische einholen läßt, sondern dieses verändert. Er ist nicht mehr das, was mir Widerstand leistet, woran ich mich reibe – vielleicht wund reibe, wie an den Klage- und Rachepsalmen und an den Texten, die von Gottes Zorn reden; er ist nicht mehr so kostbar, dass er mich zum Wortklauber werden läßt; er ist nicht mehr das, worüber ich Tag und Nacht bohrend nachsinne (Ps 1,2), fragend, „was der Heilige Geist damit meint"[25]. Der Ansatz und Ausgang beim homo recipiens führt notwendig zu einer – wie ich sie nenne: – „Hermeneutik des Rückgangs";[26] Der Text muß auf das hin, was zu ihm nötigt, was sich in ihm Ausdruck verschafft, hintergangen werden. Der „veste Buchstab" selbst wird als

---

21 Dagegen hilft kein kruder Objektivismus. Als ob Theologie – weil Gott mich zusammen mit allen Geschöpfen anredet – nicht von vornherein Anthropologie wäre! Strittig ist – paradigmatisch im Blick auf Schleiermacher – allein, *wie* die Korrelation von Theologie und Anthropologie zu bestimmen ist: was die Prävenienz des redenden Gottes vor dem hörenden Menschen besagt bzw. wie die Differenz zwischen Schöpfer und Geschöpf wahrzunehmen ist. Vgl. o. Anm. 20. Selbst dann, wenn man im Blick auf den Glaubensgrund die üblicherweise als probat geltende Unterscheidung und Zuordnung von ratio cognoscendi (Gefühl schlechthinniger Abhängigkeit) und ratio essendi (schlechthinnige Ursächlichkeit, die jenes Gefühl bewirkt, in ihm mitgesetzt und in ihm eingeschlossen ist) träfe, wäre das Problem nicht gelöst, weil das Gefühl schlechthinniger Abhängigkeit als Konstitutionsprinzip mehr als eine ratio cognoscendi ist.
22 Zum „darstellenden" im Verhältnis zum „wirksamen" Handeln vor allem: Friedrich Daniel Ernst Schleiermacher, Die praktische Theologie nach den Grundsätzen der evangelischen Kirche im Zusammenhange dargestellt, hg. v. Jacob Frerichs, Berlin 1850. Nach reformatorischem, jedenfalls lutherischem Verständnis ist der Gottesdienst kein „darstellendes" Handeln. Denn das gepredigte Wort setzt den Glauben nicht voraus und bringt ihn nicht zum Ausdruck, sondern wirkt ihn; es ist verbum efficax, wirksames Wort.
23 2Pt 1,19: das „feste" prophetische Wort. Zu 2Pt 1,16–19: Ulrich H.J.Körtner, Der inspirierte Leser. Zentrale Aspekte biblischer Hermeneutik, Göttingen 1994, 166–174.
24 Hymne „Patmos". In: Friedrich Hölderlin, Sämtliche Werke. Große Stuttgarter Ausgabe, hg.v. Friedrich Beissner, Bd. II/I, 1951, 165–172, hier 172. Vgl. Walther Killy, Der veste Buchstab – gut gedeutet. 2.Korinther 3,6 und die Dichter. In: Charisma und Institution, hg.v. Trutz Rendtoff, Gütersloh 1985, 66–83.
25 Vgl. o. Anm. 13.
26 Vgl. Oswald Bayer, Wortlehre oder Glaubenslehre? Zur Konstitution theologischer Systematik im Streit zwischen Schleiermacher und Luther. In: Ders., Autorität und Kritik. Zu Hermeneutik und Wissenschaftstheorie, Tübingen 1991, 156–168); ders., Theologie [s.o. Anm. 6], 463–486.

starr und tot denunziert. Eindrucksvoll und und unvergeßlich manifestiert sich die in unserer Anamnese ins Auge zu fassende völlige Veränderung des hermeneutischen Horizontes in folgender Stellungnahme Schleiermachers: „Jede heilige Schrift ist nur ein Mausoleum der Religion, ein Denkmal, dass ein großer Geist da war, der nicht mehr da ist; denn wenn er noch lebte und wirkte, wie würde er einen so großen Wert auf den toten Buchstaben legen, der nur ein schwacher Abdruck von ihm sein kann? Nicht der hat Religion, der an eine heilige Schrift glaubt, sondern der, welcher keiner bedarf, und wohl selbst eine machen könnte."[27]

Ich muß es im gegebenen Rahmen bei dieser – durchaus unvollständigen – Anamnese belassen. Eine weitere entscheidende Dimension des uns so oder so – in der Zustimmung wie in einer mit einem Widerspruch verbundenen Metakritik – bestimmenden neuzeitlichen Umbruches würde sich uns unter dem Begriff der „Kritik" eröffnen, auf den ich in „Autorität und Kritik"[28] und anderswo[29] eingegangen bin; es wäre dabei die diese Kritik besonders prägende „Scheidekunst" metakritisch zu bedenken.[30] Jetzt kommt es darauf an, die schon angedeutete hermeneutische und texttheoretische Alternative zur bezeichneten „Hermeneutik des Rückgangs" herauszustellen. Dieser Alternative geht es um die Umpolung der Aufmerksamkeit vom aneignenden Menschen zum zueignenden Gott.[31] Damit taucht dann der Horizont auf, in dem theologisch verantwortet Notwendigkeit, Recht und Funktion wissenschaftlicher Methoden in der Bibelauslegung erörtert werden können.

IV Die Bibel als Apriori der Gottes-, Selbst- und Weltwahrnehmung; ihre Subjektstellung

Den reformatorischen Widerspruch zur neuprotestantischen mit der anthropologischen Wende einhergehenden „Hermeneutik des Rückgangs" hat Melanchthon im Widmungsbrief seiner Loci von 1521 – nach deren Selbstverständnis

---

27 Schleiermacher, Über die Religion (s.o. Anm. 18), 68.
28 S.o. Anm. 26.
29 Vgl. vor allem: Oswald Bayer, Zeitgenosse im Widerspruch. Johann Georg Hamann als radikaler Aufklärer, München 1988, bes. 151–178: Geschichte und Vernunft (Reimarus-Lessing-Mendelssohn-Hamann); Ders., Vernunft ist Sprache. Hamanns Metakritik Kants, Stuttgart-Bad Cannstatt 2002, 67–90: Der Begriff der „Kritik" im Streit zwischen Hamann und Kant.
30 Vgl. u. Teil IV, Kap. 25: „Scheidekunst oder Ehekunst?".
31 Eingehend: Oswald Bayer, Hermeneutische Theologie. In: Ders., Zugesagte Gegenwart, Tübingen 2007, 340–356.

eine Hilfskonstruktion zur theologischen Bibelauslegung! – in dem Wunsch zur Sprache gebracht, „dass, wenn irgend möglich, alle Christen sich in den Heiligen Schriften ganz frei bewegen [sich darin aufhalten: versari] und sich völlig in deren Kraft und Wesen hineinverwandeln lassen. Denn da die Gottheit ihr vollkommenstes Bild gerade in ihnen zum Ausdruck gebracht hat, kann sie anderswoher weder sicherer noch näher erkannt werden."[32] Wer sich völlig in das Wesen der biblischen Texte hineinverwandeln läßt, traut und schreibt ihnen die Kraft zu, ihn, den Leser und Hörer, auszulegen, ihn von Grund auf zu bilden. In diesem Sinn ist pietas eruditio: vom biblischen Text gebildet zu werden, der mich als impliziten Hörer und Leser schon enthält; „im Buch ist von mir geschrieben" (Ps 40,8). Wer sich auf diese Weise bilden läßt, anerkennt die Autonomie und Autorität des Textes, die darin liegt, den Leser und Hörer kritisch auszulegen:[33] „Beachte", sagt Luther, „dass die Kraft der Schrift die ist: sie wird nicht in den gewandelt, der sie studiert, sondern sie verwandelt den, der sie liebt, in sich und ihre Kräfte hinein"[34]. Nicht der Interpret legt die Schrift, sondern die Schrift legt den Interpreten aus. Die Schrift sorgt also im Entscheidenden für ihre Auslegung selbst, ist ihr eigener Interpret: Sacra scriptura „sui ipsius interpres".[35] Dieser Grundsatz meint also keineswegs nur, wie sich vordergründig nahelegt, die Konkordanzmethode, sondern behauptet in seiner Tiefe die Subjektstellung der Heiligen Schrift, welche die Subjektivität des Hörers und Lesers nicht etwa ausschließt, sondern gerade aufschließt, ja: in bestimmter Weise konstituiert.

Diese Subjektstellung der als Heilige Schrift wahrgenommenen Bibel kann in ihrer Bedeutung nicht überschätzt werden. Die Bibel ist buchstäblich konstitutiv: Sie konstituiert, sie bildet das Gottes-, Welt- und Selbstverständnis in seiner Tiefe und Weite. Wer die Textwelt der biblischen Schriften bestimmend sein läßt, macht sie nicht etwa zu einem heiligen Bezirk, grenzt sie aus seiner Lebenswelt und Zeitgenossenschaft nicht aus, sondern läßt sich *von ihr* die entscheidenden Gesichtspunkte für eine umfassende und durchdringende Selbst- und Weltwahrnehmung geben, die als freie Antwort geschieht. Diese Textwelt ist im strengen

---

32 Philipp Melanchthon, Loci communes, 1521 (lat.-dt.), übersetzt und mit kommentierenden Anmerkungen versehen von Horst Georg Pöhlmann, Gütersloh 1993, 14.
33 „Bibelkritik", verstanden im Sinne eines genitivus auctoris, ist die Autorität, welche die als Heilige Schrift wahrgenommene Bibel darin ausübt, dass sie den Leser und Hörer kritisch und skeptisch macht – vor allem gegen sich selbst in einer Höllenfahrt der Selbsterkenntnis: „Bibelkritik" als Bibelautorität, die zur Kritik ermächtigt. Vgl. Oswald Bayer, Martin Luthers Theologie. Eine Vergegenwärtigung, Tübingen (2003), ⁴2016, 62–65, bes. Anm. 5. Zur Entfaltung dieser These: Autorität und Kritik (s.o. Anm. 26).
34 WA 3, 397,9–11 (zu Ps 68,14); eigene Übersetzung.
35 WA 7, 97,23 (Assertio omnium articulorum…; 1520). Vgl. Jörg Armbruster, Luthers Bibelvorreden. Studien zu ihrer Theologie, Stuttgart 2005, 110–134, bes. 133f.

Sinn sein Apriori – ein historisches, also ein unreines Apriori, apriorisch zufällig, aposteriorisch aber notwendig.

Das ist, formal gesehen, beispielsweise beim Koran nicht anders. Denn die Sprache, die ich spreche, konstituiert meine Welt – wie der späte Wittgenstein und im Anschluß an ihn Putnam und andere aufgewiesen und einsichtig gemacht haben.[36] So stellt sich, was die Tiefe der Grammatik betrifft, die Frage, *welche* Sprache ich wie überhaupt, so auch bei der Auslegung der Bibel gebrauche – ihre eigene oder etwa eine andere, die mit ihrer eigenen im Konflikt liegt, ihr vielleicht sogar klar widerspricht.[37] Diese konstitutive Bedeutung der Bibel hat Johann Georg Hamann, 1Petr 4,11 („Wer redet, der rede mit den Worten, die Gott ihm gibt!") ernst nehmend, unübertrefflich klar und deutlich so formuliert: „Die heilige Schrift sollte unser Wörterbuch, unsere Sprachkunst seyn, worauf alle Begriffe und Reden der Christen sich gründeten und aus welchen sie bestünden und zusammen gesetzt würden."[38]

V Wissenschaftliche Methoden

Wenn der Bibel als der den Glauben schaffenden Heiligen Schrift die bezeichnete Subjektstellung – wir können auch sagen: Autorität – zuerkannt und eingeräumt ist, sind die wissenschaftlichen Methoden ihrer Erforschung kein grundsätzliches Problem. Zum grundsätzlichen Problem werden sie erst dann, wenn eine von ihnen einen weltanschaulichen Anspruch ausdrücklich erhebt oder, wie meist, impliziert, welcher der Sprache der Bibel – dem Gesamtgefüge ihrer Subjektstellung – fremd ist und ihr widerspricht. Dies geschieht nicht zuletzt dort, wo die

---

36 Vgl. Hilary Putnam, Vernunft, Wahrheit und Geschichte, Frankfurt 1982 und Hannes Illge, Gewissheit durch das Wort. Eine sprachphilosophische Untersuchung von Luthers fundamentaltheologischer Einsicht, Frankfurt/M. 2009, bes. 205–253 („Die Bibel als Begriffsschema"). Luther wird von Illge im Sinne der pragmatischen Semantik des späten Wittgenstein interpretiert. Dieselbe pragmatische Semantik vertritt: Michael Coors, Scriptura efficax. Die biblisch-dogmatische Grundlegung des theologischen Systems bei Johann Andreas Quenstedt – Ein dogmatischer Beitrag zu Theorie und Auslegung des biblischen Kanons als Heiliger Schrift (FSÖTh 123), Göttingen 2009); Ders., Theologische Texttheorie. Theologische Erkundungen zur Textualität der Heiligen Schrift zwischen Ludwig Wittgenstein und Johann Andreas Quenstedt (NZSTh 51, 2009, 400–426).

37 Die „eigene" – eigenmächtige und eigensinnige – Auslegung, die in 2Petr 1,20 abgelehnt wird, steht der des Heiligen Geistes entgegen, der sich an Laute und Buchstaben gebunden hat.

38 Johann Georg Hamann, Biblische Betrachtungen eines Christen (1758). In: Ders., Londoner Schriften. Historisch-kritische Neuedition von Oswald Bayer und Bernd Weißenborn, München 1993, 304,8–10. Vgl. die unmittelbar folgende Betrachtung zu 2Petr 1,20: aaO, 304,11–28.

Bibel als Dokument von Glaubenserfahrungen genommen wird, die unter dem Gesichtspunkt zeitgemäßer existentieller und moralischer Plausibilität ausgelegt werden und wo etwa schöpfungstheologische und eschatologisch-apokalyptische Dimensionen auf jene existentiell und moralisch plausible Bedeutsamkeit reduziert werden; ich habe dies beispielhaft in meiner Kritik Bultmanns konkretisiert.[39]

Ist die Subjektstellung des schriftlichen Textes der Bibel anerkannt, dann ist keine Methode denkbar, die der theologischen Auslegung *nicht* helfen könnte – handle es sich um textkritische, literarkritische, traditionskritische, formenkritische oder redaktionsgeschichtliche, aber auch um kulturgeschichtliche, sozialgeschichtliche oder feministische Fragestellungen.[40] Sie alle sorgen dafür, dass die Sachverhalte der biblischen Textwelt nicht etwa flächig, sondern sozusagen dreidimensional, plastisch wahrgenommen werden. Sie bringen – was ohne die Disziplin dieser Methoden nicht geschähe – den Ausleger in eine Bewegung des Unterscheidens, Vergleichens und Abwägens. Damit fordern sie das Urteilsvermögen heraus und schaffen einen beglückenden Reichtum an Einsichten, die sich auf anderen Wegen schwerlich eröffneten. Insofern sind sie keineswegs ein Luxus, auf den man auch verzichten könnte, sondern *wesentlich* für die theologische Schriftmeditation: für den gottesdienstlichen Gebrauch der biblischen Texte und für alles, was ihm entspringt.

Neben dieser Funktion als ars inveniendi sorgen die Methoden für *Falsifikationen*. Was philologisch als unmöglich erwiesen ist, kann theologisch nicht weiter vertreten werden – und seien es Lieblingsgedanken mit langer Tradition wie das Verständnis von Gen 3,15 als Proteuangelion. Anders steht es mit dem semantischen Spielraum, der zwischen Textvarianten[41] entsteht. So entspricht beispielsweise Luthers Übertragung von Jes 28,19 („Denn allein die Anfechtung lehrt aufs Wort merken.") keineswegs dem masoretischen Text, wohl aber der LXX und der Vulgata und ist damit nicht falsifiziert.

Die Falsifikation ist ein Moment des Regulativen. Indem dieses oben zwar als notwendig bezeichnet, aber doch vom Konstitutiven unterschieden wurde, konnte der Anschein entstehen, die Methoden, die das Regulative ausmachen, seien mit dem Konstitutiven nicht fest verbunden. Dem ist aber nicht so. Liegt das Kon-

---

39 HST 1 (s.o. Anm. 6), 475–484.
40 Einen Überblick über 13 hermeneutische Modelle bietet: Horst Klaus Berg, Ein Wort wie Feuer. Wege lebendiger Bibelauslegung, München und Stuttgart 1991. Speziell zur „Historisch-kritischen Methode: Oswald Bayer, Was ist das: Theologie? Eine Skizze, Stuttgart 1973, 103–116: „Ein erster Gesprächsgang zur Frage nach der Notwendigkeit und Grenze der historisch-kritischen Methode in der Theologie".
41 Vgl. z.B. Mk 1,41. Vgl. u. Teil III, Kap. 19: „Gottes Zorn und sein Erbarmen".

stitutive in Gottes Wort – in Gesetz und Evangelium als der ἀκοὴ πίστεως (akoe pisteos)⁴² –, dann wird die geschulte, die „scholastische" Frage und Suche nach dem Wort, die philologische Methode nicht von außen an die Theologie herangetragen; sie ist ihr als einer Sprachwissenschaft, ja der Sprachwissenschaft schlechthin wesenseigen – weshalb Reformation und Humanismus unauflöslich miteinander verbunden sind.⁴³ Das Wort will gehört und verstanden sein: verbum quaerens intellectum. Das Wort will gelesen, gehört, gelernt, bedacht, verantwortet werden. So bezieht sich das Bestehen auf dem νοῦς (nous) in 1Kor 14 nicht nur auf die Glossolalie, sondern hat grundsätzliche Bedeutung – wie denn nach dem Ersten Gebot der sich im verständlichen Wort gebende Gott nicht nur mit ganzem Herzen, mit ganzer Seele, mit all Deiner Kraft, sondern auch mit all Deinem Denken (ἐξ ὅλης τῆς διανοίας σου/ex holes tes dianoias sou: Mk 12,29 f) zu lieben ist. Der Theologe ist daher zuerst und zuletzt Liebhaber des Wortes: „Philologe". Er ist Philologe oder er ist kein Theologe.

Wissenschaftliche Methoden werden also – das sollte exemplarisch an der Philologie deutlich werden – an die theologische Auslegung der Bibel und damit an die Sache der Theologie nicht etwa von außen herangetragen, um die Theologie sekundär akademisch hoffähig zu machen oder einen Wahrheitsbeweis zu führen und die theologischen Assertionen für die Gebildeten unter den Verächtern der Religion zu plausibilisieren. Die wissenschaftlichen Methoden ergeben sich in ihrer Notwendigkeit und ihrem Recht vielmehr unausweichlich von innen her: aus dem innersten Kern der Theologie. Ein wissenschaftsgeschichtlicher Hinweis darauf ist der Sachverhalt, dass es die Geschichte der Exegese der Bibel und der klassischen Texte der Antike ist, aus der die modernen Philologien und ihre Methoden entstanden.

Ähnliches gilt von den freilich viel komplexeren geschichtswissenschaftlichen Methoden, die mit den philologischen ja unauflöslich verbunden sind – wie denn das deutsche Wort „Geschichte" sowohl die geschehene wie die erzählte Geschichte meint und ob solcher Verschränkung von Ereignis und Erzählung zu fragen ist, in welchem Maße auch Klio dichtet.⁴⁴ Sucht der christliche Glaube sich seines zweifellos geschichtlichen Charakters zu vergewissern und den ge-

---

42 Gal 3,2.5.
43 Vgl. bes. Helmar Junghans, Die Worte Christi geben das Leben. In: Wissenschaftliches Kolloquium „Der Mensch Luther und sein Umfeld" (2.–5. Mai 1996 auf der Wartburg), hg.v. der Wartburg-Stiftung Eisenach (Wartburg-Jahrbuch, Sonderband), Regensburg 1965, 154–175.
44 Vgl. Hayden White und Reinhart Koselleck, Auch Klio dichtet oder Die Fiktion des Faktischen. Studien zur Tropologie des historischen Diskurses, Stuttgart 1999. Zur Diskussion der These, dass auch der Historiker dichtet: Literatur und Geschichte. Ein Kompendium zu ihrem Verhältnis von der Aufklärung bis zur Gegenwart, hg.v. Daniel Fulda und Silvia Serena Tschopp, Berlin 2002.

schichtlichen Ursprungssinn der Bibeltexte aufzusuchen, kann er als denkender Glaube nicht darauf verzichten, geschichtswissenschaftliche Methoden zu gebrauchen und zu reflektieren. Die Frage nach der Notwendigkeit, dem Recht und der Funktion geschichtswissenschaftlicher Methoden in der theologischen Auslegung der Bibel führt freilich in ein weites und unübersichtliches Feld. Zu beachten ist für unsere neuzeitliche Situation neben den beiden genannten Revolutionen und der ebenfalls angesprochenen anthropologischen Wende der leitende Begriff der *„Kritik"*, der in der Neuzeit – im Unterschied zu früheren Zeiten – fundamentale und universale Bedeutung gewann. So heißt es in Friedrich Engels' Anti-Dühring im Rückblick auf die neuzeitliche Geschichte: „Religion, Naturanschauung, Gesellschaft, Staatsordnung, alles wurde der schonungslosesten Kritik unterworfen; alles sollte seine Existenz vor dem Richterstuhl der Vernunft rechtfertigen oder auf die Existenz verzichten"[45]; Odo Marquard spricht von einer „Übertribunalisierung"[46]. Diese, mit Karl Marx geredet, „radikale Kritik alles Bestehenden"[47] ist die Ausweitung des cartesischen Grundsatzes, dass es methodisch geboten sei, in einer gedanklichen annihilatio mundi an allem zu zweifeln, um dann alles neu zu konstruieren.[48]

Es liegt auf der Hand, dass Forderung und Vollzug solcher rechtfertigenden Erklärung ein vorzügliches Mittel der Emanzipation sind – ein Mittel, sich geschichtlicher, herkömmlicher Zumutungen und Ansprüche zu entledigen. Was einem zu nahe ist, kann man sich mit dieser radikal kritischen Methode vom Halse schaffen, jedenfalls in eine Distanz bringen, in der es nicht mehr gefährlich ist, mich nicht mehr anspricht und einlädt, nicht mehr fordert und verpflichtet.

Glücklicherweise begegnen wir hier einem Januskopf: Dieselbe radikal kritische und analytische Fragestellung kann nicht nur zu einer Ansprüche zurückweisenden Distanzierung gebraucht werden, sondern sehr wohl auch zu einer Distanzierung, die das fremd Gewordene neu sehen lehrt: ein Fremdes, Anderes, das meinen Vorurteilen widersteht und mich so zur Besinnung, ja zu der einen oder anderen Buße bringt. Man denke theologie- und kirchengeschichtlich nur an die janusköpfige Bedeutung des 1892 erschienenen Buches von Johannes Weiß „Die Predigt Jesu vom Reich Gottes": Der liberale Weiß, Schwiegersohn Albrecht Ritschls und dessen Theologie zugetan, entdeckt als historisch-kritisch arbeitender Wissenschaftler etwas, was seine bisherige theologische Orientierung

---

45 Karl Marx und Friedrich Engels, MEW 20, Berlin 1962, 16.
46 Odo Marquard, Der angeklagte und der entlastete Mensch in der Philosophie des 18. Jahrhunderts. In: Ders., Abschied vom Prinzipiellen. Philosophische Studien (RU 7724), Stuttgart 1981, 39–66.
47 Karl Marx, Brief an Arnold Ruge (1843), MEW 1, 344.
48 Autorität und Kritik (s.o. Anm. 26), 3f.

in Frage stellt und dazu führt, dass die apokalyptische Eschatologie der Botschaft Jesu in neuer Weise zum Stachel im Fleisch der Theologie und Kirche wird.

10 Askesis: Kämpfender Glaube

I Erste Verständigung über „Aszetik"

Das neu gegründete Institut für evangelische Aszetik[1] widmet sich einer alten Aufgabe: der Pflege und Reflexion des gelebten Glaubens, des christlichen Lebens. Die Pflege betrifft den gelebten Glauben als ganzen, die Reflexion die – im engeren Sinne als denkende Bemühung verstandene – Theologie als ganze, in allen ihren Disziplinen, wenn sie denn nicht nur historisch und philosophisch, sondern theologisch fragen. Damit ist nun aber der in den Blick genommene Gegenstand dieses Vortrags so weit – gleichsam ein uferloser Ozean –, dass er sich sinnvoll gar nicht behandeln läßt. Deshalb ist zu fragen, worin das *Spezifische* der Aszetik liegt. Widmet sie sich der Pflege und Reflexion des *gesamten* christlichen Lebens und hat sie deshalb eine gesamttheologische Aufgabe, dann kann sie nicht einfach *eine* Disziplin unter und neben anderen Disziplinen sein. Spezifisch ist sie vielmehr darin, dass sie eine bestimmte Dimension in jenem uferlosen Ozean thematisiert. Welche?

Um diese Dimension und damit die notwendige Bestimmung zu finden, können wir von der Bedeutung des Wortes ausgehen, das dem neu gegründeten und heute eröffneten Institut den Namen gibt: „Aszetik" taucht im 17. Jahrhundert in der theologischen Fachsprache in Titeln wie „Theologia ascetica" auf.[2] Besonders aufschlussreich ist der Titel eines 879 Seiten umfassenden Buches von Gisbert Voetius von 1664: „τὰ ἀσκητικά (ta asketica) sive exercitia pietatis".[3] Denn in ihm erscheint das lateinische Äquivalent des griechischen Wortes „askein": „exercere"; „Aszetik" sagt dasselbe wie „Exerzitium" bzw. „Exerzitien". Es ist äußerst wichtig zu beachten, dass das griechische Wort wie sein lateinisches Äquivalent vor allem – positiv – sagt, dass man etwas übt, sich in etwas einübt und etwas ausübt, etwas betreibt, im Schwange gehen läßt, nicht aber – negativ –, dass man sich einer Sache enthält, auf sie verzichtet. Der Verzicht ist in diesem

---

[1] Das mir aufgegebene Thema „Aszetik" (s. Entstehungs- und Veröffentlichungsnachweise) behandle ich, um das agonale Moment der Wortbedeutung (vgl. 1Kor 9,24–27; Eph 6,10–20) besonders hervorzuheben, unter dem von Thomas Reinhuber entlehnten Titel „Kämpfender Glaube" (Thomas Reinhuber, Kämpfender Glaube. Studien zu Luthers Bekenntnis am Ende von De servo arbitrio [TBT 104], Berlin / New York 2000).
[2] Vgl. Manfred Seitz, Art. „Askese IX. Praktisch-theologisch". In: TRE 4, 1979, 250–259, hier 258, 37–42.
[3] Ebd., 34–36.

Zusammenhang erst die Konsequenz des Lebens in der gewährten Fülle⁴, auf die ich achte, in der ich mich bewege, mit der ich umgehe, in der ich mich übe, auf die ich mich konzentriere. Freilich: Keine Konzentration ohne Abstraktion! Einen Andern hören, auf ihn aufmerksam sein kann ich nur, wenn ich in bestimmter Weise von mir abstrahiere, von mir absehe. Wer auf die Evangeliumspräambel des Dekalogs „Ich bin der HERR, Dein Gott!" samt dem Ersten Gebot hört und damit auf das „unum necessarium", auf das Eine und Einzige, das notwendig ist, aus ist, achtet darauf, sich nicht in der Sorge und Mühe um das Viele und Vielerlei zu verlieren und sich von ihr aufzehren zu lassen (vgl. Lk 10,41 f). Er ist „gleich einem Kaufmann, der gute Perlen suchte, und da er *eine* köstliche Perle fand, ging er hin und verkaufte alles, was er hatte und kaufte sie" (Mt 13,45). Nicht zu verkennen ist freilich, dass nach deutschem Sprachgebrauch im Verständnis von „Askese" – leider! – nicht das positive, sondern das negative Moment vorherrscht; ein Institut für „Aszetik" wird, solange kein besseres Wort gefunden ist, mit diesem Vorurteil leben und ihm Rechnung tragen müssen, indem in den sich verändernden Situationen immer wieder neu das rechte Verhältnis von *Übung* und *Verzicht* bedacht und im Lebensvollzug gefunden wird.⁵

Wahrzunehmen ist des Weiteren die kirchen- und frömmigkeitsgeschichtliche Situation, in der das Kunstwort „Aszetik" im 17. Jahrhundert – sowohl im protestantischen wie, parallel dazu, im römisch-katholischen Bereich – aufkommt. Der schon genannte Titel „ta asketika sive exercitia pietatis" verrät sie: Der „Aszetik" geht es um die Ein- und Ausübung der Frömmigkeit: darum, dass die reine Lehre auch gelebt wird – in welcher konkreten Gestalt auch immer; die entsprechenden pia desideria sind ein weites Feld. Bemerkenswert ist vor allem die unverkennbar aktivistische Ausrichtung auf die christliche Vollkommenheit; Gisbert Voetius und sein „Präzisismus" stehen dafür. Wer das Wort „Aszetik" im bezeichneten positiven Sinne der Einübung und Ausübung gebraucht, muß darauf gefasst sein, dass ihm dieser aktivistisch-ethizistische, ja rigoristische Zug vorgehalten wird – etwa verbunden mit der Frage nach dem Verhältnis des

---

4 Wohlgemerkt: „in diesem Zusammenhang". Zynisch wäre eine Verallgemeinerung. Der bittere Verzicht auf die Erfüllung elementarer Bedürfnisse, zu dem der größte Teil der Weltbevölkerung gezwungen ist, ist nicht die Kehrseite einer Fülle! Das Verhältnis einer evangelischen Aszetik zu dieser erzwungenen „Askese", in dem es um die Verantwortung des Christen im Zusammenhang der Weltprobleme der Gerechtigkeit, des Friedens und der Ökologie geht, ist ein eigenes – wichtiges, brennendes – Thema, das freilich mit dem der Aszetik und damit mit dem Gebet aufs engste zusammenhängt. Denn wenn die Gemeinde Jesu Christi in ihrer für ihr Sein als Gemeinde konstitutiven Fürbitte mit dem Herzen und dem Mund vor Gott bei den Anderen ist, kann es nicht ausbleiben, dass sie mit den Händen und Füßen vor der Welt bei den Anderen ist – so, dass der Liturgie der Kirche ihre Diakonie entspricht.
5 Vgl. Seitz, aaO (s.o. Anm. 2), 256 f.

„Präzisismus" zum Rechtfertigungsglauben Luthers, mit der Frage nach dem Verhältnis von Rechtfertigung und Heiligung, von Glaube und guten Werken.

Für die Verständigung über unser Thema ist es ein Glück, dass es eine Brücke gibt, die nicht nur die Theologie Luthers mit der lutherischen Orthodoxie und dem lutherischen Pietismus verbindet[6], sondern sich von der alttestamentlichen Tora-Frömmigkeit, wie sie sich vor allem in den Psalmen 1[7] und 119 bekundet, über das Psalmengebet des Mönchtums[8] bis zu heutigen Versuchen, eine evangelische Aszetik zu pflegen und zu reflektieren,[9] spannt. Gemeint ist Luthers Formel der „rechten Weise, in der Theologie zu studieren", seine aus dem Ps 119 gewonnene Formel der durch „Oratio, Meditatio, Tentatio" – Gebet, Schriftmeditation und Anfechtung – bestimmten theologischen Existenz.

Es ist keineswegs selbstverständlich, mit Luthers Formel die Aufgabe der Aszetik auszulegen und näher zu bestimmen, wie ich dies mit diesem Vortrag tun möchte. Ich tue dies bewusst und verbinde damit die These, dass sich auf diese Weise inmitten eines weitgreifenden Zusammenhangs verschiedener Religionen und Konfessionen der *evangelische* Charakter der Aszetik am besten bestimmen läßt, ja dass durch diese Formel, wenn sie denn stichhaltig ist, sich auch in der innerevangelischen Kontroverstheologie eine Klärung erzielen läßt, so daß die fälligen Entscheidungen getroffen werden können.

Ist Luthers Formel – so meine These – für eine evangelische Aszetik die entscheidende Bedeutung zuzumessen, dann muß zu denken geben, dass ihre Rezeption mit Johann Salomon Semler abbricht, der in seiner 1758 in Halle erschienenen „historischen und theologischen Erläuterung des alten Ausspruchs oratio, meditatio, tentatio faciunt theologum" Luthers Theologie als unwissen-

---

6 Nachweise: Oswald Bayer, Theologie (HST 1), Gütersloh 1994, 55–57. Vgl. besonders: u. Kap.11: „Lutherischer Pietismus".
7 Vgl. Bernd Janowski, Freude an der Tora. Psalm 1 als Tor zum Psalter. In: EvTh 67, 2007, 18–31.
8 Vgl. vor allem: Athanasius, Epistula ad Marcellinum in interpretationem psalmorum (MPG 27,11–46). Vgl. u. Anm. 43.
9 Rudolf Bohren, der in der „Aszetik oder Lehre vom christlichen Leben" das erste Sachgebiet der Praktischen Theologie sieht, kennzeichnet sie durch Luthers drei Merkmale „meditatio", „oratio", „tentatio" (die er in dieser Reihenfolge, die auch im Folgenden gewählt wird, nennt): Rudolf Bohren, Praktische Theologie. In: Einführung in das Studium der evangelischen Theologie, hg.v. Rudolf Bohren, München 1964, 9–32, hier 25f. Vgl. Peter Stuhlmacher, „Aus Glauben zum Glauben" – Zur geistlichen Schriftauslegung (1995). In: Peter Stuhlmacher, Biblische Theologie und Evangelium. Gesammelte Aufsätze, Tübingen 2002, 215–232, sowie Ders., Vom ‚richtigen' Umgang mit der Bibel, aaO, 233–250.

schaftliche Mönchstheologie bekämpfte.[10] Es ist eine nicht leicht zu beantwortende Frage, was dieser Abbruch in seinem geschichtlichen Zusammenhang und dessen bis heute dauernden Nachwirkungen bedeutet. Auf der Hand aber liegen die Unterschiede zwischen der durch Luthers Trias bestimmten Frömmigkeit und jener Frömmigkeit, die dann – klassisch für den Neuprotestantismus – Schleiermacher ins Zentrum der Aufmerksamkeit rückte. Sie sind so groß, dass von zwei Typen der Frömmigkeit zu sprechen ist, die sich nach meinem Urteil nicht miteinander versöhnen lassen. Ich zeige diese Unterschiede kurz auf: Das Gebet ist für Schleiermacher reine Ergebung; Klage und Bitte – für den angefochtenen Luther fundamental – haben nach Schleiermacher kein Recht und keinen Ort. Dem entspricht Schleiermachers Verkennung des Zornes Gottes und der Anfechtung. Ebenso gravierend ist der Unterschied im Verständnis der Meditation, die nach Luther dem buchstäblichen Worte gilt; Meditation ist für Luther wesentlich Schriftmeditation. Schleiermacher dagegen relativiert mit seiner Hermeneutik des Rückgangs ins Psychologische die von Luther eingeschärfte Bedeutung der „buchstäblichen Worte im Buch"[11]. So heißt es in den Reden „Über die Religion": „Jede heilige Schrift ist nur ein Mausoleum der Religion, ein Denkmal, dass ein großer Geist da war, der nicht mehr da ist; denn wenn er noch lebte und wirkte, wie würde er einen so großen Wert auf den toten Buchstaben legen, der nur ein schwacher Abdruck von ihm sein kann? Nicht der hat Religion, der an eine heilige Schrift glaubt, sondern der welcher keiner bedarf, und wohl selbst eine machen könnte."[12]

Die wünschenswerte – weil zur Orientierung notwendige – diachrone und synchrone Frömmigkeitstypologie kann im gegebenen Rahmen nicht ausgearbeitet werden. In ihm genügt es, exemplarisch auf den Unterschied zwischen Luther und Schleiermacher hingewiesen zu haben; Luthers Formel diente dabei sozusagen als Lackmuspapier. Sie soll im Folgenden in ihrer Orientierungskraft weiter erprobt werden. Dazu nehme ich zunächst die wissenschaftstheoretische Perspektive ein.[13]

---

10 Vgl. Bayer, Theologie, aaO (s.o. Anm. 6), 30f, 57–60, 127f. Vgl. Athina Lexutt, Der Mönch braucht keine Gelehrsamkeit (s.o. Kap. 9: „Wissenschaftliche Methoden in der theologischen Auslegung der Bibel", Anm. 9).
11 WA 50, 659,23 (zu „Meditatio"; s.u. bei Anm. 32).
12 Friedrich Schleiermacher, Über die Religion. Reden an die Gebildeten unter ihren Verächtern (PhB 255), hg.v. Hans-Joachim Rothert, Hamburg 1961, 68.
13 Der folgende Abschnitt ist eine Zusammenfassung von: Bayer, Theologie, aaO (s.o. Anm. 6), 31f, 36–55, 407–438. Dort die Einzelnachweise.

II Wissenschaftstheoretische Perspektive

Von Gabriel Biel sind Luther drei wissenschaftstheoretische Hauptprobleme vermittelt worden, die bis heute die sich stellenden und zu verhandelnden Probleme klar exponieren. Erstens: Welcher Art von notitia, von Kenntnis ist die Theologie? Ist sie eine Wissenschaft (scientia) oder eine Weisheit (sapientia)? Luthers Antwort: Sie ist sehr wohl eine Wissenschaft, aber eine, die in die Weisheit eingebettet ist – und zwar in eine „sapientia experimentalis", in eine Erfahrungsweisheit. Unerschöpflich ist sie. Nie können wir sie aus-lernen; wir bleiben unser Leben lang ihre Schüler: angewiesen auf immer neues Hören, Aufmerken, wiederholtes Durcharbeiten, das durchaus Neues bringt. „Ein Christ", sagt Luther, ist „von Mutterschoß an" ein Schüler „und lernt bis in Ewigkeit."[14] Die Dynamik in der Übung dieser Erfahrungsweisheit läßt sich am zutreffendsten wahrnehmen, wenn wir, was nachher eingehend geschehen soll, auf Luthers Dreierformel „Oratio, Meditatio, Tentatio" achten.

Die zweite der Luther von Biel überkommenen Hauptfragen richtet sich auf das, was eine Wissenschaft zu einer Einheit macht. Was nun ist der einheitliche Gegenstand – das „subiectum" – der Theologie? Was macht ihre philologischen, historischen, philosophischen, rhetorischen, pädagogischen Bemühungen zu einer Einheit? Luthers Antwort: der Bezug auf das durch Gesetz und Evangelium bestimmte dramatische Geschehen, in dem der sündigende Mensch und der rechtfertigende Gott widereinander sind, zueinander kommen und beieinander sind. Dies ist jedoch keine Bestimmung der Theologie, die zu ihr als Erfahrungsweisheit noch hinzuträte; beide Bestimmungen sind vielmehr identisch.

Auf Biels dritte und letzte Frage, ob die Theologie praktisch oder theoretisch sei, geht Luther so ein, dass er das tradierte aristotelische Zweierschema der Unterscheidung von theoria und praxis, von contemplatio und actio sprengt – „damit uns nicht die vita activa mit ihren Werken und die vita contemplativa mit ihren Spekulationen verführen"[15]. Im Theologiebegriff Luthers ist der vom Wort der Zusage geschaffene Glaube weder der Theorie noch der Praxis unter- und eingeordnet, sondern eine vita sui generis: vita passiva. Dies hat für die Situierung einer evangelischen Aszetik im Kontrast zur römisch-katholischen Aszetik wie zu anderen innerevangelischen – gesetzlichen – Gestalten der Aszetik entscheidende Bedeutung. Denn bis heute bildet das von Luther überwundene Zweierschema ein Grundmuster der Orientierung – wie es sich z. B. in der Devise von Taizé: „con-

---

14 WA 32, 136,3 f (Predigt über Joh 4,47–54 vom 6.11.1530). Vgl. Martin Sander-Gaiser, „Ein Christ ist gewiß ein Schüler, und er lernt bis in Ewigkeit". In: LUTHER 69, 1998, 139–151.
15 WA 5, 85,2 f (= AWA 2,137,1 f); Operationes in Psalmos, 1519–21; zu Ps 3,4: „ne vita activa cum suis operibus et vita contemplativa cum suis speculationibus nos seducant".

templation et lutte", Gebet und Engagement in der Arbeit an den ökologischen, sozialen und politischen Weltproblemen eindrucksvoll zeigt; verkehrt ist diese Devise, wenn sie zur „spirituality for combat" funktionalisiert wird.

Innerhalb dieser wissenschaftstheoretischen Perspektive sind nun entscheidende Punkte genauer in den Blick zu fassen. Dabei werde ich vor allem Gesichtspunkte geltend machen, die sich aus Luthers Dreierformel ergeben.

III Vita passiva; der Spitzensatz einer evangelischen Aszetik

Das Entscheidende der vita passiva – auf die ich nun näher eingehe – ist, dass sie mit einer bestimmten Erfahrung verbunden ist: mit einer Erfahrung, die ich primär nicht mache, sondern erleide. Ja, sie geschieht nicht ohne eine mortificatio – wie dies Luther in folgendem berühmten Satz, geradezu dem Spitzensatz einer evangelischen, jedenfalls einer lutherischen Aszetik sagt: „Vivendo, immo moriendo et damnando fit theologus, non intelligendo, legendo aut speculando"[16] – „Indem er lebt, ja vielmehr: indem er stirbt und sich in die Hölle gibt, wird einer Theologe, nicht indem er erkennt, liest oder spekuliert". Luther redet hier freilich in einer Hyperbel, in einer klaren Übertreibung, will er doch das Erkennen und Lesen keineswegs ausschließen, wie die Parallele zu diesem Satz zeigt[17]. Passiv ist der Glaube darin, „dass wir Gott allein in uns wirken lassen und selber mit unseren Kräften nichts Eigenes wirken"[18]. „Glaube ist ein göttliches Werk in uns, das uns wandelt und neu gebiert aus Gott [Joh 1,13] und den alten Adam tötet; er macht aus uns ganz andere Menschen von Herzen, Mut, Sinn und allen Kräften"[19] (vgl. Dtn 6,5).

Damit sind Grund und Kriterium einer evangelischen, jedenfalls einer lutherischen Aszetik genau benannt: Der Glaube ist ganz und gar das Werk Gottes, das vom Menschen nicht geleistet, sondern nur empfangen und also erlitten werden kann. Der Werkgerechtigkeit gänzlich entgegengesetzt ist die Gerechtigkeit des Christen; sie ist passiv. Wir empfangen sie. Wir wirken nicht, sondern

---

16 WA 5, 163,28f (=AWA 2,296,10); Operationes in Psalmos, 1519–21; zu Ps 5,12.
17 WA 39 I, 421,4f; Vorwort zur Zweiten Disputation gegen die Antinomer, 1538: „Quare [weil es nicht um einen Kampf mit Fleisch und Blut, sondern mit anderen Mächten (Eph 6,12f) geht] debetis diligenter disputare et vos in hac doctrina diligenter exercere audiendo, studendo, meditando, vivendo, moriendo". Dies ist lutherischer Djihad! Es wäre lohnend und aufschlussreich, im kritischen Vergleich mit dem Djihad des Islam unter Beachtung der großen Bedeutungsbreite dieses Wortes die lutherische Gestalt der Aszetik plastisch herauszuarbeiten.
18 WA 6, 244,3–6; Sermon von den guten Werken, 1520.
19 WA DB 7, 10,6–8; Vorrede zum Römerbrief, 1522.

erleiden einen Andern, der in uns wirkt: Gott.[20] Verschlossen ist sie dem in sich selbst gefangenen Menschen, der sich selber leisten, der durch seine Taten und Werke nicht nur etwas aus sich machen, sondern sich machen, sein eigener Schöpfer sein will.

IV Die Textwelt der Bibel als Raum der Erfahrung und Übung; elementare und umfassende Ästhetik

Zu der bezeichneten radikalen Passivität des Glaubens steht nun nicht im Widerspruch, daß dieser Glaube geübt – eingeübt und ausgeübt – sein will, wie Luther nicht nur hin und wieder, sondern durchgehend betont.[21] Damit wird nicht etwa einer gleichsam sekundären Konditionierung das Wort geredet; es wird nicht nachträglich noch die Erfüllung einer Bedingung eingefordert – als ob der Glaube ohne Werke tot wäre (Jak 2,17.26), als ob er erst in einer eigens angestrengten sowie ins Werk gesetzten Übung lebendig würde und Gestalt gewönne! Vielmehr gilt es zu sehen, dass der mir durch Gottes Wort zukommende Glaube, die fides adventitia (Gal 3,23 und 25), von seiner Herkunft schon gestalthaft und leiblich ist,[22] seinen Raum und seine Zeit durch eine Textwelt mit sich bringt und von sich aus dafür sorgt, dass ich ihn „wahrnehme" – im doppelten Sinn dieses Wortes: ihn bewußt sehe und dann tätig ergreife. Das kann ich nur deshalb, weil er sich – im Worte – sehen (Dtn 4,12), schmecken, ertasten (1Joh 1,1–4)[23], ergreifen läßt.

---

20 WA 40 I, (40,15–51,34: zum Gesamthema des Galaterbriefs; 1535) 41,3–5: „Christiana iustitia est [...] passiva, quam tantum recipimus, ubi nihil operamur sed patimur alium operari in nobis scilicet deum."
21 Peter Bartmann (Das Gebot und die Tugend der Liebe. Über den Umgang mit konfliktbezogenen Affekten, Suttgart-Berlin-Köln 1998) hebt zu Recht Luthers Bestehen auf dem „exercere", dem Einüben des Glaubens im Leben, hervor, fasst es aber als Ausbildung einer Tugend. Dazu kritisch: Christofer Frey in seiner Rezension des Buches: ThLZ 125, 2000, Sp. 436–438. Vgl. zur Sache die besonnene Erörterung von Ivar Asheim, Lutherische Tugendethik? In: NZSTh 40, 1998, 239–260.
22 Eine religionsphilosophische Reflexion dieses Sachverhaltes könnte in die Kantkritik Hamanns einstimmen (Dazu: Oswald Bayer, Vernunft ist Sprache. Hamanns Metakritik Kants, unter Mitarbeit von Benjamin Gleede und Ulrich Moustakas, Stuttgart-Bad Cannstatt, 2002) und sich auf Cassirers Kantkritik beziehen. Zu letzterer: Birgit Luscher, Arbeit am Symbol. Symbolisierung und Symbolstruktur. Bausteine zu einer Theorie religiösen Erkennens im Anschluß an Paul Tillich und Ernst Cassirer (masch. Diss.), ev-theol. Fak. Tübingen 2007. Damit werden Brücken von einer theologischen Ästhetik der Aszetik zur Kulturphilosophie gebaut.
23 Besonders dicht hat diese synästhetische Kommunikation Johann Georg Hamann formuliert: Des Ritters von Rosenkreuz letzte Willensmeinung über den göttlichen und menschlichen Ur-

Dementsprechend hat eine theologisch stichhaltige Aszetik eine elementare und umfassende Ästhetik auszuarbeiten und dabei das Verhältnis von Glaube und Werken, Dogmatik und Ethik neu zu bedenken. Gegenüber der präskriptiven Überhitzung der Ethik seit Kant und dem mit ihr oft verbundenen Aktualismus und Aktionismus ist die Bedeutung des Vorethischen für das Ethische, der Gabe vor der Aufgabe aufzuweisen. Die Sprache, die die Welt wahrnehmen läßt, ist *vor* dem Ethos – jedenfalls dann, wenn ein aktualistischer Handlungsbegriff für das Verständnis von „Ethos" bestimmend ist.[24] Deshalb gehen Ästhetik, verstanden als Reflexion der Weltwahrnehmung im umfassenden Sinn, und Poetik der Ethik voran. Jeder Mensch ist in einer bestimmten Sprachwelt beheimatet, bewegt sich in ihr und ist in der Grundorientierung seiner Gedanken, Worte und Werke vorgängig und unhintergehbar von ihr bestimmt. Entscheidend ist freilich, in *welcher* Sprachwelt er lebt. Die Landschaft der Texte der Bibel ist eine solche Sprachwelt – kein zeitlos reines Apriori, sondern ein unreines historisches Apriori: a priori zufällig, a posteriori aber notwendig. „Die heilige Schrift sollte unser Wörterbuch, unsere Sprachkunst seyn, worauf alle Begriffe und Reden der Christen sich gründeten und aus welchen sie bestünden und zusammen gesetzet würden."[25]

V Textmeditation; das äußere – mündliche wie schriftliche – Wort

Mit der Frage nach dem Verständnis der Bibel und dem Verhältnis zu ihr als Heiliger Schrift rückt die nach meiner Einsicht in der gegenwärtigen gesellschaftlichen, kirchlichen und theologischen Situation wichtigste Aufgabe einer evangelischen Aszetik in den Blick. In der Tradition Platons[26] wurde einseitig – durchaus unter Berufung auf Luther[27] – auf das gepredigte Wort, die via vox ev-

---

sprung der Sprache (Johann Georg Hamann, Sämtliche Werke, hg.v.Josef Nadler, Bd. III, Wien 1951, 25 – 33, hier 32,8 – 31).

24 Anders verhält es sich, wenn „Ethik" nicht allein handlungstheoretisch konzipiert wird. So zeigt Bernd Wannenwetsch (in seiner Rezension von Oswald Bayer, Freiheit als Antwort. Zur theologischen Ethik, Tübingen 1995), weshalb „die Sprache immer schon als ethisches Phänomen begriffen werden" muß: ZEE 39, 1995, 231– 235, hier 235 im Kontext von 234f. Vgl. Brian Brock, Singing the Ethos of God. On the Place of Christian Ethics in Scripture, Grand Rapids 2007.

25 Johann Georg Hamann, Biblische Betrachtung[en] eines Christen (1758), 1Petr 4,11 beim Wort nehmend (Johann Georg Hamann, Londoner Schriften. Historisch-kritische Neuedition von Oswald Bayer und Bernd Weißenborn, München 1993, 304,8 – 10).

26 Vgl. besonders: Phaidros 257 b7– 278 b6.

27 Vgl. z. B. Oswald Bayer, Promissio. Geschichte der reformatorischen Wende in Luthers Theologie (1971), Darmstadt ²1989, 249, Anm. 162– 164.

angelii, gesetzt[28] und die Bedeutung der *Schriftlichkeit* des Wortes Gottes verkannt. So werden es viele befremdlich finden, wenn Luther, an diesem Punkt ganz eins mit dem rabbinischen Judentum, dieselbe Lust und Liebe wie zum dreieinen Gott selbst zum Buchstaben der Bibel, zu ihrem buchstäblichen, geschriebenen Text hat, zu ihm in einem Liebesverhältnis steht, wie er es im zärtlichen Diminutiv im Blick auf den Psalm 118 – „Du bist mein liebes Buch, du sollst mein eigen Psalmlin sein"![29] – , aber auch im Blick auf andere Psalmen[30] und, nicht zuletzt, im Blick auf den Galaterbrief bekennt: „Epistola ad Galatas ist mein epistelcha, der ich mir vertraut hab [= mit der ich verheiratet bin]. Ist mein Keth von Bora"[31].

Luthers Verhältnis zum Bibeltext ist, wie gesagt, ein Liebesverhältnis. Fast unnötig zusagen, dass dieses Liebesverhältnis keine Episode sein kann, sondern nur ein Treueverhältnis, das ein Leben lang währt. Luthers zweite Regel der „rechten Weise, in der Theologie zu studieren", redet davon:

> „Zum zweiten sollst du meditieren, das ist: nicht allein im Herzen, sondern auch äußerlich die mündliche Rede und buchstäblichen Worte im Buch immer treiben und reiben, lesen und wieder lesen – mit fleißigem Aufmerken und Nachdenken, was der Heilige Geist damit meint. Und hüte dich, dass du dessen nicht überdrüssig werdest oder denkest, du habest es mit einem oder zwei Mal genug gelesen, gehört, gesagt und verstündest es alles bis zum Grund. Denn daraus wird nimmermehr ein besonderer Theologe; sie sind wie das unzeitige Obst, das abfällt, ehe es halb reif wird.
>
> Deshalb siehst du im selben Psalm [Ps 119], wie David immerdar rühmt, er wolle reden, dichten, sagen, singen, hören, lesen, Tag und Nacht und immerdar, doch nichts als allein von Gottes Wort und Geboten. Denn Gott will dir seinen Geist nicht geben ohne das äußere Wort. Danach richte dich. Denn er hat nicht vergeblich befohlen, äußerlich zu schreiben, predigen, lesen, hören, singen, sagen usw."[32]

Luther will den biblischen Text weder, wie Hegel und Barth, transzendieren, noch, wie Schleiermacher und Bultmann, hintergehen.[33] Er bleibt vielmehr, um mit Paul Ricoeur zu reden, „ vor" dem Text, der für Luther nicht nur als mündlich und öffentlich gepredigter, sondern auch in seiner Schriftlichkeit „leibliches Wort"

---

28 Vgl. vor allem: Harald Østergaard-Nielsen, Scriptura sacra et viva vox. Eine Lutherstudie, München 1957.
29 WA 31 I, 67,2; Scholien zum 118. Psalm. Das schöne Confitemini, 1529/30.
30 Vgl. z.B. WA DB 3, 58,20f („Ist ein fein pselmichen et diligo"); 59,25 („Ist zu mal einfein pselmichen, habs seer lieb; zu Ps 56).
31 WA TR 1, 69,18 – 20; Nr. 146.
32 WA 50, 659,22 – 35 (Vorrede zum 1. Band der deutschen Schriften, 1539).
33 Zu diesem Hintergehen und Transzendieren des Näheren: Oswald Bayer, Zugesagte Gegenwart, Tübingen 2007, 352f.

ist.³⁴ Ricoeurs Texttheorie in ihrem Bestehen auf dem Text und dessen relativer Autonomie gegenüber dem Autor wie dem Leser kann dazu verhelfen, in einer philosophisch reflektierten und im Konflikt neuzeitlicher Interpretationen artikulierten Weise Luthers Begriff der „meditatio" und damit der Theologie überhaupt wiederzugewinnen: „nicht allein im Herzen, sondern auch äußerlich die mündliche Rede und die buchstäblichen Worte im Buch immer treiben und reiben, lesen und wieder lesen – mit fleißigem Aufmerken und Nachdenken, was der Heilige Geist damit meint"³⁵.

Wenn sich der Heilige Geist so sehr an Laute und Buchstaben bindet, sollte es einer Lehre von ihm selbstverständlich sein, strukturalistische und sprachanalytische Fragestellungen aufzunehmen. Werden diese nicht absolut gesetzt und dem Konflikt der Interpretationen entnommen, dann sorgen sie dafür, dass der Text seine Widerstandskraft und das ihm zukommende Gewicht behält, nicht in seiner Aneignung auf eine unterstellte Bedeutung hin aufgezehrt, transzendiert oder hintergangen wird. Erst dann läßt sich überhaupt ein Verhältnis – „Umgang" – mit ihm haben, wie Luther „meditatio" übersetzt³⁶. Dann wird er nicht mehr als eher unliebsame Hemmung auf dem Weg zum eigentlich Gemeinten hin genommen; dann läßt man sich gerne von ihm aufhalten – hält sich vor und bei ihm auf, ja: hat „Lust" zu ihm (Ps 1,2).

Die Heilige Schrift ist der „Atemraum" des Heiligen Geistes.³⁷ Das Wort – sowohl das geschriebene wie das gesprochene Wort – darf, weil es eine ganze Textwelt mit sich führt und in sie hineinführt, durchaus als „Raum" verstanden werden. „Sieh nur", sagt Luther, „dass du auf Gottes Wort acht habest und darinnen bleibst wie ein Kind in der Wiegen."³⁸ Die Heilige Schrift ist ein Raum, ein Gelände, eine Landschaft, in der ich mich frei bewegen kann, die ich, will ich sie kennenlernen, nun auch be-gehen, er-wandern, er-fahren muß. Eine solche Erkundungsfahrt ist „Askese", eine sportliche Übung. Melanchthon hat die freie Bewegung im Raum der Schrift im Widmungsbrief seiner „Loci" von 1521 ausdrücklich in seinem Wunsch zur Sprache gebracht, „dass – wenn irgend möglich

---

34 Vgl. WA 36, 500,28–30 (Predigt über 1Kor 15 vom 11.8.1532): Paulus zeige, „dass kein Bestand ist unserer Lehre und Glauben zu erhalten denn das leibliche oder schriftliche Wort, in Buchstaben gefasset und durch ihn oder andere mündlich gepredigt".
35 S.o. bei Anm. 32.
36 „[W]eil er meditiert, das ist: mit Gottes Wort umgeht" (WA 50, 660,7 f; s. u. bei Anm. 52). Vgl. des Weiteren besonders Luthers Vorrede zum Großen Katechismus von 1530: BSELK 918,19–24 (BSLK 549,21–32).
37 Vgl. Martin Tetz, Athanasius und die Einheit der Kirche. Zur ökumenischen Bedeutung eines Kirchenvaters. In: ZThK 81/1984, 196–219, hier 206 und 216–219.
38 WA 19, 498,11f; Sermon von dem Sakrament, 1526.

– alle Christen sich allein in den Heiligen Schriften ganz frei bewegen [sich darin aufhalten: versari] und sich völlig in deren Kraft und Wesen hineinverwandeln lassen. Denn da die Gottheit ihr vollkommenstes Bild gerade in ihnen zum Ausdruck gebracht hat, kann sie anderswoher weder sicherer noch näher erkannt werden."[39]

Das ist der reformatorische Widerspruch gegen Schleiermachers Wort von der Heiligen Schrift als Mausoleum, das nur daran erinnert, „dass ein großer Geist da war, der nicht mehr da ist; denn wenn er noch lebte und wirkte, wie würde er einen so großen Wert auf den toten Buchstaben legen, der nur ein schwacher Abdruck von ihm sein kann?"[40]

Wenn aber der lebendige Gott durch ein Buch zu uns spricht, gilt auch von diesem Buch: „in ihm leben, weben und sind wir" (Act 17,28). Die Bibel als Element: sie in mir und ich in ihr – so, wie dies von Christus (Gal 2,19 f), vom Geist, ja vom gesamten Handeln des dreieinen Gottes zu sagen ist.

Was geschieht, wenn wir uns in den biblischen Texten als in unserem Element aufhalten und bewegen, in ihm als unserem Element und von ihm als unserem Aliment leben? Die erschöpfende, in sich freilich unerschöpfliche Antwort ergibt sich aus der Kette der vielen Zeitwörter, die Luther in seiner zweiten Regel dem Psalm 119 abliest: „reden, dichten, sagen, singen, hören, lesen" und nochmals: „schreiben, predigen, lesen, hören, singen, sagen"; sie lassen sich fokussieren auf die einander korrespondierenden Paare „hören" und „reden" sowie „lesen" und „schreiben". Sie bezeichnen umfassend, zugleich aber präzis das Sprachwesen Mensch in seinem durch Laute und Buchstaben markierten Hör- und Leseraum: das Sprachwesen Mensch in seiner Zeit und seinem Raum. Zeit und Raum sind keine „reinen Formen der sinnlichen Anschauung", wie Kant meinte,[41] sondern leibgebunden.

Luther gebraucht, wie seine zweite Regel deutlich macht, das Wort „Meditation" in ungewöhnlicher Weise, wenn er das Meditieren auf das äußere – mündliche und schriftliche Wort, auf das Wort in seiner Leiblichkeit[42] hin pointiert. Er folgt damit nicht etwa einem beliebigen Einfall. Er kehrt vielmehr zu einer Einsicht und Übung der Alten Kirche zurück, die im Laufe der Zeit mehr und mehr verblasst, wenn auch nicht völlig in Vergessenheit geraten war. Es geht dabei um

---

39 Philipp Melanchthon, Loci communes, 1521 (lat.-dt.), übersetzt und mit kommentierenden Anmerkungen versehen v. Horst Georg Pöhlmann, Gütersloh 1993, 14.
40 Vgl. o. Anm. 12.
41 KrV A 31 („Die Zeit ist [...] eine reine Form der sinnlichen Anschauung"); A 25 (Raum als „eine reine Anschauung"). Vgl. Hamanns Metakritik und dazu: Bayer, Vernunft ist Sprache (s.o. Anm. 22), vor allem 329–336.
42 Vgl. o. Anm. 34.

die Übung des lauten Lesens und Betens und zugleich, was noch wichtiger ist, um dessen Schriftgebundenheit, besonders um einen bestimmten Umgang mit dem Psalter[43]. In solcher Textmeditation betreibe ich keine Nabelschau; ich horche nicht in mich hinein. Ich gehe nicht in mich, sondern werde aus mir heraus versetzt. Mein Innerstes lebt außerhalb meiner selbst allein in Gottes Wort. Die Meditation kann deshalb nicht hinter den Text der Bibel als Heiliger Schrift zurückgehen, zu einer vermeintlichen vorsprachlichen Unmittelbarkeit, von der der Text dann lediglich ein „Ausdruck" wäre. Meditation bewegt sich vielmehr im empfangenen Wort; sie ist Umgang mit ihm.

VI Das Gebet

Es war sachlich richtig, in der Vergegenwärtigung von Luthers Dreierformel, mit der wir die Aufgabe einer evangelischen Aszetik näher bestimmen wollen, zuerst auf die „Meditatio", den Umgang mit der Bibel als Heiliger Schrift, zu achten. Auch das, was Luther, in seiner ersten „Regel", zum Gebet bemerkt, bezieht sich ausdrücklich und unmittelbar auf den Umgang mit der Heiligen Schrift. Luther redet hier nicht allgemein vom Gebet und will auch keine umfassende Lehre vom Gebet bieten; er macht vielmehr konzentriert einen einzigen Gesichtspunkt geltend: den der *Demut* gegenüber der Heiligen Schrift.

> „Erstens sollst du wissen, dass die heilige Schrift ein solches Buch ist, das aller anderen Bücher Weisheit zur Narrheit macht, weil keines vom ewigen Leben lehrt – außer diesem allein. Darum sollst du an deinem Sinn und Verstand stracks verzagen. Denn damit wirst du es nicht erlangen, sondern mit solcher Vermessenheit dich selbst und andere mit dir vom Himmel in den Abgrund der Höllen stürzen (wie es Luzifer geschah). Sondern kniee nieder in deinem Kämmerlein und bitte mit rechter Demut und Ernst zu Gott, dass er dir durch seinen lieben Sohn wolle seinen Heiligen Geist geben, der dich erleuchte, leite und [dir] Verstand [= Verständnis] gebe.
> Wie du siehst, dass David im oben genannten Psalm [119] immer bittet: 'Lehre mich, HERR, unterweise mich, führe mich, zeige mir' und solcher Worte viel mehr. Obwohl er doch den Text des Mose und andere Bücher mehr gut kannte, auch täglich hörte und las, will er dennoch den rechten Meister der Schrift selbst dazu haben, auf dass er ja nicht mit der Vernunft drein falle, und sein eigener Meister [= Magister, Lehrer] werde. Denn daraus

---

43 Luther hat die Epistula ad Marcellinum in interpretationem psalmorum des Athanasius (MPG 27,11–46) gekannt, wie seine Zweite Psaltervorrede (1528) bekundet: WA DB 10 I, 98–104. Zu Luthers Rezeption der Epistula ad Marcellinum: Gerhard Hammer, D. Martin Luther. Operationes in Psalmos (1519–1521), Teil I: Historisch-theologische Einleitung (AWA 1), Köln und Wien 1991, 64–66, 180, 398–400, 408, 411. Weiter: Martin Tetz, Zum Psalterverständnis bei Athanasius und Luther. In: Luther-Jahrbuch 79, 2012, 39–61.

werden Sektengeister, die sich lassen dünken, die Schrift sei ihnen unterworfen und leicht mit ihrer Vernunft zu erlangen, als wären es Marcolfs Geschichten oder Äsops Fabeln, zu denen sie keines Heiligen Geistes noch Betens bedürfen."[44]

Räumt Luther der Vernunft für „dieses Leben" den ersten Platz ein und rühmt er sie in dieser Hinsicht als „geradezu etwas Göttliches"[45], so sticht davon in aller Schärfe sein Urteil über das Vermögen der Vernunft zum Vernehmen des „ewigen" Lebens und damit zur Gottes- und Selbsterkenntnis ab. Dieses Urteil ist ganz und gar negativ. Geht es um das Innewerden meiner Gottlosigkeit, der Sünde, angesichts des richtenden und rechtfertigenden Gottes und um das völlige Vertrauen auf ihn, dann gilt es, am eigenen „Sinn und Verstand stracks [zu] verzagen". Denn der eigene Sinn und Verstand führt nur in die Irre, sucht Gott dort, wo er sich nicht greifen läßt, und greift dort daneben, wo er sich greifen läßt. Es sind die Fehlgriffe des eigenen Sinnes und Verstandes, der verblendeten Vernunft, die mit Gott „Blinde Kuh" spielt [46]. Über die scholastischen Vernunfttheologen spottet Luther drastisch: „Wenn sie mit dem Kopf durch den Himmel bohren und sehen sich im Himmel um, finden sie dort niemanden; denn Christus liegt in der Krippe und im Schoß des Weibes. So stürzen sie wieder herunter und brechen den Hals."[47] Nimmt, wer sich in der Theologie übt, nichts anderes als die Kondeszendenz, das Herunterkommen, die Demut Gottes wahr, dann hat er die Lust zum Griff nach oben verloren; er fängt unten an – demütig, nicht hochmütig. *Die Auslegung der Heiligen Schrift kann deren Eingebung nicht widersprechen wollen. Der Demut der Eingebung entspricht die Demut der Auslegung.* Dementsprechend spitzt sich die erste Regel so zu: „knie nieder in Deinem Kämmerlein [Mt 6,6]" – leibliche Übung, Askese! – „und bitte mit rechter Demut und Ernst zu Gott, dass er dir durch seinen lieben Sohn wolle seinen heiligen Geist geben, der dich erleuchte, leite und dir Verstand gebe." Es ist die Bitte um die claritas interna scripturae, um die *innere* Klarheit der Heiligen Schrift, die Luther von der *äußeren* unterscheidet, die dem jedem – auch dem verblendeten Sünder – gegebenen Verstand zugänglich ist.[48] Die nur durch das äußere Wort sich einstellende, mit ihm aber nicht automatisch schon gegebene innere Klarheit der Schrift besiegt die Dunkelheit des „verfinsterten Herzens" (Röm 1,21) und wendet damit die gelebte Gottlosigkeit in den Glauben: in die Anerkennung Gottes, des Schöpfers, und meiner selbst als seines

---

44 WA 50, 659,5–21.
45 WA 39 I, 175,9 f; Disputatio de homine, These 4, 1536.
46 WA 19, (206,31–207,13) 207,3 f; Der Prophet Jona, ausgelegt, 1526.
47 WA 9, 406,17–20; Predigt über Gen 28, 1520.
48 WA 18, 609,4–12; de servo arbitrio, 1525.

Geschöpfes[49]. Die innere Klarheit als Erleuchtung macht für mich wahr und gewiß, was ich der äußeren Klarheit nach durchaus schon – kognitiv – weiß. So kann Luther – für eine Aszetik höchst stimulierend! – in einer bestimmten Weise den Unterschied von „Wissen" und „Lernen" treffen; in einer Tischrede heißt es: „Ich wundere mich aber darüber, dass ich, was ich weiß, nicht lerne."[50] Was das mit dem Wissen und der Wissenschaft keineswegs schon gegebene *emphatische Lernen* des „Jüngers" (Jes 50,4) über das Gewusste hinaus empfängt, ist die Wahrheit und Gewißheit des Gewussten. Sie steht nicht im Selbstvollzug und Selbstbesitz des Menschen, sondern kann von ihm allein im Gebet erwartet und gesucht werden. Diese Demut des Lernens ist wahre Askese als „Übung der Frömmigkeit" (1Tim 4,7), die nicht platonisch ist, sondern ihre konkrete leibliche Gestalt, ihre feste Zeit und ihren bestimmten Ort hat – ob nun im Gottesdienstraum beim Stundengebet oder daheim „in Deinem Kämmerlein" (Mt 6,6), ob in der Gemeinschaft oder einsam in der Wüste, aber auch in dieser Einsamkeit nie allein, sondern immer in der Gemeinschaft der Heiligen, die durch die Jahrtausende hindurch denselben Psalter beten und in ihm gemeinsam ihre palaistra, ihren Übungsplatz, ihren Sportplatz haben.[51]

VII Anfechtung

Wer meditiert, mit Gottes Wort umgeht, wird angefochten und muß leiden. Das ist die Pointe der dritten Regel:

> „Zum dritten ist da Tentatio, Anfechtung. Die ist der Prüfstein; die lehrt dich nicht allein wissen und verstehen, sondern auch erfahren, wie recht, wie wahrhaftig, wie süß, wie lieblich, wie mächtig, wie tröstlich Gottes Wort sei, Weisheit über alle Weisheit.
> Darum siehst du, wie David in dem genannten Psalm sooft klagt über alle möglichen Feinde, frevelhafte Fürsten oder Tyrannen, über falsche Geister und Sekten, die er deshalb erleiden muß, weil er meditiert, das heißt (wie gesagt): auf vielfältige Weise mit Gottes Wort umgeht. Denn sobald Gottes Wort durch dich [wie ein Saatkorn] aufgeht, wird dich der Teufel heimsuchen, dich zum rechten Doktor machen und durch seine Anfechtung lehren, Gottes Wort zu suchen und zu lieben. Denn ich selber (auf dass ich Mäusedreck mich auch unter den Pfeffer menge) habe sehr viel meinen Papisten zu danken, dass sie mich durch des

---

49 Ebd.
50 WA TR 2, 468,24 f (Nr. 2457), 1532. Vgl. BSLK 553,18 f (wissen – lernen). Dieselbe Unterscheidung von Wissen und Lernen ist die Pointe eines Apophthegmas von Levi Jizchak (Martin Buber, Die Erzählungen der Chassidim, ¹²1992, 331 f („Das Erlernte").
51 Vgl. Günter Bader, Psalterium affectuum palaestra. Prolegomena zu einer Theologie des Psalters, Tübingen 1996, und o. Anm. 43 sowie Oswald Bayer, Gott als Autor. Zu einer poietologischen Theologie, Tübingen 1999, 221–229 („Lust am Wort").

Teufels Toben so zerschlagen, bedrängt und geängstigt, das heißt: zu einem ziemlich guten Theologen gemacht haben, wohin ich sonst nicht gekommen wäre." [52]

Vom öffentlichen Kampf, den Luther ja ganz in apokalyptischem Zeithorizont, zugleich aber in individuellster Tiefe wahrnimmt, bleibt nichts unberührt; er ist universal. Er betrifft nicht etwa nur den Ordinierten in seinem besonderen Amt, sondern jeden Christen, ja jeden Menschen.

In der Anfechtung geht es um nichts anderes als um die Geltung des Ersten Gebots. Gottes Einheit und mit ihr die Einheit der Wirklichkeit und ihrer Erfahrung stehen nicht als unangefochtenes ewiges und notwendiges Prinzip fest, sondern sind faktisch und praktisch sowie in durchaus „äußerer" Weise umstritten. Wer als unum necessarium, als das Eine, das not tut, die Evangeliumspräambel des Dekalogs samt dem Ersten Gebot wahrnimmt und darauf gesammelt seine ganze Aufmerksamkeit richtet, es also „meditiert", wird damit zugleich in den Streit zwischen dem einen und einzigen Herrn und den vielen Herren (vgl. 1Kor 8,4–6) verwickelt. Er kann sich dieser Verwicklung nicht durch die spekulative Idee der Einheit Gottes entziehen. Es genügt nicht, um sie und damit um Gottes Allmacht „allein [zu] wissen" und sie damit dem geistigen Auge zeitlos gegenwärtig zu halten; er muß sie vielmehr „auch erfahren". Solche Erfahrung aber braucht Zeit; sie stellt sich erst auf einem Weg ein, der er-probt, aus-geschritten, eben: er-fahren sein will.

Die Anfechtung ist nicht etwa der Prüfstein der Echtheit des Glaubens als der Wahrhaftigkeit und Glaubwürdigkeit des glaubenden Menschen. Sie ist vielmehr der Prüfstein des Wortes Gottes, das in der Anfechtung und gegen sie seine Glaubwürdigkeit und Macht erweist. „Denn allein die Anfechtung lehrt aufs Wort merken." Luther konzentriert mit dieser unvergesslichen Übertragung von Jes 28,19 – die nicht dem hebräischen Text, sondern der Vulgata folgt – sein ganzes Schrift- und Theologieverständnis auf den entscheidenden Punkt.

So schließt Luthers berühmte Sentenz „Allein die Erfahrung macht den Theologen"[53] zwar das hochfahrende Dichten, Spekulieren und damit die Reinheit des Wissens aus, will aber ihrerseits nun nicht etwa ein Prinzip reiner Erfahrung befürworten, das nur das Prinzip einer vagen Offenheit und Unabgeschlossenheit sein könnte. *Nicht Erfahrung als solche macht den Theologen zum Theologen, sondern die Erfahrung der Heiligen Schrift.*

---

52 WA 50, 660,1–14.
53 WA TR 1, 16,13 (Nr. 46), 1531.

VIII Unterwegs

Im Achten auf Luthers „drei Regeln" der „rechten Weise, in der Theologie zu studieren," sind wir – bewusst mit der „Meditatio" beginnend – die jeweils eine Regel darstellenden Begriffen nacheinander nachgegangen. Dabei haben wir gesehen, dass sich diese Regeln nicht gegeneinander isolieren und etwa erst nachträglich miteinander verbinden lassen. Sie markieren vielmehr einen einzigen Weg des Lebens, Leidens und Kämpfens, Hörens und Redens, Lesens und Schreibens. Es handelt sich um eine einzige Regel – eine einzige lebendige Bewegung, um einen einzigen Prozeß, in dem sich nun aber doch drei Hauptmomente unterscheiden lassen, so sehr sie ineinander spielen.

Es liegt auf der Hand, dass dieser Prozeß, dieser Lebensweg nicht geradlinig verläuft – etwa gar in linearem Fortschritt und einer entsprechenden Entwicklung auf eine Perfektion der Heiligung hin. Neues geschieht im wiederholten Rückgang auf die vermeintlich bekannten Bibeltexte. Die ständige Übung aber zeitigt kein beobachtbares und messbares Wachsen. Das damit berührte elementare Problem jeder Aszetik, das ich eingangs – paradigmatisch im Bezug auf Gisbert Voetius und den „Präzisismus" – angesprochen habe, behandelt eine lutherische Aszetik mit ihrem von der Taufe her bestimmten spezifischen Bußverständnis.[54]

Im Blick auf die mortificatio, auf den durch die Taufe markierten Bruch ist nicht nur wichtig, dass und wie das Evangelium den alten zum neuen Menschen – die alte Welt zur neuen – macht. Vielmehr muß ebenfalls in den Blick gefasst werden, dass und wie der neue Mensch sich zum alten verhält, genauer: in welcher Unterscheidung und Zuordnung von Gesetz und Evangelium das Wort Gottes den neuen Menschen sich zum alten verhalten läßt. In diesem Verhältnis geschieht die Buße, welche die ganze Lebens- und Weltgeschichte lang dauert, im Abbau des alten Menschen und im Aufbau und Wachstum des neuen (vgl. 2Kor 4,16), dessen Heiligkeit ihm selbst und anderen freilich verborgen ist (Kol 3,3) „und nicht", wie Luther plastisch sagt, „in der Welt vor den Augen liegt wie der Kram auf dem Markt"[55] – gegen einen syllogismus practicus, wie ihn der Heidelberger Katechismus in seiner Antwort auf die Frage 86 lehrt. So ist Buße weder ein dauerndes Oszillieren zwischen Gesetz und Evangelium noch eine zyklische Bewegung, andererseits aber auch kein sichtbarer und messbarer Fortschritt im Sinne des neuzeitlichen Perfektibilitätsgedankens. Denn Wachstum und Heili-

---

54 Luthers reformatorisches Taufverständnis ist – im klaren Unterschied zu seinem vorreformatorischen – zweidimensional: Das Werden des Christen ist bestimmt und begründet in seinem Getauft-Sein. Vgl. u. Teil V, Kap. 30: „Angeklagt und anerkannt".
55 WA DB 7, 421,10 f; Zweite Vorrede zur Johannesoffenbarung, 1530.

gung sind zu glauben. Buße als ethisches Fortschreiten ist im besten Fall Rückkehr zur Taufe.

IX Das Urbild des kämpfenden Glaubens

Wir haben die Aufgabe einer evangelischen Aszetik dadurch ausgelegt und näher bestimmt, dass wir auf Luthers „drei Regeln", „in der Theologie zu studieren", geachtet haben – freilich nur kurz. Eine eingehende Interpretation, wie sie Sache der Lutherforschung ist, habe ich dabei vorausgesetzt,[56] aber hier nicht vorgelegt, sondern nur von ihren Ergebnissen Gebrauch gemacht. Die beabsichtigte Vergegenwärtigung, also ihre Rezeption in gegenwärtiger systematisch-theologischer Verantwortung, konnte ebenfalls nicht umfassend und durchdringend geleistet werden; dazu bedarf es einer Monographie, die nicht zuletzt die gesamttheologische Aufgabe der Aszetik deutlich zu machen hätte.[57] Eine Ahnung des Reichtums der uns heute hilfreichen Einsichten, die bei Luther zu entdecken und von ihm zu lernen sind, haben wir, wie ich hoffe, gleichwohl bekommen. Die bezeichneten Gesichtspunkte – wie die „vita passiva" und die Texttheorie – betreffen allesamt die theologischen Grundentscheidungen und haben kriteriologische Bedeutung.

Aszetik befasst sich – dem sportlichen und militärischen Wortsinn von Askese und Exerzitium entsprechend – als Übung und Verzicht mit dem kämpfenden Glauben; von den Waffen ist Eph 6 die Rede: Djihad des Christen, militia Christi![58] Nach Philo von Alexandrien ist das Urbild des Asketen, des asketes, des Kämpfers, Jakob am Jabbok (Gen 32,23 – 32).[59] Darin ist Philo zu folgen, nicht aber in seiner Verzeichnung des Erzvaters zu einem Stoiker, der sich in „Bescheidenheit und Selbstbeherrschung übt"[60]. Das Gegenteil ist der Fall: Der alles auf eine Karte setzende, entschlossen kämpfende Jakob am Jabbok widerspricht in seiner Leidenschaft jeder stoischen Haltung; er ist ganz und gar unbescheiden und geht ohne Selbstbeherrschung aus sich heraus, verausgabt sich. In seinem nächtlichen

---

56 Vgl. Bayer, Theologie (s. o. Anm. 6), 55 – 106.
57 Vgl. Albrecht Schödl, „Unsere Augen sehen nach dir". Dietrich Bonhoeffer im Kontext einer aszetischen Theologie, Leipzig 2006, besonders 286 – 290: „Zur gesamttheologischen Aufgabe der Aszetik".
58 Vgl. o. Anm. 1 und 17.
59 Philo von Alexandrien, De praemiis et poenis, hg. v. Leopold Cohn/Isaak Heinemann/Maximilian Adler/Willy Theiler, Philo von Alexandria. Die Werke in deutscher Übersetzung, Bd. 2, Berlin ²1962, 392.
60 Ebd.

Kampf mit der dunklen und anonymen Macht der Anfechtung in der Situation eines lebensgefährlichen Übergangs hat – nach Luthers Auslegung des Textes[61] – Jakob aber eine Waffe, die ihm Gott selbst in die Hand gegeben hatte: die göttliche Zusage (Gen 28,13–15; 32,10 und 13). Auf sie beruft sich der, wie sich dann herausstellt, mit Gott selbst Ringende; mit ihr gewinnt er, mit ihr erhält er neu den Segen zugesprochen: Urbild der Aszetik, die tentatione, oratione, meditatione geschieht.

---

[61] WA 8, 177,35–180,14; Von der Beichte, ob die der Papst Macht habe zu gebieten, 1521, besonders 179, 2–13 und 18–33; 178, 11–14. Vgl. Luthers Predigt über Gen 32 von 1527: WA 24, 566–581 und die auf den Kampf Jakobs am Jabbok sich beziehende Passage in der Predigt über 1Kor 15 vom 11. August 1532 über die Kraft des Wortes Gottes, das wir empfangen haben und weitergeben sollen: „So sagt die Schrift [Weish 10,12] von dem Patriarchen Jakob: 'Certamen forte dedit ei', Er ließ ihn einen starken, ritterlichen Kampf halten, auf dass er lernete an dem Kampf und Sieg, wie gewaltig das Wort wäre. Denn sonst wird man nimmermehr gewahr, was für Kraft unter dem Buchstaben ist, bis es zum Treffen kommt, da man erfährt, dass es kann erhalten wider allen Irrtum, Sünde, Tod und Teufel [...]." (WA 36, 498,10–15) Ausführlicher: Oswald Bayer, Aufrücken. Von der Unverschämtheit des Gebets. In: Ders., Zugesagte Gegenwart, Tübingen 2007, 72–79.

11 Lutherischer Pietismus. Oratio, Meditatio, Tentatio bei August Hermann Francke

I Einsatz

August Hermann Franckes publizistisch ungemein wirksamer „Einfältiger Unterricht / Wie man die H. Schrifft zu seiner wahren Erbauung lesen solle", 1694 erstmals veröffentlicht,[1] erschien mehrfach als Einzeldruck, in Sammelbänden und wurde „vielfach den Bibelausgaben der Cansteinschen Bibelanstalt vorangestellt"[2]. Noch 1912 bietet ihn die Lutherbibel im Anhang[3]; er wirkt nachhaltig, nicht zuletzt vom Internet dargeboten, bis heute. Der Kernsatz dieser Unterweisung, in dem sich deren Aufbau und Gliederung spiegelt, lautet: „Das *Gebet / die Betrachtung /* und die *Anfechtung* sind die drey Stück / welche einen rechten Gottesgelehrten Mann machen."[4]

Francke stellt sich damit in die Tradition von Luthers aus Psalm 119 entwickelten „drey Regel[n]", die „dir anzeigen eine rechte weise[,] in der Theologia zu studirn", und „heissen also: Oratio, Meditatio, Tentatio"[5]: Gebet, [Schrift-] Meditation, Anfechtung;[6] es handelt sich nicht um drei addierbare Regeln oder drei

---

[1] Einfältiger Unterricht / Wie man die H. Schrift zu seiner wahren Erbauung lesen solle / Für die diejenigen / welche begierig sind / ihr gantzes Christenthum auff das theure Wort GOTTes zu gründen / entworffen von M. August Hermann Francken. In: August Hermann Francke, Werke in Auswahl, hg.v. Erhard Peschke, Berlin 1969, 216–220.
[2] Peschke, aaO (s.o. Anm. 1), 216.
[3] Die Bibel oder die ganze Heilige Schrift des Alten und Neuen Testaments nach der deutschen Übersetzung Martin Luthers (1912), Stuttgart 1968, Anhang (52–54: August Hermann Franckes kurzer Unterricht, wie man die Heilige Schrift zu seiner wahren Erbauung lesen solle).
[4] AaO (s.o. Anm. 1), 219.
[5] WA 50, 658,29–659,4 (Vorrede zum ersten Band der Wittenberger Ausgabe der deutschen Schriften, 1539). Diese Trias findet sich im gesamten Werk Luthers nur an dieser Stelle. Der WA 48, 276 mitgeteilte Bucheintrag „Meditatio, Tentatio, Oratio machen einen Theologen" ist kein zweiter Beleg, sondern lediglich „ein Exzerpt aus Luthers Vorrede" (ebd.). Der Sache nach vertritt Luther die Trias freilich auch sonst. Vgl. z.B. WA TR 2, 67, 32–40 (Nr. 1353); 1532.
[6] Eine eingehende Interpretation des Ternars bietet: Oswald Bayer, Theologie (HST 1), Gütersloh 1994, 55–106. Vgl. Thomas Kaufmann, Universität und lutherische Konfessionalisierung. Die Rostocker Theologieprofessoren und ihr Beitrag zur theologischen Bildung und kirchlichen Gestaltung im Herzogtum Mecklenburg zwischen 1550 und 1675 (QFRG 66), Gütersloh 1997, 253–318; Marcel Nieden, Anfechtung als Thema lutherischer Anweisungsschriften zum Theologiestudium. In: Praxis Pietatis. Beiträge zu Theologie und Frömmigkeit in der Frühen Neuzeit (Wolfgang Sommer zum 60. Geburtstag), hg.v. Hans-Jörg Nieden und Marcel Nieden, Stuttgart 1999, 83–102; Ders., Wittenberger Anweisungen zum Theologiestudium. In: Die Theologische Fakultät Witten-

aufeinander folgende Schritte, sondern um drei ineinander spielende Momente eines einzigen Vorgangs. Danach ist ein Theologe, wer, von der Anfechtung getrieben, betend in die Heilige Schrift hineingeht und von ihr ausgelegt wird, um sie anderen Angefochtenen auszulegen, so dass sie ebenfalls – betend – in die Heilige Schrift hineingehen und von ihr ausgelegt werden. Der damit bezeichnete Theologiebegriff ist konstitutiv „monastisch",[7] nicht ohne zum „Scholastischen" hin offen zu sein und dieses zum regulativen Gebrauch zu benötigen.[8]

Luthers Ternar hat eine bemerkenswerte Nach- und Wirkungsgeschichte,[9] an die im Folgenden in einigen Zügen erinnert werden soll (II), so dass der Kontext erscheint, innerhalb dessen sich die Aufmerksamkeit auf Franckes „Einfältiger Unterricht" sammeln kann (III).

---

berg 1502 bis 1602. Beiträge zur 500. Wiederkehr des Gründungsjahres der Leucorea, hg.v. Irene Dingel und Günther Wartenberg (LStRLO 5), Leipzig 2002, 133–153; Ders., Die Erfindung des Theologen. Wittenberger Anweisungen zum Theologiestudium im Zeitalter von Reformation und Konfessionalisierung (Spätmittelalter und Reformation. Neue Reihe, begründet von Heiko A. Oberman, hg.v. Berndt Hamm u.a. 28) Tübingen 2006; Chi-Won Kang, Frömmigkeit und Gelehrsamkeit. Die Reform des Theologiestudiums im lutherischen Pietismus des 17. und frühen 18. Jahrhunderts (KGM 7), Gießen 2001.

7 Einflußreich für die Bestimmung der Momente des entsprechenden Schriftgebrauchs wurden die sieben Stufen des Aufstiegs zu Gott, die Augustinus nennt: timor dei, pietas, scientia, fortitudo, misericordia, purgatio oculi, sapientia (Augustinus, De doctrina christiana II, VII 9–11: CChr XXXII, 36–38).

8 Ausgeführt ist diese These von Bayer, ebd. (s.o. Anm. 6). Weiter aaO, 27–31 („Monastische und scholastische Theologie") und Ders., Martin Luthers Theologie. Eine Vergegenwärtigung, Tübingen (2003), ⁴2016, 15–26 („Jeder Mensch ist Theologe"). Vgl. Ulrich Köpf, Monastische und scholastische Theologie. In: Bernhard von Clairvaux und der Beginn der Moderne, hg.v. Dieter R. Bauer und Gotthard Fuchs, Innsbruck-Wien 1996, 96–135. Dem „Scholastischen" wird – seit der ORATIO des Chyträus (s.u. Anm. 15) – in der Ausgestaltung der „meditatio" Rechnung getragen, wie paradigmatisch Franckes „Methodus" (s.u. Anm. 28) zeigt. Vgl. weiter: u. Anm. 38.

9 Im zustimmenden Bezug auf HST 1 (s.o. Anm. 6) 62, Anm. 133 („Luthers Anweisung regte die Bildung einer eigenen Literaturgattung an." Vgl. Kaufmann, aaO [s.o. Anm. 6], 255 und Kang [s.o. Anm. 6], 88) schreibt mir Johann Anselm Steiger (Brief vom 9.8. 1997) und umreißt damit die sich stellende Aufgabe: „Die gesamte lutherische Methodus- und Isagoge- und Ordo-studiorum-Literatur des ausgehenden 16. Jahrhunderts bis weit in das 17. hinein fußt auf der oratio-meditatio-tentatio-Formel Luthers, wenn schon nicht immer explizit, so doch durchweg der Sache nach." Inzwischen ist diese Aufgabe in Angriff genommen worden: s. die o. Anm. 6 genannte Literatur. Zum Abbruch der Nach- und Wirkungsgeschichte von Luthers Ternar mit Johann Salomo Semler: Bayer, Theologie (s.o. Anm. 6), 30f, 56–58, 88f, 391–393 sowie Athina Lexutt, „Der Mönch braucht keine Gelehrsamkeit". Luther zwischen Theologie und Religion in der Beurteilung Johann Salomo Semlers. Ein Beitrag zur Rezeption des Themas „Reformation und Mönchtum" im 18. Jahrhundert. In: Reformation und Mönchtum. Aspekte eines Verhältnisses über Luther hinaus, hg.v. Athina Lexutt, Volker Mantey und Volkmar Ortmann (SMHR 43), Tübingen 2008, 189–212.

II Nach- und Wirkungsgeschichte

„Compendiosam studiorum methodum Lutherus formavit, quae constat *oratione, meditatione, tentatione.*" So empfiehlt Johann Albrecht Bengel (1687–1752) in seiner 1741 gehaltenen Rede beim Abschied von seinem Denkendorfer Lehramt Luthers kurze Formel des Theologiestudiums[10] und geht in seinem Vorschlag zum Aufbau eines Theologiestudiums von 1742 ebenfalls von dieser Trias aus, die er nun aber nicht nur von einem Einzelnen, Luther, sondern in dessen Nachfolge von vielen vertreten weiß: „Erfahrne Theologi loben drei Stücke, die sind Oratio, Meditatio, Tentatio. Man könnte es auch umwenden: Tentatio, sofern einer durch die erste und gelindeste Prüfung sich wecken lässet, treibet zum Forschen, und dieses zum Beten. [...] Tentatio ist nicht in unserer Gewalt, meldet sich aber doch bald genug. Oratio will [wie nach Luther[11]] im Kämmerlein [Mt 6,6] geübet und gelernet sein. Meditatio ist nicht so subtil, als jene beiden Stücke, und bei diesem kann man dann erst einander ausdrücklich mit getreuem Rat dienen"[12] – etwa in einer zünftigen, professionellen Studienberatung.

In der Tradition Bengels schreibt Magnus Friedrich Roos (1727–1803) über Philipp Friedrich Hiller (1699–1769), dass dieser „nach der Anweisung des sel. Dr. Luther, welche jetzt [sc. in der Zeit der Aufklärung, nach Semlers Abweisung der Trias[13]] von Vielen verachtet und hintangesetzt wird, durch *Gebet, Betrachtung* und *Anfechtung* ein erleuchteter Gottesgelehrter worden ist." Lehre und Leben sind dabei ineinander verschränkt. Roos betont, „daß die wahre christliche Andacht vor allen Dingen eine richtige und gründliche Erkenntniß der Wahrheit erfordere, welche Gott zu unserem Heil geoffenbart hat [...] Wenn aber ein Mensch

---

10 Allocutio, qua in Collegio Denkendorfino A. 1741 d. 24. Apr. valedixit Johann Albrecht Bengel. In: Eberhard Nestle, Bengel als Gelehrter. Ein Bild für unsere Tage; mit neuen Mitteilungen aus seinem handschriftlichen Nachlaß, Tübingen 1893, 103–106, hier 105.
11 WA 50, 659,10–13 (Vorrede 1539; s. o. Anm. 5).
12 Johann Albrecht Bengel, Wolgemeinter Vorschlag / wie ein Cursus Theologicus in vier bis fünf Jahren zu verrichten seyn möchte, auf wiederholtes Begehren entworfen A. 1742 m.Oct., zit. nach: Oscar Wächter, Johann Albrecht Bengel, Lebensabriß, Character, Briefe und Aussprüche; nebst einem Anhang aus seinen Predigten und Erbauuungsstunden nach handschriftlichen Mitteilungen, Stuttgart 1865, 146–149, hier 146 (§ 2f). – Dieselbe Umkehrung der Reihenfolge der drei Begriffe im Plädoyer für den Einsatz mit der „tentatio" findet sich auch in Bengels Abschiedsrede (aaO [s. o. Anm. 10], 105): „Naturali ille ordine tria haec enumeravit [Lutherus]: ego non invito illo, in praesentiarum inverterim. Est *Tentatio, Meditatio, Oratio.* Tentationem non habemus in potestate nostra: venit, vel invitis nobis, cum tempus est. Ubi adest, meditandum, quid Deus requirat ad bonum nostrum: quid hostes animae nostrae ad malum: quae ratio occurrendi Deo, resistendi hostibus. Tum oratio divinam opem et implorat et impetrat."
13 Vgl. o. Anm. 9.

die reine evangelische Lehre vor sich hat, so ist nöthig, daß er die heilsame Wirkung derselben in seiner Seele erfahre."[14]

Mit diesen Voten stellen sich Bengel und seine beiden Schüler in eine Tradition sowohl des orthodoxen Luthertums wie des lutherischen Pietismus Speners und Franckes.

Was das orthodoxe Luthertum betrifft, so folgt Bengel dem Tübinger Theologen Matthias Hafenreffer (1561–1619). Denn dessen bis nach Schweden verbreitete „Loci theologici", in erster Auflage 1600 in Tübingen erschienen, waren im lutherischen Württemberg über ein Jahrhundert lang das maßgebende Lehrbuch und sind – noch nicht in der ersten, aber ab der dritten Auflage (1603) – in ihren „Prolegomena de feliciter instituendo et continuendo studio theologico" ganz von der Trias „oratio, meditatio, tentatio" (und von Psalm 119!) bestimmt.[15] Hafenreffer steht damit nicht allein, wie ein Blick auf Johann Gerhard (1582–1637) und Johann Valentin Andreae (1586–1654)[16] zeigt. Johann Gerhard nimmt im „Prooemium de natura theologiae" seiner „Loci theologici" (1610–1622 bzw. 1625) Luthers Trias auf;[17] seine „Methodus studii theologici"[18] zeigt repräsentativ, dass diese Trias die Bildung einer eigenen Literaturgattung angeregt hatte.[19]

Der Pietismus Philipp Jacob Speners (1635–1705) und August Hermann Franckes (1663–1727) nimmt dieses lutherische Erbe auf. Spener schreibt im Blick auf die mit Luthers Trias bezeichnete Methode des Theologiestudiums: „Worinnen ihm auch bisher gewöhnlich alle unsere Theologi gefolgt, daß sie solche Stücke

---

14 Magnus Friedrich Roos, Christliches Haus-Buch, welches Morgen- und Abendandachten [...] enthält, Th.1.2, Stuttgart 1783, S. Vf.

15 Matthias Hafenreffer, Loci theologici, 5. Aufl. Stuttgart 1662, 1–22. Zuvor hatte David Chytraeus (1531–1600) Luthers Ternar aufgenommen: ORATIO DE STVDIO THEOLOGIAE RECTE INCHOANDO, Wittenberg 1560. „Die Gattung der spezifisch an akademische Theologiestudenten gerichteten öffentlichen Studienanweisung ist im Luthertum von Chytraeus geschaffen worden." (Kaufmann, aaO [s.o. Anm. 6], 256f.) Vgl. aaO, 270–285.

16 Johann Valentin Andreae, Christianopolis (1619), Originaltext und Übertragung nach David Samuel Georgi 1741, eingel. u. hg.v. Richard v. Dülmen, Stuttgart 1972, § 77 (theologia practica: orare, meditari, tentari) nach § 76 (theologia scholastica).

17 „In dem 1610 herausgegebenen ersten Band der Loci [...] fehlt noch ein besonderes Prooemium über die Natur der Theologie"; dieses wird erst von der „Exegesis [...]" von 1625, der erweiterten Neufassung des ersten Bandes, geboten: Johannes Wallmann, Der Theologiebegriff bei Johann Gerhard und Georg Calixt (BhTh 30), Tübingen 1961, 5, Anm. 2.

18 Johann Gerhard, Methodus studii theologici publicis praelectionibus in Academia Jenensi Anno 1617 exposita, Jenae 1620 u.ö. Vgl. Johann Anselm Steiger, Johann Gerhard (1582–1637). Studien zu Theologie und Frömmigkeit des Kirchenvaters der lutherischen Orthodoxie (DOCTRINA ET PIETAS I/1), Stuttgart-Bad Cannstatt 1997, 143–155, sowie Nieden, Anfechtung (s.o. Anm. 6), 94–101.

19 Vgl. o. Anm. 9.

den Theologis nötig erkannt haben"[20]. Im Argen liegt es mit ihrem Studium, wenn Theologen „precibus parum tribuent, nec non aliis pietatis exercitiis, tantum abest, ut cum Megalandro nostro [= Luther] agnoscerent, orationi aeque ac mediationi, nec non tentationi, in studii Theologici methodo locum esse dandum"[21].

Francke nun nimmt Speners Impulse zur Reform des Theologiestudiums, wie sie seit den „Pia desideria" (1675) wirksam wurden, auf und befürwortet eine inständig bibelbezogene theologische Bildung in der Übung der Frömmigkeit: in den „pietatis exercitia", um Speners eben zitierte Wendung zu gebrauchen. Der „Einfältige Unterricht", dem unsere Aufmerksamkeit gilt, steht im sachlichen Zusammenhang von Franckes Schriften zur Hermeneutik[22] und zur Einführung ins Theologiestudium[23] – wie des „Timotheus..." (1695)[24] und der „Idea Studiosi Theologiae" (1712)[25], die sich ebenfalls ausdrücklich auf Luthers Trias berufen: „gedencket doch daran / daß euch Lutherus drey Stücke fürgeschrieben hat / welche einen rechten Theologum machen / orationem, meditationem & tentationem."[26] „Oratio, Meditatio, Tentatio *Gebet / Betrachtung* oder Fleiß des Gemüths in ernstlichem forschen und erwegen der göttlichen Wahrheit / und *Anfechtung* bringen ihn [den Theologiestudenten] nach und nach und mit den Jahren dahin / daß er dem HErrn als ein treuer Knecht in seinem Hause zu dienen tüchtig erfunden werde".[27] Breit ausgeführt wird Luthers Ternar in Franckes „Methodus studii theologici" (1723).[28]

---

20 Philipp Jacob Spener, Die allgemeine Gottesgelehrtheit aller glaubigen Christen und rechtschaffenen Theologen, Bd. 1, Frankfurt 1680, 187; vgl. Bd. 2, Frankfurt 1680, 97.
21 Philipp Jacob Spener, De impedimentis studii Theologici (1690); zit. nach Philipp Jacob Spener, Schriften, Bd. XVI, Teilband 1: Consilia et Iudicia Theologica Latina. Opus posthumum Ex eiusdem Litteris 1709, Partes 1–2, hg.v. Erich Beyreuther, Hildesheim/Zürich/New York 1989, 200–239, hier 208.
22 Francke, Werke (s.o. Anm. 1), 213–268.
23 AaO, 172–201.
24 Timotheus zum Fürbilde allen Theologiae Studiosis dargestellet, aaO, 154–171.
25 AaO, 172–201.
26 AaO (Timotheus), 163.
27 AaO (Idea), 183.
28 AVGVSTI HERMANNI FRANCKII METHODUS STVDII THOLOGICI, PVBLICIS PRAELECTIONIBUS IN ACADEMIA HALENSI, HALAE MAGDEBURGICAE MDCCXXIII, 52–239. Den größten Raum nimmt der Abschnitt über „meditatio" ein (70–232), der das „Scholastische", das Schulmäßige, des professionellen Studiums bietet. Der relativ kurze Abschnitt über „tentatio" (232–239) besteht fast ganz aus Luther-, Chytraeus- und Johann Gerhard -Zitaten. So bekundet sich eindrücklich der Traditionszusammenhang.

III Textinterpretation

Franckes „Einfältiger Unterricht / Wie man die H. Schrifft zu seiner wahren Erbauung lesen solle" ist, wie der Titel deutlich macht, bestimmt für „diejenigen / welche begierig sind / ihr gantzes Christenthum auff das theure Wort GOTTes zu gründen"[29]. Dementsprechend wendet er sich mit dem einleitenden Satz, der den Titel aufnimmt und der Zählung der sieben Abschnitte vorangestellt ist, an den „Einfältigen", der „zu seiner Erbauung in GOtt die Heilige Schrifft Altes und Neues Testaments lesen will"[30]. Er wendet sich also nicht speziell an zünftige, professionelle Theologen, sondern an jeden Christen – wie denn nach Luther jeder Christ ein Theologe ist: „Omnes dicimur Theologi, ut omnes Christiani"[31]. *So ist der „Einfältige Unterricht" zu Recht den Bibelausgaben beigegeben und dient dem allgemeinen Priestertum der Gläubigen.* Freilich: Was für alle Getauften gilt, gilt erst recht für den minister verbi divini.

Besondere Aufmerksamkeit verdienen die beiden Begriffe des „Einfältigen" sowie der „Erbauung", die nicht nur den Titel und den Eröffnungssatz charakterisieren, sondern im gesamten Text mehrfach – markant zu Beginn der Abschnitte 2, 3 und 4 – wieder auftauchen. Es sind Schlüsselbegriffe. Der gesamte Unterricht ist „einfältig", weil er – gegen jeden Zwiespalt – der ‚Einfalt' einer klaren Orientierung dient und auf das unum necessarium (Lk 10,42) ausrichtet; der „Einfältige" ist der, der in dieser Ausrichtung lebt. Der Begriff der „Erbauung",[32] im Neuen Testament gebraucht, um vor allem vom Wachstum und der Stärkung der Gemeinde (Act 15,41; 18,23), ihres Zusammenhaltes und ihrer Einheit zu reden, von Luther auffällig zurückhaltend verwendet,[33] bezeichnet im Pietismus die praxis pietatis – genauer: die ‚Stärkung der Seelen' (Act 14,22; 15,32). Dabei ist mit dem Begriff die Frömmigkeit besonders in deren Individualisierung sowie die Bildung und Beteiligung der Affekte angesprochen: die Herzensbildung.

Die ersten beiden der insgesamt sieben Abschnitte des Textes[34] reden vom verkehrten und vom richtigen Umgang mit der Heiligen Schrift. Um den verkehrten Umgang handelt es sich, wenn das „gantze Leben" mit ihr nicht übereinstimmt und Schriftgelehrsamkeit der „Eigen-Liebe / Ehrsucht / und allerley

---

29 S. o. Anm. 1.
30 Einfältiger Unterricht, aaO (s.o. Anm. 1), 216.
31 WA 41, 11,9 – 13 (Predigt über Ps 5; 17. Januar 1535).
32 Vgl. Gerhard Friedrich / Gerhard Krause, Art. „Erbauung". In: TRE 10, 1982, 18 – 28.
33 AaO, 24.
34 Zitiert werden sie im fortlaufenden Text mit der in Klammern stehenden bloßen Zahl. Die Kursivsetzungen des Erstdrucks sind zwar nicht durchgehend, aber an wichtigen Stellen beibehalten.

andere[n] Pharisäische[n] Laster[n]" dient. „Und dieses ist heute zu Tage vieler Gelehrten Zweck / *welche dann der Schrifft Meister sein wollen / und wissen nicht / was sie sagen / oder was sie setzen /* 1. Tim. I,7" (1) – was an Luthers Kritik der Scholastiker erinnert[35], zunächst aber an Franckes autobiographische Schilderung seiner Verfassung vor seiner Bekehrung: „Meine theologiam faste ich in den Kopff, und nicht ins Hertz, und war vielmehr eine todte wissenschafft als eine lebendige Erkenntniß."[36] „Wo einer nun diese [...] falsche[n] Absichten in seinem Hertzen hat / warüm er die H. Schrifft lieset / der kan mit aller seiner Schrifft-Gelehrsamkeit in den Grund der Höllen verdammet werden / wenn er gleich die gantze Schrifft auswendig lernete." (1) Es gilt vielmehr – und dies ist die „wahre Erbauung" –, „einen rechten Grund in der Busse und im Glauben zu legen" (1). Damit wird im ersten Abschnitt bereits auf den zweiten vorgegriffen, der – gleichsam spiegelbildlich zum Aufweis der verkehrten Lesung der Heiligen Schrift im ersten Abschnitt – den rechten Gebrauch lehrt.

Nötig zum rechten Gebrauch ist dem Leser „*ein recht[es,] einfältiges Hertz / das ist / ein auffrichtiges und ungeheucheltes Verlangen / daß er durch die H. Schrifft möge unterwiesen werden zu seiner Seligkeit / durch den Glauben an Christum Jesum /* (2.Tim. III,15)" (2). „In Summa; wenn du die H. Schrifft zu lesen fürnimmst / muß das allein dein auffrichtiger Zweck seyn / daß du ein gläubiger und frommer Christ werden mögest"(2). Damit ist der wahre *Zweck* des Lesens der Schrift, des Umgangs mit ihr, formuliert. Mit welchen *Mitteln* wird dieser Zweck erreicht?

Darauf gibt der ganze übrige Unterricht – in den Abschnitten 3–7 – die Antwort. Dies geschieht mit Hilfe von Luthers Trias: Gebet, Betrachtung und Anfechtung sind die Leitbegriffe. In genau derselben Weise verfährt Francke in seiner großen „Methodus", die sich an professionelle Theologen wendet.[37] Damit unterscheidet sich der an jeden Christen sich wendende „*Einfältige Unterricht*" seiner Grundstruktur nach nicht von der Anweisung zum professionellen Theolo-

---

35 Vgl. paradigmatisch das Prooemium von De libertate christiana (1520): WA 7, 49,7–19, hier 18 f: „subtiles disputatores [...] sua ipsorum non intelligentes."
36 August Hermann Franckes Lebenslauf (1690/91). In: Werke (s.o. Anm. 1), 4–29, hier 13. Vgl. die Frage, die Spener getroffen hatte: „*Wie bringen wir den Kopff in das Hertz?*" Dazu (mit Nachweisen): Udo Sträter, Meditation und Kirchenreform in der lutherischen Kirche des 17. Jahrhunderts (BhTh 91), Tübingen 1995, 121 f. Karl-Adolf Bauer/Manfred Josuttis, Daß Du dem Kopf nicht das Herz abschlägst. Theologie als Erfahrung, Neukirchen 1996.
37 In der „Methodus" (s.o. Anm. 28) wird – der analytischen Methode folgend – zuerst, im Kapitel II (de fine studii theologici), der *Zweck* thematisiert (aaO, 29–51), darauf, im Kapitel III (de mediis seu adiumentis ad finem studii theologici consequendum, pertinentibus), die *Mittel*: de oratione, de meditatione, de tentatione (aaO, 52–239).

giestudium; der Unterschied liegt allein darin, dass im Blick auf das professionelle Studium die „meditatio" schulmäßig ausgestaltet wird.[38]

Die Abschnitte 3 und 4 handeln vom *Gebet*, Abschnitt 5 von der *Betrachtung* – jedoch nicht isoliert, sondern in fester Verschränkung mit dem Gebet, denn das „Gebet und die Betrachtung müssen einander stets die Hand bieten" (5). Dem entspricht, dass Abschnitt 6 zum Gebet zurückkehrt: „Wie nun die Lesung der H. Schrifft mit dem Gebet muß angefangen / und in stetigen [sic!] Gebet verrichtet werden / also muß man sie auch damit beschliessen."(6) Ebenso wird die dritte und letzte Bestimmung, die *Anfechtung*, nicht einfach nur angefügt, sondern – wie bei Luther[39] – in ihrem notwendigen Zusammenhang mit der oratio und meditatio zur Geltung gebracht: Gott wird „dann einem solchen andächtigen Bibel-Leser es nicht fehlen lassen *an innerlichen und äusserlichen Creutz und Leiden und allerley Anfechtungen*" (7). So ist deutlich: Francke folgt Luther auch darin, dass er zur „Erbauung in Gott" nicht auf drei voneinander isolierbare Bausteine verweist, sondern einen einzigen Weg beschreibt: eine einzige lebendige Bewegung, einen einzigen, keineswegs geradlinigen, Prozeß, in dem sich nun aber doch drei Hauptmomente unterscheiden lassen, so sehr sie ineinander spielen – was Francke besonders eindrucksvoll im Blick auf das Verhältnis von Gebet und Betrachtung darlegt.

Für das Gebet, das „das erste seyn" muß und das „nicht mit dem Munde allein / sondern mit recht andächtigen [sic!] Hertzen" geschehen soll, „ehe er [= der Einfältige] in der Bibel lieset" (3), gibt Francke sofort ein Beispiel, das Psalm 119 aufnimmt – auch darin das Erbe der Anweisung Luthers von 1539 wahrend:

> „O du ewiger und lebendiger GOtt / wie können wir dir gnugsam dancken / daß du uns deinen heiligen Willen in deinem Worte so gnädig geoffenbahret hast / daß wir daraus lernen können / wie wir gläubig / fromm und selig werden sollen! So gieb mir nun deinen H. Geist / daß er mir

---

[38] Zu dieser Ausgestaltung s.o. Anm. 28. Diese schulmäßige Ausgestaltung ist freilich für den professionellen Theologen unumgänglich und wird von Francke in aller Klarheit bejaht und befördert. Vgl. die Vorrede zur „Idea" (bei Peschke [s.o. Anm. 25] nicht abgedruckt): „Sollet ihr aber *Lehrer* werden, *so ist auch nicht genug / daß ihr fromm seyd*; sondern eine gründliche Theologische Wissenschaft muß sich auch bey euch finden, damit ihr halten könnet *ob dem Wort / das gewiß ist / und lehren kan / auf dass ihr mächtig seyd zu ermahnen durch die heysame Lehre / und zu strafen die Widersprecher*" (Idea studiosi Theologiae [...], Halle 1717, 37f.). In scharfer Zuspitzung hat Spener das Verhältnis von gottgeschenkter Frömmigkeit und sauer selbsterarbeiteter Bildung so bestimmt: „Wie dann ein Christlicher Studiosus so eifrig betet um göttliche Erleuchtung, als bedürfe er keines eigenen Fleisses: Hingegen mit nicht wenigerem Fleiß studiret, als ob er alles mit seiner [eigenen] Arbeit ausrichten müste" (Würdiger Studiosus Theologiae. In: Philipp Jacob Spener, Kleine Geistliche Schriften, 2 Teile, hg.v. J.A. Steinmetz, Magdeburg/Leipzig 1741f, Teil I, 1144–1149, hier 1147).

[39] WA 50, 660,1–15, hier 7f (Vorrede 1539, s.o. Anm. 5); u. bei Anm. 48.

meine Augen öffne / zu sehen die Wunder in deinem Gesetze [Ps 119,18]; *daß er durch dein Wort den Glauben in meinem Hertzen würcke und vermehre / und meinen Willen kräfftiglich lencke / daß ich mich freue über deine Zeugnisse* [Ps 119,14] / *und von Hertzen an dich gläube / und dein Wort halte* [Ps 119,17.57.67.101]." (3)

Der nächste – wiederum und weiter dem Gebet gewidmete – Abschnitt (4) macht deutlich, dass das Gebet dem „Lesen der H. Schrifft" (4) nicht nur vorausgeht, ihm auch nicht nachfolgt, sondern zusammen *mit* ihm geschieht; es soll „mit lauter Gebet und seufftzen", also mit Klagen und Bitten, „wie auch mit Lob und Danck GOttes verrichtet" werden (4). Die fünf Beispiele, die Francke für die von ihm empfohlene betende Bibellese in der Auslegung von Gen 1,1 gibt, sind schon Betrachtung, Umgang mit dem biblischen Text – so freilich, dass der Text nicht aus kritischer Distanz beobachtet und beurteilt, sondern unmittelbar auf mich bezogen und im Gebet, das nicht zuletzt zur Selbsterkenntnis führt, vor Gott gebracht – ihm zurückgebracht – wird; das vierte der fünf Beispiele zeigt dies besonders deutlich:

„*O GOTT / du bist ja wohl Vater über alles was da Kinder heisset / im Himmel und auff Erden* [Eph 3,15] / *der du Himmel und Erden erschaffen hast. Ach lehre mich doch allezeit recht bedencken / was auch mein sterblicher Leib / das Stücklein Erde / für einen großen Baumeister und Schöpffer habe.*" (4)

Auf diese Weise soll sich der Andächtige betend im Text aufhalten, bei dem Text betend verweilen, ja: „bey einem ieglichen Versicul in der Bibel stille stehen" (4); von solcher Stille hat auch Luther eindrucksvoll geredet.[40] Sie schließt, wie Francke unter ausdrücklicher Berufung auf Luther sofort deutlich macht, die Aktivität und Aufmerksamkeit des meditierenden wie betenden Lesers nicht etwa aus, sondern ein: Er soll bei der jeweils einen Stelle verweilen, um sie wie einen mit Früchten beladenen Baum wahrzunehmen: um ihn zu schütteln bzw. die Früchte herabzu„klopffen" (4) und zu essen.

„Wenn die Seele nur fein hungrig ist / so wird sie der Geist GOttes nicht ungesättiget lassen / ja es wird sich endlich finden / daß der Mensch an einem ein[z]igen kleinen Verßklein so viel lebendiger Früchte ersehen wird / daß er sich auch bey demselben wird auffhalten und niederlasssen / als bey einem mit Früchten gantz beladenen Bäumlein." (4)[41]

---

40 Vgl. besonders „Eine einfältige Weise zu beten, für einen guten Freund" (1535) und dazu: Oswald Bayer, Gott als Autor. Zu einer poietologischen Theologie, Tübingen 1999, 215–219 („Raum der Stille").
41 Die von Francke zitierten Lutherstellen sind von Peschke (s.o. Anm. 1) 217 nachgewiesen: WA TR I, 320 (Nr. 674); WA TR V, 84 (Nr. 5355).

Damit ist unter dem Leitbegriff des „Gebets", der oratio, zugleich schon die „Betrachtung", die meditatio, beschrieben – auch wenn der Leitbegriff als solcher erst im fünften Abschnitt eingeführt wird. Dessen erster Satz faßt den ganzen Abschnitt in folgende These zusammen: „Dem Gebet muß *die Betrachtung* die Hand bieten / *daß man bey einem ieglichen ein wenig stille stehe / und alles fein in seinem Hertzen erwege*" (5) – wie Maria; sie „behielt alle diese Worte und bewegte sie in ihrem Herzen" (Lk 2,19).

Die der programmatischen These folgende Ausführung gliedert sich in drei Teile: Der erste richtet die Aufmerksamkeit auf das Verweilen und Stillestehen; Francke zitiert dazu eine Passage aus Luthers Kirchenpostille von 1522:

> „*Das Evangelium ist so klar / daß [es] nicht viel Auslegens bedarff / sondern es will nur wohl betrachtet / angesehen / und tieff zu Hertzen genommen seyn. Und wird niemand mehr Nutz davon bringen / denn die ihr Hertz stille halten / alle Ding ausschlagen / und mit Fleiß drein sehen / gleich wie die Sonne in einem stillen Wasser gar eben sich sehen lässet [...]. Darumb wilt du allhier auch erleuchtet werden / Göttliche Gnade und Wunder sehen / daß dein Hertz entbrandt / erleuchtet / andächtig und frölich werde / so gehe hin / da du stille seyest / und das Bilde dir tieff ins Hertze fassest / da wirst du finden Wunder über Wunder.*" (5)[42]

Bekundet sich schon in dieser Rede von der Stille mystische Tradition, so wird diese im zweiten Teil, der Mitte und dem Schwerpunkt des fünften Abschnitts, verstärkt in Anspruch genommen: Die den zweiten Teil eröffnende und dann in erweiterter Form wiederholte These, daß das „Gebet und die Betrachtung [...] einander stets die Hand bieten" müssen (5), wird mit drei Bernhardzitaten belegt und ausgeführt (5).[43] Wahrzunehmen ist, wie Bernhard in immer neuen Wendungen herausstellt, die Korrespondenz von Gebet und Betrachtung; eine der Wendungen lautet: „*Es ist ein süsses liebliches Gespräche / und eine selige Unterredung / wo nehmlich das Gebet und die Betrachtung zusammen kommen / also daß eines das andere regieret.*" (5)[44]

Diese „Erinnerungen des frommen Bernhardi in Lesung der H. Schrifft" (5) werden im dritten Teil des fünften Abschnitts am Beispiel von Gen 1,2 sogleich fruchtbar gemacht und angewendet. Die staunende Betrachtung des Schöpferhandelns Gottes, der aus Nichts etwas macht, führt im Gebet zur Selbsterkenntnis: zur Erkenntnis des eigenen Nichts, das mit der Neuschöpfung von Gottes Erbar-

---

42 Vgl. WA 10 I/1, 62,5–14 (Auslegung von Lk 2,1–14).
43 In festo S. Andreae Apostoli sermo I (MSL 183, 509); Meditationes piissimae de cognitione humanae conditionis (MSL 184,489); In feria secunda paschatis sermo de duobus discipulis euntibus in Emmaus (MSL 184, 966f). Diese Stellen sind bei Peschke (s.o. Anm. 1), 218 nachgewiesen.
44 Vgl. Meditationes (s.o. Anm. 43).

men überwunden wird. Der Schlußsatz lautet: „Bey solcher Betrachtung" und solchem Gebet „muß nun *die Prüffung unserer selbst* nie unterlassen werden / damit wir aus dem Göttlichen Wort *das Verderben unsers Hertzens recht erkennen lernen / und unser gantzes Hertz nach dem Fürbilde der heiligen Lehre geartet werde.*" (5)[45]

Der sechste Abschnitt kehrt, wie schon bemerkt, zurück zum „Gebet" – in der Anweisung, „dasjenige / was man gelesen / zum Beschluß in ein Gebet zu fassen / und also GOtt dem HErrn fürzutragen" (6). Das Gebet wird nicht nur als Leitbegriff genannt, sondern paradigmatisch wiederum praktiziert; das vorgeschlagene Gebet trägt den Charakter der Dank sagenden Postkommunion im Herrenmahl:

„O du getreuer / himmlischer Vater / Lob / Ehr / Preiß und Danck sey dir demühtiglich gesagt / für diese grosse Gnade / daß du mich mit dem edlen Manna deines Göttlichen Worts an meiner Seelen gelabet / gestärcket und erquicket hast. Schreibe es nun alles / was ich gelesen / mit dem Göttlichen Finger deines heiligen Geistes in mein Hertz [46] */ und versiegle es mit demselbigen / damit es der Satan nicht wieder von meinem Hertzen raube / sondern / daß ich solches in einem feinen und guten Hertzen bewahre* [Lk 8,15[47]] */ und mich dessen dort ewiglich für deinem Angesicht erfreue / Amen."* (6)

Wie nach Luther der Leser angefochten wird und „leiden mus, darumb das er meditirt, das ist: mit Gottes wort umbgehet"[48], so wird auch nach Francke Gott „einem solchen andächtigen Bibel-Leser es nicht fehlen lassen *an innerlichen und äusserlichen Creutz und Leiden und allerley Anfechtungen*", wie er im abschließenden siebten Abschnitt ausführt. Zwar fehlt die apokalyptische Härte und Schärfe, mit der Luther vom Teufel als dem Inbegriff der angreifenden und in Frage stellenden Feinde redet; Francke ist stattdessen im Zuge seiner christolo-

---

45 In der Tradition solcher Schriftmeditation steht Hamann mit seinen „Biblischen Betrachtungen eines Christen" (1758): Johann Georg Hamann, Londoner Schriften. Historisch-kritische Neuedition von Oswald Bayer und Bernd Weißenborn, München 1993, 64–311.
46 Vgl. 2Kor 3,3; Ex 31,18; Dtn 9,10 und Franckes „Lebenslauf" am Ende der (o. Anm. 36) in ihrem Anfang zitierten Passage: „aber ich suchte es [das Kopfwissen] nicht, wie Paulus will 2.Cor. III, durch den Geist Gottes auff die Taffeln des Hertzens zu schreiben" (Werke [s.o. Anm. 1], 13).
47 Vgl. David Denicke „Herr, für dein Wort sei hoch gepreist..." (EG 196), Str. 4: „[...] bewahren deine Lehr und Huld / in feinem, gutem Herzen". Vgl. wiederum Franckes „Lebenslauf": „weil dieses alles nur in die vernunfft und ins Gedächtniß von mir gefasset, und das wort Gottes nicht bey mir ins Leben verwandelt war, sondern ich hatte den lebendigen Saamen des worts Gottes bei mir ersticket und unfruchtbar seyn lasssen, so muste ich nun gleichsam auffs neue den anfang machen ein Christ zu werden" (Werke [s.o. Anm. 1], 24).
48 WA 50, 660,1–16: „Zum dritten ist da Tentatio, anfechtung [...]", hier 7f (Vorrede 1539; s.o. Anm. 5).

gischen Konzentration[49] vielleicht zu schnell bei der Hand, in den Anfechtungen „ein theures Pfand" von Gottes „Liebe" zu sehen, „dadurch wir seinem eingebohrnen Sohne alhier ähnlich werden" (7). Doch stimmt Francke – und dies ist der entscheidende Punkt – mit Luther darin überein, dass „allein die Anfechtung [...] aufs Wort merken" lehrt (Jes 28,19 in Luthers Übertragung): Die Anfechtung als *„das liebe Creutz* [50] */ ist [...] ein recht kräfftiges Mittel / die heilige Schrifft zu verstehen / ja vielmehr zu schmecken und zu empfinden."* (7)[51]

> „So bald dir etwas widriges begegnet / es sey innerlich oder äusserlich / so dencke / daß der Praeceptor da sey / und wolle dich examiniren / was du aus der H. Schrifft gelernet hast / so siehe dich denn flugs nach einem Sprüchlein umb / das sich auf deine Noth und Anliegen schicket." (7)

Wird nach Luther den, der die Schrift meditiert und beherzigt, „der Teuffel heimsuchen, dich zum rechten Doctor machen [...] und durch seine anfechtunge leren, Gottes wort zu suchen und zu lieben"[52], so hat Francke mit seinem „Praeceptor" weniger den erbitterten Widersacher im Blick, der Gottes Güte und Gnade verdunkelt, als den zwar strengen, gleichwohl aber gütigen Lehrer, den Pädagogen, der auch durch das Examen erzieht und in die Heilige Schrift hineinbildet, indem er die ganze Aufmerksamkeit auf sie lenkt. In dieser Aufmerksamkeit gilt dann freilich wiederum, wie bei Luther, sich von der Anfechtung und Not nicht bannen zu lassen, sondern sich ganz dem Schriftwort zuzuwenden, das sie überwindet. „Findest du dann ein Sprüchlein / so laß nur deine Gedancken [...] von der äusserlichen Noth fahren / und wende sie nur auff solches Sprüchlein / und erwege solches fein andächtiglich in deinem Hertzen" (7).

---

49 Vgl. besonders: CHRISTUS. Der Kern heiliger Schrifft / Oder / Einfältige Anweisung / wie man Christum / als den Kern der gantzen heiligen Schrifft / recht suchen / finden / schmäcken / und damit seine Seele nähren / sättigen und zum ewigen Leben erhalten solle. In: Werke (s. o. Anm. 1), 232–248.
50 Chyträus (dessen einschlägige Schrift [s. o. Anm. 15] Francke kennt: s. o. Anm. 28) faßt den dritten Leitbegriff aus Luthers Ternar, die „tentatio", vor allem als „crux" (Kaufmann, aaO [s. o. Anm. 6], 283 f). Auch Franckes Unterscheidung von „innerlicher" und „äusserlicher"Anfechtung durch Kreuz und Leiden (7) begegnet schon bei Chyträus (Kang [s. o. Anm. 6], 100 f) und bei Hafenreffer (Kang, aaO, 108 f).
51 Vgl. Franckes Lectiones paraeneticae, oder öffentliche Ansprachen an die Studiosos theologiae auf der Universität Halle, 7 Teile, Halle 1726 ff, Teil II, 328: Der Studiosus theologiae „soll die göttliche Wahrheit [...] in orationem et meditationem einführen, und gewärtig seyn, daß es Gott per tentationem noch erst recht läutere, damit wirs nicht im blossen natürlichen Wissen in unserm Gehirn haben, sondern die Kraft davon in unserer Seele erfahren mögen."
52 WA 50, 660,9 f (Vorrede 1539; s. o. Anm. 5).

Die Anfechtung treibt und führt wieder in die Meditation und in das Gebet. Mit einem plerophorischen Gebetswunsch, der Eph 1,17–20 aufnimmt, schließt wirkungsvoll der gesamte „Einfältige Unterricht".

12 Philologie des Kreuzes. Hamanns „Spiritualität": Bibelfrömmigkeit

I Homme de lettres

Johann Georg Hamann[1], „homme de lettres"[2], Publizist und Schriftsteller, wurde 1730 in Königsberg geboren, war nach abgebrochenem Universitätsstudium Hauslehrer, dann Übersetzer und Packhofverwalter beim preußischen Zoll am Hafen von Königsberg, lebte mit Anna Regina Schumacher, der Mutter seiner vier Kinder, in einer „Gewissensehe" und starb 1788 in Münster in Westfalen.[3] *Seine Spiritualität ist radikale und konsequente Bibelfrömmigkeit, die in ihrer Tiefe und Weite ihresgleichen sucht.* „Ich habe die Bibel mit einem fame canina [einem wahren Wolfshunger] verschlungen und las täglich darin. Sie war mein Element und Aliment".[4] An seinen Bruder schreibt er: „Laß die Bibel dein täglich Brot sein, nimm hin und iß es"![5] Im Rückblick auf seine in London 1758 geschehene Lebenswende, einer Wende von den vielen Büchern, „leidigen Tröstern"[6], zu dem einen Buch, das alle übrigen Bücher samt dem Buch der Natur und Geschichte erst aufschließt, bekennt er, daß „meinen Hunger nichts anderes als dieses Buch

---

1 Johann Georg Hamann, Sämtliche Werke. Historisch-kritische Ausgabe von Josef Nadler, 6 Bände, Wien 1949–57 (zit. „N" unter Angabe von Band-, Seiten- und Zeilenzahl); Johann Georg Hamann, Londoner Schriften. Historisch-kritische Neuedition von Oswald Bayer und Bernd Weißenborn, München 1993 (zit. „BW" unter Angabe der Seiten- und Zeilenzahl); Johann Georg Hamann, Briefwechsel, Bd. I –III, hg.v. Walther Ziesemer und Arthur Henkel, Wiesbaden 1955 – 57 (zit. „ZH" unter Angabe von Band-, Seiten- und Zeilenzahl), Johann Georg Hamann, Briefwechsel, Bd. IV-VII, hg.v. Arthur Henkel, Wiesbaden 1959, Frankfurt/M. 1965 –1979 (zit. „H" unter Angabe von Band-, Seiten- und Zeilenzahl).
2 N II, 149,5 (Kreuzzüge des Philologen, 1762); ZH I, 245,22, an Gottlob Immanuel Lindner im September 1758; ZH II, 222,19, an Johann Gotthelf Lindner am 26. Juli 1763; ZH II, 372,6, von Johann Gottfried Herder am 22. Mai 1766; ZH II, 451,9, von Johann Gottfried Herder am 11./12 Mai 1769.
3 Einen Überblick über Leben und Werk bieten: Sven-Aage Jørgensen, Johann Georg Hamann (Sammlung Metzler 143), Stuttgart 1976; Oswald Bayer, Art. Hamann. In: TRE XIV, 1985,395 – 403; Ders., Zeitgenosse im Widerspruch. Johann Georg Hamann als radikaler Aufklärer, München 1988; kurz: Ulrich Moustakas, Art. Hamann. In: RGG⁴, Bd. 3, 2000, Sp.1396 f.
4 ZH II, 442,32 f, an Johann Gottfried Herder am 9. April 1769. Vgl. H V, 314,21–23, an Friedrich Heinrich Jacobi am 7. Januar 1785: „Was *Homer* den *alten* Sophisten war; sind für mich die *heiligen Bücher* gewesen, aus deren Quelle ich bis zum Misbrauch vielleicht ich mich überrauscht". Amalie von Gallitzin schreibt am 17. Februar 1785 an Friedrich Heinrich Jacobi, von der heiligen Schrift sei Hamanns „ganzes Wesen impregnirt" (ZH V, 490, 24).
5 ZH I, 401,22 f, an seinen Bruder im August 1759.
6 Wie sie Hamann mit Hi 16,2 nennt: BW 342,17 = N II, 39,27 (Gedanken über meinen Lebenslauf).

gestillt, daß ich es wie Johannes geschluckt, und seine Süßigkeit und Bitterkeit", Gesetz und Evangelium, „geschmeckt habe"[7]. Hamann zitiert dabei die Johannesoffenbarung (10,8 – 11) und mit ihr Ezechiel (3,1 – 5): Der Prophet bekommt eine Schriftrolle zu essen; er ißt sie – vergleichbar der Abendmahlshostie – , um *das gehörte und gelesene Wort sich ganz einzuverleiben*, doch ohne es in solcher Aneignung aufzuzehren und in seinem Eigenstand und Anderssein zu negieren.[8]

Wie die Bibel Hamanns Lebenshunger und Lebensdurst gestillt hat, erfahren wir aus seinen „Gedanken über meinen Lebenslauf" (1758), der Form nach einer pietistischen Generalbeichte. In ihnen bekennt Hamann einen Wortwechsel zwischen sich und Gott: „Ich habe in denselben mit Gott und mit mir selbst geredt. Den ersten in Ansehung meines Lebens gerechtfertigt, und mich angeklagt, mich selbst darinn angegeben und entdeckt"[9]. Dieser Wortwechsel ist ein hartes Gespräch, ein Kampf, wie ihn Jakob am Jabbok führen mußte (Gen 32), ein Ringen, in dem der alte Mensch in den Tod gegeben wird – zugunsten des Lebens des neuen Menschen. Wie in der Erfahrung der Psalmen (Ps 51,5 f), des Paulus (Röm 3,4) und Luthers geht es um das Bekenntnis der eigenen Sünde und um das Lob des diese Sünde vergebenden Gottes, um den sündigenden Menschen und den rechtfertigenden Gott.[10]

In London wird, nachdem Hamann beruflich wie persönlich gescheitert war, sein Leben gewendet. Von den vielen Büchern findet er zu dem *einen* Buch, aus der Zerstreutheit zur Konzentration auf das Not Wendende, aus unerträglicher Unruhe zu der Gewißheit, im Autor der Bibel den Autor seiner Lebensgeschichte durch die „Höllenfahrt der Selbsterkänntnis"[11] hindurch als Freund gefunden zu haben, der ihn auslegt und versteht.[12]

---

[7] ZH I, 305,6 – 8, an Johann Gotthelf Lindner am 21. März 1759.
[8] Im Verhältnis der Zueignung von außen zur Aneignung von innen liegt Hamann an dem nicht nur zeitlichen, sondern vor allem sachlichen Vorrang des Äußeren vor dem Inner(lich)en (vgl. nur BW 304,8 – 10 = N I, 243,18 – 20, u. bei Anm. 27 zitiert) – wie dies der Sache nach gegenwärtig, unter Berufung auf Levinas, eindrucksvoll und höchst provozierend von Bernd Wannenwetsch, Lob der Äußerlichkeit. Evangelische *praxis pietatis* als gottesdienstliche Frömmigkeit (in: Denkraum Katechismus, hg. v. Johannes von Lüpke und Edgar Thaidigsmann, Tübingen 2009, 387 – 413) vertreten wird.
[9] BW 345,7 – 9 = N II, 42,17 – 19 (Gedanken über meinen Lebenslauf).
[10] Der sündigende Mensch und der rechtfertigende Gott ist für Luther das „subiectum Theologiae": Thema und Gegenstand der Theologie: WA 40 II, 327,11 – 328,2; zu Ps 51,2, 1532.
[11] N II, 164,18 (Kreuzzüge des Philologen, 1762).
[12] BW 342,20 – 31 (= N II, 39,31 – 40,2). Vgl. Oswald Bayer, Wer bin ich? Gott als Autor meiner Lebensgeschichte. In: Ders., Gott als Autor. Zu einer poietologischen Theologie, Tübingen 1999, 21 – 40, hier 39, bes. Anm. 73 (zur Metapher des „Freundes"). S. u. Anm. 91.

Diese Auslegung seiner selbst geschah im Medium tiefdringenden und weitgespannten Lesens der Bibel, in einer Textmeditation; *Selbstmeditation geschieht konstitutiv als Textmeditation und Textmeditation als Selbstmeditation.*[13] Der Knoten löst sich 1758 am „31. März des Abends"[14]. Ich las „das V. Capitel des V. Buchs Moses [Hamann meint des näheren V.5: „Du sollst nicht töten!"], verfiel in ein tiefes Nachdenken, dachte an Abel, von dem Gott sagte [Gen 4,11]: die Erde hat ihren Mund aufgethan um das Blut deines Bruders zu empfangen – – Ich fühlte mein Herz klopfen, ich hörte eine Stimme in der Tiefe desselben seufzen und jammern, als die Stimme des Bluts, als die Stimme eines erschlagenen Bruders, der sein Blut rächen wollte, wenn ich selbiges beyzeiten nicht hörte und fortführe mein Ohr gegen selbiges zu verstopfen. – daß eben dies Kain unstätig und flüchtig [Gen 4,12] machte. Ich fühlte auf einmal mein Herz quillen, es ergoß sich in Tränen und ich konnte es nicht länger – ich konnte es nicht länger meinem Gott verheelen, daß ich der Brudermörder, der Brudermörder seines eingeborenen Sohnes war".[15]

Hamann hört im Umgang mit dem Bibeltext – in einer Textmeditation, an der Intellekt und Affekt gleichermaßen beteiligt sind – die klagende und anklagende Stimme seines „Bruders", seines Nächsten, seines Mitmenschen, von dem er sich und den er von sich geschieden und mit dieser Scheidung getötet hat. Und zugleich ist es die Stimme Gottes, von dem er sich eben mit seiner Dissoziation vom Bruder geschieden hat. Er wird zugleich mit dem Brudermord des Gottesmordes überführt, ist doch „dieser Gott selbst Sein Nächster und seines Nebenmenschen Nächster im strengsten Verstande geworden"[16].

Gottes Stimme erfährt Hamann aus dem Bibeltext, den er nur kraft dessen versteht, der ihn geschrieben hat. Seine Aneignung des Textes ist keine eigenwillige und selbstmächtige, sondern entspringt der ihn von außen, vom leiblichen Wort des Buchstabens treffenden Zueignung. Nicht er legt die Bibel aus, sondern die Bibel legt ihn aus; sie ist, durch den Heiligen Geist, ihr eigener Ausleger. Entsprechend berichtet Hamann:

„Ich fuhr unter Seufzer[n], die vor Gott vertreten wurden durch einen Ausleger, der ihm theuer und werth ist [vgl. Röm 8,26 f], in Lesung des göttlichen Wortes fort und genoß eben

---

13 Vgl. Oswald Bayer, Text- und Selbstmeditation. In: Autorität und Kritik. Zu Hermeneutik und Wissenschaftstheorie, Tübingen 1991, 27–32.
14 BW 343,29 = N II, 40,38 (Gedanken über meinen Lebenslauf, 1758).
15 BW 343,28–39 = N II, 40,38–10 (Gedanken über meinen Lebenslauf, 1758).
16 BW 410,19 f = N I, 302,29 f (Brocken, 16. Mai 1758; § 1). Vgl. BW 132, 9–12 = N I, 71, 30–33 (Biblische Betrachtungen, 1758); BW 272,3–274,26 = N I, 211,5–213,25 (Biblische Betrachtungen, 1758); BW 397–403 = N I, 291–297 (Biblische Betrachtungen, 7. Mai 1758).

des Beystandes, unter de[m] dasselbe geschrieben worden, als des einzigen Weg[es,] den Verstand dieser Schrift zu empfahen"[17].

Derselbe Geist, der das biblische Wort geschrieben hat, legt es auch authentisch aus.

II Gottes Geist: Fleisch, in Knechtsgestalt; trinitarische Kondeszendenz

Hamann macht die Erfahrung, im Lesen der Bibel gelesen, im Umgang mit ihr ausgelegt zu werden.

> „Ich erkannte meine eigene[n] Verbrechen in der Geschichte des jüdischen Volks, ich las meinen eigenen Lebenslauf, und dankte Gott für seine Langmuth mit diesem seinem Volk, weil nichts als ein solches Beyspiel mich zu einer gleichen Hoffnung berechtigen konnte."[18]

Der so Lesende und Gelesene nimmt die eigene Lebensgeschichte nicht isoliert wahr, weil er sie als Geschichte Israels en miniature versteht. Die Geschichte Israels wird damit nicht etwa zur Seelengeschichte eines Individuums verengt. Vielmehr erfährt sich durch sie und den in ihr redenden Gott ein einzelner Mensch mit seiner konkreten Lebensgeschichte aus leerer Subjektivität, öder Selbstbezogenheit und wüster Tiefe gerade herausgeführt und in die Weite der Schöpfung und Geschichte hineingestellt.

> „Ich bin überzeugt, daß jede Seele eine Schaubühne so großer Wunder ist, als die Geschichte der Schöpfung und der ganzen heiligen Schrift in sich schlüst. Der Lebenslauf jedes Christen ist im Tagewerke Gottes, in Bündnisse[n] desselben mit den Menschen, in Übertretungen, Warnungen, Offenbarungen, wunderthätigen Erhaltungen pp. begriffen. Kann einem Christen, der vom Tode der Sünden zu einem neuen Leben hervorgegangen, die Erhaltung Jonas, die Auferweckung des Lazarus, die Heilung eines Krüppels pp. als größere Wunder vorkommen[?]. Sagt dies nicht selbst unser Heyland: Was ist leichter Sünden zu vergeben oder zu sagen: Nimm dein Bett und gehe frei [Mk 2,9]?"[19]

Hamanns Spiritualität als Bibelfrömmigkeit ist – wie schon deutlich wurde und nun noch weiter deutlich zu machen ist – geprägt von einem ganz bestimmten

---

17 BW 344,5–8 = N II, 41,16–20 (Gedanken über meinen Lebenslauf, 1758).
18 BW 343,14–18 = N II, 40,25–29 (Gedanken über meinen Lebenslauf, 1758).
19 BW 403,10–19 = N I, 297,25–35 (Biblische Betrachtungen, 7. Mai 1758).

worttheologisch trinitarischen Verständnis der Präsenz und Wirkung des Heiligen Geistes im und durch das leibliche Wort des sinnlichen Bibelbuchstabens.

> „Jede biblische Geschichte ist eine Weissagung – die durch alle Jahrhunderte – und in jeder Seele des Menschen erfüllt wird. Um die Allgegenwart und Allwissenheit des Geistes Gottes zu glauben und zu fühlen, darf man nur die Bibel aufschlagen. Jede Geschichte trägt das Ebenbild des Menschen, einen Leib, der Erde und Asche und nichtig ist [Gen 2,7; 3,19], den sinnlichen Buchstaben, aber auch eine Seele, die den Hauch Gottes, und der Othem seines Mundes [Gen 2,7], das Licht und das Leben, das im Dunkeln scheint und von der Dunkelheit nicht begriffen werden kann [Joh 1,4 f]. Der Geist Gottes in seinem Wort offenbart sich wie d[as] Selbständige – in Knechtsgestalt [Phil 2,7] – ist Fleisch – und wohnt unter uns voller Gnade und Wahrheit [Joh 1,14]".[20]

Der Geist Gottes „ist Fleisch"; der Geist Gottes „in Knechtsgestalt"!

> „Es gehört zur Einheit der göttlichen Offenbarung, daß der Geist Gottes sich durch den Menschengriffel der heiligen Männer, die von ihm getrieben worden, sich eben so erniedrigt und seiner Majestät entäußert, als der Sohn Gottes durch die Knechtsgestalt und wie die ganze Schöpfung ein Werk der höchsten Demuth ist."[21]

Hamanns worttheologisch trinitarisches Verständnis des Heiligen Geistes spitzt sich in charakteristischer Weise in den Gottestitel des „Poeten"[22] zu. „Gott ein Schriftsteller![...] Die Eingebung dieses Buches ist eine eben so große Erniedrigung und Herunterlassung Gottes als die Schöpfung des Vaters und Menschwerdung des Sohnes."[23]

> „Wie hat sich Gott der Vater gedemüthigt, da er einen Erdtenkloß nicht nur bildete, sondern auch durch seinen Othem beseelte. Wie hat sich Gott der Sohn gedemüthigt, er wurde ein

---

20 BW 421,3–13 = N I, 315,3–13 (Betrachtungen über Newtons Abhandlung von den Weissagungen, 1759?). Hamanns Text ist so zu korrigieren, um verständlich zu sein: „,... Seele, den Hauch Gottes und den Othem seines Mundes". Zu Hamanns pneumatologischem Bibelverständnis vgl. weiter: BW 304,11–28 (Biblische Betrachtungen; zu 2Petr 1,20), u. bei Anm. 27 zitiert.
21 N II, 171,4–8 (Kleeblatt Hellenistischer Briefe. In: Kreuzzüge des Philologen, 1762).
22 Nach dem Nizänischen Glaubensbekenntnis ist Gott der „Poiet" des Himmels und der Erde. Der Titel des „Poieten" sagt in glücklicher Prägnanz die Identität von Gottes Handeln und Gottes Reden: In seinem sprechenden Werk und wirksamen Sprechen ist er „Poet" (N II, 206,20; Aesthetica in nuce, 1762): Er tut, was er sagt, und sagt, was er tut. Zugleich schreibt er, was er sagt und tut, spricht und wirkt; ins Wort begibt er sich nicht nur mündlich, sondern, als Autor der biblischen Texte, auch schriftlich, ist also „ein Schriftsteller".
23 BW 59,3 = N I,5; Über die Auslegung der heiligen Schrift, 1758 ?). Vgl. Joachim Ringleben, Gott als Schriftsteller. Zur Geschichte eines Topos. In: Johann Georg Hamann. Autor und Autorschaft (Acta des sechsten Internationalen Hamann-Kolloquiums 1992), hg.v. Bernhard Gajek, Frankfurt/ M.1996, 215–275. Ders, Rede, dass ich dich sehe, Göttingen 2021, 29–93.

Mensch, er wurde der geringste unter den Menschen, er nahm Knechtsgestalt an, er wurde der unglücklichste unter den Menschen; er wurde für uns zur Sünde gemacht; er war in Gottes Augen der Sünder des ganzen Volks. Wie hat sich Gott der heilige Geist erniedrigt, da er ein Geschichtsschreiber der kleinsten, der verächtlichsten, der nichts bedeutendesten Begebenheiten auf der Erde geworden um dem Menschen in seiner eigenen Sprache, in seiner eigenen Geschichte, in seinen eigenen Wegen die Rathschlüsse, die Geheimnisse und die Wege der Gottheit zu offenbaren?"[24]

Hamanns Spiritualität als Bibelfrömmigkeit ist durch und durch vom Geheimnis dieser trinitarischen Kondeszendenz bestimmt.

III „Anwendung"

Erzählte Geschichten bieten Identifikationsmöglichkeiten. Plötzlich sehe ich mich selbst in der erzählten Geschichte und höre sie als meine eigene Geschichte: Mutato nomine de te fabula narratur, Du brauchst nur den Namen zu ändern, und die Geschichte erzählt von dir – ein Wort des Horaz, das Hamann für seinen Umgang mit der Bibel besonders wichtig war.[25]

Für Hamann schließt die Bibel als Geschichtenbuch die Welt der Natur und Geschichte in ihrer ganzen Tiefe und Weite nicht etwa aus, sondern überhaupt erst auf. Von ihr aus erkennen wir uns selbst, „unser eigen Leben und andere Gegenstände, Völker und Begebenheiten":

> „Wir haben ein groß[es] Vorurtheil in Ansehung der Einschränkung die wir von Gottes Wirkung und Einfluß bloß auf das jüdische Volk machen. Er hat uns bloß an dem Exempel desselben die Verborgenheit, die Methode und die Gesetze seiner Weisheit und Liebe erklären wollen, sinnlich machen; und uns die Anwendung davon auf unser eigen Leben und auf andere Gegenstände, Völker und Begebenheiten, überlassen".[26]

Diese „Anwendung" hat Hamann mit seiner ganzen Existenz und seinem ganzen Werk in einer erstaunlichen Konsequenz vollzogen. „Die heilige Schrift sollte unser Wörterbuch, unsere Sprachkunst seyn, worauf alle Begriffe und Reden der Christen sich gründeten und aus welchen sie bestünden und zusammengesetzt

---

24 BW 151,37–152,8 = N I, 91,7–17 (Biblische Betrachtungen, 1758). Vgl. BW 346, 17–29, bes. 25–29 = N II, 43,28–40, bes. 36–40 (Gedanken über meinen Lebenslauf, 1758) und BW 160,19–161,15 = N I, 99,24–100,19 (Biblische Betrachtungen, 1758).
25 Horaz, Satiren I/1,69 f („quid rides? Mutato nomine de te fabula narratur"). Von Hamann mit 2Sam 12,7 verquickt: „Warum lachst du aber? Du bist selbst der Mann der Fabel"! (ZH I, 396,26 f, an Johann Gotthelf Lindner am 18. August 1759.
26 BW 411,7–8 = N I, 303,11–18 (Brocken, § 3; 1758).

würden."²⁷ Hamann, „zum *bibelfesten* Mann gemacht"²⁸, ist dieser programmatischen Forderung in einer einzigartigen Weise nachgekommen.

In der Konzentration auf das eine Buch und dessen Autor wird Hamann aufgeschlossen für das „Buch der Natur und der Geschichte"²⁹. Diese Aufgeschlossenheit bewährt er in radikaler – freilich kritischer – Zeitgenossenschaft. Er liest und hört die Selbstvorstellung des Autors des Buches der Natur und Geschichte: „Ich bin der HERR, Dein Gott" samt dem ersten Gebot: „Du sollst keine anderen Götter neben mir haben" radikal in seiner Zeit, verwickelt in die Kommunikationsprozesse, in denen Mitte des 18. Jahrhunderts keineswegs zufällig das Wort „Öffentlichkeit" aufkommt.³⁰

Seit seiner Mitarbeit an der Wochenzeitschrift „Daphne" während seiner Studentenzeit Publizist, in der späteren Zeit (1764–1779) Verfasser zahlreicher Rezensionen für die „Königbergschen Gelehrten und Politischen Zeitungen"³¹, war Hamann aus der Wurzel seiner Existenz heraus auf Kommunikation bedacht. Die neu aufkommende Sensibilität, mit der die Intelligenz seiner Zeit an den Kommunikationsprozessen, an freundschaftlichem Gespräch und Briefwechsel, am Verhältnis von Autor und Leser, nicht zuletzt am Rezensentenwesen teilnahm, ist bei Hamann aufs äußerste gesteigert. In seine leidenschaftliche und reflektierte Teilnahme an seiner Zeit und seinen Zeitgenossen dringt mit der in London geschehen Lebenswende eine neu orientierende, eine spezifisch biblisch christliche Bestimmung.

IV Der Zeuge will nicht überzeugen; Einzelner vor Gott

Was und wie Hamann, indem er gelesen wurde, gelesen hat, läßt ihn nicht stumm; er muß es bezeugen. „Ich glaube; darum rede ich [Ps 116,10 und 2Kor

---

27 BW 304,8–10 = N I, 243,18–20 (Biblische Betrachtungen, zu 1Petr 4,11: „Wenn jemand redet, rede er als Gottes Wort"). Eine tiefschürfende und scharfsinnige Analyse und Interpretation dieses hermeneutischen Grundsatzes Hamanns legt vor: Knut Martin Stünkel, Biblisches Formular und soziologische Wirklichkeit. In: Ders., Leibliche Kommunikation. Studien zum Werk Johann Georg Hamanns, Göttingen 2018, 179–202.
28 ZH I, 340,34, an Johann Gotthelf Lindner am 5. Juni 1759: „Gott hat mich zum *bibelfesten* Mann gemacht".
29 BW 417,7–9 = N I, 308,34–36 (Brocken, § 8; 1758). Vgl. u. bei Anm. 67.
30 Vgl. Jürgen Habermas, Strukturwandel der Öffentlichkeit. Untersuchungen zu einer Kategorie der bürgerlichen Gesellschaft (1962), Frankfurt/M. (1990) ⁶1999.
31 N IV, 257–435.

4,13];"[32] ich lese, darum schreibe ich. Doch hat ihn, der zeitlebens stotterte[33], die Zeugenschaft, zu der er mit seiner Lebenswende in London berufen wurde, nicht in ein kirchliches Amt geführt. Minister verbi divini, Diener des göttlichen Wortes, war er als Publizist und Schriftsteller[34] – darin, wie in vielem anderen, Kierkegaard, aber auch Jochen Klepper[35] vergleichbar. Die Schriftstellerei ist ein Predigtamt eigener Art. So bewegt sich Hamanns Sprache nicht in den üblichen Formen reformatorischer Predigttradition. Die bildkräftige Sprache der Lutherbibel verflicht sich vielmehr in die Lebensgeschichte des Autors, in konkrete Gesprächssituationen, Begegnungen, publizistische Konstellationen, Rezensionen, Repliken, in die Antikritik und Metakritik. Hamann geht auf den Gegner ironisch und spottend, parodierend und persiflierend, scheltend und abstoßend ein. Dabei bedient er sich, noch in der Republica Litteraria, vor der Zeit des Abbruchs der rhetorischen Tradition, lebend, der Mittel der – freilich antipersuasiven[36] – Rhetorik, eingesetzt in die Strategie seiner Zeugenschaft. So inszeniert er „den Zusammenstoß von Genus humile und Genus sublime", entfaltet den Gehalt der gebrauchten Bilder und Metaphern nicht, „sondern reiht sie hart und unvermittelt aneinander und zwingt den Leser, sich um eine Deutung selber zu bemühen"[37] und dabei er selbst zu werden.

Seine Aufgabe sieht Hamann darin, die biblische Botschaft inmitten der Aufklärung, des siècle philosophique, zu bezeugen. So läßt er sich in den „Sokratischen Denkwürdigkeiten" (1759)[38] auf die Sprache des von der Gestalt des

---

32 ZH I, 453,8f, an Kant im Dezember 1759; vgl. N III, 25. Das Verhältnis der Londoner Lebenswende zu der daraus folgenden existentiellen und literarischen Zeugenschaft bestimmt treffend: Johannes von Lüpke, Hamanns „Brocken" und ihre englischen Hintergründe. In: Johann Georg Hamann und England, Acta des siebten Internationalen Hamann-Kolloquiums 1996, hg.v. Bernhard Gajek, Frankfurt/M. 1999, 41–58, hier 41: „Der Bewegung der Kontraktion, die auf den Punkt der alles entscheidenden Erkenntnis drängt, folgt die Expansion."
33 Vgl. z.B. ZH II, 225,27 (an die Königlich Preußische Kriegs- und Domänenkammer zu Königsberg i.Pr. am 29. Juli 1763); H VI, 258,24f, an Friedrich Heinrich Jacobi am 6. Februar 1786.
34 Vgl. Wolfgang-Dieter Baur, Johann Georg Hamann als Publizist. Zum Verhältnis von Verkündigung und Öffentlichkeit (TBT 49), Berlin/New York 1991.
35 Vgl. Oswald Bayer, Leidend loben. Das Wortamt des Dichters. In: Ders., Gott als Autor (s.o. Anm. 12), 41–50, bes. 48–50 („Irreguläres Pfarramt"). Vgl. Teil III, Kap. 22: „Der du allein der Ewige heißt".
36 Vgl. Tim Hagemann, Reden und Existieren. Kierkegaards antipersuasive Rhetorik, Berlin/Wien 2001; Ders., Art. „Antipersuasive Rhetorik. In: HWRh, hg.v. Gert Ueding, Bd. 10, Berlin 2012, Sp. 45–51. Zur Bedeutung der antipersuasiven Rhetorik für die Homiletik: Albrecht Haizmann. Indirekte Homiletik. Kierkegaards Predigtlehre in seinen Reden, Leipzig 2006.
37 Sven-Aage Jørgensen, Johann Georg Hamann. Sokratische Denkwürdigkeiten / Aesthetica in nuce (= Reclam 926/26a), Stuttgart 1968, 176f.
38 N II, 57–82 bzw. Reclam 926/26a (s.o. Anm. 37), 3–73.

Sokrates begeisterten 18. Jahrhunderts [39] ein. Durch den Zeitgeist und durch das Publikum hindurch sucht er seine Freude, Christoph Berens und Immanuel Kant, zu erreichen. Dem entspricht die doppelte Zuschrift, mit der die „Sokratischen Denkwürdigkeiten" (1759) beginnen: „An das Publicum, oder Niemand den Kundbaren" sowie „An die Zween". Die beiden Freunde können nicht unmittelbar erreicht werden, sondern nur mittelbar, nur indirekt. Denn sie haben im Innersten Anteil an der Öffentlichkeit; sie gehören wesentlich zum Publikum. Das Publikum aber hat Macht; es fasziniert und macht von sich abhängig. Mit der Veröffentlichung der „Sokratischen Denkwürdigkeiten" beabsichtigt Hamann, zwei frühere Freunde, die dem Publikum hörig sind, zu befreien – zwei „*Deiner* Anbeter [...] von dem Dienst *Deiner Eitelkeit* zu reinigen"[40]. Das Publikum, der allwissende Niemand, soll durch den unwissenden Sokrates in sich selbst überwunden, mit seinen eigenen Waffen geschlagen werden. Mit seiner Autorhandlung der „Sokratischen Denkwürdigkeiten" will Hamann den allwissenden Niemand und den unwissenden Sokrates so ineinander verwickeln, daß Kant und Berens aus dem Niemandsland, aus der viel wissenden und nichts verstehenden Anonymität heraustreten und zu Einzelnen werden, die gegen ihr Wissen skeptisch geworden sind und ihre Unwissenheit eingestanden haben, um dem Glauben Platz zu machen. Über den Erfolg seiner indirekten Predigt macht sich Hamann keine Illusionen und setzt als Motto auf das Titelblatt der „Sokratischen Denkwürdigkeiten" den Anfang der Satiren des Persius: „.... ‚Wer wird denn so was lesen?' – Fragst du mich? / Wahrhaftig, niemand. – Vielleicht zwei, / vielleicht auch keiner!"[41] Als Zeuge will Hamann seinen Leser nicht überzeugen[42], geschweige denn überreden, sondern ihn veranlassen, selber zu denken und ein Einzelner zu werden – ein Einzelner vor Gott.

Systematisch denselben Ort wie die Rede vom transzendentalen Ich in der Philosophie Kants nimmt bei Hamann die Rede von der Barmherzigkeit ein, in der ich nicht zuerst verstehe, sondern verstanden bin und verstanden werde. An Ostern 1787 schreibt Hamann vom Krankenbett an Friedrich Heinrich Jacobi, mit dem er in den letzten Jahren seines Lebens ein intensives Briefgespräch führte, von ihm aber an entscheidenden Punkten nicht verstanden wurde: „Mit allem Kopf[zer]brechen geht es mir wie dem Sancho Pancha, daß ich mich endlich mit

---

39 Vgl. Benno Böhm, Sokrates im 18. Jahrhundert. Studien zum Werdegang des modernen Persönlichkeitsbewußtseins, Leipzig 1929.
40 N II, 59,26 f. Zitiert ist das Lied Gottfried Arnolds „O Durchbrecher aller Bande...", Str.4 („...von dem Dienst der Eitelkeiten"; vgl. Röm 8,19–23).
41 N II, 57 (freie Übersetzung).
42 Vgl. o. Anm. 36.

seinem Epiphonem [= Ausspruch] beruhigen muß: Gott versteht mich!"[43] „Des Sancho Pancha Transcendentalphilosophie ist mir so heilsam, wie des Samariters Oel und Wein."[44]

„Gott versteht mich!" Dieses Bekenntnis nimmt der Autor Hamann auch für seine Leser in Anspruch; sie sind „Leser im Verborgenen, die Gott besser kennt und versteht als Ich"[45]. Darin liegt ihre Freiheit. Die von sich aus sich mitteilende Wahrheit nötigt nicht; deshalb will ihr Zeuge ihr Kommen nicht erzwingen. Sie geschieht frei und ist das Majestätsrecht des Autors, der endgültig auslegt und urteilt. „Auslegen und Urtheilen gehört Gott zu" (Gen 40,8).[46]

Hamann wußte sich in einem eigentümlich zwiespältigen Verhältnis zum Publikum. Er war Schriftsteller in einem Zugleich von Verborgenheit und Öffentlichkeit, das tief bestimmt ist vom Geheimnis des Messias und seiner Parabeln (Mk 4,11f), wie es das Markusevangelium prägt, strukturgleich aber auch die paulinische und johanneische Theologie.

V Philologus crucis; Idiomenkommunikation

Hamanns Spiritualität überliefert sich uns wie durch seine Schriften durch seine Briefe, die allesamt durch einen seelsorglichen Grundzug geprägt sind, wenn denn Seelsorge heißt, den Nächsten – wie sich selbst – als Sünder und Gerechtfertigten wahrzunehmen.[47] Dieses Urmotiv bestimmt auch Hamanns Schriften, die sich immer in eine ganz konkrete – meist kontroverse – Gesprächssituation

---

43 H VII, 135,17–19, an Friedrich Heinrich Jacobi am 8. April 1787, Sancho Pansas „Gott versteht mich!": Miguel de Cervantes Saavedra, Der sinnreiche Junker Don Quijote von der Mancha, dt. von Ludwig Braunfels, München 1956, 579, 884, 972.
44 H IV, 340,5f, an Johann Gottfried Herder am 17. September 1781.
45 N IV, 460, 10–13; 1788?. Vgl. ZH I, 425, 30–37, an Johann Gotthelf Lindner am 12. Oktober 1759; H VI, 269,24: „wer kann *Menschen* ins Herz sehen"?, an Friedrich Heinrich Jacobi am 15. Februar 1786 sowie H VII, 458,12, an Johann Gottlieb Steudel am 4, Mai 1788: „Gott kennt Sie beßer als Sie leider! Sich selbst kennen"; weiter: 459,31–35 (an dens.). Zu Hamanns Verständnis kritischer Selbsterkenntnis im Vergleich mit Kant: Oswald Bayer unter Mitarbeit von Benjamin Gleede und Ulrich Moustakas, Vernunft ist Sprache. Hamanns Metakritik Kants, Stuttgart-Bad Cannstatt 2002, 67–90.
46 H IV, 314,25f, an Johann Caspar Häfeli am 22. Juli 1781; Hamanns Hervorhebungen aufgehoben. Vgl. H III, 89,30–32, an Immanuel Kant im April 1774. Zum gesamten Abschnitt s.o. Kap. 8: „Das alte Buch in neuer Zeit".
47 Ein besonders schönes Beispiel ist Hamanns Brief an Johann Caspar Lavater vom 18. Januar 1778. Dazu: s.u. Kap. 13 „Geschmack an Zeichen".

hineinschreiben. In ihrer Grundstrukur und Absicht sind sie – nicht nur nach Hamanns Selbstverständnis – lutherisch.

Spezifisch lutherisch ist zunächst Hamanns Liebe zum Wort; er versteht sich als Philologe. Im Entscheidenden gilt seine Liebe dem „Wort vom Kreuz" (1Kor 1,18); er war „Philologus crucis"[48], Kreuzesphilologe. „Kreuzzüge des Philologen" nannte Hamann eine 1762 erscheinende Sammlung seiner Schriften. Aus dem Kreuz kommt die Kraft der Kritik seiner kritischen Philologie, in der er sich auf Reimarus und Lessing, Mendelssohn, Friedrich den Großen, nicht zuletzt aber auf Kant einläßt. In konkretem Widerspruch zu diesen und weiteren Zeitgenossen schreibt er zum verantwortlichen Umgang mit den Mitgeschöpfen als „Pflichtträger der Natur"[49], zu Vernunft und Sprache, zu Zeit und Geschichte, zu Sexualität und Ehe sowie, besonders in seinen französischen Schriften, zur Politik.[50] In allen diesen Gebieten wollte Hamann auf seine Weise – gleichsam in einem irregulären Pfarramt – nichts anderes und niemand anderen bezeugen als den Mensch gewordenen und gekreuzigten Gott, der „den Juden ein Ärgernis und den Griechen eine Torheit" ist (1Kor 1,23). Zusammen mit 1Kor 1,27 setzte man dieses Wort ihm, der „lebendig in diesem spruch verhullt" wahrgenommen wurde,[51] 1788 in Münster auf den Grabstein. Und darunter: „Johann Georg Hamann, viro christiano", dem Christen.

Die lutherische Physiognomie der Schriften Hamanns erscheint besonders sprechend im Titel der Schrift „Golgatha und Scheblimini! Von einem Prediger in der Wüsten..."[52], 1784 als Antwort auf Moses Mendelssohns „Jerusalem oder über religiöse Macht und Judenthum" (1783) in der „Wüste", im rationalistischen Berlin, erschienen. Mit dem Alten Testament (Ps 110,1: Scheblimini = „Setze dich zu meiner Rechten!") tritt Hamann gegen aufgeklärtes Judentum für das Christentum ein. Dessen Mitte liegt in der Verschränkung von „Golgatha" und „Scheblimini", im Geschehen der Kreuzigung und Auferweckung Jesu Christi, in „der irdischen Dornen- und himmlischen Sternenkrone und in dem kreuzweis ausgemittelten Verhältnis der tiefsten Erniedrigung und erhabensten Erhöhung

---

48 N II, 249,31f. Näheres: Oswald Bayer, Kreuzesphilologie. In: Ders., Leibliches Wort. Reformation und Neuzeit im Konflikt, Tübingen 1992, 105–124, hier 105, Anm. 1: Ders., und Christian Knudsen, Kreuz und Kritik. Johann Georg Hamanns Letztes Blatt. Text und Interpretation (BHTh 66), Tübingen 1983, bes. 76f und 100–115 („Offenbarung und Passion").
49 N III, 299,15 („Pflichtträger" von Hamann hervorgehoben); Golgatha und Scheblimini, 1784.
50 Hamanns Stellungnahmen zu all diesen Themenfeldern sind dargestellt in: Zeitgenosse (s.o. Anm. 3).
51 Kreuz und Kritik (s.o. Anm. 48), 77, bei Anm. 204.
52 N III, 291–318.

beyder entgegengesetzten[sic!] Naturen"⁵³. Diese im Titel der Schrift figurierte Mitte bestimmte Hamanns Leben, Lesen und Schreiben bis in die feinsten Verästelungen hinein. Die wechselseitige Teilgabe und Teilnahme der Besonderheiten göttlicher und menschlicher Natur aneinander, die „*communicatio* göttlicher und menschlicher *idiomatum* ist ein Grundgesetz und der Hauptschlüssel aller unsrer Erkenntniß und der ganzen sichtbaren Haushaltung"⁵⁴.

„Golgatha und Scheblimini" ist „der wahre Innhalt meiner ganzen Autorschaft, die nichts als ein *evangelisches Lutherthum* in petto hat"⁵⁵. Der „Fliegende Brief an Niemand, den Kundbaren" – Hamanns letzte Schrift – dient der „Entkleidung meiner kleinen Schriftstellerey, und Verklärung ihres Zwecks, das verkante *Christentum* und *Luthertum* zu erneuern, und die demselben entgegengesetzte[n] Misverständniße aus dem Wege zu räumen"⁵⁶; es schließt mit dem Bekenntnis, es sei das „Christentum" im Sinne des „Luthertums", das „meine geheime Autorschaft über ein Vierteljahrhundert im Schilde geführt"⁵⁷. In seinem „Schmack und Kraft allein dem Pabst- und Türkenmord jedes Aeons gewachsen" ist vor allem Luthers Kleiner Katechismus, der nach Hamanns Selbstzeugnis im Innern des „alcibiadischen Gehäuses" seiner spröden Schriften – wie das Götterbild im Silenschrein – steckt und in dieser Verpuppung aus einem religiösen Ghetto heraus in die Öffentlichkeit geschmuggelt wird „zum gerechten Aergernis unserer Lügen- Schau- und Maulpropheten"⁵⁸.

Neben der Bibel und dem Gesangbuch gehörte der Katechismus zu den drei „Leibbüchern"⁵⁹ – Leib- und Magenbüchern – Hamanns; in diesen drei Büchern war der Königsberger Sokrates durch Haus, Schule und Kirche verwurzelt.⁶⁰

---

53 N III, 405,29–407,3 (Fliegender Brief II, 1786f).
54 N III, 27,11–14 (Des Ritters von Rosencreuz letzte Willensmeynung über den göttlichen und menschlichen Ursprung der Sprache, 1772). Vgl. u. Anm. 82.
55 H VI, 466,22–24, an Heinrich Schenk am 12. Juli 1786.
56 H VII, 43,36–44,2, an Friedrich Heinrich Jacobi am 5. November 1786.
57 N III, 407,16–18, Fliegender Brief II, 1786f.
58 ZH III, 67,2–14, an Friedrich Carl von Moser am 1. Dezember 1773. Zitiert ist das Lutherlied „Erhalt uns, Herr, bei deinem Wort / und steu'r des Papst und Türken Mord..." (WA 35, 467,26f). Im Kampf gegen die Literaten und Philosophen, die im überschwenglichen Gebrauch ihrer Vernunft die gebotene Skepsis vermissen lassen und in ihrem Dogmatismus „orthodox" geworden sind, will Hamann „keine andere Orthodoxie als unsern kleinen Lutherschen Katechismus" kennen (N III, 173,7 f, Zweifel und Einfälle, 1776).
59 ZH I, 293,34–294,15, an Gottlob Immanuel Lindner am 9. März 1759.
60 Diese Verwurzelung ist wichtiger als Hamanns eigens unternommene Lektüre von Lutherschriften. Dazu: Oswald Bayer, Sokratische Katechetik? Ein Streit um den Kleinen Katechismus in der Aufklärung. In: Leibliches Wort (s.o. Anm. 48), 125–148 und Martin Seils, Hamann und Luther. In: Die Gegenwärtigkeit Johann Georg Hamanns, Acta des achten Internationalen Hamann-Kolloquiums 2002, hg.v. Bernhard Gajek, Frankfurt/M. 2005, 427–440. Mit umfassenden Belegen:

Seiner metakritischen Reflexion des Katechismusunterrichts[61] geht es wiederum um indirekte Existenzmitteilung. „Ob Kinder viel oder wenig Antworten können, daran ist nicht so viel gelegen, als daß Sie die einzige Frage verstehen: WER BIST DU?"[62], die nur vor Gott im je eigenen Glauben Antwort findet. Ob es jedoch zu diesem Glauben und damit zu der Gewißheit und dem Bekenntnis „Gott versteht mich!"[63] kommt, liegt nicht an der Überzeugungskraft des Lehrers – aber auch nicht an der Erinnerungskraft des Schülers, dessen Einsicht durch einen Hebammendienst des Lehrers lediglich entbunden würde. Denn: „Glaube ist nicht jedermanns Ding [2Thess 3,2] und auch nicht communicable wie eine Ware, sondern das Himmelreich und die Hölle in uns"[64]. Trifft dieser Satz zu, dann hat er weitreichende Konsequenzen für die Homiletik.[65]

VI Elementare und umfassende Ästhetik

Insgesamt läßt sich Hamanns Spiritualität, radikale und konsequente Bibelfrömmigkeit, als elementare und umfassende Ästhetik charakterisieren – eine Ästhetik, die nicht nur einen Ausschnitt der Wirklichkeit betrifft, sondern die Wirklichkeit und Welt schlechthin. Von der Bibel her gilt: „Jedes Buch ist mir eine Bibel"[66], auch das Buch der Natur und Geschichte.[67] Die ganze Welt und Wirklichkeit ist ein Wort, das sich mir zu hören und zu lesen gibt, dem ich antworten darf, dem ich mich als Sünder freilich versage, das ich als Sünder nicht höre, ja: nicht hören, nicht lesen will. *Die Wahrnehmung der Welt als Schöpfung kann nur durch das Gericht hindurch als Neuschöpfung geschehen.* Dann höre und lese, schmecke und sehe ich, daß der Schöpfer in seiner Kondeszendenz mich durch

---

Ders., Hamann und Luther. In: Luther – zwischen den Zeiten, hg.v. Christoph Markschies und Michael Trowitzsch, Tübingen 1999, 159–184.
61 Vgl. Bayer, Sokratische Katechetik? (s.o. Anm. 60).
62 ZH II, 151,1f (im Zusammenhang von 150f; Hamanns Hervorhebungen aufgehoben), an Johann Gotthelf Lindner am 7. Mai 1762.
63 Vgl. o. bei Anm. 43 und 44.
64 H VII, 176,6–8, an Friedrich Heinrich Jacobi am 30. April 1787.
65 Vgl. Oswald Bayer, Kommunikabilität des Glaubens. In: Autorität und Kritik (s.o. Anm. 13), 108–116. Die Rhetorik der christlichen Predigt kann nur antipersuasiv (s.o. Anm. 36) sein.
66 ZH I, 309,11, an Johann Gotthelf Lindner am 21. März 1759.
67 „Das Buch der Natur und Geschichte sind nichts als Chyphern, verborgene Zeichen, die eben den Schlüssel nöthig haben, der die heilige Schrift auslegt und die Absicht Ihrer Eingebung ist" (BW 417, 7–9 = N I, 308,34–36, Brocken §8; 1759). „Natur und Geschichte sind [...] die 2 großen Commentarii des göttlichen Wortes; und dies hingegen der einzige Schlüssel[,] uns eine Erkenntnis in beyden zu eröffnen" (BW 411, 30–33 = N I, 303,35–37, Brocken § 3; 1759).

seine Geschöpfe und damit sinnlich-materiell anredet: Schöpfung ist „Rede an die Kreatur durch die Kreatur"[68].

> „Jede Erscheinung der Natur war ein Wort, – das Zeichen, Sinnbild und Unterpfand einer geheimen, unaussprechlichen, aber desto innigern Vereinigung, Mittheilung und Gemeinschaft göttlicher Energien und Ideen. Alles, was der Mensch am Anfange hörte, mit Augen sah, beschaute und seine Hände betasteten [1Joh 1,1–3], war ein lebendiges Wort; denn Gott war das Wort [Joh 1,1]."[69]

Den Anrede- und Kommunikationscharakter der Wirklichkeit hat Hamann in radikaler und konsequenter Auslegung des Johannesprologs wie kein zweiter herausgestellt.[70] Er tat dies nicht in einem binnenkirchlichen Ghetto, sondern in freimütig ἐν παρρησία (en parrhesia), vor und in der literarischen Öffentlichkeit seines Jahrhunderts. Die „für die Neuzeit charakteristische Aufwertung von Natur und Sinnlichkeit" wird durch ihn „von einem Instrument autonomer Selbsterkenntnis und -bestimmung umgeprägt zum Medium des Kommunikationsgeschehens ‚Schöpfung'"[71]. Sein Verständnis der Schöpfung als Stiftung und Bewahrung von Gemeinschaft artikuliert Hamann in Anknüpfung an seine Zeitgenossen und im Widerspruch zu ihnen. So nimmt er beispielsweise Humes epistemischen Glaubensbegriff auf, faßt ihn aber – und damit Hume korrigierend – worttheologisch.[72] Lebenslang ringt der Philologe und Sprachdenker Hamann nicht zuletzt mit Kant, um den Anrede- und Kommunikationscharakter der Wirklichkeit im kritischen Bezug zur zeitgenössischen Philosophie und Naturwissenschaft zur Geltung zu bringen. Er kämpft gegen die von Kant behauptete Reinheit der Vernunft, gegen deren Unabhängigkeit von der Erfahrung, Überlieferung und von der beide durchdringenden und umfassenden Sprache. Gegen die Sprachvergessenheit der transzendentalen Vernunftkritik erweist Hamann in

---

68 N II, 198,29 (Aesthetica in nuce, 1762).
69 N III, 32,21–26 (Des Ritters von Rosencreuz letzte Willensmeynung über den göttlichen und menschlichen Ursprung der Sprache, 1772). Eingehend interpretiert hat diese Textpassage: Ulrich Moustakas, Urkunde und Experiment. Neuzeitliche Naturwissenschaft im Horizont einer hermeneutischen Theologie der Schöpfung bei Johann Georg Hamann (TBT 114), Berlin/New York 2003, 79–89.
70 Zwar bekundet sich Hamanns Verständnis der Wirklichkeit als Wort in seinen Briefen und Werken durchgehend, besonders repräsentativ aber sind die „Aesthetica in nuce" (1762), die es verdienten, zu einem klassischen Text christlicher Schöpfungslehre zu werden. Vgl. Oswald Bayer, Schöpfung als „Rede an die Kreatur durch die Kreatur". Die Frage nach dem Schlüssel zum Buch der Natur und Geschichte. In: Ders., Schöpfung als Anrede. Zu einer Hermeneutik der Schöpfung, Tübingen (1986), ²1990, 9–32.
71 Ulrich Moustakas, Art. Hamann. In: RGG⁴, Bd. 3, Sp.1396f, hier 1369.
72 Vgl. Vernunft ist Sprache (s.o. Anm. 45), 78–80.

seiner Metakritik Kants das Recht seiner Kernthese: „das ganze Vermögen zu denken beruht auf Sprache"[73]. Kraft des Urwortes der Schöpfung, durch das alle Dinge sind und erhalten werden (Gen 1, Joh 1), werden die Geschöpfe zur Antwort auf das Schöpferwort sowie zur Kommunikation untereinander und darin zum Denken ermächtigt.

VII Metakritik: Nach-Lese; Partikularität und Universalität

Dem universalen Anspruch der Textwelt der Bibel – besonders der biblischen Urgeschichte (Gen 1–11) und des Johannesprologs – entsprechend isoliert Hamann diese Textwelt nicht. Vielmehr sucht er sie inmitten der literarischen Öffentlichkeit seiner Zeit und ihrer Diskurse – vor allem ihrer philosophischen Diskurse – zur Geltung zu bringen. Die dazu nötige Übersetzungs- und Vermittlungsarbeit geschieht *metakritisch* – wie denn das Verfahren aller Schriften Hamanns, seines Redens und Denkens überhaupt Nach-Rede und „Nach-Lese"[74] ist: Sie richtet sich wesentlich auf die jeweilige sinnliche, geschichtliche und sprachliche Vorgabe, die im Medium der biblischen Textwelt nachgeprüft wird. Diese fungiert als Matrix, als historisches Apriori,[75] das a priori zufällig, a posteriori aber notwendig ist.[76]

Faktisch herrscht eine Vielzahl historischer Apriori, die nicht auf eine neutrale Allgemeinheit und Notwendigkeit hintergehbar ist. Hamann rechnet nicht mit einer Figur, welche die vielen, miteinander konkurrierenden Apriori übergreifen oder unterfangen könnte; sie lassen sich insgesamt nicht auf eine umfassende Einheit hin transzendieren noch – in transzendentalem Rückgang – auf eine allen zugrunde liegende Einheit zurückführen. Es bleibt nur das Gespräch – und wenn es unausweichlich wird: das Streitgespräch.[77] Hamann hat es als

---

[73] H V, 213,22f (Metakritik über den Purismum der Vernunft), an Johann Gottfried Herder am 15. September 1784. Dazu als Kommentar: Vernunft ist Sprache (s.o. Anm. 45), 313–328. Vgl. u. Teil IV, Kap. 24: „das ganze Vermögen zu denken beruht auf Sprache".
[74] H IV, 340,35f („Epistolische Nachlese eines Misologen"), an Johann Gottfried Herder am 17. September 1781; H IV, 418,2–13, an Herder am 25. August 1783; H VII, 462,17f, an Friedrich Heinrich Jacobi am 7. Mai 1788): „Ich will Dich ausreden laßen, und meine Sichel brauchen, zur bloßen Nachlese". Vgl. „Nachspott": N III, 401,27 (Fliegender Brief II, 1786/87) und „Nachspiel": N II, 83 (Untertitel der „Wolken"; 1761).
[75] Vgl. Zeitgenosse (s.o. Anm. 3), 83–87.
[76] Vgl. Vernunft ist Sprache (s.o. Anm. 45), 172–175 und 384f.
[77] Im Blick auf das Verhältnis von Theologie und Naturwissenschaften hat Hamann ein solches Gespräch im Zusammenhang des Projektes einer „Kinderphysik" 1759 mit Kant geführt. Dazu: Oswald Bayer, Erzählung und Erklärung. In: Gott als Autor (s.o. Anm. 12), 240–254.

Zeitgenosse im Widerspruch geführt. Dabei gelang es ihm, Dissoziationen zu überwinden und gegen die Scheidungen[78] von Existenz und Denken, Denken und Fühlen, Glauben und Wissen, Sinnlichkeit und Verstand, Pflicht und Neigung, Gesinnung und Handlung, Zufälligem und Notwendigem, Geschichtswahrheiten und Vernunftwahrheiten eine Ehekunst einzuüben, eine complexio oppositorum wahrzunehmen. „Was Gott zusammengefügt hat, kann keine Philosophie scheiden"[79]. So hat Hamann in seiner die Leiblichkeit des Heiligen Geistes wahrnehmenden Spiritualität die Alternative von Idealismus und Materialismus überwunden[80] sowie das Personale als das Wahrheitsmoment des Personalismus einerseits und das Wahrheitsmoment des spinozistisch Holistischen andererseits zusammengehalten; er bewegt sich jenseits eines personalistischen Theismus und eines spinozistischen Atheismus.[81]

Seine metakritische Kunst des Unterscheidens und Verbindens übt Hamann mit dem „Hauptschlüssel aller unsrer Erkenntniß", der Lehre von der „communicatio göttlicher und menschlicher idiomatum"[82] und damit von der Kondeszendenz Gottes ins Kreatürliche, Materielle. Hegel ist begeistert: „Es ist hier wundervoll zu sehen, wie in Hamann die konkrete Idee gärt und sich gegen die Trennungen der Reflexion kehrt"[83] – ein Lob und eine Zustimmung, die Hegel, dem an „der leidenschaftslosen Stille der nur denkenden Erkenntnis"[84] liegt, aber nicht von schärfster Kritik an Hamanns Leben und Werk abhält.[85] Er vermißt bei

---

78 Vgl. Vernunft ist Sprache (s.o. Anm. 45), 106 f („Kants Scheidekunst").
79 H VII, 158,16, an Friedrich Heinrich Jacobi am 23. April 1787.
80 Vgl. Zeitgenosse (s.o. Anm. 3), 133 f („Jenseits von Materialismus und Idealismus").
81 Ausführlicher: Bayer, Spinoza im Gespräch zwischen Hamann und Jacobi. In: Ders., Zugesagte Gegenwart, Tübingen 2007, 217–222.
82 Vgl. o. Anm. 54. Hamann steht freilich in der Gefahr, die christologische Lehre von der Idiomenkommunikation in ein ontologisches und hermeneutisches Prinzip umzuformen. Zu dieser keineswegs unproblematischen religionsphilosophischen Verallgemeinerung: Friedemann Fritsch, Communicatio idiomatum. Zur Bedeutung einer christologischen Bestimmung für das Denken Johann Georg Hamanns (TBT 89), Berlin/New York 1999 sowie Ders., Die Wirklichkeit als göttlich und menschlich zugleich. Überlegungen zur Verallgemeinerung einer christologischen Bestimmung im Denken Hamanns. In: Johann Georg Hamann. „Der hellste Kopf seiner Zeit", hg.v. Oswald Bayer, Tübingen 1998, 52–79.
83 Georg Wilhelm Friedrich Hegel, Hamann's Schriften, hg.v. Friedrich Roth, VII Theile, 1821–25 (1828). In: Georg Wilhelm Friedrich Hegel, Suhrkamp-Werkausgabe, hg.v. Eva Moldenhauer und Karl Markus Michel, Frankfurt/M. 1970. Bd. 11, 275–352, hier: 324.
84 Hegel, Wissenschaft der Logik (Vorrede zur zweiten Ausgabe, 1831). In: Suhrkamp-Werkausgabe (s.o. Anm. 83), Frankfurt/M. 1969, Bd. 5, 19–34, hier 34. Vgl. u. Teil IV, Kap. 26: „Nicht ohne Skepsis".
85 Zu Hegels Anerkennung und Kritik Hamanns: Kreuz und Kritik (s.o. Anm. 48), 1–6.

Hamann „ein entfaltetes System"[86] – die Mühe, Gottes „Offenbarung" als „die göttliche Entfaltung nachzudenken"[87], um auf *diese* Weise die Trennungen zu überwinden. Hegel selbst hat die Trennungen freilich allein im Medium des Denkens überwunden; in der sinnlich-politischen Wirklichkeit sind sie hart stehengeblieben. Hamann dagegen geht es gerade um den Zusammenhang und die Verschränkung von Denken und sinnlich-politischer Existenz.

Die Illusion, die Trennungen denkend zu überwinden, hielte Hamann für eine Flucht in das System reinen Begreifens. Dieser Illusion und Flucht wehrt und widersteht er, bringt es dabei aber – konsequenterweise – nur zu „Brocken"[88], zu Gedankenfragmenten, die schon mit ihrer sprachlichen Form bekunden, daß ihr Autor seine Endlichkeit und Bedürftigkeit nicht zu überspielen versucht sowie sich gegen eine Einordnung ins Allgemeine sperrt.

Dies besagt aber, wie deutlich geworden sein dürfte, keineswegs, daß Hamann sich zurückzieht und die öffentliche Verantwortung der Universalität der Botschaft scheut, die er seit seiner Londoner Lebenswende aus innerster Freiheit heraus bezeugen muß. Doch kann sie nicht anders denn als Wort vom Kreuz zur Sprache kommen, dessen Ärgernis und Torheit sich durch keine noch so raffinierte spekulative Aufhebung des Karfreitags erledigt. Der Heilige Geist aber, der dieses Wort glauben und verstehen läßt, ist ebenso heruntergekommen[89] wie der Vater, der sich bei der Erschaffung des Menschen die Hände dreckig machte, und der Sohn, dessen Krippe und Kreuz aus hartem Holz waren und der „keine Gestalt noch Schöne" (Jes 53,2) hatte. Der „Philologus crucis", „der hellste Kopf seiner Zeit"[90], hat sich des heruntergekommenen Gottes nicht geschämt und ihn freimütig, in parrhesia, mit Geist und Witz im freundschaftlichen Gespräch – vor

---

86 AaO (s. o. Anm. 83), 330.
87 AaO, 331.
88 „*Wir leben hier von Brocken. Unsere Gedanken sind nichts als Fragmente.* Ja unser Wissen ist Stückwerk" (Erklärung des Titels der „Brocken", 1758: BW 407, 14–16 = N I, 299,27–29). „Wahrheiten, Grundsätze[n], Systems bin ich nicht gewachsen. Brocken, Fragmente, Grillen, Einfälle" (ZH I, 431, 29 f, an Johann Gotthelf Lindner am 12. Oktober 1759).
89 Die „zerrissenen und vertragenen alten Lumpen", durch die Jeremia „aus der Grube" gezogen wurde (Jer 38,12 f), sind Hamann zeitlebens ein Bild für die Geschichtsschreibung Gottes des Heiligen Geistes: BW 59,25–30 = N I, 5 (Über die Auslegung der heiligen Schrift, 1758?); ZH I, 341,13 f, an Johann Gotthelf Lindner am 5. Juni 1759; H IV, 7,32–34, an Johann Caspar Lavater am 18. Januar 1778; H V, 314,21–29, an Friedrich Heinrich Jacobi am 7. Januar 1785.
90 Friedrich von Müller, Unterhaltungen mit Goethe, mit Anmerkungen versehen und herausgegeben von Renate Grumach, ²1982, 109 (18. Dezember 1823).

allem im freundschaftlichen Briefgespräch[91] – und in der literarischen Öffentlichkeit des 18. Jahrhunderts bezeugt.

So sehr der Sprachdenker Hamann in seinem Leben und Werk unverwechselbar er selbst ist und nicht nachgeahmt werden will und kann, so sehr können die Einsichten und Impulse seiner leidenschaftlich auf das treffende Wort konzentrierten Spiritualität auch gegenwärtig zur Ausbildung und Einübung einer Bibelfrömmigkeit provozieren, die dem in ihr beschlossenen Öffentlichkeitsauftrag entspricht und Gott auch mit aller Kraft des Denkens (Mk 12,30) liebt.[92] Als durch die Anfechtung dringlich werdende Textmeditation[93] ist sie ein Gegengift gegen die Flucht in leere und diffuse Innerlichkeit, so sehr sie den Hörenden und Lesenden zu einem Einzelnen vor Gott macht – aber eben nicht weltlos, weil mich Gott samt allen Kreaturen nur durch die Kreatur anspricht.[94]

---

91 Vgl. Lisa Marie Anderson, Hegel on Hamann, Evanston 2008, XXI-XLII: The Notion of Friendship in Hegel and Hamann.
92 Zur Bedeutung Hamanns für die gegenwärtige systematisch-theologische Arbeit und Urteilsbildung: Oswald Bayer, Gegen System und Struktur. Die theologische Aktualität Johann Georg Hamanns. In: Ders., Autorität und Kritik (s.o. Anm. 65), 169–180; Ders., Theologie (HST 1), Gütersloh 1994, 433–438.
93 Vgl. BW 66,6 = N I, 8,7: „Wenn mich Anfechtung hat auf das Wort aufmerksam gemacht [...]"; vgl. Jes 28,19 (Lutherbibel 1912). Hamann hat als Zeitgenosse des 18. Jahrhunderts auf seine Weise, mit seinem ureigenen Charisma, Luthers drei „Regeln", „in der Theologia zu studirn", praktiziert: „Oratio, Meditatio, Tentatio" (WA 50, 658,29–660,30).
94 Hierin unterscheidet sich Hamann von Kierkegaard, der viel von ihm gelernt hat (Vgl. Joachim Ringleben, Søren Kierkegaard als Hamann-Leser. In: Die Gegenwärtigkeit Johann Georg Hamanns. Acta des achten Internationalen Hamann-Kolloquiums 2002, hg.v. Bernhard Gajek, Frankfurt/M. 2005, 455–465). Doch: Während Kierkegaard sich ins Christentum einübt, indem er sich von allem Weltlichen abstößt, nimmt Hamann in seiner Ästhetik alles Weltliche wahr, übt er sich in alles Weltliche ein.

13 „Geschmack an Zeichen". Zweifel und Gewißheit im Briefgespräch Hamanns mit Lavater

I Die Kernstelle

„Ihnen von Grund meiner Seele zu sagen, ist mein ganzes Christenthum, (ich mag zu den fetten oder magern Kühen Pharaons gehören) ein Geschmack an Zeichen, und an den Elementen des Wassers, des Brods, des Weins. Hier ist Fülle für Hunger und Durst – eine Fülle, die nicht bloß, wie das Gesetz, einen Schatten der zukünftigen Güter hat, sondern αὐτὴν τὴν εἰκόνα τῶν πραγμάτων, in so fern selbige, durch einen Spiegel im Räthsel dargestellt, gegenwärtig und anschaulich gemacht werden können; denn das τέλειον liegt jenseits. Unsere Ein- und Aussichten hier sind Fragmente, Trümmer, Stück- und Flickwerk –τότε δὲ πρόσωπον πρὸς πρόσωπον τότε δὲ ἐπιγνώσομαι καθὼς καὶ ἐπεγνώσθην".

Dies ist die Kernstelle von Hamanns Brief an Johann Caspar Lavater vom 18. Januar 1778.[1] Er gehört zu den Hamannbriefen, die besondere Beachtung verdient und auch gefunden haben. Arthur Henkel nimmt ihn in seine Briefauswahl auf.[2] Elfriede Büchsel bezieht sich in ihren „Untersuchungen zur Struktur von Hamanns Schriften auf dem Hintergrund der Bibel" von allen Interpreten am ausführlichsten auf ihn als ganzen,[3] ohne freilich auf die Kernstelle näher einzugehen;[4] sie sieht in ihm beispielhaft den Autor am Werk, der „seinen wesentlichen Impuls durch den Hinblick auf den Leser empfängt" und „schreibend ein Ant-wortender" ist.[5] Stefan Majetschak setzt zwar im Obertitel seines Aufsatzes „Zu Johann Georg Hamanns Begriff des Textes, des sprachlichen Zeichens und des Stils" „Geschmack an Zeichen" in Zitatzeichen, bezieht sich dann aber auf den

---

[1] Johann Georg Hamann, Briefwechsel, Bd. I-III, hg.v. Walther Ziesemer/Arthur Henkel, Wiesbaden 1955 – 1957 (zitiert als ZH unter Angabe von Band-, Seiten- und Zeilenzahl); Bd. IV-VII, hg.v. Arthur Henkel, Wiesbaden 1959, Frankfurt/M. 1965 – 1979 (zitiert als H unter Angabe von Band-, Seiten- und Zeilenzahl), Zitat: H IV, 3 – 8, hier 6,4 – 13.
[2] Johann Georg Hamann. Briefe, ausgewählt, eingeleitet und mit Anmerkungen versehen von Arthur Henkel, Frankfurt/M. 1988, 85 – 90 und 375 – 377.
[3] Elfriede Büchsel, Biblisches Zeugnis und Sprachgestalt bei J. G. Hamann. Untersuchungen zur Struktur von Hamanns Schriften auf dem Hintergrund der Bibel, Gießen/Basel 1988, 119 – 124.
[4] AaO, 117.
[5] Vgl. aaO, 123: Der Brief bekundet „die gesammelte Zuwendung zum Briefpartner als die alles organisierende Kraft". Weiter zum Hinblick auf den Leser: s.u. Anm. 14.

Fundort im Lavaterbrief überhaupt nicht.[6] Anders Michael Wetzel, der in seinem Vortrag „Geschmack an Zeichen" auf den Brief und seine Kernstelle wenigstens knapp eingeht.[7] Fast ebenso kurz ist die Interpretation, die im Zusammenhang meiner Auslegung des zweiten Abschnitts von Hamanns „Letztem Blatt" vorliegt.[8] Hatte schon Hegel in seiner großen Hamannrezension Hamanns „Geschmack an Zeichen" in geballter Kürze im Sinne seiner Geistphilosophie interpretiert,[9] so hält Ernst Cassirer Hamanns Bekenntnis, dass „mein ganzes Christentum ein Geschmack an Zeichen" ist, für so bedeutsam, dass er sich in seiner „Philosophie der symbolischen Formen" darauf bezieht[10], versteht Hamanns Zeichenbegriff freilich innerhalb des Urbild-Abbild-Schemas[11] – was, wie wir sehen werden, nicht angemessen ist. Eine eingehende Analyse der Kernstelle und ihres Kontextes im Briefwechsel aber liegt meines Wissens nicht vor und soll im Folgenden versucht werden.

---

6 Stefan Majetschak, Über den ‚Geschmack an Zeichen'. Zu Johann Georg Hamanns Begriff des Textes, des sprachlichen Zeichens und des Stils. In: Kodikas/Code. Ars Semeiotica. An International Journal of Semiotics, Bd. 10. Heft 1/2, Tübingen 1987, 135–151.
7 Michael Wetzel, „Geschmack an Zeichen". Johann Georg Hamann als der letzte Denker des Buches und der erste Denker der Schrift. In: Bernhard Gajek (Hg.), Johann Georg Hamann. Autor und Autorschaft. Acta des sechsten Internationalen Hamann-Kolloquiums im Herder-Institut zu Marburg/Lahn 1992, Frankfurt/M. u. a. 1996, 13–24, hier 15 f.
8 Oswald Bayer/Christian Knudsen, Kreuz und Kritik. Johann Georg Hamanns Letztes Blatt. Text und Interpretation (BHTh 66), Tübingen 1983, 82–100: „Alte Welt und neue Welt", hier 90 f.
9 „Was Hamann seinen Geschmack an Zeichen nennt, ist, daß ihm alles *gegenständlich* Vorhandene seiner eigenen inneren und äußeren Zustände wie der Geschichte und der Lehrsätze nur gilt, insofern es vom Geiste gefaßt, zu Geistigem geschaffen wird, so daß dieser göttliche Sinn weder nur Gedanke noch Gebilde einer schwärmenden Phantasie, sondern allein das Wahre ist, das so gegenwärtige Wirklichkeit hat" (Georg Wilhelm Friedrich Hegel, Hamanns Schriften. Herausgegeben von Friedrich Roth. VII Teile, Berlin, bei Reimer 1821–1825. In: Jahrbücher für wissenschaftliche Kritik 1828, zit. nach: Georg Wilhelm Friedrich Hegel, Werke in 20 Bänden, Frankfurt/M. 1970, Bd. 11, 275–352, hier 316 f.
10 Ernst Cassirer, Philosophie der symbolischen Formen, II. Teil (Das mythische Denken), Berlin 1925, 309–320, hier 310–312. Vgl. Ders., Philosophie der symbolischen Formen, I. Teil (Die Sprache), Berlin 1923, 92–94 (Vico, Hamann, Herder).
11 Ders., II. Teil (s o. Anm. 10), 310: „Kein Ding und kein Ereignis bedeutet mehr schlechthin sich selbst, sondern es ist zum Hinweis auf ein ‚Anderes', ‚Jenseitiges' geworden. In dieser strengen Scheidung des ‚abbildlichen' und des ‚urbildlichen' Seins dringt das religiöse Bewußtsein erst zu der ihm eigenen und eigentümlichen Idealität durch – und zugleich berührt es sich hier mit einem Grundgedanken, den das philosophische Denken auf ganz anderen Wegen und unter anderen Voraussetzungen sich fortschreitend erarbeitet. In ihrer geschichtlichen Wirksamkeit können jetzt beide Formen des Ideellen unmittelbar ineinander greifen."

II Lavaters Brief

Es ist ein Glück, dass sich der Text, auf den Hamann sich bezieht, erhalten hat: Es ist Lavaters Brief vom 26. Dezember 1777.[12] So können wir Einblick in einen wirklichen Brief-wechsel gewinnen – in einen Wort-wechsel, auf dem ja nach einem bekannten Hamannwort[13] der „Reichthum aller menschlichen Erkenntnis" beruht.[14] Weil, nach dem „Fliegenden Brief", „jede Antwort und Auflösung in den Bedingungen ihrer vorausgesetzten Frage oder Aufgabe gegründet" ist,[15] achten wir zuerst auf diesen Brief.

Er ist eine Antwort auf einen Brief Hamanns, der sich nicht erhalten hat,[16] dessen Inhalte sich aber aus Lavaters Antwort erschließen lassen.[17] Er konzentriert sich zwar nicht auf ein einzelnes Thema, ist aber doch insofern einheitlich, als es Lavater in ihm als ganzem um das Lesen der Schriften anderer sowie das eigene Schreiben geht und darin um ihn selbst und um sein – „offenbares" und zugleich „tiefverborgenes"[18] – Verhältnis zu seinen Lesern und deren Erwartungen, hatte er doch „einen kaum überschaubaren Freundes- und Bekannten- sowie

---

12 ZH III, 395–397. Der Brief Hamanns, auf den sich Lavater hier bezieht (ZH III, 395,9–14), ist nicht erhalten. Doch lassen sich aus Lavaters Antwort einige Inhalte erschließen: eine Bezugnahme auf zwei Schriften von Philipp Matthäus Hahn (395,15–28), die Frage nach Lavaters Gedicht von 1776 „Durst nach Christuserfahrung" (395,29), die Bitte an Lavater um die Zusendung einiger seiner Schriften (396,13–19) und wohl auch eine Bemerkung zu Lavaters physiognomischen Fragmenten (396,2–23). Auf dem Stand von 1894 dokumentiert hat den Briefwechsel zwischen Hamann und Lavater: Heinrich Funck, Briefwechsel zwischen Hamann und Lavater. In: Altpreußische Monatsschrift NF 31 (1894), 95–147.
13 Johann Georg Hamann, Sämtliche Werke. Historisch-kritische Ausgabe von Josef Nadler, 6 Bde., Wien 1949–1957 (zitiert unter Angabe von Band-, Seiten- und Zeilenzahl), Zitat: N II, 129,5 f (Vermischte Anmerkungen, 1762).
14 Wortwechsel ist nicht nur der Briefwechsel, sondern für Hamann auch das Buch. Denn es ist nicht ohne den Leser; dieser ist konstitutiv: „Schriftsteller und Leser sind zwei Hälften, deren Bedürfnisse sich aufeinander beziehen, und ein gemeinschaftliches Ziel ihrer Vereinigung haben" (N II, 347,22–24; Leser und Kunstrichter, 1762). Sie gehören zusammen wie Mann und Frau: „Die Idee des Lesers ist die Muse und Gehülfin [Gen 2,18] des Autors" (aaO 348,10). Ein wichtiger Unterschied zwischen dem Buch und dem Briefwechsel liegt jedoch darin, dass im Briefwechsel die „Idee des Lesers" weniger als im Buch nur vermutet werden muss, sondern in bestimmter Gestalt schon gleichsam „inkarniert" ist.
15 N III, 371,6 f (Ein fliegender Brief, Zweite Fassung, 1786).
16 Es dürfte der erste Brief Hamanns an Lavater gewesen sein, mit dem der Briefwechsel begonnen hätte.
17 Vgl. o. Anm. 12. Der verlorene erste Brief könnte durch das Gedicht „Durst" veranlasst gewesen sein, das Lavater Hamann zugeschickt hatte: Funck (s.o. Anm. 12), 97, Anm. 2.
18 Vgl. ZH III, 396,27–29: „Herr Gott! welch Geheimniß Gottes. Daß ich den Menschen so offenbar bin – und so tiefverborgen selbst meinen σύμψυχοις."

Verehrer- und vor allem Verehrerinnenkreis, den er durch seine zahlreichen Schriften zu einer Lesegemeinde zusammengeführt, durch persönliche Begegnungen intensiv gepflegt und durch rege Korrespondenz untereinander vernetzt hat"[19]. Innerhalb dieses Beziehungsgefüges aber machte sich Lavater immer auch selbst zum Thema und tat dies, nicht nur in seinen Autobiographien[20], in einer extremen Form der Selbstbeobachtung[21] und Selbstreflexion sowie einer entsprechenden exzentrischen Art der Selbstdarstellung, die sich von der Hamanns charakteristisch unterscheidet.[22]

In der Mitte des Briefes bricht ziemlich abrupt das Problem auf, von dem der Briefschreiber offenkundig in der Tiefe seiner Existenz bewegt ist – was Hamann genau wahrnimmt und es zur Mitte seiner Antwort macht. Es geht um Zweifel und Gewissheit, um die ersehnte, begehrte Überwindung des Zweifels durch Gewissheit, die Lavater aber nicht mit dem „Geschmack an Zeichen" verbunden haben will. Diese Mitte des Briefes lautet:

> „Oft ist's Lüsternheit – Lieber! oft bis zur Lästerung Bedürfniß – Etwas zu haben – das alle Zweifelwelten aufwiegt.
> Ich weiß, was die Erfahrung hindert – aber wenn der Erbarmer ohne seines gleichen nicht vorkömmt dem Schwachen ohne seines gleichen, so bin ich verloren.
> Es gehört zu den empfindlichsten, jedoch wolverdientesten Dehmüthigungen meines Fleisches, daß selbst Christen – mir Geschmack an Zeichen zutrauen. Mir ist um Gewißheit für mich, und Hülfe für Brüder zu thun. Das darf ich sagen. Mein innerer Mensch verabscheut alles, was Aufsehn macht, – was nicht hilft."[23]

In den wenigen Zeilen dieser Mitte des Briefes erscheint, wie eben schon kurz angesprochen, das Movens und Motiv des gesamten Lavaterschen Werkes: das innerste Bedürfnis nach der Erfahrung einer Gewissheit, die „alle Zweifelwelten aufwiegt" und nur in Jesus Christus zu finden ist – in dem, wie Lavater hier schreibt, unvergleichlichen „Erbarmer", der dem unvergleichlich Schwachen,

---

19 Horst Weigelt, Art. Lavater, TRE 20, 1990, 506–511, hier 509,8–11.
20 Johann Caspar Lavater, Nachdenken über mich selbst (1770); Unveränderte Fragmente aus dem Tagebuche eines Beobachters seiner selbst (1773). Vgl. Johann Caspar Lavaters ausgewählte Werke, hg.v. Ernst Staehlin, 4 Bände, Zwingli-Verlag Zürich 1943, 2. Bd., 30–42, hier 30f. Vgl. die neue Werkausgabe: Johann Caspar Lavater. Ausgewählte Werke, Bd. III: Werke 1769–1771, hg.v. Martin Ernst Hirzel, Zürich 2002, sowie Bd. IV: Werke 1771–1773, Werke 1771–1773, hg.v. Ursula Caflisch-Schnetzler, Zürich 2009.
21 Vgl. Ernst von Bracken, Die Selbstbeobachtung bei Lavater. Ein Beitrag zur Geschichte der Idee der Subjektivität im 18. Jahrhundert, Münster 1932 (Universitas-Archiv 69, Phil. Abt. 10).
22 Sein Selbstverständnis als Autor bekundet Hamann durchgängig, konzentriert und abschließend im „Fliegenden Brief" (1786). Vgl. weiter: u. Anm. 33.
23 ZH III, 396,3–12.

Lavater, zu Hilfe kommt; sonst wäre er verloren. Am 24. Februar 1776 hatte Lavater an Martin Crugot geschrieben: „Ich will [...] Gewißheit eines Gottes, der aller seiner unendlichen Erhabenheit ungeachtet – mir Beweise seines Daseyns für mich giebt"[24]. Lavater besteht in seinen zahlreichen Veröffentlichungen durchgehend, jedenfalls seit 1768[25], darauf, dass Jesus Christus – für ihn, nicht nur nach seinem „Glaubensbekenntnis oder Grundideen meiner Religion"[26], Grund und Mitte seines Lebens, Redens und Schreibens – handgreiflich in seinen Wirkungen gegenwärtig ist[27] und jedes menschliche Bedürfnis stillt. In Christus, schreibt Lavater in „Aussichten in die Ewigkeit", „ist unsre Natur einer Vollkommenheit fähig, die den unersättlichen und unendlichen Wünschen unsrer Seele so ganz genug thut, daß auch nicht die geringste Leerheit mehr darinn statt haben kann"[28]. Lavater sagt von sich, er sei der einzige, der die lebendige, sinnliche Gegenwart der Wirkkraft Jesu Christi wirklich gelehrt habe.[29] Er hat sie jedenfalls in einer sehr eigenartigen Weise gelehrt und sich dazu in prekärer Weise auf die Naturphilosophie Bonnets sowie den Magnetismus Mesmers eingelassen. Auch das gesamte Projekt seiner „Physiognomischen Fragmente"[30] – „Mir ist's würklich Offenbarung"![31] – erwuchs angesichts des von ihm erlittenen zeitgenössischen „tausendgestaltigen, millionenköpfigen und völlig herzlosen Unglaubens", den er

---

24 Zentralbibliothek Zürich, FA Lav. Ms. 556, Nr. 8, zit. nach Weigelt (s.o. Anm. 19), 507,42–44. Diese „Lüsternheit", dieses „Bedürfniß" nach Beweisen sieht Lavater selbst kritisch: als Versuchung Gottes, ja als Gotteslästerung: „oft bis zur Lästerung [Gottes]" (s.o. bei Anm. 23).
25 Vgl. Weigelt (s.o. Anm. 19), 506 f, hier 506, 38–41 und 507, 38–40. Vorsichtiger urteilt Gerhard Ebeling, Genie des Herzens unter dem genius saeculi. Johann Caspar Lavater als Theologe (1992). In: Ders., Theologie in den Gegensätzen des Lebens, Tübingen 1995, 132–170, hier 140.
26 Johann Caspar Lavater, Mein Glaubensbekenntnis oder Grundideen meiner Religion (1788), ediert von Gerhard Ebeling (1993). In: Ders., aaO (s.o. Anm. 25), 171–208 („Johann Caspar Lavaters Glaubensbekenntnis").
27 Vgl. Ebeling, aaO (s.o. Anm. 25), 140–142.
28 Aussichten in die Ewigkeit, 1768–1773. In: Werke (s.o. Anm. 20), 2. Bd., 97–205, hier 108.
29 Belege bei Ebeling (s.o. Anm. 25), 169, bes. Anm. 176 f. Lavater behauptet, es sei ihm „kein christlicher Schriftsteller bekannt, der die Sache so ansah, wie ich"; er finde in der ganzen Kirchengeschichte „keine Spuren dieser reellen Konnexion und positiven erweislichen Erfahrungskorrespondenz mit dem Gottmenschen Jesus".
30 Physiognomische Fragmente zur Beförderung der Menschenkenntnis und Menschenliebe. Gott schuf den Menschen sich zum Bilde, 1775–1778, in Auszügen: Staehlin (s.o. Anm. 20), 2. Bd., 110–213. Zur Einführung: AaO, 110 f. Vgl. Klaas Huizing/Giovanni Gurisatti, Die Schrift des Gesichts. Zur Archäologie physiognomischer Wahrnehmungskultur, NZSTh 31 (1989), 271–287; Ders., Verschattete Epiphanie. Lavaters ästhetischer Gottesbeweis. In: Horst Weigelt/Karl Pestalozzi (Hg.), Das Antlitz Gottes im Antlitz des Menschen, Göttingen 1994, 61–79.
31 ZH III, 396,20–23, hier 23. Vgl. jedoch die unmittelbare Fortsetzung: „– aber – dennoch nur in dunkelm Wort" (1Kor 13,12).

mit diesen Worten samt Gottes „Tiefschweigen" eindrucksvoll in einem späteren Brief an Hamann beklagt,[32] aus dem Bedürfnis nach handgreiflichen Beweisen von Gottes Gegenwart. Hamann wird Lavaters ganze Physiognomik als „Thomasglauben" ablehnen.[33] Denn: „Selig sind, die nicht sehen und doch glauben!" (Joh 20,29)

---

[32] H V, 134,33 f; 136,5 (Lavater an Hamann am 25. März 1784): Oswald Bayer, Zeit des Schweigens. In: Ders., Gott als Autor. Zu einer poietologischen Theologie, Tübingen 1999, 86 – 94, hier 90 f. Vgl. u. Teil III, Kap. 14: „Vor Gott schweigen". Lavaters Wahrnehmung des Atheismus und Nihilismus gleicht der Jean Pauls. Vgl. vor allem dessen „Rede des toten Christus vom Weltgebäude herab, daß kein Gott sei": Jean Paul, Blumen-, Frucht- und Dornenstücke, oder Ehestand, Tod und Hochzeit des Armenadvokaten F. St. Siebenkäs im Reichsmarktflecken Kuhschnappel, Erstes Blumenstück (1796). In: Jean Pauls Sämtliche Werke. Historisch-kritische Ausgabe, hg.v. der Preußischen Akademie der Wissenschaften, 1.Abt., 6. Bd., hg.v. Karl Schreinert, 1928, 247 – 252 (roro-Ausgabe 1957, 160 – 164). Vgl. u. Anm. 43.

[33] „O du physiognomischer Seher mit engelreinem Munde! Auch dein Cherubsauge gelüstet, Wunderdinge zu schauen, die doch jedes Menschenkind, dessen Antlitz nicht mit Flügeln bedeckt ist, allstets vor und um sich sieht […] O du physiognomischer Seher mit bedecktem Antlitze! Mitgenosse am [sic!] Trübsal und am Reich und an der Gedult Jesu Christi! Er weiß deine zahllosen Werke und daß du je länger je mehr thust! Er kennt den noch köstlicheren Weg deiner Liebe, die Hyperbolen deiner Marthamühseligkeit und alle pia desideria deines Thomasglaubens." N III, 400,27 – 402,29 (Ein fliegender Brief, Erste Fassung; 1786). Für den freundlichen Hinweis auf diese Stelle danke ich Hans Graubner (Göttingen), der mich darauf aufmerksam macht, wie Hamann in Anknüpfung an Lavater und zugleich im Widerspruch zu ihm von einer „Physiognomik des Stils" redet (Brief vom 19. September 2010): „Lavater war wie Hamann von der Ubiquität des Christus in allen Menschen als des eigentlichen Ebenbildes Gottes überzeugt, aber er suchte es in Gestalt des einen unverwechselbar wahrnehmbaren Christusantlitzes als Grund und Ursprung aller Physiognomie in den Menschengesichtern. Diese bilderglaubige Christologie verspottet Hamann als Lavaters ‚Thomasglauben'. Er selbst verwandelt Lavaters Bildtheologie zurück in die Wort- und Zeichentheologie des Schöpfungsberichts und des Johannesevangeliums. ‚Rede, dass ich dich sehe' [N II, 198,28, Aesthetica in nuce, 1762]. Gott redet und die Schöpfung wird sichtbar. ‚Rede, dass ich dich sehe!': Der Mensch redet und die ‚Physiognomik des Stils' macht die ‚Feuerprobe' darauf, ob er das ihm eingebildete Erlösungswort lesbar durchscheinen läßt oder nicht, ob er helle oder finstere, lebendig fruchtbare oder kastrierte Rede führt." Vgl. Hans Graubner, Origines. Zur Deutung des Sündenfalls in Hamanns Kritik an Herder. In: Bückeburger Gespräche über Johann Gottfried Herder 1988. Älteste Urkunde des Menschengeschlechts, hg.v. Brigitte Poschmann, Rinteln 1989, 108 – 132, hier 130. Ders., Hamanns Buffon-Kommentar und seine sprachtheologische Deutung des Stils. In: Johann Georg Hamann. Autor und Autorschaft (Acta des sechsten Internationalen Hamann-Kolloquiums im Herder-Institut zu Marburg/Lahn 1992, hg.v. Bernhard Gajek, Frankfurt /M. u. a. 1996), 277 – 303. Es dürfte genau zutreffen, was Jacobi am 5. September 1787 an seinen Bruder Johann Georg schreibt: „Lavater's Durst nach Wundern ist ihm [Hamann] ein bitteres Aergerniß und erregt ihm Mißtrauen in Absicht der Gottseligkeit des Mannes, den er übrigens von Herzen liebt und ehrt" (Friedrich Heinrich Jacobi. Werke, Bd. III, hg.v. Friedrich Roth/Friedrich Köppen, Darmstadt 1980 [Reprografischer Nachdruck der Ausgabe Leipzig 1816], 503 – 507, hier 505).

Im Blick auf Lavaters Bedürfnis nach „Beweise[n] seines [Gottes] Daseins für mich" fällt nun auf und irritiert, dass er der sinnlichen Erfahrung und Gewissheit den „Geschmack an Zeichen" entgegensetzt. Doch sind ihm „Zeichen" offenbar, „was Aufsehn macht" und „nicht hilft" – wie etwa ein Schauwunder, das den gaffenden Zuschauern nicht wirklich hilft. Wer ihm Geschmack und Genuss solcher Zeichen zutraut, missversteht ihn gründlich und demütigt ihn.

So stellt sich angesichts dieser Entgegensetzung von nicht hilfreichen, also kraftlosen und letztlich unwirksamen „Zeichen" einerseits und „Gewißheit" andererseits die Frage, was wahre – Gewissheit schaffende – ‚Demonstration' der wirksamen Christusgegenwart und damit der Beweis der Existenz Gottes – „Beweise seines Daseins für mich" – ist, was, mit Paulus (1Kor 2,4) und Lessing[34] gefragt, als wahrer „Beweis des Geistes und der Kraft" gelten kann. Und ist denn in diesem Zusammenhang nicht auch ein positiver Gebrauch des Wortes „Zeichen" möglich und sinnvoll?

III Hamanns Antwortbrief als ganzer

Lavater hatte Hamann um „Bestrafungen und Tröstungen", um Kritik und Trost gebeten.[35] Beides bestimmt denn auch Hamanns eingehende Antwort von ihrem Anfang bis zu ihrem Ende; sie lautet am Ende: „Mehr Diät in der Arbeit, mehr Umgang mit Fressern und Weinsäufern" (Mt 11,19; Lk 7,34).[36] Dieser Antwortbrief ist fraglos ein seelsorglicher Brief. Ja, Hamanns Briefe sind dies allesamt, wenn Seelsorge bedeutet, den andern Menschen als Gottes Geschöpf, als Sünder und Gerechtfertigten, wahrzunehmen[37] und ihm, auch im Briefwechsel, ehrliche Kritik und begründeten Trost nicht schuldig zu bleiben –- Kritik und Trost, wie sie treffender und liebevoller als am eben zitierten Ende des Lavaterbriefes kaum sein können: „Mehr Diät in der Arbeit, mehr Umgang mit Fressern und Weinsäufern"!

Im gegebenen Rahmen ist es nicht möglich, Hamanns Antwort an Lavater durchgehend intensiv zu interpretieren und aufzuzeigen, wie achtsam der Briefschreiber sich seinem Gegenüber zuwendet und, ohne von sich und seinen Erfahrungen und Erwartungen zu schweigen, dessen Brief Punkt für Punkt gleich-

---

34 Dazu umfassend: Johannes von Lüpke, Wege der Weisheit. Studien zu Lessings Theologiekritik, Göttingen 1989.
35 ZH III, 396,31.
36 H IV, 8, 1 f. Vgl. mit „Mehr Diät in der Arbeit": N III, 402,26 f („Er weiß deine zahllosen Werke und daß du je länger je mehr thust!", mit Apk 2,2 geredet) und ebd. 28 f („Marthamühseligkeit", mit Lk 10, 41), zit. o. Anm. 33.
37 Mit Büchsel, aaO (s.o. Anm. 3), 118 f.

sam abarbeitet[38] – immer kritisch[39] und tröstend, Mut zusprechend: „Bey aller Ihrer Angst seyen Sie getrost, liebster Lavater! [...]"[40]. Wir wollen uns auf das Mittelstück, das dem Umfang nach fast die Hälfte des Ganzen ausmacht,[41] konzentrieren – des Näheren auf die eingangs zitierte Kernstelle, die ihrerseits als die Mitte des Mittelstücks gelesen werden kann.

IV Das Mittelstück als Ganzes

Mit dem Mittelstück als Ganzem geht Hamann auf jene Mitte des Lavaterbriefes ein, in der das Urmotiv der Autorschaft Lavaters auftaucht: die leidenschaftliche Frage nach der Gewissheit eines „Etwas", „das alle Zweifelwelten aufwiegt"[42] und dem Atheismus und Nihilismus gewachsen ist, den Lavater in vergleichbarer Weise kennt wie Jean Pauls „Rede des toten Christus vom Weltgebäude herab, dass kein Gott sei"[43]. Hamann antwortet – für ihn und, wie wir sehen werden, für

---

38 Vgl. H IV, 3,26 – 4,8 mit ZH III, 396,24 f; H IV, 4,9 – 11 mit ZH III, 396,27 – 29; H IV, 4,16 – 21 mit ZH III, 396,36 f (dazu Staehlin [s.o. Anm. 20], 3.Bd., 79 – 81: Pontius Pilatus); H IV, 4,22 – 5,4 mit ZH III, 397,1; H IV,5,5 – 6,13 mit ZH III, 396,3 – 12; H IV, 6,18 – 29 mit ZH III, 395, 23 – 25.29 – 396,2 und 396,16 – 29; H 6,30 – 32 mit ZH III, 395,26 – 28; H IV, 7,35 – 37 mit ZH III, 396,3 f.
39 Als Beispiel: H IV, 4,22 – 5,4 (zu Lavaters Mendelssohnaffaire).
40 H IV, 7,31 – 37. Der oben ausgelassene Text (Z. 32 – 34) lautet: „Wie der ehrliche Mohr Ebedmelech unter den alten Lumpen wühlte, hätte ich meine Hausbibel zerreißen mögen, um Ihnen ein Seil des Trostes zuzuwerfen." Mit der zitierten Stelle (Jer 38,10 – 13) hatte Hamann mehrfach die in London 1758 im Medium der unansehnlichen Texte der Bibel geschehene radikale Lebenswende und Befreiung artikuliert. Vgl. Johann Georg Hamann, Londoner Schriften. Historisch-kritische Neuedition von Oswald Bayer und Bernd Weißenborn, München 1993, 14, 50, 59, 237, 442, 444, 449, 486.
41 H IV, 5,5 – 6,29.
42 ZH III, 396,3 – 12, hier 4. „Wie nur ganz wenigen Theologen, zumal in der Neuzeit, ging es Lavater um die Glaubensgewißheit als den Kardinalpunkt" (Ebeling [s.o. Anm. 25], 169).
43 S. o. Anm. 32. Vgl. den von Ebeling (s.o. Anm. 25), 141, Anm. 40 zitierten Text Lavaters: „In einem Augenblicke stillen, tiefen Nachdenkens fiel ich einst auf den Gedanken, mir die Idee [...] von Christus aus der Zahl der Wesenheiten oder aus der Reihe meiner Vorstellungen zu abstrahieren; sogleich war es mir, als ob Alles um mich verschwände und ich ganz allein in ein ödes Chaos oder vielmehr in ein vollkommenes Vacuum [...] entrückt wäre, ohne mich an irgendetwas halten oder anlehnen zu können und ohne einige Aussicht einer Rettung aus dieser entsetzlichen Lage". „So schauervoll dieser Augenblick war, so sehr freute er mich nachher; denn er überzeugte mich, wie sehr mir Christus wirklich und buchstäblich Alles in Allem wäre und es jedem Menschen sein kann. Ich spürte sogar deutlich die Vorstellung von einer Gottheit, die mit ihm mir gänzlich weggenommen ist; ich sah ein, wie sehr es wirklich nur durch ihn und in ihm ist, daß wir uns einen Begriff von Gott machen können, nach dem, was er selbst sagt: ,Niemand kann zum Vater kommen, als nur durch mich,'[Joh 14,6] und: ,Ich und der Vater sind eins.'[Joh 10,30]" (zit.

sein Zeichenverständnis charakteristisch – mit Koh 9,7 und 9:[44] mit jenem Wort, das er einst, 1758, in London, „in der Abschiedspredigt, die mir ein Knecht des Herrn in England halten mußte", empfing[45] und das er durch sein ganzes Leben und Werk hindurch weitergab,[46] es geradezu als cantus firmus zitierend:

> „Iß dein Brod mit Freuden, trink deinen Wein mit gutem Muth, denn dein Werk gefällt Gott. Brauche des Lebens mit deinem Weibe, das du lieb hast, so lange du das eitle Leben hast, das dir Gott unter der Sonne gegeben hat, so lange dein eitel Leben währt."[47]

Daraus spricht keine plerophore Gewissheit, sondern eine trotz der Skepsis angesichts der Nichtigkeit aller Dinge zugemutete elementare Lebensbejahung.[48] Sie geschieht inmitten einer durch Prüfungen im Lernen durch Leiden gewonnenen Erfahrung;[49] sie geschieht nicht ohne das Kreuz.[50] So ist diese elementare Le-

---

nach Ebeling, 141, Anm. 42). Vgl. Lavaters Bemerkung im Mittelstück seines Briefes an Hamann (ZH III, 396, 5–7; s.o. bei Anm. 23): Ohne Christus „bin ich verloren." An Martin Crugot schreibt Lavater am 21. September 1773: „Ich wäre ein Atheist, wenn ich kein Christ wäre" (Zentralbibliothek Zürich, FA Lav. Ms. 556, Nr. 80, zit. nach Horst Weigelt, Lavater und die Stillen im Lande. Distanz und Nähe. Die Beziehungen Lavaters zu Frömmigkeitsbewegungen im 18. Jahrhundert [AGP 25], Göttingen 1988, 178). „Wer consequent räsonnirt, der wird zum Atheismus kommen, wenn er nicht an Christum glauben kann [...]. Wenn die Gottheit nicht durch Christum geredet, nicht durch ihn gehandelt hat, so ist nie keine Gottheit gewesen, die geredet und gehandelt hat" (Tagebuch vom 2. Juni 1773. In: Unveränderte Fragmente [...], ed. Staehlin [s.o. Anm. 20], 2. Bd., 37). Vgl. Johannes Gottschick, Ohne Jesus wäre ich Atheist. In: Die Christliche Welt 2 (1888), 461–463.

44 Vgl. Koh 2,24; 3,12.22; 5,17; 8,15.

45 ZH I, 427,35–37, an Johann Gotthelf Lindner am 12. Oktober 1759. Vgl. Hamanns „Gedanken über meinen Lebenslauf" vom 25. Juni 1758: Londoner Schriften (s.o. Anm. 40), 431,27–32. Weiter: H V, 286,15–25, an Franz Kaspar Bucholtz am 20. Dezember 1784.

46 Vgl. z.B. H V, 459,1–6, an Franz Kaspar Bucholtz am 20. Juni 1785 und dazu: Oswald Bayer, Vernunft ist Sprache. Hamanns Metakritik Kants, Stuttgart 2002, 211. Weiter: H V, 286, 13–25, an Franz Kaspar Bucholtz am 20. Dezember 1784; H VI, 278,25–27, an Friedrich Heinrich Jacobi am 18. Februar 1786; H VI, 480,13–15, an Franz Kaspar Bucholtz am 17. Juli 1786.

47 H IV, 5,16–20, hier 17–20. Vgl. als deutliche Anspielung: N III, 92,15–17 (Neue Apologie des Buchstaben h, 1773).

48 Kohelet ist für Hamann zwar durchgehend von großer Bedeutung (vgl. o. Anm. 45 und 46), doch beschäftigt er sich mit ihm in der Zeit zwischen dem Herbst 1777 und dem Frühjahr 1778 besonders intensiv. Vgl. ZH III, 378,32–379,4 („Eitelkeit der Eitelkeiten! Ist meine Lieblingsidee [...]"), an Johann Gottfried Herder am 14. Oktober 1777; ZH III, 381,31f, an Gottlob Immanuel Lindner am 21. November 1977 und H IV, 3, 28f, an Johann Caspar Lavater am 18. Januar 1778.

49 AaO, 5,5–15. Die hier im Mittelpunkt stehende Stelle Hebr 5,8 wird auch im „Letzten Blatt" (1788) eine Schlüsselrolle spielen. Vgl. Kreuz und Kritik (s.o. Anm. 8), 32, 101–104, 108f, 111f (hier im ausdrücklichen Bezug auf H IV, 5, 5–12).

50 Vgl. Kreuz und Kritik (s.o. Anm. 8), 100–114: „Offenbarung und Passion".

bensbejahung keine vitalistisch-naturalistische Selbstverständlichkeit. Sie ist vielmehr durch die eigentümliche Zeitansage dessen bestimmt, der, weil er die Gegenwart des kommenden Gottesreiches glaubte und im Festmahl feierte, als „Fresser und Weinsäufer"[51] verschrieen und wegen seiner Inanspruchnahme der Gegenwart Gottes und damit der Fülle der Zeit als der Erfüllung allen Lebenshungers und allen Lebensdurstes gekreuzigt worden war.

Eine elementare Lebensbejahung im Genuss von Brot und Wein ist nicht eindeutig und den „Zweifelwelten" nicht wirklich gewachsen, wenn zu diesen Elementen – zu Brot und Wein – nicht das „feste prophetische Wort" (2Petr 1,19) hinzukommt – genauer gesagt: wenn jene Elemente, gemäß der lutherischen Sakramentslehre, nicht von diesem Wort umschlossen und durchdrungen werden. Dieses Wort aber will geglaubt sein und lässt nicht schauen – im Sinne jenes Pauluswortes, dass wir jetzt noch, solange wir unterwegs sind, im Glauben und nicht im Schauen wandeln (2Kor 5,7). Überraschend und erstaunlich ist nun, dass Hamann im Anschluss an die von ihm nicht nur hier, sondern auch sonst häufig zitierte Stelle 2Petr 1,19 dieses noch ausstehende eschatische Schauen mit dem Wort „Gewißheit" bezeichnet und „Gewißheit" dem „Glauben" entgegensetzt: Es sei, schreibt er an Lavater, Gottes „Wort", das im Unterschied zu allen „Ihre[n] Zweifelwelten", die „vergängliche Phänomene" sind, währt[52], bleibt, so dass „Sie [...] Recht" haben, „liebster Lavater, es für ein festes prophetisches Wort zu bekennen, und thun wohl daran, auf dieses scheinende Licht in der Dunkelheit zu achten, bis der Tag anbreche [vgl. 2Petr 1,19]. Eher ist an keine Gewißheit oder Autopsie zu denken; und Gewißheit hebt den Glauben, wie Gesetz Gnade auf"[53].

Da Glauben und (Heils-)Gewissheit, jedenfalls in der Tradition Luthers, in der Hamann lebt und denkt, identisch sind, ist ihre hier begegnende Entgegensetzung ganz und gar ungewöhnlich. Sie kann nicht anders verstanden werden denn als eine empfindlich scharfe Kritik an Lavaters Durst nach unmittelbarer Christus- und Gotteserfahrung, in der der eschatologische Vorbehalt nicht mehr gewahrt ist, jedenfalls aber in einen „Thomasglauben"[54] zu verschwinden droht.

Hamann dagegen wahrt den eschatologischen Vorbehalt mit größtem Nachdruck. Bei aller Skepsis gegen enthusiastisch plerophore Gewissheit huldigt er jedoch keinem Skeptizismus.[55] So kann er in einer seiner vielen Aufnahmen von

---

51 Vgl. o. Anm. 36.
52 Zu „Sein Wort währt" (H IV, 5,23) vgl. Jes 40,8; Ps 119,89; Lk 21,33.
53 H IV, 5,21–27.
54 Vgl. o. Anm. 33.
55 Zu Hamanns Bejahung der Skepsis und seiner Wendung gegen den Skeptizismus: Kreuz und Kritik (s.o. Anm. 8), 89f im Kontext von 87–91.

1Kor 13,9 sagen: „Unser Wißen ist Stückwerk; aber noch mehr zweifeln"[56]. Noch mehr als Wissen ist Zweifeln Stückwerk und nicht das Ganze. Die Maxime „de omnibus dubitandum" gilt zweifellos als methodische Regel vor allem im Gebiet der Wissenschaft und Technik, ist aber für die Lebenspraxis, konsequent befolgt, ruinös.[57]

V Die Kernstelle: Geschmack an Zeichen

Die Kernstelle des Briefes, der wir uns nun näher zuwenden können, ist Lavater gegenüber, der einen „Geschmack an Zeichen" zurückgewiesen hatte, ein nachdrückliches und eindrückliches Bekenntnis: „Ihnen von Grund meiner Seele zu sagen, ist mein ganzes Christenthum" – es mögen gute oder schlechte Zeiten sein – „ein Geschmack an Zeichen [...]".

Das Hauptcharakteristikum dieses „Geschmacks an Zeichen" liegt in deren eigentümlicher Zeitlichkeit: darin, dass das Ausstehen des „Vollkommenen" (1Kor 13,10; vgl. 12f) die konkrete, sinnliche Gegenwart seiner Fülle nicht ausschließt. „Hier ist Fülle" und „Das τέλειον liegt jenseits". Diese beiden Sätze, mit denen die paradoxe Urspannung des Christentums bezeichnet ist – die Fülle des Heils ist schon jetzt, aber noch nicht –, behauptet Hamann zugleich und mit gleichem Nachdruck. Gott ist derjenige, der die eschatische Einheit und Vollendung der Welt heraufführen wird und kraft dieses vollendenden Handelns jetzt schon, in der Gegenwart, an der eschatischen Vollendung teilgibt, indem er in seiner Kondeszendenz definitiv in die Welt eingeht, Fleisch wird (Joh 1,14) und auf diese Weise ewig zeitlich ist. Dies ist in Jesus Christus geschehen und geschieht in der Selbstmitteilung dieses „Fressers und Weinsäufers"[58] in „den Elementen des Wassers, des Brods, des Weins",[59] also in der Taufe und im Herrenmahl und von

---

56 H VI, 332,25 (an Friedrich Heinrich Jacobi am 27. März 1786). Zu „Zweifeln" und „Verzweiflung": Vernunft ist Sprache (s.o. Anm. 46), 55f.
57 Deshalb unterscheidet Descartes Wahrheit und Wahrscheinlichkeit und entsprechend Wissenschaft und Lebenswelt, die ohne eine vom prinzipiellen Zweifel nicht betroffene „morale par provision" (René Descartes, Discours de la Méthode [1637], III,1) undenkbar ist. Zu Hamanns Kritik an der cartesischen Scheidung von Wissenschaft und Lebenswelt: Oswald Bayer, Wahrheit oder Methode? In: Ders., Autorität und Kritik. Zu Hermeneutik und Wissenschaftstheorie, Tübingen 1991, 83–107, bes. 84f. Vgl. Vernunft ist Sprache (s.o. Anm. 46), 80–83: „Individuelle Vernunft im Zusammenhang religiöser und politischer Traditionen".
58 Vgl. o. Anm. 36.
59 Ist mit „und" in „[...] an *Zeichen*, und an den Elementen [...]" wirklich eine Addition gemeint? Oder – in elliptischer Formulierung – eine Explikation, also: „[...] an *Zeichen*", und [ergänze: d.h.] „an den Elementen [...]"?

da aus auch in jenem gewöhnlichen profanen und prosaischen Genuss von Brot und Wein, von dem der Prediger redet.

Die besagte eigentümliche Zeitlichkeit der Zeichen inszeniert Hamann keineswegs zufällig, sondern erstaunlich genau kalkuliert durch nur zwei – zudem durch die griechische Schreibung in ihrem Gewicht noch verstärkte – Bibelstellen, die in einer bestimmten Spannung zueinander stehen und eine paradoxe Einheit bilden: Hebr 10,1[60] sagt die Gegenwart der Erfüllung, die Zitate aus 1Kor 13,9f.12 sagen deren Ausstehen.

Das Zeichen, das „Fülle für Hunger und Durst" bietet und bringt, gewährt und gibt, ist wahre „Fülle, die nicht bloß, wie das Gesetz [des alten Bundes], einen Schatten der zukünftigen Güter hat, sondern αὐτὴν τὴν εἰκόνα τῶν πραγμάτων": das Bild der Sachen selber, nicht etwa nur ihr Abbild, sondern wesentlich sie selbst, ihr Wesen.[61] Das Zeichen ist also kein signum, das auf eine res nur verwiese; ein Verweis wäre im Verhältnis zur Sache selbst nur ein „Schatten", der hinweist und vorausweist. Mit Hebr 10,1 können Signifikant und Signifikat nicht mehr voneinander unterschieden oder gar gegeneinander ausgespielt werden. Das Zeichen, von dem Hamann redet, ist auch kein Symbol, das die Sache repräsentierte und damit von ihr immer noch in einer bestimmten Weise unterschieden wäre, sondern das, was sie differenzlos präsentiert: präsent sein lässt und zugleich darbietet, weshalb denn nach Hamann im Einklang mit Gen 2,16 das erste Gebot lautet: Du sollst essen![62]

Die Fülle des im Zeichen gegenwärtig Dargebotenen, das den Hunger und Durst stillt, wird nun zwar nicht eingeschränkt, aber doch präzisiert, indem Hamann fortfährt: „in so fern selbige [die Dinge in ihrem Wesen], durch einen Spiegel im Räthsel dargestellt, gegenwärtig und anschaulich gemacht werden können". Von wem? Dies bleibt offen. Offen bleibt aber nicht, wodurch sie „gegenwärtig und anschaulich gemacht werden können" oder, wie Hamann stimmiger hätte sagen müssen, gegenwärtig und anschaulich geworden sind sowie

---

60 Vgl. Kol 2,17.
61 Vgl. zur Stelle: Otto Michel, Der Brief an die Hebräer (Meyers Kommentar XIII), Göttingen 1966, 330, Anm. 2: „εἰκών bezeichnet in diesem Fall ,den höchsten Grad der Wirklichkeit'". AaO, 331: „Hebr scheidet nicht streng zwischen Gegenwart und Zukunft, sondern in der Gegenwart wird die Zukunft zur lebendigen Wirklichkeit (6,5; 9,11). ,In Christo ... haben die Güter der Zukunft in ihrer tatsächlichen Wirklichkeit und Wesenheit ...leibhafte Gestalt gewonnen' (Chr. v. Hofmann)".
62 Vgl. H V, 275,27–31 (an Friedrich Heinrich Jacobi am 5. Dezember 1784): „Das erste Gebot heißt: *Du sollt eßen* Gen.II. und das letzte: kommt, es ist alles bereit [Lk 14,17]. Eßet, meine Lieben, und trinkt meine Freunde, und werdet trunken. Aber mathematische Gewißheit? [...] Mit der wird es aus seyn, wenn Himmel und Erde vergehen. Seine Worte aber vergehen nicht; und eben so wenig ihre Gewißheit." Vgl. H V, 262,17f (an Johann Caspar Lavater am 15. November 1784): „Bin [...] heute recht aufgelegt, das erste Gebot Gen.II.16 *Du sollt eßen* zu erfüllen."

gegenwärtig und anschaulich werden. Dies geschieht mit ihrer Darstellung „durch einen Spiegel im Räthsel", also indirekt, wie Hamann mit 1Kor 13,12 sagt, und, nach der Parallele in demselben Paulusvers, „stückweise" (vgl. 1Kor 13,9f) – von Hamann in einem ganzen Satz samt einer Anspielung auf Lavaters Schrift „Aussichten in die Ewigkeit"[63]aufgenommen: „Unsere Ein- und Aussichten hier sind Fragmente, Trümmer, Stück- und Flickwerk", wie Hamann von den „Brocken"[64] bis zum „Letzten Blatt"[65] betont.[66] Das indirekte und stückweise Innewerden der Fülle trägt in sich die Gewissheit, dass „dann aber von Angesicht zu Angesicht" – direkt und ganz, ohne Versuchung und Anfechtung – sich schauen lässt, was jetzt geglaubt wird – und parallel dazu: dass „dann aber ich erkennen werde, aufgrund dessen[67], dass ich jetzt schon [von Gott[68]] erkannt bin" (1Kor 13,12).[69] Dabei ist vom hebräischen Wort für „erkennen" ידע (jada) her die keineswegs nur gedankliche, sondern vor allem sinnliche und lebenspraktische Bedeutung zu hören, die bei Hamann, entsprechend dem hebräischen Sprachgebrauch (vgl. Gen 4,1.17), immer auch einen geschlechtlichen Sinn hat,[70] der zum „Geschmack an Zeichen" gehört, was auch mit dem Koheletzitat zusammenstimmt: „[...] Brauche des Lebens mit deinem Weibe, das Du lieb hast [...]"!

VI Verallgemeinerungsfähig?

„Geschmack" ist für uns heute meist eine Sache der Beliebigkeit. Für Hamann dagegen war er[71] die Art und Weise, die Welt, sich selbst und Gott urteilsfähig wahrzunehmen: in einer Kopf, Herz, Mund, Hand und Fuß bewegenden und als

---

63 Vgl. o. Anm. 28.
64 Londoner Schriften (s.o. Anm. 40), 407,14f (Erklärung des Titels): „Wir leben hier von Brocken. Unsere Gedanken sind nichts als Fragmente. Ja unser Wissen ist Stückwerk." Vgl. ZH I, 431,29f (an Johann Gotthelf Lindner am 12. Oktober 1759): „Wahrheiten, Grundsätze[n], Systems bin ich nicht gewachsen. Brocken, Fragmente, Grillen, Einfälle."
65 Kreuz und Kritik (s.o. Anm. 8), 63, Zeile 14 („ex part[e]") und dazu: AaO, 87–91.
66 Dem entspricht Hamanns gesamte Schriftstellerei in Stil und Form. Dazu im Überblick: Oswald Bayer, Zeitgenosse im Widerspruch. Johann Georg Hamann als radikaler Aufklärer, München 1988, 38–61.
67 „καθώς" meint nicht nur „wie", sondern auch „aufgrund dessen, dass".
68 Das passivum ist hier ein passivum divinum.
69 Paulus betont, dass nicht ich erkenne, vielmehr erkannt werde. Vgl. mit 1Kor 13,12: 1Kor 8,2f; Gal 4,9 und Phil 3,12.
70 Gott als Autor (s.o. Anm. 32), 37, Anm. 63.
71 Vgl. Oswald Bayer, Leibliches Wort. Reformation und Neuzeit im Konflikt, Tübingen 1992, 105–124: Kreuzesphilologie. Hamann und Luther, hier 112f: „Sapere aude: Mut zum ‚Geschmack'".

Organ gebrauchenden Wahrnehmung, einer umfassenden αἴστησις sowie in einer diese reflektierenden Ästhetik, die der ganzen Existenz des Menschen[72] gerecht wird.

Hamanns „Geschmack an Zeichen" ist identisch mit seinem Glauben an die christologisch-eschatologisch bestimmte Anrede Gottes des Schöpfers, der sich – nicht nur im Herrenmahl – schmecken lässt: „Schmecket und sehet, wie freundlich der HERR ist!" (Ps 34,9; vgl. 1Petr 2,3).[73] Dieser Glaube als Hören, Sehen, Schmecken und Tasten des menschenfreundlichen Wortes Gottes[74] ist durch und durch geprägt von der Textwelt der Bibel. Es ist immer wieder erstaunlich zu sehen – was sich in dem Brief Hamanns an Lavater, dem unsere Aufmerksamkeit galt, exemplarisch bekundet –, dass die Texte Hamanns sowohl an der Oberfläche – in ausdrücklichem Zitat oder klar identifizierbarer Anspielung – wie in der Tiefe ihrer gesamten Sprachbewegung und ihres Mitteilungswillens vor allem durch die Bibel in deren drastischer, geradezu materialistischer Sinnlichkeit[75] geprägt, ja überhaupt erst konstituiert sind und Hamann wie kaum ein zweiter sein Postulat auch erfüllt: „Die heilige Schrift sollte unser Wörterbuch, unsere Sprachkunst seyn, worauf alle Begriffe und Reden der Christen sich gründeten und aus welchen sie bestünden und zusammen gesetzt würden."[76]

Dann aber drängt sich die Frage auf, ob sich dieser Glaube ohne explizite Tradierung der biblischen Textwelt und der einbildenden Einübung in sie plausibilisieren lässt, ist er doch „nicht communicable, wie eine Ware, sondern das Himmelreich und die Hölle in uns"[77]. Dementsprechend kann auch der bestimmte

---

[72] Vgl. Johannes von Lüpke, Anthropologische Einfälle. Zum Verständnis der „ganzen Existenz" bei Johann Georg Hamann. In: NZSTh 30, 1988, 225–268.
[73] Hamanns Sensualismus und Empirismus artikuliert sich im Bezug zu David Humes „belief". Er rezipiert Humes epistemischen Glaubensbegriff, hebt ihn aber in seinem Verständnis der Schöpfung als Anrede auf. Vgl. Vernunft ist Sprache (s. o. Anm. 46), 78–80: „Hamanns Glaubensbegriff".
[74] Vgl. den besonders dichten und nicht auszuschöpfenden Centotext N III, 32,s8–26 (Des Ritters von Rosencreuz letzte Willensmeynung über den göttlichen und menschlichen Ursprung der Sprache, 1770 [vordatiert]), der in der Aufnahme von 1Joh 1,1 und Joh 1,1 kulminiert: „Alles, was der Mensch am Anfange hörte, mit Augen sah, beschaute und seine Hände betasteten, war ein lebendiges Wort; denn Gott war das Wort."
[75] Vgl. beispielsweise ZH I, 371,33–36; an Johann Gotthelf Lindner am 20. Juli 1759: „Wenn der Blinde im Evangelio zu seynem Artzt gesagt hätte: Meynst du daß der Dreck, den du von der Erde nimmst, und Dich nicht schämst mit Deinem Speichel zusammen zu rühren [Joh 9,6: Neuschöpfung in Entsprechung zu Gen 2,7] – Bleib mir damit vom Leibe? hast Du nicht mehr Sitten gelernt – Meynen Sie, daß er sehend geworden wäre."
[76] Londoner Schriften (s. o. Anm. 40), 304,8–10 (zu 1Petr 4,11).
[77] H VII, 176,6–8; an Friedrich Heinrich Jacobi am 30. April 1787. Vgl. Autorität und Kritik (s. o. Anm. 57), 108–116: „Kommunikabilität des Glaubens".

Zeichenbegriff, dem wir in Hamanns Brief an Lavater begegneten, nicht von vornherein „allgemeine" sowie „notwendige" Geltung beanspruchen und nicht umstandslos und ohne Brüche, Verwerfungen und Verschiebungen auf Zeichentheorien bezogen werden, die der Matrix eines anderen „Wörterbuchs" als der Bibel entwuchsen und beispielsweise, wie nach der triadischen Semiotik von Charles Sanders Peirce, dem zwischen Zeichen und Sache vermittelnden Interpretanten eine Deutungshoheit zuschreiben, die ihm dann nicht zukommt, wenn der Glaube vom Wort der Anrede lebt, in dem von sich aus Zeichen und Sache kraft der „Idiomenkommunikation"[78] schon miteinander verbunden sind und dem Glauben vorsprechen und vorgeben, was er – freilich in freier Aufnahme und Umsetzung – hört, sieht, fühlt und schmeckt.[79]

---

[78] Es ist „alles göttlich [...]. Alles Göttliche ist aber auch menschlich [...]. Diese *communicatio* göttlicher und menschlicher *idiomatum* ist ein Grundgesetz und der Hauptschlüssel aller unsrer Erkenntniß und der ganzen sichtbaren Haushaltung" (N III, 27,7–14; Des Ritters von Rosencreuz letzte Willensmeynung über den göttlichen und menschlichen Ursprung der Sprache, 1770 [vordatiert]). Hamanns vehementer Versuch, die universale Bedeutung der Bibel als grundlegendes „Wörterbuch" (s.o. Anm. 76), als Matrix, wahrzunehmen, ist sachgemäß; jedenfalls entspricht er dem Selbstverständnis der biblischen Texte. Gleichwohl steht Hamann in der Gefahr, die christologische Lehre von der Idiomenkommunikation in ein ontologisches und allgemeinhermeneutisches Prinzip umzuformen. Zu dieser, wie an der Philosophie Hegels zu sehenden, keineswegs unproblematischen religionsphilosophischen Verallgemeinerung: Friedemann Fritsch, Communicatio idiomatum. Zur Bedeutung einer christologischen Bestimmung für das Denken Johann Georg Hamanns (TBT 89), Berlin/New York 1999 sowie Ders., Die Wirklichkeit als göttlich und menschlich zugleich. Überlegungen zur Verallgemeinerung einer christologischen Bestimmung im Denken Hamanns. In: Johann Georg Hamann. „Der hellste Kopf seiner Zeit", hg.v. Oswald Bayer, Tübingen 1998, 52–79.

[79] Am 22. Dezember 2010 schrieb mir Andreas Reinert zum vorliegenden Vortrag: „Mir war gar nicht klar, dass Hamann in der Grundaussage, die sich in diesem Brief an Lavater zeigt, so nahe bei Kohelet liegt! Denn der ‚Geschmack an Zeichen', die Kohelet in 9,7–9 natürlich noch nicht auf Brot und Wein im Sinne des Abendmahls beziehen konnte, ist nicht nur durch die beiden Elemente Brot und Wein, sondern vielmehr durch die Bedeutung, die diesen Elementen bei Kohelet zukommt, gegeben. Die Aufforderungen zur Freude, die sich gerade im Genuss des lebensförderlichen Essens und Trinkens ausdrücken, sind ja nach meinem Urteil viel mehr als bloßer Hedonismus oder resignierter Rückzug auf das Elementare: Bei Kohelet sind es die Stellen, auf die alles zuläuft, die seine ganze Theologie prägen und der vanitas eine lebensbejahende Perspektive entgegensetzen. Sie sind sein ‚Programm' und haben es mir ermöglicht, Kohelet als einen realistischen (nicht skeptischen) ‚Prediger der Freude' zu bezeichnen. Denn die ‚Freude' ist – ganz im Sinne Hamanns – das Ziel, auf das das menschliche Leben ausgerichtet sein soll, der ‚Anteil', den ein Mensch in seinem Leben erreichen kann. Und dies ist im Koheletbuch die Antwort auf die (keineswegs rhetorische) Frage von Koh 1,2." Vgl. Andreas Reinert, Die Salomofiktion. Studien zu Struktur und Komposition des Koheletbuches (WMANT 126), Neukirchen 2010.

VII Zusammenfassung

Hamanns „Geschmack an Zeichen" ist identisch mit seinem Glauben an die christologisch-eschatologisch bestimmte Anrede Gottes des Schöpfers und konstituiert durch die Textwelt der Bibel. Das Hauptcharakteristikum seines Zeichenbegriffs liegt in dessen eigentümlicher Zeitlichkeit: darin, dass das Ausstehen des „Vollkommenen" (1Kor 13,10) die konkrete, sinnliche Gegenwart seiner Fülle (Hebr 10,1) nicht ausschließt. Damit verbindet sich eine trotz der Skepsis angesichts der Nichtigkeit aller Dinge zugemutete elementare Lebensbejahung. Sie ist durch die eigentümliche Zeitansage dessen bestimmt, der, weil er die Gegenwart des kommenden Gottesreiches glaubte und im Festmahl feierte, als „Fresser und Weinsäufer" (Mt 11,19) verschrieen und wegen seiner Inanspruchnahme der Gegenwart Gottes und damit der Fülle der Zeit als der Erfüllung allen Lebenshungers und allen Lebensdurstes gekreuzigt worden war.

Teil III: **Öffentliches Geheimnis**

14 Vor Gott schweigen

I Menschliche Leere und göttliche Fülle

Unvergeßlich ist mir die Entschiedenheit, mit der meine Frau kurz vor ihrem Tod bei einem Interview auf die Frage „Was beeindruckt Sie im Blick auf den Gottesdienst am meisten?" ohne jedes Zögern antwortete: „die große Stille, wenn alle schweigen". In der Tat ist das Silentium eine Kostbarkeit – in Württemberg aus der Invocatio divini auxilii des Prädikantengottesdienstes hervorgegangen; die Stille gilt „der Bitte um den Heiligen Geist für die, die predigen, und für die, die das Wort hören"[1].

Dieses Schweigen ist als epikletisches Schweigen ein konturiertes und genau ausgerichtetes Schweigen, das sich auf das Wort – das zusprechende sowie das zu hörende und zu beherzigende Wort – bezieht. Damit muß die religiöse, vor allem religionspsychologische Dimension nicht geleugnet und die kosmische Weite nicht verkannt werden, die ja mit der Ausrufung der Stille offenkundig ist: „Der HERR ist in seinem heiligen Tempel. Es sei stille vor ihm alle Welt!" (Hab 2,20; vgl. Apk 8,1b).[2]

Alle Geschäftigkeit und Betriebsamkeit, nicht zuletzt das viele ununterbrochene Reden bis hin zum Geschwätz hört auf und macht einem Nichtstun Platz, einem Sabbat, mit dem Gott die Ehre gegeben wird, der das entscheidende Werk selber tun will. „Der HERR wird für euch streiten, ihr aber sollt stille sein" (Ex 14,14; vgl. Jes 30,15). „Du sollst von dei'm Tun lassen ab, daß [= damit] Gott sein Werk in dir hab"![3] Das Wahrnehmen dieses Sabbats[4] geschieht im aufmerksamen – eher entspannten als gespannten – Hören: im Hören des Gottesnamens als jener geheimnisvollen „Stimme verschwebenden Schweigens"[5], die Elia nach dem Sturmwind, dem Erdbeben und dem Feuer vernahm.[6] Nicht in der Sensation und dem Rausch der großen Zahl, dem Geschrei der Massen und der die Fundamente erschütternden kosmischen und sozialen Revolutionen kommt Gott, sondern

---

[1] Gerhard Hennig, „Sonntags ist Kirche", hg.v. Christian Möller und Johannes Zimmermann, Stuttgart: 2008, 55.
[2] Vgl. Gerhard Tersteegen, „Gott ist gegenwärtig [...] Alles in uns schweige..." (EG 165).
[3] Martin Luther, „Dies sind die heiligen zehn Gebot [e]..." (EG 231,4).
[4] Vgl. Jürgen Kaiser, Ruhe der Seele und Siegel der Hoffnung. Die Deutungen des Sabbats in der Reformation, Göttingen 1996, besonders 17–45, 112–135, 162–182 (zu Luther).
[5] Die Schrift. Verdeutscht von Martin Buber gemeinsam mit Franz Rosenzweig, Bd. 2 (Bücher der Geschichte), [8]1992, 406.
[6] 1Reg 19,11–13.

verhalten, leise; Du kannst ihn überhören. Paul Valéry, der Dichter, pointiert: „Höre auf dieses feine, unaufhörliche Geräusch; es ist die Stille. Horch auf das, was man hört, wenn sich nichts [mehr] hören läßt."[7] Es gleicht der Stille, die sich einstellt, wenn ein erwarteter oder plötzlicher Glockenschlag und auch noch sein Nachhall verklungen sind. Der Buddhismus, vor allem der Zen-Buddhismus, weiß davon.[8]

Wie Elia hat Mose diese Stille erfahren, indem er dem verklingenden Gottesnamen nachhören durfte (vgl. Ex 33,23).[9] Diese von menschlichem Werk leere und insofern tatenlose Stille ist keineswegs in jeder Hinsicht leer, kommt sie doch von der Fülle des Gottesnamens her, der lautet: „Wem ich gnädig bin, dem bin ich gnädig! Und wessen ich mich erbarme, dessen erbarme ich mich" (Ex 33,19; vgl. 34,6f). In seinem Bezug auf den Gottesnamen ist das Schweigen weder grundlos noch gegenstandslos. Es ist qualifiziertes und gefülltes Schweigen, das in die Stille mündet, die – um ein expressives Gegenbild zu ihr aufzurufen – Edvard Munchs „Schrei" radikal widerspricht.

II „Wehe mir, ich bin zum Schweigen gebracht!"

Dieser keineswegs diffusen, vielmehr von menschlicher Leere und göttlicher Fülle genau bestimmten Stille ist nun weiter nachzudenken. Woher kommt sie? Wie stellt sie sich ein? Es geht in ihr nicht um eine unbestimmte Begegnung mit dem abschreckenden und zugleich anziehenden Numinosen – dem Fascinosum und Tremendum – [10], sondern zunächst präzis um das Innewerden eines *vom Menschen selbstverschuldeten Schweigens*, einer von uns selbst verschuldeten Sprachlosigkeit. Davon erzählt der grandiose Berufungsbericht des Propheten

---

7 Paul Valéry, Tel Quel II (Paris [18]1943), 118: „Entends ce bruit fin, qui est continu, et qui est le silence. Ecoute ce qu'on entends lorsque rien ne se fait entendre (Aphorismus mit dem Titel „L' ouïe" [= „Das Hören"]).
8 Nicht zufällig war es Rudolf Otto, der 1925 den Vorschlag machte, als Höhepunkt des Gottesdienstes ein Niederknien und ein von drei Tönen der Gebetsglocke zu beendendes Schweigen samt dem anschließend gesprochenen Vaterunser zu begehen: Rudolf Otto, Zu Erneuerung und Ausgestaltung des Gottesdienstes, Gießen 1925.
9 Vgl. Luthers Wahrnehmung der „posteriora Dei" (Ex 33,23) in der Heidelberger Disputation (1518): WA 1, 362 (These XX).
10 Vgl. Rudolf Otto, Das Heilige. Über das Irrationale in der Idee des Göttlichen und sein Verhältnis zum Rationalen, Gießen 1925. Vgl. Katharina Wiefel-Jenner, Stille, Schweigen Heiliges Schweigen. Spielarten der Sehnsucht nach Stille in der liturgischen Bewegung. In: Stille. Liturgie als Unterbrechung, hg.v. Alexander Deeg und Christian Lehnert, Leipzig 2020, 115–133, hier 118–123 („Rudolf Otto und das 'Sakramentale Schweigen'").

Jesaja. Getroffen von der Majestät des Heiligen Israels muß Jesaja klagen: „Wehe mir, ich vergehe!" (Jes 6,5). Das kann aber auch so übersetzt werden: „Wehe mir, ich bin zum Schweigen gebracht!"[11] Dem Propheten hat es in der Erkenntnis seiner und seines Volkes Sünde die Sprache verschlagen – die mit den „unreinen Lippen" mißbrauchte Sprache, die unsere Bestimmung verfehlt, unseren Umgang mit den Dingen verkehrt, unserer Selbstbehauptung dem Schöpfer gegenüber sowie dem Nichtigen und Leeren, dem Geschwätz und der Lüge dient.[12] Es bedarf der schmerzhaften Reinigung der Lippen mit einer glühenden Kohle, damit „Deine Missetat von dir genommen und Deine Sünde versöhnt sei" (Jes 6,7).

III Unser Vielreden und Gottes Tiefschweigen

Nun aber bringt Gott nicht nur den Sünder zum Schweigen, sondern schweigt selbst, verbirgt und versagt sich selbst denen, die ihn und sein Wort „suchen und doch nicht finden werden" (Am 8,12). Die Klagepsalmen klagen die Verborgenheit und das Schweigen Gottes: „Gott, schweige doch nicht!" (Ps 83,2; vgl. Ps 28,1; 109,1). Greif doch endlich rettend und richtend: zurechtbringend ein! Wie lange schweigst Du? (Vgl. Apk 6,10). Ungeduld. Warum? Unverständnis. Jesaja hat die harte und bittere Erfahrung gemacht, daß Gott selbst „verstockt", so daß die Hörenden nicht verstehen und die Sehenden nicht erkennen.[13]

Eine besondere Gestalt hat das Schweigen Gottes in der Moderne und Postmoderne angenommen; ich erinnere beispielhaft an ein Briefgespräch zwischen Hamann und Lavater über die Zeit des Schweigens.[14] Lavater beklagt in seinem Brief an Hamann vom 25. März 1784 den „tausendgestaltigen, millionenköpfigen

---

11 נִדְמֵיתִי Nidmethi in Jes 6,5 ist nicht notwendigerweise mit „vernichtet" werden zu übersetzen, sondern kann auch heißen: „zum Schweigen gebracht" werden: Ludwig Köhler und Walter Baumgartner, Lexicon in Veteris Testamenti Libros, Leiden 1953, 213. Mit Jes 6,5 vgl. Ps 46,11; 76,9 und Hi 40,4.
12 Vgl. zu diesen verschiedenen Dimensionen des alttestamentlichen Begriffs der „Sünde": Oswald Bayer, Martin Luthers Theologie. Eine Vergegenwärtigung, Tübingen ⁴2016, 163 f.
13 Vgl. außer Jes 6,9 f: Dtn 29,4; Mt 13,11–15; Lk 8,9 f; Joh 12,39 f; Act 28,26 f. Solche Verstocktheit findet Bilder wie „Der Schrei" von Edvard Munch (s.o.). Gebiert die Unerträglichkeit der Stille den Schrei? Sagt der Schrei Munchs die Sehnsucht nach Stille in einer allpräsenten Lärmwelt? Das seit Pascal virulente Erschrecken vor dem „ewigen Schweigen der unendlichen Räume" (Blaise Pascal. Gedanken, nach der endgültigen Ausgabe von Wolfgang Rüttenauer, Birsfelde-Basel o. J., 150, Nr. 314) zeigt die Ambivalenz der Stille, in der der moderne horror vacui lebt. Vgl. Lutger Lütkehaus, Stille, Schweigen, Musik, Marburg 2015 und John Cages „4, 33".
14 Vgl. Oswald Bayer, Zeit des Schweigens; in: Ders., Gott als Autor. Zu einer poietologischen Theologie, Tübingen 1999, 86–94.

und völlig herzlosen Unglauben" und Atheismus seiner Tage[15]. Es sei „eine harte Zeit für die Kinder der Wahrheit – so ohne Gott für [=vor] Gott zu stehen – und sich unaufhörlich rufen zu lassen: Wo ist Euer Gott?"[16] – „eine harte Zeit, die Zeit *unsers* Vielredens und *Seines* <Still> Tiefschweigens."[17] Hamann antwortet, am 2. Mai 1784:

> „Freilich ist es eine harte Zeit; aber unsere Pflicht [ist es], sich darein zu schicken, und sein *Tiefschweigen* nachzuahmen, weil unser Vielreden Ihn nicht zum Wort kommen läßt. Der Herr wird für uns streiten; aber wir müssen still sein—."[18]

Solche Stille ist keine sprachlose und tote, sondern eine lebendige Stille, weil in ihr Gott der Schöpfer selbst zu Wort kommt; sie ist jenes menschliche Schweigen, das auf göttliches Reden und Wirken wartet und ihm Raum läßt – mithin rechtfertigungstheologisch pointiertes Schweigen.

> „Wie manchem der liebe Sabbath länger wird als die Woche: so ist das Stillesitzen, schweigen, sich enthalten vielleicht eine schwerere Lection, und saurere Arbeit als das ewige Wirken, Schaffen, Schwatzen – die *einzige* [= einzigartige?] Theorie von der Ruhe Gottes [ist] vielleicht ein köstlicheres Ei als die zahlreichen ausgebrüteten Kosmogonien."[19]

Auf Gottes Ruhe als „orphisches Ei" – als Ursprung, aus dem Alles entsteht – werde ich zurückkommen.

Die Bedeutung des modernen Atheismus, vor allem des Nihilismus[20], für ein Verständnis des Gottesschweigens kann ich jetzt nicht herausstellen; es sei aber andeutend auf sie hingewiesen. Das tiefste Tiefschweigen Gottes ist angesichts der Shoa zu ahnen. Doch: Wer die tödliche Zerstörungsmacht nicht schweigend verehren will, kann das Unsägliche nicht ungesagt und unwidersprochen lassen. Paul Celan, Nelly Sachs, Rose Ausländer und andere widerlegen das Urteil Adornos, daß „nach Auschwitz ein Gedicht zu schreiben" „barbarisch" sei[21].

---

15 Johann Georg Hamann, Briefwechsel, Bd. V, hg. von Arthur Henkel, Frankfurt/M. 1965, 134,33 f (Johann Caspar Lavater an Johann Georg Hamann am 25. März 1784).
16 AaO, 135,10 f; vgl. Ps 42,4 und 11; 79,10; 115,2.
17 AaO, 136,4 f; vgl. Ps 28,1.
18 AaO, 142,6–9 (Hamann an Lavater am 2. Mai 1784); in Anspruch genommen ist Ex 14,14 („Der Herr wird für euch streiten; ihr aber seid nur stille").
19 AaO, 398, 27–31 (Hamann an Herder am 28. März 1785).
20 Vgl. Wolfgang Müller-Lauter, Art. Nihilismus I, HWP 6, 1984, (846–853) 846.
21 Theodor W. Adorno, Kulturkritik und Gesellschaft. In: Prismen. Kulturkritik und Gesellschaft, Frankfurt/M. 1955 (1949, 1951 erstmals publiziert), 26. Doch Adorno korrigiert sich selbst: „Das perennierende Leiden hat soviel Recht auf Ausdruck wie der Gemarterte zu brüllen; darum mag es

Möglich ist dies freilich nur hart am Verstummen. Gerade Adorno bewegt sich an dieser Grenze in seiner Suche nach einer „letzte[n] Spur des ontologischen Gottesbeweises"[22], „solidarisch mit Metaphysik im Augenblick ihres Sturzes"[23]. Dabei nimmt er – wie auch Max Horkheimer – die große Tradition der Mystik auf, in der das biblische Bilderverbot und die neuplatonische Bilderlosigkeit fest miteinander verbunden sind.

IV Biblisches Bilderverbot und neuplatonische Bilderlosigkeit

An die eben angesprochene große Tradition der Mystik möchte ich ebenfalls nur exemplarisch erinnern und beziehe mich dazu auf Max Horkheimer. Mit seiner „Furcht, daß es Gott nicht gebe,"[24] ist jede positive Aussage über Gott, jede affirmatio einer Eigenschaft Gottes sorgsam und absichtsvoll vermieden. Ja, selbst Gottes Name in seiner Positivität und Bestimmtheit[25] wird einer „äußerste[n] Treue zum Bilderverbot"[26] geopfert. Diese Treue verbindet sich bei Horkheimer wie selbstverständlich mit der neuplatonischen negativen Prädizierung Gottes als des ἄρρητον (arreton), des Unaussprechlichen, des Unnennbaren. „Der fromme Jude zögert", „wenn er das Wort ‚Gott' schreiben soll. Er macht dafür einen Apostroph, weil für ihn Gott das ‚Unnennbare' ist, weil sich ‚Gott' nicht einmal in einem Wort darstellen läßt." [27]

Angesichts der enormen Bedeutung der Überlagerung, Verbindung oder gar Identifikation des biblischen Bekenntnisses Gottes als des wort- und bildlos Einzig-Einen (Dtn 6,4) mit der Frage nach der μία ἀρχή, (mia arche) der griechischen Metaphysik – der Frage nach einer Einheit, die sublim im neuplatonischen Fragen nach dem ἕν (hen) gipfelt – ist eine grundsätzliche Prüfung und Klärung dieser Überlagerung nicht zuletzt für ein philosophisch und theologisch stichhaltiges Verständnis des Schweigens nötig. Bedenken wir zunächst beide Seiten –

---

falsch gewesen sein, nach Auschwitz ließe kein Gedicht mehr sich schreiben" (Ders., Negative Dialektik; Frankfurt/M. 1966, 353).
22 Theodor W. Adorno, Anmerkungen zum philosophischen Denken. In: Stichworte. Kritische Modelle 2 (es 347), Frankfurt/M. ³1970, 11–19, hier 18.
23 Adorno, Negative Dialektik (s.o. Anm. 21) 398 (letzter Satz des Werkes).
24 Eingehend: Oswald Bayer, Die Furcht, daß es Gott nicht gebe. In: Ders., Gott als Autor (s.o. Anm. 14), 97–111.
25 Vgl. Ex 3,14; 33,19 sowie 34,6f und im NT nur die Ich-bin-Worte. Eingehender: u. bei Anm. 33.
26 Um mit Adorno zu reden (Vernunft und Offenbarung. In: Stichworte [s.o. Anm. 22] 28).
27 Max Horkheimer, Die Sehnsucht nach dem ganz anderen. Ein Interview mit Kommentar von Helmut Gumnior, Hamburg 1970, 58.

das biblische Bilderverbot und die neuplatonische Bilderlosigkeit – je für sich, um dann ihr Verhältnis kritisch zu bestimmen.

IV.1 Neuplatonische Bilderlosigkeit

In geradezu idealtypischer Klarheit bekundet sich die bis in die Moderne und Postmoderne so ungemein einflußreiche vom Christentum aufgenommene neuplatonische Tradition in den Schriften des (Pseudo-) Dionysius Areopagita. Sie fassen sich kurz in dem Traktat „Von der mystischen Theologie"[28] zusammen. Danach ist auf folgenden Wegen, Methoden, von Gott zu reden, wenn man überhaupt von ihm reden und nicht ganz von ihm schweigen will: (erstens) auf dem „kataphatischen" (positiven) Weg, dem Weg der affirmatio, der Gott Eigenschaften zusprechenden Bejahung und Steigerung alles Endlichen zum Unendlichen, und (zweitens) dem „apophatischen" (negativen) Weg, dem Weg der Negation, der Verneinung alles Endlichen, mit der man Gott alle Eigenschaften abspricht: Gott ist, was er nicht ist. Das Dritte, die „mystische" Theologie, ist überhaupt kein methodisierbarer Weg, sondern die Einsicht und Erfahrung, daß die göttliche Ursprungsmacht, die αἰτία (aitia), „ebenso jeder Bejahung überlegen" ist „wie keine Verneinung an sie heranreicht" und daß sie „jeder Begrenzung schlechthin enthoben ist und alles übersteigt".[29] Die „mystische" Theologie ist also keineswegs identisch mit der „negativen" Theologie – wie dies gelegentlich behauptet wird. Vielmehr ist das „Kataphatische" durch das „Apophatische" hindurch in der „mystischen" Theologie aufgehoben. Sie bezieht sich oxymorisch auf die Fülle, die Leere und die Leere, die Fülle ist, auf das Schweigen, das Wort und das Wort, das Schweigen, auf die Helle, die dunkel, die Finsternis, die Licht ist. Gott ist insofern verborgen als er eigenschaftslos, jenseits und oberhalb aller Bestimmungen, „überwesentlich" ist.[30] Entsprechend zerbricht die Sprache, zer-

---

[28] Περὶ μυστικῆς θεολογίας (Peri mystikes theologias): MPG 3, 997–1032 D. Neue kritische Edition [samt Übersetzung] in: Corpus Dionysiacum Bd. 2, Pseudo-Dionysius Areopagita, De Coelesti Hierarchia, De Ecclesiastica Hierarchia, De Mystica Theologia. Epistulae (Patristische Texte und Studien Bd. 36), hg.v. Günter Heil und Adolf Martin Ritter, Berlin/New York 2014, 997–1064. Einen umsichtigen und zuverlässigen Zugang zum Corpus Dionysiacum bietet: Paul Rorem, Dionysian Mystical Theology, Minneapolis 2015 (s.u. Kap. 15, Anm. 6). (s.u. Kap. 15, Anm. 9).
[29] Περὶ μυστικῆς θεολογίας (Peri mystikes theologias): MPG Bd. 3, 1033.1; Übersetzung von Adolf Martin Ritter (Hg.), Pseudo Dionysius Areopagita, Über die Mystische Theologie und Briefe, Bibliothek der griechischen Literatur Bd. 40, Stuttgart 1994, 77; vgl. AaO, 87, Anm. 36.
[30] Für Meister Eckhart vgl. z.B. Pr. 80 (Homo quidam erat dives), DW III, 380,3 f: „Gott ist überwesentlich und überredelich [= über allem Sagbaren] und überverständlich": über allem, was sich verstehen läßt.

fällt ins Unsagbare; vom so verborgenen Gott kann man eigentlich nicht reden, sondern nur schweigen. Mit dem Schweigen wird die Unsagbarkeit Gottes geehrt.[31] Ludwig Wittgenstein dürfte sich in dieser neuplatonischen Tradition bewegen, wenn er seinen „Tractatus logico-philosophicus" (1921) mit der berühmten These abschließt: „Wovon man nicht sprechen kann, darüber muß man schweigen." [32]

IV.2 Das biblische Bilderverbot

Das biblische Bilderverbot schützt die Freiheit Gottes, der mit seinem Namen seine Gegenwart versprochen hat. Hamann schreibt an Jacobi am 23. Januar 1785:

> „Ein anderes Δός μοι ποῦ στῶ (Dos moi pou sto) kenne und weiß ich nicht, als Sein Wort, sein Schwur und sein *Ich bin* – und *werde sein*, worin die ganze Herrlichkeit seines alten und neuen Namens besteht, den kein Geschöpf auszusprechen im stande ist."[33]

Seine Selbstvorstellung „Ich bin" (Ex 3,14) ist in ihrem Zuspruch und Anspruch auch der Inbegriff seines neuen Namens, wie in besonderer Klarheit das ganze Johannesevangelium – nicht nur in den „Ich bin ..."-Worten – bekundet. Gottes Unsichtbarkeit – „Niemand hat Gott je gesehen" (Joh 1,18) – schließt nicht aus, sondern ein, daß er selbst – als der Sohn – sich kund macht; „der Eingeborene, der Gott ist und in des Vaters Schoß, der hat ihn uns verkündigt" (Joh 1,18). Daß Gott unsichtbar ist, schließt nicht aus, sondern ein, daß er sich hörbar gibt, ja: in einer bestimmten Weise sich mit dem Hören sogar sehen läßt (Dtn 4,12). „Obwohl man Christi Reich nicht sieht, wie man das weltliche [Reich] sieht, so hört man's dennoch." Denn „Christi Reich [ist]ein Hör-Reich, nicht ein Sehe-reich. Denn die Augen leiten und führen uns nicht dahin, da wir Christum finden, sondern die Ohren müssen das tun."[34] Das Gehör und ihm zuvorkommend das Wort ist – nicht nur nach dem Johannesevangelium – das Ei, aus dem alles entstanden ist und ohne das nichts ist, was ist. Nun aber ist dieses ewige Wort, das die Welt ganz und gar unverdient – aus nichts – ins Dasein gerufen hat und das Dunkel hat hell werden lassen, faßbar Mensch geworden (Joh 1,14). Der unsichtbare Gott, der

---

31 Dionysius Areopagita de divinis nominibus I,1; I,4; de mystica theologia I,1.
32 Ludwig Wittgenstein, Tractatus logico-philosophicus 7; in: Ders., Schriften I, Frankfurt/M. 1969, 83.
33 Hamann, Briefwechsel, Bd. V (s.o. Anm. 15) 333,18 – 21 (Hamann an Friedrich Heinrich Jacobi am 23. Januar 1785).
34 WA 51, 11,25 – 32 (Predigt über Ps 8 am 6. August 1545 in Merseburg).

seine Unsichtbarkeit durch das Bilderverbot schützt, hat sich selbst ein definitives Bild gemacht, sich ganz in dieses Bild hineingegeben, sich darin „ausgeschüttet"[35]. Jesus Christus ist das „Bild des unsichtbaren Gottes" (Kol 1,15; Hebr 1,3) – nicht etwa nur sein Abbild; in ihm wohnt vielmehr „die ganze Fülle der Gottheit leibhaftig" (Kol 2,9; vgl. Kol 1,19).

In seiner christologisch bestimmten Personalität spricht Gott mich samt allen Kreaturen an, läßt er mit sich reden, hört er mich und antwortet er mir. „Unser Gott kommt und schweigt nicht" (Ps 50,3). Das Gott Geziemende (θεοπρεπές/ theoprepes) philosophischer Gotteslehre – wie etwa Gottes Leidensunfähigkeit, seine Apathie – zerbricht in solchem von Gottes Kommen und Reden konstituierten Gottesverhältnis, ohne jedoch einer unkontrollierten und unkontrollierbaren Mythologisierung Platz zu machen;[36] Theologie hält sich im kritischen Bezug sowohl zur Metaphysik wie zur Mythologie.

Es ist keine leichte, gleichwohl aber unabweisbare Aufgabe der Theologie, Gottes Sichtbarkeit und Unsichtbarkeit zusammen, gleichzeitig, in einer Einheit, zu denken; sie hat damit das Geheimnis des Gottesnamens zu wahren, es aber nicht zu verschweigen, sondern – als „kündliches" Geheimnis,"[37] – kund zu machen und sich dabei auch nicht zu scheuen, nicht nur von Gottes leiblichem Wort, sondern von Gottes Leiblichkeit selbst zu reden,[38] ohne damit einem kruden Materialismus und Naturalismus zu verfallen. Dann wird sie, was auch philosophisch von höchster Bedeutung ist, jenes Letzten und Ersten inne, das dem Gegensatz von Intellektualismus und Empirismus vorausliegt: des Wortes, das zuerst hörend wahrzunehmen ist.

IV.3 Die Aufgabe kritischer Bestimmung des Verhältnisses

Für den Neuplatonismus des Areopagiten geschieht im mystischen Schweigen angesichts des ἄρρητον (arreton) die höchste, die eigentliche Gottesverehrung;

---

[35] BSELK 1054,24–27 (BSLK 651,10–15) (Großer Katechismus, 1529; Erklärung des zweiten Artikels des Glaubensbekenntnisses): „Hier lernen wir die andere Person der Gottheit kennen, daß wir sehen, [...] wie er sich ganz und gar ausgeschüttet hat und nichts behalten, das er uns nicht gegeben habe."
[36] Vgl. z. B. das so genannte „Athanasianum": Christus „Unus autem non conversione divinitatis in carnem sed adsumptione humanitatis in Deo" (BSELK 60,1–4 [BSLK 30,3–5]). Der Mensch gewordene Gott bleibt Gott.
[37] 1Tim 3,16 nach der Lutherübersetzung (bis 1912).
[38] Besonders anstößig von Hamann betont, dem „die Pudenda als das *einzige Band* zwischen *Schöpfung und Schöpfer*" (Hamann an Johann Gottfried Herder am 12. Dezember 1779) einfallen (Johann Georg Hamann, Briefwechsel Bd. 4, hg.v. Arthur Henkel, Frankfurt/M. 1959, 139,18 f).

auch unzählige Texte Meister Eckharts bezeugen dies[39] und noch Paul Tillichs Rede von „Gott über Gott" und, entsprechend, vom „absoluten Glauben" am Ende von „Der Mut zum Sein"[40] bewegt sich in dieser gewichtigen Tradition.[41] Die entscheidende Frage lautet: Steht diese schweigende Gottesverehrung, die selbst auf die Nennung des Gottesnamens verzichtet und insofern auch als Gestalt eines Atheismus gelten kann[42], in einem klaren und scharfen Gegensatz oder gar Widerspruch zu dem Vertrauen auf das fleischgewordene Wort – auf den Heruntergekommenen, der unten bleibt: „bei uns ist im Schlamm und in der Arbeit, daß ihm die Haut raucht", wie Luther den Namen „Immanuel" predigt[43]? Anders gefragt: Ist das sagbare – „kündliche" – Geheimnis der Christusoffenbarung dem ‚unkündlichen', letztlich unsagbaren Geheimnis, wie es die areopagitische Tradition wahrnimmt, unversöhnlich entgegenzustellen? Oder läßt sich beides miteinander so vermitteln, daß jedenfalls negative Theologie als Rede von Gott auf der Grundlage seiner Offenbarung gefaßt und Gottes Verborgenheit als Verborgenheit des offenbaren Gottes verstanden wird?[44]

Der Neuplatonismus tut sich schwer, von Gottes πάθη (pathe) zu reden – zum Beispiel von seinem Zorn und seiner Barmherzigkeit. Solche Eigenschaften Gottes sind neuplatonischem Denken offensichtlich anthropomorphistische Fremdkörper[45], während die Texte der biblischen Tradition ohne Anthropomorphismen undenkbar und durchaus mythologiefreundlich sind.[46] Gleichwohl stellt sich aus den Erfahrungen der Theologiegeschichte die Frage, ob die notwendige Kontrolle des Bezugs der Theologie zur Mythologie ohne Beachtung der drei Wege des Areopagiten geschehen kann. Sind sie denn nicht unersetzliche Wächter der

---

39 Vgl. o. Anm. 30.
40 Paul Tillich, Der Mut zum Sein (The Courage to Be, 1952): GW XI, 13–139, bes. 130–139.
41 Der Sache, ja selbst der Formulierung nach vertritt Tillich die Mystik eines Angelus Silesius. Vgl. Oswald Bayer, Theologie (HST 1); Gütersloh 1994, 244 f.
42 Vgl. Gerald Hanratty, The Origin and Development of Mystical Atheism; in: NZSTh 30, 1988, 1–17.
43 WA 4, 608,32–609,1.
44 So Ralf Stolina, Niemand hat Gott je gesehen. Traktat über negative Theologie (TBT 108), Berlin/New York 2000.
45 Dionysius richtet sich auf das Unsagbare: de mystica theologia. Dazu: Rorem (s.o. Anm 28). Zutreffend pointiert klar und scharf Christoph Schwöbel, daß der Ausgangspunkt der Gotteslehre „nicht dort gewählt werden sollte, wo wir Gott etwas zusprechen, sondern dort, wo Gott sich selbst zuspricht": Christoph Schwöbel, Einfach Gott. Trinitätstheologie am Anfang des 21. Jahrhunderts. In: NZSTh 62, 2020, 519–541.
46 „Nach meinem Anthropomorphismo ist der Othem seiner Nase und der Hauch seines Mundes hinlänglich" mit Verweis auf Ps 104, 29 ff (Johann Georg Hamann. Briefwechsel, Bd. V [s.o. Anm. 15], 275, 24 f (Hamann an Friedrich Heinrich Jacobi am 5. Dezember 1784).

Unsichtbarkeit Gottes und des Geheimnisses seines Namens? Dienen sie denn nicht der Freiheit Gottes?

V Entspringt Gottes Wort seinem Schweigen?

Indem wir nach der Wahrheit des neuplatonischen Bestehens auf der Bilderlosigkeit Gottes fragen, gewinnen jene Momente der biblischen Tradition ein besonderes Gewicht, welche die These zu stützen scheinen, daß das Wort nicht erst im menschlichen Bereich, wie zu zeigen sein wird, in einer bestimmten Hinsicht dem Schweigen entspringt, sondern unvordenklich schon im gründenden Sein und Werk Gottes. Nach Sap 18,14 f, der Weihnachtsantiphon,[47] scheint Gottes Wort seinem Schweigen zu entspringen. „Denn als tiefes Schweigen das All umfing und die Nacht in ihrem Gang die Mitte erreichte, (15) fuhr dein allmächtiges Wort vom Himmel herab, vom königlichen Thron [...]". Das mitternächtlich aus dem schweigenden Himmel wie ein Blitz herabzuckende Wort suchte und fand Wohnung auf dem Zion[48] bzw. im Tempel, der für die Christen Jesus Christus ist: „aus Gottes ewgem Rat / hat sie ein Kind geboren / wohl zu der halben Nacht"[49].

Kommt also Gottes Wort aus dem Schweigen?[50] Dies scheint bestätigt zu werden durch das in den neutestamentlichen Texten – vor allem der Deuteropaulinen und der Pastoralbriefe – mehrfach begegnende „Revelationsschema". Danach wurde das bislang verschwiegene Gottesgeheimnis erst im Leben, Leiden, Sterben und Auferstehen Jesu Christi offenbar (Röm 16,25)[51]: Gott hat sein Schweigen gebrochen bzw. sein vielgestaltiges und mannigfaltiges Reden zu den Vätern eindeutig gemacht, indem er endgültig durch seinen Sohn geredet, indem er sich definitiv durch ihn definiert hat (Hebr 1,1–4).

Zu fragen ist freilich: Hütet das Revelationsschema mit seiner Kontrastierung von Schweigen und lautender Offenbarung denn nicht ein nicht zu verkennendes

---

47 „Da alles still war und ruhte und eben recht Mitternacht war, fuhr Dein allmächtiges Wort herab vom Himmel" (Introitus am 25. Dezember. In: Gebete für das Jahr der Kirche, hg.v. Karl Bernhard Ritter, Kassel ²1948, 60). Vgl. Ders. In Verbindung mit der Evangelischen Michaelsbruderschaft, Die eucharistische Feier, Kassel 1961, 71. Es folgt jeweils Ps. 2.
48 Sir 24, bes. 4–15.
49 „Es ist ein Ros entsprungen..." (EG 30, 2 und 1).
50 In der Tat wurde in Traditionen des Ostjudentums gelehrt, daß Gottes Schöpferwort „aus dem Schweigen geboren" wurde (Reinhold Boschki, Der Schrei. Gott und Mensch im Werk von Elie Wiesel, Mainz (1994) ²1995, 21.
51 Vgl. Kol 1,26 f; Eph 1,9 f; 3,5 f.9–11; 1Petr 1,2; 2Tim 1,9 f; Tit 1,2 f.

Wahrheitsmoment, das in der σιγή (sige)-Theologie der Gnosis[52] und des Neuplatonismus[53] lediglich verabsolutiert wurde?

Mit einer solchen Betonung des Schweigens wäre freilich, um sie so scharf wie möglich zu kennzeichnen, der Anfang und das Ziel der priesterlichen Schöpfungserzählung (Gen 1,1–2,4a) vertauscht, umgekehrt. Gottes Wort entspränge dann seinem Ruhen, seinem Schweigen, seinem Sabbat. Ob dies von Hamann gemeint war, wenn er die „Theorie von der Ruhe Gottes" als das vielleicht „köstlichere Ei" „den zahlreichen ausgebrüteten Kosmogonien" vorzog?[54] Wohl kaum. Jedenfalls ist im Zusammenhang dieser Streitfrage nach dem Verhältnis des Schweigens und Redens Gottes wahrzunehmen, daß nach der priesterlichen Schöpfungserzählung der Sabbat Gottes das Letzte ist, nicht das Erste. Für den Menschen dagegen ist der Sabbat das Erste, von dem er ausgehen darf. Der Sonntag, der erste Tag der Woche, begründet den Werktag, die Ruhe die Arbeit, das Fest das Ethos.[55]

Es bleibt dabei: Im Anfang war das Wort (Gen 1,1–3; Joh 1,1), die Kommunikationsmacht – in sich und zur Kommunikation ermächtigend.

VI Das Schweigen als Grund menschlichen Wortes

Anders als bei Gott, der das Wort ist, verhält es sich bei unserem menschlichen Wort, bei unserer menschlichen Sprache. Sie ist nicht das Erste, sondern als Antwort ein Zweites; sie folgt aus dem Hören des wirkkräftigen Wortes Gottes, das mich zuvor angesprochen, gerufen hat. Dieses Hören ist insofern ein Schweigen, als es einem Nichtstun Platz macht, einem Sabbat, mit dem Gott die Ehre gegeben

---

[52] Eine sige-Theologie ist in der Gnosis ziemlich breit belegt – vor allem in der Valentinianischen Gnosis. Diese kennt eine anfängliche Paarbindung aus „Tiefe" (bythos) und „Schweigen" (sige), aus der alles hervorgeht (Irenäus, Adversus Haereses I, 1, 1 ff.). Weiter: „Valentinianische Erklärung" aus dem koptisch-gnostischen Textfund von Nag Hammadi (NHC XI, 2; englische Übersetzung von John D. Turner, The Nag Hammadi Library in Englisch, Leiden ²2005) sowie das „Ägypterevangelium" ebenfalls aus dem koptisch-gnostischen Textfund von Nag Hammadi (NHC III, 2 / IV, 2; englische Übersetzung von Alexander Böhlig und Frederik Wisse, The Nag Hammadi Library in Englisch, Leiden 1996). Den Hinweis auf diese Quellen verdanke ich Christoph Markschies.
[53] Plotin spricht vom „schweigenden Logos" (Enneaden III 8,6,11). Für Proklos liegt Schweigen der Sprache zugrunde (De philosophia Chaldaica 4, 18; In Parmenidem VII).
[54] S.o. bei Anm. 19.
[55] Ausführlicher: Oswald Bayer, Von der Würde des Sonntags. In: Ders., Freiheit als Antwort. Zur theologischen Ethik, Tübingen 1995, 47–54.

wird, der das entscheidende Werk selber tun will.⁵⁶ So kommt in die menschliche Leere die göttliche Fülle mit ihrem Sprachreichtum, aus dem sich die Menschensprache speist, in der auch das zwischenmenschliche Gespräch „letztlich in der Stille des Schweigens beginnt"⁵⁷: im aufmerksamen Hören aufeinander.

Das in die Stille mündende Schweigen markiert unüberhörbar die für die Menschensprache konstitutive Asymmetrie von Hören und Reden.

Eine Theologie des Schweigens ist gut beraten, wenn sie ihr konkretes Kriterium in der Invocatio divini auxilii sucht, in der Bitte um den Heiligen Geist für die, die predigen, und für die, die das Wort hören.⁵⁸ Diese Bitte ist nur scheinbar partikular; in Wirklichkeit steht sie paradigmatisch für den fundamentalanthropologischen, ja mehr noch: schöpfungstheologisch und ontologisch universalen Sachverhalt, dem im Unglauben widersprochen, im Glauben aber entsprochen wird. Diese Bitte gilt nicht nur für die, die predigen, sondern für jeden, der den Mund auftut, der spricht – für jedes animal rationale, besser griechisch gesagt: für jedes ζῷον τὸν λόγον ἔχον (zoon ton logon echon), das deshalb zugleich immer schon ζῷον πολιτικόν (zoon politikon) ist.⁵⁹

VII Schlußbemerkung

An welcher Stelle im Gottesdienst das Silentium begangen wird, kann verschieden verantwortet werden; es darf durchaus auch an mehreren Stellen sein Recht haben. Es verändert sich dann zwar sein Stellenwert, nicht aber seine Grundfunktion: Es ist als epikletisches Schweigen ein konturiertes und genau ausgerichtetes Schweigen, das sich auf das Wort – das zusprechende sowie zu hörende und zu beherzigende Wort – bezieht.⁶⁰

---

56 In seinem Aufsatz „Das göttliche Wort und der menschliche Lobgesang" redet Jochen Klepper von dem „göttlichen Ruf, der von allem Eigenen zu schweigen befiehlt und nur noch Gott und seinem Worte Raum lassen will: ‚Seid stille und erkennet, daß ich Gott bin' [Ps 46,11]. Als Letztes, Unentrinnbares, aber auch Erstes, Grundlegendes steht vor aller menschlichen Aussage das Stillewerden vor Gott" (Jochen Klepper, Nachspiel. Erzählungen, Aufsätze, Gedichte, Witten und Berlin 1960, 130).
57 Joachim Bayer, Werner Elerts apologetisches Frühwerk (TBT 142), Berlin/New York 2007, VIII.
58 „Das Schweigen in der Gegenwart Gottes in Erwartung seines Wortes und Geistes findet im 'silent worship' der Quäker einen extrem gesteigerten Ausdruck" (Andreas Heinz, Art. „Schweigen III" in RGG⁴, Bd. 7, 2004, Sp. 1062).
59 Aristoteles, Politika I 2, 1253 a 1–3 und 7–10.
60 Ein Zwillingsbruder dieses Vortrags ist vor allem: „Neuer Geist in alten Buchstaben. Eine Rede für die Stille" (Gott als Autor [s.o. Anm. 14], 209–220).

15 Gottes Verborgenheit

I Gottes Verborgenheit als erkenntniskritisches Problem

Daß das Endliche nicht fähig ist, das Unendliche zu begreifen – finitum non capax infiniti – ist ein jedenfalls im Abendland tief verwurzelter erkenntniskritischer Grundsatz. Dem entspricht eine Skepsis im Blick auf die Erkennbarkeit Gottes, wie sie innerhalb des biblischen Kanons vor allem von Kohelet vertreten wird: „Gott ist im Himmel, und Du auf Erden; darum laß deiner Worte wenig sein" (Koh 5,1); der frühe Karl Barth hat sich an prominenter Stelle auf diese Koheletstelle berufen, um, im Anschluß an Kierkegaard,[1] den „unendlichen qualitativen Unterschied[...] von Gott und Mensch" zu betonen.[2]

Der *endliche* Mensch kann als solcher das *Unendliche*, das Göttliche, – jedenfalls in seiner Vollgestalt – nicht erkennen. Es ist ihm verborgen – was nicht besagt, daß er es, als Korrelation von Endlichem und Unendlichem, nicht notwendig denken können muß.[3] Die Schuld an dieser Verborgenheit trägt vordergründig nicht der Mensch. Dessen beschränkte Erkenntnisfähigkeit gehört vielmehr zunächst zur condition humaine bzw. ist vom Schöpfer so gewollt und verfügt. Sähe, schaute – nach Platons Höhlengleichnis[4] – ein Mensch die Sonne des Göttlichen, so würde er durch die Wahrheit, die Unverborgenheit, geblendet; sähe, schaute – nach dem Alten Testament – ein Mensch den Lichtglanz Gottes, seine „Herrlichkeit", so müßte er sterben. „Mein Angesicht kannst Du nicht sehen", hört Mose als Gottes Wort; „denn kein Mensch wird leben, der mich sieht" (Ex 33,20; vgl. Jdc 6,22f; 13,22). Und Jakob staunt, daß sein nächtlicher Kampf mit Gott an der Furt des Jabbok, in dem er dem aus dem Verborgenen heraustretenden und handgreiflich begreifbar werdenden Gott Angesicht zu Angesicht gegenüberstand, ihm nicht den Tod gebracht hat (Gen 32,31f).

Deutlicher noch wird in dem grandiosen Berufungsbericht des Jesaja, daß es, wenn Gott aus dem Verborgenen heraustritt und dem Menschen begegnet, nicht

---

[1] Søren Kierkegaard, Die Krankheit zum Tode, übersetzt von Liselotte Richter. Frankfurt/M. ²1986, 120: „Gott und Mensch sind zwei Qualitäten, zwischen denen ein unendlicher Qualitätsunterschied besteht".
[2] Karl Barth, Kirche und Theologie (1925); zit. nach: Theologie als Wissenschaft. Aufsätze und Thesen, hg. und eingeleitet von Gerhard Sauter (TB 43) München 1971, 152–175, hier 168.
[3] Klassisch bei Descartes in der dritten seiner Meditationen, wonach der Mensch sich als finitum nur unter Voraussetzung eines infinitum begreifen kann: Rene Descartes, Meditationes/Meditationen [...], hg.v. Lüder Gäbe, PhB 250a. Hamburg 1959, bes. 82f (Med. III, 22–24).
[4] Platon, Politeia 514 a – 520 d.

um ein „rein" erkenntniskritisch zu reflektierendes Ereignis geht, auch nicht allein um die Begegnung mit dem abschreckenden und zugleich anziehenden Numinosum – dem Fascinosum und Tremendum – ,[5] sondern um *das Innewerden einer vom Menschen selbstverschuldeten Verborgenheit Gottes*, die hier – in der Vision, die Jesaja widerfährt – aufgehoben wird. Jesaja erzählt (Jes 6,1–7):

> „Im Todesjahr des Königs Usia sah ich den HERRN sitzen auf einem hohen und erhabenen Stuhl, und sein Saum füllte den Tempel. (2) Seraphim standen über ihm; ein jeglicher hatte sechs Flügel: mit zweien deckten sie ihr Antlitz, mit zweien deckten sie ihre Füße [ihre Genitalien; „Füße" steht dafür als Euphemismus], und mit zweien flogen sie. (3) Und einer rief zum andern und sprach: Heilig, heilig, heilig ist der HERR Zebaoth; alle Lande sind seiner Ehre voll! (4) Und die Überschwellen bebten von der Stimme ihres Rufens, und das Haus ward voll Rauch. (5) Da sprach ich: Weh mir, ich vergehe [[6]]! Denn ich bin unreiner Lippen und wohne unter einem Volk unreiner Lippen; denn ich habe den König, den HERRN Zebaoth, gesehen mit meinen Augen. (6) Da flog der Seraphim einer zu mir und hatte eine glühende Kohle in der Hand, die er mit der Zange vom Altar nahm, (7) und rührte meinen Mund an und sprach: Siehe, hiermit sind deine Lippen berührt, daß deine Missetat von dir genommen werde und deine Sünde versöhnt sei."

Die „unreinen Lippen" stören, ja zer-stören die Kommunikation des Menschen mit Gott; in diesem Sinne verstellen sie Gott, *verbergen* sie ihn. Die Aufhebung ihrer Unreinheit, die *Sündenvergebung*, ist die durch Gottes Heilshandeln bewirkte Aufhebung der vom Menschen selbstverschuldeten Verborgenheit Gottes.

Dieser Art von Verborgenheit werden wir nachher noch weiter nachgehen. Doch möchte ich gleich hier deutlich machen, daß es eine rein erkenntniskritisch zu bestimmende Verborgenheit Gottes gar nicht gibt.

Dies gilt in bestimmter Hinsicht auch für die bis Kant und darüber hinaus das philosophische Denken prägende Erkenntnistheorie *Platons* mit ihrer Unterscheidung von Sinnlichem und Intelligiblem: Die Kehre von der Wahrnehmung des Sinnlichen zum Innewerden des Intelligiblen und damit die Offenbarung des zuvor verborgenen Göttlichen ist – wie Platon paradigmatisch in seinem Höhlengleichnis anschaulich macht[7] – eine Bekehrung, die die ganze Lebensführung bestimmt und deren Bezeugung dem Wahrheitszeugen das Leben kosten kann.[8]

Nicht zuletzt findet sich im Blick auf Gottes Verborgenheit die Verbindung einer bestimmten Erkenntnistheorie mit dem Lebensvollzug in der *neuplatoni-*

---

5 Vgl. Rudolf Otto, Das Heilige. Über das Irrationale in der Idee des Göttlichen und sein Verhältnis zum Rationalen, Breslau 1917.
6 Andere Übersetzungsmöglichkeit: ich bin zum Schweigen gebracht (s. o. Kap. 14: „Vor Gott schweigen", Anm. 11).
7 Vgl. o. Anm. 4.
8 Platon, Politeia 517 a.

schen Tradition – jedenfalls dort, wo sie, besonders im Mönchtum, im Zusammenhang der als Entweltlichung gelebten Buße aufgenommen wurde. Repräsentativ und ungemein wirksam – bis in die moderne Literatur, besonders in die Lyrik hinein – wurde das neuplatonische Denken des (Pseudo-) Dionysius Areopagita (5./6. Jh.). Es bekundet sich, kurz zusammengefaßt, in der Schrift „Von der mystischen Theologie"[9]. Danach ist auf folgenden Wegen, Methoden, von Gott zu reden, wenn man überhaupt von ihm reden und nicht ganz von ihm schweigen will: (erstens) auf dem „kataphatischen" (positiven) Weg, dem Weg der affirmatio, der Gott Eigenschaften zusprechenden Bejahung und Steigerung des Endlichen zum Unendlichen, und (zweitens) dem „apophatischen" (negativen) Weg, dem Weg der negatio, der Verneinung alles Endlichen, mit der man Gott alle Eigenschaften abspricht: Gott ist, was er nicht ist. Das Dritte, die „mystische" Theologie, ist überhaupt kein methodisierbarer „Weg", sondern die Einsicht und Erfahrung, daß die göttliche Ursprungsmacht, die αἰτία, „ebenso jeder Bejahung überlegen" ist „wie keine Verneinung an sie heranreicht" und daß sie „jeder Begrenzung schlechthin enthoben ist und alles übersteigt".[10] Die „mystische" Theologie ist also keineswegs identisch mit der „negativen" Theologie – wie dies gelegentlich behauptet wird. Vielmehr ist das Kataphatische durch das Apophatische hindurch in der „mystischen" Theologie aufgehoben. Sie bezieht sich auf die Fülle, die Leere und die Leere, die Fülle ist, auf das Schweigen, das Wort und das Wort, das Schweigen, auf die Helle, die dunkel, die Finsternis, die Licht ist. Gott ist insofern verborgen als er eigenschaftslos, jenseits und oberhalb aller Bestimmungen, „überwesentlich" ist. Entsprechend zerbricht die Sprache und zerfällt ins Unsagbare; vom verborgenen Gott kann man eigentlich nicht reden, sondern nur schweigen. Ludwig Wittgenstein dürfte sich in dieser neuplatonischen Tradition bewegen, wenn er seinen „Tractatus logico-philosophicus" (1921) mit der berühmten These abschließt: „Wovon man nicht sprechen kann, darüber muß man schweigen."

Auch mittelalterliche Mystiker wie Meister Eckhart und Mystikerinnen wie Mechthild von Magdeburg bewegen sich in dieser Tradition,[11] im 16. Jahrhundert Johannes vom Kreuz und Teresa von Avila. In der Moderne verbinden Lyriker wie Paul Celan, Nelly Sachs und Rose Ausländer die neuplatonische Tradition mit

---

[9] Pseudo-Dionysius Areopagita, Περὶ μυστικῆς θεολογίας, MPG 3, 997–1064, bes. 1032 D – 1033 D, in deutscher Übersetzung: Adolf Martin Ritter, Pseudo-Dionysius Areopagita. Über die mystische Theologie und Briefe, BGrL 40. Stuttgart 1994, 74–80. Vgl. Paul Rorem, Dionysian Mystical Theology, Minneapolis 2015 (s.o. Kap. 14: „Vor Gott schweigen", Anm. 28).
[10] MPG 3,1048 B.
[11] Für Meister Eckhart vgl. z.B. Pr. 80 (Homo quidam erat dives), DW III, 380,3f: „got ist überwesentlich und überredelich uind überverstentlich".

dem biblischen Bilderverbot – wie dies beispielsweise auch der Philosoph Max Horkheimer tut.¹²

Diese Bemerkungen über die nicht nur erkenntniskritische Verborgenheit Gottes schließe ich mit einem Beichtgebet; gedichtet hat es Magdalena Sibylla Rieger, eine ungemein gebildete Schwäbin, 1743 von der Universität Göttingen zur kaiserlich gekrönten Dichterin ernannt:

> „Meine Seele in der Höhle / suchet dich im *dunkeln Licht*. / Jesu, eile und erteile / mir dein tröstlich Angesicht. / Auf mein Flehen laß dich sehen / und verbirg dich länger nicht. / Ich empfinde, meine Sünde / sei an dem Verlieren schuld; ich gestehe dies und flehe um Vergebung [...]" .¹³

II Gottes Verborgenheit als sündentheologisches Problem

Der nun weiter zu bedenkende Sachverhalt ist schon in den Blick gerückt – vor allem mit dem zitierten und kurz interpretierten Berufungsbericht des Jesaja, aber auch mit dem Beichtgebet, das wir zum Schluß gehört haben. Eine Verborgenheit Gottes ist nicht lediglich mit der *geschöpflichen* Endlichkeit des Menschen, sondern, davon unterschieden, mit seiner *„sündigen"*¹⁴ Endlichkeit gegeben. „Sünde" ist Verkehrung des Geschöpfseins, Verkrümmung des gerade und aufrecht Gott gegenüber geschaffenen Menschen in sich selbst. *In solcher Selbstverkrümmung verdeckt, verdunkelt, verbirgt sich der Mensch sein göttliches Gegenüber.* Die Sünde wirkt – wie Luther drastisch im Katechismus sagt – eine „verkehrte Welt", „die in ihrer Blindheit ersoffen ist"¹⁵. Der sündigende Mensch ist blind. Er verstellt und verbirgt sich seinen Schöpfer und bringt sich damit zugleich um wahre Selbsterkenntnis; er erfährt – meist nicht bewußt, jedoch faktisch – nur sein ‚trotziges und verzagtes Herz' (Jer 17,9): seinen blinden Selbstbehauptungswillen und die mit ihm verschwisterte Verzweiflung. Dem Sünder ist, durch eigene Schuld, nicht nur das wahre Gesicht Gottes verborgen; vielleicht sieht er stattdessen eine Fratze

---

12 Vgl. Oswald Bayer, „Die Furcht, daß es Gott nicht gebe". In: Ders., Gott als Autor. Zu einer poietologischen Theologie. Tübingen 1999, 97–111.
13 EG 588,1f; Hervorhebung hinzugefügt. Das Lied spannt den Bogen bis zur eschatischen Aufhebung von Gottes Verborgenheit: „[...] bis im Lichte dein Gesichte / mir sich droben völlig zeigt, / wann die Deinen nicht mehr weinen / und die Klagestimme schweigt [...]": EG 588,6. Vgl. unten: VI: „die eschatische Aufhebung der Verborgenheit Gottes".
14 Von einer „sündigen" Vergänglichkeit redet Jochen Klepper. Dazu (mit Nachweisen): Oswald Bayer, Gott als Autor, 57f: „Der du die Zeit in Händen hast ...".
15 BSELK 1052,22 (BSLK 649,26–28) (Großer Katechismus, Erklärung des ersten Artikels des Glaubensbekenntnisses).

oder spürt er ein beunruhigendes Nichts, eine schmerzende Leere.[16] Er ist zugleich auch sich selbst verborgen; in seinen Lebenslügen erkennt er sich keineswegs als Sünder.

Seiner Sünde muß er von außen überführt, sie muß ihm aufgedeckt, aus ihrer Verborgenheit herausgeholt werden. Dies geschieht mit unausweichlichen, harten Fragen: Adam, Eva, wo bist Du? (Gen 3,9) Wo ist Dein Bruder? (Gen 4,9). Solche Fragen überführen mich; was mir nicht bewußt ist, tritt ins Licht (Ps 90,8). Ja, ich werde überhaupt erst als Sünder entdeckt und identifiziert – wie dies unvergeßlich die Szene erzählt, in der der Ehebrecher und Mörder David von Gott durch dessen Propheten Nathan gestellt wird. Nathan erzählt David die Geschichte eines reichen Mannes, der einem Armen das Liebste raubt. David braust auf und spricht als oberster Richter, der er als König ist, das Todesurteil über den vermeintlich andern, von dem Nathan erzählt. Die überraschende Identifizierung geschieht in lakonischer Kürze: „Du bist der Mann!" sagt Nathan zu David (2Sam 12,7). Die Selbstverblendung und Selbstgerechtigkeit des Sünders ist so groß, daß sie nur von außen, von einem anderen aufgebrochen werden kann. Gleichwohl werde ich so überführt, daß ich, wie David vor Nathan, dem Propheten Gottes, mir selbst das Urteil spreche. Die mir widerfahrende Wahrheit überführt mich zugleich von innen heraus. Ihre Externität ist keine Heteronomie, der gegenüber ich selbst nur ein mechanisches Echo wäre. Ich entdecke mich selbst, indem ich von Gott dem Richter entdeckt, aus dem Versteck, aus der selbstverschuldeten Verborgenheit herausgeholt, zur Verantwortung gerufen und ins Licht vor sein Angesicht gestellt werde. *War mir zuvor Gott der Richter sowie ich mir selbst verborgen, so ist er mir jetzt offenbar; zugleich bin auch ich selbst mir offenbar – in einer Unverborgenheit, die im Sündenbekenntnis zur Sprache kommt.*

Gleichwohl wird die Verborgenheit der Sünde selbst im Licht vor Gottes Angesicht nicht so aufgehoben, daß ich mir als Sünder bis auf den Grund durchsichtig würde. „Wer kann merken, wie oft er fehlet?" fragt der Psalmist und bittet dann: „Verzeihe mir die verborgenen Sünden!" (Ps 19,13) Die *bewußt* werdende Sünde ist gleichsam nur die Spitze eines Eisbergs. Doch ist dem Glauben gewiß, daß Gott die vielen mir „verborgenen Sünden" allesamt kennt und verzeiht, so daß diese Verborgenheit mich nicht beschweren muß, ist sie doch gnädig geborgen und aufgehoben im Meer der göttlichen Barmherzigkeit (vgl. Mi 7,18 f.).

Die Tiefe dieses Meeres ist mir verborgen. Über sie kann ich nur *staunen:* „Fürwahr, Du bist ein verborgener Gott, Du Gott Israels, Du Retter!" (Jes 45,15).

---

16 Zu „Gott" als schmerzender Leere: Martin Walser, Über Rechtfertigung. Eine Versuchung. Reinbek ⁴2012. Vgl. Jan-Heiner Tück (Hg.), Was fehlt, wenn Gott fehlt? Martin Walser über Rechtfertigung – theologische Erwiderungen, Freiburg /Basel/Wien 2013.

Vergleichbar ist der Lobpreis, mit dem Paulus seine Ausführungen zu Gottes Heilshandeln an den Juden (Röm 9–11) schließt: „O welch eine Tiefe des Reichtums, beides, der Weisheit und Erkenntnis Gottes! Wie gar unbegreiflich sind seine Gerichte und unerforschlich seine Wege…" (Röm 11,33–36). Unbegreiflich und unerforschlich ist nicht etwa ein Rätsel, das sich einmal löst, sondern ein Geheimnis, das bleibt, weil es das Geheimnis des unerschöpflich lebendigen Gottes ist. In diesem Sinne ist von einer *erfreulichen* Verborgenheit Gottes zu reden, die nie aufgehoben wird, sondern in Ewigkeit bleibt. Das Staunen über sie hat kein Ende.

III Jes 45,15: die erfreuliche, staunenswerte Verborgenheit Gottes

Jes 45,15 ist die einzige Stelle in der Bibel, an der im Wortlaut vom „verborgenen Gott" die Rede ist – nach der Vulgata vom „Deus absconditus". Diese vor allem von Nikolaus von Kues,[17] Martin Luther, Blaise Pascal[18] und anderen aufgegriffene Bezeichnung hat in diesen Rezeptionen keine eindeutige Bedeutung und wird semantisch meist losgelöst vom Bibeltext bestimmt. Den Bibeltext selbst, bei dem ich hier bleiben möchte, umschreibt Luther in seiner Jesajavorlesung treffend so: „Lieber Herrgott, wie gehst du mit uns so wunderlich um"[19]. Zum Verwundern ist die *unergründliche* Weisheit, in der Gottes Richten und Retten geschieht und die in diesem Ausruf und Zuruf anerkannt und gepriesen wird. Es wird also keineswegs etwa, wie in vielen Psalmen, Gottes Verborgenheit als seine Abwesenheit geklagt und sein richtendes und rettendes Eingreifen sehnlichst erwartet; diese in der Klage zur Sprache kommende Verborgenheit ist nachher noch eigens zu bedenken. Dagegen wird in Jes 45,15 gerade die Erhörung der Klage, mithin das schon geschehene und geschehende richtende und rettende Eingreifen Gottes staunend

---

17 De Deo abscondito. In: Nikolaus von Kues, Philosophisch-Theologische Schriften (lat.-dt.), hg.v. Leo Gabriel, Bd. I, Wien 1964, 299–309.
18 Vgl. Roger Texier, Le Dieu caché de Pascal et du Second Isaie (NRT 111/1, 1989, 323).
19 WA 31 II, 364,23f (Jesajavorlesung, 1527–1530) im Zusammenhang (Z. 21–30): „'Vere deus absconditus.' Haec sunt verba prophetae, ubi iam praedixerat istas consolaciones, rapitur iam in stuporem verbi dei q.d. Liber hergot, wie gehestw myt uns ßo wunderlich umb. Est enim res incomprehensibilis, quam racio non potest attingere. Nonne haec est mirabilis redempcio, promitti restauracionem Hierusalem, templi ec. Ibi caro nihil videt, concludit: Ex nihilo nihil fit, et tamen omnia futura videmus per verbum consolacionis in hoc Nihilo. Ita videmus deum et eius consilia incomprehensibilia. Ita hodie spectamus in verbo ecclesiae dei processum contra omnium thirannorum vim et consilia. Quae fides rerum non apparencium argumentum [Hebr 11,1], contraria debent apparere."

gepriesen. Gerade das *offenbare* Gotteshandeln wird als *verborgenes* – als unergründlich weises – gerühmt. Damit ist rückblickend zugleich bekannt, daß auch dort, wo nur Gottes Verborgenheit als Abwesenheit geklagt werden konnte, er verborgen als Retter am Werke war.[20] Das ist jedoch ein Bekenntnis, das nicht in eine Geschichtsphilosophie transformiert werden kann, die – wie in Hegels Theodizee der Weltgeschichte[21] – den Gang der Weltgeschichte als vernünftig zu erweisen und auf diese Weise zu rechtfertigen sucht. Gott *definitiv* so zu preisen wie mit Jes 45,15 ist erst am Ende, im Eschaton, möglich. Bis dahin ist ein solches je und dann sich in der individuellen Lebensgeschichte inmitten der Weltgeschichte einstellendes Lob eine bei allem Vertrauen riskante Vorwegnahme des letzten Urteils, von dem die Schöpfungsgeschichte erzählt: „Und Gott sah an alles, was er gemacht hatte; und siehe da, es war sehr gut" (Gen 1,31).

IV Kreuzestheologische Verborgenheit Gottes

Die „assertio", die Wahrheitsbezeugung, die den christlichen Glauben auszeichnet, ist die, daß das sehr gute Werk Gottes seine Mitte und sein Kriterium in dem Heilswerk Jesu Christi hat: im auferweckten Gekreuzigten. Jedoch: Wer kann im Gekreuzigten Gott heilsam – rettend – am Werk sehen? Ein Jude mußte nach der Tora im Gekreuzigten den von Gott Verfluchten und Verworfenen erkennen („Verflucht ist jeder, der am Kreuze hängt!": Dtn 21,23; Gal 3,13). Für einen Griechen ist das Bekenntnis der Christen zum Gekreuzigten reiner Schwachsinn, buchstäblich eine Eselei – wie dies die älteste Darstellung des Gekreuzigten auf einem Grafitto am Palatin in Rom drastisch bekundet. Es zeigt den Gekreuzigten mit einem Eselskopf, neben ihm ein Mann, der auf ihn blickt und eine Hand zu ihm erhebt; unter den beiden Gestalten steht: „Alexamenos betet seinen Gott an".[22] Dem Spötter ist Gottes Majestät am Kreuz verborgen.

Für den nicht Glaubenden, aber auch für den Glaubenden ist es keineswegs selbstverständlich, im Schmerzensmann am Kreuz die Majestät Gottes zu erkennen; sie ist am Kreuz vielmehr verborgen. Gottes Verborgenheit im Kreuz ist das Merkmal der „Kreuzestheologie", der „theologia crucis", von der Luther erstmals 1518 in seiner Hebräerbriefauslegung, zeitlich benachbart zur Heidelberger Dis-

---

20 Mit Hans-Jürgen Hermisson, Deuterojesaja (BK XI /2), 46.
21 Georg Wilhelm Friedrich Hegel, Vorlesungen über die Philosophie der Geschichte, Suhrkamp-Werkausgabe, Bd. 12, Frankfurt/M. 1970, 540. Ders., Die Vernunft in der Geschichte, hg.v. Johannes Hofmeister (PhB 171a), Hamburg [5]1955, 48.
22 Vgl. die Abbildung z. B. bei: Johannes Leipoldt / Walter Grundmann, Umwelt des Urchristentums, Bd. 3: Bilder zum neutestamentlichen Zeitalter, Berlin, [6]1987, Abb. 213.

putation, spricht: „Haec theologia crucis est, seu, ut Apostolus dicit: ‚Verbum crucis scandalum Iudeis et stulticia Gentibus, quia penitus abscondita ab oculis eorum" („Dies ist die Kreuzestheologie bzw., wie der Apostel [Paulus] spricht: ‚Das Wort vom Kreuz ist ein Skandal den Juden und eine Torheit den Griechen' [1Kor 1,18 und 23], denn es ist vor ihren Augen ganz und gar verborgen").[23]

Dem Glauben freilich ist das Wort vom Kreuz in bestimmter Weise offenbar.[24] Dieses Offenbarsein des am Kreuz verborgenen Gottes, die Kehrseite der Verborgenheit der Offenbarung Gottes, hat der Lutheraner Valentin Ernst Löscher – sozusagen spiegelbildlich zu jenem Grafitto – so besungen:

> „Ich grüße dich am Kreuzesstamm, / du hochgelobtes Gotteslamm / mit andachtsvollem Herzen. / Hier hängst du zwar in lauter Not/ und bist gehorsam bis zum Tod, / vergehst in tausend Schmerzen; / doch sieht mein Glaube wohl an dir, / daß Gottes Majestät und Zier / in diesem Leibe wohne / und daß du hier so würdig seist, / daß man dich Herr und König heißt, / als auf dem Ehrenthrone."[25]

Daß der gekreuzigte Ohnmächtige eins, identisch ist mit dem „HERRN der Herrlichkeit" (1Kor 2,8), mit Gott, dem Allmächtigen: das ist dem natürlichen Menschen, dem Menschen aus Fleisch und Blut, verborgen. Es ist buchstäblich paradox, steht also gegen jede landläufige Vormeinung über das, was „Gott" und was „Mensch" bedeuten kann: daß nämlich „Gott" als Schöpfer und „Mensch" als Geschöpf grundsätzlich voneinander getrennt sind und deshalb nicht gelten kann, was das christliche Bekenntnis von Jesus Christus sagt: daß in ihm Schöpfer und Geschöpf einer und derselbe ist („creator et creatura unus et idem est").[26] Luther trifft den Nagel auf den Kopf: „daß Jesus von Nazareth Christus wäre, konnte niemand denken"[27] (vgl. Joh 1,26.31). Gottes Verborgenheit in diesem Menschen kann nur Gott selbst aufheben – wie Jesu Antwort auf das Bekenntnis des Petrus – „Du bist Christus, des lebendigen Gottes Sohn!" – zeigt: „Fleisch und Blut hat dir das nicht offenbart, sondern mein Vater im Himmel" (Mt 16,16f; vgl. 1Kor 12,3[28]). Die Aufhebung dieser heilsamen und erfreulichen Verborgenheit

---

23 WA 57 III, 79,20 – 80,11 (Glosse zu Hebr 12,11; 1518).
24 Vgl. beispielhaft Luthers Auslegung von Gen 32,31f: WA 44, 108 – 116, hier 110,24f: „Revera [Deus] est absconditus, et tamen non est absconditus.".
25 EG 90,1.
26 WA 39 II, 105,4 – 11, hier 6f (Die Disputation de divinitate et humanitate Christi, 1540).
27 WA 19, 207,3 (Der Prophet Jona ausgelegt, 1526).
28 Vgl. Luthers Erklärung des dritten Artikels des Glaubensbekenntnisses im Kleinen Katechismus: „Ich glaube, daß ich nicht aus eigener Vernunft noch Kraft an Jesum Christ, meinen Herrn, glauben oder zu ihm kommen kann, sondern der heilige Geist hat mich durchs Evangelium berufen [...] (BSELK 872,16 – 18 [BSLK 511,46 – 512,3]).

Gottes geschieht durch ihn selbst, durch den – freilich seinerseits verborgenen (Joh 14,17)[29] – Heiligen Geist im Zusammenhang des trinitarischen Geschehens, von dem Paulus 2Kor 4,6 redet: „Gott, der sprach: Aus der Finsternis soll Licht aufleuchten, der hat einen hellen Schein in unsere Herzen gegeben, daß in uns entstünde die Erleuchtung von der Erkenntnis der Klarheit Gottes in dem Angesichte Jesu Christi."

V Die zu klagende schreckliche Verborgenheit Gottes

Mit Luther ist die eben bedachte *kreuzestheologische* Verborgenheit Gottes, über die man sich nur freuen kann, klar zu unterscheiden von der nun zu bedenkenden *schrecklichen* Verborgenheit Gottes, die man nur *klagen* kann.[30] Ist Gott in seiner kreuzestheologischen Verborgenheit in der Schwachheit des Leidens und Sterbens seines Sohnes heilsam gegenwärtig, predigt, offenbart sich, bietet sich dar und gibt sich im Wort vom Kreuz „für dich", so daß wir ihn als Mensch gewordenen barmherzigen Gott hören und verstehen, fassen und lieben können, so wirkt und wütet in Gottes schrecklicher Verborgenheit sein unverständlicher Zorn, in dem ich ihn nicht mehr hören, jedenfalls nicht mehr ‚verstehen' kann, sondern nur noch als Schrecken ‚höre', ihn als erdrückend, furchtbar, unheimlich erfahre.

Diese schreckliche absconditas Dei läßt sich nicht zu einem harmlos offenen Sinnhorizont zähmen; sie greift an, führt in die Anfechtung. Sie bedrängt im Widerfahrnis blind wütender Naturkatastrophen, unaufhebbaren Unrechts, unschuldigen Leidens, des Hungerns und Mordens, eines jeden Krieges, im Widerfahrnis unheilbarer Krankheit. „Gott" bleibt darin meist anonym, fast immer ins Passivum verhüllt, kein Liebhaber des Lebens, sondern dessen Verkläger und Verneiner, mit dem Teufel verwechselbar – im Widerspruch zu Gottes offenbarem Willen und dem Evangelium. Das schafft die tiefste Anfechtung, daß der, der sich – „für dich!"- in der Zusage des Lebens und ewiger Gemeinschaft vorstellt und sich mit dem eigenen Tod für sie verbürgt, „den Tod", wie Luther in de servo

---

29 „...den Geist der Wahrheit, den die Welt nicht kann empfangen, denn sie sieht ihn nicht und kennt ihn nicht."
30 Beide Arten der Verborgenheit haben freilich miteinander zu tun: Am Kreuz stimmt Jesus Christus in die Klage über Gottes schreckliche Verborgenheit ein: Warum hast du mich verlassen? Warum verbirgst du dich vor mir? Das – vieldimensionale! – Kreuzesgeschehen hat neben anderen auch die Dimension der schrecklichen Verborgenheit Gottes, die Jesus erfährt. Er erfährt sie in der Ablehnung seiner Botschaft, der Ungerechtigkeit der ihn Verurteilenden, im religionspolitischen Kalkül des Kaiphas (Joh 11,49f) usw. In seiner heilsamen Verborgenheit nimmt Jesus Christus jene schreckliche Verborgenheit auf sich, in sich hinein.

arbitrio sagt, „nicht beklagt und aufhebt, sondern Leben, Tod und alles in allem wirkt".[31] Die darin liegende schreckliche Verborgenheit liegt nicht allein im Widerfahrnis des Bösen, sondern in dessen undurchsichtiger Vermischung mit dem Guten, also in der Uneindeutigkeit und Ungewißheit. Gott wirkt Böses *wie* Gutes (Thr 3,38), Leben *wie* Tod, Licht *wie* Finsternis (Jes 45,7), Glück *wie* Unglück (Am 3,6). Schönheit und Grausamkeit sind in Natur und Geschichte für uns unentwirrbar ineinander verschlungen.

Wer blickt hier durch? Niemand. Gott entspricht sich nicht. Gott widerspricht sich:[32] Gott gegen Gott. Wie im Buch Hiob.[33] So bleibt dem, der nicht verstummen, resignieren oder zynisch werden will, nur die Klage, zu der die biblischen Klagepsalmen ermutigen und anleiten. „Wann werde ich dahin kommen, daß ich Gottes Angesicht schaue" (Ps 42,3), ihn nicht mehr „in einem dunklen Wort" und Bild (1Kor 13,12), in einer solch rätselhaften Gestalt, sondern „von Angesicht zu Angesicht" schaue? Die Erhörung der Klage und damit die Aufhebung der Verborgenheit Gottes geschieht verborgen im immer angefochtenen Glauben, unangefochten offenkundig aber erst im Eschaton, am Jüngsten Tag.

VI Die eschatische Aufhebung der Verborgenheit Gottes

Hier und jetzt aber gehen Christen ihren Weg „im Glauben und nicht im Schauen" (2Kor 5,7). Auch im Glauben ist also Gottes Verborgenheit nicht in jeder Hinsicht aufgehoben, ja – im Zusammenhang der offenen Wunde der Theodizee, im Zusammenhang von Gottes Verstockung zum Unglauben[34] und seiner Verwerfung der nicht Glaubenden[35] – dem Glaubenden sogar noch anstößiger, schärfer und

---

31 WA 18, 685,21–23 (De servo arbitrio, 1525; übersetzt).
32 Vgl. Reinhold Schneider, Jeremia. In: Ders., Pfeiler im Strom, Wiesbaden 1958, 143–155, hier 150 f: Der „Prophet in der Hölle der Geschichte erfährt und verkündet nichts als den Widerspruch in Gott [...] Gottes Hammer zerschmeißt das Volk, von dem Gott nicht läßt. Gott – menschlich gesprochen, in der Torheit des Apostels – zerstört, was nach seinem Beschlusse unzerstörbar ist: den Sinn der Schöpfung und Geschichte. Er reißt aus und pflanzt gleichzeitig, ist Licht und Tod, Finsternis und Licht"; „dieser Gott kämpft mit sich selbst, gegen sich selbst um sein Volk". „Wahr ist die Verwerfung, wahr ist das Erwähltsein von Anfang, das nicht aufgehoben werden kann" (152). „Gottes Nein und Ja [...] sind fast vernichtender Widerspruch" (152). „Aber Jeremia ist noch weit von Christus, von dem alle Paradoxien übersteigenden Widerspruch: Gott am Kreuze, Gott durchbohrt" (153).
33 Hi 16;19. Vgl. Gen 22,1 („temptavit Deus Abraham"). Dazu Luther: „Deus enim manifeste hic sibi contradicit" (WA 43, 201,30; Genesisvorlesung 1535–45).
34 Vgl. Jes 6,9 f; Mt 13,11–15; Joh 12,39 f; Act 28,26 f.
35 Vgl. 1Kor 1,18; 2Kor 2,15 f; 4,3 f.

dunkler als dem nicht Glaubenden. Es quält jene „Unerforschlichkeit" – Verborgenheit – Gottes, die ein Hans Jonas nicht ertrug und deshalb die Rede von Gottes Allmacht preisgab.³⁶

Christen gehen ihren Weg im Glauben an das gehörte Wort vom Kreuz – im Glauben, der nicht sieht.³⁷ „Schauen" wir Jesus Christus, ihn als Wort hörend und ihm vertrauend, schon jetzt in seiner „Herrlichkeit" (2Kor 3,18), dann doch so, daß die Gegenwart des HERRN und mit ihr die Vollendung der Welt nicht unangefochten ist. Weil wir den gegenwärtigen Gott allein im Wort sehen (vgl. Dtn 4,12),³⁸ kann Paulus – nur scheinbar im Widerspruch zu 2Kor 3,18-1Kor 13,12 sagen, daß wir Gott jetzt noch nicht, daß wir ihn erst dann „von Angesicht zu Angesicht" sehen, daß wir zwar jetzt schon von ihm erkannt sind, er uns schon erkannt *hat*, wir aber ihn und uns samt der ganzen vollendeten Welt erst dann erkennen werden.

Beidemal (2Kor 3,18 wie 1Kor 13,12) spielt Paulus auf den LXX-Text der Stelle Numeri 12,8 (vgl. Ex 33,11; Dtn 34,10) an, wo Mose vor jedem anderen Propheten durch eine unvergleichliche Unmittelbarkeit ausgezeichnet wird: „Mündlich rede ich mit ihm, und er sieht den HERRN in seiner Gestalt [ἐν εἴδει καὶ οὐ δι' αἰνιγμάτων], nicht durch dunkle Worte oder Gleichnisse".

Die verschiedene – auf den ersten Blick widersprüchlich erscheinende – Bezugnahme auf dieselbe Stelle der LXX macht sowohl auf die Sichtbarkeit wie auf die Unsichtbarkeit des in Jesus Christus offenbaren Gottes aufmerksam. Der *un*sichtbare Gott ist nicht in *jeder* Hinsicht unsichtbar; der Mensch gewordene Sohn ist das wesenseine Bild des unsichtbaren Gottes. Der sichtbare Gott ist nicht in jeder Hinsicht sichtbar; er kann, im Unglauben, verkannt werden und auf diese Weise verborgen bleiben. Und der Glaubende ist gerade angesichts des offenbaren Gottes durch das, was diesem widerspricht, angefochten. Wenn ihm Gottes schreckliche Verborgenheit widerfährt, kann er von dieser sich nur abwenden, um hinzufliehen zu Gottes Barmherzigkeit, die sich durch den Sohn im Geist letztgültig eröffnet hat.

Mit seiner Gegenüberstellung „im Glauben, nicht im Schauen" markiert Paulus unseren gegenwärtigen status. Er ist freilich kein Stand, sondern ein Weg.

---

36 Hans Jonas, Der Gottesbegriff nach Auschwitz. Eine jüdische Stimme. In: Ders., Philosophische Untersuchungen und metaphysische Vermutungen, Frankfurt/M. 1994, 202f: „Göttliche Allmacht kann mit göttlicher Güte nur zusammen bestehen um den Preis gänzlicher göttlicher Unerforschlichkeit, d. h. Rätselhaftigkeit. Angesichts der Existenz des Bösen oder auch nur des Übels in der Welt müßten wir Verständlichkeit in Gott der Verbindung der beiden andern Attribute aufopfern."
37 Hebr 11,1. Vgl. Röm 8,24f und Joh 20,29.
38 Im Wort des Segens läßt Gott sein Angesicht leuchten: Num 6,22–27.

Wir sind in via. Unsere Theologie ist theologia viatorum: die Theologie derer, die noch unterwegs, nicht die Theologie derer, die schon am Ziel sind und – schauen. Doch selbst die ewige Gottesschau ist nicht ohne jene bestimmte Art der Verborgenheit Gottes, die in der unerforschlichen Tiefe seiner Barmherzigkeit und Gerechtigkeit liegt. Das entsprechende anbetende Staunen wird sich auch in Ewigkeit nicht erledigen: „Fürwahr, Du bist ein verborgener Gott, Du Gott Israels, Du Retter!"

16 Öffentliches Geheimnis. Sein Bekenntnis und sein Verständnis

I Was bleibt? Verbum Dei manet in aeternum

Ein Geburtstag, zumal ein runder wie der heutige[1], lädt dazu ein, innezuhalten und zurückzublicken: auf gute Tage, aber auch auf die andern – mit Dank für das Empfangene, für die Gabe des Lebens und dessen Erhaltung, durch Gefährdungen hindurch. Zugleich aber legt es sich nahe, auch vorauszublicken – ob nun zuversichtlich oder sorgenvoll. Jedenfalls stellt sich in der Erfahrung der vergehenden Zeit, in der Erfahrung unserer Vergänglichkeit die Frage: *Was bleibt?* Bleibt überhaupt etwas? „Alles Sterbliche ist wie Gras und alle seine Schönheit ist wie des Grases Blume. Das Gras verdorrt, und die Blume verwelkt [...]. Aber das Wort unseres Gottes bleibt in Ewigkeit." (Jes 40,6b-8).[2] Und der Erste Petrusbrief, der diese deuterojesajanische Vergänglichkeitsklage und ihre in dem großen göttlichen Adversativum sich bekundende Wende – „*Aber* das Wort des HERRN bleibt in Ewigkeit" – zitiert (1Petr 1,24.25a), setzt identifizierend hinzu: „Dieses Wort aber ist das Evangelium, das euch verkündet worden ist" (V. 25b).

„Verbum Dei manet in aeternum."[3] Das war das trotzige Logo Friedrichs des Weisen samt seiner Nachfolger und Philipps von Hessen, deren Diener es auf dem Reichstag von Speyer 1526 auf ihrer Livree trugen, das trotzige Logo der Minderheit der Fürsten auf dem Reichstag von Speyer 1529, zuvor aber auch der Bauern, die Thomas Müntzer folgten.[4] Von 1531 bis 1547 erschien das Logo auf Münzen, Medaillons, Fahnen, Kanonen und Gewehren des Schmalkaldischen Bundes.[5] In Kursachsen, Hessen und Württemberg hatten es – abgekürzt: V.D.M.I.A.[6] – alle

---

1 S.u. Entstehungs- und Veröffentlichungsnachweise.
2 Nach dem masoretischen Text: „unseres Gottes", nach der LXX: „des Herrn", nach der Vulgata: „unseres Gottes".
3 1Petr 1,25 (Vulgata), nicht Jes 40,8 („verbum autem Dei nostri stabit in aeternum"). Zum Folgenden: Frederick John Stopp, Verbum Domini Manet in Aeternum. The Dissemination of a Reformation Slogan, 1522–1904. In: LQ I, 1987, 54–71.
4 Vgl. Rainer Wohlfeil, Bauernkrieg, Symbole der Endzeit?. In: Rottenburger Jahrbuch für Kirchengeschichte, Bd. 20, Stuttgart 2001, 53–71, hier 61f.
5 Vgl. Wohlfeil, Bauernkrieg, 70; sowie Hugo Schnell, Martin Luther und die Reformation auf Münzen und Medaillen, München 1983; die einzelnen Belege lassen sich über das Sachregister, Stichwort „Verbum Dei manet in Aeternum (VDMIAE)", finden.
6 Die Abkürzung V.D.M.A. ist in jüngster Zeit das Logo von Lutheran Quarterly. (vgl. u. Entstehungs- und Veröffentlichungsnachweise.)

Beamten auf ihrem Ärmel, so daß der altgläubige Thomas Murner spottete: „Verbum Dei manet im Ärmel".[7] Zudem sahen die Teilnehmer am Gottesdienst diesen trotzigen Spruch auf dem Triumphbogen vieler protestantischer Kirchen über Jahrhunderte bis in unsere Zeit vor sich; auch auf vielen Glocken war er eingegossen und zu lesen. Last not least schließt mit ihm trotzig und zuversichtlich die Barmer Theologische Erklärung von 1934.[8]

Sicherlich: Gegen einen triumphalistischen Gebrauch – in einem unangenehmen rechthaberischen Auftrumpfen – war und ist der Spruch so wenig gefeit wie Luthers Lied „Ein feste Burg ist unser Gott...". Doch darf dieser abusus den rechten usus nicht verdecken. Beidemal, sowohl mit Luthers Kampflied wie mit dem ursprünglich deuterojesajanischen Trotz- und Trostspruch, wird fundamentaler, alles in Frage stellender Anfechtung gewehrt – auch wenn die Situation jeweils verschieden ist. Nach Luthers Kampflied wird das Wort Gottes, das Evangelium, von mächtigen Gegnern – wie dem Papsttum – von *außen* bestritten. Nach Deuterojesaja dagegen steht es der Erfahrung der Vergänglichkeit und Vergeblichkeit entgegen, die jeden Prediger und Theologen, ja jeden Christen im *Innersten* lähmen kann: „Wer glaubt unserer Predigt?" (Jes 53,1). „Was soll's?" fragt der zum Predigen Beauftragte. „Was soll ich predigen?" (Jes 40,6) – wenn doch das Volk wie dürres Gras ist, wie Totengebeine daliegt (Ez 37, 1–14, hier 11) und, wenn nicht ganz verstummt, nur noch klagt: „Mein Weg ist dem HERRN verborgen, und mein Recht geht vor meinem Gott vorüber" (Jes 40,27; vgl. 49,14: „Zion aber spricht: Der HERR hat mich verlassen, der HERR hat mein vergessen"). Im Kampf gegen die Klage dieser Verborgenheit mit der Waffe des Gottestrostes macht der Prophet die Erfahrung: „Ich aber dachte, ich arbeitete vergeblich und brächte meine Kraft umsonst und unnütz zu" (Jes 49,4). Den Trost, den er dem Volk sagen und bringen soll, braucht er selbst. Er wird dieses Trostes – im Gegenzug und Widerspruch zur Erfahrung der Vergänglichkeit und Vergeblichkeit – gewiß, felsenfest gewiß, so daß er sagen und schreiben kann: *„Aber* das Wort unseres Gottes bleibt in Ewigkeit". Es ist das Wort des göttlichen Trostes (Jes 40,1), des göttlichen Erbarmens (Jes 49,13), der göttlichen Liebe. „Dieses Wort aber" – so nimmt, wie gesagt, das Neue Testament den deuterojesajanischen Trotz- und Trostspruch unmittelbar identifizierend in Anspruch – „ist das Evangelium, das euch verkündet worden ist" (1Petr 1,25b).

---

[7] Zu Thomas Murners spöttischer Lesung „Verbum Dei manet im Ärmel": Horaz und Celtis, ed. Ulrike Auhagen, Eckard Lefèvre, Eckart Schäfer, Gunter Narr Verlag Tübingen 2000, 79.
[8] Die Barmer Theologische Erklärung. Einführung und Dokumentation, hg.v. Martin Heimbucher und Rudolf Weth, Neukirchener Verlag Neukirchen, [7]2009, 43.

II Apokalyptische Öffentlichkeit: vor Gott und den Menschen

Die Barmer Theologische Erklärung erhebt einen großen Anspruch, wenn sie mit diesem Trost- und Trotzspruch lapidar schließt und damit an die reformatorische Kampfzeit erinnert, ja sich an dieser Zeit und ihren Zeugen orientiert, wie dies ein lutherischer Pfarrer tut, der seinem Ordinationsgelübde treu bleibt. Dieses Wort Gottes, das in Ewigkeit bleibt, nicht hinfällt (Jes 54,10), sondern, als verbum efficax, als wirksames Wort, vollzieht und vollbringt, was es kündet, tut, was es sagt (Jes 55,10 f), will und muß[9] – gegen allen Widerspruch, gegen Klage, Resignation und Verstummen – öffentlich bekannt werden.

Den Horizont, in den wir damit geführt werden, kann man nicht anders als apokalyptisch nennen – wie es denn *der reformatorischen Theologie insgesamt um nichts anderes geht als angesichts des Letzten Gerichtes die Gewissen zu schärfen und zu trösten.* Diesem Forum vor Gott entspricht unmittelbar das öffentliche Bekenntnis vor den Menschen: „Wer nun mich bekennt vor den Menschen, den will ich auch bekennen vor meinem himmlischen Vater. Wer mich aber verleugnet vor den Menschen, den will ich auch verleugnen vor meinem himmlischen Vater" (Mt 10,32 f). Vor diesem Doppelforum legt Luther sein Bekenntnis von 1528 ab.[10] Weil Gottes Trostwort in Ewigkeit bleibt und damit das Kriterium schlechthin ist, muß seine Verantwortung bis in die politische Öffentlichkeit hinein wahrgenommen werden. Dies bekundet sich beispielhaft in der Art und Weise, in der die evangelischen Reichsstände in Speyer 1529 die Konsequenz aus dem Bekenntnissatz, daß Gottes Wort in Ewigkeit bleibt, zogen. Das geschah in ihrer Appellation und Verwahrung („protestatio"), die ihnen den Namen „Protestanten" eintrug: „in Sachen, die Gottes Ehre und unserer Seelen Heil und Seligkeit betreffen, muß ein jeglicher [Reichsstand] für sich selbst vor Gott stehen und Rechenschaft geben [Röm 14,12], so daß sich dabei niemand mit dem Handeln und Beschließen einer Minderheit oder Mehrheit entschuldigen kann".[11]

---

9 Vgl. Jer 20,7 und 9; 1Kor 9,16; Acta 4,20. Ausführlicher: u. III.1.
10 Vom Abendmahl Christi. Bekenntnis, 1528; WA 26, 499,2–500,9: „[...] So will ich mit dieser Schrift vor Gott und aller Welt meinen Glauben von Stück zu Stück bekennen, darauf ich gedenke zu bleiben bis in den Tod, darinnen (des mir Gott helfe) von dieser Welt [zu] scheiden und vor unseres Herrn Jesu Christi Richtstuhl [zu] kommen [...]. Ich weiß, was ich rede, fühle auch wohl, was mirs gilt auf des Herrn Jesu Christi Zukunft am Jüngsten Gericht [...]." Hier wie im Folgenden sind die frühneuhochdeutschen Texte behutsam modernisiert.
11 Deutsche Reichstagsakten, Jüngere Reihe, Bd. 7/2, hg. durch die historische Kommission bei der Bayerischen Akademie der Wissenschaften, München 1963, 1277, 29–33.

Daß die unter Berufung auf Luthers Verantwortung in Worms 1521 und auf die Protestation von Speyer 1529[12] vor allem vom Neuprotestantismus vielgerühmte Gewissensfreiheit nicht etwa freischwebend diffus, eine wächserne Nase ist, die sich beliebig formen läßt, sondern – „capta conscientia in verbis Dei"[13], als in den Worten Gottes gefangenes Gewissen – in bestimmter Weise wortgebunden, wortförmig und sich in der Öffentlichkeit der Verantwortung vor Gott und seinem Jüngsten Gericht, in diesem Sinne also apokalyptisch bildet, wird meist übersehen oder, wenn historisch wahrgenommen, in seiner systematischen Relevanz verkannt oder geleugnet, mithin in ihrem auch für uns heute geltenden Wahrheitsanspruch in Frage gestellt. Angesichts dieser Verkennung und Verleugnung des worttheologischen und apokalyptischen Charakters der Glaubens- und Gewissensfreiheit und der mit ihr identischen Heilsgewißheit ist neu historisch, erst recht aber systematisch nach diesem Charakter zu fragen. Doch wäre es schon ein Gewinn, wenn zunächst einmal historisch nicht zuletzt die CA in ihrem apokalyptischen Charakter erkannt würde.[14] Denn wie Luther in seinem Bekenntnis von 1528 und wie die Protestation von Speyer 1529 sieht auch Melanchthon im „Beschluß" der Augsburger Konfession die Bekenntnissituation 1530 ganz in eschatologisch-apokalyptischem Licht:

> „Denn ihre kaiserliche Majestät wollen gnädig betrachten, daß diese Sachen nicht zeitliche Güter, Land oder Leute, sondern ewiges Heil und Unheil der Seelen und Gewissen betreffen; und wie [wir] hierin gehandelt [haben], so wird Gott im Jüngsten Gericht Rechenschaft dafür fordern"[15].

Das Bekenntnis des Wortes Gottes, das in Ewigkeit bleibt, will auch in der politischen Öffentlichkeit bekannt werden – wie es V. 46 des großen Wortpsalms 119, nicht zufällig das Motto der CA,[16] sagt: „Ich rede von deinen Zeugnissen vor Kö-

---

12 Vgl. Irene Dingel, Die Speyerer Protestation von 1529 in ihren geschichtlichen Zusammenhängen. In: Pfälzisches Pfarrerblatt, 2004, 212–223. Die große kulturelle Bedeutung vor allem für den Neuprotestantismus wurde 2004 bei der Hundertjahrfeier der Speyerer Gedächtniskirche zur Protestation deutlich.
13 Verhandlungen mit D. Martin Luther auf dem Reichstage zu Worms 1521; WA 7, 814–887, hier 838,4–8. Dazu: Kurt-Victor Selge, Capta conscientia in verbis dei. Luthers Widerrufsverweigerung in Worms. In: Der Reichstag zu Worms von 1521. Reichspolitik und Luthersache, hg.v. Fritz Reuter, Worms 1971, 180–207.
14 Diesen apokalyptischen Charakter hat in verdienstvoller Weise herausgearbeitet: Steven Paulson, What Kind of Confession is the Augsburg Confession?. In: Kirkens bekjennelse i historik og aktuelt perspektiv (Festskrift til Kjell Olav Sannes), hg.v. Torleiv Austad, Tormod Engelsviken und Lars Østnor, Trondheim 2010, 111–121 sowie In: NZSTh 56, 2014, 12–34.
15 BSLK 136,6–9. Vgl. aaO 83c, 11–15.
16 BSLK 31.

nigen und schäme mich nicht." Mit Philipp Spitta gesprochen: „Es gilt ein frei Geständnis / in dieser unsrer Zeit, / ein offenes Bekenntnis / bei allem Widerstreit, / trotz aller Feinde Toben, / trotz allem Heidentum / zu preisen und zu loben / das Evangelium."[17]

Sich des Wortes Gottes, das in Ewigkeit bleibt, nicht zu schämen, heißt: es öffentlich zu bekennen; „sich nicht schämen" ist geradezu ein terminus technicus für „bekennen"[18]. Der in apokalyptischer Erwartung seine Missionstätigkeit bis nach Spanien treiben wollende Völkerapostel schreibt an die Römer, die er um Unterstützung seiner Reisepläne bittet:

„Ich schäme mich des Evangeliums nicht. Denn es ist eine Kraft Gottes, die jeden rettet, der glaubt, den Juden zuerst, aber ebenso den Griechen. Denn im Evangelium wird die Gerechtigkeit Gottes offenbart aus Glauben zum Glauben, wie es in der Schrift heißt: Der aus Glauben Gerechte wird leben [bzw.: Der Gerechte wird aus Glauben leben]" (Röm 1,16f).[19]

III Öffentlichkeit und Geheimnis; Differenzierungen

Wer[20] in radikal apokalyptischer Öffentlichkeit bekannt, verkündigt und darin offenbar werden will, ist und bleibt gleichwohl ein Geheimnis – freilich ein „kündlich" großes Geheimnis, wie Luther 1Tim 3,16 übersetzt: das nicht zu verschweigende, sondern öffentlich zu kündende, zu „bekennende"[21] Geheimnis dessen,[22] „der offenbart wurde im Fleisch, gerechtfertigt im Geist, erschienen den Engeln, gepredigt unter den Völkern, geglaubt in der Welt, aufgenommen in die Herrlichkeit".

---

17 Philipp Spitta, „O komm, du Geist der Wahrheit..." (EG 136,4).
18 Vgl. den Artikel „αἰσχύνομαι" von Axel Horstmann im Exegetischen Wörterbuch zum Neuen Testament, hg.v. Horst Balz und Gerhard Schneider, Bd. I, Stuttgart u. a. 1980, 100 – 102, hier 101: „Als geprägte Wendung ersetzt verneintes ἐπαισχύνομαι Röm 1,16 [...] ein ὁμολοέω (,bekennen'); vgl. 2Tim 1,8."
19 Vgl. Peter Stuhlmacher, Der Zeugnisauftrag der Gemeinde Jesu Christi. In: Ders., Biblische Theologie und Evangelium. Gesammelte Aufsätze, Tübingen 2002, 279 – 291.
20 Die theologisch treffende und stichhaltige Frage kann sich nicht auf ein „Was?", sondern muß sich auf ein „Wer?" richten (vgl. u. bei Anm. 52 und 53). So verfehlt denn auch die Pilatusfrage „Was ist Wahrheit?" (Joh 18,38) die personale Pointe. Denn die Frage lautet: Wer ist die Wahrheit? (Joh 14,6!).
21 Bot die Lutherübersetzung noch 1912 „kündlich groß ist das gottselige Geheimnis", so lautet die revidierte Fassung von 1984: „groß ist, wie jedermann bekennen muß, das Geheimnis des Glaubens".
22 Textkritisch – und sachlich! – ist dem maskulin-personalen ὅς der Vorzug vor dem neutrischen ὅ zu geben.

Diesem öffentlichen Geheimnis, das alle Räume und Zeiten umfasst und durchdringt, soll im Folgenden nachgedacht werden.[23] Zu seiner Erörterung ist freilich im Blick auf den Begriff „Geheimnis" als solchen zu *differenzieren*. Denn der Sachverhalt wird verstellt, wenn – entsprechend dem seit 200 Jahren totalitär und inflationär gewordenen Begriff „Offenbarung"[24] – zu schnell auf einen *Einheitsbegriff* von „Geheimnis" gedrungen wird, womit sich meist ein erkenntnistheoretisches Interesse verbindet, das sich auf den abstrakten Unterschied zwischen Gott und Welt bzw. Gott und Mensch richtet und sich an den drei Wegen des Areopagiten[25] orientiert. Doch die mit dem Wort „Geheimnis" bezeichneten Sachverhalte und damit auch die Erkenntniszugänge sind verschieden. Das Geheimnis des Bösen, das mysterium iniquitatis (2Thes 2,7), ist ein ganz *anderes* Geheimnis als das der das Böse überwindenden göttlichen Liebe. Das Böse ist – wie das Geheimnis der unverständlichen Verborgenheit Gottes und seines unverständlichen Zornes – ein Rätsel, das sich im Eschaton lösen wird. Das Geheimnis der Liebe Gottes aber ist kein Rätsel, das sich lösen und damit erledigen ließe, sondern ein in Ewigkeit *bleibendes* Geheimnis. Das Staunen darüber wird sich nie erledigen, sondern kann sich immer nur intensivieren, weil Gottes Liebe unerschöpflich lebendig ist.

III.1 Das öffentliche Geheimnis des Gottesnamens

Beginnen wir unsere Erörterung nicht mit einer Spekulation des Schweigens, das Gott mit seiner Offenbarung bräche, sondern mit dem Achten auf sein Reden, sein Wort, das er ist und spricht.[26]

---

23 Vgl. den prägnanten und perspektivenreichen Artikel „Geheimnis" von Johannes von Lüpke. In: Evangelisches Lexikon für Theologie und Gemeinde, hg.v. Helmut Burkhardt u. a., Wuppertal und Zürich, Bd. 2, 1993, 673–675.
24 Vgl. Paul Althaus, Die Inflation des Begriffs der Offenbarung in der gegenwärtigen Theologie. In: ZSTh 18, 1941, 134–149.
25 Vgl. Pseudo-Dionysius Areopagita, Περὶ μυστικῆς θεολογίας, MPG 3, 997–1064, in deutscher Übersetzung: Adolf Martin Ritter, Pseudo-Dionysius Areopagita. Über die mystische Theologie und Briefe, BGrL 40, Stuttgart 1994, 74–80. S.u. Kap. 29: „Nichts als Geben", Anm. 28 und 29.
26 Damit ist nichts gegen das Schweigen als qualifiziertes Reden und als unverzichtbares Moment des Gottesdienstes (Hab 2,20), ja: als bestimmtes Kennzeichen der Stimme Gottes (1Kg 19,12) gesagt. Doch ist die neuplatonische Ausrichtung auf das Schweigen und deren Bezugnahme auf Sap 18,14f nur schwer etwa mit Luthers Worttheologie in Einklang zu bringen. Vgl. Paul Rorem, Martin Luther's Christocentric Critique of Pseudo-Dionysian Spirituality. In: LQ XI, 1997, 291–307 und o. Kap. 14: „Vor Gott schweigen".

„Gott, der HERR, der Mächtige, ruft der Welt [...] Unser Gott kommt und schweigt nicht" (Ps 50,1 und 3). Gott redet und ruft, redet an, sagt sich, Gemeinschaft stiftend, zu, wartet auf Antwort: darauf, daß wir in Klage und Lob ihn anrufen und auf diese Weise seinen Namen wahrnehmen und ernst nehmen. Er will, daß wir unsere Existenz als verdankte leben und ihn als unseren Schöpfer loben, wie denn der Psalter mit den Hallelpsalmen endet – einem Orgelspiel gleichsam mit vollem Werk: „Alles, was Odem hat, lobe den HERRN!" (Ps 150). Wer in diesen Jubel der gesamten Schöpfung, in den Jubel der irdischen und himmlischen Chöre einstimmt, lebt – säße er auch allein in einer Gefängniszelle – in einer Öffentlichkeit, deren Raum und Zeit weiter und umfassender nicht gedacht werden kann, in jener Welt, die, mit Bonhoeffers Lied geredet, „unsichtbar sich um uns weitet"; er hört „all deiner Kinder hohen Lobgesang".[27] Die Johannesapokalypse und der Hebräerbrief[28] kennen diese Öffentlichkeit; die Liturgie der Ostkirche, vor allem die Chrysostomusliturgie, nimmt sie in Anspruch.[29] Sie prägt die Toda, das Dankopfer für die Errettung aus der geklagten Not: „Ich will deinen Namen predigen meinen Brüdern [und Schwestern]; ich will dich in der Gemeinde rühmen" (Ps 22,23). Doch gilt sie nicht nur für das berichtende Lob der Toda, sondern auch, ja: umfassender für das beschreibende Lob, wie es beispielsweise Ps 104, ein öffentliches Bekenntnis des Schöpfungsgeheimnisses, bekundet. Goethe hat in bemerkenswerter Nähe zur biblischen Weisheit mehrfach vom „öffentlichen Geheimnis" bzw. vom „offenbaren Geheimnis" der Natur, die „geheimnisvoll offenbar" sei und „das offenbare Geheimnis ihrer Schönheit" entfalte, gesprochen.[30]

Berichtendes und beschreibendes Lob[31] sind „missionarisch" – nicht etwa erst in der Folge, sondern als solche schon, von vornherein. Den konstitutiv *missionarischen* Charakter des öffentlichen Geheimnisses, dem wir nachdenken, hat Luther in seiner „Vorrede zum Babstschen Gesangbuch" (1545) unvergesslich so zur Sprache gebracht:

„Denn Gott hat unser Herz und Mut fröhlich gemacht durch seinen lieben Sohn, welchen er für uns gegeben hat zur Erlösung von Sünden, Tod und Teufel. Wer solchs mit Ernst gläubet,

---

27 Dietrich Bonhoeffer, „Von guten Mächten ..." (EG 65,6).
28 Hebr 12,22f.
29 Vgl. Otfried Hofius, Gemeinschaft mit den Engeln im Gottesdienst der Kirche. Eine traditionsgeschichtliche Skizze. In: ZThK 89 (1992), 172–196.
30 Alle Zitate nach dem DWb von Jacob und Wilhelm Grimm, Bd. 5 (Leipzig, Verlag von S. Hirzel, 1897), 1984, Sp. 2363.
31 Zur Unterscheidung von berichtendem und beschreibendem Lob: Claus Westermann, Das Loben Gottes in den Psalmen, Göttingen 1954.

der kanns nicht lassen, er muß fröhlich und mit Lust davon singen und sagen, daß es andere auch hören und herzukommen."[32]

„Wes das Herz voll ist, des geht der Mund über" (Mt 12,34). „Ich glaube, darum rede ich" (2Kor 4,13) – in parrhesia, mit Freimut, gegen Widerstand und Bedrohung. „Wir können's ja nicht lassen, daß wir nicht reden sollten, was wir gesehen und gehört haben" (Act 4,20).

Freilich: Nicht in jeder Situation läßt sich „fröhlich und mit Lust davon singen und sagen". Jeremia wurde zur Verkündigung gezwungen, fand sich dazu „vergewaltigt" (Jer 20,7 und 9). In dieselbe Richtung weist die paulinische Version des amor fati: „Ein Schicksal liegt auf mir. Wehe mir, wenn ich das Evangelium nicht predigte!" (1Kor 9,16). [33]

Ob nun nolens oder aber volens: Das öffentliche und in die Öffentlichkeit drängende Evangelium will und muß weltweit verkündet werden – nicht nur allen Menschen, sondern „aller Kreatur" (Mk 16,15). Dieser umfassenden Öffentlichkeit der äußeren Extensität der Weltmission entspricht genau die innere Intensität, Gott mit ganzen Herzen, ganzer Seele und allem Denken zu lieben und zu loben. Die universale Öffentlichkeit in ihrer Weite und Tiefe ist mit der Einzigkeit Gottes (Dtn 6,4f) und dem Ersten Gebot (Ex 20,2f) gegeben.

Damit ist ein Begriff von „Öffentlichkeit" in den Blick gekommen, der, wie gesagt, weiter und tiefer nicht gedacht werden kann. Die *Quelle* dieser Öffentlichkeit ist der „ewigreiche"[34], der in sich beziehungsreiche, lebendige Gott – Gespräch zu dritt, Gespräch im Gedritt. Er will nicht für sich bleiben, sondern aus sich herausgehen und auf uns zukommen, um sich uns mitzuteilen: sich überströmend gebend – nicht, um sich darin selbst erst verwirklichen zu müssen; er offenbart sich vielmehr frei-willig: in freier Liebe als der, der er immer schon – in sich selber – ist.

Mit diesem Hervortreten in weltlich-leibliche Öffentlichkeit macht sich Gott anrufbar, einklagbar, lobbar, läßt er sich bitten, mit sich reden, läßt er sich belangen und behaften. Gleichwohl sperrt sich diese Offenbarung dagegen, wie von Hegel als so durchsichtig begriffen zu werden, daß der begreifende Philosoph sich im „Cabinet des göttlichen Verstandes" wissen darf,[35] um dort die „Kabinettsor-

---

32 WA 35, 477,6–9.
33 Vgl. Ernst Käsemann, Eine paulinische Variation des „amor fati" (1959). In: Ders., Exegetische Versuche und Besinnungen, Bd. II, Göttingen ²1965, 223–239.
34 Martin Rinckart, „Nun danket alle Gott..."(EG 321,2): „Der ewigreiche Gott ..."
35 So die Hegel vorweg treffende Kritik Hamanns: Johann Georg Hamann, Golgatha und Scheblimini (1784); Ders., Sämtliche Werke. Historisch-kritische Ausgabe, hg.v. Josef Nadler, Bd. 3, Wien 1951, 291–318, hier 303,37f.

dres gleich im Original" zu lesen und „mitzuschreiben"[36]. Hegel hat verkannt, daß das Hervortreten des dreieinen Gottes in all seiner Öffentlichkeit ein Geheimnis ist und bleibt: das Geheimnis und Wunder von Gottes unerschöpflicher Lebendigkeit in seiner Freiheit und seiner Liebe. Gott hat und nimmt sich die Freiheit, sich ins kreatürliche Wort zu begeben und in ihm und mit ihm sich festzulegen, sich zu „definieren": „verbo suo definivit sese"[37]; in seiner Freiheit hat er sich in Grenzen gegeben und sich dadurch bestimmt. In dieser Kondeszendenz ins partikular Kreatürliche und damit in seiner Liebe wird er angreifbar und verletzlich, vom Leiden und Tod nicht unberührt.[38] Gerade darin ist er mit uns auf dem Wege – mit uns in seiner Zusage mitgehender Verlässlichkeit in freier, ungeschuldeter Gegenwart: wo und wann er will, unserem theoretischen und praktischen Zugriff jedenfalls entzogen und darin ein Geheimnis. Als Mose Gott nach seinem Namen fragt, erhält er zur Antwort: „Ich bin, der ich bin; ich werde sein, der ich sein werde" (Ex 3,14). Ich bin der, der „mit dir sein" will (Ex 3,12) – als der barmherzige und gnädige (Ex 34,5–7):[39] Offenbarung des Namens, die sich zugleich jedem menschlichen Versuch entzieht, Gott zu begreifen und dingfest zu machen. Gottes Name ist ein bleibendes Geheimnis.

III.2 Das Geheimnis des Bösen, dessen gebrochene Öffentlichkeit

Dem mysterium dei revelati – diesem ganz und gar erfreulichen, in Ewigkeit nicht auszulotenden, auszuforschenden und aufzuhebenden Geheimnis, das seinen Glanz, seine Klarheit hat und als offenbares und öffentliches in seiner Weise sich sehr wohl zu verstehen gibt – steht das „mysterium iniquitatis", das „Geheimnis des Bösen" (2Thess 2,7) entgegen. Es ist nicht klar, sondern dunkel. Es ist das Geheimnis des unerklärlichen, ontologisch unmöglichen Widerspruchs des Geschöpfes gegen seinen Schöpfer und seines Griffs nach der Allmacht, kurz: das abgründige Geheimnis des Bösen, von dem in besonderer Weise Gen 3 erzählt.[40]

---

36 Georg Wilhelm Friedrich Hegel, Vorlesungen über die Philosophie der Geschichte II (Theorie-Werkausgabe in 20 Bänden, hg.v. Eva Moldenhauer / Karl Markus Michel), Frankfurt/M. 1971, Bd. 19, 489.
37 WA 18, 685,14–24, hier 23; de servo arbitrio, 1525.
38 „Du hast mir Arbeit gemacht mit deinen Sünden und hast mir Mühe gemacht mit deinen Missetaten" (Jes 43,24).
39 Vgl. Ex 33,18–23; Ex 6,2f; Ex 20,2: Gottes Urzusage in seiner Selbstvorstellung, in seinem Namen: „Ich bin der Herr, dein Gott".
40 Vgl. o. Teil I, Kap. 4: „Adam, wo bist du?".

Auch dieses Geheimnis ist – allein schon in seiner Universalität – öffentlich, jedoch in einer ganz anderen Weise als das des deus revelatus. Lüge, Verrat, Mord, Krieg usw. lassen zwar alle eine tiefgreifende Störung der Schöpfung – der von Gott geschaffenen Gemeinschaft – spüren und machen insofern diese Störung „offenbar". Doch ist das Geheimnis des Bösen nur gebrochen öffentlich, weil in vielerlei, ja: in entscheidender Hinsicht verborgen, versteckt – vor allem in den Lebenslügen. Die Sünde ist sich selbst nicht durchsichtig; sie ist dem Sünder verborgen und damit gerade nicht offenbar. Sie muß ihm erst aufgedeckt und in diesem Sinne „offenbart" werden. „Unsere Missetaten stellst du vor dich, unsere unerkannte Sünde ins Licht vor Deinem Angesicht" (Ps 90,8).[41]

Diese gebrochene Öffentlichkeit des Bösen als der Unwahrheit hat Immanuel Kant auf seine Weise in den Blick genommen und sich gegen sie gewandt: mit seinem Begriff der „transzendentalen Publizität".[42] Danach kann nur das als wahr gelten, was sich „vor dem Forum der bürgerlichen Öffentlichkeit zu behaupten vermag"[43], womit diese „zur letzten Entscheidungsinstanz über das Sagbare und Denkbare" wird[44]. Johann Georg Hamann hat gegen solche Tyrannei der Öffentlichkeit von seiner Erstlingsschrift, den „Sokratischen Denkwürdigkeiten" (1759), an protestiert und die „Wahrheit, die im Verborgenen liegt" (Ps 51,8), geltend gemacht, sei doch „Glaube [...] nicht jedermanns Ding [2Thess 3,2], und auch nicht communicable wie eine Ware"[45] und wie das Geld.

---

[41] Damit die Sünde dem Sünder offenbar wird, muß er, wie David durch Nathan (2Sam 12), ihrer durch das verbum externum der Gesetzespredigt überführt werden. Vgl. o. Kap. 15: „Gottes Verborgenheit".
[42] Dazu ausführlich: Wolfgang-Dieter Baur, Johann Georg Hamann als Publizist. Zum Verhältnis von Verkündigung und Öffentlichkeit (TBT 49), Berlin/New York 1991, 280–299. Für Kant muß die „Kritik" wesentlich öffentlich sein. Vgl. Oswald Bayer, Vernunft ist Sprache. Hamanns Metakritik Kants, unter Mitarbeit von Benjamin Gleede und Ulrich Moustakas Stuttgart-Bad Cannstatt 2002, 67–90: „Der Begriff der ‚Kritik' im Streit zwischen Hamann und Kant".
[43] Baur (s.o. Anm. 42) 292. Vgl. Wolfgang Huber, Kirche und Öffentlichkeit, Stuttgart 1973, 13: „Hinter Kants transzendentalem Prinzip steht die Überzeugung, dem öffentlichen Konsens des räsonierenden Publikums komme die Funktion einer pragmatischen Wahrheitskontrolle zu".
[44] Baur, Hamann als Publizist, 292.
[45] Johann Georg Hamann, Briefwechsel Bd. VII, hg.v. Arthur Henkel, Frankfurt/M. 1979, 176,6f (an Friedrich Heinrich Jacobi am 30. April 1787). Vgl. Oswald Bayer, Kommunikabilität des Glaubens. In: Ders., Autorität und Kritik. Zu Hermeneutik und Wissenschaftstheorie, Tübingen 1991, 108–116; Hamann rechnet mit „Leser[n] im Verborgenen, die Gott besser kennt und versteht als ich" (aaO 116). Darin liegt ihre Freiheit. Die sich mitteilende Wahrheit nötigt nicht; deshalb will ihr Zeuge sie nicht erzwingen. Sie geschieht frei und ist das Majestätsrecht jenes Autors, der endgültig auslegt und urteilt. Vgl. o. Teil II, Kap. 8: „Das Alte Buch in neuer Zeit".

III.3 „[N]icht communicable wie eine Ware"

Diese These Hamanns betrifft ein öffentliches Geheimnis, das nicht einfach identisch ist mit dem Geheimnis des Bösen samt der Sünde und erst recht nicht mit dem Geheimnis der sie überwindenden göttlichen Liebe. Daß diese nicht verstanden, ja abgelehnt wird, ist nicht nur der Schuld des Sünders – gar seiner bewusst gewollten Tat – zuzuschreiben. Sie ist, als *Verstockung*,[46] zugleich ein göttliches Verhängnis, das sich nicht erklären und verstehen läßt.[47] Daß Menschen gerade angesichts und durch das Evangelium in Abgründe des Nichtverstehens und der Verblendung fallen, ja: in sie hinabgestoßen werden, ist als Anstoß und Ärgernis nicht nur für den Glaubenden ein öffentliches Geheimnis – freilich als Rätsel, das sich, wie zu hoffen ist, im Eschaton im Zusammenhang der Frage, weshalb die einen erwählt und die andern verworfen werden, auflösen, erledigen wird.[48]

Auch die Glaubenden sind nicht immer und einfach Verstehende, wie die vielfache neutestamentliche Bezeugung des Jüngermißverständnisses und Jüngerunverständnisses zeigt. Sie haben, obwohl ihnen das Sein der neuen Kreatur (2Kor 5,17) zugesprochen und mitgeteilt ist, gegen die alte Welt, den alten Adam in sich und um sich noch zu kämpfen (Gal 5,17). Das neue Sein und Leben des einzelnen Christen und der ganzen Kirche[49] ist „verborgen" (Kol 3,3) „und nicht in der Welt vor den Augen wie ein Kram auf dem Markt"[50]. Das neue Leben will deshalb geglaubt sein und wird erst offenbar *werden*: „Wenn aber Christus, euer Leben, offenbar wird, dann werdet ihr auch offenbar werden mit ihm in Herrlichkeit" (Kol 3,4).

---

46 Jes 6,9f; Mk 4,11f; Mt 13,10–16; Lk 8,10; Joh 12,39f; Act 28,26f. Vgl. bes. Jes 63,17 und dazu Claus Westermann, Das Buch Jesaja. Kapitel 40–66 (ATD 19). Göttingen 1966, 313: Es „wird Gott vorgehalten, warum er Israel vom Gehorsam abweichen ließ. So kann nur dort gesprochen werden, wo der Glaube, daß Gott alles wirkt, eher die Anfechtung auf sich nimmt, daß Gott das Herz des eigenen Volkes zu verhärten vermag, als daß er darin die Wirksamkeit einer anderen Gott feindlichen Macht sehen könnte. Es ist der strenge, radikale Eingottglaube (Dtn 6,4), der Israel in diese ausweglosen Fragen brachte."
47 Vgl. jedoch Ulrich Luz zu Mt 13,14f (EKK I/2, Neukirchen 1990, 314): „Das finale μήποτε ist wohl auf Israel und nicht auf Gott zu beziehen: Israel hat seine Ohren und Augen verschlossen, um nicht zum Verstehen zu kommen und umzukehren. μήποτε hält die Schuld Israels und nicht die Prädestination Gottes fest."
48 So die Hoffnung Luthers am Ende von de servo arbitrio, 1525: WA 18, 784,35–785,38.
49 Vgl. Oswald Bayer, Martin Luthers Theologie. Eine Vergegenwärtigung, Tübingen (2003) ⁴2016, 252–255: „Die Verborgenheit der Kirche".
50 WA DB 7, 421,10f; Zweite Vorrede zur Johannesoffenbarung, 1530.

"Offenbaren" kann sich im neutestamentlichen Sprachgebrauch sowohl auf das im Leben, Leiden, Sterben und Auferwecktwerden Jesu von Nazareth endgültig schon geschehene Heilsereignis beziehen wie auch auf sein (Wieder-)Kommen: auf die noch ausstehende, sehnlichst erwartete Weltvollendung durch das Letzte Gericht hindurch und damit auf die Aufhebung der Differenz von Glauben und Schauen (2Kor 5,7).[51] Die Hoffnung auf die kommende Offenbarung gründet aber in der schon geschehenen Offenbarung, die im Entscheidenden durch Jesu Kreuzigung und seine Auferweckung bestimmt ist – wie paradigmatisch der Lobpreis 1Petr 1,3 bekundet: „Gelobt sei Gott der Vater unseres HERRN Jesu Christi, der uns nach seiner großen Barmherzigkeit wiedergeboren hat zu einer lebendigen Hoffnung durch die Auferstehung Jesu Christi von den Toten."[52]

Der bezeichneten Differenzierung im Offenbarungsbegriff entspricht ein verschiedener Charakter von „Öffentlichkeit": die Öffentlichkeit des Kommenden und die Öffentlichkeit des schon Gekommenen.[53] Das bislang ganz und gar verborgene Geheimnis, das die geschehene Offenbarung ans Licht gebracht hat, ist die Identität des Messias, des Menschensohns und des Gottessohnes mit Jesus von Nazareth, ja: die Identität Gottes selbst mit diesem einen, bestimmten Menschen.[54] „Ich und der Vater sind eins" (Joh 10,30). Damit ist in den Treibsand utopischer Erwartungen ein fester Pflock eingeschlagen; das Blinde-Kuh-Spiel mit Gott ist definitiv zu Ende. Luther trifft den Nagel auf den Kopf: „daß Jesus von Nazareth Christus wäre, konnte niemand denken"[55]. Doch ist dieses offenbar gewordene Geheimnis keineswegs selbstverständlich, nicht jedem offenbar, wie Jesu Antwort auf das Petrusbekenntnis zeigt: „Fleisch und Blut hat dir das nicht offenbart, sondern mein Vater im Himmel" (Mt 16,17; vgl. 1Kor 12,3).[56] In diesem

---

51 Beide Bedeutungen finden sich nebeneinander z. B. 1Petr 1: Vgl. einerseits die Verse 5 und 7 (futurisch), sowie andererseits die Verse 12f (präsentisch). Zum Gesamtbefund im Neuen Testament vgl. den Artikel „ἀποκαλύπτω" von Traugott Holtz im Exegetischen Wörterbuch zum Neuen Testament (s.o. Anm. 18), Bd. I, 312–317.
52 Vgl. Oswald Bayer, 1Petr 1,3–9 gepredigt am 3. April 2016 in der Stadtkirche zu Wittenberg. Unter dem Titel „Das unfaßbar große Geheimnis" In: theol. beitr. 49, 2018, 82–87.
53 Unterschiedenheit wie Zuordnung bringt Johann Heermann in seinem Lied „Frühmorgens, da die Sonn aufgeht..." (EG 111) in den Strophen 6–10 klar zur Sprache.
54 Vgl. Günther Bornkamm, Art. μυστήριον, ThWNT, Bd. IV, Stuttgart 1942, 809–834, hier 825,14f: „Das μυστήριον τῆς βασιλείας τοῦ θεοῦ, das den Jüngern offenbart ist, ist Jesus selbst als der Messias." Vgl. das Petrusbekenntnis Mt 16,16: „Du bist Christus, des lebendigen Gottes Sohn." Darauf Jesus: „Fleisch und Blut hat dir das nicht offenbart, sondern mein Vater im Himmel" (V.17). Vgl. 1Kor 12,3.
55 WA 19, 207,3; Der Prophet Jona ausgelegt, 1526.
56 In der Sprache des Katechismus: „Ich glaube, daß ich nicht aus eigener Vernunft noch Kraft an Jesus Christus, meinen Herrn glauben oder zu ihm kommen kann, sondern der Heilige Geist..." (BSELK 872,16–18 [BSLK 511,46–512,2]).

Sinne ist das den Jüngern offenbar gewordene Geheimnis verborgen – nicht nur *vor* Ostern, sondern auch *nach* Ostern. In diesem Sinne ist es kein öffentliches Geheimnis, will aber durch die Verkündigung, daß Jesus der Messias ist, kraft des Heiligen Geistes zu einem öffentlichen werden – zu dem, was „aller Kreatur" (Mk 16,15) bekannt und offenbar wird.

Dem Unglauben aber bleibt vor dem Eschaton das Heilsgeheimnis verborgen. Ja, auch dem Glaubenden ist das Heil insofern verborgen, als er – allein durch den Heiligen Geist dazu erleuchtet – gegen den Augenschein glaubt, daß am Kreuz Jesu die Liebe Gottes nicht gescheitert, sondern zum Ziel gekommen ist; in diesem Sinne ist von der Verborgenheit der Offenbarung zu reden.

Doch alle Verborgenheiten und alles Nichtverstehen, so dürfen wir hoffen, werden sich einst als Rätsel erweisen, die ins Schauen aufgelöst werden. Ewig aber – ewig staunend anzubeten – bleibt allein das Geheimnis göttlicher Liebe, die uns Verlorene gesucht und gefunden hat: das Geheimnis des als Vater, Sohn und Heiliger Geist unerschöpflich lebendigen Gottes, das wir mit dem Glaubensbekenntnis öffentlich bekennen – wie er, mit dem Großen Katechismus geredet, sich „selbst offenbart und aufgetan den tiefsten Abgrund seines väterlichen Herzens und reiner unaussprechlicher Liebe".[57]

---

[57] Großer Katechismus, Erklärung des dritten Artikels des Glaubensbekenntnisses, 1529; BSELK 1068,5f (BSLK 660,29 – 31).

17 Amt und Ordination

I Ordination

Die Ordination zum Pfarramt ist der performative Akt, die Sprachhandlung, in, mit und unter dem die *venia docendi* vermittelt, verbindlich übertragen, rechtsgültig wird; sie ist die ein für allemal geschehene Einsetzung in den Pfarrdienst, die „Berufung" (vocatio) in das Pfarramt[1], die umfassend – das heißt: pro ecclesia – gilt und auch dann nicht erlischt, wenn der Ordinierte nicht mehr ein bestimmtes Pfarramt als bürgerlichen Beruf versieht. Sie gilt also lebenslang; in der römisch-katholischen Lehre vom character indelebilis der Ordination steckt deshalb ein Wahrheitsmoment, das auch die evangelische Theologie wahrzunehmen und zu bekräftigen hat.

Ohne Zweifel hat der Akt auch kirchenrechtliche Bedeutung; er zeitigt und entfaltet eine rechtliche Bindewirkung. Doch möchte ich mich jetzt zunächst ganz auf die theologisch-geistliche Dimension konzentrieren und die rechtliche Dimension der Ordination später dann bedenken.

II Das fundamentale allgemeine Wortamt (CA 5)

In der Ordinationsliturgie wird mit der Berufung auf 1Petr 2,9 deutlich, in welchem Zusammenhang der Pfarrdienst steht: „Ihr aber seid das auserwählte Geschlecht, die königliche Priesterschaft, das heilige Volk, das Volk des Eigentums, dass ihr verkündigen sollt die Wohltaten dessen, der euch berufen hat von der Finsternis zu seinem wunderbaren Licht".[2] Entsprechend ist der Pfarrdienst definiert – in diesem Fall ist der Gebrauch der aristotelischen Definitionsregel legitim – zunächst und zuerst durch das *genus proximum*: durch das jedem Christen mit der Taufe gegebene Priesteramt, das in dem einzigartigen und einmaligen Amt der Apostel gründet – in dem von Gott selbst eingesetzten und gegebenen Amt der

---

[1] „Denn ordinirn sol heissen und sein beruffen und befelhen das Pfarramt" (Von der Winkelmesse und Pfaffenweihe, 1533; WA 38, 238,7). Da die Ordination eine Berufung und damit Beauftragung ist, entsteht, wenn das Wort „Beauftragung" *im Unterschied* zu „Ordination" gebraucht werden soll, unvermeidlich eine terminologische Verwirrung mit verwirrenden praktischen Folgen.
[2] Vgl. Apk 1,6; 5,10; 20,6.

Versöhnung (2Kor 5,18–20).³ Das genus proximum ist das *jedem* Getauften gegebene und insofern allgemeine Wortamt, von dem CA 5 redet: „Solchen [rechtfertigenden] Glauben zu erlangen, hat Gott das Predigtamt eingesetzt, Evangelium und Sakrament gegeben"; „institutum est ministerium docendi et porrigendi sacramenta". Erkennbar aufgenommen sind hier 2Kor 5,18 f und Eph 4,7–14⁴ – womit die neutestamentliche Wurzel des sich in CA 5 bekundenden Institutionsbegriffs deutlich wird. Ob diese Institution in ihrer Verbindlichkeit, Faktizität und Definitivität als Setzung göttlichen *Rechts* beschrieben werden kann⁵, ist dann fraglich, wenn zum Begriff des „Rechts" konstitutiv das Moment des Zwangs gehört. In der Gabe des Evangeliums aber liegt in keiner Weise ein Zwang. Es geht um eine gnädig gewährte, gegebene Einsetzung – eben: um eine Gabe, wie die völlig parallele Stellung von „geben" und „einsetzen" in 2Kor 5,18 f deutlich macht und vom Hauptverb „geben" in Eph 4 kräftig unterstrichen wird. Es steht also sehr in Frage, ob die göttliche Einsetzung des Predigtamtes als rechtsförmig gelten kann, ob also die Theologie in diesem Zusammenhang von einem ius divinum, einem göttlichen Recht, reden darf.

Der Gebrauch des Wortes „Predigtamt" in CA 5 sowie die freilich erst aus dem 18. Jahrhundert stammende Überschrift über den Artikel scheinen nahezulegen,

---

3 Vgl. Otfried Hofius, Zum Amtsverständnis im Neuen Testament. In: Konrad Raiser und Dorothea Sattler (Hgg.), Ökumene vor neuen Zeiten (Für Theodor Schneider), Freiburg/Basel/Wien 2000, 266–266: „1 Von dem *kirchlichen* Amt [...] ist das einmalige und einzigartige *apostolische* Amt grundsätzlich zu unterscheiden. 1.1 Die Apostel, die ihre Berufung und Sendung in der unmittelbaren Begegnung mit dem auferstandenen Kyrios erfahren haben, gehören als die authentischen Christuszeugen in das Geschehen der Offenbarung Gottes in Jesus Christus mit hinein. In ihrer Eigenschaft als Träger der kirchengründenden Predigt sind sie keine kirchliche Instanz, sondern der Kirche aller Zeiten als verbindliche Autorität und Traditionsnorm vorgegeben, und sie haben von daher in ihrem Amt prinzipiell keine Nachfolger. 1.2 In der strengen Bindung des kirchlichen Amtes an das Christuszeugnis der Apostel und in der unverkürzten Weitergabe des Evangeliums besteht die 'Apostolische Sukzession'." Zur „Weitergabe *und* Übersetzung" der apostolischen Überlieferung als Aufgabe des kirchlichen Amtes: Michael Theobald, aaO, 275 f.
4 2Kor 5,18: „gegeben"; V.19: „(ein)gesetzt"; lat.: „dare" und „ponere". Vgl. Eph 4,7–14: „dare".
5 Wie dies üblicherweise geschieht und nicht in Frage gestellt wird. Vgl. z.B. Wilhelm Maurer, Pfarrerrecht und Bekenntnis. Über die bekenntnismäßige Grundlage eines Pfarrerrechtes in der evangelisch-lutherischen Kirche, Berlin 1957, 110: „Das göttliche Recht fordert die Einrichtung eines beständig und öffentlich wirksamen Dienstamtes. Dieses bildet den Ausgangspunkt für alles evangelische Kirchenrecht, auch für die rechtliche Ordnung der Ekklesia (Gottesdienstordnung, Gemeindeordnung, Kirchenordnung, Kirchenleitung), wie es auch in der Entstehungszeit der Augustana, der Schmalkaldischen Artikel und des Traktates Ansatzpunkt für ein eigenständiges evangelisches Kirchenrecht gewesen ist". Vgl. jedoch die Distanzierung und Brechung in CA 28: „secundum evangelium seu, ut loquuntur [!], de iure divino..." (BSELK 195,4–6 [BSLK 124,1 f]).

dass hier nur und unmittelbar vom ordinationsgebundenen Amt die Rede sei. Aber dieser Anschein trügt. Es ist keineswegs nur dieses spezielle Amt gemeint. Von diesem speziellen Amt wird vielmehr – in großem Abstand – erst im Artikel 14 gehandelt, der unter dem Titel „Vom Kirchenregiment" festhält, „dass niemand in der Kirche öffentlich lehren oder predigen oder Sakramente reichen soll, ohne ordentliche Berufung" („De ordine ecclesiastico [ecclesiae apud nos] docent, quod nemo debeat in ecclesia publice docere aut sacramenta administrare nisi rite vocatus"[6]). Artikel 5 dagegen spricht nicht speziell vom Pfarramt, sondern vom „ministerium [...] evangelii" ganz grundsätzlich, d.h. von jenem Amt des Wortes, das jedem Getauften anvertraut ist. Nach 1Petr 2,9 hat jeder Getaufte die *facultas docendi*; er ist ermächtigt, befähigt und verpflichtet, Gottes in Jesus Christus geschehene Befreiungstat, das Evangelium, entsprechend seinem je eigenen Charisma und Beruf zu verkünden. Das Wort hängt nicht am Amt, sondern das Amt hängt am berufenden Wort – wie alle Ämter der Kirche am berufenden Wort hängen. Das Wort ist schon der Grund der Schöpfung; es ist auch der Grund der *neuen* Schöpfung, der Gemeinde der Heiligen. Das Wort ist also nie Besitz der Kirche oder ihr irgendwie ein- und nachgeordnet. Es ist vielmehr das *Fundament* der Kirche; deshalb kann die Kirche keine Ämter aus sich heraussetzen, ist sie doch durch das Wortamt erst eingesetzt: „Wo das Wort ist, da ist Kirche"; „Ubi est verbum, ibi est Ecclesia".[7]

III Allgemeines Priestertum und besonderes Pfarramt (CA 14); sacerdos und minister

Die scharfe und klare Unterscheidung des fundamentalen und allgemeinen Wortamtes, von dem CA 5 redet, von dem ordinationsgebundenen Amt, von dem CA 14 redet, hat Luther begrifflich scharf und klar durch die Unterscheidung von Priester und Pfarrer bzw. Diener (sacerdos und minister) markiert – so zum Beispiel in der Schrift „De instituendis ministris Ecclesiae" (Von der Einsetzung der Kirchendiener) 1523; dort heißt es: „Der Priester [d.h. der Gläubige] ist nicht dasselbe wie der Älteste oder Diener [d.h. Amtsträger]; jener wird [in der Taufe durch Wasser und Geist] geboren, dieser wird [durch die vocatio zum Amtsträger]

---

[6] BSELK 109,10 –12 (BSLK 69,1– 5).
[7] WA 39 II, 176,8f (Votum Luthers bei der Promotionsdisputation von Johannes Macchabäus Scotus; 1542). Die römisch-katholische Rede von Christus als Ur- und der Kirche als Grundsakrament hingegen (vgl. Gunther Wenz, Art. „Sakramente I. Kirchengeschichtlich", TRE 29, 1998, 663– 684, hier 681; Eberhard Jüngel, Wertlose Wahrheit, Tübingen 1990, 311– 334) lässt das Wort als Grundkategorie nahezu gänzlich ausfallen.

gemacht."⁸ Noch deutlicher: „Es ist wahr, alle Christen sind Priester, aber nicht alle Pfarrer. Denn zusätzlich dazu, dass einer Christ und Priester ist, muß er auch ein Amt und ein anbefohlenes Kirchspiel haben. Der Beruf [d.h. die Berufung] und Befehl macht Pfarrer und Prediger."⁹ Im Umgang mit der Unterscheidung von „sacerdotium" und „ministerium" ist freilich darauf zu achten, dass „ministerium" eine zweifache Bedeutung hat: Einerseits bezeichnet der Begriff das fundamentale Wortamt im Sinne von CA 5, das jedem Getauften anvertraut ist, andererseits das spezielle Wortamt des berufenen Pfarrers. Eine zweifache Bedeutung hat jedoch auch das Wort „Berufung" bzw. „Beruf": Zum einen ist jeder Getaufte von Gott „berufen" (1Petr 2,9); die Christen werden insgesamt die „berufenen Heiligen" genannt (1Kor 1,2 u. ö.) – und dies im engsten Zusammenhang mit der sozialen Stellung und Funktion als dem weltlichen, bürgerlichen „Beruf" (1Kor 7,17–24), wie er ausgehend von Luther kulturell höchst bedeutsam wurde. Zum andern wird das Wort, wie in CA 14, als Fachbegriff für die Amtsübertragung gebraucht und hat damit eher die Bedeutung von 1Kor 7,17–24 als von 1Kor 1,2.

Um Luthers unerhörte – in der Geschichte der Kirche seit dem neutestamentlichen Verständnis des Priestertums aller Getauften verdunkelte – Unterscheidung des allgemeinen Priestertums und des besonderen Pfarramts angemessen verstehen zu können, muß man sich eigens bewusst machen, dass dabei in Aufnahme von Ex 19,6 und Jes 61,6 sowie 1Petr 2,5.9 der Begriff des Priesters *metaphorisch* gebraucht ist. Zum wörtlichen Verständnis des Begriffs gehört die Exklusivität; der „Priester" ist durch seine Unterscheidung von den „Laien", vom übrigen Volk (laos), definiert. Indem nun aber, mit Karl Marx geredet, Luther die „Pfaffen in Laien verwandelt, weil er die Laien in Pfaffen verwandelt hat",¹⁰ ist ein neuer – eben metaphorischer – Priesterbegriff entstanden. Im Versuch ökumenischer Verständigung entstehen dadurch Schwierigkeiten, dass die römisch-katholische Kirche und Theologie neben dem metaphorischen den wörtlichen Begriff – mit dem entscheidenden Merkmal der Exklusivität – entschieden beibehält. Dies geschieht nicht zuletzt deshalb, weil für sie das Pfarramt in einer ganz besonderen Weise mit dem Altarsakrament verbunden ist – auch wenn die gegenwärtige römisch-katholische Theologie vom Opferpriestertum in ungleich vorsichtigerer Weise redet als zur Zeit Luthers.

---

8 WA 12, 78,9f („Sacerdotem non esse quod presbyterium vel ministrum, illum nasci, hunc fieri.").
9 WA 31 I, 211,17–20 (Der 82. Psalm ausgelegt; 1530). Vgl. o. Anm. 1.
10 Karl Marx, Zur Kritik der Hegelschen Rechtsphilosophie. Einleitung. In: Ders., Die Frühschriften, hg.v. Siegfried Landshut, Stuttgart 1968, 217.

IV Das Gewicht der Taufe

Vor allem im Blick auf die für die römisch-katholische Kirche bezeichnende enge Verbindung von Amt und Altarssakrament, von Priesterweihe und Eucharistie, von Ordination und potestas consecrandi ist es an dieser Stelle unserer Erörterung notwendig, die Bedeutung hervorzuheben, die Luther der *Taufe* zuschreibt. An einer berühmten Stelle der auch publizistisch ungemein wirksamen Schrift „An den christlichen Adel deutscher Nation von des christlichen Standes Besserung" (1520) heißt es: „Alle Christen sind wahrhaftig geistlichen Standes, und es ist zwischen ihnen kein Unterschied als allein des Amts wegen"[11]. „Denn was aus der Taufe gekrochen ist, das kann sich rühmen, dass es schon zum Priester, Bischof und Papst geweiht sei, obwohl es nicht jedem ziemt, ein solches Amt auszuüben."[12] Die Bedeutung, die Luther der Taufe zumisst, lässt sich kaum überschätzen. Sie ist nicht nur, wie nach römisch-katholischem Verständnis, der Eingang in die Kirche, um vom Abendmahl vollendet zu werden. Nach biblischem und reformatorischem Verständnis kann und will das Abendmahl die Taufe nicht erst erfüllen – geschweige denn überbieten. Das Abendmahl ist die Hochform des Taufgedenkens, der memoria baptismi, die in einen ganz bestimmten Zeitzusammenhang stellt: Die Zeit der Christen ist die Zeit der Buße, die als jeweils neue Rückbindung an die einmal ergangene Taufzusage immer wieder – von der Zusage und Gabe des Abendmahls und jeder ihr entsprechenden Predigt – gewährt wird. Durch gegenseitige Hilfe von Taufe und Abendmahl wird so die einzigartige Zeit des Wortes geschaffen, in der das Einmal geschehener Zusage sich dem Allemal neuer Zusagen unüberholbar voraussetzt, das Allemal aber das Einmal rückbindend vergewissert, weil in öffentlich lautwerdender Bekräftigung wach hält.

Diese grundlegende Bedeutung der Taufe und deren Verhältnis zum Abendmahl ist deshalb eigens zu betonen, weil sie weitreichende Konsequenzen für das evangelische Verständnis von Amt und Ordination hat. Das Pfarramt, zu dem ordiniert wird, kann, wenn die Taufe ernstgenommen wird, nicht direkt – durch eine unmittelbare göttliche Sondereinsetzung an der Taufe vorbei – theologisch begründet werden, wie es die sogenannte „Stiftungstheorie" Friedrich Julius Stahls (1802–1861) will, die neuerdings beispielsweise von Ulrich Wilckens mit großer Entschiedenheit wieder vertreten wird[13]; danach wird das Pfarramt auf

---

11 WA 6, 407,10–15. Luther beruft sich dazu auf 1Kor 12,12ff.
12 AaO, 408,11–13.
13 Ulrich Wilckens, Kirchliches Amt und gemeinsames Priestertum aller Getauften im Blick auf die Kirchenverfassungen der Lutherischen Kirchen. In: KuD 52, 2006, 25–57, als Gegenposition

eine unabhängig vom allgemeinen Priestertum, dem Priestertum aller Getauften, gegebene unmittelbare Stiftung Gottes zurückgeführt. Die mit dem von mir bisher Ausgeführten vertretene Gegenposition dazu wird üblicherweise im Anschluß an Johann Friedrich Wilhelm Höfling (1802–1853) als „Übertragungstheorie" bezeichnet. Danach ist die geordnete Übertragung des Pfarramtes eine notwendige Konsequenz aus dem Priestertum aller Getauften; die göttlich gestiftete Heilsordnung ist von der Kirchenordnung zu unterscheiden. Wer diese Unterscheidung wahrnimmt, ist jedoch nicht – wie wir noch sehen werden – gezwungen, in der Ordination und dem Amt, zu dem ordiniert wird, eine „reine" Ordnungsangelegenheit zu sehen, die allein de iure humano zu regeln wäre. Er ist auch nicht gezwungen zu behaupten, dass das allgemeine Priestertum aller Getauften von vornherein schon – wenn auch nur latent – die bestimmte *öffentliche* Wahrnehmung und Verantwortung der doctrina einschließe, von der CA 14 redet. Deshalb ist auch die „Übertragstheorie" kritisch zu sehen.

V Der besondere Dienst an der Allgemeinheit

Worin nun unterscheidet sich die allen Getauften gewährte und übertragene *facultas* docendi von der nur jeweils einem bestimmten Amtsträger im Sinne von CA 14 verliehenen *venia* docendi? So sicher das genus proximum zu bestimmen ist, so schwierig ist es, die differentia specifica zu ermitteln. Negativ lässt sich mit Bestimmtheit sagen, dass dem Amtsträger keine höhere geistliche Dignität als jedem anderen Getauften zukommt; denn in der Taufe ist „keiner besser als der andere"[14]. Das jedem Getauften mitgeteilte Priestersein lässt sich nicht steigern; es kann kategorial nur als Qualität verstanden, nicht aber der Kategorie der Quantität unterworfen werden. Insofern gilt durchaus – mutatis mutandis – die berühmte Formulierung aus Lumen Gentium: „Das gemeinsame Priestertum der Gläubigen aber und das Priestertum des Dienstes, d. h. das hierarchische Priestertum, unterscheiden sich [...] dem Wesen und nicht bloß dem Grade nach (essentia et non gradu tantum)".[15] Zwar ist es zumindest missverständlich, von etwas

---

zu: Ulrich H. J. Körtner, Kirchenleitung und Episkope. Funktionen und Formen der Episkope im Rahmen der presbyterial-synodalen Ordnung evangelischer Kirchen; aaO, 2–24.
14 WA 2, 735,37 (Ein Sermon von dem Sakrament der Taufe; 1519).
15 LG (Dogmatische Konstitution über die Kirche) II, 10: „Das gemeinsame Priestertum der Gläubigen aber und das Priestertum des Dienstes, das heißt das hierarchische Priestertum, unterscheiden sich zwar dem Wesen und nicht bloß dem Grade nach. Dennoch sind sie einander zugeordnet [...]" (Das Zweite Vatikanische Konzil. Konstitutionen, Dekrete und Erklärungen, lateinisch und deutsch, LThK 12, Freiburg ²1966, 183).

„wesentlich" Anderem zu reden. Richtig aber ist in der Bestimmung des Verhältnisses die Vermeidung der Kategorie der Quantität. Es lässt sich keine Abstufung ausmachen; der Pfarrer ist dem Himmel nicht näher als jeder andere Getaufte.

Worin also liegt die Differenz zwischen der allen Getauften zukommenden facultas docendi, die selbstverständlich auch eine – freilich nichtöffentliche, sondern allein private – venia docendi, also nicht nur eine Befähigung und Ermächtigung, sondern auch eine Berechtigung ist, und der venia zur *öffentlichen Lehre, Predigt und Sakramentsverwaltung?* Um diese Differenz zu treffen und zu benennen, ist in verschiedener Weise von ekklesiologischer „Allgemeinheit" zu reden:

1. „Allgemeinheit" meint einmal die Christengemeinde als Gesamtheit der Getauften in ihrem jedem einzelnen an seinem Ort, in seiner Begabung und seinem Beruf zukommenden und insofern in partikularer, besonderer, „privater" Situation auszuübenden Priestertum. Es ist die Allgemeinheit der Vielheit und Verschiedenheit der Charismen, der Gnadengaben, in denen der *eine* Heilige Geist wirkt und diese vielgestaltige Allgemeinheit zu einer Einheit macht.

2. Für diese Allgemeinheit als einer Einheit muß nun aber in besonderer Weise Sorge getragen werden. Dies kann jedoch – was meine Hauptthese ist – in der Regel durch das „private" Priestertum nicht geschehen. Es bedarf, das allgemeine Priestertum aller Getauften und das dieses begründende Wortamt vorausgesetzt, eines besonderen Amtes, welches das fundamentale – das allgemeine Priestertum begründende – Wortamt gerade in seiner allgemeinen Bedeutung, in seiner „Katholizität", kontinuierlich und verlässlich vertritt. Wohl wegen *dieses besonderen Dienstes gerade an der Allgemeinheit* ordnet Paulus das Amt der Propheten und Lehrer den andern Ämtern vor (1Kor 12,28; vgl. Röm 12,6–8). *Weil in besonderer Weise für die Allgemeinheit sorgend, ist dieses besondere Amt das allgemeinste;* es ist nicht einfach eines unter anderen und von ihnen nicht nur gradweise unterschieden.

VI Das besondere Amt des Pfarrers als Amt der Einheit

Das Pfarramt ist das allgemeinste Amt in der besonderen Konzentration auf das unum necessarium (Lk 10,42) – auf das Eine, das notwendig ist. Notwendig ist die besondere Sorge dafür, dass in der Vielheit der Begabungen und Bezeugungen der eine HERR und der eine Geist zur Sprache und zur Geltung kommt und die falsche Lehre erkannt, beanstandet und zurückgewiesen wird. *In diesem Sinne ist das besondere Amt des Pfarrers das Amt der Einheit*; evangelische Theologie sollte sich nicht scheuen, nach dem Wahrheitsmoment des monarchischen Episkopats der

Alten Kirche zu fragen und es zur Geltung zu bringen. Das Pfarramt hat in besonderer Konzentration die allen Getauften gestellte Aufgabe, „zu halten die Einigkeit im Geist durch das Band des Friedens: *ein* Leib und *ein* Geist, wie ihr auch berufen seid zu *einerlei* Hoffnung eurer Berufung; *ein* HERR, *ein* Glaube, *eine* Taufe; *ein* Gott und Vater aller, der da ist über allen und durch alle und in allen." (Eph 4,3-6)

VII Professionelle Kompetenz

Die besondere Aufmerksamkeit und Konzentration auf das unum necessarium erfordert zwar keine besondere geistliche Dignität über die Taufe hinaus, wohl aber eine besondere *professionelle Kompetenz*, die zu erwerben und zu pflegen nicht Sache des Evangeliums, sondern Sache des Gesetzes in seinem weltlichen Gebrauch (usus civilis, usus politicus) ist.[16] Zu dieser Kompetenz gehört unerlässlich eine zünftige, akademische Bildung und Ausbildung: sich einzuüben in die Theologie als Wissenschaft – in der sedula lectio und cognitio artium bonarum, wie Luther in einer Tischrede am Ende einer Reihe von sechs Merkmalen, die einen Theologen zum Theologen machen, sagt.[17] Ist jeder Getaufte schon Theologe[18], so unterscheidet sich der professionelle Theologe von den übrigen Getauften und Theologen dadurch, dass er fähig ist, über die Beziehung auf die den Glauben konstituierenden Sprachhandlungen mit der größtmöglichen Klarheit und Bestimmtheit Rechenschaft zu geben. Diese Kompetenz muß nicht an der Universität, sondern kann auch, wie die Kirchengeschichte zeigt, anderswo und anderswie erworben werden. Aber das Universitätsstudium ist doch für uns heute der reguläre Weg. Er ist geschichtlich so geworden und sollte nicht unterschätzt werden. Es kommt nämlich aus innerstem theologischen Grund, nämlich Gott auch mit dem Denken, der dianoia, zu lieben (Mk 12,30), darauf an, dass neben dem affectus fidei auch der intellectus fidei, neben dem allen Getauften gemeinsamen „Monastischen", wie ich es nennen möchte[19], auch das „Scholastische", der Schulbegriff der Theologie, ausgebildet wird. Dabei geht es keineswegs

---

[16] Daß und weshalb Theologie als Wissenschaft und entsprechend das Pfarramt als bürgerlicher Beruf in den Bereich des Gesetzes und nicht des Evangeliums gehört, legt dar: Oswald Bayer, Theologie (HST 1), Gütersloh 1994, 528–531.
[17] WA TR 3, 312,11–13 (Nr. 3425). Dazu: Oswald Bayer, Martin Luthers Theologie. Eine Vergegenwärtigung, Tübingen ⁴2016, 16–26.
[18] Vgl. Luthers Predigt zu Ps 5 vom Januar 1535: „Omnes dicimur Theologi, ut omnes Christiani" (WA 41, 11,9–13).
[19] Vgl. Theologie (s. o. Anm. 16), 27–31.

um l'art pour l'art, um eine in sich selbst gekrümmte Tätigkeit im Elfenbeinturm, vielmehr um die Lebenstüchtigkeit des vir bonus[20], der als professioneller Theologe fähig sein soll, nach allen Regeln der Kunst bei seiner Sache zu sein und zu prüfen, worauf es ankommt, um nicht zuletzt in Glaubenskontroversen den Streitpunkt zu treffen und zu einem Urteil zu finden. Er muß fähig und bereit sein, nicht nur intra, sondern auch extra muros ecclesiae Antwort und Rechenschaft über den christlichen Glauben zu geben (vgl. 1Petr 3,5). Im Gespräch – und, wo es nötig ist, im Streitgespräch – mit andern Religionen und Weltanschauungen hat er nach der Wahrheit zu fragen, das Problem der natürlichen Theologie in allen seinen Dimensionen und Aspekten zu behandeln und sich bei alledem kritisch zwischen Metaphysik und Mythologie zu bewegen. Insgesamt zeigt sich die zu erwerbende, ein- und auszuübende Kompetenz in der Urteilskraft, zwischen Gesetz und Evangelium unterscheiden zu können und damit der „Reinheit" der Lehre (CA 7: pure docere) zu dienen[21]; darauf ist am Ende zurückzukommen.

VIII „Öffentlichkeit" (CA 14)

Im Sinne der bezeichneten professionellen Kompetenz ist der Begriff der „Öffentlichkeit" zu entwickeln, der nach CA 14 die Pointe in der Bestimmung des Pfarramtes ist. Von sachlich untergeordneter Bedeutung ist die Frage nach dem „rite vocatus": nach dem ordnungsgemäßen Verfahren, in dem die professionelle Kompetenz festgestellt und, in der Ordination, die Berufung und Einsetzung in das Pfarramt vollzogen wird.

Stellt – so meine Hauptthese – die Sorge für die „Öffentlichkeit" der Lehre und der Verwaltung der Sakramente den diakritischen Punkt in der Bestimmung des evangelischen Verständnisses von Amt und Ordination dar, dann ist sorgfältig nach den Bedeutungsmomenten dieses Begriffs zu fragen. Er lässt sich systematisch-theologisch zwar nur im Bezug auf den modernen, im 18. Jahrhundert aufgekommenen Begriff[22] und die ihm entsprechende Wirklichkeit verantworten. Doch muß dies in kritischer Weise geschehen, in der die entscheidenden Gesichtspunkte der biblischen Texte und der Bekenntnisschriften zur Geltung kommen.

---

20 AaO, 139f.
21 Vgl. Oswald Bayer, Urteilskraft als theologische Kompetenz. Was macht einen Theologen zum Theologen? In: Ders., Zugesagte Gegenwart, Tübingen 2007, 303–312.
22 Vgl. bes. Jürgen Habermas, Strukturwandel der Öffentlichkeit. Untersuchungen zu einer Kategorie der bürgerlichen Gesellschaft, 1962.

Nach den biblischen Texten ist die „Öffentlichkeit" der Lehre und Sakramentsverwaltung zunächst eschatologisch-apokalyptisch zu verstehen: Gott hat durch Kreuz und Auferweckung Jesu Christi endgültig geredet; dem sogenannten „Revelationsschema"[23] zufolge hat er sein Schweigen gebrochen und, was von Ewigkeit beschlossen, jetzt offenbart. Sein Geheimnis soll öffentlich verkündet werden: „predigt es auf den Dächern!" (Mt 10,26f). Das Evangelium gilt allen: „Gehet hin in alle Welt und prediget das Evangelium aller Kreatur!" (Mk 16,15) Gegen Erasmus hat Luther die Öffentlichkeit und äußere Klarheit der Heiligen Schrift betont, die in den Dienst des Wortes gestellt ist (in verbi ministerio posita)[24]. Was „die verschlossensten Geheimnisse betrifft, so befinden sie sich nicht an einem abgeschiedenen Ort, sondern sind in aller Öffentlichkeit vor aller Augen vorgeführt und ausgestellt."[25] „Was kann an Erhabenem in der Schrift verborgen bleiben, nachdem die Siegel gebrochen, der Stein vor des Grabes Tür gewälzt und damit jenes höchste Geheimnis preisgegeben ist: Christus, der Sohn Gottes, sei Mensch geworden, Gott sei dreifaltig und einer, Christus habe für uns gelitten und werde herrschen ewiglich? Wird das nicht sogar in Elementarschulen bekannt gemacht und dort auch gesungen?"[26] Das durch den Gekreuzigten in Kraft gesetzte Testament wird durch seine Auferweckung eröffnet und öffentlich, mündlich ausgerufen – als Geschrei des Sieges über Goliath, über Hölle, Tod und Teufel, wie Luther in der Vorrede zum Neuen Testament bildkräftig deutlich macht, was „Evangelium" ist.[27] Es soll in die Öffentlichkeit treten, frei, ohne Scheu – in parrhesia – gepredigt werden und die ganze Welt provozieren („in publicum prodire et libere praedicare totumque mundum provocare").[28]

Nicht im Widerspruch zu dieser Öffentlichkeit steht die Wahrung des Beichtgeheimnisses. Das öffentlich verkündigte Wort schafft, wo und wann Gott will, den Glauben; er ist Sache des Herzens. Wer sein Herz ausschüttet, ist aufs tiefste verletzbar und muß vor der Öffentlichkeit geschützt werden. Keineswegs zwar vor dem öffentlich verkündeten Wort – es nimmt das Innerste des Menschen gerade in Schutz –, aber vor jeder sonstigen Öffentlichkeit.

---

23 Vgl. Röm 16,25; Eph 3,5; Kol 1,26; 1Petr 1,20.
24 WA 18, 609,5 (De servo arbitrio; 1525). Vgl. zur Explikation o. Teil II, Kap. 8: „Das alte Buch in neuer Zeit".
25 AaO, 607,2–4 (übersetzt).
26 AaO, 606,24–29.
27 WA DB 6, 2,23–25; 4,1–23; 1522.
28 WA 5, 657,37 f (zu Ps 22,23). Ps 22,23.28 f.32 ist von der Agende der EKU und der VELKD für den Ordinationsgottesdienst als Leitpsalm vorgesehen: Evangelisches Gottesdienstbuch, Berlin 2000, ²2001, 444.

Im gegebenen Rahmen konnte ich auf die Aufgabe, jenen Begriff von „Öffentlichkeit" zu entwickeln, der zur Bestimmung des Pfarramtes nach CA 14 offenbar entscheidend ist, nur hinweisen und mit einer Skizze seiner möglichen Bedeutung beginnen. Es geht mit dem „öffentlich Lehren" nicht nur um die Predigt *in* der Öffentlichkeit, sondern entscheidend *für* die Öffentlichkeit. *In* der Öffentlichkeit treten auch Schreier auf. Schreier aber können nicht *für* die Öffentlichkeit denken und verständlich *zu* ihr reden. Soll im Zuge dessen das Evangelium nicht verraten werden, ist die Außenperspektive mit der Binnenperspektive kritisch zu vermitteln und dabei Theologie als Konfliktwissenschaft wahrzunehmen. Damit hat das spezifisch durch das „publice docere" bestimmte Pfarramt eine *apologetische* Aufgabe. Diese ist keine zweite, die zum Verkündigungsdienst hinzukommen könnte oder müsste, sondern mit ihm identisch.

IX „Der Glaube muß alles tun"

Wir haben nach der *professionellen* Kompetenz gefragt, die zum „publice docere" befähigt und mit ihm im in der Ordination anbefohlenen und übertragenen Pfarramt ausgeübt wird. Die *geistliche* Ermächtigung und Befähigung zu diesem Amt ist in der Taufe begründet – in derselben Weise wie die Ermächtigung und Befähigung zum „privaten" Lehren eines jeden Getauften, der, nicht ordiniert, seinen christlichen Glauben mit seiner Begabung in seinem weltlich- irdischen „Beruf und Stand"[29] lebt und bezeugt; darin, besonders im tröstlichen Zuspruch[30] und in der Fürbitte, ist er in gleicher Weise Priester wie der Ordinierte. Denn, schärft Luther ein, „der Glaube muß alles tun. Er ist allein das rechte priesterliche Amt [...] Darum sind alle Christenmänner Pfaffen, alle Frauen Pfäffinnen, es sei jung oder alt, Herr oder Knecht, Herrin oder Magd, Gelehrter oder Laie. Hier ist kein Unterschied"[31]; Gal 3,26 – 28 kommt damit voll zur Geltung.

---

[29] Vgl. z. B. Georg Niege „Aus meines Herzens Grunde" (EG 443,7): „dazu mich Gott beschieden in meim Beruf und Stand"). Zur kulturell ungemein folgenreichen Verknüpfung der in der Taufe festzumachenden geistlichen Berufung aller Christen durch Gott mit dem weltlich-irdischen Beruf und Stand fand Luther vor allem durch 1Kor 7,17–24.

[30] Vgl. bes. BSELK 776,4–5 (BSLK 449,12f) (Schmalkaldische Artikel; 1537): „mutuum colloquium et consolatio [...] fratrum".

[31] WA 6, 370,24–27 (Ein Sermon von dem neuen Testament, das ist von der heiligen Messe; 1520).

X Keine reine Ordnungsangelegenheit

Die reformatorische und bis heute in der evangelischen Kirche maßgebliche Begründung der *Besonderheit* des Pfarramtes als der öffentlichen Wortverkündigung und Sakramentsverwaltung ist einfach: Was kraft der Taufe *allen* zukommt, können nicht alle zugleich ausüben, wenn kein Chaos entstehen und herrschen soll. „Denn weil wir alle gleich Priester sind", schreibt Luther „An den christlichen Adel" (1520), „muß sich niemand selbst hervortun und sich unterstehen, ohne unser Bewilligen und Erwählen das zu tun, was wir alle gleich Macht haben. Denn was [all]gemein ist, darf niemand ohne der Gemeinde Willen und Befehl an sich nehmen."[32] Luther hält sich an 1Kor 14,40: „Laßt aber alles [...] ordentlich zugehen" – lateinisch: secundum ordinem, mithin in einem geordneten Verfahren: „rite" (CA 14). Sehr klar heißt es in „De instituendis ministris Ecclesiae":

> „Denn obwohl alle Christen diese [Rechte] gemeinsam haben, ist es doch niemandem erlaubt, kraft eigener Autorität in die Mitte zu treten und für sich allein das an sich zu reißen, was allen zukommt [...] Vielmehr erzwingt es diese Gemeinschaft des Rechtes, dass einer [oder mehrere], wie es der Gemeinde gut scheint, gewählt oder angenommen werden, die anstelle und im Namen aller, die das gleiche Recht haben, diese Dienste öffentlich wahrnehmen sollen, damit nicht im Volk Gottes ein schimpfliches Durcheinander entsteht."[33]

In dieser Argumentation verflicht und verschränkt sich Geistliches und Weltliches. Die christliche Gemeinde und ihre Repräsentanten sind kraft ihrer in der Taufe festgemachten Berufung zum Volk Gottes ermächtigt und befähigt, Lehre zu beurteilen, Pfarrer ein- und abzusetzen.[34] Zu ihrem allgemeinen Priestertum gehört die Fürbitte für das Pfarramt, für die besondere Aufgabe des „publice docere" und die entsprechende Anrufung des Heiligen Geistes über den zu Ordinierenden

---

[32] WA 6, 408,13–17. Vgl. aaO 407,10–408,2. Luthers Argumentation mit der „Gemeinschaft des Rechts" als des Rechts der ganzen Gemeinde darf auch als Antwort auf den Verfassungswandel im Spätmittelalter verstanden werden. Vgl. Peter Blickle, Reformation und kommunaler Geist. Die Antwort der Theologen auf den Verfassungswandel im Spätmittelalter (Schriften des Historischen Kollegs 44), München 1996.
[33] WA 12, 189,17–25. Ganz parallel dazu in „Von Konzilien und [der] Kirchen" (1539): Das Pfarramt muß sein. Denn „der Haufen als ganzer kann solches nicht tun, sondern sie müssen es einem [einzigen] befehlen oder befohlen sein lassen. Was wollte sonst werden, wenn ein jeglicher reden oder [das Sakrament] reichen wollte, und keiner dem andern weichen? Es muß einem allein befohlen werden, den man allein predigen, taufen, absolvieren und [das] Sakrament [des Altars] reichen lassen soll" (WA 50, 632,36–633,9).
[34] „Vgl. Luthers Schrift „Daß eine christliche Versammlung oder Gemeine Recht und Macht habe, alle Lehre zu beurteilen und Lehrer zu berufen, ein- und abzusetzen. Grund und Ursach aus der Schrift" (WA 11, 408–416; 1523).

– „Veni sancte Spiritus ..." ; „Komm, Heiliger Geist, Herre Gott..." (EG 125) und „Nun bitten wir den Heiligen Geist..." (EG 124) – sowie die Bitte um den Segen. Diese Begründung des Ordinationshandelns der Gemeinde im geistlichen Regiment Gottes verbietet es, in der Ordination und dem Amt, zu dem ordiniert wird, eine „reine" Ordnungsangelegenheit zu sehen, die umstandslos in Gottes weltlichem Regiment, in seinem Reich zur Linken, zu suchen wäre.[35] Beides ist zu unterscheiden: die gottesdienstliche Sprachhandlung des Segnens und Sendens einerseits und die Rechtshandlungen andererseits, in denen nach einem ordnungsgemäßen Verfahren die professionelle Kompetenz des zu Ordinierenden zum „publice docere" festgestellt und im Zusammenhang der gottesdienstlichen Sprachhandlung die Berufung und Einsetzung in das Pfarramt vollzogen wird. Diese kirchenrechtliche Dimension ist nun – unbeschadet ihrer Zuordnung zur gottesdienstlichen Dimension der Ordination – in der Tat eine Sache des weltlichen Regimentes Gottes, also Sache der Vernunft und Billigkeit. Es gibt, wie der geschichtliche Weg der Reformation allein schon in den 20er Jahren des 16. Jahrhunderts, nämlich von der Orientierung an der Gemeinde zum Hilferuf nach dem Notbischof, zeigt, nicht die *eine* evangelische Kirchenverfassung. Ob episkopal, synodal-presbyteral, kongregationalistisch oder, wie zumeist, in einer Mischform – alles ist denkbar, alles kann dem Evangelium dienen, alles kann aber auch missbraucht werden.

Das Kirchenrecht als „Form des Evangeliums" zu sehen, wie es von reformierter Seite häufig gefordert wird, bedeutete eine Überfrachtung des Weltlichen mit Heilsansprüchen. Das Evangelium ist allein Sache des Wortes, nicht menschlicher Rechtsformen mit ihrem Zwang; es geschieht „sine vi humana, sed verbo" (CA 28)[36]. Andererseits wäre es unangemessen, für Recht und Verwaltung der Kirche nur den „politischen Gebrauch des Gesetzes" (usus politicus legis), wie er im Staat gilt, wahrzunehmen. Die kirchlichen Strukturen und der Umgang miteinander in ihnen stehen in der Tat unter einem besonderen Anspruch, wenn es denn gilt, daß Christenmenschen des äußeren Gesetzes eigentlich gar nicht

---

35 So richtig es ist, dass die Ordination im Blick auf die Erteilung der *venia* docendi und auf die entsprechende Verpflichtung „zu Gottes Regierweise, mit der Linken'" gehört (Wilfried Härle, Dogmatik, Berlin/ New York 1995, 544), so wenig ist damit der Charakter und die Bedeutung der Ordination vollständig erfasst. Die Bitte um den Heiligen Geist und seine mit der Handauflegung verbundene Zusage (s. u. XII.) gehören zweifellos in Gottes Regierweise zur Rechten.

36 CA 28: „secundum evangelium seu, ut loquuntur, de iure divino haec iurisdictio competit episcopis ut episcopis, hoc est his. Quibus est commissum ministerium verbi et sacramentorum, remittere peccata, reiicere doctrinam ab evangelio dissentientem et impios, quorum nota est impietas, excludere a communione ecclesiae, sine vi humana, sed verbo." (BSELK 195,4–15 [BSLK 124,1–9])

mehr bedürfen. Dieser Anspruch besteht zu Recht. So ist in der Kirche immer wieder nach Wegen zu suchen, um beispielsweise Dienstvorschriften einerseits und seelsorgliche Qualität des Umgangs miteinander andererseits auszutarieren. Wenn Luther – wie die CA[37] – das Wesen des Bischofsamtes als Pfarrdienst bezeichnet[38], muß dies kein Widerspruch sein zur Funktion des Bischofs als Dienstvorgesetzter, ist aber sehr wohl ein Hinweis darauf, in welchem Geist er sein Amt – das ja wie jedes Amt unvermeidlich auch mit menschlicher Machtausübung verbunden ist – ausüben soll.

XI Ein Sakrament?

Die schon angesprochene geistliche Dimension von Amt und Ordination ist nun weiter zu bedenken. Dabei ist – vor allem im Blick auf die Aufgabe ökumenischer Verständigung – darzulegen, weshalb die Ordination nach evangelischem Verständnis zwar kein Sakrament im engen und strengen Sinn, gleichwohl aber eine gewichtige gottesdienstliche Sprachhandlung ist. Da in ökumenischen Gesprächen trotz Luthers aus der Hochschätzung der Taufe kommender vehementer Ablehnung des sakramentalen Charakters der Ordination immer wieder auf eine Stelle der Apologie der CA Bezug genommen wird, an der Melanchthon die Ordination als Sakrament gelten zu lassen scheint, setze ich an dieser Stelle an.

In der Verantwortung des Artikels XIII (De Numero et Usu Sacramentorum; Von der Zahl und dem Gebrauch der Sakramente) gebraucht Melanchthon den weiten Sakramentsbegriff, den Luther schon in „De captivitate" (1520) vertreten hatte[39]. Danach kann zu den Sakramenten all jenes gerechnet werden, dem Gottes Zusage (promissio) gilt – außer der Taufe, dem Abendmahl und der Absolution auch der Ehestand und die Obrigkeit, vor allem aber das Gebet[40]. Ganz in diesem Sinne heißt es:

> „Wo man aber das Sakrament des Ordens [= der Ordination] wollt nennen ein Sakrament von dem Predigtamt und Evangelio, so hätte es keine Beschwerung, die Ordination ein Sakrament zu nennen. Denn das Predigtamt hat Gott eingesetzt und geboten, es hat herrliche Zusage[n] Gottes"[41].

---

37 Vgl. o. Anm. 36.
38 WA 11, 271,11–16 (Von weltlicher Obrigkeit; 1523).
39 WA 6, 571,35–572,9, bes. 571,35f. Dazu: Oswald Bayer, Promissio. Geschichte der reformatorischen Wende in Luthers Theologie (1971), Darmstadt ²1989, 161–163.
40 BSELK 512,31–514,31 (BSLK 293,19–294,49).
41 AaO, 514,6–12 (293,35–42).

Zum Beleg werden Röm 1,16 und Jes 55,11 zitiert[42] – Sätze, die von der Wirksamkeit des Wortes reden und zu Recht in der gegenwärtigen – im Gottesdienstbuch vorgeschlagenen – Ordinationsagende die Leitworte sind.[43]

> „Wenn man das Sakrament des Ordens auf diese Weise verstehen wollte, so möchte man auch das Auflegen der Hände ein Sakrament nennen. Denn die Kirche hat Gottes Befehl, dass sie soll Prediger und Diakonos bestellen. Dieweil nun solches sehr tröstlich ist, so wir wissen, dass Gott durch Menschen und diejenigen, die durch Menschen gewählt sind, predigen und wirken will, so ist es gut, dass man solche Wahl hoch rühme und ehre, sonderlich wider die teuflische[n] Anabaptisten, welche solche Wahl samt dem Predigtamt und leiblichen Wort verachten und lästern."[44]

Dieses ganz vom anvertrauten Auftrag Gottes, seinem mandatum, und von der Zusage seiner im Wort wirksamen Gegenwart bestimmte Verständnis der Ordination grenzt Melanchthon scharf von der Weihe zum exklusiven Opferpriestertum ab[45]. Es ist das CA 5 gemeinte fundamentale Wortamt samt dem allen Getauften gegebenen Priestertum, dem Gottes Verheißung gilt. Diese promissio wird in der Ordination in besonderer Weise für diejenigen in Anspruch genommen, die durch die Gemeinde und ihre Repräsentanten zum „publice docere" berufen und eingesetzt werden – dessen gewiß, dass „Gott durch Menschen und diejenigen, die durch Menschen gewählt sind, predigen und wirken will"[46]. Daß nach lutherischem Verständnis die Ordination zum Pfarramt kein Sakrament im engen und strengen Sinn wie die Taufe und das Abendmahl, sondern allein in jenem weiten Sinn der Teilhabe an Gottes Verheißung ist, besagt nicht, dass das Pfarramt nicht von „Gott eingesetzt" ist[47]. Diese Einsetzung durch Gott (vgl. Eph 4,11f) steht keineswegs etwa im Widerspruch zu der Einsetzung durch die Gemeinde und ihre Vertreter. Es ist eine „vermittelte Berufung, weil sie durch einen Menschen geschieht und gleichwohl eine Berufung durch Gott ist"[48]. Deshalb läßt sich ein evangelisches Verständnis von Amt und Ordination *weder ausschließlich im Sinne einer Stiftungstheorie noch ausschließlich im Sinne einer Übertragungs-*

---

42 Ebd., Z. 42–47.
43 Evangelisches Gottesdienstbuch (s. o. Anm. 28), 444.
44 BSELK 514,13–20 (BSLK 293,47–294,9).
45 AaO, 512,31–514,5 (293,19–35).
46 AaO, 294,3–5 (s. o. Anm. 44). Daß dabei Menschenwort und Gottes Wort, opus hominum und opus Dei zu unterscheiden wären, lehnt Luther als „distinctio metaphysica" in aller Schärfe ab. Vgl. z. B. WA TR 3, 669–674 (Nr. 3868; vom 10. 5.1538), bes. 673,31–36.
47 WA 6, 441,24–26 (An den christlichen Adel; 1520).
48 WA 40 I, 59,23 (zu Gal 1,1): „vocatio mediata, quia per hominem fit, et tamen divina est". „Deus vocat nos omnes ad ministerium vocatione per hominem estque divina vocatio" (ebd. Z.4f); 1531/35.

theorie vertreten.⁴⁹ Es ist sozusagen ein articulus mixtus: Sache sowohl von Gottes weltlichem wie von seinem geistlichen Regiment.

XII Menschliche Bildungsarbeit und göttliche Geistgabe

Abschließend soll das Verhältnis von selbsterworbener professioneller Kompetenz zum „publice docere", also von *menschlicher Bildungsarbeit* einerseits zur *göttlichen Geistgabe*, um die im Ordinationsgottesdienst gebetet wird, andererseits bedacht werden: Johann Gerhard hat beides in der Wendung vom „habitus theosdotos", der von Gott gegebenen Fertigkeit, provozierend zusammengesprochen.⁵⁰ Luther hat den Spannungsbogen von göttlicher Geistgabe und menschlicher Bildungsarbeit in jener schon erwähnten Tischrede zur Beantwortung der Frage, was einen Theologen zum Theologen macht, in einer Reihe von sechs Merkmalen beschrieben. Das dritte Merkmal der theologischen Existenz sei die occasio, der Kairos: die Zeit, über die wir nicht verfügen, die uns vielmehr zufällt. Ihre Wahrnehmung spitzt sich im Entscheidenden darauf zu, den Unterschied von Gesetz und Evangelium konkret zu treffen.

Das Erfassen der occasio, des Kairos, ist keine selbstmächtige Deutung der Zeichen der Zeit und keineswegs nur Sache professioneller Kompetenz, sondern wesentlich ein Erleuchtetwerden durch den Heiligen Geist. Deshalb ist in der Hinwendung zum Ordinanden und seiner so verantungsvollen Aufgabe des „publice docere" *die Bitte um das Kommen des Heiligen Geistes und dessen mit der Handauflegung verbundene Zusage, Gabe und Mitteilung* (Joh 20,22) ein *Hauptmoment der Ordination* – wenn nicht das Hauptmoment schlechthin. Trifft dies zu, dann ist zugleich auch der Punkt gefunden, an dem das mit der römisch-katholischen Theologie und Kirche zu suchende Gespräch besonders verheißungsvoll sein dürfte. Denn die römisch-katholische Theologie versteht die Ordination – abgesehen von dem mit ihr verbundenen Rechtsakt – entscheidend als Gebets- und Segenshandlung.

---

49 Dabei ist mit Gewinn zu beachten: Jonathan Mumme, Die Präsenz Christi im Amt, Göttingen 2015.
50 Johann Gerhard, Loci theologici, Jena 1610–1622, Prooemium: de natura theologiae § 31.

18 Der verborgene Glanz der Gnade. Dimensionen eines weiten Begriffs

I Die Freude unverdienten Beschenktseins

Die weithin *freudlosen* Diskurse um „Gnade" – vor allem um das Verhältnis von göttlicher Gnade und menschlicher Freiheit – in der westlichen Theologiegeschichte seit Augustin[1] haben fast vergessen lassen, dass der positive Gehalt der Sache, um die es dabei geht, die *Freude* ist, die unerwartet und unverdient widerfährt. Schon in der Profangräzität ist die Grundlage des Sprachgebrauchs von χάρις, des griechischen Wortes für „Gnade", die Verwandtschaft mit χαίρω: „ich freue mich". „χάρις", Gnade, „ist das *Erfreuende*"[2]: das, was durch seine Anmut[3] unwiderstehlich anzieht, lateinisch „gratia", Grazie. Sie ist die „Gunst" („favor")[4] – und zwar „die erwiesene und die empfangene, wobei Erweis und Empfang zusammengesehen sind"[5]. So ist es für die Wahrnehmung der Dimensionen des Begriffs „Gnade" höchst bemerkenswert, dass er Gunst, Geben, Gabe, Empfangen, (An-)Nehmen, (An-)Erkennen, Antworten und Danken unauflöslich zusammenschließt[6] – wie denn etwa Botticelli die drei Grazien in einem Kreistanz sich bewegen läßt[7]; entsprechend treten in Goethes „Faust" die drei Grazien so auf:

---

[1] Einen verlässlichen Überblick und Durchblick vermitteln: OTTO HERMANN PESCH und ALBRECHT PETERS, Einführung in die Lehre von Gnade und Rechtfertigung, Darmstadt 1981.
[2] Hans Conzelmann, Art. χάρις usw.. In: ThWNT IX, 1973, 363,10.
[3] „Charis ist das erfreuliche Wesen, die *Anmut*, die nicht vom Schönen her aufgefasst ist, sondern vom Erfreuenden des Schönen her." (aaO 364,2f)
[4] Die Priorität der Gunst vor der Gabe zeigt auf: Risto Saarinen, Gunst und Gabe. Melanchthon, Luther und die existentielle Anwendung von Senecas „Über die Wohltaten". In: „Kein Anlaß zur Verwerfung". Studien zur Hermeneutik des ökumenischen Gesprächs (FS für Otto Hermann Pesch), hg.v. Johannes Brosseder und Markus Wriedt, Frankfurt/M. 2007, 184–197; Peter Widmann, Einseitigkeit als Grund von Gegenseitigkeit. In: Word-Gift-Being (s.u. Anm. 6), 165–186, hier 177–181: Die Unterscheidung von Gnade und Gabe (Anti-Latomus). Zur Unterscheidung und Zuordnung von „Gnade" und „Gabe": Röm 5,12–21.
[5] AaO (s. Anm. 2), 364,11f.
[6] Es liegt daher auf der Hand, dass das Thema „Gnade", will es in systematischer Verantwortung bedacht werden, nicht ohne Bezugnahme auf die gegenwärtigen philosophischen und theologischen Diskurse um *Gabe* und *Anerkennung* behandelt werden kann. Vgl. zur Diskussionslage beispielhaft: The Gift of Grace. The Future of Lutheran Theology, ed. by Niels Henrik Gregersen, Bo Holm, Ted Peters, Peter Widmann, Minneapolis 2005; Risto Saarinen, God and the Gift. An Ecumenical Theology of Giving, Collegeville 2005; Ders., Luther and Gift, Tübingen 2017; Die Gabe. Ein „Urwort" der Theologie?, hg.v. Veronika Hoffmann, Frankfurt/M. 2009; Word – Gift – Being.

I Die Freude unverdienten Beschenktseins   231

„Aglaia: Anmut bringen wir ins Leben; / Leget Anmut in das Geben.
Hegemone: Leget Anmut ins Empfangen, / Lieblich ist's, den Wunsch erlangen.
Euphrosyne: Und in stiller Tage Schranken / Höchst anmutig sei das Danken."[8]

Geben, Empfangen und Danken reichen sich in der Anmut, der χάρις, der gratia, der Gnade, gleichsam die Hand. Diese unauflösliche Kette der Bedeutungen des Begriffs „Gnade" ist für die Bestimmung des Verhältnisses von göttlicher Gnade und menschlicher Freiheit entscheidend.[9]

Die theologisch vielleicht sprechendste Urszene der unerwartet und unverdient widerfahrenden glanzvollen Freude wird von der lukanischen Weihnachtsgeschichte erzählt:

„Und es waren Hirten in derselben Gegend auf dem Felde bei den Hürden, die hüteten des Nachts ihre Herde. (9) Und der Engel des HERRN trat zu ihnen, und die Klarheit des HERRN leuchtete um sie [nach der Einheitsübersetzung: „und der Glanz des HERRN umstrahlte sie"]; und sie fürchteten sich sehr. (10) Und der Engel sprach zu ihnen: Fürchtet euch nicht! Siehe ich verkündige euch große Freude, die allem Volk widerfahren wird; (11) denn euch ist heute der Heiland [= der Erretter] geboren, welcher ist Christus, der HERR, in der Stadt Davids. (12) Und das habt zum Zeichen: ihr werdet finden das Kind in Windeln gewickelt und in einer Krippe liegen. (13) Und alsbald war da bei dem Engel die Menge der himmlischen Heerscharen, die lobten Gott und sprachen: (14) Ehre sei Gott in der Höhe und Friede auf Erden bei den Menschen seines Wohlgefallens [nach der Einheitsübersetzung: „bei den Menschen seiner Gnade"]."

Gottes Gnade, sein Wohlgefallen, das er seinen Geschöpfen zuwendet, kommt nicht ohne Gottes Klarheit, Glanz, Herrlichkeit, Macht[10]. *Gnade ist Gott selbst*; in ihr und mit ihr strahlt Gottes Wesen, so dass die seit etwa einem halben Jahrhundert zum Topos gewordene These, die Frage nach Gottes Existenz sei radikaler

---

Justification – Economy – Ontology, ed. by Bo Kristian Holm und Peter Widmann (Religion in Philosophy and Theology 37), Tübingen 2009, besonders 117–144: den Beitrag von Niels Henrik Gregersen, „Radical generosity and the flow of grace".

7 „In diesem Kreistanz kehrt die Reihenfolge der Wohltat, wenn sie von Hand zu Hand geht, dennoch wieder zum Gebenden' zurück" (Risto Saarinen, Im Überschuß. Zur Theologie des Gebens. In: Word – Gift – Being [s.o. Anm. 6], 73f; Zitat: Seneca, De beneficiis 1,3,4).

8 Johann Wolfgang von Goethe, Faust II,1, 5299–5304.

9 Diese These kann im gegebenen Rahmen über das u. IV. (Die Gnade als Gabe der Freiheit) Ausgeführte hinaus nicht weiter erläutert werden. Nur soviel: Es ergeben sich im Horizont der Diskurse um Gabe und Anerkennung (s.o. Anm. 6) neue Möglichkeiten im (Streit-)Gespräch evangelischer mit römisch-katholischer Theologie um die Bestimmung des Verhältnisses von göttlicher Gnade und menschlicher Freiheit.

10 Zur Gnade als *Macht* vgl. Röm 5,20f: Die Gnade ist der Macht der Sünde gewachsen und überwindet sie.

als die nach seiner Gnade, sich als unsinnig erweist.¹¹ „Als ob Gnade eine Eigenschaft Gottes wäre, die man allenfalls auch einklammern könnte, um unterdessen gemächlich nach seiner Existenz zu fragen!"¹²

Gnade ist Rettung der Verlorenen – nicht nur, wenn auch in besonderer Zuspitzung – nach dem Lukasevangelium: Euch Verlorenen ist heute der Retter geboren! Menschen finden Gottes Wohlgefallen, seine rettende Gnade, nicht etwa, weil sie guten Willens („bonae voluntatis") wären, wie es die im römisch-katholischen Bereich lange Zeit wirksame Übersetzung von Lk 2,14¹³ will, oder dieses Wohlwollen, diese Gnade, irgendwie verdient hätten. Anders als nach Platons Begriff der Liebe, wonach sich Liebe auf das richtet, was durch seine Liebenswürdigkeit anziehend ist, findet die *göttliche* Liebe, das *göttliche* Wohlgefallen, sein Liebenswertes nicht vor, sondern schafft es erst – wie Luther in der 28. These der Heidelberger Disputation (1518) pointiert.¹⁴ In der vorbereitenden Erläuterung dieser These formuliert Luther in einprägsamer antithetischer Wendung: „Die Sünder sind darum schön, weil sie geliebt werden; nicht darum werden sie geliebt, weil sie schön sind."¹⁵

Das ganz und gar Erfreuliche und Entlastende der von den Engeln verkündeten Botschaft ist Gottes unbedingtes und bedingungsloses, allem menschlichen Wünschen, Wollen und Laufen zuvorkommendes Wohlwollen, seine Erwählung, die Gnadenwahl, die allen Menschen gilt: die glanzvolle Offenbarung des Heilsratschlusses, den Gott vor aller Zeit gefasst hat und der jetzt, in der Geschichte Jesu Christi, sich endgültig verwirklicht.

Dieses Wohlwollen, die Gnade, kommt auf die Menschen – und inmitten der anderen auf mich – von außen zu: als fides adventitia (Gal 3,23 und 25). Die Gnade hat ihren Ursprung in keiner Weise in mir selbst; ihr Ursprung ist meiner Verfü-

---

11 Vgl. Walter Mostert, Ist die Frage nach der Existenz Gottes wirklich radikaler als die Frage nach dem gnädigen Gott?. In: ZThK 74, 1977, 86–122.
12 Karl Barth, KD IV/I, 591. Vgl. Eberhard Jüngel, Das Evangelium von der Rechtfertigung des Gottlosen als Zentrum des christlichen Glaubens. Eine theologische Studie in ökumenischer Absicht, Tübingen 1998, 37 f.
13 Derselbe Mißgriff liegt bei der Übersetzung der Einheitsübersetzung von „εὐδοκία " in Phil 2,13 vor; s. u. IV (zu Phil 2,12f).
14 „Amor Dei non invenit, sed creat suum diligibile, Amor hominis fit a suo diligibili." („Die Liebe Gottes findet das für sie Liebenswerte nicht vor, sondern erschafft es. Die Liebe des Menschen entsteht aus dem für sie Liebenswerten."): Martin Luther, Lateinisch-deutsche Studienausgabe, Bd. 1 (Der Mensch vor Gott), unter Mitarbeit von Michael Beyer hg. u. eingeleitet von Wilfried Härle, Leipzig 2006, 60f. Vgl. Thomas von Aquin, ST I-II 110,1 in corpore (freundlicher Hinweis von Otto Hermann Pesch).
15 AaO, 61,20 f = „Ideo [...] peccatores sunt pulchri, quia diliguntur, non ideo diliguntur, quia sunt pulchri" (60,16 f).

gung entzogen. Vielmehr bin ich ganz und gar ihr Geschöpf; „durch Gottes Gnade bin ich, was ich bin", bekennt Paulus (1Kor 15,10). Im Licht der Gnade erkenne ich, dass mein Ich nicht, absolut, im Nominativ steht, sondern grundlegend im Dativ, im Gebefall, im Dativ des Beschenktseins: *Ich bin, was mir gegeben wurde* (vgl. 1Kor 4,7). Ich bin mir gegeben und empfange mich. So habe ich Grund, in der Freude unverdienten Beschenktseins mit Matthias Claudius „Täglich zu singen": „Ich danke Gott, und freue mich / Wie's Kind zur Weihnachtsgabe, / Daß ich bin, bin! Und dass ich dich, / Schön menschlich Antlitz habe"[16].

II Schöpfungsgnade; Gottes Wesen: barmherzig und gnädig

Gottes Gnade rettet nicht erst, was verloren ist, sondern schafft schon, was noch nicht ins Leben gerufen ist. Dem entspricht die zweite Strophe von David Denickes Bereimung des 100. Psalms: „Erkennt, dass Gott ist unser HERR, / der uns erschaffen ihm zur Ehr, / und nicht wir selbst: durch Gottes Gnad / ein jeder Mensch sein Leben hat."[17] Der Begriff „Gnade" hat also schon schöpfungstheologische und ontologische Bedeutung und wird nicht erst im Bezug auf Schuld und Sünde als unverdiente Vergebung verständlich. *Mein Dasein selbst schon verdankt sich – wie die ganze Welt – allein der Gnade.*

Diese schöpfungstheologische und ontologische Bedeutung von „Gnade", mit der Gottes Angesicht leuchtet und sich nicht verbirgt, kommt im Psalm 104, nachdem von der Schöpfung als Gottes Geben und Gabe positiv die Rede war (V. 27 f), am Gegenteil eindrucksvoll so zur Sprache: „Verbirgst du Dein Angesicht, so erschrecken sie; nimmst du weg ihren Odem, vergehen sie und werden wieder zu Staub." (V. 29; vgl. Ps 90). Verbirgt Gott sein Angesicht, dann entzieht er das Leben; wendet er uns sein Angesicht zu, läßt er es uns leuchten, dann wird damit das Leben geschaffen (vgl. V. 30).

Martin Luther hat diese schöpfungstheologische und ontologische Bedeutung der Gnade genau erfasst, was seit 1529 jedes lutherische Kind weiß oder jedenfalls wissen könnte – nämlich aus dem Kleinen Katechismus, in dem nicht etwa, wie es üblicher Erwartung entspräche, in der Erklärung des zweiten oder dritten Artikels des Glaubensbekenntnisses von Gottes gnadenhaftem Handeln und Sein geredet wird, sondern in der Erklärung des ersten Artikels, des Artikels von der Schöpfung: „Ich glaube, dass mich Gott geschaffen hat samt allen

---

[16] Matthias Claudius, Täglich zu singen, Strophe 1. In: Meine deutschen Gedichte. Eine Sammlung von Hartmut von Hentig, Velber (1999), ²2001, 428.
[17] EG 288, 2.

Kreaturen, mir Leib und Seele, Augen, Ohren und alle Glieder, Vernunft und alle Sinne gegeben hat und noch erhält; dazu Kleider und Schuh, Essen und Trinken, Haus und Hof, Weib und Kind, Äcker, Vieh und alle Güter, mich mit aller Notdurft und Nahrung dieses Leibes und Lebens reichlich und täglich versorgt, wider alle Fährlichkeit beschirmt und vor allem Übel behütet und bewahrt – und das alles aus lauter väterlicher, göttlicher Güte und Barmherzigkeit ohn all mein Verdienst und Würdigkeit [...]"[18].

Zur Bezeichnung des Ursprungs des Reichtums, Gewichtes und Glanzes der aufgezählten Gaben des Schöpfers wird hier zwar nicht das Wort „Gnade" als solches gebraucht. Doch gehören „Güte" und „Barmherzigkeit" von ihrem hebräischen und griechischen Hintergrund her unmittelbar zum Bedeutungsfeld von „Gnade"[19]. In der LXX, der griechischen Version des Alten Testaments, wird eines der beiden entscheidenden hebräischen Wörter (חֵן und חֶסֶד) für „Gnade", nämlich חֶסֶד mit „ἔλεος" (=„Erbarmen", „Barmherzigkeit") wiedergegeben[20]; wir kennen dieses griechische Wort in der Verbform aus dem Ruf „Kyrie, eleison!" = „HERR, erbarme dich!". Unauflöslich miteinander verbunden, geradezu zu einer Einheit verschmolzen sind „Barmherzigkeit" und „Gnade" in der sogenannten „Gnadenformel": „Barmherzig und gnädig ist der HERR, geduldig und von großer Güte" (Ps 103,8).[21] Dieses Bekenntnis ist nach Ex 34,6f nichts anderes als die Selbstoffenbarung Gottes in seinem Namen (vgl. Ex 33,18–23), ja der Höhepunkt in der Reihe der Explikationen des JHWH-Namens Ex 3,14; 33,19 und 34,6f und füllt durch innere Differenzierung prägnant die Urzusage „Ich bin der HERR, Dein Gott!" (Ex 20,2).[22] Gott identifiziert sich als der gnädige: *Gnade ist*, um dies nochmals hervorzuheben, *Gott selbst* – wie denn alle sogenannten göttlichen „Eigenschaften" wesentliche Eigenschaften sind und nicht etwa Prädikate, die zu einem vermeintlich vorweg schon feststehenden Subjekt erst hinzuträten.

---

18 BSELK 870,9–18 (BSLK 510,33–511,8).
19 Luther übersetzt חֶסֶד oft mit „Güte" – z.B. Ps 44,27 und Ps 66,20 (Züricher Bibel, 2007: „Gnade").
20 Conzelmann (s.o. Anm. 2), 379, Anm. 115.
21 Vgl. Hermann Spieckermann, „Barmherzig und gnädig ist der Herr..." (ZAW 102, 1990, 1–18). In: Ders., Gottes Liebe zu Israel. Studien zur Theologie des Alten Testaments, Tübingen 2004, 3–19; Ders., Art. „Gnade/Gnade Gottes II. Altes Testament". In: RGG⁴, Bd. 3, 2000, Sp. 1024f.
22 In seiner Erklärung des ersten Gebots im Großen Katechismus legt Luther die Zusage „Ich bin der Herr, Dein Gott!" durch dieselben göttlichen Eigenschaften – durch „Güte" bzw. „Gnade" und „Barmherzigkeit" – aus, mit denen er auch Gottes Schaffen charakterisiert (BSELK 870,15f [BSLK 511,4f]: s.o. bei Anm. 18): „ICH, ich will Dir [in meiner Güte und Gnade] genug geben und [in meiner Barmherzigkeit] aus aller Not helfen" (BSELK 932,9–10 [BSLK 560,40f]).

III Die Gnade leuchtet im Wort, geschieht aber auch incognito

Gottes barmherziges und gnädiges Sein als Macht der Errettung der Verlorenen, Abtrünnigen und Untreuen[23] kommt – seinem Volk, allen Menschen, ja aller Kreatur und in diesem Zusammenhang auch mir – *im Wort des Zuspruchs* zu. Engel sagen es den Hirten, die ihrerseits zu Engeln, zu Boten werden, „breiteten sie [doch] das Wort aus, das zu ihnen von diesem Kinde gesagt war" (Lk 2,17): Euch, den Verlorenen, ist der Retter geboren; darin und deshalb ruht auf Euch Gottes Wohlgefallen! Dieser Zuspruch, in dem Gottes Gnade und damit Gott selbst in seinem Eigennamen zu mir kommt, hat seine Vollgestalt im aaronitischen Segen, mit dem Gott durch den Dienst menschlichen Wortes seinen Namen auf sein Volk legt: „Der HERR segne dich und behüte dich. Der HERR lasse sein Angesicht leuchten über dir und sei dir gnädig. Der HERR erhebe sein Angesicht zu dir und gebe dir Frieden!" (Num 6,24–26). Im Leuchten seines Angesichtes leuchtet seine Gnade[24] – so, dass sie sich real mitteilt. Die Zuwendung zu den Angeredeten geschieht also nicht deprekativ, nicht in der Wunschform, sondern in einer Sprachhandlung, die das mitteilt, gibt und wirkt, was sie zuspricht:[25] eben Gottes Gnade. Der Segen ist wirksames Gnadenzeichen, wirksames Gnadenmittel, wirksames Gnadenwort – genauso wie das Wort der Taufe,[26] der Absolution und des Herrenmahls.[27]

---

23 Vgl. Spieckermann, Gottes Liebe zu Israel (s. o. Anm. 21), 203: „Am Ort der ‚Uroffenbarung' prallt der Anspruch des aus Ägypten rettenden und in der Wüste bewahrenden Gottes sogleich auf die ‚Urschuld' Israels, den Seitensprung mit anderen Göttern. Es gibt die Liebesgeschichte Gottes mit Israel nicht ohne Liebesverrat und Untreue. In den Ursprung dieser Beziehung ist die Frage eingezeichnet, wie Gott in Israel angesichts der Untreue überhaupt bleibend gegenwärtig sein kann – zum Heil, nicht zum Unheil."
24 Dieselbe Parallelität wie im aaronitischen Segen bekundet sich Ps 31,17: „Laß leuchten dein Angesicht über deinem Diener, hilf mir in deiner Gnade!" und Ps 67,2: „Gott sei uns gnädig und segne uns, er lasse sein Angesicht leuchten bei uns!"
25 Deshalb ist es angemessen, den Segen so zuzusprechen: Der Herr segnet dich ... Der Herr läßt sein Angesicht leuchten über dir und ist dir gnädig... Es dürfte keine Gefahr bestehen, diese Zusage als Aussage zu mißverstehen.
26 Vgl. CA 9: „per baptismum offeratur gratia Dei". Daß „offerre" nicht „anbieten", sondern „darbieten" als wirksames Mitteilen meint, ist durch den Zusammenhang des ganzen Satzes deutlich: „pueri [...] per baptismum oblati Deo recipiuntur in gratiam Dei".
27 Luther bezeichnet den Segen präzis als „konstitutive" Sprachhandlung: Die benedictiones „promissionis et fidei et praesentis doni" (WA 43, 525,10 f; zu Gen 27,28 f) sind „non imprecativae tantum, sed indicativae et constitutivae, quae hoc ipsum, quod sonat re ipsa largiuntur et adferunt" (ebd. 525,3–5; vgl. ebd. 525,25–27). Vgl. WA 43, 247,22–26.

Der Glanz der Gnade, den die Kirche in so vielen Liedern besingt[28], ist freilich in einer bestimmten Weise *verborgen* – nämlich insofern, als wir ihn nur durch das Wort sehen; darin aber ist er offenbar. Gott blickt mich in seinem Zuspruch an: Sein Angesicht leuchtet mir, indem ich ihn – im Segenswort – höre als den, der sich mir, Leben gewährend, zuwendet. Das Wort aber schließt die Wahrnehmung mit allen anderen Sinnen außer dem Ohr nicht aus, sondern auf: „Schmecket und sehet, wie freundlich der HERR ist..." (Ps 34,9).

Das Wort schließt die Fülle der Schöpfung nicht aus, sondern auf, wie sie in Luthers Auslegung des ersten Artikels im Kleinen Katechismus oder in Paul Gerhardts Sommerlied zur Sprache kommt – etwa in der Strophe 7: „Der Weizen wächset mit Gewalt [vgl. Ps 72,16]; / darüber jauchzet jung und alt / und rühmt die große Güte / des, der so überfließend [im Überflusse] labt / und mit so manchem Gut begabt / das menschliche Gemüte."[29] So ist, wie Luther 1Kor 15,37f predigt, „unser Haus, Hof, Acker, Garten und alles voll Bibel, da Gott durch seine Wunderwerke nicht allein predigt, sondern auch an unsere Augen klopft, unsere Sinne rührt und uns zugleich ins Herz leuchtet", „damit wir sollen aufmerken und wahrnehmen"[30]: Gottes Güte und Gnade wahrnehmen. Daß „alles voll Bibel" ist, erkennt freilich nur der Glaube, „den wir zuvor in der Schrift gegründet haben"[31]. Er aber, der durchs Wort geschaffene Glaube, sieht die Schöpfungs- und Erhaltungsgnade überall am Werk, läßt doch Gott „seine Sonne aufgehen über Böse und Gute und läßt regnen über Gerechte und Ungerechte" (Mt 5,45)[32]; Gott gibt incognito seine Gaben auch den „Abtrünnigen" (Ps 68,19): denen, die sich gegen

---

28 Vgl. z. B. „Du höchstes Licht..." (EG 441,1; Johannes Zwick): „von dir der Gnaden Glanz ausgeht"; „Heilger Geist, du Tröster mein..." (EG 128,1; Martin Moller): „ uns erschein mit dem Licht der Gnaden dein"; „uns erleucht" (EG 128,2); „Gnadensonn" (EG 128,3); „wärm die kalten Herzen fein" (EG 128,5); „Christ lag in Todesbanden..." (EG 101,6; Martin Luther): „Er ist selber die Sonne, / der durch seiner Gnaden Glanz / erleucht' unsre Herzen ganz"; „Ein reines Herz..." (EG 389,3; Heinrich Georg Neuß): „Laß [...] dein hell glänzend Angesicht / erleuchten mein Herz und Gemüt, / o Brunnen unerschöpfter Güt"; „Bewahre uns, Gott..." (EG 171,2; Eugen Eckert): „voll Wärme und Licht / im Angesicht".
29 „Geh' aus, mein Herz, ..." (EG 503,7).
30 WA 49, 434,16–19; Predigt vom 25. Mai 1544 über 1Kor 15,39–44.
31 WA 36, 646,20; Predigt vom 22. Dezember 1532 über 1Kor 15,36ff. Vgl. die Fortsetzung (Z. 21–24): „Denn die das Wort nicht haben, ob sie solche Werke Gottes auch sehen an den Kreaturen, wie alles aus dem Tod daherwächst (wie es die Philosophen unter den Heiden wohl angesehen und beschrieben haben), doch können sie solches nicht darin sehen noch hierher ziehen [=hierauf beziehen], dass dieser Artikel [der Auferstehung] darin vorgemalt sei."
32 Vgl. Seneca, De beneficiis (IV, XXVI.1): „,Si deos', inquit, ,imitaris, da et ingratis beneficia; nam et sceleratis sol oritur, et piratis patent maria'". Zum Unterschied zwischen Seneca und Mt 5,43–48: Oswald Bayer, Freiheit als Antwort. Zur theologischen Ethik, Tübingen 1995, 39.

Gott empören,³³ hat doch – nach der Apostelgeschichte – der, der alles geschaffen hat und erhält, zwar „in den vergangenen Zeiten alle Heiden ihre eigenen Wege gehen lassen; und doch hat er sich selbst nicht unbezeugt gelassen, Gutes getan, euch vom Himmel Regen und fruchtbare Zeiten gegeben und eure Herzen mit Nahrung und Freude erfüllt" (Acta 14,16 f). Wenn der zuvor im Wort der Schrift gegründete Glaube den Überfluß der Gnade erkennt und preist, bleibt die Fülle ihres Glanzes nicht diffus und anonym, sondern wird, was sie ist: personale Anrede: Die Gnade spricht mich an. Sie spricht sich mir zu – so, dass ich in dieser schöpferischen Anrede erkenne, dass ich samt allen Mitgeschöpfen unverdient bin, dass ich schlechthin, bedingungslos, sein darf. Diese Erkenntnis ist so tiefgreifend und weitreichend, dass sie nicht überschätzt werden kann.

IV Die Gnade als Gabe der Freiheit

Wenn die Gnade so zu mir kommt, dass mir als wahr einleuchtet, dass ich –samt allen Kreaturen – unverdient bin, schlechthin, bedingungslos, sein darf, dann stehe ich nicht mehr unter dem Druck und Zwang, mich überhaupt erst produzieren, verwirklichen, meine Existenz aus dem, was ich leiste und was ich mir leisten kann, rechtfertigen zu müssen. Davon bin ich befreit. *So gibt mir die Gnade Freiheit*, die Grundfreiheit menschlichen Lebens schlechthin: sein zu dürfen.

Zur Erfahrung dieser radikalen Befreiung, in der Gott selber mir die Existenzsorge – nicht aber die Amtssorge!³⁴ – abnimmt, sie auf *sich* nimmt und durch den Sohn im Heiligen Geist für mich einsteht, gehört unmittelbar das Innewerden der Unfreiheit meines eigenen Willensvermögens, des servum arbitrium, um das Luther mit Erasmus stritt. Mit der Unfreiheit meines eigenen Willensvermögens ist also nicht etwa eine Einschränkung oder Infragestellung menschlicher Freiheit gegeben, sondern – ganz im Gegenteil! – die verständliche Kehrseite ihrer wahren

---

33 Vgl. Johann Georg Hamann, Entkleidung und Verklärung. Ein fliegender Brief an Niemand, den Kundbaren (1786). In: Ders., Sämtliche Werke (6 Bände), hg.v. Josef Nadler, Wien 1949–1957, Bd. III, 1951, 398,15–18: Der „Geist der Weissagung" „träufelt auch seine Gaben über die Abtrünnigen, dass Gott der Herr dennoch daselbst ohne ihren Willen und Wissen incognito bleiben und wohnen möge." (Ausdrücklich von Hamann angemerkt: Ps 68,19). Vgl. Hamann an Friedrich Heinrich Jacobi am 25. März 1786: „Auch die Abtrünnigen nehmen an Seinen Gaben Antheil". In: Ders., Briefwechsel (7 Bände, Bd. I-III hg.v. Walther Ziesemer und Arthur Henkel, Wiesbaden 1955–1957, Bd. IV-VII hg.v. Arthur Henkel, Wiesbaden 1959 und Frankfurt/M. 1965–1979), Bd. VI, 329,28 f.
34 Zur notwendigen und heilsamen Unterscheidung von „Existenzsorge" und „Amtssorge": Oswald Bayer, Schöpfung als Anrede. Zu einer Hermeneutik der Schöpfung, Tübingen ²1990, 149 f; Ders., Zugesagte Gegenwart, Tübingen 2007, 9.

Voraussetzung und Bedingung. Das Eingeständnis jener Unfreiheit ist die notwendig negative Markierung eines ganz und gar positiven und erfreulichen Spielraums, der aus reiner Gnade gewährt ist und dadurch, dass er empfangen, mit Freude und Dank bejaht und eingenommen sein will, nicht etwa nachträglich konditioniert wird. „Ich bekenne durchaus von mir" – so schließt Luther seine Streitschrift gegen Erasmus „gegen das freie Willensvermögen [des Menschen] für die Gnade Gottes" („contra liberum arbitrium pro gratia Dei"[35]) – :

> „Wenn das geschehen könnte, ich würde nicht wollen, dass mir ein freies Willensvermögen gegeben wird oder irgendetwas in meiner Hand belassen würde, wodurch ich nach dem Heil streben könnte. Nicht nur deshalb, weil ich in so vielen widrigen Umständen und Gefahren und weiter bei so vielen angreifenden Dämonen nicht im Stande wäre, zu bestehen und es zu behaupten, denn ein einziger Dämon ist mächtiger als alle Menschen und nicht ein Mensch würde gerettet; sondern auch dann, wenn es keine Gefahren, keine widrigen Umstände, keine Dämonen gäbe, dennoch gezwungen würde, mich andauernd ins Ungewisse hinein anzustrengen und Lufthiebe zu machen. Denn mein Gewissen wäre, und wenn ich auch ewig lebte und wirkte, niemals gewiss und sicher, wie viel es tun muß, damit Gott Genüge getan wäre. Denn wie vollkommen auch immer ein Werk wäre, es bliebe ein Skrupel, ob Gott dies gefiele oder ob er etwas darüber hinaus erfordere. Das beweist die Erfahrung aller Werkgerechten, und ich habe das zu meinem großen Leidwesen in so vielen Jahren zur Genüge gelernt.[36] *Aber weil jetzt Gott mein Heil meinem Willensvermögen entzogen und in seines aufgenommen und zugesagt hat, mich nicht durch mein Werk und mein Laufen, sondern durch seine Gnade und Barmherzigkeit zu retten [Röm 9,16], bin ich sicher und gewiß, dass er treu ist; er wird mich nicht belügen.* Ferner ist er mächtig und groß, so dass keine Dämonen, keine widrigen Umstände ihn werden niederzwingen oder mich ihm entreißen können. ‚Niemand', sagt er, wird sie aus meiner Hand reißen, weil der Vater, der gegeben hat, größer ist als alles' [Joh 10,28 f]."[37]

Die Entlastung und Befreiung durch Gottes Gnade, die Luther hier bekennt und rühmt, bringt Paulus in scharf zugespitzter Logik so zur Sprache: „Mit Furcht und Zittern schafft euer Heil. Denn[!] Gott ist es, der in euch wirkt beides, das Wollen und das Vollbringen kraft seines Wohlgefallens!" (Phil 2,12f)[38]. Völlig verfehlt,

---

35 WA 18, 661,28 (de servo arbitrio, 1525).
36 Ein bemerkenswerter Rückblick findet sich z.B. in den Taufpredigten von 1534: Ich habe „mich nie können ein mal meiner Taufe trösten, sondern [habe] immer gedacht: O, wann willst du ein mal fromm werden und genug tun, dass du einen gnädigen Gott kriegest?" (WA 37, 661,22–24)
37 WA 18, 783,17–34 in der Übersetzung von Athina Lexutt (Studienausgabe [s.o. Anm. 14], 649,42–651,24); Hervorhebung zugefügt.
38 Vgl. Rudolf Bultmann, Gnade und Freiheit (1948). In: Ders., Glauben und Verstehen. Gesammelte Aufsätze, II. Bd., Tübingen, ³1961, 149–161, bes. 160 f: „Erst in der Abhängigkeit von der Gnade gewinnen wir die Freiheit, die unser Tun wesentlich macht"; *„die göttliche Gnade schafft erst die echte Freiheit des Menschen."*

aber aus römisch-katholischer Tradition verständlich, heißt es erasmisch in der Einheitsübersetzung statt „kraft seines [Gottes] Wohlgefallens", seiner Gnade: „noch über euren guten Willen hinaus". Gottes Freiheit und Wille und des Menschen Freiheit und Wille konkurrieren nicht; auch ergänzt Gottes Gnade nicht menschliche Unvollkommenheit. Sie schafft vielmehr „ex nihilo" – „aus nichts", d. h. unverdient – den Lebensraum, in dem der Mensch überhaupt erst sein und in seiner Endlichkeit frei sein kann. Des Menschen Freiheit ist geschaffene und damit antwortende und zu verantwortende Freiheit, nicht etwa reine und „absolute Spontaneität", die ihr Kant zuschreibt[39].

Was aber, wenn die Antwort sich zu einer Selbstbegründung zu verkehren und mithin selbst zum ursprünglichen Wort zu werden sucht? Wenn die menschliche, endliche Freiheit nach dem Apfel der Allmacht greift und „wie Gott sein" (Gen 3,5) will? Diese praktische Verkennung und Verleugnung des Geschöpfseins geschieht in der Sünde. Der Sünder verstellt und verdunkelt sich die Gnade und erfährt darin Gottes Zorn.

V Rebellion gegen die Gnade: die Sünde; Gottes verständlicher Zorn

Der Sünder verkennt die Gnade. Ja, mehr: Er widerspricht ihr aktiv, willentlich. Er will die Gnade, mithin sein Geschöpfsein, sich nicht gefallen lassen. Er rebelliert gegen die Gnade und schließt sich dabei in sein trotziges und verzagtes Herz (Jer 17,9) ein: in die superbia wie die desperatio, in die hochfahrende und anmaßende Selbstüberschätzung wie in die tiefstürzende und verzweifelte Selbstunterschätzung. *Er will* – unerklärlicher- und unverständlichweise – *die Gnade nicht*. Das besagt aber, wenn die Gnade Gott selber ist: *Er will Gott nicht*; er will nicht, dass Gott Gott ist. Unüberbietbar klar und scharf hat diese Rebellion, diese Feindschaft gegen die Gnade Luther mit der 17. These der „Disputation gegen die scholastische Theologie" (1517) zur Sprache gebracht: „Nicht kann der Mensch von Natur aus wollen, dass Gott Gott sei [was Scholastiker wie Duns Scotus und Gabriel Biel behaupteten]; vielmehr wollte er [wenn er nur könnte!], dass er selbst Gott sei und Gott nicht Gott."[40] Entsprechend heißt es, hypothetisch formuliert, bei Friedrich

---

39 KrV A 445–448.

40 „Non ,potest homo naturaliter velle deum esse deum', Immo vellet se esse deum et deum non esse deum" (Bonner Ausgabe 5, 321; anders als in WA 1,225 ist hier der polemische Bezug zu dem in diese These eingebauten und von ihr bestrittenen Satz Biels und Scotus' nachgewiesen). Andere Zählung (als Thesen 17 und 18) in der Studienausgabe (s.o. Anm. 14), 23.

Nietzsche: „*Wenn* es Götter gäbe, wie hielte ich's aus, kein Gott zu sein!"⁴¹ „Von Seiten des Menschen aus", pointiert Luther parallel zur zitierten These, „geht der Gnade nichts anderes voraus als [...] eine Rebellion gegen die Gnade."⁴² Dies wird verdunkelt durch Versuche, die radikale Unfreiheit des menschlichen Willensvermögens zu leugnen und einem Mit- und Zusammenwirken des Menschen mit der Gnade das Wort zu reden, als ob sie auch nur ein ganz klein wenig davon abhinge, ob sie angenommen und mit ihr gearbeitet wird. Vielmehr ist als wahr zu bekräftigen: „Die beste und unfehlbare Vorbereitung auf die Gnade und die einzige Zubereitung ist Gottes ewige Erwählung und Vorherbestimmung."⁴³

Die Sünde als Rebellion gegen die Gnade hat viele Gestalten und Implikationen, die im gegebenen Rahmen nicht alle dargestellt werden können.⁴⁴ Hervorgehoben sei jetzt nur die Sünde der willentlichen *Unterlassung*: Das Wahrnehmen des gnädig Gewährten im Nehmen, Essen und Loben – das ist Glauben. Wer glaubt, der „schmeckt und sieht, wie freundlich der HERR ist" (Ps 34,9), der hat ein Auge für die Menschenfreundlichkeit Gottes und den Glanz seiner Gnade. Wer dieses Auge nicht hat, glaubt nicht; er sündigt. Sünde ist nicht in erster Linie Übertretung eines Verbotes (peccatum commissionis), sondern das Übersehen und Übergehen eines Gebotes als eines Dar-Gebotenen, als einer Gabe und Chance, die einem geboten, gewährt wird (peccatum omissionis). Der Sünder ist in erster Linie ein Kostverächter; er verweigert und verwirft die Gnade. In diesem Sinn ist der bekannte Reim Wilhelm Buschs „Das Gute – dieser Satz steht fest – Ist stets das Böse, was man läßt"⁴⁵ umzukehren: Das Böse – dieser Satz steht fest – / Ist stets das Gute, das man läßt. „Nein, meine Suppe eß' ich nicht!" Der Suppenkaspar als Kostverächter figuriert das peccatum omissionis: die Sünde der Unterlassung, die ihm buchstäblich den Tod bringt. Sünde: eine Unterlassung mit Todesfolge!

In seiner Abwendung von der Gnade und seiner Zuwendung zu sich selbst in einem tendenziell absoluten Selbstbezug, in der endlosen Spirale seiner Selbstreflexion bleibt der Sünder, gnadenlos in sich selbst verbohrt, allein – im Dun-

---

41 Friedrich Nietzsche, Also sprach Zarathustra. Ein Buch für Alle und Keinen. In: Ders., Kritische Studienausgabe, hg.v. Giorgio Colli und Mazzino Montinari, 15 Bde., Berlin/New York 1980, Bd. IV, 110.
42 Disputatio contra scholasticam theologiam, These 30 (WA 1,225), nach der Zählung der Studienausgabe (s.o. Anm. 14), 22f: These 32.
43 AaO, These 29 (nach der Zählung der Studienausgabe [s.o. Anm. 14], 22f: These 31): „Optima et infallibilis ad gratiam praeparatio et unica dispositio est aeterna dei electio et praedestinatio."
44 Vgl. Oswald Bayer, Martin Luthers Theologie. Eine Vergegenwärtigung, Tübingen (2003), ⁴2016, 160–176.
45 Wilhelm Busch, Die fromme Helene (Epilog).

keln; es wird ihm eng. Die Weite, den Glanz und die Schönheit der Gnade sieht er nicht mehr.[46] Er verliert die Grazie und mit ihr die Unbefangenheit und Gelassenheit, wird verbissen, mit sich und den andern ungeduldig, vielleicht zynisch oder aber gleichgültig. Es erscheint ihm Alles sinnlos und nichtig; er wird freudlos, seines Lebens überdrüssig und schwermütig. In alledem ist die Gnade verborgen. In und mit dieser Verborgenheit der Gnade aber erfährt der Sünder Gottes *Zorn*.

Gott zürnt. Dies besagt, dass die Rebellion gegen die Gnade, die Abweisung seiner Liebe, ihn nicht kalt läßt. Sie erhitzt ihn vielmehr zu heftigem Widerspruch. Gottes Zorn ist der feuereifrige (Hebr 10,27) und feuerhelle Widerspruch gegen die Abweisung seiner Gnade; er ist das die Sünde „verzehrende Feuer" (Hebr 12,29; Dtn 4,24; 9,3) seines Gerichtes, das die „verkehrte Welt", die – mit Luthers Katechismus geredet – „in ihrer Blindheit ersoffen ist",[47] wieder zurechtbringt, endgültig. Das Gericht, dem der Zorn dient, ist Rettung und Vollendung. *Gottes Zorn ist* also nicht etwa die dunkle und blinde Macht eines Schicksals, sondern *der verständliche machtvolle Widerspruch gegen die Abweisung seiner Gnade*. Durch seinen Zorn macht Gott seine Gnade geltend. Deshalb ist nicht nur Gottes Gnade, sondern paradoxerweise auch sein Zorn eine Gabe.[48] Deshalb gehört auch er in den Kreistanz der Grazien, will doch auch er empfangen und beantwortet sein: im Sündenbekenntnis, in der Gerichtsdoxologie, in der Gott recht gegeben wird (Ps 51,6). Das ist die menschliche Gegengabe, die der Gabe des göttlichen Zorns entspricht: eine Gabe, die freilich in keiner Weise – auch durch keinen inneren dialektischen Umschlag – die Gnade bewirkt oder auch nur ihre Notwendigkeit plausibilisiert. Denn wenn Gott in der Vergebung seine Gnade dem Sünder wieder zuwendet, geschieht dies ungeschuldet und unberechenbar: in der Freiheit seiner grundlosen, nur in sich selbst gründenden Liebe – „aus lauter väterlicher göttlicher Güte und Barmherzigkeit, ohn all mein Verdienst und Würdigkeit".

---

[46] Vgl. Christof Gestrich, Die Wiederkehr des Glanzes in der Welt. Die christliche Lehre von der Sünde und ihrer Vergebung in gegenwärtiger Verantwortung, Tübingen 1989, bes. 1–32.
[47] BSELK 1052,22 (BSLK 649,26–28) (Großer Katechismus, Erklärung des ersten Artikels des Glaubensbekenntnisses).
[48] Dies wurde besonders von Jochen Klepper herausgestellt. Nachweise: Oswald Bayer, Gott als Autor. Zu einer poietologischen Theologie, Tübingen 1999, 60.

VI Gottes unverständlicher Zorn; seine schreckliche Verborgenheit

Es widerfährt nun aber nicht nur Gottes verständlicher – heller – Zorn, sondern auch jene dunkle, blinde, anonyme Macht, die sich nicht als Widerspruch gegen die Verweigerung der Gnade, als Gegengewalt gegen die Sünde, verstehen läßt. Sie wirkt vielmehr *jenseits* der Sünde: vor und neben ihr. Besonders eindringlich und fast ausweglos klagt sie der Beter des Psalms 88 ebenfalls als Widerfahrnis von Gottes „Zorn": „Du hast mich hinunter in die Grube gebracht, in die Finsternis und in die Tiefe. Dein Zorn drückt mich; Du drängst mich mit allen Deinen Fluten." (V.7 f) „Warum verstößt Du, HERR, meine Seele und verbirgst Dein Antlitz vor mir? Ich bin elend und ohnmächtig, dass ich so verstoßen bin; ich leide Deine Schrecken, dass ich schier verzage. Deine Zornesgluten sind über mich gekommen, Deine Schrecknisse haben mich vernichtet." (V. 15 – 17) Auch der Beter des Psalms 44 klagt, dass Gott im Zorn seine Gnade entzieht und ihn verlässt, ohne dass erkennbar eine Schuld vorläge (V. 18 – 23): „Warum verbirgst Du Dein Antlitz, vergissest unseres Elends und unserer Drangsal?" (V. 25; vgl. Ps 10,1)[49] Reinhold Schneider klagt in „Winter in Wien": Des „Vaters Antlitz hat sich ganz verdunkelt; es ist die schreckliche Maske des Zerschmeißenden"; „ich kann eigentlich nicht ‚Vater!' sagen".[50]

Diese bedrängende, bedrückende, Leben zerstörende Macht, diesen tödlichen Unwillen Zorn *Gottes* zu nennen, wie die Klagepsalmen es tun, kommt uns schwer über die Lippen, hat sie doch nichts vom Charme der Gnade, der der verständliche Zorn dient, und damit von Gottes Wesen. Eher würden wir, falls uns die Sprache nicht ganz versagt, vom Zorn des Teufels oder von der Wut und Wucht des abgründig Bösen, seines ungreifbaren Unwesens reden und dieses mit Bedacht im Anonymen lassen. Vielleicht aber sollten wir im Unterschied zum biblischen Sprachgebrauch um der Klarheit willen für Gottes unverständlichen – dunklen – „Zorn" ein anderes Wort suchen, um zu sagen, wer oder was in den Sackgassen und Müllhalden der Evolution, im Erdbeben von Lissabon oder in einem Tsunami unserer Tage, wer oder was in Auschwitz oder in Hiroshima vor und neben der in diesen Ereignissen durchaus wirksamen Sünde, wer oder was in der tödlichen Krankheit eines unschuldigen Kindes am Werk ist und Macht aus-

---

49 Gegen Gottes schreckliche, weil unverständliche Verborgenheit wird an seine Gnade appelliert, in der er seine Verborgenheit aufhebt: „Mache dich auf, hilf uns und erlöse uns um deiner Gnade willen!" (Ps 44,27).
50 Reinhold Schneider, Winter in Wien (Herder-Bücherei, Bd. 142), Freiburg/Br. 1963, 110. Vgl. Thomas Reinhuber, Kämpfender Glaube. Studien zu Luthers Bekenntnis am Ende von De servo arbitrio (TBT 104), Berlin/New York 2000, 147 f (bes. Anm. 411).

übt. Daß in solchen Gnadenlosigkeiten Gottes Gnade – etwa seine gnädige Pädagogik – am Werk sei, wird nur ein Zyniker sagen. So bleibt dem, der Gott die Allmacht nicht absprechen will, nur, von *Gottes schrecklicher Verborgenheit* zu reden, die vom Glanz seiner Gnade nichts erkennen läßt, so dass „des Menschen Herz nicht anders fühlt, denn als habe ihn Gott mit seiner Gnade verlassen und wolle sein nicht mehr. Und wo er sich hinkehrt, sieht er nichts denn eitel Zorn und Schrecken."[51]

Der springende Punkt der Erfahrung dieser schrecklichen Verborgenheit liegt, was oft nicht wahrgenommen wird, nicht allein im Widerfahrnis des unverständlich Bösen, sondern in dessen undurchsichtiger Vermischung mit dem Guten, also in der Uneindeutigkeit und Ungewissheit: darin, dass Gott „Leben und Tod und alles in allem wirkt"[52]. Gottes schreckliche Verborgenheit, als Uneindeutigkeit und Ungewißheit erfahren, liegt darin, dass er Böses *wie* Gutes wirkt (Th 3,38), Leben *wie* Tod, Licht *wie* Finsternis (Jes 45,7), Glück *wie* Unglück (Am 3,6). Schönheit und Grausamkeit sind in Natur und Geschichte für uns unentwirrbar ineinander verschlungen. Gott, den wir, solange wir unterwegs sind, in mehrdeutiger Allmacht erfahren müssen, jetzt schon, wie im Vaterunser, vertrauensvoll als barmherzigen und gnädigen Vater anrufen zu dürfen, ist nur im Licht der weltüberwindenden Heilsgewissheit möglich, die durch den Sohn im Heiligen Geist gewirkt wird.

VII Das Gnadenlicht auf dem Angesicht Jesu Christi

Vom anklagenden, verurteilenden, in diesem seinem Gerichtszorn jedoch verständlichen, erst recht aber von dem in seiner schrecklichen Verborgenheit unverständlichen Gott[53] gilt es zu dem zu fliehen, der seine Gnade im Leben, Leiden

---

51 WA 17 II, 20,33–35 (Fastenpostille 1525; zu Lk 2, 42–52). Vgl. Otto Hof, Luther über Trübsal und Anfechtung. In: Ders., Schriftauslegung und Rechtfertigungslehre. Aufsätze zur Theologie Luthers, Karlsruhe 1982, 161–180, hier 167 f („desertio gratiae", „suspensio gratiae").
52 WA 18, 685,22 f (de servo arbitrio; 1525). ebd. Z. 21–23: „Deus absconditus in sua maiestate [...] operatur vitam, mortem et omnia in omnibus."
53 Der Nihilismus in seinen verschiedenen Gestalten ist gewiß auch sündentheologisch zu bedenken, aber nicht nur. Er muß theologisch – jedenfalls: *auch* – von Gottes schrecklicher Verborgenheit her verstanden werden. Wer den Unterschied von Gottes verständlichem und unverständlichem Zorn beachtet, wird das Wahrheitsmoment in Paul Tillichs Unterscheidung von Sündenschuld und Sinnlosigkeit anerkennen, wie er sie in seinen „Typen der Angst" (Paul Tillich, Der Mut zum Sein, GW XI, Stuttgart, ²1976, 38–54) trifft. Eine erschütternde Gegenbeschwörung gegen den Nihilismus ist Jean Pauls „Rede des toten Christus vom Weltgebäude herab, daß kein Gott sei", 1946 als Flugschrift mit einem Nachwort veröffentlicht von Günther Bornkamm. Vgl.

und Sterben Jesu Christi leuchten läßt. Doch ist dieser im Wort des Evangeliums offenbare Glanz der Gnade insofern verborgen, als dem geschundenen, verspotteten und bespeiten Angesicht und seiner Dornenkrone die Herrlichkeit des Schöpfers nicht angesehen werden kann, wenn nicht der Heilige Geist dafür die Augen des Glaubens öffnet, der erkennt, „dass Gottes Majestät und Zier in diesem Leibe wohne" – um mit dem Passionslied Valentin Ernst Löschers zu reden.[54] Diese trinitarische Bewandtnis der Gnade formuliert Paulus bündig in 2Kor 4,6: „Der Gott, der sprach: Aus Finsternis soll Licht aufstrahlen, der ist es, der es in unseren Herzen hat aufstrahlen lassen, damit wir erleuchtet werden zur Erkenntnis des göttlichen Glanzes – der Herrlichkeit Gottes – auf dem Angesicht Jesu Christi."

In ein Bild und so zur Anschauung gebracht ist dieses trinitarische Beziehungsgefüge in dem Motiv des kunstgeschichtlich mit einem Wort Luthers so genannten „Gnadenstuhls", das die christliche Kunst seit dem 12. Jahrhundert kennt: Auf einem Thron ist Gott Vater zu sehen, der seinen gekreuzigten Sohn auf dem Schoß hält.[55] Beide sind, durch die Taube symbolisiert, im Heiligen Geist durch das vinculum caritatis, das Band der Liebe, miteinander innig verbunden.[56] Nach Röm 3,25 hat Gott der Vater den Sohn als ἱλαστήριον, propitiatorium „vorgestellt", „hingestellt", präsentiert: als „Gnadenstuhl", wie Luther das ursprünglich hebräische Wort für die Deckplatte der Bundeslade als Sühneort im Allerheiligsten des Tempels übersetzt.[57] Die Gnade hat einen ganz bestimmten Ort[58], an dem sie zu finden ist, an dem sie letztgültig begegnet – eindeutig und gewißmachend: als Gottes Glanz auf dem Angesicht des Gekreuzigten, der aber verborgen bliebe, wenn nicht Gott selber im Heiligen Geist uns die Augen für diesen Glanz öffnete.

Günther Bornkamm, Studien zu Antike und Urchristentum, Gesammelte Aufsätze Bd. II, München 1959, 245–252. Vgl. o. Teil III, Kap. 15: „Gottes Verborgenheit".
54 „Ich grüße dich am Kreuzesstamm..." (EG 90,1).
55 Zu dem Motiv dürfte wohl nicht zuletzt Joh 1,18 („in des Vaters Schoß") geführt haben. Vgl. Prov 8,30 von der Weisheit: „ich war bei ihm auf dem Schoß (gehalten)" (Hartmut Gese, Der Johannesprolog; in Ders., Zur biblischen Theologie. Alttestamentliche Vorträge, München 1977, 177).
56 Vgl. Augustin, De trinitate VIII, 10,14.
57 Vgl. Deutsches Wörterbuch von Jacob und Wilhelm Grimm, Bd. 8 (München 1984) 591f (s.v. „Gnadenstuhl" und „Gnadenthron"). Die Kernstelle für den „Gnadenstuhl" ist neben Röm 3,25 Hebr 4,16. Vgl. Helmut Utzschneider, Nach der Revision ist vor der Revision. Ein Werkstattbericht zur Durchsicht der Lutherbibel (Altes Testament) am Beispiel des Buches Exodus. In: EvTh 76, 2016, 268–280, hier 277–280 („Gnadenstuhl").
58 Vgl. John Kleinig, Where is Your God? Luther on God's Self-localisation. In: Australian Journal of Liturgy 11/4 (2009), 168–184.

19 Gottes Zorn und sein Erbarmen

I Σπλαγχνισθεὶς – ὀργισθείς: *Konstitutive Doppelpoligkeit: Gottes Barmherzigkeit und sein Zorn*

Der Teufel sitzt im Detail. Doch der liebe Gott auch, erst recht. Und mit Gott auch die Gotteserkenntnis und also auch die Erkenntnis von Gottes Zorn. Es ist ja angesichts der ungemein breiten, vor allem aber: vielgestaltigen biblischen Bezeugung dieses Theologumenons[1] für einen Systematiker nicht leicht, ja fast unmöglich, eine Art Generalschlüssel für die diesbezügliche theologische Urteilsbildung zu finden oder gar zu erfinden, zu konstruieren.[2] Suchen wir daher unser systematisches Glück – jedenfalls im Blick auf den *Ansatz* zur Lösung der gestellten Aufgabe, der Beantwortung der Frage „Ist Gottes Zorn eine Liebeserklärung?" – im Detail, zudem noch in einem Detail ausgerechnet der Textkritik; gleichsam nebenbei läßt sich damit die systematisch-theologische Relevanz der Textkritik demonstrieren.

Was ich in den Blick bringen möchte, ist eine Variante in der Überlieferung des Textes Mk 1,40 – 42, einer Heilungsgeschichte:

> „(40) Und es kam zu ihm [zu Jesus] ein Aussätziger, der bat ihn, kniete nieder und sprach zu ihm: Willst Du, so kannst Du mich reinigen. (41) Und es jammerte ihn, und er streckte die Hand aus, rührte ihn an und sprach zu ihm: Ich will's tun; sei rein! (42) Und sogleich wich der Aussatz von ihm, und er wurde rein [...]."

Statt „es jammerte ihn" (σπλαγχνισθείς)[3] bietet eine nicht schlecht bezeugte Variante „es kam der Zorn über ihn" (ὀργισθείς). Ein Ausleger wie Eduard Schweizer sieht eine Alternative bzw. Disjunktion zwischen Jesu Erbarmen und seinem Zorn.[4] Aber eben diese Alternative bzw. Disjunktion besteht *nicht*. Denn *beide* Textvarianten treffen ins Schwarze – miteinander, keine ohne die andere: *Jesus*

---

[1] Informativ: Ralf Miggelbrink, Der Zorn Gottes. Geschichte und Aktualität einer ungeliebten biblischen Tradition, Freiburg 2000; Ders., Der zornige Gott. Die Bedeutung einer anstößigen biblischen Tradition, Darmstadt 2002.
[2] Monographisch behandelt hat das Thema in systematisch-theologischer Perspektive außer Miggelbrink (s. o. Anm. 1): Stefan Volkmann, Der Zorn Gottes. Studien zur Rede vom Zorn Gottes in der evangelischen Theologie (Marburger Theologische Studien 81), Marburg 2004. Vgl. weiter: Thomas Reinhuber, Kämpfender Glaube. Studien zu Luthers Bekenntnis am Ende von De servo arbitrio (TBT 104), Berlin / New York 2000.
[3] Vgl. Lk 7,13; 10,33; 15,20 u.ö.
[4] Eduard Schweizer zSt (NTD 1), ¹¹1967, 31: „nicht Jesu Erbarmen [...], sondern [...]".

handelt aus Liebe im Zorn seiner aktiven Barmherzigkeit. Sein Erbarmen gilt dem Kranken, sein Zorn der Krankheit. Und wie der Krankheit gilt sein Zorn, seine Ablehnung, sein leidenschaftlicher Widerspruch und Widerstand, seine Aggression jeder physischen und sozialen Minderung, Verzerrung und Zerstörung des Lebens. Deshalb ist der Todfeind des „Lebensfürsten"[5] der Tod, den er tötet, besiegt, überwindet.

Diesem Todfeind gilt sein Zorn. Seine Liebe zum Leben ist nicht ohne Zorn gegen die Nekrophilie, die ihm in der Gestalt jenes Gerasers entgegentrat, der in den Grabhöhlen hauste und sich selbst mit Steinen schlug (Mk 5,1–20).[6] „Liebhaber des Lebens"[7] ist er nicht ohne den Zorn gegen den Tod; in der Geschichte von der Auferweckung des Lazarus wird zweimal erzählt, daß Jesus „ergrimmte" (Joh 11,33.38), also zornig wurde. Zugleich litt er mit und „weinte" (V. 33.35). Auch hier: Zorn und Erbarmen; Jesus ist nicht apathisch. *Alle Heilungsgeschichten bezeugen die offenbar konstitutive Doppelpoligkeit von Zorn und Erbarmen.*

Ist Jesus Christus das hörbare, sichtbare, greifbare, spürbare Ebenbild des unsichtbaren Gottes (Kol 1,15; Joh 1,18), mit ihm *eines* Wesens (Joh 10,38), der Mensch gewordene Logos selber, der Gott ist, dann gilt die besagte Doppelpoligkeit von Zorn und Erbarmen in derselben Weise wie vom Sohn von Gott dem Vater und auch von Gott dem Heiligen Geist, der im Zornesfeuer seiner Liebe alles, was der Gemeinschaft der Geschöpfe mit Gott und untereinander widerspricht, verbrennt (vgl. 1Kor 3,13–15). Er ist der Feindschaft feind,[8] indem „er der Welt die Augen" auftut „über die Sünde und über die Gerechtigkeit und über das Gericht" (Joh 16,8); im überführenden Gebrauch des Gesetzes (usus elenchticus legis) waltet Gottes Zorn. Wie vom Heiligen Geist und vom Mensch gewordenen Logos so ist von Gott selbst zu denken.

Ungemein aufschlussreich für ein angemessenes Verständnis von Gottes Zorn und seiner „Rache", die unmittelbar in das Bedeutungsfeld seines Zornes gehört, ist die Doppelbedeutung des hebräischen Verbs נָחַם. Gottes großer, letzter, alles

---

5 Heinrich Held, „Gott sei Dank durch alle Welt [...]": EKG 11,7 („dass, wenn du, o Lebensfürst, [...]). Vgl. Lk 7,11–17: Der Zug des Lebensfürsten trifft auf den Leichenzug: In seinem Erbarmen (V. 13) tröstet Jesus effektiv. Er protestiert gegen den Tod und überwindet ihn zugunsten des Lebens (V. 14).
6 Die Heilung des Besessenen ist eine Tat der göttlichen „Barmherzigkeit": Mk 5,19.
7 Sap 11,26.
8 Paul Gerhardt, „Zieh ein zu deinen Toren ..." (EG 133,7): „Du bist ein Geist der Liebe, / ein Freund der Freundlichkeit, / willst nicht, dass uns betrübe / Zorn, Zank, Haß, Neid und Streit./ Der Feindschaft bist du feind,/ willst, dass durch Liebesflammen / sich wieder tun zusammen, / die voller Zwietracht seind." Vgl. Strophe 3: „Ich war ein wilder Reben, / du hast mich gut gemacht; / der Tod durchdrang mein Leben, / du hast ihn umgebracht / und in der Tauf erstickt / als wie in einer Flute / mit dessen Tod und Blute, / der uns im Tod erquickt."

entscheidender Gerichtstag ist, mit Jes 61,2 (vgl. Jes 63,4) geredet, ein „Tag der Rache", „zu rächen alle Trauernden". Das Verb נָחַם heißt nun aber nicht nur „rächen", sondern zugleich „trösten":[9] Gott rächt, indem er tröstet. Und er tröstet, nach der Eulogie 2Kor 1,3 ff, indem er die Toten auferweckt. *Gott rächt sich am Tod, indem er dem Leben Raum gibt.* Das ist eine völlig *andere* Rache als die in der alten, verkehrten Welt herrschende *menschliche* Rache, die den Kreislauf der Gewalt und Gegengewalt nicht beendet, sondern gerade weitertreibt – nach Schillers treffendem Wort, das auch in der Bibel stehen könnte: „Das eben ist der Fluch der bösen Tat, / Daß sie fortzeugend immer Böses muß gebären."[10] *Gottes* Rache, der Zorn *seines* Gerichts, beendet diesen Kreislauf definitiv und restitituiert damit die ursprüngliche Schöpfung. Gottes Rache potenziert nicht menschliche Rache und menschlichen Zorn, sondern überwindet und beendet sie; deshalb ist *göttlicher* Zorn etwas völlig anderes als *menschlicher* Zorn. „Rächt euch nicht selbst, meine Lieben, sondern gebt Raum dem Zorn *Gottes*; denn es steht geschrieben: ‚Die Rache ist *mein*; *ich* will vergelten, spricht der HERR'." (Röm 12,19)[11]

Gott rächt auf *seine* Weise. Wenn er im Feuer des kommenden Zornes, des Weltgerichts, des Jüngsten Tages, die Welt untergehen läßt – „Dies irae, dies illa, / solvet saeculum in favilla"[12] – , dann vernichtet er nicht etwa seine gute Schöpfung,[13] sondern nichts anderes als die „verkehrte Welt", „die in ihrer Blindheit ersoffen ist", wie es drastisch im Großen Katechismus von der alten, vergehenden Welt heißt.[14] In seinem kommenden Zorn stellt Gott definitiv die ursprüngliche Schöpfung wieder her; die Vernichtung der Welt (annihilatio mundi) dient ihrer Vollendung (consummatio saeculi). Deshalb ist das Weltgericht ganz und gar

---

9 נָחַם: es sich leid sein lassen (wegen fremden Unglücks), Mitleid haben, Reue empfinden, trösten, rächen. Von Luther wie von der Zürcher Bibel wird in Jes 61,2 mit „trösten" übersetzt: „zu trösten alle Traurigen". Mit Jes 61,2 vgl. Jes 35,4; 63,4; Ps 94.
10 Friedrich Schiller, Die Piccolomini (1800), 5,1.
11 Röm 12,17–21 macht in einer Vorweggabe der Weltvollendung Mut, als „neue Kreatur" (2Kor 5,17) zu leben. Die von Paulus angesprochene „Christperson" – um Luthers Unterscheidung von „Christperson" und „Amtsperson" zu gebrauchen – lebt aber noch in der alten, vergehenden Welt und muß sich, als „Amtsperson", zu dieser alten Welt verhalten. Luther reflektiert dieses Verhältnis in seiner Lehre von den beiden Regimenten Gottes. Als „Amtsperson" muß auch der Christ „vergelten" – etwa als Richter das Strafmaß zumesssen.
12 „Dies irae..." (Urbanus Bomm, Lateinisch-deutsches Volksmessbuch, Einsiedeln [11]1956/57, 1410–1412). Vgl. die Nachdichtung dieser berühmten – aus der apokalyptischen Dichtung des späten 12. Jahrhunderts stammenden – Sequenz von Bartholomäus Ringwaldt (1586): „Es ist gewisslich an der Zeit..." (EG 149).
13 Kritisch gegen Paul Gerhardts Verständnis der annihilatio mundi („Die güldne Sonne..."; EG 449,7): „Himmel und Erden / die müssen das werden, / was sie vor ihrer Erschaffung gewest."
14 BSELK 1052,22 (BSLK 649,26–28) (Großer Katechismus, Erklärung des ersten Artikels des Glaubensbekenntnisses).

nichts Negatives, sondern etwas ganz und gar Positives, das die Christenheit ersehnt, auf das sie sich von Herzen freut. Es ist der, mit Luther geredet, liebe Jüngste Tag: die „dies irae" als „dies laeta"[15], mit der Gott die Welt schöpferisch vollendet – „und das alles aus lauter väterlicher, göttlicher Güte und Barmherzigkeit ohn all mein Verdienst und Würdigkeit"[16]. *Gottes Zorngericht ist ein Akt seiner Barmherzigkeit.* Wer deshalb mit der ganzen Christenheit um den Untergang der Welt betet, betet um ihre Rettung – freilich „wie durchs Feuer hindurch" (1Kor 3,15). Dies geschieht im Gebet um das Kommen des HERRN: „Maranatha!" – mit der Didache (10,6) gesprochen: „Es vergehe die Welt; es komme der HERR", in anderer Lesart: „Es vergehe die Welt; es komme die Gnade." Gustav Heinemann hat diesen Maranatha-Ruf unvergesslich einmal so zur Geltung gebracht: „Laßt uns der Welt antworten, wenn sie uns furchtsam machen will: Eure Herren gehen, unser HERR aber kommt."[17]

II Gottes Name und seine Eiferheiligkeit

Spruch Gottes: „In meinem Zorn habe ich dich geschlagen, in meiner Gnade aber erbarme ich mich über dich!" (Jes 60,10b). Diese Doppelpoligkeit von Gottes Zorn und seiner Barmherzigkeit ist konstitutiv und kennzeichnet Gottes Innerstes, sein Herz, wie er es in seinem Namen kundtut. Darauf ist nun zu achten.

„Barmherzig und gnädig ist der HERR, geduldig und von großer Güte" (Ps 103,8). Dieses Bekenntnis, die sogenannte „Gnadenformel"[18] ist nach Ex 34,5–7 nichts anderes als die Selbstoffenbarung Gottes in seinem Namen (vgl. Ex 33,18–23), ja „der Höhepunkt in der Reihe der Explikationen des JHWH-Namens Ex 3,14; 33,19 und 34,6f"[19]. Er füllt durch innere Differenzierung prägnant die Urzusage – die mit Gottes Namen identische Urpromissio, die Urkunde Israels und der Kirche: „Ich bin der HERR, Dein Gott!" (Ex 20,2). Diese innere Differenzierung hat Luther erfasst, wenn sich für ihn im Großen Katechismus Gottes geheimnisvoller Name als Zusage mitgehender Verlässlichkeit in freier, ungeschuldeter Gegenwart (Ex 3,14) so auslegt: „ICH, ich will Dir genug geben und aus aller Not helfen!"[20]

---

15 WA 49, 731,5f („extremus dies laeta"); Predigt über 1Kor 15,51–53 vom 10. Mai 1545.
16 BSELK 870,15–16 (BSLK 511,3–5) (Kleiner Katechismus, Erklärung des ersten Artikels des Glaubensbekenntnissses).
17 EG Seite 331.
18 Vgl. Hermann Spieckermann, „Barmherzig und gnädig ist der Herr..." (ZAW 102, 1990, 1–18).
19 Ruth Scoralick, Art. „Barmherzigkeit I. Altes Testament", RGG⁴, Bd. 1 (1998), 1116f.
20 BSELK 932,9f (BSLK 560,40f) (Großer Katechismus, Erklärung des ersten Gebotes).

Diese zugesagte Güte und Barmherzigkeit ist nun aber nicht ohne das strikte Verbot, „andere Götter neben mir zu haben" (Ex 20,3), und entsprechend nicht ohne den für den Fall des Götzendienstes angedrohten Zorn: „Bete sie nicht an und diene ihnen nicht. Denn ich, der HERR, dein Gott, bin ein eifriger Gott, der da heimsucht der Väter Missetat an den Kindern bis ins dritte und vierte Glied [vgl. Ex 34,7], die mich hassen; (6) und tue Barmherzigkeit an vielen Tausenden, die mich lieb haben und meine Gebote halten." (Ex 20,5f). Sicher: Die *Asymmetrie* zwischen dem von Gottes Eiferheiligkeit angedrohten Zorn, „der da heimsucht der Väter Missetat an den Kindern bis ins dritte und vierte Glied", und der „Barmherzigkeit an vielen Tausenden" dessen, „der Gnade bewahrt bis in tausend Glieder" (Ex 34,7), läßt sich nicht übersehen; sie entspricht der Überbietungsargumentation in der Adam-Christus-Typologie Röm 5,12–21 („um wie viel mehr..."). Im selben Sinne Ps 30,6: „Denn sein Zorn währt einen Augenblick, lebenslang aber seine Gnade", Ps 103,9 und 17 sowie Jes 54,7f: „Ich habe dich einen kleinen Augenblick verlassen; aber mit großer Barmherzigkeit will ich dich sammeln. Ich habe mein Angesicht im Augenblick des Zorns ein wenig vor dir verborgen; aber mit ewiger Gnade will ich mich Dein erbarmen, spricht der HERR, Dein Erlöser." Diese Asymmetrie ist nicht zu übersehen. Gleichwohl ist vielen – nicht nur einem Odo Marquard[21] oder einem Jan Assmann[22] – die vor allem deuteronomistische Betonung des Zornes Gottes als seiner Eiferheiligkeit in ihrer kompromisslos schneidenden Exklusivität so anstößig, dass wir eigens und eingehend nach ihrem Sinn fragen müssen.

Das soll nun in einem kleinen *Exkurs* geschehen; ich gebrauche dabei die Sprache der Predigt:[23]

„Ich bin der HERR, Dein Gott. Du sollst keine anderen Götter neben mir haben!" Ist dies nicht eine erschreckend radikale Stimme, die in zerstörendem Zorn einbricht in das Natürlichste auf der Welt, das Selbstverständlichste? Weshalb dieser Ton schärfster Absage? Soll alles andere neben dem, der sich so hören läßt, verschwinden? Soll nur noch der gelten, der sich so, ohne Wenn und Aber – diskussionslos – vorstellt? Ist unser menschliches natürliches Verlangen nach Sonne, Luft, Liebe, Anerkennung, Schutz und Hilfe in Nöten, die Sehnsucht nach Frieden, das Hungern und Dürsten nach Gerechtigkeit – ist dies alles nichts wert?

---

[21] Odo Marquard, Lob des Polytheismus. Über Monomythie und Polymythie. In: Ders., Abschied vom Prinzipiellen. Philosophische Studien, Stuttgart 1981 (RUB 7724), 91–116.
[22] Jan Assmann, Die Mosaische Unterscheidung oder der Preis des Monotheismus, München 2003.
[23] Der folgende Exkurs ist meiner Predigt über das Erste Gebot vom 21.5.1989 (in: Rechtfertigung 1991) entnommen: Oswald Bayer, Rechtfertigung, Neuendettelsau 1991, 50–56, hier 52f (mit kleinen Veränderungen).

Hören wir hier die Stimme einer Eifersucht, die alles andere außer sich ausschließt?

Ja, das tut sie, wenn dies andere angebetet, verehrt sein, Macht über uns gewinnen will – wenn all dies Lebensnotwendige grenzenlos wird und maßlos, wenn es unsere ganze Sorge und Aufmerksamkeit beansprucht und wir nichts anderes mehr im Sinn haben als etwa die Gesundheit, die Familie oder die Arbeit, den Erfolg oder das Ansehen, die politische Option oder das Hobby. Alles Gute wird dir zum Götzen, wenn Du Dein Herz daran hängst, wenn Du dir die Erfüllung Deines Lebens davon versprichst, wenn Du dich ganz darauf verlässt. Dann wird dir die Liebe zur Venus, die Sorge für die Kinder zur Diana, die Sorge um den Lebensunterhalt zum Pluto und Mammon, die lebensnotwendige Bearbeitung von Konflikten zum Mars – als ob er, der Krieg, der Vater aller Dinge wäre! Dann wird dir aus der Liebe zum Wort der Gott Logos, dann wird dir die Sehnsucht nach Schönheit, Licht und klarem Denken zu Apoll und Athene."

Wir sehen: Das in der Tat in seiner kompromisslos scharfen[24] Exklusivität anstößige Fremdgötterverbot dient dem Leben. Segen oder Fluch[25], Sein oder Nichtsein, Leben oder Tod ist hier die Frage. Jesus Christus, der die Erfüllung des Ersten Gebotes in Person ist, bringt diese Alternative endgültig zur Geltung: „Niemand kann zwei Herren dienen: entweder er wird den einen hassen und den andern lieben, oder er wird an dem einen hängen und den andern verachten. Ihr könnt nicht Gott dienen und dem Mammon." (Mt 6,24) In allen Texten des Neuen Testaments begegnet dieses schneidend scharfe Entweder – Oder von Glaube und Unglaube, Unheil und Heil, Rettung und Verlorengehen, Tod und Leben, Leben aber nur kraft der Vergebung der von Gottes Zorn getroffenen Sünde durch Gericht und Tod hindurch.

III Die Todesdrohung schützt das Leben

Entscheidend ist zu sehen, dass das eben deutlich gemachte Entweder – Oder zu keiner Verselbständigung einer der beiden Seiten der Alternative führt. *Gottes Zorn, seine Rache, seine Verdammung im Gericht dienen dem Heil und dem Leben.* Dies ist nicht nur der Sinn der neutestamentlichen Eschatologie, sondern zeigt sich in wünschenswerter Deutlichkeit schon in der biblischen Protologie, in der Urgeschichte. Nach Gen 2,16 f wird das zugesagte Leben durch eine Todesdrohung geschützt: „Und Gott der HERR gebot dem Menschen und sprach: Von allen

---

24 Vgl. Hebr 4,12.
25 Zur scharfen Disjunktion vgl. paradigmatisch Dtn 28.

Bäumen des Gartens darfst Du essen. Vom Baum der Erkenntnis des Guten und Bösen aber darfst Du nicht essen, denn sobald Du davon issest, musst Du sterben." Das ist ja, liest man die Bibel so, wie sie als Kanon vorliegt, Gottes allererstes Wort an den Menschen: ‚Du darfst von der dir gewährten Fülle nehmen und es dir schmecken lassen.' Wer sich aber die Sorge um sein Dasein nicht abnehmen lassen und im Griff nach der Allmacht – das ist mit dem Essen vom Baum der Erkenntnis des Guten und Bösen gemeint – sich in der Wurzel seiner Existenz selbst begründen und sichern will, der sägt sich den Ast, auf dem er sitzt, selbst ab, fällt herunter und bricht sich das Genick. Durch seine Todesdrohung will Gott den Menschen vor diesem Selbstmord schützen. Er will sein Leben bewahren; er will nicht den Tod des Sünders, sondern dass er lebe (vgl. Ez 18,23.31f; 33,11).

IV Zornlose Liebe? Ist der Zorn keine Eigenschaft Gottes?

Aus dem bisher Ausgeführten dürfte deutlich geworden sein, dass *Gottes Zorn konstitutiv mit seiner Barmherzigkeit zusammenhängt*. Dieser Zusammenhang ist alles andere als selbstverständlich und muß deshalb nun näher bedacht werden. Es kann nicht verwundern, dass in der Auslegungsgeschichte der biblischen Texte die beiden Seiten auseinanderbrechen: in einen erbarmungslosen Zorn und eine zornlose Liebe. Mit einem *erbarmungslosen Zorn* wird der doppelte Ausgang der ganzen Geschichte – Errettung der einen, Verdammung der anderen – am großen Tag des Zorns, im Weltgericht, *prognostisch* gelehrt.[26] Mit einer *zornlosen Liebe,* der wir uns jetzt zuwenden, meine ich *jenes Verständnis der Liebe Gottes, das seinen Zorn zu schnell hinter sich läßt.* Dieses Verständnis begegnet in verschiedenen Ausprägungen. Nach der einen, in sich nochmals zu difffferenzierenden, Ausprägung wird umstandslos und harmoniesüchtig – ohne die Spannungen und Risse, von denen noch die Rede sein muß, wahrzunehmen und auszuhalten – der Zorn zu einer Liebeserklärung verklärt. Insbesondere wird der selbst an Ostern nicht vollendete Kampf des barmherzigen Gottes gegen das Böse und damit sein bis zum Eschaton währender, ja dort in bestimmter Hinsicht kulminierender Zorn überspielt. Man greift dabei unter Berufung auf die am Kreuz vollbrachte Weltvollendung (Joh 19,30) auf das Zorngericht – gedanklich jedenfalls – vor und hält Gottes Zorn für erledigt; dieser habe sich am Kreuz ein für allemal ausgetobt, die Sünde und ihre Folgen seien durch das Kreuz endgültig überwunden. Nach der anderen Ausprägung hat Gottes Liebe von Ewigkeit her die Sünde und mit der Sünde den Zorn in sich überwunden: Gott sei von Ewigkeit zu Ewigkeit Liebe; was

---

[26] Dazu u. Abschnitt V.

ihn diese Liebe geschichtlich, in der Zeit, gekostet hat, habe für Gott selbst, für sein Wesen, keine fundamentale Bedeutung. Der Zorn betreffe also nicht Gottes Wesen; er sei keine göttliche Eigenschaft.[27] Entsprechend meine die Rede von Gottes Zorn ein falsches Gottesverständnis des Menschen, aber in keiner Weise eine „Wahrheit in Gott selbst", wie Schleiermacher in seiner Predigt „Daß wir nichts vom Zorne Gottes zu lehren haben", die er innerhalb seiner Predigtreihe zum 300jährigen Jubiläum des Augsburger Bekenntnisses 1830 gehalten hat,[28] pointiert. Hängt Gottes Zorn konstitutiv mit Gottes Barmherzigkeit zusammen, ist es nur konsequent, wenn Schleiermacher nicht nur Gottes Zorn aus der Glaubenslehre ausscheidet,[29] sondern auch Gottes Barmherzigkeit.[30] Ist Gott – wie nach Schleiermacher – schlechthinnige Ursächlichkeit, dann dürfen ihm keine Affekte zugeschrieben werden, durch die er sich ja vom Sünder affizieren ließe, wie es in seinem Zorn und in seiner Barmherzigkeit tatsächlich geschieht – bis hin zur Gottesklage: „Ja, mir hast Du Arbeit gemacht mit Deinen Sünden und hast mir Mühe gemacht mit Deinen Missetaten" (Jes 43,24 f). Karl Barth sagt treffend: „Das Woher des Gefühls schlechthinniger Abhängigkeit hat kein Herz."[31]

Gegen Schleiermacher ist geltend zu machen, dass die Rede von Gottes Zorn *Gott selbst betrifft*, in seinem Innersten, seinem Herzen. Besonders eindrücklich sagt dies Hosea 11,7–11. Nach griechischem Verständnis, das Schleiermacher teilt,

---

[27] Jede göttliche Eigenschaft ist eine wesentliche; sie betrifft Gottes Wesen. Nach philosophischem, jedenfalls metaphysischem Verständnis ist das „Wesen" das, was nicht vergeht, was bestehen bleibt. Gottes Zorn aber ist nicht von Ewigkeit zu Ewigkeit (vgl. z. B. Ps 103,9). Deshalb darf, so scheint es, von ihm nicht als von einer Eigenschaft Gottes gesprochen werden. Wie aber soll dann zur Geltung kommen, dass ich es im Zorn Gottes mit *Gott selbst* zu tun habe und nicht nur mit mir und meinem Gottesverständnis? Insofern ich es in Gottes Zorn mit ihm selbst zu tun bekomme, ist Zorn für Gott selbst wesentlich; insofern ist er eine göttliche Eigenschaft. Insofern aber der Zorn nicht ewig ist, ist er unwesentlich, ist er keine göttliche Eigenschaft. Im Blick auf die landläufige Opposition von „an sich" und „für mich" ist „kritisch zu fragen, ob sich die widersprüchlichen Prädikate einfach vom widerspruchsfreien Subjekt abheben lassen, ob also das Tun und Handeln Gottes durch sein Wort und Werk am Menschen getrennt werden kann von seinem Wesen" (Reinhuber, aaO [s.o. Anm. 2], 109 im Kontext von 107–114).
[28] Friedrich Schleiermacher, Dogmatische Predigten der Reifezeit, Kleine Schriften und Predigten, Bd. 3, ausgewählt und erläutert von Emanuel Hirsch, Berlin 1969, 123–135, hier 134 (in der Auslegung von Joh 3,36).
[29] Es ist freilich zu beachten, dass diese Ausscheidung nicht ohne die Rechtfertigung des Gebrauchs des Wortes „Zorn" dann ist, wenn es als Ausdruck einer „rein geistigen göttlichen Missbilligung des Bösen" (aaO [s.o. Anm. 28], 129) und als „der göttliche Unwille gegen die Sünde" (aaO, 133) verstanden wird.
[30] Friedrich Schleiermacher, Der christliche Glaube nach den Grundsätzen der evangelischen Kirche im Zusammenhange dargestellt, ²1830, § 85.
[31] Karl Barth, KD II/I, Zürich 1940, 416.

gehört zum Sein Gottes als dem Sein selbst die Unvergänglichkeit, die Affektlosigkeit und mit ihr die Leidensunfähigkeit, die Apathie. Zum härtesten Konflikt mit griechischer Metaphysik und Ontologie muß es dort kommen, wo die biblischen Texte ernsthaft gehört werden. Nach Hos 11 geschieht das ontologisch Undenkbare, was Metaphysik als Mythologie ablehnt: ein „Umsturz", eine radikale Veränderung nicht etwa im menschlichen Bewusstsein, sondern in Gott selbst: „Mein Herz hat sich in mir umgewandelt [umgekehrt], mit Macht ist meine Reue entbrannt. Ich kann meinen glühenden Zorn nicht vollstrecken, kann Efraim nicht wieder verderben; denn Gott bin ich, nicht Mensch" (V.8 f).[32] *Gott ist mit sich nicht so identisch, wie dies ein metaphysischer Einheitsbegriff verlangt.* Seine Identität ist jedenfalls nicht ohne eine ungeheure innere Dramatik, nicht ohne die Revolution, den Umsturz in sich selbst, von dem in Hos 11,8 die Rede ist.[33] Neutestamentlich wird dieser Umsturz als Aufhebung der Feindschaft zwischen Gott und Mensch, als Ereignis der Erlösung und Versöhnung gesagt, das in der Differenz und Einheit von Vater und Sohn am Kreuz und in der Osternacht geschehen ist.

Umsturz in Gott selber, in seinem Innersten, in seinem Herzen? Wenn Gott veränderlich ist, wandelbar, ist er dann gar wankelmütig, launisch? Wie kann man sich dann auf ihn verlassen? Ist er einmal so und dann wieder ganz anders? Einmal zornig? Dann wieder der liebende, mütterliche Vater? So wäre es ihm weder mit seinem Zorn noch mit seiner Barmherzigkeit und Liebe wirklich ernst? Spielt er mit seinen Geschöpfen ein grausames Spiel? Oder ist er – milder – der große Pädagoge, der mit Zuckerbrot und Peitsche das Menschengeschlecht erzieht?[34]

Man versteht die Theologen, die mit diesen irritierenden Fragen ein für allemal reinen Tisch machen wollen und in dem biblischen Spitzensatz, dass Gott Liebe ist (1Joh 4,8.16), ein zeitloses Einheitsprinzip zu finden meinen. Damit ist

---

32 Vgl. die neue Zürcher Übersetzung (2007): „Mein Herz sträubt sich, all mein Mitleid ist erregt. (9) Meinem glühenden Zorn werde ich nicht freien Lauf lassen, Efraim werde ich nicht noch einmal vernichten."
33 Vgl. Jer 31,20: „Ist nicht Efraim mein treuer Sohn und mein trautes Kind? [...] Darum bricht mir mein Herz gegen ihn, dass ich mich sein erbarmen muß, spricht der Herr."
34 Dieses Verständnis hat von der alttestamentlichen Weisheit her (paradigmatisch: Prov 3,11 f; vgl. Hebr 12,4–11) durch die Alte Kirche hindurch bis zur Aufklärung und zum Deutschen Idealismus eine große Tradition und wird in gegenwärtiger Religionsphilosophie prominent von Eleonore Stump vertreten. Dazu: Christoph J. Amor, Auf dem Weg zu einer narrativen Theodizee. Gott und das Leid bei Eleonore Stump. Eine Annäherung. In: NZSTh 51, 2009, 205–230. Weiter: Walter Sparn, „Prüfe mich und erfahre, wie ich's meine!" Warum und zu welchem Ende sollte Gott den Menschen prüfen? In: Der geprüfte Mensch. Über Sinn und Unsinn des Prüfungswesens, hg.v. Klaus-Michael Kodalle, Würzburg 2006, 87–107, bes. 90–93 („Prüfung als Erziehung").

aber verkannt, dass die in der Tat konstitutive Zusammengehörigkeit, ja Einheit von Gottes Zorn und Erbarmen nicht einfach von vornherein gegeben ist und als zeitloses Prinzip in Anspruch genommen werden kann, sondern sich in einem dramatischen Geschehen erst herstellt: Gegen den Widerspruch und Widerstand der alten, sündigen Welt muß sich Gottes Erbarmen erst noch durchsetzen; die *Zeit* ist im Spiel. Deshalb: „Wir *warten* aber eines neuen Himmels und einer neuen Erde nach seiner Verheißung, in welchen Gerechtigkeit wohnt" (2Petr 3,13; Jes 65,17; 66,22; Apk 21,1). Daß dieses gute Ende, die Weltvollendung, von Ewigkeit her in Gottes Ratschluß feststeht und dass die Weltvollendung am Kreuz auf Golgatha sub Pontio Pilato und also jener Umstutz in Gott definitiv schon geschehen ist, schließt – Gott sei's geklagt! – nicht aus, dass Gott um den Sieg seiner Liebe noch kämpfen muß;[35] entsprechend ist denn auch bis zum Eschaton zwischen zwei Regierweisen Gottes zu unterscheiden, wie Luther es mit seiner Lehre von den beiden Regimenten getan hat.[36] Schelling hat deshalb, das Böse ernst nehmend, von einer „Theogonie" gesprochen, also davon, dass Gott noch im Werden ist.[37]

V Erbarmungsloser Zorn? Für eine diagnostische Auslegung des doppelten Ausgangs

Wir blicken nun, wie angekündigt, auf die Rede vom erbarmungslosen Zorn, mit der der doppelte Ausgang *prognostisch* gelehrt wird.

> „Als letztes glaube ich die Auferstehung aller Toten am Jüngsten Tage, sowohl der Gerechten wie der Bösen, damit dort ein jeder empfange an seinem Leibe, wie er's verdient hat, und also die Gerechten ewig leben mit Christus und die Bösen ewig sterben mit dem Teufel und seinen Engeln. Denn ich halte es nicht mit denen, die lehren, dass die Teufel auch am Ende zur Seligkeit kommen werden."[38]

Diesem Schluß von Luthers „Bekenntnis" von 1528 entspricht genau Artikel 17 des Augsburger Bekenntnisses samt der Verwerfung der Lehre von der Allversöhnung.[39] Vorausgesetzt ist dabei Artikel 2 „Von der Erbsünde", in dem gleich zu Beginn die Sünde in den Horizont des Jüngsten Gerichts gestellt wird. Es geht bei der Sünde also nicht nur um den gegenwärtigen Widerspruch des Menschen ge-

---

35 Vgl. Reinhuber, aaO (s.o. Anm. 2), 142, Anm. 403.
36 Vgl. Oswald Bayer, Freiheit als Antwort. Zur theologischen Ethik, Tübingen 1995, 297–302 (Bleibt das Böse?).
37 Dazu: Reinhuber, aaO (s.o. Anm. 2), 144–147.
38 WA 26, 509,13–18 (Vom Abendmahl Christi. Bekenntnis; 1528).
39 BSELK 112,4–12 (BSLK 72,1–18).

gen Gott als solchen, sondern auch um die mit ihm verbundene Konsequenz der Verdammung „unter ewigen Gotteszorn"[40]. Der Widerspruch zwischen Mensch und Gott bleibt also bestimmend; er schließt von der ewigen Teilhabe an Gott, von seinem Reich aus. Kraft Gottes Urteil bleibt der Sünder, wenn er „nicht durch die Taufe und den Heiligen Geist wiederum neu geboren" wird,[41] unter Gottes Zorn. Christus wird jedem im Gericht das sein, was er ihm und ihr hier und jetzt im Glauben oder aber im Unglauben geworden ist.

Gegen diese Lehre vom doppelten Ausgang wird nun aber eingewandt und gefragt: Ist es dem Evangelium denn nicht angemessener, die letztliche Errettung aller Menschen und ihrer Mitgeschöpfe durch Tod und Gericht hindurch zu glauben, zu hoffen und auch zu *lehren*?[42]

Kann man, darf man eine der beiden Möglichkeiten – den doppelten Ausgang oder die Allversöhnung – im Modus der Aussage *lehren*? Um der unbiblischen und theologisch nicht zu verantwortenden Alternative einer zornlosen Liebe und eines erbarmungslosen Zornes zu entkommen und die aufgewiesene konstitutive Zusammengehörigkeit von Zorn und Erbarmen zu wahren, sehe ich nur die Möglichkeit, die breit bezeugte biblische Rede vom doppelten Ausgang *nicht prognostisch, sondern diagnostisch* zu verstehen und zu predigen, d. h. als Mittel zur Erkenntnis des Ernstes der Entscheidungssituation, in die Du hier und jetzt gestellt bist. So setzt Luther den Satz heiligen Rechts Mk 16,16 „Wer glaubt und getauft wird, der wird gerettet; wer nicht glaubt, wird verdammt" von der dritten in die zweite Person, also in die Anrede um: „Glaubst Du, so hast Du; glaubst Du nicht, so hast Du nicht!"[43]. Damit ist eindrücklich Raum zur Buße gewährt; die Hölle kann leer bleiben. Entsprechend gilt, mit Luther geredet, dass „wir niemanden richten noch an keinem Menschen verzweifeln sollen"[44].

Damit ist aussagelogisch und prognostisch weder der doppelte Ausgang noch eine Allversöhnung gelehrt. Der Ernst der Entscheidung und der Ernst der Bedrohung durch den ewigen Zorn bleibt. Vor Augen steht die entsetzliche Mög-

---

40 AaO, 53,11f.
41 Ebd., Z. 12f.
42 Vgl. Christine J. Janowski, Allerlösung. Annäherungen an eine entdualisierte Eschatologie, 2 Bde., Neukirchen 2000.
43 WA 7, 24,13f (Von der Freiheit eines Christenmenschen, 1520). Dies ist – wie von Oswald Bayer, Promissio. Geschichte der reformatorischen Wende in Luthers Theologie (1971), ²1989, 200f nachgewiesen – nichts anderes als eine Segens- und Fluchformel, die Mk 16,16 und die Struktur dieses Satzes heiligen Rechts in der für Luthers Theologie und Predigt bezeichnenden Umformung in die 2. Pers. zur Geltung bringt. Sie setzt in ihrer Zweiteilung die Situation letzter Entscheidung und vergewissert in der jeweiligen Doppelgliedrigkeit des Heils als Gemeinschaft von Gott und Mensch im Wort bzw. läßt über das Unheil keinen Zweifel.
44 WA 19, 203,35f. (Jonaauslegung, 1526).

lichkeit einer endgültigen, jedoch kein Ende nehmenden Vernichtung, die noch viel schrecklicher ist als die Vernichtung von Weltall und Menschheit: ewiger Tod als ewige Gottesferne, die Scheidung von Gott, privatio boni – sich des schlechthin Guten zu berauben und seiner beraubt zu werden als das Böse schlechthin.

Die Rede vom doppelten Ausgang gehört in die nicht prognostische, sondern der Diagnose, der Erkenntnis des Ernstes der Lage dienenden Predigt und in das Gebet. Gott „will, dass allen Menschen geholfen werde und sie zur Erkenntnis der Wahrheit kommen." (1Tim 2,4) Die Errettung aller – gegen die reale Drohung und Furcht, dass Menschen verloren gehen können – ist eine Sache des Glaubens und der Hoffnung im strengen Sinn sowie Sache des Gebets, der Fürbitte. Dies wird an der letzten Bitte des Vaterunsers deutlich: „Und führe uns nicht in Versuchung, sondern *erlöse* uns von dem Bösen!" – „uns": das sind wir samt allen Mitgeschöpfen.[45]

VI Unverständlicher „Zorn"

Es wäre unredlich, nun zu schließen und davon geschwiegen zu haben, dass nicht nur Gottes im Blick auf die Sünde *verständlicher* – heller – Zorn widerfährt, sondern auch ein *unverständlicher* – dunkler – „Zorn", wie ihn beispielsweise der Beter von Ps 88 erfährt (vgl. bes. V.8 und V. 17). Ihn Zorn *Gottes* zu nennen will nur schwer über unsere Lippen kommen; wir würden ihn eher den Zorn des Teufels nennen oder von der Wut und Wucht des abgründig Bösen reden. Vielleicht sollte man das Wort „Zorn" allein für Gottes feuereifrigen (Hebr 10,27) und feuerhellen Widerspruch gegen die Sünde, für das die Sünde „verzehrende Feuer" (Hebr 12,28 f) reservieren und ein ganz anderes Wort gebrauchen, um zu sagen, wer oder was in den Sackgassen und Müllhalden der Evolution, im Erdbeben von Lissabon und in einem Tzunami unserer Tage, wer oder was in Auschwitz oder in Hieroshima am Werk ist und Macht ausübt.

Verstummen jedenfalls darf man im Blick darauf nicht. Denn unausweichlich stellt sich, wenn denn Gott allmächtig ist, die Frage: Wirkt Gott nicht nur mittelbar *im* Bösen? Wirkt er auch unmittelbar *das* Böse – jedenfalls das Böse jenseits, außerhalb der Sünde (malum extra peccatum)? Wie aber soll er dann noch vom Teufel zu unterscheiden sein? In quälendster Weise unverständlich ist jedenfalls Gottes schreckliche Verborgenheit, die als Uneindeutigkeit und Ungewissheit

---

45 Vgl. Oswald Bayer, Wann endlich hat das Böse ein Ende? In: Ders., Gott als Autor. Zu einer poietologischen Theologie, Tübingen 1999, 198–205.

erfahren wird, also nicht, wie wir gewöhnlich meinen, im eindeutig Bösen. Gottes schreckliche Verborgenheit liegt vielmehr darin, daß Gott nach biblischem Zeugnis Böses *wie* Gutes wirkt (Th 3,38), Leben *wie* Tod, Licht *wie* Finsternis, Heil *wie* Unheil (Jes 45,7), Glück *wie* Unglück (Am 3,6). Schönheit und Grausamkeit sind in Natur und Geschichte für uns unentwirrbar ineinander verschlungen.[46] Der Schöpfer und seine Schöpfung erscheinen zwiespältig, zerrissen. John Updike schreibt: „Als jemand zu Rabbit sagt: ‚Gott ist sowohl im Tiger wie im Lamm', antwortet Rabbit: ‚Ja. Gott zerfleischt sich gerne selbst.'"[47] Gottes Allmacht, in der er Leben und Tod – alles in allem – wirkt,[48] als Gestalt seiner Liebe auszugeben, wäre zynisch und unverantwortlich. Es bleibt vor dem Eschaton kein anderer Weg als der Fluchtweg der Klage: contra deum ad deum confugere[49], gegen Gott zu Gott zu dringen und zu rufen.[50] Erst im Eschaton wird die Unterscheidung zwischen dem schrecklich verborgenen und dem offenbaren Gott, der ganz und gar Liebe ist, aufgehoben sein – wie auch die Unterscheidung von Gesetz und Evangelium und der beiden Regimente Gottes.

VII Gott: „ein glühender Backofen voller Liebe"

Ich schließe mit einer Meditation dieses berühmten Lutherwortes aus den Invokavitpredigten von 1522, die ich von Thomas Reinhuber übernehme.

Gott: ein „glühender Backofen voller Liebe, der da reicht von der Erde bis an den Himmel". [51] In diesem Bild ist mit letzter Gewissheit und

> „Eindeutigkeit von der Liebe des offenbaren Gottes die Rede; in ihm schwingen aber hintergründig auch noch, angesichts der Mehrdeutigkeit der Metaphorik des Feuers und des Ofens, die rätselhaften und bedrängend unbegreiflichen Vieldeutigkeiten des verborgenen Gottes mit. Das Bild vom Backofen der Liebe hat Maß und Maßlosigkeit zugleich; es trägt lebenschaffendes Gutes und lebenvernichtendes Böses in sich. Es hat etwas Anziehendes und Behaglichkeit Verheißendes – wie ein Kachelofen; es hält aber auch auf Distanz – wie eine unerträgliche Feuersbrunst. Es bewahrt davor, den ‚lieben Gott' einen ‚guten Mann' sein zu lassen. Es weist darauf hin, dass Gott nicht nur zu lieben, sondern auch zu fürchten ist."

---

46 Vgl. Reinhuber (s.o. Anm. 2), 147f (Anm. 411).
47 John Updike, Rabbit Redux, New York 1988, 162. „God is in the tiger as well as in the lamb." „Yeah. God really likes to chew himself up."
48 WA 18, 685,21–24 (de servo arbitrio, 1525).
49 WA 5, 204,26f (Operationes on Psalmos; 1519–21): „ad deum [revelatum] contra deum [absconditum] confugere".
50 WA 19, 223,14–17 (Jonaauslegung, 1526).
51 WA 10/III, 56,2f (Invokavitpredigten, 1522). Das Folgende: Reinhuber (s.o. Anm. 2), 231.

„Im Bild vom göttlichen Backofen sind Liebe, Wärme und Barmherzigkeit (vgl. Hos 11,8), aber auch brennender Zorn und verzehrendes Feuer (vgl. Dtn 4,24; 32,22; Jes 33,14; Hebr 12,29) umschlossen. Es steht für die Liebesglut (vgl. Hhld 8,6) wie für den Glut- und Feuerofen (Ps 21,10; Jes 48,10); von ferne läßt es Gedanken an die heftig treibende Glut der Sünde (Hos 7,4.6 f) und an das höllische Feuer (Mt 5,22) aufblitzen. Es verspricht Heimat und Behaglichkeit, Orientierung und Gottespräsenz (Ex 3,2–6; 13,21), es erinnert aber auch an den brennenden Ernst des Gerichtes (Hebr 10,27). Es wehrt schließlich einer spekulativen Zudringlichkeit, dem Willen zum Begreifen und Ergreifen, denn niemand kann in die Feuersbrunst Gottes selbst eindringen – er müsste sonst vergehen.

Viel weiter als zu solch einer Metapher, die angesichts der Bibel-, Glaubens-, Lebens- und Denkerfahrung Bestand hat, können keine Verkündigung und auch kein theologischer Vortrag kommen."[52]

---

52 Reinhuber (s. o. Anm. 2), 232f.

20 Gott für uns. Die Heilsbedeutung des Todes Jesu

I Die Textkonstitution der Heilsbedeutung des Todes Jesu

Lassen Sie uns unsere Besinnung so elementar wie möglich beginnen und auf das Urgestein des Christentums achten, in einem anderen Bild: auf das orphische Ei, aus dem das Neue Testament schlüpfte: auf die Überlieferung, die unbestritten das Urbekenntnis der Kirche ist, der historische und sachliche Kern der so verschiedenen und vielfältigen neutestamentlichen Schriften: 1Kor 15,3–5: „daß Christus gestorben ist für unsere Sünden nach den Schriften (4) und daß er begraben worden ist; und daß er auferstanden ist am dritten Tage nach den Schriften; (5) und daß er erschien...".[1]

Das historische Ereignis des Todes Jesu hat eine Heilsbedeutung, wenn denn in der Sündenvergebung das Heil, die Errettung und Zurechtbringung der Welt aus ihrer Verkehrung liegt, „denn wo Vergebung der Sünde ist, da ist auch Leben und Seligkeit",[2] ewiges Heil.[3]

Die Heilsbedeutung des historischen Ereignisses des Todes Jesu artikuliert, ja konstituiert sich in einem bestimmten Sprachraum: im Sprachraum der heiligen „Schriften". Ihnen ist die Heilsbedeutung nicht nur gemäß; sie entspricht ihnen nicht nur. Sie richtet sich vielmehr nach ihnen; insofern sind sie konstitutiv. Es ist also nicht etwa so, daß in oder hinter dem historischen Ereignis des Todes Jesu eine Bedeutung läge, die sich auf die eine oder andere Weise sagen ließe, so daß sich die als Ausdrucksphänomen genommene verschiedene Bezeugung von der *einen* Bedeutung, der *einen* gemeinten Sache unterscheiden und sich von ihr her relativieren ließe. Die Bedeutung ist nicht – in einem Rückgang und einer Reduktion – *hinter* dem Text zu suchen, sondern *in* ihm, genauer noch (um mit Ricoeur zu reden[4]): *vor* ihm. Für die Bedeutung des Ereignisses ist der Text, sind

---

[1] Vgl. Röm 4,25: „um unserer Sünde willen dahingegeben und um unserer Gerechtmachung willen auferweckt". Weiter: Lk 24,46 f: „So steht es in der Schrift: Der Messias wird leiden und am dritten Tag von den Toten auferstehen".
[2] Martin Luther, Kleiner Katechismus, Das Abendmahl; BSELK 890,1–2 (BSLK 520,29 f).
[3] Die Weichen werden von vornherein falsch gestellt, wenn „Sündenvergebung" nur als etwas Rückwärtsgewandtes und nicht als das verstanden wird, was die verkehrte Welt zurechtbringt, neu werden läßt, was also die neue Schöpfung (2Kor 5,17) schafft. Vgl. Joh 20,22 f: „... blies er sie an...": Die Sündenvergebung ist das Werk des spiritus creator!
[4] Vgl. Oswald Bayer, Theologie im Konflikt der Interpretationen. In: Ders., Autorität und Kritik. Zu Hermeneutik und Wissenschaftstheorie, Tübingen 1991, 11–18.

die heiligen „Schriften" konstitutiv. Um es so zugespitzt wie nötig zu sagen: Ohne Hosea 6,2 und Jona 2,1 wäre Jesus nicht am dritten Tage auferstanden; ohne Jesaja 53 wäre er nicht für unsere Sünden gestorben.

Sicherlich: 1Kor 15,3–5 ist kein Mantra, das nur in wortwörtlicher Identität immerzu wiederholt werden müßte. Es sind zur Artikulation und Konstitution der Heilsbedeutung des Todes Jesu im Neuen Testament *verschiedene* Möglichkeiten in Anspruch genommen und miteinander kombiniert worden. Unterscheiden lassen sich jedenfalls die Sprache des Opferkultes, des Strafrechts, des Besitzrechts, der gesellschaftlich-politischen Sphäre und der Freundschaftsethik, auch wenn sich diese fünf Sprachsphären teilweise überlagern bzw. durchdringen[5].[6] Es ist, in der Sprache des *Opferkultes*, die Rede von dem für die Sünde vieler, der Sache nach: aller dargebrachte Sühneopfer (Joh 1,29; Röm 3,25; 2Kor 5,21). In der Sprache des *Strafrechts* wird von der Strafe geredet, die von einem Schuldlosen nach dem Spruch des Gesetzes freiwillig übernommen wurde (Gal 3,13; Kol 2,14 usw.). In der Sprache des *Besitzrechtes* wird vom Loskauf, der „Erlösung" der unter der Herrschaft der Verderbensmächte Versklavten geredet (Mk 10,45 par; Kol 1,13 f; 1Petr 1,18 f[7]).[8] Aus der gesellschaftlich-politischen Sphäre stammt die Rede von der „Versöhnung" (2Kor 5 und Röm 5), aus der antiken Freundschaftsethik die Rede davon, sein Leben für seine Freunde zu lassen (Joh 15,13).

Die Tatsache dieser verschiedenen Weisen, von der Heilsbedeutung des Todes Jesu zu reden,[9] sollte nicht als unproduktives Ärgernis genommen werden, das der Klarheit der kirchlichen Verkündigung schadet. Vielmehr führt die Unterscheidung, der Vergleich und der Versuch möglicher Zuordnungen in ein lebendiges Gespräch, in dem Einseitigkeiten erkannt und starre Muster verflüssigt werden können; die unterschiedlichen Sprachsphären halten sich gegenseitig sozusagen in Schach.

Für die Sendung der Kirche, ihre Mission, gewährt diese Pluralität den Spielraum, der es erlaubt und ermöglicht, auf jeweils verschiedene Situationen einzugehen. So kann etwa selbst die Opferterminologie in den Hintergrund treten,

---

5 z.B. in Gal 3,13 (Besitzrecht und Strafrecht).
6 Vgl. Wilfried Joest und Johannes von Lüpke, Dogmatik I: Die Wirklichkeit Gottes, Göttingen ⁵2010, 229.
7 Hier verbindet sich die Sprache des Besitzrechtes (V.18) mit der des Opferkultes (V.19).
8 „Erlösen" (=loskaufen) ist das von Luther im Kleinen wie im Großen Katechismus bevorzugte und herausgehobene Verb.
9 Helmut Merkel (Art. „καταλλάσσω" In: EWNT II, 1981, 644–650), betont, „daß [Paulus] die Heilsbedeutung des Todes Jesu gerade dadurch heraushebt, daß er unterschiedliche Deutungskategorien nebeneinanderstellt: die Versöhnung aus dem politisch-sozialen Bereich, die Sühne aus dem kultischen, die Rechtfertigung aus dem forensischen, den Loskauf aus dem völkerrechtlichen Denken" (aaO, 648).

darf aber keineswegs – um dies gleich klarzustellen – als unsachgemäß abgelehnt und aus dem Kanon der biblischen Schriften eliminiert werden; auch bestimmte „Interpretationen" sind faktisch und sachlich Eliminationen. Doch mindestens so, wie Luther den Jakobusbrief, wenn auch ohne Zählung, trotz schärfster Kritik im Kanon beließ, damit er in anderer Situation für andere Leser bedeutsam werden könne, sollte die Opferterminologie nicht eliminiert werden. Denn sie stammt aus den heiligen „Schriften", ohne die Jesu Tod und Auferweckung kein Heilsereignis wäre. Ja, sie führt sogar, wie wir sehen werden, in die Mitte der Sache.

Auf diese Schriftkonstitution des Heilsereignisses, von der eingangs schon die Rede war, ist nun zurückzukommen und zu betonen: Bei den zu den fünf genannten Sprachsphären gehörenden Verben, die den Tod Jesu und seine Auferweckung als Heilsereignis sagen, handelt es sich genausowenig wie bei den Hoheitstiteln – Christus, Sohn Gottes, Menschensohn, Kyrios – um mehr oder weniger beliebige, zufällig gefundene bzw. aufgegriffene „Interpretamente", die einen jenseits bzw. diesseits der historisch kontingenten Ausdrucksweise liegenden Sachverhalt sagten, der auch ohne diese Verben und Hoheitstitel samt deren Kontext feststünde und durch einen Rückgang vom zufälligen Gesagten zum allgemeinen und notwendigen Gemeinten gefunden werden könnte. Es gilt vielmehr die nicht nur einem Kantianer ganz und gar nicht schmeckende Wahrheit eines apriorisch Zufälligen und aposteriorisch Notwendigen. So führt kein Weg an der Notwendigkeit vorbei, sich in die biblische Textwelt, Luthers Regel der „meditatio"[10] folgend, immer neu und immer tiefer einzuüben. „Die heilige Schrift", notiert Johann Georg Hamann in seinen „Biblischen Betrachtungen eines Christen" zu 1Petr 4,11 („Wer redet, rede mit den Worten Gottes"), „sollte unser Wörterbuch, unsere Sprachkunst seyn, worauf alle Begriffe und Reden der Christen sich gründeten und aus welchen sie bestünden und zusammen gesetzt würden."[11]

Die besagte Textkonstitution der Heilsbedeutung des Todes Jesu besagt nun nicht etwa, daß diese Bedeutung sich aus einer glatten Unterordnung unter die Referenztexte ergäbe. Sie stellt sich oft in einem unerhörten Zusammenprall der Bilder, vor allem der Allmacht und der Ohnmacht, ein – wenn beispielsweise Jesus der Löwe von Juda das geschlachtete Lamm ist: das Lamm als Löwe und der Löwe als Lamm (Apk 5,5f), wenn – welch entwaffnende Ironie! – dem anrüchigen Windelwicht in der Krippe die hehren ägyptischen Thronnamen von Jes 9,5 bei-

---
10 Dazu eingehend: Oswald Bayer, Theologie (HST 1), Gütersloh 1994, 83–95.
11 Johann Georg Hamann, Biblische Betrachtungen eines Christen, 1758. In: Londoner Schriften. Historisch-kritische Neuedition von Oswald Bayer und Bernd Weißenborn, München 1993, 304,8–10.

gelegt werden und wenn Ps 2 und Ps 110 für Jesus als Messias in Anspruch genommen werden – was ja die denkbar schärfste Kritik jedenfalls einer politischen Messiaserwartung darstellt. Die Textkonstitution der Heilsbedeutung des Lebens, Leidens und Sterbens Jesu hebt das Geheimnis nicht auf, das darin liegt, daß eben dieser Nazarener und kein anderer der Messias, der Gottessohn, der Menschensohn, ja Gott selber ist. Daß „Jesus von Nazareth Christus wäre", pointiert Luther, „konnte niemand denken".[12] Das ist, im genauen Sinne des Wortes, ein Para-dox; das steht gegen jede Erwartung, gegen die Erwartung auch der heiligen Schriften – etwa, insofern sie, wie schon gesagt, einen politischen Messias erhoffen. „Den Schriften gemäß" heißt also wesentlich auch: im bestimmten Widerspruch zu ihnen. Eindrückliches Beispiel dafür ist, was direkt unser Thema betrifft, der Umgang des Hebräerbriefes mit der Sprache des Opferkultes: in Aufnahme und Korrektur, unerhörter Überbietung, in einer Überwindung. Wir haben zu bedenken, was es bedeutet, daß beides geschieht: sowohl zustimmende, ja: geradezu identifizierende Aufnahme wie in der Rezeption von Jes 53 als auch eine mit schärfstem Widerspruch verbundene Aufnahme wie in der Rezeption des Messiastitels. In keinem Fall wird einfach abgeleitet; es verschränken sich historische Kontingenz und göttliche Notwendigkeit: der göttliche Ratschluß und Wille von Ewigkeit her, wie er in den heiligen „Schriften" beschlossen liegt (Lk 24,25–27.44–47); es überlagern sich die Perspektiven. Suchen wir daher nach einer verantwortlichen Rede von der Heilsbedeutung des Todes Jesu, so gibt es keine andere Möglichkeit als die Auseinandersetzung mit diesem keineswegs einfachen und glatten Verfahren der konstitutiven Bezugnahme auf die heiligen „Schriften" – auch wenn diese Einübung mühsam, ja ein lebenslanges Geschäft ist, wie Luther auf seinem Letzten Zettel festhält.[13]

II Christologie und Sündenlehre: kommunizierende Röhren

Gehen wir vom Wortlaut der Überlieferung 1Kor 15 aus, so will beachtet sein, daß es nicht heißt, daß Christus „für uns" gestorben sei, sondern „für unsere Sünden". Wäre der Spielraum des Verstehens denn nicht viel größer, wenn nur „für uns" stünde? Oder wenn wir ohne Weiteres den Wortlaut der Überlieferung darauf verkürzen dürften? Dann könnte damit, so scheint es, unbelastet vom Opfergedanken und von der Sündenlehre die uns ansprechende und anziehende Liebe

---

[12] WA 19, 206,31–207,13, hier 207,3 (Der Prophet Jona ausgelegt, 1526).
[13] Genaue Nachweise: Oswald Bayer, Das letzte Wort: die göttliche Aeneis. In: Ders., Gott als Autor. Zu einer poietologischen Theologie, Tübingen 1999, 280–301.

und Hingabe Jesu zur Sprache kommen, mit der er Zöllnern und Sündern, Frauen und Kindern begegnet ist, für die er eintrat und für die er, in der Konsequenz seiner Provokationen, gestorben ist; dann ließe sich der anstößige und abstoßende grausame Todespfahl aus dem Blick rücken, um dem anziehenden, liebenswürdig grünen Lebensbaum Platz zu machen.[14] Nun aber steht geschrieben, daß Christus „gestorben ist für unsere Sünden". *Diese nähere Bestimmung des „für uns" schränkt dieses nicht etwa ein, wie vielfach behauptet wird, sondern radikalisiert es.* Sie ist entscheidend für die Heilsbedeutung des Todes Jesu. Dem gegenwärtigen Unbehagen, ja: Widerwillen gegen die Rede davon, daß Jesus Christus für uns gestorben ist, entspricht genau – vergleichbar kommunizierenden Röhren – das Unbehagen und der Widerwille gegen das Reden von der Sünde; in dem Maße, in dem der Charakter und das Gewicht der Sünde verkannt wird, wird die Heilsbedeutung des Todes Jesu verkannt. Solange deshalb die Sündenlehre nicht gründlich und umfassend bearbeitet wird und neu in den Blick kommt, wird sich die offenbar weithin verlorene wahre Erkenntnis des Wortes vom Kreuz nicht wiederentdecken lassen.

Nun ist es im gegebenen Rahmen nicht möglich, eine umfassende Sündenlehre und eine umfassende Christologie zu entwickeln. Doch eine exemplarische Skizze läßt sich versuchen. Ich frage zunächst nach dem, was „Sünde" ist und wie ihre Vergebung geschieht.

III Sündenvergebung: Willensumsturz in Gott

Um zu sehen und zu sagen, was „Sünde" ist und wie ihre Vergebung geschieht, beziehe ich mich zunächst auf das Buch Hosea. Es ist das Buch einer enttäuschten, einer bitter enttäuschten Liebe. Der Liebhaber hat alles getan, um seine Geliebte, das Volk Israel, zu gewinnen. Vergebens; „mein Volk bleibt verstrickt in die Abkehr von mir" (Hos 11,7): aversio a deo! „Mich, die lebendige Quelle, verlassen sie", klagt Gott durch den Propheten Jeremia, der von Hosea gelernt hat – „Mich die lebendige Quelle verlassen sie und machen sich [...] ausgehauene Brunnen, die doch löchrig sind und kein Wasser geben" (Jer 2,13; 17,13 f). Nicht nur grotesk ist das, sondern pervers: den Liebhaber des Lebens zu verlassen, fremdzugehen und nekrophil zu werden, zum Liebhaber des Todes zu laufen. Welcher

---

14 Es stellt sich in dieser grosso modo Schleiermacherschen Sicht die Frage, ob sich in ihr die notwendige Unterscheidung und Zuordnung von sacramentum und exemplum (dazu s.u. Anm. 42) zur Geltung bringen läßt – etwa so, daß das funktionale Äquivalent von „sacramentum" das anziehende geschichtliche Urbild wäre, das kraft seiner Anziehung und Affektion andere einholt, einbezieht, teilhaben läßt.

Widersinn: gegen den Schöpfer zu rebellieren und damit nur dem Tod zu dienen, der wasserlosen Wüste, dem Nichts.

Dieser Widersinn ist mit dem Wort „Hurerei" gemeint, das im Hoseabuch dafür steht. „Hurerei" ist der Mißbrauch der Schöpfung, das Signum der „verkehrten Welt", „die in ihrer Blindheit ersoffen ist", wie Luther im Großen Katechismus drastisch und scharf sagt.[15] Muß denn nicht die von Gott sich abwendende Welt in ihrer Verkehrung und Selbstverkrümmung und dem unsäglichen Leid, das dadurch entsteht, zugrunde gehen, zur Hölle fahren? Im Zorn seiner bitter enttäuschten Liebe fragt Gott – lediglich rhetorisch, denn die Antwort steht unausweichlich fest: „Aus der Gewalt der Hölle sollte ich sie freikaufen, vom Tod sie auslösen? [Nein!] Her mit Deinen Pestilenzen, Tod! Her mit Deiner Seuche, Hölle! Mitleid kenne ich nicht." (Hos 13,14) Das ist in messerscharfer Konsequenz das Ende (vgl. Am 8,2), ein Ende ohne Erbarmen; Hoseas Tochter mußte den Namen „Ohne-Erbarmen" tragen (Hos 1,6).

Nun aber geschieht eine unerhörte, eine ganz und gar unerwartete Wende, die jeden einfachen Gottesbegriff zerbricht: Das definitiv beschlossene Gericht, mit dem Gott die, die sich von ihm abgewendet haben, sich selbst überstellt, damit dem Verderben preisgibt und auf ewig verloren gehen läßt, *reut* ihn; „mit Macht ist meine Reue entbrannt" (Hos 11,8).[16] Es geschieht das Wunder, über das hinaus Größeres und Tieferes nicht geschehen kann: Der göttliche Liebhaber kehrt sich gegen sich selbst: gegen seinen gerechten und verständlichen Zorn; in einer unerhörten, schlechterdings nicht ableitbaren, nicht erklärbaren und in diesem Sinne *grundlosen* Freiheit und Liebe (Hos 14,5[17]) überwindet er sich und „straft nicht nach unsrer Schuld"[18]. Dieses Wunder liegt also darin, daß, in keiner Weise von uns bewirkt, *in Gott selbst* – in seiner Freiheit und Liebe – ein Umsturz geschehen ist, eine Revolution: „Mein Herz hat sich in mir umgewandt" (Hos 11,8),[19] kehrt sich gegen mich; es ist umgewandelt, verwandelt, geändert, verändert, umgestülpt, umgestürzt. Ein Umsturz in Gott selber – für uns der Umsturz vom Tod ins Leben, von der Gottlosigkeit in die Gottesliebe, von der Selbstverfangen-

---

[15] BSELK 1052,22 (BSLK 649,26–28) (Großer Katechismus, Erklärung des ersten Artikels des Glaubensbekenntnisses).
[16] Vgl. Hans Walter Wolff, Hosea (BK XIV/1, 1961), 246–265 („Umsturz der Liebe"); Jörg Jeremias, Der Prophet Hosea, ATD 24/1, Göttingen 1983, 143–147 („Willensumsturz in Gott"). Vgl. ders., Die Reue Gottes, 1975, 52–59.
[17] „Ich heile ihre Abtrünnigkeit. Ich liebe sie aus freiem Antrieb" (Wolff, aaO [s. o. Anm. 16], 300).
[18] Johann Gramann, „Nun lob, mein Seel, den Herren…" (EG 289,2; Ps 103,8–10 aufnehmend).
[19] Vgl. Jer 31,20: „Ist nicht Ephraim mein teurer Sohn und mein trautes Kind? Denn so oft ich auch gegen ihn rede, muß ich doch sein gedenken. Darum bricht mein Herz gegen ihn, daß ich mich sein erbarmen muß, spricht der Herr."

heit und dem Mißverhältnis zum Schöpfer und den Mitgeschöpfen zum heilvollen Verhältnis, zur dauerhaften Gemeinschaft, von der Nekrophilie zu der Liebe, die den Liebhaber des Lebens und das Leben liebt.

Ein solcher Umsturz in Gott ist nicht nur für die klassische Metaphysik und ihren Begriff Gottes als eines „ens simplex" unerhört; er ist es auch für ein christliches Gottesverständnis, sofern es von der Metaphysik sich nicht gelöst hat, mithin Gott als in sich stimmige Einheit zu denken sich genötigt sieht und in diesem Sinne von Gottes Wesen als Liebe redet. Damit ist jedoch die innergöttliche Dynamik, ja Dramatik verkannt, die Hos 11,8 zwar besonders scharf und eindrucksvoll zur Sprache bringt, gleichwohl aber Gottes Vergebung der Sünde, seine definitive Neuschöpfung, als das Heilsereignis schlechthin überhaupt auszeichnet.

IV Gesetz und Evangelium im Zweikampf

Luther hat in dem kühnsten Text, den ich von ihm kenne, in seiner Auslegung von Gal 3,13 von 1531, die bezeichnete innergöttliche Dramatik, den Kampf von Gottes Liebe mit seinem Zorn, dem auszulegenden Pauluswort entsprechend ausdrücklich christologisch in den Blick gefaßt und – im Aufweis sowohl des exklusiven wie des inklusiven Momentes der Stellvertretung – deutlich gemacht, wie in der „Person" Jesu Christi kontradiktorisch Gegensätzliches aufeinanderprallt: das die Sünde zur Erfahrung bringende Gesetz und das Evangelium.

> „Da stürmen auf ihn ein nicht nur meine, deine, sondern der ganzen Welt Sünde, aus Vergangenheit, Gegenwart und Zukunft und versuchen ihn zu verdammen, und sie verdammen ihn tatsächlich. Aber weil in derselben Person, die der höchste, größte und der alleinige Sünder ist, außerdem die ewige und unbesiegte Gerechtigkeit ist, stehen diese zwei gegeneinander: die höchste, größte Sünde und eben nichts als Sünde und die höchste, größte Gerechtigkeit und eben nichts als Gerechtigkeit. Da ist es notwendig, daß eines dem anderen weichen und sich besiegt geben muß, wenn sie mit ganzer Kraft gegeneinander angehen und zusammenstoßen. Die Sünde der ganzen Welt stürzt sich mit ganzer Kraft und Wut auf die Gerechtigkeit. Was geschieht? Die Gerechtigkeit ist ewig, unsterblich und unbesiegt. Die Sünde ist auch voller Gewalt, sie ist der allergrausamste Tyrann und herrscht und regiert in der ganzen Welt, nimmt gefangen alle Menschen in ihre Knechtschaft, ja die Sünde ist ein höchster und stärkster Gott, der das ganze Menschengeschlecht verschlingt, alle Gelehrten, Heiligen, Mächtigen, Weisen, Ungelehrten etc. Und diese Sünde, sage ich, stürzt sich auf Christus und will auch ihn, wie alle verschlingen. Aber sie sieht nicht, daß er die Person mit

der unbesiegten und ewigen Gerechtigkeit ist, darum muß sie in diesem Zweikampf besiegt und getötet werden und die Gerechtigkeit muß siegen und leben."[20]

„Es war ein wunderlich Krieg, / da Tod und Leben 'rungen; / das Leben behielt den Sieg, / es hat den Tod verschlungen./ Die Schrift hat verkündet das, / wie ein Tod den andern fraß ..." .[21]

V Stellvertretung

Jesus Christus als „Person" ist demnach weder als Substanz noch als Subjekt zu denken, sondern als jenes dramatische Geschehen, in dem Sünde, Tod und Teufel in Gott selber überwunden werden. In diese Überwindung, welche die Bedingung der Möglichkeit der Sündenvergebung ist, bin ich samt allen von der Sünde gezeichneten Geschöpfen, also samt der ganzen verkehrten und in ihrer Blindheit ersoffenen Welt, einbezogen, inkludiert (2Kor 5,14). Definitiv geschehen ist sie einst, unter Pontius Pilatus, am Kreuz: „da bist du selig worden"[22]. Heute – „da will ich für dich ringen"[23] – kommt sie uns durch das *Wort* vom Kreuz zugute[24]: im Absolutionswort „Deine Sünden sind Dir vergeben!" und in besonderer Weise verleiblicht im Gabewort des Herrenmahls: „für euch", „zur Vergebung der Sünden – nach dem Kleinen Katechismus das Wichtigste, das in der Herrenmahlsfeier zu hören und zu schmecken ist.[25] Die Feier des Herrenmahls dürfte der ursprüngliche „Sitz im Leben" der „hyper"-Formel („für unsere Sünden gestorben": 1Kor 15,3) sein.

---

20 WA 40 I, 438,33–439,26 (Druckbearbeitung von 1535) in der Übersetzung von Hermann Kleinknecht, D. Martin Luthers Epistelauslegung, Bd. 4: Der Galaterbrief, Göttingen 1980, 170.
21 Martin Luther, „Christ lag in Todesbanden..." (EG 101,4). „Die Schrift hat verkündet das": 1Kor 15,54 im Zitat von Jes 25,8. Parallel zu EG 101; EG 102 (Martin Luther, „Jesus Christus, unser Heiland, der den Tod überwand...").
22 Martin Luther, „Nun freut euch, lieben Christeng'mein..." (EG 341,8).
23 AaO, Strophe 7.
24 Nach Luthers hilfreicher Unterscheidung und Zuordnung von „erwerben" und „austeilen" hat Jesus Christus das Heil einmal, am Kreuz, erworben, teilt es aber von Anfang bis Ende der Welt aus: WA 18, 203,27–205,28 (Wider die himmlischen Propheten, 1525); WA 26, 294,25–27 (Vom Abendmahl Christi. Bekenntnis, 1528); BSELK 1140,11–18 (BSLK 713,10–23) (Großer Katechismus, zum Abendmahl) u. ö. Dies entspricht dem immerwährenden Eintreten dessen für uns (Röm 8,34), der einmal für uns gestorben ist.
25 Nicht zufällig konzentriert sich Luther in dem knappen Katechismustext dreimal auf die beiden Formulierungen „für euch gegeben" und „vergossen zur Vergebung der Sünden": BSELK 888,27–890,2; 890,4–8; 12f (BSLK 520,24–26; 34–36; 521,6f).

Dabei sollten in der Wahrnehmung des „für uns" alle drei Bedeutungsmomente von „hyper" mit Genitiv zusammenwirken: erstens: „an unserer Stelle", zweitens: „zu unseren Gunsten" und drittens: „unseretwegen" – von uns, von uns Sündern, verursacht: „Ich, ich und meine Sünden" (EG 84,3). Zur kurzen Bezeichnung des springenden Punktes dürfte es kein geeigneteres Wort als den – recht jungen[26] – Begriff der „Stellvertretung" geben – auch wenn, wie Christof Gestrichs opus magnum „Christentum und Stellvertretung"[27] eindrucksvoll zeigt, dieses Wort alles andere als eindeutig ist.[28]

VI Die Freiheit vom Gesetz; Gal 3,13

Um zu einem Verständnis der nach meinem Urteil theologisch leistungsfähigsten Bestimmung der Heilsbedeutung des Todes Jesu als „Stellvertretung" zu finden, ist wohl am besten von Gal 3,13 auszugehen: „Christus aber hat uns erlöst [= losgekauft, freigekauft] von dem Fluch des Gesetzes, da er zum Fluch wurde für uns; denn es steht geschrieben: ,Verflucht ist jeder, der am Holz hängt'" (Gal 3,13; zitiert ist Dtn 21,23. Vgl. 2Kor 5,21). Hier wird vordergründig nicht die Sprache des Opferkultes gesprochen, sondern die Sprache des Strafrechts und des Besitzrechts. Der „Fluch des Gesetzes" besteht darin, daß das Gesetz, das, von Gott „zum Leben" gegeben (Röm 7,10), „heilig gerecht und gut" ist (Röm 7,12), dem, der es nicht erfüllt – und keiner erfüllt es –, zum Fluch wird (Gal 3,10; zitiert ist Dtn 27,26. Vgl. Jak 2,10 f); als Sünder verfällt er rettungslos dem Gericht.

Das große Wunder, das an Karfreitag und Ostern geschehen ist, liegt nun darin, daß Gott selbst in seinem Sohn – in einem Willensumsturz in sich selbst – den Fluch des Gesetzes auf sich genommen und uns – in *diesem* Sinn – vom Gesetz frei gemacht hat; in *diesem* Sinn ist Christus des Gesetzes Ende (Röm 10,4), die abrogatio legis, die Abschaffung des Gesetzes – wohlgemerkt: nicht etwa des Judizial- und des Zeremonialgesetzes, sondern des Dekalogs als des Inbegriffs des zum Leben gegebenen Gotteswillens, der heilig gerecht und gut ist. Die Freiheit vom Gesetz besteht darin, daß, wie Melanchthon in der Mitte seiner Loci von 1521 zutreffend betont, „dem Gesetz jedes Recht entrissen wurde, uns anzuklagen und

---

26 Vgl. Stephan Schaede, Art. „Stellvertretung IV. Dogmengeschichtlich und dogmatisch" (RGG⁴, Bd. VII, 2004, 1710–1712).
27 Christof Gestrich, Christentum und Stellvertretung, Tübingen 2001.
28 Vgl. Walter Sparn, „Eph' hapax...". Historische und systematische Aspekte des christlichen Opferbegriffs. In: NZSTh 50, 2008, 216–237, hier 232. Prägnant und treffend legt Ralf Stolina (Art. „Sühne III. Dogmatisch" In: RGG⁴, Bd. 7, 2004, 1845–1847) das exklusive wie inklusive Moment der von Gott in Jesus Christus vollbrachten stellvertretenden Sühne dar.

zu verdammen. Das Gesetz verflucht die, die nicht das ganze Gesetz mit einem Male vollbringen [Gal 3,10] [...] Diesen Fluch des Gesetzes und dieses Recht des Gesetzes hat Christus auf sich genommen, so daß du, obwohl du gesündigt hast und obwohl du jetzt noch Sünde hast, im Gebrauch dieses Schriftwortes dennoch gerettet bist. Die Macht des Todes, die Macht der Sünde und die Pforten der Hölle hat unser Simson gebrochen. Daher schreibt Paulus an die Galater: ‚Christus hat uns vom Fluch des Gesetzes losgekauft, indem er für uns [von Gott] zum Fluch gemacht wurde'."[29]

> „Denn aus der Aufhebung des Dekalogs kann man wohl am ehesten die Gnade erkennen, da sie aufweist, daß die Glaubenden ohne Eintreibung des Gesetzes und ohne Rücksicht auf unsere Werke gerettet werden. Daher ist das Gesetz aufgehoben, nicht daß es nicht gehalten wird, sondern daß es nicht verdammt und dann auch gehalten werden kann."[30]

Das Fazit aus der bisherigen skizzenhaften Darlegung läßt sich mit Röm 8,1–4 ziehen: „So trifft nun die keine Verdammnis mehr, die in Christus Jesus sind",

> „frei gemacht von dem Gesetz der Sünde und des Todes. Denn was dem Gesetz unmöglich war [...], das tat Gott und sandte seinen Sohn in der Gestalt des sündlichen Fleisches und der Sünde halber und verdammte die Sünde im Fleisch, damit die Gerechtigkeit, vom Gesetz erfordert, in uns erfüllt würde".

Es hat sich – besonders von Gal 3,13 her – gezeigt, daß die Frage nach der Heilsbedeutung des Todes Jesu identisch ist mit der Frage nach der Rechtfertigung des Sünders und damit das innerste Zentrum der Sendung der Kirche und der Aufgabe der Theologie, die genaue Bestimmung ihres Gegenstandes, ihres subiectum, betrifft; dies ist ja, mit der bekannten Formel Luthers geredet, der sündigende Mensch und der rechtfertigende Gott, homo peccator und deus iustificans.[31]

Diese Formel steht für ein dramatisches Geschehen, das durch die scharfe Unterscheidung und genaue Zuordnung von Gesetz und Evangelium bestimmt ist: Spricht in der Anklage und Verdammung des von der Sünde gebrauchten Gesetzes

---

29 Philipp Melanchthon, Loci communes 1521, lat.-dt., übersetzt und mit kommentierenden Anmerkungen hg.v. Horst Georg Pöhlmann, Gütersloh 1993, 7,3–15 (S. 293). Vgl. aaO, 7,17 (S. 294): „Nec aliud est novum testamentum nisi huius libertatis promulgatio" und 7,21 (S. 294): „libertas est christianismus".
30 AaO, 7,35f (S. 301). Daß Christus des Gesetzes Ende ist (Röm 10,4), ist sowohl im Sinne der abrogatio legis (Das Gesetz hat kein Recht mehr zu verdammen) zu verstehen als auch im Sinne der Erfüllung des Gesetzes: Es wird erfüllt in der Liebe, zu der der Glaube befreit.
31 WA 40 II, 327,11–328,2 (Auslegung von Ps 51,2; 1532).

Gott in seinem Zorn *gegen* mich, so spricht derselbe Gott im Evangelium – im Leben, Leiden, Sterben und Auferwecktwerden seines Sohnes – *für* mich, tritt er für mich ein, vertritt er mich.

VII Vater und Sohn; Satisfaktion?

Daß die Überwindung der Sünde und des Schuldspruchs des Gesetzes in Gott selbst, in einem Umsturz seines Zornes in seine Barmherzigkeit,[32] geschieht, ist eindrucksvoll Hos 11,8 gesagt. Luthers Befreiungslied „Nun freut euch, lieben Christen g'mein..." inszeniert diese Wende als innergöttlichen Dialog zwischen Vater und Sohn. Paul Gerhardt folgt ihm:

> „'Geh hin, mein Kind [...].' ‚Ja, Vater, ja von Herzensgrund, / leg auf, ich will dir's tragen; / mein Wollen hängt an deinem Mund, / mein Wirken ist dein Sagen.'/ O Wunderlieb, o Liebesmacht, / du kannst – was nie kein Mensch gedacht – / Gott seinen Sohn abzwingen. / O Liebe, Liebe, du bist stark, / du streckest den in Grab und Sarg, / vor dem die Felsen springen."[33]

Sicherlich sind in ihrem Dialog Vater und Sohn unterschieden; sie sind sich aber auch gegenüber – nicht nur in Gethsemane und am Kreuz, sondern von Ewigkeit zu Ewigkeit. Doch ist ihre Einheit größer, stärker und enger, so daß überall in den neutestamentlichen Texten der eine Gott als Subjekt der Sendung des Sohnes,[34] als Subjekt der Versöhnung[35], als Subjekt des Sühnopfers[36] usw. erscheint. Deshalb kann nicht – wie es die anselmische Tradition will – von einem „satisfaktorischen und propitiatorischen Sühnopfer" die Rede sein, „das Jesus darbringen mußte, um dem durch die Sünde beleidigten und dem Sünder tödlich zürnenden Gott die erforderliche Genugtuung zu leisten und ihn gnädig zu stimmen."[37] *Jesus hat Gott kein Opfer dargebracht.* Vielmehr ist Gott selbst in seinem Sohn für uns Sünder eingetreten.[38]

---

32 Das Unerhörte dieses Umsturzes dämpft und plausibilisiert, wer Zorn und Barmherzigkeit nahe aneinanderrückt und den Zorn als enttäuschte Liebe und in diesem Sinne als Liebeserklärung versteht.
33 Paul Gerhardt, „Ein Lämmlein geht und trägt die Schuld..." (EG 83,2 und 3).
34 Röm 8,3; Joh passim.
35 2Kor 5,18–21.
36 Röm 3,25.
37 Otfried Hofius, Art. Sühne IV. (Neues Testament). In: TRE XXXII, 2001, 342–347, hier 344, 25–27.
38 Mit Hofius aaO, 346.

VIII Opfer als (Hin-) Gabe Gottes

Trifft dies zu, dann hat dies Konsequenzen für den Umgang mit dem Begriff des „Opfers" im Zusammenhang unserer Frage nach der Heilsbedeutung des Todes Jesu. Es wäre kurzschlüssig, ihn pauschal abzulehnen oder ihn einfach zu vermeiden. Das ist schon deshalb nicht möglich, weil er in der Alltagssprache („Kriegsopfer", „Verkehrsopfer" usw.) einen festen Ort hat. Auch in der Sprache des Gottesdienstes sowie der Theologie wird er gebraucht und ist offenbar unvermeidlich: Vom ‚Lobopfer der Lippen' (Hebr 13,15) wird geredet; in manchen Gegenden – beispielsweise in Württemberg – ist „Opfer" der feste Begriff für die Kollekte und steht für „Gabe". Ein verantwortlicher Umgang mit dem Begriff setzt jedoch eine semantische Klärung der Differenzen voraus, die im Gebrauch des einen deutschen Wortes „Opfer" verschwimmen, in anderen Sprachen aber, die dem Lateinischen folgen, deutlich markiert werden: in der Unterscheidung von sacrificium, victima und offertorium bzw. oblatio. Im Prozeß Jesu machte die jüdische Führungsschicht und die römische Verwaltung Jesus zum „sacrificium" und zur „victima". „Es ist uns besser, *ein* Mensch sterbe für das Volk, denn daß das ganze Volk verderbe." (Joh 11,50; vgl. 18,14). Was für den johanneischen Kaiphas religionspolitisches Kalkül ist, wonach dieses Lebensopfer zwingend erforderlich sei, ist nach Gottes von Ewigkeit her beschlossenem Heilsplan sein eigenes Sühnopfer für die Sünden der ganzen Welt (vgl. Joh 11,51f), mit dem er selbst[39] im Umsturz vom Tod ins Leben für die Welt eintritt: „Siehe, das ist Gottes Lamm, welches der Welt Sünde trägt" (Joh 1,29; vgl. V. 36). Das Lamm ist nicht das „sacrificium", das Gott *fordert*, sondern die „oblatio", die Gott mit seinem eingeborenen Sohn in seiner Liebe „*gibt*" (Joh 3,16[40])[41] – nach Luthers wegweisender Unterscheidung als „donum dei" das vom „exemplum" zu unterscheidende „sacramentum"[42], aber eben gerade kein „sacrificium". Dieser Auszeichnung Christi als „sacramentum", als „donum dei", entspricht in Luthers Verständnis des Herrenmahls die strikte Unterscheidung von „sacramentum", verstanden als

---

39 Das Sühnopfer wird Lev 16 nicht Gott dargebracht, sondern Gott selber ist der Opferherr.
40 Daß Gott seinen eingeborenen Sohn gab, muß zusammengedacht werden mit der Selbsthingabe des Sohnes (Gal 1,4).
41 Vgl. Sparn (s.o. Anm. 28), 229–231.
42 „Hauptstück und Grund des Evangeliums ist, daß du Christus zuvor, ehe du ihn zum Exempel fassest, aufnehmest und erkennest als eine Gabe und Geschenk, das dir von Gott gegeben und dein eigen sei [...]" (WA 10 I, 1,11,12–18; Kleiner Unterricht, was man in den Evangelien suchen und erwarten soll, 1522). Christus als Gabe schafft den Glauben, Christus als Exempel bildet die Werke der Liebe vor: aaO, 12,17–13,2.

Gabe, und „sacrificium", dem Lobopfer, der Eucharistie als Gegengabe, als Antwort.[43]

IX Umstellung und Exzentrizität

Werfen wir zum Schluß noch einen kurzen Blick auf den soteriologisch-anthropologischen Aspekt unseres Themas! Daß Christus für uns – an unserer Stelle, zu unseren Gunsten und wegen unserer Sünden – Mensch geworden[44] und gestorben ist, kommt uns darin zugute, daß wir umgestellt, aus der verkehrten Welt in die neue Schöpfung „versetzt" (Kol 1,13) werden. Darin geschieht ein „fröhlicher Wechsel", ein Tausch, in dem ich Christus meine Sünde gebe und er mir seine Gerechtigkeit.[45] „Er wird ein Knecht und ich ein Herr; / das mag ein Wechsel sein!"[46]

Verstehe ich mich in diesem Ereignis neu, so ist dieses Verstehen nicht ohne eine *Veränderung*. Mit dem geistgewirkten (1Kor 2,6–16) Verstehen des Wortes vom Kreuz unlöslich verbunden ist eine Lebenswende – wie die des Paulus. Der Mensch, der in der Erfüllung des Gesetzes sein Heil sucht, aufgrund seines gerechten Handelns bestehen und damit aus sich selbst sein will, wird zu Boden geworfen (Act 9.22.26) und zerbrochen (Phil 3,1–11), „gekreuzigt" (Gal 6,14). Seinem Identitätsverlangen, das er auf moralische und metaphysische Weise zu befriedigen strebt, wird gründlich widersprochen; seinem Streben nach Ganzheit wird widerstanden. Über den Bruch hinweg vermag er keine Kontinuität zu stiften; kraft seiner bisherigen Welt- und Selbsterfahrung vermag er eine Kontinuität nicht einmal zu erkennen. Er wird vielmehr neu geschaffen und hat seine Identität bleibend außerhalb seiner, in einem Anderen, Fremden: in dem, der in einem wundersamen Wechsel und Tausch menschlicher Sünde und göttlicher Gerechtigkeit an seine Stelle getreten ist (Gal 2,19f; vgl. 2Kor 5,21). Mit diesem Ereignis des stellvertretenden Sühnetodes Jesu Christi am Kreuz ist ein „Kanon" (Gal 6,16:

---

43 WA 6, 522,30–524,3; de captivitate Babylonica ecclesiae praeludium, 1520.
44 Daß Gott in Jesus Christus „für uns" ist, darf nicht isoliert auf Jesu Tod, sondern muß auf sein gesamtes Leben, Leiden, Sterben und Auferwecktwerden bezogen werden – wie es das Nizänum vorbildlich bekennt: „Für uns Menschen und zu unserem Heil ist er vom Himmel gekommen, hat Fleisch angenommen..." (BSELK 49–50 [BSLK 26]). „Der ἱλασμός (hilasmos) [1Joh 2,2; 4.10] hängt nicht einseitig an der Einzelleistung des Sterbens, sondern an dem Ganzen der Sendung und der Person Jesu, zu dem freilich sein Sterben unablösbar hinzugehört": Friedrich Büchsel, Art. „ἱλασμός". In: ThWNT III, 1938, 317f, hier 318,35–37.
45 WA 7, 25,34; Von der Freiheit eines Christenmenschen, 1520.
46 Nikolaus Herman, „Lobt Gott, ihr Christen alle gleich..." (EG 27,5).

unmittelbar auf 6,14 f bezogen) der Wahrheit (Gal 2,5.14; 5,7) gegeben, von dem aus sich die Theologie sowohl zur vorneuzeitlichen Substanzmetaphysik wie zur neuzeitlichen Subjektmetaphysik nur kritisch verhalten kann, da beide ein exzentrisches Sein und bleibende Fremdheit nicht zu denken erlauben.

Dem neuzeitlichen Individuum und seiner Selbstbezogenheit, seinem Narzissmus, ist diese Exzentrizität anstößig. Denn sie verletzt seine Vorstellung von Autonomie, die sie in Wahrheit aber gerade begründet, da sie den Raum schafft, in dem die menschliche Freiheit endlich: nüchtern, ohne Unendlichkeitsgelüste, sein kann. Im Widerspruch zur tendenziell unendlichen Selbstbezogenheit und Selbstverschlossenheit steht die aufschließende Wahrheit des Glaubens. Ihr zufolge ist die christliche Existenz durch eine doppelte Exzentrizität bestimmt, in der die Stellvertretung Jesus Christi, die wir skizzenhaft bedacht haben,[47] zur Geltung kommt. Am Schluß seines Freiheitstraktats bringt Luther diese Exzentrizität eindrucksvoll zur Sprache:

> „So ist nun unsere Schlußthese: Ein Christenmensch lebt nicht in sich selbst, sondern in Christus und in seinem Nächsten – oder er ist kein Christ. In Christus [lebt er] durch den Glauben, im Nächsten durch die Liebe: Durch den Glauben wird er über sich in Gott hineingerissen; umgekehrt steigt er durch die Liebe unter sich hinab zum Nächsten und bleibt doch immer in Gott und seiner Liebe."[48]

Wenn der Christ kraft des Glaubens in der Liebe sich seinem „Nächsten in bestimmter Hinsicht zum Christus gibt"[49], so wird damit das Ein-für-allemal der exklusiven Stellvertretung Jesu Christi in keiner Weise angetastet – als ob „diese Entsprechung eine eigene Sühnekraft enthielte oder die Sühne Jesu fortsetzen oder gar zu vervollkommnen hätte bzw. dieses könnte"[50]. Luthers Unterscheidung von Christus als „sacramentum" bzw. „donum" und Christus als „exemplum"[51] ist unaufgebbar und muß in ihrer kritischen Kraft sowohl im Gespräch mit dem römischen Katholizismus wie in der innerprotestantischen Ökumene zur Geltung kommen.

---

[47] Auf eine nicht unwichtige Dimension des Themas soll hier wenigstens noch hingewiesen werden. Wichtig wäre, den Charakter sowohl der „exklusiven" wie der „inklusiven" Stellvertretung Jesu Christi und ihr Verhältnis zueinander herauszuarbeiten.
[48] WA 7, 69,12–16 (de libertate christiana; 1520); übersetzt.
[49] AaO, 66,3 f; übersetzt. Vgl. aaO, 35,34 f.
[50] Stolina (s. o. Anm. 28), 1847.
[51] S. o. bei Anm. 42.

21 Gefährte Deiner Nacht

Meditation eines Weihnachtsliedes von Jochen Klepper

Nach dem, was *Identität* sein könnte, begann Erik Erikson zu fragen, als er amerikanischen Soldaten helfen sollte, die aus dem Zweiten Weltkrieg nicht nur verändert, sondern gebrochen zurückgekommen waren, ihren Angehörigen und auch sich selbst fremd geworden. Ich bin nichtmehr derselbe wie einst; ich bin ein anderer geworden. Ein ganz anderer? Ein völlig neuer Mensch? Sollte ich denn nun auch konsequenterweise mit einem anderen Namen angeredet werden?

Die Kriegsveteranen waren zerrissen und litten an den Brüchen ihres Lebens, ihre Identität war zerbrochen; deshalb suchten sie die Hilfe des Psychotherapeuten. Inzwischen werden aus Patienten immer häufiger Künstler, die aus der Not eine Tugend machen und auf ihre Patchwork-Identität stolz sind. Freilich: Wie kommt sie zustande? Was ist, wenn die Stücke durch einen Wortbruch zusammengenäht werden? Unvergesslich, obwohl schon vor einem halben Jahrhundert geschehen, ist mir, wie ein Lehrer uns versprach: Morgen wird keine Klassenarbeit geschrieben. Als er sie am nächsten Tag doch schreiben ließ und von mir auf sein Versprechen angesprochen wurde, antwortete er: „Was geht mich mein dummes Geschwätz von gestern an?!"

Wird das gegebene Wort gehalten oder gebrochen? Wie kann ich es überhaupt halten? Kann ich als Bündel von Empfindungen, die gleich wieder zerfließen und sich verlieren, beständig sein und also überhaupt „sein", wenn denn „Sein" Beständigkeit meint?

Doch wie verschieden auch immer die Antworten ausfallen: Eine wichtigere Frage als die Frage: „Wer bin ich?" kann offenbar nicht gestellt werden. Will ich nicht einfach nur als Eintagsfliege im Dunkel des gelebten Augenblicks vergehen – gestern noch nicht, morgen nichtmehr –, dann gehören zu dieser Frage zugleich auch die anderen: Wer war ich? Wer wurde ich? Wer werde ich sein? Oder bin ich in jedem Augenblick ein anderer? Ohne diesen Fragen nachzugehen, kann keine und keiner von seinem „Selbst" reden; ohne Erinnerung und Erwartung würde es zerbrechen.

Vor wem nun frage ich nach meinem „Selbst"? Vor wem stellen wir die Identitätsfrage? Frage ich mich selber: Wer bin ich? Frage ich andere danach? Oder lasse ich mich von anderen fragen: Wer bist Du? Es ist offensichtlich entscheidend, vor wem, vor welcher Instanz, vor welchem Forum ich frage und auf Antwort warte.

1 „Wer warst du, Herr, vor dieser Nacht?
Der Engel Lob ward dir gebracht.
Bei Gott warst du vor aller Zeit.
Du warst der Glanz der Herrlichkeit.
Beschlossen war in dir, was lebt.
Geschaffen ward durch dich, was webt.
Himmel und Erde ward durch dich gemacht.
Gott selbst warst du vor dieser Nacht.

2 Wer war ich, Herr, vor dieser Nacht?
Des sei in Scham und Schmerz gedacht!
Denn ich war Fleisch und ganz verderbt,
verloren und des Heils enterbt.
Erloschen war mir alles Licht.
Verfallen war ich dem Gericht.
Ich, dem Gott Heil und Gnade zugedacht,
war Finsternis und Tod und Nacht!

3 Wer wardst du, Herr, vor dieser Nacht?
Du, dem der Engel Mund gelacht,
dem nichts an Ruhm und Preis gefehlt,
hast meine Strafe dir erwählt.
Du wardst ein Kind im armen Stall
und sühntest für der Menschheit Fall.
Du, Herr, in deiner Himmel höchster Pracht
wardst ein Gefährte meiner Nacht!

4 Wer ward ich, Herr, in dieser Nacht
Herz halte still und poche sacht!
In Gottes Sohn ward ich sein Kind.
Gott ward als Vater mir gesinnt.
Noch weiß ich nicht: Was werd' ich sein?
Ich spüre nur den hellen Schein!
Den hast du mir in dieser heil'gen Nacht
an deiner Krippe, Herr, entfacht!"

Jochen Klepper stellt die Identitätsfrage weder vor sich selbst noch vor seinesgleichen, sondern vor dem HERRN, den er anruft, zu dem er betet. Zweimal bringt er sich fragend vor diesen HERRN: Wer war ich, HERR? (Strophe 2) Wer ward, das heißt: Wer wurde ich, HERR? (Strophe 4). Sowohl ein Zustand (Strophe 2) wie eine Veränderung (Strophe 4) werden erzählt; die Veränderung bezieht sich auf jenen Zustand.

Das Erstaunliche, das sofort auffällt, ist nun, daß diese zweifache Frage nach meiner Identität in einer eigentümlichen Weise verdoppelt wird – genauer: der Frage nach meiner Identität vorweg schon verdoppelt ist. Nicht in einer sozusagen vorauslaufenden Wiederholung und puren Spiegelung, sondern in einem Gegenüber und einem Kontrast, der größer nicht gedacht werden kann, der sich dann aber überraschend wandelt in eine Nähe und Intimität, über die ich mich nicht genug wundern kann.

Was ich bin – als der ich war und wurde – bin ich nach diesem Lied nur vor dem HERRN. Nach ihm muss ich zuerst fragen, um zu erfahren, wer ich bin. Bevor ich meinen Zustand beichten und meine Veränderung bekennen kann, muss ich seinen Zustand und seine Veränderung, sein Sein und sein Werden erzählen und fragen: Wer warst du, HERR? (Strophe 1) Wer wurdest du, HERR? (Strophe 3).

Der Angelpunkt zwischen der Erzählung des Seins und der Erzählung des Werdens ist ein genauer Zeitpunkt: „diese Nacht", die Heilige Nacht, die Weihnacht, ein fester Zeitpunkt in der Geschichte. Damals, unter dem Kaiser Augustus, „zur Zeit, da Quirinius Statthalter in Syrien war" (Lk 2,2), geschah die Wende, der Umsturz, die Revolution, die mich zu dem machte, was ich wurde und sein werde – in ihm, dem HERRN. „Vor dieser Nacht" war die Welt und mit ihr ich selbst anders als in und nach dieser Nacht; unsere Zeitrechnung „nach Christi Geburt" erinnert uns an diese Existenz- und Weltwende.

Diese Wende ist – das ist alles anderen als selbstverständlich – in dem HERRN, in der „Person" Jesu Christi, geschehen:

> 1 „Wer warst du, Herr, vor dieser Nacht?
> Der Engel Lob ward dir gebracht.
> Bei Gott warst du vor aller Zeit.
> Du warst der Glanz der Herrlichkeit.
> Beschlossen war in dir, was lebt.
> Geschaffen ward durch dich, was webt.
> Himmel und Erde ward durch dich gemacht.
> Gott selbst warst du vor dieser Nacht."

Gott selbst! Wer wurde er, Gott selbst, in dieser Nacht? Was „geschah zur Zeit, da Quirinius Statthalter in Syrien war"?

> 3 „Du, dem der Engel Mund gelacht,
> dem nichts an Ruhm und Preis gefehlt.
> hast meine Strafe dir erwählt.
> Du wardst ein Kind im armen Stall
> und sühntest für der Menschheit Fall.
> Du, Herr, in deiner Himmel höchster Pracht
> wardst ein Gefährte meiner Nacht!"

So wie sich die erste Strophe in ihrer Schlußzeile zusammengefaßt und zugleich sich zu einem unüberbietbaren, letzten Bekenntnissatz steigert: „Gott selbst warst du vor dieser Nacht", so faßt die Schlußzeile der dritten Strophe zusammen, was Gott selbst in freier Wahl wurde und getan hat: Du wurdest, so bekennt der Beter, der nach seiner Identität fragt, „ein Gefährte meiner Nacht".

Gefährten meiner Nacht, wenn sie meinesgleichen sind, können mir nicht helfen. Ihre Solidarität kann bewegend, ja erschütternd sein; aber sie bleibt ohnmächtig und im Letzten trostlos. Hier aber: Gott! Gott selbst als Gefährte meiner Nacht! Gott selbst ist mit uns – hebräisch: Immanuel, Gott mit uns „im Schlamm und in der Arbeit, daß ihm die Haut raucht", wie Luther den Namen „Immanuel" predigt (WA 4, 608,32f).

Willst Du wissen, wer Du bist? Du bist der, der diesen Gefährten hat, diesen Gefährten Deiner Nacht, Gott selbst. Er ist bei dir und geht mit dir. „Die beiden gehen miteinander", sagt man im Schwarzwald, wo ich aufgewachsen bin, im Blick auf ein Liebespaar.

Der Gott, der bei mir ist und mit mir geht, und ich – wir beide sind freilich ein sehr ungleiches Liebespaar, mit einer jeweils sehr verschiedenen Vergangenheit.

Doch kann ich im Raum dieser Liebe von meiner Vergangenheit reden, ohne die Angst haben zu müssen, zurückgewiesen, abgelehnt, verworfen zu werden. Denn der, dem ich meine Vergangenheit beichte, hat keinen Bogen um sie herum gemacht. Er hat sie vielmehr selbst erlitten, sie auf sich genommen: Gott selbst als Gefährte meiner Nacht! So kann ich diese Nacht ihm erzählen und offen sagen, wer ich war:

> 2 „Wer war ich, Herr, vor dieser Nach?
> Des sei in Scham und Schmerz gedacht!
> Denn ich war Fleisch und ganz verderbt,
> verloren und des Heils enterbt.
> Erloschen war mir alles Licht.
> Verfallen war ich dem Gericht.
> Ich, dem Gott Heil und Gnade zugedacht,
> war Finsternis und Tod und Nacht!"

Dem Gefährten Deiner Nacht – erzähl ihm Deine eigene Nacht. Die Nacht, in der dir alles Licht erlischt und Du vor Schwermut nichtmehr leben willst! Erzähl ihm, wofür Du dich schämst und was dich reut und schmerzt! Erzähl ihm Deine nicht vor ihm, sondern auf eigene Faust unternommene Identitätssuche. Erzähl ihm von dem grauenhaft perfekten Teufelskreis der Selbstverfangenheit Deines individuellen Ich und zugleich des Menschheits-Ich der gesamten Weltgeschichte und ihrer heillosen und gnadenlosen Gewaltspiralen im Kampf aller gegen alle auf Leben und Tod um gegenseitige Anerkennung: „Ich, dem Gott Heil und Gnade zugedacht, war Finsternis und Tod und Nacht!"

So schonungslos und radikal kann ich dies nur deshalb bekennen, weil für meine Identität seit jener heil'gen Nacht in wunderbarer Weise gesorgt ist: „In Gottes Sohn ward ich sein Kind." „*In* Gottes Sohn ..." Gottes Sohn ist als Geschichte zugleich der konkrete Raum, in dem Gott und Mensch sich in einer Person verbinden, das heißt: in einem kommunikativen Geschehen beieinander sind, das mich verlorenen Menschen menschlich anspricht, aber gerade nicht bei mir und meinesgleichen läßt, sondern mich aus „Finsternis und Tod und Nacht" in den „Glanz der Herrlichkeit" Gottes versetzt, in sein Licht, den „hellen Schein", von dem die vierte, die letzte Strophe spricht.

„In Gottes Sohn ward ich sein Kind:" Dies besagt: Ich wurde neu geboren, wiedergeboren, in meinem Geschöpfsein wiederhergestellt. „Nun darfst du in ihm leben", sagt Klepper parallel dazu in seinem Lied „Gott wohnt in einem Lichte, dem keiner nahen kann" – „Nun darfst du in ihm leben/ und bist nie mehr allein,/ darfst in ihm atmen, weben/ und immer bei ihm sein" (EG 379,5; Act 17,28).

Dies kann uns Klepper nur deshalb zusprechen, weil er dazu ermächtigt ist durch das, was wir „in Gottes Sohn" – im Raum und auf dem Weg des Gottes, der als Gefährte meiner Nacht mit mir geht – hören: Du darfst nun in mir leben und bist nie mehr allein!

Dieser Zuspruch beantwortet nun, am Ende, auch die dritte Frage nach meiner Identität: Was werde ich sein?

Ich bin ja noch unterwegs – im Werden, noch nicht endgültig im Sein. Und auf diesem Weg mit seinen täglichen Unsicherheiten, seinen großen und kleinen Überraschungen, ja: auch seinen Brüchen und Rissen ist es buchstäblich lebensnotwendig, nicht einen Gefährten wie jenen Lehrer zu haben, der zu seinem gestern gegebenen Wort heute nichtmehr steht, sondern den Immanuel, Gott selber, der in Ewigkeit als dieser Mensch Jesus von Nazareth bei uns ist und durch dick und dünn gewiß mit uns geht, der Treue hält ewiglich und nicht preisgibt das Werk seiner Hände.

Etwas Erfreulicheres, etwas Befreienderes, etwas Schöneres gibt es nicht, als ihm unsere Identität, als ihm die Sorge unseres Selbst – unsere Existenzsorge – anzuvertrauen: Alle eure Sorgen werfet auf ihn, denn er sorgt für euch (1Petr. 5,7)!

Im Glauben bin ich von ihm her, bin ich durch ihn, bin ich in ihm, bin ich auf ihn hin und darin selbstvergessen; der Glaube ist die große Selbstvergessenheit: Ich darf von mir absehen und aufsehen, hinsehen auf den, der in jener heil'gen Nacht gekommen ist, damit er für dich eintritt, für dich spreche:

> Sieh nicht an, was du selber bist,
> in deiner Schuld und Schwäche.
> Sieh den an, der gekommen ist,
> damit er für dich spreche: (EG 539,1)

Für dich, auch wenn Dein eigenes trotziges und verzagtes Herz und alle Welt gegen dich spricht.

22 „Der du allein der Ewige heißt…".
Eine Erinnerung an Jochen Klepper

Die christliche Gemeinde singt Kleppers Lieder, weiß aber oft nicht viel von seinen Lebensumständen. Literaturwissenschaftler und Zeitgeschichtler dagegen macht er durch sein Christsein verlegen. War er ein Quietist, gar Fatalist – unfähig zum Widerstand? Vor allem das Tagebuch bezeugt einen keineswegs unpolitischen Deutschen, vor allem aber einen Menschen, der mit aller Kraft um Frau und Stieftochter kämpfte und dabei stärksten Widerstand leistete.

I Die drei Grundzüge

1937 erscheint Kleppers Roman „Der Vater". Gleich danach wird der Autor aus der Reichsschrifttumskammer ausgeschlossen – nicht wegen des Romans, der ein großer Erfolg werden sollte, sondern wegen seiner Ehe mit einer jüdischen Frau. Mit grosser Mühe erlangte er eine Ausnahmegenehmigung. Doch hatte er nun alles, was er schrieb und veröffentlichen wollte, der Kammer vorzulegen. Über das Lied „Der du die Zeit in Händen hast …"[1], das zu den ersten Texten gehört, die er vorlegte, urteilt der Zensor: „absolut *jüdisch*"[2]; „das heutige Deutschland darf bestimmt ein Neujahrslied in einem anderen, positiveren Ton erwarten, der es nicht nötig hat, auf die knechtische Einstellung der Psalmen zurückzugreifen."[3]

Durch seine Ehe, die den Bruch mit dem Elternhaus, einem Pfarrhaus, verschärfte, wird Klepper in die Leiden der Juden hineingerissen. Es gehörte zum Widerstand, den er leistete, dass er dieses Geschick annahm und vor ihm nicht floh – durch eine Scheidung etwa. Als „jüdisch Versippter" war er gleich 1933 aus seiner glänzenden Stellung im Rundfunk entlassen worden. Damals schrieb er in sein Tagebuch – im Rückblick zeigen sich die drei Grundzüge seines Lebensgeschicks in besonderer Klarheit:

> „Nun ist durch alles ein Strich gezogen: durch jede Domäne […]. Nur Hanni bleibt. Nur das Schreiben (für welche Zeit werde ich schreiben?). Nur der Glaube. Ich kämpfe alle Ängste,

---

[1] Jochen Klepper, Kyrie. In: „Ziel der Zeit". Die gesammelten Gedichte (1962), ⁴1987, 71 f = EG 64. Vgl. Oswald Bayer, Der du die Zeit in Händen hast… In: ders., Gott als Autor. Zu einer poietologischen Theologie, Tübingen 1999, 51–56. Der Titel dieses Kapitels nimmt den Anfang der letzten Strophe von „Der du die Zeit in Händen hast …" auf.
[2] Ernst G. Riemschneider, Der Fall Klepper. Eine Dokumentation, Stuttgart 1975, 54.
[3] AaO, 55.

Klagen, Anklagen nieder, weil ja noch jeder Tag, den mir Gott gibt, gut ist, solange diese drei sind: Hanni, das Schreiben, der Glaube. Und keine unmittelbare Not!"[4]

„Auch durch das Leben mit Hanni, auch durch das Schreiben kann einmal von Gott der Strich gezogen werden. An den Strich durch den Glauben zu denken – ich glaube, an dieser Stelle begönne die ‚Sünde gegen den Heiligen Geist‘, dort muss jene geheimnisvolle Sünde verborgen liegen."[5]

Durch das Schreiben wurde der Strich gezogen: Klepper konnte im Kampf um das Leben seiner Frau und seiner Stieftochter, im Kampf um sein irdisches Haus, seinen Roman über „Das ewige Haus" nichtmehr weiterschreiben; erst recht konnte er keine Lieder mehr dichten.

Auch der zweite Strich wurde gezogen: durch das Leben mit Hanni – im gemeinsamen Selbstmord. Die Lage war ausweglos geworden, nachdem Adolf Eichmann die Ausreise der Tochter nach Schweden abgelehnt hatte und ihre Deportation in die Vernichtungslager unmittelbar bevorstand – wie auch, nach drohender Zwangsscheidung, die Deportation und Vernichtung der geliebten Frau. Dass aber mit diesem Tod auch der dritte Strich gezogen worden wäre, wird niemand sagen können. Das Zeugnis des Glaubens bekundet sich bis zuletzt. Am 8. Dezember 1942: „Gott ist grösser als unser Herz [1Joh 3,20]. – Das Wort [1Joh 3,19] soll uns noch in den Tod begleiten."[6] Und der allerletzte Eintrag ins Tagebuch lautet:

„*10. Dezember 1942/Donnerstag*

Nachmittags die Verhandlung auf dem Sicherheitsdienst.
Wir sterben nun – ach, auch das steht bei Gott. –
Wir gehen heute nacht gemeinsam in den Tod.
Über uns steht in den letzten Stunden das Bild des Segnenden Christus, der um uns ringt. In dessen Anblick endet unser Leben."[7]

---

[4] Jochen Klepper, Unter dem Schatten deiner Flügel. Aus den Tagebüchern der Jahre 1932–1942, hg.v. Hildegard Klepper (Auswahl, Anmerkungen und Nachwort von Benno Mascher), Stuttgart 1956 (Im Folgenden nur mit Datum und Seitenzahl zitiert); 9. Juni 1933, 68.

[5] Ebd.

[6] 8. Dezember 1942, 1132.

[7] 10. Dezember 1942, 1132. Vgl. 27. Oktober 1942, 1114. Und: 5. November 1942, 1118: „Aus Augsburg kam heute der Segnende Christus, mein Weihnachtsgeschenk für Hanni." 15. November 1942, 1120: „Immer wieder gehen unsere Gedanken zu dem beschwörenden, um die Seele ringenden, segnenden, retten wollenden Christus der Augsburger Plastik. Wird das ‚Ewige Haus‘ noch je geschrieben: dieser Christus ist der Christus meines Buches."

II Von Bibeltexten her und auf sie hin

Von Bibeltexten her und auf sie hin hat Klepper von 1932 an bis zu seinem Tod die täglichen Widerfahrnisse als Gottes Führung zu hören gesucht: die Zeitereignisse wie die davon zutiefst bestimmte Arbeit als Schriftsteller und das Leben und Leiden seines Hauses, seiner Familie. Das Tagebuch, ein Zeitzeugnis ersten Ranges, bekundet seinen Lebenskampf – mit sich, mit Gott, mit seiner Zeit; es bekundet ihn in bestürzender Präzision. Am 13. März 1935 notiert er:

> „Ich kann ganz und gar nicht behaupten, dass mir vom Christentum eine Beruhigung herkäme. Dazu sind seine Widersprüche zu quälend. Was allein ist nun die Heiligung, die angeblich eine Frucht hat? Ich weiss nur das eine: dass die Anrede Gottes an den Menschen durch das Wort der Schrift, dass die Spiegelung aller Lebensvorgänge in solcher Anrede der Hauptinhalt meines Lebens ist. Ich weiss nur, dass mein Leben unter den tausendfachen Eventualitäten des Lebens lediglich zwei Möglichkeiten der Ordnung hat: Die Konzentration auf das ‚jeweilige' Buch. Die Beugung unter die Anrede Gottes, die alle sichtbaren Ordnungen auflöst."[8]

Der tägliche Umgang mit dem biblischen Wort, der Kleppers Leben und Schreiben seit seiner Berliner Zeit durch und durch prägt – das Tagebuch, der grosse Roman „Der Vater" und die Lieder bezeugen dies eindrücklich –, lässt ihn in Abgründen nicht zerschellen, gibt ihm aber keine fundamentalistische Sicherheit. „Ich merke nur, dass das Leben unter dem Begreifen von Bibelworten hingeht, von denen man keines auf eine bestimmte Lage hin anzuwenden oder nur auszudeuten wagt."[9] „Aber dass das Leben immer wieder auf bestimmte Bibelsprüche hingeführt wird, das ist wohl eine Sprache Gottes zu dem Menschen, um derentwillen man das Leben aushalten muss, bis – Gott ‚ausgeredet' hat."[10] Der Wortpsalm 119 hat für Klepper eine ähnlich fundamentale Bedeutung wie für Martin Luther[11], Heinrich Schütz[12] und Dietrich Bonhoeffer[13].

---

8 13. März 1935, 242.
9 27.–29. April 1934, 177. Klepper zieht nicht die Bibel in die Gegenwart – dies wäre ja der selbstmächtige Griff, in dem ich die Bibel auslege und nicht sie mich; er staunt vielmehr darüber, „die Gegenwart in der Bibel leben zu dürfen". Dies ist „jener unfassliche Vorgang, der alle Tage aus den Angeln hebt." (22./23. September 1935, 291).
10 20. April 1934, 173. Es spannt sich „das Leben vom Begreifen eines Bibelwortes bis zum Begreifen des Anderen", 1. Januar 1933, 33 f.
11 Vgl. Oswald Bayer, Theologie, Gütersloh 1994, 55–110.
12 Heinrich Schütz, 119. Psalm (Schwanengesang), Stuttgarter Schütz-Ausgabe, Bd. 18.
13 DBW 15, 499–537. Dazu: Johannes von Lüpke, Gedächtnis der Kirche. Theologie in kirchlicher Verantwortung, Leipzig 2020, 159–167.

Das Hören auf das göttliche Wort geschieht für Klepper in genauem und aufmerksamem Lesen der Lutherbibel. Klepper spricht die Bibeltexte nach, läßt sich von ihnen den Wortlaut, Klang und Rhythmus seiner eigenen Sprache geben und erhofft sich von solchem Gehorsam, der Eitelkeit des Schriftstellers und leerem Geschwätz zu entgehen: „Ich bewahre mich in dem Worte Deiner Lippen vor Menschenwerk" (Ps 17,4).[14]

Lebt jeder, der redet und schreibt, aus einer mündlichen und schriftlichen Vorgabe, so ist dieser Sachverhalt von wenigen so klar erkannt und so entschieden bejaht worden wie von Klepper, der ihn im biblischen Wort begründet sieht: „Was ist alles Wort, das sich nicht gründet aufs Johannes-Evangelium? Was sind alle Bücher, die nicht erschüttert Recht, Weihe und Notwendigkeit erfahren von dem einen Buche her, das allein das Amt des Buches so groß macht?"[15] Deshalb hält Klepper sich streng an 1Petr 4,11: „Redet jemand, so rede er 's als Gottes Wort" und beherzigt die aus dieser Paränese kommende hermeneutische Maxime Johann Georg Hamanns: „Die heilige Schrift sollte unser Wörterbuch, unsere Sprachkunst sein, worauf alle Begriffe und Reden der Christen gründeten und aus welchen sie bestünden und zusammengesetzt würden."[16] So will Klepper nach nichts anderem fragen als nach den Worten der Schrift, um mit dem „Sprachgut und Wortschatz der Bibel zu dichten".[17]

Das Schreiben war für Klepper zwar innerstes Bedürfnis, aber meistens keine Lust, sondern eine Last [18], ein Müssen, eine Notwendigkeit[19] – wie sie dem Propheten Jeremia auferlegt war, der sich von dem vergewaltigt sah [Jer 20,7], der spricht: „Ist mein Wort nicht wie ein Feuer und wie ein Hammer, der Felsen zerschmeißt?" (Jer 23,29)[20]

---

14 Vgl. Jochen Klepper, Der christliche Roman. In: Ders., Nachspiel. Erzählungen, Aufsätze, Gedichte, Witten/Berlin 1960, 84–101, hier 90. Sowie ders., Das göttliche Wort und der menschliche Lobgesang. In: Das Buch der Christenheit. Betrachtungen zur Bibel, hg.v. Kurt Ihlenfeld, Berlin 1939, 113 und 115.
15 22. August 1937; 484.
16 Johann Georg Hamann, Londoner Schriften. Historisch-kritische Neuedition von Oswald Bayer und Bernd Weißenborn, München 1993, 304,8–10.
17 Klepper, Das göttliche Wort und der menschliche Lobgesang. In: Das Buch der Christenheit (s.o. Anm. 14), 128–162 = ders, Nachspiel. Erzählungen, Aufsätze, Gedichte, Witten/Berlin 1960, 102–131, hier 114.
18 S.o. Anm. 14. Klepper spricht von „der von Gott auferlegten Not des Schaffens, in dem er bezeugt sein will [vgl. 1Kor 9,16; Jer 20,9], wenn er seine Gnade gibt zu dieser Not": 3. April 1939, 748.
19 Das Notwendige, nicht das Mögliche: vgl. Der christliche Roman (s.o. Anm. 14), 90.
20 Jeremia 23,29 wird von Klepper, Lobgesang (s.o. Anm. 14), 119 zitiert; aaO, 122, bezieht er sich auch auf den vorhergehenden Vers 28 („Ein Prophet, der Träume hat, der erzähle Träume; wer

Unter solcher Anrede zu schreiben macht das Amt des Buches zu einem schweren Amt und führt in den Konflikt zwischen dem Wort Gottes und eigenem Schaffensdrang. „Die Überwindung auch des künstlerischen Eigenwillens durch den nach dem ganzen Menschen verlangenden Gotteswillen ist nichtmehr ein psychologischer und ästhetischer, sondern ein religiöser Vorgang."[21] Unmöglich kann Klepper die absolute Autonomie des Dichters gelten lassen, wie sie Gottfried Benn beschwört: „Der Dichter ist sein eigener Gott." Dieser Satz aus Benns Trauerrede auf Klabund[22] findet Kleppers scharfen Widerspruch; er bekunde eine „maßlose Überschätzung der Literatur."[23]

Gott hat es gefallen, schreibt Klepper 1938 in „Das göttliche Wort und der menschliche Lobgesang", „meinem Testament"[24], „an die Menschheit sein Wort, das der Geist und das Leben ist, in einem Buche zu richten. Wohl und Wehe allen, deren Leben dem Bücherschreiben gehört. Ihr Maß war bestimmt, ihr Ziel war gesetzt, ehe sie zu schreiben begannen und nach den Formgesetzen ihres Schaffens Normen aufzurichten trachteten. Wer vom Worte lebt, kann nicht vorüber am Worte des Lebens. Wer Bücher schreibt, vermag nicht, sich dem Buch der Bücher zu entziehen. Er ist gebunden an die Heilige Schrift: er beuge sich oder lehne sich auf. Alle dichterische Deutung, als Gestalt und Gehalt, wird gemessen an der Offenbarung. Alle Dichtung, die das Ewige, Eine in der zeitlichen Mannigfaltigkeit zu deuten begehrt, kann ihren Auftrag nur aus der Bibel gewinnen und bestätigt erhalten."[25]

---

aber mein Wort hat, der predige mein Wort recht. Wie reimen sich Stroh und Weizen zusammen? Spricht der Herr.") Es ist ihm „ein hartes Wort, daß für den, der Gottes Wort hat, Traum und Phantasie zu Stroh geworden sein sollen." (Der christliche Roman [s.o. Anm. 14], 93). Kritisch dazu Rudolf Hermann, der das Recht der Phantasie in der Kunst gewahrt wissen möchte. Vgl. Kleppers Brief an Rudolf Hermann am 14.11.1940. In: Heinrich Assel, Der du die Zeit in Händen hast. Briefwechsel zwischen Rudolf Hermann und Jochen Klepper 1925–1942, München 1992, 114.
21 Der christliche Roman (s.o. Anm. 14), 90.
22 Die Trauerrede auf Klabund, von Gottfried Benn am 9. September 1928 gehalten, hört Klepper auf einer Schallplatte am 22. September 1938; 651.
23 Ebd.
24 25. November 1938, 685.
25 Lobgesang (s.o. Anm. 14), 102f. Vgl. 10./11. März 1936, 339: „Weil aber die Welt ausgerichtet ist auf ein Buch, die Bibel, ist Bücherschreiben eine so große Sache, daß es eben nicht anders als mit Zittern und Zagen vor sich gehen kann –." Vgl. auch Der christliche Roman (s.o. Anm. 14), 89: „Auch der Nicht-Christ müßte es verstehen, daß jenen Schreibenden [...] einmal zu mindesten das Staunen darüber kommt, daß nach christlichem Glauben Gott das Heil der Welt gebunden hat an ein Buch, das Buch, die Bibel, und an den, von dem dieses Buch zeugt als dem fleischgewordenen, ewigen Wort! Dieses Staunen kann freilich so ergreifen, daß der davon Überwältigte nun Gottes Wort in der Heiligen Schrift zum Maßstab für alles eigene Wirken durch das Wort und am Wort zu machen begehrt."

„Alle Antwort der Dichter", heißt es in demselben „Testament", ist „wiederum in der Schrift aufgezeichnet, vor-geschrieben, aus ihr abzulesen, in ihr festgelegt, in welcher Vielfältigkeit auch die Dichter auf die Anrede Gottes antworten, vor dem Anspruch Gottes sich verantworten mögen."[26] Der dem göttlichen Wort antwortende Dichter fährt demnach nicht, wie es Nietzsche vom neuen Menschen erträumte, auf das offene Meer hinaus – ins Unbestimmte und Grenzenlose; er findet sich vielmehr in einem bestimmten Sprachraum vor, der gleichwohl unerschöpflich vielstimmig und so reich ist, daß man ihn „sein Leben lang ‚exegesierend' nicht wird ‚ausdichten' können"[27]. Ja, der Sache nach gegen Nietzsche wird geltend gemacht: „Beugung und Bindung der christlichen Epik, die gar nichts anderes als dies mehr sein will, bedingt keineswegs eine Erstarrung, Einschränkung oder Verengung. Vielmehr gehört erst dem Christen das ganze weite Feld des Menschlichen."[28]

Im Umgang mit der Bibel, dem unerschöpflichen Erfahrungsbuch, schreibt Klepper von der Wirkung des Wortes Gottes in seiner eigenen Lebensgeschichte – so im Tagebuch; er schreibt von ihr im Leben anderer – wie im Leben der Katharina von Bora oder im Leben Friedrich Wilhelms I., des „Vaters" „überwältigt [...] von dem Offenbarwerden von Worten der Schrift im Leben des Königs."[29] Damit ist der enge Zusammenhang zwischen Kleppers Arbeit an seinen Romanen und am Tagebuch deutlich. „Tagebuch führe ich, weil ich fasziniert bin von der Handlung, die ein anderer mit ‚meinem Blute' schreibt."[30] „Was auch gegen solche Aufzeichnungen als ‚Autopsychotherapie' spricht – sie haben oft geholfen und gemahnt, keine Anrede Gottes, keine Station seiner Führung nach all ihren Umständen zu vergessen. Am Ende wird man die Verknüpfung erfahren."[31]

---

[26] Lobgesang (s. o. Anm. 14), 111. Vgl. ebd.: „Unmöglich ist es freilich, auch nur im Entferntesten eine Vorstellung von jener herrlichen und unerschöpflichen Vielstimmigkeit biblischer Antworten auf den biblischen Auftrag zu vermitteln."
[27] 14. September 1939, 804, pointiert auf den „Trost". Im Zusammenhang. Die „Gewißheit des Trostes [...] gibt die Schrift so überreich, daß man es sein Leben lang ‚exegetisierend' nicht wird ‚ausdichten' können."
[28] Der christliche Roman (s. o. Anm. 14), 93. Vgl. auch aaO, 101 (Schluß: Joh 21,25).
[29] 2. März 1936, 336.
[30] 6. Juli 1933, 83 f.
[31] 15. März 1936, 341.

III Irreguläres Pfarramt

Für Klepper ist Gott der Autor seiner Lebensgeschichte. Kraft der Autorschaft Gottes geschieht seine eigene. So durchdringen sich Kleppers Leben und sein literarisches Werk. Das Buch stellt „Bibelexegese durch gelebtes Leben" dar.[32] Darin sieht sich Klepper in grosser Tradition; in der Tat hat das protestantische Pfarrhaus in seinem Umgang mit dem Wort für die Geschichte der deutschen Literatur eine besondere Bedeutung. Gleichwohl verkennt Klepper die gerade von Gottes Wort her erlaubte und gebotene relative Autonomie der Kunst, wenn er das Misslingen der Dichtkunst fürchtet, „solange noch der leiseste Unterschied ist zwischen Predigtschreiben und Bücherschreiben"[33].

In seinem irregulären Pfarramt war Jochen Klepper lange Zeit seines Auftrags nicht gewiss. Erst seine „mit dem Text der Bibel"[34] gedichteten Lieder haben ihn durch die Art und Weise, in der sie in den Gemeinden Aufnahme fanden,[35] seines Lebensauftrags gewiss gemacht.

Heute lebt Jochen Klepper vor allem durch seine Lieder. Evangelische wie katholische Christen singen sie; im neuen Gesangbuch der evangelischen Kirche in Deutschland ist nach Martin Luther und Paul Gerhardt Jochen Klepper mit den meisten Liedern vertreten.

Das Lied, in das sich Kleppers Leben und Werk in besonderer Weise sammelt – „Der du die Zeit in Händen hast..." – hat nicht zufällig die „Zeit" zum Thema – genauer: Gottes Zeit und unsere Zeiten, die sich überlagern, stossen, miteinander in Konflikt liegen, so dass fraglich ist, ob und wie sie sich zu einer einzigen Zeit, zu einer unverwechselbaren eigenen Lebensgeschichte, zu einer einzigen Weltgeschichte ordnen.

Zur Antwort darauf nimmt das „absolut jüdische" Lied in der Tat die Psalmen auf, die Urgebete Israels und der Kirche. Psalm 31 gibt im Bezug der ersten Zeile des Liedes auf dessen ursprünglichen Schluss das Thema und den Rahmen ab, während Psalm 102 und Psalm 90 in gegenseitiger Verschränkung die Vergäng-

---

[32] 3. April 1939, 748. Vgl. 17. Februar 1936, 333. „Bibelexegese durch Erzählung eines Menschenlebens, das ist es, was mich so bannt!"

[33] 20. Juni 1934, 191. Vgl. jedoch Klepper selbst: Der christliche Roman (s.o. Anm. 14), 84–89.

[34] 12. Juli 1938, 615.

[35] 27. Dezember 1937, 537; 13. Februar 1939, 723. Zur Rezeption von Kirchenliedern durch die Gemeinde beruft sich Klepper auf Luther und setzt auf die Titelseite des KYRIE (s.o. Anm. 1) als Lutherzitat: „Es liegt daran, daß der Haufe Gottes oder Gottes Volk ein Wort oder Lied annehme oder für [un?]recht erkenne. St. Ambrosius hat viel schöner Hymnen gemacht, heißen Kirchengesang darum, daß sie die Kirche angenommen hat und braucht, als hätte sie dieselben gemacht und wären ihre Lieder." (Martin Luther, Von den letzten Worten Davids, 1543: WA 54, 34,13–19. Klepper zitiert nicht diplomatisch genau.)

lichkeitsklage durch die Erfahrung von Gottes Zorn und Gnade, von Gericht und Vergebung qualifizieren.

Durch Zorn und Gericht hindurch arbeitet sich die Bitte eines zutiefst Angefochtenen in seinem Ruf de profundis (Psalm 130,1), den der ursprüngliche Schluss des Psalmliedes bezeugt:

> „Laß – sind die Tage auch verkürzt,
> wie wenn ein Stein in Tiefen stürzt –
> uns dir nur nicht entgleiten!"[36]

---

[36] Diesen ursprünglichen Schluss des Liedes hat Klepper verändert. Vgl. das Faksimile der Erstfassung im Autograph Kleppers; in Gestalt und Glaube (FS für Oskar Söhngen zum 60. Geburtstag), hg.v. einem Freundeskreis, Berlin 1960.

23 Trost

I Klage und Adventsbitte

Friedrich Spees Adventslied „O Heiland, reiß die Himmel auf ..." [1], aus dem der Titel dieser Akademietagung genommen ist, nimmt Jes 64,1 (bzw. Jes 63,19b) auf – einen Vers aus dem „wohl [...] gewaltigste[n] Volksklagepsalm in der Bibel"[2]: „Ach, dass du den Himmel zerrissest und führest herab!" Das ist ein aus der Klage der Gottverlassenheit geborener Hilferuf, der Gott bittet, ja bestürmt, nicht länger zu warten: Löse deine Zusage ein, verzögere dein rettendes Kommen nicht länger,[3] greife endlich ein, um Recht und Gerechtigkeit zu schaffen – um zu richten und zu retten. „Wo bleibst du, Trost der ganzen Welt, / darauf sie all ihr Hoffnung stellt? / O komm, ach komm vom höchsten Saal, / komm, tröst uns hier im Jammertal."[4]

Keine Ergebung sucht diese Bitte. Der Beter will nicht beschwichtigt, nicht beruhigt werden. Unverkennbar ist vielmehr seine antistoische Ungeduld, die fragen läßt: „Wie lange noch?" Wir kennen diese Frage aus den Klagepsalmen – etwa aus Psalm 13 (V. 2f): „HERR, wie lange willst du mich so ganz vergessen? Wie lange verbirgst du Dein Antlitz vor mir? Wie lange soll ich sorgen in meiner Seele und mich ängsten in meinem Herzen täglich? Wie lange soll sich mein Feind über mich erheben?"

Die Situation, in der und aus der heraus der Beter nach Trost, nach der Wende der Not, nach Rettung ruft, wird nicht hingenommen und angenommen, sondern als unverständlich, ja unerträglich geklagt. Deshalb die Frage „Warum?" (Ps 22,2

---

1 EG 7.
2 Claus Westermann, Das Buch Jesaja. Kapitel 40–66 (ATD 19), Göttingen 1966, 311.
3 Vgl. außer den Klagepsalmen und ihrer Frage „Wie lange?": Hab 2,2–4; Hebr 10,37f; 2Petr 3,9; Apk 6,10. Dazu: August Strobel, Untersuchungen zum eschatologischen Verzögerungsproblem aufgrund der spätjüdisch-urchristlichen Geschichte von Habakuk 2,2ff, Leiden/Köln, 1961. Das Problem der Naherwartung und Parusieverzögerung ist im Kern weniger ein chronologisches denn ein strikt theologisches: Es hat seinen Ort im Bereich der Theodizee und wird sich erst erledigen, wenn sich die Unerträglichkeit des Gottwidrigen erledigt haben wird.
4 EG 7,4. Vgl. EG 134,5 (Bitte an Gott den Heiligen Geist, den „Tröster": s.u. Anm. 54): „Wird uns auch nach Troste bange, / dass das Herz oft rufen muß: / „Ach mein Gott, mein Gott, wie lange? [...]" („Komm, o komm, du Geist des Lebens [...]", Heinrich Held, 1658). Das Werk des Heiligen Geistes kann wesentlich als Trost gelten: Vergebung der Sünden, Auferstehung der Toten und das ewige Leben. Zur Wendung „nach Troste bange" vgl. Luthers Übersetzung von Jes 38,17: „Siehe, um Trost war mir sehr bange. Du aber hast dich meiner Seele herzlich angenommen, dass sie nicht verdürbe; denn du wirfst alle meine Sünden hinter dich zurück."

u. ö.)⁵ Der bedrängenden Feinde, mit denen der Beter sich nicht abfindet, sind viele: Krankheit, Rechtlosigkeit, Verrat durch Freunde und die nächsten Angehörigen, Betrug, Lüge, Mord samt allen übrigen Formen des Bruchs der Gemeinschaftstreue – des Vertrauensbruchs –, Verlust der religiösen sowie der staatlichen Identität und damit auch der eigenen psychischen Identität sowie die damit verbundene Enge, Angst und Verzweiflung – in welcher Gestalt auch immer. „Ängste bestürmen mein Herz; führe mich heraus aus meiner Bedrängnis!" (Ps 25,17). Die Lebensverhältnisse – die Beziehungen zu meinen Mitgeschöpfen, zu mir selbst und zu Gott – sind nicht in Ordnung, sondern gestört, ja zer-stört und stehen damit in schreiendem Widerspruch zu Gottes Schöpfer- und Heilswillen. Die Feinde sind die Mächte des Verderbens, des Gemeinschaft Zerstörenden, des Lebens- und Sinnwidrigen – bis hin zum „letzten Feind" (1Kor 15,26), dem Tod.

II Trost: ein Gottesprädikat

Der Trost nun, nach dem gesucht, nach dem geschrien wird, ist nicht weniger als die Macht, die diesen Verderbensmächten gewachsen ist, sie besiegt, überwindet. Keine Frage, dass diese Macht keine immanente Möglichkeit, kein Seelenvermögen des Menschen ist. Kein Mensch kann von sich aus einem anderen wahren Trost geben⁶ – geschweige denn, sich selber Trost zusprechen. Der Trost ist vielmehr das, worauf sich die Bitte um den Advent, die Bitte um das Kommen, um das machtvolle Eingreifen Gottes richtet: auf Gott selbst. Er allein ist der „Trost der ganzen Welt", das wirklich Zuverlässige und Beständige, das Feste, der Grund, auf den man bauen, dem man vertrauen kann;⁷ er allein ist das Wort, das hält und ins Werk setzt, was es verspricht: Leben und Gemeinschaft in Fülle (Joh 10,10) – angesichts dessen, was wankt, fällt, verdirbt, verkommt, zugrunde geht, verwest.

---

5 Damit wird nicht zuerst nach einer rationalen Erklärung gefragt; der Beter bekundet vielmehr sein Unverständnis und seine Empörung. Er versteht die Wirklichkeit nicht, sondern widerspricht ihr und ersehnt die Erhörung der Klage.
6 Vgl. u. Anm. 25–27.
7 Die etymologische Urbedeutung von „Trost" ist „kernholz", „festigkeit": DWb (= Jacob und Wilhelm Grimm, Deutsches Wörterbuch, Leipzig 1854 ff) Bd. 22, 1952, Sp. 902. Von daher meint das Wort zunächst und hauptsächlich den handfesten Grund und Inhalt des Vertrauens – konkret etwa Geld oder militärische Hilfe (Sp. 910). Erst in der Neuzeit wird es „weniger als sichtbare hilfe denn als seelische stärkung" verstanden (Sp. 903), erlangt also die subjektive Färbung des gegenwärtigen Sprachgebrauchs. Vgl. u. Anm. 48 und 49.

„Trost" ist also ein Gottesprädikat. Es steht für Gott selbst, den „Gott allen Trostes" (2Kor 1,3; vgl. Röm 15,13: „Gott der Hoffnung"[8]). Es sagt, wer Gott ist: der „Tröster" und was er tut: Er tröstet wie – nach Tritojesaja in der Nachfolge Deuterojesajas, des großen Trostpropheten – einen seine Mutter tröstet (Jes 66,13). Und doch anders. Denn meine Mutter kann für den Trost, den sie gibt, nicht selbst wirklich einstehen;[9] sie ist nicht des Todes mächtig. Eben dies aber ist nach dem großen paulinischen Lobpreis zu Beginn des 2. Korintherbriefes der „Gott allen Trostes" und zugleich, wie Paulus im selben Vers parallel dazu schreibt, der „Vater der Barmherzigkeit". Gottes Trost und seine mit ihm verschwisterte, ja identische Barmherzigkeit[10] sind keine bloße Gesinnung, sondern nicht weniger als die Macht, die gefallene und seufzende Schöpfung durch den Tod hindurch zu retten.[11] Gott tröstet effektiv, indem er die Toten auferweckt[12] und zusammen mit der Weltgeschichte meine eigene Lebensgeschichte durch das jüngste Gericht hindurch vollendet.

III Trost als Reich Gottes, als endgültiges Heil – in Christus

Es dürfte deutlich geworden sein, daß von dem Trost, den das Adventslied erwartet, nicht groß genug, nicht weit und tief genug gedacht werden kann. Der

---

8 Trost und Hoffnung haben nicht nur eine ähnliche Bedeutung, sondern sind synonym. Der „Trost der ganzen Welt" ist der, „darauf sie all ihr Hoffnung stellt". Sowohl „Trost" wie „Hoffnung" meinen den Trostgrund wie das Hoffnungsgut (spes, quae speratur; vgl. Gal 5,5: „Wir erwarten die Hoffnung"; Tit 2,13: „warten auf die Hoffnung"), zugleich aber auch das Getröstetsein des Getrösteten und das Hoffen des Hoffenden (spes, qua speratur). „Hoffnung" umfasst also – objektiv – das Erhoffte, das nicht nur Gegenstand und Ziel des Hoffens, sondern sein Grund ist, und – subjektiv – das Hoffen als Affekt und Akt. Entsprechend geht dem „Trost", den ich subjektiv empfinde, die handfeste Macht voraus, die mir Festigkeit und Halt, Schutz und Hilfe gewährt, ja: Rettung bringt.
9 Vgl. u. bei Anm. 25 – 27.
10 Wie im Einklang mit 2Kor 1,3 – 7 die Bedeutung von „nicham" (נחם: es sich wegen fremden Unglücks leid sein lassen, mitleiden, Reue empfinden, trösten, rächen) zeigt, sind „Trost" und „Barmherzigkeit" bzw. „Erbarmen" identisch.
11 „Der wahre Trost [...] ist mit dem Erbarmen Gottes identisch, der sich dem Niedrigen in der Tiefe zuwendet und Gemeinschaft durch den Tod hindurch zusagt und schafft. So kann die Einheit von Barmherzigkeit und Trost mit der Überwindung der Todesmacht im Lobpreis bekannt werden (2Kor 1)": Oswald Bayer, Barmherzigkeit. In: Ders., Zugesagte Freiheit. Zur Grundlegung theologischer Ethik (GTB 379) Gütersloh 1980, 101– 107, hier 107. Vgl. Otfried Hofius, „Der Gott allen Trostes". παράκλησις und παρακαλέω in 2Kor 1,3 – 7. In: Theologische Beiträge 14 (1983), 217– 227 bzw. In: Ders., Paulusstudien, Tübingen 1989, 244 – 254.
12 Vgl. neben 1Kor 1,3 – 7: Lk 7,11 – 17 (Parallelität von „Weine nicht!" und „Stehe auf!").

„Trost der ganzen Welt" ist nichts Geringeres als das Reich Gottes, als Gott in seiner Rettungsmacht – nichts Geringeres als das umfassende und endgültige Heil der Welt in seinen individuellen, sozialen und kosmischen Dimensionen, wie es im Neuen Testament nicht zuletzt das Buch der Offenbarung des Johannes zur Sprache bringt und vor Augen stellt. Dieses letzte Buch der Bibel ist im Grunde eine aus der Not und Bedrängnis geborene Klage in ihrem ungeduldigen[13] adventlichen Verlangen nach dem Kommen des schon gekommenen HERRN, auf das hin das Neue Testament an seinem Ende sich öffnet: „Komm, HERR Jesus!" (Apk 22,20) – Maranatha! „O Jesu Christ, du machst es lang / mit deinem Jüngsten Tage, / den Menschen wird auf Erden bang / von wegen vieler Plage. / Komm doch, komm doch, du Richter groß, / und mach uns bald in Gnaden los / von allem Übel. Amen."[14]

Dasselbe endgültige Heil wie die Johannesoffenbarung erwartete als gerechter und gottesfürchtiger Jude der greise Simeon. Er hoffte auf „den Trost Israels", auf Israels „Rettung", wie die sachlich durchaus zutreffende Version der Einheitsübersetzung für „Trost" lautet (Lk 2,25). Der Trost ist ‚die Rettung, die durch den – im Judentum „Menachem", „Tröster", genannten[15] – Messias Jahwes, den „Messias des HERRN" (Lk 2,26), geschehen wird, ja mit Jesu Geburt bereits geschehen *ist*, so dass Simeon den Trost, die Rettung, das Heil jetzt schon empfängt, buchstäblich in seine Arme nehmen darf und beten kann: „HERR, nun läßt du Deinen Diener in Frieden fahren, wie du gesagt hast; denn meine Augen haben Dein Heil gesehen, das du bereitet hast vor allen Völkern, ein Licht, zu erleuchten die Heiden und zum Preis Deines Volkes Israel" (Lk 2,29–32).

Der Trost nicht nur Israels, sondern der ganzen Welt ist verfasst in diesem kleinen Kind,[16] das in der Krippe geboren wurde, und in dem Mann, der am Kreuz starb. Mit seiner Taufe im Jordan ist der verschlossene Himmel zerrissen; er hat sich geöffnet: Gottes Geist ist herabgefahren und ist nun Gegenwart in Jesus, dem Messias, dem Christus, dem „geliebten Sohn" des Vaters (Mk 1,9–11). Jene aus der Klage geborene ungestüme Bitte „Ach, daß du den Himmel zerrissest und führest herab!" ist im Leben, Leiden, Sterben und Auferwecktwerden Jesu Christi erfüllt,

---

[13] Apk 6,10: „[...] Herr, du Heiliger und Wahrhaftiger, wie lange richtest du nicht und rächst nicht unser Blut [...]?"
[14] EG 149,7 („Es ist gewisslich an der Zeit [...]": Nachdichtung der berühmten – aus der apokalyptischen Dichtung des späten 12. Jahrhunderts stammenden – Sequenz „Dies irae, dies illa [...]" durch Bartholomäus Ringwaldt 1586. Text der Sequenz In: Urbanus Bomm, Lateinisch-deutsches Volksmessbuch, Einsiedeln, [11]1956/57, 1410–1412).
[15] Vgl. Günter Stemberger, Art. „Trost I. Bibel und Judentum. In: TRE 34, 143–147, hier 146,2–6.
[16] Deshalb ist es verständlich und zu vertreten, wenn Luther das abstractum „Heil" (Lk 2,30) konkret fasst: personal übersetzt mit „Heiland", Retter.

ein für allemal. In und mit ihm ist die Zeit erfüllt und das Reich Gottes so nahe herbeigekommen, wie es näher gar nicht kommen kann (Mk 1,15; vgl. Gal 4,4). Jesus Christus verkündet nicht nur das Reich Gottes, sondern ist es selber in Person; er ist, mit einem treffenden Wort des Origenes gesagt, die „Autobasileia"[17], so dass die Vaterunserbitte „Dein Reich komme" in ihrer christologischen Präzisierung lautet: „Komm, HERR Jesu!" – Maranatha (Apk 22,20; 1Kor 16,22; Did 10,6).

IV Der „einzige" Tröster und die vielen Tröster: Engel

Im ersehnten Kommen des in dem Menschen Jesus von Nazareth bereits gekommenen Messias, des Gottessohnes, liegt der „Trost der ganzen Welt", „darauf sie all ihr Hoffnung stellt". So bekennt die Christusgemeinde. Und es ist sachgemäß, wenn sie über ihren Glauben, ihre Liebe und ihre Hoffnung gerade unter dem Titelbegriff des „Trostes" öffentlich Rechenschaft gibt (vgl. 1Petr 3,15). Dies jedenfalls geschieht im grundlegenden Bekenntnis der reformierten Kirchen, im Heidelberger Katechismus (1563). Er ordnet alles der Antwort auf seine erste Frage unter: „Was ist dein einziger Trost im Leben und im Sterben?" Nach der Antwort des Katechismus gilt es, *auf den Trost der ganzen Welt nicht nur zu warten, sondern an ihm jetzt schon teilzuhaben.* Mein einziger wahrer Trost liegt darin, „dass ich mit Leib und Seele im Leben und im Sterben (Röm 14,7f), nicht mir (1Kor 6,19), sondern meinem getreuen Heiland Jesus Christus gehöre (1Kor 3,23). Er hat mit seinem teuren Blut (1Petr 1,18f) für alle meine Sünden vollkommen bezahlt (1Joh 1,7; 2,2) und mich aus aller Gewalt des Teufels erlöst (1Joh 3,8); und er bewahrt mich so (Joh 6,39), dass ohne den Willen meines Vaters im Himmel kein Haar von meinem Haupt kann fallen (Mt 10,29ff; Lk 21,18), ja, dass mir alles zu meiner Seligkeit dienen muß (Röm 8,28). Darum macht er mich auch durch seinen Heiligen Geist des ewigen Lebens gewiss (2Kor 1,21f; Eph 1,13f) und von Herzen willig und bereit, ihm forthin zu leben (Röm 8.14ff)."[18]

Vorbildlich an dieser Erklärung ist die christologische Konzentration, die jedoch nicht christomonistisch ist; das Werk des Vaters und des Heiligen Geistes werden zwar knapp, aber deutlich angesprochen, so dass alle drei Artikel des Glaubensbekenntnisses in der Bestimmung dessen, was „Trost" ist, zusammenwirken: Der Trost ist einzig und allein das Wort und Werk – das wirksame Wort –

---

17 Nachweis bei: Karl Ludwig Schmidt, Art. „ἀυτοβασιλεί", Theologisches Wörterbuch zum Neuen Testament, hg.v.. Gerhard Kittel, Bd. I, 1933 (Nachdruck Stuttgart 1957), 591, 23–25.
18 Der Heidelberger Katechismus. In: Reformierte Bekenntnisschriften. Eine Auswahl von den Anfängen bis zur Gegenwart, hg.v. Georg Plasger und Matthias Freudenberg, Göttingen 2005, 154.

des dreieinen Gottes. Mag man diese kurze Zusammenfassung des gesamten Katechismus in Einzelzügen auch kritisch sehen – bemerkenswert ist jedenfalls, um dies nochmals hervorzuheben, daß hier „Trost" zum Haupt- und Titelbegriff einer umfassenden Rechenschaft über den christlichen Glauben in Anspruch genommen und damit das Gewicht dieses Wortes wie sonst nirgends öffentlich sichtbar wird.

Ein vergleichbares Gewicht hatte dem Begriff schon Philipp Melanchthon zugemessen, für den die „consolatio", der Trost, „finis ultimus", Endzweck, Ziel, der Theologie ist.[19] Theologie und Kirche sind dazu da zu trösten, das heißt: den angefochtenen Gewissen Gewissheit des Heils zu vermitteln – freilich: „wo und wann es Gott gefällt" (CA 5). Darin ist Melanchthon ganz einig mit Luther, über den er in seiner Leichenrede sagt: „Dem, der über den Zorn Gottes nachdenkt und erschrocken ist, hat er den festen Trost für die Seele aufgewiesen."[20] In der Tat läßt sich das Hauptanliegen Luthers, das Urmotiv seiner Theologie, in aller Kürze so beschreiben: *Es geht ihm darum, angesichts des Letzten Gerichts die Gewissen zu schärfen und zu trösten*, anders gesagt: Gesetz und Evangelium zu predigen.

„Was ist dein einziger Trost im Leben und im Sterben?" Wenn mit der Erwartung und dem Bekenntnis eines „einzigen" Trostes sozusagen alles auf eine Karte gesetzt wird (vgl. Mt 13,44–46), könnte das Missverständnis aufkommen, als schließe die Einzigkeit des dreieinen Gottes als des einzigen Trostes alle anderen Trostgründe rigoros und abstrakt – in jeder Hinsicht – aus. Deshalb ist es nötig, näher nach dem Sinn dieses Bekenntnisses und zugleich nach dem Sinn des damit zur Geltung kommenden Ersten Gebotes zu fragen: „Ich bin der HERR, Dein Gott. Du sollst keine anderen Götter" – keine anderen Trostgründe – „neben mir haben!" (Ex 20,2f). „Höre, Israel, der HERR ist unser Gott; der HERR ist einzig!" (Dtn 6,4).[21]

---

[19] Nachweise: Oswald Bayer, Theologie (HST 1), Gütersloh 1994, 154. Der „Trost" des verzweifelten Gewissens ist für Melanchthon schon früh das Ziel christlicher Erkenntnis (Philipp Melanchthon, Loci communes 1521, Lat.-Dt. hg.v. Horst Georg Pöhlmann, Gütersloh,1993, 22–25: Einleitung 16: „Haec demum christiana cognitio est scire [...] quomodo afflictam conscientiam consoleris."
[20] Philipp Melanchthon, Rede bei der Bestattung des ehrwürdigen Mannes D. Martin Luther. In: Melanchthon deutsch, hg.v. Michael Beyer/Stefan Rhein/Günther Wartenberg, Bd. 2: Theologie und Kirchenpolitik, Leipzig 1997, 156–168, hier 159: „ostendit [...] quae firma consolatio mentis quae expavit sensu irae Dei" (Oratio in funere reverendi viri D. Martini Lutheri, zit. nach Siegfried Bräuer, Die Überlieferung von Melanchthons Leichenrede auf Luther. Mit einem Quellenanhang. In: Humanismus und Wittenberger Reformation, hg.v. Michael Beyer und Günther Wartenberg unter Mitwirkung v. Hans-Peter Hasse, Leipzig 1996, 185–252, hier 215.
[21] Eingehender: Oswald Bayer, Die Vielheit des einen Gottes und die Vielheit der Götter. In: Ders., Zugesagte Gegenwart, Tübingen 2007, 95–110, hier 97f und 101f.

Ist diese kompromisslos schneidende Exklusivität denn nicht anstößig und abweisend? Weshalb dieser Ton schärfster Absage? Soll alles andere neben dem, der sich als einziger Trost auf diese Weise hören läßt, trostlos sein? Soll nur noch der gelten, der sich so, ohne Wenn und Aber – diskussionslos – vorstellt? Will der, der sich so hören läßt, unser menschlich-natürliches Trostverlangen nach Wärme, Licht, Liebe, Anerkennung, Schutz und Hilfe in Nöten, die Sehnsucht nach Frieden, das Hungern und Dürsten nach Gerechtigkeit eifersüchtig ausschließen?

Ja, das will und tut er, wenn dies Andere angebetet werden, verehrt sein, Macht über uns gewinnen will – wenn all dies von Gott selbst geschaffene Lebensnotwendige grenzenlos wird und maßlos, wenn es unsere ganze Sorge und Aufmerksamkeit beansprucht und wir nichts anderes mehr im Sinn haben als etwa die Gesundheit, die Familie oder die Arbeit, den Erfolg oder das Ansehen, die politische Option oder das Hobby. Alles Gute und Tröstliche wird dir zum Götzen – zum falschen, trügerischen Trost –, wenn Du Dein Herz daran hängst, wenn Du dir die Erfüllung Deines Lebens davon versprichst, wenn Du dich ganz darauf verlässt. Dann wird dir die Liebe zur Venus, die Sorge für die Kinder zur Diana, die Sorge um den Lebensunterhalt zum Pluto und Mammon, die lebensnotwendige Bearbeitung von Konflikten zum Mars. Dann wird dir aus der Liebe zum Wort der Gott Logos und die Sehnsucht nach Schönheit, Licht und klarem Denken zu Apoll und Athene.

Wir sehen: Das in der Tat in seiner kompromisslos scharfen Exklusivität anstößige Fremdgötterverbot dient dem Innewerden kreatürlicher Endlichkeit und damit wahrem Leben; sie sorgt für den skeptischen und kritischen Umgang mit dem von Gott geschaffenen Lebensnotwendigen, dem in der Sünde immer wieder jeweils absolute Aufmerksamkeit und absolutes Vertrauen zugewendet wird, dem damit die Stelle des Schöpfers, die Stelle des wahren Trösters eingeräumt wird. Segen oder Fluch, Sein oder Nichtsein, Leben oder Tod ist hier die Frage. Jesus Christus, die Erfüllung des Ersten Gebots in Person, bringt diese Alternative so zur Geltung: „Niemand kann zwei Herren dienen: Entweder er wird den einen hassen und den andern lieben, oder er wird an dem einen hängen und den andern verachten. Ihr könnt nicht Gott dienen und dem Mammon" (Mt 6,24). In allen Texten des Neuen Testaments begegnet dieses schneidend scharfe Entweder-Oder von wahrem und falschem, tragendem und trügendem Trost, von Glaube und Unglaube, Unheil und Heil, Rettung und Verlorengehen, Tod und Leben, Leben aber nur kraft der Vergebung der von Gottes Zorn getroffenen Sünde durch Gericht und Tod hindurch.

Haben jedoch die anderen Tröster, die mit dem „einzigen" Trost konkurrieren und konfligieren, jene jeweils absolute Geltung verloren, die der Sünder ihnen zuschreibt, dann sind sie keineswegs etwa ausgeschlossen, sondern lediglich „relativiert" (im buchstäblichen Sinn des Wortes): bezogen auf den einzigen wahren Trost, der sie nun ermächtigt[22] und in Dienst nimmt, so daß sie als weltliche, geschöpfliche Tröster trösten dürfen und trösten können, wenn sie denn keine „leidigen Tröster" (Hiob 16,2) sind. Bildende Kunst, Musik, Dichtung, Essen und Trinken sowie der Schlaf, die Geborgenheit des Hauses, der Wohnung, des Heims, der Heimat[23], die Zwiesprache mit einem Hund oder einem Pferd, vor allem aber leibhafte mitmenschliche Nähe, Wärme und Zuwendung sowie zweckfreie Geselligkeit usw. werden gewürdigt, Medien und relative Zeichen des einzigen Trostes zu werden und zu sein, zu dessen Abglanz – sagen wir ruhig: zu dessen Boten und Hermeneuten, also zu Gottes Engel.[24]

So ist eine Mutter Gottes Engel, wenn sie ihr Kind, das nachts jäh aufwacht, im Dunkel sich ängstigt und schreit, in die Arme nimmt und tröstet: „Hab' keine Angst! Es ist doch alles gut!" Ist wirklich alles gut? Vielleicht kommt gleich am nächsten Tag die Mutter bei einem Verkehrsunfall ums Leben; dann ist für das Kind nichtmehr alles gut. In seinem Buch „Auf den Spuren der Engel. Die moderne Gesellschaft und die Wiederentdeckung der Transzendenz" schildert der Soziologe Peter Ludwig Berger eindrücklich diese Szene, in der eine Mutter ihr Kind tröstet, und fragt dann: *„Belügt die Mutter das Kind?"*[25] Seine Antwort:

> „Nur wenn ein religiöses Verständnis des menschlichen Daseins Wahrheit enthält, kann die Antwort aus vollem Herzen ‚Nein' lauten [...]. *Weil der Trost, den sie gibt, über sie und ihr Kind, über die Zufälligkeit der Personen und der Situation hinausreicht und eine Behauptung über Wirklichkeit als solche enthält"*[26]

– über die Gesamtwirklichkeit als getragen und bestimmt von einer Macht, „in der Liebe nicht durch Tod zunichte wird und in der das Vertrauen in die Mächtigkeit

---

22 Diese Ermächtigung und Mitteilung kommt in der Verkettung sowie der inclusio 2Kor 1,3f eindrucksvoll zur Sprache: „[...] Gott allen Trostes, der uns tröstet in aller unserer Bedrängnis, damit auch wir trösten können, die in allerlei Bedrängnis sind, mit dem Trost, mit dem wir selber getröstet werden von Gott."
23 Die Metapher der „Heimat" ist in der christlichen Hoffnung von den neutestamentlichen Schriften her (vgl. z.B. Phil 3,20: „Unsre Heimat aber ist im Himmel [...]"; 1Petr 1,1.17; 2,11; Hebr 11,9–16; 13,14) in der christlichen Frömmigkeit fest beheimatet. Vgl. z.B. Paul Gerhardts „Ich bin ein Gast auf Erden [...]" (EG 529,6f): „[...] Ich wandre meine Straße, / die zu der Heimat führt, / da mich ohn alle Maße / mein Vater trösten wird. Mein Heimat ist dort droben [...]." Weiter: EG 63,3.6; 124,1; 128,7; 152,4; 167,4; 234,7; 393,10; 406,6; 481,5; 517.
24 Ausführlich: Oswald Bayer, Engel sind Hermeneuten. In: Ders., Gott als Autor. Zu einer poietologischen Theologie, Tübingen 1999, 230–239.
25 Peter L. Berger, Auf den Spuren der Engel. Die moderne Gesellschaft und die Wiederentdeckung der Transzendenz, Frankfurt/M. 1972, 82.
26 AaO, 82f.

der Liebe, Chaos zu bannen, seine Rechtfertigung findet"[27]. So ist wahrer Trost, den Geschöpfe einander geben können, relativ: bezogen auf den dreieinen Gott selbst und – ob sie es wissen oder nicht – allein durch ihn verbürgt und allein von ihm her gerechtfertigt.

V Zuspruch und vertrauende Antwort

Auch wenn eine dem Gesamtunternehmen des Heidelberger Katechismus entsprechende Entfaltung des „Trostes" als Haupt- und Oberbegriff einer christlichen Dogmatik im gegebenen Rahmen nicht möglich ist – selbst nicht als Skizze –, so läßt sich doch ein Grundzug eigens hervorheben, der für den Begriff konstitutiv ist.

Den entscheidenden Wink gibt uns das griechische Wort für „Trost": paraklesis, das in genauer Übersetzung zunächst „Zuspruch" heißt.[28] Wer trauert, wer verzagt und mutlos ist, kann sich Trost nicht selbst geben; Trost muß mir zugesprochen und mir auf diese Weise mitgeteilt, gegeben werden. Der kleine Junge, der in der Angst vor der bevorstehenden Klassenarbeit morgens beim Abschied unter der Haustüre bang seine Mutter fragt: „Kann ich's?" und zur Antwort den ruhig gesprochenen festen Zuspruch erfährt: „Ja, Du kannst es!" springt voller Freude davon – ermutigt, zuversichtlich, eben: getrost. Eine Wende ist geschehen, kein Stimmungsumschwung, der im Vermögen des Jungen gelegen hätte und von der Mutter nur festgestellt und ausgesagt worden wäre. Sie hat auch keinen in ihm bereits verborgen liegenden Trost lediglich nur – wie eine Hebamme – entbunden. Vielmehr hat ihr Zuspruch als Zusage ihm einen Mut gegeben, den er vorher, den er aus sich selbst nicht hatte, den er nur empfangen konnte – wie Josua Gottes Trost empfing.[29]

Es sind aber nicht nur die individuellen Situationen, in denen es einem „um Trost sehr bange" wird (Jes 38,17) und ich auf den Zuspruch, der von außen, von einem andern, der mir begegnet, angewiesen bin. Auch in geschichtlich kollektiven Situationen wie nach 1945, nach dem totalen Zusammenbruch, mit dem der totale Krieg und Wahnsinn ein gewisses Ende fand, kommt aus der trostlosen Wüste der zerbombten Städte und der trostlosen seelischen Wüste der schuldig Gewordenen und ihrer Opfer das bange Verlangen nach Trost. Wo ist er zu finden? Wer spricht ihn zu? Ist Vergebung, ist Versöhnung möglich?

---

27 AaO, 85. Vgl. o. Teil I, Kap. 2: „Vertrauen".
28 Vgl. Otto Schmitz / Gustav Stählin, Art. παράκλησις und παρακαλέω: ThWNT 5, Stuttgart 1954, 771–798.
29 Jos 1,1–9. Vgl. Dtn 3,28; 31,6–8.23.

Doch, so fragte die „skeptische Generation" der Nachkriegszeit[30], läßt sich Trost denn *überhaupt* finden? Oder ist jeder Trost trügerisch, eine Fata Morgana, die tapfer zu verabschieden ist? Gilt es denn nicht, in dieser absurden Welt illusionslos zu leben, so daß im besten Fall – wie Albert Camus neostoisch antwortet – das Glück des Sisyphus[31] bleibt? Oder ist dem heroischen Existentialismus Sartres Raum zu geben, zu jener Freiheit verdammt zu sein, in der ich aus meinen Taten mein Wesen schaffe[32], in der die ganze – marxistisch wahrgenommene – Weltgeschichte sich durch totalitäre Revolutionen ihr künftiges Glück erarbeitet?[33] Oder können wir – nach der politischen Wende 1989 – auf das freie Spiel der globalisierten Marktwirtschaft setzen, ihr gar „vertrauen"? Oder aber versackt das urmenschliche Verlangen nach Trost in den vielen Formen der Gleichgültigkeit, Belanglosigkeit und Beliebigkeit, versickert in trostloser Resignation sowie in trostlosem Zynismus?

Solange aber Menschen leben, verschwindet das Verlangen nach Trost nicht völlig – mag es sich auch nur bescheiden in der Suche nach dem „Lüstchen für den Tag" und dem „Lüstchen für die Nacht" äußern, wovon Nietzsche im Blick auf den von ihm so genannten „letzten Menschen" verächtlich redet.[34] Denn *das Verlangen nach Trost ist identisch mit Hoffnung.* Und Hoffnung gehört fraglos zum Wesen des Menschen – wie denn nach Kant die letzte der drei das Menschsein in seinem Wesen erschließenden Fragen lautet: „Was darf ich *hoffen?*"[35] Es hofft der Mensch, solang er lebt. Die Frage ist nur: Worauf?

---

30 Vgl. Helmut Schelsky, Die skeptische Generation. Eine Soziologie der deutschen Jugend, Düsseldorf 1957. Der Obertitel dieses Buches wurde zur Kennzeichnung einer ganzen Generation. Paul Tillich kennzeichnete diese Zeit nach dem Zweiten Weltkrieg als Zeit der „heilige[n] Leere" (GW IX, 88; vgl. HST 1 [s.o. Anm. 19], 260, bes. Anm. 232), in die hinein er sein Trostbuch „Der Mut zum Sein" (engl. 1952, dt. 1953) schrieb.
31 Albert Camus, Der Mythos von Sisyphus. Ein Versuch über das Absurde (Reinbek 1963), Schlusssatz (aaO, 101): „Wir müssen uns *Sisyphos* als einen glücklichen Menschen vorstellen."
32 Jean-Paul Sartre, L' Existentialisme est un Humanisme, Paris 1946, 37: „l' homme est condamné à être libre"; 21: „l'existence précède l' essence"; 22: „l' homme n' est rien d' autre que ce qu' il se fait".
33 Das ist die Erwartung, der Camus, auf das Heute bedacht, mit seiner Unterscheidung des seiner Endlichkeit bewußten „Menschen in der Revolte" und des sich um das Heute zugunsten der Zukunft betrügenden „revolutionären Menschen" leidenschaftlich widerspricht: Albert Camus, Der Mensch in der Revolte. Essays, Reinbek 1974.
34 Friedrich Nietzsche, Also sprach Zarathustra, Vorrede. In: Ders., Werke in drei Bänden, hg.v. Karl Schlechta, Bd. II, München 1966, 284f.
35 Immanuel Kant, Vorlesungen über Metaphysik, Einleitung (Akademieausgabe, Bd. XXVIII/2,1, 1970, 533f). Vgl. KrV A 804f. Für Kant ergibt sich die Antwort auf die Frage „Was darf ich *hoffen?*" freilich erst aus der Beantwortung der zweiten – grundlegenden und entscheidenden – Frage „Was soll ich *tun?*" und damit aus dem schlechthin gebietenden Gesetz sowie der mit diesem zu

Worauf kann, worauf darf in bestimmten Situationen, etwa der einer politischen, gesellschaftlichen und religiösen Katastrophe ein Volk seine Hoffnung und seinen Trost setzen? Das Buch des Trostpropheten schlechthin, Deuterojesajas (Jes 40–55), beginnt mit der Aufforderung, dem Auftrag Gottes nicht nur an den Propheten: „Tröstet, tröstet mein Volk!" (Jes 40,1). Trost war bitter nötig. Denn nach der katastrophalen Zerstörung Jerusalems durch die Babylonier 587 vor Christus, nach der Zerstörung des Tempels und der Deportation der führenden Schichten ins babylonische Exil, also nach dem Zerbrechen der staatlichen und religiösen Identität Israels, hatte das Volk allen Grund, Gottes Verborgenheit in der Geschichte, ja seine Abwesenheit und offenkundige Ohnmacht zu klagen: „Mein Weg ist dem HERRN verborgen, und mein Recht geht vor meinem Gott vorüber" (Jes 40,27). „Der HERR hat mich verlassen, der HERR hat mein vergessen" (Jes 49,14). Der seinem Namen nach uns nicht bekannte Prophet antwortet auf diese Volksklage im Namen Gottes, indem er in den verschiedensten Sprachformen – vor allem und zugespitzt im unmittelbaren Zuspruch – tröstet: die Wende der Not durch das Eingreifen des allmächtigen Gottes als des „einzigen"[36] Trösters verkündet, seinem Volk Vergebung, einen unerhörten Neuanfang zusagt und so Hoffnung gibt – wie dies auch der Prophet Ezechiel unvergesslich mit seiner Verkündigung des Lebenswortes im Totenfeld tut: Der Trost als Antwort auf die Volksklage „Unsre Gebeine sind verdorrt, unsere Hoffnung ist verloren und es ist aus mit uns!" (Ez 37,11) widerfährt in der Auferweckung der Toten, der Neuschöpfung des Volkes (Ez 37,1–14).[37]

Auch das Volk des Neuen Bundes braucht Trost, obwohl doch der „Trost Israels" schon gekommen ist.[38] So ist der ganze Hebräerbrief ein λόγος τῆς παρακλήσεως (Hebr 13,22), ein Wort des Trostes und der Mahnung[39] an das

---

postulierenden Freiheit. Die Hoffnung auf die Übereinstimmung von Glückswürdigkeit und Glückseligkeit, von Tugend und Weltlauf, verbürgt durch die Idee eines allmächtigen Gottes, ist rein rationales Postulat. So hat bei Kant die Rede von „Hoffnung" einen völlig anderen Stellenwert als in der christlichen Theologie. Gleichwohl nimmt Kant mit seinem Aufweis der Antinomie der praktischen Vernunft auf seine Weise die Klagepsalmen (z. B. Jer 12,1) auf. Dazu: Oswald Bayer, Gesetz und Freiheit. Zur Metakritik Kants. In: Ders., Freiheit als Antwort. Zur theologischen Ethik, Tübingen 1995, 164–182, hier 168–170.

36 Die „Einzigkeit" Gottes (Dtn 6,4) kommt in besonderer Weise bei Deuterojesaja zur Geltung: Jes 41,4; 42,8; 43,10 f; 44,6 f; 45,5 f.14.18.21 f; 46,9; 48,11 f.

37 Vgl. Oswald Bayer, Lebenswort im Totenfeld. Ez 37,1–14 gepredigt. In: Theologische Beiträge 24 (1993), 113–118.

38 S.o. Abschnitt III: Lk 2,25–35.

39 Das Verhältnis von Trost und Mahnung ist eigens zu thematisieren – vor allem in seiner Bedeutung für die Ethik. Dazu tiefschürfend und aufschlussreich: Hans G. Ulrich, Wort und Ethik –

wandernde Gottesvolk der Christen. Es wird auf seine begründete Hoffnung hin angesprochen, an der es festhalten soll; begründet ist sie in Jesus Christus, Gottes Sohn, durch den Gott letztgültig – ein für allemal – geredet und seinen Heilszuspruch selbst durch einen Schwur bekräftigt hat.[40] Gott hält sein Versprechen; er lügt nicht.[41] Darin, in dieser Treue, Zuverlässigkeit und Vertrauenswürdigkeit liegt der „starke Trost"[42], zu dem die Trostbedürftigen ihre „Zuflucht"[43] nehmen dürfen – als zu der Hoffnung, die ihnen dargereicht, zugesprochen und mitgeteilt ist. „Denn eben darin besteht der einzige und höchste Trost der Christen", macht Luther gegen Erasmus in „de servo arbitrio" geltend, „in allen Widrigkeiten zu wissen, dass Gott nicht lügt, sondern unveränderlich alles tut und seinem Willen weder widerstanden noch er verändert oder behindert werden kann".[44]

Woher aber wissen wir, daß Gott nicht lügt und uns in seinem Namen keine Fata Morgana vorgegaukelt wird? Woher wissen wir, dass sein Zuspruch in die Ewigkeit tragenden Trost gibt und keinen trügenden Trost, der nicht hält, was er verspricht? Dessen werden wir durch nichts Anderes als eben durch seinen Zuspruch gewiss. Gott hat sich mit seiner Ur-Zusage „Ich bin der HERR, Dein Gott (Ex 20,2); ich bin Dein einziger Trost im Leben und im Sterben" ins Wort begeben; ja: ins Wort gegeben, indem er als Wort „Fleisch wurde" (Joh 1,14). Jesus Christus ist die leibliche Gestalt und Geschichte, durch die Gott im Heiligen Geist sein Versprechen, genauer: sich als Versprechen, als wahres Versprechen vermittelt, als der, der gewiss hält, was er zusagt. „Denn der Sohn Gottes, Jesus Christus, der unter euch durch uns gepredigt ist, durch mich und Silvanus und Timotheus", schreibt Paulus (2Kor 1,19 f), „der war nicht Ja und Nein, sondern es war Ja in ihm. Denn alle Gottesversprechen sind Ja in ihm und sind Amen in ihm."

Gott steht nun in diesem Wort und will sich bei ihm behaften lassen; er will in Klage und Lob angerufen werden und sagt zu, sie zu erhören. Gott selber er-

---

Kennzeichen seelsorgerlicher Ethik. In: Wirksames Wort, hg. v. Johannes von Lüpke und Johannes Schwanke, Wuppertal 2004, 79–94.
40 Vgl. bes. Hebr 1,1–4; „ein für allemal": Hebr 7,27; 9,12; 10,10; zum „Schwur": Hebr 6,13–19. Den unerhörten Selbsteinsatz Gottes in der promissio, seiner gewißmachenden und tröstenden Kraft, in der Konzentration vor allem auf Luthers Auslegung von Gen 22,16 von 1540 (Ich habe bei mir selbst geschworen) deutlich herausgestellt hat Steven Paulson, On Swearing and Certainty. In: Promising Faith for a Ruptured Age, hg. v. Johann Pless, Roland Ziegler, Joshua Miller, Eugene, Oregon 2019, 101–180.
41 Hebr 6,18.
42 Ebd.
43 Ebd.
44 WA 18, 619,19–21, übersetzt von Athina Lexutt. In: Martin Luther, lat.-dt. Studienausgabe, Bd. 1 (Der Mensch vor Gott), unter Mitarbeit von Michael Beyer hg. u. eingeleitet von Wilfried Härle, Leipzig 2006, 257,36–39.

mächtigt durch seine Zusage und sein Gebot den angeredeten Menschen, auf seine Zusage zu bestehen, auf sie zu pochen, sie ihm vorzuhalten: „Mein Herz hält dir vor Dein Wort: ‚Ihr sollt mein Antlitz suchen.' Darum suche ich auch, HERR, Dein Antlitz" (Ps 27,8). Im gegebenen Wort, im zugesprochenen Versprechen liegt der Trost und Trotz des Glaubens. Luther kann nicht nur davon reden, daß wir Gottes Zusage ihm ohne Scham „aufrücken",[45] unter die Nase reiben, sondern sie uns sogar „anmaßen"[46] sollen; wir sollen in der Anmaßung seiner Zusage freimütig (ἔν παρρησία) vor ihn treten und dadurch aus eigener Anmaßung sowie aus der Verzagtheit und Angst weggerissen werden. „Denn das ist unser Trotz [...], daß Gott will unser Vater sein, Sünde vergeben und ewiges Leben geschenkt haben."[47] Das im heutigen Sprachgebrauch einen subjektiven Affekt meinende Wort „Trotz" gebraucht Luther für das, was durch die Festigkeit des Wortes vermittelt und gegeben wird.[48] Der Trotz und Trost des Glaubens ist das, was Gott selbst mir in die Hand hinein versprochen hat, worauf ich pochen darf, was er mir als Waffe ins Ohr und ins Herz gegeben hat, womit ich mich wehren soll, wenn es zum Ringen mit Gott kommt – wie in Jakobs Kampf am Jabbok (Gen 32).[49]

Die beiden Wörter „Trotz" und „Trost" gehören fest zusammen, bilden ein einziges Wortgespann.[50] Seiner indogermanischen Wurzel nach bedeutet „Trost": „kernholz", „festigkeit"[51] – das, worauf ich vertrauen kann: die Festigkeit, die sich mir mitteilt, so daß ich, wie Josua,[52] getröstet, getrost, stark, mutig werde. So ist der „Trost der ganzen Welt" das, worauf sie „all ihr Hoffnung" stellen kann, weil diese Hoffnung, weil dieser Trost, weil dieses Vertrauen fest gegründet ist: im harten Holz der Krippe und des Kreuzes samt dem Osterereignis, der Auferweckung Jesu Christi von den Toten. Im Zuspruch läßt sich dieser Trost so hören: „Ich lebe, und ihr sollt auch leben!" (Joh 14,19).[53] Das ist Gottes Antwort auf die Klage:

---

45 Ausführlicher und mit Belegen: Oswald Bayer, Aufrücken. Von der Unverschämtheit des Gebets. In: Ders., Zugesagte Gegenwart, Tübingen 2007, 72–79.
46 Vgl. z. B. WA 57 III, 171,4–8 (zu Hebr 5,1; 1518): „In praesumptione igitur istorum verborum [Mt 11,28] accedendum est, et sic accedentes non confundentur."
47 WA 26, 505,35–37 (Vom Abendmahl Christi. Bekenntnis, 1528); Text modernisiert. Vgl. Luthers Übersetzung von Prov 3,26 (vgl. 10,29): „Denn der Herr ist dein Trotz; der behütet deinen Fuß, daß er nicht gefangen werde."
48 Vgl. Art. „Trotz". In: DWb Bd. 22 (s.o. Anm. 7), bes. Sp. 1104f (hier auch Belege für das Hendiadyoin „Trost und Trotz"; vgl. entsprechend im Art. „Trost" aaO, Sp. 921).
49 Vgl. Aufrücken (s.o. Anm. 45), 77–79. Vgl. o. I, Anm. 7.
50 Vgl. o. Anm. 48.
51 S.o. Anm. 7.
52 S.o. Anm. 29.
53 Auf diesen Zuspruch antwortet das Bekenntnis (EG 115): „Jesus lebt, mit ihm auch ich [...]" (Christian Fürchtegott Gellert, 1757).

„Ach, daß Du den Himmel zerrissest und führest herab!" Die Antwort aber auf diese Antwort, auf die Auferweckung Jesu Christi, ist der Lobpreis: „Gelobt sei Gott, der Vater unseres HERRN Jesu Christi, der uns nach seiner großen Barmherzigkeit wiedergeboren hat zu einer lebendigen Hoffnung durch die Auferstehung Jesu Christi von den Toten" (1Petr 1,3).

Doch: Weil und solange wir unseren Weg noch im Glauben und in der Hoffnung gehen und noch nicht im Schauen leben (2Kor 5,7), sind wir immer wieder angefochten und trostbedürftig – angefochten nicht zuletzt von der sich immer neu einschleichenden Frage: Hält der Zuspruch auch, was er verspricht? *Kann* Gott sein Versprechen halten; ist er wirklich allmächtig? *Will* er es halten; ist er wirklich gütig? *Wer bürgt dafür, daß der Zuspruch des Trostes trägt und nicht trügt? Nur das Wort selbst:* Jesus Christus als das Jawort Gottes, das durch den Heiligen Geist einleuchtet und seine Wahrheit mir gewiß macht. Deshalb heißt Gott der Heilige Geist zu Recht der „Tröster".[54] Um ihn zu bitten und ihn anzurufen ist das Einzige, was wir tun können, um dessen gewiß zu werden, der mein einziger Trost im Leben und im Sterben ist: „Du höchster Tröster in aller Not, / hilf, daß wir nicht fürchten Schand noch Tod, / daß in uns die Sinne nicht verzagen, / wenn der Feind wird das Leben verklagen. / Kyrieleis."[55] Das Erbarmen Gottes ist der tiefste Grund des Trostes, ja: Gottes Trost ist sein Erbarmen.

---

54 Vgl. Art. „Tröster" In: DWb, Bd. 22 (s.o. Anm. 7), 983 f.
55 Martin Luther, „Nun bitten wir den Heiligen Geist [...]" (EG 124,4).

Teil IV: **Glaube und Vernunftkritik**

24 „[D]as ganze Vermögen zu denken beruht auf Sprache". Eine Einführung in Hamanns „Metakritik über den Purismum der Vernunft"

I Die „Hauptfrage"

War der Königsberger Publizist und Schriftsteller Johann Georg Hamann schon an der Entstehung von Immanuel Kants „Kritik der reinen Vernunft" (1781) – vor allem durch die Vermittlung von Humes skeptizistischem Impuls – nicht unbeteiligt, so hat er sich nach deren Publikation in einer ungewöhnlichen Intensität auf sie eingelassen. Im Zuge seiner Auseinandersetzung mit ihr (er)findet er, nachdem er gleich am 1. Juli 1781 eine – erst postum erschienene – Rezension verfaßt hatte, das Wort „Metakritik"; es ist ein begriffsgeschichtliches Novum, das in Hamanns Brief an Herder vom 7. Juli 1782 erstmals begegnet und den Titel einer geplanten Schrift bezeichnet. Zu ihr haben sich zwei Entwürfe erhalten, die bislang der Forschung nicht erschlossen waren. Am 15. September 1784 teilt Hamann Herder brieflich die „Metakritik über den Purismum der Vernunft" mit.[1] Auch diesen Text publiziert Hamann nicht selbst. Er erscheint erstmals postum 1800, herausgegeben von Friedrich Theodor Rink in „Mancherley zur Geschichte der metacritschen Invasion. Nebst einem Fragment einer ältern Metacritik" von Johann George Hamann, genannt der Magus in Norden. Seitdem gehört „Metakritik" zum gängigen philosophischen Vokabular – freilich in jeweils verschiedenem Sinne.

Anmerkung: Die im Folgenden gebrauchten Siglen: Johann Georg Hamann, Sämtliche Werke. Historisch-kritische Ausgabe von Josef Nadler, 6 Bde., Wien 1949–1957 (zit. mit „N" unter Angabe von Band-, Seiten- und Zeilenzahl); Johann Georg Hamann, Briefwechsel, Bd. I-III, hg. v. Walther Ziesemer und Arthur Henkel, Wiesbaden 1955–1957 (zit. mit „ZH" unter Angabe von Band-, Seiten- und Zeilenzahl); Johann Georg Hamann, Briefwechsel, Bd. IV-VII, Wiesbaden 1959, Frankfurt/M. 1965–1979 (zit. mit „H" unter Angabe von Band-, Seiten- und Zeilenzahl); Johann Georg Hamann, Londoner Schriften. Historisch-kritische Neuedition von Oswald Bayer und Bernd Weißenborn, München 1993 (zit. mit „BW"); Oswald Bayer unter Mitarbeit von Benjamin Gleede und Ulrich Moustakas, Vernunft ist Sprache. Hamanns Metakritik Kants, Stuttgart-Bad Cannstatt 2002 (zit. mit „Vernunft ist Sprache").

[1] Text und eingehende Kommentierung der Rezension, der beiden Entwürfe und der Metakritik über den Purismum der Vernunft (H V, 210,17–216,31). In: Vernunft ist Sprache, 63–149, 151–198 und 199–425.

Hamanns „Metakritik über den Purismum der Vernunft" wurde von Hamann selbst als „Bruchstück" und „lächerliche Maus"[2] beurteilt, die der Berg schließlich, nach langem Kreißen, gebar, sowie als „dumme[r] Anfang"[3]. Der Text weist aber durchaus Merkmale einer rhetorisch wohlstrukturierten Komposition mit überlegtem Einsatz, einem zusammenfassenden und rückwirkend die gesamte Komposition erschließenden Schlußsatz,[4] sowie gleichsam einer Peripetie in der Mitte auf, in der die Hauptfrage gestellt und die Kernthese kurz und knapp artikuliert wird.

Diese Peripetie geschieht mit dem neunten Abschnitt (§ 9). Überwog in Hamanns meta-kritischem, nach-prüfendem, Umgang mit Kants „Kritik der reinen Vernunft" in den §§ 6–8 der elenchtische Impuls – die Schwierigkeiten und Schwächen wurden aufgedeckt –, so überwiegt in den §§ 10–18 der konstruktive Impuls: Hamann legt seine eigene Sicht der Probleme dar – durchaus nicht in isolierter Eigenständigkeit, sondern in genauem, wenn auch überraschendem, Bezug auf Kant.

Daß Hamann die Art und Weise, in der Kant die transzendentale Frage beantwortet, kritisiert, besagt nicht, daß er die Frage als solche – nach der Bedingung der Möglichkeit – nicht ernst nähme. Ja, er steigert bzw. vertieft sie. Während nach Kant „die Hauptfrage immer bleibt: was und wie viel kann Verstand und Vernunft, frei von aller Erfahrung, erkennen und nicht, wie ist das Vermögen zu denken selbst möglich?" (KrV A XVII), macht Hamann eben diese letztere in der Freiheit, die er sich für seine Nachprüfung nimmt, zur Hauptfrage (§ 9): „Bleibt es allso ja noch eine Hauptfrage: wie das Vermögen zu denken möglich sey?"

Diese Hauptfrage beantwortet Hamann mit dem Hinweis auf Überlieferung, Erfahrung und, beide durchdringend und umfassend, Sprache. Ohne Sprache, so hält schon der erste Entwurf zur Metakritik fest, ist Vernunft „unmöglich".[5] § 9 nimmt diese These auf – in der metakritisch genau auf Kant bezogenen Fassung: „das ganze Vermögen zu denken beruht auf Sprache". Der gesamte Text der Metakritik hat seine Einheit darin, daß er diese These metakritisch entfaltet und begründet.

Das Folgende führt in Hamanns Metakritik ein, indem diese These durch eine Kommentierung des neunten Abschnitts erläutert wird.

---

2 H V, 217,8 (an Johann Gottfried Herder am 15.9.1784) und ebd. 216,36.
3 H V, 265,14 (an Friedrich Heinrich Jacobi am 14.11.1784).
4 H V, 216,28–31. Daß die Zeilen 32–34 nicht mehr zum Text der Metakritik gehören, erweist Vernunft ist Sprache, 39f (vgl. 423) in dem Exkurs „Zum Verhältnis von Lang- und Kurzfassung der Metakritik". Anders als bei Nadler (N III, 289) und bei Henkel (H V, 216) endet der Text bei Kleuker und Rink korrekt mit „entfalten. – –"
5 Entwurf A Z.3f (Vernunft ist Sprache, 157).

II „[D]as ganze Vermögen zu denken beruht auf Sprache"

II.1 Der Text (nach H V, 213,18–28)

„*Bleibt es allso ja noch eine Hauptfrage: wie das Vermögen zu denken möglich sey? – das Vermögen rechts und links, vor und ohne, mit und über die Erfahrung hinaus zu denken? so braucht es keiner Deduction, die genealogische Priorität der Sprache vor den sieben heiligen Functionen logischer Sätze u Schlüße, und ihre Heraldik zu beweisen. Nicht nur das ganze Vermögen zu denken beruht auf Sprache, den unerkannten Weißagungen und gelästerten Wunderthaten des Verdienstreichen Samuel Heinke zu folge: sondern Sprache ist auch der Mittelpunct des Misverstandes der Vernunft mit ihr selbst, theils wegen der häufigen Coincidenz des grösten und kleinsten Begriffs, seiner Leere und Fülle in idealischen Sätzen, theils wegen des unendlichen [Vorzugs] der Rede- vor den Schlußfiguren, und dergl. viel mehr.*"

II.2 Kommentar

Mit dem neunten Abschnitt (§ 9) ist Hamann erneut bei seiner „alte[n] Leyer", der Sprache,[6] angekommen und markiert damit den Wendepunkt, die Peripetie, zwischen der mehr elenchtischen (§§ 6–8) und der mehr konstruktiven (§§ 10–18) Nachprüfung der KrV. Im genauen Bezug auf Kant stellt er sich jetzt der Hauptfrage, die von der Warte der KrV aus an seinen Sprachempirismus zu stellen wäre („allso"; Z. 1): Wie ist unter den Hamannschen Voraussetzungen „das Vermögen rechts und links, vor und ohne, mit und über die Erfahrung hinaus zu denken" (Z. 2f) möglich? In formaler Analogie zu Kant beansprucht Hamann, diese Frage nicht nur unter Verweis auf die Sprache beantworten zu können (Z. 5f), sondern in dieser auch „den Punkt des Mißverstandes der Vernunft mit ihr selbst entdeckt" (KrV A XII) zu haben: „Hier", in der Sprache, „liegt reine Vernunft und zugl. ihre Kritik".[7]

Zur Einführung dieser Behauptung bedient sich Hamann einer Stelle aus der Vorrede zur KrV, wo Kant an seiner Deduktion der reinen Verstandesbegriffe eine objektive und eine subjektive Seite unterscheidet. Erstere „bezieht sich auf die

---

[6] „Bey mir ist weder von Physik noch Theologie die Rede – sondern *Sprache, die Mutter* der Vernunft und Offenbarung, ihr A und Ω. Sie ist das zweyschneidige Schwert [Hebr 4,12] für alle Wahrheiten und Lügen. Lachen Sie also nicht, wenn ich das *Ding* von dieser *Seite* angreifen muß. Es ist meine alte *Leyer* – aber durch *sie* sind *alle Dinge* gemacht [Joh 1,3]" (H VI, 108,20–25; an Friedrich Heinrich Jacobi am 28.10.1785).

[7] H V, 360,2 (an Johann George Scheffner am 11.2.1785).

Gegenstände des reinen Verstandes, und soll die objektive Gültigkeit seiner Begriffe a priori dartun und begreiflich machen; eben darum ist sie auch wesentlich zu meinen Zwecken gehörig", weil sie die Beantwortung von Kants „Hauptfrage", „was und wie viel kann Verstand und Vernunft frei von aller Erfahrung erkennen", ermöglicht (A XVIf). Die Probleme dieser Seite der Deduktion sind für Hamann durch das von ihm zuvor Ausgeführte vorerst erledigt oder stellen sich von seinem Ansatz aus überhaupt nicht. Denn alle Begriffe sind für ihn sprachlich, beruhen daher auf Erfahrung und besitzen eine über den überlieferten Sprachgebrauch regulierte Intension und Extension. So bleibt noch übrig, „den reinen Verstand selbst, nach seiner Möglichkeit und den Erkenntniskräften, auf denen er selbst beruht, mithin in subjektiver Beziehung zu betrachten", sich also die Frage zu stellen, die Kant als „in Ansehung meines Hauptzweckes [...] nicht wesentlich" relativiert: Wie „ist das Vermögen zu denken selbst möglich?" (A XVII). In den Hamannschen Kontext transponiert kann dies nur bedeuten, der Herkunft der erfahrungstranszendenten und sprachverwüstenden metaphysischen Idealisierungen auf den Grund zu gehen und die particula veri jener Idealisierungen vom eigenen Ansatz aus einzuholen.

Zur Bearbeitung dieser Frage bedarf es für Hamann „keiner Deduction, die genealogische Priorität der Sprache vor den sieben heiligen Functionen logischer Sätze und Schlüße, und ihre Heraldik zu beweisen" (Z. 3f). An die Stelle von Kants metaphysischer und transzendentaler Deduktion der Kategorien setzt Hamann die „Evidentz"[8] der Sprachlichkeit der vier Kantischen Gruppen von Kategorien sowie der drei Klassen syllogistischer Figuren.[9] In ironischem Bezug auf Kants eigene Metaphorik von „Genealogie" (A IX), „Geburtsbrief" (A 86) und „Stammregister" (A 81)[10] weist er darauf hin, daß keiner jener Begriffe aus der reinen Vernunft, sondern daß sie allesamt von der Sprache abstammen: Ihr allein kommt die „genealogische Priorität" (Z. 3f) und die sie als „DEIPARA unserer Vernunft"[11] ausweisende „Heraldik" (Z. 5) zu.

---

8 „Erfahrung ist doch immer die beste Schule, und Evidentz der beste Beweis – beyde mit keinem Golde, wenn man welches übrig hat, zu bezahlen" (H V, 465,16 f; an Friedrich Heinrich Jacobi am 29.6.1785).
9 Vgl. KrV A 70 („Von der logischen Funktion des Verstandes in Urteilen"), A 80 und A 304. In der Summierung der vier Kantischen Kategoriengruppen und der drei Klassen syllogistischer Figuren redet Hamann im Anklang an die sakrale Bedeutung von „sieben" als Zahl der Vollkommenheit von „*sieben* heiligen Functionen logischer Sätze und Schlüße" (Z.4f).
10 Vgl. Vernunft ist Sprache, 96–101: zu Rezension § 2 Z. 24–29.
11 N III, 239,24 (Zwey Scherflein); vgl. dagegen KrV A 765: „Selbstgebährung unseres Verstandes (samt der Vernunft), ohne durch Erfahrung geschwängert zu sein".

Diese innige Abhängigkeit der Vernunft von der Sprache kann Hamann in unterschiedlichen parallelen Wendungen zum Ausdruck bringen: „Ohne Sprache hätten wir keine Vernunft, ohne Vernunft keine Religion, und ohne diese drey wesentliche[n] Bestandtheile unserer Natur weder Geist noch Band der Gesellschaft".[12] „Ohne Wort, keine Vernunft – keine Welt. Hier ist die Quelle der Schöpfung und Regierung".[13] Hamann spricht von der Sprache als der „Mutter der Vernunft und Offenbarung, ihr A und Ω", denn „durch sie sind alle Dinge gemacht [Joh 1,3]"[14]; er spricht von der „Gebärmutter der Sprache, welche die DEIPARA unserer Vernunft ist".[15] Sie ist ihm „Schechine, Stiftshütte und Wagenthron unserer Empfindungen, Gedanken und Begriffe",[16] „Organon und Kriterion der Vernunft" (§ 5 Z. 2), „Adiutorium [...] unsers Verstandes [Gen 2,18.20]".[17] „Vernunft ist Sprache Λογος [Joh 1]".[18] In diesem Horizont ist Hamanns im Anklang an Kant formulierte These: „das ganze Vermögen zu denken beruht auf Sprache" – die Kernthese der Metakritik – zu verstehen und auszulegen. Kraft des Urwortes der Schöpfung, durch das alle Dinge sind und erhalten werden (Gen 1; Joh 1), werden die Geschöpfe zur Antwort auf das Schöpferwort und zur Kommunikation untereinander ermächtigt. Im paradiesischen Urstand war jede „Erscheinung der Natur [...] ein Wort, – das Zeichen, Sinnbild und Unterpfand einer neuen, geheimen, unaussprechlichen, aber desto innigern Vereinigung, Mittheilung und Gemeinschaft göttlicher Energien und Ideen. Alles, was der Mensch am Anfange hörte, mit Augen sah, beschaute und seine Hände betasteten, war ein lebendiges Wort [1Joh 1,1], denn Gott war das Wort [Joh 1,1]".[19]

Als Nachhall der Schöpfungsrede ist die Sprache auch nach dem Fall nicht nur notwendige und zureichende Bedingung für das Denken, dessen Erzeugerin, sondern auch das einzige Medium, in dem es sich bewegen und durch das es sich

---

12 N III, 231,10 – 12 (Zwey Scherflein).
13 H V, 95,21 f (an Friedrich Heinrich Jacobi am 2.11.1783).
14 H VI, 108,21 f.24 f. (an dens. am 28.10.1785).
15 N III, 239,23 f (Zwey Scherflein).
16 AaO, 237,11 f. Die biblischen Termini „Schechina", „Stiftshütte" (vgl. Num 24–26) und „Wagenthron" (vgl. Hes 1–3) beschreiben alle die Gestalt der Offenbarung und Wohnung Gottes unter den Menschen. „Schechina", abgeleitet vom Verb *škn*, wird später zu einem der Hauptbegriffe für die Bezeichnung der Daseins- und Wirkweise Gottes überhaupt (vgl. Clemens Thoma, Art. „Gott III" in TRE 13, 626–645). Er basiert auf dem Motiv der Einwohnung Gottes im Tempel auf dem Zion (vgl. Dtn 12,11), was im Neuen Testament auf Christus übertragen wird (vgl. Joh 1,14). Von daher läßt sich auch verstehen, warum Hamann die Sprache christologisch beschreibt (vgl. Vernunft ist Sprache, 353–361: zu Metakritik § 13 Z.4 f).
17 H VII, 173,3 f (an Friedrich Heinrich Jacobi am 29.4.1787).
18 H V, 177,18 (an Johann Gottfried Herder am 8.8.1784).
19 N III, 32,21–26 (Ritter von Rosencreuz).

artikulieren kann, wodurch es überhaupt erst greifbar wird und sich offenbart; sie ist zugleich der einzige Maßstab, der über seine Wahrheit und Falschheit entscheidet, kann also letztendlich sogar mit ihm identifiziert werden. Sie ist „Organon des wahren Geschmacks am Guten, Wahren und Schönen", „wahre Kunst zu denken und zu handeln, sich mitzutheilen und andere zu verstehen und auszulegen".[20]

Hier in der Metakritik beruft sich Hamann zur Stützung dieser These auf die „unerkannten Weißagungen und gelästerten Wunderthaten des Verdienstreichen Samuel Heinke", des Leiters des Kurfürstlich-Sächsischen Instituts für Taubstumme in Leipzig, dessen Schriften Beobachtungen über Stumme und die menschliche Sprache (1778), Über die Denkart der Taubstummen (1780) und Wichtige Entdeckungen und Beiträge zur Seelenlehre und zur menschlichen Sprache (1784) er mit großem Interesse und großer Bewunderung[21] studiert hatte.[22] Heinicke bettet dort sein Plädoyer gegen ein Hineinzwingen der Taubstummen in die geläufige Schriftsprache in die Erörterung erkenntnistheoretischer Zusammenhänge ein und entwickelt eine Sprachtheorie, die Herder „gründlicher als irgend eine" zu sein scheint.[23] Hamann war offensichtlich von seinen Schriften („Weißagungen") und seinem aufopferungsvollen praktischen Einsatz für seine Schützlinge („Wunderthaten")[24] sehr beeindruckt – auch wenn Heinicke heftigem Widerspruch und Hindernissen ausgesetzt war, so daß er ‚unerkannt' und ‚gelästert' (Z. 6), in Ermangelung der nötigen Geldmittel fast keinen seiner Pläne mit dem Institut zu Ende führen konnte.[25] Es könnte mehrere Gründe dafür geben, daß sich Hamann zum Beleg seiner Kernthese gerade auf Heinicke bezieht. Heinicke teilt Hamanns empiristische Einstellung im Blick auf die Entstehung der

---

20 H V, 25,16.18 f (an Ehregott Friedrich Lindner am 17. 2. 1783).
21 Vgl. H IV, 116,31–117,1 (an Gottlob Immanuel Lindner am 29. 9. 1779); AaO, 317,37–318,4 (an Herder am 5. 8. 1781); VI, 141,35–142,4 (an Scheffner am 17. 11. 1785).
22 N V, 348,34 f (7. 9. 1778); 356,39–45 (11. 7. 1781); 366,25–27 (30. 11. 1783; Späte Studienhefte). Vgl. die gewichtige Bezugnahme in den Zwey Scherflein: N III, 238,9–21 zitiert aus Samuel Heinicke: Beobachtungen über Stumme, und über die menschliche Sprache, Hamburg 1778, 49 = Samuel Heinickes Gesammelte Schriften. hg. von Georg u. Paul Schumann, Leipzig 1912, 53.
23 H V, 195,25 f (von Johann Gottfried Herder am 23. 8. 1784).
24 Durch die Wendung „unerkannte[] Weißagungen und gelästerte[] Wunderthaten" verleiht Hamann Heinicke die – typologisch auch auf den Messias übertragenen – Züge eines Propheten, dessen Prophezeihungen vom uneinsichtigen Volk immer verkannt (vgl. z. B. Jes 53,1; Jer 27 f) und dessen Wunder gelästert werden (vgl. Mk 3,22–27 par.).
25 Vgl. die biographische Einleitung in Heinicke: Gesammelte Schriften (Anm. 23), X. Auch Heinickes andere Unternehmungen, z. B. sein Versuch zur Reform der literarischen Kritik (vgl. H V, 217,9; an Johann Gottfried Herder am 15. 9. 1784 / H V, 222,36; an Johann George Scheffner am 20. 9. 1784 / H V, 227,27 f; an dens. am 8. 10. 1784), brachten ihm ob ihres grob polemischen Tones heftigen Widerspruch ein (vgl. H V, 195,18–25; von Herder am 23. 8. 1784).

abstrakten Begriffe[26]; er betont wiederholt die Interdependenz und wechselseitige Einwirkung von Vernunft und Sprache aufeinander.[27] Hamann dürfte sich wohl aufgrund seiner Überzeugung, daß der „Umgang mit Tauben und Stummen [...] viel Licht in der Natur der ältesten Sprachen" gibt,[28] auf Heinicke und dessen erfahrungsgesättigte Untersuchungen berufen.

In der Auslegung von Hamanns Kernthese darf das für sein Sprachverständnis konstitutive Moment der post lapsum bestehenden Sprachverwirrung (Gen 11) nicht unberücksichtigt bleiben. Wenn die Sprache „einzige[s] erste[s] u letzte[s] Organon u Kriterion der Vernunft" (§ 5 Z. 2) ist, müssen auch deren Irrungen und Widersprüchlichkeiten auf ihr Konto gehen. Als „Mittelpunct des Misverstandes der Vernunft mit ihr selbst" ist sie nicht ein einfacher, einzelner, eindeutiger „Punkt" (KrV A XII), den man als Problem benennen oder aus der Welt schaffen, mit dem man zumindest umgehen könnte, sondern gleichsam das Gravitationszentrum, um das unendlich viele Widersprüchlichkeiten und Mißverständnisse, in die man sich beim Denken verwickelt, kreisen. Wo für Kant der transzendentale Schein äfft, liegt für Hamann der Sprachmißbrauch und das sprachliche Mißverständnis.[29] Nicht nur die dialektische Aufdeckung des transzendentalen bzw. sprachlichen Scheins, sondern die *Vernunftkritik als ganze ist für ihn nur als Sprachkritik* möglich: „Bey mir ist nicht so wol die Frage: was ist Vernunft? sondern vielmehr: was ist Sprache? und hier vermuthe ich den Grund aller Paralogismen und Antinomien, die man jener zur Last legt".[30]

Hamann hat dem ambivalenten Charakter der Sprache als „Schwert für alle Wahrheiten und Lügen"[31] immer Rechnung getragen – und dies nicht nur in dem oberflächlichen Sinne, als sei sie ein Organ zur Äußerung von Gedanken, das eben auch mißbraucht werden kann. Als „Gebährmutter unserer Begriffe"[32] verstrickt sie unser Denken vielmehr schon bei dessen Geburt in die dem Sprachgebrauch eigenen gewaltsamen und versperrenden Regulierungen und suggesti-

---

26 Heinicke: Gesammelte Schriften (Anm. 23), 47. Zu den notwendigen Differenzierungen bzgl. dieser ‚empiristischen Einstellung' Hamanns vgl. Vernunft ist Sprache, 216–233: zu Metakritik § 1.
27 Heinicke: Gesammelte Schriften (Anm. 23), 44 („so wohl Vernunft als Sprache bey Künsten und Wissenschaften, wechselseitig in einander wirken müsse"); 50 („das wechselseitige Wirken von Vernunft und Sprache in einander"); 60 („Tonsprache [...], mit deren Beyhülfe sich die Vernunft entwickelt hatte"); 73 („die menschliche Vernunft [kann] nur mit Hülfe der Sprache in höhere Wissenschaften eindringen").
28 N II, 123,32f (Versuch über eine akademische Frage).
29 H V, 264,34–37 (an Friedrich Heinrich Jacobi am 14.11.1784); H VI, 110,18–20 (an dens. am 29.10.1785); H VII, 166,4–7 (an dens. am 27.4.1787).
30 H V, 264,34–36 (an Friedrich Heinrich Jacobi am 14.11.1784).
31 H VI, 108,22f (an dens. am 28.10.1785); vgl. Jak 3,9–12 und o. Anm. 7.
32 H V, 328,28 (an dens. am 22.1.1785).

ven und verführerischen Fügungen, in dessen ‚Tyrannei' und ‚Sophisterei'.³³ Hamann ist sich bewußt, daß sich „mit Wörtern" „alles machen" läßt, „was man will",³⁴ und daß sich aus „Wörtern u Erklärungen" „weder mehr noch weniger herausbringen" läßt, „als jeder darinn legen will, oder gelegt hat".³⁵ Ja, er kann Jacobi zurufen: „Die Sprache ist die wächserne Nase, die Du Dir selbst angedreht".³⁶ Hamann attestiert also der Sprache selbst diejenige Willkür und Beliebigkeit, die er an den Metaphysikern überhaupt³⁷ wie speziell in der Metakritik an Kant kritisiert .³⁸ Verständlich wird dies, wenn man bedenkt, daß auch die Metaphysiker die Sprache als „einzige[s] erste[s] u letzte[s] Organon" der Vernunft nicht suspendieren können, ihren kriteriologischen Charakter aber herunterspielen oder sogar ableugnen und ebensowenig „Überlieferung und USUM" als ihr einziges „Creditiv" (§ 5 Z. 3) akzeptieren. Doch selbst wenn dies berücksichtigt wird, hört die Sprache, ganz analog dem transzendentalen Schein, nicht auf, der Vernunft „vorzugaukeln und sie unablässig in augenblickliche Verirrungen zu stoßen, die jederzeit gehoben zu werden bedürfen" (KrV A 298).

Aus der Natur der Sprache „kommt es, daß man Wörter für Begriffe, und Begriffe für die Dinge selbst hält. In Wörtern u. Begriffen ist keine Evidenz möglich, die nur Dingen und Sachen zukommt".³⁹ So ist sich Hamann mit Herder „ganz darin einig, daß alles philosophische Misverständnis auf Wortstreit hinausläuft".⁴⁰ Er vermutet, „daß unsere ganze Philosophie mehr aus Sprache als Vernunft besteht" und daß „die Misverständniße unzähliger Wörter, die Prosopopöe der willkührlichsten Abstractionen, die Antithesen της ψευδωνυμου γνωσεως [1Tim 6,20], ja selbst die gemeinsten Redefiguren des Sensus communis […] eine ganze Welt von Fragen hervorgebracht" haben, „die eben mit so wenig Grund aufgeworfen als beantwortet werden."⁴¹

---

33 Vgl. Vernunft ist Sprache, 267–27: zu Metakritik § 5 Z.3.
34 H VII, 441,23 (an Friedrich Heinrich Jacobi am 30. 3. 1788).
35 H V, 359,32 f (an Johann George Scheffner am 11. 2. 1785).
36 H VII, 166,6 f (am 27. 4. 1787). Vgl. AaO, 460,25–28 (an Johann Gottlieb Steudel am 4.5.1788): „Nach der *Lage und Natur der Dinge* ist manches unmöglich. Aber unsere Begriffe zu ändern und zu berichtigen scheint nicht so gantz unmöglich zu seyn. Die meisten sind wächserne Nasen, Gemächte der Sophisterey und Schulvernunft."; H VI, 512,34–36 (an Johann Gottfried Herder am 3.8.1786): „Ich traue eben so wenig den *deutlichen* als *dunkeln* Begriffen; man kann sich durch beyde hinters Licht führen laßen; denn Finsternis ist wie das Licht, wie der Psalmist sagt [Ps 139,12]."
37 Vgl. z. B. N III, 106,34–26; 107,8 f (Neue Apologie des Buchstaben h).
38 Vgl. Vernunft ist Sprache, Metakritik zu § 5 Z. 6–9; zu § 6 Z. 2–6; zu § 7 Z. 7–10; zu § 8 Z. 14–21.
39 H V, 264,26–265,1 (an Friedrich Heinrich Jacobi am 14.11.1784).
40 H VII, 243,32 f (an Johann Gottfried Herder am 2. 7. 1787).
41 H V, 272,5–10 (an Friedrich Heinrich Jacobi am 1. 12. 1784).

Es kann als direkte Parallele zu dieser Stelle gewertet werden, wenn Hamann in der Metakritik den sprachlichen Ursprung des Mißverstandes der Vernunft mit ihr selbst in der „häufigen Coincidenz des grösten und kleinsten Begriffs, seiner Leere und Fülle in idealischen Sätzen", im „unendlichen [Vorzug] der Rede- vor den Schlußfiguren, und dergl. viel mehr" (Z. 9–11) begründet sieht. Ist „Leere und Fülle in idealischen Sätzen" als Explikation zu „Coincidenz des größten und kleinsten Begriffs" zu lesen, geht dies schlicht auf das Zusammenfallen der größten Extension („Fülle") mit der kleinsten Intension („Leere") bei abstrakten Begriffen. Es ist damit das Idealisierungs- und Abstraktionspotential der Sprache angesprochen, sich über höchst allgemeine Begriffe umstandslos auf jeden Gegenstand oder Sachverhalt zu beziehen – bis zu einem Begriff wie „Seyn an sich", zu dem jede Angabe eines korrespondierenden Gegenstandes sinnlos ist, da es auf alles und jedes paßt, „deßen Daseyn und deßen Eigenschaften" also blind „geglaubt werden müßen, und ohne Instrumente weder deutlicher, noch näher, noch größer ex- und intensiue den Einsichten des Dritten gebracht und gemacht werden können".[42] Doch nicht nur die Abstraktionen der Metaphysik, auch die „gemeinsten Redefiguren des Sensus communis"[43] produzieren unaufhörlich Mißverständnisse durch ihre Macht über Einbildungskraft und Assoziationsprozesse, ja über die Leidenschaften insgesamt, die von den Schlußfiguren in den meisten Fällen nur allzu kalt gelassen werden.[44] Dementsprechend sind diese für Hamann den Redefiguren unendlich nachgeordnet: „Gleichnisse" sind älter „als Schlüsse"[45] – für Hamann ein schöpfungstheologischer Sachverhalt, der aber nach dem Sündenfall in seiner Ambivalenz gesehen werden muß.

---

[42] H VII, 169,11–17 (an dens. am 27.4.1787).
[43] H V, 272,8 (an dens. am 1.12.1784).
[44] Vgl. Vernunft ist Sprache, 297: zu Metakritik § 8 Anm. 2 und N II, 197,22–24 (Aesthetica in nuce), wo Hamann auch bezüglich der Priorität des Alters der Gleichnisse vor den Schlüssen (ebd. Z.17) bemerkt: „Sinne und Leidenschaften reden und verstehen nichts als Bilder. In Bildern besteht der ganze Schatz menschlicher Erkenntniß und Glückseeligkeit".
[45] N II, 197,17 (Aesthetica in nuce). Es muß fraglich bleiben, mit welchem Nomen Hamann diesen Sachverhalt der Vorordnung in der Metakritik hat bezeichnen wollen. Henkel konjiziert „Vorzug" (H V, 213,28); ebenso wäre „Vorrang", „Vorteil" oder „Übergewicht" denkbar. Wie in den Aesthetica behauptet Hamann auch sonst den Vorrang der Rede- vor den Schlußfiguren. So referiert Mendelssohn durchaus zutreffend, wenn er behauptet, Hamann wolle „durch Parabeln, die nach der Aristokratie der Musen schmecken, den Despotismus des Apolls [...] zerstören, der in demonstrativischen Beweisen, Gründen und Schlüssen Wahrheit und Freiheit fesselt" (N II, 272,7–10; Beurtheilung der Kreuzzüge des Philologen; 1763). Die Metakritik zeigt jedoch, daß Hamann durchaus um die suggestiven Gefahren der Redefiguren weiß („Mittelpunct des Misverstandes"!). Umgekehrt wird auch den Schlußfiguren Raum gegeben, allerdings nur eingebettet in die Sinnlichkeit der Historie und Poesie: „Wem die Historie (kraft ihres Namens) Wissenschaft; die Philosophie Erkänntnis; die Poesie Geschmack giebt: der wird nicht nur selbst beredt, sondern

Diese Diagnose darf nun nicht so verstanden werden, als setze Hamann der prinzipiellen Begründung der Unauflösbarkeit tiefgreifender Sachfragen in Kants transzendentaler Dialektik einfach die andauernde Korrekturbedürftigkeit uneindeutiger sprachlicher Fügungen entgegen. Der „Mittelpunct des Misverstandes der Vernunft mit ihr selbst" liegt für ihn vielmehr in dem über zweitausendjährigen Umgang mit einer solch mißverständlichen Sprache als ganzem, der „eine ganze Welt von Fragen hervorgebracht" hat, „die mit eben so wenig Grund aufgeworfen, als beantwortet werden".[46]

Dieser verwickelten „Welt von Fragen" will Hamann, ansetzend bei ihrer sprachlichen Wurzel und gipfelnd in der Zurechtrückung ihres Gesamthorizonts, dadurch begegnen, daß er „mit Luther die ganze φφie [= Philosophie] zu einer Grammatik mach[t], zu einem Elementarbuch unserer Erkenntnis [...]."[47] Diese Grammatik kann aber nur dann die Probleme des Gesamthorizonts erreichen, wenn sie sich gleichermaßen auf das Buch der Natur und Geschichte sowie auf das beide erst aufschließende Buch der heiligen Schrift bezieht.[48] Grammatische Auslegung des Buches der Natur würde demnach bedeuten, nicht nur physikalisch „das Abc", die Grundelemente der Natur, aufzufinden – da diese für sich

---

auch den alten Rednern ziemlich gewachsen seyn. Sie legten Begebenheiten zum Grunde, machten eine Kette von Schlüssen, die in ihren Zuhörern Entschlüsse und Leidenschaften wurden." (N II, 176,20 – 24; Kleeblatt Hellenistischer Briefe).

46 H V, 272,9f (an Friedrich Heinrich Jacobi am 1.12.1784).

47 H VII, 169,23 – 27 (an Friedrich Heinrich Jacobi am 27.4.1787). Hamann nimmt Martin Luthers (und Albrecht Bengels) Intention auf, die Theologie als Grammatik der heiligen Schrift zu verstehen; vgl. N II, 129, 6 – 9 (Vermischte Anmerkungen); ZH II, 10,5 – 8 (an Johann Christoph Hamann am 12.2.1760) und Oswald Bayer: Theologie, Gütersloh 1994 (HST 1), 123f. Auch Kant redet auf seine Weise von einer nahen Verwandtschaft von Grammatik und Transzendentalphilosophie (Prolegomena A 118 = AA IV, 322f), da beide ein gegebenes Ganzes in elementare Regeln oder Bausteine zergliedern: Die Transzendentalphilosophie „ist, so wie eine Grammatik die Auflösung einer Sprachform in ihre Elementarregeln, oder die Logik eine solche in der Denkform ist, eine Auflösung der Erkenntnis in die Begriffe, die a priori im Verstande liegen, und in der Erfahrung ihren Gebrauch haben" (Fortschritte A 11 = AA XX, 260). Vgl. Vorlesungen über Metaphysik (AA XXVIII, 576f) und Manfred Riedel, „Vernunft und Sprache. Grundmodell der transzendentalen Grammatik in Kants Lehre vom Kategoriengebrauch". In: Ders.: Urteilskraft und Vernunft. Kants ursprüngliche Fragestellung, Frankfurt 1988, 44 – 60.

48 „Natur und Geschichte sind daher die 2 großen Commentarii des göttl. Wortes; und dies hingegen der einzige Schlüssel uns eine Erkenntnis in beyden zu eröffnen." (BW 411,30 – 33 = N I, 303,35 – 37; Brocken). Vgl. H V, 272,11 – 16 (an Jacobi am 1.12.1784) im Zusammenhang seines Projektes einer „Grammatik der Vernunft, wie der Schrift" (Z.11). Vgl. H VI, 296,6 – 8 (an Friedrich Heinrich Jacobi am 2.3.1786): „*Vernunft* und *Schrift* sind im Grunde *Einerley* = Sprache Gottes. Dies Thema in eine *Nuß* zu bringen ist mein Wunsch und das punctum saliens meiner kleinen Autorschaft".

allein „ein hebräisch Wort, das mit bloßen Mitlautern geschrieben wird", sind [49] –, sondern sie im Zusammenhang mit Geschichte und heiliger Schrift als Anrede des Schöpfers zu vernehmen und auszulegen. Entsprechend muß die Arbeit der historischen ‚Elementarwissenschaften' Archäologie, Philologie usw. durch eine zusammenfassende Gestaltung des unüberschaubaren Faktenmaterials in der Orientierung an den exemplarisch vorgegebenen Typoi der biblischen Ur- und Heilsgeschichte in einen einzigen Horizont eingeordnet werden, damit ein zusammenhängendes Lesen des Buches der Geschichte zustande kommt.[50]

Allein in solch weitem Horizont kann für Hamann darauf hingearbeitet werden, der „Dunkelheit im Augapfel des Sensus communis" und der „Schwierigkeit in der Gebährmutter der Begriffe"[51] entgegenzuwirken. Wird dieser Horizont nicht berücksichtigt, ist besonders das metaphysische Denken gegen die Gefahr der Verführung durch die Sprache ungewappnet, verfällt in seiner Selbstbezüglichkeit unsolider Begriffsproduktion und wird vom Strom des Zeitgeistjargons mitgerissen. „Die Verwirrung der Sprache, wodurch sie aber verführen und verführt werden, ist freylich eine sehr natürliche Zauberey automatischer Vernunft, der es wenig kostet, sich in einen Stern der ersten Größe zu verklären, besonders für Schälke von gleichartiger Blindheit".[52]

Was Hamann zu seiner höchst ambivalenten Beurteilung der Sprache als „einzige[m] erste[m] u letzte[m] Organon und Criterion" und „DEIPARA unserer Vernunft"[53] einerseits und als „Mittelpunct des Misverstandes der Vernunft mit ihr

---

[49] ZH I, 450,17–20 (an Immanuel Kant im Dezember 1759). Eine eingehende Interpretation dieser Textpassage bietet Ulrich Moustakas, Urkunde und Experiment. Neuzeitliche Naturwissenschaft im Horizont einer hermeneutischen Theologie der Schöpfung bei Johann Georg Hamann (TBT 114), Berlin / New York 2003, 133–139.
[50] „Wenn sich alles menschliche Wissen auf wenige Fundamentalbegriffe einschränken läßt, und wenn sowohl in der Redsprache dieselben Laute, als in verschiedenen hieroglyphischen Tafeln dieselbe[n] Bilder öfters vorkommen, aber immer in anderer Verbindung, wodurch sie ihre Bedeutung vervielfältigen: so ließe sich diese Beobachtung auch auf die Geschichte anwenden, und der ganze Umfang menschlicher Begebenheiten und ihres Wechsellaufs eben so gut umfassen und in Fächer abtheilen, wie der gestirnte Himmel in Figuren, ohne die Anzahl der Sterne zu wissen – Daher scheint die ganze Geschichte des jüdischen Volks, nach dem Gleichnisse ihres Ceremonialgesetzes, ein lebendiges geist- und herzerweckendes *Elementarbuch* aller *historischen Litteratur im Himmel*, auf und *unter der Erde* – – ein diamantner, fortschreitender Fingerzeig auf die Jobelperioden und Staatsplane der göttlichen Regierung über die ganze Schöpfung von ihrem *Anfange* bis zu ihrem *Ausgange* zu seyn" (N III, 310,36–311,11; Golgotha und Scheblimini). Vgl. BW 411,7–13 = N I, 303,11–18 (Brocken).
[51] N III, 31,20 f (Ritter von Rosencreuz).
[52] Ebd. 13–17.
[53] N III, 239,24 (Zwey Scherflein).

selbst" andererseits führt, ist sein heilsgeschichtlicher, von Sündenfall und eschatologischer Wiederherstellung bestimmter Horizont:

> „Vernunft ist die Quelle aller Wahrheiten und aller Irrthümer. Sie ist der Baum des Erkenntnißes Gutes und Böses. Allso haben beide Theile Recht, beide Unrecht, die selbige vergöttern und selbige lästern. Glaube eben so die Quelle des Un- wie des Aberglaubens. Aus einem Munde geht Loben und Fluchen Jac. III[,9]. Das Adiutorium der Sprache ist die Verführerin unsers Verstandes [Gen 2,18.20; 3,6], und wird es immer bleiben, bis wir auf den Anfang und Ursprung und das olim wider zurück und zu Hause kommen".[54]

III Metakritik: wider die Sprachvergessenheit transzendentaler Vernunftkritik

Die in Hamanns Metakritik konzentrierte Revolution philosophischer Orientierungen kämpft gegen die von Kant behauptete Reinheit der Vernunft, gegen deren Unabhängigkeit von der Erfahrung, Überlieferung und von der beide durchdringenden und umfassenden Sprache. Gegen die Sprachvergessenheit der transzendentalen Vernunftkritik erweist Hamann das Recht seiner Kernthese: „das ganze Vermögen zu denken beruht auf Sprache".

Über ihre spezifische Kantkritik hinaus bleibt Hamanns Metakritik – philosophiegeschichtlich und systematisch hoch bedeutsam vor allem für die Sprach- und Religionsphilosophie – vorbildlich für eine kommunikative Urteilsform, die dem Konflikt der Sprachen und Vernünfte nicht ausweicht, ihn nicht reduktionistisch stillstellt oder transzendental hintergeht, sondern sich auf den jeweiligen Sprachgebrauch einläßt, ohne dessen verführende Gewalt zu verkennen.

Das Verfahren aller Schriften Hamanns, seines Redens und Denkens überhaupt ist metakritisch: Jeweils die sinnliche, geschichtliche und sprachliche Vorgabe betonend, urteilt der Königsberger Sokrates nur in reflektiertem Bezug auf vorher Gesagtes und vorher Gedachtes, nicht aber in einem angeblich reinen Selbstbezug, der sich vorurteilslos und traditionsunabhängig dünkt oder sich jedenfalls so stilisiert, wie dies klassisch bei Descartes und seinem Letztbegründungsanspruch zu beobachten ist.

---

54 H VII, 172,36–173,5 (an Friedrich Heinrich Jacobi am 29.4.1787).

25 Scheidekunst oder Ehekunst? Glaube und Geschichte bei Kant und Hamann

I Kant

I.1 Grundriss

Die Mitte der Philosophie Kants lässt sich im Zusammenhang der drei Fragen erkennen, in deren Ausarbeitung sich für Kant die eine – alles zusammenfassende – Hauptfrage, was der Mensch und die Menschlichkeit des Menschen sei, beantwortet. Sie lauten: Was kann ich wissen? Was soll ich tun? Was darf ich hoffen?[1] Die erste wird gestellt, um für die zweite den bestimmten Raum und richtigen Ort zu gewinnen. Die Beantwortung der letzten ergibt sich aus der zweiten Frage: „Moral [...] führt unumgänglich zur Religion"[2]. Die zweite Frage, mithin die Mitte des Ganzen, findet den Ansatz ihrer Beantwortung im unbedingt, schlechthin gebietenden *Gesetz* der „machthabenden"[3] reinen praktischen Vernunft, das als „Faktum der reinen Vernunft"[4] unhintergehbar gilt und das Menschsein des Menschen ausmacht. Das Postulat, besser: Implikat des Gesetzes ist die *Freiheit* – als ratio essendi des Gesetzes – , während dieses die ratio cognoscendi der Freiheit ist.[5] Im Unterschied zum Grundpostulat der Freiheit sind

---

[1] Für Kant lässt sich das „Feld der Philosophie [...] auf folgende Fragen zurückbringen: 1. Was kann ich *wissen*? [...] 2. Was soll ich *tun*? [...] 3. Was darf ich *hoffen*? [...] Was ist der Mensch? [...] Man könnte alles Anthropologie nennen, weil sich die drei ersten Fragen auf die letztere beziehen" (Kants gesammelte Schriften, hg. v. der Königlich Preußischen Akademie der Wissenschaften [=AA], XXVIII/2,1 [Vorlesungen über Metaphysik, Einleitung], 1970, 533 f.). Vgl. KrV A 804 f. und AA XX, 1942,41: „Die größte Angelegenheit des Menschen ist zu wissen, wie er seine Stelle in der Schöpfung gehörig erfülle und recht verstehe, was man sein muß, um ein Mensch zu sein." Vgl. auch Kants Brief an Carl Friedrich Stäudlin vom 4. Mai 1793 (Immanuel Kant, Briefe, hg. u. eingeleitet v. J. Zehbe, Göttingen 1970, 216).
[2] Kant, Die Religion innerhalb der Grenzen der bloßen Vernunft, Vorrede zur ersten Auflage 1793 IX.
[3] Kant, Über das Misslingen aller philosophischen Versuche in der Theodizee (1791); Werke in 10 Bänden, hg. v. Wilhelm Weischedel, Darmstadt 1968–70 [im folgenden nur „Weischedel"], Bd. IX, 105–124, hier 116.
[4] KrV A 55 f.; 96. Vgl. Metaphysik der Sitten, Weischedel Bd. VII, 361.
[5] KprV Vorrede, 5 Anm. (Seitenzahlen hier und im Folgenden nach der Erstausgabe von 1787): Das moralische Gesetz ist „die *ratio cognoscendi* der Freiheit", die Freiheit ist „die *ratio essendi* des moralischen Gesetzes". Jeder Mensch urteilt, „dass er etwas kann, darum, weil er sich bewusst ist, dass er es soll, und erkennt in sich die Freiheit, die ihm sonst ohne das moralische Gesetz unbekannt geblieben wäre" (KprV 54).

die Unsterblichkeit der Seele und das Dasein eines allmächtigen Gottes, der die Kluft zwischen der Glückswürdigkeit des Gerechten und seiner ausbleibenden Glückseligkeit – die Antinomie der praktischen Vernunft – überwindet, Folgepostulate.[6]

In dem damit gezeichneten Grundriss von Kants gesamter Philosophie bewegt sich auch Kants Verständnis von Glaube und Geschichte; mit diesem Grundriss sind zugleich auch die Grenzen und Probleme dieses Verständnisses gegeben. „Glaube" ist – in einem noch näher zu bezeichnenden Sinne – praktischer *Vernunftglaube,* in keiner Weise aber etwa eine fides historica, also nicht jenes Vertrauen, „mit dem ich Livius und Sallust sowie anderen glaubwürdigen Historikern glaube"[7]. Kants berühmter Satz „Ich musste [...] das *Wissen* aufheben, um zum *Glauben* Platz zu bekommen"[8] bezieht sich zwar auf sein Unternehmen einer Kritik der reinen Vernunft und damit auf den „Dogmatismus der Metaphysik", der „spekulativen Vernunft", der er „ihre Anmaßung überschwenglicher Einsichten" nehmen und damit angebliches, falsches Wissen aufheben musste.[9] Doch besagt dies keineswegs, dass Kants mit seiner Kritik einhergehende Skepsis, die die Reinheit des praktischen Vernunftglaubens schützen soll, sich nicht auch gegen Versuche richtet, mit geschichtlichen und sprachlichen Argumenten den Vernunftglauben zu begründen oder auch nur zu stützen. Nicht nur das vermeintliche Wissen dogmatistischer Metaphysik, sondern auch das Wissen aus Tradition, Erfahrung und Sprache sucht Kant als das zu erweisen, was nichts wirklich begründet. Als ob die „critische Kenntnis alter Sprachen, philologische und antiquarische Gelehrsamkeit die Grundveste" der Religion sein könnten![10] „Grundveste" der Religion ist für Kant die „machthabende"[11] praktische Vernunft, die alle Prädikate Gottes – wie etwa die Unbedingtheit – auf sich zieht. Der Grund des

---

6 Ausführlicher dargestellt ist diese Systematik der Philosophie Kants bei: Oswald Bayer, Freiheit als Antwort. Zur theologischen Ethik, Tübingen 1995, 164–182: „Gesetz und Freiheit. Zur Metakritik Kants", hier 165–171.
7 Philipp Melanchthon definiert: 'fides Historica': hoc est eiusmodi opinio qua Livio qua Salustio et alijs bonae fidei historicis credo" (Capita 1520; CR 21,35).
8 KrV B XXX.
9 Ebd.
10 Kant an Johann Georg Hamann am 8. April 1774. In: Briefe (Zehbe, s. Anm. 1) 59. Zur Bedeutung dieses Urteils im Gespräch zwischen Kant und Hamann: Oswald Bayer, Vernunftautorität und Bibelkritik in der Kontroverse zwischen Hamann und Kant. In: Ders., Autorität und Kritik. Zu Hermeneutik und Wissenschaftstheorie, Tübingen 1991, 59–82 (80, Anm. 116). Eingehend: Ulrich Moustakas, Urkunde und Experiment. Neuzeitliche Naturwissenschaft im Horizont einer hermeneutischen Theologie der Schöpfung bei Johann Georg Hamann, TBT 114, Berlin/New York 2003, 24–69.
11 S. o. Anm. 3.

moralischen Handelns ist der vom moralischen Gesetz, dem Kategorischen Imperativ, bestimmte Wille, in dem „das höchste und unbedingte Gute allein angetroffen werden kann" und „gegenwärtig ist"¹². „Es ist überall nichts in der Welt, ja überhaupt auch außer derselben zu denken möglich, was ohne Einschränkung für gut könnte gehalten werden, als allein ein *guter Wille*."¹³ Der gute Wille nimmt gleichsam die Stelle des Anselmischen Gottesbegriffs ein; er ist id quo melius cogitari non potest: das, im Verhältnis zu dem Besseres nicht gedacht werden kann.

Was die praktische Vernunft auszeichnet – Gesetz, Freiheit, Unsterblichkeit der Seele und das Dasein eines allmächtigen Gottes –, ist keine Sache des „Wissens", auch nicht des „Meinens", wohl aber des „Glaubens", verstanden im Sinne der Dreiertypologie „Vom Meinen, Wissen und Glauben", wie sie die transzendentale Methodenlehre der „Kritik der reinen Vernunft" darlegt.¹⁴ Im Unterschied zum „Meinen" als einem weder subjektiv noch objektiv hinreichend begründeten Fürwahrhalten einerseits und im Unterschied zum „Wissen" als einem sowohl subjektiv wie objektiv hinreichend begründeten Fürwahrhalten andererseits ist das „Glauben" ein zwar nicht objektiv, wohl aber subjektiv begründetes Fürwahrhalten – als *„moralische* Gewissheit", die nicht in der dritten Person ausgesprochen werden kann: *„es ist* moralisch gewiss, dass ein Gott sei", sondern allein in der ersten Person: „ *ich bin* moralisch gewiss".¹⁵ Die Folgepostulate – die Unsterblichkeit der Seele und das Dasein eines allmächtigen Gottes – ergeben sich aus dem Grundpostulat der Freiheit, genauer: aus dem Gesetz, das die Freiheit erkennen lässt: Weil „die sittliche Vorschrift zugleich meine Maxime ist (wie denn die Vernunft gebietet, dass sie es sein soll), so werde ich unausbleiblich ein Dasein Gottes und ein künftiges Leben glauben, und ich bin sicher, dass diesen Glauben nichts wankend machen könnte, weil dadurch meine sittlichen Grundsätze selbst umgestürzt werden würden, denen ich nicht entsagen kann, ohne in meinen eigenen Augen verabscheuungswürdig zu sein"¹⁶ – ist doch das „ *moralische Gesetz in mir* […] unmittelbar mit dem Bewußtsein meiner Existenz" verknüpft.¹⁷

---

12 Grundlegung der Metaphysik der Sitten, AA IV, 1911, 385–463, hier 401.
13 AaO, 393.
14 KrV A 820–831.
15 AaO, A 829.
16 AaO, A 828.
17 KprV 289 („Beschluß").

I.2 Kant als Scheidekünstler; Anamnesis und Konstruktion

Es liegt auf der Hand, dass dieser moralische Glaube aus sich selbst und in sich selbst besteht, bestehen muss, will er allgemein und notwendig gelten. Er kann und darf nicht von zufälligen Geschichtswahrheiten abhängen. Zufällige Geschichtswahrheiten können nie der Beweis einer solchen notwendigen Vernunftwahrheit sein bzw. werden, wie es diejenige ist, auf die wir treffen, wenn wir die Frage „Was soll ich tun?" ergründen. Im Bereich des Geschichtlichen, Sprachlichen, kurz: des Empirischen herrscht das Besondere und Zufällige, das Kontingente, nicht das Notwendige und Allgemeine. Zur Sicherstellung des Allgemeinen und Notwendigen wählt Kant „ein der *Chemie* ähnliches Verfahren, der *Scheidung* des Empirischen vom Rationalen"[18]; er setzt „das Rationale dem Empirischen entgegen"[19]. In diesem Sinn ist Kant ein „Scheidekünstler", wie der zeitgenössische deutsche Fachbegriff für „Chemiker" lautet. Der Scheidekünstler Kant lässt die Disjunktion herrschen: Alle Erkenntnis ist „entweder historisch oder rational. Die historische Erkenntnis ist cognitio ex datis, die rationale aber cognitio ex principiis."[20]

Zwei Momente sind für Kants Begriff der Vernunft und damit des Vernunftglaubens konstitutiv: das der – nicht geschichtlich-sprachlichen, sondern rein rationalen, platonischen – *Anamnesis* und das der *Konstruktion*. Sie präsentieren sich eindrucksvoll in Kants Brief an Johann Plücker vom 26. Januar 1796: „Daß ich gleichsam nur die Hebamme Ihrer Gedanken war und Alles, wie Sie sagen, schon längst, obwohl noch nicht geordnet, in Ihnen lag, das ist eben die rechte und einzige Art zur gründlichen und hellen Erkenntnis zu gelangen. Denn nur das, was wir selbst *machen* können, verstehen wir aus dem Grunde [also: gründlich]; was wir von Anderen lernen sollen, davon, wenn es geistige Dinge sind, können wir nie gewiß sein, ob wir es auch recht verstehen, und, die sich zu Auslegern aufwerfen, eben so wenig."[21] Auslegen kann man nur, was man selbst „gemacht", selbst konstruiert und konstituiert hat. Nur in solchem Selbstdenken kann man der Wahrheit gewiss, ihr wirklich innegeworden sein und sie in seinem Selbstbesitz haben. Nur das, was wir selber machen, ist „völlig a priori in unserer Gewalt"[22].

---

18 KprV 291 („Beschluß").
19 KrV A 835.
20 KrV 836.
21 Kant, Briefe (Zehbe, s. Anm. 1), 244. Vgl. Der Streit der Fakultäten (1798), hg.v. Wilhelm Weischedel, Bd. IX, 263–393, hier 327: Was „nicht aus der Seele des Menschen selbst geschöpft" ist, muß ihm immer [...] fremd bleiben".
22 KrV A 843.

*Wahr ist, was wir selbst machen können.*²³ Da nun aber allein das rein Rationale völlig in unserer Gewalt ist, das Empirische aber „nur a posteriori [...] genommen werden" kann²⁴, muss das, „was wir selbst machen können", immer schon *in* uns sein. Empirisches muss kraft dessen, was immer schon in uns ist, sich in seiner Gegenständlichkeit konstituieren und seine Identifizierung und Beurteilung finden. Auf diese Weise wirkt in der Tiefe des Kantischen Begriffs der Vernunft und des Vernunftglaubens als starkes Moment die platonische Anamnesislehre.

So sehr der Scheidekünstler Kant im Grundsatz seiner Kritik Empirisches und Rationales trennt, so sehr fordert er die Vereinigung des Getrennten im bonum consummatum der Glückseligkeit. Weiter ist zu beachten, dass die grundsätzliche Scheidung allein zur *Prüfung* eines Geltungsanspruches vorgenommen wird, keineswegs aber die *Genese* der geschichtlich-gesellschaftlichen Wirklichkeit erklären und verständlich machen will. Gleichwohl kommt der Vernunft ein unabweisbares Bedürfnis zu, sich auf die geschichtlich-gesellschaftliche Wirklichkeit in deren empirischer Konkretion zu beziehen, um in ihr und auf sie zu *wirken* – um „das höchste Gut durch Freiheit des Willens hervorzubringen"²⁵ sowie, im Rückblick auf schon geschehene Geschichte, eine Spur dieser Freiheit entdecken zu können: in einem „Geschichtszeichen".²⁶

I.3 „Geschichtszeichen"; Genese und Geltung

Das „Geschichtszeichen" ist eine Konkretion der heiklen Nahtstelle, an der Kant die *Grundlegung* seiner Kritik der praktischen Vernunft mit deren *Anwendung* verknüpft – „heikel", weil das in der Grundlegung rigoros Geschiedene nun doch in eine Beziehung zueinander treten soll. Das Problem der Anwendung und der Veranschaulichung der Prinzipien der reinen praktischen Vernunft behandelt die „Kritik der praktischen Vernunft" in dem Abschnitt „Von der Typik der reinen praktischen Urteilskraft" ²⁷; was Kant in seinen rechtsphilosophischen, politologischen, geschichtsphilosophischen und nicht zuletzt religionsphilosophischen

---

23 Wie diese These im Zusammenhang der neuzeitlichen Philosophiegeschichte zu verstehen ist, zeigt in Grundzügen: Karl Löwith, Vicos Grundsatz: verum et factum convertuntur. Seine theologische Prämisse und deren säkulare Konsequenzen (SHAW.PH), Heidelberg 1968.
24 KrV A 843.
25 KprV 203; bei Kant gesperrt. Parallel dazu spricht Kant von „dem höchsten für uns praktischen d.i. durch unsern Willen wirklich zu machenden, Gute": AaO, 204.
26 Vgl. z. B. Streit der Fakultäten, Wilhelm Weischedel Bd. IX, 261–393, hier 357.
27 KprV 119–126.

Schriften zu konkretisieren sucht, ist eben diese Typik.[28] Auch äußerste Vorsicht, den Vernunftglauben rein zu halten und nicht auf Empirisches und Geschichtliches zu gründen, hält Kant nicht davon ab, in seiner Typik schließlich zu statuieren, dass der Verstand „ohne etwas, was er zum Beispiele im Erfahrungsfalle machen könnte, bei Hand zu haben, dem Gesetze einer reinen praktischen Vernunft nicht den Gebrauch in der Anwendung verschaffen könnte"[29].

Der Blick auf ein Beispiel ist keine Begründung. Wenn Kant das „Geschichtszeichen" als „signum rememorativum, demonstrativum, prognosticon" versteht,[30] ist mit „Demonstration" kein „Beweis" im Sinne einer Begründung oder Deduktion gemeint, die für Kant nur rein rational sein können; es ist auch kein „Erweis" gemeint, immerhin aber ein „Hinweis". Das „Geschichtszeichen", das Geschichtsereignis, ist „als hindeutend" anzusehen[31] – wie, prominent, die Französische Revolution[32]: „Es muß irgend eine Erfahrung im Menschengeschlechte vorkommen, die als Begebenheit auf eine Beschaffenheit und ein Vermögen desselben hinweiset, *Ursache* von dem Fortrücken desselben zum Besseren und (da dieses die Tat eines mit Freiheit begabten Wesens sein soll) *Urheber* desselben zu sein"[33]. Worauf das epochale Ereignis der Französischen Revolution als „Geschichtszeichen" hinweist, kann freilich nur erkennen, wer des mit dem

---

28 „Typik" im Unterschied zum „transzendentalen Schema" (KrV A 137–147). Im Bereich der Grundlegung der praktischen Philosophie liegt im rein Rationalen allein das Kriterium. Kant duldet hier keine Vereinigung von Empirischem und Rationalem, die jener Verschränkung von Anschauung und Begriff entspräche, die nach seinem Verständnis der theoretischen Vernunft im Bereich der Erfahrung als der Erkenntnis dessen, was ist, gilt. Bei dem moralischen Gesetz und der durch dieses erkannten Freiheit handelt es sich um eine rein rationale Idee, die als Prinzip und Kriterium, als Kraft der Orientierung wirksam ist.
29 Kpr V 123.
30 Streit der Fakultäten, Wilhelm Weischedel Bd. IX, 357. Kant schließt sich mit dieser Unterscheidung dreier Bedeutungsdimensionen des Zeichens, die aus der Unterscheidung dreier Modi der Zeit gewonnen ist, Thomas von Aquin an (STh III q.60 a3). Vgl. Immanuel Kant, Anthropologie in pragmatischer Hinsicht (1798), Wilhelm Weischedel Bd. X, 500 f.: „demonstrativ, rememorativ, prognostisch".
31 Streit der Fakultäten, Wilhelm Weischedel Bd. X, 500 f.
32 Ausführlich: Oswald Bayer, Freiheit als Antwort (s. Anm. 6), 172–176.
33 Streit der Fakultäten, Wilhelm Weischedel Bd. IX, 356. Vgl. den für seine Geschichtsphilosophie aufschlussreichsten Aufsatz Kants „Idee zu einer allgemeinen Geschichte in weltbürgerlicher Absicht" (1784): *„Man kann die Geschichte der Menschengattung im großen als die Vollziehung eines verborgenen Plans der Natur ansehen, um eine innerlich- und, zu diesem Zwecke, auch äußerlich-vollkommene Staatsverfassung zu Stande zu bringen, als den einzigen Zustand, in welchem sie alle ihre Anlagen in der Menschheit völlig entwickeln kann […]. Es kommt nur darauf an, ob die Erfahrung etwas von einem solchen Gange der Naturabsicht entdecke. Ich sage: etwas weniges […]"* (Weischedel Bd. IX,45); es „werden uns selbst die schwachen Spuren der Annäherung desselben [des Zeitpunktes, an dem die Naturabsicht verwirklicht sein wird] sehr wichtig" (AaO, 46).

Menschsein des Menschen gegebenen moralischen Gesetzes und des in diesem implizierten Grundpostulates der Freiheit inne ist, sich ihrer – im Sinne der platonischen Anamnesislehre – „erinnert"[34].

Anamnesis und Konstruktion orientieren und organisieren unter der „Idee einer Weltgeschichte, die gewissermaßen einen Leitfaden *a priori* hat", indem sie als Fortschritt der Freiheit begriffen wird, die „Bearbeitung der eigentlichen bloß *empirisch* abgefassten Historie"[35]. Diese aber gibt in ihren „Geschichtszeichen" einen Hinweis auf die rein rationale Idee der durch das Gesetz zu erkennenden Freiheit.

Was für Kants Geschichtsphilosophie gilt, gilt genauso für seine Religionsphilosophie und deren Bestimmung des Verhältnisses von (Vernunft-) Glaube und Geschichte. *Wahr ist, was durch die Prüfung der bloßen Vernunft als wahr erkannt wird.* Die historische, empirische Entstehung des auf seine Wahrheit hin zu Prüfenden ist für diese Wahrheit selbst – in deren Geltung – belanglos. So schreibt Kant an Jacobi:

> „Ob nun Vernunft [...] nur durch Etwas, was allein Geschichte lehrt, oder nur durch eine, uns unerfaßliche übernatürliche innere Einwirkung, habe *erweckt* werden können, ist eine Frage, welche bloß eine Nebensache, nämlich das Entstehen und Aufkommen dieser Idee, betrifft. Denn man kann eben sowohl einräumen, dass, wenn das Evangelium die allgemeinen sittlichen Gesetze in ihrer ganzen Reinigkeit nicht vorher gelehrt hätte, die Vernunft bis jetzt sie nicht in solcher Vollkommenheit würde eingesehen haben, obgleich, da *sie einmal da sind,* man einen jeden von ihrer Richtigkeit und Gültigkeit (an- jetzt) durch die bloße Vernunft überzeugen kann."[36]

Im selben Sinne hatte Kant zuvor schon an Lavater geschrieben:

> „Von der Richtigkeit und der Notwendigkeit des moralischen Glaubens kann ein jeglicher, nachdem er ihm einmal eröffnet ist, aus sich selbst, ohne historische Hilfsmittel überzeugt

---

34 Vgl. die „Methodenlehre der reinen praktischen Vernunft", der es darum geht, dass „dem Menschen ein inneres, ihm selbst sonst nicht einmal recht bekanntes Vermögen, *die innere Freiheit,* aufgedeckt wird" (KprV 287). Kant stellt sich damit in die Tradition der platonischen Anamnesislehre (Platon, Men. 80d5 – 86c3; Phaid. 72e3 ff.).
35 Idee zu einer allgemeinen Geschichte, Wilhelm Weischedel Bd. IX, 49. Vgl. Kants Überlegungen zur Frage, „Ob das menschliche Geschlecht im beständigen Fortschreiten zum Besseren sei": (Streit der Fakultäten, Wilhelm Weischedel Bd. IX, 349 – 368 (Der Streit der philosophischen Fakultät mit der juristischen). Vor allem in der „Idee zu einer allgemeinen Geschichte" sowie im „Streit der Fakultäten" ist dargelegt, in welchem Sinne Kant die *Weltgeschichte als Fortschritt der Freiheit* versteht.
36 Kant an Friedrich Heinrich Jacobi am 30.8.1789, Briefe, (Zehbe, s.o. Anm. 1), 155 – 157, hier 156 f.

werden, ob er gleich ohne solche Eröffnung von selbst darauf nicht würde gekommen sein."[37]

Bei der Prüfung eines Geltungsanspruchs muss nach Kant – wie auch nach Popper[38] – *von dessen Genese und Geschichte abstrahiert werden.*

So kommt es zu einer fatalen Alternative – zur Vexierfrage: „ob der Bibelglaube (als empirischer), oder ob umgekehrt die Moral (als reiner Vernunft- und Religionsglaube) dem Lehrer zum Leitfaden dienen solle: Mit anderen Worten: Ist die Lehre von Gott, weil sie in der Bibel steht, oder steht sie in der Bibel, weil sie von Gott" – weil sie vernünftig – ist?[39]

I.4 Präexistenter Christus – irdischer Jesus

Die bezeichnete Diastase von Genese und Geltung, von Geschichte und moralischem Vernunftglauben bekundet sich, wie zu erwarten ist, in Kants expliziter Christologie, die sich vor allem im zweiten Hauptstück der „Religion innerhalb der Grenzen der bloßen Vernunft" darstellt. Christus, der Sohn Gottes, ist das Urbild des moralischen, des wahren, des Gott wohlgefälligen Menschen[40] – auch als Urbild noch von der gegebenen und aufgegebenen Idee dieses moralischen Menschen unterschieden und nur von dieser her zu identifizieren: Zwar ist „*das Urbild aller Moralität. Allein um etwas als Urbild anzusehen, müssen wir vorher eine Idee haben, wonach wir das Urbild erkennen können,* um es dafür zu halten; denn sonst könnten wir ja nicht das Urbild erkennen, und könnten also hintergangen werden. Haben wir aber eine Idee von Etwas, z.B. von der höchsten Moralität, und wird uns nun ein Gegenstand der Anschauung gegeben, wird uns jemand vorgestellt als ein solcher, der mit dieser Idee kongruiert; so können wir sagen: dies ist das Urbild, dem folget nach! – Haben wir keine Idee, so können wir kein Urbild annehmen, selbst wenn es vom Himmel käme. Ich muß eine Idee haben, um das Urbild in concreto zu suchen."[41]

Der präexistente Christus als rein rationales Urbild ist vom irdischen Jesus als Historisch-Empirischem scharf geschieden. *Der Morallehrer Jesus von Nazareth fungiert als beispielhaftes Geschichtszeichen – im Unterschied zu Christus als dem*

---

37 Kant an Johann Caspar Lavater am 28.4.1775, Briefe, (Zehbe, s. Anm. 1), 60–63, hier 63.
38 Karl Raimund Popper, Logik der Forschung, Tübingen ⁴1971, 18–21.
39 Immanuel Kant, Streit der Fakultäten, Wilhelm Weischedel Bd. IX, 336 (Anm. zu 335).
40 Kant, Die Religion innerhalb der Grenzen der bloßen Vernunft (¹1793, ²1794), Zweites Stück, bes. B 73–84.
41 Kant, Vorlesungen über Metaphysik (s.o. Anm. 1), AA XXVIII/2,1,577.

von der Idee des moralischen Menschen her ausgewiesenen Urbild. Das Geschichtszeichen gibt einen andeutenden Hinweis, lässt aufmerken; allein die Idee aber begründet, weist aus und beglaubigt. So ist Kant konsequenterweise auch in seiner expliziten Christologie Scheidekünstler.

I.5 Moralgesetz und Bibelkritik

Wie Kants Scheidekunst, wie die von allem Empirischen und Geschichtlichen reine Vernunftautorität als Bibelkritik wirken muss, liegt auf der Hand. Was in den biblischen, zumal den alttestamentlichen Texten dem reinen Moralbegriff nicht entspricht, bekommt das scharfe Rasiermesser Kants zu spüren. Es schneidet alles Sinnliche der Geschichte und der Sprache ab, um „die zwar einige Zeit hindurch nützliche und nötige *Hülle* von der Sache selbst zu unterscheiden"[42], ja: zu scheiden. Die Sache selbst, der harte Kern, der im Innern der zu schälenden Zwiebel gesucht wird, ist die „Moralität, welche das Wesen aller Religion ausmacht"; das Wesen der Religion liegt in den „zur reinen Vernunft gehörigen Begriffen (Ideen genannt)"[43]. Wer sich durch sie bestimmen lässt, hat die Sache erfasst und bedarf keiner Vermittlung durch Geschichte und sinnliche Sprache mehr. So „haben die alten Gesänge, vom Homer an bis zum Ossian, oder von einem Orpheus bis zu den Propheten, das Glänzende ihres Vortrags bloß dem Mangel an Mittel, ihre Begriffe auszudrücken, zu verdanken"[44]. Das Weinberglied des Jesaja (5,1–7) etwa oder die Gleichnisse Jesu verdanken wir also lediglich einem Mangel an klarem Moralbegriff.

Den Moralbegriff aber müssen wir von vornherein schon in uns tragen, um erkennen und urteilen zu können. Der Wahrheit kann ich allein in reiner Erinnerung innewerden und sie darin rein konstruieren. Nie lässt sie sich auf eine andere Weise erkennen; nie lässt sie sich etwa hören und lernen. „Denn wenn Gott zum Menschen wirklich spräche, so kann dieser doch niemals *wissen*, dass es Gott sei, der zu ihm spricht. Es ist schlechterdings unmöglich, dass der Mensch durch seine Sinne den Unendlichen fassen, ihn von Sinnenwesen unterscheiden, und ihn woran *kennen* solle. Dass es aber *nicht* Gott sein könne, dessen Stimme er zu hören glaubt, davon kann er sich wohl in einigen Fällen überzeugen; denn, wenn das, was ihm durch sie geboten wird, dem moralischen Gesetz zuwider ist,

---

[42] Kant, Anthropologie in pragmatischer Hinsicht, Wilhelm Weischedel Bd. X, 397–690, hier 498.
[43] Ebd.
[44] Ebd.

so mag die Erscheinung ihm noch so majestätisch, und die ganze Natur überschreitend dünken: er muß sie doch für Täuschung halten". Kant merkt an:

> „Zum Beispiel kann die Mythe von dem Opfer dienen, das Abraham, auf göttlichen Befehl, durch Abschlachtung und Verbrennung seines einzigen Sohnes – (das arme Kind trug unwissend noch das Holz hinzu) – bringen wollte. Abraham hätte auf diese vermeintliche göttliche Stimme antworten müssen: ‚dass ich meinen Sohn nicht töten solle, ist ganz gewiß; dass aber du, der du mir erscheinst, Gott sei, davon bin ich nicht gewiß, und kann es auch nicht werden, wenn sie [die vermeintliche göttliche Stimme] auch vom (sichtbaren) Himmel herabschallete'."[45]

In dieser moralischen Entrüstung lässt sich die Geschichte von Isaaks Opferung nicht mehr als die Geschichte von Abrahams Glauben und Gehorsam in einer Existenz zwischen Gott und Gott hören.[46] Die von Kant der Vernunft zugeschriebene Autorität heißt ihn, das scharfe Messer einer Bibelkritik zu führen, die den „Buchstaben" einer bloßen „Geschichtserzählung" vom authentischen „Geist" des Moralgesetzes, einen Geschichtsglauben vom wahren Vernunftglauben rigoros scheidet.[47]

> „Der Gott, der durch unsere eigene (moralisch-praktische) Vernunft spricht, ist ein untrüglicher allgemein verständlicher Ausleger dieses seines Worts, und es kann auch schlechterdings keinen anderen (etwa auf historische Art) beglaubigten Ausleger seines Worts geben; weil Religion eine reine Vernunftsache ist."[48]

Daher „müssen alle Schriftauslegungen, *so fern sie die Religion betreffen,* nach dem Prinzip der in der Offenbarung abgezweckten Sittlichkeit gemacht werden, und sind ohne das entweder praktisch leer oder gar Hindernisse des Guten. – Auch sind sie alsdann nur eigentlich *authentisch,* d. h. der Gott in uns ist selbst der Ausleger, weil wir niemand verstehen, als den, der durch unsern eigenen Verstand und unsere eigene Vernunft mit uns redet, die Göttlichkeit einer an uns ergangenen Lehre also durch nichts, als durch Begriffe *unserer* Vernunft, so ferne sie rein-moralisch und hiemit untrüglich sind, erkannt werden kann."[49]

---

[45] Immanuel Kant, Streit der Fakultäten, Wilhelm Weischedel Bd. IX,333. Vgl. Die Religion innerhalb der Grenzen der bloßen Vernunft, B 290.
[46] Vgl. Hartmut Rosenau, Die Erzählung von Abrahams Opfer (Gen 22) und ihre Deutung bei Kant, Kierkegaard und Schelling, NZSTh 27 (1985), 251–261.
[47] Immanuel Kant, Streit der Fakultäten, Weischedel Bd. IX, bes. 331–334.
[48] AaO, 338.
[49] AaO, 314 f.

Wie von aller Erfahrung ist die Vernunft auch von aller Überlieferung und damit von der „Menschlichkeit der Geschichtserzählung"[50] rein. Eine „bestimmte empirisch erteilte Zusage"[51] wie die: ‚"dir sind deine Sünden vergeben' wäre eine übersinnliche Erfahrung, welche unmöglich ist"[52]. Denn: „Der Zuruf geschieht an den Menschen durch seine eigene Vernunft, sofern sie das übersinnliche Prinzip des moralischen Lebens in sich selbst hat."[53]

Der Religion als reiner Vernunftsache ist die Menschlichkeit der Geschichtserzählung ein pudendum. Kant – auch hier sein Zeitalter der Kritik nur vollendend[54] – scheidet zufällige Geschichtserzählung und notwendige Vernunftwahrheit, Göttlichkeit und Menschlichkeit der Bibel in einer Schärfe, die durch eine Beschwichtigung wie die folgende nicht abgeschwächt, sondern eher verstärkt wird: „Die Göttlichkeit [des] moralischen Inhalts [der Bibel] entschädigt die Vernunft hinreichend wegen der Menschlichkeit der Geschichtserzählung"[55]. *Menschlichkeit und Göttlichkeit sind nicht etwa einander verschränkt, sondern werden einander abstrakt entgegengesetzt und schließen einander aus.* Den entscheidenden Grundsatz „der biblischen *Auslegungskunst* (hermeneutica sacra)" befolgt daher, wer „nicht (empirisch) zu wissen verlangt, was der heilige Verfasser mit seinen Worten für einen Sinn verbunden haben mag, sondern was die Vernunft (a priori) in moralischer Rücksicht bei Veranlassung einer Spruchstelle als Text der Bibel für eine Lehre unterlegen kann"[56].

Diese Unterlegung und Eintragung ist „die einzige evangelischbiblische Methode der Belehrung des Volks in der wahren inneren und allgemeinen Religion, die von dem partikulären Kirchenglauben als Geschichtsglauben" ebenso „unterschieden ist"[57] wie von „kritischer Kenntnis alter Sprachen, philologischer und antiquarischer Gelehrsamkeit", die genauso wenig „die Grundveste" der Religion sein können.[58] Was im öffentlichen Gebrauch der Bibel – beispielsweise in Predigten – leitend sein muss, ist nicht „die Schriftgelahrtheit, und was man vermittelst ihrer aus der Bibel, durch philologische Kenntnisse, die oft nur verunglückte Konjekturen sind, *herauszieht,* sondern was man mit moralischer Denkungsart (also nach dem Geiste Gottes) in sie *hineinträgt,* und Lehren, die nie

---

50 AaO, 335; vgl. u. bei Anm. 55.
51 AaO, 314.
52 Ebd.
53 AaO, 313.
54 Vgl. z. B. Christian Tobias Damm, Vom historischen Glauben, 1772.
55 Kant, Streit der Fakultäten, Wilhelm Weischedel Bd. IX, 335.
56 AaO, 336 und 337.
57 AaO, 337.
58 Vgl. o. Anm. 10.

trügen, auch nie ohne heilsame Wirkung sein können"⁵⁹. Wer „in Glaubenssätzen einen moralischen Sinn hereinträgt (wie ich es: *Religion innerhalb der Grenzen* etc. versucht habe)", redet nicht einem „folgeleeren, sondern auf unsere moralische Bestimmung bezogenen verständlichen Glauben" das Wort.⁶⁰ Denn „alles kommt in der Religion aufs *Tun* an und diese Endabsicht mithin auch ein dieser *gemäßer* Sinn muß allen biblischen Glaubenslehren unterlegt werden".⁶¹ *Die biblischen Texte in ihrer Sprachbewegung begründen und bewegen nichts, sondern illustrieren nur;* sie bieten „bloß Beispiele der Anwendung der praktischen Vernunftprinzipien auf Facta der heiligen Geschichte, um ihre Wahrheit anschaulicher zu machen".⁶²

II Hamann

II.1 Reine Vernunft?

Hamann⁶³ hat sich auf Kant metakritisch eingelassen⁶⁴ und der neuzeitlichen Methodendiskussion insgesamt einschließlich ihres Begriffs der „Kritik" – verstanden als „ars diiudicandi"⁶⁵, als Kunst des philologischen⁶⁶, historischen⁶⁷ und ästhetischen⁶⁸ Urteilens – sowie der Kunstrichterschaft der Rezensenten⁶⁹ einen weiten Horizont erschlossen. Selbst Kant, der, im Anspruch, sein Zeitalter der

---

59 Immanuel Kant, Streit der Fakultäten, Wilhelm Weischedel Bd. IX, 339.
60 AaO, 304.
61 AaO, 307.
62 AaO, 340.
63 Johann Georg Hamann, Sämtliche Werke. Historisch-kritische Ausgabe von J. Nadler, 6 Bände, Wien 1949–57 (zit. „N" unter Angabe von Band-, Seiten- und Zeilenzahl); Johann Georg Hamann. Londoner Schriften. Historisch-kritische Neuedition von Oswald Bayer und Bernd Weißenborn, München 1993 (zit. „BW" unter Angabe der Seiten- und Zeilenzahl); Johann Georg Hamann, Briefwechsel, Bd. I-III, hg.v. Walter Ziesemer und Arthur Henkel, Wiesbaden 1955–57 (zit. „ZH" unter Angabe von Band-, Seiten- und Zeilenzahl); Johann Georg Hamann, Briefwechsel, Bd. IV-VII, hg.v. Arthur Henkel, Wiesbaden 1959, Frankfurt/M. 1965–1979 (zit. „H" unter Angabe von Band-, Seiten- und Zeilenzahl).
64 Dazu ausführlich: Oswald Bayer unter Mitarbeit von Benjamin Gleede und Ulrich Moustakas, Vernunft ist Sprache. Hamanns Metakritik Kants, Stuttgart-Bad Cannstatt 2002. Speziell zum Begriff der „Kritik" im Streit zwischen Hamann und Kant: AaO, 67–90.
65 Bayer, Autorität und Kritik (s. Anm. 10), 67, Anm. 52.
66 AaO, 68, Anm. 53.
67 Ebd., Anm. 54.
68 Ebd., Anm. 55.
69 Vgl. Werner Strube, Art. Kunstrichter, HWP 4 (1976), 1460–1463.

Kritik zu vollenden, unter seiner Kritik der reinen Vernunft „nicht eine Kritik der Bücher und Systeme, sondern die des Vernunftvermögens überhaupt" verstanden wissen wollte[70] und deshalb meinte, „von sich selbst schweigen" zu können[71], wird durch Hamanns Metakritik in jenen weiten Horizont zurückgeholt, dem er sich durch seinen transzendentalen Rückgang entzogen wähnte. Hamann entlarvt ihn als Heuchler, der nicht erkennt und eingesteht, dass er selbst Autor ist und als solcher handelt. Hamann zeigt, dass es keineswegs eine apriorisch reine, sondern eine durchaus geschichtlich zufällige Handlung ist, mit der sich Kant auf Leibniz und Locke, auf Platon und Hume bezieht. Seine Kritik hat ein „Geschlechtregister"[72] und verrät es auch, wenngleich widerwillig. „So viel ist gewiß", diagnostiziert Hamann, „dass ohne Berkeley kein Hume geworden wäre, wie ohne diesen kein Kant. Es läuft doch alles zuletzt auf Überlieferung hinaus, wie alle Abstraktion auf sinnliche Eindrücke."[73] Hamann konnte Kant nicht anders denn als einen geschichtlichen, von Überlieferung, Erfahrung und Sprache abhängigen Autor sehen, der schreibt, was er gelesen hat und dabei zeigt, wie er – Kant selbst und nicht etwa die Vernunft schlechthin – gelesen, wie er gehört und geurteilt hat. Kants eigenes Denken als freie Antwort ist *eine* der Geschichten der Vernunft. Die Geschichten der Vernunft aber sind die Kritik ihrer Reinheit.

Als unauflöslich mit Überlieferung, Erfahrung und Sprache verbunden ist die Vernunft nicht rein – weder rein anamnetisch noch rein konstruierend. Weil sie ein „Geschlechtsregister" und die Sprache zur „Mutter" hat,[74] widerspricht Hamann der Annahme eines rein logischen Apriori und behauptet ein unreines, historisches Apriori; es ist – was die Ohren Kants und seiner Nachfolger aufs Schärfste provoziert, ja kränkt – a priori willkürlich, a posteriori notwendig.[75] Während Kant Zufall und Notwendigkeit – und entsprechend geschichtliche Of-

---

70 KrV A XII.
71 Als Motto zur 2. Aufl. der KrV zitiert Kant Francis Bacon: De nobis ipsis silemus [...] (KrV B II).
72 N III, 107,3 – 8.2lf. („Neue Apologie des Buchstaben h von ihm selbst", 1773): „Ist eure ganze *Menschenvernunft* etwas anders als *Überlieferung* und *Tradition,* und gehört denn viel dazu, das *Geschlechtregister* eurer abgedroschenen kahlen und zweimal erstorbenen Meinungen bis auf die *Wurzel* des *Stammbaums* nachzuweisen? [...] Ihr Heuchler! Gebt ihr nicht selbst Zeugnis, dass ihr Kinder seid eurer Väter"? Hamann will die Absolutheitsansprüche der Vernunft durch historische Arbeit entmythologisieren.
73 H IV, 376,161 – 9; an Johann Gottfried und Caroline Herder am 22.4.1782.
74 H VI, 108,21; an Friedrich Heinrich Jacobi am 28.10.1785. Vgl. N III, 239,23 – 25 (Zwei Scherflein, 1780): „[...] *Sprache,* welche die DEIPARA unserer *Vernunft* ist.
75 In seiner „Metakritik über den Purismum der Vernunft" redet Hamann von „der Verknüpfung eines zwar *a priori* willkürlichen und gleichgültigen, *a posteriori* aber notwendigen und unentbehrlichen Wortzeichens [...]" (H V, 215,28 – 30; an Johann Gottfried Herder am 15.9.1784).

fenbarung und Vernunftglauben – in einer strikten Disjunktion fixiert,[76] vertritt Hamann ein Vernunftverständnis, demzufolge Zufälliges und Notwendiges, Sinnlichkeit und Verstand, Historisches und Rationales sich nicht voneinander scheiden lassen, sondern in der Sprache unauflöslich miteinander verbunden sind und aneinander teilhaben – in einer „Ehe"[77] bzw. einer „Idiomenkommunikation", von der des Näheren noch die Rede sein muss.

II.2 Dass „ein historischer Plan einer Wissenschaft immer besser als ein [rein] logischer" ist

Kants Wissenschaftsverständnis, das durch die grundsätzliche Diastase von Geltung und Genese geprägt ist, teilt Hamann nicht und vertritt die für sein ganzes Leben und Werk programmatische These, dass „ein historischer Plan einer Wissenschaft immer besser als ein [rein] logischer" ist.[78] Dieser Plan bezieht sich auf „Sinn und Geschichte", „Sensus" und „historisches Faktum", auf die mit den „Erfahrungen" unscheidbar verbundenen „Überlieferungen".[79] Das in solchem Geschichtsverständnis gebildete Urteilsvermögen, kraft dessen Hamann die nicht nur bei Kant, sondern auch bei Lessing und Mendelssohn, Michaelis, Semler und vielen anderen gängigen Entgegensetzungen von Notwendigem und Zufälligem, Moralisch-Vernünftigem und Historischem, von Apriorischem und Aposteriorischem, von Kausalität und Finalität, von Beobachtung und Weissagung[80] in ihrer Problematik erkannte, ablehnte und überwand, hat seine Hauptquelle in der Bibel – für Hamann die Matrix allen Hörens und Redens, Lesens und Schreibens. „Die heilige Schrift sollte unser Wörterbuch, unsere Sprachkunst sein, worauf alle

---

76 Immanuel Kant, Streit der Fakultäten, Wilhelm Weischedel Bd. IX,316: „Glaubenssätze sind nun entweder (...) zufällig und Offenbarungslehren, oder *moralisch*, mithin mit dem Bewusstsein ihrer Notwendigkeit verbunden und apriori erkennbar, d.h. *Vernunftlehren* des Glaubens".
77 Die Übertragung des Wortes Jesu von der Unscheidbarkeit der Ehe (Mk 10,9) auf die Unscheidbarkeit von Gott und Mensch, Zufall und Notwendigkeit, Allgemeinheit und Partikularität usw. zieht sich durch die gesamte Autorschaft Hamanns, ist einer ihrer markantesten Topoi. Vgl. die Belege: Vernunft ist Sprache (s. Anm. 64), 106f. („Kants Scheidekunst").
78 ZH I, 446,33f.; an Kant [Dez. 1759]. Diese programmatische These steht in der Mitte der Kontroverse zwischen Hamann und Kant um das gemeinsame Projekt einer „Kinderphysik", einer „Naturlehre" für Kinder. Dazu: Oswald Bayer, Erzählung und Erklärung. Das Verhältnis von Theologie und Naturwissenschaften. In: Ders., Gott als Autor. Zu einer poietologischen Theologie, Tübingen 1999, 240–254.
79 Diese Orientierung hält sich bei Hamann durch. Vgl. N III, 39,25–40,15 (Philologische Einfälle und Zweifel, 1772) und H V, 265,7–9 und 265,34–266,2; an Friedrich Heinrich Jacobi am 14.11.1784.
80 Ausführlich: u. II.5: „Keine ‚einäugige' Geschichtsbetrachtung!"

Begriffe und Reden der Christen sich gründeten und aus welchen sie bestünden und zusammengesetzt würden"[81].

Dass Hamann sein Geschichtsverständnis, das vor allem durch die Vermittlung und Umformung Herders das historische Bewusstsein des 19. und 20. Jahrhunderts mit hervorbrachte, hauptsächlich und entscheidend im Umgang mit der Bibel gewonnen hat, steht außer Zweifel. Was dabei auffällt und seinen Zeitgenossen harter Anstoß war, ist die *Hochschätzung des Alten Testaments*, für dessen Charakter als Geschichtsbuch Hamann vor allem in „Golgatha und Scheblimini!" (1784), seiner für das Thema „Glaube und Geschichte" wichtigsten Schrift, eintritt: gegen Moses Mendelssohn und dessen wie von Kant geübte Scheidekunst, die „das Zeitliche vom Ewigen [...] scharf abschneidet"[82] und damit eine lebendige Einheit „in zwo tote Hälften" zertrennt.[83] „Geschichtsbuch" ist das Alte Testament nicht wie andere Geschichtsbücher. Es ist vielmehr die historia historiarum, Buch der Geschichte schlechthin; es bietet das historische, sprachlich sinnliche Apriori aller Geschichte: Die „ganze Geschichte des jüdischen Volkes" ist „ein lebendiges geist- und herzerweckendes *Elementarbuch* aller *historischen Literatur im Himmel, auf und unter der Erde*", „Fingerzeig auf die Jobeiperioden und Staatspläne der göttlichen Regierung über die ganze Schöpfung von ihrem *Anfänge* bis zu ihrem Ausgange."[84] Dies besagt für die nicht ausdrücklich in der Bibel zur Sprache kommende Geschichte – wie auch für die in ihr nicht ausdrücklich zur Sprache kommende Natur: Sie werden von der Bibel nicht etwa ausgeschlossen, sondern überhaupt erst aufgeschlossen.

II.3 Geschichte als Christusgeschichte: Zeit der Mitte; Idiomenkommunikation

Die unüberholbare und unerschöpfliche Geschichte der Zusage Gottes an Israel konzentriert und erfüllt sich ganz in der Geschichte Jesu Christi: „in der zweideutigen Gestalt seiner Person, seiner Friedens- und Freudenbotschaft, seiner Arbeiten und Schmerzen, seines Gehorsams bis zum Tode, ja zum Tode am Kreuz!

---

81 BW 304,8–10 (= N I, 243,18–20); Biblische Betrachtungen eines Christen, 1758; zu 1Petr 4,11.
82 N III, 302, 35f. (umgestellt); Golgatha und Scheblimini! Von einem Prediger in der Wüsten, 1784.
83 AaO, 303,7 (im Zusammenhang von 302,32–303,31).
84 AaO, 311,4–10. Deutlich ist angespielt auf Gotthold Ephraim Lessing (Hg.), Die Erziehung des Menschengeschlechts (1780); § 46f. („Fingerzeig"), §§ 47 und 50f. („Elementarbuch"). Hauptsächlich aber geht Hamann ein auf: Moses Mendelssohn, Jerusalem oder über religiöse Macht und Judentum (1783). In: Gesammelte Schriften (Jubiläumsausgabe), Bd. 8: Schriften zum Judentum II (bearb. v. Alexander Altmann), Stuttgart-Bad Cannstatt 1983, 168,175,169.

und seiner Erhöhung aus dem Erdenstaube eines Wurms bis zum Thron unbeweglicher Herrlichkeit – auf das Himmelreich, das dieser David, Salomo und Menschensohn pflanzen und vollenden würde zu einer Stadt, die einen Grund hat, deren Baumeister und Schöpfer Gott, zu einem Jerusalem droben, die frei und unser aller Mutter ist, zu einem neuen Himmel und einer neuen Erde, ohne Meer und Tempel drinnen – "[85]. In diesem für Hamanns Sprache bezeichnenden Bibelcento[86] spitzt sich sein Geschichtsverständnis aufs äußerste zu. Wer von ihm zu einer verallgemeinerungsfähigen, also den möglichen Konsens aller von vornherein unterstellenden Geschichtstheorie zu abstrahieren suchte, würde es dabei zerbrechen. Die dieses Geschichtsverständnis konstituierende jüdische Partikularität – „bleibt doch der Jude immer der eigentliche ursprüngliche Edelmann des ganzen menschlichen Geschlechts"[87] – und Christuspartikularität bleibt bis heute anstößig; wer diese Partikularität aufheben will – wie Hegel den geschichtlichen Karfreitag in den spekulativen vernichtet zugleich die mit ihr verschränkte Universalität.

Hamann fasst zusammen und bekundet zugleich, wie *er* den Kollektivsingular „Geschichte" versteht[88], nämlich allein als die gegenwärtige, vergangene und zukünftige Geschichte Jesu Christi, aus der freilich niemand und nichts ausgeschlossen ist: „Diese zeitliche[n] und ewige[n] Geschichtswahrheiten von dem Könige der Juden, dem Engel ihres Bundes, dem Erstgeborenen und Haupt seiner Gemeinde, sind das A und O, der Grund und Gipfel unserer Glaubensflügel"[89]. Wir blicken damit zugleich auf den Ursprung von Hamanns Geschichts- und Glaubensverständnis. In den „Gedanken über meinen Lebenslauf" (1758) heißt es an entscheidender Stelle: „Ich fand die Einheit des göttlichen Willens in der Erlösung Jesu Christi, dass alle Geschichte, alle Wunder, alle Gebote und Werke Gottes auf diesen Mittelpunkt zusammenliefen […]"[90]. Dieser die Einheit der vielen Geschichten stiftende und damit den Gebrauch des Singulars „Geschichte" durchaus

---

85 N III 311,27–36 (Golgatha und Scheblimini).
86 Zitiert sind: Jes 53,2; Jes 52,7; Jes 53,4; Phil 2,8; Gen 2,7; Ps 22,7; Jer 14,21 (17,12); Hebr 11,10; Gal 4,26; Apk 21,1 und 22.
87 N III, 309,12 (Golgatha und Scheblimini).
88 Der Kollektivsingular „Geschichte" kommt zwischen 1750 und 1770 auf, wahrscheinlich nicht ohne Bengel und Hamann. Vgl. Reinhart Koselleck, Art. „Geschichte V. Die Herausbildung des modernen Geschichtsbegriffs", GGB 3 (1975), 647–691.
89 N III, 311,37–40 (Golgatha und Scheblimini); zitiert sind: Joh 19,19; Mal 3,1; Röm 8,29; Eph 1,22; Apk 1,8; 1Kor 3,11. Vgl. N III, 192,19–26 (Zweifel und Einfälle, 1776); N III, 226,20–25 (Konxompax, 1779).
90 BW 343,6–9 (= N II, 40,17–20), Gedanken über meinen Lebenslauf. Der „Mittelpunkt" zielt auf die Erlösung und Befreiung des sündigen Menschen: AaO, Z. 9ff. (s. u. bei Anm. 119 und 124).

notwendig machende Mittelpunkt ist aber nicht etwa die Mitte der Zeit[91] – verstanden im Sinne einer dieser Mitte immer schon vorgegebenen Zeit –, sondern die *Zeit der Mitte:* einer Zeit, die sich selbst aus dieser Mitte zeitigt.[92] In dieser Christuszeit, in dieser Christusgeschichte, treten Gott und Mensch, Zeitliches und Ewiges, Partikulares und Universales, Kontingenz und Notwendigkeit nichtmehr auseinander, sondern zusammen. Sie verschränken sich – verdichtet in die Verschränkung des Geschehens der Kreuzigung Jesu Christi („Golgatha") mit dem seiner Auferweckung und Erhöhung („Scheblimini" [Ps 110,1] „Setze dich zu meiner Rechten!"), in die Verschränkung der „irdischen Dornen- und der himmlischen Sternenkrone"[93]. Ihre Einheit – und damit die Einheit der Geschichte – liegt in „dem kreuzweis ausgemittelten Verhältnis der tiefsten Erniedrigung und erhabensten Erhöhung beider entgegengesetzter Naturen"[94]. Diese im Titel von „Golgatha und Scheblimini" figurierte Mitte bestimmt Hamanns Verständnis von Glaube und Geschichte durch und durch – ja, sein ganzes Leben, Lesen und Schreiben bis in die feinsten Verästelungen hinein. Die wechselseitige Teilgabe und Teilnahme der Besonderheiten göttlicher und menschlicher Natur, die „communicatio göttlicher und menschlicher idiomatum ist ein Grundgesetz und der Hauptschlüssel aller unsrer Erkenntnis und der sichtbaren Haushaltung"[95] – eine im Blick auf die Scheidekunst der Aufklärung befreiende These, der Hamann durch seine religionsphilosophische Verallgemeinerung[96] freilich eine Geltung verschaffte, deren Problematik dann bei Herder und Hegel scharf hervortrat.

---

91 Vgl. Oscar Cullmann, Christus und die Zeit, Tübingen 1946; Ders., Heil als Geschichte, Tübingen 1965.
92 Vgl. Oswald Bayer, Systematische Theologie als Wissenschaft der Geschichte. In: Ders., Autorität und Kritik (s. Anm. 10), 181–200, hier 195–197; Ders., Zeitgenosse im Widerspruch. Johann Georg Hamann als radikaler Aufklärer, Serie Piper 918, München/Zürich 1988, 225; Ders., Zugesagte Gegenwart, Tübingen 2007, 1–6 und 230f.
93 N III, 405,29f. (Fliegender Brief, 1786–88).
94 AaO, 406,1–3.
95 N III, 27,11–14 (Des Ritters von Rosenkreuz letzte Willensmeinung über den göttlichen und menschlichen Ursprung der Sprache, 1772).
96 Dazu: Friedemann Fritsch, Communicatio idiomatum. Zur Bedeutung einer christologischen Bestimmung für das Denken Johann Georg Hamanns, TBT 89, Berlin/New York 1999. Vgl. Ders., Die Wirklichkeit als göttlich und menschlich zugleich. Überlegungen zur Verallgemeinerung einer christologischen Bestimmung im Denken Hamanns. In: Oswald Bayer (Hg.), Johann Georg Hamann. „Der hellste Kopf seiner Zeit", Tübingen 1998, 52–79.

II.4 Geschichtswahrheit und Geschichtsglaube

Wenn es, wie die christologische Zeit der Mitte ausweist, keine andern ewigen Wahrheiten als unaufhörlich zeitliche gibt[97], wenn die ewige Wahrheit zeitlich und also Geschichte ist, kann sie, will sie überhaupt wahrgenommen werden und mir nicht entschwinden, nur auf „Autorität" hin, mithin „nicht anders als durch Glauben angenommen werden"[98]. Wahrheit entbirgt sich nicht vermeintlich voraussetzungsloser und vorurteilsloser innerer Schau, sondern dem Hören auf ein Wort, das dem Glauben „vorausverkündigt und vorhergesagt"[99] werden musste und deshalb dessen Autorität und Quelle ist; es ist „das feste *prophetische Wort*"[100], in das der dreieine Gott sich „herunterlässt" und „demütigt", weltlich und sinnlich wird.[101] Dem Wort entspricht der Glaube, den es hervorruft.

> „Daher heißt die geoffenbarte Religion des Christentums, mit Grund und Recht, ‚Glaube, Vertrauen, Zuversicht, getroste' und kindliche Versicherung' auf göttliche ‚Zusagen und Verheißungen' und den herrlichen Fortgang ihres sich selbst entwickelnden Lebens in Darstellungen von einer Klarheit zur andern, bis zur völligen Aufdeckung und Apokalypse des am Anfang verborgenen und geglaubten Geheimnisses in die Fülle des Schauens von Angesicht zu Angesicht"[102].

Dieses Geschichtsverständnis darf man, wie dies in der Forschung üblicherweise geschieht, „heilsgeschichtlich" nennen, wenn man damit nur nicht die Vorstel-

---

97 N III, 303,36f. (Golgatha und Scheblimini): Ich weiß „von keinen ewigen Wahrheiten, als unaufhörlich Zeitlichen" – gegen Mendelssohns Scheidekunst gewendet. Hamann kombiniert zwei Mendelssohnzitate: Jerusalem (s. Anm. 84), 108 und 156. Die Formulierung „unaufhörlich zeitlich" besagt nicht etwa, dass sich Hamann Ewigkeit als unaufhörliche, endlose Zeit vorstellt. Vielmehr: Ewigkeit ist nicht zeitlos, sondern zeitvoll, Fülle der Zeit, weil Gott nie mehr ohne Mensch und deshalb die Ewigkeit nie mehr ohne Zeit ist. – Ist, wie bei Luther und Hamann, die Figur der Idiomenkommunikation die Leitkategorie, dann kann „Gott" nicht, wie bei Kant, ein Grenzbegriff sein. Vgl. Vernunft ist Sprache (s. Anm. 64), 50 und 56–62 („Kants Gotteslehre in Hamanns Metakritik: Gott als Grenzbegriff?").
98 N III, 305,5f. (Golgatha und Scheblimini; zitiert ist Mendelssohn, Jerusalem [s. Anm. 84], 192). Vgl. weiter ebd. (305,6f.): „Jüdische Autorität allein gibt ihnen die erforderliche Authentic."
99 AaO, 305,3f.
100 AaO, 306,28f.; vgl. 2Petr 1,19.
101 Zur „Herunterlassung" (Kondeszendenz) Gottes vgl. besonders die „Biblischen Betrachtungen", vor allem: BW 59,3–8 (= N I,5): „Gott ein Schriftsteller! – [...]" und BW 151,37–152,8 (= N I, 91,7–17. Vgl. BW 346,17–29 (= N II, 43,28–40, besonders 36–40) und BW 160,19–161,15 (= N I, 99,24–100,19). Vgl. Christina Reuter, Autorschaft als Kondeszendenz. Johann Georg Hamanns erlesene Dialogizität, TBT 132, Berlin/New York 2005.
102 N III, 305,13–19; vgl. 2Kor 3,18 und 1Kor 13,12 (Golgatha und Scheblimini); zitiert ist Mendelssohn, Jerusalem (s. Anm. 84), 166.

lung chronologischer Konstruktionen und Rechenkünste, wie sie etwa Johann Albrecht Bengel übte, verbindet. Hamann war ihnen abhold – nicht trotz seiner apokalyptischen Hoffnung, sondern gerade in der Berufung auf sie. „Wenn Seine Zukunft gleich einem Diebe in der Nacht sein wird: so vermögen weder politische Arithmetiken noch prophetische Chronologien Tag zu machen"[103]; damit ist den Zeitgenossen widersprochen, die dem gegenwärtigen Zwielicht zwischen Schöpfung und Eschaton in die angebliche Klarheit einer Hoffnung besserer Zeiten innerweltlicher Geschichte entfliehen zu können meinen. An dieses chronologiekritische Wort ist zu erinnern, wenn jene zweiwertige Bestimmung der Geschichtswahrheit nicht missverstanden werden soll, die Hamanns Verständnis von Glaube und Geschichte in besonderer Weise prägt. Danach ist von „Geschichtswahrheiten nicht nur vergangener, sondern auch zukünftiger Zeiten"[104] zu reden. Die Geschichtswahrheit zukünftiger Zeiten liegt im fest zugesagten prophetischen Wort (2Petr 1,19). Dieses ist sowohl assertorisch wie – als solches schon – promissorisch und konstituiert einen Erwartungshorizont, der, nicht chronologisch strukturiert, ganz in der Gegenwart als *Gottes* Gegenwart liegt; denn „bei Gott ist das Gegenwärtige der Grund des Vergangenen und Zukünftigen"[105].

II.5 Keine „einäugige" Geschichtsbetrachtung!

Im Lichte der Gottesgegenwart die Geschichte wahrzunehmen besagt freilich keineswegs, den „Geist der Beobachtung" des unserem menschlichen Geist Gegenwärtigen zu verabsolutieren, wie es Hamann bei Descartes und der Aufklärung – jedenfalls bei den Wolffianern – diagnostizierte. Denn:

> „Was wäre die genaueste, sorgfältigste Erkenntnis des Gegenwärtigen ohne eine göttliche Erneuerung des Vergangenen, ohne eine Ahndung des Künftigen [...]? Was für ein Labyrinth würde das Gegenwärtige für den Geist der Beobachtung sein, ohne den Geist der Weissagung und seine Leitfäden der Vergangenheit und der Zukunft?"[106]

---

103 H IV, 315,3–5; an Johann Caspar Häfeli am 22.7.1781 („Arithmetiken" statt „Authentiken" nach der Handschrift korrigiert).
104 N III, 305,2f. (Golgatha und Scheblimini).
105 BW 309,8f. (= N I, 248,3f.); „Biblische Betrachtungen", zu Apk 1,3f. Zu Hamanns Zeitverständnis des Näheren: Bayer, Zeitgenosse im Widerspruch (s. Anm. 92), 169f. und 214–229.
106 N III, 398,10–16 (Fliegender Brief).

Entsprechend redet Hamann vom „unzertrennlichen Bande zwischen dem Geist der Beobachtung und Weissagung"[107] und hält es für „einäugig"[108], allein mit dem Kalbe analysierender[109] Vernunft das Feld der Geschichte zu pflügen; es ist „die ganze Historie [...] gleich der Natur ein versiegeltes Buch, ein verdecktes Zeugnis, ein Rätsel, das sich nicht auflösen läßt, ohne mit einem andern Kalbe als unserer [nur analysierenden] Vernunft zu pflügen"[110].

Wird der Bereich der Vernunft allein im Sinne des „Geistes der Beobachtung", getrennt vom „Geist der Weissagung" und damit eindimensional – „einäugig"[111] – wahrgenommen, als Kreis „der Wissenschaften", „wo Hypothesen – Systeme – und Beobachtungen das Erste und Letzte sind"[112], dann versteht man Hamanns Ruf nach „einem andern Kalbe". Hamann zeigt sich hier – wie durchgehend auch sonst – als konsequenter, radikaler Aufklärer, insofern er das Andere der Vernunft, Sinnlichkeit und Empfindung, von ihr nicht abgespalten sein lässt, sondern im treffenden Wort beisammen hält. Wer diese Ehe zerbricht und allein mit dem „Geist der Beobachtung" Geschichte wahrnimmt, sucht „die Kunst zu leben und zu regieren"[113] in „historischen Skeletten"[114], in einem „anatomischen Gerippe"[115]. „„Das Feld der Geschichte", sagt Hamann im ‚Zweiten Hellenistischen Brief', ist mir daher immer wie jenes weite Feld vorgekommen, das voller Beine lag, – und siehe! Sie waren sehr verdorret. Niemand als ein Prophet kann von diesen Beinen weissagen, dass Adern und Fleisch darauf wachsen und Haut sie überziehe. – Noch ist kein Odem in ihnen – bis der Prophet zum Winde weissagt, und des Herrn Wort zum Winde spricht,"[116].

---

107 Ebd. Z. 5 f. Zu diesem „unzertrennlichen Bande" von „Geist der Beobachtung" und „Geist der Weissagung", von – auf die menschlichen Grundkräfte bezogen – Rationalität und Utopie vgl. des Näheren: Bayer, Autorität und Kritik (s. Anm. 10), 83–107, hier 99–107.
108 N II, 183,3 im Zusammenhang von 182,16–183,4 (Kleeblatt Hellenistischer Briefe, 1762). Vgl. N III, 69,20; 71,15; dagegen: 71,21 (Selbstgespräch eines Autors, 1773).
109 Vgl. N II, 176,2 (Kleeblatt Hellenistischer Briefe) und N III, 385,33–387,6 (Fliegender Brief).
110 N II, 65,10–13 (Sokratische Denkwürdigkeiten, 1759). Vgl. BW 209,32 f. (= N I, 148,19 f.): „Natur" als „versiegeltes Buch" (Apk 5). Vgl. Henri Veldhuis, Ein versiegeltes Buch. Der Naturbegriff in der Theologie Johann Georg Hamanns, TBT 65, Berlin/New York 1994. Sein Bild („mit einem andern Kalbe pflügen") hat Hamann aus Jdc 14,18.
111 S. o. Anm. 108.
112 N II, 175,6–8 (Zweiter Hellenistischer Brief).
113 AaO, 176,9 f.
114 Ebd.
115 N II, 73,12 (Sokratische Denkwürdigkeiten).
116 N II, 176,11–16 (Zweiter Hellenistischer Brief); zitiert ist Ez 37. Vgl. BW 239,19–29 (= N I, 178,22–3), Biblische Betrachtungen. Es wäre reizvoll und fruchtbar zur Bildung des Urteils über das Verhältnis von Glaube und Geschichte, Hamanns Kritik der „einäugigen" Geschichtsbetrachtung und seine Wahrnehmung des konstitutiven Zusammenspiels des Geistes der Beob-

Es ist nun – wenigstens kurz – darauf zu achten, wie die sowohl durch den „Geist der Beobachtung" wie durch den „Geist der Weissagung", also zweidimensional – zweiäugig – nach dem Paradigma der Bibel als des „Elementarbuch[s] aller historischen Literatur" [117] wahrzunehmende Geschichte sich mir in meiner eigenen Lebensgeschichte zuspricht, zueignet und mich in sie einbezieht.

II.6 Der Glaube als Aneignung der sich mir zusprechenden Geschichte

In seinen „Gedanken über meinen Lebenslauf" schreibt Hamann im unmittelbaren Anschluss an jenen christologischen Passus zu Einheit und Mittelpunkt der Geschichte[118]: „Ich erkannte meine eigenen Verbrechen in der Geschichte des jüdischen Volkes, ich las [darin] meinen eigenen Lebenslauf und dankte Gott für seine Langmut mit diesem Volk, weil nichts als ein solches Beispiel mich zu einer gleichen Hoffnung berechtigen konnte."[119] Da die Bibel als Geschichtsbuch von der Welt der Natur und Geschichte in ihrer ganzen Weite und Tiefe nicht ausschließt, sondern sie überhaupt erst aufschließt, erkennen wir aus ihr – indem sie typologisch gelesen und gehört wird[120] – unsere eigene Lebensgeschichte samt der Weltgeschichte, in die hinein sie verflochten ist. „Wir haben ein groß Vorurteil in Ansehung der Einschränkung, die wir von Gottes Wirkung und Einfluß bloß auf das jüdische Volk machen. Er hat uns bloß an dem Exempel desselben die Verborgenheit, die Methode und die Gesetze seiner Weisheit und Liebe erklären wollen, sinnlich machen; und uns die Anwendung davon auf unser eigen Leben und auf andere Gegenstände, Völker und Begebenheiten überlassen"[121]. Hamann nimmt die eigene Lebensgeschichte nicht isoliert wahr, weil er sie als Geschichte Israels en miniature versteht. Die Geschichte Israels ist damit nicht zur Seelengeschichte eines Individuums verengt. Vielmehr erfährt sich durch sie ein einzelner Mensch in seiner konkreten Lebensgeschichte aus leerer Subjektivität, oder

---

achtung und des Geistes der Weissagung mit Nietzsches zweitem Stück seiner „Unzeitgemäßen Betrachtungen": „Vom Nutzen und Nachteil der Historie für das Leben" (Friedrich Nietzsche, Werke in drei Bänden, hg.v. Karl Schlechta, Bd. I, München 1966, 209–285) – zu vergleichen.
117 Vgl. o. Anm. 84.
118 Vgl. o. bei Anm. 90.
119 BW 343,14–18 (= N II, 40,25–29), Gedanken über meinen Lebenslauf.
120 Vgl. K. Gründer, Figur und Geschichte. Johann Georg Hamanns „Biblische Betrachtungen" als Ansatz einer Geschichtsphilosophie, Freiburg i.Br./München 1958.
121 BW 411,7–13 (=N I, 303,11–18); Brocken, §3.

Selbstbezogenheit und wüster Tiefe[122] gerade herausgeführt und in die Weite der Schöpfung und Geschichte hineingestellt. Hamann ist damit über den Gegensatz von Partikularität und Allgemeinheit, von dem her ihn Hegel beurteilt[123], hinausgelangt. In seiner Erfahrung, seinem Reden und Denken zerbricht die reine Allgemeinheit sowohl heilsgeschichtsphilosophischer wie personalistischer Kategorien. „Ich bin überzeugt, dass jede Seele eine Schaubühne so großer Wunder ist, als die Geschichte der Schöpfung und der ganzen heiligen Schrift in sich schließt. Der Lebenslauf jedes Christen ist im Tagewerke Gottes, im Bündnisse desselben mit den Menschen, in Übertretungen, Warnungen, Offenbarungen, wundertätigen Erhaltungen pp begriffen. Kann einem Christen, der vom Tode der Sünden zu einem neuen Leben hervorgegangen, die Erhaltung Jonas, die Auferweckung eines Lazarus, die Heilung eines Krüppels als größere Wunder Vorkommen"?[124]

III Corpus mysticum der vernünftigen Wesen

Mit dem bisher Dargelegten ist das Thema „Glaube und Geschichte" sowohl im Blick auf Kant wie im Blick auf Hamann keineswegs vollständig, sondern lediglich in einigen wesentlichen Aspekten behandelt worden. Auch der – bei der Verschiedenheit der beiden Auffassungen nicht leichte – Vergleich konnte im vorgegebenen Rahmen nur in wenigen Hinsichten durchgeführt werden.[125] Abschließend soll im Vergleich nur ein einziger Punkt in den Blick kommen.

Für Hamann bildet das gehörte und gelesene, das gelehrte und gelernte[126] Alte und Neue Testament die nicht rückgängig zu machende, apriorisch durchaus zufällige, aposteriorisch aber notwendige Bedingung der Möglichkeit des Welt- und Selbstverständnisses in der Kommunikationsgemeinschaft der gerechtfer-

---

122 Vgl. die Belege bei: Oswald Bayer, Wer bin ich? Gott als Autor meiner Lebensgeschichte. In: Ders., Gott als Autor. Zu einer poietologischen Theologie, Tübingen 1999, 21–40 (36, Anm. 52 und 39, Anm. 73).
123 Nachweise aaO, 32f., Anm. 39 und 40.
124 BW 403,8–16 (=N I, 297,25–33; Londoner Aufzeichnungen vom 7.5.1758. – Zu diesem Abschnitt 6 ausführlicher: Bayer, Autorität und Kritik (s. Anm. 10), 19–26 („Text- und Selbstmeditation") sowie Ders., Gott als Autor (s. Anm. 122), 21–40.
125 Ausführlicher: Oswald Bayer, Autorität und Kritik (s. Anm. 10), 39–107; Ders., Freiheit als Antwort, 164–182; Ders., Zeitgenosse im Widerspruch (s. Anm. 92), vor allem 151–178 („Geschichte und Vernunft"); Ders., Vernunft ist Sprache (s. Anm. 64).
126 Weil für Hamann „Lernen" zwischen Vorgabe und Aneignung, Empfangen und Überliefern geschieht, ist es „im eigentlichen Verstände eben so wenig *Erfindung* als bloße *Wiedererinnerung*" (N III, 41,10–12; Philologische Einfälle und Zweifel, 1772). Anders Kant: s. o. 1, 2 und bei Anm. 34.

tigten Sünder. Sie ist für Hamann die wahre universale Kommunikationsgemeinschaft. Ihr historisches Apriori lässt sich nicht zu einem reinen Apriori verflüchtigen, ihr typologischer Ereigniszusammenhang nicht auf einen Christus als das Urbild des Gott wohlgefälligen moralischen Menschen reduzieren. Kant dagegen besteht auf einer „Religionslehre", „wie sie vermittelst der [reinen] Vernunft aus uns selbst entwickelt werden kann", „auf aller Menschen Herzen zur gründlichen Besserung" hinwirkt, „sie in einer allgemeinen (obzwar unsichtbaren) Kirche" vereinigt[127] und als solches „*corpus mysticum* der vernünftigen Wesen"[128] „auf dem *Kriticism* der [reinen] praktischen Vernunft" gegründet ist.

---

127 Streit der Fakultäten, Weischedel Bd. IX, 328. Es hat allein „der reine Religionsglaube rechtmäßigen Anspruch auf Allgemeingültigkeit (catholicismus rationalis)" (317). „Allgemeinheit für einen Kirchenglauben zu fordern [...], ist ein Widerspruch, weil unbedingte Allgemeinheit Notwendigkeit voraus setzt, die nur da Statt findet, wo die Vernunft selbst die Glaubenssätze hinreichend begründet" (316 f; Hervorhebungen aufgehoben).
128 KrV A 808.

26 Mitte – Anfang und Ende. Hamanns Gesamtverständnis von Natur und Geschichte

I Zwischen Metaphysik und Mythologie

Er sei „kein Theolog", sagt Hamann in den „Kreuzzügen des Philologen" – kein Theolog „wie die meisten Kinder unsers schriftstellerischen, gleissnerischen, unzüchtigen Geschlechts"[1]. Gewiss ist Hamann kein regulärer Theologe wie etwa die Neologen, aber eben doch ein Theologe, der sich als solcher zwischen Metaphysik und Mythologie bewegt. Hamann hat dies in einer eigentümlichen, lutherischen Weise getan, die wir uns nun deutlich machen wollen.

Da die These, dass ein Theologe sich zwischen Metaphysik und Mythologie bewegt, meinen Blick auf Hamann perspektiviert, sei sie vorweg erläutert.

Die Ausbildung des trinitarischen und christologischen Dogmas geschah im engsten Bezug und härtesten Widerspruch zur mythologiekritischen griechischen Metaphysik. Die durch das Wort vom Kreuz bestimmte christliche Theologie artikuliert sich im kritischen Bezug sowohl auf die Mythologie wie auf die Metaphysik, der sie durch ihre Hauptthese ein unerhörtes Skandalon bietet: „Der unendlich *seiende* Gott *kommt* im kontingenten, einmaligen und daher endlichen geschichtlichen Vorgang"[2]. Gottes ewiges Sein, in dem er sich selbst und seiner Zusage die Treue hält, und sein zeitliches Kommen, mit dem er sich auf seine in der Sünde verkehrte Schöpfung einlässt bis zum Tod am Kreuz, sind beieinander und ineinander: „unvermischt, unveränderlich, ungetrennt, unteilbar"[3]. Gottes ewiges Sein selbst ist von Jesu Tod am Kreuz nicht unberührt. Indem christliche Theologie dies zu denken versuchte, zerbrach sie das Apathieaxiom der griechi-

---

1 N II, 115,8–10 (Kreuzzüge des Philologen, 1762, Vorrede). Die Sigla: N = Johann Georg Hamann, Sämtliche Werke. Historisch-kritische Ausgabe von Josef Nadler, 6 Bde., Wien 1949–1957 (zit. unter Angabe von Band-, Seiten- und Zeilenzahl); ZH = Johann Georg Hamann, Briefwechsel, Bd. I–III, hg.v. Walther Ziesemer und Arhtur Henkel, Wiesbaden 1955–1957 (zit. unter Angabe von Band-, Seiten- und Zeilenzahl); H = J. G. Hamann, Briefwechsel, Bd. IV–VII, hg.v. Arthur Henkel, Wiesbaden 1959, Frankfurt/M. 1965–1979 (zit. unter Angabe von Band-, Seiten- und Zeilenzahl); BW = Johann Georg Hamann, Londoner Schriften. Historisch-kritische Neuedition von Oswald Bayer und Bernd Weißenborn, München 1993.
2 Werner Elert, Der Ausgang der altkirchlichen Christologie. Eine Untersuchung über Theodor von Pharan und seine Zeit als Einführung in die Dogmengeschichte, hg.v. Wilhelm Maurer und Elisabeth Bergsträßer, Berlin 1957, 70.
3 Symbolum Chalcedonense, DH 142f; Nr. 302.

schen Metaphysik – wonach Gott unfähig ist zu leiden.[4] Nach der anderen Seite hin – mythologiekritisch – wird der Gedanke einer Metamorphose abgewiesen, als ob „die Gottheit in die Menschheit verwandelt sei"[5] und Gott in seinem Tode aufgehört habe, Gott zu sein. Mythologiekritisch ist die Geschichte vom gekreuzigten Gott zugleich darin, dass sie der Phantasie nicht die Freiheit gewährt, die ihr der Mythos gewöhnlich lässt. Sie nagelt vielmehr die Aufmerksamkeit auf das historische Faktum der Kreuzigung Jesu von Nazareth in seiner zeitlichen und räumlichen Bestimmtheit fest und lässt sich nicht von den Texten lösen, in die sie sich ursprünglich verfasst hat. Die Geschichte des auferweckten Gekreuzigten bleibt in diesen Texten – Hamann redet von „Urkunden"[6] – verbindlich verfasst und lässt sich, ein für allemal „sub Pontio Pilato" geschehen, nicht fortschreiben – es sei denn, sie werde ihres eschatologischen Charakters beraubt.

II Undurchdringliche Nacht

In „Zweifel und Einfälle" heißt es: „aller *philosophische*[r] Widerspruch und das ganze *historische* Rätsel unserer *Existenz*, die undurchdringliche Nacht ihres Termini a quo und Termini ad quem sind durch die Urkunde des *Fleisch gewordnen Worts* aufgelöset."[7]

Anfang und Ende unserer Existenz sowie der ganzen Welt liegen in „undurchdringlicher Nacht", wie Hamann in seiner Skepsis gegenüber allen Gestalten der Metaphysik geltend macht, wenn es denn das Kennzeichen einer jeden Metaphysik ist, Anfang und Ende – ἀρχή (arche) und τέλος (telos) – begrifflich zu erhellen, ins helle Licht des Denkens zu bringen, das Göttliche aus dem Ganzen und seiner Einheit zu prädizieren bzw. als Einheit und Einheit stiftend zu behaupten.[8] Wo komme ich her? Wo gehe ich hin? Die Frage nach Anfang und Ende

---

4 Elert, Ausgang, bes. 71–132; Ders., Die Theopaschitische Formel, ThLZ 75 (1950), 195–206.
5 Unus autem non conversione divinitatis in carne (Symbolum Athanasii). In: Die Bekenntnisschriften der evangelisch-lutherischen Kirche, hg. v. Irene Dingel, vollst. Neued., Göttingen 2014, 60,1f; vgl. BSLK, hg. im Gedenkjahr der Augsburgischen Konfession 1930, Göttingen [12]2010, 30,3f).
6 Umfassend: Ulrich Moustakas, Urkunde und Experiment. Neuzeitliche Naturwissenschaft im Horizont einer hermeneutischen Theologie der Schöpfung bei Johann Georg Hamann, (TBT 114), Berlin/New York 2003.
7 N III, 192,22–26 (Zweifel und Einfälle, 1776).
8 Hamanns Metaphysikkritik bekundet sich beispielsweise in seiner scharfsinnigen Stellungnahme zu Kants – von diesem später selbst revozierten – „Versuch einiger Betrachtungen über den Optimismus" (1759): Kant „beruft sich auf das *Gantze*, um von der Welt zu urtheilen. Dazu gehört aber ein Wißen, das kein *Stückwerk* mehr ist. Vom Gantzen also auf die Fragmente zu schließen, ist eben so als vom Unbekannten auf das Bekannte. Ein Philosoph, der mir also be-

meines Weges samt der Geschichte der ganzen Welt greift in eine undurchdringliche Nacht. Und wenn die Metaphysiker eine Antwort geben, ist sie nach Hamann „hundemager"[9], ein Nichts, ein Griff in die Tiefe und Höhe reiner Abstraktion;[10] „sie haben am Ende [...] entweder ein reines *Nichts* oder ein zweydeutiges *Etwas* gefunden, das wie *gut* und *böse* entgegengesezt –"[11], „ein blendendes Nichts, ein eitles Etwas"[12] ist.

> „Diese höchsten allgemeinsten Gattungsideen (*Nichts* und *Etwas*, *gut* und *böse*) sind bekanntermaßen die ersten Gründe (Initia) und lezten Resultate (teletai) aller theoretischen und practischen Erkenntnis. Aus ihrer Zusammensetzung und Anwendung durch's *Anschauen* des *Einen* in dem *Vielen* entsteht das außer- und übersinnliche oder transcendentale Licht der Vernunft (von welchem Lichte, Grund und *Logos* unsere heutigen Apostel in ihren Opusculis profligatis predigen, daß es alle Menschen erleuchte[,] in *diese* und *jene* Welt hineinzukommen [vgl. Joh 1,9] – auf dem schmalen Wege – durch die enge Pforte [vgl. Mt 7,13 f]) und ihrer Fackelträgerin, der *eigentlichen Wissenschaft*"[13].

---

fiehlt[,] auf das *Ganze* zu sehen, thut eine eben so schwere Forderung an mich, als ein anderer, der mich [sic!] befiehlt[,] auf das *Herz* zu sehen, mit dem er schreibt. Das ganze ist mir ebenso verborgen, wie mir Dein Herz ist. Meynst Du denn, daß ich ein Gott bin? [...]" (an Johann Gotthelf Lindner am 12. Oktober 1759; ZH I, 425,30 – 426,12); „das gantze [...] übersieht keiner" (an Kant Ende Dezember 1759; ZH I, 452,32f). Erkenntniskritik ist für Hamann nicht möglich ohne umfassende Existenzkritik: Oswald Bayer unter Mitarbeit von Benjamin Gleede und Ulrich Moustakas, Vernunft ist Sprache. Hamanns Metakritik Kants, Stuttgart-Bad Cannstatt 2002, 67–90: Der Begriff der „Kritik" im Streit zwischen Hamann und Kant.
9 Es liegt „der Grund der Religion in unserer *ganzen Existenz* und außer der Sphäre unserer Erkenntniskräfte, welche alle zusammengenommen, den zufälligsten und abstractesten modum unserer Existenz ausmachen. Daher jene *mythische* und *poetische* Ader aller Religionen, ihre Thorheit und ärgerliche Gestalt in den Augen einer heterogenen, incompetenten, eiskalten, hundemagern Philosophie", N III, 191,31–192,2 (Zweifel und Einfälle, 1776).
10 Ausführlich: Oswald. Bayer, Christian Knudsen, Kreuz und Kritik. Johann Georg Hamanns Letztes Blatt. Text und Interpretation, BHTh 66, Tübingen 1983, 69–82: Metaphysik und Offenbarung.
11 N III, 218,5–8 (Konxompax, 1779). Vgl. N III, 142,4–9, hier: 6: „metaphysische Scheidekunst" (Hierophantische Briefe, 1775).
12 N III, 219,13 f (Konxompax, 1779) (Hamanns Auszeichnung aufgehoben).
13 N III, 218,9–19 (Konxompax, 1779). Auf Joh 1,9 beruft sich beispielsweise Leibniz in seinem Brief an Seckendorf vom 29. Dezember 1684, um die rationale Evidenz mathematischer Axiome zu begründen: Gottfried Wilhelm Leibniz, Sämtliche Schriften und Briefe, Reihe II,1. Bd., hg.v. der *deutschen Akademie der Wissenschaften zu Berlin*, Berlin 1972, 544,2ff. Mt 7,13 f wird später von Kant in Anspruch genommen: „Wissenschaft [...] ist die enge Pforte, die zur *Weisheitslehre* führt" (*I. Kant*, KprV A, 291 f). Hamann (N III, 218,19 und 38) verweist auf die Schrift von Johann August Eberhard „Von den [sic!] Begriff der Philosophie und ihren Theilen etc. Berlin 1778". Parallel zu N III, 218,9–19, hier: 12f („*Anschauen* des *Einen* in dem *Vielen*") polemisiert Hamann (N III, 219,9 f) gegen die Idee einer „mystischen Einheit im Begriff". Sie ersetzt nicht den Jüngsten Tag (N III,

Ist Hamann, der Theologe, auf der einen Seite metaphysikkritisch, so auf der andern keineswegs in demselben Maße mythologiekritisch, sondern, wie bekannt, sehr mythologiefreundlich und mythologiebewusst.[14] Denn analog zur Menschwerdung Gottes in der Geschichte Jesu Christi sieht er „im *Herzen* und *Munde* aller Religionen" das „Senfkorn der *Anthropomorphose* und *Apotheose*"[15] verborgen. Ist die Metaphysik für ihn zentrifugal, so die Mythologie zentripetal – jedenfalls in dem Maße, in dem sie das Geheimnis der „Grundlehren des Christenthums von der *Verklärung* der *Menschheit* in der *Gottheit* und der *Gottheit* in der *Menschheit* durch die *Vaterschaft* und *Sohnschaft*"[16] bewahrt. Freilich wird dieses Geheimnis meist verkannt, „weil man den ewigen mystischen, magischen und logischen Circul *menschlicher Vergötterung* und *göttlicher Incarnation* nicht gefaßt"[17] hat und deshalb „Widerspruch am Schandpfahl des Kreuzes"[18] laut wird, so dass „sich die Nicolaiten", enthusiastische Gnostiker, „der göttlichen *Kraft* und der göttlichen *Weisheit* im *Worte* vom *Kreutze* schämen und sich daran stoßen"[19].

III Gegebene Mitte

Hamann macht sich keinen metaphysischen Begriff von einem Anfang und einem Ende. Er denkt weder von einem Ursprung her noch auf ein Ziel hin, sondern aus einer gegebenen Mitte heraus.[20] Er geht von einem Schlüsselereignis aus, das die

---

219,16 f; s.u. Anm. 48) und verkennt den „*philosophischen Fluch und Widerspruch der Contingenz*" (N III, 219,14 f), die den metaphysischen Begriff der Einheit in Frage stellt.
14 Vgl. Sven-Aage Jørgensen, Arbeit am Mythos? In: Oswald Bayer, Bernhard Gajek, Josef Simon (Hgg.), Hamann. Insel Almanach auf das Jahr 1988, Frankfurt/M. 1987,83 – 90. Grundlegend für Hamanns Mythologieaffinität ist die „Aesthetica in nuce" (1762): „Sinne und Leidenschaften reden und verstehen nichts als Bilder. In Bildern besteht der ganze Schatz menschlicher Erkenntniß und Glückseligkeit [...]" (N II, 197,22 – 27).
15 N III, 192,19 – 21, im unmittelbaren Zusammenhang des Anm. 8 zitierten Textes: N III, 192,22 – 26 (Zweifel und Einfälle, 1776).
16 N III, 192,29 – 32 (Zweifel und Einfälle, 1776).
17 N III, 223,23 – 224,7 (Konxompax,1779). Vgl. Friedemann Fritsch, Communicatio idiomatum. Zur Bedeutung einer christologischen Bestimmung für das Denken Johann Georg Hamanns, TBT 89, Berlin/New York 1999, 196 – 201: Der „ewige Circul" als Strukturmerkmal des Geschichtlichen. Weiter: Andre Rudolph, Hamann, Gichtel und die Theosophie. In: Manfred Beetz, Andre Rudolph (Hgg.), Johann Georg Hamann. Religion und Gesellschaft, Berlin/Boston 2012, 391– 414, hier 410.
18 N III, 223,19 f (Konxompax, 1779).
19 N III, 193,1 f (Zweifel und Einfälle, 1776).
20 Als gegenwärtige, „nahe" liegende (vgl. Dtn 30,11–14 und Röm 10,6; dazu: BW 397– 403 = N I, 291– 297, Biblische Betrachtungen eines Christen, 7. Mai 1758) ist diese Mitte weder in unbekannter Höhe noch unbekannter Tiefe zu suchen; sie ist „eben so unersteiglich dem kühnsten Riesen und

Bedeutung der vorausgehenden und nachfolgenden Ereignisse erschließt und zugleich deren Vollendung vorgegeben sein lässt.

Damit das Ergriffensein von solcher Vollendung sich nicht zum selbstmächtigen und illusionären Vorgriff auf ein Ende, der in nichts als eine undurchdringliche Nacht griffe, verkehrt, muss ich gegenwärtig in die Mitte der ganzen Geschichte „versetzt" (Kol 1,13) sein. Hamann sieht im poetischen Verfahren Homers ein Gleichnis des Redens und Handelns Gottes als Geschichte. Der Ilias, die damit beginnt, dass Homer seinen Leser sofort in die Mitte der ganzen Geschichte „versetzt"[21], „wird unser Leben ähnlich, wenn eine höhere Muse den Faden deßelben von der Spindel der ersten Schicksalsgöttin bis zur Scheere der letzten regiert – und in das Gewebe ihrer Entwürfe einträgt – "[22]. Dazu beruft sich Hamann auf De arte poetica des Horaz:

> „Semper ad eventum festinat, et in medias res
> Non secus a[d]c notas, auditorem rapit: et quae
> Desperat tractata nitescere posse, relinquit."[23]

Es geht Hamann keineswegs darum, sich selbst in die Mitte der darin zu einer einzigen Geschichte werdenden vielen Geschichten zu setzen, um selbstbezogen Anfang und Ende, Ursprung und Ziel zu zeitigen und in sich hineinzunehmen, oder darum, solche Mitte in mir immer schon vorzufinden – etwa als „unmittelbare Gegenwart des ganzen, ungetheilten [...] Daseins"[24]. Auch nicht darum, diese Mitte als isolierten „Augenblick" wahrzunehmen.[25]

Himmelstürmer, als unergründlich dem tiefsinnigsten Grübler und Bergmännchen" (N III, 132,17–19, Prolegomena über die neueste Auslegung der ältesten Urkunde des menschlichen Geschlechts, 1774).
21 ZH I, 360,32–35; an den Bruder am 16. bzw. 5. Juli 1759: „Dies ist sein Mittelpunct, in den er seinen Leser versetzt, als wenn er die Geschichte der Belagerung von Troja, der Sclavin pp schon alle erzählt [hätte], und der Zuhörer schon den mannigfaltigen Innhalt künftiger Gesänge überstanden hätte." Es will beachtet sein, dass die den ganzen Brief durchziehende Frage nach dem „Ende der Dinge" (ZH I, 357,33; 358,11 und 20 [„das Ende der Dinge als nahe": 1 Petr 4,7]); 359,29; 360,21) ihre Antwort im Hinweis auf die gegebene Mitte findet: „so lebt der Mensch, der für die Ewigkeit lebt" (ZH I, 360,27).
22 ZH I, 360,36–361,2; an den Bruder am 16. bzw. 5. Juli 1759.
23 ZH I, 360,24–26; an den Bruder am 16. bzw. 5. Juli 1759: Horaz, De arte poetica 148–150; übersetzt: „Immer strebt er rasch zum Endziel und reißt den Hörer mitten hinein in die Geschichten – nicht anders, als wären sie bekannt – und lässt das weg, von dem er die Hoffnung aufgibt, dass es das Behandelte zum Glänzen bringen kann." Zu den verschiedenen poetischen Verfahren: Frank Kermode, The Sense of an Ending. Studies in the Theory of Fiction, Oxford 1967.
24 Henrik Steffens, Von der falschen Theologie und dem wahren Glauben. Eine Stimme aus der Gemeinde, Breslau 1823, 99f. Vgl. Friedrich Daniel Ernst Schleiermacher, Der christliche Glaube

IV Der archimedische Punkt: der Gottesname

Ein isolierter Augenblick wäre „nur ein todter Rumpf, dem der Kopf und die Füße fehlen"[26]; er hätte sozusagen weder Hand noch Fuß. Hand und Fuß aber hat die Mitte durch den, der in sie versetzt: durch jene „höhere Muse", die einen ganz bestimmten Namen trägt – den Gottesnamen. Er ist der archimedische Punkt schlechthin: „Ein anderes Δος μοι που στω (dos moi pou sto) kenne und weiß ich nicht, als Sein Wort, sein Schwur, und sein *Ich bin* – und *werde seyn*, worinn die ganze Herrlichkeit seines alten und neuen Namens besteht"[27], des „alten": gemeint ist Ex 3,14, des „neuen": gemeint ist die Dreieinheit Gottes des Vaters und des Sohnes und des Heiligen Geistes.

Die Wahrnehmung des Gottesnamens geschieht nun aber nicht isoliert. Denn ihre existentielle *Tiefe* ist nicht ohne geschichtliche und kosmische *Weite*, ihre *Intensität* nicht ohne zeitliche und räumliche *Extensität*. Der in seinem Namen, in seinem Wort und Schwur offenbare – in bestimmter Hinsicht aber durchaus auch verborgene – Poet ist in seiner Gegenwart „der Grund des Vergangenen und Zukünftigen"[28], der Schöpfer der Welt und ihr Vollender.

Der Einsatz bei der Gegenwart in ihrer von Gott gewährten Fülle ist für Hamanns Gesamtverständnis von Natur und Geschichte charakteristisch. Es muss nicht eigens betont werden, dass diese Gegenwart nicht die ewige Gegenwart des Seins ist – kein parmenideisches nunc stans zeitloser Gegenwart. Es ist die zeitvolle Gegenwart Gottes in seinem sowohl von der Metaphysik wie von der Mythologie missbrauchten[29] Namen, von dem schon die Rede war. Dieser „individuelle"[30] Name liegt in der Zusage seiner in Liebe freien, mitgehenden Gegenwart (Ex 3,14): Ich bin der, als der ich in Freiheit mit euch bin, und ich werde sein, der ich in Freiheit mit euch gehe.

---

nach den Grundsätzen der evangelischen Kirche im Zusammenhange dargestellt, Bd. I, hg.v. Martin Redeker, Berlin ⁷1960, 17 (§ 3.2).
25 Vgl. in der Nachfolge Kierkegaards: Rudolf Bultmann, Geschichte und Eschatologie, Tübingen 1958, 184.
26 BW 186,31f = N I, 125,32f; zu 1 Chr 12,32 (Biblische Betrachtungen eines Christen, 1758).
27 H V, 333,18 – 20; an Friedrich Heinrich Jacobi am 23. Januar 1785.
28 BW 309,8f = N I, 248,31f; zu Apk 1,3f (Biblische Betrachtungen eines Christen, 1758). Vgl. BW 231,16 – 18 = N I, 170,4 – 6; zu Koh 3,14: „bey Gott ist dasjenige, was am Anfange geschah, gegenwärtig und das[,] was am Ende der Zeit und der Tage geschehen soll, gegenwärtig".
29 Vgl. u. bei Anm. 38 und 39.
30 Am 4. Mai 1788 schreibt Hamann an Johann Gottlieb Steudel: „Das höchste Wesen ist im eigentlichsten Verstande ein *Individuum*" (H VII, 460,4) und damit ein Name; es läßt sich nicht in ein Genus einzeichnen. Vom anredenden Namen her hat der angeredete Mensch seinen Namen, ist er unverwechselbar er selbst.

Dieser Name, „das einzige unaussprechliche Geheimniß des *Judentums*"[31], trägt für den Christen Hamann das Antlitz Jesu Christi, der kraft des Heiligen Geistes, sich in die Kleinliteratur der Bibel – in das genus humile[32] – entäußernd, mich anblickt und zu mir spricht. Allein die Geschichte Jesu Christi macht alle anderen Geschichten zu einer einzigen Geschichte – eine Einsicht, die Hamann schon in seinen „Gedanken über meinen Lebenslauf" (1758) festhielt: „Ich fand die Einheit des göttlichen Willens in der Erlösung Jesu Christi, daß alle Geschichte, alle Wunder, alle Gebote und Werke Gottes auf diesen Mittelpunct zusammen liefen[,] die Seele des Menschen aus der Sclaverey, Knechtschaft, Blindheit, Thorheit und dem Tode der Sünden zum grösten Glück, zur höchsten Seeligkeit und zu einer Annehmung solcher Güter zu bewegen"[33].

„Alle Geschichte", Universalgeschichte, hat ihre Einheit aus einer Mitte heraus, in der die in dem Sein und Werk Jesu Christi liegende Wende vom Unheil zum Heil geschieht. Es ist das lutherische Proprium Hamanns, diese soteriologische Wende meistens mit der Figur der Idiomenkommunikation zur Sprache zu bringen. Sie bildet sich eindrucksvoll im Titel von „Golgatha und Scheblimini" ab: Kreuzigung (Golgatha) und Auferweckung (Scheblimini) Jesu Christi verschränken sich; Gott und Mensch sind beieinander in der „irrdischen Dornen- und himmlischen Sternenkrone und dem kreutzweis ausgemittelten Verhältnis der tiefsten Erniedrigung und erhabensten Erhöhung beyder entgegengesetzten[!] Naturen"[34]. Die so bestimmte Mitte prägte Hamanns Leben, Lesen und Schreiben bis in die feinsten Verästelungen hinein. Die wechselseitige Teilhabe der Besonderheiten göttlicher und menschlicher Natur aneinander, die „*communicatio* göttlicher und menschlicher *idiomatum* ist ein Grundgesetz und der Hauptschlüssel aller unsrer Erkenntniß und der ganzen sichtbaren Haushaltung"[35].

Allen *neutrischen, zeitlosen* und *monistischen* Formeln vom „Ganzen", wie sie die Metaphysik – nicht zuletzt in ihrer Rede vom Einen, Wahren, Gerechten und Schönen – ausgebildet hat, begegnet Hamann mit einem christologisch *personalen* Verständnis, in dem das „Ganze" nur als ewig zeitliche Geschichtswahr-

---

31 N III, 224,15 f (Konxompax, 1779).
32 Vgl. bes. N II, 169–173 (Kleeblatt Hellenistischer Briefe, Erster Brief, 1762).
33 BW 343,6–12 = N II, 40,17–23 (Gedanken über meinen Lebenslauf, 1758). Vgl. BW 184,39–185,1 = N I, 123,40–124,2; zu 2Kön 24,14 (Biblische Betrachtungen eines Christen, 1758): „der Plan der ganzen Zeit hat einen Mittelpunct, auf den sich alle Linien, alle Figuren, beziehen und vereinigen." Weiter: BW 130,38–131,24 = N I, 70,19–71,28; zu Dtn 4,39 (Biblische Betrachtungen eines Christen, 1758).
34 N III, 405,29–407,3 (Fliegender Brief, 1786/1789).
35 N III, 27,11–14 (Des Ritters von Rosencreuz letzte Willensmeynung über den göttlichen und menschlichen Ursprung der Sprache, 1772).

heit³⁶ und als in sich differenzierte Gemeinschaft zur Sprache gebracht, geglaubt und von daher auch gedacht werden kann.

Dieses Urteil fasst sich in Hamanns Vermächtnis, dem „Letzten Blatt", in die Formel „OMNES – UNUS" (Gal 3,28: nicht neutrisch [UNUM], sondern christologisch personal: UNUS) zusammen, die sich im Kontext des „Letzten Blattes" als Kontrastformel zum metaphysischen „Allerhöchsten Vernunftwesen", dem „Maximum personifié"³⁷, und damit zu einem bestimmten metaphysischen Theismus darstellt – sachlich zugleich aber auch als Kontrastformel zu einem mythologischen Polytheismus, der als „anonyme πρόληψις des jüdischen und christlichen Gottesnamens „tausend mythologische Namen, Idole und Attribute hervorgebracht"³⁸ hat.

Wir haben damit auf den einzigen archimedischen Punkt, den Hamann kennt und der für sein Verständnis der Geschichte und Natur, der Natur und Geschichte³⁹ grundlegend ist, geachtet und dies vor allem in christologischer Perspektive. Der Gottesname müsste nun noch – unter Berücksichtigung der Rede Hamanns vom Heiligen Geist – in umfassend trinitätstheologischer Hinsicht, vor allem in seiner dreifachen Kondeszendenz,⁴⁰ bedacht werden. Doch mag für unsere Fragestellung die gewählte Fokussierung auf die christologische Dimension genügen; sie ist ohnehin die entscheidende: Jesus Christus ist „das *Geheimniß des Himmelreichs* von seiner Genesis an bis zur Apokalypsi – der Brennpunkt aller Parabeln und Typen im ganzen Universo, der Histoire generale

---

36 Vgl. N III, 303,36f (Golgatha und Scheblimini, 1784): „Weil ich auch von keinen *ewigen Wahrheiten*, als *unaufhörlich zeitlichen* weiß [...]." Vgl. N III, 311,37: „*zeitliche* und *ewige* Geschichtswahrheiten".
37 H VII, 482,9; an Friedrich Heinrich Jacobi am 18. Mai 1788. Vgl. Bayer, Kreuz und Kritik, 63 und die Interpretation: 69–82.
38 N III, 224,17f im Zusammenhang der Zeilen 13–20 (Konxompax, 1779). Vgl. N III, 226,9–15. Der Griff, der den einen Gottesnamen verfehlt, macht diesen Namen namenlos, anonym und zugleich „tausendzüngig" (N III, 226,15).
39 Natur und Geschichte sind für Hamann eine in sich differenzierte Einheit: „Wie die Natur uns gegeben, unsere Augen zu öffnen; so die Geschichte, unsere Ohren" (Sokratische Denkwürdigkeiten, 1759). „Natur und Geschichte sind [...] die 2 grossen Commentarii des göttlichen Wortes; und dies hingegen der einzige Schlüssel[,] uns eine Erkenntnis in beyden zu eröffnen" (BW 411,30 = N I, 303,35–37; Brocken, 1758). Vgl. BW 417,7–9 = N I, 308,34–36). Vgl. Hamanns Zeit- und Raumverständnis in H V, 213,29–214,4 (Metakritik über den Purismum der Vernunft, 1784). Dazu: Bayer, Vernunft ist Sprache, 329–336.
40 Vgl. paradigmatisch nur BW 151,37–152,8 = N I, 91,7–17 (Biblische Betrachtungen eines Christen, 1758; zu 1Sam 3,9f). Umfassend: Christina Reuter, Autorschaft als Kondeszendenz. Johann Georg Hamanns erlesene Dialogizität, TBT 132, Berlin/New York 2005, bes. 9–47. Weiter: Naomi Miyatani, Hamanns Sprache der Kondeszendenz, Tokyo 2013.

und Chronique scandaleuse aller Zeitläufte und Familien"[41]. Das Universale ist christologisch konkret, das Konkrete universal. Jesus Christus ist das concretum universale.

V Ganzes und Fragmente

Ausgegangen waren wir von dem Satz in „Zweifel und Einfälle", dass „aller *philosophische*[r] Widerspruch und das ganze *historische* Rätsel unserer *Existenz*, die undurchdringliche Nacht ihres Termini a quo und Termini ad quem [...] durch die *Urkunde* des *Fleisch gewordnen Worts* aufgelöset"[42] sind. Sowenig sich für Hamann von einem vorgefassten metaphysischen Begriff oder mythologischen Bild eines terminus a quo und terminus ad quem, eines Anfangs und eines Ende aus die Mitte – die „Urkunde" des fleischgewordnen Wortes (Joh 1,14) – bestimmen und verstehen lässt, so sehr erzählt und bezeugt diese Urkunde mit der *Vereinigung* von Gott und Mensch, Schöpfer und Geschöpf eine mit dem Gottesnamen gegebene Gegenwart, die „der Grund des Vergangenen und Künftigen"[43] ist, damit auch einen schlechthinnigen Anfang gesetzt hat[44] und ein vollendendes Ende verspricht und gibt – gibt und verspricht doch der Gottesname „*Geschichtswahrheiten* nicht nur *vergangener*[,] sondern auch *zukünftiger Zeiten*"[45], „die ihrer Natur nach [...] nicht anders als durch *Glauben* angenommen werden können"[46].

Da die vergangenen wie die zukünftigen Geschichtswahrheiten nur geglaubt, nicht gewusst werden können, widerspricht die Erwartung des Endes, der Weltvollendung durch das Gericht hindurch[47] nicht dem Fragmentarischen und Fragilen unserer angefochtenen Existenz und unseres endlichen Denkens. „Wir leben hier von Brocken. Unsere Gedanken sind nichts als Fragmente. Ja unser Wissen ist Stückwerk [1Kor 13,9]"[48]. Allgemeinen „Wahrheiten, Grundsätze[n],

---

41 N III, 226,21–25 (Konxompax, 1779).
42 N III, 192,22–26 (Zweifel und Einfälle, 1776).
43 Vgl. o. Anm. 29.
44 „Anfang" ist nicht nur als principium zu verstehen, sondern auch als initium. Vgl. Jan Muis, Anrede und Anfang. Der Ansatz von Oswald Bayer in der Schöpfungslehre, NZSTh 48 (2006), 60–73.
45 N III, 305,2f (Golgatha und Scheblimini, 1784).
46 N III, 305,5f (Golgatha und Scheblimini, 1784).
47 Dass nur durch das Gericht hindurch sich die Natur als Schöpfung wahrnehmen lässt, schärft in besonderer Deutlichkeit die „Aesthetica in nuce" (1762) ein: N II, 217,15–19; 197,10f (vgl. Mt 3,12); 206,20f; 207,10f (Mal 3,2, womit Mt 3,12 zu vergleichen ist); 213f. Zum Jüngsten Gericht: N III, 219,16f (Konxompax, 1779) sowie o. Anm. 14.
48 BW 407,14–16 = N I, 299,27–29 (Brocken, 1758).

Systems bin ich nicht gewachsen". Dagegen „Brocken, Fragmente, Grillen, Einfälle"[49].

Wir sehen: Die von der Zeit einer Mitte – von der „Geschichte" des *Fleisch gewordnen Worts* (Joh 1,14) – begründete *Einheit der Universalgeschichte* verbindet sich für Hamann keineswegs mit der Spekulation einer Totalvermittlung; die „undurchdringliche Nacht" des Anfangs und Endes unserer Existenz samt der ganzen Weltgeschichte ist durch das Christusgeschehen nicht so „aufgelöst", dass die „Histoire generale und Chronique scandaleuse aller Zeitläufte"[50] dem, der dem Gottesnamen glaubt, durchsichtig geworden wären und er kraft der Offenbarung erkennen könnte, „daß die Vernunft die Welt beherrscht" und „es also auch in der Weltgeschichte vernünftig zugegangen ist", wie etwa Hegels Geschichtsphilosophie will.[51] Hamann ist skeptisch: „Wenn Seine Zukunft gleich einem Diebe in der Nacht seyn wird: so vermögen weder politische Arithmetiken noch prophetische Chronologien Tag zu machen"[52].

Damit teilt Hamann die Skepsis Kohelets: Zwar hat Gott jedem Menschen die „Ewigkeit" – die Frage nach dem Einen und Ganzen – „ins Herz gegeben" (Koh 3,11a); „nur daß der Mensch das Werk, das Gott von Anfang bis Ende tut, nicht ergründen kann" (Koh 3,11b; 8,17; 11,5).[53]

So lässt sich Hamanns Geschichtsverständnis nur dann als „heilsgeschichtlich" bezeichnen, wenn damit nicht chronologische Konstruktionen und Rechenkünste – wie etwa bei Johann Albrecht Bengel[54] – oder föderaltheologische Schemata verbunden sind. „Heilsgeschichtlich" ist Hamanns Geschichtsverständnis vielmehr darin, dass eine einzige – die vom alten und neuen Gottesnamen gesprochene und gewirkte – Geschichte alle Geschichten durch und durch bestimmt.

---

49 ZH I, 431,29f (an Johann Gotthelf Lindner am 12. Oktober 1759).
50 N III, 226,21–25 (Konxompax, 1779).
51 Georg Wilhelm Friedrich Hegel, Die Vernunft in der Geschichte, PhB 171a, hg.v. J. Hoffmeister, Hamburg ⁵1955, 28; vgl. 46.
52 H IV, 315,3–5 („Authentiken" ist nach der Handschrift in „Arithmetiken" zu korrigieren); an Johann Caspar Häfeli am 22. Juli 1781.
53 Vgl. H V, 266,9–11; an Friedrich Heinrich Jacobi am 14. November 1784: „Alles ist eitel! – nichts Neues unter der Sonne! [Koh 1,2;9] – ist das Ende aller Metaphysik und Weltweisheit, bey der uns nichts übrig bleibt als der Wunsch, die Hofnung und der Vorschmak eines neuen Himmels und einer neuen Erde". Zu Hamanns Bejahung der Skepsis und seiner Wendung gegen den Skeptizismus: Kreuz und Kritik (s.o. Anm. 10), 89f im Kontext von 87–91.
54 Vgl. Gerhard Sauter, Die Zahl als Schlüssel zur Welt. Johann Albrecht Bengels „prophetische Zeitrechnung" im Zusammenhang seiner Theologie, EvTh 26 (1966), 1–36.

VI Das Elementarbuch aller historischen Literatur: die Bibel

Diese historia historiarum[55] ist in der *Bibel* verfasst. In seiner Auseinandersetzung mit Mendelssohns „Jerusalem oder über religiöse Macht und Judentum" (1783) verteidigt Hamann das Alte Testament eindrucksvoll als Geschichtsbuch – nicht als irgendein Geschichtsbuch, sondern als Buch der Geschichte schlechthin: als historisches, sprachlich-sinnliches Apriori, als Matrix *aller* Geschichte. Statt ein *reines* Apriori aller Erkenntnis zu konstruieren, lässt Hamann sich dieses *historische* Apriori aller Erkenntnis, aller umfassenden Weltwahrnehmung mit dem Alten Testament vorgegeben sein. Er liest und hört „die ganze Geschichte des jüdischen Volks" als „ein lebendiges geist- und herzweckendes *Elementarbuch* aller *historischen Litteratur im Himmel*, auf und *unter der Erde* – – ein diamantner, fortschreitender Fingerzeig auf die Jobelperioden und Staatsplane der göttlichen Regierung über die ganze Schöpfung von ihrem *Anfange* bis zu ihrem *Ausgange*"[56]. „Moses, die Psalmen und Propheten" – der ganze dreigeteilte alttestamentliche Kanon also – „sind voller Winke und Blicke" auf den, „dessen Abkunft nach dem Fleisch aus dem Stamme *Juda*, sein Ausgang aus der Höhe aber des *Vaters Schooß* seyn sollte"[57]. Mose, die Psalmen und die Propheten machen zusammen mit den neutestamentlichen Schriften die „Urkunde des Fleisch gewordnen Wortes" [58] aus: die Matrix der Welt- und Naturgeschichte,[59] ihre Tiefen-

---

55 Vgl. Martin Luther: „Symbolum, das bekentnuß unsers heiligen christlichen glaubens, est historia historiarum, ein historien über alle Historien, die aller höchste historia, darinnen uns die unermeßlichen wunderwergk göttlicher maiestet von anfang bis in ewigkeit furgetragen werden, wie wir und alle creaturen erschaffen, wie wir durch den Son Gottes vermittels seiner menschwerdung, leiden, sterbens und aufferstehung erlöset, wie wir auch durch den Heiligen Geist verneuret, geheiliget und eine neue creatur und allesamt tzu einem volck Gottes versamlet vergebung der sunden haben und ewig selig werden" (WA TR 5, 581,36–43; Nr. 6288).
56 N III, 311,4–10 (Golgatha und Scheblimini, 1784). Die Bibel als historisches, kontingentes „Elementarbuch" schränkt jedoch nicht ein, schließt die Weite der Natur und Geschichte (s. o. Anm. 40) nicht aus, sondern auf. „Wir haben ein groß Vorurtheil in Ansehung der Einschränkung[,] die wir von Gottes Wirkung und Einfluß bloß auf das jüdische Volk machen. Er hat uns bloß an dem Exempel desselben die Verborgenheit, die Methode und die Gesetze seiner Weisheit und Liebe erklären wollen, sinnlich machen; und uns die Anwendung davon auf unser eigen Leben und auf andere Gegenstände, Völker und Begebenheiten überlassen." (BW 411,7–13 = N I, 303,11–18, Brocken, 1758). Zur „Anwendung davon auf unser eigen Leben": „Ich erkannte meine eigene[n] Verbrechen in der Geschichte des jüdischen Volks, ich las meinen eigenen Lebenslauf" darin: BW 343,14–16 = N II, 40,25–27 (Gedanken über meinen Lebenslauf, 1758).
57 N III, 311,24 und 22f.
58 N III, 192,22–26 (Zweifel und Einfälle, 1776).
59 Vgl. o. Anm. 40. Genauso wie für die Weltgeschichte gilt nach Hamann für die Naturgeschichte, dass „ein historischer Plan einer Wissenschaft immer besser als ein [rein] logischer" ist:

grammatik: „Die heilige Schrift sollte unser Wörterbuch, unsere Sprachkunst seyn, worauf alle Begriffe und Reden der Christen sich gründeten und aus welchen sie bestünden und zusammen gesetzt würden"⁶⁰.

VII Urkunde, historisches Apriori

Das Wort „Urkunde", das Hamann in dem Satz, von dem wir ausgingen, und auch sonst gerne gebraucht,⁶¹ macht in glücklicher Verbindung der Momente zugleich auf den schriftlich definitiven, verbindlichen wie auf den mündlich lebendigen – kündenden – Charakter der auf leiblich-sprachliche Weise geschehenden Selbstmitteilung Jesu Christi aufmerksam, zu der die ganze Bibel gehört. „Urkunde" nimmt gleichsam die Stelle philosophischer Letztbegründung ein. Sie ist das Apriori jeder Welt-, Selbst- und Gotteswahrnehmung – freilich kein zeitlos notwendiges und allgemeines, sondern ein zufälliges und partikulares, ein, wie gesagt: historisches Apriori; es ist – einem Kantianer tut dies zu hören in der Seele weh – apriori zufällig, a posteriori „notwendig"⁶². Zur Bibel als historischem Apriori lässt sich weder etwas Übergreifendes noch etwas Transzendentales finden. Es lassen sich nur andere historische Aprioris, etwa der Koran, finden – mögen diese sich auch als „rein" rational ausgeben, was sie aber nachweisbar nicht sind. Es bleibt nur, das In-, Mit- und Gegeneinander der verschiedenen Aprioris zu bedenken und auszuhalten; die konkurrierende Vielzahl lässt sich

---

ZH I, 446,33f; an Kant 1759 im Zusammenhang des gemeinsamen Planes einer „Kinderphysik". Dazu: Oswald Bayer, Erzählung und Erklärung. Das Verhältnis von Theologie und Naturwissenschaften. In: Ders., (Hg.), Gott als Autor. Zu einer poietologischen Theologie, Tübingen 1999, 240–254.

60 BW 304,8–10 = N I, 243,18–20 (Biblische Betrachtungen eines Christen, 1758; zu 1 Petr 4,11). Solcher Tiefengrammatik, wie sie Hamanns Textwelt prägt, entspricht ebensowenig eine historistische wie eine spekulative Methode.

61 Umfassend: Ulrich Moustakas, Urkunde und Experiment. Neuzeitliche Naturwissenschaft im Horizont einer hermeneutischen Theologie der Schöpfung bei Johann Georg Hamann (TBT 114), Berlin/New York 2003 sowie Linda Simonis, Hamanns Konzept Urkunde zwischen Natur und Geschichte. In: Acta des XI. Internationalen Hamann-Kolloquiums in Wuppertal 2015, hg. v. Eric Achermann, Johann Kreuzer, Johannes von Lüpke, Göttingen 2020, 309–322.

62 H V, 215,28–30. In seiner „Metakritik über den Purismum der Vernunft" (1784) redet Hamann von der „Verknüpfung eines zwar a priori willkührlichen und gleichgiltigen, a posteriori aber nothwendigen und unentbehrlichen Wortzeichens mit der Anschauung des Gegenstandes selbst": H V, 215,28–30. Dazu eingehend: Bayer, Vernunft ist Sprache, 374–396. Vgl. 173–175 und 289–295.

nicht auf eine neutrale Einheit und Allgemeinheit hintergehen. Es bleibt nur das Gespräch – und wo es sein muss: das Streitgespräch.[63]

VIII Schlussbemerkung

So kritisch mit Großerzählungen umzugehen ist, so wenig ist ihre Notwendigkeit zu verkennen; die Aufgabe einer Geschichtstheologie bzw. Geschichtsphilosophie ist unabweisbar. Kein Denken kann auf metaphysisches Suchen nach einem Anfang und einem Ende verzichten.

Es stellt sich also nicht die Frage, *ob* nach einem Anfang und einem Ende zu suchen sei, sondern allein die Frage, *wie* dies stichhaltig und verantwortlich geschehen kann. Christliche Theologie hat zwar metaphysischem Fragen, das unausrottbar mit der menschlichen Natur verbunden ist, unbedingt Rechnung zu tragen, muss aber gegenüber metaphysischen Antworten kritisch sein, wenn diese Antworten abschließen und nichtmehr auf Kommendes offen sind. Ebenso muss sie gegenüber mythologischen Geschichten kritisch sein, wenn sie das Geheimnis des einen Gottesnamens verkennen. Christliche Theologie sieht sich in die im Gottesnamen gegebene Mitte versetzt und lässt sich die Gegenwart – *Gottes* Gegenwart – als Grund des Vergangenen und Zukünftigen zugesagt sein.[64]

---

[63] Zum gesamten Vortrag ergänzend: Oswald Bayer, Scheidekunst oder Ehekunst? Glaube und Geschichte bei Kant und Hamann: o. Kap. 25: „Scheidekunst oder Ehekunst?".
[64] Edgar Thaidigsmann schreibt mir am 23. März 2015 im Blick auf diesen Vortrag: „Man sieht, wie fruchtbar und anregend es sein kann, nicht nur Philosophie theologisch zu rezipieren, sondern auch umgekehrt, Theologisches von seinem biblischen Zentrum aus und dogmatisch, nicht dogmatistisch, vermittelt in philosophische Horizonte hineinzudenken, so dass diese bis in ihre Begrifflichkeit hinein aufgebrochen und geöffnet werden. Die Frage ist, wie, um auf Hegel anzuspielen, die geschlossene Hand geöffnet werden kann, so dass Hamann nicht nur fasziniert umkreist oder nur aphoristisch oder gar anekdotisch ausgebeutet wird."

27 Nicht ohne Skepsis. Metaphysik als metakritische Aufgabe der Theologie

> Allen Menschen „hat er die Ewigkeit in ihr Herz gelegt
> – nur, daß der Mensch das Werk, das Gott von Anfang bis Ende tut,
> nicht ergründen kann"
> (Koh 3,11).

Die These, daß christliche Theologie sich im kritischen Bezug sowohl auf die Metaphysik wie auf die Mythologie bildete, bleibend ihren Ort zwischen Mythologie und Metaphysik wahrzunehmen hat und deshalb keineswegs etwa entmythologisiert und metaphysikfrei werden kann, ist im Folgenden vorausgesetzt.[1] Sie wird nun aber insofern weitergeschrieben, als im Blick auf die Metaphysik nicht nur deren Gegensatz zur Mythologie, sondern auch deren sachliche Zusammenhänge und Verflechtungen mit der Mythologie in den Blick kommen. Dabei wird sich zeigen, daß metaphysisches Fragen unausrottbares Bedürfnis des Menschen ist, ja: einem Lebensinteresse entspringt. Der Mensch ist keineswegs nur animal rationale, sondern in Personalunion zugleich cor fingens, hat also nicht nur ein rationales, sondern auch ein utopisches Bewußtsein und gebraucht seinen Verstand nicht ohne erkenntnisleitende Interessen, Leidenschaften, Einbildungskraft und Bilder.[2] Daher wird die Metaphysik als Sache des animal rationale nur

---

[1] Begründet ist diese These in meiner Einleitung zu: „Mythos und Religion. Interdisziplinäre Aspekte", hg.v. Oswald Bayer, Stuttgart 1990, 7–12. Vgl. Das Wort vom Kreuz, In Ders., Autorität und Kritik. Zu Hermeneutik und Wissenschaftstheorie, Tübingen 1991, 117–124, hier 123; Ders., Theologie (HST 1), Gütersloh 1994, 21–27.

[2] Mit größtem Nachdruck herausgestellt hat dies Johann Georg Hamann: „Sinne und Leidenschaften reden und verstehen nichts als Bilder. In Bildern besteht der ganze Schatz menschlicher Erkenntniß und Glückseeligkeit" (Aesthetica in nuce [1762]. In: Ders., SW [in 6 Bänden, hg.v. Josef Nadler, Wien 1949–1957 = N], N II, 197,22–24). Seit seiner Lebenswende in London (1758) bis zu seinem Tod in Münster (1788) bedachte Hamann metaphysische Projekte metakritisch – vor allem Kants KrV in seiner „Metakritik über den Purismum der Vernunft" und weiteren Schriften (s.u. Anm. 44). Noch in seinem ‚Letzten Blatt', einem Stammbucheintrag kurz vor seinem Tode, ist das Basisthema „Metaphysik und Offenbarung": Oswald Bayer und Christian Knudsen, Kreuz und Kritik. Johann Georg Hamanns Letztes Blatt. Text und Interpretation (BhTh 66), Tübingen 1983, 69–82. Im Umgang mit Hamann läßt sich nach meinem Urteil in beispielloser Schärfe lernen, Metaphysik als metakritische Aufgabe nicht nur theologischen Denkens, sondern der ganzen Existenz wahrzunehmen. Im Folgenden kann und will ich nicht verbergen, daß und was ich von Hamann gelernt habe. Gleichwohl geht alles Folgende auf eigene Rechnung. Eine Hamanndarstellung zum Thema ist nicht beabsichtigt; sie ist andernorts erschienen und oben Kap. 26: „Mitte – Anfang und Ende" mitgeteilt. Auf dieses Pendant sei zum besseren Verständnis des Folgenden ausdrücklich hingewiesen.

dann zum Problem, wenn der Denkakt sich von den übrigen Lebensvollzügen abschneidet, um sich damit in eine Isolation zu begeben, die keineswegs als splendid isolation gelten kann, sondern „hundemager" ist.³ Andererseits darf unbeschadet der notwendigen Einbettung des Denkens in die übrigen Lebensvollzüge das in bestimmter Hinsicht⁴ interesselose Denken der schola, der σχολή, nicht verkannt werden, dessen Tradition von der antiken θεωρία über jenes zweckfreie Disputieren, das zur Gründung der Universitäten im Mittelalter führte, bis zur Idee der Humboldt-Universität sowie zur „leidenschaftslosen Stille der nur denkenden Erkenntnis" Hegels⁵ reicht.

I Der geschichtliche Archetyp der Metaphysik

Die das schlechthin Erste (und Letzte) bedenkende „Erste Philosophie" legt Aristoteles in seiner später „Metaphysik" genannten Schrift dar. Sie gipfelt im XII. Buch, das die „θεολογικὴ ἐπιστήμη" zum Thema hat. Diese gehört zur theoretischen Wissenschaft, die sich in Naturwissenschaft, Mathematik und Theologik gliedert.⁶ Die Naturwissenschaft betrachtet das Wirkliche, aber Bewegliche, die Mathematik dagegen das Unbewegliche, aber nicht Wirkliche. Die Wissenschaft nun, „die beiden vorausgeht"⁷, das Positive beider vereint und nur das Wirkliche und Unbewegliche betrachtet, ist die Theologik. Sie richtet sich auf das „Göttliche" als „das erste und eigentlichste Prinzip"⁸, die ἀρχή: auf den Inbegriff und Bürgen des Wirklichen und Beständigen, Unwandelbaren, Zuverlässigen, Identischen. In seiner reinen Wirklichkeit und Tätigkeit bewegt dieses Göttliche alles,

---

3 S.u. Anm. 22.
4 Ausgehend von der über dem Eingang zum Evangelischen Stift in Tübingen zu lesenden Provokation „Scholae et vitae" hat diese Hinsicht eingehend bedacht: Oswald Bayer, Glauben und Wissenschaft. In: Ders., Autorität und Kritik. Zu Hermeneutik und Wissenschaftstheorie, Tübingen 1991, 127–141.
5 Georg Wilhelm Friedrich Hegel, Schlußsatz der Vorrede zur 2. Ausgabe der Wissenschaft der Logik (Suhrkamp-Werkausgabe in 20 Bänden, hg.v. Eva Moldenhauer und Markus Michel, Bd. 5), Frankfurt/M. 1969, 34 (Hegel hat dies – sozusagen sein letztes Wort – am 7. November 1831, eine Woche vor seinem Tod, geschrieben). „In den stillen Räumen des zu sich selbst gekommenen und nur in sich seienden Denkens schweigen die Interessen, welche das Leben der Völker und der Individuen bewegen." (aaO, 23) Das „Bedürfnis, sich mit den reinen Gedanken zu beschäftigen," ist „das „Bedürfnis [...] der Bedürfnislosigkeit" (ebd.). Dazu: Roland Reuß, Ende der Hypnose. Vom Netz und zum Buch (2012), ⁴2013 Frankfurt/ M. und Basel, 17 f. Vgl. u. Anm. 19, 43 und 71.
6 Aristoteles, Metaphysik 1026a, 1064a/b.
7 AaO, 1026a.
8 AaO, 1064a/b.

ohne von irgendeinem anderen bewegt und affiziert zu werden; es ist der „unbewegte Beweger"[9]. Gerade in seiner Unbewegtheit und Unabhängigkeit ist er das Prinzip, der princeps, der Herrscher schlechthin: „Vielherrschaft ist nicht gut; nur einer sei Herrscher!"[10] Zitiert ist damit ein Wort der Ilias[11], mit dem Agamemnon als der eine Herrscher und Heerführer anerkannt werden soll. Dieses Wort samt der implizierten Akklamation gerade am Ende der Darstellung seiner Theologik zu zitieren, ist ein genialer Griff des Aristoteles. Er überträgt damit das monarchische Prinzip aus dem Bereich des Politischen auf die Weltordnung überhaupt als göttliche Ordnung: Das Göttliche ist Grund und Inbegriff des Kosmos und wird aus dessen Totalität prädiziert. So ist das Göttliche nicht etwa, um gleich an dieser Stelle theologisch gebotene Kritik zu notieren, sich selbst offenbarender Name (Ex 3) und darin als Person Subjekt,[12] sondern Prädikat[13] und steht deshalb nie im Vokativ.

II Die Leistung der Metaphysik: Ordnungsstiftung

Im Blick auf dieses Format von „Metaphysik", das als klassisch, als ihr Archetyp, gelten kann,[14] wird deutlich, welche Absicht bei einem solchen Denkprojekt leitend ist und was Metaphysik zu leisten verspricht: im Chaos vielspältiger Erfahrungen eine Orientierung finden zu lassen, Ordnung wenigstens im Kopf zu schaffen. Speziell das metaphysische Gottesverständnis läßt sich charakterisieren

---

9 AaO, 1073a; vgl. 1026a.
10 1076a.
11 Ilias II,204.
12 Vgl. Oswald Bayer, Wort und Sein. In: Ders., Zugesagte Gegenwart, Tübingen 2007, 206–216, hier 206.
13 Vgl. Hans-Georg Geyer, Metaphysik als kritische Aufgabe der Theologie (1968). In: Ders., Andenken. Theologische Aufsätze, hg.v. Hans Theodor Goebel u. a. Tübingen 2003, 7–21, hier 16 und 18. Vgl. u. Anm. 36 und 38.
14 Ob sich diese These angesichts der großen Pluralität metaphysischer Konzeptionen (vgl. zB s.v. „Metaphysik" und „Metaphysikkritik" in: HWPh, Bd. 5, Darmstadt 1980, 1186–1294) halten läßt, kann durchaus gefragt werden. Ebenfalls muß gefragt werden, ob überhaupt und was die Rede vom „Bedürfnis" nach Orientierung zur Charakterisierung „der" Metaphysik taugt. Wie das platonische ist auch das aristotelische Denken „gerade nicht", wie Benjamin Gleede kritisch gegen den vorliegenden Beitrag geltend macht, „Bedürfnisbefriedigung eines beschränkten Mängelwesens, sondern ästhetisches Zusichselbstkommen des betrachtenden Geistes. Wir denken nicht, weil wir uns sonst nicht zurecht finden, sondern weil wir es genießen, uns nur darin letztlich selbst zu entfalten und zu aktualisieren." Kurz: „Inwiefern ist die Betrachtung mit interesselosem Wohlgefallen tatsächlich Bedürfnisbefriedigung oder doch etwas genuin anderes?" (Brief vom 10. März 2019) Vgl. Anm. 19, 43 und 71.

als „Ausdruck des Unternehmens, mittels des begrifflichen Logos, der Sachgehalte sichtbar macht, in kritischer Wendung gegen den mythischen Glauben an göttliche Mächte, ein Kriterium für die Wahrheit des Redens von Gott zu finden. Im Überstieg über das Sinnliche und Zeitliche, vermittelt durch den Inbegriff der Totalität dessen, was ist, identifiziert dieses Denken den einen Grund aller Dinge im Begriff und sichert auf diesem Weg Einheit und Ganzheit der Wirklichkeit."[15]

III Metaphysik und Mythologie

Zwar ist die ursprüngliche Erfahrung des Menschen polytheistisch; die verschiedenen Götter, die ideale Erfüllung der verschiedenen natürlichen Bedürfnisse verkörpernd, sind jedoch nicht immer, überall und jedem gleich mächtig und wichtig – je nachdem drängen sie sich gebieterisch auf, verlangen unsere Aufmerksamkeit, besetzen unser Herz, unseren Sinn, unsere Gedanken und setzen unseren Mund, unsere Füße und Hände in Bewegung; sie tauchen auf, aber auch wieder unter – jedenfalls vorübergehend. Da diese Götter sich jedoch nicht harmonisch aufeinander abstimmen (es sei denn, man nimmt alles, wie es eben kommt, und sagt: C'est la vie!), kommt es zu Kollisionen, Konflikten. Verständlich ist daher das menschliche Bestreben, eine Ordnung in das Götterpantheon zu bringen und etwa, wie die Stoiker, zu versuchen, die vielen Götter als die vielen Namen eines einzigen Gottes zu verstehen und jedem Gott seinen eigenen Ort und seine Verehrung zu geben; der harmonischste Raum Roms, das Pantheon, räumt in gleichmäßiger Verteilung viele Nischen für viele Götter ein.

Im geistigen Zusammenhang damit steht der Versuch, eine Hierarchie, Abstufungen von Wertungen, eine Wertehierarchie aufzufinden und zu erfinden, um dem Konflikt – einem Götterkampf[16] – zu entgehen oder ihn zu schlichten. Polytheisten sind wir allemal: faktisch, im täglichen Leben. Denken wir nach, werden wir vielleicht Monotheisten: finden und konstruieren ein einziges Prinzip, durch das alles Mannigfaltige, möglichst auch das Vielspältige, sich zu einer Einheit ordnet und damit systematisch begriffen wird – entsprechend einem Systembegriff, wonach, um exemplarisch eine Definition Kants zu gebrauchen,[17]

---

15 Edgar Thaidigsmann, Erstes Gebot, Metaphysik und Ethik. Luthers Auslegung des ersten Gebots im Großen Katechismus. In: Ders., Einsichten und Ausblicke. Theologische Studien, hg.v. Johannes von Lüpke, Berlin 2011, 255–269, hier 256.
16 Vgl. Max Weber, Wissenschaft als Beruf, (1919), Tübingen ⁶1975, 27 („Kampf [...] der Götter der einzelnen Ordnungen und Werte").
17 KrV A 832.

„unter einem Systeme die Einheit der mannigfaltigen Erkenntnisse unter einer Idee" zu verstehen ist.[18]

Wir brauchen Gott als Einheit. Daher leuchtet Gottes Monarchie ein. Zwar nicht so unmittelbar wie die Vielheit der Götter, welche die verschiedenen, ja widersprüchlichen Grunderfahrungen menschlichen Daseins in der Welt erzählen, ohne diese gewaltsam auf einen einzigen Nenner zu bringen, in eine in sich stimmige Theorie aufzuheben und so zu entschärfen. Brauchen wir Gott als Einheit und leuchtet deshalb seine Monarchie ein, dann gelangen wir zu einem unanschaulichen Begriff, mit dem die Affekte der Furcht und der Liebe gezügelt sind. Doch täuscht sich der Philosoph, wenn er sich, wie Hegel, in einer nicht von Interessen berührten „leidenschaftslosen Stille der nur denkenden Erkenntnis"[19] wähnt, gleichsam „sine ira et studio"[20]. Einer solchen Verabsolutierung des Denkens und Erkennens ist zu widersprechen.[21] Dabei darf aber das Kind nicht mit dem Bade ausgeschüttet werden. Denn selbst wenn es zuträfe, daß die „Erkenntniskräfte [...] den zufälligsten und abstractesten modum unserer Existenz ausmachen"[22], und nicht bestritten werden kann, daß das Herz früher schlägt als der Kopf denkt,[23] ist das Denken wenn auch nicht die herrschende Macht, das ἡγεμονικόν,[24] so doch *ein* Modus der Existenz und will entsprechend gewürdigt

---

18 Die *eine* Idee ist die Idee der Einheit. Es kann „die *Einheit* als die Kategorie der Kategorien" begriffen werden: Hans Joachim Krämer, Zwischenbilanz der Tübinger Platon-Forschung (in: Denkwege 3. Philosophische Aufsätze, hg.v. Dietmar Koch und Damir Barbari, Tübingen 2004, 100–118, hier 109). Zusammenfassend: Jens Halfwassen, Art. „Einheit/Vielheit", RGG⁴, Bd. 2 (1999), 1168–1170.
19 Vgl. o. Anm. 5, 14, 43 und 71.
20 Tacitus, Annales I,1.
21 Zum relativen Recht der Selbstzwecklichkeit des Denkens: o. Anm. 5 und 19 sowie u. Anm. 43 und 71.
22 Johann Georg Hamann, Zweifel und Einfälle (1776). In: Ders., N (s.o. Anm. 2), Bd. III, 191,32–34. Der Kontext (191,30–192,4): Es „liegt der Grund der Religion in unserer *ganzen Existenz* und [wie Hamann überscharf, in einer Hyperbel, sagt] außer der Sphäre unserer Erkenntniskräfte, welche alle zusammengenommen, den zufälligsten und abstractesten modum unserer Existenz ausmachen. Daher jene *mythische* und *poetische* Ader aller Religionen, ihre Thorheit und ärgerliche Gestalt in den Augen einer heterogenen, incompetenten, eiskalten, hundemagern Philosophie, die ihrer Erziehungskunst [...] die höhere Bestimmung unserer Herrschaft über die Erde unverschämt andichtet.".
23 Hamann an Hans Jacob von Auerswald am 28. Juli 1785: „das *Herz* schlägt früher, als unser *Kopf* denkt" (Johann Georg Hamann, Briefwechsel, hg.v. Arthur Henkel, Bd. VI, Frankfurt/M. 1975, 27, 30).
24 Die Bezeichnung als solche ist stoisch (Diogenes Laertius VII, 110,157 ff; Sextus Empiricus, adv. Mathematicos IX, 102; Stoicorum Veterum Fragmenta I, fr. 143), der Sache nach aber schon platonisch: Politeia, 434d-441e, besonders 441c: τῷ μὲν λογιστικῷ ἄρχειν προσήκει.

werden. Es ist kein Zufall, daß das „erste" Gebot, über das hinaus Größeres nicht sein und gedacht werden kann, nicht nur gebietet, Gott von ganzem Herzen, von ganzer Seele und all Deiner Kraft zu lieben, sondern auch mit all Deinem Denken (διάνοια: Mk 12,29 f).[25]

Wenn ein fünfjähriges Kind mit großen Augen – staunend, zugleich aber bang[26]– fragt: „Papa, was wäre, wenn alles nicht wäre?", dann schlägt dabei das Herz und der Kopf denkt in der Frömmigkeit des Fragens. Es zeigt sich in der Frömmigkeit solchen Fragens, daß die philosophische Urfrage: „Warum ist überhaupt etwas und nicht vielmehr nichts?"[27] in ihrem Tiefsinn sublimster Philosophie und kindlichem Staunen gemeinsam ist. Das Lebensinteresse metaphysischen Denkens liegt auf der Hand. Diese Urfrage sowie die vielen anderen Warum?-Fragen nicht zuletzt der Kinder bezeugen offenkundig ein „natürliches" Bedürfnis – das Bedürfnis eines jeden Menschen nach abschließenden All-Formeln, die das Ganze des Daseins in dieser Welt: Anfang und Ende, Ursprung und Ziel, ein Erstes und ein Letztes betreffen und bezeichnen. Auf diese Weise befriedigen sie das Ordnungs- und Orientierungsbedürfnis. Ja, tiefer noch: Sie entspringen der „Sorge des Daseins um sein Sein".[28]

So ist das metaphysische Bedürfnis dem Menschen unausrottbar eingepflanzt: Allen Menschen ist „die Ewigkeit in ihr Herz gelegt" (Koh 3,11a). Und Kant diagnostiziert gleich mit dem ersten Satz der KrV: „Die menschliche Vernunft hat das besondere Schicksal [...]: daß sie durch Fragen belästigt wird, die sie nicht abweisen kann; denn sie sind ihr durch die Natur der Vernunft selbst aufgegeben".[29] Diese Diagnose stimmt auch dann, wenn solche Fragen nicht nur als Last, sondern auch mit Lust wahrgenommen werden und sie nicht nur das angeblich

---

25 Zum Verhältnis von Erstem Gebot und Metaphysik: Thaidigsmann (s. o. Anm. 15).
26 Vgl. Max Horkheimers „Furcht, daß es [...] Gott nicht gebe". Dazu: Oswald Bayer, „Die Furcht, daß es Gott nicht gebe". In: Ders., Gott als Autor. Zu einer poietologischen Theologie, Tübingen 1999, 97–111.
27 Prominent: Friedrich Wilhelm Joseph Schelling, Philosophie der Offenbarung. In: Schelling, Sämtliche Werke, hg.v. K.F.A. Schelling, Abt. 2, Bd. 3., Stuttgart/Augsburg 1858, 242]: „Warum ist überhaupt etwas, warum ist nicht nichts?" und Martin Heidegger, Was ist Metaphysik? (1929): „Warum ist überhaupt Seiendes und nicht vielmehr Nichts?" (GW 9,122). Zum Überblick: Daniel Schubbe und Jens Lemanski, Warum ist überhaupt etwas und nicht vielmehr nichts? Wandel und Variationen einer Frage, Hamburg 2013.
28 Mit Rainer Enskat, Art. „Ontologie", RGG⁴, Bd. 6, 2003, 565–568, hier 568. Vgl. Oswald Bayer, Schöpfungslehre als Rechtfertigungsontologie. In: Ders., Zugesagte Gegenwart, Tübingen 2007, 183–195, hier 194f.
29 KrV A VII. Wenn Kant fortfährt: „die sie aber auch nicht beantworten kann; denn sie übersteigen alle Vermögen der menschlichen Vernunft", dann entspricht die darin liegende Skepsis Koh 3,11b (dazu u. VII).

reine Denken der Vernunft betreffen, sondern die „ganze Existenz"[30] in ihrer Leiblichkeit und Sinnlichkeit, so daß Hamann selbstbewußt Kant gegenüber provozierend davon reden kann, daß „die Krankheit seiner Leidenschaften eine Stärke zu denken und zu empfinden giebt, die ein Gesunder nicht besitzt"[31], liegt doch in der menschlichen Sprache sowohl „ein *ästhetisches*" wie ein „*logisches* Vermögen".[32]

In jedem Fall aber ist festzuhalten, daß sich das metaphysische Bedürfnis als allgemein menschlich ausweisen läßt und nicht nur als ein besonderes Schicksal des Abendlandes gesehen werden muß; es hat dort freilich seine ganz spezifischen Ausprägungen und Antworten gefunden.[33] Die Frage kann nicht lauten, *ob* der Umgang mit der Metaphysik Aufgabe der Theologie sein kann oder nicht, sondern allein: *wie* er konkret zu gestalten und zu verantworten sei.

IV Das metaphysische Bedürfnis und die biblische Tradition

IV.1 Dtn 6,4f identisch mit der μία ἀρχή?

Die aus dem metaphysischen Bedürfnis heraus gefundenen und erfundenen All-Formeln bekunden sich wie überall so auch in der biblischen Überlieferung. Man denke nur an Deuterojesaja (z. B. 41,4; 45,5f; 48,12; 2Sam 7,22), an das „Höre, Israel..." mit seiner Exklusiv- und Ganzheitsrede (Dtn 6,4f), das A und O (Apk 1,8 und 17f), die Akklamationen und Doxologien 1Kor 8,6; Röm 11,36; Eph 4,6; Apk 4,8 und 11 sowie die All-Formeln der Bekenntnisse der Schöpfung[34] sowie der

---

30 S.o. Anm. 22.
31 Hamann an Kant am 27. Juli 1759; ZH I, 373,24–26 (vgl. aaO, 378, 24f; 379,24–29). Vgl. Knut Martin Stünkel, Krankheit als Katapher. Briefliche Nosologie bei Johann Georg Hamann. In: Ders., Leibliche Kommunikation. Studien zum Werk Johann Georg Hamanns, Göttingen 2018, 233–255, hier 255. Zur Hervorhebung der „Leidenschaften" siehe den o. Anm. 2 zitierten Programmsatz der „Aesthetica in nuce".
32 Hamann, Metakritik über den Purismum der Vernunft, 1784 (N [s.o. Anm. 2] III, 288,1). Hamanns zutreffende These, daß in der Sprache sowohl ein ästhetisches wie auch logisches Vermögen liegt, ist eingehend kommentiert in: Oswald Bayer unter Mitarbeit von Benjamin Gleede und Ulrich Moustakas, Vernunft ist Sprache. Hamanns Metakritik Kants (Spekulation und Erfahrung. Texte und Untersuchungen zum Deutschen Idealismus. II, Bd. 50), Stuttgart-Bad Cannstatt 2002, 374–396.
33 Zu diesen Ausprägungen im Überblick: HWPh s.v. „Metaphysik" und „Metaphysikkritik" (s.o. Anm. 14).
34 Eingehender: Oswald Bayer, Ich glaube, daß mich Gott geschaffen hat samt allen Kreaturen. In: Ders., Schöpfung als Anrede. Zu einer Hermeneutik der Schöpfung, Tübingen (1986), ²1990, 80f und Thaidigsmann (s.o. Anm. 15) 258–260 („Allein", „alle (s)", „einzig").

Christushymnen: Joh 1,3; Hebr 1,2f; Kol 1,15–20 usw., nicht zuletzt aber an die Gesamtanlage der zweiteiligen kanonischen Bibel, die des Schöpfers Geschichte mit seiner Schöpfung vom Ersten (Genesis) bis zum Letzten (Johannesapokalypse) als „historia historiarum"[35] erzählt.

Von der mit solchen Formeln bezeichneten Ganzheit und Einheit her lag es – zumal sie ihrerseits aus philosophischer, besonders, jedenfalls was die neutestamentlichen Stellen betrifft, aus stoischer Begrifflichkeit stammen – nahe, das von Israel gehörte und zu hörende Bekenntnis der „Einzigkeit" Gottes: „Der HERR ist unser Gott" und streng parallel dazu: „Der HERR ist einzig" (Dtn 6,4) mehr oder weniger umstandslos mit der seit den Vorsokratikern gestellten Frage nach der μία ἀρχή, nach dem einen – herrschenden – Prinzip, dem bestimmenden Grund und Inbegriff aller Wirklichkeit zu verbinden oder gar mit ihm zu identifizieren.

IV.2 Die metaphysische Verkennung kommunikativer Beziehung (a) und christologischer Identität (b) von Gott und Mensch

Eine solche Identifizierung aber, durch die christliche Gotteslehre weithin geprägt ist und immer wieder neu geprägt wird, verkennt die für das jüdische wie das christliche Bekenntnis charakteristische *Differenz* zwischen Schöpfer und Geschöpf einerseits wie auch die christologische *Identität* von Schöpfer und Geschöpf andererseits. Beide Seiten sind nun näher zu bedenken. Damit soll der Bezug der Theologie zur Metaphysik in seinem *metakritischen* Moment näher erläutert werden.

IV.2.a Schöpfung: Stiftung und Bewahrung von Gemeinschaft; verbum efficax

Es kennzeichnet das Denken der Metaphysik, daß es „Gott" als „das Göttliche" (τὸ θεῖον), vom Ganzen der Wirklichkeit – der Welt und des Selbst – *prädiziert*. So „fungiert das Wort ‚Gott' […] als Prädikat" etwa „ des letzten Grundes,"[36] nicht aber als Name und Person.[37] Doch damit kommt es „im Denken der Metaphysik

---

35 Martin Luther, WA TR 5, 581,36–43; Nr. 6288: im Wortlaut o. Kap. 26: „Mitte – Anfang und Ende", Anm. 55.
36 Geyer (s.o. Anm. 13), 16.
37 Der lebendige, verbal sich mitteilende Gottesname (Ex 3,14) – als Zusage mitgehender Verläßlichkeit in freier, ungeschuldeter Gegenwart – des hebräischen Textes gerinnt in der griechischen Fassung der LXX zur Selbstprädikation dessen, der schlechthin *ist*, zum Sein-Selbst: ἐγώ εἰμι ὁ ὤν. Doch auch in dieser Fassung ist die Selbstprädikation und damit die Personalität Gottes gewahrt: „Gott" ist für die Theologie kein Prädikat.

gerade nicht zum Andenken an Gott selbst".³⁸ Denn der Unterschied zwischen Gott selbst als dem Schöpfer und seinem Geschöpf ist nicht etwa der zwischen einem zureichenden Grund und der Partizipation an diesem Grund oder gar zwischen Ursache und Wirkung.³⁹ Er liegt selbst nicht in der von Heidegger geltend gemachten „ontologischen Differenz" zwischen dem Sein und dem Seienden.⁴⁰ Kennzeichnend für den Unterschied von Schöpfer und Geschöpf ist vielmehr die Freiheit und Liebe, in der der Schöpfer, in sich schon Gespräch, durch seinen Namen zur Kommunikation ermächtigt: sich ein von ihm selbst Unterschiedenes anredet, indem er es *sein* läßt, „Nichtseiendes ins Sein ruft" (Röm 4,17): Welt und Mensch, die mit ihrem Schöpfer und deshalb auch untereinander im *Gespräch* sind, ja im Gespräch überhaupt *sind*. Ihr *Sein* ist ihnen zugerufen, *zugesagt*, durch ein Versprechen verbürgt. Sie existieren daher nicht nur *in* sprachlich konstituierten Beziehungen zu ihrem Schöpfer und ihren Mitgeschöpfen, sondern *als* sprachlich konstituierte Beziehungen, die sich nicht etwa mit der kahlen und kalten Kategorie der Kausalität denken lassen, sondern nur mit der Kategorie der sprachlich personal verkörperten Relation. Zu einem metaphysischen Gott, zu einem Göttlichen oder Absoluten als einem abstrakten Begriff, kann ich keine Beziehung haben; ich kann zu ihm in keinem Liebesverhältnis sein. Ein solcher Begriff und der Mensch, der ihn denkt, können keine Beziehung – jedenfalls keine sprachlich-leibliche – zueinander haben; dies gilt selbst dann, wenn in einer Philosophie des Geistes angenommen werden darf, daß sich Gott im Denken des Menschen selbst denkt, daß also das menschliche Denken vom gedachten Gott selbst gedacht: in Bewegung gehalten wird.⁴¹ Er und sein Denker können kein Verhältnis zueinander haben, weder ein richtiges, ein

---

38 Geyer (s. o. Anm. 13), 18.
39 Nach Thomas von Aquin folgt der zweite seiner fünf Wege zu einem metaphysischen Gottesbegriff dem Schema von Ursache und Wirkung: Die letzte Ursache nennt man Gott (STh I, q.2, a.3).
40 Nach Heidegger ist die abendländische Metaphysik gekennzeichnet durch „Seinsvergessenheit": „Im Erscheinen des Seienden als solchen bleibt das Sein selbst aus. Die Wahrheit des Seins entfällt. Sie bleibt vergessen [...] Aus dem Geschick des Seins gedacht, bedeutet das nihil des Nihilismus, daß es mit dem Sein nichts ist" (Martin Heidegger, Nietzsches Wort „Gott ist tot". In: Holzwege (1950), Frankfurt/M. ⁴1963, 193–247, hier 244). Besonders Heideggers späte – sprachphilosophische – Fassung der „ontologischen Differenz" (vgl. vor allem: Martin Heidegger, Unterwegs zur Sprache, Pfullingen 1959) steht der jüdischen und christlichen Unterscheidung von Schöpfer und Geschöpf nahe. Vgl. Stünkel (s. o. Anm. 31), 93, Anm. 38.
41 Es besagt viel, wenn Hegel unkommentiert den griechischen Text des 7. Abschnitts des XII. Buches der „Metaphysik" des Aristoteles (1072b 18–30) als allerletztes Schlußwort seiner eigenen Philosophie zitiert: Georg Wilhelm Friedrich Hegel, Enzyklopädie der philosophischen Wissenschaften im Grundrisse (1830), neu hg. v. Friedhelm Nicolin und Otto Pöggeler (PhB 33), Hamburg 1959, 463.

gerechtes, noch ein falsches, ein ungerechtes; das metaphysische Denken ist also keine Sache des Glaubens und Vertrauens bzw. des Unglaubens und Mißtrauens, sondern allein der Logik,[42] Sache der „lautlosen Stille der nur denkenden Erkenntnis"[43].

IV.2.b In Christo creator et creatura unus et idem est

Die puristische Tendenz nicht nur des transzendentalen Fragens Kants,[44] sondern auch die metaphysischen Denkprojekte anderer führen zu leeren Grenzbegriffen des Ersten wie des Letzten oder eines „hundemagern"[45] „Etwas" und eines „Nichts"[46] als den Bestimmungen bzw. Eigenschaften Gottes. Solche Denkwege münden in das mystische Schweigen eines „systematischen Atheismus"[47].

Oder aber setzt sich dem reinen Grenzbegriff ein völlig anderes Denken entgegen, das nicht primär auf Grenzbegriffe eines vermeintlich absoluten Anfangs

---

42 Ganz anders Luther in seiner berühmten Erklärung des Ersten Gebots im Großen Katechismus. Dazu: Thaidigsmann (s.o. Anm. 15), besonders 241 f. Vgl. aber auch Anselm von Canterbury, der im „Proslogion" das Gott Denken in das Gebet einbettet. Dies besagt: „Die Wahrheit, die Gott ist, läßt sich nicht ablösen von der Beziehung, wie sie im Gebet in den Sprachformen der ersten und zweiten Person wahrgenommen wird": „Gotteserkenntnis" geschieht als „Gottesbegegnung"!: Johannes von Lüpke, Gott in seinem Wort wahrnehmen. Überlegungen zu einem nachmetaphysischen Gottesverständnis im Anschluß an Anselm von Canterbury und Martin Luther. In: Phänomenologie und Theologie (QD 227), hg.v. Thomas Söding und Klaus Held, Freiburg/Br. 2009, 74–105, hier 84. Vgl. Bayer, Theologie (s.o. Anm. 1), 79 f, Anm. 212.
43 Vgl. o. Anm. 5, 14 sowie Anm. 19 und u. Anm. 71.
44 Von Hamann in aller Schärfe herausgestellt, besonders in seiner „Metakritik über den Purismum der Vernunft" (1784). Text und Kommentar: Bayer, Vernunft ist Sprache (s.o. Anm. 32). Vgl. Stünkel (s.o. Anm. 31), 203–232: „Als Spermologe gegen Baubo – Hamanns Metakritik der philosophischen Reinheit."
45 Vgl. o. Anm. 22.
46 Vgl. Bayer, Mitte (s.o. Anm. 2) bei Anm. 11,12 („reines Nichts oder ein zweydeutiges Etwas"), Anm. 13 („blendendes Nichts, eitles Etwas") und Anm. 14 („Nichts und Etwas als die „höchsten allgemeinen Gattungsideen").
47 Hamann, Golgotha und Scheblimini (1784), N [s.o. Anm. 2] III, 309,35. Vgl. Bayer, Vernunft ist Sprache (s.o. Anm. 32), 56–62. Gerald Hanratty (The Origin and Development of Mystical Atheism. In: NZSTh 30, 1988, 1–17) zeigt, daß eine sich mit dem Pathos reiner Rationalität verbindende Mystik wie die Meister Eckharts zum Ursprung einer Gestalt des Atheismus werden kann. In einen Atheismus kann auch skeptisches Verstummen führen, wie die Simonides-Anekdote (Cicero, De natura deorum I,60) zeigt, auf die sich beispielsweise Luther (WA 28, 91,31–92,22; Predigt über Joh 17,3 vom 15. August 1528; WA 51, 156,6–10; Predigt vom 31. Januar 1546 über Mt 8,23–27; vgl. von Lüpke aaO [s.o. Anm. 42], 90 f), vor allem aber Hamann (dazu: Vernunft ist Sprache [s.o. Anm. 32], 158–160, 272–275, 414 f) im Zusammenhang ihrer Metaphysikkritik beziehen.

und eines vermeintlich absoluten Endes zurück- und vorausgreift,[48] sondern sich auf eine Mitte ausrichtet, in der das Allgemeine dem Besonderen, das Universale dem Partikularen, das Ewige dem Zeitlichen sich nicht entgegengesetzt, sondern Beides in einer Verschränkung beieinander, ja: eins ist. Dieses nicht auf Grenzbegriffe, sondern auf eine Mitte ausgerichtete Denken ist urbildlich artikuliert in der christologischen Figur der „Idiomenkommunikation": der Rede von der wechselseitigen Teilhabe der Eigenheiten der göttlichen und menschlichen Natur in der einen „Person" Jesus Christus: „Alle Fülle der Gottheit hat in einem Kindlein klein, in einer Krippe Raum";[49] „in ihm wohnt die ganze Fülle der Gottheit leibhaftig" (Kol 2,9). „Den aller Welt Kreis nie beschloß, / der liegt in Marien Schoß; / er ist ein Kindlein worden klein, / der alle Welt erhält allein."

Das Ungeheuerliche[50] einer solchen wechselseitigen Beziehung, ja: Verschränkung von geschichtlich Konkretem und metaphysisch Abstraktem, von „irdischer Dornenkrone und der himmlischen Sternenkrone" als „dem kreuzweis ausgemittelten Verhältnis der tiefsten Erniedrigung und erhabendsten Erhöhung beider Naturen"[51] steht zu jeder vorherrschenden Metaphysik in schroffem Gegensatz;[52] sie ist ihr ein Ärgernis und eine Torheit, kurz: Unsinn, ein Para-dox im genauen Sinn des Wortes: etwas ganz und gar Unerwartetes. Daß dieses ohnmächtige Kind in der Krippe und dieser ohnmächtige Mann am Kreuz der allmächtige Gott selber ist, „konnte niemand denken"[53]. Die unerwartete, ja: gar nicht zu erwartende Beziehung des metaphysisch Ganzen auf das kontingent

---

48 Vgl. Bayer, Mitte (o. Anm. 2).
49 Johann Georg Hamann, Briefwechsel, hg.v. Arthur Henkel, Frankfurt/M., Bd. V, 1965, 275, 7–21, hier 21; an Friedrich Heinrich Jacobi am 1. Dezember 1784 Zum Kontext: Oswald Bayer, Spinoza im Gespräch zwischen Hamann und Jacobi. In: Ders., Zugesagte Gegenwart, Tübingen 2007, 217–222. Vgl. besonders aaO, 220: „Allen neutrischen, zeitlosen und monistischen Formeln vom ‚Ganzen', wie sie die Metaphysik ausarbeitet (unum, verum, bonum, pulchrum), begegnet Hamann mit einem christologisch personalen Verständnis, in dem das 'Ganze' nur als ewig zeitliche Geschichtswahrheit und als in sich differenzierte Gemeinschaft zur Sprache gebracht, geglaubt und von daher auch gedacht werden kann."
50 Ein Gefühl für dieses Ungeheuerliche hatte Nietzsche: „Die modernen Menschen, mit ihrer Abstumpfung gegen alle christliche Nomenklatur, fühlen das Schauerlich-Superlativische nicht mehr nach, das für einen antiken Geschmack in der Paradoxie der Formel ‚Gott am Kreuze' lag" (Friedrich Nietzsche, Jenseits von Gut und Böse. In: Ders., Werke in drei Bänden, hg.v. Karl Schlechta, München 1966, Bd. 2, München, 610).
51 Johann Georg Hamann, N (s.o. Anm. 2) Bd. III 405,29 – 407,3 (Fliegender Brief, 1786–88).
52 Ob die „coincidentia oppositorum", von der Nikolaus von Kues redet – zB in „De non -aliud": Nikolaus von Kues, Philosophisch-theologische Schriften, hg.v. Leo Gabriel, Bd. II, Wien 1966, 456 f – eine Ausnahme darstellt, ist freilich zu fragen.
53 Martin Luther, WA 19, 207,3 (Der Prophet Jona ausgelegt, 1526). Zum Kontext: Oswald Bayer, Martin Luthers Theologie. Eine Vergegenwärtigung (2003), Tübingen ⁴2016, 115–128.

Einzelne, Partikulare – auf das Leben, Leiden und Sterben dieses Jesus von Nazareth – ist ja keine Subsumption eines Besonderen unter ein Allgemeines, keine Einpassung eines Einzelnen in ein zuvor konzipiertes Ganzes als einer opaken Einheit. Vielmehr ist Beides „unvermischt, unveränderlich, ungetrennt und unteilbar"[54] zu einer in sich lebendigen, kommunikativen Einheit verbunden.

Diese Figur der Idiomenkommunikation steht in schroffem Gegensatz zu allen neutrischen, zeitlosen und monarchischen Formeln, wie sie die herkömmliche Metaphysik ausgebildet hat, welche die All- und Allmachtsformeln ganz und gar von ihren opposita trennte, abstrahierte, isolierte und verabsolutierte.

Auf diese Weise produzierte sie Idole, Götzenbilder. „Denn was ist die hochgelobte *Vernunft* mit ihrer Allgemeinheit, Unfehlbarkeit, Überschwenglichkeit, Gewißheit und Evidenz? Ein Ens rationis, ein Ölgötze, dem ein *schreyender* Aberglaube der Unvernunft *göttliche Attribute* andichtet."[55] *Metaphysik schlägt in Mythologie um.* Wer von Gottes Eigenschaften, von seiner Kraft, Weisheit, Güte und Gerechtigkeit am Kreuz Christi vorbei redet, verfehlt ihn, spielt mit ihm „blinde Kuh".[56] „Die Philosophen aber und die weltweisen Leute haben wollen oben anheben, da sind sie zu Narren geworden. Man muß unten anheben".[57] „Unseres Gottes Ehre aber ist die, daß er sich um unseretwillen aufs allertiefste heruntergibt, ins Fleisch, ins Brot, in unseren Mund, Herz und Schoß."[58] Den aller Himmel Himmel nicht fassen können (1Kön 8,27) – der bindet sich mit seinem Namen an einen ganz bestimmten Ort im Raum und in der Zeit. Was die Metaphysik *über uns* sucht, ist – erstaunlicherweise – *mitten unter uns* (Lk 17,21) und hat sich in Jesus Christus mit Sinnlichem und Leiblichem, das die Metaphysik von sich abstreift, unauflöslich verbunden.

Das Universale ist christologisch konkret, das Konkrete universal. Jesus Christus ist das concretum universale.

---

54 Chalcedonense (451): DH 302.
55 Johann Georg Hamann, Konxompax, 1779; N (s. o. Anm. 2) Bd. III, 225,3 – 6). Vgl. Horkheimer: u. Anm. 92.
56 Vgl. Oswald Bayer, Aus Glauben leben (1984), Stuttgart ²1990, 31 – 34 („Denken-Metaphysik-Theorie"). Der Griff, der den einen Gottesnamen verfehlt, macht diesen Namen namenlos, anonym und zugleich „tausendzüngig" (Hamann, Konxompax, 1779; N III, 226,15). So kommt es zu einem mythologischen Polytheismus, der als „anonyme πρόλεψις" des jüdischen und christlichen Gottesnamens „tausend mythologische Namen, Idole und Attribute hervorgebracht" hat (aaO, N III, 224,17f im Zusammenhang der Zeilen 13 – 20; vgl. N III, 226,9 – 15). Zum weiteren Kontext: Bayer, Mitte (s. o. Anm. 2).
57 WA 10 I /2, 297,7 – 9 (Sommerpostille 1526). Genau dieselbe Kritik der „Sages de ce monde" findet sich in Hamanns „Letztem Blatt" (s. o. Anm. 2). Vgl. die eingehende Interpretation aaO 69 – 82.
58 WA 23, 157,30 – 32 (Daß diese Worte...1527).

V Nachchristliche natürliche Theologie

Indessen läßt sich nicht davon absehen, daß selbst dieses genuin christliche, jeder herkömmlichen Metaphysik widersprechende Verständnis[59] wiederum unter die Botmäßigkeit eben der Metaphysik und ihrer Monarchie gebracht wurde, von der es sich einst gerade abhob. Bis zu Lessing wurde die Unterscheidung von natürlicher Theologie und Offenbarungstheologie sowohl von Seiten der Philosophen wie von Seiten der Theologen eingehalten: Die auch der Vernunft zugänglichen Wahrheiten der natürlichen Religion – wie die des Daseins Gottes, der Abhängigkeit der Welt von Gott, des Dualismus' von Leib und Seele usw. – wurden von den Offenbarungswahrheiten, den göttlichen „Geheimnissen" der Trinität, der Menschwerdung Gottes, der Sakramente usw. strikt unterschieden.[60].

Durch Lessing und Kant angebahnt,[61] hat nun aber die Bearbeitung des Problems der natürlichen Theologie bei Hegel eine Wende genommen, die in ihrer Bedeutung nicht überschätzt werden kann. Die Offenbarungswahrheiten werden jetzt nichtmehr den Vernunftwahrheiten gegenübergestellt, sondern von der Vernunft so eingeholt, daß sie selbst zu Vernunftwahrheiten werden; der Karfreitag beispielsweise wird, als „religiöse Vorstellung" in den philosophischen „Begriff" aufgehoben, zum „spekulativen" Karfreitag:[62] Die theologia crucis wird zu einer theologia crucis naturalis, zu einer nachchristlichen natürlichen Kreuzestheologie, in der die concreta des Seins Jesu Christi unter der Hand zu den abstracta des Prozesses der Wirklichkeit als ganzer werden.[63] „Kreuzestheologie

---

59 Vgl. jedoch o. Anm. 52.
60 Vgl. exemplarisch auf philosophischer Seite: René Descartes, Meditationes de prima philosophia, in quibus dei existentia et animae humanae a corpore distinctio demonstrantur, hg.v. Lüder Gäbe (PhB 250a), Hamburg 1959, 2–13 (Widmung an die Sorbonne) und auf theologischer Seite: David Hollaz, Examen theologicum acroamaticum (1707), in 2 Bänden, Nachdruck Darmstadt 1971, Bd. 1, 37–84: de religione et articulis fidei.
61 Des Näheren dazu und zum Folgenden: Bayer, Theologie (s.o. Anm. 1), 511–517.
62 Georg Wilhelm Friedrich Hegel, Glauben und Wissen ... (1802), Suhrkamp- Werkausgabe [s.o. Anm. 5], 1970, Bd. 2, 287–433, hier 432. Dazu: Edgar Thaidigsmann, Identitätsverlangen und Widerspruch. Kreuzestheologie bei Luther, Hegel und Barth, München 1983.
63 Auf das Problem einer nur als nachchristliches Phänomen möglichen Theologia crucis naturalis habe ich seit meiner Bonner Antrittsvorlesung (23. Januar 1971) immer wieder aufmerksam gemacht: Oswald Bayer, Tod Gottes und Herrenmahl. In: Ders., Leibliches Wort. Reformation und Neuzeit im Konflikt, Tübingen 1992, 289–305, hier 304f; Ders., Christus als Mitte. Bonhoeffers Ethik im Banne der Religionsphilosophie Hegels?. In: aaO, 245–264, hier 260–262; Ders., Was ist das: Theologie? Eine Skizze, Stuttgart 1973; Ders., Glauben und Wissenschaft (s.o. Anm. 4), 13; Ders., Art." Kreuz IX. Dogmatisch". In: TRE 19, 1990, 774–779; Ders., Theologie (s.o. Anm. 1), 511–517; Ders., Passion und Wissen. In: Ders., Gott als Autor. Zu einer poietologischen Theologie, Tübingen 1999, 254–265, hier 258f.

dient hier nicht der Destruktion metaphysisch verankerter Ontologie, sondern ihrer Wiederherstellung."[64]

VI Der Raum zwischen Glauben und Schauen

Jedoch: Weshalb sollte die metaphysisch verankerte Ontologie überhaupt destruiert werden? Was wäre an ihrer Wiederherstellung problematisch? Stimmte die Theologie in Hegels wiederhergestellte, das aristotelische Paradigma erneuernde Metaphysik[65] im Sinne einer Aufhebung der „religiösen Vorstellung" in den philosophischen „Begriff"[66] – am Beispiel: einer Aufhebung des geschichtlichen in den spekulativen Karfreitag – ein, dann würde sie die fundamentale Differenz zwischen Glauben und Schauen (2Kor 5,7)[67] überspielen. Soll der Glaube in einem Wissen sich selbst durchsichtig werden, ist seine Bodenhaftung und das ihn schaffende „leibliche Wort" (CA V) in seiner bleibenden Externität verkannt und in seinem Antäusgeheimnis preisgegeben. Ein Denken, das „reines"[68] Denken sein will, verliert sich, um Friedrich Engels zutreffende Definition von „Ideologie" aufzunehmen, in eine luftige „Beschäftigung mit Gedanken als mit selbständigen, sich unabhängig entwickelnden, nur ihren eigenen Gesetzen unterworfenen Wesenheiten"[69]. *Doch kann im Denken redlicherweise nicht stimmig gemacht werden, was in der gelebten Existenz als offene Wunde klafft – wie die Theodizee.*[70]

---

64 Thaidigsmann, Kreuzestheologie (s.o. Anm. 63), 62.
65 S.o. Anm. 41.
66 Hegels Aufhebung der von ihm so genannten „religiösen Vorstellung" in den philosophischen „Begriff" wird von Ludwig Feuerbach zu Recht kritisiert, weil dabei die Religion ihrer „absolut wesentlichen" sinnlichen Form beraubt werde: s.u. Anm. 90.
67 Zu diesem ganzen Abschnitt VI als Pendant: Bayer, Theologie (s.o. Anm. 1), 521–531 („Glauben und Schauen"), wo gezeigt wird, daß und wie eine wissenschaftstheoretische, epistemologische Hauptfrage mit materialdogmatischer Eschatologie zuinnerst verbunden ist.
68 Vgl. o. Anm. 19, 43 und 71.
69 Friedrich Engels, Feuerbach und der Ausgang der klassischen deutschen Philosophie. In: Karl Marx und Friedrich Engels, Ausgewählte Schriften in zwei Bänden, Berlin, [10]1960, Bd. 2, 37f.
70 Anders Friedrich Hermanni, der zu zwei verschiedenen Antworten auf das Problem der Theodizee kommt: zu einer „Lösung des logischen Theodizeeproblems" (Friedrich Hermanni, Metaphysik. Versuche über letzte Fragen, Tübingen 2011, § 18) und zur Feststellung der „Unlösbarkeit des empirischen Theodizeeproblems" (aaO, § 19). Intellectus fidei und affectus fidei bleiben unversöhnt, gespalten. Dies wirft die Frage nach dem Verhältnis von Bejahung (s.o. Anm. 5) und Kritik (s.o. Anm. 14, 19, 43) des „reinen" Denkens auf. Ist es nicht ein nicht hinzunehmender Widerspruch, an beidem zugleich festzuhalten, wie es im vorliegenden Text zu geschehen scheint? Doch liegt ein Widerspruch dann nicht vor, wenn die zu bejahende Selbst-

Wird die Differenz zwischen Glauben und Schauen aber wahrgenommen, dann wird damit eine Grenze respektiert, die sich vor dem Eschaton nicht überschreiten läßt.[71] Nach Hegel freilich ist das Denken, wenn es Grenzen denkt, eben darin immer schon über sie hinaus. Die Unterscheidung von Glauben und Schauen, von Glauben und Wissen, wird von Hegel daher eingezogen. Ebenso von Fichte. Nach dessen „Anweisung zum seligen Leben" hebt die Wissenschaft, wie Fichte in deutlicher Bezugnahme auf 2Kor 5,7 sagt, „allen Glauben auf" und „verwandelt ihn in Schauen".[72] Fichte und erst recht Hegel hegen den „Traum einer totalen Vermittlung"[73], mit der nichts mehr aussteht. Damit ist verkannt, daß unser Wissen – noch – Stückwerk ist (1Kor 13,8–12) und uns deshalb keine Totalvermittlung[74] gelingen kann, wir vielmehr bis zum Jüngsten Tage noch zu klagen und zu fragen haben.

VII Nicht ohne Skepsis; Koh 3,11b

Zwar ist die Frage nach dem Ganzen, Runden und Vollkommenen jedem Menschen als Teilhabe an der Ewigkeit ins Herz gepflanzt (Koh 3,11a) und damit das metaphysische Bedürfnis gegeben – „nur daß der Mensch das Werk, das Gott von Anfang bis Ende tut, nicht ergründen kann" (Koh 3,11b). Die unabweisbare Skepsis[75] trifft also nicht das metaphysische Bedürfnis als solches, wohl aber die Art und Weise, in der ihm jeweils entsprochen wird: Wird ihm in der Metaphysik ungeduldig unmittelbar, gleichsam umstandslos, jedenfalls ohne eschatologi-

---

zwecklichkeit des Denkens nicht identisch ist mit dessen zu kritisierendem Purismus, wie ihn beispielsweise Hamann bei Kant diagnostiziert hat.

71 Eindrücklich Paul Ricoeur: „Ich stehe immer diesseits des jüngsten Tages; indem ich die Grenze des jüngsten Tages setze, steige ich selbst vom Stuhl des letzten Richters herab. Somit ist nirgends das letzte Wort schon gesagt" (Paul Ricoeur, Geschichte und Wahrheit, übersetzt und mit einer Einleitung versehen von Romain Leick, München 1974, 35).
72 Johann Gottlieb Fichte, Die Anweisung zum seligen Leben, hg.v. Hansjürgen Verweyen (PhB 234), Hamburg 1983, 83 (5. Vorlesung).
73 Paul Ricoeur, Erzählung, Metapher und Interpretationstheorie. In: ZThK 84, 1987, 232–253, hier 251.
74 Als ob er Hegels Projekt einer Totalvermittlung, die Lücken und Leerstellen nicht duldet, vor Augen gehabt hätte, erzählt Morgenstern die Geschichte des Lattenzauns: „Es war einmal ein Lattenzaun, / mit Zwischenraum, hindurchzuschaun. / Ein Architekt, der dieses sah, / stand eines Abends plötzlich da – / Und nahm den Zwischenraum heraus / und baute draus ein großes Haus [...]." (Christian Morgenstern, Alle Galgenlieder, Stuttgart 1989, 54).
75 Hilfreich und anregend: Hartmut Rosenau, Ich glaube – hilf meinem Unglauben. Zur theologischen Auseinandersetzung mit der Skepsis, Münster 2005.

schen Vorbehalt entsprochen, so kann ihm die Theologie nicht ohne Skepsis und nur mit klarem eschatologischem Vorbehalt gerechtwerden.

Skeptisch wird den metaphysischen Ausgriff auf ein Ganzes schon der beurteilen, der nicht verkennt und überspielt, was ihm am nächsten liegt und zugleich das Dunkelste ist: er selbst in der Unergründlichkeit seines trotzigen und verzagten Herzens (Jer 17,9), in seiner superbia und desperatio. Er weiß, daß er das Ganze seines Lebenslaufs nicht weiß[76] und in diesem Wissen des Nichtwissens die Frage „Wer bin ich?" letztlich nur, wie Bonhoeffer, im Gebet aufgehoben sein lassen kann.[77] Gleichwohl bleibt eine Sehnsucht nach Ganzheit, bleibt in via das metaphysische Bedürfnis – oftmals nicht ohne Melancholie.

Ebensowenig kann ich den Weltlauf ergründen und die Weltgeschichte als Weltgericht durchschauen – wie denn Hegel, sich auf Gottes vollkommen durchsichtige Offenbarung samt dem zum Wissen gewordenen und werdenden Glauben berufend, im Blick auf die Weltgeschichte zu sagen wagt, „daß es vernünftig in ihr zugegangen, daß sie der vernünftige, notwendige Gang des Weltgeistes gewesen"[78] ; die Christen seien „in die Mysterien Gottes eingeweiht, und so ist uns auch der Schlüssel zur Weltgeschichte gegeben"[79]; ja: die Philosophen „lesen oder schreiben" die „Kabinettsordres [Gottes] gleich im Original"[80].

Die theologisch gebotene Skepsis aber weiß in der Differenz zwischen Glauben und Schauen um die *Anfechtung*, in der Gottes Einheit und ein auf das Wissen hin durchsichtiger Glaube in Frage gestellt wird und zu zerbrechen droht. Deshalb Klage und Frage: Warum? (z. B. Ps 22). Damit ist nicht etwa nach einer Erklärung gefragt, sondern Unverständnis herausgeschrieen. Die Wirklichkeit soll nicht verstanden, sondern verändert werden! Wie lange noch? (z. B. Ps 13; Apk 6,10): Diese Frage ist keine Sache einer Chronometrie, vielmehr der Empörung und der das Böse und die Ungerechtigkeit nicht ertragenden Ungeduld.

---

76 Die notwendige Metaphysikkritik bekundet sich beispielsweise in Hamanns scharfsinniger Stellungnahme zu Kants – von diesem später selbst revozierten – „Versuch einiger Betrachtungen über den Optimismus" (1759): „Kant beruft sich auf das *Gantze*, um von der Welt zu urteilen. Dazu gehört aber ein Wissen, das kein *Stückwerk* mehr ist [...]. Vgl. o. Kap. 25: Mitte, Anm. 9.
77 Dietrich Bonhoeffer, Widerstand und Ergebung. Briefe und Aufzeichnungen aus der Haft, hg.v. Eberhard Bethge, Neuausg. 1970, 381 f („Wer bin ich? [...] Wer ich auch bin, / Du kennst mich, / Dein bin ich, o Gott!").
78 Georg Wilhelm Friedrich Hegel, Die Vernunft in der Geschichte, hg.v. Johannes Hoffmeister (PhB 171a), Hamburg 1955, 30.
79 AaO, 46.
80 Georg Wilhelm Friedrich Hegel, Vorlesungen über die Geschichte der Philosophie II, Suhrkamp-Werkausgabe (s.o. Anm. 5), Bd. 19, 1971,489.

Doch so sehr sich solche Klage einer theoretischen Sinnfindung und Sinngebung wie der der Geschichtsphilosophie Hegels verweigert[81], so unverkennbar kommt in ihr immer noch ein metaphysisches Bedürfnis im Sinne des fünften Weges – „sumitur ex gubernatione rerum" – des thomanischen Gotteserweises[82] zum Zuge: die Hoffnung natürlicher Eschatologie auf letztendliche Gerechtigkeit – und sei es im Modus der Furcht Horkheimers, daß es Gott nicht gebe.[83] In ähnlicher Weise läßt sich Kants aus einem „Vernunftbedürfnis"[84] entspringendes Postulat des Daseins eines allmächtigen Gottes verstehen : Es überbrückt die unerträgliche Kluft zwischen dem Tun des Gerechten und dem Lauf der Welt und macht Kant zum philosophischen Ausleger der Klagepsalmen.[85]

VIII Gott: Alles in Allem

Das Postulat Kants und die Totalvermittlung der Geistphilosophie Hegels sind als Antworten auf die im metaphysischen Bedürfnis liegende Frage nun freilich etwas ganz Anderes als das, was die Theologie zu bedenken hat: die den Gottesdienst konstituierende – Vertrauen weckende – Selbstzusage der Gegenwart Gottes, die der Grund auch alles Vergangenen und Zukünftigen ist: „Ich bin der HERR, Dein Gott!" (Ex 20,2). Diese „promissio omnium promissionum"[86] gibt Vertrauen und Zuversicht auf die endgültige Erfüllung der Sehnsucht nach Ganzheit und läßt auf die Vollendung meiner Lebensgeschichte und der ganzen Weltgeschichte gespannt sein. [87]

---

81 Selbst noch Adornos Umkehrung der Metaphysik der Totalvermittlung Hegels („Das Wahre ist das Ganze" [Georg Friedrich Wilhelm Hegel, Phänomenologie des Geistes, 1807, Vorrede (PhB 114), Hamburg 1952, 21]), wie sie sich in den Satz „Das Ganze ist das Unwahre" (Theodor W. Adorno, Minima Moralia. Reflexionen aus dem beschädigten Leben, Frankfurt/M. 1973, 57 [Nr. 29]) faßt, ist eine Totalisierung, in der sich das Negative seinerseits zu einer Metaphysik rundet, die von der Theologie ebenfalls metakritisch zu bedenken ist.
82 Thomas von Aquin, STh I, q. 2, a. 3.
83 Vgl. o. Anm. 26.
84 KprV 256–263.
85 Ausführlicher: Oswald Bayer, Kategorischer Imperativ oder kategorische Gabe. In: Ders., Freiheit als Antwort. Zur theologischen Ethik, Tübingen 1995, 13–19, hier 16 f. Weiter: Ders., Gesetz und Freiheit. Zur Metakritik Kants. In: aaO, 164–182, hier 168–171. Vgl. o. Teil III, Kap. 23: „Trost", Anm. 33
86 „Promissio promissionum fons et omnis religionis et sapientiae caput, Evangelium Christum promissum complectens" (Martin Luther, Glossen zum Dekalog, 1530, als Kommentierung von Ex 20,2: WA 30 II, 358,1–4).
87 Deshalb der Ruf der Hoffnung: „oppone promissionem suam et tuam necessitatem"! (Martin Luther, Rogatepredigt, 1526: WA 20, 380,9 f).

In dieser Zusage begegnet die Barmherzigkeit des sich dem Menschen zuwendenden, sich nicht nur dem Denken mitteilenden, sondern seine „ganze Existenz" [88] sinnlich und leiblich in Bildern ansprechenden Gottes.[89] Dieser ist nicht apathisch wie der Gott der aristotelischen Metaphysik, der alles bewegt und von allem geliebt, erstrebt wird, sich selbst aber nicht bewegt, nicht liebt und deshalb auch nicht leidet, vielmehr, wie Luther kritisch bemerkt, in sich selbst versunken, keinen sorgenden und barmherzigen Blick für das Elend der Welt hat und deshalb kein ens necessarium, sondern ein „miserrimum ens" ist.[90] Es geht über den Einzelnen in seiner individuellen Not, seinem Schmerz und seiner Endlichkeit, kurz: in seiner Besonderheit und Sinnlichkeit hinweg; in seiner partikularen Existenz lasse dieser sich nur insofern rechtfertigen, als er Moment des Allgemeinen ist.[91] „Es kann auch sein, daß dem Individuum Unrecht geschieht; aber das geht die Weltgeschichte nichts an, der die Individuen als Mittel in ihrem Fortschreiten dienen."[92]

Wer Gott vertraut, läßt sich in der Promissio die Vollendung seines Lebens und der gesamten Natur- und Weltgeschichte vorgegeben sein. Er antwortet in der Doxologie,[93] in der selbstvergessen die umfassende und durchdringende Ganzheit des barmherzigen und gütigen Gottes und eben darin die Einzigkeit seines Namensgeheimnisses anerkannt und angebetet wird. „Denn von ihm und durch ihn und zu ihm sind alle Dinge" (Röm 11,36). Unangefochten wird Er, was Er in der Doxologie schon ist, als der bleibend Mensch Gewordene und am Kreuz Getötete

---

[88] S.o. Anm. 22.

[89] Gegen Hegel besteht Feuerbach zu Recht darauf, daß die sinnliche Form „sich nicht vom Inhalt der Religion absondern" läßt, „ohne sie selbst aufzuheben; sie ist der Religion absolut wesentlich" (Ludwig Feuerbach, Vorwort zur ersten Gesamtausgabe (1846). In: Ders., Werke, hg.v. Wilhelm Bolin und Friedrich Jodl, Bd. 2, Stuttgart 1959, 409. Für den weiteren Zusammenhang: Bayer, Theologie (s.o. Anm. 1), 459–462.

[90] Für die Nachweise: Oswald Bayer, Schöpfung als Anrede (1986), ²1990, 170–172, sowie Ders., Freiheit als Antwort (s.o. Anm. 85) 36–38.

[91] „Gott als für das Ganze der Wirklichkeit denknotwendiges metaphysisches Prinzip fordert das Opfer des sinnlich bedürftigen Menschen, wenn er Anteil gewinnen will an dem, was Bestand hat und in Wahrheit ‚ist'" (Thaidigsmann [s.o. Anm. 15], 246). Vgl. Max Horkheimer: „Jedes endliche Wesen – und [auch] die Menschheit ist endlich –, das als Letztes, Höchstes, Einziges sich aufspreizt, wird zum Götzen, der Appetit nach blutigen Opfern hat" (Max Horkheimer, Die Aktualität Schopenhauers. In: Ders., Zur Kritik der instrumentellen Vernunft, hg.v. Alfred Schmidt, 1974, 248–268, hier 264).

[92] Hegel, Die Vernunft in der Geschichte (s.o. 78) 76.

[93] Zur „Doxologie" vgl. vor allem: Edmund Schlink, Ökumenische Dogmatik. Grundzüge, Göttingen 1983, 33–67.

„alles in allem" sein (1Kor 15,28).[94] „An jenem Tage werdet ihr mich nichts mehr fragen" (Joh 16,23), weil dann jedes metaphysische Bedürfnis gerichtet und gerettet sein wird.

---

94 Dies will strikt christologisch verstanden sein: Vgl. Hamanns christologische Metakritik des spinozistischen ἓν καὶ πᾶν (s.o. Anm. 49).

Teil V: **Gott und Gabe. Theologie in der Schule Luthers**

28 „Welchen Gott hast du?" Luthers Gotteslehre

„Alles fließt nämlich aus jenem gewaltigen Ozean des Ersten Gebotes und wieder in ihn zurück. Keine fruchtbarere und vollere Troststimme wurde je gehört und soll je gehört werden, aber auch keine härtere und strengere als die Stimme des ersten Gebotes: ‚Ich bin der HERR, dein Gott'".[1]

In seinen 1530 auf der Coburg verfassten Glossen zum Dekalog hat Luther selbst diesen Einsatzpunkt seiner Theologie in aller wünschenswerten Präzision und Prägnanz hervorgehoben, vor allem aber Gottes Selbstvorstellung „Ich bin der HERR, Dein Gott, der dich aus dem Lande Ägypten, dem Knechtshaus, heraus geführt habe" ausdrücklich als promissio, als ein Versprechen, ja – und Luther stellt dies rhetorisch wirkungsvoll durch den Gebrauch eines Polyptotons heraus – als Versprechen aller Versprechen, als Inbegriff aller Gottesversprechen, als Quelle jeder Religion und Ursprung aller Weisheit unter Einschluss des als Evangelium verheißenen Christus namhaft gemacht.[2]

I Die zuvorkommende Zusage und der nachfolgende Glaube

Luthers Gotteslehre ist eine einzige konsequente Auslegung des Ersten Gebotes – formenkritisch genau geredet: der Evangeliumspräambel des Dekalogs, der Selbstvorstellung Gottes, der Kundgabe seines Namens und zugleich der Stiftung der Gemeinschaft mit dem angeredeten Gegenüber, das durch diese Anrede überhaupt erst ins Sein gerufen wird.

Von dieser Anrede und Zusage her versteht Luther den Glauben – und nicht etwa umgekehrt: vom Glauben her das anredende Wort. Denn dann wäre das anredende Wort nur Ausdruck unserer religiösen Befindlichkeit. In Luthers Katechismussystematik dagegen ist entscheidend, daß das Credo auf den Dekalog folgt, daß es dessen Evangeliumspräambel nach- und zugeordnet ist. So heißt der programmatische und für die eigentümliche Systematik von Luthers Theologie maßgebliche Satz, „daß der Glaube nichts anderes ist denn eine Antwort und Bekenntnis der Christen, auf das erste Gebot gestellt"[3].

---

[1] WA 14, 640,30–33 (zu Dtn 10,18; 1525), übersetzt.
[2] „Ego sum dominus deus tuus, qui eduxi te de terra Aegypti de domo servorum" (Ex 20,2): „Promissio omnium promissionum fons et omnis religionis et sapientiae caput, Euangelium Christum promissum complectens." (WA 30 II, 358,1–4) Vgl. o. Teil I, Kap. 2: „Vertrauen", Anm. 11 sowie o. Kap. 27: „Nicht ohne Skepsis", Anm. 86.
[3] BSELK 1050,11–12 (BSLK 647,36–38) (Großer Katechismus, Erklärung des ersten Artikels des Glaubensbekenntnisses).

Dieser These scheinen die berühmten Sätze zu widersprechen, mit denen Luther seine Erklärung des ersten Gebots im Großen Katechismus beginnt; sie scheinen für die Gleichursprünglichkeit von Gott und Glaube zu sprechen, ja den Grundsatz der Theologie Schleiermachers zu bestätigen, daß das Gottesbewußtsein immer schon im Selbstbewusstsein „mitgesetzt"[4] und in dieses „eingeschlossen"[5] sei. Luthers Sätze lauten:

> „Was heißt ein[en] Gott haben [[6]] oder was ist Gott? Antwort: Ein Gott heißt das, dazu man sich versehen soll alles Guten und Zuflucht haben in allen Nöten. Also, daß ein Gott haben nichts anders ist, denn ihm von Herzen trauen und glauben, wie ich oft gesagt habe, daß alleine das Trauen und Glauben des Herzens macht beide: Gott und Abgott. Ist der Glaube und [das] Vertrauen recht, so ist auch Dein Gott recht und wiederum [= umgekehrt], wo das Vertrauen falsch und unrecht ist, da ist auch der rechte Gott nicht.[[7]] Denn die zwei gehören zusammen, Glaube und Gott. Worauf Du nun (sage ich) Dein Herz hängst und [Dich] verlässt, das ist eigentlich Dein Gott."[8]

Keine Frage ist, daß Luther von Gott nur aus dessen Beziehung zum Menschen weiß, zu der der Mensch sich – ob nun im Glauben oder aber im Unglauben – verhält; in

---

4 Friedrich Schleiermacher, Der christliche Glaube nach den Grundsätzen der evangelischen Kirche im Zusammenhange dargestellt, ²1830, § 4.4.

5 AaO (§ 4.4): „Die schlechthinnige Abhängigkeit" als „Grundbeziehung" „schließt zugleich das Gottesbewußtsein [...] in das Selbstbewusstsein ein". Dazu die drastisch formulierte Kritik von Franz Overbeck, Christentum und Kultur. Gedanken und Anmerkungen zur modernen Theologie. Aus dem Nachlaß herausgegeben von Carl Albrecht Bernoulli, (Basel 1919) Darmstadt, ²1963, 267 f: Solche Theologie meine, „Gott täglich bei sich im Sack zu haben".

6 Luther folgt, was mir nicht verständlich ist, der katechetischen Tradition: Er zitiert die Evangeliumspräambel nicht und setzt mit dem Zitat des Verbots ein, nicht andere Götter zu „haben" – als Übersetzung des lateinischen „Non habebis Deos alienos coram me". So legt sich ihm von der sprachlichen Vorgabe her zunächst die Frage nahe, was es heißt, einen Gott zu „haben".

7 Führt dieser Satz notwendig zu der These, daß nach Luthers Erklärung des Ersten Gebots das Kriterium für den rechten Gott aus dem rechten Glauben zu gewinnen ist (so Wilfried Härle, Widerspruchsfreiheit. Überlegungen zum Verhältnis von Glauben und Denken. In: NZSTh 28/1986, 223–237, hier 232–237)? Sie hält dem von Härle (aaO, 235) selbst zitierten Satz BSLK 564,13–15 nicht stand: Das Glauben und Trauen ist dann „falsch und unrecht", wenn es „nicht auf den einigen Gott gestellt" ist, „außer welchem wahrhaftig kein Gott ist im Himmel noch auf Erden". Vgl. den parallelen – u. Anm. 12 nachgewiesenen – Text. Die Ganzheit des Glaubens kann jedenfalls nicht gleichsam apriorisch – unter Absehung von der Einzigkeit Gottes und deren worthafter Bekundung – bestimmt werden, etwa als Gefühl schlechthinniger Abhängigkeit. Keine Frage ist, daß Luther die Einheit Gottes und die Einheit des Glaubens wechselseitig streng aufeinander bezieht – eindrucksvoll z. B. in seinem ersten – dreiteiligen – Katechismus „Eine kurze Form der zehn Gebote, eine kurze Form des Glaubens, eine kurze Form des Vaterunsers" (1520): WA 7, 215,18–22.

8 BSELK 930,13–932,3 (BSLK 560,9–24) (Erklärung des Ersten Gebots im Großen Katechismus).

diesem Sinne ist Theologie immer schon Anthropologie. Dies stützt und bestätigt aber nicht das neuprotestantische Unternehmen, prinzipiell vom glaubenden Menschen aus zu denken und zu reden und der ganzen Dogmatik, nun verstanden als „Glaubenslehre", den entsprechenden Duktus zu geben. Verdunkelt, ja verstellt wird dabei, daß dem Glauben etwas vorausliegt und vorangeht, was sich nicht als Implikat und Exponent des unmittelbaren religiösen Selbstbewusstseins verstehen läßt: die auf mich – samt allen Kreaturen – zukommende Zusage Gottes.

II Gütig und barmherzig: Gottes Name

Die dem Glauben zuvorkommende Zusage begegnet als Urzusage in Gottes Selbstvorstellung, seinem Namen: „Ich bin der HERR, Dein Gott" (Ex 20,2). Dieser geheimnisvolle Name – als Zusage mitgehender Verlässlichkeit in freier, ungeschuldeter Gegenwart (Ex 3,14) – legt sich für Luther so aus: „ICH, ich will Dir genug geben und aus aller Not helfen"![9] Gottes Name liegt in den göttlichen Eigenschaften der Güte und Barmherzigkeit. Gottes Name, Sein und Wesen ist grundlose Güte, in der der Schöpfer seinen Geschöpfen alles Gute gönnt und gibt, sowie grundlose Barmherzigkeit, in der er aus aller Not errettet.[10] Luther nimmt die unauflösliche Verbundenheit der Güte bzw. Gnade Gottes und seiner Barmherzigkeit wahr, sind sie doch geradezu ein Hendiadyoin – wie es die sogenannte „Gnadenformel" bekundet: „Barmherzig und gnädig ist der HERR, geduldig und von großer Güte" (Ps 103,8).[11] Dieses Bekenntnis ist nach Ex 34,5–7 nichts anderes als die Selbstoffenbarung Gottes in seinem Namen (vgl. Ex 33,18–23), ja der Höhepunkt in der Reihe der Explikationen des Gottesnamens Ex 3,14; 33,19 und 34,6f und füllt durch innere Differenzierung prägnant die Urzusage „Ich bin der HERR, Dein Gott" (Ex 20,2).

Dieselbe Pointierung wie in der Erklärung des Ersten Gebots im Großen Katechismus trifft Luther in seiner Erklärung des Schöpfungsartikels im Kleinen Katechismus: „Ich glaube, daß mich Gott geschaffen hat samt allen Kreaturen [...] und das alles aus lauter väterlicher, göttlicher Güte und Barmherzigkeit"[12]; er entspricht damit Ps 145,9: „Der HERR ist allen gütig und erbarmt sich aller seiner Werke" (vgl. Ps 25,6f und 2Chr 5,13: Barmherzigkeit und Güte). *Darin, daß Gott das Sein gewährt, ist er gütig; darin, daß er dem Nichts wehrt, ist er barmherzig.* So sind

---

9 AaO, 932,9f (560,40f).
10 AaO, 930–948 (560–572), passim.
11 Vgl. Hermann Spieckermann, „Barmherzig und gnädig ist der Herr...". In: Ders., Gottes Liebe zu Israel. Studien zur Theologie des Alten Testaments, Tübingen, 2004, 3–19.
12 BSELK 870,9f.14–16 und (BSLK 510,33f und 511,3–5).

dies die beiden Brennpunkte des Glaubens an Gott den Schöpfer: seine schenkende „Güte" und seine aus allem Übel, aus der Macht des Todes rettende „Barmherzigkeit".

III Einziger Gott und ganzer Glaube

Der Schriftausleger Luther bringt nicht nur die innere Differenzierung des Gottesnamens durch die Eigenschaften „Güte" und „Barmherzigkeit" zur Geltung. Treffsicher erfasst er auch die Korrespondenz von *Gottes Einzigkeit* und *der Totalität des Glaubens*, wie sie aus Dtn 6,4 f erhellt: „Höre, Israel, der HERR ist unser Gott, der HERR ist der einzige. Und Du sollst den HERRN, Deinen Gott, lieben von ganzem Herzen, von ganzer Seele, von allem Vermögen." Weil gilt: „Der HERR ist unser Gott, der HERR ist einzig", deshalb ist er auch von ganzem Herzen, von ganzer Seele und mit allen Kräften zu lieben. *Der Einzigkeit Gottes entspricht die Totalität, die Ganzheit, des Glaubens*; die Liebe und die Hoffnung können ihn – was gegen das römisch-katholische Verständnis spricht – nicht erweitern und ergänzen, sie sind schon mit ihm gegeben. „,Du sollst nicht andere Götter haben' heißt soviel wie: ,Weil ich allein Gott bin, sollst Du zu mir allein deine ganze Zuversicht, Trauen und Glauben setzen und auf niemand anders'".[13]

IV Gott und Abgott, Glaube und Unglaube

Ist die Evangeliumspräambel des Dekalogs samt dem Ersten Gebot der Grundtext von Luthers Gotteslehre, dann ist die Kompromisslosigkeit, Schärfe und Klarheit verständlich, mit der es Luther immer um die Alternative von Gott und Abgott, Glaube und Unglaube geht – um Qualitätsbestimmungen, nicht etwa um Quantitäten wie in Schleiermachers Verständnis des Sündenbewußtseins als Trübung, Schwächung und mangelnde Kraft des Gottesbewußtseins. *So profiliert sich Luthers Gotteslehre entscheidend in seiner Sündenlehre.* Besteht das wahre Wesen des Menschen im Glauben, so sein Unwesen im Unglauben, in der Sünde. Sie ist die Verfehlung und Verkehrung der unverdient – „ex nihilo" – gewährten Beziehung zu dem einen wahren Gott. Als der Allgewährende, sich in seinem Wort und Werk ganz und gar mitteilende, „ausschüttende"[14] ist er der eine und einzige, der wahre Gott, der den Glauben unseres Herzens ganz und gar beanspruchen darf, so daß

---
13 WA 6, 209,25–27 (Sermon von den guten Werken, 1520).
14 BSELK 1054,24–27 (BSLK 651,10–15) (Großer Katechismus). Vgl. u. Abschnitt 10.

wir nur von ihm alles Gute und die Rettung aus aller Not erwarten, unsere Zuversicht nur auf ihn setzen. Den Polytheismus, der in der Verfehlung und Verkehrung dieses Glaubens gelebt wird, stellt Luther drastisch und plastisch heraus – vom Mammon als dem allen gemeinsamen Abgott angefangen[15] über die Venus und den Gott des Glücks sowie der Ehre usw.[16] bis zum Inbegriff der Abgötterei und ihrer Wurzel: der Selbstrechtfertigung[17] samt der radikalen Selbstsorge und des Geizes; nach Kol 3,5 gilt der Geiz ausdrücklich als Idolatrie. Es ist eben die *Selbstrechtfertigung*, die alle jene Mächte schafft, die uns erschrecken und faszinieren und die deshalb durchaus „Götter" genannt werden können – auch wenn sie es in Wahrheit und wesentlich, ihrer „Natur" nach (Gal 4,8), nicht sind. Wir haben sie uns selbst in unserem Herzen aufgerichtet[18] – ist doch, wie Calvin ganz im Sinne Luthers sagt, das menschliche Herz in seiner Einbildungskraft eine ununterbrochen arbeitende Götzenbilderfabrik, eine „fabrica idolorum"[19].

V Selbstrechtfertigung als „höchste Abgötterei"

Die von Luther selbst als „scharf[sinnig]"[20] beurteilte Zuspitzung seiner Götterlehre verdient besondere Aufmerksamkeit, kommt sie doch im interkonfessionellen und interreligiösen Dialog kaum oder gar nicht zur Geltung. Es sei „ein falscher Gottesdienst und die höchste Abgötterei, die wir bisher getrieben haben und noch in der Welt regiert", wenn das Gewissen „Hilfe, Trost und Seligkeit [= Rettung aus dem Jüngsten Gericht] sucht in eigenen Werken, vermisst sich, Gott den Himmel abzuzwingen, und rechnet, wieviel es gestiftet, gefastet, Messe gehalten hat etc., verlässt sich und pocht darauf, als wolle es nichts von ihm geschenkt nehmen, sondern selbst erwerben oder überflüssig [=überschüssig zu Gunsten anderer] verdienen, gerade als müsste er uns zu Dienst stehen und unser Schuldner, wir aber seine Lehen[s]herr[e]n sein. Was ist das anders als aus Gott einen Götzen [...] gemacht und sich selbst für Gott gehalten und aufgeworfen?"[21]

---

15 BSELK 932,13–22 (BSLK 561,9–26) (Großer Katechismus).
16 BSELK 932,23–25; 936,7–12 (BSLK 561,39–43; 564,1–9).
17 BSELK 936,23–938,6 (BSLK 564,40–565,16).
18 Vgl. WA 7, 54,14f (De libertate christiana, 1520): „seipsum sibi Idolum in corde erigit".
19 Johannes Calvin, Institutio religionis Christianae I, 11,8: „hominis ingenium perpetuam [...] esse idolorum fabricam".
20 BSELK 938,6 (BSLK 565,15 bzw. 565,23) („acutum"); Erklärung des Ersten Gebotes im Großen Katechismus.
21 BSELK 936,23–938,5 (BSLK 564,40–565,14). Vgl. o. Anm. 16.

Da der einzige, wahre Gott für Luther die Macht der bedingungslosen Zusage und Gabe, der bedingungslosen Stiftung und Bewahrung von Gemeinschaft ist, ist die undankbare Verkennung und Verkehrung dieser Stiftung im Unglauben die „höchste Abgötterei". Der Götzendienst, die Idolatrie, und damit die Verleugnung des einzigen, wahren Gottes wird am schärfsten in der Religion der Selbstrechtfertigung und Selbstverwirklichung ausgelebt: dort, wo der Mensch sich von sich selbst schlechthin abhängig zu machen sucht. Dies betont Luther in einer geradezu schroffen Weise, indem er die Muslime mit dem Papsttum und den Schwärmern in eine einzige Linie rückt. Er unterscheidet nicht zwischen Religionen und Konfessionen, sondern nur zwischen Gott und Abgott und damit zwischen dem wahren und falschen Glauben. Der Unglaube als Versuch der Selbstrechtfertigung – in welchen groben oder sublimen Formen auch immer – kommt ohne Unterschied allen zu.

VI Götter: Verabsolutierungen des Geschöpflichen

Luther hat erkannt, daß zum Versuch der Selbstrechtfertigung wesentlich gehört, Dimensionen des zum Leben Notwendigen zu verabsolutieren. Sünde als Selbstrechtfertigung verabsolutiert, was von dem einen wahren Gott gewährt, geschenkt, geschaffen wurde: die Naturkräfte – des Himmels mit seinen Gestirnen, der Erde mit ihren Quellen, Bäumen und Bergen – , Liebe und Zeugung, Essen und Trinken, Denken und Schönheit.

„Du sollst keine anderen Götter neben mir haben!" Wenn diese harte und strenge Stimme der erschreckend exklusiven Eiferheiligkeit des einen wahren Gottes sich hören läßt und in die polytheistische Welt einbricht, dann wehrt sie dem Drang und Sog, in dem das Lebensnotwendige grenzenlos und maßlos zu werden droht, wenn es unsere ganze Sorge und Aufmerksamkeit beansprucht und wir nichts anderes mehr im Sinn haben als etwa die Gesundheit, die Familie oder die Arbeit, den Erfolg oder das Ansehen, die politische Option oder das Hobby. Alles Gute wird dem zum Götzen und Moloch, der sein Herz daran hängt, der sich alles davon verspricht und sich ganz darauf verlässt. Dann wird die Liebe zur Venus, die Sorge für die Kinder zur Diana[22], die Sorge um den Lebensunterhalt zum Pluto und Mammon, die lebensnotwenige Bearbeitung von Konflikten zum Mars – als ob er der Vater aller Dinge wäre! Dann wird aus der Liebe zum Wein, der des Menschen Herz erfreuen soll (Ps 104,15), der Gott Bacchus, aus der Liebe zum Wort der Gott Logos; dann wird die Sehnsucht nach Schönheit, Licht und klarem

---

[22] BSELK 936,10 – 11 (BSLK 564,7) (Großer Katechismus, Erklärung des Ersten Gebotes).

Denken zu Apoll und Athene.²³ Wer eine dieser Dimensionen des Geschaffenen verabsolutiert und von ihr die Erfüllung seines Lebens erwartet, setzt sein Herz und Vertrauen nicht auf den einen, wahren Gott, sondern auf einen Abgott.

VII Vernünftige Gotteserkenntnis

Keine Abgötterei aber kann das vernünftige – d. h. allen Menschen (vgl. Koh 3,11 und Röm 1,18–21; 2,14f) ins Herz gelegte – Ahnen und Wissen um den einzigen, wahren Gott und seine Güte und Barmherzigkeit widerlegen.²⁴ Denn: „Alle Welt weiß von der Gottheit zu sagen, und natürliche Vernunft erkennt, daß die Gottheit etwas Großes sei – vor allen anderen Dingen"²⁵, gleichsam das, über das hinaus Größeres nicht gedacht werden kann. Luther argumentiert, Paulus und die Stoa aufnehmend, mit einer Art Gottesbeweis aus allgemeinmenschlicher Übereinstimmung (e consensu gentium), wie er ihm durch Ciceros „De natura deorum" bekannt war. Entsprechend heißt es in seiner Erklärung des Ersten Gebots im Großen Katechismus: „Denn es ist nie ein Volk so ruchlos [=frevelhaft] gewesen, daß es nicht einen Gottesdienst aufgerichtet und gehalten habe."²⁶

Luther verkennt dabei nicht, daß der consensus gentium über die Existenz Gottes bzw. über die Existenz von zu verehrenden Göttern nicht unbestritten ist: Zwar gab es „etliche wie die Epikuräer, Plinius und dergleichen, die es mit dem Munde leugnen, aber sie tun's mit Gewalt und wollen das Licht in ihrem Herzen gewaltsam leugnen". Sie „tun es wie die, die mit Gewalt die Ohren zustopfen oder die Augen zuhalten, damit sie nicht sehen und nicht hören. Aber es hilft ihnen nichts, ihr Gewissen sagt es ihnen anders."²⁷

Daß die Leute im gefährdeten Schiff auf stürmischer See „ein jeder zu seinem Gott" schreien (Jona 1,5) zeigt, daß sie, obwohl sie „nicht in richtiger Weise an Gott glauben", „doch solchen Sinn und Meinung" haben, „Gott sei ein solches Wesen, das da helfen könne im Meer und in allen Nöten"²⁸. „Denn das halten diese Leute

---

23 Luther parallelisiert in seiner Erklärung des Ersten Gebots Götzendienst und Heiligenkult (BSELK 934,23f [BSLK 563,14f]). Er diagnostiziert in diesem Kult verkappten Polytheismus – vor allem, wenn das Gottesprädikat „Nothelfer" auf die Heiligen übertragen wird (BSELK 934,3–14 [BSLK 562,10–29]).
24 Zu diesem Abschnitt ausführlicher: Oswald Bayer, Martin Luthers Theologie. Eine Vergegenwärtigung, Tübingen (2003), ⁴2016, 115–128 („Kirche als Schöpfungsordnung").
25 WA 19, 205,28–30 (Der Prophet Jona ausgelegt; 1526); zu Jona 1,5.
26 BSELK 936,3–5 (BSLK 563,37–40).
27 WA 19, 206,1–5 (Der Prophet Jona ausgelegt; 1526). Vgl. Johannes Calvin, Christliche Unterweisung. Der Genfer Katechismus von 1537, Gütersloh 1978, Erster Teil, besonders 7–11.
28 AaO, 205,33f.

von Gott, daß er ein solcher sei, der von allem Bösen helfen könne. Daraus folgt weiter, daß natürliche Vernunft bekennen muß, daß alles Gute von Gott komme. Denn wer aus allem Bösen und Unglück helfen kann, der kann auch alles Gut und Glück geben."[29] Die „nicht in richtiger Weise an Gott glauben"[30] wissen von Gott dasselbe wie die, die in rechter Weise an ihn glauben. Denn beide erwarten Gottes schenkende Güte und rettende Barmherzigkeit. Erstaunlich! Luther besteht darauf: „Solches Licht und [solcher] Verstand ist in aller Menschen Herzen und läßt sich nicht [...] auslöschen."[31] „So weit reicht das natürliche Licht der Vernunft, daß sie Gott für einen Gütigen, Gnädigen, Barmherzigen, Milden hält; das ist ein großes Licht."[32]

VIII Gewissheit; geistgewirkter „Glaube in Christo"

Was dem allgemein menschlichen Wissen um die Existenz Gottes, ja selbst um seine Eigenschaften der Güte und Barmherzigkeit fehlt, ist die *Gewissheit*, die aus der eindeutigen Zueignung und Erfahrung dieser Eigenschaften kommt. „So siehst du hier", pointiert Luther seine Auslegung von Jona 1,5, „daß diese Leute im Schiffe alle von Gott *wissen*, sie haben aber keinen *gewissen* Gott."[33] Sie haben, was das Selbe ist, keinen „Glauben in Christo"[34]. Der „gewisse Gott" ist das kommunikative Sein und Werk *Jesu Christi*, in dem Gott für mich spricht und eintritt; Luthers berühmtes „pro me" ist das Sein und Werk Jesu Christi selber und kein davon ablösbares oder auch nur zu unterscheidendes erkenntniskritisches Prinzip, als welches es der Neuprotestantismus kantischer Prägung in Anspruch nimmt.[35] Doch ist der „gewisse Gott" nicht allein christologisch zu bestimmen.

> „Denn weder du noch ich könnten immermehr [= jemals] etwas von Christo wissen noch an ihn glauben und zum Herrn kriegen, wo es nicht durch die Predigt des Evangeliums von dem

---

29 AaO, 206,8–11.
30 S.o. bei Anm. 27.
31 AaO, 205,35–206,1.
32 AaO, 206,12f.
33 AaO, 208,21f (Hervorhebungen hinzugefügt).
34 Ebd., Z.18.
35 Dazu überzeugend: Hans Joachim Iwand, Wider den Missbrauch des pro me als methodisches Prinzip in der Theologie. In: EvTh 14, 1954,120–124 (=ThLZ 79/ 1954, Sp. 453–458). Vgl. u. Kap. 29: „Nichts als Geben", Anm. 25.

heiligen Geist würde angetragen [= angeboten, dargereicht, ausgeteilt] und uns in [den] Bosam [Busen, Schoß] geschenkt [...]."[36]

Luther findet in seiner Auslegung der Evangeliumspräambel des Dekalogs und des Ersten Gebots, wie wir gesehen haben, einen unerhört weiten Religions- und Gottesbegriff, der eine eminente Bedeutung für das Gespräch und die Auseinandersetzung mit den Weltreligionen hat. Dabei steht klar der sündentheologische Gesichtspunkt im Vordergrund: Die Güte und Barmherzigkeit des Schöpfers werden gründlich verkannt, seine Gabe verachtet und missbraucht, der zu erwartende Dank in Undankbarkeit verkehrt. Denn sonst würden wir „nicht so stolz hergehen, trotzen und uns brüsten, als hätten wir das Leben, Reichtum, Gewalt und Ehre etc. von uns selbst [...], wie die unselige verkehrte Welt tut, die in ihrer Blindheit ersoffen ist, aller Güter und Gaben Gottes allein zu ihrer Hoffart, Geiz, Lust und Wohltagen missbraucht und Gott nicht einmal ansehe, daß sie ihm dankte oder für ein[en] Herrn und Schöpfer erkennete."[37]

Diesem sündentheologischen Gesichtspunkt entspricht genau der mit der Gottes- und Heilsgewißheit angesprochene christologische und pneumatologische Gesichtspunkt und damit *der trinitarische Gottesglaube*. Dieser *steht im schärfsten Kontrast zur dargelegten vernünftigen Gotteserkenntnis*; er ergänzt oder überhöht sie nicht etwa.

> „Darum scheiden und sondern diese Artikel des Glaubens uns Christen von allen andern Leuten auf Erden. Denn was außer der Christenheit ist, es seien Heiden, Türken, Juden oder falsche Christen und Heuchler, ob sie gleich nur einen wahrhaftigen Gott glauben und anbeten, so wissen sie doch nicht, was [= wie] er gegen ihn[en][= gegen sie] gesinnt ist, können sich auch keiner Liebe noch Guts zu ihm versehen, darum sie in ewigem Zorn und Verdammnis bleiben. Denn [= weil] sie den HERRN Christum nicht haben, dazu mit keinen Gaben durch den heiligen Geist erleuchtet und begnadet sind."[38]

Damit ist die scharfe und klare Grenze zwischen Christen und Nichtchristen im Blick.

---

36 BSELK 1958,30 – 1006,7 (BSLK 654,22 – 42) (Großer Katechismus, Erklärung des dritten Artikels des Glaubensbekenntnisses).
37 BSELK 1052,19 – 25 (BSLK 649,22 – 32) (Großer Katechismus, Erklärung des ersten Artikels des Glaubensbekenntnisses).
38 BSELK 1068,16 – 23 (BSLK 661,5 – 18) (Großer Katechismus, Abschluß der Erklärung des Glaubensbekenntnisses).

IX Gemeinsamkeiten und Grenzen zwischen Christen und Nichtchristen; die vier Widerfahrnisse Gottes

Christen und Nichtchristen unterscheiden sich durch das Evangelium, das durch das Bekenntnis zum dreieinen Gott expliziert wird; das Evangelium ist das vierte und letzte, das endgültige Widerfahrnis des einzigen, wahren Gottes.

Anders steht es mit Gottes Widerfahrnis im Gesetz, das allen Menschen gemeinsam ist: „Die zehn Gebot[e] sind auch sonst in aller Menschen Herzen geschrieben, den Glauben aber kann keine menschliche Klugheit begreifen und muß allein vom heiligen Geist gelehrt werden."[39] Auch alle Nichtchristen kennen – in welcher Gestalt auch immer – die Erfahrung der Differenz zwischen Sein und Sollen, Fakt und Norm; sie kennen das Phänomen des „Gewissens" samt den „Gedanken, die einander anklagen oder auch entschuldigen" (Röm 2,15).

Zu diesem Widerfahrnis im Gesetz, in dem der eine wahre Gott der Sünde überführt, anklagt und den Sünder verurteilt (usus elenchticus legis), kommt jenes eher leise Widerfahrnis Gottes, in dem er langmütig die verkehrte und in ihrer Blindheit ersoffene Welt durch die menschliche Vernunft, vor allem durch Ethos und Recht erhält (usus politicus legis); es ist ebenfalls allen Menschen gemeinsam.

Die größte Gemeinsamkeit aller Menschen aber liegt in der Erfahrung der schrecklichen Verborgenheit dessen, der in seiner Allmacht alles in allem wirkt: Licht und Finsternis, Lebensgewährung und Lebensversagung, Glück und Unglück, Leben und Tod.[40] Der Schrecken dieser Verborgenheit hat seine Pointe darin, daß ich nicht weiß, wie ich mit der mir widerfahrenden Allmacht dran bin; ihre Uneindeutigkeit reißt mich in den Strudel der Ungewissheit. Begegnet mir ein überwältigendes dunkles Es als stummes und taubes, unerbittliches Schicksal – fascinosum und tremendum zugleich? Vischnu in seiner Güte und zugleich Kali, die zerstört? Die Erfahrung der schrecklichen Verborgenheit der Allmacht, ihrer Uneindeutigkeit, verbindet Nichtchristen mit Christen – auch wenn diese die Verborgenheit schärfer noch als andere empfinden, weil sie den Gott gehört haben, der eindeutig Liebe ist.

---

[39] BSELK 1068,26–28 (BSLK 661,25–29).
[40] WA 18, 685,21–23 (De servo arbitrio; 1525): „Deus absconditus in maiestate neque deplorat neque tollit mortem, sed operatur vitam, mortem et omnia in omnibus."

X Gott alles in allem: kategorisches sich Geben

Solange wir im Glauben unterwegs sind und noch nicht im Schauen der Gottesgerechtigkeit leben (vgl. 2Kor 5,7), werden die scharfen Unterschiede und extremen Spannungen zwischen den bezeichneten vier Widerfahrnissen nicht aufgehoben. Dann aber – im Eschaton, im „Licht der Herrlichkeit"[41] – wird der Unterschied zwischen Gesetz und Evangelium und der Unterschied zwischen dem schrecklich verborgenen und trinitarisch offenbaren Gott aufgehoben sein und allein das Evangelium und damit allein der dreieine Gott ohne Anfechtung und Versuchung herrschen. Jetzt aber ist noch in der schmerzlichen Spannung zwischen Gottesgewißheit und Anfechtung zu leben, die Jochen Klepper in einer Tagebuchnotiz paradox so formuliert: „Gott ist ganz in Christus. Aber Christus ist nicht der ganze Gott", noch nicht.[42]

Ganz im Sinne dieses Paradoxes unterscheidet Luther von der Trinitätslehre eine „allgemeine" Gotteslehre[43] – beispielsweise wiederum im Großen Katechismus, an äußerst prominenter Stelle: am summierenden Ende seiner Auslegung des Glaubensbekenntnisses. Die „allgemeine" Gotteslehre ist durch die vom Evangelium zu unterscheidenden Widerfahrnisse bestimmt, von denen schon die Rede war. So wirken die Zehn Gebote allgemein, sind sie doch „in aller Menschen Herzen" geschrieben.[44] Sie lehren, „was wir tun sollen". Die Lehre vom dreieinen Gott aber „sagt, was uns Gott tut und *gibt*", damit wir die Gebote mit „Lust und Liebe" erfüllen können, „weil wir hier sehen, wie *sich Gott ganz und gar mit allem, was er hat und vermag, uns gibt* zu Hilfe und Steuer [= Stütze], die zehn Gebote zu halten: der Vater alle Kreaturen, Christus alle seine Werke, der heilige Geist alle seine Gaben."[45]

---

[41] Eindrucksvoll redet Luther davon am Ende von „De servo arbitrio": WA 18, 784,35 – 785,38. Dazu: Thomas Reinhuber, Kämpfender Glaube. Studien zu Luthers Bekenntnis am Ende von De servo arbitrio (TBT 104), Berlin/New York 2000.
[42] Jochen Klepper, Unter dem Schatten deiner Flügel. Aus den Tagebüchern der Jahre 1932–1942, hg.v. Hildegard Klepper, Stuttgart 1956, 88 (16. Juli 1933). Vgl. dazu die gründliche und umsichtige Studie von Thomas Reinhuber: Die Verborgenheit Gottes. Überlegungen im Anschluß an Luthers Streitschrift „De servo arbitrio". In: Welthandeln und Heilshandeln Gottes. Deus absconditus – Deus revelatus (Veröffentlichungen der Luther-Akademie e.V. Ratzeburg, Bd. 29), hg.v. Joachim Heubach, Erlangen 1999, 75 – 94. Die Schlusssätze lauten: „Gott ist ganz in Christus. Aber Christus ist nicht der ganze Gott. Dennoch hoffen wir, daß Christus der ganze Gott *wird*."
[43] Zum Gewicht dieser Unterscheidung eingehender: Oswald Bayer, Poietologische Trinitätslehre. In: Ders., Gott als Autor. Zu einer poietologischen Theologie, Tübingen 1999, 142 – 148, besonders 144 – 148 („Trinitätslehre als allgemeine Gotteslehre?").
[44] S.o. bei Anm. 30.
[45] BSELK 1068,24 – 35 (BSLK 661,21 – 42) (Hervorhebung hinzugefügt).

Ein Jahr zuvor, in seinem die große Abendmahlsschrift abschließenden „Bekenntnis", hat Luther das Evangelium als Sein des dreieinen Gottes, der ganz und gar Liebe ist, in einer in der Kirchen- und Theologiegeschichte unerhörten Weise als dreifaches sich Geben zur Sprache gebracht:

> „Das sind die drei Personen und ein Gott, der sich uns allen selbst ganz und gar gegeben hat mit allem, was er ist und hat. Der Vater gibt sich uns mit Himmel und Erden samt allen Kreaturen, daß sie uns dienen und nütze sein müssen. Aber solche Gabe ist durch Adams Fall verfinstert und unnütz geworden. Darum hat danach der Sohn sich selbst auch uns gegeben, alle seine Werke, sein Leiden, seine Weisheit, Gerechtigkeit geschenkt und uns dem Vater versöhnt, damit wir, wieder lebendig und gerecht, auch den Vater mit seinen Gaben erkennen und haben könnten. Weil aber solche Gnade niemand[em] nütze wäre, wo sie so heimlich verborgen wäre und zu uns nicht kommen könnte, so kommt der heilige Geist und gibt sich auch uns ganz und gar; der lehrt solche Wohltat Christi, uns erzeigt, erkennen, hilft sie empfangen und behalten, nützlich brauchen und austeilen, mehren und fördern"[46].

Gott gibt sich uns ohne Vorbehalt und Bedingung ganz und gar mit allem, was er ist, hat und vermag; er eröffnet sich in seiner Zusage so, daß er uns an seiner Fülle teilhaben läßt, uns in seine Gemeinschaft aufnimmt, indem er sich uns ganz hingibt. Das ist Luthers von der Theologie und Kirche noch keineswegs eingeholte Antwort auf die Frage „Was hast du für einen Gott?": seine evangelische Fassung jenes gewaltigen Ozeans des Ersten Gebots als Troststimme, die fruchtbarer und voller nicht gehört und gedacht werden kann.

---

46 WA 26, 505,38–506,7 (Vom Abendmahl Christi. Bekenntnis, 1528); Vgl. u. Kap 29: „Nichts als Geben".

29 Nichts als Geben. Der sich selbst gebende Gott

I Dreifaches Geben

„Das sind die drei Personen und der eine Gott, der sich uns allen selbst ganz und gar gegeben hat mit allem, was er ist und hat": So hat Martin Luther in seinem „Bekenntnis" (1528), das Apostolische Glaubensbekenntnis pointiert aktualisierend, die Mitte des christlichen Glaubens bekannt. Er tat dies in einer Konzentration auf den Begriff der „Gabe" und des „Geschenkes", die sich bei keinem Theologen vor ihm und nach ihm findet und in dieser Klarheit und Prägnanz auch bei ihm selbst sich an keiner zweiten Stelle zeigt.[1]

Nachdem Luther schon unmittelbar zuvor am Ende seines Bekenntnisses zum Heiligen Geist diesen als „lebendige, ewige, göttliche Gabe und Geschenk" gepriesen hat, faßt er nun den gesamten trinitarischen Glauben als Gottes Gabe und Geschenk, genauer: verbal als „Geben" Gottes, noch genauer: als dessen „sich" Geben in der Totalität seines Wesens und Seins („ganz und gar [...] mit allem, was er ist und hat"), dem die Universalität der Empfänger („ uns allen") entspricht.

> „Das sind die drei Personen und ein Gott, der sich uns allen selbst ganz und gar gegeben hat mit allem, was er ist und hat. Der Vater gibt sich uns mit Himmel und Erde samt allen Kreaturen, so daß sie uns dienen und nützen müssen. Aber diese Gabe ist durch Adams Fall verfinstert und unnütz geworden. Darum hat danach auch der Sohn sich selbst uns gegeben, alle seine Werke, Leiden, Weisheit und Gerechtigkeit geschenkt und uns mit dem Vater versöhnt, damit wir, wieder lebendig und gerecht, auch den Vater mit seinen Gaben erkennen und haben können. Weil aber diese Gnade niemandem nützte, wenn sie heimlich und verborgen bliebe und zu uns nicht kommen könnte, so kommt der heilige Geist; auch er

---

[1] Die sofort an zweiter Stelle zu nennende Parallele findet sich am Ende der Auslegung des Glaubensbekenntnisses im Großen Katechismus: Gott selbst hat uns „offenbart und aufgetan den tiefsten Abgrund seines väterlichen Herzens und eitel [= reiner] unaussprechlicher Liebe in allen drei Artikeln. Denn er hat uns eben dazu geschaffen, daß er uns erlöste und heiligte und über [= außer dem], daß er uns alles [ge]geben und eingetan [= besorgt] hatte, was im Himmel und auf Erden ist, hat er uns auch seinen Sohn und heiligen Geist [ge]geben, durch welche er uns zu sich brächte. Denn wir könnten [...] nimmermehr dazu kommen, daß wir des Vaters Hulde und Gnade erkenneten ohne durch den HERRN Christum, der ein Spiegel ist des väterlichen Herzens, außer welchem wir nichts sehen denn einen zornigen und schrecklichen Richter. Von Christus aber könnten wir auch nichts wissen, wo es nicht durch den heiligen Geist offenbart wäre." (BSELK 1068,5 – 15 [BSLK 660,29 – 47]). Wichtigste Literatur zum Thema: Martin Seils, Die Sache Luthers; LuJ 52, 1985, 64 – 80. Ders., Gabe und Geschenk. Eine Zugabe. In: Denkraum Katechismus, hg.v. Johannes von Lüpke und Edgar Thaidigsmann, Tübingen 2009, 87 – 108.

gibt sich uns ganz und gar. Er lehrt uns diese Wohltat Christi, die uns erzeigt ist, erkennen, hilft sie zu empfangen und zu gebrauchen und auszuteilen, zu mehren und zu fördern. Dies tut er sowohl innerlich wie äußerlich: innerlich durch den Glauben und andere geistliche Gaben, äußerlich aber durchs Evangelium, durch die Taufe und das Sakrament des Altars, durch welche er als durch Mittel oder Weisen zu uns kommt und das Leiden Christi in uns übt und der Seligkeit dienen läßt."[2]

Rhetorisch eindrücklich wird in dreimaliger Wiederholung Gottes „Geben" herausgestellt. Offenbar kommt mit diesem Verbalsubstantiv wenn nicht alles, so doch das Wichtigste und Entscheidende zur Sprache.[3] Dies geschieht mit einem einzigen Verb: „geben". Es sagt die Einheit und Einzigkeit des Wesens und Handelns Gottes – unbeschadet der Differenzierung in eine dreifache, jeweils andere Attribution und Appropriation der Schöpfung, Erlösung und Vollendung als begründende und bündige Abfolge heilsgeschichtlicher Momente,[4] die sich auch rückwärts, vom heiligen Geist aus, lesen läßt: als eine Art Palindrom.[5]

Es bleibt trotz einer äußerst starken Betonung der Einheit des trinitarischen Wesens und Handelns Gottes durch die dreimalige Wiederholung des *einen* Verbs „geben" bei einer dreifachen „ökonomischen" Ausrichtung.

Von der „immanenten" Trinität ist hier nicht ausdrücklich die Rede. Doch hat sie Luther anderswo thematisiert – nicht zufällig in der Auslegung des Johannesevangeliums, besonders des Prologs und der Parakletsprüche, am eindrücklichsten in der Auslegung von Joh 16,13, wo es vom Parakleten heißt: „Denn er wird nicht von ihm [= sich] reden, sondern was er hören wird, das wird er reden". Christus spreche hier „von einem Gespräch, das gehalten wird in[nnerhalb] der Gottheit (außer allen Kreaturen) und setzt einen Predigtstuhl, da beide ist[!], der da redet und der da zuhört und macht den Vater zum Prediger, den Heiligen Geist aber zum Zuhörer".[6]

---

2 WA 26, 505,38–506,12 (Vom Abendmahl Christi. Bekenntnis, 1528).
3 Dem Gewicht des Summariums habe ich in meiner Vergegenwärtigung von Luthers Theologie Rechnung zu tragen versucht; es ist der in ihr am häufigsten zitierte Text. Vgl. Oswald Bayer, Martin Luthers Theologie. Eine Vergegenwärtigung, Tübingen (2003), ⁴2016, 90f, 95, 101, 148–157, 200, 202, 230, 257, 310; vgl. 307f.
4 Sichtbar gemacht durch ein „danach" (WA 26, 505,42).
5 Es mag sich nahelegen, die „chronologische" Abfolge als ratio essendi von der gegenläufigen als der ratio cognoscendi zu unterscheiden. Doch ist dieses Schema dem Sachverhalt nicht angemessen, weil Gottes trinitarisches Handeln in seiner Gegenwart als des Grundes von Vergangenheit und Zukunft wort- und gabetheologisch zu verstehen ist. In diesem Zusammenhang ist Gottes Sein und des Menschen Erkenntnis nicht im Sinn einer philosophischen Erkenntniskritik zu verstehen (vgl. u. Anm. 25) – es sei denn, diese artikulierte sich im Rahmen hermeneutischer Ontologie bzw. ontologischer Hermeneutik.
6 WA 46, 59,17–20 (Das XVI. Kapitel S. Johannis gepredigt und ausgelegt 1539).

Hierher gehöre, „daß die Schrift unsern Herrn Christum (nach seinem göttlichen Wesen) ein ‚Wort' nennet (Joh 1), das der Vater bei und in ihm [= sich] selbst spricht, so daß es wahrhaftiger göttlicher Natur ist vom Vater, doch nicht aus dem Vater fällt [...], sondern ewiglich in ihm bleibt. Das sind nun die zwei unterschiedliche[n] Personen: der da spricht und das Wort, das gesprochen wird, das ist: der Vater und [der] Sohn. Hier aber folgt nun auch die dritte [Person], nämlich der Hörer – beide[r]: des Sprechers und des gesprochenen Wortes. Denn wo da soll sein ein Sprecher und [ein] Wort, da gehört auch zu ein Zuhörer, Aber dieses Alles – Sprechen, Gesprochenwerden und Zuhören – geschieht [...] innerhalb der göttlichen Natur und bleibt auch allein in derselben, da [= wo] gar keine Kreatur nicht ist noch sein kann, sondern [...] Sprecher und Wort und Hörer [...] Gott selbst – alle drei gleich ewig und in ungesonderter einiger Majestät. Denn in dem göttlichen Wesen ist keine Änderung noch Ungleichheit und weder Anfang noch Ende, [so] daß man nicht sagen kann, daß der Hörer etwas außer Gott sei oder angefangen habe, ein Hörer zu werden. Sondern gleich wie der Vater ein ewiger Sprecher ist, der Sohn in Ewigkeit gesprochen wird, so ist der heilige Geist von Ewigkeit der Zuhörer."[7]

Wir sehen: Für Luther ist Gott, der als der Gebende durch seine Heilsökonomie zur Kommunikation ermächtigt, in sich schon Gemeinschaft: das Gespräch zwischen dem Vater und dem Sohn, dem der Heilige Geist zuhört, um es uns mitzuteilen und uns des Heils gewiß zu machen.[8] So zeigt sich, daß Luther auch die immanente Trinität konsequent worttheologisch denkt.[9]

---

7 Ebd., 59,26–60,6
8 In seinem Befreiungslied „Nun freut euch, lieben Christen g'mein..." (EG 341) inszeniert Luther die innertrinitarischen Relationen als das von Ewigkeit her geschehene und geschehende Zwiegespräch zwischen Vater und Sohn, in das der Heilige Geist, der Zuhörer, im Glauben uns hineinnimmt. Vgl. Oswald Bayer, Das Sein Jesu Christi im Glauben. In: Ders., Gott als Autor, Tübingen 1999, 112–127. Kurzfassung: Ders., Luthers Theologie. (s. o. Anm. 3) 193–293.
9 Als Programmsatz der inzwischen ökumenisch stark gewordenen Renaissance der Trinitätslehre darf gelten: „Die ‚ökonomische' Trinität *ist* die ‚immanente' Trinität und umgekehrt" (Karl Rahner, Der dreifaltige Gott als transzendenter Urgrund der Heilsgeschichte. Methode und Struktur des Traktats „De Deo Trino". In: Mysterium Salutis. Die Heilsgeschichte vor Christus, hg. v. Johannes Feiner und Magnus Löhrer, Bd. 2, Einsiedeln/Zürich/Köln 1967, 317–397, hier 328. Unter besonderer Berufung auf Luthers Bekenntnis des sich selbst ganz und gar gebenden Gottes nimmt an dieser Renaissance vor allem Christoph Schwöbel teil. Vgl. Ökumenische Theologie im Horizont des trinitarischen Glaubens (1997). In: Christoph Schwöbel, Christlicher Glaube im Pluralismus, Tübingen 2003, 85–106; Ders., Trinitätslehre als Rahmentheorie des christlichen Glaubens. Vier Thesen zur Bedeutung der Trinität in der christlichen Dogmatik (1999). In: Christoph Schwöbel, Gott in Beziehung. Studien zur Dogmatik, Tübingen 2002, 25–51; Ders., Einfach Gott. Trinitätstheologie am Anfang des 21. Jahrhunderts. In: NZSTh 62 2020, 519–541.

Daß Luther an der ökonomischen Trinität nicht in einem chronologischen Sinn liegt, bekundet sich darin, daß er, was die Zeitform des „Gebens" betrifft, durchgehend das *Präsens* gebraucht. Selbst dann, wenn es als erzählendes Präsens zu verstehen wäre, läge in ihm kein chronologischer Sinn. Es sagt vielmehr Gottes ewige Gegenwart, die der Grund der Zukunft wie der Vergangenheit ist.

Dieser Totalität der Zeitbestimmung des gebenden Gottes entspricht, daß er in und mit seinem Geben nicht – partikular – dieses oder jenes, sondern, wie schon kurz betont, *sich selbst* gibt – in der Totalität seines Wesens und Seins. Er gibt nicht etwas, sondern sich als ein Jemand – mithin personal;[10] er schafft in seiner dreifachen Freigebigkeit Gemeinschaft. Dem entspricht die Konkordienformel, wenn sie die These abweist, „daß nicht Gott selbst, sondern nur Gottes Gaben in den Gläubigen wohnen".[11] Vielmehr hat sich im Sohn der Vater ganz hingegeben (Joh 3,16; Röm 8,32; Eph 5,2), „ausgeschüttet"[12], „sich erschöpft und aus dem Odem geredet"[13] – ohne sich dabei zu verlieren. *Indem Gott sich hingibt, gibt er sich nicht auf.* Durch seine Menschwerdung hat er sein Gottsein nicht verloren, sondern bewährt und erwiesen; er hat sich nicht, wie im Mythos, in einen Menschen verwandelt, sondern ist als Mensch Gott geblieben.[14]

Neutestamentliche Stellen wie Joh 3,16 und Röm 8,32 sowie Eph 5,2 haben Luther in seiner Bestimmung Gottes als eines gebenden – „Gottes Sein ist im Sichgeben"[15] – gewiß bestärkt; sie haben sie ihn aber gewiß nicht entdecken lassen. So stellt sich unabweisbar die Frage, wie Luther zu seiner keineswegs

---

Die Frage nach einer „immanenten" Trinität wird meist mit einem Rückschluß von einer Wirklichkeit auf eine Möglichkeit beantwortet. Die Schlüsselfrage lautet dann: Wie muß Gott in sich sein, um sich so, wie er sich offenbart hat, hat offenbaren können? Freilich: Worin besteht der theologische Gewinn einer Beantwortung dieser Frage? Wird mehr als eine denkende Vergewisserung, die eine störende Differenz (s. u. V.) erledigt, erreicht?

10 Vgl. Robert Spaemann, Personen. Versuche über den Unterschied zwischen „etwas" und „jemand", Stuttgart ²1998.

11 BSELK 1414,6 (BSLK 935,65): vgl. 1240,7–8 (785,18). Anthropologisch und ekklesiologisch: 2Kor 8,5 („sie gaben sich selbst" im Geben ihrer Gabe).

12 Im Sohn hat der Vater „sich ganz und gar ausgeschüttet [...] und nichts behalten, das er nicht uns gegeben habe" (BSELK 1054,25–27 [BSLK 651,13–15]; Großer Katechismus). Gott hat im „Feuer der Liebe (welche Himmel und Erde füllt und dennoch nicht begriffen wird) [...] mit zeitlichen und ewigen Gütern und mit seins selbst Wesen uns überschütt[et] und sich gar [= ganz] ausgegossen mit allem, das er ist, hat und vermag über uns [...], daß er uns nicht mehr kann tun noch geben" (WA 17/II, 206,3 f und 205,34–206; zu Eph 5,1–10, Fastenpostille 1525).

13 Johann Georg Hamann, N II, 213,7 f (Aesthetica in nuce, 1762).

14 So hält das Pseudo-Athanasianische Bekenntnis „Quicumque (DH 76) von dem Christus als dem zweieinen Gott und Menschen fest: „Unus autem non conversione divinitatis in carne, sed assumptione humanitatis in Deo" (BSELK 60, 1–4 [BSLK 30,3–5]).

15 Seils, Die Sache Luthers (o. Anm. 1), 68 und 79.

traditionellen oder gar selbstverständlichen äußersten Konzentration auf Gottes sich Geben fand. Ich sehe nur *eine* überzeugende Antwort: In dieser Konzentration geschieht die Übertragung, Ausweitung bzw. Verallgemeinerung dessen, was der reformatorische Luther konkret im Herrenmahl erfuhr und entdeckte: „Das Gabewort des Herrenmahls ist es, was Luther im Ohr, vor Augen und im Herzen hat, wenn er alles Tun des dreieinen Gottes als gebendes Zusagen und zusagendes Geben wahrnimmt und sagt."[16]

II Das Herrenmahl als ursprünglicher „Sitz im Leben" des Gebens

Um die Struktur dieser Ausweitung bzw. Verallgemeinerung zu verstehen, ist genau auf das Gabewort des Herrenmahls zu achten. Dessen reformatorisches Verständnis hat Luther gefunden, indem er die reformatorische Einsicht in die Struktur des Absolutionswortes als eines verbum efficax, das tut, was es sagt, und sagt, was es tut, zunächst im Verständnis der Taufe zur Geltung zu bringen versucht (1519)[17] und schließlich (1520) auch im Verständnis des Herrenmahls verifiziert. Wie mit dem menschlichen Absolutionswort nicht eine vorher schon geschehene göttliche Vergebung lediglich noch zur Vergewisserung deklariert wird,[18] sondern Vergebung allererst geschieht,[19] so ist auch das zweifache Gabewort des Herrenmahls kein Deutewort, sondern – eben: Gabewort; es ist kein „Nachwort", das einem eigentlichen, inneren Geschehen gegenüber sekundär wäre, sondern „Machtwort"[20]: wirksames Wort, verbum efficax. Das von Luther im Kleinen Katechismus aus den Einsetzungsworten mit äußerstem Nachdruck – dreimal – hervorgehobene, geradezu ausgestanzte Syntagma: ‚'für Euch gegeben' und ‚vergossen zur Vergebung der Sünden'"[21] bekundet, „daß uns im Sakrament Vergebung der Sünde, Leben und Seligkeit *durch solche Worte gegeben* wird"[22]; „wer denselbigen Worten glaubt, der hat, *was sie sagen und wie sie lauten,*

---

16 Oswald Bayer, Schöpfung als Anrede. Zu einer Hermeneutik der Schöpfung, Tübingen (1986) ²1990, 100 und 164.
17 Im Einzelnen: Oswald Bayer, Promissio. Geschichte der reformatorischen Wende in Luthers Theologie (1971), Darmstadt ²1989, 254–273 (Promissio und Taufe), bes. 257f.
18 AaO, 167–175 (declaratio).
19 AaO, 175–180 („declaratio nimis modicum").
20 Christi Gabewort „Nehmet, esset, das ist mein Leib..." ist „nicht ein Nachwort, sondern ein Machtwort, das da schaffet, was es lautet" (Luther bezieht sich dazu auf Gen 1 sowie auf Ps 33,9): WA 26, 283,2–5 (Vom Abendmahl Christi. Bekenntnis, 1528).
21 BSELK 888,27–28; 890,5.12f (BSLK 520,24–26.34–36; 521,6f.).
22 BSELK 888,28–890,1(BSLK 520,26–28.8) (Hervorhebung zugefügt).

nämlich 'Vergebung der Sünden'."²³ Entsprechend besteht die Vorbereitung zum würdigen Empfang des Sakramentes allein im Glauben „*an diese Worte:* ‚Für Euch gegeben' und ‚vergossen zur Vergebung der Sünden'."²⁴

Der Anredecharakter, im Absolutionswort (Ego te absolvo ...) offenkundig, muß im Herrenmahl eigens gesucht und namhaft gemacht werden: Er liegt im „Für Euch!". In und mit ihm geschieht die personale Zuwendung und Zueignung des in, mit und unter der Gabe des Brotes und Weines sich selbst mit Leib und Blut gebenden HERRN. „Für Euch!" ²⁵ ist eine eröffnende Anrede, die gehört und geglaubt sein will; „das Wort ‚Für Euch!' fordert eitel gläubige Herzen."²⁶

Luther scheint zwar klar nicht empfänger-, sondern geberorientiert zu reden – um eine im gegenwärtigen Gabediskurs übliche Unterscheidung zu gebrauchen.²⁷ Doch gerade seine Konzentration nicht auf den empfangenden Menschen, sondern auf den sich zusagend schenkenden Gott kommt dem empfangenden und nehmenden Menschen zugute. Denn die Anrede des gebenden Gottes trägt in sich selbst schon – in ihrem „Für Euch!" – den empfangenden Menschen; er steht ja schon geschrieben und gesprochen in dem Wort, das auf ihn zukommt. Der Dativ der an und für sich stummen Gabe spricht unmißverständlich erst im expliziten zuteilenden, mich angehenden Wortlaut.

Was gegeben ist, will empfangen und angenommen werden. Wer das „Für Euch!" gehört hat und glaubt, hat den in der Gabe sich gebenden Geber empfangen und aufgenommen. Der Glaube greift zu; er nimmt und ißt. Er ist das hörende Vertrauen auf das mit der Anrede geschehende Wort.

III Gabe und Zusage

Es ist das Vertrauen erwartende und um es werbende Wort, in, mit und unter dem der sich gebende Gott gibt. Auch wenn Luther in dem fulminanten Summarium seiner Trinitätslehre, auf das wir hier besonders achten, nicht von der spezifi-

---

23 BSELK 890,7–8 (BSLK 520,38–40) (Hervorhebung zugefügt).
24 BSELK 890,11–12 (BSLK 521,5–7).
25 „Für Euch!" hat eine dreifache Bedeutung: „an Stelle von", „zugunsten von", „bezogen auf". S.o. Teil III, Kap. 20: „Gott für uns". Das reformatorische „pro me" ist im Hören auf das „pro te" bzw. „für Euch!" kein erkenntniskritisches Prinzip, wie es das neuprotestantische Mißverständnis will, vielmehr die Art und Weise, in der Jesus Christus selbst als zusagende Gabe und gebende Zusage zu mir kommt, sich mir zueignet und mitteilt. Dazu: Hans Joachim Iwand, Wider den Mißbrauch des „pro me" als methodisches Prinzip in der Theologie. In: EvTh 14, 1954, 120–124. Vgl. o. Kap. 28: „Welchen Gott hast du?", Anm. 34.
26 BSELK 890,14 (BSLK 521,10 f).
27 Vgl. Risto Saarinen, Luther and the Gift, Tübingen 2017.

schen Gestalt des Gabewortes als Wirklichkeit nicht konstatierende, vielmehr überhaupt erst konstituierende promissio im Sinne einer rechtsgültigen Zusage mit sofortiger Wirkung redet, ist von vielen anderen Texten her unbestreitbar, daß „Gabe" und „Zusage" für Luther unauflöslich zusammengehören und oft geradezu als Hendiadyoin erscheinen.

Beispielhaft geschieht dies in seinem programmatischen, die Wartburgpostille eröffnenden „Kleinen Unterricht, was man in den Evangelien suchen und erwarten soll" (1522). Hier zeigt Luther deutlich, daß zum „sacramentum" im neuen Sinn des „donum" konstitutiv die „promissio" – die Zusage, der Zuspruch, das Versprechen – gehört als die konkrete Weise, in der Christus und mit ihm der dreieine Gott sich mir gibt. Es ist „die Predigt oder das Evangelium, durch welches er zu Dir kommt oder Du zu ihm gebracht wirst".[28]

„Darum siehst Du: Evangelium ist eigentlich nicht ein Buch der Gesetze und Gebote, das fordere unser Tun, sondern ein Buch der göttlichen Verheißungen, darin er uns *verheißt, anbietet und gibt* alle seine Güter und Wohltaten in Christo".[29]

Auch wenn „Gabe" und „Zusage" aufs engste zusammengehören, sind sie doch zu unterscheiden. Brot und Wein werden gegeben – aber umfaßt und durchdrungen vom Wort: einem *bestimmten* Wort, keiner Aussage, keinem Befehl, keiner Mitteilung einer religiösen Grundstimmung,[30] sondern eben: einer Zusage. Die mir zukommende Gabe bedarf offenbar der zusagenden Anrede, um überhaupt als Gabe gelten zu können, als Gabe wahrgenommen, als Gabe in Empfang

---

28 WA 10 I/1, 13,21 f.
29 AaO, 13,3–6 (Hervorhebung zugefügt). AaO, 12,6–8: „Wie hat er uns nicht alle Dinge sollen geben mit seinem Sohn [Röm 8,32]? Siehe, wenn Du also Christum fassest als eine Gabe, Dir zu eigen gegeben und zweifelst nicht daran, so bist Du ein Christ." WA 10/1,1, 125,14–20 (Kirchenpostille 1522; zu Tit 3,4–7): „[...] nicht um unseres Glaubens willen", vielmehr „durch Christum uns zugesagt, erworben und gegeben". Als weiteres Beispiel, worauf Seils (Gabe und Geschenk [o. Anm. 1]. 95) verweist: Predigt über Gal 3,15 ff vom 10. September 1536: WA 41, 660,25 („in promissione vel dono") und ebd., Z.27 („donum per dei promissione gratuitum"). Aufschlußreich ist auch Luthers Übersetzung von Gal 3,18: „Denn so das Erbe durch das Gesetz erworben würde / so würde es nicht durch Verheißung gegeben / Gott aber hats Abraham durch Verheißung frei geschenkt" („frei" ist von Luther hinzugesetzt: Seils, aaO 95). – Luthers Entgegensetzung des fordernden Gesetzes und der schenkenden Verheißung wurde kongenial von Johann Georg Hamann aufgenommen: Ders., Golgotha und Scheblimini (Riga 1784). In: Werke, hg. von Josef Nadler, Bd. III, Wien 1951, zB (312,6–17) 11 f: „nicht im vornehmsten und größten Gebot, das er auferlegt, sondern im höchsten Gute, das er geschenkt" (Hervorhebungen aufgehoben).
30 Vgl. Oswald Bayer, Theologie (HST 1), Gütersloh 1994, 453–487 (Dreitypologie: Wendung gegen Ethisierung, Theoretisierung und Existentialisierung).

genommen, als Gabe „gehört" zu werden.[31] Sie bedarf des reinen Wortes, um reine
– unbedingte und bedingungslose – Gabe sein zu können, eines Wortes, das nur
gibt, nicht fordert, sondern reines Geschenk ist.[32]

Ist Gott groß im Geben, so sollen und dürfen wir Menschen groß sein im
Nehmen.[33] Hier gilt: Nehmen ist seliger als Geben.[34]

IV Freigebige Fülle; Überschuß

Gott ist großzügig, freigebig[35] – gebend und ver-gebend: „der dir *alle* Deine
Sünden ver-gibt und heilet *alle* Deine Gebrechen" (Ps 103,3).[36] Er schenkt voll ein
– nicht nur an seinem Tisch. Luther universalisiert: *Alles* Tun des dreieinen Gottes
ist gebendes Zusagen und zusagendes Geben: Als Schöpfer schafft er in seiner
überströmenden Güte – die keine notwendige Emanation ist, sondern in freier
Bejahung geschieht – seinen Geschöpfen den lebensnotwendigen Raum. Dies
geschieht nicht etwa, um der Selbständigkeit seiner Geschöpfe nicht zu nahe zu
treten, sondern indem er mit seinem kommunikativen Wort, mit seinen einräumenden Bestimmungen und Zuordnungen, durch die er Verhältnisse setzt, Mitteilung, Austausch und Gemeinschaft ermöglicht, alles in allem wirkt und erfüllt.

---

31 Christus als donum „muß [...] zu Worten werden". Er erschließt sich nicht, „Gott mache ihn denn zu Worten, daß Du ihn hören und also erkennen kannst" (WA 2, 113,37–40; Auslegung deutsch des Vaterunsers für die einfältigen Laien, 1519). Zur Zusammengehörigkeit von ‚Gabe' und ‚Wort': Röm 11,29.
32 „Geschenk" und ‚schenken' treten bei Luther „als näher präzisierende Wörter zu ‚Gabe' und ‚geben" hinzu" (Seils, Gabe und Geschenk [o. Anm. 1], 104) und pointieren die Bedingungslosigkeit „und Unbedingtheit des Gebens" (aaO, 108). Luthers leidenschaftlichem rechtfertigungstheologischem Bestehen auf der Reinheit der Gabe – jüngst betont von Berndt Hamm (Pure Gabe ohne Gegengabe – die religionsgeschichtliche Revolution der Reformation. In: Geben und Nehmen [JBTh 27], Neukirchen 2013, 241–276) – wird keineswegs die Spitze abgebrochen – wie Hamm (ebd.) meint –, wenn von einer Rückgabe (im Lobpreis Gottes, im Opfer der Lippen) und einer Weitergabe (in der Liebe zum Nächsten) gesprochen wird. Hamms Kritik an Bo Holm (aaO, 257, Anm. 36) beruht daher auf einem Mißverständnis. Zur „Rückgabe und „Weitergabe" bzw. „Gegengabe": s. u. Kap. 36: „Ethik der Gabe".
33 Vgl. Oswald Bayer, Gottes Namen in Anspruch nehmen. Eine Meditation zum Zweiten Gebot. In: RENOVATIO. Zeitschrift für das interdisziplinäre Gespräch, Heft 3/ 1998, 75–78.
34 Anders Acta 20,35.
35 In Luthers katechetischer Anleitung zur Danksagung bei Tische heißt es: „.... segne uns und diese Deine Gaben, die wir von Deiner milden [= freigebigen] Güte zu uns nehmen" (BSELK 892,4–5 [BSLK 523,6–8]).
36 Auch das Vergeben ist, wie die Sprache – nicht nur die deutsche, sondern zB auch die französische (pardonner) – weiß, ein Geben.

Als Erlöser sucht er in seiner überströmenden Liebe alles Verlorene auf, bringt es zurück und zurecht. Und als Vollender stellt er zugleich mit der Vergegenwärtigung des Sohnes den Zugang zum Vater wieder her und vergewissert[37] in seinem überströmenden Trost des „sehr guten" (Gen 1,31) Ausgangs aller Irrungen und Wirrungen meiner Lebensgeschichte und der ganzen Welt- und Naturgeschichte.

V Die verstörende Differenz

Doch *gibt* Gott nicht nur; er *nimmt* ja auch: Er zerstört und tötet; das Buch Hiob und der Psalter sind voll der Klage darüber. Fügt sich die Erfahrung dieser schrecklichen Verborgenheit Gottes in Luthers Bekenntnis des sich uns ganz und gar Schenkenden und Liebenden? Dies wird ohne Zynismus nur dann bejahen können, wer, wie Jochen Klepper, nicht nur die „Gnade", sondern auch den „Zorn" zu Gottes „Gaben" zählt.[38] In seinem trinitätstheologischen Summarium berührt Luther dieses Problem der Unterscheidung von trinitarisch gepredigtem und schrecklich verborgenem Gott – im Unterschied zu „de servo arbitrio[39]" – nicht. Doch darf im Horizont seiner gesamten Theologie ein einschlägiger Hinweis, wie er hier in aller Kürze gegeben wird, nicht fehlen. Mit einem ebenfalls provozierenden Satz Jochen Kleppers gesagt: „Gott ist ganz in Christus. Aber Christus" – genauer: Gott in seiner dreifachen Freigebigkeit – „ist nicht der ganze Gott."[40] Die Wahrnehmung einer solchen Differenz stört freilich die Schönheit – die Stimmigkeit und Eleganz – des runden, geradezu perfekten Summariums, sorgt aber dafür, daß das trinitarisch zu bekennende und zu bedenkende Evangelium und damit die Heilsgewißheit nicht enthusiastisch und triumphalistisch verabsolutiert wird und sich von der Anfechtung isoliert.[41] Luthers Summarium ist im strengen Sinne ein Bekenntnis. Als vom Heiligen Geist beflügeltes Bekenntnis trotzt es der

---

[37] „Nur wenn Heil *gegeben* wird, kann man des Heils gewiß sein" (Seils, Die Sache Luthers [o. Anm. 1], 65; Herv. zugefügt).
[38] Jochen Klepper in seinem Lied „Der du die Zeit in Händen hast..." (EG 64, 4 und 5). Wer, wie Klepper, auch Gottes Zorn zu dessen Gaben zählt, hat fast die gesamte philosophische und theologische Tradition seit Platon gegen sich. Vgl. Bayer, Theologie (s. o. Anm. 30),23 (im Kontext).
[39] Vgl. vor allem: WA 18, 685,1–686,12.
[40] Jochen Klepper, Unter dem Schatten deiner Flügel, Aus den Tagebüchern der Jahre 1932–1942, hg.v. Hildegard Klepper, Stuttgart 1956, 88 (vom 16. Juli 1933). Auf dieses Kleppzerzitat Bezug nehmend, hat das Problem der störenden Differenz eingehend und aufschlußreich behandelt: Thomas Reinhuber, Die Verborgenheit Gottes. Überlegungen im Anschluß an Luthers Streitschrift „De servo arbitrio". In: Welthandeln und Heilshandeln Gottes. Deus absconditus – Deus revelatus (VLAR 29), hg.v. Joachim Heubach, Erlangen 1999, 75–94.
[41] Diese Gefahr sieht auch Schwöbel (Rahmentheorie [s.o. Anm. 9], 50f.).

Anfechtung. Es trotzt jener verstörenden Differenz und ist der Wahrheit des sich uns in seiner „unaussprechliche[n] Liebe"⁴² ganz und gar gebenden Gottes gewiß.⁴³

---

42 Vgl. o. Anm. 1 sowie die Predigt über 1Joh 4,15–21 vom 9. Juni 1532 (WA 36, 424,3–425,2): „quod im Abgrund seiner göttlichen Natur nihil aliud est quam ein Feuer und Brunst, quae dicitur Lieb zun Leuten." Diese Liebe ist „göttlich, ja Gott selber [...]. „Dat toti mundo vitam, dat sanitatem, omnes creaturas, Himmel und Erde dient uns. Ibi eitel [= nichts als] Backofen dilectionis". Vgl. die siebte Invocavitpredigt (15. März 1522): Gottes Liebe kann niemand „begreifen noch ergründen, denn Gott ist ein glühender Backofen voller Liebe, der da reicht von der Erde bis an den Himmel" (WA 10 / III, 56,2 f). Dazu: Thomas Reinhuber, Kämpfender Glaube. Studien zu Luthers Bekenntnis am Ende von De servo arbitrio (TBT 104), Berlin / New York 2000, 101 f und 231–233.
43 Nur die Hoffnung des Glaubens überwindet die störende Differenz. Das „Licht der Herrlichkeit [...] wird dann zeigen, daß Gott, dessen Gericht [jetzt] nur von unbegreiflicher Gerechtigkeit ist, von höchst gerechter und ganz offenkundiger Gerechtigkeit ist; nur, daß wir inzwischen dies glauben sollen (WA 18, 785,35–37; de servo arbitrio, 1525).

30 Angeklagt und anerkannt. Luthers Rechtfertigungslehre in gegenwärtiger Verantwortung

Erster Teil: Kampf um gegenseitige Anerkennung auf Leben und Tod
I Gotteserkenntnis und Selbsterkenntnis

Seine wissenschaftstheoretisch zünftige Bestimmung des „subiectum theologiae", des Themas und Gegenstandes der Theologie, trifft Luther – 1532 – nicht zufällig in der Auslegung des Psalms 51, des Bußpsalms, der in der Geschichte seiner Theologie eine hervorragende, ja einzigartige Rolle spielt. Thema und Gegenstand der Theologie sei der „homo reus et perditus et deus iustificans vel salvator"[1], der Mensch als Angeklagter und Verlorener sowie Gott als Rechtfertigender und Retter; Thema und Gegenstand der Theologie sei die präzis *auf diese Weise* qualifizierte Korrelation von Theologie und Anthropologie, von Gotteserkenntnis und Selbsterkenntnis: Theologie ist *so* Gottes- und Selbsterkenntnis, dass sie sich wesentlich, dass sie sich zuerst und zuletzt auf den rechtfertigenden Gott und den Menschen als Sünder bezieht („*ita* est cognitio dei et hominis, ut referatur tandem ad deum iustificantem et hominem peccatorem"[2]).

---

[1] WA 40 II, 328,1f; zu Ps 51,2 am 11. Juni 1532.
[2] AaO, 327,12–328,1 (Hervorhebung hinzugefügt). Vgl. Gerhard Ebeling, Cognitio Dei et hominis. In: Ders., Lutherstudien Bd. I, Tübingen 1971, 221–272. Luther bezieht sich durchaus auf die von Sokrates sich herschreibende Korrelation von Gottes- und Selbsterkenntnis (vgl. vor allem: Pierre Courcelle, „Connais-toi toi-même" de Socrate à Saint Bernard, 2 Bände, Paris 1974/75), fügt sich aber nicht in sie ein – wie Calvin. Dazu: Oswald Bayer, Theologie (HST 1) Gütersloh 1994, 166 (bes. Anm. 47) und 181f. Vgl. Ulrich Köpf, Wurzeln reformatorischen Denkens in der monastischen Theologie Bernhards von Clairvaux. In: Reformation und Mönchtum. Aspekte eines Verhältnisses über Luther hinaus, hg.v. Athina Lexutt, Volker Mantey und Volkmar Ortmann, Tübingen 2008, 29–56, hier 40–43. Daß die bezeichnete Beziehung keine Einfügung und Unterordnung bedeutet, besagt: Das Gottesbewußtsein ist nicht immer schon – aufweisbar – im Selbstbewusstsein (als unmittelbarem religiösem Selbstbewusstsein) eingeschlossen. Nach einem drastischen, aber durchaus zutreffenden Wort Overbecks meine eine solche Theologie des Einschlusses, „Gott täglich bei sich im Sack zu haben": Franz Overbeck, Christentum und Kultur. Gedanken und Anmerkungen zur modernen Theologie. Aus dem Nachlaß herausgegeben von Carl Albrecht Bernoulli, (Basel 1919) Darmstadt ²1963, 267f. Die wahre Zuordnung von Gott und Mensch stellt sich vielmehr in einem Konflikt und nach einem Kampf wie dem Jakobs am Jabbok (Gen 32) erst heraus: s.u. bei Anm. 17 und 34.

In dieser Bezugnahme ist nach Luther besonders auf das hebräische Wort jada (ידע) zu achten, das ja eine viel umfangreichere – um nicht zu sagen: andere – Bedeutung hat als „erkennen" in den indogermanischen Sprachen. Wenn es beispielsweise Gen 4,1 heißt, dass Adam seine Frau Eva „erkannte" und sie dadurch schwanger wurde, dann ist mit „erkennen" kein kognitives distanziertes Inspizieren und Identifizieren eines Gegenstandes – etwa im Sinne der Kantischen Erkenntnistheorie – gemeint, sondern eine intime Wahrnehmung, ein lebenspraktischer Umgang buchstäblich mit allen Sinnen; entsprechend ist auch die Rekognitionsformel[3]: „Das ist doch Bein von meinem Bein und Fleisch von meinem Fleisch!" (Gen 2,23), mit der der Mann seine Frau erkennt und benennt, auszulegen. Luther stellt die hebräische Bedeutung von ידע (jada), nach der „im Erkennen das objektivierende Konstatieren zurück[tritt] hinter dem *Spüren* und *Fühlen* oder *Zu-erfahren-bekommen*"[4], klar und scharf heraus. So sei jene Erkenntnis, von der im V. 5 des Psalms 51 die Rede ist („Denn ich *erkenne* meine Sünde": „Iniquitatem meam *agnosco*"), keine speculatio und cogitatio, „die der Geist sich bildet, sondern ein wirkliches Fühlen, eine wirkliche Erfahrung und ein ganz schwerer Kampf des Herzens".[5] „Es gilt nicht disputirn. ‚Agnosco' significat proprie ‚fülen'. Non ut inspicias peccatum, quod fecisti, sed das es einen truckt et kans ex oculis nicht thun"[6]; „cognitio peccati est ipse sensus peccati"[7], ein unmittelbares, gleichwohl durch Gottes Wort vermitteltes Innewerden.

So sehr die Erkenntnis der Sünde im Kern keine distanzierte Erkenntnis eines Objekts als einer Tat, die die Täter von sich distanzieren könnte, sondern die mit einer konkreten Selbsterfahrung identische und sein Selbstbewusstsein zutiefst bestimmende Selbsterkenntnis des Menschen als Sünder ist, so wenig ergibt sich diese Bestimmung des Selbstbewusstseins aus diesem selbst; es gehört zum Unwesen der Sünde, dass der Sünder aus sich selbst heraus ihrer gerade *nicht* bewusst ist. Der Sünder erkennt und erfährt sich als solcher keineswegs etwa in einem reinen Selbstbezug, sondern angesichts eines Andern: „coram te", vor dem

---

[3] Zum Problemgehalt der Frage nach der Rekognition vgl. die kritische Bezugnahme auf Kant bei Paul Ricoeur, Wege der Anerkennung. Erkennen, Wiedererkennen, Anerkanntsein, Frankfurt/M. 2006, 70–80.
[4] Rudolf Bultmann, Art. „γινώσκω". In: ThWNT Bd. 1, Stuttgart 1957, 696. Vgl. weiter (aaO, 697): [D]as Charakteristische ist dies: der Erkenntnisbegriff ist im AT nicht bestimmt von dem Gedanken, dass die Wirklichkeit des Erkannten am reinsten erfasst wird, wenn die persönlichen Bezüge zwischen dem Erkennenden und dem Gegenstand ausgeschaltet werden und das Erkennen auf ein distanznehmendes Hinsehen reduziert wird, sondern im Gegenteil, wenn die Bedeutung und der Anspruch des Erkannten erfasst und wirksam gemacht wird."
[5] WA 40 II, 326,34–36.
[6] AaO, 326,10–12.
[7] AaO, 327,14f.

Forum eines „Du", angesichts des göttlichen Gegenübers, das ihn zuvor angesprochen, der Sünde überführt und angeklagt hat: „tibi soli peccavi" heißt es Ps 51,6 – „allein dir gegenüber habe ich gesündigt und übel vor dir getan, auf dass Du recht behaltest in Deinen Worten und rein bleibest, wenn Du gerichtet wirst" („tibi soli peccavi et malum coram te feci, ut iustificeris in sermonibus tuis et vincas cum iudicaris"). Diese Schriftstelle samt ihrer Aufnahme in Röm 3,4 ist der Basistext für Luthers Verständnis der Rechtfertigung als gegenseitiger Anerkennung von Gott und Mensch – wobei zu beachten ist, dass die für Luthers Theologie wichtige passivische Formulierung „wenn Du gerichtet wirst" („cum iudicaris") nicht dem hebräischen Text, sondern allein dem der Septuaginta und ihrer lateinischen Übersetzung entspricht.

Es darf freilich nicht übersehen werden, dass Luther die gegenseitige Anerkennung von Gott und Mensch und damit das Verhältnis von Gotteserkenntnis und Selbsterkenntnis in seiner vorreformatorischen Theologie bemerkenswert anders versteht als in seiner reformatorischen. Dem möchte ich im Folgenden so Rechnung tragen, dass ich einen repräsentativen Text der vorreformatorischen und einen der reformatorischen Zeit auslege und dabei auf die Differenz aufmerksam mache.

II Rechtfertigung als gegenseitige Anerkennung von Gott und Mensch

II.1 Durch und durch negativ bestimmt

In der Römerbriefvorlesung (1515/16) fasst Luther in der Auslegung von Röm 3,4f bzw. Ps 51,6 sein Verständnis der Rechtfertigung als gegenseitiger Anerkennung von Gott und Mensch in die folgende einprägsame chiastische Formel: „dum Iustificatur, Iustificat, et dum iustificat, iustificatur"[8]; Subjekt ist „Gott": „indem er [vom Menschen als Sünder, der ihm in einer Gerichtsdoxologie Recht gibt] gerechtfertigt wird, rechtfertigt er [diesen Menschen, anerkennt er ihn]; und indem er [ihn] rechtfertigt, wird er [selbst] gerechtfertigt [ins Recht gesetzt]." In dem damit bezeichneten Geschehen herrscht eine eigentümliche Dialektik: Gott kommt nicht nur Aktivität zu, sondern auch eine bestimmte Passivität; dem Menschen kommt nicht nur Passivität zu, sondern auch eine bestimmte Aktivität, so dass sowohl von Gott wie vom Menschen eine iustificatio activa und passiva

---

8 WA 56, 227,7 f (= WA 57/I, 149,10 f). Die Formel bereitet sich vor z. B. 56, 212, 26–33; 213,13–15; 215,5–9; 218,7–219,11; 220,9–221,3 (vgl. 221,15–19 und 222,5 f); 221,27–36; 225, 25–226,1.4–6.

ausgesagt werden – wenn auch in asymmetrischer Weise, da bei Gott die Aktivität vorherrscht und auch seine „Passivität" keine ihn gleichsam von außen treffende ist, sondern eine, zu der er sich selbst bestimmt hat:[9] Er hat die Anerkennung durch den Menschen zwar nicht nötig, will und sucht sie aber; er will geehrt, er will als in seinem Urteil über den Menschen wahrhaftig anerkannt und in diesem Sinne geglaubt, für wahr gehalten werden. In diesem Glauben gibt der Mensch Gott, was ihm gebührt; er gibt ihm das Seine; er gibt ihm recht, „rechtfertigt" ihn.

Dieser wiederum den Menschen rechtfertigende Glaube aber, in dem der Mensch Gott recht gibt, ist durch und durch *negativ* bestimmt: als Selbstanklage und Selbstgericht[10] des Menschen, als Innewerden seines Nichts. „Gericht ist nichts anderes als Selbstverachtung bzw. eine von Herzen kommende Demütigung und die Selbsterkenntnis, wirklich ein Sünder und nichtswürdig zu sein."[11] Die Rechtfertigung als gegenseitige Anerkennung von Gott und Mensch geschieht in keiner Weise positiv, nicht, wie dann in Luthers reformatorischer Theologie, in der klaren und scharfen Unterscheidung von richtendem, nichtendem Gesetz und dem Evangelium, welches das Heil positiv zusagt und gibt, sondern in der Einheit einer negativen Dialektik allein im Sündenbekenntnis und Selbstgericht, das freilich kein eigenmächtiges Tun des Menschen, kein „Werk" ist, weil die gelebte Selbstnegation sich als allein von Gott her widerfahren versteht. Wenn von göttlicher Fülle die Rede ist, wird sie sofort konkret als menschliche Leere ausgelegt. In der perfekten Demut des ganz und gar zu nichts gewordenen Menschen liegt die perfekte Selbsterkenntnis.[12] Diese ist insofern zugleich Gotteserkenntnis als sie von Gottes Gerichtswort, in dem Gott seine Gnade verbirgt, gewirkt ist; Gotteserkenntnis geschieht konkret allein im Sündenbekenntnis und Bittgebet.[13]

---

9 Zum pakttheologischen Hintergrund: Oswald Bayer, Promissio. Geschichte der reformatorischen Wende in Luthers Theologie (1971), Darmstadt ²1989, 122f.
10 Eine große Rolle spielt 1Kor 11,31 („Wenn wir uns selber richteten, so würden wir nicht gerichtet"). Vgl. Bayer, aaO (s.o. Anm. 9), 118–123.
11 WA 55 II, 205,7–9 (zu Ps 37,6): „Iudicium Est nihil aliud nisi vilificatio sui seu humiliatio ex corde et agnitio sui, quia sit vere peccator et indignus omnium."
12 „Perfecta enim cognitio sui ipsius perfecta humilitas est" (WA 56, 346,19f).
13 Dieser Abschnitt faßt knapp zusammen, was andernorts eingehend ausgeführt ist: Promissio (s.o. Anm. 9), Teil I (17–158; dazu die Zusammenfassung im „Rückblick": 339–344), bes. 115–143. Luthers subtile negative Existenzdialektik ist scharfsinnig analysiert von: Joachim Ringleben, Die Einheit von Gotteserkenntnis und Selbsterkenntnis. Beobachtungen anhand von Luthers Römerbrief-Vorlesung. In: NZSTh 32, 1990, 125–133. Auf die – von Luthers reformatorischer Theologie her sichtbar werdende – Problematik eines rein negativen Verständnisses der Gotteserkenntnis und Selbsterkenntnis geht Ringleben leider nicht ein.

II.2 Unterscheidung von Gesetz und Evangelium

Anders als in seiner vorreformatorischen Theologie, in der Gesetz und Evangelium im Sinne der angesprochenen negativen Dialektik von Gottes- und Selbsterkenntnis identifiziert worden waren, *unterscheidet* Luther in seiner reformatorischen Theologie Gesetz und Evangelium; als ich diesen Unterschied fand, sagt Luther in einer Tischrede, „da brach ich hindurch", da geschah der reformatorische Durchbruch.[14] In der Auslegung von Ps 51 von 1532, mit der wir einsetzten, wird in dem V.6, der, wie wir gesehen haben, Luthers Aufmerksamkeit in besonderer Weise findet, die Bestimmung „in sermonibus tuis" – die Worte, in denen das angeredete göttliche Gegenüber „recht behält", anerkannt wird – auf das anklagende und tötende Gesetz und die davon unterschiedene promissio als das tröstende und lebendig machende Evangelium ausgelegt.[15] Allein in dieser Unterscheidung und Zuordnung liege das Theologische der Theologie, das sie von Metaphysik und Moral unterscheide.[16]

Achten wir nun näher auf diese Auslegung von Ps 51 von 1532! Wir werden sehen, dass Luther die Korrelation von sündigendem Menschen und rechtfertigendem Gott nicht als eine harmlose, selbstverständliche Korrelation, die sich zwingend aufweisen ließe und jedem einleuchtete, sondern als ein dramatisches Geschehen, als Kampf auf Leben und Tod um gegenseitige Anerkennung versteht, dessen guter Ausgang nicht vorauszusehen und keine Selbstverständlichkeit ist. Erst *nach* dem Kampf am Jabbok in der Nacht ging Jakob, ging Israel die Sonne auf (Gen 32,23 – 32);[17] Mose durfte nur die *posteriora* Dei, ihm nur hintennach sehen (Ex 33,23).

Über die Geschichte Davids als des exemplarischen Sünders, der den rechtfertigenden Gott erfährt, hinausgehend rede dieser Psalm „von der ganzen Sünde und ihrer Wurzel"[18], in ihrer Radikalität und Universalität[19]. Die Universalität gilt im Blick auf die ganze Menschheit, zugleich aber auch im Blick auf die Breite und Tiefe der Existenz des Einzelnen[20]. Das Sündersein, genauer: das Sündenbekenntnis

---

14 WA TR 5, 210,12 – 16 (Nr. 5518; 1542).
15 WA 40 II, 373, 5 – 7.
16 Vgl. Oswald Bayer, Theologie (HST 1), Gütersloh 1994, 37, bes. Anm. 6.
17 Zu Luthers Auslegung von Gen 32,23 – 32: Oswald Bayer, Zugesagte Gegenwart, Tübingen 2007, 77 – 79.
18 WA 40 II, 319,8 f.
19 AaO, 362,6 f: „Psalmus debet intelligi de universali peccato, non solum de adulterio Davidis [...]".
20 Vgl. HST 1 (s. o. Anm. 16), 37, Anm. 10.

– Luther unterscheidet zwischen Sündern, die sich als solche fühlen und erkennen und solchen, die sich als solche nicht fühlen[21] – individuiert den Menschen, macht ihn zu einem Einzelnen. Sonst wäre er nur ein Exemplar der Gattung, kein Individuum. Es geht mithin um das principium individuationis, das jedoch kein affekt- und zeitloses „Prinzip" ist, sondern im affektreichen Sündenbekenntnis liegt, das seinen bestimmten „Sitz im Leben" hat: „tibi soli peccavi", „allein dir gegenüber habe ich gesündigt" (Ps 51,6).

Damit ist die anthropologische Tiefe der Bestimmung des Gegenstandes der Theologie und zugleich die Wurzel einer theologischen Anthropologie in den Blick genommen: Die Identität des Menschen ist seine Identität als Sünder.[22]

Erschlossen, ja gebildet wird die bezeichnete Tiefe in einem bestimmten Medium – durch das Wort: „in sermonibus tuis" (V.6); sie ist nicht einfach gegeben und als gegebene auf- und ausweisbar. Es ist eine bestimmte Worthaftigkeit, eine bestimmte Sprachlichkeit, die, wie schon hervorgehoben, die Theologizität des subiectum theologiae ausmacht. Gott und Mensch sind im Wort beieinander: im Wort des Bekenntnisses der Sünde und im Wort der Sündenvergebung. Sie sind aber auch – insofern ist Luthers Bestimmung des Gegenstandes der Theologie, durchaus in seinem Sinne, zu erweitern – in der Klage des außerhalb der Sünde widerfahrenden Bösen und der Zusage seiner Überwindung beieinander.[23]

Das kommunikative Beieinander von Gott und Mensch ist in keiner Weise selbstverständlich. Deutlich wird das Erstaunliche am Kontrast: Im scharfen Kontrast zu der Assoziation, in der Gott und Mensch heilsam beieinander sind, redet Luther von der Dissoziation, in der sie auseinander sind: geschieden, tödlich geschieden. In dieser Dissoziation ist „nudus deus *da* cum nudo homine"[24]: „nackter Gott mit nacktem Menschen". Der „nudus deus" ist Gott „in sua absoluta maiestate"[25], „Deus absolutus"[26]. Mit ihm kann man es nicht zu „tun" haben, mit ihm kann man nicht „umgehen", nicht „handeln", nicht „reden"; an ihn kann man nicht glauben. Zu ihm stehe ich in keiner Beziehung.

---

21 WA 40 II, 333,8f (vgl. 333,30ff): Peccatores sentientes – peccatores non sentientes.
22 Vgl. Gunda Schneider-Flume, Die Identität des Sünders. Eine Auseinandersetzung theologischer Anthropologie mit dem Konzept der psychosozialen Identität Erik Homburger Eriksons, Göttingen 1985, bes. 32–59 („Luthers Sündenverständnis als Anleitung zur Rede von Sünde heute").
23 Insofern ist Luthers Bestimmung des „subiectum theologiae" (s.o. Anm. 1) nicht hinreichend, sondern erweiterungsbedürftig. Vgl. meinen Vorschlag, von *vier* Widerfahrnissen Gottes zu reden: HST 1 (s.o. Anm. 16), 413–417.
24 WA 40 II, 330,1.
25 Ebd., Z.12.
26 Ebd., Z.17.

Doch läßt diese Dissoziation den nudus homo nicht etwa zur Ruhe kommen. Er erfährt den nudus deus als Feind. So ist der Wortwechsel zwischen dem sündigen Menschen und dem rechtfertigenden Gott zunächst der Kampf, das „certamen"[27], in dem es darum geht, wer recht behält. Solcher Wortwechsel, eine Konfliktgeschichte, ist – um dies nochmals zu betonen – keine harmlose Korrelation von Gotteserkenntnis und Selbsterkenntnis, in der die Gotteserkenntnis womöglich immer schon „mitgesetzt" [28] und ‚eingeschlossen'[29] wäre.[30]Als ob ich in einer Erkenntnis meiner selbst Gottes immer schon gewiß wäre und ihn, wie Franz Overbeck im Blick auf die moderne Theologie drastisch und sarkastisch spottet, selbstverständlich „im Sack" hätte![31] Denn es steht nicht von vornherein fest, ob ich es nur mit mir selbst zu tun habe und, wenn nicht, *wer* oder *was* das Gegenüber ist. Ist es Gott oder der Teufel? Hat Jakob am Jabbok in der Nacht mit einem Dämon, mit der Schuld seiner Vergangenheit und der Angst vor seiner Zukunft gerungen oder in alledem mit Jahwe selbst (vgl. Gen 32,23–32 mit Röm 8,31–39)?[32] Ob der Gegner, ob das Gegenüber des Menschen Gott oder der Teufel ist, entscheidet sich an der Bestimmtheit des Wortes und damit an der implizierten Christologie. Denn: „extra Iesum quaerere deum est diabolus".[33]

Als nicht zerstörendes Widereinander, sondern als heilsam kommunikatives Beieinander von Gott und Mensch ist es ein Beieinander im Wort („in sermonibus tuis"); es geschieht als Wortwechsel. Wenn Luther betont, dass in solchem Wort „Christus mit drinnen sei"[34], dann ist damit die Art der Vermittlung näher bestimmt: In der Christologie wird expliziert, wer kraft wessen in welchem Medium beieinander ist, genauer: zueinander kommt, zueinander gebracht[35] wird. Die beiden Ämter Jesu Christi – das priesterliche und das königliche Amt – meinen nichts anderes als die ineinander liegenden Momente eines und desselben Mitt-

---

27 WA 40 II, 326,36 (s.o. Anm. 5).
28 Friedrich Daniel Ernst Schleiermacher, Glaubenslehre § 4.4.
29 Ebd.: Die „schlechthinnige Abhängigkeit" als „Grundbeziehung" „schließt zugleich das Gottesbewußtsein [...] in das Selbstbewusstsein ein".
30 Vgl. Oswald Bayer, Gott als Autor. Zu einer poietologischen Theologie, Tübingen 1999, 73–85: „Der neuzeitliche Narziß".
31 Vgl. o. Anm. 2.
32 Vgl. Luthers Predigt über Gen 32,23–32: HST 1 (s.o. Anm. 16), 39, Anm. 18 und o. Anm. 17.
33 WA 40 III, 337,11 (zu Ps 130,1; 1532/33).
34 WA 40 II, 329,7.
35 Es ist „die predigt odder das Euangelium, durch wilchs er [Christus] tzu dyr kommet oder du tzu yhm bracht wirdist" (WA 10 I/1, 13,21: Ein klein Unterricht, was man in den Euangelien suchen und gewarten soll, 1522). Der Gesamtzusammenhang des „Kleinen Unterrichts..." bekundet die enge Verbundenheit, ja Identität von Christologie und Wortlehre.

leramtes, des „Wortamtes" (officium verbi)[36] – wobei im priesterlichen Amt besonders das Vermittelte (Gott und Mensch) und im königlichen Amt die Macht der Vermittlung im Sieg über Hölle, Tod und Teufel, erscheint.[37] Denn das heilsam kommunikative Beieinander von Gott und Mensch als Wortwechsel ist, wie mehrfach schon hervorgehoben, keine harmlos selbstverständliche Korrelation und Korrespondenz – etwa von finitum und infinitum, von Endlichem und Unendlichem[38], sondern der keineswegs selbstverständliche gute Ausgang eines Kampfes um Anerkennung auf Leben und Tod.

So kann auch nicht in einer diffusen Allgemeinheit jene Kategorie selbstverständlich werden, die allein im heilsamen Beieinander und Miteinander von Gott und Mensch gilt: die Kategorie der *Relation*. Hier, im heilsamen Beieinander, gilt sie zweifellos. Da es dabei konstitutiv um Gemeinschaft und damit um eine Wechselwirkung geht,[39] kann nicht „in der Kategorie der Substanz, sondern nur in der Kategorie der Relation" („[non] in praedicamento substantiae, sed relationis") geredet und gedacht werden.[40] An diesem Punkt – aber nur an ihm – stellt sich Luther, eine Revolution auch in der Logik bewirkend,[41] gegen die aristotelische Tradition, die den Vorrang der Kategorie der Substanz vor der der Relation behauptet hatte. Im Blick auf die Neuschöpfung, auf das neue Sein, darf man durchaus, ja muß man von einer „Relationsontologie"[42] sprechen. Theologisch

---

36 WA 7, 51,8 f: „Neque Christus ad aliud officium missus est quam verbi" (De libertate Christiana, 1520).
37 Vgl. Karin Bornkamm, Christus – König und Priester. Das Amt Christi bei Luther im Verhältnis zur Vor- und Nachgeschichte, Tübingen 1998; Dies., Christus – König und Priester. Das Amt Christi bei Luther. In: Jesus Christus – Gott für uns (LAR 34), hg. v. Friedrich-Otto Scharbau, Erlangen 2003, 22 – 42.
38 Beispielhaft bei Descartes in der dritten seiner Meditationen: Meditationes de prima philosophia / Meditationen über die Grundlagen der Philosophie, hg. v. Lutger Gäbe (PhB 250a), Hamburg 1959, bes. 82 f (Med. III, 22 – 24). Vgl. Wolfhart Pannenberg, Systematische Theologie, Bd. I, Göttingen 1988, 58 – 72 unter Berufung auf Gregor von Nyssa (378; 380; 427) und Descartes (119 f; 127 f; 155; 379 ff; 428; n. 28 ist freilich durchgehend durch „n. 24" zu ersetzen). Vgl. Oswald Bayer, Gott als Autor. Zu einer poietologischen Theologie, Tübingen 1999, 57 f und 107 f.
39 Zur Begrifflichkeit („Gemeinschaft" bzw. „Wechselwirkung") vgl. Kants Kategorientafel in der dritten Fassung der Kategorie der „Relation": KrV B 106. Vgl. Oswald Bayer, Leibliches Wort. Reformation und Neuzeit im Konflikt, Tübingen 1992, 338 f (Kritik an Schleiermachers Ausschluß einer „Wechselwirkung").
40 WA 40 II, 354,3 f. Vgl. 421, 20 – 28 (s. HST 1 [s. o. Anm. 16], 120, Anm. 420).
41 In der Trinitätslehre hatte schon Augustin die Kategorie der relatio zur Hauptkategorie gemacht: De trinitate VIII. prooemium.
42 Von „Relationsontologie" zu reden ist seit Wilfried Joest, Ontologie der Person bei Luther, Göttingen 1967 (s. bes. 14; 37 und 362), und Gerhard Ebeling, Dogmatik des christlichen Glaubens (s. bes. I, 215; 219 – 224; 233; II, 102; 330; 335; 346; 500; III, 91; 142) üblich geworden. Zur bleibenden

nicht zu verantworten aber ist es, sie zu verallgemeinern, wie dies Hegel und Feuerbach getan haben und wie dies in der Theologie seit dem 20. Jahrhundert üblich geworden ist.

Der Relationsontologie ist es anstößig, dass Luther unbeschadet seines Bestehens auf der Alleingeltung der Kategorie der Relation im soteriologischen Zusammenhang an einem Fürsichsein Gottes, einem „per se"-Sein Gottes festhielt. Gott ist Gott „in substantia" sua, „in persona" sua.[43] Und er ist Gott in relatione, „in nobis"[44], indem er mit uns redet, uns anredet – im Wort seiner Zusage, so dass wir ihm, im Glauben, antworten können. „Geheiligt werde dein Name. Was ist das? Antwort: Gottes Name ist an ihm selbst heilig [in der lateinischen Fassung: per se sanctum], aber wir bitten in diesem Gebet, dass er auch bei uns heilig werde."[45] Im Gebet geschieht Gottes Rechtfertigung durch uns. Wir rechtfertigen Gott – nicht „in substantia" sua[46], sondern „bei uns"! Indem wir ihm recht geben, wird er von uns gerechtfertigt. In „substantia" sua freilich wird er von uns weder gerecht gesprochen noch verdammt. Er erleidet beides in seinem Wort. „Verdammt wird es [Gottes Wort] von denen, die gerecht sein wollen, gerecht gesprochen von den Sündern."[47] Es ist also, wie schon hervorgehoben, im Vorgang der Rechtfertigung sola fide nicht in jeder Hinsicht von Gottes Aktivität, sondern in einer bestimmten Hinsicht auch von einer Passivität Gottes und entsprechend von einer Aktivität des Menschen zu reden.

In der Nachschrift der Galaterbriefvorlesung von 1531 erscheint derselbe Sachverhalt der Rechtfertigung Gottes durch den Menschen im Glauben und der Verdammung und Leugnung Gottes durch den Unglauben in der berühmten und berüchtigten, in der Tat ja auch Rückfragen provozierenden These: „Fides est creatrix divinitatis, non in persona, sed in nobis"[48], in der Druckfassung: „non in substantia Dei, sed in nobis"[49] („Der Glaube ist der Schöpfer der Gottheit, nicht in [ihrer] Person, sondern in uns" bzw. „nicht in der Substanz Gottes, sondern in

---

Notwendigkeit, „Relationsontologie" und „Substanzontologie" zu unterscheiden: HST 1 (s.o. Anm. 16), 120 f.
43 WA 40 I, 360,25; 360,6 (zu Gal 3,6; 1531/1535).
44 AaO, 360,25 f; 360,6.
45 BSELK 874,8–12 (BSLK 512,25–30) = WA 30 I, 299,17–22 (Kleiner Katechismus; 1529).
46 S.o. Anm. 43.
47 WA 31 I, 511, 26–31, hier 30 f: „Damnatur [verbum dei] ab iis, qui volunt iusti esse, Iustificatur a peccatoribus". In dieser schriftlichen Vorbereitung seiner Auslegung von Ps 51 (1532) tritt besonders klar hervor, dass der sündige Mensch und der rechtfertigende Gott in gegenseitiger Anerkennung beieinander sind.
48 WA 40 I, 360,5 f (zu Gal 3,6; 1531).
49 Ebd., Z. 25 (Druckfassung, 1535).

uns"). Gott will nichts anderes „quam ut faciam deum"[50] – nichts anderes als dass ich ihn zum Gott mache; entsprechend heißt es in der Auslegung des Ersten Gebots im Großen Katechismus: „alleine das Trauen und Gläuben des Herzens machet beide: Gott und Abgott"[51].

Die Zusammengehörigkeit von „Glaube und Gott", von der Luther an derselben Stelle im Großen Katechismus redet[52], ist genau im Sinne des „et" der Theologiebegriffsformel „deus iustificans et homo peccator" zu verstehen: als Wortwechsel. Die Zusammengehörigkeit liegt nicht etwa – wortlos – in einer allgemein einsehbaren und aufweisbaren Grundbefindlichkeit, wonach in einem unmittelbaren religiösen Selbstbewußtsein das Gottesbewußtsein immer schon mitgesetzt und eingeschlossen wäre. Denn das „deum facere" heißt: Gott zu geben, ihm zurückzugeben, ihm zuzusprechen (at-tribuere)[53], was ihm zukommt. Von Gottes Attributen, seinen „Eigenschaften", läßt sich nur im Bezug und Blick auf einen Wortwechsel reden.

Wir können zusammenfassen: Die Geschichte des Kampfes Jakobs am Jabbok erzählt am anschaulichsten und eindrücklichsten, was es mit dem Zusammenkommen des deus iustificans und homo peccator auf sich hat. In diesem Wortwechsel, der ein Kampf um gegenseitige Anerkennung buchstäblich auf Leben und Tod ist, macht der Glaube – mit einer bestimmten Waffe: der promissio![54] – Gott („facit deum"). „Fides est creatrix divinitatis". Der Unglaube aber macht sich Abgötter. Freilich alle in nobis, non in substantia dei. In diesem Wortwechsel des sündigen Menschen und des rechtfertigenden Gottes – also von Gott und Glaube –, nicht in der Projektion des Unglaubens und dessen Abhängigkeit von selbstgeschaffenen Abgöttern, ist Jesus Christus als wahrer Gott und zugleich wahrer Mensch gegenwärtig. Das Amt Jesu Christi ist es, den Zusammenprall eines deus nudus und homo nudus aufzuheben, diese tödliche Konfrontation zu besiegen, so

---

50 Ebd., Z. 8.
51 BSELK 930,16f (BSLK 560,16f). Daß es sich für Luther um keine gelegentliche Formulierung handelt, sondern um einen Topos, bemerkt Luther selbst: „wie ich oft gesagt habe" (ebd., Z. 15, angemerkt ist WA 28, 679ff und 700). Vgl. z. B. WA 30 II, 602,30–38 („[...] Dankopfer gibt mir meine göttliche Ehre; es macht mich zum Gott und behält mich zum Gott [...]"); 602,39–603,17 („Willst du nun ein Gottmacher werden, so komm her, höre zu, er will dich die Kunst lehren, dass du nicht fehlest und einen Götzen, sondern den rechten Gott zum rechten Gott machest – nicht dass du seine göttliche Natur machen sollest, denn diese ist und bleibt ungemacht ewiglich, sondern dass du ihn kannst dir zum Gott machen, dass er dir, dir, dir auch ein rechter Gott werde, wie er für sich selber ein rechter Gott ist [...]"); 604,23; 606,19 (Vermahnung zum Sakrament des Leibes und Blutes Christi, 1530).
52 Ebd., Z. 21f.
53 WA 40 I, 360,9f.11 (zu Gal 3,6; 1531).
54 Vgl. die Nachweise In: Zugesagte Gegenwart (s.o. Anm. 17), 77–79.

dass Gott zum Sünder redet, ihn barmherzig rettet – aus dem Tod, nicht zuletzt aus der Verkrümmung in sich selbst als dem Ursprung des Götzendienstes. Erst so eröffnet sich der Sachverhalt von Wort und Glaube als Sache und Gegenstand der Theologie. „Gott hat mit dem Menschen nie anders zu tun gehabt als im Wort der Zusage. Umgekehrt können auch wir nie anders mit Gott zu tun haben als im Glauben an das Wort seiner Zusage" („Neque enim deus [...] aliter cum hominibus unquam egit aut agit quam verbo promissionis. Rursus, nec nos cum deo unquam agere aliter possumus quam fide in verbum promissionis eius"[55]). „Im Glauben an das Wort seiner Zusage" *handeln* wir mit Gott („agere cum deo"). Ein eigentümliches „Handeln"! Wir werden darauf zurückkommen.

Zweiter Teil: Ricoeur und Luther

Unser Thema erhellt sich weiter, wenn wir die gewonnenen Einsichten auf eine überaus anregende Untersuchung beziehen, die Paul Ricoeur als letzte Arbeit vor seinem Tod vorgelegt hat: „Parcours de la reconnaissance. Trois études" (2004), in deutscher Übersetzung postum (2006) bei Suhrkamp erschienen – unter dem Titel „Wege der Anerkennung. Erkennen, Wiedererkennen, Anerkanntsein".

Die Idee zu dieser Untersuchung ging von der Faszination durch die über 20 Bedeutungen des französischen Wortes „reconnaître" bzw. „reconnaissance" aus, das unter anderem Erkennen, Wiedererkennen, Anerkennen, Bezeugen, sich erkenntlich Zeigen, also einen Dank abstatten, eine Gabe mit einer Gegengabe beantworten meint. „Reconnaissance" hat also einen größeren Bedeutungsumfang als „Anerkennung", so dass Ricoeur den Anerkennungsdiskurs, mit dem deutsche Philosophen wie Axel Honneth und Ludwig Siep an Hegel anknüpfen, zwanglos mit dem Gabediskurs verbinden konnte, der vor allem von französischen Soziologen und Philosophen bestimmt ist. *Es ist besonders diese Verknüpfung des Anerkennungsdiskurses mit dem Gabediskurs, die sich für die Lutherforschung und Lutherrezeption als anregend und fruchtbar erweisen kann.*

Ricoeurs Versuch steht in einer gewissen Entsprechung zu Hegels „Phänomenologie des Geistes" (1807), die ja „das *werdende Wissen*" darstellt[56] und „die verschiedenen *Gestalten des Geistes* als Stationen des Weges in sich [fasst], durch

---

55 WA 6, 516,30–32; De captivitate Babylonica ecclesiae, 1520. Zum „rursus" hier vgl. „rursus" bzw. „wiederum" im § 11 des Freiheitstraktats: WA 7, 25,8.14.20.
56 Nach Hegels Selbstanzeige des Buches im „Intelligenzblatt der Jenaer Allgemeinen Literatur-Zeitung" vom 28. Oktober 1807, zit. nach: Georg Wilhelm Friedrich Hegel, Werke in 20 Bänden, Bd. 3, Frankfurt/M. 1972, 593.

welchen er reines Wissen oder absoluter Geist wird"[57]. Doch während bei Hegel die Anerkennung als *Teilmoment* seiner Phänomenologie – in dem Abschnitt über das „Selbstbewusstsein" – bedacht worden war, ist Ricoeurs Versuch als *ganzer* eine Phänomenologie der Anerkennung. Des Weiteren erhebt Ricoeur nicht den Anspruch einer Totalvermittlung; er beansprucht nicht, den einen einzigen notwendigen Weg in den Blick zu nehmen, sondern spricht bewusst zunächst im Plural von *Wegen* der Anerkennung, um dann aber schlussendlich doch nur von *einem* Weg zu reden,[58] auf dem die in den drei Abhandlungen des Versuchs nacheinander dargelegten Momente – die reconnaissance als Identifizieren, die Selbsterkenntnis und schließlich die wechselseitige Anerkennung – zusammengeführt werden. Insgesamt arbeitet Ricoeur eine Philosophie der reconnaissance aus, „die sich der Vorherrschaft der Erkenntnistheorie nach und nach entzieht"[59]. Dabei entspricht er genau der von Luther wahrgenommenen Bedeutung des hebräischen Wortes jada (ידע).

Wer Ricoeurs Versuch für die Lutherforschung und Lutherrezeption fruchtbar machen will, muß freilich bedenken, dass dieser Versuch – wie auch die von ihm aufgenommenen und verarbeiteten Arbeiten von Axel Honneth, allem voran „Kampf um Anerkennung" – der Anthropologie und Sozialphilosophie gilt, nicht aber der Religionsphilosophie oder gar der Theologie. Die für die Sozialethik höchst bedeutsamen Einsichten in die Wechselseitigkeit der Anerkennung unter *Menschen* und deren Versagung in Lieblosigkeit, Rechtlosigkeit sowie gesellschaftlicher Entwürdigung und Verachtung[60] sind ja – so sehr sie das das Verhältnis zu Gott, der im Gesetz gebietet, betreffen[61] – nicht einfach auf das Verhältnis *Gottes* zum Menschen im Wort des Evangeliums und des Menschen zu *Gott* im Glauben übertragbar, auf das Verhältnis des Schöpfers zum Geschöpf, das doch durch die radikale Einseitigkeit und Prävenienz des Handelns dessen bestimmt ist, der ex nihilo, d. h. schlechthin unbedingt und ungeschuldet ins Leben

---

57 Ebd.
58 Ricoeur, Wege der Anerkennung, 307– 325 („Schluß: Ein Weg").
59 AaO, 48. Vgl. aaO, 68 („Befreiung des Problems der reconnaissance von dem der Erkenntnis [connaissance]").
60 Vgl. Wege der Anerkennung, 234– 274: die drei „Aktualisierungen von Hegels Jenaer Argumentation": Liebe, Recht, gesellschaftliche Wertschätzung. Diesen drei Dimensionen entsprechen die „Friedenszustände": aaO, 274– 306. Es ist eine wichtige Aufgabe theologischer Ethik, die *Unterscheidung* von Liebe, Recht und gesellschaftlicher Wertschätzung zu bedenken: Weshalb sind diese Dimensionen nicht nur – etwa unter dem Begriff „Gemeinschaftstreue" und „Beziehungsgerechtigkeit" (iustitia) – einander zuzuordnen, sondern auch voneinander zu unterscheiden?
61 Vgl. Klaus Nürnberger, Zuspruch des Seinsrechts. Verstellt die Lehre die Sache? Münster/Hamburg/London 2003.

ruft, rechtfertigt und durch den Tod hindurch ins ewige Leben führt (Röm 4,5 und 17).

Gleichwohl kann die mit Luthers Theologiebegriff gegebene vita passiva nicht in abstrakter Weise so verstanden werden, als ob die iustitia passiva, die wir als Gottes Werk nur erleiden können,[62] nicht auch empfangen, ergriffen und beantwortet sein wollte und also den Dank als Gegengabe ausschlösse. Dies entspräche der bekannten These Derridas, dass jede Gegengabe – vor allem jede *erwartete* Gegengabe – die Gabe zum Tausch werden läßt und sie damit rückwirkend als reine Gabe vernichtet.[63] Diese These kann aber in der Theologie nicht gelten. Denn der Schöpfer als der creator ex nihilo bedingungslos und ungeschuldet Gebende braucht zwar die Gegengabe – die Antwort des Glaubens – für sich *nicht*; er will und ersehnt sie aber mit aller Leidenschaft seiner Liebe.[64] Es trifft nicht zu, dass die Gegengabe[65] des Glaubens, dass die Anerkennung der Wahrheit Gottes den Charakter der kategorischen Gabe verändert oder gar vernichtet. Im Gegenteil! Der sich dreifach gebende Geber selbst will die Gegengabe und erwartet sie; er selbst will die Antwort auf sein Wort und ermächtigt zu ihr im Glauben, der ein „Handeln" des Menschen[66] und gleichwohl allein das Werk Gottes ist.[67] Dessen Ausrichtung auf den Glauben als den Dank, die Gegengabe des Menschen, muß nicht als ihre Bedingung, muß nicht als causa finalis verstanden werden; eine Zielbestimmung ist nicht notwendig eine Begründung.

Luther bringt, was hier zu bedenken ist, durchgehend zur Geltung: in der Unterscheidung von Wort und Glaube, wobei er beides ein „Handeln" („agere") nennt, ein Handeln Gottes mit dem Menschen und – „rursus", umgekehrt – ein Handeln des Menschen mit Gott.[68] Speziell zur Geltung bringt er es im Blick auf

---

62 Vgl. als Luthers klassische Definition: „iustitia quae ex nobis fit, non est Christiana iustitia, non fimus per eam probi. Christiana iustitia est mere contraria, passiva, quam tantum recipimus, ubi nihil operamur sed patimur alium operari in nobis scilicet deum" (WA 40 I, 41,3–5: Argumentum Epistolae S.Pauli ad Galatas, 1531).
63 Jacques Derrida, Falschgeld. Zeit geben I, München 1993, 22f.: „Gabe gibt es nur, wenn es keine Reziprozität gibt, keine Rückkehr, keinen Tausch, weder Gegengabe noch Schuld." Vgl. aaO, 24: „Damit es Gabe gibt, *ist es nötig*, dass der Gabenempfänger nicht zurückgibt, nicht begleicht, nicht tilgt, nicht abträgt, keinen Vertrag schließt und niemals in ein Schuldverhältnis tritt."
64 Vgl. Hiob 14,15: „Du würdest rufen und ich dir antworten; es würde dich verlangen nach dem Werk deiner Hände". Dazu: Otfried Hofius, Sehnsucht nach Gott – Das biblische Zeugnis von der Liebe Gottes zu den Menschen. In: Hirsauer Blätter, Heft 9, 2002, 32–44.
65 Vgl. „rursus" bzw. „wiederum" o. Anm. 55.
66 Vgl. o. bei Anm. 55 („agere" cum deo im Glauben an das Wort seiner Zusage).
67 Vgl. Wilfried Härle, Der Glaube als Gottes- und/oder Menschenwerk in der Theologie Martin Luthers. In: Ders., Menschsein in Beziehungen, Tübingen 2005, 107–144.
68 S.o. Anm. 55.

das Herrenmahl in der Unterscheidung zwischen „sacramentum" und „sacrificium",[69] mithin zwischen der Gabe einerseits und der Danksagung, der Eucharistie andererseits – weshalb es eine Verkennung des Charakters des Herrenmahls wäre, es als ganzes „Eucharistie" zu nennen![70] In anstößiger, ja geradezu blasphemischer Weise aber kommt die Pointe zur Geltung in der schon angesprochenen Rede vom Glauben als dem „Schöpfer der Gottheit" („fides est creatrix divinitatis")[71] – zwar keineswegs in Gott selber, wohl aber in uns, in unserem Verhältnis zu ihm. Anstößig ist diese Rede, weil sie durch den Gebrauch des Reservatwortes „schaffen", das die biblischen Texte allein Gott vorbehalten, das Ermächtigt- sowie Beteiligtwerden und dann auch ein aktives Teilnehmen des Gerechtfertigten am Rechtfertigungsvorgang mit unüberbietbarem Nachdruck hervorhebt. Luther unterstreicht damit die paulinische Auslegung von Gen 15,6, dass Abraham „mächtig im Glauben wurde und Gott die Ehre gab" (Röm 4,20): Indem der Glaube Gott die Ehre, ihm alles Göttliche gibt,[72] ihm das zurückgibt und anerkennend zuschreibt, was ihm gebührt[73], teilen sich ihm Gottes Eigenschaften – auch seine Allmacht – mit. Außerhalb des Glaubens „verliert" Gott, wie Luther wiederum äußerst zugespitzt und anstößig sagt, seine Gottheit, seine Majestät, seine Ehre, seine Weisheit, Gerechtigkeit, Wahrheit und Barmherzigkeit[74] – freilich nicht in Gott selber, sondern „in uns".[75] Indem der Glaube die Gottheit in uns „schafft", „gibt" er – im Lob – Gott seine Gottheit.[76] Darin ist der Mensch in aller Passivität des Glaubens, der allein Gottes Werk ist, in eigentümlicher Weise aktiv – wie denn Gott in aller Aktivität und aller dem Geschöpflichen zuvorkommenden Eigeninitiative etwas erleidet, jedenfalls in uns; Luther geht sogar soweit zu sagen, dass Gott ohne unseren Glauben etwas fehle, seine Gottheit nicht vollkommen sei.[77] Wer die Provokation von Luthers Verständnis der fides als creatrix divinitatis wirklich erst nimmt, wird notwendig neue Möglichkeiten im

---

69 WA 6, 520,33–36 (De captivitate Babylonica, 1520).
70 Eine vermittelnde Position nimmt ein: Wolfgang Simon, Worship and the Eucharist in Luther Studies. In: DIALOG: A Journal of Theology 47, 2008, 143–156.
71 S.o. Anm. 48.
72 WA 40 I, 360,3 und 5 (zu Gal 3,6; 1531).
73 AaO, 361,1.
74 AaO, 360,6f: „Extra fidem amittit deus suam iustitiam [...]".
75 AaO, 360,5. Vgl. Feuerbachs Angriff auf einen Gott an sich: Oswald Bayer, Gegen Gott für den Menschen. Feuerbachs Lutherrezeption. In: Ders., Leibliches Wort. Reformation und Neuzeit im Konflikt, Tübingen 1992, 205–241, hier 227–230: Gegen den „Gott an sich".
76 WA 40 I, 369,4f. Bemerkenswert ist diese Parallelisierung bzw. Identifizierung von „schaffen" und „geben".
77 AaO, 360,8f und 24f: fides „consummat divinitatem et, ut ita dicam, creatrix est divinitatis, non in substantia Dei, sed in nobis."

Streitgespräch mit römisch-katholischem Verständnis der Messe, besonders der Lehre vom Mitopfer der Gläubigen entdecken und wahrnehmen.

Der Blick auf die von Ricoeur vorgelegte Konzeption von „Anerkennung" regt nicht nur dazu an, die iustificatio dei activa sowie passiva und die iustificatio hominis passiva sowie activa zu bedenken, wie wir es eben getan haben, sondern des weiteren auch dazu, Gottes schöpferisches Sehen und Ansehen, auf das Edgar Thaidigsmann seit langem schon aufmerksam macht,[78] als wichtigen und aufschlussreichen Aspekt der Rechtfertigungslehre zu beachten und damit wahrzunehmen, daß Rechtfertigung und Anerkennung nicht nur als Wort und Antwort, sondern gleichzeitig – synästhetisch – auch als Ansehen und Angesehenwerden geschieht, wie Luther dies klassisch in seiner Auslegung des Magnifikat an dem Satz hervorhebt, dass Gott die Niedrigkeit seiner Magd „angesehen" und damit gewendet, aufgehoben, in Wertschätzung und Anerkennung verwandelt hat. Gott sieht anders als Menschen sehen und urteilen.

Dritter Teil: Grundzüge der Rechtfertigungslehre
I Grund und Mitte

Die Predigt der Rechtfertigung des Sünders ist der Grund und die Mitte der Kirche. Diese Predigt fasst sich zusammen in dem Satz: „Gott ist Liebe" (1Joh 4,8 und 16). Gottes Liebe aber wird verharmlost, wenn sein Gericht verschwiegen wird. Es ist eine Riesenschuld der Predigt der Kirche, vom Frieden mit Gott zu reden, ohne deutlich zu machen, dass Feindschaft und Kampf vorausgehen (Röm 5,10). Die Liebe Gottes ist keine Selbstverständlichkeit. Denn in seiner Liebe spricht Gott gegen sich selbst, gegen den Gott, der im Gesetz mich verurteilt.

Im Gesetz tritt mir Gott mit unausweichlichen, harten Fragen gegenüber: Adam, Eva! Wo bist Du (Gen 3,9)? Wo ist Dein Bruder (Gen 4,9)? Solche Fragen überführen mich. Was mir nicht bewusst ist, meine „unerkannte" Sünde (Ps 90,8), kommt ans Licht. Ja, ich werde überhaupt erst entdeckt: „Du bist der Mann!" – des Todes (2Sam 12,7 und 5). Das kann ich mir nicht selbst sagen. Das muss mir von

---

[78] Edgar Thaidigsmann, Gottes schöpferisches Sehen. Elemente einer Sehschule im Anschluß an Luthers Auslegung des Magnificat. In: NZSTh 29, 1987, 19–38. Vgl. Ders., Achtung und Bildung. Aspekte einer religionspädagogisch reflektierten Theologie. In: Wohlfahrt und langes Leben. Luthers Auslegung des 4. Gebots in ihrer aktuellen Bedeutung (LAR, Bd. 5), hg.v. Friedrich-Otto Scharbau, Erlangen 2008, 112–127, bes. 122–125. Weiter: Ders., „… in Deinem Licht sehen wir das Licht (Ps 36,10b). In: Einsichten und Ausblicke. Theologische Studien, hg.v. Johannes von Lüpke, Berlin 2011, 23–30.

außen, von einem anderen gesagt werden. Gleichwohl werde ich so überführt, dass ich, wie David vor Nathan, dem Propheten Gottes, mir selbst das Urteil spreche. Das mir von außen widerfahrende Gesetz überführt mich zugleich von innen heraus.

Anders als im Gesetz, in dem Gott *gegen* mich spricht, spricht er im Evangelium *für* mich. Dieses „für mich" ist Jesus Christus selber, in dem der dreieine Gott sich mit der Taufe und dem Abendmahl sowie mit jeder tauf- und abendmahlsgemäßen Predigt im „leiblichen Wort" (Augsburger Bekenntnis, Artikel 5) zuspricht und gibt. In solchem Widerfahrnis des Zuspruchs der Sündenvergebung wird der durch das Gesetz zum Tod verdammte Sünder neu geschaffen. Seine Identität hat er bleibend außerhalb seiner selbst. Er hat sie in einem anderen: in dem, der in einem wundersamen Wechsel und Tausch menschlicher Sünde und göttlicher Gerechtigkeit an seine Stelle getreten ist und für ihn spricht. Mit diesem Ereignis des stellvertretenden Sühnetodes Jesu Christi und seiner leiblichen Selbstzueignung in Predigt, Abendmahl und Taufe – „für dich!" – ist das Kriterium der Wahrheit gegeben, das in der Kirche gilt.

Dieses Kriterium aber verblasst, wenn Gottes Liebe, die dem Sünder gilt, ihre Unerhörtheit verliert und zu etwas Selbstverständlichem wird. Dem entspricht die Verkennung von Gottes Gericht. Verkannt wird zugleich die Erfahrung des Sichrechtfertigen-Müssens, die jeder täglich macht. Einer klagt den andern an, setzt ihn unter Druck, sich zu rechtfertigen: seine Existenzberechtigung nachzuweisen und zu zeigen, was er zu leisten imstande ist, was er sich leisten kann, was er aus sich macht, um etwas zu sein und zu gelten und auf diese Weise sich selbst zu rechtfertigen. Auch wo von Gottes Gericht geschwiegen und nur noch diffus allgemein von Gottes Liebe geredet wird, bleiben die Zusammenhänge der Schuldzuweisung und Anklage bestehen. Sie werden nur anonymer, gestaltloser, unkultivierter, lassen sich jedenfalls nichtmehr in der Sprache der Kirche artikulieren. So ist es auf der einen Seite durch die Schuld auch der Kirche zu dem – an sich richtigen – Satz gekommen „Gott liebt alle", der in seiner diffusen Allgemeinheit aber eine völlige Verharmlosung der Liebe Gottes darstellt. Auf der anderen Seite bleiben die Rechtfertigungszwänge und Gesetzeserfahrungen des alltäglichen Lebens theologisch unbegriffen.

II Sein dürfen

Gerade auf diese Rechtfertigungszwänge und Gesetzeserfahrungen des alltäglichen Lebens aber bezieht sich Gottes rechtfertigende Liebe. Sie strahlt überall dort, wo wir von uns selbst Abstand gewinnen – besonders kräftig, wenn wir über uns selbst lachen können. Sie strahlt auch in selbstvergessener Arbeit, in der wir ganz bei der Sache sind, und in einem Gespräch, in dem wir ganz beim andern sind. Sie wirkt nicht zuletzt, wenn es uns gegeben ist, inmitten schreiend unfertiger Arbeit – einzuschlafen, unverdient einzuschlafen, „ohn all mein Verdienst und Würdigkeit". „Es ist umsonst, dass ihr früh aufsteht und hernach lange sitzt" – am Schreibtisch etwa – „und esst euer Brot mit Sorgen; denn seinen Freunden gibt er's schlafend" (Ps 127,2).

Aber nicht nur im Genuss der Ruhe der Nacht erfahren wir den Segen eines Lebens im Glanz der Rechtfertigung, sondern auch im gefeierten Sonntag: wenn wir in unserer durchaus notwendigen und von Gott gewollten Arbeit innehalten und staunen, dass diese Welt ist – noch ist –, alle Morgen neu, staunen, dass wir sind – noch sind – und es nicht aus ist mit uns, staunen darüber, dass wir nicht uns selber ausgeliefert sein müssen.

Unser Herz muss sich nicht verkrampfen und verschließen in seinem Trotz und seiner Verzagtheit. Du darfst vielmehr aus Deinem Schneckenhaus herausgehen!

Diesem Ruf, aus uns herauszugehen, folgen wir von selbst, wenn wir auf Gottes Werk der Rechtfertigung schauen: Wir haben uns nicht selber zur Welt gebracht; wir wurden geboren. Wir schaffen die Luft und den Atem nicht, von dem wir leben; Luft und Atem werden uns gewährt – jeden Augenblick neu. Wir leben in einer bereiteten Welt, in gewährter Zeit, wir leben von der Liebe des andern Menschen, die wir nicht verdienen oder gar erzwingen können; sie geschieht, wenn sie geschieht, frei – wie auch die Vergebung, wenn sie geschieht, frei geschieht.

III Bekehrung zur Welt

Die Rechtfertigung des Sünders allein aus Glauben war Luthers entscheidende Entdeckung bei seiner Suche nach dem gnädigen Gott. Doch scheint diese Besonderheit reformatorischer Theologie dem modernen Menschen nicht mehr verständlich zu sein. Luthers Frage: „Wie kriege ich einen gnädigen Gott?" scheint niemanden mehr oder nur noch wenige zu berühren. Der moderne Mensch fragt vermeintlich radikaler: „Existiert Gott?" und glaubt auf der Suche nach Freiheit die Antwort in seinem Selbst zu finden. Er übersieht, dass er gerade dabei immer tiefer in den Zwang der Selbstrechtfertigung gerät. Er übersieht, dass er in seinem Drang zur Selbstfindung und Selbstgründung scheitert, in einen Abgrund stürzt, weil er sich nicht selbst ergründen oder gar begründen kann. Die Verzweiflung bei solcher Höllenfahrt der Selbsterkenntnis deckt sich mit der Erfahrung Luthers vor seinem reformatorischen Durchbruch.

Dieser Durchbruch ist die Rechtfertigung durch das Wort vom Kreuz, das die Befreiung bringt: Hineingenommen in den wundersamen Wechsel und Tausch, in dem Gott an meine Stelle tritt, bin ich frei, wegzusehen von mir. Ich kann aus dem Zusammenhang der Schuldzuweisung und Anklage und aus dem Kampf um gegenseitige Anerkennung heraustreten und mich Gott und der ganzen Kreatur zuwenden. Die durch die Rechtfertigung des Sünders geschehende Neuschöpfung betrifft die ganze Schöpfung. Sie stiftet einen neuen Zugang zur Welt, die Bekehrung zur Welt.

31 Das paulinische Erbe bei Luther

I Iustitia dei

Das paulinische Erbe ist Luther besonders durch die Tradition des Augustinereremiten-Ordens, dem er angehörte, übermittelt worden[1] – d. h. in der Hauptsache durch die Paulusinterpretation Augustins, wie sie sich vor allem in dessen antipelagianischen Schriften dokumentiert; in der Praefatio, von der gleich die Rede sein wird, hebt Luther ausdrücklich die Schrift „De spiritu et littera" hervor, mit der er sich in der Zeit seiner Römerbriefvorlesung (1515/16), die freilich noch nicht seine reformatorische Theologie repräsentiert,[2] eingehend beschäftigte.[3]

Ein Hauptschlüssel zum Verständnis des paulinischen Erbes bei Luther ist dessen großes Selbstzeugnis in der Praefatio zum ersten Band der Wittenberger Ausgabe der Opera Latina 1545. Luther zeigt hier an den wichtigsten Etappen des Ablassstreites die Entwicklung seines Verhältnisses zur Papstgewalt und ihren Repräsentanten – doch so, dass es ihm nicht nur um eine Chronik der äußeren Ereignisse geht, sondern um deren innersten Grund. Deshalb kommt Luther in seinem Rückblick auf das ihn tragende Verständnis des Evangeliums zu sprechen, wie es sich ihm im „reformatorischen Durchbruch" bzw. der „reformatorischen Wende" seines Lebens und seiner Theologie eröffnete:

> „Inzwischen war ich in diesem Jahr [1519] bereits wieder zum Psalter zurückgekehrt, um ihn ein zweites Mal auszulegen, im Vertrauen darauf, dass ich jetzt dafür geübter wäre, nachdem ich die Briefe des Paulus an die Römer [1515/16] und Galater [1516/17] und den an die Hebräer [1517/18] in Vorlesungen behandelt hatte. Ein ganz ungewöhnlich brennendes Verlangen hatte mich gepackt, Paulus im Römerbrief zu verstehen; aber nicht Kaltherzigkeit hatte mir bis dahin im Wege gestanden, sondern ein einziges Wort, das im ersten Kapitel steht: ‚Gottes Gerechtigkeit wird darin [im Evangelium] offenbart' [Röm 1,17]. Denn ich haßte

---

[1] Zur Paulusbestimmtheit der Wittenberger Universitätsreform: Karl Bauer, Die Wittenberger Universitätstheologie und die Anfänge der deutschen Reformation, Tübingen 1928. Luther arbeitete nicht isoliert einsam, sondern gemeinsam, gleichsam im Team. Vgl. Jens Martin Kruse, Universitätstheologie und Kirchenreform. Die Anfänge der Reformation in Wittenberg 1516–1522, Mainz 2002,

[2] Vgl. den Aufweis von: Oswald Bayer, Promissio. Geschichte der reformatorischen Wende in Luthers Theologie (1971), Darmstadt ²1989, 32–143.

[3] Vgl. in diesem Zusammenhang L. Grane, Augustins „Expositio quarundam propositionum ex epistola ad Romanos" in Luthers Römerbriefvorlesung. In: ZThK 69 (1972), 304–330. Luther verstand sich in dieser Zeit so sehr als Augustiner, dass er sich in der „protestatio", wie er sie beispielsweise den Resolutionen zu den Ablassthesen vorausschickt, ausdrücklich auf Augustin berief: WA 1, 529,30–530,12.

diese Vokabel ‚Gerechtigkeit Gottes', die ich durch die übliche Verwendung bei allen Lehrern gelehrt war, philosophisch zu verstehen von der sogenannten formalen oder aktiven Gerechtigkeit, mittels derer Gott gerecht ist und die Sünder und Ungerechten straft.

Ich aber, der ich, so untadelig ich auch als Mönch lebte, vor Gott mich als Sünder von unruhigstem Gewissen fühlte und mich nicht darauf verlassen konnte, dass ich durch meine Genugtuung versöhnt sei, liebte nicht, nein, haßte den gerechten und die Sünder strafenden Gott und war im Stillen, wenn nicht mit Lästerung, so doch allerdings mit ungeheurem Murren empört über Gott: Als ob es wahrhaftig damit nicht genug sei, dass die Elenden und die infolge der Erbsünde auf ewig verlorenen Sünder mit lauter Unheil zu Boden geworfen sind durch das Gesetz der Zehn Gebote, vielmehr Gott durch das Evangelium zum Schmerz noch Schmerz hinzufüge und auch durch das Evangelium uns mit seiner Gerechtigkeit und seinem Zorn bedrohe. So raste ich wilden und wirren Gewissens, dennoch klopfte ich beharrlich an eben dieser Stelle bei Paulus an mit glühend heißem Durst, zu erfahren, was St. Paulus wolle.

Bis ich, dank Gottes Erbarmen, unablässlich Tag und Nacht darüber nachdenkend, auf den Zusammenhang der Worte aufmerksam wurde, nämlich: ‚Gottes Gerechtigkeit wird darin offenbart, wie geschrieben steht: Der Gerechte lebt aus Glauben.' Da begann ich, die Gerechtigkeit Gottes zu verstehen, als die, durch die als Gottes Geschenk der Gerechte lebt, nämlich aus Glauben, und dass dies der Sinn sei: durch das Evangelium werde Gottes Gerechtigkeit offenbart, nämlich die passive, durch die uns der barmherzige Gott gerecht macht durch den Glauben, wie geschrieben ist: ‚Der Gerechte lebt aus Glauben.' Da hatte ich das Empfinden, ich sei geradezu von neuem geboren und durch geöffnete Tore in das Paradies selbst eingetreten. Da zeigte mir sofort die ganze Schrift ein anderes Gesicht. Ich durchlief dann die Schrift nach dem Gedächtnis und sammelte entsprechende Vorkommen auch bei anderen Vokabeln, z.B. Werk Gottes, d.h.: was Gott in uns wirkt; Kraft Gottes, durch die er uns kräftig macht, Weisheit Gottes, durch die er uns weise macht, Stärke Gottes, Heil Gottes, Herrlichkeit Gottes.

Wie sehr ich vorher die Vokabel ‚Gerechtigkeit Gottes' gehasst hatte, so pries ich sie nun mit entsprechend großer Liebe als das mir süßeste Wort. So ist mir diese Paulusstelle wahrhaftig das Tor zum Paradies gewesen. Später las ich Augustins Schrift de spiritu et littera. In ihr bin ich wider Erwarten darauf gestoßen, dass auch er die Gerechtigkeit ähnlich erklärt: Als die, mit der Gott uns bekleidet, in dem er uns rechtfertigt. Und obwohl dies noch unvollkommen gesagt ist und in Bezug auf die Zurechnung der Gerechtigkeit nicht alles klar erläutert, gefiel es mir doch, dass dort als Gerechtigkeit Gottes die gelehrt wird, durch die wir gerechtfertigt werden."[4]

II Lex et Euangelium (= Promissio)

Dieser Rückblick muss zusammen gesehen werden mit jenen Rückblicken, in denen Luther die reformatorische Wende seines Lebens und seiner Theologie als

---

4 WA 54, 185,12–186,20 in der Übersetzung Ebelings.

Durchbruch zur Erkenntnis der Unterscheidung von Gesetz und Evangelium bezeugte – wie in folgender Tischrede:

> „Zuvor mangelte mir nichts, außer dass ich keinen Unterschied zwischen Gesetz und Evangelium machte, beides für eines hielt und meinte, Christus unterscheide sich von Moses der Zeit und dem Grad der Vollkommenheit nach. Aber als ich die Unterscheidung fand, dass eines das Gesetz, ein anderes das Evangelium ist, da brach ich hindurch".[5]

Gewissheit des Heils setzt Eindeutigkeit voraus. Gewissmachende Eindeutigkeit stellt sich nur dann ein, wenn das Evangelium, wie eine dritte – in der Lutherforschung meist nicht beachtete – Reihe von Rückblicken pointiert[6], als „promissio", als kategorische Gabe – „Nimm hin und iss" (vgl. Gen 2,16 mit 1Kor 11,24) – sich vom fordernden und der Sünde überführenden Gesetz unterscheidet, das zwar an sich heilig, gerecht und gut ist, von uns aber nicht vollkommen erfüllt wird (Röm 7,12; Gal 3,10.12; Jak 2,10; Gal 5,3; Röm 2,25). Für Luther ist das als „promissio"[7] verstandene Evangelium das „zweite" Wort, das letzte, das endgültige Wort Gottes. Entsprechend kann Luther in seiner Neujahrspredigt von 1532 programmatisch formulieren:

> „Ich will die zwei Worte unvermischt, sondern ein jedes an seinen Ort in seine Materie gewiesen haben: das Gesetz für den alten Adam, das Evangelium für mein verzagtes, erschrockenes Gewissen."[8]

„Die Meinung des heiligen Paulus ist diese", heißt es in derselben Predigt, „dass in der Christenheit sowohl von Predigern als auch von Zuhörern ein eindeutiger

---

5 WA TR 5, 210–12–16 (Nr. 5518; 1542).
6 Vgl. Oswald Bayer, Die reformatorische Wende in Luthers Theologie. In: ZThK 66 (1969), 115–150; in kurzer Zusammenfassung: Ders., Martin Luthers Theologie. Eine Vergegenwärtigung, Tübingen ⁴2016, 41–61, bes. 44–46.
7 „ἐπαγγελία (epangelia)" meint bei Paulus zunächst die alttestamentliche, in Christus erfüllte Verheißung und hat in diesem Sinne heilsgeschichtliche Bedeutung. Luther dagegen versteht „promissio" primär präsentisch: als rechtsgültige Zusage mit sofortiger Wirkung, als verbum efficax: Dieses Verständnis hat er vom Absolutionswort, vom Taufwort und vom Gabewort des Herrenmahls her gewonnen. Dazu eingehend: Oswald Bayer, Promissio. Geschichte der reformatorischen Wende in Luthers Theologie (1971), Darmstadt ²1989.
8 WA 36, 41,30–32 (Predigt über Galater 3,23 ff [1.1.1532]). Luthers scharfe Opposition von „Gesetz" und „Evangelium" ist dem Wortlaut nach zwar nicht biblisch, wohl aber der Sache nach berechtigt, wie 2Kor 3,6 bekundet. Dazu: Otfried Hofius, Gesetz und Evangelium nach 2. Korinther 3. In: Ders., Paulusstudien (WUNT 51), Tübingen 1989, S. 75–120. Diese Darlegung widerlegt den Satz: „Paul was no Luther before Luther" (Heikki Räisänen, Paul and the Law, Tübingen (1983) ²1987, 231).

Unterschied gelehrt und erfasst werden soll, nämlich der zwischen Gesetz und Evangelium, zwischen den Werken und dem Glauben. Dies befiehlt er auch dem Timotheus, wo er ihn ermahnt, das Wort der Wahrheit recht zu teilen [2Tim 2,15]. Denn diese Unterscheidung zwischen Gesetz und Evangelium ist die höchste Kunst in der Christenheit, die alle, die sich des Namens ‚Christen' rühmen oder annehmen, können und wissen sollen. Denn wo es an diesem Stück mangelt, kann man einen Christen im Unterschied zu einem Heiden oder einem Juden nicht erkennen – so vollständig liegt es an dieser Unterscheidung."[9]

Nach Luther orientiert sich Theologie, wenn sie bei ihrer Sache ist, in der Behandlung aller ihrer Themen an der Unterscheidung von Gesetz und Evangelium und sucht dabei dem Vorgang nachzudenken, in dem Gott den Menschen sprachlich-weltlich so begegnet, dass sie glauben in der Liebe und frei handeln können. Die Nicht-Unterscheidung von Gesetz und Evangelium – faktisch herrschender Normalfall – dient allein dem Tod bringenden Gesetz (2Kor 3,6). Ihre Unterscheidung hingegen dient der Klarstellung dessen, was Evangelium ist. Klassisch kurz bekundet sich diese Unterscheidung im achten und neunten Abschnitt von Luthers Traktat „Von der Freiheit eines Christenmenschen" (1520):

„Wie geht es aber zu, dass der Glaube allein gerecht machen und ohne alle Werke so überschwenglichen Reichtum geben kann, wenn doch in der Schrift uns so viele Gesetze, Gebote, Werke, Stände und Weisen vorgeschrieben sind? Hier ist fleißig zu merken und ja mit Ernst zu behalten, dass allein der Glaube ohne alle Werke gerecht, frei und selig macht, wie wir hernach mehr hören werden; und es ist zu wissen, dass die ganze heilige Schrift in zweierlei Worte geteilt wird: die Gebote oder das Gesetz Gottes und die Verheißungen oder Zusagen. Die Gebote lehren und schreiben uns mancherlei gute Werke vor; nur sind sie damit noch nicht geschehen. Sie geben wohl Anweisung, sie helfen aber nicht; sie lehren, was man tun soll, geben aber keine Stärke dazu. Darum sind sie nur dazu verordnet, dass der Mensch daran sein Unvermögen zum Guten sieht und an sich selbst zu verzweifeln lernt. Daraus lernt er, an sich selbst zu verzagen und anderswo Hilfe zu suchen, damit er ohne böse Begierde sei und so das Gebot durch einen anderen erfüllt werde, was er aus sich selbst nicht vermag.

Wenn nun der Mensch aus den Geboten sein Unvermögen gelernt und empfunden hat, dass ihm nun angst wird, wie er dem Gebote Genüge tut, weil ja doch das Gebot erfüllt sein oder er verdammt sein muss, dann ist er recht gedemütigt und zunichte geworden in seinen eigenen Augen. Er findet nichts in sich, wodurch er gerecht werden könnte. So kommt darauf das andere Wort, die göttliche Verheißung und Zusage [= promissio] und spricht: Willst du alle Gebote erfüllen, deine böse Begierde und Sünde loswerden, wie die Gebote zwingen und fordern, sieh her, glaube an Christus, in dem ich dir alle Gnade, Gerechtigkeit, Friede und Freiheit zusage. Glaubst du so hast du; glaubst du nicht, so hast du nicht [Mk 16,16] Denn was dir unmöglich ist mit allen Werken der Gebote, deren viele sind und die doch von keinem Nutzen sein können, das wird dir leicht und einfach durch den Glauben. Denn ich habe alle Dinge aufs kürzeste in den Glauben gestellt, so dass, wer ihn hat, soll alle Dinge haben und

---

9 WA 36, 25,17–26 (Predigt über Gal 3,23 ff).

selig sein; wer ihn nicht hat, soll nichts haben. So geben die Zusagen Gottes, was die Gebote fordern, und sie vollbringen, was die Gebote heißen, damit es alles Gott eigen ist, Gebot und Erfüllung. Er verheißt allein; er erfüllt auch allein."[10]

Was faktisch zuerst widerfährt, ist das Gesetz. In ihm tritt mir Gott gegenüber – mit unausweichlichen, harten Fragen: Adam, Eva!, wo bist Du (Gen 3,9)? Wo ist Dein Bruder (Gen 4,9)? Solche Fragen überführen mich; was mir nicht bewusst ist, tritt ans Licht. Ja, ich werde überhaupt erst entdeckt: „Du bist der Mann!" – des Todes (2Sam 12,7 und 5). Das kann ich mir nicht selbst sagen; das muss mir von außen, von einem anderen gesagt werden. Gleichwohl werde ich so überführt, dass ich, wie David vor Nathan, dem Propheten Gottes, mir selbst das Urteil spreche. Das mir widerfahrende Gesetz überführt mich zugleich von innen heraus; seine Externität ist keine Heteronomie, der gegenüber ich selbst nur ein mechanisches Echo wäre.[11]

Anders als im Gesetz, in dem Gott *gegen* mich spricht, spricht er im Evangelium *für* mich. Das Evangelium ist deshalb ein „zweites" Wort[12] Gottes, das mit dem des Gesetzes nicht auf ein Drittes – etwa die eine Selbstoffenbarung Gottes – hin relativiert werden kann. Keines der zwei Worte lässt sich auf das jeweils andere zurückführen; die Unterscheidung zwischen Gesetz und Evangelium ist, solange wir unterwegs sind (2Kor 5,7), durch keine Kunst der Aufhebung in eine höhere oder tiefere Einheit zu beseitigen.

Das zweite, entscheidende, endgültige Wort Gottes, das Evangelium, spricht *für* mich. Der reformatorischen Theologie Luthers war das „für mich" („pro me") das kommunikative Sein Jesu Christi selber, in dem der dreieine Gott sich mit der Taufe und dem Abendmahl sowie mit jeder tauf- und abendmahlsgemäßen Predigt in leiblichem Wort zuspricht und gibt. In solchem Widerfahrnis des Zuspruchs der Sündenvergebung wird der Sünder neu geschaffen und hat seine

---

10 WA 7, 23,24 – 24,20 (Von der Freiheit eines Christenmenschen; 1520). Zur Umsetzung von Mk 16,16 in die Anrede „Glaubst du..." Oswald Bayer, Promissio. Geschichte der reformatorischen Wende in Luthers Theologie, Göttingen ²1989, 199 – 201.
11 Der erste („politische") Gebrauch des Gesetzes und mit ihm die Unterscheidung der Erhaltungsgnade von der Gnade der Neuschöpfung, die das Evangelium ist, lässt sich, wenn Missverständnisse vermieden werden sollen, nur schwer mit dem zweiten („theologischen" oder „überführenden") Gebrauch in einem einzigen Begriff – dem des „Gesetzes" – verbinden. Es dient der Klarheit, den usus politicus legis kategorial selbständig zu fassen und eigens hervorzuheben. In verschiedener Begrifflichkeit begegnet die Rede von einem „zweifachen Gebrauch" (duplex usus) des Gesetzes beispielsweise WA 26, 15,28 – 32; 16,22 – 36 (Vorlesung über 1Tim; 1528); WA 40 I, 479,1 – 486,5 (zu Gal 3,19 [Großer Galaterkommentar; 1531]); WA 39 I, 441,2 f (Zweite Disputation gegen die Antinomer; 1538).
12 WA 7, 24,9 f (Von der Freiheit eines Christenmenschen; 1520).

Identität bleibend außerhalb seiner selbst, in einem Anderen, Fremden (Gal 2,20): in dem, der in einem wundersamen Wechsel und Tausch menschlicher Sünde und göttlicher Gerechtigkeit an seine Stelle getreten ist.

III Sola fide

Luthers intensiver exegetischer und meditativer Umgang mit Paulus hat seine Hauptpointe zweifellos in der Wahrnehmung der aufgewiesenen scharfen Unterscheidung von Gesetz und Evangelium; jede Beurteilung des Verhältnisses von Paulus und Luther ist zuerst und zuletzt an diesem Punkt zu einer Stellungnahme herausgefordert.

Des Näheren sieht Luther die Unterscheidung von Gesetz und Evangelium bei Paulus in der Explikation des Summariums Röm 1,16 f durch 1,18–3,20 und 3,21–28 bezeugt. In 1,18–3,20 sieht er das Problem der natürlichen Theologie vorbildlich behandelt: Von Seiten Gottes aus kann jeder Mensch Gott erkennen und seine Existenz in der Anerkennung und dem Lob des Schöpfers als verdankte Existenz leben; keiner aber tut es, auch nicht einer. Darauf bezogen geschieht das Heilswerk Jesu Christi, das Evangelium, das in der Sündenvergebung besteht (3,21–31); sie geschieht als Neuschöpfung, in der die „verkehrte Welt", die „in ihrer Blindheit ersoffen ist"[13], zur neuen Kreatur wird (2Kor 5,17). Die entscheidende Bedeutung von 3,21–31 für Luthers Paulusrezeption zeigt sich nicht zuletzt darin, dass Luther in der gesamten Bibel nur diese eine Wortfolge: der „SÜNDE VERGIBT" (3,25) durch Versalien auszeichnet und das so Ausgezeichnete in einer Randglosse „das Hauptstück" und die „Zentralstelle dieser Epistel und der ganzen Heiligen Schrift" nennt[14].

Die Sündenvergebung wird im Glauben empfangen – allein im Glauben; Luther fügt in seiner Bibelübersetzung in Vers 28 das Wörtchen „allein" ein und verteidigt diese Entscheidung gegen Angriffe seiner theologischen Gegner wie Johannes Eck, er gehe mit dem Bibeltext willkürlich um.[15] Der ganze Vers 28: („So halten wir nun dafür, dass der Mensch gerecht werde ohne des Gesetzes Werke, allein durch den Glauben.") ist für Luther so zentral, dass er darüber nicht we-

---

13 WA 30/I, 185,6 f (Großer Katechismus; 1529).
14 Martin Luther, Biblia: das ist: die gantze Heilige Schrifft: Deudsch, Wittenberg 1545; zu Röm 3,23 ff. Dazu: Martin Schloemann, Die zwei Wörter, Luthers Notabene zur „Mitte der Schrift". In: Luther 65 (1994) 110–123.
15 WA 30/II, 632,1–643,13 (Ein Sendbrief D. Martin Luthers vom Dolmetschen und Fürbitte der Heiligen; 1530).

niger als fünf Thesenreihen aufstellte¹⁶ und aus ihm in der Hauptthese (These 32) seiner berühmten Disputatio de homine (1536), die seine gesamte Theologie in nuce enthält, die „Definition" des Menschen gewinnt: „hominem iustificari fide"¹⁷: der Mensch ist dadurch Mensch, dass er durch Glauben gerechtfertigt wird. Der rechtfertigende Glaube ist für Luther nicht etwas *am* Menschen, keine Qualitätsbestimmung, die erst sekundär hinzutrete wie ein Akzidens zu einer Substanz. „Hominem iustificari fide" ist vielmehr eine *grundlegend* anthropologische These.¹⁸

Luther versteht Paulus so, dass der Glaube alles ist und keiner Ergänzung durch die Liebe und die Hoffnung bedarf, weil er in sich selber schon Liebe und Hoffnung ist. Er urteilt, dass der „Glaube die Liebe und die Hoffnung mit sich bringt; ja, wenn wir's recht ansehen, dann ist die Liebe das erste oder doch mit dem Glauben zugleich da. Denn ich könnte Gott nicht vertrauen, wenn ich nicht dächte, der wolle mir günstig und hold sein; wodurch auch ich ihm wiederum hold [bin] und dazu bewegt werde, ihm herzlich zu trauen und alles Gute von ihm zu erhoffen."¹⁹

Die Scholastik urteilt in ihrer Auslegung von Gal 5,6, dass der Glaube erst durch die Liebe seine heilsbedeutsame Gestalt und Erfüllung gewinnt; in diesem Sinn wird von der „fides caritate formata" geredet²⁰. Luther dagegen versteht Paulus so, „dass der Mensch ohne Werke gerecht werde, wiewohl er nicht ohne Werke bleibt, wenn er gerecht geworden ist"²¹. Die Liebe kommt nicht zum Glauben hinzu, um ihn zu ergänzen. Vielmehr wird – so lässt sich der griechische Wortlaut von Gal 5,6 in der Tat übersetzen – der Glaube in der Liebe seine ihm selbst eigene Energie los; als *Glaube* ist er in der Liebe tätig. Dieses Verständnis bekundet sich in der klassisch zu nennenden Definition, die Luther in der Römerbriefvorrede 1522 vom Glauben gibt:

---

16 WA 39 I, 44–48; 48–53 (1535); 82f; 84–86 (1536); 202–204 (1537).
17 WA 39 I, 176,34f.
18 Vgl. weiter: Bayer, Martin Luthers Theologie (s.o. Anm. 6), 141f. Vgl. aaO, 91f.
19 WA 6, 210,5–9 (Sermon von den guten Werken; 1520)
20 Vgl. z.B. Thomas von Aquin, STh II/2, q.4.a.3. Das Tridentinum bestätigt diese Lehre (Enchiridion symbolorum et definitionum, quae de rebus fidei et morum a conciliis oecumenicis et summis pontificibus emanarunt, hg.v. Heinrich Denzinger/Peter Hünermann, Freiburg/Brsg. ³⁸1999, Nr. 1531 und 1648).
21 WA DB 7, 16,17–19 (Vorrede zum Römerbrief; 1522). Mit Bedacht sind hier und im Folgenden vor allem Luthers Bibelvorreden zitiert. Denn sie stellen neben Luthers Katechismen und seinen Liedern die sowohl konzentriertesten wie publizistisch wirkmächtigsten Zusammenfassungen seiner ganzen Theologie dar.

„Glaube ist ein göttliches Werk in uns, das uns wandelt und neu gebiert aus Gott, Joh 1 [,13] und den alten Adam tötet; er macht aus uns ganz andere Menschen von Herzen, Mut, Sinn und allen Kräften und bringt den Heiligen Geist mit sich. O, es ist ein lebendiges, geschäftiges, tätiges, mächtiges Ding um den Glauben, so dass es unmöglich ist, dass er nicht ohne Unterlass sollte Gutes wirken. Er fragt auch nicht, ob gute Werke zu tun sind, sondern ehe man fragt, hat er sie getan und ist immer im Tun."[22]

IV Vorrede zum Römerbrief (1522)

Die Römerbriefvorrede 1522 dokumentiert in hervorragender Weise Luthers Paulusrezeption nicht nur im Blick auf den Glaubensbegriff, sondern ebenso im Blick auf die anderen paulinischen Hauptbegriffe: Gesetz, Sünde, Gnade und Gabe, Gerechtigkeit, Fleisch und Geist[23], die Luther in gedrängten Summarien hervorhebt und dabei Melanchthons Idee der Loci communes (1521) aufnimmt, die sich ihrerseits am Römerbrief orientieren. Sollte unter den vielen Texten, die Luthers Paulusrezeption bekunden, ein einziger an erster Stelle genannt werden, dann ist auf diese Vorrede zu verweisen, die auch publizistisch ungemein wirksam geworden ist, sind doch Luthers Bibelvorreden bis ins 19. Jahrhundert hinein der Lutherbibel beigegeben worden.

Viele Einsichten Luthers, wie sie sich in Kürze in diesen Begriffssummarien bekunden: z. B., dass „Fleisch" und „Geist" keine anthropologischen Partialbestimmungen sind, wie Erasmus wollte, sondern den totus homo betreffen, also hamartiologische bzw. soteriologische Totalbestimmungen darstellen[24], hat die moderne Exegese, vor allem Ernst Käsemanns Römerbriefkommentar[25], bestätigt. Die „New Perspective on Paul" jedoch vertritt die radikale These: „wir interpretieren Paulus falsch, wenn wir ihn mit Luthers Augen sehen."[26] Besonders um-

---

22 AaO, 10,6–12. Dieser Text ist die Magna Charta der Berufung des auf der praxis pietatis bestehenden Pietismus auf Luther. Vgl. dazu: Martin Schmidt, Luthers Vorrede zum Römerbrief im Pietismus. In: Ders., Wiedergeburt und neuer Mensch, Witten 1969, 299–330.
23 WA DB 7, 3,17–13,26. Die Römerbriefvorrede ist zweigeteilt: In einem ersten Teil legt Luther, damit „wir der Sprache kundig werden", das Verständnis der genannten Begriffe (Gesetz usw.) dar (WA DB 7, 3,1–13,26). In einem zweiten Teil zeichnet er den Gedankengang des Römerbriefes nach (WA DB 7, 13,27–26,27).
24 WA DB 7, 22,11–13 (Römerbriefvorrede): „Ist doch der ganze Mensch selbst beides, Geist und Fleisch, der mit sich selbst streitet, bis er ganz geistlich werde".
25 Ernst Käsemann, An die Römer (1973), Tübingen ³1974 (Handbuch zum Neuen Testament 8a).
26 Ed E. P. Sanders, Paulus. Eine Einführung (1991), Stuttgart 1995, 65. Vgl. Klaus Haacker, Verdienste und Grenzen der ‚neuen Perspektive' der Paulus-Auslegung. In: Lutherische und Neue Paulusperspektive. Beiträge zu einem Schlüsselproblem der gegenwärtigen exegetischen Diskussion, hg.v. Michael Bachmann unter Mitarbeit v. Johannes Woyke, Tübingen 2005, 1–15.

stritten ist Luthers Auffassung von Röm 7,7–25, wonach dieser Text nicht, wie die moderne Exegese will,[27] vom vorchristlichen Menschen redet, sondern im Sinne des „simul iustus et peccator" zu verstehen ist:

Im Kapitel 7 „schilt sich Sanct Paulus noch einen Sünder und spricht doch im achten Kapitel (Vers 1), es sei nichts Verdammliches an denen, die in Christo sind [...]. Um des ungetöteten Fleisches willen sind wir noch Sünder. Aber weil wir an Christum glauben und des Geistes Anfang haben, ist uns Gott so günstig und gnädig, dass er solche Sünde nicht achten noch richten will, sondern nach dem Glauben in Christo mit uns verfahren, bis die Sünde getötet werde."[28]

V Der Römerbrief als Schlüssel der ganzen Heiligen Schrift

Die Hervorhebung des Römerbriefs ist für Luthers Paulusrezeption höchst charakteristisch und spezifisch. Stellt die Regel „sacra scriptura sui ipsius interpres"[29] das durchgehende hermeneutische Prinzip des Reformators dar, so ist die grundlegende Orientierung am Römerbrief die wichtigste materiale Gestalt dieses Prinzips.

Er sei „das rechte Hauptstück des Neuen Testaments und das allerlauterste Evangelium", „ein helles Licht", „sehr wohl ausreichend, die ganze Schrift zu erleuchten"[30]. Es „scheint, als habe Sanct Paulus in dieser Epistel die ganze christliche und evangelische Lehre einmal kurz zusammen fassen [wollen] und einen Eingang bereiten in das ganze Alte Testament. Denn ohne Zweifel, wer diese Epistel wohl im Herzen hat, der hat des Alten Testaments Licht und Kraft bei sich".[31]

Diese Auszeichnung des Römerbriefs und des Corpus Paulinum überhaupt hat auf römisch-katholischer Seite zu dem Urteil geführt, Luther sei kein „Vollhörer" der Heiligen Schrift gewesen. Deshalb ist es notwendig zu betonen, dass mit seiner Auszeichnung des Römerbriefs keine Einseitigkeit verbunden ist.

---

[27] Vgl. besonders: Werner Georg Kümmel, Röm 7 und das Bild des Menschen im Neuen Testament, München 1974. Vgl. weiter: Paul Althaus, Paulus und Luther über den Menschen. Ein Vergleich, Gütersloh (1958) ⁴1963. Eine umfassende Kritik legt vor: Volker Stolle, Luther und Paulus. Die exegetischen und hermeneutischen Grundlagen der lutherischen Rechtfertigungslehre im Paulinismus Luthers (Arbeiten zur Bibel und ihrer Geschichte, Bd. 10), Leipzig, 2002. Vgl. dazu Christof Landmessers Rezension „Luther und Paulus". In: NZSysTh 48 (2006).
[28] WA DB 7, 9,23–29. Luther versteht Röm 7,7–25 wie Galater 5,17 (vgl. WA DB 7, 9,10–22, wo Galater 5,17 zitiert wird).
[29] WA 7, 97, 19–29, hier 23 (Assertio omnium articulorum; 1520).
[30] WA DB 7, 3,15 f (Römerbriefvorrede).
[31] WA DB 7, 27,22–25 (Römerbriefvorrede).

Vielmehr steht die Rezeption des Corpus Iohanneum der des Corpus Paulinum in nichts nach. In seiner Vorrede auf das Neue Testament von 1522 legt Luther ausführlich sein Verständnis von „Evangelium" dar[32], aus dem sich ergibt, weshalb er Paulus und Johannes den Synoptikern vorzieht.

> „Denn wo ich je der eins mangeln sollte, der Werke oder der Predigt Christi, so wollt ich lieber der Werke als seiner Predigt mangeln. Denn die Werke hülfen mir nichts; aber seine Worte, die geben das Leben, wie er selbst sagt (Joh 6,63; 8,51). Weil nun Johannes gar wenig Werke von Christo, aber gar viel von seiner Predigt schreibt, wiederum die andern drei Evangelisten viel seiner Werke, wenig seiner Worte beschreiben, ist Johannis Evangelium das eine, zarte, rechte Hauptevangelium und den andern dreien weit, weit vorzuziehen und höher zu heben. Also auch Sanct Paulus und Petrus Episteln weit über die drei Evangelia Matthaei, Marci und Lucae vorgehen."[33]

Aus demselben Grund wie Paulus und Johannes hebt Luther den christologisch ausgelegten Psalter als „die ganze Summa" der Bibel, als „eine kleine Biblia", hervor, weil in ihm die Worte wichtiger sind als die Werke.

>Es „sollte der Psalter allein deshalb teuer und lieb sein, dass er von Christi Sterben und Auferstehung so klärlich verheißet und sein Reich und der ganzen Christenheit Stand und Wesen vorbildet, dass er wohl möchte eine kleine Biblia heißen, darin alles aufs schönste und kürzeste, wie in der ganzen Biblia stehet, gefasset, und zu einem feinen Enchiridion oder Handbuch gemacht und bereitet

---

32 Die Hauptbestimmung von „Evangelium" ergibt sich auch hier, wie beim reformatorischen Luther durchgehend, aus der Unterscheidung von Gesetz und Evangelium. Es gehe darum, dass keiner im Neuen Testament „Gebot und Gesetz suche, wo er Evangelium und Verheißung Gottes suchen sollte" (WA DB 6, 2,1 Of). Dieses Evangelium als „promissio", als Heilsgegenwart Gottes des Vaters durch den Sohn im Heiligen Geist, ist ein einziges – ob nun als „eine kurze oder lange Rede", ob als knappe und konzentrierte Paradosis wie 1 Kor 15,3 f und Röm 1,1– 4 oder im Genus der vier Evangelien. Luther betont, „dass nur ein Evangelium ist, gleich wie nur ein Christus, da Evangelium nichts anderes ist noch sein kann, als eine Predigt von Christo, Gottes und Davids Sohn, wahrem Gott und Menschen, der für uns mit seinem Sterben und Auferstehen, aller Menschen Sünde, Tod und Hölle überwunden hat, die an ihn glauben. [...] dämm siehe nur drauf, dass du nicht aus Christo einen Moses machest, noch aus dem Evangelium ein Gesetz oder Lehrbuch, wie bisher geschehen ist, sind etliche Vorreden, auch S. Hieronymi, sich hören lassen. Denn das Evangelium fordert ausdrücklich nicht unser Werk, dass wir damit fromm und selig werden, ja, es verdammt solche Werke. Sondern es fordert nur Glauben an Christum, dass derselbige für uns Sünde, Tod und Hölle überwunden hat, und also uns nicht durch unser Werk, sondern durch sein eigen Werk, Sterben und Leiden fromm, lebendig und selig macht, dass wir uns seines Sterbens und Siegs mögen annehmen, als hätten wir's selber getan." (WA DB 6,6,22–8,11). Vgl. W7 A 10/1, 1,8–18 („Ein kleiner Unterricht, was man in den Evangelien suchen und erwarten soll": Einleitung zur Wartburgpostille, 1522).
33 WA DB 6, 10,20–28.

ist; dass mich dünkt, der Heilige Geist habe selbst wollen die Mühe auf sich nehmen und eine kurze Bibel und Exempelbuch von der ganzen Christenheit oder allen Heiligen zusammenbringen, auf dass, wer die ganze Biblia nicht lesen könnte, hätte hierin doch die ganze Summa, verfasset in ein klein Büchlein.

Aber über das alles ist des Psalters edle Tugend und Art, dass andere Bücher gewiß viel von Werken der Heiligen rumpeln, aber gar wenig von ihren Worten sagen. Da ist der Psalter ein Muster, darin er auch so wohl und süße riecht, wenn man drinnen lieset, dass er nicht allein die Werke der Heiligen erzählet, sondern auch ihre Worte, wie sie mit Gott geredet und gebetet haben und noch reden und beten, so dass die andern Legenden und Exempel, wo man sie gegen den Psalter hält, uns schier eitel stumme Heilige Vorhalten, aber der Psalter rechte wackere, lebendige Heilige uns einbildet. Es ist ja ein stummer Mensch gegen einen redenden schier als ein halbtoter Mensch zu achten. Und kein kräftiger, noch edler Werk am Menschen ist als Reden, weil der Mensch durchs Reden von andern Tieren am meisten geschieden wird, mehr als durch die Gestalt oder andere Werke."[34]

Ergibt sich aus der grundlegenden Orientierung der Auslegung der gesamten Bibel an der paulinischen Theologie ein klares systematisches Profil, so verstellt diese Orientierung Luther keineswegs den Blick für die Vielfalt und den Formenreichtum der biblischen Bücher; die heuristische Kraft dieser Orientierung ist enorm und lässt sich exemplarisch aus seinen Bibelvorreden ersehen.[35] Doch lässt sich seine Annahme, dass die Grundzüge der paulinischen Theologie allen biblischen Büchern zugrunde liegen und nur entdeckt werden müssen, in einer historisch-kritischen Sicht nicht halten. Luther ist denn auch im Umgang mit den verschiedenen biblischen Schriften und den zwischen ihnen bestehenden Spannungen so verfahren, dass er Sachkritik übte – von Paulus her besonders am Jakobusbrief, der „strohernen" Epistel,[36] weil „sie stracks wider St. Paulum und alle andre Schrift den Werken die Rechtfertigung gibt und spricht, Abraham sei aus seinen Werken gerechtfertigt worden, da er seinen Sohn opferte. So doch S. Paulus Röm. 4 (2.3) dagegen lehrt, dass Abraham ohne Werke sei gerecht geworden, allein durch seinen Glauben, und beweiset das mit 1. Mose 15 (6), ehe denn er seinen Sohn opferte. Ob nun dieser Epistel wohl könne geholfen und solcher Gerechtigkeit der Werke eine Glosse gefunden werden, kann man sie doch darin nicht schützen, dass sie den Spruch 1. Mose 15 (welcher allein von Abra-

---

34 WA DB 10/I, 99,20 – 100,14 (Zweite Vorrede auf den Psalter; 1528).
35 Dazu: Jörg Armbruster·, Luthers Bibelvorreden. Studien zu ihrer Theologie (Arbeiten zur Geschichte und Wirkung der Bibel, Bd. 5), Stuttgart 2005.
36 Vgl. Armbruster· (s.o. Anm. 35), 140 – 142. „Strohern", aus Stroh, ist der Jakobusbrief gemäß 1Kor 3,12; aaO, 140 bei Anm. 535.

hams Glauben und nicht von seinen Werken sagt, wie ihn S. Paulus Röm. 4 anführet) doch auf die Werke zieht. Darum dieser Mangel schließt, dass sie keines Apostels sei".[37]

VI Die Doppelfront: Enthusiasmus und Gesetzlichkeit

Ein durchgehender Zug der Paulusrezeption Luthers besteht darin, dass die Doppelfront des Apostels, der sich einerseits, in den Korintherbriefen, gegen den Enthusiasmus in einer typologischen Pauschalisierung und andererseits, im Galaterbrief, gegen die Gesetzlichkeit richtet, von Luther aktualisiert, konkretisiert einerseits auf das Papsttum und andererseits auf die Spiritualisten und „Schwärmer" angewandt wird; beides kann von ihm im Vorwurf des Enthusiasmus zusammengezogen werden.[38]

Das Ganze der Theologie Luthers konzentriert sich in die Devise: „Ihr seid zur Freiheit berufen!" (Gal 5,13) – zur Freiheit, wie sie sich aus der dargelegten Unterscheidung von Gesetz und Evangelium ergibt. So ist verständlich, dass Luther bei aller Hochschätzung und Auszeichnung des Römerbriefs das engste, ja intimste Verhältnis unter allen Paulusbriefen zum Galaterbrief hatte. „Der Galaterbrief ist mein Epistelchen, dem ich mich vertraut habe [d. h. mit dem ich verheiratet bin]; er ist meine Käthe von Bora".[39] Er widmete dieser ‚Käthe von Bora' 1516 eine Vorlesung,[40] 1519 einen Kommentar, den „Kleinen Galaterkommentar",[41] und 1531 eine große Vorlesung, die – von Luther mit einer bemerkenswerten einleitenden Analyse der Pointe paulinischer Rechtfertigungstheologie („argumentum")[42] versehen – 1535 als Kommentar erschien: „Großer Galaterkommentar".[43] Er stellt zweifellos den Höhepunkt der Paulusrezeption Luthers dar; in ihm kommt das paulinische Erbe in unverwechselbarer Pointierung und Polemik reif zur Geltung. Hervorzuheben ist besonders Luthers Auslegung von Gal

---

37 WA DB 7, 385,9–18.
38 WA 50, 245b, 1–247b,4 (Schmalkaldische Artikel, 1536/39).
39 WA TR 1, 69,18–20 (Nr. 146; 1531?).
40 WA 57/II, 5–108.
41 WA 2, 443–618.
42 WA 40/I, 39–51.
43 WA 40/I, 33–688 und WA 40/II, 1–184. Zur Galaterbriefkommentierung Luthers insgesamt: Karin Bornkamm, Luthers Auslegungen des Galaterbriefs von 1519 und 1531: Ein Vergleich, Berlin 1963.

3,13,⁴⁴ welche auch in der modernen exegetischen Diskussion um das paulinische Verständnis des Versöhnungsgeschehens rezipiert wird.⁴⁵

---

44 WA 40/I, 432–452.
45 Vgl. z. B. Otfried Hofius, Sühne und Versöhnung. In: Ders., Paulusstudien, Tübingen 1989 (WUNT 51), 33–49, hier 47.

32 Verschiedene Blickrichtungen. Gerecht und Sünder zugleich

> Sieh nicht an, was du selber bist
> in deiner Schuld und Schwäche!
> Sieh den an, der gekommen ist,
> damit er für dich spreche![1]
>
> Ich glaube, hilf meinem Unglauben![2]

I Vorbemerkung

Das Gewicht, das in der Lutherforschung und Lutherrezeption von vielen der Formel „simul iustus et peccator" – gar als Inbegriff des Reformatorischen[3] –

---

[1] Jochen Klepper, „Sieh nicht an,..." (Weihnachtslied), 1. Strophe. In: Jochen Klepper, Ziel der Zeit. Die gesammelten Gedichte, (1977), ³1980, Bielefeld, 60. Vgl. Kleppers Tagebucheintrag vom 10. Oktober 1935. In: Jochen Klepper, Unter dem Schatten deiner Flügel. Aus den Tagebüchern der Jahre 1932–1942, hg.v. Hildegard Klepper, Stuttgart 1956, 300. Klepper stellt hier das „Selbstgericht" in Frage: „So bitter alle Buße sein mag, so echt auch, blickt man doch nur immer wieder auf das, was man selbst getan hat, wenn auch im Negativen, statt sich mit seinem ganzen Wesen nur an das zu heften, was Gott getan hat, täglich tut." Die beiden Motti, die Klepper über sein Lied setzt, sind Sach 9,9 und als Lutherzitat: „Sieh nicht an, was du bist, sondern sieh hier, was dir heut widerfährt: Sieh an den, der zu dir kommt; sieh nicht an, daß du ein armer Sünder bist." Vgl. WA 27, 492,14–493,12 (Predigt am 25. Dezember 1528): „'Vobis' [Lk 2,11] indicat, quid nos simus, Nempe peccatores impii, iracundi, superbi, invidi atque plane damnati, ut merito timeamus. In illo timore venit Angelus dicens: Du mußt nicht ansehen, wer du bist, sondern sieh hier, was dir heut widerfährt. Vide misericordiam dei qui filium suum tibi nasci voluit."

[2] Mk 9,24.

[3] So Wilhelm Link, Das Ringen Luthers um die Freiheit der Theologie von der Philosophie (1940), München ²1955, 77–185. Er identifiziert die Formel sogar mit dem „reformatorischen Durchbruch". Anders Otto Hermann Pesch, Simul iustus et peccator. Sinn und Stellenwert einer Formel Martin Luthers. Thesen und Kurzkommentare. In: Gerecht und Sünder zugleich? Ökumenische Klärungen, hg.v. Theodor Schneider und Gunther Wenz, Freiburg und Göttingen 2001, 146–167, hier 154f: Es „ist die *Formel* als solche jedenfalls in Luthers Augen nicht eine unentbehrliche und schon gar nicht *die* Zusammenfassung seiner reformatorischen Rechtfertigungslehre. Daraufhin kann sie jedenfalls nicht im Namen Luthers zu einem Kriterium für Konsens oder Dissens mit der katholischen Tradition gemacht werden." Wie Link urteilt auch Wilhelm Christe (Art. „Simul iustus et peccator". In: Das Luther-Lexikon, hg.v. Volker Leppin und Gury Schneider-Ludorff, Regensburg 2014). Die Formel diene Luther „als zusammenfassende Kennzeichnung der christlichen Existenz und fungiert deshalb auch als prägnanter Inbegriff seiner Rechtfertigungslehre" (aaO, 645).

zugemessen wird, entspricht keineswegs dem Selbstverständnis Luthers und der lutherischen Tradition bis ins 20. Jahrhundert hinein. Vielmehr hat die Formel dieses Gewicht erst im 20. Jahrhundert erlangt, unübersehbar seit der 1930 erschienenen Monographie von Rudolf Hermann „Luthers These 'Gerecht und Sünder zugleich'. Eine systematische Untersuchung"[4]; insofern ist die Formel „eine Entdeckung des 20. Jahrhunderts"[5]. „Die Lutherforschung hat sich hauptsächlich aus systematischem Interesse mit der Formel beschäftigt – wobei der Eindruck schwer zurückzudrängen ist, dass dabei auch der Zeitgeist der dialektischen Theologie – und der Freude an Dialektik überhaupt – mitgeschrieben hat"[6]. Für Luther selbst, einem Liebhaber und Meister der Dialektik, ist die Formel als provozierendes Kürzel seines radikalen Sündenverständnisses durchaus wichtig. Er gebraucht sie schon zur Zeit seiner ersten Psalmenvorlesung[7], arbeitet sie in der Römerbriefvorlesung aus und bedient sich ihrer durchgehend immer wieder, in der Spätzeit vor allem in der Galaterbriefvorlesung und in den Disputationen; Wilhelm Christe bietet im Anhang seiner 746 Druckseiten umfassenden Habilitationsschrift „Gerechte Sünder" (2014) eine „Tabelle wichtiger simul-Stellen bei Luther" mit 120 Stellen.[8] Doch „im Gegensatz zu anderen theologischen Entdeckungen (z. B. der Unterscheidung von Gesetz und Evangelium)" redet der Reformator von ihr nie nachdrücklich als von einer „Errungenschaft" oder gar als von seiner reformatorischen Entdeckung schlechthin.[9] Nirgendwo macht er sie selbst zum Thema. Er gebraucht sie; er arbeitet mit ihr. So muß ihr Verständnis aus dem jeweiligen Kontext erschlossen werden. Dabei ist, was in der Forschung meist nicht geschieht, genau auf jene Wende der an Wenden reichen Geschichte der Theologie Luthers zu achten, mit der sich das zuvor quälend offene Problem

---

[4] Rudolf Hermann, Luthers These „Gerecht und Sünder zugleich", Gütersloh, 1930, Darmstadt ²1960.
[5] Wolf-Dieter Hauschild, Die Formel „Gerecht und Sünder zugleich" als Element der reformatorischen Rechtfertigungslehre – eine Entdeckung des 20. Jahrhunderts. In: Gerecht und Sünder zugleich? (s. o. Anm. 3), 303–349.
[6] Pesch, Simul iustus et peccator (s. o. Anm. 3) 147.
[7] Pesch (aaO, 149f) meint, in den Dictata super Psalterium finde sich die Formel erst implizit Vgl. jedoch die Predigt De timore Dei vom 27.12.1514, WA 4, 659–666, hier 664,27: von den Tugenden jeweils: simul sunt cum suo vitio contrario. Es folgen Gegensatzpaare: Simul sunt…gratiaque cum peccato (664,33). 665,2–7: „iustus vocatur, non quia est, sed quia fit, secundum illud ‚Iustus iustificetur adhuc'[Apk 22,11]. Nam omnis motus est partim in termino a quo et partim in termino ad quem, sicut aeger sanandus est in aegritudine recedendo, sed in sanitate accedendo. Sic iustus semper est in peccato pede sinistro et vetere homine et in gratia pede dextro i. e. novo homine."
[8] Wilhelm Christe, Gerechte Sünder. Eine Untersuchung zu Martin Luthers „Simul iustus et peccator", Leipzig 2014, 703–711.
[9] Gerecht und Sünder zugleich? (s. o. Anm. 3), 432 (Abschließender Bericht). Dagegen: Christe mit Link (s. o. Anm. 3).

der Begründung der Heilsgewißheit löst – was im Frühjahr 1518 in einem radikal neuen Bedenken des Bußsakraments geschah, zu dem Luther sich durch das Ablaßunwesen hat nötigen lassen.

Das Problem der Begründung der Heilsgewißheit beim frühen Luther erschließt sich aus folgenden Fragen: Wie wird der Sünder gerecht, ohne sich in seinem – durchaus ganz und gar von Gott gewirkten – Gerechtwerden negativ auf sich selbst zurückzubeziehen[10] und *im* Sündenbekenntnis und Bittgebet schon die Gnade zu sehen? Ohne die gottgewirkte Reue und Zerknirschung in einem inneren Umschlag paradox *als* Heil wahrzunehmen, dessen ich mir aber deshalb nicht gewiß sein kann, weil im Blick auf mein Nichts, zu dem mich Gott gemacht hat und das ich vor ihm bin, immer noch auf mich selbst fixiert bleibe und des Heils konkret allein in, mit und unter seinem Gegenteil – in, mit und unter meinem Nichts – innewerde? Erst indem Luther diese Dialektik[11], die nur in die Ungewißheit führen konnte und diese perpetuierte, mit der Entdeckung des mündlichen und öffentlichen, vom Gesetz unterschiedenen Heilswortes in der Gestalt des wirksamen Wortes (verbum efficax) der promissio und der in ihr gründenden fides überwand, hat seine Theologie die Gestalt gefunden, die in einem qualifizierenden Sinn als „reformatorisch" gelten kann – und gelten muß.[12] Kardinal

---

[10] Vgl. auch Klepper zum „Selbstgericht" (s. o. Anm. 1).

[11] Wann ist die heilsnotwendige sublime dispositio der indispositio in einer zureichenden contritio erfüllt? Die zum Heil notwendige contritio wird faktisch zur conditio. „Die conditio [aber] richtet alles Unglück an" wird Luther später urteilen (WA TR 5, 440,6 f; Nr. 6017). Diese Kritik seiner vorreformatorischen Theologie findet sich schon in den Operationes in Psalmos (WA 5, 564, 30 – 32: zu Ps 19,13; 1521):"ea est carnis nequitia, ut sepius in ipsa media tribulatione et humilitate nos fallat, ut de humilitate ipsa nobis placeamus, ac de ipso nostri contemptu, de ipsa peccati confessione, de ipsa superbiae accusatione superbiamus." Vgl. Gerhard Hennig, Cajetan und Luther. Ein historischer Beitrag zur Begegnung von Thomismus und Reformation, Stuttgart 1966, 50 – 55 und 99 – 101.

[12] Vgl. Pesch, aaO (s. o. Anm. 3), 155. Vgl. Ders.: „Die Frühdatierung kann man letztlich nur [dann] vertreten, wenn man dieser Frage [der Gewißheit] kein alles beherrschendes Gewicht zumißt. Es ist die Stärke der Spätdatierung, auf diesem nach dem Urteil von Freund und Gegner doch offenkundig zentralen Punkt zu bestehen" (Catholica. Zeitschrift für ökumenische Theologie 38, 1984, 128). In ihrer Bedeutung als reformatorische Wende in Luthers Theologie ist dessen Entdeckung des gewißmachenden Heilswortes auch von Christe, Gerechte Sünder (s. o. Anm. 8) gesehen (aaO, 520). Vgl. jedoch Sven Grosse, (Heilsgewißheit des Glaubens. Die Entwicklung der Auffassungen des jungen Luther von Gewißheit und Ungewißheit des Heils. In: Lutherjahrbuch 77, 2010, 41 – 63), der zu zeigen versucht, daß Luther im Blick auf die Heilsgewißheit sein reformatorisches Verständnis schon in der Römerbriefvorlesung entwickelt.

Cajetan hat im Oktober 1518 in Augsburg diesen Punkt scharfsinnig erkannt und notiert: „Hoc enim est novam Ecclesiam construere."[13]

Es wäre nun historisch und systematisch reizvoll, die Verwendung der Formel im Kontext der vorreformatorischen Theologie der Römerbriefvorlesung und im Kontrast dazu die Formel im Kontext der reformatorischen Theologie darzulegen. Doch möchte ich jetzt die Aufmerksamkeit allein auf die reformatorische Verwendung richten; die vorreformatorische habe ich exemplarisch in der „Promissio" analysiert.[14]

Auch wenn jetzt ein Kontrastvergleich nicht ausgeführt werden kann, ist doch wenigstens darauf eigens hinzuweisen, daß sich im Rückblick von der reformatorischen Verwendung der Formel auf die vorreformatorische, vor allem in der Römerbriefvorlesung sich bekundende, Verwendung Folgendes zeigt: Unbeschadet der besagten reformatorischen Wende zum unbedingten und bedingungslosen Heilswort der promissio und der aus ihr sich ergebenden Veränderung des theologischen Gesamtzusammenhanges besteht eine eindrucksvolle Kontinuität der Fragestellung; das Thema ist das gleiche, das Rhema aber verschieden. Das Thema betrifft vor allem *die Bewegung und Dauer der christlichen Existenz – nicht nur des Einzelnen, sondern durchaus auch der ganzen Kirche*[15] *–, die im Wachsen und Fortschreiten auf dem aufhaltsamen Wege zu ihrer Vollendung ist und dabei mit Sünde, Tod und Teufel zu kämpfen hat.*

Nach dieser Vorbemerkung konzentrieren wir uns nun auf das *reformatorische* Verständnis des „simul iustus et peccator", „gerecht und Sünder zugleich".

---

13 Thomas de Vio, Cardinal Cajetan, Opuscula Omnia, Lyon 1575, 109–111: quaestio IIII, hier 111a,8: ursprünglicher Schluß des das Augsburger Verhör vorbereitenden Traktats „Utrum ad fructuosam absolutionis in sacramento poenitentiae exigatur fides, qua poenitens credat certissime se esse absolutum a Deo". Dazu: Promissio (s. u. Anm. 14), 183.
14 Oswald Bayer, Promissio. Geschichte der reformatorischen Wende in Luthers Theologie (1971), Darmstadt 1989, 128–143, bes. 136–141.
15 Vgl. bes. WA 30/III, 342,14–17 (Glosse auf das vermeinte kaiserliche Edikt, 1531): „In Christi Wort ist sie [die Kirche] heilig und gewiß, außer Christi Wort ist sie gewiß eine irrige, arme Sünderin, doch unverdammt um Christi willen, an den sie glaubt." WA 34/I, 276,7–9 (Osterpredigt [9. April] 1531): „Non est tam magna peccatrix ut Christiana Ecclesia. Quomodo haec est Sancta et peccatrix? Credit remissionem peccatorum et dicit 'debita dimitte.'" WA 34/I, 467,4f (Predigt am Pfingstfest [28. Mai] 1531): „sancta Christiana ecclesia est Sancta per articulum remissionis peccatorum, alioqui est peccatrix"; WA 40/I, 132,2f (zu Gal 1,12; 1531 (Hs); 197, 23f; 1535 (Dr); zu Gal 2,11: „Est quidem Ecclesia sancta, tamen simul peccatrix est." WA 38, 216,4–7 (Von der Winkelmesse, 1533): Die Kirche „bleibt eine untertänige Sünderin vor Gott bis zum Jüngsten Tag, und ist allein heilig in Christo[,] ihrem Heilande, durch Gnade und Vergebung der Sünden."

II Eine Problemstellung

Luther mutet seinen Hörern und Lesern nicht wenig zu und fordert nicht zuletzt auch ihr Denken heraus. Wie soll die Gleichzeitigkeit, das Zugleich von iustus und peccator gedacht werden, wenn man sich nicht an einem unverständlichen Paradox berauschen will? Verstößt Luther gar gegen den Satz vom zu vermeidenden Widerspruch? Könnte es sinnvoll sein zu behaupten, A sei identisch mit non A? Luther hatte gründlich Philosophie, vor allem Aristoteles, studiert und, von Erfurt aus in Wittenberg, über Aristoteles Vorlesungen gehalten. In seinen späteren – theologischen – Vorlesungen gebrauchte er zur Artikulation seiner theologischen Einsichten nicht nur biblische Begriffe, sondern, freilich nicht unkritisch, auch philosophische Denkformen[16] – nicht zuletzt die aristotelische Kategorientafel – allerdings mit der Bevorzugung der Kategorie der „relatio" – und, wie mit seiner Betonung des „semper in motu" paradigmatisch in der Weihnachtspredigt von 1514 über den Johannesprolog[17], den Bewegungsbegriff der aristotelischen „Physik"; ebenso geläufig, ja von fundamentaler Bedeutung für sein Denken war, wie wir sehen werden, die Unterscheidung und Zuordnung von „Sein" und „Werden", von „esse" und „fieri", was wiederum schon die Weihnachtspredigt von 1514 klar bekundet. So ist zu fragen: Könnte die Formel „simul iustus et peccator", die zwar, wie der Ruf „Ich glaube, hilf meinem Unglauben!" (Mk 9,24) höchst eindrucksvoll bekundet, der Sache, aber nicht dem Wortlaut nach biblisch ist, mit Hilfe eines in der philosophischen Tradition bereit liegenden „simul" – etwa im Sinne einer coincidentia oppositorum – entstanden bzw. gebildet worden sein? Oder hat Luther selbst es gefunden und eingeführt?[18] Vielleicht in einer tiefsinnigen Analogie zum strikten Zugleich des vere homo et vere deus, von Gott und Mensch, Mensch und Gott in der einen „Person" Jesu Christi?[19]

---

16 Zum Überblick: Oswald Bayer, Philosophische Denkformen der Theologie Luthers als Gegenstand der Forschung. Eine Skizze. In: Ders, Zugesagte Gegenwart, Tübingen 2007, 324–339.
17 WA 1, 20–29. Dazu eingehend: Bayer, Promissio (s.o. Anm. 14), 17–31.
18 Vgl. Gerecht und Sünder zugleich? (s.o. Anm. 3), 432 (Abschließender Bericht): „Bis jetzt spricht kein historischer Hinweis dagegen, dass Luther diese für das ökumenische Gespräch heute so bedeutende und irritierende Formel persönlich geprägt hat."
19 Vgl. Kjell Ove Nilsson, Simul. Das Miteinander von Göttlichem und Menschlichem in Luthers Theologie (FKDG 17), Göttingen, 1966, bes. 192–208. Dazu kritisch; Christe, Gerechte Sünder (s.o. Anm. 8, 86–88). Nilsson sieht als Grundmuster bei Luther überall die Idiomenkommunikation. Deren Struktur aber charakterisiert die Pointe von Luthers Formel nicht. Denn von einem Austausch von Sünde und Gottesgerechtigkeit kann sinnvollerweise nicht die Rede sein – es sei denn, man sähe in der Formel den „fröhlichen Wechsel und Tausch" impliziert. Die strikte Gleichzeitigkeit des vere deus und vere homo in der „Person" Jesu Christi als solche dürfte der Vergleichspunkt sein.

III Wissenschaftstheoretische Perspektive

Wie in anderen Themenfeldern der Erforschung der Theologie Luthers dürfte es sich auch für unsere Fragestellung lohnen, zunächst die wissenschaftstheoretische Perspektive einzunehmen und unsere Formel mit Luthers berühmter Bestimmung des subiectum theologiae – der Sache, des Gegenstandes, des einen Themas der Theologie – zu vergleichen, die er nicht zufällig in der Auslegung von Psalm 51 (1532), eines der sieben Bußpsalmen, trifft. Danach ist der Gegenstand der Theologie „der rechtfertigende Gott und der sündigende Mensch": deus iustificans et homo peccator.[20] Im Vergleich fällt die frappante Parallelität auf, aber auch der Unterschied: Von Gott ist in unserer Formel nicht explizit die Rede, wohl aber implizit: Gerecht (fertigt) – iustus als iustificatus – bin ich nicht absolut, sondern relativ, nur bezogen auf Gott, nur vor ihm: „coram deo". Ebensowenig kann ich mich als Sünder binnenanthropologisch verstehen; ich kann mich nicht, was mein Sein als Sünder betrifft, mit mir selbst verständigen, sondern bin und werde Sünder *vor Gott*, „coram deo": „Vor dir allein habe ich gesündigt" („Tibi soli peccavi"): Psalm 51,6. Gleichwohl: In unserer Formel ist von „Gott" nur verhüllt die Rede; sie ist im Unterschied zu jener Definition des subiectum theologiae dem Wortlaut nach ausschließlich anthropologisch.

IV Sein und Werden; die reformatorische Zweidimensionalität der Taufe

Nun gilt für jede Theologie, daß Theologie immer zugleich Anthropologie und Anthropologie immer zugleich Theologie ist. Entscheidend aber ist, *wie spezifisch* Luther diese Korrelation faßt. Dabei liegt auf der Hand, daß die Formel unbeschadet ihrer aus dem Zusammenhang der Theologie Luthers durchaus aufweisbaren Fülle theologischer Implikate[21] ihm dazu dient, die Aufmerksamkeit vor allem auf Fragen der theologischen *Anthropologie, insbesondere der Sündenlehre* zu richten.[22]

Die Fragen betreffen das *Verhältnis von neuem und altem Menschen*, alter und neuer Welt, von äußerem und innerem Menschen (um eine problematische Un-

---

20 WA 40 II, 327,11–328,3 (zu Ps 51,2; 1532).
21 Thematisch vieldimensional: Christe (s.o. Anm. 8).
22 Daß Luther die Formel auch in der Ekklesiologie geltend macht (s.o. Anm. 15), was höchst bedeutsam – weil keineswegs selbstverständlich – ist, ändert nichts daran, daß der Ausgangspunkt und der bleibende Schwerpunkt seiner Aufmerksamkeit auf der Anthropologie bzw. Soteriologie liegt.

terscheidung zu gebrauchen).[23] Wird mit dieser Unterscheidung eine statisch-zeitlose anthropologische Struktur in den Blick gefaßt? Oder dient sie dazu, ein *Werden* im Sinne eines zielgerichteten dynamischen Prozesses zu artikulieren? Geht es also um die Unterscheidung von Christsein und Christwerden? Die entscheidende Antwort darauf findet sich vor allem in Luthers Taufverständnis.[24]

Luthers vorreformatorisches Verständnis der Taufe war unter der Vorherrschaft der Frage nach der lebenslangen, aber ganz im Ungewissen bleibenden Bußbewegung sozusagen *eindimensional*; „die konsequente geistliche Aktualisierung des Taufgeschehens" ließ „das Datum des Aktes unwesentlich werden"[25]. Hingegen hat sein reformatorisches Verständnis der Taufe deutlich und klar *zwei* Dimensionen, die freilich ihrer Bedeutung nach sich asymmetrisch zueinander verhalten.

Die entscheidende, das Grundlegende betreffende Dimension liegt in der Betonung der Einmaligkeit und damit der Unüberbietbarkeit, der Definitivität der neuen Schöpfung, die den totus peccator zum totus iustus macht – in einem *vertikalen Einschlag*, einem Blitz gleichsam: im Ereignis der promissio dei und fides hominis, die der reformatorische Luther für die Taufe aus Mk 16,16, dem von ihm als Zusage wahrgenommenem Wort des auferweckten Gekreuzigten, hört: „Wer glaubt und getauft wird, der ist gerettet; wer nicht glaubt, ist verloren."[26] Dieses Wort ist, spezifisch für den reformatorischen Luther, das Einsetzungswort der Taufe und kann in der schlechthin konstitutiven Bedeutung, die der refor-

---

23 Der Aufriß des Traktats „De libertate Christiana (1520; WA 7, 20 – 38) richtet sich nur äußerlich nach dem Schema der Unterscheidung von „innerem" und „äußerem Menschen, das statisch-zeitlos verstanden werden könnte. Der Sache nach aber geht es um die Zeitstruktur des Verhältnisses von „neuem" und „altem" Menschen. Vgl. WA 7, 50,5 – 10: „novus" homo / „vetus" homo. Die von Luther zitierte Stelle (2Kor 4,16) zielt, wie die von Paulus gebrauchten beiden Verben („verfallen" und „erneuert werden") bekunden, zeitdynamisch auf Abbau und Aufbau. Eine eigene Aufgabe ist es, Luthers Rede von „zwei Zeiten" im Zusammenhang der Unterscheidung von Gesetz und Evangelium in der Analyse der Simul-Formel zur Geltung zu bringen. Vgl. WA 40/I, 526,2f [Hs 1531]; zu Gal 3,23: „Christianus est divisus in 2 tempora: quatenus caro, est sub lege; quatenus spiritus, est sub Euangelio."
24 Bayer, Promissio (s.o. Anm. 14), 7. Kap. („Promissio und Taufe"), bes. 258: Die Taufe „als geschehene" hat und behält „den Primat vor der geschehenden".
25 Werner Jetter, Die Taufe beim jungen Luther.Eine Untersuchung über das Werden der reformatorischen Sakraments- und Taufanschauung, Tübingen 1954, 341.
26 Das Futur („wird gerettet werden" und „wird verloren gehen") ist jeweils als perfectum propheticum, als assertorische Wahrheits- und Gewißheitsbekundung zu hören und im Sinne der präsentischen Eschatologie des Johannesevangeliums (z.B. Joh 3,18; 5,24 u.ö.) zu verstehen; es muß deshalb als Präsens wiedergegeben werden.

matorische Luther ihm zumißt, nicht überschätzt werden.[27] Er wendet es aus der dritten Person in die zweite. So wird der „Satz heiligen Rechts" zur direkten Anrede und Zusage und begegnet in dieser Gestalt paradigmatisch im Freiheitstraktat: „Glaubst du, so hast; glaubst du nicht, so hast du nicht!"[28]

Die zweite, in ihrer Bedeutung nachgeordnete, Dimension, bestimmt durch Röm 6,4[29], liegt in der Beachtung der gleichsam *horizontalen Wirksamkeit* der einfürallemal gültigen Wassertaufe, ihrer Dauer bis zum Tod und dem Jüngsten Tag als Kampf der Neuschöpfung gegen die binnengeschichtlich nicht verschwundene alte Welt der Sünde, dem der Getaufte und damit ganz Gerechte (totus iustus) nicht entzogen ist; Luther beruft sich dazu auf Röm 7,7–25 (besonders V. 23) – nicht ganz zu Recht, zu Recht aber auf Gal 5,16 f. Die mit Gottes Zusage des Heils verbundene Wassertaufe (Mk 16,16) „bedeutet, daß der alte

---

[27] Den Einsatz der Darstellung des Taufverständnisses und dessen Begründung in einem Einsetzungswort wahrzunehmen – wie Luther dies seit der Schrift de captivitate (1520) tut –, ist keineswegs selbstverständlich, sondern traditionsgeschichtlich neu. Ebensowenig selbstverständlich ist es, daß Luther als Einsetzungswort primär nicht etwa Mt 28,18–20 in Anspruch nimmt, sondern eben Mk 16,16. Weshalb? Weil er nur hier (implizit) die „promissio" und (explizit) die „fides" findet! Vgl. Bayer, Promissio (s.o. Anm. 14), 257–273. Sein Gesamtverständnis der Taufe läßt sich der reformatorische Luther ganz von Mk 16,16 her geben (Bayer, Promissio [s.o. Anm. 14], 257–273). Zur konstitutiven Bedeutung der „promissio" vgl. z. B. BSELK 1122, 3–4 (BSLK 700,1–3) (Großer Katechismus, 1529): „bin ich aber getauft, so ist mir zugesagt, ich solle selig sein und das ewige Leben haben." Zur Bedeutung von Mk 16,16 für Luthers *reformatorisches* Taufverständnis: Promissio (s.o. Anm. 14), 56 f, 180, 199–201, 224, 244, 257 f, 260 f, 264, 271, 277, 342, 348. Zur nirgendwo auf die Wassertaufe bezogenen Rezeption von Mk 16,16 beim *vorreformatorischen* Luther: Promissio (s.o. Anm. 14), 77, 114, 118–123, 128, 143, 153, 342.
[28] WA 7, 24,13 f. Zum Aufweis dieser Umsetzung: Bayer, Promissio (s.o. Anm. 14), 200 f. Vgl. Luthers Predigten vom 27. April 1522 in Borna: WA 10/III, 86–93 (über den Glauben), 94–99 (über die Liebe). Im Kontext des Zuspruchs „Glaubst Du, so hast Du, glaubst Du nicht, so hast Du nicht!" (92,13 f) beruft sich Luther ausdrücklich auf Mk 16,16: Ich habe „gehört im Evangelium, daß Christus seine Werke hat mir gegeben, das hab ich empfangen im Sakrament der Taufe und weiß es, er wird mir's halten, was er mir hat zugesagt, wenn er spricht: ‚Wer da wird glauben und getauft [wird], der soll selig werden'. Darauf verlasse ich mich" (91,5–9); indirekt wird Mk 16,16 gleich nochmals aufgenommen: 91,13 f. Auch in den Predigten „Von der heiligen Taufe" (WA 37, 627–672; 1534) spielt Mk 16,16 die entscheidende Rolle; vgl. besonders 634,13–635,2; 635,33–637,8; 640,4–25; 644,24–31; 659, 22–660,2. – Zur formenkritischen Bestimmung von Mk 16,16 als „Satz heiligen Rechts": Ernst Käsemann, Sätze heiligen Rechts im Neuen Testament (Exegetische Versuche und Besinnungen II, Göttingen 1964, 69–82, hier 75): „Das durch Charismatiker vermittelte eschatologische Gottesrecht ist [...] dadurch bestimmt, daß es irdisch an das alleinige Medium des Wortes gebunden bleibt und sich einzig in der Proklamation dieses Wortes vollzieht. Das hebt umgekehrt dieses Wort aus der Sphäre der bloßen Mitteilung heraus und erklärt die [...] sorgfältige Stilisierung [...] Wer es vernimmt, wird dadurch gerichtet oder begnadigt und verfällt dabei immer der darin handelnden Gottesmacht."
[29] BSELK 884,19–22 (BSLK 517,3–7) (Kleiner Katechismus, 1529).

Adam in uns durch tägliche Reue und Buße ersäuft werden und sterben soll mit allen Sünden und bösen Lüsten, und wiederum täglich herauskommen und auferstehen ein neuer Mensch, der in Gerechtigkeit und Reinheit vor Gott ewiglich lebe"[30] . Ja, die Taufe „bedeutet" das neue Leben nicht nur, sondern „wirkt, anfängt und treibt" es auch[31] – „in baptismo versaris hanc novam vitam non solum significante, verum enim operante, incipiente et exercente."[32] Zwar *ist* der neue Mensch die alte Welt nicht mehr, *hat* sie aber noch in sich[33] und um sich. Dies hat Luther realistisch, scharf und nüchtern gesehen. Auch der Getaufte sündigt (vgl. vor allem 1Joh 1,8–10) und hat es nötig, das Vaterunser zu beten und um die Vergebung der Schuld zu bitten.[34]

Diese Sündenschuld aber ist, wie Luther gegen die altgläubige Lehrmeinung, die heute noch in der römisch-katholischen Kirche vertreten wird,[35] geltend macht,[36] kein fomes concupiscentiae, kein bloßer Zunder, sondern hell lodernde Flamme: wirkliche, ganze Sünde, wie denn „Sünde", das *Unwesen* des Menschen, diesen ganz und gar qualifiziert, also ein Qualitätsbegriff, kein Quantitätsbegriff ist – wie auch der Glaube, das *Wesen* des Menschen, ganz (totus) und nicht gestückelt ist.[37]

---

30 BSELK 884,14–17 (BSLK 516,32–38) (Kleiner Katechismus, 1529).
31 BSELK 1130,12f (BSLK 706,8f) (Großer Katechismus, 1529).
32 Ebd.
33 Vgl. den Anm. 30 nachgewiesenen Text („der alte Adam in uns").
34 Vgl. z. B. WA 7, 336,37f: „Allein [schon] das Vaterunser beschließt [= schließt ein], daß wir noch alle in Sünden sind" („Grund und Ursach aller Artikel D. Martin Luthers, so durch römische Bulle unrechtlich verdammt sind" (1521), Zum Andern (s. u. Anm. 36). Zur Berufung auf das Vaterunser vgl. den unten zitierten und Anm. 61 nachgewiesenen Text.
35 Vgl. jedoch „Gerecht und Sünder zugleich" (s. o. Anm. 3), 400–456 (Abschließender Bericht).
36 So in der Leipziger Disputation (1519), WA 2, 160,34f: „In puero post baptismum negare remanens peccatum, est Paulum et Christum simul conculcare." Dieser Satz wird als zweiter Irrtum der Errores Martini ‚Lutheri in der päpstlichen Bannandrohungsbulle „Exsurge Domine" (1520) aufgeführt (DH 1452), von Luther in der „Assertio omnium articulorum M. Lutheri per bullam Leonis X novissimam damnatorum" (1520) bzw. in „Grund und Ursach…" (s. o. Anm. 34) verteidigt.
37 Weil es für Luther sowohl beim Glauben wie beim Unglauben, der Sünde, strikt um eine jeweils qualitative, nicht aber quantifizierende Bestimmung geht, ist Luthers nicht seltene Rede eines „partim (iustus)" – „partim (peccator)"(vgl. z. B. WA 56, 260,23; 442,21f; Römerbriefvorlesung 1515/16; WA 7, 137,17, Assertio …, 1520; WA 39/I, 542,6–18; 562,10–13; 562,15–563,1; 1538) schwerlich als „teilweise" iustus bzw. peccator sinnvoll nachzuvollziehen und eher als „einerseits" – „andererseits" zu verstehen. Denn: Gottes Wort und Werk ist vollkommen, ganz. So kann sich das „partim-partim" nur auf die empirische Erfahrung und Vermutung des Menschen beziehen; vgl. die Rede vom „Stückwerk" (1Kor 13,9–12). In der dritten Disputatio gegen die Antinomer wird klargestellt: „iustificatio, vivificatio, liberatio a lege pertinet ad totam personam. Ergo non est facienda ista particularitas, quod simus partim iusti, partim iniusti […] reputatione divina

Entscheidend für das reformatorische Verständnis ist nun, daß diese zweite Dimension, so wichtig sie in ihrer horizontalen Bedeutung ist, ganz von der ersten, dem vertikalen Einschlag, her bestimmt und bleibend auf sie ausgerichtet ist.[38] Das Verhältnis beider zueinander in ihrer Unterscheidung und Zuordnung kann als das von Sein und Werden verstanden werden.[39] Ist der aus Glauben Gerechte, der iustus, kraft der göttlichen Zusage der Sündenvergebung im *Sein*, so ist er im täglichen Kampf gegen die Sünde im *Werden*.

> „Dies Leben ist kein gerecht Sein, sondern ein gerecht Werden, nicht ein gesund Sein, sondern ein gesund Werden, nicht ein Wesen [= essentia], sondern ein Werden, nicht eine Ruhe, sondern eine Übung. Wir sind's noch nicht, wir werden's aber. Es ist noch nicht getan und geschehen, es ist aber im Gang und Schwang. Es ist nicht das Ende [= das Ziel], es ist aber der Weg. Es glüht und glänzt noch nicht alles, es fegt sich aber alles."[40]

> „Wir sind ein angefangenes Werk Gottes, aber noch nicht vollbracht, während wir hier auf Erden in dem Glauben seines Wortes leben. Nach dem Tod aber werden wir vollkommen sein: ein göttliches Werk ohn alle Sünd und Gebrechen".[41]

---

sumus revera et totaliter iusti [...]" (WA 39/I, 563,8 – 564,; 1539). – Die Forschung hat sich abgemüht, die Verträglichkeit des „Partialaspekts" mit dem „Totalaspekt" zu erweisen – wie z. B. Rudolf Hermann mit seiner Unterscheidung der Unteilbarkeit des favor (dei) und der Teilbarkeit des donum (dei): Gerecht und Sünder zugleich (s. o. Anm. 4), 95. Zur Unterscheidung von „favor" bzw. „gratia" und „donum": WA 8, 107,13 – 108,17 (Antilatomus, s. u. Anm. 44). Umfassend und zugleich eingehend differenziert ist der Forschungsstand zu Luthers Unterscheidung und Zuordnung des „Totalaspektes" und des „Partialaspektes" von Christe, Gerechte Sünder (s. o. Anm. 8) dargestellt. Im Blick auf die ältere Literatur ist neben der Monographie Hermanns (s. o.) hervorzuheben: Wilfried Joest, Gesetz und Freiheit. Das Problem des Tertius usus legis bei Luther und die neutestamentliche Paränese, Göttingen (1951), ³1961, bes. 65 – 68 (im Kontext).

38 Entschieden und klar ordnet Luther die promissio dem Wasserritus und seiner Bedeutung vor – entsprechend der Vorordnung des Gabewortes vor das signum (Brot und Wein) im Abendmahl (WA 6, 518,18 f; de captivitate, 1520): „ baptismus neminem iustificat nec ulli prodest, sed fides in verbum promissionis, cui additur baptismus: haec enim iustificat et implet id quod baptismus significat" (aaO, 532,36 – 533,1). Doch nicht nur die Vorordnung des Wortes vor das signum ist bemerkenswert, sondern – im Verhältnis von promissio und fides – die Vorordnung der sich mit dem Wasser verbindenden promissio vor dem Glauben: „mein Glaube machet nicht die Taufe, sondern empfängt die Taufe" [...]; sie ist „nicht an unsern Glauben, sondern an das Wort gebunden" (BSELK 1124,14 – 17 [BSLK 701,41 – 46]; Großer Katechismus, 1529).
39 Promissio (s. o. Anm. 14), 270: „Die Taufpromissio schafft nicht nur das Sein der Christen, sondern hält dies auch in Gang. So gründet – im Unterschied zur frühen Theologie – das Werden im Sein; es konstituiert nicht mehr das Sein."
40 WA 7, 336,31 – 36. („Grund und Ursach..." [s. o. Anm. 34], Zum Andern).
41 AaO, 337,22 – 25.

Wie sich dieses auch beim Christen wegen bleibender – genauer gesagt: wegen bis zum Tod immer wieder aufkommender und einbrechender – Sünde notwendige Werden zum iustus Sein verhält, ist nun näher zu erkunden.

V Primär identifizierendes „als", nicht teleologisches „zum"

Um Luthers Verständnis zu profilieren, werfen wir einen kurzen Blick auf die säkularisierte Bearbeitung und Fassung des Problems in der Neuzeit. Vorherrschend ist die Auffassung, daß das volle Menschsein der Menschheit erst am Ende eines binnengeschichtlichen, weltimmanenten evolutionären Bildungsprozesses erreicht werde. So wird von Herder über Schleiermacher und Teilhard de Chardin bis zu Wolfhart Pannenberg die Rede von der menschlichen „Bestimmung" nicht nur als „Bestimmung durch...", sondern mehr noch als teleologische „Bestimmung zu..." verstanden. Danach *wird* der Mensch durch seine Geschichte erst *zum* Menschen; er erleidet und wirkt sie nicht *als* Mensch, der er kraft der Anrede und Zusage Gottes immer schon *ist*. [42]

Leitet diese Argumentationsfigur auch *Luthers* Bestimmung des Verhältnisses von Werden und Sein?[43] Sucht man die Antwort auf diese Frage in Luthers zweidimensionalem Taufverständnis, so zeigt sich, daß die erste Dimension zweifellos die ungleich stärkere und entscheidende ist: In Gottes Urteil ist der Sünder gerecht gesprochen und damit gerecht gemacht, mithin totus iustus. Dem sachlich nachgeordnet ist der tägliche und lebenslange Kampf mit der besiegten Sünde (peccatum regnatum), die nicht mehr herrscht, kein peccatum regnans mehr ist – wie Luther im Antilatomus darlegt[44] –, gleichwohl aber wirkliche Sünde. Ja, selbst die Gefahr ist nicht ausgeschlossen, in diesem Prozeß, diesem Werden, wieder ganz in die Sünde zurückzufallen und in ihr zu scheitern. Die

---

42 Damit gebrauche ich eine ungemein klärende Bestimmung, die das Bundesverfassungsgericht der BRD im Blick auf den Status des menschlichen Embryos traf: daß der menschliche Embryo „sich nicht erst zum Menschen, sondern als Mensch entwickelt" (BVerfGE 88 (Nr. 21), Tübingen 1993, 203–265, hier 252. Vgl. BVerfGE 39,1 (37).
43 Man könnte Luther in seiner Disputatio de homine (1536) Thesen 35–40 (WA 39/I, 177) so (miß)verstehen. Jedoch: These 21 (aaO, 176): „homo est creatura [...] ab initio ad imaginem Dei *facta*" (Hervorhebung hinzugefügt). Vgl. Johannes von Lüpke, Gottesgedanke Mensch. Anthropologie in theologischer Perspektive, Leipzig 2018, 352: „Als ‚factum' liegt die Gottesebenbildlichkeit dem gesamten Prozess des Werdens zugrunde." „Dieses urgeschichtliche Datum ist nicht in der Geschichte seines Werdens zu datieren. Es liegt eben dieser Geschichte als der Ruf Gottes, als Ursprung seines Werdeprozesses zugrunde" (aaO, 350).
44 WA 8, 94,9f (Rationis Latomianae confutatio, 1521). Im Antilatomus wird in besonderer Ausführlichkeit das Thema des zweiten Irrtums Luthers (s.o. Anm. 34 und 36) aufgenommen.

Zuversicht, in diesem lebenslangen Kampf trotz aller Gefahr endlich zu siegen, geschieht allein kraft der einfürallemal gegebenen Taufzusage, zu der der Sünder in der Buße immer wieder zurückkehren darf. „Semper enim manet veritas promissionis, semel factae, nos extenta manu susceptura reversos."⁴⁵ „Immer nämlich bleibt die Zuverlässigkeit der Zusage, die, einmal ergangen, mit ausgestreckter Hand uns, die wir zurückgekehrt sind, [wieder] aufnehmen wird." Buße ist „via ac reditus ad baptismum"⁴⁶; „einmal ist diese göttliche Zusage über uns ergangen, ihre Zuverlässigkeit aber besteht bis zum Tod"⁴⁷. Freilich ist realistischerweise auch mit Rückschritten zu rechnen, doch darf insgesamt durchaus von einem Wachstum gesprochen werden.⁴⁸ Im Verhältnis des neuen zum alten Menschen, auf dem Weg der Buße, gibt es in der Tat Fortschritte. „Wir beginnen", heißt es im Freiheitstraktat, „und machen Fortschritte in dem, was im kommenden Leben vollendet werden wird"⁴⁹.

Doch kann und will der als iustus von sich weg allein auf den rechtfertigenden Gott und seine Zusage blickende Kämpfer die Siege über die Sünde nicht beobachten, bilanzieren und nach Graden feststellen. Der Rechtfertigungsglaube bedeutet ja gerade, im Letzten sich selbst und eigenem Urteil entnommen zu sein.⁵⁰ Und das Gericht unserer Werke haben wir noch vor uns. So werden wir im

---

45 WA 6, 528,16f (De captivitate, 1520).
46 WA 6, 572,16f (De captivitate, 1520). Vgl. BSELK 1130,21–23 (BSLK 706,22–26): „Also ist die Buße nichts anders denn ein Wiedergang und Zutreten zur Taufe, daß man das wiederholet und treibt, so man zuvor angefangen und doch davon gelassen hat." (Großer Katechismus zur Taufe, 1529).
47 WA 6, 528,10f (De captivitate, 1520): „Semel super nos lata divina hac promissione, usque ad mortem veritas eius perseverat.". vgl. ebd. 528,16: „ semper enim manet veritas promissionis semel factae".
48 Oft unter Berufung auf Apk 22,11 (s. z. B. o. Anm. 7). Vgl. WA 6, 535,1–16 (de captivitate, 1520): „...semper sumus baptisandi magis ac magis, donec signum perfecte impleamus in novissimo die."
49 WA 7, 59,31 (Von der Freiheit eines Christenmenschen, 1520). Vgl. Oswald Bayer, Martin Luthers Theologie. Eine Vergegenwärtigung, Tübingen (2003), ⁴2016, 264f. Treffend Christe, Gerechte Sünder (s.o. Anm. 8), 518: Es gibt „im Christenleben nach Luther sehr wohl eine Entwicklung, einen Fortschritt, ohne dass dieser immer geradlinig verlaufen müßte und gegen Rückschläge gefeit wäre, aber dieser Progressus ereignet sich irdisch immer *innerhalb* des simul iustus et peccator und führt nicht über dieses *hinaus*."
50 Das bedeutet auch, daß die Gewißheit des Heils nicht mehr, wie nach Luthers vorreformatorischer Theologie, konkret allein in und aus der negativen Selbsterkenntnis erwartet wird. Sie gründet vielmehr im Positiven – im Eigenständigen – der göttlichen Heilszusage, die freilich auch (!) eine negative Kehrseite hat. Vgl. bes. WA 40/I, 589,25–28 (zu Gal 4,6; 1531): „haec est ratio, cur nostra Theologia certa sit: Quia rapit nos a nobis et ponit nos extra nos, ut non nitamur viribus, conscientia, sensu, persona, operibus nostris, sed eo nitamur, quod est extra nos, Hoc est, promissione et veritate Dei, quae fallere non potest. Hoc Papa nescit...".

Umgang mit unserem Werden immer wieder neu zu dem dem Prozeß, dem Kampf, bereits zugrunde liegenden und nicht erst aus ihm sich ergebenden Sein des Gerechten zurückgeführt, das heißt: mit der promissio vor das Angesicht Gottes gestellt.

Die Buße als Rückkehr zur Taufe – dieses vom zugesagten Sein qualifizierte Werden – dauert die ganze Lebens- und Weltgeschichte lang: im Abbau des alten und Aufbau des neuen Menschen (vgl. 2Kor 4,16), dessen Heiligkeit freilich verborgen ist (Kol 3,3) „und nicht in der Welt vor den Augen liegt wie der Kram auf dem Markte"[51]. So ist der Fortschritt kein sichtbarer und meßbarer Fortschritt im Sinne des neuzeitlichen Perfektibilitätsgedankens: *Wachstum und Heiligung geschehen wirklich, sind aber zu glauben und zu hoffen.*[52]

VI Gottes ewige Gegenwart

Es liegt auf der Hand, daß das eben im Sinne von Luthers zweidimensionalem Taufverständnis angesprochene Verhältnis von Sein und Werden, Werden und Sein sich in keiner Weise binnenanthropologisch – etwa subjektivitätstheoretisch – aus- und nachweisen läßt, sondern allein strictissime theologisch zu erfahren und zu denken ist. Denn die eschatische Wortzeit, in der das Simul erfahrbar und denkbar wird, ist in einem ganz anderen Möglichkeitsraum als in einem binnenanthropologischen konstituiert und verbürgt, nämlich in der *einen* Zeit dessen, der unsere vielspältigen Zeiten in seiner Hand hat (Ps 31,16): Was für uns als Vergangenheit, Gegenwart und Zukunft auseinanderfällt, liegt für Gott ineinander, ist in seinen Augen gleichzeitig. Die mit seinem Namen gegebene Gegenwart ist der Grund des Vergangenen und Zukünftigen.

Wenn nun bei Gott die Gegenwart der Grund des Vergangenen und Zukünftigen ist, dann ist der von ihm – im Gericht und in der Gnade, durch das Gesetz und durch das Evangelium – angesprochene Mensch nicht erst und nur im Werden, sondern kraft des schöpferisch gegenwärtigen Wortes (Ex 20,2: „Ich bin der HERR, Dein Gott", der Urpromissio, der „promissio omnium promissionum"[53])

---

51 WA DB 7, 421,10 f (Zweite Vorrede zur Johannesoffenbarung, 1530).
52 Zu den Teilen IV und V insgesamt: Oswald Bayer, Art. „Buße" (4. Ethisch) in RGG⁴, Bd. 1, 1998, Sp. 1921 f.
53 WA 30/II, 358,1–4 (Glossen zum Dekalog als Kommentar zu Ex 20,2).

bereits im Sein. Auf diese Weise ist der Mensch ein Wesen der ewigen Gegenwart; auf diese Weise sind wir unsterblich.[54]

Das iustus Sein ergibt sich also nicht aus dem Werden: Der Mensch, wie Gott ihn will, ist nicht das Ergebnis eines Bildungs- und Wachstumsprozesses – so, daß erst am Ende er selbst wäre und damit seine Essenz sich erst aus seiner Existenz ergäbe. Der Mensch wird, wie gesagt, nicht durch sein Werden erst *zum* Menschen. Vielmehr widerfährt ihm – in Fortschritten, aber auch in Rückschritten[55] – seine Bildungsgeschichte *als* Mensch. Denn in den Augen Gottes ist er von allem Anfang an totus iustus. Auch in der horizontalen Wirkung der Taufe läßt sich die Gottesgerechtigkeit nicht quantifizieren. Das Wachsen betrifft das Gottesverhältnis auch nicht so, daß es – und sei es nur rückwirkend, sekundär – dieses bestimmen könnte. Das Wachsen geschieht in ihm als in dem ganzen runden Raum der Zusage Gottes, in die dieser seine Gegenwart setzt, die der Grund alles Vergangenen und Zukünftigen ist. In dem Raum des durch das Sein Gottes geschaffenen und verbürgten Seins des totus iustus spielt dessen Lebensgeschichte in ihrem Werden und Vergehen – inmitten einer Natur- und Weltgeschichte, die als „sehr gut" (Gen 1,31) geschaffen, durch die Sünde des Menschen aber korrumpiert, durch Jesus Christus jedoch restituiert ist und durch den Heiligen Geist vollendet wird. Daß in diesem Raum der ewigen Gegenwart Gottes auch der Getaufte immer wieder sündigt, das heißt: sich von Gott abkehrt und auf sich selber blickt, sich selber sucht: das ist die bis zum Tod und dem Jüngsten Tag „bleibende" Sünde, das peccatum remanens[56]. Zwar ist der alte Adam definitiv tot. Jedoch: Das Aas kann schwimmen.[57]

---

54 Vgl. WA 43, 481,32–35 (zu Gen 26,24 f; Satzbau umgestellt), übersetzt: Wir sind „solche Geschöpfe, mit denen Gott auf ewig und unsterblich reden will, [...] sei es im Zorn, sei es in der Gnade".
55 Bemerkenswert ist, daß Luther überwiegend vom Fortschritt (profectus) redet – auch wenn er ihn nicht beobachten und feststellen will und kann. Gerade angesichts der Bedeutung und Wucht, die Luther der Anfechtung zumißt, erstaunt es, daß alles in allem doch als proficere gilt (wenn auch immer: a novo incipere: WA 4, 350,14; zu Ps 119,88; 1513–15. Vgl. Theodor Dieter, Der junge Luther und Aristoteles. Eine historisch-systematische Untersuchung zum Verhältnis von Theologie und Philosophie [TBT 105], Berlin/New York 2002, 276–377: „Der aristotelische Bewegungsbegriff in der Theologie Luthers"). Der Duktus ist der des Wegeliedes Paul Gerhardts: „„...was er sich vorgenommen / und was er haben will, / das muß doch endlich kommen / zu seinem Zweck und Ziel" („Befiehl du deine Wege..."; EG 361,5). Luthers Zuversicht im Blick auf den guten Ausgang des Werdens gründet nicht auf der Bildungsfähigkeit und Bildungswilligkeit der Christen, die das tragende Subjekt des Bildungsprozesses wären, sondern allein auf das Wort und Werk Gottes, der mir die Vollendung meiner Lebensgeschichte und der ganzen Welt- und Naturgeschichte zugesagt hat und sich selbst für das Gelingen des ganzen Prozesses in der durch das Gericht hindurch geschehenden Weltvollendung verbürgt.
56 Vgl. o. Anm. 36.

VII Zwei verschiedene Blickrichtungen; die Kategorie der relatio

Die Formel „simul iustus et peccator" gibt dann einen guten Sinn, wenn sie im Lichte von Gottes ewiger Gegenwart bedacht wird, in der sein Wort wirkt und sein Werk spricht. So wie ER dich sieht, anblickt und anredet, so bist Du. Blickt er dich an und redet er dich an als Sünder, so bist Du Sünder. Blickt er dich an und redet er dich an als Gerechten, so bist du Gerechter. Mein Sein liegt in der Beziehung, die der mir entgegenkommende, mich anblickende und mich anredende Gott stiftet – so, daß ich antworten kann, aber auch antworten muß.

Von daher ist verständlich, daß für Luther die Hauptkategorie nicht, wie in der Tradition, die „Substanz", sondern die „Relation" ist – jedenfalls im Bereich der Christologie und der Soteriologie. Der Christ ist nicht in sich heilig. Seine Heiligkeit ist nicht mit der Kategorie der „Substanz" und der „Qualität", einer an und für sich bestehenden und feststellbaren Beschaffenheit, sondern mit der der „Relation" zu denken.[58] Unter dem Gesichtspunkt der Kategorie der „Relation" ist die Sünde – durch ihre Vergebung – „hinweg". Dies ist aber nicht der Fall unter dem Gesichtspunkt der Kategorie der „Qualität", unter dem Du siehst, daß sie dir in der Haut steckt; da fühlst Du, daß Du zu allen Sünden geneigt bist.[59] Es ist die Beziehung, die sich mit der ergehenden promissio herstellt und ohne sie nicht bestünde. „Ein Christ ist zweifach zu betrachten: unter der Kategorie der ‚Relation' und unter der der ‚Qualität'. Wird er unter der der 'Relation' betrachtet, ist er so heilig wie ein Engel und ist dies dadurch, daß ihm durch Christus die Heiligkeit zugerechnet wird. Aber der unter dem Gesichtspunkt der ‚Qualität' betrachtete Christ ist voll von Sünde."[60]

Die Formel „Gerecht und Sünder zugleich" sorgt dafür zu beachten, daß *das Sein des Menschen in der von Gott zu ihm geschaffenen Beziehung besteht*. Suche

---

[57] Luther zugeschriebener und seinem Verständnis durchaus entsprechender Spruch, der aber m.W. sich nicht belegen läßt.
[58] Vgl. WA 40 II, 354,2–4 (zu Ps 51,4): „Christianus non est sanctus intrinsece et formaliter. Nec Sanctitas est in praedicamento substantiae, sed relationis, est gratuita Misericordia." Vgl. WA 40 II, 421,21–25 (zu Ps 51,11; 1532) im Zusammenhang einer Bezugnahme auf das Begriffspaar „favor" (bzw. „gratia") und „donum" (Röm 5,15–17), das eine prominente Rolle im Antilatomus spielt.
[59] „In praedicatione relationis ist peccatum hinweg et per remissionem peccatorum. Non in praedicamento qualitatis i.e. stickt dir in der Haut, fühlest quod geneigt ad omnia peccata" (WA 49, 95,33–35; Predigt am Ostersamstag [27. März] 1540).
[60] „Christianus est dupliciter considerandus, in praedicatione relationis er qualitatis. Si consideratur in relatione, tam sanctus est, quam angelus, id est, imputatione per Christum […] Sed christianus consideratur in qualitate est plenus peccato" (WA 39 II, 141,1–6; Luther in der Disputatio sexta contra antinomos [10. September 1540], bei der Joachim Mörlin promoviert wurde).

ich von dieser Beziehung abzusehen, um *in* mich zugehen und mich selbst zu erforschen, wende ich mich im Entscheidenden mir selber zu, um mein Leben – nicht zuletzt mein frommes Leben – vor mir selbst zu bilanzieren und zu beurteilen, dann habe ich mich in solcher incurvatio in me ipsum, in einem solchen absoluten Selbstbezug von Gott abgewandt, bin in solcher Umkehrung der Blickrichtung wieder Sünder geworden, totus peccator.[61]

Es geht um nichts anderes als um die Blickrichtung. Aus der dritten Disputation gegen die Antinomer ist uns folgendes Votum Luthers überliefert, das sein reformatorisches Verständnis der Formel sprechend zusammenfaßt:

„Es mache hier stimmig, wer dies stimmig machen kann: zwei, die in *einem* Subjekt und zu demselben Zeitpunkt in einem Gegensatz zueinander stehen [nicht aber im Widerspruch!]. Wenn du heilig bist, warum rufst du dann [zu Gott]? Weil ich die Sünde erfahre, die mir anhängt. Deshalb bete ich: Geheiligt werde dein Name, dein Reich komme! O Herr, sei mir gnädig! Und doch bist du heilig! Und doch bist du heilig? So bin ich nun insofern ein Christ, sofern ich nämlich gerecht sowie gottesfürchtig bin und zu Christus gehöre. Aber sofern ich den Blick auf mich und meine Sünde richte, bin ich elend und der größte Sünder. So ist in Christus keine Sünde, aber in unserem Fleisch kein Friede und keine Ruhe, sondern ein ständiger Kampf, solange dieser alte Adam und diese korrupte Natur bleibt, die erst durch den Tod vernichtet wird."[62]

Im Blick auf Christus bin ich heilig und gerecht; „aber sobald ich den Blick auf mich und meine Sünde richte, bin ich elend und der größte Sünder".

Die Formel bezeichnet also zwei verschiedene Hinsichten[63], zwei scharf voneinander zu unterscheidende, ja: einander entgegengesetzte Blickrichtungen

---

[61] Freilich ist der Unterschied zwischen einem peccator insensatus und einem peccator sensatus zu beachten, den Luther z. B. in seiner Auslegung von Ps 51 (1532) macht (WA 40/II, 333,8f; 333, 30ff). Der peccator sensatus ist sich als Sünder bewußt, indem er sich coram Deo, im Angesicht Gottes als Sünder erfährt und erkennt, während der peccator insensatus um seine Sünde nicht weiß.

[62] „Reim da, wer reimen kann. Duo contraria in uno subiecto et in eodem puncto temporis. Si sanctus, cur clamas? Quia sentio peccatum adhaerens mihi, et ideo oro: Sanctificetur nomen tum, adveniat regnum tuum. A domine, sis mihi propitius. Attamen es sanctus. Attamen es sanctus? Ita, inquantum christianus, eatenus enim sum iustus, pius et Christi, sed quatenus respicio ad me et ad meum peccatum, sum miser et peccatum maximus. Ita in Christo non est peccatum et in carne nostra non est pax et quies, sed pugna perpetua, dum hic vetus Adam atque haec natura corrupta manet, et quae non nisi eadem morte aboletur" (WA 39/1, 508,1–9; 1538)

[63] WA 39/I, 492,19–22 (Dritte Disputation gegen die Antinomer, 1538): „nos esse [...] peccatores [...], sed diverso respectu sumus enim iusti, quo ad reputationem seu misericordiam Dei in Christo promissam [...] Quoad Christum [....] quoad nos [...]." WA 39 / 552, 13–553,3 (Dritte Disputation gegen die Antinomer, 1538): „Quoad Christum [...] sumus vere sancti[...]. Verum quod ad me [...] sum peccator".

in einem und demselben Menschen zu einem und demselben Zeitpunkt – freilich in dem Sinne, daß sie *faktisch* sich gegenseitig ausschließen; gleichzeitig sind beide Bestimmungen ja nicht in derselben Hinsicht. Die beiden Blickrichtungen lassen sich auch nicht überlagern oder nacheinander einnehmen. Als ob ein chronologischer oder psychologischer Folgezusammenhang vorläge! Sie sind vielmehr zugleich, gleichzeitig. Dies sind sie freilich nicht im Sinne unseres menschlichen innerweltlichen Zeitverständnisses, sondern allein in dem Raum, der von der ewigen Gegenwart Gottes erfüllt ist. Gott allein vermag das, was für uns auseinander liegt, zusammenzuschauen und wirksam zusammenzuhalten, ist er doch darin ewig, daß er in seiner Ewigkeit als der Fülle und Erfüllung der Zeit des von uns unbestimmbaren Lebens ganz und zugleich vollendet mächtig ist – um eine treffende Definition des Boethius aufzunehmen.[64] Weil in ihm, der – wie oben schon herausgestellt – unsere Zeiten in seiner Hand hat (Ps 31,16), die beiden Blickrichtungen aufgehoben sind, sind sie auch im Christen, obwohl einander entgegengesetzt, doch „miteinander versöhnt"[65].

Damit sind wir am Ende zum Anfang zurückgekehrt; zu Jochen Kleppers Weihnachtslied, mit dem er wörtlich eine Predigt Martin Luthers aufnimmt: „Sieh nicht an, was du selber bist... !"

Ich schließe und fasse alles zusammen mit einem wunderbaren Satz aus Luthers „Sermon von der Bereitung zum Sterben" (1519), der die christologische Extra-Dimension unserer Formel pointiert: „suche dich nur in Christus und nicht in dir, so wirst du dich auf ewig in ihm finden!"[66]

---

[64] „Aeternitas [...] est indeterminabilis vitae tota simul et perfecta possessio" (Boethius, Trost der Philosophie. Zweisprachige Ausgabe. Aus dem Lateinischen von Ernst Neitzke, Frankfurt am Main und Leipzig 1997, V,6: S.310 im Kontext).
[65] WA 39/I, 523,4–7 (Dritte Disputation gegen die Antinomer, 1538): „Haec autem ut contraria sunt, tamen reconciliata in christiano sunt, quod idem christianus sit sanctus et peccator, mortuus et vivus; omne peccatum et nullum peccatum, inferus et coelum sunt correlativa."
[66] WA 2, 690,24 f (Ein Sermon von der Bereitung zum Sterben, 1519). Wer auf die extra-Dimension („nur in Christus, und nicht in dir") achtet, verkennt keineswegs, daß zugleich Christus *mir* sich mitteilt, teilgibt und dadurch *ich* bin, indem ich in ihm *mich* finde. Ein Selbstbezug des Glaubenden ist also keineswegs ausgeschlossen. Dazu monographisch: Christiane Tietz, Freiheit zu sich selbst. Entfaltung eines christlichen Begriffs von Selbstannahme, Göttingen 2005. Zur extra-Dimension: s. o. Anm. 50.

33 Notwendige Umformung? Reformatorisches und neuzeitliches Freiheitsverständnis im Gespräch und Konflikt

I Die Fragestellung

Die evangelische Kirche versteht sich als „Kirche der Freiheit" – jedenfalls nach dem „Impulspapier des Rates der EKD" von 2006, das den Untertitel trägt: „Perspektiven für die evangelische Kirche im 21. Jahrhundert".[1] Der Begriff der „Freiheit" spielt für das Selbstverständnis des Protestantismus eine entscheidende Rolle – wenn nicht *die* entscheidende Rolle, scheint er doch die Identität und geschichtliche Kontinuität der protestantischen Kirchen und ihrer Theologie wie kein zweiter zu verbürgen und insbesondere den Bruch zwischen dem Alt- und Neuprotestantismus zu überbrücken. Hatte Luther die „ganze Summa eines christlichen Lebens" mit seinem Traktat von 1520 auf die „Freiheit" fokussiert[2] und Melanchthon in seinen Loci von 1521 das reformatorische Selbstverständnis in die knappe These gefaßt, die sich wie ein Fanfarenstoß hören läßt: „libertas est christianismus"[3] – „Christentum ist Freiheit" – so scheint *dieser* Ruf vielen mit dem *neuzeitlichen* Freiheitsruf zu harmonieren, den beispielhaft die Französische Revolution erhoben hat („Freiheit!" zusammen mit „Gleichheit" und „Brüderlichkeit"). Nach Hegel ist das politische Freiheitsverständnis seiner Zeit nichts anderes als die Konsequenz des religiösen Freiheitsverständnisses der Reformation; entsprechend erhob er, wie erzählt wird,[4] jedes Jahr zweimal in besonderer Weise das Glas, um auf die Freiheit zu trinken: am 31. Oktober und am 14. Juli, dem Tag des Sturms auf die Bastille. Für Hegel besteht zwischen dem reformatorischen

---

[1] Kirche der Freiheit. Perspektiven für die evangelische Kirche im 21. Jahrhundert. Ein Impulspapier des Rates der EKD, hg.v. Kirchenamt der EKD, Hannover 2006.
[2] Im Blick auf den Freiheitstraktat schreibt Luther 1520 in seinem Sendbrief an Papst Leo X: „Es ist ein klein Büchle, so das Papier wird angesehen, aber doch die ganze Summa eines christlichen Lebens darinnen begriffen, so der Sinn verstanden wird." (WA 7, 11,8 – 10; die Schreibweise ist hier und im Folgenden modernisiert).
[3] Philipp Melanchthon, Loci communes 1521, lateinisch-deutsch, übersetzt und mit kommentierenden Anmerkungen versehen von Horst Georg Pöhlmann, Gütersloh 1993, 7 (De discrimine veteris ac novi testamenti, item de abrogatione legis), 21 (S. 294f).
[4] Vgl. Joachim Ritter, Hegel und die Reformation. In: Ders., Metaphysik und Politik. Studien zu Aristoteles und Hegel, Frankfurt /M. 1969, 310 – 317, hier 311.

und neuzeitlichen Freiheitsverständnis kein Konflikt, sondern vollkommene Harmonie.[5]

Bei der Beurteilung des Verhältnisses von neuzeitlichem und reformatorischem Freiheitsverständnis kommt es darauf an, wie das Verhältnis von Kontinuität und Diskontinuität bestimmt wird und ob man sich dabei vom Gesichtspunkt der „Wirkungsgeschichte" oder aber dem der „Rezeptionsgeschichte" leiten läßt. Zu beurteilen ist ein geschichtlicher Prozeß, der nicht einlinig verläuft, vor allem nicht als kausalmechanisch verstandene Wirkungsgeschichte, sondern – rezeptionsgeschichtlich – als challenge and response (Toynbee): so, daß Vorgegebenes in je verschiedener Weise beansprucht und als Herausforderung genommen wird, die eine bestimmte Antwort findet. Damit ist dieser Prozeß nicht dem Schicksal einer kausalen, unumkehrbaren Determination ausgeliefert. In jeder Antwort steckt vielmehr ein Moment der Freiheit. Sonst wären Kritik und Metakritik nicht möglich.

Verkannt ist diese Freiheit in Emanuel Hirschs Rede vom „Schicksal", die sein Urteil über die „Umformung des christlichen Denkens in der Neuzeit" prägt.[6] Für Hirsch ist das dem christlichen Glauben in der Neuzeit bereitete Schicksal unerbittlich.

> „Das Tor zur christlichen Vergangenheit ist uns allen zugeschlagen, seitdem dies Schicksal über uns gekommen ist: nur in den Formen der Sehnsucht und des Selbstbetrugs ist für den, an dem die Reflexion der letzten Jahrhunderte ihr Werk getan hat, noch ein Verhältnis zur alten Gestalt christlichen Glaubens und Denkens möglich."[7]

Richtig ist, daß wir uns die geschichtliche – gesellschaftliche, politische, kulturelle und geistige – Situation, in der wir leben, nicht aussuchen. Wir können sie auch nicht abstrakt negieren und das reformatorische und neuzeitliche Freiheitsverständnis diastatisch auseinanderbrechen lassen. Die Entscheidungen etwa Semlers und Schleiermachers sind Ereignisse, die Epoche gemacht haben und wirken sich insofern durchaus schicksalhaft aus, als sich ihnen kein Zeitgenosse entziehen kann. Gleichwohl bleibt jedem die Freiheit zum – begründeten – Widerspruch und zur metakritischen Neuorientierung. Die Entscheidungen, die den

---

5 Vgl. des Näheren: Oswald Bayer, Theologische Ethik als Freiheitsethik. In: Ders., Freiheit als Antwort. Zur theologischen Ethik, Tübingen 1995, 97–115, hier 107–111: „Das Problem der säkularisierten Freiheit".
6 Emanuel Hirsch, Die Umformung des christlichen Denkens in der Neuzeit. Ein Lesebuch, 1938; Vorrede (passim). Vgl. ders., Geschichte der neuern evangelischen Theologie im Zusammenhang mit den allgemeinen Bewegungen des europäischen Denkens, Bd. V, Gütersloh (1949) 1960, 621– 626.
7 Hirsch, Umformung (wie Anm. 6), V, (Vorrede).

Neuprotestantismus bestimmen – allem voran die anthropologische Wende[8] – , sind keine στοιχεῖα τοῦ κόσμου (Gal 4,3; 4,9; Kol 2,20), keine Elementarmächte, denen jeder sich beugen müßte, wie Hirsch dies fordert. Statt Unterordnung ist die Bezugnahme und Antwort geboten, die, wenn nötig, auch in einem begründeten Widerspruch bestehen kann. So muß keiner „*unter*" den Bedingungen der Neuzeit Theologie treiben, wohl aber – aus innerstem theologischem Grund, nämlich um der universalen Geltung des Evangeliums willen – *im Bezug zu ihnen*, der, wie gesagt, auch kritisch sein kann. „Anschlußfähig" ist der Theologe auch im präzisen Widerspruch: Zeitgenosse im Widerspruch – wie Johann Georg Hamann.

Dementsprechend schlage ich vor, Freiheit als „kritischen Vermittlungsbegriff" zu gebrauchen.[9] Der Begriff der „Freiheit" ist von seiner Geschichte wie seinem Bedeutungsfeld her wie kein zweiter geeignet, einen fruchtbaren Streit um die Wahrheit des christlichen Glaubens und Lebens im Bezug zur jeweiligen gesamtgeschichtlichen Situation zu entbinden. Wird diese Wahrheit durch unbesehene Einpassung in die Zeitgenossenschaft ebenso verraten wie durch grundsätzliche und abstrakte Entgegensetzung zu ihr, ist sie im Gegensatz zu beiden Extremen unzeitgemäß zeitgemäß wahrzunehmen, dann darf die ihr dienende Theologie sich nicht scheuen, sich in Kontroversen hineinzubegeben. Als Kontroverstheologie und Konfliktwissenschaft bewegt sie sich jenseits pauschaler Übernahme und pauschaler Ablehnung philosophischen und humanwissenschaftlichen Freiheitsverständnisses. Sie beruhigt und immunisiert sich weder mit einer Diastase reformatorischen und neuzeitlichen Freiheitsverständnisses noch unterstellt sie eine prinzipielle Identität oder glatte Anschlußfähigkeit. Sie versucht vielmehr, den Konflikt nicht zu überspielen – etwa mit der These von der notwendigen Umformung – , sondern sich in ihm, also in konkreter Auseinandersetzung, zu artikulieren.[10]

Gebraucht Theologie auf diese Weise im kontroversen Gespräch den Begriff der Freiheit als kritischen Vermittlungsbegriff, dann nötigt der Begriff als solcher nicht zur Theorie einer Konvergenz des reformatorischen und neuzeitlichen

---

[8] Vgl. o. Teil II, Kap. 9: „Wissenschaftliche Methoden in der theologischen Auslegung der Bibel".
[9] Vgl. Oswald Bayer, Zugesagte Freiheit. Zur Grundlegung theologischer Ethik, Gütersloh 1980, 16–18; Ders., Freiheit als Antwort. Zur theologischen Ethik, Tübingen 1995, 9 f. und die Aufnahme dieses Vorschlags durch Christoph Herbst, Freiheit aus Glauben. Studien zum Verständnis eines soteriologischen Leitmotivs bei Wilhelm Herrmann, Rudolf Bultmann und Eberhard Jüngel (TBT 157), Berlin/New York 2012.
[10] Für die konkrete Durchführung dieses Programms darf ich auf mein Buch „Leibliches Wort. Reformation und Neuzeit im Konflikt", Tübingen 1992, besonders auf die Streitgespräche mit Marcuse, Descartes und Feuerbach, verweisen.

Freiheitsverständnisses.[11] Er erlaubt vielmehr, die der Fremdlingschaft des Glaubens im Denken entsprechende Differenz zwischen den Intentionen des reformatorischen und des neuzeitlichen Freiheitsverständnisses so auszutragen, daß Reformation und Neuzeit nicht beziehungslos auseinanderbrechen, sondern unbeschadet ihrer Differenz aufeinander bezogen bleiben.

Die damit bestimmte Fragestellung ist nun freilich so weiträumig und vieldimensional, daß ihr im gegebenen Rahmen nicht umfassend entsprochen werden kann. Das Gespräch zwischen reformatorischem und neuzeitlichem Freiheitsverständnis, das geschichtlich seit Jahrhunderten im Gange ist, kann im Folgenden (III.) nur auf einige Schwerpunkte hin in den Blick kommen. Zuvor aber (II.) wollen wir uns auf den Kern von Luthers Freiheitsverständnis konzentrieren, um die nötige Orientierung zu gewinnen.

II Luthers Freiheitsverständnis in nuce

Luthers Interesse an der menschlichen Freiheit ist gewiß ein *allgemein* anthropologisches, denn es geht um das, was *jeden* Menschen betrifft. Es ist als solches jedoch ein durch und durch soteriologisches Interesse: Es richtet sich auf das Heil oder Unheil, auf Leben oder Tod. Der Mensch wird als *Sünder* wahrgenommen – als Geschöpf, das im Mißbrauch seiner Ursprungsfreiheit dieser immer schon widersprochen und sie zusammen mit seiner Gottebenbildlichkeit – von sich aus! – verwirkt, verloren hat (Röm 3,23); in diesem radikalen Sinn ist sein Willensvermögen unfrei, ein servum arbitrium. Er gewinnt die verlorene Freiheit nur wieder durch Jesus Christus, der sie ihm neu zuspricht und mitteilt; es ist die neue, endgültige Freiheit, „die ihm Christus erworben und gegeben hat"[12], also nichts anderes als Christusfreiheit. Deshalb ist die Freiheit des *Menschen* konkret die Freiheit eines *Christen*menschen. Wer *kein* Christenmensch ist, ist, was sein Willensvermögen in der Wurzel seiner Existenz betrifft, unfrei; er hängt und verheddert sich noch im Widerspruch zu seiner Bestimmung.

Was ihm diesen Widerspruch offenbart, ist Gottes fordernder Wille: sein *Gesetz*. Es deckt diesen Widerspruch, die *Sünde*, auf; es überführt mich ihrer als des Mißbrauchs meiner Ursprungsfreiheit und verurteilt, verdammt mich.

Ohne den Bezug auf das anklagende und verurteilende Gesetz ist die durch Christus neu gebrachte, die durch, mit und in ihm neu gekommene Freiheit un-

---

11 Metakritisch zur Theorie einer solchen Konvergenz: Bayer, Freiheit als Antwort (s. o. Anm. 9), 164–182: Gesetz und Freiheit. Zur Metakritik Kants, hier 179 im Kontext.
12 Von der Freiheit eines Christenmenschen, 1520; WA 7, 20,26 f; vgl. 29,13–18.

verständlich: sinn- und witzlos. Im Gesetz hörst Du „deinen Gott zu dir reden, wie all dein Leben und deine Werke vor Gott nichts sind, sondern müssest mit allem, was in dir ist, ewig verderben. Wenn du dies recht glaubst, wie du schuldig bist, so mußt du an dir selber verzweifeln und bekennen, daß der Spruch Hoseas wahr ist: ‚O Israel, in dir ist nichts denn dein Verderben, allein aber in mir steht deine Hilfe' [Hos 13,9]. Damit du aber aus dir und von dir, das heißt aus deinem Verderben [heraus]kommen kannst, setzt er dir vor seinen lieben Sohn Jesus Christus und läßt dir durch sein lebendiges tröstliches Wort sagen: Du sollst in ihn mit festem Glauben dich ergeben und frisch auf ihn vertrauen. So sollen dir um eben dieses Glaubens willen alle deine Sünde vergeben, all dein Verderben überwunden sein und du sollst gerecht, wahrhaftig, befriedet, fromm (= gerecht) sein und alle Gebote sollen erfüllt, du sollst von allen Dingen frei sein – wie Sankt Paulus sagt (Röm 1,[17]): ‚Ein gerechtfertigter Christ lebt nur von seinem Glauben' und (Röm 10,4): ‚Christus ist das Ende und [die] Fülle aller Gebote denen, die an ihn glauben.'"[13]

Die Freiheit eines Christenmenschen, die neu geschaffene Freiheit des Menschen, die Restitution seiner verkehrten und verlorenen Ursprungsfreiheit ist als Christusfreiheit – das ist ihr erstes Merkmal – die *Freiheit vom Gesetz:* Christus hat den Dekalog samt der Bergpredigt, die ihn verschärft, abgeschafft, beendet: „Christus ist des Gesetzes Ende" (Röm 10,4). Diese abrogatio legis, diese radikale Abschaffung des Gesetzes, besagt keineswegs etwa, daß Gottes Gesetz nicht mehr gelte, ist und bleibt es doch „heilig, gerecht und gut" (Röm 7,12). Die Werke des Gesetzes sollen weiterhin getan werden; doch verdammt das Gesetz mich nicht mehr, wenn ich es nicht erfülle.[14] Die „Abschaffung" des Gesetzes, die abrogatio legis, besagt also präzis, daß seine Verdammnis, die ich verdient habe, mich nicht mehr trifft: „So trifft nun diejenigen keine Verdammnis mehr, die in Jesus Christus sind" (Röm 8,1). Freiheit vom Gesetz[15] ist als solche *Freiheit in Christus.* Das ist das zweite Merkmal der Freiheit eines Christenmenschen.

Die Verdammnis des Gesetzes trifft mich deshalb nicht mehr, weil Gott selbst in seinem Sohn sie auf sich genommen, sie in sich selbst verarbeitet, uns von ihr abgezogen und in sich, in seine heilige Gemeinschaft, hineingenommen hat. So

---

13 AaO, 22,26 – 23, 6. Parallel: 23,29 – 24,21 und 34,11 – 22.
14 „Ergo abrogata lex est, non, ut ne fiat, sed ut et non facta non damnet„ – "Daher ist das Gesetz aufgehoben, nicht, daß es nicht gehalten wird, sondern daß es, wenn es auch nicht gehalten wird, nicht verdammt" (Melanchthon, Loci 1521 (s.o. Anm. 3), 7.36 (S.300f). Vgl. 7,35 (S. 301) und 7,88 (S.317) sowie u. Anm. 28.
15 AaO, 7,13 (S. 292f): „Est autem libertas in eo, quod ius omne legi ereptum est accusandi ac damnandi nos" = „Doch die Freiheit besteht darin, daß dem Gesetz jedes Recht entrissen wurde, uns anzuklagen und zu verdammen."

ist der wichtigste Satz von Luthers Freiheitslehre neben 2Kor 5,21 Gal 3,13. 2Kor 5,21: Gott „hat den, der sich auf keine Sünde verstand, für uns zur Sünde gemacht, damit wir in ihm Gerechtigkeit Gottes würden." Und Gal 3,13, der „Schlüssel für das paulinische Verständnis des Todes Jesu"[16]: „Christus hat uns vom Fluch des Gesetzes freigekauft, indem er für uns zum Fluch geworden ist; denn es steht in der Schrift: ‚Verflucht ist jeder, der am Pfahl hängt' [Dtn 21,22f]."

Gott selbst hat in seinem Sohn unsere Unfreiheit – genauer gesagt: den verderblichen, tödlichen willentlichen Mißbrauch unserer Ursprungsfreiheit auf sich genommen, damit wir freigekauft, „erlöst", frei würden. Dieser Freikauf, dieser Freispruch ist etwas völlig anderes als etwa eine Vernunftidee im Sinne Kants. „Freiheit" im theologischen Sinn ist keine intelligible Bestimmung des Menschen, sondern konstitutiv an jenes konkrete geschichtliche Ereignis gebunden, in dem Jesus Christus die Freiheit am Kreuz für uns „erworben" hat. Sie ist zugleich konstitutiv an jenes geschichtliche Ereignis gebunden, in dem Jesus Christus als der lebendige HERR sie uns im „leiblichen Wort" (CA V) der sakramentalen Predigt „austeilt"[17]: zusagt, darreicht, gibt – sich in, mit und unter dem „leiblichen Wort" selber gibt, uns in sich, in seinen Seinsraum, hineinnimmt und an seiner priesterlichen und königlichen Freiheit teilgibt, so daß wir unsere Freiheit vom Gesetz *in* Jesus Christus haben.

In diesem Christusraum der Freiheit, der durch das „leibliche Wort", das verbum externum (CA V), geschaffen ist und erhalten wird, geschah und geschieht der „fröhliche Wechsel und Streit"[18]. Es ist der konkrete Raum, der leibliche – an das Wasser der Taufe und an das Brot und den Wein des Herrenmahls gebundene – Geschichtsraum der Stellvertretung, in dem Jesus Christus, „wahrhaftiger Gott, vom Vater in Ewigkeit geboren, und auch wahrhaftiger Mensch, von der Jungfrau Maria geboren"[19], mir die Verdammnis durch das Gesetz wegnimmt, mich aus dieser Verdammnis herausreißt und meine Sünde auf sich lädt, um mir stattdessen seine Gerechtigkeit, sein Leben, den Glanz und die Fülle seiner Gnade zu geben.

---

16 Christian Dietzfelbinger, Der Sohn. Skizzen zur Christologie und Anthropologie des Paulus, Neukirchen 2011, VI.
17 Zu Luthers Unterscheidung und Zuordnung von „erwerben" und „austeilen": WA 18, 203,27–205,28 (Wider die himmlischen Propheten, von den Bildern und [dem] Sakrament, 1525); WA 26, 294,25–27 (Vom Abendmahl Christi. Bekenntnis, 1528); BSELK 1140,11–18 (BSLK 713,10–23) (Großer Katechismus zum Abendmahl, 1529) u. ö.
18 WA 7, 25,34 (Von der Freiheit eines Christenmenschen, 1520).
19 BSELK 872,2–4 (BSLK 511,23–26) (Kleiner Katechismus zum zweiten Artikel des Glaubensbekenntnisses, 1529).

Die Befreiung von der Verdammnis durch das Gesetz ist – wir achten nun auf das dritte Merkmal – als neue Freiheit zugleich *Freiheit zur Erfüllung des Gesetzes*, denn Christus ist nicht nur das Ende des Gesetzes, sondern dessen „Fülle"[20]. Die neue Freiheit ist Freiheit zur Erfüllung des Gesetzes „in freier Liebe"[21]: Freiheit nicht nur *von*..., sondern Freiheit *für* ... – Freiheit zu einer Selbst-, Welt- und Gotteswahrnehmung, in der die Gesetzeserfüllung nicht mehr soteriologisch belastet – nicht mehr eine Frage des Heils und der Selbstkonstitution – ist und ich aus der Selbstverschlossenheit unter der Tyrannei und dem Zwang des von der Sünde in Gebrauch genommenen Gesetzes wieder ins Unverkrampfte und Offene gebracht bin: zu einer staunenden und tätigen Wahrnehmung Gottes und der Welt mit Herzen, Mund und Händen. Diese Wahrnehmung geschieht in der Rückgabe der empfangenen Gabe an Gott im Dank und Lob sowie in ihrer Weitergabe, indem ich, in der Liebe, „mich meinem Nächsten in bestimmter Hinsicht zum Christus" gebe[22]: den Christus mir als „sacramentum" bzw. „donum" vorausgesetzt sein lasse, ihn aber, kraft der mir durch das „sacramentum" gewährten Freiheit, zum *exemplum* nehme.[23]

Charakterisiert ist diese neue – dreifache – Freiheit, zu der wir durch Christus befreit sind, durch eine Selbstvergessenheit im Sinn einer ganz und gar relatio-

---

20 WA 7, 23,5 (Von der Freiheit eines Christenmenschen, 1520); s.o. bei Anm. 13. Daß die Erfüllung des Gesetzes die genaue Kehrseite seiner Abschaffung ist, hat auch Melanchthon in seinen Loci von 1521 deutlich herausgestellt: aaO (s.o. Anm. 3), 7, 26 f (S.297 und 299) u.ö.

21 WA 7, 30,22 (Von der Freiheit eines Christenmenschen, 1520); vgl. aaO, 31,6 und 35,12.

22 WA 7, 66,3 f (De libertate christiana, 1520): „Dabo itaque me quendam Christum proximo meo, quemadmodum Christus sese praebuit mihi [...]." Vgl. WA 7, 35,34 f (Von der Freiheit eines Christenmenschen, 1520): „ gegen meinen Nächsten auch werden ein Christen, wie Christus mir worden ist [...]".

23 Die in der Zweiteilung des Freiheitstraktats sich bekundende fundamentale Unterscheidung von Glaube und Liebe wird in besonderer Deutlichkeit in dem die Wartburgpostille eröffnenden „Kleinen Unterricht, was man in den Evangelien suchen und erwarten soll" (1522) eingeschärft: „Hauptstück und Grund des Evangeliums ist, daß du Christus zuvor, ehe du ihn zum Exempel fassest, aufnehmest und erkennest als eine Gabe und ein Geschenk, das dir von Gott gegeben und dein eigen sei [...]" (WA 10 I, 1,11,12–18), damit „du nicht aus Christus einen Mose machest, als tue er nicht mehr denn lehre und gebe Exempel wie die anderen Heiligen tun, als sei das Evangelium eine Lehre oder [ein] Gesetzbuch" (aaO, 10,20–11,1). Christus als Gabe schafft den Glauben, Christus als Exempel bildet die Werke der Liebe vor: „Christus als eine Gabe nähret deinen Glauben und macht dich zum Christen. Aber Christus als Exempel übt deine Werke, die machen dich nicht [zum] Christen, sondern sie gehen von dir [der du zum] Christen schon zuvor gemacht [bist, aus]. Wie ferne nun Gabe und Exempel sich scheiden, so fern scheiden sich auch Glaube und Werke, der Glaube hat nichts Eigenes, sondern nur Christi Werk und Leben, die Werke haben etwas Eigenes von dir, sollen aber auch nicht dein eigen, sondern des Nächsten sein" (aaO, 12,17–13,2).

nalen und exzentrischen Konstitution, wie sie Luther mit der Schlußthese seines Freiheitstraktats klassisch zur Sprache bringt: „daß ein Christenmensch nicht in sich selbst lebt, sondern in Christus und [in] seinem Nächsten: in Christus durch den Glauben, im Nächsten durch die Liebe [...]"[24].

„Siehe, das ist die rechte, geistliche, christliche Freiheit, die das Herz frei macht von allen Sünden, Gesetzen und Geboten, welche alle anderen Freiheiten übertrifft wie der Himmel die Erde."[25] Luther kennt also unterschieden von der spezifisch christlichen Freiheit „andere Freiheiten", „alias libertates externas"[26]. Er unterscheidet die „geistliche" – freilich, durch das „leibliche Wort", also durchaus weltlich vermittelte – (Christus-) Freiheit von „weltlicher" Freiheit im Bereich der iustitia civilis. Wir müssen darauf zurückkommen, achten zunächst aber auf die Bedeutung, die Luther im Zusammenhang seines Freiheitsverständnisses dem „Gewissen" zumißt.

III Gespräch zwischen reformatorischem und neuzeitlichem Freiheitsverständnis

III.1 Reine Innerlichkeit des Gewissens?

Es ist keine Frage, daß für Luther das *Gewissen* eine wichtige Rolle spielt. Es ist der anthropologische Ort, an dem Gesetz und Evangelium miteinander im Streit liegen, miteinander ringen, wie dies Luther in seiner Auslegung von Gal 3,13 in der späten Galatervorlesung höchst dramatisch inszeniert hat.[27] Entscheidend aber ist nicht das Gewissen als solches, sondern das, was sich an diesem Ort abspielt. Anders gesagt: Es kommt darauf an, wie und wodurch das Gewissen bestimmt, formiert, gebildet wird: durch die verdammende Anrede des Gesetzes oder durch die freisprechende und damit freimachende Anrede und Zusage des Evangeliums. Das Gewissen ist entweder ein geknechtetes, unfreies oder ein befreites, zuversichtliches Gewissen.[28]

---

24 WA 7, 38,6–8 (Von der Freiheit eines Christenmenschen, 1520). Vgl. u. Anm. 65.
25 AaO, 38,12–14.
26 WA 7, 69,21f (De libertate christiana, 1520).
27 WA 40 I, 432–452 (Galaterkommentar 1531/35).
28 Neben dem Freiheitstraktat dokumentiert sich Luthers Verständnis der Gewissensfreiheit als einer bestimmten Befreiung des Gewissens besonders eindrucksvoll in seiner Schrift „De votis monasticis" (1521): WA 8, 564–669. Vgl. vor allem den Definitionssatz zum „Wesen der christlichen Freiheit" („videamus naturam libertatis Christianae"): „Est itaque libertas Christiana seu Euangelica libertas conscientiae, qua solvitur conscientia ab operibus, non ut nulla fiant, sed ut in

Entsprechend ist Luthers Auftritt in Worms vor Kaiser und Reich 1521 zu verstehen – jene Szene, die sich dem kollektiv-kulturellen Gedächtnis so sehr eingebrannt hat; in der Erörterung unseres Tagungsthemas kommt ihr zweifellos eine Schlüsselrolle zu. Die Szene dient oft zur Legitimierung des neuprotestantischen Postulats der Gottunmittelbarkeit des einzelnen Gläubigen, der in seinem Gewissen „mit sich selber und seinem göttlichen Gegenüber allein ist"[29]. Wird in der Berufung auf diese Szene selbst noch von solchem leiblos abstrakten und unbestimmten Gottesbezug abgesehen, dann legitimiert sie die Rede davon, nur seinem eigenen, individuellen Gewissen verpflichtet zu sein, das sich kaum mehr auf eine konkrete Bestimmtheit hin befragen läßt und sich entsprechend argumentativ verantworten könnte. Luther aber beruft sich in Worms keineswegs auf ein ungebundenes, gleichsam freischwebendes oder gar allein auf sich selbst bezogenes und nur allein sich selbst gegenüber verantwortliches und damit unverantwortliches Gewissen. Vielmehr ist seine Gewissensentscheidung maßgebend durch Schrift und Tradition bestimmt. Luthers Wormser Bekenntnis lautet nämlich wörtlich so: „capta conscientia in verbis dei", „[mein] Gewissen ist gefangen in den Worten Gottes"[30]; es ist durch Gesetz und Evangelium bestimmt. Luther orientiert sich an der Hierarchie der folgenden fünf autoritativen Instanzen;[31] an

der Heiligen Schrift,
den Bekenntnissen der Kirche,

---

nulla confidat." = „Es ist also die christliche oder evangelische Freiheit eine Freiheit des Gewissens, mit der das Gewissen befreit wird von den Werken – nicht, daß keine geschehen, sondern daß es auf keine vertraut." (aaO, 606,30–32) Vgl. o. Anm. 14 f.

29 Hanns Rückert, Die geistesgeschichtliche Einordnung der Reformation. In: ZThK 52, 1955, 43–64, hier 55.

30 Verhandlungen mit D. Martin Luther auf dem Reichstage zu Worms 1521; WA 7, 814–887, hier 838,4–8: „Nisi convictus fuero testimoniis scripturarum aut ratione evidente (nam neque Papae neque conciliis solis credo, cum constet eos errasse sepius et sibiipsis contradixisse), victus sum scripturis a me adductis et capta conscientia in verbis dei, revocare neque possum nec volo quicquam, cum contra conscientiam agere neque tutum neque integrum sit." = „Wenn ich nicht durch Schriftzeugnisse oder evidente Vernunftgründe überwunden werde (denn ich glaube weder dem Papst noch den Konzilien allein, da feststeht, daß sie oft geirrt und sich selbst widersprochen haben), bin ich durch die von mir angeführten Schriftzeugnisse überwunden, und mein Gewissen ist gefangen in den Worten Gottes. Widerrufen kann und will ich nichts, weil gegen das Gewissen zu handeln weder gefahrlos noch lauter ist." Dazu: Kurt-Victor Selge, Capta conscientia in verbis dei. Luthers Widerrufsverweigerung in Worms. In: Der Reichstag zu Worms von 1521. Reichspolitik und Luthersache, hg.v. Fritz Reuter, Worms 1971, 180–207.

31 Vgl. z. B. die Verwahrung (protestatio) am Ende der Resolutiones zu den Ablaßthesen, 1518: WA 1, 529,33–530,12. Weiter: Ad dialogum Silvestri Prieratis de potestate papae responsio, 1518: WA 1, 647–686, hier 647.

den Entscheidungen der Konzilien,
den Stimmen der Kirchenväter,
der Rationalität des Umgangs mit der Heiligen Schrift; im Zusammenhang dieses Umgangs lasse er sich nur überzeugen durch „rationes evidentes"[32].

Ganz gegen die These, daß Luther eine mit der reinen Gottunmittelbarkeit des Gläubigen gegebene Freiheit vertreten habe, steht sein Verständnis des „leiblichen Wortes" (CA 5) und der Präsenz Christi im Amt[33]. Luther hat – um sein sakramentales Wortverständnis hier nur kurz anzusprechen – an dem „ex opere operato", an der „objektiven" Geltung des vollzogenen Sakraments, im Sinne des „ex verbo dicto" energischer festgehalten als es je vor ihm geschehen ist.[34] Luther tritt keineswegs für eine reine Innerlichkeit und Gottunmittelbarkeit ein. Es ist ihm nicht die Frage, *ob* überhaupt eine menschliche, kreatürliche, institutionelle Vermittlung notwendig ist, sondern allein die Frage, *wie* und *worin* sie geschieht. Er besteht darauf: Gott will nicht ohne das kreatürliche Wort der Predigt, nicht ohne das kreatürliche Wasser der Taufe, nicht ohne das kreatürliche Brot und den Wein des Herrenmahls, Frucht der Erde und menschlicher Arbeit, zu Menschen reden und sich ihnen – Glauben schaffend – mitteilen.

Wie prekär es um die Konstitution des Glaubens bestellt ist, wenn der neuzeitliche Narziß sich seiner bemächtigt, müssen wir uns später noch deutlich machen und das neuprotestantische Lob reiner Innerlichkeit durch ein „Lob der Äußerlichkeit"[35] korrigieren.

III.2 Begrenzung der Kompetenz des Staates zugunsten der Gewissensfreiheit

So sehr die mit dem Glauben identische Gewissensfreiheit nach Luthers Verständnis sich dem leiblichen, mündlichen, äußeren und in diesem Sinne „öffentlichen" Christuswort samt dem durch dieses Wort frei wirkenden Heiligen Geist verdankt, so wenig kann der Glaube durch staatlichen Zwang und in diesem Sinne „öffentlich" durchgesetzt werden, beruht er doch auf freier – geistgewirkter – Zustimmung des Herzens. Zum Glauben kann man niemanden zwingen.

---

32 Vgl. o. Anm. 30 („ratione evidente").
33 Vgl. Jonathan Mumme, Die Präsenz Christi im Amt am Beispiel ausgewählter Predigten Martin Luthers 1535–1546, Tübingen 2012.
34 Vgl. Oswald Bayer, Promissio. Geschichte der reformatorischen Wende in Luthers Theologie (1971), Darmstadt ²1989, 186–202, hier 186.
35 Vgl. Bernd Wannenwetsch, Lob der Äußerlichkeit. Evangelische *praxis pietatis* als gottesdienstliche Frömmigkeit. In: Denkraum Katechismus, hg.v. Johannes von Lüpke und Edgar Thaidigsmann, Tübingen 2009, 387–413.

„Weil es denn", heißt es im zweiten Teil der Obrigkeitsschrift, „einem jeden auf seinem Gewissen liegt, wie er glaubt oder nicht glaubt, und [weil] damit der weltlichen Gewalt kein Abbruch geschieht, soll sie auch zufrieden sein und ihrer [eigenen] Aufgabe warten und so oder so glauben lassen, wie man kann und will, und niemanden mit Gewalt bedrängen. Denn es ist ein freies Werk um den Glauben, zu dem man niemanden zwingen kann."[36]

Deshalb ist der Glaube aber noch lange keine Privatsache, zu der er in der Neuzeit aus verständlichen Gründen wurde.[37] Weil er aus dem leiblichen Wort kommt, muß diesem – und mit ihm dem Glauben – die staatlich verfaßte Öffentlichkeit Raum lassen und es schützen. Greift der Staat – wie es der totalitäre Staat tut – in diese durch Wort und Glaube konstituierte Sphäre, in Gottes „geistliches" Regiment, ist ihm – passiv – Widerstand zu leisten. Die Kompetenzen und Befugnisse des Staates werden klar begrenzt; es ist danach zu fragen und zu beachten, „wie weit" man ihm Gehorsam schuldig sei. So wirkt Luthers geniale Unterscheidung von Gottes „geistlichem" und „weltlichem" Regiment als Gegengift gegen den späteren Absolutismus sowie gegen die totalitären Systeme des 20. Jahrhunderts und wurde zu einer der Wurzeln des neuzeitlichen Grundrechtes der Religions- und Gewissensfreiheit.[38] Daß diese in unserer gegenwärtigen gesellschaftlichen und politischen Situation auch anders bestimmt sein darf als durch das Christuswort und den Christusglauben führt in eine Fragestellung, die außerhalb von Luthers eigenem Horizont liegt. Wir haben in unserer Zeit diese Frage nach einem Religionsrecht als einem Menschenrecht auf Religionsfreiheit zu bearbeiten, ohne uns dabei direkt auf Luther berufen zu können – ohne uns dabei auf ihn berufen zu müssen. Gleichwohl ist die moderne Unterscheidung von Religion und Politik sowie von Moral und Recht, eine kaum zu überschätzende kulturelle Errungenschaft, ohne Luthers Unterscheidung von Gottes geistlichem und weltlichem Regiment und der damit gegebenen Begrenzung der staatlichen Kompetenz zugunsten der Glaubensfreiheit einerseits und der Begrenzung kirchlich-klerikaler Macht- und Öffentlichkeitsansprüche zugunsten einer vernünftigen Weltlichkeit

---

36 Martin Luther, Von weltlicher Obrigkeit, wie weit man ihr Gehorsam schuldig sei, 1523; WA 11, 264,16–20 (samt Kontext). Daß „man niemanden zum Christentum zwingen kann" (aaO, 260,8 f) und darf, hatte schon Augustin geltend gemacht: Augustin, Epistolae libr. II, ep. XCIII. Leider sind weder Augustin noch Luther dieser Einsicht immer konsequent gefolgt.
37 Vgl. Bayer, Freiheit als Antwort (s.o. Anm. 5), 165.
38 Gegen die These Georg Jellineks, Die Erklärung der Menschen- und Bürgerrechte (1895), der die Religionsfreiheit unmittelbar und ausschließlich auf den englischen Zweig der Reformation zurückführte, argumentiert überzeugend: Martin Heckel, Die Menschenrechte im Spiegel der reformatorischen Theologie (1987). In: Ders., GS Bd. 2, hg.v. Klaus Schlaich, Tübingen 1989, 1122–1193. Heckel zeigt, daß die heutige Unterscheidung von Religion und Politik wesentlich auch auf Luther zurückgeht.

zivilgesellschaftlichen und staatlichen Handelns andererseits nicht denkbar; in der fünften These der Barmer Theologischen Erklärung (1934) kommt dieses Erbe klar zur Geltung.[39]

III.3 Der freie Wille; „äußere" Freiheit innerhalb der Grenzen der bloßen iustitia civilis

Wir stoßen der Sache nach auf dieselbe Unterscheidung, wenn wir nun jenem Hinweis am Ende des Freiheitstraktats nachgehen, es gebe, unterschieden von der „geistlichen" Freiheit, „andere" Freiheiten, „libertates externales". Gemeint ist jene Wahl-, Entscheidungs- und Handlungsfreiheit im Bereich der iustitia civilis, der im Augsburger Bekenntnis ein eigener Artikel gewidmet ist, Artikel 18: „Vom freien Willen". „Vom freien Willen wird so gelehrt, daß der Mensch etlichermaß [= in bestimmter Hinsicht] einen freien Willen hat, äußerlich ehrbar zu leben und zu wählen unter den Dingen, welche die Vernunft begreift"[40] – unter den Dingen, die der ratio „unterworfen" sind:[41] der Bereich der iustitia civilis umfaßt Ehe, Familie, Wirtschaft, Erziehung und Bildung, Recht und Staat.[42]

In diesem Bereich der iustitia civilis kann Luther die mit der ratio gegebene Wahl-, Entscheidungs- und Handlungsfreiheit nicht hoch genug schätzen. Als „Erfinderin und Lenkerin aller [freien] Künste, der medizinischen Wissenschaft, der Jurisprudenz und all dessen, was in diesem Leben an Weisheit, Macht, Tüchtigkeit und Herrlichkeit von Menschen besessen wird"[43], ist sie „divinum quiddam", „geradezu etwas Göttliches", wie Luther in der Disputation über den Menschen (1536) pointiert.[44] Sie ist durch jenen Mißbrauch der Ursprungsfreiheit, durch die Sünde, nicht – wie die Gottebenbildlichkeit als Gottesverhältnis –

---

39 „... Wir verwerfen die falsche Lehre, als solle und könne der Staat über seinen besonderen Auftrag hinaus die einzige und totale Ordnung menschlichen Lebens werden und also auch die Bestimmung der Kirche erfüllen. Wir verwerfen die falsche Lehre, als solle und könne sich die Kirche über ihren besonderen Auftrag hinaus staatliche Art, staatliche Aufgaben und staatliche Würde aneignen und damit selbst zu einem Organ des Staates werden." (Die Barmer Theologische Erklärung. Einführung und Dokumentation, hg.v. Alfred Burgsmüller und Rudolf Weth, Neukirchen-Vluyn 1983, 38).
40 BSELK 112,14–16 (BSLK 73,1–5).
41 Ebd.: „De libero arbitrio [ecclesiae apud nos] docent, quod humana voluntas habeat aliquam libertatem ad efficiendam civilem iustitiam et deligendas res rationi subiectas."
42 BSELK 114,3–11 bzw. 112,20–114,7 (BSLK 74,1–13 bzw. 73,13–74,7).
43 Disputatio de homine (1536), These 5 (WA 39 I, 175,11–13) in der Übersetzung von Gerhard Ebeling, LuSt II/1, 16).
44 AaO, These 4 (WA 39 I, 175,10).

zerstört und verloren. Vielmehr hat Gott „selbst nach Adams Fall" der ratio und damit der Wahl-, Entscheidungs- und Handlungsfreiheit ihre Hoheit, ihre „maiestas", ihren Herrschaftsauftrag (Gen 1,28) „nicht genommen, sondern vielmehr bestätigt", bekräftigt („sed potius confirmavit": Gen 9,1– 3).[45] Die Vernunft und Freiheit innerhalb der Grenzen der bloßen iustitia civilis[46] ist, weil ihrer Grenzen inne, auch ihrer Leistungsfähigkeit bewußt und, nicht zuletzt, ihrer Selbstgefährdung. Sie ist von Absolutismen entlastet und auf diese Weise freigesetzt zu einer nüchternen Wahrnehmung des innerweltlich und innergeschichtlich Möglichen und Notwendigen; sie ist dazu frei, Widersprüche und Differenzen auszuhalten und mit ihnen in der von der Existenzsorge entlasteten Amtssorge um Recht und Frieden umzugehen, „als wäre kein Gott da", wie Luther provozierend in seiner Auslegung des 127. Psalms an die Christen in Riga schreibt.[47]

Doch ist diese Selbstbescheidung innerhalb der Grenzen der bloßen iustitia civilis nur möglich, wenn der innerweltliche Freiheitsgebrauch kritisch ist, d. h. sein liberum arbitrium vom servum arbitrium, seine libertas externa der Werke von der libertas interna des Glaubens zu unterscheiden vermag. Wird diese Unterscheidung oder ein funktionales Äquivalent zu ihr wie das delphische „Erkenne dich selbst!" (als Sterblichen angesichts der Unsterblichen)[48] nicht wahrgenommen, dann verliert die innerweltliche Vernunft ihre Weltlichkeit und belastet sich mit Glücks- und Heilsversprechen; sie wird zum Religionsersatz, der, philosophisch ausgedrückt, einer „Verwechslung von Welt und Gott, von Kontingentem und Absolutem" entspringt[49]. Dies geschieht in der Neuzeit dort, wo

---

[45] AaO, These 9 (WA 39 I, 175,20 f), meisterhaft ausgelegt durch Gerhard Ebeling: LuSt II/2, 299– 307.
[46] „Deus vult manere rationem in suo circulo et vult eam regere in mundo. Sed quam primum transgreditur suum orbem et ad Deum transvola, illic sapientissima ratio est stultissima coram Deo aeterna damnatione digna" = „Gott will, daß die ratio in ihren Grenzen bleibt, und will, daß sie in der Welt regiert. Aber sobald sie ihren Kreis überschreitet und zu Gott hinüberfliegt, ist die ganz weise ratio vor Gott ganz dumm und verdient ewige Verdammnis" (WA 47, 842,37–40; Predigt über 1Petr 5 vom 5. Juli 1539).
[47] WA 15, 373,3 (Der 127. Psalm, ausgelegt an die Christen zu Riga; 1524). Zur Unterscheidung von Existenz- und Amtssorge vgl. WA 32, 472,2– 6 (,Amtssorge'): zu Mt 6,34 (Wochenpredigten über Mt 5–7; 1530/32) und Oswald Bayer, Schöpfung als Anrede. Zu einer Hermeneutik der Schöpfung (1986), Tübingen ²1990, 149 f.
[48] Vgl. Wolfgang Schadewaldt, Der Gott von Delphi und die Humanitätsidee (opuscula 23), Pfullingen 1965. Zum weiteren Zusammenhang: Bayer, Freiheit als Antwort (s. o. Anm. 5), 70–73 („Gibt es auf Erden ein Maß?").
[49] Reiner Wimmer, Martin Luthers Religionsbegriff und das interreligiöse Gespräch – ein Vorschlag. In: Martin Luther und die Freiheit, hg.v. Werner Zager, Darmstadt 2010, 121–148, hier 123; vgl. 125.

szientistische, naturalistische, vor allem aber ökonomische Eindimensionalität herrschen will.

So sind in unserem Streitgespräch nicht nur Umformungen kritisch zu bedenken, in denen, wie im folgenden Abschnitt (III.4) zu zeigen sein wird, mit dem Aufweis der Endlichkeit menschlicher Freiheit Luthers Unterscheidungen immerhin der Spur nach bewahrt sind. Es sind vielmehr polemisch Mächte ins Auge zu fassen, die sich dadurch charakterisieren lassen, daß sie die Differenz zwischen innerer und äußerer Freiheit und damit die Differenz zwischen Schöpfer und Geschöpf in der Behauptung einer szientistischen, naturalistischen, vor allem aber ökonomischen Eindimensionalität der Wirklichkeit verkannt und vergessen haben.[50]

III.4 Der neuzeitliche Narziß oder die Verlagerung des Gottesverhältnisses in die Reflexivität des Selbstverhältnisses

Nicht vergessen ist die Differenz zwischen Schöpfer und Geschöpf in der subjektivitätstheoretischen Rekonstruktion des reformatorischen Freiheitsverständnisses im Zuge der anthropologischen Wende seit der Mitte des 18. Jahrhunderts – in einer Rekonstruktion, die sich in der gegenwärtigen systematischen Theologie zunehmender Beliebtheit erfreut. Die Differenz zwischen Schöpfer und Geschöpf erscheint im Aufweis der Endlichkeit menschlicher Freiheit, die als Selbstbestimmung immer schon voraussetzen und in Anspruch nehmen muß, daß sie sich zur Selbstbestimmung nicht selbst bestimmt, sondern zu ihr bestimmt *ist*.[51] Der Mensch hat sich in seiner endlichen Freiheit nicht selbst gesetzt, nicht selbst gemacht, sondern findet sich in ihr vor: als sich gegeben – so wie nach Kant das die Freiheit fordernde, voraussetzende und einschließende Gesetz *gegeben* ist: „Faktum" der reinen Vernunft[52].

---

50 Vgl. als philosophischen Einspruch dagegen: Wolfgang Janke, Kritik der präzisierten Welt, Freiburg/München 1999.
51 Vgl. z. B. Christian Danz, Gott und die menschliche Freiheit. Studien zum Gottesbegriff in der Neuzeit, Neukirchen-Vluyn 2005. Dazu kritisch: Johannes von Lüpke, Zur Aufgabe einer evangelischen Dogmatik heute. In: Zur Freiheit berufen. Melanchthons „Loci communes" (1521) als Grundkurs reformatorischer Theologie (Veröffentlichungen der Luther-Akademie Sondershausen-Ratzeburg e.V.), hg.v. Rainer Rausch (Rauschs Ratzeburger Reihe, Bd. 1), Norderstedt o.J. [2011], 57–77, hier 63–68.
52 KprV A 55f; 96. Vgl. Metaphysik der Sitten. In: Immanuel Kant, Werke in 10 Bänden, hg.v. Wilhelm Weischedel, Bd. 7, Darmstadt 1968, 361.

Sehen wir einmal davon ab, daß in dieser Rekonstruktion des reformatorischen Freiheitsverständnisses die Frage nach dem konkreten Modus des Gebenseins verblaßt, „Gott" in ein gänzlich formales passivum divinum verhüllt und sein leibliches Schöpferwort zur Hieroglyphe dafür geschrumpft ist, daß ich zur Selbstbestimmung bestimmt – aber eben auch: „verdammt"[53] – bin, so ist doch angesichts des Titanismus eines Fichte, Marx und Sartre[54] Kants Markierung eines Gegebenen und damit Endlichen keineswegs selbstverständlich ist. Erst recht ist in Schleiermachers Aufweis der Endlichkeit menschlicher Freiheit samt der menschlichen Grundbefindlichkeit als „Gefühl schlechthinniger Abhängigkeit" die philosophie- und theologiegeschichtliche Großtat eines Zeitgenossen im Widerspruch zu sehen und zu schätzen.

Schleiermacher zahlte der Zeitgenossenschaft und ihrer anthropologischen Wende freilich den Tribut, „Gott" als Woher des Gefühls schlechthinniger Abhängigkeit in diesem immer schon „mitgesetzt"[55] zu sehen; er ist in dieses ‚eingeschlossen'[56]. Drastisch und bissig bemerkt Franz Overbeck, eine solche Theologie meine, „Gott täglich bei sich im Sack [also in der Tasche] zu haben"[57]. Ist das Gottesbewußtsein aber immer schon in das Selbstbewußtsein eingeschlossen, sagen wir scharf und polemisch: eingesperrt, dann kann nur noch von Gottes Immanenz die Rede sein. Schleiermacher kann nicht mehr sagen, daß mich Gott anredet und auf diese Weise auf mich zu-kommt. Weil Gott, in meinem unmittelbaren religiösen Selbstbewußtsein mitgesetzt, immer schon da ist, kann er nicht zu mir *kommen*.[58]

---

53 Daß wir „zur Freiheit verdammt" sind (Jean- Paul Sartre, L'Existencialisme est un Humanisme, 1946, 37: „l'homme est condamné à être libre") ist ebenfalls ein passivum divinum. Dies weist auf das Prekäre des formalen Charakters der Rede von der „Bestimmung zur Selbstbestimmung", die, wie bei Sartre ersichtlich, nicht ausschließt, der endlichen Freiheit des Menschen ein unendliches Gewicht zu geben, so daß die Essenz des Menschen sich aus seiner Existenz ergibt („l'existence précède l'essence": aaO, 21) und er genau das ist, wozu er sich macht: „ l'homme n'est rien d' autre que ce qu' il se fait" (aaO, 22).
54 Ausführlich und mit Belegen: Oswald Bayer, Leibliches Wort. Reformation und Neuzeit im Konflikt, Tübingen 1992, 23–26: „Gegen den neuzeitlichen Willen zur Selbstkonstitution".
55 Friedrich Daniel Ernst Schleiermacher, Der christliche Glaube nach den Grundsätzen der evangelischen Kirche im Zusammenhange dargestellt, ²1830, § 4.4.
56 AaO (§ 4.4): Die „schlechthinnige Abhängigkeit" als „Grundbeziehung" „schließt zugleich das Gottesbewußtsein [...] in das Selbstbewußtsein ein".
57 Franz Overbeck, Christentum und Kultur. Gedanken und Anmerkungen zur modernen Theologie. Aus dem Nachlaß herausgegeben von Carl Albrecht Bernouilli, (Basel 1919), Darmstadt ²1963, 267 f: Die „leidige [...] moderne [...] Theologie [...], die eben auch meint, Gott täglich bei sich im Sack zu haben."
58 Vgl. jedoch die von Johannes von Lüpke vorgeschlagene Lesart, die vom Ende der „Glaubenslehre" her deren Einleitung und damit die von mir vorgetragene Kritik relativiert, ja: aufhebt:

Theologie ist in jedem Fall Anthropologie. So wurde in der anthropologischen Wende der Neuzeit Subjektivität und Individualität nicht etwa erst entdeckt. Die, mit Hegel geredet, „unendlich wichtige Bestimmung, daß für das Annehmen und für das Fürwahrhalten eines Inhalts der Mensch selbst *dabei sein* müsse"[59], gilt spätestens, seit Psalmen wie Psalm 51 gebetet werden. Und Luther hat, in der Tradition nicht zuletzt solcher Psalmen, so scharf wie kein zweiter die Individualität des Menschen herausgestellt. In der kritischen Bestimmung des Verhältnisses von Reformation und Neuzeit geht es daher nicht um die Frage: *ob*, sondern *wie* Theologie Anthropologie sei. Ist der Sachverhalt, daß im Zuge der anthropologischen Wende seit Mitte des 18. Jahrhunderts „das Gottesverhältnis zunehmend in die Reflexivität des Selbstverhältnisses verlagert" wurde,[60] eine notwendige Umformung des reformatorischen Verständnisses von Wort und Glaube und damit als irreversibles und unerbittliches Schicksal hinzunehmen, ja sogar zu begrüßen und zu befürworten – wie dies in der gegenwärtigen systematischen Theologie nicht selten geschieht?[61] Oder ist dieser Umformung zu widersprechen und gegen sie die Externität des Freiheit schaffenden Wortes und die Exzentrizität des Glaubens, mithin seine qualifizierte Selbstvergessenheit geltend zu machen, in der er sich gerade nicht „selbst durchsichtig"[62] ist? Das ist nach meinem theologischen Urteil eine rhetorische Frage. Die Antwort kann für eine lutherische Theologie auch heute nur entschieden „Ja" lauten und wird sich in einem „Lob der Äußerlichkeit"[63] artikulieren. Zu widerstehen ist dem neuzeitlichen Narziß:[64] seiner incurvatio in seipsum, seiner Zurückbiegung auf sich selbst, seiner Selbstreflexibilität – wie denn für maßgebende Formen neuzeitlicher Subjektivität die Tendenz kennzeichnend ist, ihre Vorgaben in sich selbst hin-

---

aaO (s.o. Anm. 51), 74–76. Vgl. Ders., Gedächtnis der Kirche. Theologie in kirchlicher Verantwortung, Leipzig 2020, 87f.

59 Georg Wilhelm Friedrich Hegel, Enzyklopädie der philosophischen Wissenschaften, PhB 33 (3. Aufl. 1830), Hamburg ⁶1959, § 7.

60 Danz, Gott und die menschliche Freiheit (s.o. Anm. 51), 5.

61 v. Lüpke zeigt dies exemplarisch an Texten von Christian Danz und Notger Slenczka: aaO (s.o. Anm. 51), 63–72.

62 Kritisch gegen die These von der „Selbstdurchsichtigkeit, die mit dem Vollzug des Glaubens verbunden" sei (Danz, aaO [s.o. Anm. 51], 212): v. Lüpke, aaO (s.o. Anm. 51), 65–68. Zur Erläuterung der „qualifizierten Selbstvergessenheit": Bayer, Schöpfung (s.o. Anm. 47), 113–117: Anthropologie zwischen „ich" und „mich"?. Vgl. o. Teil I, Kap.5: „Die Seele als Antwort".

63 Vgl. o. Anm. 35.

64 Vgl. Oswald Bayer, Der neuzeitliche Narziß. In: Ders., Gott als Autor. Zu einer poietologischen Theologie, Tübingen 1999, 73–85. Ich bedaure, daß eine Auseinandersetzung mit dieser Provokation m.W. ausgeblieben ist. Dasselbe gilt für mein Votum „Leibliches Wort. Öffentlichkeit des Glaubens und Freiheit des Lebens". In: Leibliches Wort (s.o. Anm. 54), 57–72.

einzunehmen oder sie immer schon in sich – und sei es im Gefühl schlechthinniger Abhängigkeit – vorzufinden.⁶⁵

III.5 Gesetz und Evangelium in der Neuzeit: das Problem der säkularisierten Freiheit

Das Problem der Umformung des reformatorischen Freiheitsverständnisses in ein neuzeitliches zeigt sich besonders aufschlußreich, wenn es unter dem Gesichtspunkt der reformatorischen Unterscheidung von Gesetz und Evangelium erörtert wird und dabei diese Unterscheidung nicht als Interpretandum gilt, sondern als Interpretament gebraucht wird. Dies soll in der Erläuterung folgender These geschehen: *In ihrer Verallgemeinerung des Evangeliums ist die Neuzeit antinomistisch, wird zugleich aber zunehmend nomistisch.*

Schon mit ihrem Namen, in dem sich ihr Selbstverständnis verdichtet, zeichnet sich die Neuzeit durch einen „evangelischen" Zug aus. Sie begreift sich als unüberbietbar neue Zeit, die im Zeichen der Freiheit steht. Die konkrete christologische Bestimmung des Evangeliums ist dabei gleichsam unter der Hand verallgemeinert,⁶⁶ in solcher enthusiastischen Verallgemeinerung aber abstrakt geworden. Das christologische „Es ist vollbracht!" (Joh 19,30) verwandelt sich in eine immer schon erfolgte Befreiung zu einer Freiheit, die dem Menschen von Natur aus eingeräumt ist; alle Menschen sind von Natur aus „frei gesprochen" und „mündig" (Kant: naturaliter maiorennes)⁶⁷. Dabei wird die Überwindung des

---

65 Wannenwetsch kritisiert im Anschluß an Levinas zu Recht die Hermeneutik des „in seiner eigenen Innerlichkeit verlorenen Menschen", die „im monomanischen Ritual der Inkurvation" „alles in sich hineinzuschlingen vermag. Nichts vermag ihrer deutenden Aktivität äußerlich zu bleiben" (aaO [s. o. Anm. 35], 392). Vgl. die ebenfalls treffende Kritik von Michael Welker, Subjektivistischer Glaube als religiöse Falle, EvTh 64, 2004, 239–248. Die oben (II. Luthers Freiheitsverständnis in nuce) herausgestellte Relationalität und Exzentrizität der Glaubensfreiheit eines Christenmenschen samt deren Begründung im von der Idiomenkommunikation bestimmten Christusgeschehen sperrt sich der Interpretation durch eine im Banne neuzeitlicher Subjektmetaphysik stehende und der Selbstbezüglichkeit verhaftete Subjektivitätstheorie. Töricht wäre es allerdings, das Selbstverhältnis als solches theologisch als Sünde im Sinne der incurvatio in seipsum zu ächten. Das Evangelium erlaubt ja gerade, im rechten Gottesverhältnis ein unbefangenes Selbstverhältnis zu haben: außerhalb meiner, im Glauben und in der Liebe, ich selbst zu sein.
66 Dem entspräche der Versuch, die Rechtfertigung allein aus Glauben existential zu interpretieren.
67 Immanuel Kant, Beantwortung der Frage Was ist Aufklärung? (1784). In: Werke [s. o. Anm. 52], Bd. 9, 1970, 53.

Gesetzes als prinzipiell schon geschehen vorausgesetzt: Der Mensch ist frei, gut und spontan. In diesem Sinne ist die Neuzeit antinomistisch.

Was der neue Mensch der Neuzeit immer schon ist, muß er aber immer erst werden; es muß „der Mensch sich zu dem machen", „was er ist". [68] Das allgemein behauptete Evangelium der Freiheit stellt den Menschen zugleich unter den Zwang, es, da es ihm von Haus aus zu eigen ist,[69] selbst einzulösen und zu verwirklichen. Wird die Freiheit aber nicht zugesprochen und mitgeteilt, sondern eignet sie mir von vornherein selbst, bin ich nicht zu ihr bestimmt, sondern bestimme ich mich selbst zu ihr, dann bin ich als individuelle und kollektive Subjektivität mit der Erfüllung des mir selbst gegebenen Versprechens belastet – nicht zur Freiheit befreit, sondern zugleich „zu ihr verdammt"[70]; ich darf nicht frei sein, sondern muß mich befreien. So ist die Kehrseite des Antinomismus ein Nomismus.

IV Schlußbemerkung

Wir sehen: Die Gretchenfrage lautet: *Welche* Freiheit? Die Freiheit eines Christenmenschen läßt sich nicht unter der Hand verallgemeinern – so sehr sie jedem Menschen gilt, wie denn jeder Mensch seine Ursprungsfreiheit schuldhaft verloren hat und auf die neu geschaffene Freiheit angewiesen ist, die ihm Christus erworben und gegeben hat. Aber diese jedem geltende Freiheit ist keine allgemeine Möglichkeit, die in einem Selbstbezug und einer Selbstvergewisserung erinnert und gefunden werden könnte. Als fides adventitia (Gal 3,23 und 25) kommt sie vielmehr, als konkreter Glaube, aus dem konkreten leiblichen Wort. Theologie und Verkündigung haben jedoch die Aufgabe, dieses leibliche Wort kritisch zu beziehen auf seine Umformungen, Formalisierungen, Verallgemeinerungen, wie sie nicht zuletzt in der Gestalt jener säkularisierten Freiheit begegnen, in der die nachchristliche Version des Verhältnisses von Gesetz und Evangelium zu sehen ist.[71]

---

68 Georg Wilhelm Friedrich Hegel, Die absolute Religion, hg.v. Georg Lasson [PhB 63], Hamburg 1966, 129.
69 Nach Hegel ist „der wesentliche Inhalt der Reformation: der Mensch ist durch sich selbst bestimmt, frei zu sein": Georg Wilhelm Friedrich Hegel, Vorlesungen über die Philosophie der Geschichte (Suhrkamp-Werkausgabe, Bd. 12, 497).
70 Vgl. o. Anm. 53.
71 Vgl. o. Anm. 5.

V Beigabe

1968 ist ein Schicksalsjahr der Weltgeschichte.[72] Vor nunmehr 50 Jahren, im Mai, ging die junge, vor allem studentische, Generation nicht nur in San Francisco, Paris und Berlin auf die Straße, um – unter der Parole „Make love, not war!" – vor allem gegen den Vietnamkrieg zu demonstrieren. Die sexuelle Revolution verband sich mit dem Willen, die politische Welt zu ändern – möglichst friedlich wie in Woodstock (1969). Erhofft und intendiert wurde nicht weniger als eine Weltrevolution – von den meisten in marxistischem Sinne; nur wenige sahen die Chance nicht in einer Revolution, sondern in einer Evolution. Besonders in der Bundesrepublik Deutschland war die Studentenrevolte mit einem Aufstand gegen die Generation der Väter, ja gegen Autoritäten und Institutionen überhaupt verbunden; nicht ohne Grund wurde ein kritischerer Umgang mit der nationalsozialistischen Vergangenheit und deren in bestimmten Gestalten noch latenter Gegenwart gefordert. Eine nicht nur mentale, sondern radikale, in die Tiefen der Subjektivität dringende gesamtgesellschaftliche und gesamtpolitische Neuorientierung versprach neben der Psychoanalyse der Marxismus. Beiden zusammen wurde als der Wahrheit mit religiöser Inbrunst vertraut – was heute kaum mehr verständlich ist. Mit beiden zusammen meinte man ein unfehlbares begriffliches Instrumentarium zu haben, um „die Gesellschaft" als wesentliche Triebkraft der globalen Geschichte zu verstehen, zu durchschauen und emanzipatorisch umzugestalten.

Daß die Studentenbewegung auch vor der Kirche und Theologie nicht Halt machte, ist nicht verwunderlich – zumal der sie beflügelnde Marxismus als Hoffnungs- und Heilslehre Juden und Christen nahe zu sein schien. Für dringend nötig wurde es erachtet, eine kritische Stellung zur Institution der Kirche einzunehmen und Theologie in der Schule Feuerbachs, Marx' und Freuds, der Meister einer Hermeneutik des Verdachts, zu betreiben. In der Tat war der Horizont einer weithin bloß philologisch und historisch orientierten und systematisch-theologisch von einer weltlosen existentialen Interpretation bestimmten Theologie eng.

---

[72] Zum 50jährigen Gedenken an die Maiunruhen 1968 wollte „Lutheran Quarterly" meinen Vortrag über „Marcuses Kritik an Luthers Freiheitsbegriff" (ZThK 67, Leibliches Wort. Reformation der Neuzeit im Konflikt, Tübingen 1992, 151–175) in englischer Fassung publizieren, hielt jedoch eine hinführende Erinnerung an die damalige – heute den Lesern kaum mehr verständliche – Situation für unbedingt notwendig. Die „Beigabe" ist der deutsche Text, der in englischer Fassung dem Abdruck des Marcusevortrags als „Preface 2017" vorausgestellt wurde (LQ 30, 2018, 173–204) und dürfte auch deutschen Lesern dienlich sein, um die bleibende Bedeutung des Konfliktgesprächs zwischen reformatorischem und neuzeitlichem – hier im speziellen marxistischem – Freiheitsverständnis wahrzunehmen.

Jene neuen Autoritäten aber, die Meister einer Hermeneutik des Verdachts, wurden oft nur beschworen, jedoch nicht, wie es der akademischen Tradition entsprochen hätte, gründlich studiert. So war namentlich der Marxismus zwar im Reizwort und in der Parole in aller Munde, aber in genauer Kenntnis der Texte kaum präsent. Deshalb versuchte ich als Repetent im Evangelisches Stift in Tübingen die Studierenden zu einem auch historisch-kritischen Umgang mit marxistischem Denken anzuleiten. Zugleich wollte ich ihnen, die von der Theologie – nicht zuletzt auch von der Theologie Luthers – nichts mehr erwarteten („Was willst Du denn mit Deinem spätmittelalterlichen Mönch? Mit dem kann man doch keine Weltrevolution machen!"), einen Zugang zur Sache eben der Theologie offen halten. Das war ein Grenzgang, auf dem mir evident wurde, daß Theologie keine Verständigung in einem abgeschirmten kirchlichen Binnenraum sein kann, sondern sich einlassen muß auf das, was christlichen Glauben umformt oder in Frage stellt. In jenen Jahren (1968–1971) begriff ich, daß Theologie deshalb grundsätzlich Konfliktwissenschaft ist – wie ich dies dann in „Theologie" (1994) dargelegt habe.

Exemplarisch für den Grenzgang in jener Zeit im Tübinger Stift, in dem das Gespräch zwischen Theologie und Philosophie seit Jahrhunderten Tradition war, ist der Vortrag, den ich dort am 27. Oktober 1969 über „Marcuses Kritik an Luthers Freiheitsbegriff" hielt. Nicht zufällig richtet er die Aufmerksamkeit auf den Begriff der „Freiheit", einen „kritischen Vermittlungsbegriff" (Freiheit als Antwort. Zur theologischen Ethik, 1995, Einführung), der wohl wie kein zweiter das Gespräch – und wenn nötig: das Streitgespräch – zwischen reformatorischem und neuzeitlichem Denken zu entbinden vermag.

An der Relevanz und Brisanz dieser Fragestellung hat sich auch nach 50 Jahren nicht das Mindeste geändert. Im Gegenteil. 2017, im Jahr des 500jährigen Gedenkens an die Reformation und der dieses vorbereitenden Dekade, zeigte sich, daß der Begriff der Freiheit für das Selbstverständnis des Protestantismus eine entscheidende – wenn nicht *die* entscheidende – Rolle spielt. Denn er scheint die Identität und geschichtliche Kontinuität der protestantischen Kirchen und ihrer Theologie wie kein anderer zu verbürgen und insbesondere den Bruch zwischen dem Alt- und dem Neuprotestantismus zu überbrücken. Aber diese Überbrückung wird häufig durch eine bewußte, meist aber unbewußte Äquivokation erkauft: Als ob die durch Christus gebrachte und bleibend verbürgte Freiheit des Gewissens mit der modernen Religions- und Gewissensfreiheit mehr oder weniger identisch wäre, so gewiß letztere *eine* ihrer Wurzeln in jener hat (Für den weiteren Zusammenhang: s.o. Kap. 33: „Notwendige Umformung?" vor allem III.2)!

So unausweichlich wir uns auch heute dem Problem der Freiheit stellen müssen – so fern und fremd ist uns im 21. Jahrhundert die Art und Weise, in der es in der nachstehenden Übersetzung jenes 50jährigen deutschen Vortrags verhandelt wird. Damals war der deutsch-amerikanische Soziologe und Philosoph Herbert Marcuse (1898–1979) in aller Munde, ja geradezu eine Leit- und Kultfigur, weil er die erhoffte und erstrebte allseitige Emanzipation wie kaum ein zweiter gedanklich und sprachlich zu orientieren und zu repräsentieren vermochte, indem er die beiden Hauptströme – den Marxismus und die Psychoanalyse – in einer bestimmten Weise zu einem Junktim zusammenführte, von dem nicht weniger als die Lösung der Weltprobleme erwartet wurde; in ihm fanden viele Studierende, gerade auch der Theologie, ihr Anliegen, das Neuwerden des Menschen, besser artikuliert und auf die aktuelle Situation bezogen als in herkömmlicher Theologie. Nach Marcuses „Eros and Civilisation" (1955; dt.: „Triebstruktur und Gesellschaft") schien das Paradies, die Arbeit ohne den Fluch (Gen 3,18 f) der Entfremdung –- als Spiel – zu genießen, keine Kriege mehr zu führen, kurz: in Frieden lustvoll zu leben, zum Greifen nahe zu kommen, jedenfalls keine Utopie mehr zu sein. Folglich wandte sich Marcuse gegen Sigmund Freuds Realitätsprinzip, wonach menschliche Kultur immer mit einem Triebverzicht verbunden ist, im Sinne eines der berühmten Pariser Sprüche vom Mai 1968: „Soyez réalistes, demandez l'impossible!"

Im Grunde folgte Marcuse der unter Berufung auf Hegel von Karl Marx vertretenen These, daß der Mensch zuerst Täter und Macher ist und sich in einer Selbsterzeugung durch Arbeit gewinnt, nicht aber wesentlich aus einer Vorgabe lebt, nicht sein eigener Schöpfer, Erlöser und Vollender ist. Daß der Marxismus heute, 50 Jahre nach den Maiunruhen, nichtmehr die gleiche politische und mentale Bedeutung hat, besagt nicht, daß er nichtmehr wirksam und die Auseinandersetzung mit ihm unnötig wäre. Jenes Schicksalsjahr hat die Welt vielmehr insofern nachhaltig verändert, als der damals von der revoltierenden Generation begonnene „lange Marsch durch die Institutionen" zwar viele Transformationen mit sich brachte, dabei aber jene Grundüberzeugung, daß der Mensch das ist, was er aus sich macht, nicht in Frage stellte, sondern eher verstärkte und in weitere Lebensbereiche hineinbuchstabierte. Nicht nur Marx und die marxistische Tradition verkennen das Geschöpfsein des Menschen, das sich in der Unterscheidung von vorausgehender göttlicher Zusage und nachfolgendem menschlichen Glauben und Handeln, anders gesagt: in der Unterscheidung von Sonntag und Werktag darstellt. Vielmehr beherrscht auch nach dem politischen Niedergang des realen kommunistischen Sozialismus die Orientierung an dem, was ein Mensch leistet und sich leisten kann, die Orientierung am Menschen als Produzenten und Konsumenten, fast den ganzen Globus. Dem politischen Niedergang des realen kommunistischen Sozialismus entspricht nämlich keineswegs eine Schwächung der marxistischen Anthropologie. Sie ist vielmehr, weniger explizit als implizit, auch im globalen liberalistischen Kapitalismus maßgebend geblieben; die Omnipotenz und Ubiquität der Lohngerechtigkeit im Unterschied zur bedingungslosen Güte Gottes (Mt 20,1–15; s. u. Kap. 35: „Lohngerechtigkeit?") beweist dies.

Theologie – nicht zuletzt, sondern zu allererst: lutherische Theologie – kann, wenn sie, was ihre Aufgabe ist, im bezeichneten Sinn kritikfähig bleiben will, nicht darauf verzichten, in ihrer Wahrnehmung des Menschen und seiner Mitwelt die modernen Formen der Werkgerechtigkeit – etwa die „Selbstverwirklichung" und „Selbstoptimierung" – im Unterschied zum allein rechtfertigenden Glauben der bedingungslosen Güte Gottes zu erkennen und zu einem metakritischen Urteil zu finden, in dem auch die Frage beantwortet ist, ob und in welchem Maße diese Werkgerechtigkeit vom deutschen Idealismus befördert wurde, den Marx beerbt hat. Jedenfalls kann eine Analyse von Marcuses Kritik an Luthers Freiheitsbegriff samt einer Auseinandersetzung mit ihr paradigmatisch die notwendige Metakritik solcher Werkgerechtigkeit befördern und ebenso scharf wie klar das Profil von Luthers Begriff der Freiheit als einer zuerst und zuletzt kategorischen Gabe erfassen, wie er sich klassisch in seinem Freiheitstraktat von 1520 darstellt.

34 Menschenwürde bei Luther

I Die Definition des Menschen

Luthers Wahrnehmung der menschlichen Würde ist, wie in der gesamten christlichen Tradition, identisch mit der Wahrnehmung der Gottebenbildlichkeit des Menschen (Gen 1,26 f). Damit ist zugleich auch der Horizont bezeichnet, in dem sich Luther zu den entsprechenden Wahrnehmungen der Gottebenbildlichkeit des Menschen in der Scholastik und der Mystik, der Renaissancephilosophie [1] und dem Humanismus – kritisch – verhält. Prominentes Dokument für sein Verständnis der Gottebenbildlichkeit des Menschen ist die „Disputatio de homine" (1536).[2] Hier kommt dieses Verständnis im Streit zwischen Philosophie und Theologie zur Sprache. Gleich die erste These kündigt, wie im Vorblick auf These 20 deutlich wird, die fundamentale Umstrittenheit des anthropologischen Grundbegriffs an: „Die Philosophie, die menschliche Weisheit, definiert den Menschen als vernunftbegabtes, mit Sinnen und Körperlichkeit ausgestattetes Lebewesen."[3] Im Anschluß an diese – in aristotelischer Tradition gegebene – klassische Bestimmung des Menschen als „animal rationale" bzw. als ζῷον λόγον ἔχον[4] folgt in den Thesen 2–19 eine kritische Bezugnahme auf die philosophische Anthropologie – wie denn nach Luther Theologie aufgrund ihres universalen Wahrheitsanspruchs sich nicht in einem frommen Binnenraum bewegen kann, sich freilich auch nicht einfach philosophischen Vorgaben unterwerfen und einfügen darf und deshalb – im kritischen Bezug zu anderen universalen Wahrheitsansprüchen – Konfliktwissenschaft ist.

These 20 formuliert im Kontrast zum defizitären philosophischen Verständnis: „Die Theologie hingegen definiert aus der Fülle ihrer Weisheit den ganzen und vollkommenen Menschen." Luther bietet – und das ist die Pointe seines Verständnisses der Menschenwürde! – eine durch und durch rechtfertigungstheologisch begründete Lehre vom Menschen mit dem Kernsatz (These 32):

---

[1] Dazu: Charles Trinkaus, In Our Image and Likeness. Humanity and Divinity in Italian Humanist Thought, 2 Bde., London 1970; Gerhard Ebeling, Das Leben – Fragment und Vollendung. Luthers Auffassung vom Menschen im Verhältnis zu Scholastik und Renaissance. In: ZThK 72, 1975, 310 – 336, hier 320 – 324.
[2] WA 39 I, 175 – 177. Einen magistralen Kommentar hat dieser Disputation gewidmet: Gerhard Ebeling, Lutherstudien, Bd. II (3 Teile), Tübingen 1977, 1982, 1989.
[3] WA 39 I, 175,3 f (Der lateinische Text ist hier und im Folgenden übersetzt).
[4] Aristoteles, Politica I 2, 1253a 1 – 3; a 9 f.

"Paulus faßt in Röm 3 [,28]: ‚Wir erachten, daß der Mensch durch Glauben unter Absehung von Werken gerechtfertigt wird' in Kürze die Definition des Menschen dahin zusammen, daß der Mensch durch Glauben gerechtfertigt werde (hominem iustificari fide)".

Das heißt, daß der Mensch – jeder Mensch ohne Ausnahme – ohne Verdienst und ohne eine Würde, die er sich selbst zuschreiben oder von andern Menschen als Anerkennung erwarten könnte, von seinem Schöpfer, Erlöser und Vollender bedingungslos und unbedingt anerkannt und wertgeachtet ist. Dadurch kommt ihm eine unantastbare und unzerstörbare Würde zu. Da sie ihm von keinem Menschen verliehen ist, kann sie ihm auch von keinem Menschen abgesprochen werden.

Vorausgesetzt und impliziert ist in dieser rechtfertigungstheologischen Definition des Menschen und seiner Würde, daß von ihm nicht abstrakt und isoliert nur schöpfungstheologisch, sondern unreduzierbar in vier Hinsichten zu reden ist: Der Mensch ist erstens Geschöpf; er ist zweitens das Wesen, das sein Geschöpfsein verkehrt und – von sich aus, nicht aber von Seiten Gottes aus! – seine Würde ganz und gar verloren (Röm 3,23) und ihr widersprochen hat;[5] er ist drittens das Wesen, das durch Jesus Christus aus der Verkehrung seines Geschöpfseins zurechtgebracht ist, ist diese Rechtfertigung allein aus dem Glauben aber – viertens – erst noch schauen wird. Diesen vier Hinsichten entspricht die Abfolge der Thesen 21–23, die im lateinischen Originaltext einen einzigen Satz bilden – die vierfältige Einheit der drei Hinsichten zum Ausdruck bringend: „Der Mensch ist Gottes Geschöpf, aus Fleisch und lebendiger Seele bestehend, von Anbeginn zu Gottes Ebenbild gemacht ohne Sünde, mit der Bestimmung, Nachkommen zu zeugen sowie über die Dinge zu herrschen und niemals zu sterben." Dieses Geschöpf „ist aber nach Adams Fall der Macht des Teufels unterworfen, nämlich der Sünde und dem Tode – beides Übel, die durch seine Kräfte nicht zu überwinden und ewig sind". Es „ist nur durch den Sohn Gottes, Jesus Christus, zu befreien (sofern es an ihn glaubt) und mit dem ewigen Leben zu beschenken".

Derselbe Sachverhalt kommt – unter dem Leitbegriff der „Freiheit" – in zwei weiteren prominenten Dokumenten von Luthers Verständnis der Menschenwürde zur Geltung: im Traktat „Von der Freiheit eines Christenmenschen" (1520) und in dessen Pendant und Komplement: „Über das unfreie Willensvermögen" (1525), der großen Streitschrift gegen Erasmus und dessen Verständnis der Menschenwürde. Beide Schriften lassen sich in aller Kürze so zusammenfassen: Luthers eminentes Interesse an der menschlichen Freiheit ist insofern ein allgemein an-

---

5 Dazu überaus dicht und scharfsinnig: Johannes von Lüpke, Ebenbild im Widerspruch. Menschenwürde und Menschenrechte im Spiegel der Erzählung vom Brudermord (Gen 4,1–16). In: Der Mensch als Thema theologischer Anthropologie. Beiträge in interdisziplinärer Perspektive, hg.v. Jürgen van Oorschot und Markus Iff, Neukirchen 2010, 114–145.

thropologisches, als es dabei um das geht, was jeden Menschen in seinem Wesen und seiner Würde betrifft. Es ist als solches aber ein durch und durch soteriologisches Interesse: Es richtet sich auf Heil oder Unheil, Gewinn oder Verlust des Lebens. Der Mensch wird als Sünder wahrgenommen: als Geschöpf, das im Mißbrauch seiner Ursprungsfreiheit dieser immer schon widersprochen und damit – von sich aus – seine Gottebenbildlichkeit verwirkt und verloren hat (Röm 3,23); in diesem radikalen Sinn ist sein Willensvermögen unfrei, ein servum arbitrium. Er gewinnt und empfängt seine verlorene Freiheit nur wieder durch Jesus Christus, der sie ihm in einer Neuschöpfung zuspricht und mitteilt; es ist die neue, endgültige Freiheit, „die ihm Christus erworben und gegeben hat",[6] also nichts anderes als Christusfreiheit. Deshalb ist die Freiheit des Menschen konkret die Freiheit eines Christenmenschen. Wer kein Christenmensch ist, ist, was sein Willensvermögen in der Wurzel seiner Existenz betrifft, unfrei. Er lebt im Widerspruch zu seiner Bestimmung, hat aber gleichwohl von Gott her seine Gottebenbildlichkeit, seine Würde als Geschöpf, nicht verloren und wird des Gesetzes wie des Evangeliums gewürdigt; im Bereich der weltlichen Gerechtigkeit, der iustitia civilis, kann auch der Sünder dem Recht dienen, indem er seine Vernunft – in diesem Bereich keine „Hure"[7], sondern „geradezu etwas Göttliches"[8] – gebraucht, „als wäre kein Gott da"[9].

II Würdelose Würde; Sprachvernunft

Nach der zitierten Zentralthese 32 der „disputatio de homine" ist der Mensch dadurch Mensch, daß er der Rechtfertigung seiner Existenz durch den Glauben bedarf; in dieser Bedürftigkeit liegt seine Würde. Die Würde des Menschen, sein Sein, ist sein elementares Angewiesensein darauf, daß ihm das Leben und das zum Leben Notwendige „wider alle Gefahr"[10] in jeder Sekunde neu gewährt wird – kann er doch keinen Augenblick in und aus sich selbst Bestand haben. Durch den Glauben gerechtfertigt zu werden heißt also in ontologischer Tiefe und Weite: als unverdiente, rein verdankte Existenz zu leben. Diese Pointe der Schöpfungstheologie samt deren Anthropologie verdichtet Luther in seiner Erklärung des

---

6 Von der Freiheit eines Christenmenschen, 1520; WA 7, 20,26f; vgl. 29,13–18.
7 Belege: Oswald Bayer, Martin Luthers Theologie. Eine Vergegenwärtigung (2003), ³2007, 146, Anm. 18.
8 WA 39 I, 175,9f (ratio as „divinum quiddam").
9 WA 15, 373,3 (Der 127. Psalm, ausgelegt an die Christen zu Riga, 1524).
10 BSELK 870,24f (BSLK 511,1f) (Kleiner Katechismus, Erklärung des ersten Artikels des Glaubensbekenntnisses).

ersten Artikels des Glaubensbekenntnisses in ausdrücklich rechtfertigungstheologischer Begrifflichkeit: „Ich glaube, daß mich Gott geschaffen hat samt allen Kreaturen [...] ohne alle meine Verdienste und ohne alle meine Würdigkeit"[11]; er hat mich zu einer sozusagen würdelosen Würde geschaffen. Wer dies bekennt, spricht für sich selbst und stellvertretend für die ganze Schöpfung aus, daß sie aus grundloser Güte und Barmherzigkeit ist, ganz und gar unverdient: ex nihilo, aus nichts und nochmals nichts – aus sich selbst und in sich selbst würdelos. Die Würde des Menschen und seiner Mitwelt ist keine intrinsische, sondern – als bedingungslos und unbedingt gewährte und gegebene – extrinsisch. Sie ist keine ihm und seiner Mitwelt von sich aus innewohnende Qualität, sondern ein Relationsbegriff: Sie besteht allein von seinem Schöpfer, Erlöser und Vollender her und auf ihn hin. Die Würde des Menschen ist allein vom dreieinen Gott zugesagt und verbürgt.

Hat der Mensch nach Luther seine Würde zunächst inmitten seiner Mitgeschöpfe[12], so macht Luther in aller Klarheit deutlich, daß er ihnen durch die ihm verliehene Sprachvernunft, durch die er „von andern Tieren am meisten unterschieden wird",[13] auch gegenübersteht. Dies ist in dem mit der Gottebenbildlichkeit unauflöslich verbundenen Herrschaftsauftrag (Gen 1,26–28) begründet, den Luther als die dem Menschen verliehene Sprachvernunft nicht hoch genug rühmen kann: Trotz der Sünde wirke die Vernunft als „Erfinderin und Lenkerin aller [freien] Künste, der medizinischen Wissenschaft, der Jurisprudenz und all dessen, was in diesem Leben an Weisheit, Macht, Tüchtigkeit und Herrlichkeit von Menschen besessen wird"[14]. Denn „selbst nach Adams Fall hat Gott der Vernunft diese Majestät", ihren Herrschaftsauftrag, „nicht genommen, sondern vielmehr bestätigt"[15]. Im irdischen Bereich ist die dem Menschen verliehene und zugemutete Vernunft „eine Sonne und eine Art göttlicher Macht, in diesem Leben dazu eingesetzt, all diese Dinge [der medizinischen Wissenschaft, der Jurisprudenz usw.] zu verwalten"[16]. Hier ist die Vernunft „Erfinderin", ja „Lenkerin"[17], Herr-

---

11 AaO, 870,9–16 (BSLK 510,33–511,5).
12 Von hier aus wäre zu erörtern, in welcher Weise auch der nichtmenschlichen Schöpfung Würde zukommt. Jedenfalls kann eine Schöpfungstheologie wie die Luthers die Kantische Privilegierung des Menschen nicht einfach bejahen und etwa Tiere als würdelose „Sachen" wahrnehmen. Vgl. Oswald Bayer, Von der Freiheit menschlichen Lebens „inmitten von Leben, das leben will". In: Ders., Freiheit als Antwort. Zur theologischen Ethik, Tübingen 1995, 64–75, hier 74f, bes. Anm. 35 und 36.
13 WA DB 10/ I, 101, 14f (Zweite Psaltervorrede, 1528).
14 WA 39 I, 175,11–13 (Disputatio de homine, These 5).
15 Ebd., Z. 20f (These 9).
16 Ebd., Z. 18f (These 8).
17 Ebd., Z. 11 (These 5).

scherin, Königin – so sehr der vernünftige, über die Welt herrschende Mensch seinem Schöpfer gegenüber bedürftiges und empfangendes Kind ist und bleibt: Kind und König in Personalunion (Psalm 8) – in der Verschränkung von fundamentaler Passivität und daraus folgender Aktivität, von apriorischem Geliebt- und Anerkanntsein sowie in dieser iustitia dei, der richtigen Gottesbeziehung, begründeten und daher relativen Autonomie: Innerhalb der Grenzen der bloßen iustitia civilis ist die Vernunft, weil und wenn ihrer Grenzen inne, auch ihrer königlichen Leistungsfähigkeit bewußt und, nicht zuletzt, ihrer Selbstgefährdung. Im kindlichen Vertrauen auf seinen Schöpfer, Erlöser und Vollender ist der Mensch von Absolutismen entlastet und dadurch freigesetzt zu einer nüchternen Wahrnehmung des innerweltlich und innergeschichtlich Möglichen und Notwendigen.

In diesem Bereich der iustitia civilis kommt dem Menschen – ganz anders als im Bereich der iustitia dei – ein freies Willensvermögen, ein liberum arbitrium, zu: jene Wahl-, Entscheidungs- und Handlungsfreiheit, der im Augsburger Bekenntnis ein eigener Artikel gewidmet ist, Artikel 18: „Vom freien Willen". „Vom freien Willen wird so gelehrt, daß der Mensch in bestimmter Hinsicht einen freien Willen hat, äußerlich ehrbar zu leben und zu wählen unter den Dingen, welche die Vernunft begreift"[18] – unter den Dingen, die ihr „unterworfen" sind:[19] die Gestaltung der Verhältnisse in Ehe, Familie, Wirtschaft, Erziehung und Bildung, Recht und Staat.

III Schutz der würdelosen Würde des Menschen; Gewissensfreiheit

Luthers Unterscheidung von iustitia dei und iustitia civilis sowie von servum arbitrium im Gottesverhältnis und liberum arbitrium im Weltverhältnis entspricht seine in einer Umformung der Lehre Augustins von den beiden civitates gewonnene Unterscheidung von Gottes geistlichem und weltlichem Regiment, wie sie klassisch in der Schrift „Von weltlicher Obrigkeit, wie weit man ihr Gehorsam schuldig sei" (1523) zur Geltung kommt.[20] Mit dieser Unterscheidung trägt Luther seinem dargelegten Begriff der Menschenwürde Rechnung und erweist dessen nicht zu überschätzende sozialethische Bedeutung. Ist, wie gezeigt, die Würde des Menschen allein von dessen Schöpfer, Erlöser und Vollender abhängig und

---

18 BSELK 112,13–16 (BSLK 73,1–5).
19 Ebd.: „De libero arbitrio [ecclesiae apud nos] docent, quod humana voluntas habeat aliquam libertatem ad efficiendam civilem iustitiam et deligendas res rationi subiectas."
20 WA 11, 245–281.

verbürgt, dann ist sie jeder menschlichen Verfügung entzogen – nicht zuletzt der Verfügung weltlicher Herrschaft. Aufgabe der weltlichen Obrigkeit, des Staates, ist es daher, die im Glauben – identisch damit: die in der Gewissensfreiheit – wahrgenommene unverdiente Würde des Menschen zu respektieren und zu schützen. Zum Glauben kann man niemanden zwingen, ist er doch freie, innerlich geistgewirkte Zustimmung des Herzens.

> „Weil es denn", heißt es im zweiten Teil der Obrigkeitsschrift, „einem jeden auf seinem Gewissen liegt, wie er glaubt oder nicht glaubt, und [weil] damit der weltlichen Gewalt kein Abbruch geschieht, soll sie auch zufrieden sein und ihrer [eigenen] Aufgabe warten und so oder so glauben lassen, wie man kann und will, und niemanden mit Gewalt bedrängen. Denn es ist ein freies Werk um den Glauben, zu dem man niemanden zwingen kann."[21]

Dies besagt keineswegs, daß der Glaube eine Privatsache wäre, zu der er in der Neuzeit aus verständlichen Gründen wurde.[22] Weil er aus dem „leiblichen Wort"[23] kommt, muß diesem – und mit ihm dem Glauben – die staatlich verfaßte Öffentlichkeit Raum lassen und es schützen. Greift der Staat, wie es der totalitäre Staat tut, in diese durch Wort und Glaube konstituierte Sphäre, in Gottes „geistliches" Regiment, ist ihm – passiv – Widerstand zu leisten. Die Kompetenzen und Befugnisse des Staates werden klar begrenzt; es ist danach zu fragen und zu beachten, „wie weit" man ihm Gehorsam schuldig sei. Denn es gilt: „Man muß Gott mehr gehorchen als den Menschen" (Acta 5,29).[24] So wirkt Luthers geniale Unterscheidung von Gottes „geistlichem" und „weltlichem" Regiment als Gegengift gegen den späteren Absolutismus sowie gegen die totalitären Systeme des 20. Jahrhunderts[25] und wurde zu einer der Wurzeln des neuzeitlichen Grundrechtes der Religions- und Gewissensfreiheit.[26] Die moderne Unterscheidung von

---

21 WA 11, 264,16 – 20. Daß „man niemanden zum Christentum zwingen kann" (aaO, 260,8f) und darf hatte schon Augustin geltend gemacht: Augustinus, Epistolae libr. II, ep. XCIII. Leider sind weder Augustin noch Luther dieser Einsicht immer konsequent gefolgt.
22 Vgl. Bayer, Gesetz und Freiheit. Zur Metakritik Kants. In: Ders., Freiheit als Antwort (s.o. Anm. 12), 164 – 182, hier 165.
23 CA V (BSELK 100,7f [BSLK 58,12f]).
24 CA XVI (BSELK 110f, hier 110,27 – 112,2 [BSLK 70f, hier 71,23 – 26]).
25 Ein prominentes Beispiel einer Inanspruchnahme des obrigkeitskritischen Momentes der Zwei-Regimenten-Lehre Luthers zur Legitimierung des Widerstandes gegen ein totalitäres Regime ist der norwegische Kirchenkampf 1942. Dazu in Kürze: Bayer, Luthers Theologie (s.o. Anm. 7), 284.
26 Gegen die These Georg Jellineks, Die Erklärung der Menschen- und Bürgerrechte (1895), der die Religionsfreiheit unmittelbar und ausschließlich auf den englischen Zweig der Reformation zurückführte, argumentiert überzeugend: Martin Heckel, Die Menschenrechte im Spiegel der reformatorischen Theologie (1987). In: Ders., GS Bd. 2, hg.v. Klaus Schlaich, Tübingen 1989, 1122 –

Religion und Politik sowie von Moral und Recht, eine kaum zu überschätzende kulturelle Errungenschaft, ist ohne Luthers Unterscheidung von Gottes geistlichem und weltlichem Regiment und der damit gegebenen Begrenzung der staatlichen Kompetenz zugunsten der Glaubensfreiheit einerseits und der Begrenzung kirchlich-klerikaler Macht- und Öffentlichkeitsansprüche zugunsten einer vernünftigen Weltlichkeit zivilgesellschaftlichen und staatlichen Handelns andererseits nicht denkbar. In der fünften These der Barmer Theologischen Erklärung (1934) kommt dieses Erbe klar zur Geltung:

> „Wir verwerfen die falsche Lehre , als solle und könne der Staat über seinen besonderen Auftrag hinaus die einzige und totale Ordnung menschlichen Lebens werden und also auch die Bestimmung der Kirche erfüllen. Wir verwerfen die falsche Lehre, als solle und könne sich die Kirche über ihren besonderen Auftrag hinaus staatliche Art, staatliche Aufgaben und staatliche Würde aneignen und damit selbst zu einem Organ des Staates werden."[27]

IV Verborgene theologische Begründung

Für die mit der Gottebenbildlichkeit identische Menschenwürde bürgt nach Luther, wie wir gesehen haben, allein der dreieine Gott: der Schöpfer, Erlöser und Vollender des Menschen und dessen Mitwelt. Die explizite Anerkennung dieser Bürgschaft läßt sich in einer pluralistischen Gesellschaft und einem religiös neutralen Staat nicht voraussetzen. Sie kann aber anomym und zum interpretationsfähigen, freilich auch interpretationsbedürftigen Platzhalter jener Unbedingtheit und Bedingungslosigkeit werden, mit der Artikel 1, Absatz 1 des Grundgesetzes der Bundesrepublik Deutschland als Kriterium eines jeden positiven Rechtes gilt: „Die Würde des Menschen ist unantastbar." Als Andeutung der verborgenen theologischen Begründung dieses Kriteriums darf der Beginn der Präambel des Grundgesetzes gelesen werden: „Im Bewußtsein seiner Verantwortung vor Gott..."

1193. Heckel zeigt, daß die heutige Unterscheidung von Religion und Politik wesentlich auch auf Luther zurückgeht.
27 Die Barmer Theologische Erklärung. Einführung und Dokumentation, hg.v. Alfred Burgsmüller und Rudolf Weth, Neukirchen 1983, 38.

35 Lohngerechtigkeit?

Das Ethos der Christen lebt daraus, daß Gott ihre guten Werke „zuvor bereitet hat, damit wir in ihnen wandeln" (Eph 2,10; vgl. Jes 26,12).[1] Zuvor bereitet hat er sie in seinem Wort, das er selbst – in sich – ist und das er andern – uns Menschen – gibt. Dies geschieht konkret in dem Wort, das Jesus Christus ist, der uns Gott „erzählt" hat („exegesato": ἐξηγήσατο): Joh 1,18) und uns kraft des Heiligen Geistes erzählt. Mit dem Gleichnis Jesu Christi Mt 20,1–15 will ich im Folgenden eine solche Erzählung erkunden – in der Erwartung, dabei den Weg zu finden, auf dem unsere Werke gut werden.

1 Denn das Himmelreich gleicht einem Hausherrn, der früh am Morgen ausging, um Arbeiter für seinen Weinberg einzustellen.

2 Und als er mit den Arbeitern einig wurde über einen Silbergroschen als Tagelohn, sandte er sie in seinen Weinberg.

3 Und er ging aus um die dritte Stunde und sah andere müßig auf dem Markt stehen

4 und sprach zu ihnen: Geht ihr auch hin in den Weinberg; ich will euch geben, was recht ist.

5 Und sie gingen hin. Abermals ging er aus um die sechste und um die neunte Stunde und tat dasselbe.

6 Um die elfte Stunde aber ging er aus und fand andere und sprach zu ihnen: Was steht ihr den ganzen Tag müßig da?

7 Sie sprachen zu ihm: Es hat uns niemand eingestellt. Er sprach zu ihnen: Geht ihr auch hin in den Weinberg.

8 Als es nun Abend wurde, sprach der Herr des Weinbergs zu seinem Verwalter: Ruf die Arbeiter und gib ihnen den Lohn und fang an bei den letzten bis zu den ersten.

9 Da kamen, die um die elfte Stunde eingestellt waren, und jeder empfing seinen Silbergroschen.

10 Als aber die Ersten kamen, meinten sie, sie würden mehr empfangen; und auch sie empfingen ein jeder seinen Silbergroschen.

11 Und als sie den empfingen, murrten sie gegen den Hausherrn

12 und sprachen: Diese Letzten haben nur eine Stunde gearbeitet, doch Du hast sie uns gleichgestellt, die wir des Tages Last und Hitze getragen haben.

---

1 Mit Hans Ulrich, dem dieser Vortrag gewidmet ist, verbindet mich nicht zuletzt die Einsicht in die Bedeutung von Eph 2,10 für die Bestimmung des Gegenstandes theologischer Ethik. Vgl. Hans G. Ulrich, Wie Geschöpfe leben. Konturen evangelischer Ethik (2005), Münster ²2007, 87.

13 Er antwortete aber und sagte zu einem von ihnen: Mein Freund, ich tu dir nicht Unrecht. Bist Du nicht mit mir einig geworden über einen Silbergroschen?

14 Nimm, was Dein ist, und geh! Ich will aber diesem Letzten dasselbe geben wie dir.

15 Oder habe ich nicht Macht zu tun, was ich will, mit dem, was mein ist? Siehst Du scheel drein, weil ich so gütig bin?

Dieses Gleichnis vom Himmelreich scheint keineswegs eine Antwort auf die Frage nach unseren guten Werken zu geben. Vielmehr bezieht es sich auf die Frage: Wie komme ich in den Himmel? Wie finde ich zu meiner Bestimmung? Zur Fülle und Vollendung der Gemeinschaft, zu der ich zusammen mit allen Mitgeschöpfen berufen bin? Zu jener Gemeinschaft ohne Krieg, Geschrei und Tränen, in der die Geschöpfe einander nicht zuleide, sondern zuliebe leben? „Ende gut, alles gut!"?

In den Himmel kommst Du durch dieses Gleichnis. Du mußt kein Vorwissen mitbringen und keine Vorleistung aufweisen, nur hinhören.

Was hörst Du? Zwei Stimmen im Kontrast, ja im Widerspruch zueinander: die alte Welt, wie sie *ohne* Jesu Gleichnis ist, und die Welt, wie sie durch Jesu Gleichnis ganz anders, nämlich *neu* wird.

I Die alte Welt

Zunächst die Welt, wie sie *ohne* Jesu Gleichnis ist – damals und heute nicht anders: geprägt durch Arbeit, Leistung und zu erwartendem Lohn, der einer Leistung entspricht: Jedem das Seine: das, was er verdient hat und worin er sich von andern unterscheidet, die mehr oder weniger verdienen, mehr oder weniger gesellschaftlich anerkannt werden; Unterschiede sind entscheidend, es wird quantifiziert. Wir hören die Stimme eines in allem Streit unstrittigen großen Konsenses, der uns mit vielen Teilen der Weisheitslehre des Alten Israel sowie mit dem aristotelischen Gerechtigkeitsverständnis verbindet. Nach jener Weisheitslehre ergeht es mir meinen Taten entsprechend; ich empfange den Lohn meines Verdienstes: das, was ich verdient habe, das, was meine Taten wert sind. So auch nach dem aristotelischen Gerechtigkeitsverständnis, das uns alle so bestimmt, daß wir es normalerweise nicht in Frage stellen.

Herrschte dieses Verständnis von Gerechtigkeit allein in der Sphäre des Ökonomischen und Politischen, bliebe es *darauf* beschränkt, dann wäre es auch ganz in Ordnung. Doch greift es auf andere Sphären aus, drängt sich überall ein, will unersättlich Macht gewinnen. Schließlich, in der Neuzeit, definiert sich der Mensch nur noch durch seine Arbeit und Leistung – wie es Jean-Paul Sartre scharf auf den Begriff gebracht hat, besonders in „L'Existentialisme est un Humanisme"

(1946): Ich bin, was ich aus mir mache.[2] Ich bin genau das, was ich leiste und was ich als Konsument mir leisten kann. In Sartres These bekundet sich nur in extremer Ausprägung, was allgemeines Menschheitserbe ist.

Zu diesem Erbe nun gehört fundamental, daß solches Gerechtigkeitsverständnis sich auch im Gottesverhältnis Geltung zu schaffen versucht. Dann muß ich fragen, ob ich genug geleistet habe, um des ewigen Lebens würdig zu sein; dann muß ich darauf bedacht sein, mit dem Himmel die Anerkennung zu verdienen, ohne die ich ein Nichts wäre. Schließlich soll doch am Ende etwas erwirtschaftet sein, etwas herauskommen und nicht der Frust das letzte Wort haben. Schließlich soll doch die Mühe und Arbeit eines ganzen Lebens sowie der ganzen Weltgeschichte nicht vergeblich, nicht umsonst gewesen sein. Die Hoffnung auf eine Abrechnung und eine der Leistung entsprechende Vergeltung, eine Entgeltung hat aber immer die Furcht zur Seite, mit meinem Lebensprojekt zu scheitern, zu wenig anerkannt zu sein, nicht bestehen zu können – vor welchem Richterstuhl auch immer.

II Die neue Welt

Die Welt *ohne* Jesu Gleichnis ist die Welt der zuteilenden Gerechtigkeit, die Welt der Hoffnung auf Belohnung und der Furcht, leer auszugehen. Was diese Welt der Gerechtigkeit des Verdienstes und Lohnes aber *nicht* kennt, ist bedingungslose, unbedingte Güte. Indem Jesus sie in seinem Gleichnis erzählt, weckt er Unverständnis, Widerspruch, ja: Empörung; die wirtschaftliche, moralische, auch und erst recht die religiöse Weltordnung ist verletzt. Zwar ist die austeilende Gerechtigkeit des Weinbergbesitzers nicht ungerecht; sie ist aber *mehr* als gerecht, indem sie allen, ohne Unterschiede, den gleichen vollen Lohn gibt. Sie, diese überschwängliche Gerechtigkeit, wird, weil sie mehr als gerecht ist, als *ungerecht* empfunden. Weil sie die alte Welt in Frage stellt, schreit diese auf. Sie murrt; sie freut sich gar nicht. Dann müßte man ja umdenken, umkehren! Von Lohn und Vergeltung könnte dann nur noch para-dox, in einer gegen die herrschende Einstellung gekehrten Weise geredet werden: in einem ganz neuen Sinn.

In welchem? In seinem Testament für den ihm noch verbliebenen einen Sohn mahnt Paul Gerhardt: „Tue Leuten Gutes, ob sie dir es gleich nicht zu vergelten haben, denn" – und der Leser erwartet, daß der Satz *so* weiterläuft: Gott *wird* es dir vergelten. Paul Gerhardt aber *enttäuscht* diese Erwartung, indem er fortfährt:

---

[2] Jean Paul Sartre, L'Existentialisme est un Humanisme, Paris 1946, 22: „l'homme n'est rien d'autre que ce qu'il se fait."

„denn was Menschen nicht vergelten können, das *hat* der Schöpfer Himmels und der Erden längst vergolten, da er dich erschaffen hat, da er dir seinen lieben Sohn geschenkt hat und da er dich in der heiligen Taufe zu seinem Kind und Erben auf- und angenommen hat"[3].

Die selbstverständliche Erwartung, Gott werde entsprechend der Devise „Wie ich dir, so Du mir!", also im Sinne eines Gabentausches[4] vergelten, wird gründlich enttäuscht, ja: getötet. Die Erwartung *kommender* Vergeltung wird *umgekehrt*; Paul Gerhardt bekennt sich zu einer *zuvorkommenden* Vergeltung, die als *solche* freilich gar keine Vergeltung mehr ist, sondern unverdient gewährte Gabe: Gnade.

Diese Umkehrung ist eine unbegreifliche Störung des gewohnten Gerechtigkeitsdenkens. Das großzügige und freigebige Verhalten des Weinbergbesitzers, wie es das Gleichnis erzählt, ist ja nicht zu erwarten; es ist ja ganz unberechenbar, unvorhersehbar, für alle eine Überraschung. Gottes Güte, die Jesus durch sein Gleichnis unter die Leute bringt, ist etwas völlig Anderes als eine Gott selbstverständlich zukommende zeitlose Eigenschaft und Gesinnung, mit der man rechnen könnte. Als ob Gott gar nicht anders sein könnte als eben gütig! Diese Annahme trifft ebenso daneben wie jene andere, daß er nach Verdienst belohnt. Daß Gott, daß der Himmel durch Jesu Gleichnis als reine Güte kommt, ist angesichts der Hartnäckigkeit, mit der wir seine grundlose Güte verkennen, schlechterdings ein Wunder: ein Ereignis, über das wir nicht genug staunen können – jeden Tag neu. „Gottes Güte, Gottes Treu sind an jedem Morgen neu" (EG 454). „All Morgen ist ganz frisch und neu..." (EG 440; Thr 3,22f).

Wer über Gottes Güte staunt, hört neu die Schöpfung und bekennt:

> „Ich glaube, daß mich Gott geschaffen hat samt allen Kreaturen, mir Leib und Seele, Augen, Ohren und alle Glieder, Vernunft und alle Sinne gegeben hat und noch erhält, dazu Kleider und Schuh, Essen und Trinken, Haus und Hof, Frau und Kind, Äcker, Vieh und alle Güter, mich mit allem Notwendigen und aller Nahrung dieses Leibes und Lebens reichlich und täglich versorgt, gegen alle Gefahr beschirmt und vor allem Übel behütet und bewahrt – und dies alles aus lauter väterlicher göttlicher Güte und Barmherzigkeit ohn all mein Verdienst und Würdigkeit"[5].

---

3 Paul Gerhardt, Dichtungen und Schriften, hg. und textkritisch durchgesehen von Eberhard von Cranach-Sichart, o.J. (1957?), 492f: Testament für seinen Sohn Paul Friedrich, 1676, hier 493; Hervorhebung von mir.
4 Die hier vorgelegte Erkundung des Gleichnisses könnte auch ganz im Gabediskurs vorgenommen werden. Insofern ist mein Aufsatz s.o. Kap. 36: „Ethik der Gabe" der Zwillingsbruder zu dieser Erkundung.
5 Martin Luther, Kleiner Katechismus, Erklärung des ersten Artikels des Glaubensbekenntnisses (BSELK 870,9–16 [BSLK 510,33–511,5]).

Damit ist bekannt, was die theologische Fachsprache ziemlich schwer zu verstehen „Schöpfung aus dem Nichts" nennt. Das heißt: Ohne weltliche Bedingung wurde die Welt ins Sein gerufen. „Schöpfung aus dem Nichts" besagt, daß alles, was ist, aus lauter Güte ist – ganz und gar ungeschuldet, ‚wegen nichts und wieder nichts': alles aus lauter väterlicher göttlicher Güte und Barmherzigkeit ohn all mein Verdienst und Würdigkeit. Sind wir gewohnt, den Lohn unserer eigenen Lebensgeschichte und der ganzen Weltgeschichte für die *Zukunft* zu erwarten – im Vorblick auf das, was wir als Einzelne, Gemeinschaft und Weltgesellschaft durch unser Tun und Lassen verdient, erwirtschaftet haben werden –, so wird nun diese Blickrichtung – „Ende gut, alles gut!" – umgekehrt: Reine Güte ist schon der Anfang. *Anfang gut, alles gut!*

Diese zweite Stimme des Gleichnisses, die der reinen Güte, weckt, wie gesagt, nicht sofort Freude. Sie trifft vielmehr auf Unverständnis, ja Empörung. Die alte Welt wehrt sich. Sie läßt sich nicht gerne stören und relativieren. Wie kannst Du nur allen dasselbe geben? Die reine Güte ist ja in ihrem Überschuß und Überfluß unverhältnismäßig.[6]

Großzügig und freigebig ist ER. Deshalb lautet sein Name: „Barmherzig und gnädig, geduldig und von großer Güte" (Ps 103,8; Ex 34,6 u. ö.). Im Lichte dieser Güte kann ich erkennen, wer ich im Zusammenhang der alten Welt der Lohngerechtigkeit bin; ich erkenne es *in der Höllenfahrt der Selbsterkenntnis, ohne die keiner in den Himmel kommt:* „Mein guten Werk, / die galten nicht, / es war mit ihn' verdorben; / [...] die Angst mich zu verzweifeln trieb, / daß nichts denn Sterben bei mir blieb, / zur Höllen mußt ich sinken" (EG 341,3 – im Gesamtzusammenhang der Strophen 2f).[7]

So sehr die Lohngerechtigkeit ihre Notwendigkeit und ihr Recht in der Sphäre des Politischen und Ökonomischen hat, so ruinös wirkt sie in ihrem gefräßigen Ausgriff auf das Ganze: Sie schließt die Welt von Gottes zuvorkommender Vergeltung ab, die, wie gesagt, als solche gar keine Vergeltung mehr ist, sondern unverdient gewährte Gabe. Sie schließt zugleich davon ab, daß der verheißene und zu erwartende „Lohn" – die Vollendung der Schöpfung – *sein* Lohn ist, der mit *ihm* kommt (Apk 22,12), nicht unser Verdienst. Alles, was ist, lebt *vor* der notwendigen Arbeit aus einem Vorschuß und Überschuß: aus Gottes überströmender Güte, aus seiner zuvorkommenden Barmherzigkeit.

Die Stimme der reinen Güte und Barmherzigkeit ist die zweite und letzte Stimme, die Jesu Gleichnis hören läßt. Sie kehrt die alte Welt um und bringt die

---

[6] Dagegen: Aristoteles, Nik. Eth. V,7,1131b.
[7] Die Höllenfahrt der Selbsterkenntnis besteht in der Erkenntnis, daß ich eben deshalb, weil ich den Himmel verdienen oder auch „nur" mitverdienen wollte, in die Hölle fahre.

neue Welt. Das Himmelreich ist nahe herbeigekommen (Mt 4,17) – *so* nahe, daß es gar nicht näher kommen kann.

Gekommen ist es in der Freiheit und Souveränität dessen, der Alles neu bestimmt und die Gesetze der alten Welt außer Kraft setzt: „Habe ich nicht Macht, mit dem Meinen zu tun, was *ich* will?" „Wem ich gütig bin, dem bin ich gütig; und wessen ich mich erbarme, dessen erbarme ich mich" (vgl. Röm 9,15; Ex 33,19). Mit einem geflügelten Wort des römischen Dichters Juvenal gesagt: „Dies will ich, so befehle ich es. Fragst Du nach der Begründung? Ich gebe sie dir: Weil ich es will!"[8] Es ist der freie Liebeswille des großzügig und freigebig schenkenden Gottes, mit dem Jesus, der wagemutige Erfinder und Erzähler des Gleichnisses, einig, mit dem er eins ist: „Ich und der Vater sind eins" (Joh 10,30). Deshalb kann und darf er zusagen: „Ich bin gekommen, damit Ihr alle gleich das Leben haben sollt – in Fülle!" (vgl. Joh 10,10); „will vollen Lohn Dir zahlen, / frag' nicht, ob Du versagst" (vgl. EG 452,5). Ich unterscheide und quantifiziere nicht, sondern gebe, allen gleich, vollen Lohn.

Es liegt auf der Hand: Wer hier zugreift, nimmt und ißt, es sich schmecken läßt, dem ist es ganz und gar unmöglich, diese Güte andern nicht zu gönnen und nicht zu bezeugen. Tief beschämend wäre es, die Frage hören zu müssen: „Siehst Du darum scheel, daß ich so gütig bin?"

III Wort als Tat; heute

Wie komme ich in den Himmel? Indem der Himmel zu mir – samt allen Kreaturen – kommt. Zu mir kommt der Himmel in der Gestalt Jesu, des Messias, des Sohnes Gottes; „in unser armes Fleisch und Blut / gibt sich uns das ewig Gut" (vgl. EG 23,2). Der Fleisch gewordene Logos kommt zu mir in seinem Wort und in seiner Tat: so, daß sein Wort Tat ist und seine Tat Wort. Seine Taten, die Zeichen, die in der heilenden Zuwendung zu den Kranken und Besessenen, zu den Frauen und Kindern, zu den Sündern und Zöllnern geschahen und geschehen, sind ja nicht stumm, sondern sprechend. Und seine Worte sind Taten, die jenen Zeichen entsprechen. Das Gleichnis, das Du heute hörst, ist nicht etwa nur ein Hinweis auf Gottes Güte oder deren Veranschaulichung, keine Illustration. Es ist Jesu Tat. Denn in ihm kommt das Himmelreich zu dir; in ihm ist das Himmelreich da: „Siehe, jetzt ist die Zeit der Gnade; siehe, jetzt ist der Tag des Heils!" (2Kor 6,2).

„Kommt, denn es ist alles bereit!" (Lk 14,17). „Schmecket und sehet, wie gütig der HERR ist" (Ps 34,9; 1Petr 2,3): unerschöpflich gütig!

---

8 Juvenal, Satiren VI,223: „Hoc volo, sic iubeo, sit pro ratione voluntas."

IV Die neue Welt im Streit mit der alten

Die Stimme der alten und die der neuen Welt lösen einander nicht einfach ab, so daß nun die der alten Welt durch die der neuen Welt ersetzt wäre; dies wird erst im Eschaton der Fall sein. Vielmehr liegen beide innerweltlich im Streit. Der durch das Evangelium von der unerschöpflichen Güte Gottes neu geschaffene Mensch muß sich bis zu seinem Tode und der Weltvollendung zur alten Welt der Lohngerechtigkeit verhalten, die er zwar nichtmehr ist, wohl aber in sich und um sich hat. Er muß mit dem Kampf der überwundenen Alleinherrschaft der Lohngerechtigkeit und damit des Bösen gegen das Evangelium von der unerschöpflichen Güte Gottes, die allen gleich gilt, rechnen. Sonst müßte er nicht zusammen mit der ganzen Kirche beständig beten: „Erlöse uns von dem Bösen".

Der damit angesprochene innerweltlich nicht zu beendende Konflikt zwischen neuer und alter Welt zeigt sich in der schmerzlichen Differenz zwischen der iustitia dei und der iustitia civilis und entsprechend zwischen dem Evangelium und dem Gesetz. Das Evangelium ist die iustitia dei, die unerschöpfliche Güte Gottes in seiner verbindlich zugesagten Gemeinschaftstreue und Beziehungsgerechtigkeit, das Himmelreich, das der einzig eine, dreieine Gott ganz und gar unverdient – ex nihilo: wegen nichts und wieder nichts – gewährt und in alle Ewigkeit verbürgt. Das Gesetz dagegen dient der Erhaltung der vergehenden Welt auf deren Vollendung hin.

Diese vergehende Welt steht immer noch im Zeichen der Lohngerechtigkeit – auch wenn deren Alleinherrschaft für den Christen gebrochen und seine Arbeit in den vielfältigen institutionellen Zusammenhängen der Lohngerechtigkeit nichtmehr von Heilserwartungen belastet, sondern von ihnen befreit ist und er von der unerschöpflichen Güte Gottes her die Gestalten der Lohngerechtigkeit kritisch sieht, sie zu relativieren und Zeichen der neuen Welt zu setzen sucht. Solche Zeichen als Analogien zum Evangelium sind etwa in sozialstaatlichen Prinzipien zu sehen. Doch gehört auch ein aus dem Evangelium erwachsenes Denken und Handeln nicht identifizierbar zur neuen Welt der iustitia dei, sondern zur vergehenden Welt, in der auch das Handeln und Denken des Christen der Zweideutigkeit nicht entnommen ist und das Gericht der Werke noch vor sich hat. Es ist nüchtern zu sehen, daß solche Zeichen, Entsprechungen zum Himmelreich, nicht Evangelium sind, sondern im Bereich des Gesetzes bleiben. Eine theologische Ethik, die von der neuen Welt der unerschöpflichen Güte Gottes weiß, muß sich konfliktreich und kompromißbereit auf eine Theorie der Gerechtigkeit beziehen, die nicht die iustitia dei ist.

Die Unterscheidung von iustitia dei und iustitia civilis, von Evangelium und Gesetz ist von fundamentaler Bedeutung. Fiele sie dahin, würde der Bereich der Lohngerechtigkeit absolut; aus seiner Eindimensionaltät gäbe es kein Entrinnen.

So aber läßt die Gegenwart des Evangeliums in dieser Welt immer wieder auch inmitten der iustitia civilis eine andere Logik als die des ökonomischen Tausches aufblitzen und einleuchten. Zwar ist die Kirche Kontrastgesellschaft nur in einer sehr paradoxen Weise; gleichwohl „kann die Stadt, die auf einem Berge liegt, nicht verborgen sein" (Mt 5,14). Das Evangelium reißt den Horizont der Welt auf, die über Gottes kategorische Güte, die allen gleich gilt, murrt. In ihrer Kraft aber dürfen und sollen wir wagen, hier und jetzt intensiv nach denjenigen Möglichkeiten nicht zuletzt des politischen Handelns zu suchen, die in der Bewegung und Richtung des von Jesus Christus zugesagten und im Gleichnis schon gekommenen Himmelreiches liegen. Alle Analogien zum Evangelium und damit zu Gottes kategorischer Güte, die in der iustitia civilis entdeckt und verwirklicht werden, sind jedoch nicht als Evangelium, sondern wenn nicht als Gesetz, so doch als Gebot wahrzunehmen; wir erfahren schmerzhaft, daß das weltliche Regiment Gottes noch keineswegs identisch ist mit seinem geistlichen. Denn innergeschichtlich bleibt diese Differenz. Gott sei's geklagt! Sie bleibt solange, bis ER selbst sie in seine Gerechtigkeit – seine unerschöpfliche Güte und Barmherzigkeit – hinein aufheben wird und wir sein werden „wie die Träumenden" (Ps 126).

36 Ethik der Gabe

I Religionsphilosophischer Zugang

I.1 Gegeben

Ethik befasst sich mit der Frage: „Was sollen wir – und inmitten der andern: was soll ich – *tun?*" Doch sie beginnt nicht mit ihr. Sie beginnt vielmehr mit der Frage: „Was ist uns – und inmitten der andern: was ist mir – *gegeben?*" Thema der Ethik sind also nicht primär und sofort das Handeln des Menschen und die Normen, nach denen das Handeln zu beurteilen ist. Thema der Ethik ist nicht primär und sofort die Frage „Was soll ich tun?" und damit das im Nominativ stehende „Ich", das von dem Gesetz des großen „Du sollst!" als dem Kategorischen Imperativ bestimmt ist, sondern, wie gesagt, die Frage „Was ist mir gegeben?" und damit der im *Dativ* – im Gebefall – stehende Mensch, dessen Sein ein Beschenktsein ist, das ihm aus zuvorkommender Fülle zukommt. Was bist Du, das dir nicht gegeben wäre? (vgl. 1Kor 4,7) In ihrem Einsatz und Ausgangspunkt hat die Ethik daher nicht einen Kategorischen Imperativ, sondern die Kategorische Gabe zu bedenken.[1] Ihr Grundthema ist das gegebene Leben[2] und dessen Struktur, vor allem: dessen Freiheit.[3]

Nun wird niemand leugnen, dass es irgendein „Gegebenes" oder eine „Gegebenheit"[4] gibt. Selbst Kant kommt nicht umhin, vom Gegebensein der Aufgabe zu reden. Mit Kant und seinen theologischen Nachfolgern ist jedoch darum zu streiten, *in welcher Weise* und *worin* menschliche Freiheit gegeben ist. Kant redet

---

[1] Vgl. Oswald Bayer, Kategorischer Imperativ oder kategorische Gabe (1981). In: Ders., Freiheit als Antwort. Zur theologischen Ethik, Tübingen 1995, 13–19. Zuvor schon (1979) habe ich gegen Wilhelm Herrmanns und Gerhard Ebelings Auffassung der Gesetzeserfahrung als Bedingung der Möglichkeit, das Evangelium zu verstehen, den „Überschuß" des Evangeliums geltend gemacht: Die Gegenwart der Güte Gottes. Zum Verhältnis von Gottesfrage und Ethik (NZSTh 21, 1979, 253–271). In: Ders., Leibliches Wort. Reformation und Neuzeit im Konflikt, Tübingen 1992, 314–333: „Die Gegenwart der Güte Gottes. Zum Verhältnis von Gotteslehre und Ethik", hier 327.
[2] Vgl. Albert Schweitzer, Kultur und Ethik. Sonderausgabe mit Einschluß von ‚Verfall und Wiederaufbau der Kultur', München 1960, 330: „Wahre Philosophie muß von der unmittelbarsten und umfassendsten Tatsache des Bewusstseins ausgehen. Diese lautet: ‚Ich bin Leben, das leben will, inmitten von Leben, das leben will.'"
[3] Vgl. Bayer, Freiheit als Antwort (s.o. Anm. 1), 64–75 (Von der Freiheit menschlichen Lebens „inmitten von Leben, das leben will").
[4] Edmund Husserl, Die Idee der Phänomenologie, Husserliana II, den Haag ²1973, 61: „Absolute Gegebenheit ist ein Letztes."

in der Begründung des die Freiheit fordernden, voraussetzenden und einschließenden Gesetzes vom „Faktum" der reinen Vernunft.[5] Ist der Mensch sich und seine Welt ihm unendliche Aufgabe, so ist wenigstens die Aufgabe als solche *gegeben*; ich finde sie, indem ich existiere, vor und setze sie nicht selbst. Dieses Gegebensein der Aufgabe genügt den sich im Sinne Kants der transzendentalen Frage fügenden Theologen, die Rede von Gott zu rechtfertigen. Die Frage nach dem Modus des Gegebenseins der Aufgabe verblasst. Für den Gewinn einer Plausibilität, die man durch den Aufweis einer für jede und jeden geltenden, also universalen Bestimmung gefunden zu haben meint, wird in Kauf genommen, dass innerhalb der fundamentaltheologisch beanspruchten transzendentalphilosophischen Perspektive Gottes Schöpferwort zur Hieroglyphe dafür schrumpft, dass ich die Aufgabe nicht selbst setze, sondern in ihrem Gesetztsein in mir und in mir immer schon vorfinde: als das Bestimmtsein meines inneren „unsichtbaren Selbst", das „unmittelbar mit dem Bewusstsein meiner Existenz" verknüpft ist.[6]

Verkannt ist damit, dass der Ethik die Poetik und Ästhetik vorangeht, dass das Ethos seinen Sitz im konkreten natürlichen und geschichtlichen Leben hat, in diesem Sinne bodenständig ist und entsprechend die Ethik sich nicht primär mit luftigen Werten und Normen befasst. Gegenüber einer präskriptiven Überhitzung der Ethik seit Kant und dem mit ihr oft verbundenen Aktualismus und Aktionismus ist die Bedeutung des Vorethischen für das Ethische, der Gabe vor der Aufgabe geltend zu machen. Die Sprache, die Welt wahrnehmen läßt, ist *vor* dem Ethos – was jedenfalls dann zutrifft, wenn ein aktualistischer Handlungsbegriff für das Verständnis von „Ethos" leitend ist.[7] Deshalb geht Ästhetik – verstanden als Reflexion der Wahrnehmung von Gott, Welt und Selbst im umfassenden Sinn – der Ethik voran. Ebenso die Poetik. Jeder Mensch ist in einer bestimmten Sprachwelt beheimatet, bewegt sich in ihr und ist in der Grundorientierung seiner Gedanken, Worte und Werke vorgängig und unhintergehbar von ihr bestimmt; entscheidend ist freilich, in *welcher* Sprachwelt er lebt.[8]

---

5 KprV A 55f; 96. Vgl. Metaphysik der Sitten. In: Kants Werke in 10 Bänden, hg.v. Wilhelm Weischedel, Bd. 7, Darmstadt 1968, 361.
6 KprV A 289 („Beschluß").
7 Anders verhält es sich, wenn „Ethik" nicht vornehmlich oder gar allein handlungstheoretisch konzipiert wird. So zeigt Bernd Wannenwetsch (in seiner Rezension von „Freiheit als Antwort" [s.o. Anm. 1]), weshalb „die Sprache immer schon als ethisches Phänomen begriffen werden" muß: ZEE 39 (1995), 231–235, hier 235 im Kontext von 234 f.
8 Im Blick auf das sprachliche Apriori des Christentums fordert Hamann unter Berufung auf 1Petr 4,11 („Wenn jemand redet, rede er's als Worte Gottes"): „Die heilige Schrift sollte unser Wörterbuch, unsere Sprachkunst sein, worauf alle Begriffe und Reden der Christen sich gründeten und aus welchen sie bestünden und zusammengesetzt würden" (Johann Georg Hamann, Biblische Betrachtungen eines Christen. In: Ders., Londoner Schriften. Historisch-kritische Neuedition von

Zum sprachlich verfassten Vorethischen, ohne das menschliches Wählen und Entscheiden nicht gedacht werden kann, gehören Grundbewegungen wie Staunen und Ehrfurcht, Dank, Güte und Barmherzigkeit. Sie sind keine selbstverständlichen und sich selbst genügenden Gesinnungen, Tugenden und Lebensäußerungen, sondern werden allein durch Gottes Zusage seiner Güte und Barmherzigkeit geschaffen und erneuert. Verstünde sich beispielsweise Barmherzigkeit von selbst, dann hätte Jesus die Geschichte vom barmherzigen Samariter nicht erfinden und erzählen müssen, dann blieben wir nicht darauf angewiesen, dass sie uns immer wieder neu gepredigt wird Die Evidenz dieser Barmherzigkeit ist eine bleibend sprachlich vermittelte Evidenz.

Hat das Ethos seinen Sitz im konkreten natürlichen und geschichtlichen Leben, dann ist der Begriff der Ethik, wie schon angesprochen, von einem plausiblen Begriff des *Lebens* her zu bilden. Ich schlage vor, „Leben" grundlegend von dem „λόγος δόσεως καὶ λήμψεως" samt seinen Störungen und Verkehrungen bestimmt zu sehen, von dem Paulus Phil 4,15 – in ekklesiologischem Zusammenhang – spricht. *Die Logik des Lebens ist: Geben und Nehmen, Nehmen und Geben.* Conrad Ferdinand Meyer bringt diese Logik des Lebens in seinem Gedicht „Der römische Brunnen" anschaulich ins Bild:

> „Aufsteigt der Strahl, und fallend gießt
> Er voll der Marmorschale Rund,
> Die, sich verschleiernd, überfließt
> In einer zweiten Schale Grund;
> Die zweite gibt, sie wird zu reich,
> Der dritten wallend ihre Flut,
> Und jede nimmt und gibt zugleich
> Und strömt und ruht."[9]

„Und jede nimmt und gibt zugleich"! Dabei ist nach dem Geben und vor dem Nehmen das *Empfangen* eigens zu bedenken. Das freie Weitergeben des Empfangenen und Genommenen ist das *Überliefern*; das griechische und lateinische Äquivalent dieses Wortes enthalten das Verb „geben": παραδιδόναι bzw. tradere (= trans-dare).

Oswald Bayer und Bernd Weißenborn, München 1993, 304,8–10; hier und im Folgenden ist die Schreibweise der heutigen angeglichen. Zur Standortgebundenheit menschlichen Erkennens und Sprechens und zum entsprechenden jeweils unhintergehbaren „Begriffsschema": Hilary Putnam, Vernunft, Wahrheit und Geschichte, Frankfurt/M. 1982, 78; Putnam folgt dem späten Wittgenstein. Hamanns Postulat hat in neuer Weise sprachsoziologisch erschlossen: Knut Martin Stünkel, Leibliche Kommunikation. Studien zum Werk Johann Georg Hamanns, Göttingen 2018, 83–110; 179–202.

9 Conrad Ferdinand Meyer, Werke in zwei Bänden, Bd. I, Essen, 1981, 88.

I.2 Empfangen und Überliefern

Nach feststehendem jüdischem und christlichem Sprachgebrauch meint, wie 1Kor 15,3 klassisch belegt, das Begriffspaar „empfangen" und „überliefern" – παραλαμβάνειν und παραδιδόναι (aramäisch: קְבֵּל und מְסָר) – den Traditionsprozeß, den Vorgang der Überlieferung, der Weitergabe der Glaubenslehre. Doch läßt sich, dies ist meine These, der Wortsinn durchaus übertragen und erweitern auf die Geschichte des menschlichen und nichtmenschlichen Lebens überhaupt – bis hinein in das Wesen und den Wandel des genetischen Code.

Ein solches fundamentalanthropologisches, ja fundamentalontologisches Verständnis von „empfangen" und „überliefern" erlaubt es, mit einem und demselben Begriffspaar sowohl die natürlichen wie die kulturellen Prozesse und zugleich ihre unauflösliche Verschränkung zu bezeichnen. Werden diese Prozesse beispielsweise im Medium der Sprache der biblischen Urgeschichte wahrgenommen, sind sie nicht amorph und anonym. Sie artikulieren sich vielmehr in bemerkenswerten Verhältnissen und Beziehungen: zwischen Gott und Welt, zwischen Gott und dem in die Welt eingefügten, aber doch in besonderer Stellung zu Gott und seinen Mitgeschöpfen lebenden Menschen, zwischen Mensch und Mensch: in der immer mit der Arbeit verschränkten, von ihr zwar zu unterscheidenden, aber nie zu lösenden Mitmenschlichkeit, zwischen den Menschen und ihren Mitgeschöpfen, die ihrerseits das Gehörte und Empfangene in einer Kette des Seins weitergeben und weitersagen: „Ein Tag sagt's dem andern; und eine Nacht tut's kund der andern" (Ps 19,3).

Inmitten dieser Verhältnisse – es sind Machtverhältnisse – ist dem Menschen jene eigentümliche Freiheit und Würde gegeben, die sein Menschsein ausmacht. Von dem sie begründenden Grund her, der in der unverdient gegebenen Anrede des Schöpfers liegt, der mich „samt allen Kreaturen" ins Leben gerufen hat und darin täglich erhält, ist sie zuerst und zuletzt gemeinsame, keine einsame Freiheit. Sie ist bestimmt von einer alle Dimensionen des Lebens umfassenden Gemeinsamkeit – auch mit den nichtmenschlichen Mitgeschöpfen –, die jeder Individualisierung voraus und zugrunde liegt, ihr überhaupt erst Ort und Zeit gibt. In der Kraft dieser Freiheit bewegt sich der Mensch jenseits bloßer Rezeptivität und bloßer Spontaneität: im gemeinschaftlichen Spiel und Konflikt zwischen Vorgabe und Aneignung, Empfangen und Überliefern. Anfang und Ende des Spiels hat der Mensch nicht in der Hand. Er bleibt Lernender. Lernen aber ist ebensowenig reine Konstruktion wie reine Wiedererinnerung.

Das gemeinschaftliche Spiel im Raum und in der Zeit zwischen Empfangen und Überliefern vollzieht sich nicht als herrschaftsfreie Kommunikation und lebt auch nicht aus einem Vorgriff darauf.[10] Es ist davon bestimmt, dass andere Macht über mich haben und ich über andere; ich bin Herr und Knecht zugleich.

Kurz: Die Logik des Lebens ist Geben und Nehmen, Nehmen und Geben; in diesem Prozeß – man muß ihn nicht sofort als Evolutionsprozeß verstehen – wird, so oder so, *Macht* ausgeübt.[11] Dies geschieht in einer Dialektik von Herrschaft und Knechtschaft: in einem Kampf aller gegen alle auf Leben und Tod um gegenseitige Anerkennung.

Der λόγος δόσεως καὶ λήμψεως waltet, wie schon angedeutet, nicht nur im mitmenschlichen Bereich. Er ist, mit aller Vorsicht, auch analog für den nichtmenschlichen geltend zu machen – wozu Hans Jonas eine erstaunliche Vermutung vorgetragen hat.[12] Danach läßt sich die im Wechselspiel zwischen Geben und Nehmen lebendige Freiheit sehr weit fassen: Innerhalb der „endlos ausgedehnten Zwangsläufigkeit des physischen Universums" (13) so Hans Jonas, leuchtete zum ersten Mal ein „Prinzip der Freiheit" auf, als sich „lebende Substanz" (14) aus der physikalischen Welt herauslöste. Stoffwechsel sei „die erste Form der Freiheit" (13). Im Stoffwechsel liege zugleich die „Antinomie der Freiheit [...] in ihrer elementarsten Form" (25). Jonas tastet sich mit diesem fundamentalen Freiheitsbegriff als dem „Ariadnefaden für die Deutung dessen [...], was wir ‚Leben' nennen" (13), hin zum Menschen, dem mit seiner Freiheit zugleich Verantwortung auferlegt sei.

I.3 Die Asymmetrie im Logos des Gebens und Nehmens; Autorität und Kritik

Was das Leben nicht nur prägt, sondern überhaupt erst ermöglicht ist die *Asymmetrie* von Geben und Nehmen, Empfangen und Überliefern, Hören und Reden, Lesen und Schreiben. Sie läßt sich bedenken, indem auf das Verhältnis von „Autorität und Kritik" geachtet wird.[13]

Zu kritischer – das heißt: unterscheidender – Wahrnehmung der Welt kann ich mich nicht selbst ermächtigen. Ich muß dazu ermächtigt, begabt werden: von

---

10 Vgl. die Erwägungen zur „Kommunikativen Urteilsform": Leibliches Wort (s.o. Anm. 1), 6–15, bes. 7f.
11 Zur weiteren notwendigen Differenzierung: Macht, Recht, Gerechtigkeit. In: Freiheit als Antwort (s.o. Anm. 1), 283–296.
12 Hans Jonas, Philosophische Untersuchungen und metaphysische Vermutungen, Frankfurt/M. und Leipzig 1965 (Die Zahlen in Klammern im folgenden Text bezeichnen die Seitenzahlen dieses Buches).
13 Zum Folgenden ausführlich: Oswald Bayer, Autorität und Kritik. Zu Hermeneutik und Wissenschaftstheorie, Tübingen 1991.

einem Andern, der dazu mächtig ist. „Autorität" ist dem genauen Wortsinn nach (augere) die Macht, die vermehrt, die wachsen lässt – die Macht, die Leben schafft. Keine Kritik also ohne Autorität. Wäre der Kritik nichts vorgegeben, würde sie leer und steril. Umgekehrt freilich kann nur jene Autorität als wahre Autorität gelten, die fruchtbar ist und zur Kritik ermächtigt: zu frei unterscheidender, urteilender und ihrerseits wieder wachsen lassender Wahrnehmung der Welt; paradigmatisch dafür ist die leibliche und geistige Elternschaft. Keine wahre Autorität ohne Kritik.

II Theologische Explikation

II.1 Schöpfungswirklichkeit als Gabe

Das Verständnis der Schöpfungswirklichkeit als Gabe, bisher nur in religionsphilosophischer Verhüllung angesprochen, ist nun offen und ausführlich darzulegen. Erst danach kann begründet von einer *Ethik* der Gabe geredet werden.

Das Verständnis der Schöpfungswirklichkeit als Gabe steht im scharfen Kontrast zu einer Auffassung, wie sie Luther im Spätmittelalter vorfand, vor allem aber im Kontrast zur Neuzeit, jedenfalls zum neuzeitlichen Aktivismus,[14] der sich nichts schenken lassen will und nur die kommutative[15] Gerechtigkeit – den Äquivalententausch – kennt.[16] Ihm widerspricht scharf das biblische und reformatorische Verständnis eines freiwillig, freigebig, großzügig und unablässig gebenden Gottes, des „Brunnquell[s] guter Gaben, / ohn den nichts ist, was ist, / von dem wir alles haben"[17]. Dies gilt in einer so radikalen Weise, wie sie radikaler nicht gedacht werden kann: Gottes Geben prägt die Gestalt seines Handelns als des Handelns dessen, „der den Gottlosen gerecht macht" (Röm 4,5) und in gleicher Weise „die Toten lebendig macht sowie das, was nicht ist, ruft, dass es sei" (Röm 4,17). Sein Handeln geschieht unbedingt, bedingungslos, unverdient – in

---

14 Dazu (bes. zu Fichte und Sartre): Leibliches Wort (s. o. Anm. 1), 23 – 26, hier 23 f.
15 Zur Begrifflichkeit: Aristoteles erörtert neben der universalen iustitia legalis (Ethica Nicomachea V, 1030b 18 f; vgl. b 22 – 26) als die beiden Formen der iustitia particularis (1030b 30) die iustitia distributiva (1030b 31 f) und die iustitia commutativa (1131 a1); zur lateinischen Begrifflichkeit: Thomas von Aquin, STh II/II q. 61.
16 Zur Kritik dieses Aktivismus und seiner Verkennung des grundlegend Gegebenen: Trygve Wyller, Glaube und autonome Welt. Diskussion eines Grundproblems der neueren systematischen Theologie mit Blick auf Dietrich Bonhoeffer, Oswald Bayer und Knud Ejler Løgstrup (TBT 91), Berlin /New York 1998. Vgl. o. Kap. 35: „Lohngerechtigkeit?".
17 Johann Heermann, „O Gott, du frommer [= gerechter] Gott..." (EG 495,1). Ausführlicher: Oswald Bayer, Zugesagte Gegenwart, Tübingen 2007, 189 f.

diesem Sinne: aus nichts („ex nihilo"), allem Geschöpflichen zuvorkommend[18]; es geschieht als ein nur in sich selbst gründendes, schlechthinniges, kategorisches Geben, das auch seinen Adressaten nicht etwa schon vorfindet, sondern überhaupt erst setzt. Gottes kategorisches Geben hat also die dreifach radikale Gestalt der iustificatio impii, der resurrectio mortuorum und der creatio ex nihilo.

Schöpfung wie Neuschöpfung sind kategorische Gabe. Das erste Wort an den Menschen ist ein Gabewort: ‚Von dem allem darfst Du essen!' (vgl. Gen 2,16), das, was im folgenden noch eingehender zu bedenken ist, mit dem peccatum omissionis freilich verkannt und verachtet wird; der Sünder ist ein Kostverächter. In der Überwindung seiner Kostverachtung erneuert sich das Urwort der Gabe im Gabewort des Herrenmahls: „Nehmet hin und esset. Das ist mein Leib, für euch gegeben!" (Mt 26,26; 1Kor 11,24); genommen, „gekauft" wird dabei „ohne Geld, umsonst" (Jes 55,1): δωρεάν, gratis (Röm 3,24). Gottes Gabe ist ungeschuldet, unbedingt und bedingungslos; auch durch die erwartete Antwort und Gegengabe der Kreatur wird sie, was wir uns noch näher verdeutlichen müssen, nicht – auch nicht sekundär – konditioniert.

Schöpfung und Neuschöpfung auf diese Weise zu verstehen, ist innerhalb der christlichen Tradition, die in ihrer Schöpfungslehre vom Kausalitätsschema beherrscht war,[19] keineswegs selbstverständlich. Vor Luther ist die Schöpfung nie als kategorische Gabe verstanden worden, jedenfalls nicht mit dem Wort „Geben" bzw. „Gabe" zur Sprache gekommen. Die Sprache der Bibel gebraucht das Wort in schöpfungstheologischem Zusammenhang selten.[20] Luther hat von seiner reformatorischen Entdeckung aus, dass die Einsetzungsworte des Herrenmahls in ihrer Mitte Gabewort sind – „Nehmet hin und esset. Das ist mein Leib, für euch gegeben!" – , das für ihn so bezeichnende Verständnis der Schöpfung als Gabe gefunden. Die wenigen, vereinzelten Punkte, an denen die Sprache der Bibel selbst von der Schöpfung als Gabe redet, hätten als solche ihn wohl kaum zu seinem für unsere Fragestellung grundlegenden Schöpfungsverständnis gebracht. Doch haben sie ihn in dem bestärkt, was ihm elementar und konkret am Herrenmahl

---

18 „Wie die Natur alles dasjenige zum voraus vorbereitet und vorgedacht hat, was die Stimme unserer leiblichen Bedürfnisse von dem Schöpfer hätte fordern können: so hat die Gnade für uns geschlachtet und zugerichtet und wir haben nichts nötig als ihrem Ruf zu folgen, um an ihrem Abendmahl teilzunehmen, zu dessen Zubereitung sie frühe aufgestanden, früher als wir uns unser[e]s Daseins und künftigen Hungers und ihrer [zu]vorkommenden Liebe bewusst waren. Ja, um uns an diesem Gastmahl teilnehmen zu lassen, wurden wir aus dem Schoß der Nacht zum Leben aufgeweckt" (Hamann, Londoner Schriften [s. o. Anm. 8], 399,37–400,6); aufgenommen ist Prov 9,1–6.
19 Zur Kritik an der Vorherrschaft des Kausalitätsschemas in der Schöpfungslehre und Ontologie: Zugesagte Gegenwart (s. o. Anm. 17), 114, 200, 202 f.
20 Jer 31,35; Koh 12,7 und öfters; Sir 17,4 f; Act 14,17.

aufgegangen war. Das als Brot- und Kelchwort zweifache Gabewort des Herrenmahls – das man Gabewort sein lassen und nicht „Deutewort" nennen sollte[21] – ist es, was Luther im Ohr, vor Augen und im Herzen hat, wenn er, was noch eigens hervorzuheben sein wird, *alles* Tun des dreieinen Gottes als zusagendes Geben und gebendes Zusagen wahrnimmt und sagt.

II.2 Communicamur passive; das Abendmahl geben und empfangen

Das Herrenmahl und mit ihm der christliche Gottesdienst als ganzer ist für eine theologische Ethik der Gabe von entscheidender Bedeutung. Diese ist deshalb noch weiter darzulegen.

Gottesdienst ist zuerst und zuletzt Dienst Gottes an uns, sein für uns ein für allemal geschehenes Opfer, das uns im Herrenmahl in, mit und unter Brot und Wein vom Gabewort dargereicht, zugesagt und mitgeteilt wird. Das einmal – unter Pontius Pilatus am Kreuz auf Golgatha – Erworbene, wird allemal ausgeteilt: Christi Leib für dich gegeben, Christi Blut für dich vergossen – zur Vergebung der Sünde.[22]

Dieser Dienst Gottes an uns, den wir uns gefallen lassen sollen, ist verkannt, wenn wir, wie Luther mit seiner scharfen Unterscheidung von „sacramentum" und „sacrificium" hervorhebt, als ein Werk, als eine actio hominis, Gott geben wollen, was wir als seine reine Gabe empfangen und nehmen dürfen.[23] Wir „bringen nicht ein gutes Werk dar, kommunizieren nicht *active*" – in einem „Mitopfer" der Gläubigen oder gar in einem „Selbstvollzug" der Kirche. Durch die Diener des göttlichen Wortes „empfangen wir vielmehr die Zusage (promissio) sowie das Zeichen (signum) und kommunizieren *passive*"[24]. Dem sakramentalen Gabewort darf nicht zugeschrieben werden, was Sache des Gebetes ist; und die Wohltat, die wir empfangen und nehmen sollen, darf nicht Gott als Opfer dargebracht werden[25]. Das Herrenmahl ist kein „Opfer, das Gott dargebracht würde"[26]. In ihm

---

21 Von „Deuteworten" redet vor allem: Joachim Jeremias, Die Abendmahlsworte Jesu, Göttingen ³1960, 81f und öfters.
22 Daß sich Luther in seinem Verständnis des Abendmahls ganz auf das „Geben" konzentriert, zeigt sich z. B. darin, dass er im Kleinen Katechismus mit äußerstem Nachdruck: in dreimaliger Wiederholung die Worte „für euch gegeben" und „vergossen zur Vergebung der Sünden" hervorhebt: BSELK 888,27–28; 890,4–5.12f (BSLK 520,24–26; 34–36; 521,6f).
23 Martin Luther, De captivitate Babylonica ecclesiae praeludium (1520); WA 6, 520,33–36.
24 AaO, 521,29f; Hervorhebung hinzugefügt. Es ist die Eigenart dieser Passivität, des Empfangens und Erleidens des Werkes Gottes, dass sie zu höchster Aktivität freisetzt.
25 AaO, 522,27–29.
26 AaO, 523,9f.

widerfährt uns vielmehr die Kondeszendenz und Hingabe Gottes, in der er sich uns darbringt und mitteilt. Wir *empfangen* sein Opfer.[27] Entsprechend ist der Glaube groß im Nehmen. Hier gilt ganz und gar: Nehmen ist seliger denn Geben.

Wer das Herrenmahl *als ganzes* „Eucharistie" nennt, wer es ganz und gar als solche, als Danksagung, versteht, nimmt in das anabatische Lobopfer die katabatische Gabe und Zusage so hinein, dass die Danksagung die Gabe in sich aufhebt. Damit wird die reine Gabe durch die Gegengabe und Antwort – auch wenn diese in trinitätstheologischem Zusammenhang pneumatologisch verstanden und auf diese Weise vom Verdacht der Werkgerechtigkeit entlastet wird – faktisch verdunkelt, ja: in sie verkehrt. Die Gegengabe depotenziert die Gabe. Diese verliert ihre Gegenständlichkeit und ihren Widerfahrnischarakter als Zusage; das göttliche Geben wird vom menschlichen Beten absorbiert. Was dem Dank sagenden Beten zuvorkommt – Gottes Gabe und Zusage – darf aber nicht als Zitat im Gebet verschwinden. Die Vorgabe läßt sich von der Gegengabe nicht einholen; die Zusage kann nicht so ins Dankgebet genommen werden, dass sie als Zusage nur erinnernd erzählt wird und sich nicht als sie selbst neu und gegenwärtig konkret zu hören gibt.[28] Deshalb sind „sacramentum" und „sacrificium" in der Tat, wie Luther es tut,[29] klar und deutlich zu unterscheiden – primär liturgisch und entsprechend dann auch theologisch-gedanklich. Unausweichlich ist an diesem Punkt das Gespräch und, wo nötig, das Streitgespräch mit der römisch-katholischen Lehre vom „Mitopfer" der Gläubigen.

---

27 Vgl. Johann Georg Hamann, Golgotha und Scheblimini. In: Ders., Sämtliche Werke, hg.v. Josef Nadler, Bd. 3, Wien 1951, 312,6–17 (Hervorhebungen aufgehoben, Text modernisiert): „Nicht in Diensten, Opfern und Gelübden, die Gott von den Menschen fordert, besteht das Geheimnis der christlichen Gottseligkeit, sondern vielmehr in Verheißungen, Erfüllungen und Aufopferungen, die Gott zum Besten der Menschen getan und geleistet: nicht im vornehmsten und größten Gebot, das er auferlegt, sondern im höchsten Gute, das er geschenkt hat: nicht in Gesetzgebung und Sittenlehre, die bloß menschliche Gesinnungen und menschliche Handlungen betreffen, sondern in Ausführung göttlicher Ratschlüsse durch göttliche Taten, Werke und Anstalten zum Heil der ganzen Welt."
28 Die Anamnese des Herrenmahls geschieht vor allem in der Zudienung der Einsetzungsworte und darin besonders im Zuspruch der beiden Gabeworte.
29 WA 6, 526,13–17: „Non ergo sunt confundenda illa duo, Missa et oratio, sacramentum et opus, testamentum et sacrificium, quia alterum venit a deo ad nos per ministerium sacerdotis et exigit fidem, alterum procedit a fide nostra ad deum per sacerdotem et exigit exauditionem. Illud descendit, hoc ascendit".

II.3 Christus als donum

Luther, dem wir weiter folgen, bringt das im Herrenmahl entdeckte promissionale Gabewort nicht nur – übertragen und ausgeweitet – im Verständnis der Schöpfung als Gabe und Zusage zur Geltung, sondern auch in der Christologie. Er versteht, was meines Wissens vor ihm in der Tradition nicht zu finden ist, Christus als donum. Hatte Augustin – nur an einer einzigen Stelle, nicht topisch – von Christus als „sacramentum" und „exemplum" geredet[30], so greift Luther diese Unterscheidung und Zuordnung auf, macht sie zum Grundzug seines zweigliedrigen Freiheitstraktats (1520) und setzt in seinem die Wartburgpostille eröffnenden „Kleinen Unterricht, was man in den Evangelien suchen und erwarten soll" (1522) statt „sacramentum" „Gabe und Geschenk":[31]

> „Das Hauptstück und der Grund des Evangeliums ist, dass du Christus zuvor, ehe du ihn dir zum Exempel fassest, aufnehmest und erkennest als eine Gabe und [ein] Geschenk, das dir von Gott gegeben und dein eigen sei – so dass du, wenn du ihm zusiehst oder hörst, dass er etwas tut oder leidet, nicht zweifelst, er selbst, Christus, sei mit solchem Tun und Leiden dein, worauf du dich nicht weniger verlassen kannst, als hättest du es getan, ja als wärest du Christus selber. Siehe, das heißt das Evangelium recht erkannt, das ist die überschwängliche Güte Gottes, die kein Prophet, kein Apostel, kein Engel je hat ausreden [= erschöpfend sagen], kein Herz je genugsam bewundern und begreifen können."[32]

Die Unterscheidung von Christus als „donum" und Christus als „exemplum" hat eine fundamentale Bedeutung für eine Ethik der Gabe; wir müssen deshalb auf sie zurückkommen und näher auf sie eingehen. Zuvor aber ist die gabetheologische Begründung dieser Ethik vollends abzurunden.

II.4 Trinitarisches sich Geben

Die umfassende Bedeutung des „Gebens" bringt Luther an zwei prominenten Stellen zur Geltung: im Großen Katechismus (1529) und zuvor in seinem „Bekenntnis" von 1528. Dem Ende der Erklärung des Schöpfungsartikels im Großen Katechismus zufolge verbindet das „Geben" alle drei Artikel des Glaubens. „Denn da sehen wir, wie sich der Vater uns gegeben hat samt allen Kreaturen und aufs allerreichlichste in diesem Leben versorgt, ohn [= ohne davon zu reden,] dass er

---

30 De trinitate IV 3,5f. Näheres: Oswald Bayer, Promissio. Geschichte der reformatorischen Wende in Luthers Theologie (1971), Darmstadt ²1989, 79f.
31 Ausführlich: Promissio (s.o. Anm. 30), 78f.
32 WA 10 I/1, 11,12–21.

uns sonst auch mit unaussprechlichen, ewigen Gütern durch seinen Sohn und [seinen] heiligen Geist überschüttet"[33]. Im „Geben" versammelt sich alles, was von Gott zu sagen ist.[34] In Gottes „Geben" ist auch das menschliche Ethos begründet. Denn: Gott gibt, was er fordert.[35] Entsprechend endet die Auslegung des gesamten Credo: Wir sehen, „wie sich Gott ganz und gar mit allem, was er hat und vermag, uns gibt […], die zehn Gebote zu halten: der Vater alle Kreaturen, Christus alle seine Werke, der heilige Geist alle seine Gaben."[36]

Gott gibt sich uns ohne Vorbehalt und Bedingung ganz und gar mit allem, was er ist, hat und vermag; er eröffnet sich so, dass er uns an seiner Fülle teilhaben läßt, uns in seine Gemeinschaft aufnimmt, indem er sich uns ganz hingibt. Der Katechismus nimmt auf, was Luther, ein Jahr zuvor, in seinem „Bekenntnis" schon in unübertrefflicher Prägnanz – ganz unter dem Gesichtspunkt des „Gebens" – zusammenfassend so formuliert hatte:

> „Das sind die drei Personen und ein Gott, der sich uns allen selbst ganz und gar gegeben hat mit allem, was er ist und hat. Der Vater gibt sich uns mit Himmel und Erden samt allen Kreaturen, dass sie uns dienen und nütze sein müssen. Aber solche Gabe ist durch Adams Fall verfinstert und unnütz geworden. Darum hat danach der Sohn sich selbst auch uns gegeben, alle seine Werke, sein Leiden, seine Weisheit, Gerechtigkeit geschenkt und uns dem Vater versöhnt, damit wir, wieder lebendig und gerecht, auch den Vater mit seinen Gaben erkennen und haben könnten. Weil aber solche Gnade niemand[dem] nütze wäre, wo sie so heimlich verborgen wäre und zu uns nicht kommen könnte, so kommt der heilige Geist und gibt sich auch uns ganz und gar; der lehrt uns solche Wohltat Christi, uns erzeiget, erkennen, hilft sie empfangen und behalten, nützlich brauchen und austeilen, mehren und fördern"[37].

An dieser trinitarischen Theologie der Gabe, besser: des Gebens[38] ist besonders hervorzuheben, dass der dreieine Gott nicht nur – um das Begriffspaar von Robert

---

33 WA 30 I, 185,24–28 (= BSELK 1054,10–14 [BSLK 650,27–32]).
34 Vgl. Martin Seils, Die Sache Luthers. In: LuJ 52, 1985, 64–80, hier 64: „Geben' ist bei Luther nicht nur eine wenn auch wichtige theologische Denkkategorie. Es ist die zentrale Interpretationskategorie für Gott, Heil, Leben und Welt und damit ein Grundgedanke, der alles umfasst und bestimmt." Zugleich muß freilich im Blick sein, *wie und worin sich das Geben vermittelt, worin es sich gleichsam „einkleidet"*. Dies geschieht im Wort der Anrede als Zusage. Vgl. u. III.6 Gabe und Zusage.
35 Vgl. WA 30 I, 192,26–29 (= BSELK 1068,33–35 [BSLK 661,38–42]). Vgl. WA 30 I, 44,29.36 f. „So geben die Zusagen Gottes, was die Gebote fordern, und vollbringen, was die Gebote heißen" (Von der Freiheit eines Christenmenschen, 1520; WA 7, 24,17–19). Luther nimmt Augustins „da quod iubes" (De spiritu et littera XIII, 22) auf.
36 WA 30 I, 192, 26–29 (= BSELK 1068,33–35 [BSLK 661,38–42]). Vgl. WA 30 I, 44,29.36 f.
37 Vom Abendmahl Christi. Bekenntnis, 1528; WA 26, 505, 38–506,7. Vgl. o. Kap. 29: „Nichts als Geben".
38 Vgl. u. II.5.

Spaemann³⁹ zu gebrauchen – „etwas" gibt; er gibt vielmehr, als ein „jemand", sich, sich selbst. In, mit und unter der Gabe gibt sich der Geber und teilt sich mit seiner Macht mit. Die Gabe läßt sich in keiner Weise vom Geber isolieren – dies wäre ein verdinglichendes Missverständnis; so lehnt zu Recht die Konkordienformel die Meinung ab, „dass nicht Gott selbst, sondern nur Gottes Gaben in den Gläubigen wohnen"⁴⁰. Das Umgekehrte gilt freilich ebenso: dass der Geber sich nicht von seiner Gabe isolieren läßt – dies wäre ein personalistisches Missverständnis. Gott gibt *sich selbst* nicht, ohne *etwas* zu geben – ohne sich zusammen mit der Mitkreatur zu geben: „der Vater gibt sich uns mit [!] Himmel und Erden samt [!] allen Kreaturen", durch die er uns anredet; Schöpfung ist Rede und Gabe *an* die Kreatur *durch* die Kreatur.

Von der ökonomischen Trinität als einer Ökonomie des Gebens aus legt sich nahe zu fragen, ob sich denn nicht auch die immanente Trinität, nach der als dem Implikat der ökonomischen zu fragen ist, angemessen als Gabegeschehen verstehen läßt. Dies legt sich vor allem im Blick auf die johanneische Textwelt nahe: Der Sohn redet und wirkt nichts aus sich selber, sondern nur das, was der Vater ihm gegeben hat; er gibt, was er empfangen hat, den Seinen, die der Vater ihm gegeben hat.⁴¹

II.5 Das Verb: der Vorgang des Gebens

Geber, Gabe, Begabte und Empfangende sind im Vorgang des Gebens unauflöslich zusammengeschlossen. Gebender, Geben und das Gegebene lassen sich jedenfalls nicht mit der indogermanischen Grammatik als Subjekt, Prädikat und Objekt unterscheiden und verstehen – wie der Satz „Gott hat die Welt geschaffen" oft, beispielsweise von Gerhard Gloege,⁴² verstanden wurde. Der Gebende, sein Geben und das Gegebene samt den Adressaten und Empfängern ist im Vorgang des Gebens und Empfangens so zusammengeschlossen, daß eine Schematisierung im Sinne jener Grammatik und der ihr entsprechenden Ontologie (Substanz, Akzi-

---

39 Robert Spaemann, Personen. Versuche über den Unterschied zwischen „etwas" und „jemand", Stuttgart (1996) ²1998.
40 BSELK 1414,6 vgl. 1240,7–8 (BSLK 935,65; vgl. 785,18). Anthropologisch und ekklesiologisch: 2 Kor 8,5 („sie gaben sich selbst" im Geben ihrer Gabe).
41 Vgl. vor allem Joh 17. Zur immanenten Trinität als Gabegeschehen vgl. o. Kap. 29: „Nichts als Geben".
42 Gerhard Gloege (Art. „Schöpfung IV B. Dogmatisch"; RGG³, Bd. 5, Tübingen 1961, 1484–1490) gliedert nach „Subjekt" (creator), „Akt" (creatio) und „Struktur" (creatura).

dens) den Sachverhalt nicht trifft.⁴³ Der Vorgang des Gebens und Empfangens ist vielmehr als trinitarisches Beziehungsgeschehen zu verstehen, in dem mir der Geber nicht nur gegenüber steht, sondern auch in mir ist, insofern er als Geist in mir Wohnung nimmt.⁴⁴

II.6 Gabe und Zusage

Gabe und Zusage sind zu unterscheiden und einander zuzuordnen. Brot und Wein werden gegeben – aber umfasst und durchdrungen vom *Wort:* einem *bestimmten* Wort, keiner Aussage, keinem Befehl, keiner Beschreibung, sondern eben: einer Zusage. *Die Gabe bedarf offenbar des Wortes, um überhaupt als Gabe gelten zu können, als Gabe wahrgenommen, als Gabe in Empfang genommen, als Gabe „gehört" zu werden.* In seinem programmatischen „Kleinen Unterricht, was man in den Evangelien suchen und erwarten soll" zeigt Luther deutlich, dass zum „sacramentum" im neuen Sinn des „donum" konstitutiv die „promissio" – die Zusage, der Zuspruch – gehört als die konkrete Weise, in der Christus sich mir gibt. Es ist „die Predigt oder das Evangelium, durch welches er zu dir kommt oder du zu ihm gebracht wirst"⁴⁵.

> „Darum siehst du: Evangelium ist eigentlich nicht ein Buch der Gesetze und Gebote, das von uns fordere unser Tun, sondern ein Buch der göttlichen Verheißungen, darin er uns verheißt, anbietet und gibt alle seine Güter und Wohltaten in Christo".⁴⁶

---

43 Vgl. Zugesagte Gegenwart (s.o. Anm. 17), 223–231: Schöpfung als Geschichte, hier 223 f: Das Verb. Besonders an diesem Punkt dürfte es sich lohnen, das Gespräch mit vergleichbaren Überlegungen Marions aufzunehmen. Vgl. Jean-Luc Marion, Esquisse d'un concept phénoménologique du don. In: Filosofia della rivelazione, hg.v. Marco M. Olivetti (Biblioteca dell' „Archivio di filosofia", 11), Padova 1994, 75–94; Ders., Étant donné. Essai d'une phénoménologie de la donation, Paris 1997.
44 Dieses trinitarische Beziehungsgeschehen kommt besonders klar zur Sprache in dem Lied „Dir, dir, o Höchster..." von Bartholomäus Crasselius (EG 328).
45 WA 10 I/1, 13,21 f.
46 Ebd., Z. 3–6.

III Ethik der Gabe

III.1 Die Gabe will Gegengabe: „Du willst ein Opfer haben"

In seinem Morgenlied „Wach auf, mein Herz, und singe" lobt Paul Gerhardt den „Schöpfer aller Dinge", den „Geber aller Güter"[47], der die gegebene Zusage – „du sollst die Sonne schauen"![48] – gehalten und den Schöpfungsmorgen wieder heraufgeführt hat. Sein Morgenlob als Lob der Schöpfung als Gabe versteht er als „Opfer" und „Gabe", als Gegengabe im Sinne betender Antwort: „Du willst ein Opfer haben, / hier bring ich meine Gaben: / Mein Weihrauch und mein Widder / sind mein Gebet und Lieder."[49]

„Du willst ein Opfer haben": Dies widerspricht Derridas bekannter These, dass jede Gegengabe – vor allem jede *erwartete* Gegengabe – die Gabe zum Tausch werden läßt und damit rückwirkend als reine Gabe vernichtet.[50] Denn für Paul Gerhardt wie für jeden Christen und Theologen will der Schöpfer als der bedingungslos und ungeschuldet Gebende die Gegengabe, die Antwort des Glaubens; mit aller Energie würde er bestreiten, dass diese Gegengabe den Charakter der kategorischen Gabe verändert oder gar vernichtet. *Die Gabe selbst will und erwartet Gegengabe, Antwort und ermächtigt zu ihr; diese Ausrichtung und Erwartung kann und muß nicht als ihre Bedingung, muß nicht als causa finalis verstanden werden. Eine Zielbestimmung ist nicht notwendig eine Begründung.*

Es stellt sich also nicht die Frage, *ob* jede denkbare Gegengabe den Gabecharakter der reinen Gabe antastet oder gar vernichtet. Es geht vielmehr allein darum, *welche* Gegengabe angemessen ist und der Gabe so entspricht, dass diese in ihrem Wesen begriffen, wahrgenommen, in ihrer Wahrheit anerkannt wird. *Gottes kategorisches Geben schließt eine Gegengabe des Geschöpfes nicht etwa aus, sondern ermächtigt zu ihr als Antwort.* Diese These soll nun entfaltet werden.

So sehr der dreieine Gott als kategorisch Gebender jedem geschöpflichen Sein zuvorgekommen ist und zuvorkommt – in der Macht zu dieser Prävenienz unterscheidet er sich vom Geschöpf – , so sehr wir ohne uns, ohne unsere Vorgabe und Gegengabe geboren und wiedergeboren werden, so sehr wirken wir als unverdient gerechtfertigte Geschöpfe mit dem sich uns samt allen Kreaturen ganz

---

47 EG 446,1.
48 AaO, 446,3.
49 AaO, 446,5.
50 Jacques Derrida, Falschgeld. Zeit geben I, München 1993, 22f: „Gabe gibt es nur, wenn es keine Reziprozität gibt, keine Rückkehr, keinen Tausch, weder Gegengabe noch Schuld." Vgl. aaO, 24: „Damit es Gabe gibt, *ist es nötig*, daß der Gabenempfänger nicht zurückgibt, nicht begleicht, nicht tilgt, nicht abträgt, keinen Vertrag schließt und niemals in ein Schuldverhältnis tritt."

und gar gebenden dreieinen Gott zusammen, indem wir ihm – dem Vater durch den Sohn im Heiligen Geist – als Lob- und Dankopfer zurückgeben, was wir empfangen haben, und, entsprechend dem Doppelsinn des hebräischen Wortes ברך, den segnen, der uns gesegnet hat. Indem der Glaube Gottes kategorisches Geben bekennt, ist er Antwort auf das sich gebend zusagende Wort, das ihm, ihn begründend, schon zuvorgekommen ist. Diese Antwort aber wird „gegeben": Sie ist Gegengabe.

Im selben Duktus ist denn auch Luthers provozierende Wendung von der „fides creatrix divinitatis" zu verstehen und zu verantworten: Der Glaube, vita passiva, ist in all seiner Passivität, in der er das Werk Gottes empfängt und in diesem Sinne erleidet, schöpferisch: „Schöpfer der Gottheit", allerdings „non in persona sua, sed in nobis"[51] – nicht an sich, sondern in uns. Wir „machen"[52] Gott zu Gott, indem wir ihm in der Doxologie geben, was ihm gebührt. Wir lassen Gott Gott sein; wir geben ihm recht. *Die Passivität des Empfangens der Gabe schließt eine bestimmte Aktivität der Gegengabe nicht aus, sondern ermächtigt zu ihr, setzt sie gerade frei.*

III.2 Christus als „exemplum" im Unterschied zu Christus als „donum"

Das der kategorischen Gabe antwortende Lob ist, dem Überfluß der Gabe entsprechend, umfassend und durchdringt das ganze Leben; im Kleinen Katechismus lautet die Antwort auf das kategorisch Gegebene: „Des alles ich ihm zu danken und zu loben und dafür zu dienen und gehorsam zu sein schuldig bin."[53] Zu des Menschen Dankbarkeit gehört nicht nur die vertikale *Rückgabe* an Gott im Gebet, im Glauben, sondern gleichursprünglich die horizontale *Weitergabe* an den Nächsten in der Liebe.

> „So sollen wir", predigt Luther, „auch unsere Güter geben, leihen und nehmen lassen, nicht allein den Freunden, sondern auch den Feinden und es dabei nicht belassen, sondern auch uns selbst in den Tod geben sowohl für Freunde wie für Feinde und nichts anderes denken, als wie wir nur andern dienen und nützlich seien mit Leib und Gut in diesem Leben, weil wir wissen, dass Christus unser ist und uns alles gegeben hat".[54]

---

51 WA 40 I, 360,5f (zu Gal 3,6; 1531).
52 Ebd., Z.8: Gott will nichts anderes „quam ut faciam deum"; „alleine das Trauen und Glauben des Herzens macht beide: Gott und Abgott" (BSELK 930,16–17 [BSLK 560,16f]; Erklärung des Ersten Gebots im Großen Katechismus)
53 BSELK 870,16–18 (BSLK 511,6–8).
54 WA 17 II, 206,15–20 (Fastenpostille 1525; zu Eph 5,1f).

Luther legt damit Eph 5,1f aus: „Ahmt Gott nach als seine geliebten Kinder, und liebt einander, weil auch Christus uns geliebt und sich für uns hingegeben hat als Gabe und Opfer, das Gott gefällt."

Eph 5,1f ist ein stichhaltiger Beleg für Luthers schon angesprochene Unterscheidung und Zuordnung von Christus als „donum" und Christus als „exemplum", auf die wir nun zurückkommen und näher eingehen müssen. „Wenn du nun", schreibt Luther in dem schon mehrfach zitierten „Kleinen Unterricht, was man in den Evangelien suchen und erwarten soll", „Christus [...] zum Grund und Hauptgut deiner Seligkeit hast, dann folgt das andere Stück, dass du ihn auch zum Vorbild fassest, und auch dich so deinem Nächsten dienend gibst, wie du siehst, dass er sich dir gegeben hat. Siehe, da gehen dann Glaube und Liebe im Schwang, ist Gottes Gebot erfüllt, der Mensch fröhlich und unerschrocken, alle Dinge zu tun und zu leiden. Darum sieh eben darauf: Christus als eine Gabe nähret deinen Glauben und macht dich zum Christen. Aber Christus als ein Exempel übt deine Werke. Die machen dich nicht zum Christen, sondern sie gehen von dir aus, der du schon zuvor zum Christen gemacht bist. Wie weit nun Gabe und Exempel sich voneinander unterscheiden, so weit unterscheiden sich auch Glaube und Werke. Der Glaube hat nichts Eigenes, sondern nur Christi Werk und Leben. Die Werke haben etwas Eigenes von dir, sollen aber auch nicht dein eigen, sondern des Nächsten sein."[55]

Dies ist nichts anderes als ein Votum zum Problem der neutestamentlichen Paränese bzw. des tertius usus legis. Die dargelegte Unterscheidung von Christus als „donum" und Christus als „exemplum" wendet sich kritisch gegen eine Moralisierung des Evangeliums und des von diesem geschaffenen Glaubens,[56] erweist sich zugleich aber als konstruktiv in der Frage nach der konkreten Gestalt der aus dem Glauben folgenden guten Werke, des neuen Gehorsams.

Doch der alte Ungehorsam ist auch beim Getauften nicht einfach völlig verschwunden – von der nichtchristlichen Welt ganz zu schweigen, mit der es der Christ in sich und um sich bis zu seinem Tod und die gesamte Kirche bis zur Weltvollendung zu tun hat. So wäre eine Ethik der Gabe enthusiastisch, wenn sie die Sünde als Zerstörung und Verkehrung des gottgewollten und gottgewirkten Gebens und Nehmens sowie den Kampf der besiegten Sünde gegen das Evangelium ignorierte.

---

55 WA 10/1, 12,12–13,2. Vgl. 14,7–13.
56 Vgl. besonders WA 7, 58,33f (De libertate Christiana, 1520): Es reiche nicht, die Geschichte Jesu Christi „ad vitae formandae exemplum" zu predigen.

III.3 Die Zerstörung und Verkehrung des Gebens und Nehmens in deren Unterlassung

In seiner überströmenden Güte gibt der Schöpfer seinen Geschöpfen den lebensnotwendigen Raum, indem er mit seinem kommunikativen Wort, mit seinen einräumenden Bestimmungen und Zuordnungen, durch die er Verhältnisse setzt, Mitteilung, Austausch und Gemeinschaft ermöglicht, alles in allem erfüllt und sich in schenkender Tugend neidlos verströmt. Dieser durch die Gabelogik bestimmten Wirklichkeit der Schöpfung als Stiftung und Bewahrung von Gemeinschaft widerspricht außer dem malum extra peccatum[57] der Mensch in der Sünde. Sie hat neben anderen Gestalten[58] die beiden Gestalten der omissio: erstens der *Unterlassung des Nehmens* und zweitens der *Unterlassung des Gebens*, also die Gestalt des Geizes.

Das Wahrnehmen des Gewährten im Nehmen, Essen und Loben – das ist Glauben. Wer glaubt, der „schmeckt und sieht, wie freundlich der HERR ist" (Ps 34,9), der hat ein Auge für die Menschenfreundlichkeit Gottes, für den Glanz seiner Gnade. Wer es nicht hat, glaubt nicht; er sündigt. Sünde ist nicht in erster Linie Übertretung eines Verbotes (peccatum commissionis), sondern das Übersehen und Übergehen eines Gebotes als eines Dar-Gebotenen, als einer Gabe und Chance, die einem geboten, gewährt wird (peccatum omissionis). Der Sünder ist in erster Linie, wie schon gesagt, ein Kostverächter. In diesem Sinne ist der bekannte Reim Wilhelm Buschs „Das Gute – dieser Satz steht fest – / Ist stets das Böse, was man läßt!"[59] umzukehren: Das Böse – dieser Satz steht fest – / Ist stets das Gute, das man läßt. „Nein, meine Suppe eß' ich nicht!" Der Suppenkaspar als Kostverächter figuriert das peccatum omissionis, das ihm buchstäblich den Tod bringt.

Die andere Gestalt der Sünde als omissio ist der Geiz, die Unterlassung des Gebens, die Unfähigkeit und der Widerwille zu geben, zurückzugeben und weiterzugeben. Im Widerspruch zu seiner Bestimmung, als ekstatisches Wesen in einer doppelten Beziehung – durch den Glauben in Gott, durch die Liebe in den Mitgeschöpfen und auf diese Weise in der Rückgabe und Weitergabe der kate-

---

[57] Verdunkelt und gestört wird das Bild Gottes als des „Brunnquell[s] guter Gaben" (s.o. Anm. 17) durch jenes Böse, das schon zur Schöpfung und nicht erst zur gefallenen Welt gehört. Ist auch dieses Böse Gottes Gabe (Ilias XXIV, 525–533; dagegen Platon, Politeia 379c)? Einer der wenigen Theologen, die dieses malum extra peccatum nicht verkennen, ist: Knud Ejler Løgstrup, Schöpfung und Vernichtung. Religionsphilosophische Betrachtungen, Tübingen 1990.
[58] Vgl. Oswald Bayer, Martin Luthers Theologie. Eine Vergegenwärtigung, Tübingen (2003), ⁴2016, 160–166.
[59] Wilhelm Busch, Die fromme Helene (Epilog).

gorischen Gabe – zu leben,[60] verkrümmt sich der Mensch in sich selbst und stirbt in der Selbstsucht, in einem tendenziell absoluten Selbstbezug. Die Schrift, heißt es in Luthers Römerbriefvorlesung, „beschreibt den Menschen als so sehr in sich selbst verkrümmt, dass er nicht nur die leiblichen, sondern auch die geistlichen Güter auf sich selbst hinbiegt und in allem sich selber sucht".[61] Gott hat den Menschen „gerade" geschaffen (Koh 7,29), in gerader Relation zu sich; biegt er diese Relation auf sich selbst zurück, dann macht er sich „krumm": in der Sünde als der Verkehrung (perversio) des Gottesbezugs.[62] In solcher Verkehrung und Selbstverkrümmung schnürt er sich selbst vom Leben ab, das im Empfangen und Weitergeben besteht und nun ins Stocken gerät. Der durch die kategorische Gabe zur antwortenden Rückgabe und Weitergabe bestimmte Mensch endet im Zirkel eines endlosen Selbstgesprächs mit sich und seinesgleichen und in der vermessenen, hybriden, Sorge um das Ganze seiner Existenz.

Sünde ist die Störung, ja Zerstörung des umfassenden Kommunikationsprozesses, der im Empfangen und vorbehaltlosen Weitergeben besteht, zu dem der Mensch geschaffen wurde. Der Ursünde des Unglaubens entspricht deshalb der Undank, der Geiz, das Einbehalten, das Nicht-Weitergeben-Wollen. Die Undankbarkeit versteift sich in der Sorge und im Geiz, in denen sich der Mensch von seinem Schöpfer abkehrt, sich in sich selbst einschließt und sein Ohr, sein Herz und seine Hand zugleich auch dem Nächsten verschließt. Von hier aus wird

---

60 Vgl. WA 7, 38,6 – 10 (Von der Freiheit eines Christenmenschen, 1520; Schlußthese). Vgl. WA 10 I/1, 100,8 – 101,2 (Kirchenpostille, 1522; zu Tit 3,4 – 7): Alle christliche Lehre, alles christliche Werk und Leben ist kurz, klar und überströmend reich zusammengefasst „in den zwei Stücken GLAUBE UND LIEBE, durch welche der Mensch zwischen Gott und seinem Nächsten gesetzt wird als ein Mittel, das da von oben empfängt und unten wieder ausgibt und gleich[sam] ein Gefäß oder Rohr wird, durch welches der Brunnen göttlicher Güter ohne Unterlaß fließen soll in andere Leute. Siehe, das sind denn recht gottförmige Menschen, welche von Gott empfangen alles, was er hat, in Christo, und wiederum sich auch, als wären sie der andern Götter, mit Wohltaten beweisen; da[hin] gehet denn der Spruch Ps 81 [82,6]: Ich habe gesagt, ihr seid Götter und Kinder des Allerhöchsten allesamt. Gottes Kinder sind wir durch den Glauben, der uns zu Erben macht aller göttlichen Güter. Aber Götter sind wir durch die Liebe, die uns gegen unseren Nächsten wohltätig macht; denn die göttliche Natur ist nichts anderes als reine Wohltätigkeit und, wie hier St. Paulus sagt, Freundlichkeit und Leutseligkeit, die ihre Güter in alle Kreaturen überschwänglich ausschüttet täglich, wie wir sehen."
61 WA 56, 356,5 f (zu Röm 8,3; 1515/16): „[Scriptura] hominem describit incurvatum in se adeo, ut non tantum corporalia, sed et spiritualia bona sibi inflectat et se in omnibus quaerat."
62 Vgl. WA 1, 173,31 – 174,3 (zu Ps 32,11; Die sieben Bußpsalmen, 1517): „Das Herz, das richtig [= gerade] ist zu Gott und nicht eingekrümmt auf sich selbst oder etwas anderes als Gott, ist auf das ewige Gut gegründet und steht. Darum hat es überflüssig, davon es glorieren, prachten, prangen und trotzen kann [...] Aber die krummen Seelen, in sich selbst gebeugt [...], prachten auf sich selbst und nicht in Gott."

deutlich, worin Jesus Christus als „donum", worin sein Sich-selbst-Geben besteht: in jenem Kommunikationsgeschehen, durch das die in sich verkrümmte, verkehrte Welt aus ihrer Selbstverschlossenheit gerettet und damit zum Empfangen, Loben und Weitergeben wieder offen wird. Kraft der Idiomenkommunikation – der ἀντίδοσις τῶν ἰδιωμάτων – geschieht der „fröhliche Wechsel" zwischen dem verstockten Menschen und dem überreich gebenden und vergebenden Gott.[63] Gott befreit mich von meiner Selbstverfangenheit und eröffnet mir neu, in einer Neuschöpfung, die Kommunikation mit ihm und den Mitgeschöpfen im Nehmen und Geben, im Empfangen und Weitergeben.

III.4 Kampf der besiegten Sünde gegen das Evangelium

Der durch das Evangelium neu geschaffene Mensch muß sich jedoch bis zu seinem Tod und der Weltvollendung zur alten Welt der Selbstverkrümmung und Selbstverschlossenheit verhalten, die er zwar nicht mehr ist, aber in sich und um sich hat. Er muß mit dem Kampf der besiegten Sünde und alles Bösen gegen das Evangelium rechnen. Sonst müsste er nicht zusammen mit der ganzen Kirche beständig beten: „erlöse und von dem Bösen"; sonst könnte es Luther dabei belassen, von einem „fröhlichen Wechsel", dem fröhlich machenden Austausch göttlicher Gerechtigkeit gegen die menschliche Sünde, zu reden, ohne im selben Atemzug einen „Streit" in den Blick zu rücken[64] – einen Kampf mit der Macht der alten Welt.

Der damit angesprochene innerweltlich nicht zu beendende Konflikt zwischen neuer und alter Welt zeigt sich in der schmerzlichen Differenz zwischen der iustitia dei und der iustitia civilis und entsprechend zwischen dem Evangelium und dem Gesetz. Das Evangelium ist die iustitia dei, die Gemeinschaftstreue und Beziehungsgerechtigkeit im Geben und Nehmen, die der dreieine Gott ganz und gar unverdient – ex nihilo: wegen nichts und wieder nichts – gewährt und in alle Ewigkeit verbürgt. Die durchaus gottgewollte, aber nicht durch das Evangelium, sondern durch das Gesetz gewirkte iustitia civilis dagegen dient der Erhaltung der vergehenden Welt auf deren Vollendung im Geben und Nehmen hin. *Die theologische Ethik der Gabe, die durch Christus als „exemplum" bestimmt ist, muß sich konfliktreich auf eine Theorie der Gerechtigkeit beziehen, die nicht die iustitia dei ist.* Diese „zivile", „weltliche" Gerechtigkeit kann die Geschichte der alten, verge-

---

63 „Weil nämlich Christus Gott und Mensch in einer und derselben Person ist [...], deshalb [...]": WA 7, 55,8–16 [übersetzt]; De libertate christiana, 1520).
64 WA 7, 25,34 (Von der Freiheit eines Christenmenschen, 1520): „fröhlicher Wechsel und Streit".

henden Welt als eines Kampfes aller gegen alle um gegenseitige Anerkennung auf Leben und Tod nicht ignorieren oder enthusiastisch durch moralische Postulate überspielen. Vielmehr muß sie und soll sie in Zusammenhängen zur Herrschaft kommen, die – im ökonomischen Bereich – durch kommutative Gerechtigkeit und den Kreislauf des von einem abstrakten Dritten her bestimmten Äquivalententausches und im politischen Bereich durch Gewalt und Gegengewalt einschließlich der Sprache der Abschreckung bestimmt ist – einer Sprache, an der sich auf den ersten Blick nichts vom Charme der Gabe wahrnehmen läßt. Und doch dient auch Herrschaft, die selbst unter Androhung und Ausübung von Gewalt für Recht und Frieden sorgt, also nicht darauf verzichten kann, auf Gewalt mit Gegengewalt zu antworten, der Gabe des Lebens und ist deshalb nicht zu schmähen, sondern zu loben.

Die Unterscheidung von iustitia dei und iustitia civilis, von Evangelium und Gesetz ist von fundamentaler Bedeutung. Fiele sie dahin, würde das Weltliche absolut; aus seiner Eindimensionalität gäbe es kein Entrinnen. So aber läßt die leibliche Gegenwart des Evangeliums in dieser Welt der Lohngerechtigkeit[65] immer wieder auch inmitten der iustitia civilis eine andere Logik als die des ökonomischen Tausches und der politischen Spirale von Gewalt und Gegengewalt aufblitzen und einleuchten – auch wenn die Kirche Kontrastgesellschaft nur in einer sehr paradoxen Weise ist. Gleichwohl „kann die Stadt, die auf einem Berge liegt, nicht verborgen sein" (Mt 5,14); das Evangelium reißt den Horizont einer Welt auf, die die kategorische Gabe in Geiz und Gewalt verkehrt hat. Alle Analogien des Evangeliums aber und damit der mit ihm zugesagten kategorischen Gabe bzw. gebenden Zusage, die in der iustitia civilis entdeckt und verwirklicht, mit Herzen, Mund und Händen wahrgenommen werden, sind nicht als Evangelium, sondern als Gesetz zu begreifen[66] – im Sinne des usus politicus. Christus als „donum" und Christus als „exemplum" bleiben innergeschichtlich unterschieden – und eben damit die iustitia dei und die iustitia civilis.

---

65 Vgl. o. Kap. 35: „Lohngerechtigkeit?".
66 Vgl. Gott als Autor. Zu einer poietologischen Theologie, Tübingen 1999, 264 f. und Freiheit als Antwort (s.o. Anm. 1), 302.

37 Uns voraus. Bemerkungen zur Lutherforschung und Lutherrezeption

I Luther: unser Mitschüler

Was ist Luther? 1522 schreibt Luther von der Wartburg „an alle Christen, sich zu hüten vor Aufruhr und Empörung" und ihn nicht als Symbolfigur einer religiösen Partei zu mißbrauchen, die sich nach seinem Namen nennt; er bittet, „man wolle von meinem Namen schweigen und sich nicht lutherisch, sondern einen Christen nennen. Was ist Luther? Ist doch die Lehre nicht mein! [...] Wie käme denn ich armer, stinkender Madensack dazu, daß man die Kinder Christi dürfte nach meinem nichtswürdigen Namen nennen? Nicht so, liebe Freunde! Laßt uns tilgen die parteiischen Namen und uns Christen heißen, nach Christus, dessen Lehre wir haben [...]. Ich bin und will keines Menschen Meister sein. Ich habe mit der Gemeinde die eine, allgemeine Lehre Christi, der allein unser Meister ist [Mt 23,8]."[1]

Luther stellt sich nicht – als Held und Heros – hoch auf den Sockel eines Denkmals, wie es vor allem dem Lutherbild des 19. Jahrhunderts entspräche, sondern – demütig – als Hörer und Schüler des Christuswortes unten in die Gemeinde der Christen, der er, als minister verbi divini, dient, um am Ende seines Lebens angesichts der Fülle des Christuswortes nur die eigene Armut eingestehen zu können: „Wir sind Bettler: hoc est verum"![2]

Zwar ist der vor Gott sich demütig bückende, vor Menschen – etwa vor Kaiser und Reich – jedoch aufrecht stehende, mutige historische Luther nicht einfach, wie er sich auch stilisieren konnte, das allein von Gott geführte geblendete Pferd[3], sondern der bewußt selbst beteiligte, planende, etwa die Chancen des Buchdrucks geschickt nutzende Stratege. Er ist dies aber in völliger Hingabe an das

---

[1] Martin Luther, Eine treue Vermahnung zu allen Christen, sich zu hüten vor Aufruhr und Empörung (1522); WA 8, 685,4–16; eigene Übertragung. Hier und im Folgenden ist das Lutherdeutsch vorsichtig modernisiert.
[2] WA 48, 241; vgl. WA TR 5, 168,35 (Nr. 5468); 318,2f (Nr. 5677); WA B 12, 363f: letzte Aufzeichnung Luthers (vom 16. Februar 1546), Luthers „Letzter Zettel". Textkritische Ermittlung und eingehende Interpretation: Oswald Bayer, Gott als Autor, Tübingen 1999, 280–301: Das letzte Wort: die göttliche Aeneis. Textrekonstruktion: 280–283.
[3] WA TR I, 601 (Nr. 1206): „Gott hat mich schlechts [= schlichtweg, einfach] geblendet, wie man ein Pferd blendet"; ich sagte zu ihm: „Wollt er ja ein Spiel anfangen mit mir, daß er's allein für sich tät und behütet mich davor, daß ich mich nicht drein menget" (601,18–22). „Ich hab nichts getan, das Wort hat es alles gehandelt und ausgericht" (WA 10 III, 19,2f; zweite Invokavitpredigt, 10. März 1522).

Christuswort, das er hört, „wie ein Schüler hört" (Jes 50,4), der nicht aufhört zu lernen; „Theologie ist eine unendliche Weisheit, weil sie nie aus-gelernt werden kann."[4] Will Luther selbst nicht Meister sein, sondern als minister verbi divini Schüler in der Schule des einen Meisters bleiben, dann ist er unser *Mitschüler*. Ist er uns voraus, haben wir ihn noch nicht eingeholt, dann ist er zwar ein erfahrenerer Mitschüler, aber eben ein Mitschüler, mit dem wir in einem hörbereiten, jedoch auch kritischen Gespräch sind, das der Wahrheit der gemeinsamen Sache gilt.

So werde ich im Folgenden keine Lobrede auf Luther halten, allerdings auch keine Gerichtsrede, die auf eine radikale Verurteilung – etwa wegen seiner Judenschriften, seiner Stellungnahmen im Bauernkrieg oder wegen unterlassener Teilnahme am Gender-Mainstreaming – zielt. Vielmehr möchte ich, ohne die Last des Erbes zu verschweigen, an einigen Punkten exemplarisch herausstellen, worin Luther uns voraus ist und wir ihn keineswegs schon eingeholt oder gar überholt haben – aber auch, wo wir entscheidende seiner Einsichten verloren haben und wiedergewinnen müssen.

Meine erste Aufgabe aber ist es – was im gegebenen Rahmen freilich nur an wenigen exemplarischen Punkten geschehen kann –, den Stand der Lutherforschung und Lutherrezeption zu skizzieren sowie deutlich zu machen, welche notwendigen und wünschenswerten Aufgaben anzupacken sind. Luthers Theologie ist ein Spiegel, in dem der erfahrenere Mitschüler uns in der Schule des einen Meisters auf die Sprünge helfen kann. Die gewählten exemplarischen Punkte[5] – im zweiten Teil des Vortrags – betreffen Schöpfung und Weltlichkeit, Ontologie, Metaphysik und Philosophie, den Promissio- und Gabebegriff sowie die Unterscheidung von Gesetz und Evangelium. Im dritten Teil sollen kurz die dunklen Seiten von Luthers Werk in den Blick kommen und im vierten möchte ich mit einer Meditation der christlichen Freiheit schließen.

---

4 „Theologia est infinita sapientia, quia nunquam potest edisci" (WA 40 III, 63,17; zu Ps 121,3, 1532/33).
5 Zur Ergänzung: s.u. Kap. 38: „Fragen Luthers an uns". Sie sind freilich noch um weitere Fragen zur Ethik zu erweitern. Der einleitende Text expliziert die unerläßliche Unterscheidung und Zuordnung von „Reformation" und „Reformatorischem".

II Exemplarische Punkte

II.1 Schöpfung durch das Wort; Weltlichkeit

Ich beginne mit dem Blick auf den weitesten Horizont und zugleich in die tiefste Tiefe menschlicher Existenz, indem ich nach der Rechtfertigungslehre, der Mitte der Theologie Luthers, *schöpfungstheologisch* frage. Daß in der Rechtfertigung allein aus Glauben die reformatorische Theologie Luthers ihre Mitte hat, scheint im allgemeinen kirchlichen und theologischen Bewußtsein gegenwärtig zu sein. Doch der Schein trügt. Weil die schöpfungstheologische und eschatologische Tiefe und Weite dessen, was Rechtfertigung allein aus Glauben ist, kaum mehr wahrgenommen wird, kann in Wahrheit auch nicht verstanden sein, daß sie die Mitte ist.

Schöpfungstheologie ist wie die gesamte Theologie von Anfang an *Worttheologie*: „Im Anfang war das Wort. Und das Wort war bei Gott. Und Gott war das Wort" (Joh 1,1). Gott ist in sich Gespräch, Kommunikationsmacht und ermächtigt – als Schöpfer – zur Kommunikation.

Das Profil und die Bedeutung der Schöpfungslehre stand, sieht man von nordischen Forschern wie Löfgren, Wingren und Olsson ab[6], keineswegs im Zentrum der Lutherforschung. In der deutschsprachigen Theologie jedenfalls, wie sie mir während meines Studiums begegnete, spielte sie keine Rolle.[7] So war auf diesem Felde Neues zu pflügen. Im Zusammenhang der Ausarbeitung einer systematischen Darstellung der Schöpfungslehre[8] habe ich lange gebraucht, um zu wagen, den im Bereich des Sakraments und der Predigt erforschten Begriff der „promissio"[9] als entscheidend und charakteristisch auch in Luthers Schöp-

---

6 David Löfgren, Die Theologie der Schöpfung bei Luther (FKDG 10), Göttingen 1960; Gustaf Wingren, Luthers Lehre vom Beruf, München 1952; ders, Schöpfung und Gesetz, Göttingen 1960; Herbert Olsson, Schöpfung, Vernunft, Gesetz in Luthers Theologie, Uppsala 1971.
7 Zwar hielt zu Gustaf Wingrens Hauptreferat „Das Problem des Natürlichen bei Luther" (Kirche, Mystik, Heiligung und das Natürliche bei Luther. Vorträge des Dritten Internationalen Kongresses für Lutherforschung Järvenpää, Finnland 11. – 16. August 1966, hg.v. Ivar Asheim, 1967, 156 – 168) Gerhard Ebeling ein Korreferat über dasselbe Thema (aaO, 169 – 179). Doch in Ebelings „Luther. Einführung in sein Denken" (1964), Tübingen ⁵2006 findet sich kein Kapitel über die Schöpfung – ebensowenig in dem zweibändigen repräsentativen Werk „Leben und Werk Martin Luthers von 1526 bis 1546" hg.v. Helmar Junghans, Göttingen 1983.
8 Diese Forschungsarbeit ist zusammengefaßt in meinem Art. „Schöpfung VIII. Systematisch-theologisch". In: TRE 30, 1999, 326 – 348.
9 Dazu: Oswald Bayer, Promissio. Geschichte der reformatorischen Wende in Luthers Theologie (Göttingen 1971), Darmstadt ²1989.

fungslehre zu entdecken¹⁰ und erstaunt zu sehen, daß es das Gabewort des Herrenmahls („... für dich *gegeben!*") war, das Luther im Ohr, vor Augen und im Herzen hatte, wenn er auch die Schöpfung wie alles Handeln des dreieinen Gottes¹¹ als Zusage und Gabe, als *kategorische Gabe*¹² verstand. Inzwischen ist diese Einsicht aufgenommen worden¹³; insbesonders beginnt Luthers große Genesisvorlesung (1535–1545) die Beachtung zu gewinnen¹⁴, die sie – nicht zuletzt von ihrer Wirkungsgeschichte her¹⁵ – verdient. Doch ist die schöpfungstheologische Horizonterweiterung in der Lutherforschung noch nicht so weit gelungen, wie es wünschenswert wäre.

Um auf das, was schöpfungstheologisch vom Mitschüler Luther zu lernen ist, aufmerksam zu werden, mußte denn auch zuerst die Bedeutung jenes radikalen Aufklärers entdeckt werden, der als Freund und Metakritiker Kants im 18. Jahrhundert, dem siècle philosophique, in Königsberg lebte und Luthers Erbe wie kein zweiter zur Geltung brachte¹⁶: Johann Georg Hamann (1730–1788). Er ist der

---

10 Vgl. Ders., Schöpfung als Anrede. Zu einer Hermeneutik der Schöpfung (1986), Tübingen ²1990; Ders., Martin Luthers Theologie. Eine Vergegenwärtigung (2003), Tübingen ⁴2007, bes. 87–159, aufgenommen von: Johannes Schwanke, Luther's Theology of Creation. In: Martin Luthers Theology (The Oxford Handbook), ed. by Robert Kolb, Irene Dingel and L'ubomir Batka, Oxford 2014, 201–211.
11 Der wichtigste Text: WA 26, 505,38–506, 12 (Vom Abendmahl Christi. Bekenntnis, 1528). Er ist der Leittext meiner Vergegenwärtigung von Luthers Theologie (s.o. Anm. 10), 90f, 95, 101, 148–157, 200, 202, 230, 257, 310; vgl. 307f. Vgl. Martin Seils, Die Sache Luthers (LuJ 52, 1985, 64–80); Ders., Gabe und Geschenk. Eine Zugabe. In: Denkraum Katechismus, hg.v. Johannes von Lüpke und Edgar Thaidigsmann, Tübingen 2009, 87–108.
12 Vgl. Oswald Bayer, „Kategorischer Imperativ oder kategorische Gabe?" (1981). In: Ders., Freiheit als Antwort. Zur theologischen Ethik, Tübingen 1995, 13–19; Ders., Leibliches Wort. Reformation und Neuzeit im Konflikt, Tübingen 1992, 330–333. Der herrenmahlstheologische Ursprung und Hintergrund bleibt bei Seils (1985, s.o. Anm. 11) unbemerkt.
13 Vgl. Bo Kristian Holm, Gabe und Geben bei Luther (TBT 134), Berlin/New York 2006; Ders., and Peter Widmann, Word-Gift-Being, Tübingen 2009; Risto Saarinen, God and the Gift. An Ecumenical Theology of Giving, Collegeville 2004; besonders aber: Martin Wendte, Die Gabe und das Gestell. Luthers Metaphysik des Abendmahls im technischen Zeitalter, Tübingen 2013 sowie Gregory A. Walter, Being promised, Grand Rapids 2013.
14 Vgl. nur: Ulrich Asendorf, Lectura in Biblia. Luthers Genesisvorlesung (1535–1545), Göttingen 1998; Johannes Schwanke, Creatio ex nihilo. Luthers Lehre von der Schöpfung aus dem Nichts in der Großen Genesisvorlesung (1535–1545), TBT 126, Berlin/New York 2004; John A. Maxfield, Luther's Lectures on Genesis and the Formation of Evangelical Identity, Kirksville 2008.
15 Darauf macht besonders aufmerksam: Werner Elert, Morphologie des Luthertums, 2 Bd., München 1931/32.
16 Hamann hat zwar Luther gelesen (vgl. Leibliches Wort [s.o. Anm. 12], 105–148; Martin Seils, Luther und Hamann. In: Erinnerte Reformation. Studien zur Luther-Rezeption von der Aufklärung bis zum 20. Jahrhundert, hg.v. Christian Danz und Rochus Leonhard [TBT 143], Berlin/New York

durch keinen anderen zu ersetzende „eye opener", der es ermöglicht, die wirkliche Bedeutung der *Schöpfungstheologie als Worttheologie* und der *Worttheologie als Schöpfungstheologie* bei Luther zu entdecken. Diese Entdeckung hat erst begonnen;[17] die Hebammendienste Hamanns sind bei weitem noch nicht eingeholt oder gar ausgeschöpft. Würde z. B. Hamanns Formel von der Schöpfung als *„Rede an die Kreatur durch die Kreatur"*[18] in der Lutherinterpretation weiter erprobt, ließe sich ein worttheologisches Verständnis von Luthers Begriff der *„Weltlichkeit"* präziser ausbilden, so daß z. B. in der Diskussion um die Ehe als „weltlich Ding"[19] angemessener, sachlicher geurteilt werden könnte; bislang ist nämlich die eigentümliche theologische Bestimmtheit dieses „weltlichen Dings" nicht wirklich herausgearbeitet und erfaßt.

So berühmt und beliebt Luthers „Weltlichkeit" ist, so wenig ist in der Lutherforschung und Lutherrezeption wirklich geklärt, was Luther darunter versteht. Vor allem ist eine zunächst rein historische Frage insofern nicht beantwortet, als die Lutherforschung bisher erstaunlicherweise der Frage nicht nachgegangen ist, wie es von der radikalen Entweltlichung und Weltverneinung des vorreformatorischen Luther[20] zu jener eindrücklichen Bejahung alles Weltlichen und Natürli-

---

2008, 41–73). Doch ist sein Luthertum zureichend nicht im Aufweis literarischer Abhängigkeit von Luther zu ermitteln. Hamann lebte von Kind auf in der Lutherbibel, dem Gesangbuch und dem Kleinen Katechismus.

17 Vgl. Schöpfung als Anrede (s. o. Anm. 10), zusammenfassend: Art. „Schöpfung" (s. o. Anm. 8) und „Martin Luthers Theologie" (s. o. Anm. 10); Joachim Ringleben, Gott im Wort. Luthers Theologie von der Sprache her, Tübingen 2010.

18 Johann Georg Hamann, Sämtliche Werke, hg. v. Josef Nadler (in 6 Bänden, Wien 1949–1957), Bd. II, 198,29 (Aesthetica in nuce, 1762).

19 Zur Ehe als „weltlich Ding": BSELK 900,4 (BSLK 528,6 f) samt Apparat. Vgl. Bernd Moeller, Wenzel Lincks, Hochzeit. Über Sexualität, Keuschheit und Ehe in der frühen Reformation. In: ZThK 97, 2000, 317–342; Christopher Spehr, Priesterehe und Kindersegen. Die Anfänge des evangelischen Pfarrhauses in der Reformationszeit. In: Das evangelische Pfarrhaus, hg. v. Thomas A. Seidel und Christopher Spehr, Leipzig 2013, 13–35; Volker Leppin, Ehe bei Martin Luther. Stiftung Gottes und „weltlich ding". In: EvTh 75, 2015, 22–33; Georg Raatz, Luthers Ehekonzept. Eine geschichtshermeneutische Rekonstruktion im Kontext der Debatte um die Orientierungshilfe des Rates der EKD zur Familie (2013). In: ZThK 112, 2015, 100–140; Ders., Impulse aus der Reformation für das gegenwärtige Verständnis von Familie. In: ZEE 60, 2016, 168–181; umfassend: Christian Volkmar Witt, Martin Luthers Reformation der Ehe. Sein theologisches Eheverständnis vor dessen augustinisch-mittelalterlichem Hintergrund, Tübingen 2016.

20 Promissio (s. o. Anm. 9), zusammenfassend: 295–297; Martin Luthers Theologie (s. o. Anm. 10), 128 f. Wenn „der Gotteserkenntnis jede positive Bestimmung fehlt, bleibt faktisch allein die negative Selbsterkenntnis: als Gottes- und zugleich als Weltverhältnis" (Promissio, [295–297] 295). Auch Andreas Stegmann (Luthers Auffassung vom christlichen Leben, Tübingen 2014; dazu: Martin Honecker, Luthers Theologie im Reformationsgedenken, ThR 81, 2016, 35–47) stellt fest, daß in Luthers reformatorischer Theologie das bußtheologische Ethos „nicht mehr der Inbegriff

chen – zu einer „Bekehrung zur Welt"[21] – gekommen ist, die aus Luthers Schriften von 1520 an in zunehmendem Grade leuchtet. Von diesen Schriften her legt sich folgende Vermutung nahe: *Nachdem Luther mit seinem neuen Wort- und Sakramentsverständnis der konstitutiv weltlichen, leiblichen – nicht nur negativen, sondern eminent positiven – Vermittlung des Geistlichen innegeworden ist, eröffnet sich ihm das geistliche Gewicht alles Weltlichen, Leiblichen im positiven Sinne.*[22] Dies betrifft allem voran die Ehe und Elternschaft,[23] aber auch die Wirtschaft sowie das Recht samt der weltlichen Obrigkeit, des politischen Bereichs. Eine historische und systematische Erforschung von Luthers Begriff der Weltlichkeit[24] könnte den besonders von Dietrich Bonhoeffer angestoßenen weltweiten Diskurs weiter befördern.[25]

Die bezeichnete „Bekehrung zur Welt" ist begründet und durchdrungen von einer Ästhetik, einer umfassenden Weltwahrnehmung, mit der Luther Hamann vorwegnimmt: „Es ist unser Haus, Hof, Garten und alles voll Bibel, da Gott durch

---

[...] des christlichen Lebens ist" (505); „nicht die innerweltliche Verantwortungsübernahme, sondern die monastische Selbstnegation war anfangs die lebensweltliche Ausdrucksgestalt der Rechtfertigung" (504). Vgl. aaO, 10 f.

21 Vgl. Oswald Bayer, Aus Glauben leben, Stuttgart (1984), ²1990, 37 (= Living by Faith, Grand Rapids 2003, 28); Ders., Schöpfung als Anrede (s.o. Anm. 10), 64; s.o. Kap. 30: „Angeklagt und anerkannt" Andreas Stegmann, ‚Bekehrung zur Welt' – Zur Gegenwartsbedeutung von Luthers Ethik. In: LUTHER 86 (2015), 114–119.

22 Zu dieser Vermutung im Zusammenhang: Oswald Bayer, Natur und Institution. Luthers Dreiständelehre. In: Ders., Freiheit als Antwort (s.o. Anm. 12), 116–146, hier 125–133: Das geistliche Gewicht des Weltlichen. Zur besagten Vermutung schreibt Andreas Stegmann (Brief vom 17. August 2016): „Was Luthers reformatorische Wertschätzung des Weltlichen angeht, habe ich den Eindruck gewonnen, daß es für ihn keine eigenständige theologische Entdeckung ist, sondern die Kehrseite seiner rechtfertigungstheologischen Bibellektüre." Darüber hinaus stellt sich für Stegmann die Frage, „ob Luther überhaupt eine Ethik hat, oder ob seine ‚Ethik' nicht einfach nur das Ausbuchstabieren des Rechtfertigungsglaubens mit Blick auf die Welt ist" (brieflich am 9. September 2016).

23 Das vierte Gebot ist für Luther unter den Geboten, die das irdische Leben betreffen, „das erste und höchste" (BSELK 968,9 [BSLK 586,48 f]); es steht nicht zufällig an der Spitze der Zweiten Tafel.

24 Ein Anfang ist gemacht: Irena Gnot, Wort und Welt. Zur „Weltlichkeit" bei Martin Luther, masch. Diss. Tübingen 1998.

25 Noch vor Bonhoeffer hat sich Ernst Steinbach auf das Thema fokussiert: Leibliches Wort (s.o. Anm. 12), 265–286: Für eine bessere Weltlichkeit. Das Plädoyer Ernst Steinbachs. Eine systematisch-theologische Erörterung des Themas dürfte von einer kritischen Bezugnahme auf die Geschichte des Luther zugeschriebenen Wortes vom Apfelbäumchen nur profitieren. Vgl. Martin Schloemann, Luthers Apfelbäumchen? Ein Kapitel deutscher Mentalitätsgeschichte seit dem Zweiten Weltkrieg, (Göttingen 1994) Berlin ²2016. In einen weiten Horizont führt: Martin Heckel, Martin Luthers Reformation und das Recht, Tübingen 2016; vgl. in Kürze: 38 f (zu „Weltlichkeit" und „Verweltlichung").

seine Wunderwerk nicht allein predigt, sondern auch an unsere Augen klopft, unsere Sinne rührt und uns gleich[sam] ins Herz leuchtet."[26] Was fehlt, ist eine Monographie zu Luthers Ästhetik[27] – verstanden als umfassende Weltwahrnehmung –, die die vielen Arbeiten zu Luthers bildkräftiger Sprache und zu seiner Liebe zur Musik[28] integriert.

II.2 Ontologie, Metaphysik, Philosophie

Die Frage nach Luthers Schöpfungsverständnis ist zugleich die Frage nach Luthers *Ontologie*. Auch nach der großen Monographie von Wilfried Joest – „Ontologie der Person bei Luther"[29]– , dem Vortrag Gerhard Ebelings über „Luthers Wirklichkeitsverständnis[30] und der von der finnischen Lutherforschung geleisteten Arbeit[31] stellen sich auf diesem Felde notwendige und lohnende Aufgaben. Ausgehend von der Rechtfertigungsterminologie in Luthers Erklärung nicht etwa

---

26 WA 49, 422–441, hier 434,16–18 (Predigt vom 25. Mai 1544 über 1Kor 15,36 ff; zu Luthers Reihenpredigten über 1Kor 15, die für seine Ästhetik besonders aufschlußreich sind: Axel Wiemer, „Mein Trost, Kampf und Sieg ist Christus. Martin Luthers eschatologische Theologie nach seinen Reihenpredigten über 1Kor 15 (1532/33), TBT 119, Berlin/New York 2003). Vgl. Hamann zur Schöpfung als worthaft verfaßter Welt: Werke (s.o. Anm. 18), Bd. III, 32,21–31 (Über den göttlichen und menschlichen Ursprung der Sprache, 1772).
27 Vgl. jedoch: Mark Mattes, Luther on Beauty, Grand Rapids, 2017. Zu Luthers reformatorischer Ästhetik in Grundzügen: Oswald Bayer, Zugesagte Gegenwart, Tübingen 2007, 235–245: Der neue Mensch.
28 Vgl. Robin A. Leaver, Luther's Liturgical Music. Principles and implications, Grand Rapids 2007; Miikka Anttila, Luther's Theology of Music. Spiritual Beauty and Pleasure (TBT 161), Berlin /New York 2013. Speziell zur Musikalität des leiblichen Wortes: Johannes Block, Verstehen durch Musik. Das gesungene Wort in der Theologie. Ein hermeneutischer Beitrag zur Hymnologie am Bespiel Martin Luthers, Tübingen 2002. Bemerkenswert ist der schöpfungstheologisch – des Näheren: sprachtheologisch – bestimmte Zusammenhang, in dem Luthers Lob der Musik laut wird: WA 50, 364–374 (Praefatio zu den Symphoniae iucundae, 1538).
29 Wilfried Joest, Ontologie der Person bei Luther, Göttingen 1967.
30 Gerhard Ebeling, Luthers Wirklichkeitsverständnis (1993). In: Ders., Theologie in den Gegensätzen des Lebens (Wort und Glaube IV), Tübingen 1995, 460–475: „eine Sammlung von Früchten, die ich in mehr als sechzigjährigem Umgang mit Luthers Theologie als Ernte eingebracht habe" (475).
31 Einen informativen und zuverlässigen Überblick bietet: Risto Saarinen, Justification by Faith. The View of the Mannermaa School. In: Oxford Handbook (s.o. Anm. 10), 254–263. Weiter: Olli-Pekka Vainio (ed.), Engaging Luther. A (New) Theological Assessment, Eugene, Or, 2010. Speziell: Dennis Bielfeldt, The Ontology of Deification. In: Caritas Dei. Beiträge zum Verständnis Luthers und der gegenwärtigen Ökumene (FS für Tuomo Mannermaa zum 60. Geburtstag), hg.v. Oswald Bayer, Robert W. Jenson, Simo Knuuttila, Helsinki 1997), 90–113.

des zweiten oder dritten, sondern erstaunlicherweise gerade des ersten Artikels des Glaubensbekenntnisses – "ohn[e] alle mein[e] Verdienst[e] und Würdigkeit"[32] – habe ich vorgeschlagen, Luthers *Schöpfungslehre als Rechtfertigungsontologie* zu verstehen:[33] Was bist Du, das Du nicht empfangen hast (vgl. 1Kor 4,7)? *Sein ist gegeben. Sein ist gesprochen.* Wenn Gott spricht, setzt er Sein (vgl. Ps 33,9). Schöpfung „durch das Wort" als Schöpfung „aus dem Nichts" meint, daß alles Sein *kategorische Gabe* ist; Sein ist als zugesagtes, aus der Fülle gegebenes, gerettetes und gerechtfertigtes Sein zu verstehen. Als zugesagtes ist das Sein nicht aus sich und in sich begründet, sondern kommt von außen. In dem diese Zusage hörenden und ihr vertrauenden Glauben eröffnet sich eine „Ontologie, welche die Seinsfrage unauflösbar mit dem nos extra nos esse verbindet"[34].

In unmittelbarem Zusammenhang mit der Frage nach der Ontologie bei Luther ist die sie umfassende Frage nach der Metaphysik bei Luther, der jüngst Edgar Thaidigsmann[35] und, in einer großen Monographie, Martin Wendte[36] nachgegangen sind, weiter zu verfolgen. Vor jeder systematischen Erörterung ist freilich die historische Erforschung philosophischer Denkformen der Theologie Luthers[37]

---

32 BSELK 870,16 (BSLK 511,5).
33 Oswald Bayer, Schöpfungslehre als Rechtfertigungsontologie. In: Ders., Zugesagte Gegenwart (s.o. Anm. 27), 183–195; wesentlich erweitert In: Word-Gift-Being. Justification-Economy-Ontology, ed. by Bo Kristian Holm and Peter Widmann, Tübingen 2009, 17–41. Vgl. Trygve Wyller, Glaube und autonome Welt. Diskussion eines Grundproblems der neueren systematischen Theologie mit Blick auf Dietrich Bonhoeffer, Oswald Bayer und K. E. Løgstrup (TBT 91) Berlin/New York 1998; Bergholt Grymer, Faith and Ontology. A Fundamental Lutheran Problem. An Examination of the Relationship Between Faith and Ontology in Lutheran Theology on the Basis of Oswald Bayer and K.E Løgstrup (masch. Diss. Aarhus 2013; dän. mit englischem Summary).
34 Walter Mostert, Zur ontologischen Frage bei Martin Luther. In: Ders., Glaube und Hermeneutik. Gesammelte Aufsätze, hg.v. Pierre Bühler und Gerhard Ebeling, 1998, 89–100, hier 99. „Nos extra nos" ist kein biblisches Syntagma; es erwuchs dem Umgang Luthers mit Texten der Mystik, vor allem mit den Predigten Taulers: Promissio (s.o. Anm. 9), 59, Anm. 171. Monographisch: Karl-Heinz zur Mühlen, Nos extra nos. Luthers Theologie zwischen Mystik und Scholastik, Tübingen 1972.
35 Edgar Thaidigsmann, Erstes Gebot, Metaphysik und Ethik. Luthers Auslegung des ersten Gebots im Großen Katechismus (2009). In: Ders., Einsichten und Ausblicke. Theologische Studien, hg.v. Johannes von Lüpke, Berlin 2011, 220–272.
36 Martin Wendte, Die Gabe und das Gestell. Luthers Metaphysik des Abendmahls im technischen Zeitalter, Tübingen 2013.
37 Vgl. Zugesagte Gegenwart (s.o. Anm. 27), 324–339: Philosophische Denkformen der Theologie Luthers als Gegenstand der Forschung. Eine Skizze (2004); engl. In: The Devil's Whore. Reason and Philosophy in the Lutheran Tradition, ed. by Jennifer Hockenbery Dragseth, Minneapolis, 2011,13–21; Thomas Kaufmann, Die Ehre der Hure. Zum vernünftigen Gottesgedanken in der Reformation. In: Der Gott der Vernunft. Protestantismus und vernünftiger Gottesgedanke, hg.v.

weiterzutreiben. Was diese historische Erforschung betrifft, so sind die subtilen kritischen Untersuchungen Theodor Dieters bahnbrechend; sie zeigen unübergehbar, daß und wie Luthers Verhältnis zur Vernunft *differenziert* wahrzunehmen ist.[38] Werden diese Ansätze weitergeführt, ist zu hoffen, daß die in der zweiten Hälfte des 20. Jahrhunderts bei den Philosophen herrschende Luthervergessenheit, ja Lutherverachtung[39] sich wieder ändert. Es wäre nämlich durchaus gerechtfertigt, wenn Luther in der Philosophie ein ähnlich großes Interesse fände wie Augustin, Thomas von Aquin, Hamann, Schleiermacher und Kierkegaard.

II.3 Pure promissio und reine Gabe

Die Arbeit am Promissiobegriff[40] betrifft die Mitte von Luthers Theologie. Die von meinem Lehrer Ernst Bizer[41] und mir in den Luthertexten gefundene Bedeutung wird zwar nicht von allen Lutherforschern gleich gesehen. Daß aber „promissio" und „fides" als deren Korrelat das Reformatorische der Reformation ausmacht, ist doch weithin erkannt und anerkannt – nicht zuletzt in dem von der lutherisch/römisch katholischen Kommission für die Einheit erarbeiteten Dokument „Vom Konflikt zur Gemeinschaft"[42]. Ich stelle im Folgenden die Bedeutung dieses Begriffs zusammengefaßt dar und frage dann nach den aus dem Forschungsstand sich ergebenden Aufgaben.

Gottes dreifaches demütiges und liebendes sich (Hin-)Geben – des Vaters durch den Sohn im Heiligen Geist – in der Zusage (promissio) und der dieser entspre-

---

Jörg Lauster und Bernd Oberdorfer, Tübingen 2009, 61–91. Weiter: Mark Mattes, Luther's use of Philosophy. In: LuJ 80, 2013, 110–141.

38 Theodor Dieter, Der junge Luther und Aristoteles. Eine historisch-systematische Untersuchung zum Verhältnis von Theologie und Philosophie (TBT 105), Berlin/New York 2001; Ders., Beobachtungen zu Martin Luthers Verständnis „der" Vernunft. In: Denkraum Katechismus (s o. Anm. 11), 145–169; Ders., Art. „Vernunft". In: Das Luther-Lexikon, hg.v. Volker Leppin und Gury Schneider-Ludorff, Regensburg 2014, 721–723.

39 Belege In: Philosophische Denkformen (s.o. Anm. 37).

40 Vgl. besonders: Ernst Bizer (dazu Kaufmann: u. Anm. 41); weiter: Bayer, Promissio (s.o. Anm. 9), 345, Anm. 2 (Verhältnis zu Bizer).

41 Vgl. Thomas Kaufmann, Die Frage nach dem reformatorischen Durchbruch. Ernst Bizers Lutherbuch und seine Bedeutung. In: Lutherforschung im 20. Jahrhundert. Rückblick-Bilanz-Ausblick, hg.v. Rainer Vinke, Mainz 2004, 71–97.

42 Vom Konflikt zur Gemeinschaft. Gemeinsames lutherisch-katholisches Reformationsgedenken im Jahr 2017. Bericht der Lutherisch/Römisch-Katholischen Kommission für die Einheit, Leipzig 2013, 49f („Das Wort Gottes als Zusage").

chende Glaube machen die „Gottesgerechtigkeit" (Röm 1,16f) aus und bilden sozusagen den Chromosomensatz jeder Zelle der Theologie des reformatorischen Luther; die kriteriologische Bedeutung der Korrelation von promissio und fides erhellt besonders aus „De captivitate Babylonica ecclesiae" (1520). In einer Reihe von Rückblicken, vor allem in der Vorrede zum ersten Band seiner lateinischen Werke (1545), hat Luther seine reformatorische Entdeckung als Entdeckung der wahren Gottesgerechtigkeit verstanden: nicht der strafenden, sondern der schenkenden, der Gottesgerechtigkeit als Gabe.[43] Dies ist zusammenzusehen mit jenen Rückblicken, in denen Luther die reformatorische Entdeckung – die Wende seines Lebens und seiner Theologie – als „Durchbruch" zur Erkenntnis der Unterscheidung von Gesetz und Evangelium bezeugte:[44] als der „zwei Worte" Gottes[45], die angesichts des Letzten Gerichts[46] die Gewissen schärfen und trösten; das tröstende Evangelium macht des Heils gewiß. Gewißheit des Heils setzt Eindeutigkeit voraus. Gewißmachende Eindeutigkeit aber stellt sich nur dann ein, wenn das Evangelium, wie eine dritte Reihe von rückblickenden Selbstzeugnissen[47] pointiert, sich als schlechthin „schenkende" promissio vom „fordernden" und der Sünde überführenden Gesetz klar und scharf unterscheidet. Diese dritte Reihe wird von der Lutherforschung meist nicht beachtet. Alle drei zusammen aber – in ihrer Kombination und gegenseitigen Auslegung – sind notwendig, um zum Kriterium dessen beizutragen, was als „reformatorisch" gelten kann.

Das Evangelium als das „andere"[48] – zweite –, das letzte – endgültige – Wort Gottes ist radikal unkonditionierter Zuspruch der Sündenvergebung, für den reformatorischen Luther keine Verheißung als Ankündigung, die erst in der Zukunft erfüllt, eingelöst wird, sondern primär *rechtskräftige Zusage mit sofortiger Wirkung* im Glauben oder aber im Unglauben. Die promissio ist ein Wort des Trostes, das

---

[43] Vgl. WA 54, 185,12–186,20 (Praefatio zum ersten Band von Luthers Opera latina, 1545). Die Gottesgerechtigkeit fordert und droht nicht, sondern *schenkt*, geschieht „dono Dei" (186,5).
[44] WA TR 5, 210,6–16 (Nr. 5518); 1542.
[45] WA 36, 41,30–32 (Neujahrspredigt 1532 über Gal 3,23–29).
[46] Reinhard Schwarz, Martin Luther – Lehrer der christlichen Religion, Tübingen (2015) ²2016 marginalisiert die Bedeutung des Letzten Gerichts als Horizont von Luthers Rechtfertigungslehre, während Ole Modalsli sie herausstellt (Luther über die letzten Dinge. In: Leben und Werk Martin Luthers [s.o. Anm. 7], Bd. I, 331–345; Bd. II, 834–839).
[47] Vgl. vor allem: WA 44, 711,7–720,36; zu Gen 48,21; 1545, hier 716,19–27; 719,18–23 („… quod in toto Papatu omnibus theologis obscura et ignota erat"); WA 40/I, 589,25–28 (zu Gal 4,6; 1531: „… Hoc Papa nescit"); WA 40/II, 408,31–418,20; zu Ps 51,10; 1532, hier 411,9f („Papa obscurat absolutionem, verba in sacramento"), 413,15 („quasi promissio non valeat per se"). Eine umsichtige und eingehende Erforschung dieser dritten Reihe von Selbstzeugnissen steht noch aus.
[48] WA 7, 24,9f (Von der Freiheit eines Christenmenschen, 1520).

der unkonditionierten Vergebung der Sünde und damit[49] des ewigen neuen Lebens vergewissert.

Zumeist haben wir keinen Zugang zu diesem strikt präsentischen Verständnis der promissio, weil die Tradition der Föderaltheologie spätestens seit Johannes Cocceius (1603–1669) diesen Zugang blockiert hat. Für den reformatorischen Luther jedoch ist die promissio keine Ankündigung dessen, was erst in der Zukunft Wirklichkeit wird, sondern ein *verbindliches Versprechen, das seine unmittelbare Wirkung im Glauben oder aber im Unglauben hat. Die promissio tut, was sie sagt; insofern ist das Zeichen schon die Sache.*

Luther gewann dieses effektive Verständnis der promissio aus dem Absolutionswort („Ego te absolvo in nomine..."), das er zunächst noch nicht als konstitutiv, sondern als konstatierend verstanden hatte: als bloße Deklaration dessen, was sich zuvor schon, im Gewissen, ereignet hat. Das Wort der Absolution, verstanden als ein effektives, den Sachverhalt erst konstituierendes Wort, das tut, was es sagt, wird Luther zum Modell seines Tauf-, Herrenmahls- und Predigtverständnisses. Es zeichnet sich durch vier Merkmale aus: (1) als Anrede eines Ich an ein Du (2.) im Präsens bzw. präsentischen Perfekt (3.) des Vollzugsverbs „zusagen", „versprechen" oder eines Äquivalentes („geben", „darreichen", „darbieten") samt (4.) der expliziten oder impliziten Autorisierung des sprechenden Ich („in nomine...").

Luther entdeckte die Struktur des absolvierenden Wortes auch in der Taufe („Ich taufe dich...") und in den Gabeworten des Herrenmahls („Dies ist mein Leib; dies ist mein Blut"): Brot und Wein samt den Konsumenten umfassend und durchdringend, repräsentieren diese Gabeworte den auferweckten Gekreuzigten nicht etwa als Abwesenden, sondern präsentieren ihn als Anwesenden. Luther hat, wie schon gesagt, diese Gabeworte im Ohr, vor Augen und im Herzen, wenn er alles Handeln des dreieinen Gottes als gebendes Zusagen und zusagendes Geben wahrnimmt. „Promissio", weder Aussage noch Ausdruck des Glaubens, sondern dessen Ermöglichung als Ermächtigung, ist die konkrete Gestalt von Gottes Heilsgegenwart.

Wenn dieses Promissioverständnis als das Reformatorische der Reformation maßgebend ist, dann hat dies Konsequenzen für das Verständnis und die Praxis des lutherischen Gottesdienstes. Dann gilt es, in der Feier des Herrenmahls die dem Glauben zuvorkommende Zusage vom nachfolgenden, antwortenden

---

[49] BSELK 890,1 f (BSLK 520,29 f): „wo Vergebung der Sünde ist, da ist auch Leben und Seligkeit" (Luthers Erklärung zum Herrenmahl im Kleinen Katechismus).

Dankgebet zu unterscheiden.[50] Dann läßt sich das Herrenmahl als ganzes nicht zur „Eucharistie" machen; auf diese Weise würde das Katabatische im Anabatischen untergehen. Die große Untersuchung von Roland Ziegler geht der Deutung des Eucharistiegebets in der Theologie und Liturgie der lutherischen Kirchen zwischen Promissio und Eucharistie seit der Reformation nach[51] und hilft dazu, das genuin lutherische Verständnis in Theorie und Praxis wieder zu gewinnen. Die Eucharistie ist nicht das Herrenmahl – auch wenn sie ein sehr wichtiger, konstitutiver Teil von ihm ist. Die „Torgauer Formel", von Luther in seiner Predigt bei der Einweihung der ersten evangelischen Kirche 1544 in Torgau geprägt, sagt dies klar und prägnant: Im Gottesdienst soll nicht anderes geschehen als „daß unser lieber Herr mit uns rede durch sein heiliges Wort und wir wiederum mit ihm reden durch Gebet und Lobgesang"[52].

Luther ist uns voraus in der klaren Erkenntnis der Struktur und Bedeutung der Promissio. Wollen wir diese Erkenntnis wiedergewinnen, müssen sich Theorie und Praxis des Herrenmahls signifikant ändern[53] – wie auch die Theorie und Praxis der Predigt, die, entsprechend dem Promissiobegriff, Gottes *wirksames* Handeln ist und nicht, wie nach Schleiermacher, *darstellendes* Handeln der vom frommen Selbstbewußtsein Bewegten.

Neben dieser systematischen und praktisch-theologischen Aufgabe der Wiedergewinnung von Luthers genuinem Promissioverständnis wäre es wünschenswert und lohnend, monographisch zu erkunden, welche Rolle der Pro-

---

50 Luther insistiert nachdrücklich auf der Unterscheidung von „sacramentum" und „sacrificium", von Promissio und Eucharistie, von Wort und Antwort (WA 6, 522,30 – 34 u. ö.; de captivitate babylonica ecclesiae, 1520), von Katabatischem und Anabatischem (WA 6, 526,13 – 17).
51 Roland Ziegler, Das Eucharistiegebet in Theologie und Liturgie der lutherischen Kirchen seit der Reformation. Die Deutung des Herrenmahles zwischen Promissio und Eucharistie, Göttingen 2013.
52 WA 49, 588,16 – 18 (Predigt am 5. Oktober 1544). Schon WA 6, 516,30 – 32 (de captivitate, 1520): „Neque enim deus [...] aliter cum hominibus unquam egit aut agit quam verbo promissionis. Rursus, nec nos cum deo unquam agere aliter possumus quam fide in verbum promissionis." Vgl. weiter: „cum Deus promittit, ibi ipse Deus nobiscum agit, nobis aliquid dat et offert. Cum autem per legem iubet, requirit aliquid a nobis, et vult, ut nos aliquid faciamus. – Re-tinenda igitur distinctio haec est, quod fides, quae agit cum Deo promittente, et eius promissionem accipit, haec sola iustificat" (WA 42, 566,10 – 14; zu Gen 15,5, 1545).
53 Dorothea Wendebourg kämpft seit ihrer Tübinger Antrittsvorlesung („Den falschen Weg Roms zu Ende gegangen? Zur gegenwärtigen Diskussion über Martin Luthers Gottesdienstreform und ihr Verhältnis zu den Traditionen der Alten Kirche". In: ZThK 97, 1997, 437–467) gegen die Eucharistierung des Herrenmahls und für die Wahrnehmung der Unterscheidung Luthers (s. o. Anm. 50).

missiobegriff in den Schriften Luthers nach 1520 spielt;[54] fündig dürfte man außer in Luthers Bibelübersetzung[55] besonders im Großen Galaterkommentar (1535) und in der Großen Genesisvorlesung (1535–1545) werden, nicht zuletzt aber in Luthers Psalmenauslegung. Vor allem in ihr zeigt sich, daß Luthers Promissiobegriff nicht einfach ein biblischer ist, sondern eine unverwechselbar eigene Intensivierung und Zuspitzung der unspezifizierten Korrelation von Wort und Glaube, Hören und Glauben bietet, die als solche gewiß biblisch ist.

Herrliches Beispiel dieser eigentümlichen Intensivierung ist Luthers „Übersetzung" von Ps 33,4b: „Denn des HERRN Wort ist wahrhaftig; und was er zusagt, das hält er gewiß." Während der hebräische Nominalsatz von Gottes „Werk" redet, das „in Treue" geschieht, bezeugt Luther mit seiner kühnen – durch den Wortlaut des Textes keineswegs abgesicherten – Übertragung, daß Gottes Schöpferwerk gewiß ein Werk ist, aber eben kein nacktes und stummes Werk; es ist ein sprechendes Werk, ein Werk, das anspricht. So ist Schöpfung wirksames Wort einer Anrede – ein Werk, das zuverlässig spricht, Treue und Glauben zusagt: ein Versprechen.

Summa: Auch der Promissiobegriff ist noch nicht zureichend wissenschaftlich erforscht – geschweige denn in der Frömmigkeit des kirchlichen Lebens, in der Feier des Herrenmahls und der Predigt, rezipiert. Luther ist uns auch hier voraus. Es ist zu wünschen, daß ein ähnlich eingehender Diskurs wie seit geraumer Zeit über die „Gabe" nun auch über die „promissio" geführt würde.[56]

II.4 Die Unterscheidung von Gesetz und Evangelium

Im unmittelbaren Zusammenhang des Promissiobegriffs wiederzugewinnen ist das selbst in lutherischen Gemeinden weithin verlorene Verständnis der schon angesprochenen Unterscheidung von Gesetz und Evangelium.

---

54 In vorbildlicher Weise hat Scott Hendrix die ekklesiologische Bedeutung des reformatorischen Promissiobegriffs dargestellt: The Kingdom of Promise. Disappointment and Hope in Luther's Later Ecclesiology. In: LuJ 71, 2004, 37–60. Eine – systematische – streng begrifflich artikulierte Gesamtdarstellung vor allem der späten Theologie Luthers – hauptsächlich aufgrund der Genesisvorlesung (1535–1545) – und ihres Promissiobegriffs unter dem Leitbegriff der „Zukunftsanzeige (also: Verheißung)" bietet: Eilert Herms, „Der Glaube ist ein schäftig, tätig Ding". Luthers Bild vom ethischen Charakter des Mensch- und Christseins. In: NZSTh 59, 2017, 80–109.
55 Exemplarisch: Ps 27,8; Ps 33,4b; Jes 38,15.
56 Vgl. jedoch: Christoph Schwöbel, Versprechen und Vertrauen. In: Menschliches – Allzumenschliches. Phänomene des Menschseins in den Horizonten theologischer Lebensdeutung, hg.v. Michael Beintker/Hans-Peter Großhans, Leipzig 2020, 70–94.

Das Evangelium als promissio, vom Gesetz unterschieden, ist keine Anweisung zum rechten Leben, sondern *kategorische Gabe*. Es fordert nicht und sagt: Du mußt!, sondern erlaubt, gewährt, schenkt und sagt: Du darfst! Dieser Zuspruch ist ohne jeden Anspruch: anspruchsloser Zuspruch. In dieser entlastenden und befreienden Zusage liegt der seelsorgliche Grundzug der Theologie Luthers. Was die Forschung betrifft, so hat sich der Unterscheidung von Gesetz und Evangelium eine fast unübersehbare Literatur gewidmet.[57] An diesem Punkt sind neue Forschungen nicht so nötig wie eine Revision und Neuorientierung auf dem Feld der Predigtpraxis.[58]

Eine neue große Aufgabe ist nun aber durch die weltweit wirksame „New Perspective on Paul" auf die Lutherforschung und Lutherrezeption zugekommen. Die Provokation ist scharf; zwei Stimmen repräsentativer Vertreter der „New Perspective..." machen deutlich, was auf dem Spiel steht: „Paul was no Luther before Luther"[59]; „wir interpretieren Paulus falsch, wenn wir ihn mit Luthers Augen sehen."[60] Es muß nun neu nach dem Charakter des paulinischen Erbes bei Luther[61] gefragt werden – wobei von der Lutherpolemik der „New Perspective..." durchaus auch zu lernen ist[62]. Die Lutherakademie Sondershausen-Ratzeburg hat sich des Themas angenommen und unter dem Titel „Paulus und Luther. Ein Widerspruch?" die Ergebnisse eines Forschungsseminars dokumentiert.[63] Es geht in dieser Kontroverse um den entscheidenden Punkt des Luthertums: Ist Luther treuer Paulusausleger oder verfehlt er Paulus? Oder ist jenseits dieser Alternative mit einer dritten Möglichkeit – mit einer eigenen „lutherpaulinischen" Rezeption

---

[57] Hervorzuheben ist: Christian Schulken, Lex efficax. Studien zur Sprachwerdung des Gesetzes bei Luther im Anschluß an die Disputationen gegen die Antinomer, Tübingen 2005.

[58] Dazu nach wie vor hilfreich: Manfred Josuttis, Gesetzlichkeit in der Predigt der Gegenwart, München 1966.

[59] Heikki Räisänen, Paul and the Law, Tübingen (1983), ²1987, 231.

[60] Ed Parish Sanders, Paulus. Eine Einführung (1991) Stuttgart 1995, 65.

[61] Vgl. meine – die herkömmliche Sicht bietende – Skizze: s. o. Kap. 31: „Das paulinische Erbe bei Luther".

[62] Gegen eine individualistische anthropologische Verengung ist die ekklesiologische Dimension stärker zu beachten sowie in der Christologie und Soteriologie der Partizipationsgedanke („Mystik" bei Paulus!) herauszuarbeiten – wodurch sich auch eine Brücke zur finnischen Lutherforschung ergibt. Wirklich hilfreich und weiterführend für die anstehende Aufgabe nicht nur der Lutherforschung und Lutherrezeption, sondern der gesamttheologischen Verantwortung: Gerd Theißen und Petra von Gemünden, Der Römerbrief. Rechenschaft eines Reformators, Göttingen 2016.

[63] Paulus und Luther. Ein Widerspruch?, hg. v. Hans-Christian Kammler und Rainer Rausch, Hannover 2013.

– zu rechnen?⁶⁴ An diesem Punkt – wie an jedem anderen – haben wir ernsthaft zu prüfen, ob Luther mit dem Selbstverständnis des biblischen Textes übereinstimmt oder nicht. Luther steht unter, nicht über der Schrift. Wir haben zur Geltung zu bringen, daß er selbst nichts anderes sein wollte als ihr Hörer und Schüler in derselben Schule unter demselben Lehrer und Meister.

Es liegt auf der Hand, daß die Beantwortung dieser Fragen schwerwiegende Folgen für den Vollzug des Christseins hat. Sie betrifft den Grund und die Mitte der Kirche, die Rechtfertigung des Gottlosen durch Gottes Liebe. Zum größten Teil unabhängig von der „New Perspective on Paul" ist weltweit eine Verkündigung stark geworden, die Gottes Liebe verharmlost, weil sie sein Gericht verschweigt. Es ist eine Riesenschuld der Predigt der Kirche, vom Frieden mit Gott zu reden, ohne deutlich zu machen, daß Feindschaft und Kampf vorausgehen (Röm 5,10). Die Liebe Gottes ist keine Selbstverständlichkeit. Denn in seiner Liebe spricht Gott gegen sich selbst, gegen den, der durch das Gesetz mich verurteilt. Es kommt zu einem Gegeneinander von Gesetz und Evangelium, das Luther in seinem Großen Galaterkommentar in der Auslegung von Gal 3,13 („Christus hat uns vom Fluch des Gesetzes freigekauft, indem er für uns zum Fluch geworden ist; denn es steht in der Schrift. ‚Verflucht ist jeder, der am Pfahl hängt' [Dtn 21,22f]) bildkräftig als Zweikampf inszeniert.⁶⁵ Orientiert sich lutherische Theologie und Kirche an Gal 3,13?

III Schattenseiten: Intoleranz und Inkonsequenz

Ich hatte mir vorgenommen, keine Lobrede auf Luther und seine Leistungen zu halten, auch keine Gerichtsrede mit dem Ziel einer Verdammung von Luthers gesamter Theologie – mit der Argumentation: Wer so wie Luther „Wider die Juden und ihre Lügen"⁶⁶ schreibt, ist auch in allem Übrigen unglaubwürdig. In der Tat sind namentlich die späten Judenschriften⁶⁷ unerträglich. Hier läßt sich wenig

---

64 Die Besonderheit der Paulusrezeption Luthers wäre als Zuspitzung und Intensivierung zu fassen – vergleichbar dem Promissiobegriff Luthers in seiner Unterscheidung vom biblischen.
65 WA 40/I, 432–452; 1535.
66 Von den Juden und ihren Lügen (WA 53, 417–552; 1543).
67 Außer der o. Anm. 65 genannten Schrift vgl. vor allem: Vom Schem Hamphoras und vom Geschlecht Christi (WA 53, 579–648; 1543). Zum Unterschied zwischen den späten und den frühen Judenschriften (Daß Jesus Christus ein geborener Jude sei, WA 11, 314–336; 1523): Peter von der Osten-Sacken, Martin Luther und die Juden. Neu untersucht anhand von Anton Margarithas „Der gantz Jüdisch glaub" (1530/31), Stuttgart 2002; Thomas Kaufmann, Luthers Juden, Stuttgart 2014; Michael Beyer, Martin Luther und die Juden. In: Negative Implikationen der Reformation? Gesellschaftliche Transformationsprozesse 1470–1620, hg.v. Werner Greiling, Armin Kohnle, Uwe

erklären, kaum etwas verstehen und nichts entschuldigen. Auf Luthers Ratschläge, wie mit den Juden zu verfahren sei – Wegnahme ihrer Bücher, Verbrennung ihrer Synagogen, Ausweisung usw.[68] – hat das Deutschland Hitlers sich berufen; die Wirkungsgeschichte von Luthers Judenschriften ist schlechthin erschütternd und beschämend.[69] Luther hat sich nicht an seinen eigenen Grundsatz gehalten, daß, weil der Glaube Werk des Heiligen Geistes ist, kein Mensch seinen Mitmenschen zum Glauben zwingen kann.[70]

Auch in der Frage, wie mit den sogenannten „Wiedertäufern" umzugehen sei, war Luther in reichsrechtlichen Vorstellungen befangen, wonach die Obrigkeit auch für die erste Tafel des Dekalogs zu sorgen hat.[71] Auf diesem Felde ist uns Luther nicht voraus; auf diesem Felde tut kritische Besinnung not, eine „Heilung der Erinnerungen", wie sie von einer Internationalen lutherisch-mennonitischen Studienkommission in Angriff genommen[72] und 2011 bei der Tagung des Lutherischen Weltbundes in Stuttgart besiegelt wurde.

Um eine Heilung der Erinnerungen geht es auch im Gespräch der Lutheraner mit römisch-katholischen Theologen, das der Bericht der lutherisch/ römisch-katholischen Kommission für die Einheit dokumentiert[73] und seine Entsprechung in einem ökumenischen Gottesdienst zum gemeinsamen Reformationsgedenken 2017 finden soll.[74]

In einem solchen Gottesdienst wird neben dem Eingeständnis der Schattenseiten von Luthers Lebenswerk und der seiner Erben Raum für großen und tiefen Dank sein.[75] Wofür? Davon handelte fast der ganze bisherige Vortrag. Ich habe im

---

Schirmer, Köln/Weimar/Wien, 2015, 109–133; Martin Luthers „Judenschriften". Die Rezeption im 19. und 20. Jahrhundert, hg.v. Harry Oelke u. a., Göttingen 2016.
68 Vgl. WA 53, 536,23–537,17.
69 Erschütternd: Thomas Kaufmann, Antisemitische Lutherflorilegien. Hinweise und Materialien zu einer fatalen Rezeptionsgeschichte. In: ZThK 112, 2015, 192–228.
70 Vgl. WA 11, 264,16–20 (Von weltlicher Obrigkeit, wie weit man ihr Gehorsam schuldig sei, 1523). Eindrücklich schon in der zweiten Invokavitpredigt 1522: WA 10/III, 15,18–31; 17,23 f; 18,28–30. Vgl. o. Kap. 33 „Notwendige Umformung?" III,34.
71 Vgl. WA 50, 9–15, bes. 11,30–12,7 (Daß weltliche Oberkeit den Wiedertäufern mit leiblicher Strafe zu wehren schuldig sei, Etlicher Bedenken zu Wittenberg, 1536).
72 Vgl. Heilung der Erinnerungen – Versöhnung in Christus. Bericht der Internationalen lutherisch-mennonitischen Studienkommission, hg.v. Lutherischen Weltbund, Genf 2010.
73 Vom Konflikt zur Gemeinschaft. Gemeinsames lutherisch-katholisches Reformationsgedenken im Jahr 2017. Bericht der lutherisch-römischen Kommission für die Einheit, Leipzig 2013.
74 Vgl. Vom Konflikt zur Gemeinschaft. Ökumenischer Gottesdienst zum gemeinsamen Reformationsgedenken 2017, im Auftrag der liturgischen Arbeitsgruppe der lutherisch-römischen Kommission für die Einheit, hg.v. Theodor Dieter und Wolfgang Thönissen, Leipzig 2016.
75 In der lutherischen Tradition artikuliert sich solcher Dank nicht zuletzt in den Erörterungen der Dogmatiker De Vocatione Beati Lutheri von Johann Gerhard an: Loci Theologici, cum pro

Blick auf die Lutherforschung und Lutherrezeption an exemplarischen Punkten vor allem herauszustellen versucht, wo unser Mitschüler uns voraus ist, wo wir von ihm lernen, wo wir Verlorenes wiedergewinnen können und wo in diesem Zusammenhang notwendige und sinnvolle Aufgaben wahrzunehmen sind. Ich schließe, indem ich das eine unerschöpfliche Thema, das die Mitte von Luthers Theologie ist: die Rechtfertigung des Gottlosen kurz meditiere.[76]

IV Neuschöpfung; Bekehrung zur Welt

Die Rechtfertigung des Gottlosen ohne des Gesetzes Werke allein aus Glauben – aus dem Vertrauen auf Gottes Selbstzusage, seiner promissio –- war Luthers entscheidende Entdeckung bei seiner Suche nach einem gnädigen Gott. Doch scheint diese Besonderheit reformatorischer Theologie dem modernen Menschen nicht mehr verständlich zu sein. Luthers Frage: „Wie kriege ich einen gnädigen Gott?" scheint niemanden mehr oder nur noch wenige zu berühren. Der moderne Mensch fragt vermeintlich radikaler: „Existiert Gott?" und glaubt auf der Suche nach Freiheit die Antwort in seinem Selbst zu finden. Er übersieht, daß er gerade dabei immer tiefer in den Zwang zur Selbstrechtfertigung gerät. Er übersieht, daß er in seinem Drang zur Selbstfindung und Selbstbegründung scheitert, in einen Abgrund stürzt, weil er sich nicht selbst ergründen kann. Die Verzweiflung bei solcher Höllenfahrt der Selbsterkenntnis gleicht der Selbsterfahrung Luthers vor seinem reformatorischen Durchbruch.

Dieser Durchbruch ist die Rechtfertigung durch das Wort vom Kreuz, das – im Sinne von Gal 3,13 – die Befreiung bringt. Hineingenommen in den wundersamen Wechsel und Tausch, in dem Gott durch Jesus Christus an meine Stelle tritt, bin ich frei, wegzusehen von mir, um mich Gott und der ganzen Kreatur zuzuwenden. Die durch die Rechtfertigung des Gottlosen im Glauben geschehende Neuschöpfung stiftet einen neuen Zugang zur Welt: die Bekehrung zur Welt.

---

adstruenda veritate tum pro destruenda quorum vis contradicentium falsitate per theses nervose solide et copiose explicati, Jena 1610 – 1622, Locus XXIV. Caput III. Sectio VIII. §§ CXVIII-CXXVI. Weitere Nachweise (Calov, Quenstedt, Hollaz) bietet Amy Marga In: Karl Barth, The Word of God and Theology, übersetzt und mit Anmerkungen versehen von Amy Marga, Edinburgh 2011, 214, Anm. 43.

76 Das Folgende ist die knappe Zusammenfassung des o. in Kap. 30: „Angeklagt und anerkannt", III bereits Ausgeführten.

„Glaube ist eine lebendige, wagemutige Zuversicht auf Gottes Gnade, so gewiß, daß er tausendmal drüber stürbe. Und solche Zuversicht und Erkenntnis göttlicher Gnade macht fröhlich, trotzig und lustig gegen Gott und alle Kreaturen".[77]

---

[77] WA DB 7, 11,16–19 (Vorrede zum Römerbrief, 1522/1546).

38 Fragen Luthers an uns

„Luther" ist bekanntlich ein weltgeschichtliches – kulturelles, gesellschaftliches und politisches – Ereignis und will auch als solches verstanden und gewürdigt werden. Doch hat es, was selbst allgemeine Geschichtsschreibung nicht verkennen kann und will, primär religiöse Wurzeln und Intentionen. Diese werden aber von den christlichen Kirchen, vor allem von den sich lutherisch nennenden, mit einem ganz bestimmten Interesse wahrgenommen. Denn für sie ist das Ereignis „Luther" mehr als ein rein historisches Ereignis, die Epoche der „Reformation" mehr als eine Epoche wie jede andere. Der Umgang mit diesem Ereignis und dieser Epoche verbindet sich vielmehr mit der Anerkennung und Erwartung einer normativen Funktion für die Gegenwart und Zukunft. Deshalb ist es nicht nur sinnvoll, sondern notwendig, von „Reformation" als allgemein historiographischer Bezeichnung eines weltgeschichtlichen Phänomens einschließlich seiner gegenwärtigen Wirkungen das „Reformatorische" zu unterscheiden, mit dem jene normative Funktion gemeint ist. Die Erfüllung solcher Funktion durch das „Reformatorische" wird von denen erwartet, die Bekenntnisschriften vorlegen, verteidigen, auf sie verpflichten und sich auf sie verpflichten lassen – wie bei der Ordination zum Pfarramt.

Zwar ist der Frage nach Luthers Aktualität im weltgeschichtlichen Horizont gerade aus theologischen Gründen größte Aufmerksamkeit zu widmen. Doch kann dies in theologischer Verantwortung nur geschehen, wenn zuvor Klarheit über das „Reformatorische" gewonnen ist. Diesem ersten Schritt dienen die folgenden Fragen, die mir Luther gestellt hat und die ich ohne ihn in dieser Radikalität und Schärfe wohl kaum gehört hätte. Die Theologie Luthers und der Bekenntnisschriften, zu der ja maßgebende Lutherschriften gehören, stellen diese Fragen jeder und jedem evangelisch Getauften, in besonderer Verantwortung aber denjenigen, die professionell dem göttlichen Wort und damit dem Menschen dienen. Luthers Aktualität und Brisanz erweisen sich in der Antwort, die wir auf diese Fragen geben – Fragen, die eine norma normata einschließen, die freilich immer durch die norma normans, die Bibel als Heilige Schrift, zu prüfen ist (BSELK 1218,11– 21[BSLK 769,19 – 35]). Sie dürften zeigen, daß wir Luthers Einsichten noch keineswegs eingeholt, geschweige denn überholt haben, ja, daß wir sie weitgehend verloren haben und in den gegenwärtigen Kontexten neu gewinnen müssen.

1. Läßt Du dich in den Dienst nehmen, im Namen – mithin in der Stellvertretung – des Vaters, des Sohnes, des Heiligen Geistes angesichts des Letzten Gerichts die Gewissen zu schärfen und zu trösten, also Gesetz und Evangelium zu predigen?

Des Näheren:

2. Ist Gal 3,13 der Dreh- und Angelpunkt Deiner theologischen Orientierung?

3. Arbeitest Du dementsprechend am Begriff der Gewissensfreiheit, die theologisch grundlegend Christusfreiheit ist (Freiheit vom Gesetz, Freiheit in Christus, Freiheit zur Erfüllung des Gesetzes), strikt unterschieden von politischer Gewissensfreiheit, die in den Bereich der iustitia civilis gehört und dort (!) nicht hoch genug geschätzt werden kann?

4. Bist Du gegenüber dem Wort vom Kreuz abgebrüht oder spürst Du, daß es „bisher noch niemals und nirgendwo ... etwas gleich Furchtbares, Fragendes und Fragwürdiges gegeben hat... wie ‚Gott am Kreuz'" (Nietzsche, Jenseits von Gut und Böse, Werke hg.v. Karl Schlechta, Bd.II, München 1966, 610), so daß seine Ablehnung als Eselei und Skandal (1Kor 1,23) menschlich verständlich, aber eben „satanisch" (Mk 8,33),

5. seine Annahme jedoch als Gotteskraft das Wunder des Heiligen Geistes ist?

6. Läßt Du dich in der Christologie konsequent durch die Lehre von der Idiomenkommunikation leiten, wonach der ohnmächtige Mensch in der Krippe und am Kreuz kein anderer ist als der allmächtige Gott, der HERR der Herrlichkeit (1Kor 2,8)?

7. Wagst Du es, den von dir im Namen Gottes gegebenen Zuspruch der Freiheit als Gottes eigenes Wort zu respektieren und zu lehren, „daß man die Absolution oder Vergebung von dem, der die Beichte hört, als von Gott selbst empfange und ja nicht daran zweifle, sondern fest glaube, die Sünden seien dadurch vergeben vor Gott im Himmel" (BSELK 884,25–27 [BSLK 517,13–17])?

8. Bleibst Du dabei, in der Feier des Abendmahls Gottes dem Glauben zuvorkommende Zusage vom nachfolgenden, antwortenden Dankgebet zu unterscheiden (WA 6, 522,30–34 u.ö.), mithin das Abendmahl nicht als ganzes zu einer Eucharistie zu machen und auf diese Weise das Katabatische im Anabatischen untergehen zu lassen?

9. Ist dir durch und durch bewußt, daß die Predigt des Evangeliums die gleiche Sprachhandlung ist bzw. sein soll wie Taufe, Absolution und Abendmahl, also nicht informieren, fordern oder darstellen soll, mithin nicht Aussage, Appell

oder emotionaler Ausdruck sein kann, sondern zusagen und geben, geben und nochmals geben soll, Zusage und Gabe ist,

10. daß nur dann, wenn das Wort als Zusage und Gabe wahrgenommen wird, der Glaube wahrhaft Glaube sein kann?

11. Gilt als Kriterium für die Gestaltung des Gottesdienstes die „Torgauer Formel", wonach in ihm nichts anderes geschehen soll, als „daß unser lieber Herr selbst mit uns rede durch sein heiliges Wort und wir wiederum mit ihm reden durch Gebet und Lobgesang" (WA 49, 588,16–18)?

12. Gilt also als Kriterium die Korrespondenz von Wort und Glaube, weil „Gott mit den Menschen nie anders zu tun gehabt und zu tun hat als im Wort der Zusage und wir unsererseits mit Gott nie anders zu tun haben als im Glauben an das Wort seiner Zusage" (WA 6, 516,30–32)?

13. Tröstet dich der – keineswegs zynische, wohl aber demütige – Antidonatismus, daß die Geltung und Wirksamkeit des Wortes Gottes „weder von der Würdigkeit dessen abhängt, der es zu-dient, noch dessen, der es empfängt und aufnimmt" („nec pendere ex dignitate ministri aut sumentis": BSLK 65,37 f)?

14. Bringst Du realistisch, ausdrücklich und eingehend zur Sprache, was der Erfahrung der Zusage Gottes widerspricht, so daß im Gottesdienst und in anderen Formen der Seelsorge der Klage – den Klage- und Rachepsalmen sowie dem Buch Hiob – Raum gegeben wird?

15. Bist Du so ehrlich und redlich, die Anfechtung, wenn sie kommt, nicht zu verkennen und zu verdrängen, sondern sie einzugestehen und auszuhalten – gegen den in die Versuchung führenden Gott (Gen 22,1) zu Gott fliehend (ad deum [revelatum] contra deum [absconditum] confugens: WA 5, 204,26 f)?

16. Ist Deine theologische Existenz durch oratio, meditatio und tentatio bestimmt, also dadurch, daß Du, von der Anfechtung getrieben, betend in die Heilige Schrift hineingehst und von ihr ausgelegt wirst, um sie andern Angefochtenen auszulegen, so daß auch sie betend in die Heilige Schrift hineingehen und von ihr ausgelegt werden?

17. Gehört insbesondere das Psalmengebet zu Deinem Alltag?

18. Ist Deine theologische Existenz (s. Frage 14) konstitutiv seelsorglich und also durch das gegenseitige Gespräch und die gegenseitige Stärkung des Lebensmutes (mutuum colloquium et consolatio fratrum [et sororum]: BSELK 766,4 [BSLK 449,12f]) im Horizont des Letzten Gerichts (s. Frage 1) geprägt?

19. Ist dir, weil der Glaube aus dem Hören kommt, die Freude an der Sprache und die Sorge um sie zur zweiten Natur geworden, so daß dir die Fragen der Bildung und Kultur lebensnotwendig sind?

20. Bist Du davon durchdrungen, daß die Katholizität der Kirche wesentlich in der Fürbitte „für alle Menschen" (1Tim 2,1) besteht und es, wenn Du mit dem Herzen und dem Mund vor Gott bei den anderen bist, nicht ausbleiben kann, daß Du mit den Händen und Füßen vor der Welt bei den anderen, fremden bist – so, daß der Liturgie der Kirche ihre Diakonie entspricht?

Entstehungs- und Veröffentlichungsnachweise

Teil I: Aufmerken und Nachdenken

1. *Glück im Wort*. Unter dem Titel „Was den Glauben am Leben erhält oder: Worauf es ankommt" am 18. September 2015 in Täbingen vorgetragen. Englisch: „What Matters" In: „Lutheran Forum 53, Heft 3, 2019, 43–46, Deutsch bislang unveröffentlicht.

2. *Vertrauen*. Unter dem Titel „Vertrauen bei Luther" am 20. Februar 2014 in der Melanchthon-Akademie Köln vorgetragen. In: KuD 60, 2014, 355–365.

3. *Glaube und Vernunft*. Vortrag unter dem Titel „Glaube und Vernunft. Protestantische Perspektive" im Rahmen der Loccumer Tagung (29. bis 31. Oktober 2007) über „Die Vernunft der Religion: protestantische Aspekte einer aktuellen Kontroverse". In: Loccumer Protokolle 62/07, hg. v. Martin Laube und Georg Pfleiderer, Loccum 2008, 109–134.

4. *Adam, wo bist du?* Predigt im Universitätsgottesdienst am 11. Juli 2010 in der Stiftskirche Tübingen. In: Anthropologien der Endlichkeit. Stationen einer literarischen Denkfigur seit der Aufklärung. Für Hans Graubner zum 75. Geburtstag, hg. v. Friederike Felicitas Günther und Torsten Hoffmann, Göttingen 2011, 403–410.

5. *Die Seele als Antwort*. In dankbarem Gedenken an Christof Gestrich (26. Februar 1940–3. Dezember 2018). Beitrag zu dem religionswissenschaftlichen Symposion „Was ist Seele?" vom 23. bis 26. September 2016 im EKO-Haus der Japanischen Kultur in Düsseldorf. In: Hōrin. Vergleichende Studien zur Japanischen Kultur 21/2020, hg. v. Hisao Matsumaru und Hermann-Josef Röllicke, München 2021, 56–67. Englisch: „The Soul as Answer", LQ 33, 2019, 399–412.

Teil II: Wahrnehmungen des Wortes

6. *Die Schöpfung hören. Jochen Kleppers Morgenlied*. In: Weltseitigkeit. FS für Jörg-Ulrich Fechner (Europäische Begegnungen. Beiträge zur Literaturwissenschaft, Sprache und Philosophie. Schriftenreihe des Instituts für russisch-deutsche Literatur- und Kulturbeziehungen an der RGGU Moskau, Bd. 11), hg. v. Dirk Kemper, Paderborn 2014, 551–563.

7. *Wahrnehmen: Hören und Glauben*. Unter dem Titel „Wahrnehmen als Hören und Glauben" am 8. November 2008 im Rahmen des Gesamtthemas „Ist wahr, was wir wahrnehmen? Zum Verhältnis von Ästhetik und Theologie" an der Evangelischen Akademie im Rheinland in Bonn vorgetragen. In: Ist wahr, was wir wahrnehmen? Zum Verhältnis von Ästhetik und Theologie" (Dokumentation der Tagung 42/2008, 7. bis 9. November 2008), hg. v. Frank Vogelsang und Johannes von Lüpke, Bonn 2009, 83–95.

Dieses Kapitel 7 ist der zweite Teil der „Schöpfungslehre als Rechtfertigungsontologie", sollte also in dieser Zuordnung und Ausrichtung gelesen werden. Als ein einziger, in sich zweiteiliger Text (I. Vorgegeben im Wort = Oswald Bayer, Zugesagte Gegenwart, Tübingen 2007, 183–

195; II. Wahrnehmen als Hören und Glauben) erscheint er in „Word – Gift – Being", ed. Bo Kristian Holm and Peter Widmann, Tübingen 2009, 17 – 41.

8. *Das alte Buch in neuer Zeit. Zur Theologie der Predigt.* Vortrag bei dem unter dem Gesamtthema „Zwischen Bibel und Zeitgeist. Gottesdienst im Spannungsfeld" stehenden Studientag der Fachschaft Evangelische Theologie am 3. Dezember 2015 in Tübingen. In: Wort und Weisheit. FS für Johannes von Lüpke zum 65. Geburtstag, hg. v. David Kannemann und Volker Stünkel, Leipzig 2016, 59 – 70.

9. *Wissenschaftliche Methoden in der theologischen Auslegung der Bibel.* Vortrag am 15. Juni 2010 an der Lutherischen Theologischen Hochschule Oberursel. In: Lutherische Theologie und Kirche 35, 2011, 3 – 18.

10. *Askesis. Kämpfender Glaube.* Festvortrag am 16. Juni 2007 beim Theologischen Studientag zur Eröffnung des Instituts für evangelische Aszetik an der Augustana-Hochschule Neuendettelsau. In: Gottesfreundschaft. Christliche Mystik im Zeitgespräch (Gotthard Fuchs zum 70. Geburtstag gewidmet), hg. v. Dietlind Langner u. a., Stuttgart 2008, 55 – 71. Das mir aufgegebene Thema „Aszetik" behandle ich, um das agonale Moment der Wortbedeutung (vgl. 1Kor 9,24 – 27; Eph 6,10 – 20) besonders hervorzuheben, unter dem von Thomas Reinhuber entlehnten Titel „Kämpfender Glaube" (Thomas Reinhuber, Kämpfender Glaube. Studien zu Luthers Bekenntnis am Ende von De servo arbitrio [TBT 104], Berlin / New York 2000).

11. *Lutherischer Pietismus. Oratio, Meditatio, Tentatio bei August Hermann Francke.* In: Religiöse Erfahrung und wissenschaftliche Theologie, FS für Ulrich Köpf zum 70. Geburtstag, hg. v. Albrecht Beutel und Reinhold Rieger, Tübingen 2011, 1 – 12. Englisch: LQ 25, 2011, 383 – 397.

12. *Philologie des Kreuzes. Hamanns „Spiritualität": Bibelfrömmigkeit.* Unter dem Titel „Die Spiritualität Johann Georg Hamanns (1730 – 1788)" erschienen in: Handbuch Evangelische Spiritualität, hg. v. Peter Zimmerling, Bd. 1 (Geschichte), Göttingen 2017, 511 – 528. Die kleine Veränderung in der Titelformulierung zeigt, dass ich dem Modewort „Spiritualität" gegenüber kritisch bin.

13. *„Geschmack an Zeichen". Zweifel und Gewissheit im Briefgespräch Hamanns mit Lavater.* Vorgetragen am 24. September 2010 beim 10. Internationalen Hamann-Kolloquium in Halle/Saale. In: Hamanns Briefwechsel: Acta des Zehnten Internationalen Hamann-Kolloquiums an der Martin-Luther-Universität Halle-Wittenberg 2010, hg. v. Manfred Beetz und Johannes von Lüpke, Göttingen 2010, 217 – 232.

Teil III: Öffentliches Geheimnis

14. *Vor Gott schweigen.* Mit dem Untertitel „Eine systematisch-theologische Besinnung auf das sacrum silentium" vorgetragen am 19. März 2019 im Liturgiewissenschaftlichen Institut der VELKD in Leipzig und am 19. Juni 2019 bei den Mörlin-Tagen in Braunschweig. In: Stille. Liturgie als Unterbrechung, hg. v. Alexander Deeg und Christian Lehnert, Leipzig 2020, 47 – 60. Englisch: LQ 34, 2020, 125 – 137.

15. Gottes Verborgenheit. Vorgetragen am 4. Juli 2013 an der Universität Ulm im „Philosophischen Salon" des Humboldt-Studienzentrums für Philosophie und Geisteswissenschaften. In: KuD 60, 2014, 272–282. Englisch: LQ 28, 2014, 266–279.

16. Öffentliches Geheimnis. Sein Bekenntnis und sein Verständnis. Vortrag zum 25-jährigen Jubiläum des Lutheran Quarterly. In: LQ 26, 2012, 125–141. Umgearbeitet zum Festvortrag zum 60. Geburtstag von Johannes von Lüpke am 13. Mai 2011 an der Kirchlichen Hochschule Wuppertal. In: KuD 58, 2012, 147–158.

17. Amt und Ordination. Vortrag gehalten am 28. Februar 2006 in Leipzig. In: Ordinationsverständnis und Ordinationsliturgien. Ökumenische Einblicke, hg. v. Irene Mildenberger, Leipzig 2007, 9–25.

18. Der verborgene Glanz der Gnade. Dimensionen eines weiten Begriffs. Vortrag am 10. Juni 2009 im Rahmen der Tagung „Geschenkt ist mehr als gratis. Vom ‚Mehrwert' der Gnade Gottes" in der Evangelischen Akademie Loccum; unter demselben Titel herausgegeben von Johannes Goldenstein (Loccumer Protokolle 27/09) Loccum 2010. In: KuD 56, 2010, 69–82.

19. Gottes Zorn und sein Erbarmen. Vortrag beim Studientag der Fachschaft Evangelische Theologie am 27. November 2008 in Tübingen. In: Theologische Beiträge 41, 2010, 223–234.

20. Gott für uns. Die Heilsbedeutung des Todes Jesu. Vortrag beim Lutherischen Tag in Leipzig am 15. Juni 2011. In: Sind wir noch Kirche Jesu Christi? Die Vorträge der Lutherischen Tage 2011 und 2012, hg. v. Karl-Hermann Kandler, Neuendettelsau 2012, 45–63.

21. Gefährte deiner Nacht. Jochen Kleppers Weihnachtslied „Wer warst du, Herr, vor dieser Nacht …", gepredigt am Sonntag nach Epiphanias (25. Januar 2004) im Universitätsgottesdienst in der Tübinger Stiftskirche. Bislang unveröffentlicht.

22. „Der du allein der Ewige heißt…" Eine Erinnerung an Jochen Klepper. Erstmals erschienen (ohne Anmerkungen) in: NZZ 7. Januar 1994. Ursprünglich im Juli 1957 verfaßt.

23. Trost. Vortrag vor der Evangelischen Akademie Baden in Bad Herrenalb am 4. Dezember 2010. Gesamtthema der Tagung (3. und 4. Dezember): „Wo bleibst du, Trost der ganzen Welt? Worauf wir vertrauen können.". In: Niemand ist eine Insel. Menschsein im Schnittpunkt von Anthropologie, Theologie und Ethik. FS für Wilfried Härle zum 70. Geburtstag, hg. v. Christian Polke u. a., 2011, 123–139.

Teil IV: Glaube und Vernunftkritik

24. „das ganze Vermögen zu denken beruht auf Sprache". Eine Einführung in Hamanns Metakritik über den Purismus der Vernunft. Vortrag bei der Tagung der Akademie des Bistums Mainz über „Sprachvernunft und Sprachvergessenheit. Zur Rede von Gott nach Johann Georg Hamann" am 4. Juli 2003 im Erbacher Hof in Mainz. In: Europäische Begegnungen. Beiträge zur Literaturwissenschaft, Sprache und Philosophie, FS für Joseph Kohnen, hg. v. Susanne Craemer u. a. Luxembourg 2006, 569–578; unter dem Titel „Wider die Sprachvergessenheit transzendentaler Vernunftkritik. Eine Einführung in Hamanns Metakritik über den Purismus der Vernunft". In: Herders Metakritik. Analysen und Interpretationen, hg. v. Marion Heinz, Stuttgart 2013, 65–79.

25. *Scheidekunst oder Ehekunst? Glaube und Geschichte bei Kant und Hamann.* In: Heil und Geschichte. Die Geschichtsbezogenheit des Heils und das Problem der Heilsgeschichte in der biblischen Tradition und in der theologischen Deutung, hg. v. Jörg Frey, Stefan Krauter und Hermann Lichtenberger, Tübingen 2009, 611–632.

26. *Mitte – Anfang und Ende. Hamanns Gesamtverständnis von Natur und Geschichte.* Vorgetragen am 20. Februar 2015 auf dem 11. Internationalen Hamann-Kolloquium in Wuppertal. In: Natur und Geschichte, Acta des XI. Internationalen Hamann-Kolloquiums in Wuppertal (18.–21. Februar 2015), hg. v. Eric Achermann, Johann Kreuzer, Johannes von Lüpke, Göttingen 2020, 145–158.

27. *Nicht ohne Skepsis. Metaphysik als metakritische Aufgabe der Theologie.* Vortrag im Germanistischen Seminar der Universität Heidelberg am 11. Juni 2019. In: Gott und Denken. Zeitgenössische und klassische Positionen zu zentralen Fragen ihrer Verhältnisbestimmung (Collegium Metaphysicum 24), FS für Friedrich Hermanni zum 60. Geburtstag, hg. v. Christian König und Burkhard Nonnenmacher, Tübingen 2020, 373–394. Englisch: Not without skepticism. Metaphysics as a metacritical Task of Theology, übersetzt von John Betz (Fließtext) und Nic Hopman (Anmerkungen) in: LQ 35, 2021, 422–443.

Teil V: Gott und Gabe. Theologie in der Schule Luthers

28. *„Welchen Gott hast du?" Luthers Gotteslehre.* „Welchen Gott hast du?". In: Aufbruch zur Reformation. Perspektiven zur Praxis der Kirche 500 Jahre danach, hg. v. Alexander Deeg, Leipzig 2008, 229–240.

29. *Nichts als Geben. Der sich selbst gebende Gott.* Für die unter dem Gesamtthema „A God Who Gives Himself" stehenden Lutheran Study Days, die vom 23. bis 26. August 2018 in Bergen (Norwegen) stattfanden, bestimmter Vortrag, der am 24. August von Gunnar Johnstad in norwegischer Übersetzung vorgetragen wurde. Englisch: „The Self-Giving God". In: LQ 33, 2019, 125–136, Deutsch bislang unveröffentlicht.

30. *Angeklagt und anerkannt. Luthers Rechtfertigungslehre in gegenwärtiger Verantwortung.* Vorgetragen am 9. Oktober 2008 vor der Lutherakademie Sondershausen-Ratzeburg in Ratzeburg. In: Angeklagt und anerkannt. Luthers Rechtfertigungslehre in gegenwärtiger Verantwortung, hg. v. Hans Christian Knuth, Erlangen 2009, 89–107.

31. *Das paulinische Erbe bei Luther.* „L'heritage paulinien chez Luther", verfasst für ein Paulus gewidmetes Themenheft der „Recherches de Science Religieuse", von Robert Kremer übersetzt, erschienen in: „Recherches de Science Religieuse" 94, Paris 2006, 381–394. Deutsch: „Kein Anlaß zur Verwerfung". Studien zur Hermeneutik des ökumenischen Gesprächs, hg. v. Johannes Brosseder und Markus Wriedt (FS für Otto Hermann Pesch), Frankfurt a. M. 2007, 171–183, und in: Paulus und Luther. Ein Widerspruch? Frühjahrstagung der Luther-Akademie 2012, hg. v. Hans-Christian Kammler und Rainer Rausch, Hannover 2013, 61–76.

32. *Verschiedene Blickrichtungen. Gerecht und Sünder zugleich.* Englisch in Göteborg am 10. November 2017 und in Aarhus am 5. März 2018 vorgetragen, (Luther's „Simul Iustus et Peccator", übersetzt von Torbjörn Johansson, in: Refo500 Academic Studies 80, 2021, 31–47). Deutsche Fassung in: KuD 64, 2018, 249–264. Thomas Reinhuber zum 60. Geburtstag.

33. *Notwendige Umformung? Reformatorisches und neuzeitliches Freiheitsverständnis im Gespräch und Konflikt.* Vorgetragen am 5. Oktober 2011 in Sondershausen bei der Herbsttagung der Lutherakademie Sondershausen-Ratzeburg, die unter dem Gesamtthema „Welche Freiheit? Reformation und Neuzeit im Gespräch" stand. In: Welche Freiheit? Reformation und Neuzeit im Gespräch, hg. v. Hans Christian Knut und Rainer Rausch, Hannover 2013, 123–146. Edgar Thaidigsmann zum 70. Geburtstag.

34. *Menschenwürde bei Luther.* Deutsche Fassung des englischen Beitrags für The Cambridge Handbook of Human Dignity. Interdisciplinary Perspectives, Cambridge, ed. by. Marcus Düwell et al. 2014, 101–107: „Martin Luthers conception of human dignity". Deutsch: KuD 59, 2013, 186–192.

35. *Lohngerechtigkeit?* Mt 20,1–15. Gepredigt im Universitätsgottesdienst in der Tübinger Stiftskirche am 24. Januar 2016 und, um das zum Bibeltext Hinführende sowie um den Abschnitt IV erweitert, vorgetragen am 15. November 2018 im Rahmen der „Mainzer Theologischen Gespräche" vor der Evangelisch-Theologischen Fakultät der Universität Mainz. Veröffentlicht in: „Sagen, was Sache ist": Versuche explorativer Ethik: Festgabe zu Ehren von Hans G. Ulrich, hg. v. Gerard Cornelius den Hertig u. a., Leipzig 2017, 87–94.

36. *Ethik der Gabe.* Vorgetragen am 4. April 2008 im Rahmen der ökumenischen Tagung „Die Gabe – ein Urwort der Theologie?", die vom Institut für Fundamentaltheologie der Universität Münster in Zusammenarbeit mit dem Franz-Hitze-Haus in Münster ausgerichtet wurde. In: Die Gabe. Ein Urwort der Theologie?, hg. v. Veronika Hoffmann, Frankfurt am Main 2009, 99–123 sowie in: Geben und Nehmen, Jahrbuch für Biblische Theologie 27, 2012, hg. v. Bernd Janowski und Berndt Hamm, 341–362. Englisch: The Ethics of Gift, LQ 24, 2010, 447–468.

37. *Uns voraus. Bemerkungen zur Lutherforschung und Lutherrezeption.* „Luther Ahead", in der Übersetzung von Jeff Silcock vorgetragen als öffentlicher Abendvortrag am 30. Juni 2016 im Rahmen der Konferenz „Luther@500" in Melbourne. Deutsch in: Lutherjahrbuch, Göttingen 2017, 170–189.

38. *Fragen Luthers an uns.* Von der Redaktion von „a+b" (Für Arbeit und Besinnung. Zeitschrift für die Evangelische Landeskirche in Württemberg) erbetene Stellungnahme zur Aktualität Luthers, dort in der Beilage vom 1. April 2015, 3f gekürzt erschienen. Englisch: Twenty Questions on the Relevance of Luther for Today, in: LQ 29, 2015, 439–443.

Abkürzungen

Die in diesem Werk verwendeten Abkürzungen folgen Siegfried M. Schwertner, Internationales Abkürzungsverzeichnis für Theologie und Grenzgebiete (IATG³), Berlin ³2014. Insbesondere gelten folgende, teilweise darüber hinausgehende, Siglen:

BSELK Bekenntnisschriften der Evangelisch-Lutherischen Kirche, hg. v. Deutschen evangelischen Kirchenausschuß. Göttingen 1930 (Neuedition 2014)
BW Johann Georg Hamann, Londoner Schriften. Historisch-kritische Neuedition hg. v. Oswald Bayer und Bernd Weißenborn, München 1993 (zit. „BW" unter Angabe der Seiten- und Zeilenzahl)
Cl Martin Luther, Werke in Auswahl, hg. v. Otto Clemen u. a., 8 Bde., Berlin 1955–1959 (Clemensche Ausgabe)
EG Evangelisches Gesangbuch
EKG Evangelisches Kirchengesangbuch
GTB Gütersloher Taschenbücher Siebenstern, Monographische Reihe im Gütersloher Verlagshaus Mohn, Gütersloh, seit 1974
H Johann Georg Hamann, Briefwechsel, Bd. IV-VII, hg. v. Arthur Henkel, Wiesbaden 1959, Frankfurt/M. 1965–1979 (zit. „H" unter Angabe von Band-, Seiten- und Zeilenzahl)
KGM Kirchengeschichtliche Monographien, Reihe im Brunnen Verlag, Gießen/Basel, seit 1998
KprV Immanuel Kant, Kritik der praktischen Vernunft, Riga 1788
KrV Immanuel Kant, Kritik der reinen Vernunft, Riga 1788
LStRLO Leucorea-Studien zur Geschichte der Reformation und der lutherischen Orthodoxie, hg. v. Irene Dingel, Armin Kohle, Udo Sträter, Schriftenreihe der Evangelischen Verlagsanstalt Leipzig, seit 2001
LuSt Luther-Studien, Reihe von Gerhard Ebeling veröffentlichter Untersuchungen zu Schriften und Theologie Martin Luthers, 3 Bände, Tübingen 1971–1985
MPG Jacques-Paul Migne. Patrologia, Series Graeca, Textausgabe frühkirchlicher griechischer Autoren mit lateinischer Übersetzung in 161 Bänden, Paris 1857–1866
MPL Jacques-Paul Migne, Patrologia, Series Latina, Textausgabe frühkirchlicher lateinischer Autoren in 217 Bänden, Paris 1841–1855
N Johann Georg Hamann, Sämtliche Werke. Historisch-kritische Ausgabe von Josef Nadler, 6 Bände, Wien 1949–57 (zit. „N" unter Angabe von Band-, Seiten- und Zeilenzahl)
NRT Nouvelle Revue Théologique, Zeitschriftenreihe der Compagnie de Jésus à Bruxelles, Brüssel, seit 1859
RUB Reclams Universal-Bibliothek, Reclam Verlag, Leipzig/Stuttgart, seit 1867
SHR Spätmittelalter, Humanismus, Reformation, hg. v. Volker Leppin u. a., Tübingen
SW Schiller Werke (Friedrich Schiller, Gedichte. Tabulae Votivae. In: Musenalmanach für das Jahr 1797, SW Bd. 1, München³ 1962)
WA D. Martin Luthers Werke. Kritische Gesamtausgabe, Weimar 1883 ff (Weimarer Ausgabe. Zit. „WA" unter Angabe von Band-, Seiten- und Zeilenzahl)
WA DB Weimarer Ausgabe, Abteilung Deutsche Bibel
WA TR Weimarer Ausgabe, Abteilung Tischreden

ZH Johann Georg Hamann, Briefwechsel, Bd. I –III, hg. v. Walther Ziesemer und Arthur Henkel, Wiesbaden 1955 – 57 (zit. „ZH" unter Angabe von Band-, Seiten- und Zeilenzahl)

Verzeichnis der zitierten Literatur

ADORNO, THEODOR W., Anmerkungen zum philosophischen Denken. In: Stichworte. Kritische Modelle 2 (es 347), Frankfurt/M. ³1970, 11–19.
— Kulturkritik und Gesellschaft. In: Prismen. Kulturkritik und Gesellschaft, Frankfurt/M. 1955 (1949, 1951 erstmals publiziert), 11–30.
— Minima Moralia. Reflexionen aus dem beschädigten Leben, Frankfurt/M. 1973.
— Negative Dialektik, Frankfurt/M. 1966.
— Vernunft und Offenbarung. In: Stichworte. Kritische Modelle 2 (es 347), Frankfurt/M. ³1970, 20–28.
ALBERT, HEINRICH, „Gott des Himmels und der Erden" (EG 445).
ALTHAUS, PAUL, Die Inflation des Begriffs der Offenbarung in der gegenwärtigen Theologie. In: ZSTh 18, 1941, 134–149.
— Paulus und Luther über den Menschen. Ein Vergleich, Gütersloh (1958) ⁴1963.
AMOR, CHRISTOPH J., Auf dem Weg zu einer narrativen Theodizee. Gott und das Leid bei Eleonore Stump. Eine Annäherung. In: NZSTh 51, 2009, 205–230.
ANDERSON, LISA MARIE, Hegel on Hamann, Evanston 2008.
ANDREAE, JOHANN VALENTIN, Christianopolis (1619), Originaltext und Übertragung nach David Samuel Georgi 1741, eingel. u. hg. v. RICHARD V. DÜLMEN, Stuttgart 1972.
ANTTILA, MIIKKA, Luther's Theology of Music. Spiritual Beauty and Pleasure (TBT 161), Berlin/New York 2013.
ARISTOTELES, Metaphysik. In: Aristotelis opera, hg. v. IMMANUEL BECKER, 2 Bde., Berlin 1831 f. [= opera], 980–1093.
— Nikomachische Ethik. In: opera, 1094–1181.
— Politica. In: opera, 1252–1342.
ARMBRUSTER, JÖRG, Luthers Bibelvorreden. Studien zu ihrer Theologie (AGWB 5), Stuttgart 2005.
ASENDORF, ULRICH, Lectura in Biblia. Luthers Genesisvorlesung (1535–1545), Göttingen 1998.
ASHEIM, IVAR, Lutherische Tugendethik? In: NZSTh 40, 1998, 239–260.
ASSMANN, JAN, Die Mosaische Unterscheidung oder der Preis des Monotheismus, München 2003.
ATHANASIUS, Epistula ad Marcellinum in interpretationem psalmorum. In: MPG 27,11–46.
AUGUSTINUS, De doctrina christiana. In: CChr Series Latina, Bd. XXXII, 1–167.
— De magistro, MPL 32, 1193–1230.
— Der Lehrer (De magistro), übertragen von C.J. PERL ³1974.
— De trinitate. In: CChr, Series Latina, Bd. L/La, 1968.
BACH, JOHANN SEBASTIAN, Kantate „Tue Rechnung! Donnerwort" (BWC 168).
BADER, GÜNTER, Psalterium affectuum palaestra. Prolegomena zu einer Theologie des Psalters, Tübingen 1996.
Die Barmer Theologische Erklärung. Einführung und Dokumentation, hg. v. ALFRED BURGSMÜLLER und RUDOLF WETH, Neukirchen-Vluyn 1983.
BARTH, KARL, Die Kirchliche Dogmatik, Bd. I-IV, München/Zürich 1932–1970.
— Kirche und Theologie (1925). In: Theologie als Wissenschaft. Aufsätze und Thesen, hg. und eingeleitet von GERHARD SAUTER (TB 43), München 1971, 152–175.
— The Word of God and Theology, übersetzt und mit Anmerkungen versehen von AMY MARGA, Edinburgh 2011.

BARTMANN, PETER, Das Gebot und die Tugend der Liebe. Über den Umgang mit konfliktbezogenen Affekten, Stuttgart/Berlin/Köln 1998.
BAUER, KARL, Die Wittenberger Universitätstheologie und die Anfänge der deutschen Reformation, Tübingen 1928.
BAUER, KARL-ADOLF / JOSUTTIS, MANFRED, Daß Du dem Kopf nicht das Herz abschlägst. Theologie als Erfahrung. Erwägungen zum Pastoralkolleg als Ort erfahrungsbezogener Theologie, Neukirchen 1996.
BAUER, WALTER, Griechisch-deutsches Wörterbuch zu den Schriften des Neuen Testaments und der übrigen urchristlichen Literatur, Berlin [5]1958.
BAUR, WOLFGANG-DIETER, Johann Georg Hamann als Publizist. Zum Verhältnis von Verkündigung und Öffentlichkeit (TBT 49), Berlin/New York 1991.
BAYER, JOACHIM, Werner Elerts apologetisches Frühwerk (TBT 142), Berlin/New York 2007.
BAYER, OSWALD, Art. „Buße (4. Ethisch)". In: RGG[4], Bd. 1, 1998, Sp. 1921f.
— Art. „Hamann". In: TRE 14, 1985, 395–403.
— Art. „Kreuz IX. Dogmatisch". In: TRE 19, 1990, 774–779.
— Art. „Schöpfung VIII. Systematisch-theologisch". In: TRE 30, 1999, 326–348.
— Aufrücken. Von der Unverschämtheit des Gebets. In: DERS., Zugesagte Gegenwart, Tübingen 2007 [= Zugesagte Gegenwart], 72–79.
— Aus Glauben leben (1984), Stuttgart [2]1990.
— Autorität und Kritik. Zu Hermeneutik und Wissenschaftstheorie, Tübingen [2]1991 [=Autorität und Kritik].
— Barmherzigkeit. In: DERS., Zugesagte Freiheit. Zur Grundlegung theologischer Ethik (GTB 379), Gütersloh 1980, 101–107.
— Christus als Mitte. Bonhoeffers Ethik im Banne der Religionsphilosophie Hegels?. In: DERS., Leibliches Wort. Reformation und Neuzeit im Konflikt, Tübingen 1992 [= Leibliches Wort], 245–264.
— / BENJAMIN GLEEDE (Hgg.), Creator est Creatura. Luthers Christologie als Lehre von der Idiomenkommunikation (TBT 138), Berlin/New York 2007.
— Das letzte Wort: die göttliche Aeneis. In: DERS., Gott als Autor. Zu einer poietologischen Theologie, Tübingen 1999 [=Gott als Autor], 280–301.
— Das Sein Jesu Christi im Glauben. In: Gott als Autor, 112–127.
— Das unfassbar große Versprechen. Predigt zu 1. Petrus 1,3–9. In: Theol. Beitr. 49, 2018, 82–87.
— Das Wort vom Kreuz, In: Autorität und Kritik, 117–124.
— Der du die Zeit in Händen hast... In: Gott als Autor, 51–56.
— Der neue Mensch. In: Zugesagte Gegenwart, 235–245.
— Der neuzeitliche Narziß. In: Gott als Autor, 73–85.
— Der Schöpfungsmorgen. In: DERS., Schöpfung als Anrede. Zu einer Hermeneutik der Schöpfung (1986), Tübingen [2]1990 [=Schöpfung als Anrede], 109–127.
— „Die Furcht, daß es Gott nicht gebe". In: Gott als Autor, 97–111.
— Die Gegenwart der Güte Gottes. Zum Verhältnis von Gottesfrage und Ethik. In: NZSTh 21, 1979, 253–271; und in: Leibliches Wort, 314–333.
— Die reformatorische Wende in Luthers Theologie. In: ZThK 66, 1969, 115–150.
— Die Vielheit des einen Gottes und die Vielheit der Götter. In: Zugesagte Gegenwart, 95–110.
— Engel sind Hermeneuten. In: Gott als Autor, 230–239.

- Erzählung und Erklärung. Das Verhältnis von Theologie und Naturwissenschaften. In: Gott als Autor, 240–254.
- Freiheit als Antwort. Zur theologischen Ethik, Tübingen 1995 [= Freiheit als Antwort].
- Für eine bessere Weltlichkeit. Das Plädoyer Ernst Steinbachs. In: Leibliches Wort, 265–286.
- Gegen Gott für den Menschen. Feuerbachs Lutherrezeption. In: Leibliches Wort, 205–241.
- Gegen System und Struktur. Die theologische Aktualität Johann Georg Hamanns. In: Autorität und Kritik, 169–180.
- Gegenwart. In: Schöpfung als Anrede, 155–168.
- Gesetz und Freiheit. Zur Metakritik Kants. In: Freiheit als Antwort, 164–182.
- Glauben und Wissenschaft. In: Autorität und Kritik, 127–141.
- Gott als Autor. Zu einer poietologischen Theologie, Tübingen 1999.
- Gottes Leiblichkeit. Zum Leben und Werk Friedrich Christoph Oetingers. In: Leibliches Wort, 94–104.
- Gottes Namen in Anspruch nehmen. Eine Meditation zum Zweiten Gebot. In: RENOVATIO. Zeitschrift für das interdisziplinäre Gespräch, Heft 3/1998, 75–78.
- Hermeneutische Theologie. In: Zugesagte Gegenwart, 340–356.
- Ich glaube, daß mich Gott geschaffen hat samt allen Kreaturen. In: Schöpfung als Anrede, 80–108.
- Kategorischer Imperativ oder kategorische Gabe?. In: Freiheit als Antwort, 13–19.
- Kommunikabilität des Glaubens. In: Autorität und Kritik, 108–116.
- / KNUDSEN, CHRISTIAN, Kreuz und Kritik. Johann Georg Hamanns Letztes Blatt. Text und Interpretation (BHTh 66), Tübingen 1983.
- Kreuzesphilologie. In: Leibliches Wort, 105–124.
- Lebenswort im Totenfeld. Ez 37,1–14 gepredigt. In: Theologische Beiträge 24, 1993, 113–118.
- Leibliches Wort. Öffentlichkeit des Glaubens und Freiheit des Lebens". In: Leibliches Wort, 57–72.
- Leibliches Wort. Reformation und Neuzeit im Konflikt, Tübingen 1992.
- Leidend loben. Das Wortamt des Dichters. In: Gott als Autor, 41–50.
- Lust am Wort. In: Gott als Autor, 221–229.
- Macht, Recht, Gerechtigkeit. In: Freiheit als Antwort, 283–296.
- Marcuses Kritik an Luthers Freiheitsbegriff. In: ZThK 67, 1970, 453–478.
- Martin Luthers Theologie. Eine Vergegenwärtigung (2003), Tübingen ⁴2016.
- Mythos und Religion. Interdisziplinäre Aspekte, hg. v. OSWALD BAYER, Stuttgart 1990.
- Natur und Institution. Luthers Dreiständelehre. In: Freiheit als Antwort, 116–146.
- Neuer Geist in alten Buchstaben. In: Gott als Autor, 209–220.
- Passion und Wissen. In: Gott als Autor, 254–265.
- Philosophische Denkformen der Theologie Luthers als Gegenstand der Forschung. Eine Skizze. In: Zugesagte Gegenwart, 324–339.
- Poietologische Trinitätslehre. In: Gott als Autor, 142–148.
- Promissio. Geschichte der reformatorischen Wende in Luthers Theologie (Göttingen 1971), Darmstadt ²1989.
- Rechtfertigung, Neuendettelsau 1991.
- Rechtfertigungslehre und Ontologie. In: Zugesagte Gegenwart, 196–205. Scheidekunst oder Ehekunst? Glaube und Geschichte bei Kant und Hamann. In: Heil und Geschichte.

Die Geschichtsbezogenheit des Heils und das Problem der Heilsgeschichte in der biblischen Tradition und in der theologischen Deutung, hg. v. Jörg Frey, Stefan Krauter und Hermann Lichtenberger, Tübingen 2009, 611–632.
— Schöpfung als Anrede. Zu einer Hermeneutik der Schöpfung (1986), Tübingen ²1990.
— Schöpfung als Geschichte. In: Zugesagte Gegenwart, 223–231.
— Schöpfung als „Rede an die Kreatur durch die Kreatur". In: Schöpfung als Anrede, 9–32.
— Schöpfungslehre als Rechtfertigungsontologie. In: Zugesagte Gegenwart, 183–195; und in: Word-Gift-Being. Justification-Economy-Ontology, ed. by Bo KRISTIAN HOLM and PETER WIDMANN, Tübingen 2009, 17–41.
— Schriftautorität und Vernunft. In: Autorität und Kritik, 39–58.
— Sokratische Katechetik? Ein Streit um den Kleinen Katechismus in der Aufklärung. In: Leibliches Wort, 125–148.
— Spinoza im Gespräch zwischen Hamann und Jacobi. In: Zugesagte Gegenwart, 217–222.
— Systematische Theologie als Wissenschaft der Geschichte. In: Autorität und Kritik, 181–200.
— Text- und Selbstbewußtsein. In: Autorität und Kritik, 19–26.
— Text- und Selbstmeditation. In: Autorität und Kritik, 27–32.
— Theologie (HST 1), Gütersloh 1994.
— Theologie der Klage. In: Zugesagte Gegenwart, 61–69.
— Theologie im Konflikt der Interpretationen. In: Autorität und Kritik, 11–18.
— Theologische Ethik als Freiheitsethik. In: Freiheit als Antwort, 97–115.
— Tod Gottes und Herrenmahl. In: Leibliches Wort, 289–305.
— Urteilskraft als theologische Kompetenz. Was macht einen Theologen zum Theologen? In: Zugesagte Gegenwart, 303–312.
— unter Mitarbeit von BENJAMIN GLEEDE und ULRICH MOUSTAKAS, Vernunft ist Sprache. Hamanns Metakritik Kants, Stuttgart-Bad Cannstatt 2002.
— Vernunftautorität und Bibelkritik in der Kontroverse zwischen Hamann und Kant. In: Autorität und Kritik, 59–82.
— Von der Freiheit menschlichen Lebens „inmitten von Leben, das leben will". In: Freiheit als Antwort, 64–75.
— Von der Würde des Sonntags. In: Freiheit als Antwort, 47–54.
— Wahrheit oder Methode? In: Autorität und Kritik, 83–107.
— Wann endlich hat das Böse ein Ende? In: Gott als Autor, 198–205.
— Was ist das: Theologie? Eine Skizze, Stuttgart 1973.
— Wer bin ich? Gott als Autor meiner Lebensgeschichte. In: Gott als Autor, 21–40.
— Wort und Sein. In: Zugesagte Gegenwart, 206–216.
— Wortlehre oder Glaubenslehre? Zur Konstitution theologischer Systematik im Streit zwischen Schleiermacher und Luther. In: Autorität und Kritik, 156–168.
— Zeit des Schweigens. In: Gott als Autor, 86–94.
— Zeitgenosse im Widerspruch. Johann Georg Hamann als radikaler Aufklärer, München 1988.
— Zugesagte Freiheit. Zur Grundlegung theologischer Ethik (GTB 379), Gütersloh 1980.
— Zugesagte Gegenwart, Tübingen 2007.
Die Bekenntnisschriften der evangelisch-lutherischen Kirche. Vollständige Neuedition [=BSELK], hg. v. Irene Dingel im Auftrag der Evangelischen Kirche in Deutschland, Göttingen 2014.

BENEDIKT XVI., Glaube, Vernunft und Universität. Erinnerungen und Reflexionen. In: Glaube und Vernunft. Die Regensburger Vorlesung. Vollständige Ausgabe. Kommentiert von GESINE SCHWAN, ADEL THEODOR KHOURY, KARL KARDINAL LEHMANN, Freiburg/Basel/Wien o.J. (2007?), 11–32.

BENGEL, JOHANN ALBRECHT, Wolgemeinter Vorschlag / wie ein Cursus Theologicus in vier bis fünf Jahren zu verrichten seyn möchte, auf wiederholtes Begehren entworfen A. 1742 m.Oct., zit. nach: OSCAR WÄCHTER, Johann Albrecht Bengel, Lebensabriß, Character, Briefe und Aussprüche; nebst einem Anhang aus seinen Predigten und Erbauuungsstunden nach handschriftlichen Mitteilungen, Stuttgart 1865, 146–149.

BERG, HORST KLAUS, Ein Wort wie Feuer. Wege lebendiger Bibelauslegung, München und Stuttgart 1991

BERGER, PETER L., Auf den Spuren der Engel. Die moderne Gesellschaft und die Wiederentdeckung der Transzendenz, Frankfurt/M. 1972.

BEUTEL, ALBRECHT, „Gott fürchten und lieben". Entstehung der lutherischen Katechismusformel. In: DERS., Protestantische Konkretionen. Studien zur Kirchengeschichte, Tübingen 1998, 45–65.

—— Religion zwischen Luther und Schleiermacher. Bemerkungen zur Semantik eines theologiegeschichtlichen Schlüsselbegriffs. In: Über die Religion. Schleiermacher und Luther (LAR 30), hg. v. JOACHIM HEUBACH, Erlangen 2000, 35–68.

BEYER, MICHAEL, Martin Luther und die Juden. In: Negative Implikationen der Reformation? Gesellschaftliche Transformationsprozesse 1470–1620, hg. v. WERNER GREILING, ARMIN KOHNLE, UWE SCHIRMER, Köln/Weimar/Wien, 2015, 109–133.

Die Bibel oder die ganze Heilige Schrift des Alten und Neuen Testaments nach der deutschen Übersetzung Martin Luthers (1912), Stuttgart 1968.

—— Die Schrift. Verdeutscht von MARTIN BUBER gemeinsam mit FRANZ ROSENZWEIG, Stuttgart ^{8}1992.

—— Züricher Bibel, 2007.

BIELFELDT, DENNIS, The Ontology of Deification. In: Caritas Dei. Beiträge zum Verständnis Luthers und der gegenwärtigen Ökumene (FS für Tuomo Mannermaa zum 60. Geburtstag), hg. v. OSWALD BAYER, ROBERT W. JENSON, SIMO KNUUTTILA, Helsinki 1997, 90–113.

BLICKLE, PETER, Reformation und kommunaler Geist. Die Antwort der Theologen auf den Verfassungswandel im Spätmittelalter (Schriften des Historischen Kollegs 44), München 1996.

BLOCK, JOHANNES, Verstehen durch Musik. Das gesungene Wort in der Theologie. Ein hermeneutischer Beitrag zur Hymnologie am Bespiel Martin Luthers, Tübingen 2002.

BÖHM, BENNO, Sokrates im 18. Jahrhundert. Studien zum Werdegang des modernen Persönlichkeitsbewußtseins, Leipzig 1929.

BÖHMISCHE BRÜDER, „Lob Gott getrost mit Singen" (EG 243).

BOETHIUS, Trost der Philosophie. Zweisprachige Ausgabe. Aus dem Lateinischen von ERNST NEITZKE, Frankfurt am Main und Leipzig 1997.

BOHREN, RUDOLF, Praktische Theologie. In: Einführung in das Studium der evangelischen Theologie, hg. v. RUDOLF BOHREN, München 1964, 9–32

BOMAN, THORLEIF, Das hebräische Denken im Vergleich mit dem griechischen (1952), 3. neubearbeitete Aufl., Göttingen 1959.

BOMM, URBANUS, Lateinisch-deutsches Volksmessbuch, Einsiedeln, ^{11}1956/57.

BONHOEFFER, DIETRICH, Meditation über Psalm 119. 1939/40. In: Dietrich Bonhoeffer Werke, hg. v. EBERHARD BETHGE u. a., Bd. 15, Gütersloh 1998, 499–537.
— „Von guten Mächten treu und still umgeben" (EG 65).
— Widerstand und Ergebung. Briefe und Aufzeichnungen aus der Haft, hg. v. EBERHARD BETHGE, Neuausg. München 1970.
BORNKAMM, GÜNTHER, Art. „μυστήριον", ThWNT, Bd. IV, Stuttgart 1942, 809–834.
— Studien zu Antike und Urchristentum, Gesammelte Aufsätze Bd. II, München 1959, 245–252.
BORNKAMM, KARIN, Christus – König und Priester. Das Amt Christi bei Luther. In: Jesus Christus – Gott für uns (LAR 34), hg. v. FRIEDRICH-OTTO SCHARBAU, Erlangen 2003, 22–42.
— Christus – König und Priester. Das Amt Christi bei Luther im Verhältnis zur Vor- und Nachgeschichte, Tübingen 1998.
— Luthers Auslegungen des Galaterbriefs von 1519 und 1531: Ein Vergleich, Berlin 1963.
BOSCHKI, REINHOLD, Der Schrei. Gott und Mensch im Werk von Elie Wiesel (1994), Mainz ²1995.
BOURDIEU, PIERRE, La distinction. Critique sociale du jugement, Paris 1979; Deutsch: Die feinen Unterschiede. Kritik der gesellschaftlichen Urteilskraft, Frankfurt/ M. 1982.
BRACKEN, ERNST VON, Die Selbstbeobachtung bei Lavater. Ein Beitrag zur Geschichte der Idee der Subjektivität im 18. Jahrhundert, Münster 1932.
BRÄUER, SIEGFRIED, Die Überlieferung von Melanchthons Leichenrede auf Luther. Mit einem Quellenanhang. In: Humanismus und Wittenberger Reformation, hg. v. MICHAEL BEYER UND GÜNTHER WARTENBERG unter Mitwirkung v. HANS-PETER HASSE, Leipzig 1996, 185–252.
BROCK, BRIAN, Singing the Ethos of God. On the Place of Christian Ethics in Scripture, Grand Rapids 2007.
BUBER, MARTIN, Die Erzählungen der Chassidim, ¹²1992.
BÜCHSEL, ELFRIEDE, Über den göttlichen und menschlichen Ursprung der Sprache. In: Hamann (Insel Almanach auf das Jahr 1988), hg. v. OSWALD BAYER, BERNHARD GAJEK, JOSEF SIMON, Frankfurt/M. 1987, 61–75.
— Biblisches Zeugnis und Sprachgestalt bei J. G. Hamann. Untersuchungen zur Struktur von Hamanns Schriften auf dem Hintergrund der Bibel, Gießen/Basel 1988.
BÜCHSEL, FRIEDRICH, Art. „ἱλασμός". In: ThWbNT III, 1938, 317 f.
BULTMANN, RUDOLF, Art. „γινώσκω". In: ThWNT Bd. 1, Stuttgart 1957, 696.
— Geschichte und Eschatologie, Tübingen 1958.
— Gnade und Freiheit (1948). In: DERS., Glauben und Verstehen. Gesammelte Aufsätze, II. Bd., Tübingen, ³1961, 149–161.
— Theologie des Neuen Testaments, Tübingen (1953), ³1958.
BUSCH, WILHELM, Die fromme Helene, Heidelberg 1872.
CALVIN, JOHANNES, Christliche Unterweisung. Der Genfer Katechismus von 1537, übersetzt und hg. v. LOTHAR SCHUCKERT, Gütersloh 1978.
— Institutio Christianae religionis, hg. und mit kurzen Anmerkungen versehen von AUGUST THOLUCK, Berlin 1834.
CAMUS, ALBERT, Der Mensch in der Revolte (franz. 1951, Paris), Reinbek 1969.
— Der Mythos von Sisyphus. Ein Versuch über das Absurde, Reinbek 1963.
CASSIRER, ERNST, Philosophie der symbolischen Formen, I. Teil (Die Sprache), Berlin 1923.
— Philosophie der symbolischen Formen, II. Teil (Das mythische Denken), Berlin 1925.

Cervantes Saavedra, Miguel de, Der sinnreiche Junker Don Quijote von der Mancha, dt. von Ludwig Braunfels, München 1956.
Christe, Wilhelm, Art. „Simul iustus et peccator". In: Das Luther-Lexikon, hg. v. Volker Leppin und Gury Schneider-Ludorff, Regensburg 2014, 645 f.
—— Gerechte Sünder. Eine Untersuchung zu Martin Luthers „Simul iustus et peccator", Leipzig 2014.
Chytraeus, David, Oratio de Stvdio Theologiae Recte Inchoando, Wittenberg 1560.
Cicero, De natura deorum / Vom Wesen der Götter. Drei Bücher, lat.-dt. Ausgabe hg. und übersetzt von Wolfgang Gerlach und Karl Bayer, München/Zürich, ²1987.
Claudius, Matthias, Täglich zu singen, Strophe 1. In: Meine deutschen Gedichte. Eine Sammlung von Hartmut von Hentig (1999), Velber ²2001.
Cloeren, Hermann J., Art. „Metaphysik". In: HWPh, Bd. 5, Darmstadt 1980, 1186–1280.
—— Art. „Metaphysikkritik". In: HWPh, Bd. 5, Darmstadt 1980, 1290–1294.
Conzelmann, Hans, Art. „χάρις". In: ThWNT 9, 1973, 363.
Coors, Michael, Scriptura efficax. Die biblisch-dogmatische Grundlegung des theologischen Systems bei Johann Andreas Quenstedt – Ein dogmatischer Beitrag zu Theorie und Auslegung des biblischen Kanons als Heiliger Schrift (FSÖTh 123), Göttingen 2009.
—— Theologische Texttheorie. Theologische Erkundungen zur Textualität der Heiligen Schrift zwischen Ludwig Wittgenstein und Johann Andreas Quenstedt, NZSTh 51, 2009, 400–426.
Courcelle, Pierre, „Connais-toi toi-même" de Socrate à Saint Bernard, 2 Bände, Paris 1974/75.
Crasselius, Bartholomäus, „Dir, dir, o Höchster" (EG 328).
Cullmann, Oscar, Christus und die Zeit, Tübingen 1946.
—— Heil als Geschichte, Tübingen 1965.
Dalferth, Ingolf U. und Simon Peng-Keller (Hgg.), Vertrauen interdisziplinär (Hermeneutische Blätter 1/2), Zürich 2013.
Damm, Christian Tobias, Vom historischen Glauben, 1772.
Danz, Christian, Gott und die menschliche Freiheit. Studien zum Gottesbegriff in der Neuzeit, Neukirchen-Vluyn 2005.
—— „Und sie werden hingehen: diese zur ewigen Strafe, aber die Gerechten in das ewige Leben" (Mt 25,46). Überlegungen zur Funktion und Bedeutung des Letzten Gerichts in der protestantischen Theologie. In: NZSTh 53, 2011, 71–89.
Das Zweite Vatikanische Konzil. Konstitutionen, Dekrete und Erklärungen, lateinisch und deutsch, LThK 12, Freiburg ²1966.
Denicke, David, „Herr, für dein Wort sei hoch gepreist" (EG 196).
—— „Nun jauchzt dem Herren, alle Welt" (EG 288).
Denzinger, Heinrich / Hünemann, Peter, Enchiridion Symbolorum Definitionum et Declarationum de Rebus Fidei et Morum, Freiburg i. Br. u. a., ³⁹2001 [= DH].
—— „Chalcedonense" (DH 300–303).
—— „Exsurge Domine" (DH 1451–1492).
—— „Pseudo-Athanasianisches Bekenntnis Quicumque" (DH 75 f.).
—— „Tridentium" (DH 1531.1648).
Derrida, Jacques, Falschgeld. Zeit geben I, München 1993.
Descartes, Rene, Discours de la Méthode (1637), frz.-dt. Ausgabe, hg. v. Lüder Gäbe (PhB 261), Hamburg 1960.

— Meditationes de prima philosophia (1641), lat.-dt. Ausgabe, hg. v. LÜDER GÄBE (PhB 250a), Hamburg 1959.
Deutsche Reichstagsakten, Jüngere Reihe, Bd. 7/2, hg. durch die historische Kommission bei der Bayerischen Akademie der Wissenschaften, München 1963, 1277, 29–33.
DIETER, THEODOR, Art. „Vernunft". In: Das Luther-Lexikon, hg. v. VOLKER LEPPIN und GURY SCHNEIDER-LUDORFF, Regensburg 2014, 721–723.
— Beobachtungen zu Martin Luthers Verständnis „der" Vernunft. In: Denkraum Katechismus, hg. v. JOHANNES VON LÜPKE und EDGAR THAIDIGSMANN, Tübingen 2009, 145–169.
— Der junge Luther und Aristoteles. Eine historisch-systematische Untersuchung zum Verhältnis von Theologie und Philosophie (TBT 105), Berlin/New York 2001.
DIETZ, THORSTEN, „Brannte nicht unser Herz in uns?" Verhältnisbestimmungen von Gefühl und Einsicht. In: Emmaus – Begegnung mit dem Leben, hg. v. ELISABETH HARTLIEB und CORNELIA RICHTER, Dietrich Korsch zu Ehren, Stuttgart 2014, 135–145.
DIETZFELBINGER, CHRISTIAN, Der Sohn. Skizzen zur Christologie und Anthropologie des Paulus, Neukirchen 2011.
DINGEL, IRENE, Die Speyerer Protestation von 1529 in ihren geschichtlichen Zusammenhängen. In: Pfälzisches Pfarrerblatt, 2004, 212–223.
— Unus autem non conversione divinitatis in carne. Symbolum Athanasii. In: Die Bekenntnisschriften der evangelisch-lutherischen Kirche, hg. v. IRENE DINGEL, vollst. Neued., Göttingen 2014, 60,1f.
DIOGENES LAERTIOS, Leben und Lehre der Philosophen. In: Diogenis Laertii vitae philosophorum. 3 Bände. Teubner, Stuttgart/Leipzig 1999 (Bände 1 und 2) und Saur, hg. v. MIROSLAV MARCOVICH/HANS GÄRTNER, München/Leipzig 2002.
EBELING, GERHARD, Cognitio Dei et hominis. In: DERS., Lutherstudien Bd. I, Tübingen 1971 [= LuSt], 221–272.
— Das Leben – Fragment und Vollendung. Luthers Auffassung vom Menschen im Verhältnis zu Scholastik und Renaissance. In: ZThK 72, 1975, 310–336.
— Das Problem des Natürlichen bei Luther. In: Kirche, Mystik, Heiligung und das Natürliche bei Luther. Vorträge des Dritten Internationalen Kongresses für Lutherforschung Järvenpää, Finnland 11. – 16. August 1966, hg. v. IVAR ASHEIM, 1967, 169–179.
— Der Text der Disputatio de Homine. In: LuSt II/1, 1–45.
— Die Hoheit der ratio auch nach dem Fall: These 9. In: LuSt II/2, 299–307.
— Dogmatik des christlichen Glaubens, Bd. I, Tübingen 1979.
— Fides occidit rationem. Ein Aspekt der theologia crucis in Luthers Auslegung von Gal 3,6. In: LuSt III, 181–222.
— Genie des Herzens unter dem genius saeculi. Johann Caspar Lavater als Theologe (1992). In: DERS., Theologie in den Gegensätzen des Lebens, Tübingen 1995, 132–170.
— Luther. Einführung in sein Denken (1964), Tübingen ⁵2006.
— Luthers Wirklichkeitsverständnis (1993). In: DERS., Theologie in den Gegensätzen des Lebens (Wort und Glaube IV), Tübingen 1995, 460–475.
EBERHARD, JOHANN AUGUST, „Von den [sic!] Begriff der Philosophie und ihren Theilen etc.", Berlin 1778.
ECKERT, EUGEN, „voll Wärme und Licht / im Angesicht" (EG 171).
EICHENDORFF, JOSEPH VON, „Mondnacht" (1835, erstmals veröffentlicht 1840). In: DERS., Es war, als hätt' der Himmel die Erde still geküsst. Gedichte, hg. v. MIRIAM KRONSTÄDTER und HANS-JOACHIM SIMM, Wiesbaden 2014, 157f.

EKD, Kirche der Freiheit. Perspektiven für die evangelische Kirche im 21. Jahrhundert. Ein Impulspapier des Rates der EKD, hg. v. Kirchenamt der EKD, Hannover 2006.
ELERT, WERNER, Der Ausgang der altkirchlichen Christologie. Eine Untersuchung über Theodor von Pharan und seine Zeit als Einführung in die Dogmengeschichte, hg. v. WILHELM MAURER und ELISABETH BERGSTRÄSSER, Berlin 1957.
— Die Theopaschitische Formel, ThLZ 75, 1950, 195–206.
— Morphologie des Luthertums, 2 Bd., München 1931/32.
ENGELS, FRIEDRICH, Feuerbach und der Ausgang der klassischen deutschen Philosophie. In: KARL MARX und FRIEDRICH ENGELS, Ausgewählte Schriften in zwei Bänden, Berlin, [10]1960.
ENSKAT, RAINER, Art. „Ontologie", RGG[4], Bd. 6, 2003, 565–568.
ERIKSON, ERIK H., Childhood and Society, New York 1950.
Evangelisches Gottesdienstbuch, Berlin 2000, [2]2001.
FEIEREIS, KONRAD, Die Umprägung der natürlichen Theologie in Religionsphilosophie. Ein Beitrag zur deutschen Geistesgeschichte des 18. Jahrhunderts (EThSt 18), Leipzig 1965.
FEIL, ERNST, Art. „Religion I. und II.", RGG[4], Bd. 7, 2004, 263–267.
FEUERBACH, LUDWIG, Vorwort zur ersten Gesamtausgabe (1846). In: DERS., Werke, hg. v. WILHELM BOLIN und FRIEDRICH JODL, Bd. 2, Stuttgart 1959, 409.
FICHTE, JOHANN GOTTLIEB, Die Anweisung zum seligen Leben, hg. v. HANSJÜRGEN VERWEYEN (PhB 234), Hamburg 1983.
FRANCKE, AUGUST HERMANN, August Hermann Franckes Lebenslauf (1690/91). In: DERS., Werke in Auswahl, hg. v. ERHARD PESCHKE, Berlin 1969 [= Werke Francke], 4–29.
— Christus der Kern Heiliger Schrift (1702). In: Werke Francke, 232–248.
— Einfältiger Unterricht, wie man die H. Schrift zu seiner wahren Erbauung lesen solle (1694). In: Werke Francke, 216–220.
— Idea studiosi Theologiae (1712). In: Werke Francke, 172–201.
— Lectiones paraeneticae, oder öffentliche Ansprachen an die Studiosos theologiae auf der Universität Halle, 7 Teile, Halle 1726ff, Teil II, 328.
— Timotheus zum Fürbilde allen Theologiae Studiosis dargestellet (1695). In: Werke Francke, 154–171.
FREUD, SIGMUND, Eine Schwierigkeit der Psychoanalyse. In: DERS., Gesammelte Werke, hg. v. ANNA FREUD u. a., Bd. XII, Frankfurt/M, 1947, 3–12.
FREY, CHRISTOFER, Rezension: PETER BARTMANN, Das Gebot und die Tugend der Liebe. Über den Umgang mit konfliktbezogenen Affekten. IN: ThLZ 125, 2000, Sp. 436–438.
FRIEDRICH, GERHARD / KRAUSE, GERHARD, Art. „Erbauung". In: TRE 10, 1982, 18–28.
FRITSCH, FRIEDEMANN, Communicatio idiomatum. Zur Bedeutung einer christologischen Bestimmung für das Denken Johann Georg Hamanns (TBT 89), Berlin/New York 1999.
— Die Wirklichkeit als göttlich und menschlich zugleich. Überlegungen zur Verallgemeinerung einer christologischen Bestimmung im Denken Hamanns. In: JOHANN GEORG HAMANN. „Der hellste Kopf seiner Zeit", hg. v. OSWALD BAYER, Tübingen 1998, 52–79.
FULDA, DANIEL und SILVIA SERENA TSCHOPP (HGG.), Literatur und Geschichte. Ein Kompendium zu ihrem Verhältnis von der Aufklärung bis zur Gegenwart, Berlin 2002.
FUNCK, HEINRICH, Briefwechsel zwischen Hamann und Lavater. In: Altpreußische Monatsschrift NF 31, 1894, 95–147.
GELLERT, CHRISTIAN F., „Jesus lebt, mit ihm auch ich" (EG 115).
GESTRICH, CHRISTOF, Christentum und Stellvertretung, Tübingen 2001.

— Die menschliche Seele – Hermeneutik eines dreifachen Wegs, Tübingen 2019.
— Die Wiederkehr des Glanzes in der Welt. Die christliche Lehre von der Sünde und ihrer Vergebung in gegenwärtiger Verantwortung, Tübingen 1989.
— Luther mit Leib und Seele. Impulse für die christliche Eschatologie. In: Denkraum Katechismus, hg. v. JOHANNES VON LÜPKE und EDGAR THAIDIGSMANN, Tübingen 2009, 289–314.
GERHARD, JOHANN, Loci theologici, Jena 1610–1622.
— Methodus studii theologici publicis praelectionibus in Academia Jenensi Anno 1617 exposita, Jena 1620.
GERHARDT, PAUL, „Befiehl du deine Wege" (EG 361).
— Dichtungen und Schriften, hg. und textkritisch durchgesehen von EBERHARD VON CRANACH-SICHART, München 1957.
— „Die güldne Sonne voll Freud und Wonne" (EG 449).
— „Du meine Seele, singe" (EG 302).
— „Ein Lämmlein geht und trägt die Schuld" (EG 83).
— „Geh aus, mein Herz, und suche Freud" (EG 503).
— „Ich bin ein Gast auf Erden" (EG 529).
— „Wach auf, mein Herz, und singe" (EG 446).
— „Zieh ein zu deinen Toren" (EG 133,7).
GESE, HARTMUT, Zur biblischen Theologie. Alttestamentliche Vorträge, München 1977.
GEYER, HANS-GEORG, Metaphysik als kritische Aufgabe der Theologie (1968). In: DERS., Andenken. Theologische Aufsätze, hg. v. HANS THEODOR GOEBEL u. a. Tübingen 2003, 7–21.
GLOEGE, GERHARD, Art. „Schöpfung IV B. Dogmatisch"; RGG³, Bd. 5, Tübingen 1961, 1484–1490.
GNOT, IRENA, Wort und Welt. Zur „Weltlichkeit" bei Martin Luther, masch. Diss. Tübingen 1998.
GOETHE, JOHANN WOLFGANG VON, Hamburger Ausgabe in 14 Bänden, hg. v. ERICH TRUNZ, München 1989
GOMBRICH, ERNST H., Art and Illusion, New York 1960.
GOTTSCHICK, JOHANNES, Ohne Jesus wäre ich Atheist. In: Die Christliche Welt 2, 1888, 461–463.
GRAMANN, JOHANN, „Nun lob, mein Seel, den Herren" (EG 289).
GRANE, L., AUGUSTINS „Expositio quarundam propositionum ex epistola ad Romanos" in Luthers Römerbriefvorlesung. In: ZThK 69, 1972, 304–330.
GRAUBNER, HANS, Hamanns Auseinandersetzung mit der Theodizee und sein Urteil über Voltaires Erschütterung. In: Das Erdbeben von Lissabon und der Katastrophendiskurs im 18. Jahrhundert, hg. v. GERHARD LAUER und THORSTEN UNGER, Wallstein Verlag 2008, 275–284.
— Origines. Zur Deutung des Sündenfalls in Hamanns Kritik an Herder. In: Bückeburger Gespräche über Johann Gottfried Herder 1988. Älteste Urkunde des Menschengeschlechts, hg. v. BRIGITTE POSCHMANN, Rinteln 1989, 108–132.
— Hamanns Buffon-Kommentar und seine sprachtheologische Deutung des Stils. In: Johann Georg Hamann. Autor und Autorschaft (Acta des sechsten Internationalen Hamann-Kolloquiums im Herder-Institut zu Marburg/Lahn 1992, hg. v. BERNHARD GAJEK, Frankfurt /M. u. a. 1996), 277–303.

GREGERSEN, NIELS H., Radical generosity and the flow of grace. In: Word – Gift – Being. Justification – Economy – Ontology, ed. by BO KRISTIAN HOLM UND PETER WIDMANN (Religion in Philosophy and Theology 37), Tübingen 2009, 117–144.
— / ET AL. (ED.), The Gift of Grace. The Future of Lutheran Theology, Minneapolis 2005.
GRIMM, JACOB UND WILHELM, Deutsches Wörterbuch, Leipzig 1854 ff.
— Von dem Fischer un syner Fru. In: BRÜDER GRIMM, Kinder- und Hausmärchen, Darmstadt 1967, 135–142.
GRIMPE, BARBARA, Globale Ökonomie jenseits dünner Beschreibungen. Erste Überlegungen zu Vertrauen im neuen Markt für Mikrofinanzen. In: Vertrauen verstehen, hg. v. SIMON PENG-KELLER und ANDREAS HUNZIKER (Hermeneutische Blätter 1/2), Zürich 2010.
GROSSE, SVEN, Heilsgewißheit des Glaubens. Die Entwicklung der Auffassungen des jungen Luther von Gewißheit und Ungewißheit des Heils. In: Lutherjahrbuch 77, 2010, 41–63.
GRÜNDER, K., Figur und Geschichte. Johann Georg Hamanns „Biblische Betrachtungen" als Ansatz einer Geschichtsphilosophie, Freiburg i.Br./München 1958.
GRYMER, BERGHOLT, Faith and Ontology. A Fundamental Lutheran Problem. An Examination of the Relationship Between Faith and Ontology in Lutheran Theology on the Basis of Oswald Bayer and K.E Løgstrup (masch. Diss. Aarhus 2013; dän. mit englischem Summary).
GRYPHIUS, ANDREAS, „Augenblick". In: Andreas Gryphius, „Augenblick", Gesamtausgabe der deutschsprachigen Werke, 8 Bde., hg. v. MARIAN SZYROCKI und HUGH POWELL, Bd. 2, Tübingen 1963, Nr 76, 182 f.
HAACKER, KLAUS, Creatio ex auditu. Zum Verständnis von Hebr 11,3. In: ZNW 60, 1969, 279–281.
— Verdienste und Grenzen der „neuen Perspektive" der Paulus-Auslegung. In: Lutherische und Neue Paulusperspektive. Beiträge zu einem Schlüsselproblem der gegenwärtigen exegetischen Diskussion, hg. v. M. BACHMANN unter Mitarbeit v. J. WOYKE, Tübingen 2005, 1–15.
HABERMAS, JÜRGEN, Strukturwandel der Öffentlichkeit. Untersuchungen zu einer Kategorie der bürgerlichen Gesellschaft (1962), Frankfurt/M. (1990) ⁶1999.
HÄRLE, WILFRIED, Der Glaube als Gottes- und/oder Menschenwerk in der Theologie Martin Luthers. In: DERS., Menschsein in Beziehungen, Tübingen 2005, 107–144.
— Dogmatik, Berlin/New York 1995.
— Widerspruchsfreiheit. Überlegungen zum Verhältnis von Glauben und Denken. In: NZSTh 28, 1986, 223–237.
HAFENREFFER, MATTHIAS, Loci theologici, 5. Aufl. Stuttgart 1662.
HAGEMANN, TIM, Reden und Existieren. Kierkegaards antipersuasive Rhetorik, Berlin/Wien 2001.
— Art. „Antipersuasive Rhetorik". In: Historisches Wörterbuch der Rhetorik, hg. v. GERT UEDING, Berlin 2012, Bd. 10, Sp. 45–51.
HAIZMANN, ALBRECHT, Indirekte Homiletik. Kierkegaards Predigtlehre in seinen Reden, Leipzig 2006.
HALFWASSEN, JENS, Art. „Einheit/Vielheit", RGG⁴, Bd. 2 (1999), 1168–1170.
HAMANN, JOHANN GEORG, Briefwechsel, Bd. I –III, hg. v. WALTHER ZIESEMER und ARTHUR HENKEL, Wiesbaden 1955–57.
— Briefwechsel, Bd. IV-VII, hg. v. ARTHUR HENKEL, Wiesbaden 1959, Frankfurt/M. 1965–1979.

— Londoner Schriften. Historisch-kritische Neuedition von OSWALD BAYER und BERND WEISSENBORN, München 1993 [= BW].
— Sämtliche Werke. Historisch-kritische Ausgabe von JOSEF NADLER, 6 Bände, Wien 1949–57 [= N].
— Petrusbrief. In: BW, 303f.
— Aesthetica in nuce (1762). In: N II, 195–217.
— Biblische Betrachtungen eines Christen (1758). In: BW, 65–104.
— Brocken. In: BW, 405–420 = N I, 298–309.
— Chimärische Einfälle. In: N II, 157–166.
— D[en] 7. May 1758. *Deuter.* 30.11–14. *coll. Rom.* X. 4–10. In: BW, 397–404.
— Des Ritters von Rosenkreuz letzte Willensmeinung über den göttlichen und menschlichen Ursprung der Sprache (1772). In: N III, 25–33.
— Fliegender Brief II (1786–88). In: N III, 349–407.
— Gedanken über meinen Lebenslauf vom 25. Juni 1758. In: BW, 431–435.
— Golgatha und Scheblimini (1784), N III, 291–320.
— Konxompax (1779). In: N III, 215–228.
— Kreuzzüge des Philologen. In: N I, 113–246.
— Metakritik über den Purismum der Vernunft (1784). In: N III, 281–289.
— Sokratische Denkwürdigkeiten (1759). In: N II, 57–82.
— Zweifel und Einfälle (1776). In: N III, 171–196.
— Zwey Scherflein. In: N III, 229–242.

HAMM, BERNDT, Pure Gabe ohne Gegengabe – die religionsgeschichtliche Revolution der Reformation. In: Geben und Nehmen (JBTh 27), Neukirchen 2013, 241–276.
HAMMER, GERHARD, D. Martin Luther. Operationes in Psalmos (1519–1521), Teil I: Historisch-theologische Einleitung (AWA 1), Köln und Wien 1991.
HAMPE, JOHANN C., „Gottes Güte, Gottes Treu sind an jedem Morgen neu" (EG 454).
HANRATTY, GERALD, The Origin and Development of Mystical Atheism; In: NZSTh 30, 1988, 1–17.
HARRISVILLE, ROY A., Fracture. The Cross as Irreconcilable in the Language and Thought of Biblical writers, Grand Rapids 2006.
HAUSCHILD, WOLF-DIETER, Die Formel „Gerecht und Sünder zugleich" als Element der reformatorischen Rechtfertigungslehre – eine Entdeckung des 20. Jahrhunderts. In: HERMANN, RUDOLF, Luthers These „Gerecht und Sünder zugleich". Eine systematische Untersuchung, Gütersloh, 1930, Darmstadt ²1960, 303–349.
HECKEL, MARTIN, Die Menschenrechte im Spiegel der reformatorischen Theologie (1987). In: DERS., GS Bd. 2, hg. v. KLAUS SCHLAICH, Tübingen 1989, 1122–1193.
— Martin Luthers Reformation und das Recht, Tübingen 2016.
HEERMANN, JOHANN, „O Gott, du frommer [= gerechter] Gott" (EG 495).
— „Frühmorgens, da die Sonn aufgeht..." (EG 111).
HEGEL, GEORG WILHELM FRIEDRICH, Die absolute Religion, hg. v. GEORG LASSON [PhB 63], Hamburg 1966, 129.
— Die Vernunft in der Geschichte, hg. v. JOHANNES HOFMEISTER (PhB 171a), Hamburg ⁵1955.
— Enzyklopädie der philosophischen Wissenschaften im Grundrisse (1830), neu hg. v. FRIEDHELM NICOLIN und OTTO PÖGGELER (PhB 33), Hamburg 1959.
— Glauben und Wissen oder Reflexionsphilosophie der Subjektivität in der Vollständigkeit ihrer Formen als Kantische, Jacobische oder Fichtesche Hilosophie (1802). In: DERS.,

Suhrkamp-Werkausgabe, hg. v. Eva Moldenhauer und Karl Markus Michel, Frankfurt/M. 1970 [=Suhrkamp Werkausgabe], Bd. 2, 287–433.
— Hamann's Schriften, hg. v. Friedrich Roth, VII Theile, 1821–25 (1828). In: Suhrkamp Werkausgabe, Bd. 11, 275–352.
— Phänomenologie des Geistes (1807), hg. v. Jonas Hoffmeister (PhB 114), Hamburg 1952.
— Vorlesungen über die Philosophie der Geschichte. In: Suhrkamp-Werkausgabe, Bd. 12.
— Vorlesungen über die Geschichte der Philosophie II. In: Suhrkamp-Werkausgabe, Bd. 19.
— Wissenschaft der Logik (Vorrede zur zweiten Ausgabe, 1831). In: Suhrkamp-Werkausgabe, Bd. 5, 19–34.
Heidegger, Martin, Nietzsches Wort „Gott ist tot". In: Holzwege (1950), Frankfurt/M. ⁴1963, 193–247.
— Unterwegs zur Sprache, Pfullingen 1959.
— Was ist Metaphysik? (1929). In: Ders., Gesamtausgabe, hg. v. Friedrich-Wilhelm v. Herrmann, Bd. 9, 1976, 103–122.
Heilung der Erinnerungen – Versöhnung in Christus. Bericht der Internationalen lutherisch-mennonitischen Studienkommission, hg. v. Lutherischen Weltbund, Genf 2010.
Heinicke, Samuel, Beobachtungen über Stumme, und über die menschliche Sprache, Hamburg 1778. In: Samuel Heinickes Gesammelte Schriften. hg. von Georg u. Paul Schumann, Leipzig 1912, 36–82.
Heinz, Andreas, Art. „Schweigen III" in RGG⁴, Bd. 7, 2004, Sp. 1062.
Held, Heinrich, „Gott sei Dank durch alle Welt" (EKG 11).
— „Komm, o komm, du Geist des Lebens" (EG 134).
Hendrix, Scott, The Kingdom of Promise. Disappointment and Hope in Luther's Later Ecclesiology. In: LuJ 71, 2004, 37–60.
Hennig, Gerhard, Cajetan und Luther. Ein historischer Beitrag zur Begegnung von Thomismus und Reformation, Stuttgart 1966.
— „Sonntags ist Kirche", hg. v. Christian Möller und Johannes Zimmermann, Stuttgart 2008.
Herbst, Christoph, Freiheit aus Glauben. Studien zum Verständnis eines soteriologischen Leitmotivs bei Wilhelm Herrmann, Rudolf Bultmann und Eberhard Jüngel (TBT 157), Berlin/New York 2012.
Herder, Johann Gottfried, „Selbst. Ein Fragment". In: Ders., Sämtliche Werke, hg. v. Bernhard Suphan, Bd. 29, Berlin 1884, 139–144.
Herman, Nikolaus, „Lobt Gott, ihr Christen alle gleich" (EG 27,5).
Hermanni, Friedrich, Metaphysik. Versuche über letzte Fragen, Tübingen 2011.
Hermisson, Hans-Jürgen, Deuterojesaja. In: Biblischer Kommentar. Altes Testament Bd. IX / 13. Neukirchen 2009.
— Studien zu Prophetie und Weisheit. Gesammelte Aufsätze, hg. v. Jörg Barthel, Hannelore Jauss und Klaus Koenen. Tübingen 1998.
Herms, Eilert, „Der Glaube ist ein schäftig, tätig Ding". Luthers Bild vom ethischen Charakter des Mensch- und Christseins. In: NZSTh 59, 2017, 80–109.
Hey, Wilhelm, „Weißt du, wieviel Sternlein stehen..." (EG 511).
Hirsch, Emanuel, Die Umformung des christlichen Denkens in der Neuzeit. Ein Lesebuch, Tübingen 1938.
— Geschichte der neuern evangelischen Theologie im Zusammenhang mit den allgemeinen Bewegungen des europäischen Denkens (1949), Gütersloh ²1960.

HÖLDERLIN, FRIEDRICH, Hymne „Patmos". In: FRIEDRICH HÖLDERLIN, Sämtliche Werke. Große Stuttgarter Ausgabe, hg. v. FRIEDRICH BEISSNER, Bd. II/I, Stuttgart 1951, 165–172.
— In lieblicher Bläue [...]. In: DERS., Sämtliche Werke, Kleine Stuttgarter Ausgabe, hg. v. FRIEDRICH BEISSNER, Bd. II, Stuttgart 1953, 372–374.
HOF, OTTO, Luther über Trübsal und Anfechtung. In: DERS., Schriftauslegung und Rechtfertigungslehre. Aufsätze zur Theologie Luthers, Karlsruhe 1982, 161–180
HOFFMANN, VERONIKA (Hg.), Die Gabe. Ein „Urwort" der Theologie?, Frankfurt/ M. 2009.
HOFIUS, OTFRIED, Art. „Sühne IV. (Neues Testament)". In: TRE 32, 2001, 342–347.
— „Der Gott allen Trostes". παράκλησις und παρακαλέω in 2Kor 1,3–7. In: Theologische Beiträge 14, 1983, 217–227; sowie in: DERS., Paulusstudien, Tübingen 1989, 244–254.
— Gemeinschaft mit den Engeln im Gottesdienst der Kirche. Eine traditionsgeschichtliche Skizze. In: ZThK 89, 1992, 172–196.
— Gesetz und Evangelium nach 2. Korinther 3. In: DERS., Paulusstudien (WUNT 51), Tübingen 1989, 75–120.
— Sehnsucht nach Gott – Das biblische Zeugnis von der Liebe Gottes zu den Menschen. In: Hirsauer Blätter, Heft 9, 2002, 32–44.
— Sühne und Versöhnung. In: DERS., Paulusstudien (WUNT 51), Tübingen 1989, 33–49.
— Zum Amtsverständnis im Neuen Testament. In: KONRAD RAISER und DOROTHEA SATTLER (Hgg.), Ökumene vor neuen Zeiten (Für Theodor Schneider), Freiburg/Basel/Wien 2000, 263–266.
HOLLAZ, DAVID, Examen theologicum acroamaticum (1707), in 2 Bänden, Nachdruck Darmstadt 1971.
HOLM, BO KRISTIAN, Gabe und Geben bei Luther (TBT 134), Berlin/New York 2006.
— DERS. / PETER WIDMANN (eds.), Word – Gift – Being. Justification – Economy – Ontology, (Religion in Philosophy and Theology 37), Tübingen 2009.
HOLTZ, TRAUGOTT, ART. „ἀποκαλύπτω". In: Exegetisches Wörterbuch zum Neuen Testament, Bd. I, 312–317.
HOMER, Ilias, übers. von JOHANN HEINRICH VOSS, Stuttgart 1959.
HONECKER, MARTIN, Luthers Theologie im Reformationsgedenken, ThR 81, 2016, 35–47.
HONNETH, AXEL, Kampf um Anerkennung. Zur moralischen Grammatik sozialer Konflikte, Frankfurt /M 1992.
HORAZ, Satiren I. In: Satiren = Sermones, lat.-dt., übers. v. GERD HERRMANN, hg. v. GERHARD FINK, Sammlung Tusculum, Düsseldorf/Zürich, 2000.
HORKHEIMER, MAX, Die Aktualität Schopenhauers. In: DERS., Zur Kritik der instrumentellen Vernunft, hg. v. ALFRED SCHMIDT, Frankfurt/M. 1974, 248–268.
— Die Sehnsucht nach dem ganz Anderen. Ein Interview mit Kommentar von HELMUT GUMNIOR, Hamburg 1970.
HORSTMANN, AXEL, ART. „αἰσχύνομαι". In: Exegetisches Wörterbuch zum Neuen Testament, hg. v. HORST BALZ und GERHARD SCHNEIDER, Bd. I, Stuttgart u. a. 1980, 100–102.
HUBER, WOLFGANG, Kirche und Öffentlichkeit, Stuttgart 1973.
HUIZING, KLAAS / GURISATTI, GIOVANNI, Die Schrift des Gesichts. Zur Archäologie physiognomischer Wahrnehmungskultur, NZSTh 31, 1989, 271–287.
— Verschattete Epiphanie. Lavaters ästhetischer Gottesbeweis. In: HORST WEIGELT/KARL PESTALOZZI (Hg.), Das Antlitz Gottes im Antlitz des Menschen, Göttingen 1994, 61–79.
HUSSERL, EDMUND, Die Idee der Phänomenologie, Husserliana II, Den Haag ²1973.

HUXEL, KIRSTEN, Ontologie des seelischen Lebens. Ein Beitrag zur theologischen
    Anthropologie im Anschluß an Hume, Kant, Schleiermacher und Dilthey, Tübingen 2004.
ILLGE, HANNES, Gewissheit durch das Wort. Eine sprachphilosophische Untersuchung von
    Luthers fundamentaltheologischer Einsicht, Frankfurt/M. 2009.
IRENÄUS VON LYON, Adversus Haereses I, ed./ übers. Norbert Brox, (Fontes Christiani 8,1),
    Freiburg 1993.
IWAND, HANS JOACHIM, Wider den Missbrauch des pro me als methodisches Prinzip in der
    Theologie. In: EvTh 14,1954, 120–124 (=ThLZ 79/ 1954, Sp. 453–458).
JACOBI, FRIEDRICH HEINRICH, Werke, Bd. III, hg. v. FRIEDRICH ROTH/FRIEDRICH KÖPPEN,
    Darmstadt 1980 (Reprografischer Nachdruck der Ausgabe Leipzig 1816).
JANKE, WOLFGANG, Kritik der präzisierten Welt, Freiburg/München 1999.
JANOWSKI, BERND, Die Welt des Anfangs. Gen 1,1–2,4a als Magna Charta des biblischen
    Schöpfungsglauben. In: Schöpfungsglaube vor der Herausforderung des Kreationismus,
    hg. v. BERND JANOWSKI, FRIEDRICH SCHWEITZER, CHRISTOPH SCHWÖBEL (Theologie
    Interdisziplinär), Neukirchen-Vluyn 2009, 10–23.
—— Freude an der Tora. Psalm 1 als Tor zum Psalter. In: EvTh 67, 2007, 18–31.
—— Konfliktgespräche mit Gott. Eine Anthropologie der Psalmen, Neukirchen 2003.
—— Rettungsgewißheit und Epiphanie des Heils. Das Motiv der Hilfe Gottes „am Morgen" im
    Alten Orient und im Alten Testament, Bd. I: Alter Orient (Wissenschaftliche Monographien
    zum Alten und Neuen Testament, 59), Neukirchen 1989.
JANOWSKI, J. CHRISTINE, Allerlösung. Annäherungen an eine entdualisierte Eschatologie, 2
    Bde., Neukirchen 2000.
JELLINEK, GEORG, Die Erklärung der Menschen- und Bürgerrechte, Leipzig 1895.
JEREMIAS, JOACHIM, Die Abendmahlsworte Jesu, Göttingen ³1960.
JEREMIAS, JÖRG, Der Prophet Hosea, ATD 24/1, Göttingen 1983.
—— Die Reue Gottes, 1975, 52–59.
JETTER, WERNER, Die Taufe beim jungen Luther. Eine Untersuchung über das Werden der
    reformatorischen Sakraments- und Taufanschauung, Tübingen 1954.
JOEST, WILFRIED und LÜPKE, JOHANNES VON, Dogmatik I: Die Wirklichkeit Gottes, Göttingen
    ⁵2010.
—— Gesetz und Freiheit. Das Problem des Tertius usus legis bei Luther und die
    neutestamentliche Paränese, Göttingen (1951), ³1961.
—— Ontologie der Person bei Luther, Göttingen 1967.
JONAS, HANS, Der Gottesbegriff nach Auschwitz. Eine jüdische Stimme. In: DERS.,
    Philosophische Untersuchungen und metaphysische Vermutungen, Frankfurt/M. 1994,
    190–208.
—— Philosophische Untersuchungen und metaphysische Vermutungen, Frankfurt/M. und
    Leipzig 1965.
JØRGENSEN, SVEN-AAGE, Johann Georg Hamann (Sammlung Metzler 143), Stuttgart 1976.
—— Johann Georg Hamann. Sokratische Denkwürdigkeiten / Aesthetica in nuce (= Reclam
    926/26a), Stuttgart 1968.
—— Arbeit am Mythos? In: OSWALD BAYER, BERNHARD GAJEK, JOSEF SIMON (Hgg.), Hamann.
    Insel Almanach auf das Jahr 1988, Frankfurt/M. 1987, 83–90.
JOSUTTIS, MANFRED, Gesetzlichkeit in der Predigt der Gegenwart, München 1966.
JÜNGEL, EBERHARD, Das Evangelium von der Rechtfertigung des Gottlosen als Zentrum des
    christlichen Glaubens. Eine theologische Studie in ökumenischer Absicht, Tübingen 1998.

— Wertlose Wahrheit, Tübingen 1990.
JUNGHANS, HELMAR, Die Worte Christi geben das Leben. In: Wissenschaftliches Kolloquium „Der Mensch Luther und sein Umfeld" (2.–5. Mai 1996 auf der Wartburg, hg. v. der Wartburg-Stiftung Eisenach (Wartburg-Jahrbuch, Sonderband), Regensburg 1965, 154–175.
— „Leben und Werk Martin Luthers von 1526 bis 1546" hg. v. DERS., Göttingen 1983.
JUVENAL, Satiren, übersetzt und hg. v. ULRICH KNOCHE, München 1951.
KÄSEMANN, ERNST, An die Römer (1973), Tübingen ³1974.
— Eine paulinische Variation des „amor fati" (1959). In: DERS., Exegetische Versuche und Besinnungen, Bd. II, Göttingen ²1965, 223–239.
— Sätze heiligen Rechts im Neuen Testament (Exegetische Versuche und Besinnungen II, Göttingen 1964, 69–82.
KAISER, JÜRGEN, Ruhe der Seele und Siegel der Hoffnung, Die Deutungen des Sabbats in der Reformation, Göttingen 1996.
KAMMLER HANS-CHRISTIAN und RAUSCH, RAINER (Hgg.), Paulus und Luther. Ein Widerspruch?, Hannover 2013.
KANG, CHI-WON, Frömmigkeit und Gelehrsamkeit. Die Reform des Theologiestudiums im lutherischen Pietismus des 17. und frühen 18. Jahrhunderts (KGM 7), Gießen 2001.
KANT, IMMANUEL, Briefe, hg. u. eingeleitet v. J. ZEHBE, Göttingen 1970.
— Kant's gesammelte Schriften, hg. v. der königlich preussischen Akademie der Wissenschaften [=AA], Berlin, 1900 ff.
— Werke in 10 Bänden, hg. v. WILHELM WEISCHEDEL, Darmstadt 1968–70 [= Werke].
— Anthropologie in pragmatischer Hinsicht (1798). In: Werke, Bd. X, 397–690.
— Beantwortung der Frage Was ist Aufklärung? (1784). In: Werke, Bd. IX, 1970, 53–61.
— Der Streit der Fakultäten (1798). In: Werke, Bd. IX, 261–393.
— Die Religion innerhalb der Grenzen der bloßen Vernunft (1793). In: Bd. VII, 649–879.
— Grundlegung der Metaphysik der Sitten (1785). In: AA IV, 1911, 385–463 (= Werke, Bd. VI, 11–102.).
— Idee zu einer allgemeinen Geschichte in weltbürgerlicher Absicht (1784). In: Werke, Bd. IX, 33–50.
— Kritik der praktischen Vernunft (1787). In: Werke, Bd. VI, 107–302.
— Kritik der reinen Vernunft (1781). In: Werke, Bd. III-IV.
— Logik (1800). In: Werke, Bd. V, 423–582.
— Metaphysik der Sitten (1797). In: Werke, Bd. VII, 309–634.
— Mutmaßlicher Anfang der Menschengeschichte (1786). In: Werke, Bd. IX, 85–102.
— Prolegomena (1783). In: Werke, Bd. V, 113–264.
— Über das Misslingen aller philosophischen Versuche in der Theodizee (1791). In: Werke, Bd. IX, 105–124.
— Versuch einiger Betrachtungen über den Optimismus (1759). In: Werke, Bd. II, 587–594.
KAUFMANN, THOMAS, Antisemitische Lutherflorilegien. Hinweise und Materialien zu einer fatalen Rezeptionsgeschichte. In: ZThK 112, 2015, 192–228.
— Die Ehre der Hure. Zum vernünftigen Gottesgedanken in der Reformation. In: Der Gott der Vernunft. Protestantismus und vernünftiger Gottesgedanke, hg. v. JÖRG LAUSTER und BERND OBERDORFER, Tübingen 2009, 61–91.

— Die Frage nach dem reformatorischen Durchbruch. Ernst Bizers Lutherbuch und seine Bedeutung. In: Lutherforschung im 20. Jahrhundert. Rückblick-Bilanz-Ausblick, hg. v. RAINER VINKE, Mainz 2004, 71–97.
— Luthers Juden, Stuttgart 2014.
— Universität und lutherische Konfessionalisierung. Die Rostocker Theologieprofessoren und ihr Beitrag zur theologischen Bildung und kirchlichen Gestaltung im Herzogtum Mecklenburg zwischen 1550 und 1675 (QFRG 66), Gütersloh 1997.
KERMODE, FRANK, The Sense of an Ending. Studies in the Theory of Fiction, Oxford 1967.
KIERKEGAARD, SÖREN, Abschließende unwissenschaftliche Nachricht zu den Philosophischen Brocken (1846). In: Gesammelte Werke, übersetzt und hg. v. EMANUEL HIRSCH und HAYO GERDES, 16. Abteilung Teil 1 u. 2, Gütersloh ²1986 [=GW].
— Die Krankheit zum Tode (1849), GW 24/25; sowie in: DERS., Die Krankheit zum Tode (1849), übersetzt von LISELOTTE RICHTER. Frankfurt/M. ²1986.
— Einübung im Christentum (1850). In: GW 26.
— Philosophische Brocken (1844). In: GW 10.
KILLY, WALTHER, Der veste Buchstab – gut gedeutet. 2.Korinther 3,6 und die Dichter. In: Charisma und Institution, hg. v. TRUTZ RENDTOFF, Gütersloh 1985, 66–83.
KLEINIG, JOHN, Where is Your God? Luther on God's Self-localisation. In: Australian Journal of Liturgy 11/4, 2009, 168–184.
KLEINKNECHT, HERMANN, D. Martin Luthers Epistelauslegung, Bd. 4: Der Galaterbrief, Göttingen 1980.
KLEPPER, JOCHEN, Brief an Rudolf Hermann am 14.11.1940. In: HEINRICH ASSEL, Der du die Zeit in Händen hast. Briefwechsel zwischen Rudolf Hermann und Jochen Klepper 1925–1942, München 1992.
— Das göttliche Wort und der menschliche Lobgesang. In: Das Buch der Christenheit. Betrachtungen zur Bibel. hg. v. KURT IHLENFELD. Berlin 1939, 128–162.
— Der christliche Roman. In: DERS., Nachspiel. Erzählungen, Aufsätze, Gedichte. Witten, Berlin 1960, 84–101.
— „Der du die Zeit in Händen hast" (EG 64).
— „Er weckt mich alle Morgen" (EG 452).
— „Gott wohnt in einem Lichte" (EG 379).
— Kyrie. Geistliche Lieder (1938). In: DERS., Ziel der Zeit. Die gesammelten Gedichte (1962). Bielefeld ³1980, 43–95.
— „Sieh nicht an..." (Weihnachtslied), 1. Strophe. In: JOCHEN KLEPPER, Ziel der Zeit. Die gesammelten Gedichte, (1977), ³1980, Bielefeld, 60.
— Unter dem Schatten Deiner Flügel. Aus den Tagebüchern der Jahre 1932–1942, hg. v. HILDEGARD KLEPPER, Stuttgart 1956.
KÖHLER, LUDWIG und BAUMGARTNER, WALTER, Lexicon in Veteris Testamenti Libros, Leiden 1953.
KÖNIG, JOHANN FRIEDRICH, Theologia positiva acroamatica (Rostock 1664, hg. und übers. v. ANDREAS STEGMANN, Tübingen 2006.
KÖPF, ULRICH, Monastische und scholastische Theologie. In: Bernhard von Clairvaux und der Beginn der Moderne, hg. v. DIETER R. BAUER und GOTTHARD FUCHS, Innsbruck-Wien 1996, 96–135.
— Wurzeln reformatorischen Denkens in der monastischen Theologie Bernhards von Clairvaux. In: Reformation und Mönchtum. Aspekte eines Verhältnisses über Luther

hinaus, hg. v. ATHINA LEXUTT, VOLKER MANTEY und VOLKMAR ORTMANN, Tübingen 2008, 29–56.
KÖRTNER, ULRICH H.J., Der inspirierte Leser. Zentrale Aspekte biblischer Hermeneutik, Göttingen 1994.
— Kirchenleitung und Episkope. Funktionen und Formen der Episkope im Rahmen der presbyterial-synodalen Ordnung evangelischer Kirchen. In: KuD 52, 2006, 2–24.
KOSELLECK, REINHART, Art. „Geschichte V. Die Herausbildung des modernen Geschichtsbegriffs", GGB 3 (1975), 647–691.
KRÄMER, HANS JOACHIM, Zwischenbilanz der Tübinger Platon-Forschung. In: Denkwege 3. Philosophische Aufsätze, hg. v. DIETMAR KOCH und DAMIR BARBARI, Tübingen 2004, 100–118.
KRENZER, Rolf, „Du hast uns deine Welt geschenkt" (EG 612).
KRUSE, JENS MARTIN, Universitätstheologie und Kirchenreform. Die Anfänge der Reformation in Wittenberg 1516–1522, Mainz 2002.
KÜMMEL, W. G., Röm 7 und das Bild des Menschen im Neuen Testament, München 1974.
KUES, NIKOLAUS VON, De Deo abscondito. In: DERS., Philosophisch-Theologische Schriften (lat.-dt.), hg. v. LEO GABRIEL, Bd. I/II, Wien 1964 ff., 299–309.
LÄMMERZAHL, ELFRIEDE, Der Sündenfall in der Philosophie des deutschen Idealismus, Berlin 1934.
LANDMESSER, CHRISTOPH, LUTHER UND PAULUS: EINE REZENSION IN EXEGETISCHER PERSPEKTIVE ZU EINEM BUCH VON VOLKER STOLLE. In: NZSTh 48, 2006, 222–238.
LAVATER, JOHANN CASPAR, Ausgewählte Werke, Bd. III: Werke 1769–1771, hg. v. MARTIN ERNST HIRZEL, Zürich 2002.
— Ausgewählte Werke, Bd. IV: Werke 1771–1773, hg. v. URSULA CAFLISCH-SCHNETZLER, Zürich 2009.
— Aussichten in die Ewigkeit, 1768–1773. In: Ausgewählte Werke, hg. v. URSULA CAFLISCH-SCHNETZLER, Bd. II, Zürich 2001, 97–205.
— Glaubensbekenntnis oder Grundideen meiner Religion (1788), ediert von GERHARD EBELING (1993). In: DERS., Theologie in den Gegensätzen des Lebens, Tübingen 1995.
— Physiognomische Fragmente zur Beförderung der Menschenkenntnis und Menschenliebe. Gott schuf den Menschen sich zum Bilde (1775–1778). In: DERS. Ausgewählte Werke, hg. v. ERNST STAEHLIN, 4 Bände, Zürich 1943, 2. Bd., 110–213.
— Pontius Pilatus oder die Bibel im Kleinen und der Mensch im Großen (1782–1785). In: DERS., Ausgewählte Werke, hg. v. ERNST STAEHLIN, 4 Bände, Zürich 1943, 3. Bd., 79–142.
— Unveränderte Fragmente aus dem Tagebuche eines Beobachters seiner selbst (1773). In: DERS., Ausgewählte Werke, hg. v. ERNST STAEHLIN, 4 Bände, Zürich 1943, 2. Bd., 30–42.
LEAVER, ROBIN A., Luther's Liturgical Music. Principles and Implications, Grand Rapids 2007.
LEIBNIZ, GOTTFRIED WILHELM, Sämtliche Schriften und Briefe, Reihe II,1. Bd., hg. v. der deutschen Akademie der Wissenschaften zu Berlin, Berlin 1972.
LEIPOLDT, JOHANNES / GRUNDMANN, WALTER, Umwelt des Urchristentums, Bd. 3: Bilder zum neutestamentlichen Zeitalter, Berlin, [6]1987.
LEPPIN, VOLKER, Ehe bei Martin Luther. Stiftung Gottes und „weltlich ding". In: EvTh 75, 2015, 22–33.
LESSING, GOTTHOLD EPHRAIM, Über den Beweis des Geistes und der Kraft (1777). In: DERS., Werke in acht Bänden, hg. v. HERBERT GÖPFERT, Bd. VIII (München 1979), 9–14.

—— Die Erziehung des Menschengeschlechts (1780). In: DERS., Werke in acht Bänden, hg. v. HERBERT GÖPFERT, Bd. VII (München 1976), 476–488.

LEXUTT, ATHINA, „Der Mönch braucht keine Gelehrsamkeit". Luther zwischen Theologie und Religion in der Beurteilung Johann Salomo Semlers. Ein Beitrag zur Rezeption des Themas „Reformation und Mönchtum" im 18. Jahrhundert. In: Reformation und Mönchtum. Aspekte eines Verhältnisses über Luther hinaus, hg. v. ATHINA LEXUTT, VOLKER MANTEY und VOLKMAR ORTMANN (SMHR 43), Tübingen 2008, 189–212.

LINK, WILHELM, Das Ringen Luthers um die Freiheit der Theologie von der Philosophie (1940), München ²1955.

LØGSTRUP, KNUD EJLER, Auseinandersetzung mit Kierkegaard 1968.

—— Beyond the Ethical Demand, Notre Dame 2007.

—— Norm und Spontaneität, Tübingen 1989.

—— Schöpfung und Vernichtung. Religionsphilosophische Betrachtungen (Metaphysik 4), Tübingen 1990.

LÖFGREN, DAVID, Die Theologie der Schöpfung bei Luther (FKDG 10), Göttingen 1960.

LÖSCHER, VALENTIN E., „Ich grüße dich am Kreuzesstamm" (EG 90).

LÖWITH, KARL, Vicos Grundsatz: verum et factum convertuntur. Seine theologische Prämisse und deren säkulare Konsequenzen (SHAW.PH), Heidelberg 1968.

LÜPKE, JOHANNES VON, Anthropologische Einfälle. Zum Verständnis der „ganzen Existenz" bei Johann Georg Hamann. In: NZSTh 30, 1988, 225–268.

—— Anvertraute Schöpfung. Biblisch-theologische Gedanken zum Thema „Bewahrung der Schöpfung", Hannover 1992.

—— Das exzentrische Herz. In: DERS., Gottesgedanke Mensch. Anthropologie in theologischer Perspektive, Leipzig 2018, 163–174.

—— Die Seele als Raum der Gottesbegegnung. In: DERS., Gottesgedanke Mensch. Anthropologie in theologischer Perspektive, Leipzig 2018, 149–162.

—— Die Wirklichkeit im Werden – in welchem Licht sehen wir die Welt? In: FRANK VOGELSANG (Hg.), Unser Bild von der Welt und der Glaube an Gott, Evangelische Akademie im Rheinland, Bonn 2005, 121–129

—— Ebenbild im Widerspruch. Menschenwürde und Menschenrechte im Spiegel der Erzählung vom Brudermord (Gen 4,1–16). In: Der Mensch als Thema theologischer Anthropologie. Beiträge in interdisziplinärer Perspektive, hg. v. JÜRGEN VAN OORSCHOT und MARKUS IFF, Neukirchen 2010, 114–145.

—— Geheimnis. In: Evangelisches Lexikon für Theologie und Gemeinde, hg. v. HELMUT BURKHARDT u. a., Wuppertal und Zürich, Bd. 2, 1993, 673–675.

—— Gedächtnis der Kirche. Theologie in kirchlicher Verantwortung, Leipzig 2020, 159–167.

—— Gott in seinem Wort wahrnehmen. Überlegungen zu einem nachmetaphysischen Gottesverständnis im Anschluß an Anselm von Canterbury und Martin Luther. In: Phänomenologie und Theologie (QD 227), hg. v. THOMAS SÖDING und KLAUS HELD, Freiburg/Br. 2009, 74–105.

—— Gottesgedanke Mensch. Anthropologie in theologischer Perspektive, Leipzig 2018.

—— Hamanns „Brocken" und ihre englischen Hintergründe. In: Johann Georg Hamann und England, Acta des siebten Internationalen Hamann-Kolloquiums 1996, hg. v. BERNHARD GAJEK, Frankfurt/M. 1999, 41–58.

—— Wege der Weisheit. Studien zu Lessings Theologiekritik, Göttingen 1989.

— Zur Aufgabe einer evangelischen Dogmatik heute. In: Zur Freiheit berufen. Melanchthons „Loci communes" (1521) als Grundkurs reformatorischer Theologie (Veröffentlichungen der Luther-Akademie Sondershausen-Ratzeburg e.V.), hg. v. RAINER RAUSCH (Rauschs Ratzeburger Reihe, Bd. 1), Norderstedt o. J. 2011, 57 – 77.

LÜTKEHAUS, LUTGER, Stille, Schweigen, Musik, Marburg 2015.

LUHMANN, NIKLAS, Vertrauen. Ein Mechanismus der Reduktion sozialer Komplexität, Stuttgart 1968.

LUSCHER, BIRGIT, Arbeit am Symbol. Symbolisierung und Symbolstruktur. Bausteine zu einer Theorie religiösen Erkennens im Anschluß an Paul Tillich und Ernst Cassirer (masch. Diss.), ev-theol. Fak. Tübingen 2007.

LUTHER, D. MARTIN, Biblia: das ist: die gantze Heilige Schrifft: Deudsch, Wittenberg 1545.

— „Christ lag in Todesbanden" (EG 101).
— „Dies sind die heiligen zehn Gebot [e]" (EG 231).
— „Gelobet seist du, Jesu Christ" (EG 23).
— „Jesus Christus, unser Heiland, der den Tod überwand" (EG 102).
— „Nun bitten wir den Heiligen Geist" (EG 124).
— „Nun freut euch, lieben Christen g'mein" (EG 341).

DERS., Lateinisch-deutsche Studienausgabe, Bd. 1 (Der Mensch vor Gott), unter Mitarbeit von MICHAEL BEYER hg. u. eingeleitet v. WILFRIED HÄRLE, Leipzig 2006.

DERS., Luthers Werke in Auswahl [= Cl], hg. v. OTTO CLEMEN ET AL., Bonn 1912 – 1933.

— Disputatio contra scholasticam theologiam (1517), in: Cl Bd. 5. Der junge Luther, 320 – 326.

DERS., D. Martin Luthers Werke. Kritische Gesamtausgabe [= WA], Weimar 1883 – 2009.

— 1. Psalmenvorlesung (1513 – 1515), in: WA 55 I/II.
— 2. Galatervorlesung (1531), in: WA 40 I/II.
— A Luthero quaedam collecta sparsim tum in contionibus tum prelectionibus Vuittenbergae (1514), in: WA 4, 605 – 614.
— Acht Sermon D. M. Luthers von jm gepredigt zu Wittenberg in der Fasten [Invokavitpredigten] (1522), in: WA 10 III, 1 – 64.
— Ad dialogum Silvestri Prieratis de potestate papae responsio (1518), in: WA 1, 644 – 686.
— An den christlichen Adel deutscher Nation von des christlichen Standes Besserung (1520), in: WA 6, 381 – 469.
— Assertio omnium articulorum M. Lutheri per bullam Leonis X. novissimam damnatorum (1521), in: WA 7, 91 – 151.
— Aus einem Exemplar des Psalters nebst Summarien (1531), in: WA 48, 276.
— Auslegung der zehn Gebote (1528), in: WA 16, 394 – 646.
— Auslegung deutsch des Vaterunsers für die einfältigen Laien (1519), in: WA 2, 74 – 130.
— Auslegung von Psalm 51 (1532), in: WA 31 I, 510 – 514.
— Das 15. Capitel der 1. Epistel S. Pauli an die Corinther 1532/33, gedruckt 1534, in: WA 36, 478 – 696.
— Das XVI. Kapitel S. Johannis gepredigt und ausgelegt (1539), in: WA 46, 1 – 113.
— Daß diese Wort Christi „Das ist mein Leib" noch fest stehen wider die Schwärmgeister (1527), in: WA 23, 38 – 320.
— Daß eine christliche Versammlung oder Gemeine Recht und Macht habe, alle Lehre zu urtheilen und Lehrer zu berufen, ein und ab zu setzen, Grund und Ursach aus der Schrift (1523), in: WA 11, 401 – 416.

— Daß Jesus Christus ein geborener Jude sei (1523), in: WA 11, 314–336.
— Daß weltliche Obrigkeit den Wiedertäufern mit leiblicher Strafe zu wehren schuldig sei, Etlicher Bedenken zu Wittenberg (1536), in: WA 50, 6–15.
— De captivitate Babylonica ecclesiae praeludium (1520), in: WA 6, 484–573.
— De instituendis ministris Ecclesiae (1523), in: WA 12, 160–196.
— De servo arbitrio (1525), in: WA 18, 551–787.
— De votis monasticis Martini Lutheri iudicium (1521), in: WA 8, 564–669.
— Der 83. Psalm ausgelegt (1530), in: WA 31 I, 183–218.
— Der 127. Psalm ausgelegt an die Christen zu Riga in Liefland (1524), in: WA 15, 348–379.
— Der Große Katechismus (1529), in: WA 30 I, 123–238.
— Der Kleine Katechismus (1529), in: WA 30 I, 239–425.
— Der Prophet Jona ausgelegt (1526), in: WA 19, 169–251.
— Deuteronomium Mosi cum annotationibus (1525), in: WA 14, 497–744.
— Die Disputation de divinitate et humanitate Christi (1540), in: WA 39 II, 92–121.
— Die Disputation de iustificatione (1536), in: WA 39 I, 78–126.
— Die Doktorpromotion von Hieronymus Weller und Nikolaus Medler (1535), in: WA 39 I, 40–77.
— Die dritte Disputation gegen die Antinomer (1538), in: WA 39 I, 486–584.
— Die Epistel an die Ebräer (1546), in: WA Deutsche Bibel Bd. 7 [= DB 7], 346–383.
— Die philosophischen Thesen der Heidelberger Disputation mit ihren Probationes (1518), in: WA 59, 405–426.
— Die Promotionsdisputation von Johannes Macchabäus Scotus. 3. Februar 1542, in: WA 39 II, 145–184.
— Die Promotionsdisputation von Joachim Mörlin (1540), in: WA 39 II, 122–144.
— Die Promotionsdisputation von Palladius u. Tilemann (1537), in: WA 39 I, 198–257.
— Die Schmalkaldischen Artikel (1537/38), in: WA 50, 160–254.
— Die sieben Bußpsalmen. Erste Bearbeitung (1517), in: WA 1, 154–220.
— Die zweite Disputation gegen die Antinomer (1538), in: WA 39 I, 418–485.
— Disputatio contra scholasticam theologiam (1517), in: WA 1, 221–228.
— Disputatio de homine (1536), in: WA 39 I, 174–180.
— Disputatio et excusatio F. Martini Luther adversus criminationes D. Johannis Eccii (1519), in: WA 2, 153–161.
— Ein klein Unterricht, was man in den Evangelii suchen und gewarten soll (1522), in: WA 10 I.1, 8–17.
— Ein Sermon über den herrlichen spruch Johannis am 5.: ‚Suchet in der Schrift' (1546), in: WA 51, 1–11.
— Ein Sermon von dem heiligen hochwürdigen Sakrament der Taufe (1519), in: WA 2, 724–737.
— Ein Sermon von dem neuen Testament, das ist von der heiligen Messe (1520), in: WA 6, 349–378.
— Ein Sermon von der Bereitung zum Sterben (1519), in: WA 2, 680–697.
— Ein Sermon von unterscheid des Gesetzes und Euangelij aus der Epistel S. Pauli Gal. III (1532), in: WA 36, 24–42.
— Eine einfältige Weise zu beten für einen guten Freund (1535), in: WA 38, 351–375.
— Eine Hochzeitspredigt über den Spruch Hebr. 13,4 (1531), in: WA 34 I, 50–82.

— Eine kurze Form der zehn Gebote, eine kurze Form des Glaubens, eine kurze Form des Vaterunseres (1520), in: WA 7, 194–229.
— Eine treue Vermahnung zu allen Christen, sich zu hüten vor Aufruhr und Empörung (1522), in: WA 8, 670–687.
— Epistel in der Früh-Christmeß, Tit 3,4–7 (1522), in: WA 10 I.1, 95–127.
— Epistola Lutheriana ad Leonem Decimum summum pontificem. Tractatus de libertate christiana (1520), in: WA 7, 39–73.
— Erhalt uns Herr bey deinem Wort, in: WA 35, 467.
— Etliche schöne Predigten aus der ersten Epistel S. Johannis Von der Liebe (1532), in: WA 36, 416–477.
— Evangelium in der Christmeß, Luk. 2,1–14 (1522), in: WA 10 I.1, 58–94.
— Fastenpostille (1527), in: WA 17 II, 1–246.
— Galaterkommentar (1519), in: WA 2, 436–618.
— Genesisvorlesung (1535–45), in: WA 42–44.
— Glosse auf das vermeinte kaiserliche Edikt (1531), in: WA 30 III, 321–388.
— Glossen zum Dekalog (1530), in: WA 30 II, 357–360.
— Grund und Ursach aller Artikel D. Martin Luthers, so durch römische Bulle unrechtlich verdammt sind (1521), in: WA 7, 299–457.
— Hebräervorlesung (1517/18), in: WA 57, b1-b238.
— Heidelberger Disputation (1518), in: WA 1, 350–374.
— Jesajavorlesung (1527–1530), in: WA 31 II, 1–585.
— Letzte Aufzeichnung Luthers über den unerschöpflichen Tiefsinn der h. Schrift (16. Feb. 1546), in: WA 48, 241.
— Operationes in Psalmos [2. Psalmenvorlesung] (1519–1521), in: WA 5.
— Praefatio zu den Symphoniae iucundae (1538), in: WA 50, 364–374.
— Predigt bei der Einweihung der Schloßkirche zu Torgau gehalten 1544, in: WA 49, 588–614.
— Predigt De timore Dei (1514), in: WA 4, 659–666.
— Predigt Die Paschae (Ostern 1531), in: WA 34 I, 271–277.
— Predigt Die Penthecostes (Pfingsten 1531), in: WA 34 I, 458–468
— Predigt über 1Kor 15 (1544), in: WA 49, 422–441.
— Predigt über 1Kor 15 (1545), in: WA 49, 727–746.
— Predigt über 1Petr 5 (1539), in: WA 47, 839–846.
— Predigt in Borna über den Glauben (1522), in: WA 10 III, 86–93.
— Predigt in Borna über die Liebe (1522), in: WA 10 III, 94–99.
— Predigt über Gal 3,15ff (1536), in: WA 41, 658–662.
— Predigt über Gen 28 (1520), in: WA 9, 403–411.
— Predigt über Gen 32 (1527), in: WA 24, 566–581.
— Predigt über Joh 1 (Weihnachten 1515), in: WA 1, 20–29.
— Predigt über Lk 2 (1528), in: WA 27, 486–496.
— Predigt über Mt 8,23–27 (1546), in: WA 51, 148–162.
— Predigt über Psalm 5 (1535), in: WA 41, 7–17.
— Predigt über Psalm 8 in Merseburg (1545), in: WA 51, 11–22.
— Predigt Sabbatho paschae (1540), in: WA 49, 92–97.
— Psalmenvorlesung (1513/15), in: WA 3/4.
— Psalterrevision (1531), in: WA Deutsche Bibel [= DB] 3, 1–166.

- Rationis Latomianae confutatio (1521), in: WA 8, 36–128.
- Resolutiones disputationum de indulgentiarum virtute (1518), in: WA 1, 522–628.
- Rogatepredigt (1520), in: WA 4, 624,8–32.
- Rogatepredigt (1526), in: WA 20, 378–382.
- Roths Sommerpostille (1526), in: WA 10 I.2, 209–441.
- Römervorlesung (1515/16), in: WA 56.
- Sendbrief vom Dolmetschen (1530), in: WA 30 II, 627–646.
- Sermon von dem Sakrament des Leibes und Blutes Christi, wider die Schwarmgeister (1526), in: WA 19, 474–523.
- Scholien zum 118. Psalm. Das schöne Confitemini (1529/30), in: WA 31 I, 34–182.
- Tischrede 46, in: WA Tischreden Bd. 1 [= TR 1], 16.
- Tischrede 146, in: WA TR 1, 69, 18–19.
- Tischrede 674, in: WA TR 1, 320.
- Tischrede 1206, in: WA TR 1, 601.
- Tischrede 1234, in: WA TR 2, 4,1–16.
- Tischrede 1353, in: WA TR 2, 67.
- Tischrede 2457, in: WA TR 2, 468.
- Tischrede 3425, in: WA TR 3, 312.
- Tischrede 3868, in: WA TR 3, 669–674.
- Tischrede 4613, in: WA TR 4, 403,11–15.
- Tischrede 5106, in: WA TR 4, 666,7–10.
- Tischrede 5355, in: WA TR 5, 84.
- Tischrede 5468, in: WA TR 5, 168.
- Tischrede 5518, in: WA TR 5, 210.
- Tischrede 5677, in: WA TR 5, 317–318
- Tischrede 6017, in: WA TR 5, 439–440.
- Tischrede 6299, in: WA TR 5, 581–582.
- Tischrede 6716, in: WA TR 6, 143,24–39.
- Verhandlungen mit D. Martin Luther auf dem Reichstage zu Worms (1521), in: WA 7, 814–887.
- Vermahnung zum Sakrament des Leibes und Blutes Christi (1530), in: WA 30 II, 589–626.
- Vier Predigten von der Toten Auferstehung und letzten Posaunen gehalten 1544 und 1545, gedruckt 1564. Die ander Predigt (1544), in: WA 49, 422–440.
- Vom Schem Hamphoras und vom Geschlecht Christi (1543), in: WA 53, 573–648.
- Von den guten Werken (1520), in: WA 6, 196–276.
- Von den Juden und ihren Lügen (1543), in: WA 53, 412–552.
- Von den Konziliis und Kirchen (1539), in: WA 50, 488–653.
- Von den letzten Worten Davids (1543), in: WA 54, 16–100.
- Von der Beicht, ob die der Papst Macht habe zu gebieten. Der hundertundachtzehnte Psalm (1521), in: WA 8, 129–204.
- Von der Freiheit eines Christenmenschen (1520), in: WA 7, 12–38.
- Von der heiligen Taufe Predigten (1534), in: WA 37, 627–672.
- Von der Winkelmesse und Pfaffenweihe (1533), in: WA 38, 171–256.
- Von weltlicher Oberkeit, wie weit man ihr Gehorsam schuldig sei (1523), in: WA 11, 229–281.
- Vom Abendmahl Christi. Bekenntnis (1528), in: WA 26, 241–509.

—— Vom ehelichen Leben (1522), in: WA 10 II, 267–304.
—— Vorlesung über den 1. Timotheusbrief (1528), in: WA 26, 1–120.
—— Vorlesung über die Psalmen 2, 51, 45 (1532), in: WA 40 II, 185–610.
—— Vorlesung über die Stufenpsalmen (1532/33), in: WA 40 III, 1–475.
—— Vorrede auf das Neue Testament (1522), in: WA DB 6, 2–13.
—— Vorrede auf den Psalter (1524), in: WA DB 10 I, 94–97.
—— Vorrede auf den Psalter (1528), in: WA DB 10 I, 98.
—— Vorrede auf den Psalter (1545), in: WA DB 10 I, 99–105.
—— Vorrede auf die Epistel S. Pauli an die Römer (1522), in: WA DB 7, 2–27.
—— Vorrede auf die Episteln S. Jacobi und Judas (1522), in: WA DB 7, 384–387.
—— Vorrede auf die Offenbarung S. Johannis (1530), in: WA DB 7, 406–421.
—— Vorrede Luthers zum ersten Bande der Gesamtausgabe seiner lateinischen Schriften (1545), in: WA 54, 176–187.
—— Vorrede zum 1. Bande der Wittenberger Ausgabe der deutschen Schriften (1539), in: WA 50, 654–661.
—— Vorrede zum Babstschen Gesangbuch (1545), in: WA 35, 476–477.
—— Wider die himmlischen Propheten, von den Bildern und Sakrament (1525), in: WA 18, 37–214.
—— Wochenpredigten über Joh 16–20 (1528/29), in: WA 28, 31–502.
—— Wochenpredigten über Mt 5–7 (1530–1532), in: WA 32, 299–544.
LUZ, ULRICH, Das Evangelium nach Matthäus. Teilband 2, MT 8–17. IN: EKK I/2, Neukirchen 1990.
MAJETSCHAK, STEFAN, Über den ‚Geschmack an Zeichen'. Zu Johann Georg Hamanns Begriff des Textes, des sprachlichen Zeichens und des Stils. In: Kodikas/Code. Ars Semeiotica. An International Journal of Semiotics, Bd. 10. Heft 1/2, Tübingen 1987, 135–151.
MARION, JEAN-LUC, Esquisse d'un concept phénoménologique du don. In: Filosofia della rivelazione, hg. v. MARCO M. OLIVETTI (Biblioteca dell' „Archivio di filosofia", 11), Padova 1994, 75–94.
—— Étant donné. Essai d'une phénoménologie de la donation, Paris 1997.
MARQUARD, ODO, Der angeklagte und der entlastete Mensch in der Philosophie des 18. Jahrhunderts. In: DERS., Abschied vom Prinzipiellen. Philosophische Studien (RU 7724), Stuttgart 1981, 39–66.
—— Lob des Polytheismus. Über Monomythie und Polymythie. In: DERS., Abschied vom Prinzipiellen. Philosophische Studien (RUB 7724), Stuttgart 1981, 91–116.
MARX, KARL, Brief an Arnold Ruge (1843), MEW 1, 337–346.
—— Zur Kritik der Hegelschen Rechtsphilosophie. Einleitung. In: DERS., Die Frühschriften, hg. v. SIEGFRIED LANDSHUT, Stuttgart 1968, 217.
MATTES, MARK, Luther on Beauty, Grand Rapids, 2017.
—— Luther's use of Philosophy. In: LuJ 80, 2013, 110–141.
MAURER, WILHELM, Pfarrerrecht und Bekenntnis. Über die bekenntnismäßige Grundlage eines Pfarrerrechtes in der evangelisch-lutherischen Kirche, Berlin 1957.
MAXFIELD, JOHN A., Luther's Lectures on Genesis and the Formation of Evangelical Identity, Kirksville 2008.
MELANCHTHON, PHILIPP, De discrimine Evangelii et Philosophiae. In: CR 12, 689–691.
—— De studiis theologicis (1538). In: CR 11, 41–50.

— Loci communes, 1521 (lat.-dt.), übersetzt und mit kommentierenden Anmerkungen versehen von HORST GEORG PÖHLMANN, Gütersloh 1993.
— Rede bei der Bestattung des ehrwürdigen Mannes D. Martin Luther. In: Melanchthon deutsch, hg. v. MICHAEL BEYER/STEFAN RHEIN/GÜNTHER WARTENBERG, Bd. 2: Theologie und Kirchenpolitik, Leipzig 1997, 156–168.
MENDELSSOHN, MOSES, Jerusalem oder über religiöse Macht und Judentum (1783). In: Gesammelte Schriften (Jubiläumsausgabe), Bd. 8: Schriften zum Judentum II (bearb. v. ALEXANDER ALTMANN), Stuttgart-Bad Cannstatt 1983.
MERKEL, HELMUT, Art. „καταλλάσσω". In: EWNT II, 1981, 644–650.
MEYER, CONRAD FERDINAND, Werke in zwei Bänden, Bd. I, Essen, 1981.
MICHEL, OTTO, Der Brief an die Hebräer (Meyers Kommentar XIII), Göttingen 1966.
MIGGELBRINK, RALF, Der Zorn Gottes. Geschichte und Aktualität einer ungeliebten biblischen Tradition, Freiburg 2000.
— Der zornige Gott. Die Bedeutung einer anstößigen biblischen Tradition, Darmstadt 2002.
MIYATANI, NAOMI, Hamanns Sprache der Kondeszendenz, Tokyo 2013.
MODALSLI, OLE, Luther über die letzten Dinge. In: Leben und Werk Martin Luthers von 1526 bis 1546, Bd. I u. II, hg. v. HELMAR JUNGHANS, Göttingen 1983, Bd. I, 331–345; Bd. II, 834–839.
MOELLER, BERND, UND LINCKS, WENZEL, Hochzeit. Über Sexualität, Keuschheit und Ehe in der frühen Reformation. In: ZThK 97, 2000, 317–342.
MOLLER, MARTIN, „Heilger Geist, du Tröster mein" (EG 128).
MORGENSTERN, CHRISTIAN, Alle Galgenlieder, Stuttgart 1989.
MOSTERT, WALTER, Ist die Frage nach der Existenz Gottes wirklich radikaler als die Frage nach dem gnädigen Gott?. In: ZThK 74, 1977, 86–122.
— Zur ontologischen Frage bei Martin Luther. In: DERS., Glaube und Hermeneutik. Gesammelte Aufsätze, hg. v. Pierre Bühler und Gerhard Ebeling, Tübingen 1998, 89–100.
MOUSTAKAS, ULRICH, Art. „Hamann". In: RGG^4, Bd. 3, 2000, Sp.1396.
— Urkunde und Experiment. Neuzeitliche Naturwissenschaft im Horizont einer hermeneutischen Theologie der Schöpfung bei Johann Georg Hamann (TBT 114), Berlin/New York 2003.
MÜHLEN, KARL-HEINZ ZUR, Nos extra nos. Luthers Theologie zwischen Mystik und Scholastik, Tübingen 1972.
MÜLLER, FRIEDRICH VON, Unterhaltungen mit Goethe, mit Anmerkungen versehen und herausgegeben von RENATE GRUMACH, München ²1982.
MÜLLER-LAUTER, WOLFGANG, Art. „Nihilismus I", HWP 6, 1984, 846–853.
MUIS, JAN, Anrede und Anfang. Der Ansatz von Oswald Bayer in der Schöpfungslehre, NZSTh 48, 2006, 60–73.
MUMME, JONATHAN, Die Präsenz Christi im Amt am Beispiel ausgewählter Predigten Martin Luthers 1535–1546, Göttingen 2015.
Nag Hammadi Bibliothek, „Ägypterevangelium" ebenfalls aus dem koptisch-gnostischen Textfund von Nag Hammadi (NHC III, 2 / IV, 2; englische Übersetzung von ALEXANDER BÖHLIG und FREDERIK WISSE, The Nag Hammadi Library in Englisch, Leiden 1996).
— „Valentinianische Erklärung" aus dem koptisch-gnostischen Textfund von Nag Hammadi (NHC XI, 2; englische Übersetzung von JOHN D. TURNER, The Nag Hammadi Library in Englisch), Leiden ²2005.

NESTLE, EBERHARD, Allocutio, qua in Collegio Denkendorfino A. 1741 d. 24. Apr. valedixit Johann Albrecht Bengel. In: DERS., Bengel als Gelehrter. Ein Bild für unsere Tage; mit neuen Mitteilungen aus seinem handschriftlichen Nachlaß, Tübingen 1893, 103–106.
NEUSS, HEINRICH G., „Ein reines Herz..." (EG 389).
NIEDEN, MARCEL, Anfechtung als Thema lutherischer Anweisungsschriften zum Theologiestudium. In: Praxis Pietatis. Beiträge zu Theologie und Frömmigkeit in der Frühen Neuzeit (Wolfgang Sommer zum 60. Geburtstag), hg. v. HANS-JÖRG NIEDEN und MARCEL NIEDEN, Stuttgart 1999, 83–102.
— Wittenberger Anweisungen zum Theologiestudium. In: Die Theologische Fakultät Wittenberg 1502 bis 1602. Beiträge zur 500. Wiederkehr des Gründungsjahres der Leucorea, hg. v. IRENE DINGEL und GÜNTHER WARTENBERG (LStRLO 5), Leipzig 2002, 133–153.
NIEGE, GEORG, „Aus meines Herzens Grunde" (EG 443).
NIETZSCHE, FRIEDRICH, Also sprach Zarathustra. Ein Buch für Alle und Keinen. In: DERS., Kritische Studienausgabe, hg. v. GIORGIO COLLI und MAZZINO MONTINARI, 15 Bde., Berlin /New York 1980, Bd. IV, 110.
— Aus dem Nachlaß der Achtzigerjahre. In: DERS., Werke in drei Bänden, hg. v. KARL SCHLECHTA [=Werke], Bd. III, München 1966, 415–926.
— Die fröhliche Wissenschaft, 1882/87. In: Werke Bd. II, München 1966, 7–274.
— Götzendämmerung, 1889. In: Werke Bd. II, München 1966, 939–1034.
— Jenseits von Gut und Böse. In: Werke Bd. II, München 1966, 563–760.
— Über Wahrheit und Lüge im außermoralischen Sinn. In: Werke Bd. III, München 1966, 309–322.
— Vom Nutzen und Nachteil der Historie für das Leben. In: Werke Bd. I, München 1966, 209–285.
NILSSON, KJELL OVE, Simul. Das Miteinander von Göttlichem und Menschlichem in Luthers Theologie (FKDG 17), Göttingen, 1966.
NÜRNBERGER, KLAUS, Zuspruch des Seinsrechts. Verstellt die Lehre die Sache?, Münster u. a. 2003.
OELKE, HARRY u. a. (Hgg.), Martin Luthers „Judenschriften". Die Rezeption im 19. und 20. Jahrhundert, Göttingen 2016.
OLSSON, HERBERT, Schöpfung, Vernunft, Gesetz in Luthers Theologie, Uppsala 1971.
OSTEN-SACKEN, PETER VON DER, Martin Luther und die Juden. Neu untersucht anhand von ANTON MARGARITHAS „Der gantz Jüdisch glaub" (1530/31), Stuttgart 2002.
ØSTERGAARD-NIELSEN, HARALD, Scriptura sacra et viva vox. Eine Lutherstudie, München 1957.
OTTO, RUDOLF, Das Heilige. Über das Irrationale in der Idee des Göttlichen und sein Verhältnis zum Rationalen, Breslau 1917.
— Zu Erneuerung und Ausgestaltung des Gottesdienstes, Gießen 1925.
OVERBECK, FRANZ, Christentum und Kultur. Gedanken und Anmerkungen zur modernen Theologie. Aus dem Nachlaß herausgegeben von CARL ALBRECHT BERNOULLI (Basel 1919), Darmstadt ²1963.
PANNENBERG, WOLFHART, Systematische Theologie, Bd. I, Göttingen 1988.
PASCAL, BLAISE, Gedanken, nach der endgültigen Ausgabe von WOLFGANG RÜTTENAUER, Birsfelde-Basel o. J., 150, Nr. 314.
PAUL, JEAN, Blumen-, Frucht- und Dornenstücke, oder Ehestand, Tod und Hochzeit des Armenadvokaten F. St. Siebenkäs im Reichsmarktflecken Kuhschnappel, Erstes

Blumenstück (1796). In: Jean Pauls Sämtliche Werke. Historisch-kritische Ausgabe, hg. v. der Preußischen Akademie der Wissenschaften, 1.Abt., 6. Bd., hg. v. KARL SCHREINERT, 1928, 247–252.

PAULSON, STEVEN, On Swearing and Certainty. In: Promising Faith for a Ruptured Age, hg. v. JOHANN PLESS, ROLAND ZIEGLER, JOSHUA MILLER, Eugene, Oregon 2019, 101–180.

— What Kind of Confession is the Augsburg Confession?. In: Kirkens bekjennelse i historik og aktuelt perspektiv (Festskrift til Kjell Olav Sannes), hg. v. TORLEIV AUSTAD, TORMOD ENGELSVIKEN und LARS ØSTNOR, Trondheim 2010, 111–121; sowie In: NZSTh 56, 2014, 12–34.

PESCH, OTTO H. und PETERS, ALBRECHT, Einführung in die Lehre von Gnade und Rechtfertigung, Darmstadt 1981.

— Neuere Beiträge zur Frage nach Luthers „reformatorischer Wende" (Fortsetzung und Schluß). In: Catholica. Zeitschrift für ökumenische Theologie 38, 1984, 66–133.

— Simul iustus et peccator. Sinn und Stellenwert einer Formel Martin Luthers. Thesen und Kurzkommentare. In: Gerecht und Sünder zugleich? Ökumenische Klärungen, hg. v. THEODOR SCHNEIDER und GUNTHER WENZ, Freiburg und Göttingen 2001, 146–167.

PHILO VON ALEXANDRIEN, De praemiis et poenis, hg. v. LEOPOLD COHN/ISAAK HEINEMANN/ MAXIMILIAN ADLER/WILLY THEILER, Philo von Alexandria. Die Werke in deutscher Übersetzung, Bd. 2, Berlin ²1962.

PLASGER, GEORG und FREUDENBERG, MATTHIAS (Hgg.), Der Heidelberger Katechismus. In: Reformierte Bekenntnisschriften. Eine Auswahl von den Anfängen bis zur Gegenwart, Göttingen 2005, 151–186.

PLATON, Platonis Opera. Recognovit brevique adnotatione critica instruxit Ioannes Burnet, 5 Bd., Oxford 1952–1954 (1900–1907).

PLOTIN, Enneaden, übersetzt und hg. v. OTTO KIEFER, Jena/Leipzig 1905.

POPPER, KARL R., Logik der Forschung, Tübingen ⁴1971.

PROKLOS, Eclogae e Proclo de philosophia chaldaica sive de doctrina oraculorum Chaldaicorum, hg. v. ALBERT JAHN, Brüssel 1969.

— In Parmenidem: Procli philosophi op. ined., ed. Victor Cousin, Paris 21864 = Frankfurt a. M. 1962, 603–1244.

PUTNAM, HILARY, Vernunft, Wahrheit und Geschichte, Frankfurt 1982.

RAATZ, GEORG, Luthers Ehekonzept. Eine geschichtshermeneutische Rekonstruktion im Kontext der Debatte um die Orientierungshilfe des Rates der EKD zur Familie (2013). In: ZThK 112, 2015, 100–140.

— Impulse aus der Reformation für das gegenwärtige Verständnis von Familie. In: ZEE 60, 2016, 168–181.

RAHNER, KARL, Der dreifaltige Gott als transzendenter Urgrund der Heilsgeschichte. Methode und Struktur des Traktats „De Deo Trino". In: Mysterium Salutis. Die Heilsgeschichte vor Christus, hg. v. JOHANNES FEINER und MAGNUS LÖHRER, Bd. 2, Einsiedeln/Zürich/Köln 1967, 317–397.

— Grundkurs des Glaubens, Freiburg, ¹¹1976.

RÄISÄNEN, HEIKKI, Paul and the Law (1983), Tübingen ²1987.

REINERT, ANDREAS, Die Salomofiktion. Studien zu Struktur und Komposition des Koheletbuches (WMANT 126), Neukirchen 2010.

REINHUBER, THOMAS, Die Verborgenheit Gottes. Überlegungen im Anschluß an Luthers Streitschrift „De servo arbitrio". In: Welthandeln und Heilshandeln Gottes. Deus

absconditus – Deus revelatus (Veröffentlichungen der Luther-Akademie e.V. Ratzeburg, Bd. 29), hg. v. JOACHIM HEUBACH, Erlangen 1999, 75 – 94.
— Kämpfender Glaube. Studien zu Luthers Bekenntnis am Ende von De servo arbitrio (TBT 104), Berlin/New York 2000.
REUTER, CHRISTINA, Autorschaft als Kondeszendenz. Johann Georg Hamanns erlesene Dialogizität (TBT 132), Berlin/New York 2005.
REUSS, ROLAND, Ende der Hypnose. Vom Netz und zum Buch (2012), Frankfurt/M. und Basel ⁴2013.
RICHTER, CORNELIA, Melanchthons *fiducia*. Gegen die Selbstmächtigkeit des Menschen. In: Gottvertrauen. Die ökumenische Diskussion um die fiducia, hg. v. INGOLF U. DALFERTH und SIMON PENG-KELLER (QD 250), Freiburg i.Br. 2012, 209 – 242.
RICOEUR, PAUL, Erzählung, Metapher und Interpretationstheorie. In: ZThK 84, 1987, 232 – 253.
— Geschichte und Wahrheit, übersetzt und mit einer Einleitung versehen von ROMAIN LEICK, München 1974.
— Wege der Anerkennung. Erkennen, Wiedererkennen, Anerkanntsein, Frankfurt/M. 2006.
RIEDEL, MANFRED, „Vernunft und Sprache. Grundmodell der transzendentalen Grammatik in Kants Lehre vom Kategoriengebrauch". In: DERS.: Urteilskraft und Vernunft. Kants ursprüngliche Fragestellung, Frankfurt 1988, 44 – 60.
RIEMSCHNEIDER, ERNST G., Der Fall Klepper. Eine Dokumentation, Stuttgart 1975.
RINCKART, MARTIN, „Nun danket alle Gott" (EG 321).
RINGLEBEN, JOACHIM, Die Einheit von Gotteserkenntnis und Selbsterkenntnis. Beobachtungen anhand von Luthers Römerbrief-Vorlesung. In: NZSTh 32, 1990, 125 – 133.
— Gott als Schriftsteller. Zur Geschichte eines Topos. In: JOHANN GEORG HAMANN. Autor und Autorschaft (Acta des sechsten Internationalen Hamann-Kolloquiums 1992), hg. v. BERNHARD GAJEK, Frankfurt/M.1996, 215 – 275.
— Gott im Wort. Luthers Theologie von der Sprache her, Tübingen 2010.
— „In deinem Lichte sehen wir das Licht." Theologisch-Philosophische Überlegungen zum Licht vom Gottesgedanken her. In: Abhandlungen der Braunschweigischen Wissenschaftlichen Gesellschaft, Bd. LIX, Braunschweig 2008, 267 – 279.
— Rede, dass ich dich sehe, Göttingen 2021.
— Søren Kierkegaard als Hamann-Leser. In: Die Gegenwärtigkeit Johann Georg Hamanns. Acta des achten Internationalen Hamann-Kolloquiums 2002, hg. v. BERNHARD GAJEK, Frankfurt/M. 2005, 455 – 465.
RINGWALDT, BARTHOLOMÄUS, „Es ist gewisslich an der Zeit" (EG 149).
RITTER, JOACHIM, Hegel und die Reformation. In: DERS., Metaphysik und Politik. Studien zu Aristoteles und Hegel, Frankfurt /M. 1969, 310 – 317.
RÖSSLER, DIETRICH, Die Vernunft der Religion, München 1976.
ROMMEL, KURT, „Herr, gib uns Mut zum Hören" (EG 588).
ROOS, MAGNUS FRIEDRICH, Christliches Haus-Buch, welches Morgen- und Abendandachten [...] enthält, Th.1.2, Stuttgart 1783.
ROREM, PAUL, Dionysian Mystical Theology, Minneapolis 2015.
— Martin Luther's Christocentric Critique of Pseudo-Dionysian Spirituality. In: LQ XI, 1997, 291 – 307.
ROSENAU, HARTMUT, Die Erzählung von Abrahams Opfer (Gen 22) und ihre Deutung bei Kant, Kierkegaard und Schelling, NZSTh 27, 1985, 251 – 261.

—— Ich glaube – hilf meinem Unglauben. Zur theologischen Auseinandersetzung mit der Skepsis, Münster 2005.
RUDOLPH, ANDRE, Hamann, Gichtel und die Theosophie. In: MANFRED BEETZ, ANDRE RUDOLPH (Hgg.), Johann Georg Hamann. Religion und Gesellschaft, Berlin/Boston 2012, 391–414.
RÜCKERT, HANNS, Die geistesgeschichtliche Einordnung der Reformation. In: ZThK 52, 1955, 43–64.
SAARINEN, RISTO, God and the Gift. An Ecumenical Theology of Giving, Collegeville 2005.
—— Gunst und Gabe. Melanchthon, Luther und die existentielle Anwendung von Senecas „Über die Wohltaten". In: „Kein Anlaß zur Verwerfung". Studien zur Hermeneutik des ökumenischen Gesprächs (FS für Otto Hermann Pesch), hg. v. JOHANNES BROSSEDER und MARKUS WRIEDT, Frankfurt/M. 2007, 184–197.
—— Justification by Faith. The View of the Mannermaa School. In: Martin Luthers Theology (The Oxford Handbook), ed. by ROBERT KOLB, IRENE DINGEL and L'UBOMIR BATKA, Oxford 2014, 254–263.
—— Luther and the Gift, Tübingen 2017.
—— Überschuß. Zur Theologie des Gebens. In: Word – Gift – Being. Justification – Economy – Ontology, ed. by BO KRISTIAN HOLM UND PETER WIDMANN (Religion in Philosophy and Theology 37), Tübingen 2009.
SANDER-GAISER, MARTIN, „Ein Christ ist gewiß ein Schüler, und er lernt bis in Ewigkeit". In: LUTHER 69, 1998, 139–151.
SANDERS, ED PARISH, Paulus. Eine Einführung (1991), Stuttgart 1995.
SARTRE, JEAN-PAUL, A huis clos (1944 unter dem Titel „Die Anderen"), deutsch „Bei geschlossenen Türen" (1949) bzw. „Geschlossene Gesellschaft".
—— L' Existentialisme est un Humanisme, Paris 1946.
SAUTER, GERHARD, Die Zahl als Schlüssel zur Welt. Johann Albrecht Bengels „prophetische Zeitrechnung" im Zusammenhang seiner Theologie, EvTh 26, 1966, 1–36.
SCHADEWALDT, WOLFGANG, Der Gott von Delphi und die Humanitätsidee (opuscula 23), Pfullingen 1965.
SCHAEDE, STEPHAN, Art. „Stellvertretung IV. Dogmengeschichtlich und dogmatisch", RGG⁴, Bd. VII, 2004, 1710–1712.
SCHELLING, FRIEDRICH WILHELM JOSEPH, Philosophie der Offenbarung. In: SCHELLING, Sämtliche Werke, hg. v. K.F.A. SCHELLING, Abt. 2, Bd. 3., Stuttgart/Augsburg 1858.
SCHELSKY, HELMUT, Die skeptische Generation. Eine Soziologie der deutschen Jugend, Düsseldorf 1957.
SCHILLER, FRIEDRICH, Die Piccolomini, 1800.
—— Etwas über die erste Menschengesellschaft nach dem Leitfaden der Mosaischen Urkunde, 1790.
—— Gedichte. Tabulae Votivae. In: Musenalmanach für das Jahr 1797, SW Bd. 1, München ³1962.
SCHLEIERMACHER, FRIEDRICH DANIEL ERNST, Der christliche Glaube nach den Grundsätzen der evangelischen Kirche im Zusammenhange dargestellt (²1830/31), Bd. I, hg. v. MARTIN REDEKER, Berlin ⁷1960.
—— Die praktische Theologie nach den Grundsätzen der evangelischen Kirche im Zusammenhange dargestellt, hg. v. JACOB FRERICHS, Berlin 1850.
—— Dogmatische Predigten der Reifezeit. Kleine Schriften und Predigten, Bd. 3, ausgewählt und erläutert von EMANUEL HIRSCH, Berlin 1969, 123–135.

— Über die Religion. Reden an die Gebildeten unter ihren Verächtern (PhB 255), hg. v. Hans-Joachim Rothert, Hamburg 1961.
Schlink, Edmund, Ökumenische Dogmatik. Grundzüge, Göttingen 1983.
Schloemann, Martin, Die zwei Wörter. Luthers Notabene zur „Mitte der Schrift". In: Luther 65 (1994), 110–123.
— Luthers Apfelbäumchen? Ein Kapitel deutscher Mentalitätsgeschichte seit dem Zweiten Weltkrieg, (Göttingen 1994) Berlin ²2016.
Schmidt, Karl Ludwig, Art. „αὐτοβασιλεί", Theologisches Wörterbuch zum Neuen Testament, hg. v.. Gerhard Kittel, Bd. I, 1933 (Nachdruck Stuttgart 1957), 591,23–25.
Schmidt, Martin, Luthers Vorrede zum Römerbrief im Pietismus. In: Ders., Wiedergeburt und neuer Mensch, Witten 1969, 299–330.
Schmitz, Otto / Stählin, Gustav, Art. „παράκλησις" und „παρακαλέω": ThWNT 5, Stuttgart 1954, 771–798.
Schneider, Reinhold, Jeremia. In: Ders., Pfeiler im Strom, Wiesbaden 1958, 143–155.
— Winter in Wien (Herder-Bücherei, Bd. 142), Freiburg/Br. 1963.
Schneider-Flume, Gunda, Die Identität des Sünders. Eine Auseinandersetzung theologischer Anthropologie mit dem Konzept der psychosozialen Identität Erik Homburger Eriksons, Göttingen 1985.
Schnell, Hugo, Martin Luther und die Reformation auf Münzen und Medaillen, München 1983.
Schödl, Albrecht, „Unsere Augen sehen nach dir". Dietrich Bonhoeffer im Kontext einer aszetischen Theologie, Leipzig 2006.
Schubbe, Daniel, und Lemanski, Jens, Warum ist überhaupt etwas und nicht vielmehr nichts? Wandel und Variationen einer Frage, Hamburg 2013.
Schütz, Heinrich, 119. Psalm (Schwanengesang), Stuttgarter Schütz-Ausgabe, Bd. 18., 2017.
Schulken, Christian, Lex efficax. Studien zur Sprachwerdung des Gesetzes bei Luther im Anschluß an die Disputationen gegen die Antinomer, Tübingen 2005.
Schwan, Gesine, „Mut zur Weite der Vernunft". Braucht Wissenschaft Religion?. In: Benedikt XVI., Glaube und Vernunft. Die Regensburger Vorlesung. Vollständige Ausgabe. Kommentiert von Gesine Schwan, Adel Theodor Khoury, Karl Kardinal Lehmann, Freiburg/Basel/Wien o. J. (2006), 33–75.
Schwanke, Johannes, Luther's Theology of Creation. In: Martin Luthers Theology (The Oxford Handbook), ed. by Robert Kolb, Irene Dingel and L'ubomir Batka, Oxford 2014, 201–211.
— Creatio ex nihilo. Luthers Lehre von der Schöpfung aus dem Nichts in der Großen Genesisvorlesung (1535–1545), TBT 126, Berlin/New York 2004.
— Wissenschaft braucht Religion!. In: CICERO. Magazin für politische Kultur, 3/2007, 78–80.
Schwarz, Reinhard, Martin Luther – Lehrer der christlichen Religion (2015), Tübingen ²2016.
Schweitzer, Albert, Kultur und Ethik. Sonderausgabe mit Einschluß von ‚Verfall und Wiederaufbau der Kultur', München 1960.
Schweizer, Eduard, Das Evangelium nach Markus (NTD 1), ¹¹1967.
Schwöbel, Christoph, Einfach Gott. Trinitätstheologie am Anfang des 21. Jahrhunderts. In: NZSTh 62, 2020, 519–541.
— Ökumenische Theologie im Horizont des trinitarischen Glaubens (1997). In: Ders., Christlicher Glaube im Pluralismus, Tübingen 2003, 85–106.

— Trinitätslehre als Rahmentheorie des christlichen Glaubens. Vier Thesen zur Bedeutung der Trinität in der christlichen Dogmatik (1999). In: DERS., Gott in Beziehung. Studien zur Dogmatik, Tübingen 2002, 25–51.
— Versprechen und Vertrauen. In: Menschliches – Allzumenschliches. Phänomene des Menschseins in den Horizonten theologischer Lebensdeutung, hg. v. MICHAEL BEINTKER/ HANS-PETER GROSSHANS, Leipzig 2020, 70–94.
SCORALICK, RUTH, Art. „Barmherzigkeit I. Altes Testament", RGG⁴, Bd. 1 (1998), 1116 f.
SEILS, MARTIN, Die Sache Luthers. In: LuJ 52, 1985, 64–80.
— Gabe und Geschenk. Eine Zugabe. In: Denkraum Katechismus, hg. v. JOHANNES VON LÜPKE und EDGAR THAIDIGSMANN, Tübingen 2009, 87–108.
— Hamann und Luther. In: Luther – zwischen den Zeiten, hg. v. CHRISTOPH MARKSCHIES und MICHAEL TROWITZSCH, Tübingen 1999, 159–184; sowie in: Die Gegenwärtigkeit Johann Georg Hamanns, Acta des achten Internationalen Hamann-Kolloquiums 2002, hg. v. BERNHARD GAJEK, Frankfurt/M. 2005, 427–440.
— Luther und Hamann. In: Erinnerte Reformation. Studien zur Luther-Rezeption von der Aufklärung bis zum 20. Jahrhundert, hg. v. CHRISTIAN DANZ und ROCHUS LEONHARD (TBT 143), Berlin/New York 2008, 41–73.
SEITZ, MANFRED, Art. „Askese IX. Praktisch-theologisch". In: TRE 4, 1979, 250–259.
SELGE, KURT-VICTOR, Capta conscientia in verbis dei. Luthers Widerrufsverweigerung in Worms. In: Der Reichstag zu Worms von 1521. Reichspolitik und Luthersache, hg. v. FRITZ REUTER, Worms 1971, 180–207.
SEMLER, JOHANN SALOMO, Erster Anhang zu dem Versuch einer Anleitung zur Gottesgelersamkeit, enthaltend eine historische und theol. Erleuterung des alten Ausspruchs oratio, meditatio, tentatio faciant theologum, in einer Zuschrift an seine Zuhörer, worin er seine Vorlesungen anzeigt, Halle 1758.
SENECA, De beneficiis. In: De beneficiis et De Clementia, hg. v. MARTIN GERTZ, Berlin 1876.
SEXTUS EMPIRICUS, adv. Mathematicos IX. In: Gegen die Dogmatiker. Adversus mathematicos libri 7–11., übers. v. HANSUELI FLÜCKIGER, Sankt Augustin 1998.
SHAKESPEARE, WILLIAM, Hamlet. Der Kaufmann von Venedig. Wie es euch gefällt, Berlin/Boston, 2019.
SIEP, LUDWIG, Anerkennung als Prinzip der praktischen Philosophie, Untersuchungen zu Hegels Jenaer Philosophie des Geistes, Freiburg 1979.
— Anerkennung in der „Phänomenologie des Geistes" und in der praktischen Philosophie der Gegenwart. In: Information Philosophie, Mainz 2008, 7–19.
SILCOCK, JEFFREY G., 'Hearing and Seeing (Eye & Ear): Word and Image in the Bible, Luther, and the Lutheran Tradition'. In: Promising Faith for a Ruptured Age: An English Speaking Appreciation of Oswald Bayer. Edited by JOHN T. PLESS, ROLAND ZIEGLER, and JOSHUA C. MILLER with Foreword by OLIVER K. OLSON, 209–226. Eugene, Oregon: Pickwick Publications, 2019.
SIMON, WOLFGANG, Worship and the Eucharist in Luther Studies. In: DIALOG: A Journal of Theology 47, 2008, 143–156.
SIMONIS, LINDA, Hamanns Konzept Urkunde zwischen Natur und Geschichte. In: Acta des XI. Internationalen Hamann-Kolloquiums in Wuppertal 2015, hg. v. ERIC ACHERMANN, JOHANN KREUZER, JOHANNES VON LÜPKE, Göttingen 2020, 309–322.

SLENCZKA, NOTGER, Das Evangelium und die Schrift. Überlegungen zum „Schriftprinzip" und zur Behauptung der „Klarheit der Schrift" bei Luther. In: DERS., Der Tod Gottes und das Leben des Menschen. Glaubensbekenntnis und Lebensvollzug, Göttingen 2003, 39–64.
— Fides creatrix divinitatis. Zu einer These Luthers und zugleich zum Verhältnis von Theologie und Glaube. In: Denkraum Katechismus. Festgabe für Oswald Bayer zum 70. Geburtstag, hg. v. JOHANNES VON LÜPKE und EDGAR THAIDIGSMANN, Tübingen 2009, 171–195.
SPAEMANN, ROBERT, Personen. Versuche über den Unterschied zwischen „etwas" und „jemand", Stuttgart (1996) ²1998.
SPARN, WALTER, „Prüfe mich und erfahre, wie ich's meine!" Warum und zu welchem Ende sollte Gott den Menschen prüfen? In: Der geprüfte Mensch. Über Sinn und Unsinn des Prüfungswesens, hg. v. KLAUS-MICHAEL KODALLE, Würzburg 2006, 87–107.
— „Eph' hapax...". Historische und systematische Aspekte des christlichen Opferbegriffs. In: NZSTh 50, 2008, 216–237.
SPEE, FRIEDRICH, „O Heiland, reiß die Himmel auf" (EG 7).
SPEHR, CHRISTOPHER, Priesterehe und Kindersegen. Die Anfänge des evangelischen Pfarrhauses in der Reformationszeit. In: Das evangelische Pfarrhaus, hg. v. THOMAS A. SEIDEL und CHRISTOPHER SPEHR, Leipzig 2013, 13–35.
SPENER, PHILIPP JACOB, De impedimentis studii Theologici. In: DERS., Kleine Geistliche Schriften, 2 Teile, hg. v. J.A. STEINMETZ, Magdeburg/Leipzig 1741f.
— Die allgemeine Gottesgelehrtheit aller glaubigen Christen und rechtschaffenen Theologen, Bd. 1 und 2, Frankfurt 1680.
— Schriften, Bd. XVI, Teilband 1: Consilia et Iudicia Theologica Latina. Opus posthumum Ex eiusdem Litteris 1709, Partes 1–2, hg. v. ERICH BEYREUTHER, Hildesheim/Zürich/New York 1989, 200–239.
— Würdiger Studiosus Theologiae. In: PHILIPP JACOB SPENER, Kleine Geistliche Schriften, 2 Teile, hg. v. J.A. STEINMETZ, Magdeburg/Leipzig 1741f, Teil I, 1144–1149.
SPIECKERMANN, HERMANN, „Barmherzig und gnädig ist der Herr", in: ZAW 102, 1990, 1–18.
— Art. „Gnade/Gnade Gottes II. Altes Testament". In: RGG⁴, Bd. 3, 2000, Sp. 1024f.
— Gottes Liebe zu Israel. Studien zur Theologie des Alten Testaments, Tübingen 2004.
SPITTA, PHILIPP, „O komm, du Geist der Wahrheit" (EG 136).
STEFFENS, HENRIK, Von der falschen Theologie und dem wahren Glauben. Eine Stimme aus der Gemeinde, Breslau 1823.
STEGMANN, ANDREAS, Luthers Auffassung vom christlichen Leben, Tübingen 2014.
— ‚Bekehrung zur Welt' – Zur Gegenwartsbedeutung von Luthers Ethik. In: LUTHER 86 (2015), 114–119.
STEIGER, JOHANN ANSELM, Johann Gerhard (1582–1637). Studien zu Theologie und Frömmigkeit des Kirchenvaters der lutherischen Orthodoxie (DOCTRINA ET PIETAS I/1), Stuttgart-Bad Cannstatt 1997.
STEMBERGER, GÜNTER, Art. „Trost I. Bibel und Judentum". In: TRE 34, 143–147.
STOICORUM VETERUM FRAGMENTA, hg. v. HANS VON ARNIM, 4 Bände, Leipzig, 1903–1905.
STOLINA, RALF, Niemand hat Gott je gesehen. Traktat über negative Theologie (TBT 108), Berlin/New York 2000.
— Art. „Sühne III. Dogmatisch" In: RGG⁴, Bd. 7, 2004, 1845–1847.

STOLT, BIRGIT, „Laßt uns fröhlich springen!" Gefühlswelt und Gefühlsnavigierung in Luthers Reformationsarbeit. Eine kognitive Emotionalitätsanalyse auf philologischer Basis, Berlin 2012.
— Martin Luthers Rhetorik des Herzens (UTB 2141), Tübingen 2000.
STOPP, FREDERICK JOHN, Verbum Domini Manet in Aeternum. The Dissemination of a Reformation Slogan, 1522–1904. In: LQ I, 1987, 54–71.
STRÄTER, UDO, Meditation und Kirchenreform in der lutherischen Kirche des 17. Jahrhunderts (BhTh 91), Tübingen 1995.
STOLLE, V., Luther und Paulus. Die exegetischen und hermeneutischen Grundlagen der lutherischen Rechtfertigungslehre im Paulinismus Luthers (Arbeiten zur Bibel und ihrer Geschichte, Bd. 10), Leipzig, 2002.
STROBEL, AUGUST, Untersuchungen zum eschatologischen Verzögerungsproblem aufgrund der spätjüdisch-urchristlichen Geschichte von Habakuk 2,2ff, Leiden/Köln, 1961.
Strube, W., Art. „Kunstrichter", HWP 4 (1976), 1460–1463.
STÜNKEL, KNUT MARTIN, Als Spermologe gegen Baubo – Hamanns Metakritik der philosophischen Reinheit. In: DERS., Leibliche Kommunikation. Studien zum Werk Johann Georg Hamanns, Göttingen 2018, 203–232.
— Biblisches Formular und soziologische Wirklichkeit. In: DERS., Leibliche Kommunikation. Studien zum Werk Johann Georg Hamanns, Göttingen 2018, 179–202.
— Krankheit als Katapher. Briefliche Nosologie bei Johann Georg Hamann. In: DERS., Leibliche Kommunikation. Studien zum Werk Johann Georg Hamanns, Göttingen 2018, 233–255.
STUHLMACHER, PETER, „Aus Glauben zum Glauben" – Zur geistlichen Schriftauslegung (1995). In: DERS., Biblische Theologie und Evangelium. Gesammelte Aufsätze, Tübingen 2002, 215–232.
— Vom ‚richtigen' Umgang mit der Bibel. In: DERS., Biblische Theologie und Evangelium. Gesammelte Aufsätze, Tübingen 2002, 233–250.
— Der Zeugnisauftrag der Gemeinde Jesu Christi. In: DERS., Biblische Theologie und Evangelium. Gesammelte Aufsätze, Tübingen 2002, 279–291.
TACITUS, P. C., Annalen, lat.-dt., v. E. Heller, Sammlung Tusculum, Mannheim ^{6}2010.
TERSTEEGEN, GERHARD, „Gott ist gegenwärtig" (EG 165).
— „Du höchstes Licht, du ewger Schein" (EG 441).
TETZ, MARTIN, Athanasius und die Einheit der Kirche. Zur ökumenischen Bedeutung eines Kirchenvaters. In: ZThK 81, 1984, 196–219.
— Zum Psalterverständnis bei Athanasius und Luther. In: Luther-Jahrbuch 79, 2012, 39–61
TEXIER, ROGER, Le Dieu caché de Pascal et du Second Isaie, (NRT 111/1) 1989, 3–23.
THAIDIGSMANN, EDGAR, Achtung und Bildung. Aspekte einer religionspädagogisch reflektierten Theologie. In: Wohlfahrt und langes Leben. Luthers Auslegung des 4. Gebots in ihrer aktuellen Bedeutung (VLAR, Bd. 5), hg. v. FRIEDRICH-OTTO SCHARBAU, Erlangen 2008, 112–127.
— Erstes Gebot, Metaphysik und Ethik. Luthers Auslegung des ersten Gebots im Großen Katechismus (2009). In: DERS., Einsichten und Ausblicke. Theologische Studien, hg. v. JOHANNES VON LÜPKE, Berlin 2011, 255–269.
— Gottes schöpferisches Sehen. Elemente einer Sehschule im Anschluß an Luthers Auslegung des Magnificat. In: NZSTh 29, 1987, 19–38; sowie in: Einsichten und Ausblicke. Theologische Studien, hg. v. JOHANNES VON LÜPKE, Berlin 2011, 3–22.

—— Identitätsverlangen und Widerspruch. Kreuzestheologie bei Luther, Hegel und Barth, München 1983.
—— „In deinem Licht sehen wir das das Licht" (Ps 36,10b). Aufklärung aus dem Wort Gottes. Festvortrag am 30. September 2009 im Ev. Stift in Tübingen. In: Einsichten und Ausblicke. Theologische Studien, hg. v. JOHANNES VON LÜPKE, Berlin 2011, 23–30.
THEISSEN, GERD, und GEMÜNDEN, PETRA VON, Der Römerbrief. Rechenschaft eines Reformators, Göttingen 2016.
THEOBALD, MICHAEL, Thesen zum neutestamentlichen Begriff des kirchlichen Amtes. In: KONRAD RAISER UND DOROTHEA SATTLER (HGG.), Ökumene vor neuen Zeiten (Für THEODOR SCHNEIDER), Freiburg/Basel/Wien 2000, 275–280.
THOMA, CLEMENS, Art. „Gott III". In: TRE 13, 626–645.
THOMAS VON AQUIN, Summa Theologica I-III, 3. Aufl. Graz/Wien/Köln 1982 [=DThA 1(1934)].
TIETZ, CHRISTIANE, Freiheit zu sich selbst. Entfaltung eines christlichen Begriffs von Selbstannahme, Göttingen 2005.
TILLICH, PAUL, Der Mut zum Sein (The Courage to Be, 1952), GW XI, Stuttgart (1969), ²1976, 11–139.
TRINKAUS, CHARLES, In Our Image and Likeness. Humanity and Divinity in Italian Humanist Thought, 2 Bde., London 1970.
TÜCK, JAN-HEINER (Hg.), Was fehlt, wenn Gott fehlt? Martin Walser über Rechtfertigung – theologische Erwiderungen, Freiburg /Basel/Wien 2013.
ULRICH, HANS G., Wie Geschöpfe leben. Konturen evangelischer Ethik (2005), Münster ²2007.
—— Wort und Ethik – Kennzeichen seelsorgerlicher Ethik. In: Wirksames Wort, hg. v. JOHANNES VON LÜPKE und JOHANNES SCHWANKE, Wuppertal 2004, 79–94.
UPDIKE, JOHN, Rabbit Redux, New York 1988, 162.
UTZSCHNEIDER, HELMUT, Nach der Revision ist vor der Revision. Ein Werkstattbericht zur Durchsicht der Lutherbibel (Altes Testament) am Beispiel des Buches Exodus. In: EvTh 76, 2016, 268–280.
VAINIO, OLLI-PEKKA (Hg.), Engaging Luther. A (New) Theological Assessment, Eugene (Oregon), 2010.
VALÉRY, PAUL, Tel Quel II, Paris ¹⁸1943.
VELDHUIS, HENRI, Ein versiegeltes Buch. Der Naturbegriff in der Theologie Johann Georg Hamanns, TBT 65, Berlin/New York 1994.
VIO, THOMAS DE, Cardinal Cajetan, Opuscula Omnia, Lyon 1575.
VOLKMANN, STEFAN, Der Zorn Gottes. Studien zur Rede vom Zorn Gottes in der evangelischen Theologie (Marburger Theologische Studien 81), Marburg 2004.
Vom Konflikt zur Gemeinschaft. Gemeinsames lutherisch-katholisches Reformationsgedenken im Jahr 2017. Bericht der Lutherisch/Römisch-Katholischen Kommission für die Einheit, Leipzig 2013.
Vom Konflikt zur Gemeinschaft. Ökumenischer Gottesdienst zum gemeinsamen Reformationsgedenken 2017, im Auftrag der liturgischen Arbeitsgruppe der lutherisch-römischen Kommission für die Einheit, hg. v. THEODOR DIETER und WOLFGANG THÖNISSEN, Leipzig 2016.
WALLMANN, JOHANNES, Der Theologiebegriff bei Johann Gerhard und Georg Calixt (BhTh 30), Tübingen 1961.
WALSER, MARTIN, Über Rechtfertigung. Eine Versuchung, Reinbek ⁴2012.
WALTER, GREGORY A., Being promised, Grand Rapids 2013.

WANNENWETSCH, BERND, Lob der Äußerlichkeit. Evangelische *praxis pietatis* als gottesdienstliche Frömmigkeit. In: Denkraum Katechismus, hg. v. JOHANNES VON LÜPKE und EDGAR THAIDIGSMANN, Tübingen 2009, 387–413.
— Theologische Ethik. Rezension von „OSWALD BAYER, Freiheit als Antwort. Zur theologischen Ethik, Tübingen 1995". In: Zeitschrift für Evangelische Ethik, 39, 1995, 231–235.
WEBER, MAX, Wissenschaft als Beruf (1919), Tübingen ⁶1975.
WEIGELT, HORST, Art. „Lavater". In: TRE 20, 1990, 506–511.
— Lavater und die Stillen im Lande. Distanz und Nähe. Die Beziehungen Lavaters zu Frömmigkeitsbewegungen im 18. Jahrhundert (AGP 25), Göttingen 1988.
WEIPPERT, MANFRED, Schöpfung am Anfang oder Anfang der Schöpfung? Noch einmal zu Syntax und Semantik von Gen 1,1–3. In: ThZ 60, 2004, 5–22.
WELKER, MICHAEL, Subjektivistischer Glaube als religiöse Falle, EvTh 64, 2004, 239–248.
WENDEBOURG, DOROTHEA, Den falschen Weg Roms zu Ende gegangen? Zur gegenwärtigen Diskussion über Martin Luthers Gottesdienstreform und ihr Verhältnis zu den Traditionen der Alten Kirche. In: ZThK 97, 1997, 437–467.
WENDTE, MARTIN, Die Gabe und das Gestell. Luthers Metaphysik des Abendmahls im technischen Zeitalter, Tübingen 2013.
WENZ, GUNTHER, Art. „Sakramente I. Kirchengeschichtlich". In: TRE 29, 1998, 663–684.
WESTERMANN, CLAUS, Das Loben Gottes in den Psalmen, Göttingen 1954.
— DAS BUCH JESAJA. KAPITEL 40–66 (ATD 19), Göttingen 1966.
WETZEL, MICHAEL, „Geschmack an Zeichen". Johann Georg Hamann als der letzte Denker des Buches und der erste Denker der Schrift. In: BERNHARD GAJEK (Hg.), Johann Georg Hamann. Autor und Autorschaft. Acta des sechsten Internationalen Hamann-Kolloquiums im Herder-Institut zu Marburg/Lahn 1992, Frankfurt/M. u. a. 1996, 13–24.
WHITE, HAYDEN und KOSELLECK, REINHART, Auch Klio dichtet oder Die Fiktion des Faktischen. Studien zur Tropologie des historischen Diskurses, Stuttgart 1999.
WHITEHEAD, ALFRED NORTH, Prozeß und Realität. Entwurf einer Kosmologie, Frankfurt/M. 1979.
WIDMANN, PETER, Einseitigkeit als Grund von Gegenseitigkeit. In: Word – Gift – Being. Justification – Economy – Ontology, hg. v. BO KRISTIAN HOLM UND PETER WIDMANN (Religion in Philosophy and Theology 37), Tübingen 2009, 165–186.
WIEFEL-JENNER, KATHARINA, Stille, Schweigen, Heiliges Schweigen. Spielarten der Sehnsucht nach Stille in der liturgischen Bewegung. In: Stille. Liturgie als Unterbrechung, hg. v. ALEXANDER DEEG und CHRISTIAN LEHNERT, Leipzig 2020, 115–133.
WIEMER, AXEL, „Mein Trost, Kampf und Sieg ist Christus." Martin Luthers eschatologische Theologie nach seinen Reihenpredigten über 1Kor 15 (1532/33), TBT 119, Berlin/New York 2003.
WILCKENS, ULRICH, Kirchliches Amt und gemeinsames Priestertum aller Getauften im Blick auf die Kirchenverfassungen der Lutherischen Kirchen. In: KuD 52, 2006, 25–57.
WILD, REINER, „Jede Erscheinung der Natur war ein Wort". In: Hamann (Insel Almanach auf das Jahr 1988), hg. v. Oswald Bayer, Bernhard Gajek, Josef Simon, Frankfurt/M. 1987, 91–103.
WIMMER, REINER, Martin Luthers Religionsbegriff und das interreligiöse Gespräch – ein Vorschlag. In: Martin Luther und die Freiheit, hg. v. Werner Zager, Darmstadt 2010, 121–148.
WINGREN, GUSTAF, Luthers Lehre vom Beruf, München 1952.
— Schöpfung und Gesetz, Göttingen 1960.

—— Das Problem des Natürlichen bei Luther. In: Kirche, Mystik, Heiligung und das Natürliche bei Luther. Vorträge des Dritten Internationalen Kongresses für Lutherforschung, Järvenpää, Finnland, 11.–16. August 1966, hg.v. Ivar Asheim, 1967, 156–168.

WITT, CHRISTIAN VOLKMAR, Martin Luthers Reformation der Ehe. Sein theologisches Eheverständnis vor dessen augustinisch-mittelalterlichem Hintergrund, Tübingen 2016.

WITTGENSTEIN, LUDWIG, Tractatus logico-philosophicus 7 (1921). In: DERS., Schriften I, Frankfurt/M. 1969.

WOHLFEIL, RAINER, Bauernkrieg, Symbole der Endzeit?. In: Rottenburger Jahrbuch für Kirchengeschichte, Bd. 20, Stuttgart 2001, 53–71.

WOLF, ERNST, Menschwerdung des Menschen? Zum Thema Humanismus und Christentum. In: DERS., Peregrinatio, Bd. 2, München 1965, 119–138.

WOLFF, HANS WALTER, Hosea, (BK XIV/1) 1961, 246–265.

WYLLER, TRYGVE, Glaube und autonome Welt. Diskussion eines Grundproblems der neueren systematischen Theologie mit Blick auf Dietrich Bonhoeffer, Oswald Bayer und Knud Ejler Løgstrup (TBT 91), Berlin /New York 1998.

ZIEGLER, ROLAND, Das Eucharistiegebet in Theologie und Liturgie der lutherischen Kirchen seit der Reformation. Die Deutung des Herrenmahles zwischen Promissio und Eucharistie, Göttingen 2013.

ZWICK, JOHANNES, „All Morgen ist ganz frisch und neu" (EG 440).

Bibelstellenregister

Altes Testament

Genesis
1	6, 62, 154, 307, 389
1,1–2,4a	5, 187
1,1–3	3, 5f., 64, 68, 187
1,14f	2
1,2	136
1,26f	465
1,3	2, 4
1–11	154
1,14–18	4
1,26–28	468
1,28	7, 13
1,31	9, 195, 393, 439
2,7	16, 43, 61, 144, 171
2,15	3, 45, 48
2,16	2f., 6f., 41, 169, 415
2,16–17.25	1
2,16f	250
2,17	4
2,18	160
2,18.20	307, 314
2,23	396
2,25	4, 6
3	209
3,1	4, 11, 17
3,1–11	1
3,18f	21
3,5	4, 239
3,6	314
3,6a	5
3,6b	6
3,7	6
3,8	17
3,9	6, 193, 409, 417
3,10	17
3,15	11
3,19	144
4,1	4, 396
4,1–16	466
4,1.17	170
4,9	3, 193, 409, 417
4,11	142
4,12	142
9,1–3	13
11	309
12,1–3	3
12,4	3
15	423
15,5	511
15,6	6, 408, 423
22	10
22,1	198, 520
22,16	297
24,50	4
26,24f	44, 439
27,28f	235
28,13–15	126
32	VI, 7, 126, 141, 298, 395
32,10.13	126
32,23–32	125, 399, 401
32,31f	189, 196
40,8	88, 149
48,21	509

Exodus
3	353
3,2–6	258
3,6	5
3,12	4
3,14	6, 13, 65, 181, 183, 209, 234, 248, 358, 375
3,15	5
6,2f	209
13,21	258
14,14	177, 180
19,6	217
20	2
20,2	VII, 5, 13, 209, 234, 248, 297, 367, 373, 375, 438
20,2f	208, 291
20,3	249
20,5f	249
33,11	199
33,18–23	209, 234, 248, 375
33,19	6, 178, 181, 234, 248, 375

33,20	189	**1. Samuel**	
33,23	178, 399	3,9f	8
34,5–7	209, 248, 375		
34,6	5	**2. Samuel**	
34,6f	178, 181, 234, 248, 375	7,22	357
34,7	249	12	210
		12,7	92, 145, 193
Leviticus		12,7.5	409, 417
16	12	14,17	4
		14,17.20	4
Numeri			
6,22–27	199	**1. Könige**	
6,24–26	235	3,9	6, 66
6,24f	7	8,27	362
12,8	199	19,11–13	4, 177
24,13	4	19,12	206
		19,12f	5
Deuteronomium			
1,39	4	**2. Könige**	
2,24	241	24,14	7
3,28	294		
4,12	3, 115, 183, 199	**2. Chronik**	
4,15–19	3	5,13	375
4,24	258		
4,39	7	**Hiob**	
6,4	3, 181, 211, 291, 296, 358	2,13	94
6,4f	208, 357, 376	14,15	407
6,5	114	16,2	293
9,3	241	16,19	198
10,18	17, 373	40,1–41,25	10
21,22f	6, 514	40,4	179
21,23	9, 195		
27,26	9	**Psalm**	
28	250	1	111
29,4	179	1,2	7, 118
30,11–14	4	2	4
31,6–8.23	294	5	221
32,22	258	5,12	114
34,10	199	8	2, 183, 469
		10,1	242
Josua		13	366
1,1–9	294	13,2f	286
		14,1	86
Richter		17,4	57, 64, 281
6,22f	189	19,3	4, 6
13,22	189	19,13	7, 193, 428
		21,10	258

22	366	67,2	7, 235
22,2	286	68,14	9, 85
22,7	16	68,19	236 f.
22,23	207	72	6
22,23.28 f.32	223	72,16	236
23	13	76,9	179
23,1	69	79,10	180
25,17	287	81	18
25,6 f	375	83,2	179
27,8	8, 44, 298, 512	88	242
28,1	179 f.	88,8.17	256
30,6	249	90	233, 284
31,8	7	90,8	7, 193, 210, 409
31,16	438, 442	94	247
31,17	7, 235	102	284
32,11	18	103	49, 52
33,4	89	103,3	392
33,4b	512	103,8	5, 234, 248, 375
33,9	389, 507	103,8–1	6
34,9	5 f., 9, 17, 171, 236, 240	103,9	252
36,10b	236,10 2, 54	103,9.17	249
37,6	398	104	207, 233
40,8	9, 92	104,15	378
42,2	44	104,27–30	43
42,2 f	51	104,29	48
42,3	198	109,1	179
42,4.11	180	110	4
42,6.12	51	110,1	17, 150
43,5	51	115,2	180
44	242	116,10	146
44,27	234, 242	118	117
46,11	179, 188	119	57, 111, 117, 119 f., 127, 134, 280
48,9	7		
50,1.3	207	119,14	135
50,3	2, 184	119,17.57.67.101	135
51	395, 399, 403, 431, 441	119,18	135
51,2	2, 10, 141, 395, 431	119,88	439
51,4	440	119,89	167
51,5	396	119,1 f	44
51,6	241, 397, 399 f., 431	119,105	6
51,7	1	119,109	47
51,8	210	119.109	47
51,10	509	119,172	63
51,11	440	124,8	65
51,5 f	141	126	8
56	117	127	13, 467
66,20	234	127,2	411

130,1	285, 401	Jesus Sirach	
137,1	65	17,4f	7
138,8	65	24,4–15	186
139,7–9	3		
139,12	310	Jesaja	
143,6	44	5,1–7	9
145,9	375	6,1–7	190
146,6	16, 65	6,5	179
150	207	6,7	179
		6,9	198
Proverbien		6,9f	179, 211
3,11f	253	9,5	3
3,26	298	25,8	8
8,30	244	26,12	1
9,1–6	7	28,19	7, 11, 123, 138, 157
10,29	298	30,15	177
16,20	3, 66	33,14	258
		35,4	3, 247
Kohelet		38,15	512
1,2.9	10	38,17	286, 294
2,24	166	40,1	202, 296
3	94	40,6	202
3,1–8	93	40,7f	83
3,11	351, 379	40,8	167, 201
3,11a	10, 356, 365	40,9	3
3,11b	10, 356, 365	40,26	45
3,12.22	166	40,27	202, 296
3,14	6	40–55	65, 296
5,1	189	41,4	296, 357
5,17	166	42,8	296
7,29	18	43,1	13
8,15	166	43,10f	296
8,17	10	43,24	209
9,7.9	166	43,24f	252
9,7–9	172	44,20	46
11,5	10	44,6f	296
12,7	7	45,5f	357
		45,7	198, 243, 257
Hoheslied		45,15	193–195
8,6	258	45,5f-14–18–21f	296
		46,9	296
Sapientia Salomonis		48,10	258
10,12	126	48,11f	296
11,26	246	48,12f	357
18,14f	186, 206	49,4	69, 202
		49,13	202
		49,14	202, 296

50,4	66, 122, 501	27f	308
50,4.5.7.8	57, 66	31,20	6, 253
50,4–9	59	31,33f	3, 88
50,4a	60	31,35	7
50,5	59f.	38,10–13	165
50,5b.7d	66		
50,6	59f.	Threni	
50,6.7abc	66	3,22	65
50,7	59f.	3,22f	4, 61, 65
50,7a	60	3,38	198, 243, 257
50,7d	67		
50,8	59, 62	Ezechiel	
50,8a	68	3,1–5	141
50,8f	67	18,23.31f	251
52,7	16	33,11	251
53	2, 4	37	20
53,1	202, 308	37,1–14	296
53,2	156	37,[1–14]11	202
53,2.4	16	37,11	296
54,10	203		
54,13	3	Hosea	
54,7f	249	1,6	6
55,1	7	6,2	2
55,10f	89, 203	7,4.6f	258
55,11	228	11	253
60,10b	248	11,7	5
61,2	247	11,7–11	252
61,6	217	11,8	6f., 11, 253, 258
63,19b	286	13,9	5
63,4	247	13,14	6
63,17	211	14,5	6
64,1	286		
65,17	254	Amos	
66,13	288	3,6	198, 243, 257
66,22	254	8,12	179
		8,2	6
Jeremia			
2,13	5, 54	Jona	
12,1	296	1,5	379f.
14,21 (17,12)	16	2,1	2
15,16	67		
17,13f	5	Micha	
17,9	53, 192, 239, 366	7,18f	193
20,7	281		
20,7.9	203, 208	Habakuk	
20,9	281	2,2–4	286
23,29	281	2,20	177, 206

Maleachi
3,1	16
3,2	9

Neues Testament

Matthäus
1,23	5
3,12	9
4,6	5
4,17	6
5–7	13
5,14	8, 20
5,22	258
5,43–48	236
5,45	236
6,6	121f., 129
6,24	250, 292
6,34	13
7,12	14
7,13	3
8,23–27	360
10,26f	223
10,29ff	290
10,32f	203
11,19	164, 173
12,34	208
13,10–16	211
13,11–1	198
13,11–15	179
13,44–46	291
13,45	110
16,16	212
16,16f	196
16,17	86, 212
16,22f	87
16,25	46, 53
16,26	45
20,1–15	1, 22, 69
23,8	500
25,46	54
26,26	7
28,18–20	433

Markus
1,9–11	289
1,15	290
1,40–42	245
1,41	11
2,9	143
3,22–27 par	308
4,11f	149, 211
5,1–20	246
5,19	246
7,31–37	9
8,33	519
9,24	426, 430
10,45	68
10,45 par	2
12,29f	12, 356
12,30	157, 221
16,15	208, 213, 223
16,16	255, 416, 432f.

Lukas
1,48	7
2	7
2,1–14	136
2,2	2
2,9–14	231
2,11	426
2,14	232
2,17	235
2,19	136
2,20	7
2,25	289
2,25–35	296
2,26	289
2,29–32	289
7,11–17	246, 288
7,13	245
7,34	164
8,10	211
8,15	137
8,9f	179
10,33	245
10,41f	110
10,42	132, 220
12,16–21	45
12,19	45, 51
12,20	46
12,21	45
12,37	61f., 68
14,17	6, 169

15,20	2, 7, 245	15,13	2
17,20f	91	16,8	246
17,21	362	16,13	386
20,34–38	44	16,23	369
21,18	290	17	12
21,33	167	17,1	8
24,25–27.44–47	4	18,14	12
24,46f	1	19,19	16
		19,30	17, 251
		20,22	229
Johannes		20,22f	1
1	6, 154, 307, 387	20,29	163, 199
1,1	5, 153, 171, 187, 307, 502		
1,3	10, 61, 305, 358	Acta Apostolorum	
1,4	6	4,12	15
1,9	3	4,20	203, 208
1,13	114, 420	5,29	470
1,14	9f., 144, 168, 183, 297	9,22.26	13
1,18	1, 183, 244, 246	14,16f	237
1,26.31	196	14,17	7
1,29	2, 12	14,22	132
3,16	12, 388	15,32	132
3,18	432	15,41	132
3,36	252	17,28	4, 119
4,47–54	113	18,23	132
5,17	4	20,35	392
5,24	432	28,26f	179, 198, 211
6,20	86		
6,35.48	86	Römerbrief	
6,39	290	1,1–4	422
6,45	3, 88	1,16	89, 205, 228
6,60.66	86	1,16f	205, 418, 509
6,63	422	1,17	5, 413
8,51	422	1,18–3,20	418
9,6	61, 171	1,18–21	379
10,10	5f., 66, 287	1,19f	63
10,28f	238	1,20	5
10,30	6, 165, 212	1,21	86, 121
10,38	246	2,14f	379
11,49f	197	2,15	15, 382
11,50	12	2,25	415
11,51f	12	3,3	16
12,39f	179, 198, 211	3,4	141, 397
13	61	3,12–28	418
13,8	61	3,21–31	418
14,17	197	3,23	4, 466f.
14,19	298	3,23ff	418
14,6	15, 165, 205		

3,24	7	15,13	288
3,25	2, 11, 244, 418	16,25	186, 223
3,28	418, 466		
3,4f	397	**1. Korintherbrief**	
4	424	1,2	217
4,11	3	1,3–7	288
4,17	6, 64, 359	1,18	150, 198
4,20	408	1,18.23	196
4,2.3	423	1,23	87, 150, 519
4,25	1	1,27	150
4,5	6	2,4	164
4,5.17	407	2,6–16	13
5	2	2,8	196, 519
5,10	409, 514	2,9	92
5,12–21	230, 249	2,15	89
5,15–17	440	3,11	16
5,20f	231	3,12	423
7	421	3,13–15	246
7,1	421	3,15	248
7,7–25	421, 433	4,7	1, 233, 507
7,10	9	4,13	147
7,12	5, 9, 415	6,19	290
8,1	5	7,17–24	217, 224
8,1–4	10	8,2f	170
8,14ff	290	8,4–6	123
8,24f	3, 199	8,6	357
8,26f	142	9,16	203, 208, 281
8,29	16	11,24	7, 415
8,3	11, 18	11,31	398
8,31–39	67, 401	12,3	86, 196, 212
8,32	388, 391	12,10	84
8,34	8	12,12ff	218
8,38f	79–11 194	12,28	220
9,15	6	13,8–12	365
9,16	238	13,9	9, 168
10,4	5, 9f.	13,9f	170
10,6	4	13,9f.12	169
10,17	2f., 89	13,10	173
11,29	392	13,10.12f	168
11,33–36	194	13,12	18, 170, 198f.
11,36	357, 368	14	12
12,6–8	220	14,40	225
12,15	94	15	4, 89, 118, 126, 506
12,17–21	247	15,3	4, 8
12,19	247	15,3–5	1f.
14,12	203	15,10	233
14,7f	290	15,(1ff),3–7	8

15,26	287	2,11	429
15,28	369	2,14	94
15,3f	422	2,19f	13, 119
15,36ff	236, 506	2,20	418
15,37f	236	3,15ff	391
15,39–44	8, 236	3,2.5	12
15,51–53	248	3,6	6, 15, 403f., 408
15,54	8	3,10	9f.
16,22	290	3,10.12	415
17,37f	8	3,13	2, 6–10, 195, 425, 514, 516, 519
2. Korintherbrief		3,18	391
1	288	3,23	94, 432
1,19f	297	3,23.25	18, 115, 232
1,21f	290	3,23ff	416
1,3	288	3,26–28	224
1,3–7	288	3,28	8
1,3f	293	4,3	3
1,3ff	247	4,4	290
2,15f	198	4,6	437, 509
3	137	4,8	377
3,1	18	4,9	3f., 170
3,6	415f.	4,26	16
3,18	199	5,3	415
4,3f	89, 198	5,5	288
4,6	5, 87, 197, 244	5,6	419
4,13	208	5,7	14
4,16	124, 432, 438	5,13	424
4,18	3	5,16f	433
5	2	5,17	211, 421
5,7	12, 167, 198, 212, 299, 364f., 383, 417	6,14	13
		6,14f	14
5,14	8	6,16	13
5,17	1, 7, 211, 247, 418		
5,18	215	**Epheserbrief**	
5,18–20	215	1,13f	290
5,18–21	11	1,17–20	139
5,18f	215	1,22	16
5,21	2, 6, 9, 13	1,9f	186
6,2	6	2,3	2
8,5	12, 388	2,10	1, 3
12,9	66	3,15	135
		3,5	223
Galaterbrief		3,5f.9–11	186
1,1	228	4	215
1,4	12	4,11f	228
2,5.14	14	4,3–6	221

4,6	357	4,7	122
4,7–14	215	6,20	310
5,1–10	388		
5,1f	16	**2. Timotheusbrief**	
5,2	388	1,8	205
5,6–14	82	1,9f	186
6	125	2,13	66
6,12f	114	2,15	416
		3,15	1, 133
Philipperbrief		3,16	1
2,12f	238		
2,6–11	61, 68	**Titusbrief**	
2,7	144	1,2f	186
2,8	16	2,13	288
2,13	232	3,4–7	18, 391
3,1–11	13		
3,12	170	**Hebräerbrief**	
3,20	293	1,1–4	186, 297
		1,2f	358
Kolosserbrief		1,3	10, 184
1,13	5, 13	4,12	250, 305
1,13f	2	4,16	244
1,15	10, 184, 246	5,1	298
1,15–20	358	5,8	166
1,19	10, 184	6,11–18	65
1,26	223	6,13–19	297
1,26f	186	6,18	297
2,8	6	7,27	297
2,9	10, 184, 361	9,12	297
2,14	2	10,1	169, 173
2,20	3f.	10,5	2
3,3	124, 211, 438	10,10	297
3,4	211	10,27	241, 256, 258
3,5	377	10,37f	286
		11	3
1. Thessalonicherbrief		11,1	3, 15, 199
4,9	3, 88	11,3	3, 5f.
		11,9–16	293
2. Thessalonicherbrief		11,10	16
2,7	206, 209	12,22f	207
3,2	87, 152, 210	12,4–11	253
		12,28f	256
1. Timotheusbrief		12,29	241, 258
1,7	133	13,14	293
2,1	521	13,15	12
2,4	256	13,22	296
3,16	10, 184, 205	13,4	2

Jakobusbrief

2,10	415
2,10f	9
2,17.26	115
3,9	314

1. Petrusbrief

1,1.17	293
1,18f	2, 290
1,2	186
1,24.25a	201
1,25b	202
1,3	212, 299
1,3–9	212
1,5.7.12f	212
1,20	223
1,25	201
2,3	6, 171
2,5.9	217
2,9	214, 216f.
2,11	293
2,13	15
3,5	222
3,15	13, 290
4,11	2f., 10, 12, 15, 146, 171, 281
4,7	5
5	13
5,7	5

2. Petrusbrief

1,16–19	7
1,19	7, 18f., 167
1,20	10, 144
3,12	254
3,9	286

1. Johannesbrief

1,1	171, 307

1,1–3	12, 153
1,1–4	2, 115
1,7	290
1,8–10	434
2,2	13, 290
3,2	51
3,8	290
3,19	279
3,20	279
4,1	84
4,10	13
4,15–21	394
4,18	18
4,8.16	253, 409
4,9	88

Apokalypse

1,3f	6, 19
1,6	214
1,8	16
1,8.17f	357
2,2	164
4,8.11	357
4,11	3
5	20
5,10	214
6,10	179, 286, 289, 366
8,1b	177
10,8–11	141
12,10	5
20,6	214
21,1	254
21,1.22	16
22,11	437
22,12	5
22,20	289f.

Personenregister

Adorno, Th. W.   180f., 367
Albert, H.   46
Althaus, P.   206
Amor, Chr. J.   253
Anderson, L. M.   157
Andreae, J. V.   130
Anttila, M.   506
Aquin, Th. v.   6, 232, 359, 367, 419, 508
Aristoteles   2f., 5f., 12f., 45, 188, 352, 430, 439, 465
Armbruster, J.   2, 423
Arnold, G.   148
Asendorf, U.   503
Asheim, I.   115
Äsop   121
Assel, H.   282
Assmann, J.   249
Athanasius   111, 118
Auerswald, H. J. v.   355
Augustin   10, 53, 88, 128, 230, 244, 413f., 469, 508
Ausländer, R.   180, 191

Bach, J. S.   48
Bacon, F.   13
Bader, G   122
Barth, K.   117, 189, 232, 252, 516
Bartmann, P.   115
Bauer, K.-A.   4, 133
Bauer, W.   90, 413
Baumgartner, W.   179
Baur, W.-D.   84, 147, 210
Bayer, J.   188
Benedikt XVI.   10f.
Bengel, J. A.   10, 16, 129f., 312
Benn, G.   282
Berens, Chr.   148
Berger, P. L.   12, 293
Berg, H. K.   11
Berkeley, G.   13
Bernhard v. Clairvaux   128, 395
Beutel, A.   5, 17
Beyer, M.   232, 514

Bielfeldt, D.   506
Biel, G.   4, 113, 239
Bizer, E.   508
Blickle, P.   225
Block, J.   506
Boethius   442
Böhm, B.   148
Bohren, R.   111
Boman, Th.   6
Bonhoeffer, D.   6, 125, 207, 280, 363, 366, 505, 507
Bornkamm, G.   212, 244, 424
Bornkamm, K.   402
Boschki, R.   186
Botticelli, S.   230
Bourdieu, P.   7
Bracken, E. v.   161
Brock, B.   116
Buber, M.   63, 122, 177
Bucholtz, F. K.   166
Büchsel, E.   12, 158, 164
Büchsel, F.   13
Bultmann, R.   3, 6, 11, 50, 117, 238, 396
Busch, W.   17, 240

Cajetan, Th.   429
Calov, A.   516
Calvin, J.   377, 379
Camus, A.   8, 295
Canterbury, A. v.   360
Cassirer, E.   115, 159
Celan, P.   180, 191
Celtis, C.   202
Cervantes Saavedra, M. d.   149
Chardin, Teilhard d.   436
Christe, W.   426f., 430f., 437
Chrysostomus, J.   207
Chyträus, D.   128, 130, 138
Cicero   360, 379
Claudius, M.   233
Cocceius, J.   510
Conzelmann, E.   234
Conzelmann, H.   230

Coors, M. 10
Courcelle, P. 395
Crasselius, B. 13
Crugot, M. 162, 166
Cullmann, O. 17

Damm, Chr. T. 11
Danz, Chr. 14, 16, 54
Denicke, D. 137
Derrida, J. 14, 407
Descartes, R. 3, 9, 11, 19, 168, 189, 314, 363, 402
Dieter, Th. 45, 439, 508
Dietzfelbinger, Chr. 6
Dietz, Th. 18
Dilthey, W. 6
Dingel, I. 204
Diogenes 355

Ebeling, G. 6f., 13, 162, 165, 395, 402, 465, 502, 506
Eberhard, J. A. 3
Eckert, E. 236
Eckhart (Meister E.) 182, 191, 360
Eck, J. 418
Eichendorff, J. v. 52
Elert, W. 1f., 188, 503
Engels, F. 13, 364
Enskat, R. 356
Erasmus v. Rotterdam 223, 420, 466
Erikson, E. 1, 9, 11f., 400

Feiereis, K. 5
Feil, E. 5, 10
Feuerbach, L. 3, 9, 11, 19, 364, 368, 403, 408
Fichte, J. G. 4, 6, 15, 365
Francke, A. H. 4, 138
Freud, S. 9, 11, 19, 21, 50
Frey, Chr. 115
Friedrich d. Große 150
Friedrich d. Weise 201
Friedrich, G. 132
Friedrich Wilhelm I. 283
Fritsch, F. 4, 17, 155, 172
Funck, H. 160

Gellert, Chr. F. 298
Gemünden, P. v. 513
Gerhard, J. 4, 130, 229, 515
Gerhardt, P. 3, 10f., 14, 49f., 53, 246f.
Gese, H. 244
Gestrich, Chr. 9, 47, 51, 241
Geyer, H.-G. 353, 358f.
Gleede, B. 3, 10, 12, 115, 149, 210, 303, 353, 357
Gloege, G. 12
Gnot, I. 505
Goethe, J. W. v. 1, 4, 11, 83, 156, 207, 230
Gombrich, E. 7
Gottschick, J. 166
Gramann, J. 6
Grane, L. 413
Graubner, H. 11, 163
Gregersen, N. H. 231
Gregor v. Nyssa 402
Grimm, J. und W. 1, 48, 207, 244, 287
Grimpe, B. 9
Grosse, S. 428
Gründer, K. 21
Grundmann, W. 87, 195
Grymer, B. 507
Gryphius, A. 46
Gumnior, H. 8
Gurisatti, G. 162

Haacker, K. 74, 420
Habermas, J. 146, 222
Häfeli, J. C. 10, 19, 149
Hafenreffer, M. 130, 138
Hagemann, T. 87, 147
Hahn, Ph. M. 160
Haizmann, A. 88, 147
Halfwassen, J. 355
Hamann, J. Chr. 312
Hamann, J. G. 2–4, 7, 9–13, 20, 23, 44, 47, 61, 64f., 84, 87f., 115f., 137, 140, 157, 173, 179f., 183–185, 208, 210f., 237, 281, 314, 351, 355, 357, 360–362, 366, 369, 388, 391, 503, 505, 508
Hamm, B. 392
Hammer, G. 120
Hanratty, G. 185, 360
Härle, W. 226, 374, 407

Harrisville, R. A.   86
Hauschild, W.-D.   427
Heckel, M.   11, 470, 505
Heermann, J.   6, 212
Hegel, G. W. F.   1, 4, 9f., 13, 16–18, 21, 117,
    155, 157, 159, 172, 195, 208f., 352, 355,
    359, 363–368, 403, 405
Heidegger, M.   356, 359
Heinicke, S.   308f.
Heinz, A.   188
Held, H.   246, 286
Hendrix, S.   512
Henkel, A.   158
Hennig, G.   177, 428
Herbst, Chr.   3
Herder, J. G.   13, 15, 17, 45, 140, 149, 154, 163,
    166, 180, 184, 303f., 307f., 310, 436
Herman, N.   13
Hermanni, F.   364
Hermann, R.   282, 427, 435
Hermisson, H.-J.   59f., 62f., 69, 195
Herms, E.   512
Herrmann, W.   3
Hey, W.   45
Hiller, Ph. F.   129
Hirsch, E.   2f., 54, 83
Hitler, A.   515
Hofius, O.   11, 207, 215, 288, 407, 415, 425
Höfling, J. W. F.   219
Hofmann, Chr. v.   169
Hof, O.   243
Hölderlin, F.   7, 9
Hollaz, D.   363, 516
Holm, B. K.   503
Holtz, T.   212
Homer   5, 10
Homer   140
Honecker, M.   504
Honneth, A.   405f.
Horaz   5, 92, 145, 202
Horkheimer, M.   3, 8, 181, 192, 356, 362,
    367f.
Horstmann, A.   205
Huber, W.   210
Huizing, K.   162
Hume, D.   6, 13, 171

Husserl, E.   1
Huxel, K.   6

Illge, H.   10
Irenäus   187
Iwand, H. J.   380, 390

Jacobi, F. H.   6–8, 13, 66, 140, 147f., 151f.,
    154f., 163, 166, 168f., 171, 183, 185,
    210, 237, 304–307, 309f., 312, 314, 361
Janke, W.   14
Janowski, B.   5–7, 65, 111
Janowski, J. Chr.   255
Jellinek, G.   11, 470
Jeremias, J.   6, 8
Jetter, W.   432
Jizchak, L.   122
Joest, W.   2, 402, 435, 506
Johannes v. Kreuz   191
Jonas, H.   5, 12, 199
Jørgensen, S.-A.   4, 140, 147
Josuttis, M.   4, 133, 513
Jüngel, E.   3, 216, 232
Junghans, H.   12
Juvenal   6

Kaiser, J.   4, 177
Kang, Chi-Won   128, 138
Kant, I.   1, 3f., 6, 9, 11, 14f., 17, 23, 44, 50,
    147f., 153f., 190, 210, 239, 295, 303,
    351, 356f., 360, 363, 365–367, 396,
    402, 468, 503
Käsemann, E.   208, 420, 433
Katharina v. Bora   283
Kaufmann, Th.   127f., 130, 507f., 514f.
Kermode, F.   5
Kierkegaard, S.   6, 11, 17, 54, 82, 84, 87,
    147, 157, 189, 508
Killy, W.   7
Kleinig, J.   244
Klepper, J.   5, 57, 69, 147, 188, 192, 241,
    285, 383, 393, 426, 428
Knudsen, Chr.   3, 150, 159, 351
Köhler, L.   179
König, J. F.   91
Köpf, U.   128, 395
Körtner, U.   7, 85, 219

Koselleck, R. 12, 16
Krämer, H. J. 355
Krause, G. 132
Kruse, J. M. 413
Kues, N. v. 361
Kümmel, W. G. 421

Lämmerzahl, E. 4
Landmesser, Chr. 421
Lavater, J. C. 8, 149, 156, 173, 179 f.
Leaver, R. A. 506
Leibniz, G. W. 3, 13
Leipoldt, J. 87, 195
Lemanski, J. 356
Leppin, V. 504
Lessing, G. E. 14 f., 84, 150, 164, 363
Levinas, E. 6, 17
Lexutt, A. 3 f., 112, 128, 297
Lincks, W. 504
Lindner, E. F. 308
Lindner, G. I. 151, 166, 308
Lindner, J. G. 3, 10, 141, 146, 149, 152, 156, 166, 171
Link, W. 426
Livius, T. 2
Locke, J. 13
Löfgren, D. 502
Løgstrup, K. E. 6, 10 f., 17, 507
Löscher, V. E. 196, 244
Löwith, K. 5
Luhmann, N. 9
Lüpke, J. v. 2, 4, 16, 48 f., 53, 147, 164, 171, 206, 280, 360, 436, 466
Luscher, B. 115
Luther, M. passim
Lütkehaus, L. 179
Luz, U. 211

Majetschak, S. 158
Marcuse, H. 3, 19, 21 f.
Marga, A. 516
Margarithas, A. 514
Marion, J.-L. 13
Marquard, O. 13, 249
Marx, K. 5, 9, 11, 13, 15, 19, 21 f., 217
Mattes, M. 506, 508
Maurer, W. 215

Maxfield, J. A. 503
Mechthild v. Magdeburg 191
Melanchthon, Ph. 1 f., 4–7, 9 f., 18, 118 f., 227, 230, 291, 420
Mendelssohn, M. 11, 14 f., 18, 150
Merkel, H. 2
Meyer, C. F. 3
Michaelis, J. D. 14
Michel, O. 169
Miggelbrink, R. 245
Miyatani, N. 8
Modalsli, O. 509
Moeller, B. 504
Moller, M. 236
Morgenstern, Chr. 365
Moser, F. C. v. 151
Mostert, W. 6, 232, 507
Moustakas, U. 2 f., 10, 12, 115, 140, 149, 153, 210, 303, 313, 357
Mühlen, K.-H. z. 507
Muis, J. 9
Müller, F. v. 156
Müller-Lauter, W. 180
Mumme, J. 10, 229
Munch, E. 178 f.
Müntzer, Th. 201
Murner, Th. 202

Nestle, E. 129
Neuß, H. N. 236
Nieden, M. 127
Niege, G. 224
Nietzsche, F. 9, 11, 13, 21, 43, 240, 283, 295, 359, 361, 519
Nikolaus v. Kues 194
Nilsson, K. O. 430
Nürnberger, K. 406

Oetinger, F. Chr. 10
Olsson, H. 502
Origines 163
Osten-Sacken, P. v. d. 514
Otto, R. 178, 190
Overbeck, F. 15, 374, 395, 401

Pannenberg, W. 402, 436
Pascal, B. 179, 194

Paul, J.   163, 165, 243
Paulson, S.   204, 297
Peirce, C. S.   172
Pesch, O. H.   230, 426–428
Peters, A.   230
Philipp v. Hessen   201
Philo v. Alexandrien   125
Platon   6, 8, 10f., 13, 17, 47, 116, 189f., 232
Plotin   187
Plücker, J.   4
Popper, K.   8
Pseudo-Dionysius Areopagita   182–185, 191, 206
Putnam, H.   3, 10

Quenstedt, J. A.   10, 516

Raatz, G.   504
Rahner, K.   47, 387
Räisänen, H.   415, 513
Reimarus, H. S.   150
Reinert, A.   172
Reinhuber, Th.   14, 109, 242, 245, 252, 254, 257f., 383, 393
Reuß, R.   352
Reuter, Chr.   8, 18
Richter, C.   18
Ricoeur, P.   1, 117, 365, 396, 405f., 409
Riedel, M.   312
Rieger, M. S.   192
Riemschneider, E. G.   278
Rinckart, M.   208
Ringleben, J.   4, 144, 157, 398, 504
Ringwaldt, B.   289
Rink, F. Th.   303
Ritschl, A.   13
Ritter, A. M.   206
Ritter, J.   1
Roos, M. F.   129f.
Rorem, P.   182, 185, 191, 206
Rosenau, H.   10, 365
Rosenzweig, F.   63, 177
Rössler, D   1
Rousseau, J.-J.   5
Rückert, H.   9
Rudolph, A.   4

Saarinen, R.   230, 390, 503, 506
Sachs, N.   180, 191
Sallust   2
Sander-Gaiser, M.   113
Sanders, E. P.   420, 513
Sartre, J.-P.   2, 6, 15, 295
Sauter, G.   10
Schadewaldt, W.   8, 13
Schaede, S.   9
Scheffner, J. G.   305, 308, 310
Schelling, F. W. J.   4, 356
Schelsky, H.   295
Schenk, H.   151
Schiller, F.   4, 44, 247
Schleiermacher, F. D. E.   2, 4–8, 14f., 112, 117, 119, 252, 374, 376, 401f., 436, 508, 511
Schlink, E.   368
Schloemann, M.   418, 505
Schmidt, K. L.   91, 290
Schmidt, M.   420
Schmitz, O.   294
Schneider-Flume, G.   400
Schneider, R.   198, 242
Schnell, H.   201
Schödl, A.   125
Schopenhauer, A.   368
Schubbe, D.   356
Schulken, Chr.   513
Schütz, H.   280
Schwan, G.   9
Schwanke, J.   503
Schwarz, R.   509
Schweitzer, A.   1
Schweizer, E.   245
Schwöbel, Chr.   185, 387, 393, 512
Scoralick, R.   248
Scotus, D.   4, 9, 239
Scotus, J. M.   18, 216
Seils, M.   11, 151, 385, 388, 393, 503
Seitz, M.   109f.
Selge, K.-V.   9, 204
Semler, J. S.   2–4, 14, 111, 128f.
Seneca d. Jüngere   230, 236
Shakespeare, W.   47
Siep, L.   405
Silcock, J.   77
Simonis, L.   12

Simon, W. 408
Slenczka, N. 1, 6, 16
Sokrates 148
Spaemann, R. 12, 388
Sparn, W. 9, 12, 253
Spee, F. 286
Spehr, Chr. 504
Spener, Ph. J. 130f., 134
Spengler, L. 1
Spieckermann, H. 234f., 248, 375
Spinoza, B. 155
Spinoza, B. d. 361
Spitta, Ph. 205
Stahl, F. J. 218
Stählin, G. 294
Stäudlin, C. F. 1
Steffens, H. 5
Stegmann, A. 504f.
Steiger, J. A. 128, 130
Steinbach, E. 505
Stemberger, G. 289
Østergaard-Nielsen, H. 117
Steudel, J. G. 6, 310
Stolina, R. 9, 14, 185
Stolle, V. 421
Stolt, B. 17f.
Stopp, F. J. 201
Sträter, U. 133
Strobel, A. 286
Strube, W. 12
Stuhlmacher, P. 111, 205
Stünkel, K. M. 3, 146, 357, 359f.

Tacitus 355
Tauler, J. 507
Teresa v. Avila 191
Tersteegen, G. 177
Tetz, M. 118, 120
Texier, R. 194
Thaidigsmann, E. 2, 6f., 13, 354, 356f., 360, 363f., 368, 409, 507
Theißen, G. 513
Theobald, M. 215
Thiel, R. 57
Tietz, Chr. 442
Tillich, P. 11, 14, 46, 115, 185, 243, 295

Toynbee, A. 2
Trinkaus, Ch. 465

Ulrich, H. G. 1, 296
Updike, J. 257
Utzschneider, H. 244

Vainio, O.-P. 506
Valéry, P. 4, 178
Veldhuis, H. 20
Vio, Th. d. 429
Voetius, G. 109f., 124
Volkmann, S. 245

Wächter, O. 129
Wallmann, J. 130
Walser, M. 193
Walter, G. A. 503
Wannenwetsch, B. 2, 6, 10, 17, 54, 116
Weber, M. 354
Weigelt, H. 161f., 166
Weippert, M. 5
Weiß, J. 13
Welker, M. 17
Wendebourg, D. 511
Wendte, M. 503, 507
Wenz, G. 216
Westermann, C. 207, 211, 286
Wetzel, M. 159
White, H. 12
Whitehead, A. N. 11
Widmann, P. 230, 503
Wiefel-Jenner, K. 178
Wiemer, A. 506
Wiesel, E. 186
Wilckens, U. 218
Wild, R. 12
Wimmer, R. 13
Wingren, G. 502
Witt, Chr. V. 504
Wittgenstein, L. 3, 10, 183, 191
Wohlfeil, R. 201
Wolf, E. 47
Wolff, H. W. 6
Wyller, T. 6, 507

Ziegler, R. 511

Zwick, J. 236

Sachregister

Abendmahl/Herrenmahl   6–9, 12f., 92, 137, 168, 171, 218, 227f., 235, 389, 408, 410, 417, 503, 510–512, 519
- Abendmahlshostie   141
Ablass   428
- Ablassstreit   413
Absolutheitsanspruch   13
Absolution   *siehe* Vergebung
Absolutismus   11, 470
Adam   1–3, 6f., 11, 17, 193
- alter A.   114, 211, 434, 439, 441
- Fall A.   1, 4f., 7, 11, 13, 307, 311, 314, 384f., 466, 468
Adam-Christus-Typologie   249
Affekt   18, 50, 132, 142, 252, 288, 298, 355
- affectus fidei   221, 364
Aktionismus   116
Aktualismus   116
Allmacht   3f., 6f., 10–12, 209, 239, 243, 251, *siehe* Gott (Allmacht G.)
- Allmachtsformel   362
Allversöhnung   254f.
Alte Kirche   119, 253
- monarchischer Episkopat der A. K.   221
Altprotestantismus   20
Amt   123, 216, 218f., 222, 224, 226–228
- A. des Buches   281f.
- A. Jesu Christi   401, 404
- Amtsträger   216, 219
- Amtsübertragung   217
- Apostelamt   214
- Bischofsamt   227
- kirchliches A.   147, 215
- königliches A.   401
- Lehramt   220
- Mittleramt   402
- Pfarramt   *siehe* Pfarrer (Pfarramt)
- Präsenz Christi im A.   *siehe* Jesus Christus (Präsenz C. im Amt)
- Predigtamt   *siehe* Predigt (Predigtamt)
- priesterliches A.   224, 401
- Prophetenamt   220
- Wortamt   88, 93, 215–217, 220, 228, 402

Anamnesis   4, 7
Anerkennung   4, 230f., 249, 292, 405, 409, 412
- A. des Schöpfers   418
- gegenseitige A.   5
Anfechtung/Versuchung (tentatio)   3, 5, 7f., 11, 14, 62, 66, 93f., 112, 122f., 126, 128f., 134, 137f., 157, 162, 170, 197, 202, 211, 256, 366, 383, 393, 439, 520
- Urversuchung   5, 17
Angst   4, 11, 17f., 20, 53, 58, 64f., 67, 83, 165, 278, 287, 294, 298
Anklage   10, 410, 412
Anmaßung   8, 298
Anmut   230f.
Anrede   3, 9, 44, 63, 172, 255, 282, 313, 373, 433, 436
- A. des Evangeliums   8
- A. des Gesetzes   8
- personale A.   237
- schöpferische A.   3, 237
Anthropologie   1, 5, 7, 16, 375, 395, 406, 419, 431, 465, 467f.
- a. Wende   5f., 8, 13f., 16, 54
- marxistische A.   21
- theologische A.   400
Anthropomorphismus   185
Anthropomorphose   4
Antidonatismus   88, 520
Antike   12
Antinomie   2, 309
Antwort   3f., 6f., 9, 13–15, 44, 63, 119, 152, 154, 160, 187, 207, 222, 230, 239, 296, 298, 307, 409
Apathieaxiom   1
Apostolische Sukzession   215
Apotheose   4
Arbeit   2, 4–6, 8, 10, 21, 114, 185, 187, 209, 250, 292, 411
Archäologie   313
Askese   110, 118, 121f., 125, *siehe* Aszetik
Ästhetik   2, 116, 152, 157, 171
- theologische Ä.   115

– transzendentale Ä.   4, 11
Aszetik   109 – 111, 113 – 116, 120, 122, 124 f.,
    siehe Asekse
– Urbild der A.   126
Atheismus   155, 165 f., 180, 185, 360
Aufklärung   17, 19, 68, 129, 147
Augsburger Bekenntnis (CA)   204, 252, 410, 469
– Apologie der CA   227
– 2. Art.   5, 254
– 5. Art.   6, 8 f., 85, 88, 215 – 217, 228, 291, 364
– 7. Art.   222
– 14. Art.   216 f., 219, 224 f.
– 17. Art.   5, 254
– 18. Art.   12, 469
– 28. Art.   226
Authentizität   88
Autonomie   5, 14 f., 153, 282, 284
Autorität   6, 18, 215, 225

Barmer Theologische Erklärung   4, 6, 12, 202 f., 471
Barmherzigkeit   3, 5, 148, 234, 246, 249, 408, 468
Beichte   519
– Beichtgeheimnis   223
– Generalbeichte   141
Bekehrung   133
– B. zur Welt   siehe Welt (Bekehrung zur W.)
Bekenntnis   3, 6, 60, 63, 65, 67 f., 149, 152, 159, 168, 181, 195 f., 203 f., 207, 234, 248, 254, 290 f., 358, 373, 382, 385, 393
– Bekenntnisschriften   222, 518
– Christusbekenntnis   86
– Urbekenntnis der Kirche   1
Berufung   60, 214 – 216, 222, 225, 228
Bewußtsein   253
– religiöses B.   159
– utopisches B.   351
Bibel/Heilige Schrift   3, 5 – 9, 11 f., 14, 18, 21, 44, 57, 60, 69, 82 f., 85, 92, 94, 112, 116, 119 f., 128, 132 – 134, 138, 140 – 142, 151 f., 158, 171 – 173, 194, 236, 247, 251, 280 – 284, 312, 358, 414, 416, 418, 421, 423, 514, 518, 520
– als Atemraum des Heiligen Geistes   118

– als Dokument von Glaubenserfahrungen   11
– als Geschichtenbuch   145
– als historisches Apriori   10 – 12, 15, 154
– als Norm   1
– als Subjekt   9 f.
– als „Wörterbuch und Sprachkunst"   3, 10, 12, 14, 116, 145, 171, 281
– Auslegung der B.   1 – 4, 6, 8 – 10, 12, 121, 284
– Autorität der B.   1, 9 f.
– Bibelcento   16
– Bibelkritik   9 f.
– Eingebung der B.   121, 144
– Klarheit der S. (claritas scripturae)   85, 88, 92, 121, 223
– Kraft der S.   9, 85
– Schriftmeditation   siehe meditatio
– Schriftwerdung   85
– Selbstverständnis der B.   1, 92
– Sprache der B.   10
Bilderverbot   2, 10, 181 – 184, 192
Bildung (eruditio)   3, 9, 12, 134, 469, 521
– akademische B.   221
– Bildungsarbeit   229
– Herzensbildung   132
– theologische B.   131
Bitte   112, 135, 226, 285 – 287, 289
– B. um den Heiligen Geist   177, 188, 229
Böses, das Böse   1, 7 f., 10, 17, 19, 91, 198, 240, 242 f., 247, 251 f., 254, 256 f., 314, 366, 380
– Existenz des B.   12, 199
– Geheimnis des B.   206, 209, 211
Brot und Wein   13
Buddhismus   11, 178
Bund   16
– Neuer B.   296
Buße   13, 124 f., 133, 191, 218, 255, 434, 437 f.
– Bußpsalm   395
– Bußsakrament   428
– Bußverständnis   124

Chaos   6, 12, 64 f., 165, 225, 294, 353
Charisma   216, 220

Christentum 1, 4, 18, 132, 150f., 157f., 168, 182, 280
Christ/Glaubender 3, 5–7, 9f., 12–16, 19, 22, 83f., 86, 110, 116, 119, 123, 133, 143, 145, 150, 161, 171, 186, 195, 198, 202, 211, 213f., 224, 226, 281, 283f., 297, 381f., 440–442, 500
– als Priester 216
– als Schüler 113
– als Theologe 132
– Christsein 432, 514
– frommer C. 133
– Gottesbezug des G. 9
– Priestertum der Gläubigen 132, 217, 219f., 225, 228
– Werden des C. 124
Christologie 5, 8f., 17, 163, 401, 440, 519
communicatio idiomatum *siehe* Idiomenkommunikation
confessio augustana *siehe* Augsburger Bekenntnis

Dämon 238, 401
Dank 3, 7, 9, 135, 238, 381
– Dankbarkeit 15
– Undank 18
Dasein 3, 5f., 183, 233, 293, 311, 356
– Daseinsäußerung 11
Dekalog 8f., 11, 15, 19, 382f., 414, 515
– Achtes Gebot 20
– Erstes Gebot 6, 12, 17, 19, 46, 53, 110, 123, 146, 169, 208, 234, 250, 291f., 360, 373, 375, 379, 381, 384, 404
– Evangeliumspräambel 110, 123, 373, 376, 381
– Fünftes Gebot 19
– Neuntes Gebot 20
– Sechstes Gebot 20
– Siebtes Gebot 20
– Viertes Gebot 20
– Zehntes Gebot 20
Demut 120, 122, 144, 398
Denken 1–4, 9, 12f., 22, 154–157, 208, 221, 250, 292, 307, 309, 357, 359, 364f., 368, 379
– Denkakt 352
– hebräisches D. 6

– metaphysisches D. 313
– neuplatonisches D. 191
– neuzeitliches D. *siehe* Neuzeit (n. Denken)
– philosophisches D. *siehe* Philosophie
– reformatorisches D. *siehe* Reformation, reformatorisch (r. Denken)
– Selbstdenken 4
– Verabsolutierung des D. 355
Deutscher Idealismus 253
Diakonie 110, 521
Dialektik
– christologische Herr-Knecht-D. 68
– negative D. 398
– transzendentale D. 312
Dialog 87
Dienst 61, 220, 225, 293
– als Antwort 90
– D. des Wortes 85, 223, 235
– Pfarrdienst *siehe* Pfarrer (Pfarrdienst)
– Verkündigungsdienst 224
Djihad 114, 125
Dogma 1
Dogmatik 54, 116, 294
– als Glaubenslehre 375
Dogmatismus 2, 151
Doxologie 15
Dramatik 7, 253

Ehe 6, 9, 12, 14, 20, 150, 227, 278, 469, 505
– als weltlich Ding 504
– Ehekunst 155
– Gewissensehe 140
Ehrfurcht 3, 5, 17
Einheit 181, 354
– Einheitsbegriff 253
– Einheitsprinzip 253
Ekklesiologie 3
Emanzipation 13, 21
Emotion 18
Empirismus 11, 184
Endlichkeit 4, 8f., 17, 156, 292, 368
Entfremdung 21
Epik 283
Erbauung 127, 132–134

Erde 5, 189
- neue E. 16, 254
Erfahrung 2, 6f., 11, 13-15, 19, 22, 64, 82, 114, 123, 143, 153, 161, 166, 179, 182, 191, 201, 243, 258, 304-306, 314, 353, 380, 393
- allgemeinmenschliche E. 86
- E. der Heiligen Schrift 123
- E. des Gesetzes 92
- frühkindliche E. 9, 11
- Geschichtserfahrung 5
- Glaubenserfahrung 11
- Selbsterfahrung 13
- sinnliche E. 164
- unmittelbare Gotteserfahrung 167
- ursprüngliche E. 354
- Welterfahrung 13
- Zeiterfahrung 94
Erkenntnis 1-4, 6f., 11, 17, 19, 85, 147, 151, 155, 160, 172, 197, 237, 244, 255f., 311f., 352, 355, 360, 386
- Baum der E. 1, 251
- E. der Wahrheit 129
- Erkenntnisfähigkeit 189
- Erkenntnisgrundlage 10
- Erkenntniskraft 306
- Erkenntnistheorie 6, 190, 396
- Gotteserkenntnis 381
- lebendige E. 133
- von gut und böse 4, 6
Erkenntnistheorie 406
Erlöser 21, 466
Erlösung 2, 253, 386
Errettung 1, 11, 232, 235, 241, 248, 250f., 255f., 286, 288, 292, 377
- Rettungsmacht 289
Eschatologie 250, 364
- apokalyptische E. 14
- Individual- und Universaleschatologie 45
- Lutherische E. 52
- natürliche E. 367
Eschaton 2, 5, 15, 19, 195, 198, 206, 211, 213, 251, 254, 257, 365, 383
Ethik 1-3, 8, 116, 296
- E. der Gabe 6, 10, 16, 19
- Freundschaftsethik 2

Ethos 14, 87, 116, 187, 382
- Weltethos 15
Eucharistie 13, 218
Evangelisches Stift (Tübingen) 20
Evangelium 3, 7f., 10-13, 15-17, 19f., 85, 92f., 124, 136, 197, 201f., 205, 208, 211, 215f., 221, 223f., 226f., 255, 373, 380, 382f., 386, 391, 393, 399, 401, 410, 413-415, 417f., 438, 467, 509, 513, 519
- E. der Freiheit 18
- Glaubwürdigkeit des E. 88
- Moralisierung des E. 16
Evolution 19, 242, 256
Ewigkeit 5f., 10, 12, 18, 44, 83, 113, 194, 200-202, 206, 209, 223, 251, 254, 297, 356, 365, 387
Exerzitium 109, 125
Existentialismus 295
Existenz 2f., 5, 13, 17, 45, 47, 87, 145f., 155f., 161, 207, 237, 251, 351, 355, 364, 368
- angefochtene E. 9
- christliche E. 14
- existentiale Interpretation 19
- Existenzmitteilung 152
- Existenzrecht 6
- Existenzwende 3
- theologische E. 89, 111, 229

Familie 12, 280, 292, 469
fascinosum et tremendum 14, 18, 178, 190, 382
Fata Morgana 13, 295, 297
Feind 5, 286
Finsternis 4, 182, 191, 197f., 214, 242-244, 257
Fleisch 6, 9-11, 86, 144, 161, 168, 205, 297, 362, 420, 441
Fluch 21
Fortschritt 438f.
Französische Revolution 1, 6
Freiheit 1-7, 12-14, 17f., 20, 22, 47, 50f., 88, 149, 156, 210, 230f., 237, 241, 295f., 304, 359, 416, 466f.
- christliche F. 8, 501
- Christusfreiheit 4, 467, 519
- dreifache F. 7

Sachregister

- Endlichkeit der F. 15
- F. eines Christenmenschen 18, 466 f.
- F. in Christus 5
- Freiheit eines Christenmenschen 4 f., 416
- Freiheitsverständnis 4
- F. vom Gesetz 5 f.
- F. zur Erfüllung des Gesetzes 7
- geistliche F. 12
- gewährte F. 7
- Gewissensfreiheit 10, 20, 204, 470, 519
- Glaubensfreiheit 11, 204, 471
- neuzeitliches Freiheitsverständnis 47
- Problem der F. 20
- säkularisierte F. 17 f.
- Schwindel der F. 5
- Suche nach F. 411
- Unfreiheit 6, 67, 237, 240
- Ursprungsfreiheit 4, 6, 12, 18, 467
- weltliche F. 8
- Willensfreiheit 5
- Zuspruch der F. 519

Freispruch 92
Freude 83, 172, 230, 233, 238, 294
- F. am Leben 7

Frieden 6, 12, 20, 110, 221, 235, 249, 292, 416
Fröhlicher Wechsel 6, 13
Frömmigkeit (pietas) 3, 9, 110, 112, 122, 131, 134
- Bibelfrömmigkeit 140, 143, 145, 152, 157
- F. des Fragens 356
- Frömmigkeitstypologie 112
- pia desideria 110, 163
- praxis pietatis 132
- Tora-F. 111

Fürbitte 110, 224 f., 256, 521
Furcht 3, 16 f., 181, 256, 355, 367
- F. und Zittern 238
- vor Gott 17

Gabe 2–10, 12–15, 18, 20, 22, 69, 116, 215, 218, 229–231, 240 f., 378, 381, 384 f., 390–392, 420, 501, 503, 509, 512, 520
- Gabegeschehen 16
- G. des Lebens 20
- Gegengabe 7, 9, 14

- Geistgabe 229
- kategorische G. 1, 7, 9, 18, 20, 367, 503, 507, 513

Galaterbriefvorlesung 8, 403, 427
Gebet (oratio) 8 f., 14 f., 90, 93, 110, 112, 114, 120, 122, 129, 134–136, 227, 248, 256, 360, 366, 511, 520
- Bittgebet 428
- Dankgebet 519
- Gebetshandlung 229
- Korrespondenz von G. und Betrachtung 136
- Psalmengebet 520

Gebot 5, 7 f., 13, 16 f., 117, 240, 249, 298, 356, 391, 416
- Doppelgebot der Liebe 3, 12
- G. Gottes 16
- Zehn G. siehe Dekalog

Geduld
- Ungeduld 179, 286, 366

Gefühl
- G. schlechthinniger Abhängigkeit 7, 14 f., 17, 374
- religiöses G. 44

Gegenwart 5, 7, 13, 19, 64, 83, 94, 168 f., 248, 280, 358, 438 f.
Geheimnis 4, 13, 18, 184–186, 194, 205–207, 209, 211 f., 223
Gehorsam 4, 10, 15 f., 57, 211, 281
- Ungehorsam 66

Geist 8, 10, 85, 88, 112, 119, 227, 307, 420
- Augen des G. 2
- Beweis des G. und der Kraft 84, 164
- G. der Beobachtung 19
- G. der Weissagung 20, 237
- Weltgeist 366

Geiz 17 f., 20
Gemeinde 16, 110, 132, 207, 215 f., 225, 228, 278, 284
- als Gesamtheit der Getauften 220

Gemeinschaft 2, 7–9, 12, 17, 44, 65, 153, 207, 210, 246, 287 f., 307, 361, 373, 384, 387 f., 392, 402
- ewige G. 197
- G. der Heiligen 5, 122
- Kommunikationsgemeinschaft 22

Gerechtigkeit 1–3, 6 f., 10, 13, 19, 110, 246, 249, 254, 286, 292, 367, 408, 416, 420, 434
– aristotelisches Gerechtigkeitsverständnis 2
– iustitia civilis 5, 7, 12 f., 19 f., 467, 469, 519
– iustitia dei 5, 7, 19 f., 410, 469
– Lohngerechtigkeit 5, 7, 20 f.
– Ungerechtigkeit 366
– Werkgerechtigkeit 9, 22, 114
Gericht 3, 5 f., 9, 46, 246, 250, 255, 258, 285, 292, 409 f., 437 f., 514
– Gerichtsdoxologie 397
– Jüngstes/Letztes G. 48, 203 f., 212, 247, 254, 288, 291, 521
– Weltgericht 247, 251, 366
Gericht 152
Geschichte 2, 4–9, 12, 14–16, 18–22, 82, 143, 145, 150, 159, 198, 251, 296 f., 358
– Einheit der G. 17
– G. der deutschen Literatur 284
– Gegenwartsgeschichte 3
– Geschichtstheorie 16
– Geschichtsverständnis 5
– G. Israels 3, 21, 143
– globale G. 19
– Heilsgeschichte 313
– Kirchengeschichte 84, 162, 217, 221, 384
– Lebensgeschichte 5, 21, 124, 143, 195, 283 f., 393, 439
– Menschheitsgeschichte 5
– Naturgeschichte 11, 45, 393, 439
– neuzeitliche G. 13
– Philosophiegeschichte 5, 84
– Theologiegeschichte 84, 185, 230
– Urgeschichte 3 f., 11, 17, 154, 250, 313
– Weltgeschichte 3–5, 7, 10 f., 21, 45, 124, 195, 284, 288, 295, 366, 393, 439
Geschlecht
– Geschlechtlichkeit 6
– Rolle der G. 93
Geschöpf/Kreatur 3–11, 14–16, 44 f., 48, 53, 86, 122, 153 f., 157, 183 f., 208 f., 213, 223, 231, 233, 235–237, 239, 246, 253, 294, 307, 375, 392, 466 f., 516
– angeredete K. 5, 16

– antwortende K. 6
– Geschöpfsein 4, 17
– Mitgeschöpfe 2–5, 7, 17, 19, 43, 150, 237, 255 f., 287, 359
– Mitkreatur 12
– neue K. 7, 211, 418
– Schöpfer und G. 54
– Verkehrung des Geschöpfseins 192
Gesellschaft 1, 13, 19, 307
– säkularisierte G. 8
Gesetz 1 f., 4–9, 13 f., 20, 91–93, 135, 145, 158, 167, 169, 295, 364, 382, 391, 399, 410, 415, 417, 420, 428, 438, 467, 509, 513 f.
– Abschaffung des G. 5
– Erfüllung des G. 7
– G. Gottes 4 f.
– moralisches G. 3, 6 f., 9
– sittliches G. 7
– Überwindung des G. 18
– usus elenchticus legis 12, 15, 246, 382
– usus politicus legis 7, 12, 14 f., 20, 221, 226, 382
– Werke des G. 418
Gesetz und Evangelium 3, 7 f., 10, 12, 18, 20, 113, 124, 141, 222, 229, 257, 383, 398 f., 415 f., 518
– Gegeneinander von G. und E. 514
– Unterscheidung von G. und E. 2, 17, 415–418, 424, 427, 501, 509, 512 f.
Gewalt 7, 11, 20, 247, 314, 379
Gewißheit 7, 13, 122, 141, 152, 161, 164–167, 170, 362, 380
– Glaubensgewißheit 2, 69, 165
– Gottesgewißheit 52, 66
– moralische G. 3
– Ungewißheit 198, 243
Gewissen 8 f., 11, 15, 203 f., 238, 291, 377, 379, 382, 414, 509
Glaube 1–11, 13–22, 43, 63, 67, 82, 85 f., 88 f., 91 f., 94, 111, 113 f., 121, 133, 135, 148, 152, 155, 167, 171, 173, 193, 195 f., 205, 210, 215, 221, 223 f., 236, 240, 244, 250, 255 f., 278, 282, 290–292, 314, 360, 364, 366, 374, 382, 385, 390, 398, 403–405, 407 f., 411, 414, 416, 418–

421, 432, 435, 466f., 502, 507–509, 512, 516, 520f.
- Aberglaube 314, 362
- Abrahams G. 10
- absoluter G. 185
- als Antwort 373
- als notitia, assensus und fiducia 18
- als Privatsache 11
- als Vertrauen 13f.
- angefochtener G. 198
- Antwort des G. 407
- Bibelglaube 8
- Christusglaube 11
- denkender G. 13
- Echtheit des G. 123
- Einübung des G. 115
- Exzentrizität des G. 16
- fides adventitia 115, 232
- fides est creatrix divinitatis 403f., 408
- fides ex auditu 2f., 89
- fides quaerens intellectum 13
- Fortschrittsglaube 5
- gegen den Augenschein 7, 213
- Gegengabe des G. 407
- gelebter G. 109
- Geschichtsglaube 10f.
- Glaubensbegriff 153
- Glaubensgrund 7
- Glaubenskontroversen 222
- Glaubenslehre 14
- Gottesglaube 14
- G. und Denken 4, 84
- G. und Schauen 12, 199, 212, 364–366
- G. und Vernunft 2–5, 9–11, 14
- G. und Werke 16, 115f.
- Hören und G. 512
- kämpfender G. (Jakob am Jabbok) 7, 125, 141, 189, 399, 401, 404
- Kirchenglaube 11, 23
- Konstitution des G. 10
- moralischer G. 4, 7
- mythischer G. 354
- Passivität des G. 115, 408
- rechtfertigender G. 22, 398, 419
- Rechtfertigungsglaube 111, 437
- Religionsglaube 23
- Tod des G. 3

- Totalität des G. 376
- Trost und Trotz des G. 298
- Unglaube 6, 8, 12, 17f., 88, 162, 180, 188, 198f., 213, 250, 378, 403f., 509
- Vernunftglaube 2, 4–6, 8, 14
- Wahrheit des G. 14
- Wunder des G. 88
Glaubensbekenntnis 8, 162, 196, 213, 233, 290, 383, 468, 507
- apostolisches G. 385
- nizänisches G. 13, 61, 144
Glossolalie 12
Glück 3f., 6f., 58, 67, 94, 198, 243, 257, 295
- Glückssuche 5
- Recht auf G. 7
- Unglück 7, 14, 67, 198, 243
Glückseligkeit siehe Seligkeit
Gnade 4, 6, 10f., 17, 144, 167, 230–234, 236–242, 244, 248f., 281, 384f., 416, 420, 428, 438
- als Macht 231
- Feindschaft gegen die G. 239
- Gnadenformel 234, 248, 375
- Gnadenmittel 235
- Gnadenstuhl 244
- Gnadenwahl 232
- Überfluß der G. 237
- Verborgenheit der G. 241
Gnosis 187
Goldene Regel 2, 14
Gott passim
- Abgötter 404
- Allmacht G. 4, 10, 12, 14, 123, 199, 243, 257, 382, 408
- allmächtiger G. 2f., 296, 361
- als alles bestimmende Wirklichkeit 10
- als Autor 16, 141, 144, 284
- als der Heilige Israels 179
- als Diener 61
- als Erlöser 46, 52, 54, 249, 393
- als Gefährte deiner Nacht 5
- als Gespräch 208, 386f.
- als glühender Backofen voller Liebe 257
- als Inbegriff der Subjektivität 54
- als Inbegriff und Grund des Selbst und der Welt 45

– als Kommunikationsmacht   5, 502
– als Lehrmeister   4
– als Liebe   14, 208, 253, 382
– als Liebhaber des Lebens   246
– als Pädagoge   138, 253
– als Poet   6, 144
– als Retter   67, 195, 395
– als Richter   5, 7, 193, 385
– als schlechthinnige Ursächlichkeit   252
– als Schöpfer   2, 4–7, 9 f., 16, 45–47, 51–54, 61, 63, 65, 67, 121, 136, 152, 171, 173, 179 f., 184, 189, 192, 196, 207, 209, 234, 244, 257, 292, 358
– als Schriftsteller   144
– als Sünder   11
– als Unaussprechlicher   181
– als unbewegter Beweger   353
– als Vater   5, 86, 135, 144, 156, 196, 238, 243, 253, 384 f.
– als Vollender   5 f., 46, 52, 54
– als Wort   3, 5, 12, 153, 187, 307
– am Kreuz   198
– Angesicht G.   2, 7, 52, 189, 193, 198, 233
– Anrede G.   171, 173, 280, 283, 390
– Apathie G.   184, 253
– barmherziger G.   197
– Barmherzigkeit G.   3, 5, 8, 11, 65, 185, 193, 199, 234, 238, 241, 248, 251–253, 258, 288, 368, 375, 380 f., 414, siehe Gott (Erbarmen G.)
– Blick G.   7
– Demut G.   121
– deus absolutus   400
– deus humilis   62
– deus nudus   404
– deus revelatus   210
– Dienst G.   90
– Differenz und Einheit von Vater und Sohn   253
– dreieiner G.   3, 6, 8, 11, 14, 18–20, 91, 117, 119, 209, 213, 244, 246, 291, 294, 382 f., 389, 391 f., 410, 417, 468, 471, 503
– dreieiner Gott   510
– Ehre G.   203
– Eifersucht G.   6

– Eigenschaft G.   181 f., 185, 191, 232, 234, 252, 360, 362, 404, 408
– Einheit G.   12, 123, 355, 366, 386
– Einwohnung G.   307
– Einzigkeit G.   208, 376, 386
– Erbarmen G.   137, 202, 255, 299, 414, siehe Gott (Barmherzigkeit G.)
– Erkennbarkeit G.   189
– Erkenntnis G.   121, 245, 395, 397 f., 401
– Erwählung G.   240
– Existenz G.   8, 231, 379
– Freiheit G.   4, 88, 183, 186, 209, 239
– Führung G.   280, 283
– Fülle G.   47
– Fürsichsein G.   403
– Fürsorge G.   5
– Gabe G.   7, 9
– gebender G.   6, 386, 389
– Gegenwart G.   6, 13, 19, 163, 167, 173, 388, 439, 442
– Geheimnis G.   10, 145, 186
– gekreuzigter G.   2, 150, 195
– Gerechtigkeit G.   2, 6, 8, 13, 19, 200, 205, 414, 418, 439, 509
– Gericht G.   241, 247
– Gerichtswort G.   siehe Wort (Gerichtswort Gottes)
– G. gegen G.   198
– G. in relatione   403
– Gnade G.   5, 15, 44, 61, 136–138, 285, 393, 517
– gnädiger G.   411
– G. Name   403
– Gottesbegriff   3, 6 f., 165, 199, 381
– Gottesbeziehung   469
– Gotteslehre   11, 184 f., 358, 373, 376, 383
– Gottesschau   200
– Gottesverhältnis   3, 5, 12, 16, 54, 406, 469
– Gottesverständnis   9, 252
– Gottunmittelbarkeit   9 f.
– G. über G.   14, 185
– Güte G.   3, 5–8, 12, 22, 138, 199, 234, 236, 241, 248, 375, 380 f.
– G. Wille   4
– Handeln G.   5, 195, 407
– Heil G.   414

- Heilshandeln G. 190, 194
- Heilsplan G. 12
- Heilsratschluss G. 232
- Heilswille G. 287
- Herrlichkeit G. 4, 68, 189, 231, 244, 414
- Herz G. 248, 252f.
- Hilfe G. 65
- Hingabe G. 9
- Identität G. 253
- Immanenz G. 15
- Immanuel 3, 5, 185
- Klarheit G. 197
- Kommen G. 1, 184, 287
- Kondeszendenz G. siehe Kondeszendenz
- Kraft G. 4, 414
- Lamm G. 12
- Langmut G. 12, 14
- lebendiger G. 119, 194, 213
- Lebendigkeit G. 209
- Leiblichkeit G. 184
- Liebe G. 7, 12, 14, 21, 138, 145, 206, 209, 211, 213, 232, 241, 246, 251, 253, 257, 393f., 409f., 514
- Macht G. 231, siehe Allmacht G.
- Majestät G. 195
- Menschenfreundlichkeit G. 240
- Mensch gewordener G. 150, 368
- Menschwerdung G. 4, 363, 388
- Name G. 4–6, 8f., 13f., 17, 63, 92, 177f., 181, 183–185, 209, 234, 248, 358, 362, 375, 438, 519
- nomen appelativum 10
- nudus deus 400
- offenbarer G. 185, 199, 257
- Offenbarsein G. 196, siehe Offenbarung
- persona Dei loquentis 13
- Prävenienz G. 7
- Rache G. 246, 250
- Ratschluß G. 4, 254
- rechtfertigender G. 2, 6, 10, 113, 121, 141, 395, 399, 401, 404, 431, 437
- Rechtfertigung G. 398, 403
- redender G. (deus dicens) 6f., 143
- Reden G. 5, 184, 186
- Regiment G. siehe Regiment Gottes
- Reich G. 20, 91, 167, 173, 212, 255, 289f.
- Reue G. 6, 253
- Ruhe G. 180, 187
- Schöpferwerk G. 512
- Schöpferwort G. 2
- Schweigen G. 14, 163, 179f., 186, 223
- Sein G. 1f., 186, 233, 235, 253, 384, 386, 388
- Selbstmitteilung G. 9, 168
- Selbstoffenbarung G. 234, 248, 417
- Selbstvorstellung G. 13, 146, 183, 209, 373, 375, siehe Dekalog (Erstes Gebot)
- Selbstzusage G. 13, 19, 367, 516
- sich selbst gebender G. 394
- Sohn G. siehe Jesus Christus (Sohn Gottes)
- Sprache G. 280, 312
- Stärke G. 414
- Stimme G. 9, 142, 206
- strafender G. 414
- suchender G. 2
- Tod G. 14
- Treue G. 16, 61, 65f.
- Unerforschlichkeit G. 12
- unsichtbarer G. 10
- Unsichtbarkeit G. 183f., 186
- unverständlicher G 243
- Ursprungsmacht G. 182, 191
- verborgener G. (deus absconditus) 7, 12, 183, 191, 193, 257
- Verborgenheit G. 12, 14, 179, 185, 189f., 192, 194–199, 206, 243, 256, 296, 382, 393
- Versprechen G. 1, 5, 8, 17, 297, siehe Zusage/promissio
- wahrer G. 15, 378
- Wahrheit G. 131, 407
- Wahrnehmung G. 7
- Weisheit G. 4, 21, 145, 194, 408, 414
- Werden G. 2
- Werk G. 3, 5, 7, 15f., 85f., 114, 177, 186, 195, 236, 252, 407f., 411, 414, 435
- Wesen G. 7, 66, 231, 242, 252, 388
- Widerfahrnis G. 14
- Wille G. 3f., 7, 9, 16, 47, 69, 197, 239, 282, 297
- Zorn G. 1, 6f., 11, 14, 44, 112, 185, 197, 206, 239, 241f., 245–247, 249–253, 255f., 285, 291f., 381, 393, 414

– zueignender G. 8
– zusagender G. 15
Gottebenbildlichkeit (imago dei) 2, 4, 12, 163, 465–468, 471
Gottesbeweis 9, 164, 367, 379
– ontologischer G. 181
Gottesdienst 1, 7, 12, 82, 85, 90, 93, 178, 188, 202, 206, 367, 379, 510 f., 515, 520
– falscher G. 377
– Gottesdienstbuch 228
– Gottesdienstordnung 215
– Gottesdienstraum 122
– Ordinationsgottesdienst 229
– Prädikantengottesdienst 177
Gotteslästerung 162
Gottesverehrung 184
Gottlosigkeit 6, 121
Gott und Mensch 4, 7, 9, 14, 17, 401 f.
– als Vertrauensgemeinschaft 15, 19
– Feindschaft zwischen G. und M. 253
– Gemeinschaft von G. und M. 255
– Unterschied von G. und M. 189, 206
Gott und Welt
– Unterschied von G. und W. 206
Götze 6, 8, 15, 53, 250, 292, 362, 377 f.
– Götzendienst 249
Grammatik 10, 43, 312
Grundgesetz 471
Gunst 230
Güte 5 f.
Gutes, das Gute 1, 3–5, 10, 17, 198, 240, 243, 250 f., 256 f., 314, 374, 378, 380

Handlung 13, 155, 283
– Autorhandlung 148
– Handlungsbegriff 116
Häresie 3
Hedonismus 172
Heil 1, 4, 6–8, 13–15, 44, 61, 91, 129, 235, 238, 250, 255, 257, 292, 393, 428, 467
– ewiges H. 204
– Fülle des H. 168
– Gewissheit des H. 415
– H. der Welt 282, 289
– Heilsanspruch 226
– Heilsbotschaft 62
– Heilsereignis 3, 7, 212

– Heilserwartung 8, 15
– Heilsfrage 5
– Heilsgeheimnis 213
– Heilsgewißheit 15, 204, 243, 291, 381, 393, 509
– Heilsgewissheit 428
– Heilslehre 19
– Heilsökonomie 387
– Heilsordnung 219
– Heilsversprechen 13
– Heilszuspruch 297
– Seelenheil 203
– sekundäre Konditionierung des H. 115
– Tag des H. 6
– Unheil 91, 204, 235, 250, 255
– Zusage des H. 398, 433
Heiliger Geist 1, 5, 7–11, 15, 62, 82, 86, 89, 92 f., 117–121, 134 f., 142, 156, 197, 205, 213, 220, 226, 229, 237, 243 f., 255, 282, 286, 289 f., 297, 381, 384–386, 393, 420, 423, 439, 508, 518 f.
– Allgegenwart des H. G. 144
– Allwissenheit des H. G. 144
– als Geschichtsschreiber 145
– als Tröster 299
– als Wort 89
– Gaben des H. G. 11
– in Knechtsgestalt 144
– Leiblichkeit des H. G. 155
– Werk des H. G. 85
Heilige Schrift siehe Bibel
Heiligkeit 438, 440
Heiligung 111, 124 f., 280
Hermeneutik 6, 131, 386, 421
– H. des Rückgangs 7 f., 112
– H. des Verdachts 19 f.
Herrenmahl siehe Abendmahl/Herrenmahl
Herrlichkeit 16, 211
Herrschaft 5, 20
Herz 3–8, 10, 12, 14, 18, 20, 23, 52 f., 89, 92, 114, 117 f., 133–138, 149, 197, 207, 211, 223, 236, 243 f., 250, 252, 279, 286, 292, 298, 354–356, 365, 374, 378 f., 411, 470, 503, 510, 521
– als Götzenbilderfabrik 377
– cor fingens 351
– einfältiges H. 133

– hörendes H.   6, 66
– Kampf des H.   396
– trotziges (und verzagtes) H.   5, 192, 239, 366
– verfinstertes H.   86, 121
Himmel   2–4, 6, 15, 61, 86 f., 120 f., 189, 286
– Himmelreich   6 f., 152, 171
– H. und Erde   5, 61, 65
– neuer H.   16, 254
– verschlossener H.   289
Hochmut (superbia)   4, 8, 46, 53, 239, 366
Hoffnung   3, 8, 15, 19, 21, 69, 83, 143, 211, 221, 256, 286, 288, 290, 295 f., 298, 367, 376, 419
Hölle   6, 10, 87, 114, 120, 133, 152, 171, 223, 255, 402
– Höllenfahrt der Selbsterkenntnis   *siehe* Selbsterkenntnis
Homiletik   90, 152
Hören   1–7, 9, 14, 18, 59, 61, 63, 66, 113, 124, 171, 177, 183, 187 f., 281, 521
– Hörensagen   2
– Hörfähigkeit   2, 90
– Hörgeschehen   85, 88
– Hörraum   5, 119
– Hörvermögen   86
– inspirierter Hörer   85, 88
Humanismus   12, 465
Hurerei   6
Hybris   *siehe* Hochmut (superbia)

Ich-Bin-Worte   86, 183
Idealismus   22, 155
Ideologie   364
Idiomenkommunikation   7, 9, 14, 17–19, 151, 155, 172, 361 f., 519
Individualisierung   132
Individualität   16
Individuum
– neuzeitliches I.   51
Inkarnation   4
Intellektualismus   11, 184
Islam   11, 114
Israel   3, 13, 248, 284, 289, 296
– „Höre Israel"   357

Jesus Christus   1–8, 11–13, 15 f., 18, 46, 86, 119, 121, 133, 161–163, 165, 168, 186, 199, 215 f., 231, 245, 250, 254, 289, 292, 297, 381, 391, 393, 410, 421, 430, 439–442, 466 f., 500, 508, 516, 518
– als Bild Gottes   10, 184, 199, 246
– als concretum universale   362
– als Ende des Gesetzes   9
– als Gabe   12
– als Gabe (donum)   7, 10, 14, 16, 19 f.
– als Gekreuzigter   83, 87
– als Gottmensch   162
– als Herr und Knecht   68
– als Löwe und als Lamm   3
– als Mensch   5, 93
– als Menschensohn   4, 212
– als Mensch gewordener Logos   246
– als Messias   4, 6, 149, 212, 289
– als sacramentum   10
– als Schöpfer und Geschöpf   196, 358
– als Schöpfungsmittler   7, 68
– als Urbild des moralischen Menschen   8, 23
– als Ursakrament   216
– als Vorbild (exemplum)   7, 12, 14, 19 f.
– als Wort Gottes   6, 9, 299
– Angesicht J. C.   244
– Auferstehung J. C.   186, 236
– Auferweckung J. C.   3, 17, 150, 212, 223, 298
– Blut C.   8
– Botschaft J. C.   14
– Christusereignis   9
– Christusgegenwart   164
– Christusgeschehen   10
– Christusglaube   *siehe* Glaube (Christusglaube)
– Christuspartikularität   16
– Christuswort   500 f.
– Erbarmen J. C.   245
– Erhöhung J. C.   17
– Erlösung J. C.   7, 16
– Fleischwerdung des ewigen Wortes   9
– Gerechtigkeit J. C.   6
– Geschichte J. C.   4, 7, 15, 232
– Gnade J. C.   6

– göttliche und menschliche Natur J. C.   7, 9, 17, 151, 361
– Heilswerk J. C.   12, 195, 418
– Hingabe J. C.   5
– Hoheitstitel J. C.   3
– in Knechtsgestalt   145
– irdischer J.   8
– Kommen J. C.   290
– Kreuzigung J. C.   2, 17, 150, 212
– Leben J. C.   4, 186, 243, 289, 362
– Leib C.   8
– Leiden (und Sterben) J. C.   4, 186, 197, 212, 244, 289, 362
– Menschsein J. C.   10
– Menschwerdung J. C.   144
– Name J. C.   15
– Passion J. C.   60, 66
– Personeinheit J. C.   7
– Person J. C.   3, 7–9, 13, 15, 91, 361
– Präexistenz J. C.   8
– Präsenz C. im Amt   10
– Prozeß J. C.   12
– Reich J. C.   183
– Segnender Christus   279
– Sein J. C.   9, 363, 380
– Selbstmitteilung J. C.   12
– Sendung J. C.   11, 13
– Sohn Gottes   4, 7–10, 12, 62, 120, 138, 144, 156, 183, 196, 207, 212, 223, 237, 243, 384 f.
– Sühne J. C.   14
– Sühnetod J .C.   13
– Taufe J. C.   289
– Tod J. C.   1–3, 5, 9 f., 12
– Ubiquität J. C.   163
– was Christum treibet   2
– Werk J. C.   380
– Wirkkraft J. C.   162
Jude/Judentum   7, 11, 16, 19, 150, 181, 194 f., 205, 278, 289, 381, 514
– rabbinisches J.   117
Jüngster Tag   12, 198, 247 f., 254, 365, 439
Jüngstes Gericht   *siehe* Gericht (Jüngstes G.)

Kairos   94, 229
Kanon   2, 189, 251
Kapitalismus   21

Katechismus   192, 212, 241, 291
– Großer K.   6, 10 f., 13, 15, 213, 234, 247 f., 360, 374 f., 379, 383, 385, 404
– Heidelberger K.   124, 290, 294
– Katechismusunterricht   152
– Kleiner K.   8, 15, 17, 19, 64, 151, 196, 233, 236, 375, 389
Kategorischer Imperativ   1, 3
Kirche   3, 5, 7 f., 13 f., 19, 23, 84, 110, 211, 215 f., 228, 236, 248, 284, 291, 384, 471, 514, 518
– als Grundsakrament   216
– als Kontrastgesellschaft   20
– Bekenntnisse der K.   9
– evangelische K.   1, 225
– Katholizität   521
– Kirchenleitung   215
– Kirchenordnung   215, 219
– Kirchenrecht   215, 226
– Kirchenverfassung   226
– Liturgie der K.   521
– lutherische K.   511
– Mitte der K.   409
– protestantische K.   20
– römisch-katholische K.   217 f., 229, 434
– Sendung der K.   2, 10
Kirchenväter   10
Klage   58, 64 f., 67, 94, 112, 135, 194, 198, 202 f., 207, 257, 279, 286, 289, 297 f., 366, 393, 520
– erhörte K.   64
– Erhörung der K.   198
– Kant als philosophischer Ausleger der Klagepsalmen   367
– Klagepsalm   7, 520
Knechtschaft   5
Kommunikation   5 f., 63, 146, 154, 187, 307, 359, 387
– K. des Evangeliums   87
– K. des Menschen mit Gott   190
– Kommunikationsgeschehen   6
– Kommunikationsprozess   146
– Macht der K.   68
– synästhetische K.   115
Kompetenz   221 f., 224, 226, 229
Kondeszendenz   8 f., 121, 152, 155, 168, 209
– trinitarische K.   143, 145

Konfession 111, 378
Konkordienformel 388
Konstruktion 4, 7
Kontingenz 4, 17
Konzil 10
Koran 10, 12
Kosmogonie 180, 187
Kosmos 353
Krankheit 197
Kreatur *siehe* Geschöpf/Kreatur
Kreuz 1, 4, 7f., 13, 15, 86, 134, 137, 150, 156, 166, 195, 213, 223, 251, 253f., 289, 298, 351, 361f., 368
– Kreuzesdarstellung 87
Krieg 6, 8, 10, 197, 210, 250
– totaler K. 294
Kritik 2, 5, 8, 11–13, 23, 150, 155, 164, 210, 305, 351, 353, 364
– Antikritik 147
– Erkenntniskritik 3
– Existenzkritik 3
– Metaphysikkritik 2, 366
– Sachkritik 92
– Sprachkritik 309
– Vernunftkritik 153, 309, 314
Kultur 12, 21, 521

Leben 1, 3–6, 9, 11, 16, 21, 46–48, 50f., 53, 65–67, 69, 110, 121, 124, 129, 132, 144, 166, 197, 233f., 236f., 241–243, 247, 250, 257, 279, 282, 287, 292, 354, 389, 441f., 467
– Baum des L. 5
– christliches L. 1, 3, 109
– ewiges L. 8, 91, 120f., 286, 298, 466, 510
– frommes L. 441
– künftiges L. 3
– Lebensbejahung 166, 173
– Lebensführung 18, 190
– Lebenshunger 86, 141, 167, 173
– Lebenskampf 280
– Lebenslüge 193, 210
– Lebensmut 5
– Lebensopfer 12
– Lebenspraxis 168
– Lebensraum 4, 239
– Lebensüberdruß 7

– Lebensvollzug 110, 352
– Lebenswelt 9
– Lebenswende 13, 87, 140, 146, 156
– Logik des L. 5
– L. und Tod 10, 14
– moralisches L. 11
– neues L. 143, 211
– Quelle des L. 54
– Sitz im L. 2f.
– vita activa 113
– vita contemplativa 113
– vita passiva 87, 113, 125
– Zerstörung des L. 246
– zugesagtes L. 250
Leben und Tod 382
– Kampf auf L. und T. 4f., 20, 399, 402, 404
Lehre 1, 5, 8, 10f., 129, 134, 137, 220, 223, 225, 255
– evangelische L. 130
– falsche L. 220
– reine L. 110
– Reinheit der L. 222
Leib 8, 144, 234, 254, 290
– Leiblichkeit 51, 357
– Leiblichkeit des Wortes *siehe* Wort (leibliches W.)
– Leib-Seele *siehe* Seele (Leib-Seele)
– Leib-Seele-Dualismus 363
Leidenschaft 4, 50, 125, 311, 351, 357
Leid/Leiden 6, 60, 66f., 83, 124, 134, 137, 166, 180, 197, 209, 278, 280
Lesen 5, 14, 124
Licht 2, 4, 6f., 58f., 61–65, 68, 89, 144, 167, 182, 191, 193, 197f., 210, 214, 243f., 250, 257, 292, 379
– dunkles L. 192
– L. und Finsternis 14
– Urlicht 4
Liebe 2, 5–8, 12, 14f., 17f., 20, 117, 163, 213, 232, 244, 249, 290, 292f., 355, 359, 376, 378, 407, 419
– Eigenliebe 132
– freie L. 7
– Gottesliebe 17
– Liebeserklärung 245, 251
– Liebesgeschichte 235

- Liebespaar 3
- Liebesverhältnis 117
- Liebesversprechen 4–7
- L. zum Wort 150, 250, 292
- rechtfertigende L. 410
- Werke der L 12
Literatur 21
- moderne L. 191
- oratio, meditatio und tentatio als neue Literaturgattung 130
Liturgie 110, 207
Lob 7, 15, 49, 51–54, 67, 135, 141, 155, 195, 207, 297, 314
- L. der Äußerlichkeit 10
- Lobgesang 57, 90, 511, 520
- Lobpreis 94, 194, 212, 299
Logik 238, 312, 360
Logos 2f., 6, 13, 61, 87, 187, 250, 292, 307, 354, 378
Lüge 20, 179, 210, 287, 305, 309
Lust 117, 208, 281, 356, 383
Luther, lutherisch 10, 16, 504
- Ästhetik L. 506
- Freiheitsbegriff L. 20, 22
- Freiheitsverständnis L. 4, 6, 8
- Katechismussystematik L. 373
- l. Eschatologie siehe Eschatologie (lutherische E.)
- l. Ordinationsverständnis 228
- l. Orthodoxie 1, 4, 111, 130, 151
- l. Pietismus siehe Pietismus
- Lebenswerk L. 515
- Lutherforschung 406
- Luthertum 151
- Ontologie L. 506
- Schöpfungsverständnis L. 506
- Schriftverständnis L. 123
- Taufverständnis L. 432, 436, 438
- Theologie L. 15, 20, 22, 111, 255, 373, 393, 413f., 419, 424, 427f., 501f., 507f., 513
- Wirklichkeitsverständnis L. 506

Macht 4, 6f., 11f., 89, 114, 126, 148, 225, 242, 250, 253, 256, 287f., 292f., 311, 355, 376
- Machtausübung 227

- Ohnmacht 3, 6, 86
- staatliche M. 15
- Vollmacht 59
Mahnung 296
Marktwirtschaft 295
Marxismus 19–21
Masoretischer Text 11
Materialismus 10, 155, 184
Mathematik 352
meditatio (verbi) 3f., 11, 93, 112, 118–120, 124, 129, 134, 136f., 139, 520
- m. mortis siehe Tod (meditatio mortis)
- Selbstmeditation 142
- Textmeditation 120, 142, 157
Melancholie siehe Schwermut
Mensch 9, 44, 58, passim, besonders:
- als Geschöpf 164, 196, 466
- als Kind 469
- als Pflichtträger der Natur 150
- als Seele 43
- als sein eigener Schöpfer 115
- als Sprachwesen 119
- als Sünder 2, 4, 6f., 10, 17, 23, 67, 91, 113, 121, 141, 152, 179, 192, 232, 239, 241, 252, 396, 399–401, 404, 421, 431, 436f., 440f., 467
- als Sünder und Gerechtfertigter 149, 164
- als Vernunftwesen (animal rationale) 3, 5, 351
- als Wort 3
- als zeitliches und endliches Wesen 7
- alter M. 124, 141
- aneignender M. 8
- Bedürfnis des M. 351, 356
- Bedürftigkeit des M. 43f.
- Definition des M. 3
- Ebenbild des M. 144
- Endlichkeit des M. 8, 45, 189, 192, 239, 295
- Erschaffung des M. 156
- Existenz des M. 171
- Fähigkeit des M. 6
- Freiheit des M. 239
- gerechtfertigter M. 3
- glaubender M. siehe Christ/Glaubender
- Handeln des M. 21
- homo nudus 400, 404

- homo recipiens 6f.
- hörender M. 7
- Identität des M. 1-5, 13, 287
- innerer M. 161
- Innerstes des M. 223
- letzter M. 295
- M. als Angeklagter 395
- M. als Sünder 397f.
- Menschengriffel 144
- menschliches Dasein 5
- Menschsein 4
- Mitmensch 3, 6, 142
- moderner M. 361, 411
- moralischer M. 8
- Nacktheit des M. 6
- Natur des M. 1, 13
- natürlicher M. 196
- neuer M. 124, 141, 283, 438
- Ort des Menschseins 1
- Selbsterzeugung des M. 21
- Selbstgericht des M. 398
- Selbstvollzug des M. 122
- simul iustus et peccator 421, 426, 429, 440
- verlorener M. 4
- Werke des M. 5, 398, 437
- Wesen des M. 3, 295, 376
- Wille des M. 239
- Zorn des M. 247
Menschenwürde 465-467, 471
Menschheit 2, 4, 6, 8, 282, 399, 436
- Vernichtung der M. 256
Messias *siehe* Jesus Christus (als Messias)
Metakritik 2, 8, 11, 13, 147, 154, 303f., 307f., 310, 314
Metamorphose 2
Metaphysik 1f., 4, 6f., 10, 13, 44, 181, 184, 222, 253, 310, 351, 357f., 361, 363, 365, 399, 501, 507
- aristotelische M. 368
- Subjektmetaphysik 14, 54
- Substanzmetaphysik 14
Mission 2, 207
- Missionstätigkeit 205
- Weltmission 208
Mitleid 6, 247
Moderne 179, 182

Mönch, monastisch 3, 221
- Mönchstheologie *siehe* Theologie (Mönchstheologie)
- Mönchtum 111, 191
Moral 1, 8, 11, 399, 471
- Moralbegriff 9
Mühe 110, 156
Mündigkeit 17
Mut 114, 165, 207, 294
- Mutlosigkeit 7
- M. zum Sein 11
Mystik, mystisch 136, 181, 360, 465
- m. Schweigen 184
- m. Theologie *siehe* Theologie (mystische T.)
Mythologie 1, 4, 6, 185, 222, 253, 351, 362
- Mythologisierung 184
Mythos 2, 388

Narzissmus 14
Nationalsozialistismus 19
Natur 6, 10, 12, 15, 20f., 43f., 153, 162, 207, 239, 307
- Naturanschauung 13
- Naturgesetz (lex naturae) 15
- Naturkatastrophe 197
- Naturkräfte 378
- N. und Geschichte 6, 8, 11, 140, 145, 152, 198, 243, 257, 312
- N. und Gnade 13
Naturalismus 184
Neuplatonismus 184f., 187
Neuprotestantismus 3f., 6, 20, 112, 204, 380
Neuzeit 1-3, 5f., 9, 11, 13, 16-18, 82, 153, 165, 287, 436
- n. Denken 20
- n. Freiheitsverständnis 2-4
- n. Individuum 14
- n. Narziß 51
- n. Perfektibilitätsgedanke 438
Nihilismus 165, 180, 243, 359
Nomismus 17f.
Not 5f., 13f., 17, 138, 207, 234, 248, 279, 281, 286, 289, 296, 368, 374
numinosum 178, 190

Objektivismus 7
Offenbarung 10, 22, 63, 156, 162, 186, 190, 196, 206, 208, 212, 215, 232, 282, 305, 307, 366
– Christusoffenbarung 185
– Einheit der O. 144
– geschichtliche O. 14
– Offenbarungsbegriff 212
– Uroffenbarung 235
– Verborgenheit der O. 213
Öffentlichkeit 11, 146, 148 f., 151, 153 f., 157, 203–205, 207 f., 210, 212, 223, 470
– Tyrannei der Ö. 210
Ökologie 110
Ökonomie 7, 11 f., 46, 469
Ontologie 5, 12, 253, 364, 386, 501, 507
– Relationsontologie 402 f.
Opfer 8, 10, 12, 14, 16, 368
– Dankopfer 207
– Lobopfer 13
– Opferkult 2, 4, 9
– Opferterminologie 2
– Sühneopfer 2
– Sühnopfer 11
– Unterscheidung von sacramentum und sacrificium 12
oratio, meditatio, tentatio 4, 89, 94, 111, 113, 126 f., 129, 131, 133, 520
Ordination 214, 218 f., 222, 224, 226–229
– Ordinationsagende 228
– Ordinationsgelübde 203
– Ordinationshandeln 226
– Ordinationsliturgie 214
Ostern 9, 83, 148, 251, 253
– Osterereignis 298

Papst 9, 202, 218
– Papsttum 424
Paradies 2–6, 16, 21
Pathos 360
Paulus
– New Perspective on Paul 420, 513 f.
– Paulusrezeption Luthers 420, 424
Person 2 f., 88
Personalismus 155

Pfarrer 203, 217, 220, 225
– Pfarramt 150, 214, 216, 218, 220, 222, 224 f., 228, 284, 518
– Pfarrdienst 214, 227
– Pfarrerrecht 215
– Pfarrhaus 278
Pflicht 155, 180
Phantasie 2, 282
Philologie 12, 150, 313
– philologische Methode 12
– philologus crucis 150, 156
Philosophie 1–3, 6, 12 f., 20, 153, 155, 190, 310, 312, 352, 355 f., 465, 501, 508
– aristotelische Philosophie 430
– Geistphilosophie 159
– Geschichtsphilosophie 7, 10, 195, 367
– Kulturphilosophie 115
– Naturphilosophie 162
– P. des Geistes 359
– p. Freiheitsverständnis 3
– praktische P. 6
– Religionsphilosophie 5, 7, 10, 253, 314, 406
– Renaissancephilosophie 465
– Sprachphilosophie 314
– Transzendentalphilosophie 88, 149, 312
Physik 305
Pietismus 4, 111, 130, 132
Poetik 2, 116
Politik 11, 150, 471
Polytheismus 8, 362, 377, 379
Postmoderne 82, 179, 182
Prädestination 12, 211, 240
Präzisismus 110, 124
Predigt 1 f., 6, 11, 13, 82, 84, 86, 88–91, 202, 215, 218, 220, 224, 249, 252, 256, 380, 391, 409 f., 417, 502, 510–512, 519
– als Seelsorge 94
– Gesetzespredigt 210
– indirekte P. 148
– kreatürliches Wort der P. 10
– P. des Evangeliums 94
– P. des Gesetzes 94
– Predigtamt 147, 215, 227
– Predigtgeschehen 85, 88
– sakramentale P. 85, 93

Priester 224
- Opferpriestertum 217
- Priesterschaft 214
- Priestertum 220
- Priestertum der Gläubigen *siehe* Christ/ Glaubender
- Priesterweihe 218
- Unterscheidung von P. und Pfarrer 216 f.
pro me 380, 390, 417
promissio *siehe* Zusage
Protestantismus 1, 54, 203
- Selbstverständnis des P. 20
Psychoanalyse 19, 21
Psychologie 6

Rache 247
- Rachepsalm 7
Rationalität 11, 360
Raum und Zeit 4, 115, 119, 206 f., 362
Realität *siehe* Wirklichkeit
Recht 6, 11 f., 14 f., 20, 286, 382, 469, 471
- Besitzrecht 2, 9
- göttliches R. 215
- Strafrecht 2, 9
- Unrecht 197, 368
Rechtfertigung 111, 294, 397 f., 408 f., 411 f., 423, 466 f., 502, 514, 516
- paulinische Rechtfertigungstheologie 424
- R. des Gottlosen 67
- R. des Sünders 10, 409, 412
- R. Gottes *siehe* Gott (Rechtfertigung G.)
- Rechtfertigungsgeschehen 68
- Rechtfertigungslehre 395, 409, 502
- Rechtfertigungsmotiv 62
- R. sola fide 403
- Selbstrechtfertigung 15, 377 f., 411, 516
Reden 3, 5, 14, 94, 124, 177, 180, 188, 206, 354, 423
Reformation, reformatorisch 4, 12, 16, 20, 226, 426, 428, 508 – 510, 518
- r. Abendmahlsverständnis 218
- r. Begründung des Pfarramts 225
- r. Denken 20
- r. Durchbruch 399, 411, 413, 516
- r. Entdeckung 90, 427, 509
- r. Freiheitsverständnis 2, 4, 14 f., 17
- r. Predigttradition 147

- r. Selbstverständnis 1
- r. Taufverständnis 124, 432
- r. Theologie 398, 417, 502, *siehe* Theologie (reformatorische T.)
- r. Wende 2, 414
- Zur Unterscheidung von ‚Reformation' (als historiographischem Begriff) und ‚Reformatorisch' (als religiösem Ereignis), siehe 518
Regiment Gottes 11, 254, 257
- geistliches R. 226, 229
- weltliches R. 7, 12, 226
Religion 1 – 3, 5, 8 – 14, 18, 112, 162, 307, 355, 368, 373, 378, 471
- Domestizierung der R. 1
- natürliche R. 363
- Religionen 4, 11, 111, 222
- Religionsbegriff 6, 9 f., 381
- Religionsfreiheit 11, 20, 470
- Religionslehre 23
- Religionswissenschaft 10
- R. innerhalb der Grenzen der bloßen Vernunft 1
Resignation 295
Reue 247, 288, 428
Revelationsschema 186, 223
Revolution 2, 5, 13, 177, 253, 295, 314
- sexuelle R. 19
- Weltrevolution 19
Rhetorik 147
Römerbriefvorlesung 18, 397, 413, 427, 429
Römerbriefvorrede 420
Ruhm 6, 18

Sabbat 4, 177, 180, 187
Sakrament 8, 10, 215 f., 227 f., 363, 386, 389, 502, 505
- Altarsakrament 217 f.
- Bußsakrament 91
- Sakramentslehre 167
- Sakramentsverwaltung 220, 222 f., 225
Säkularisierung 83
Satan *siehe* Teufel
Schechina 307
Scheidung 4 f., 14, 142, 155, 159, 278
- Scheidekunst 8 f., 15, 17
- S. von Gott 256

Schicksal 2f., 14, 83, 208, 241, 356, 382
Schmalkaldische Artikel 215
Scholastik, scholastisch 4, 45, 131, 221, 419, 465
– s. Theologie   siehe Theologie (scholastische T.)
Schönheit 6, 64, 198, 201, 207, 243, 250, 257, 292, 378
Schöpfer 4, 17, 21, 375f., 381, 392, 466
– als creator ex nihilo 407
– Anrede des S. 4
– Differenz S. und Geschöpf 14, 358f.
– S. der Gottheit 15
– Verhältnis des S. zum Geschöpf 406
Schöpfung 1, 4–7, 10–12, 15, 17, 19, 22, 45, 47, 61f., 66, 68, 143f., 184, 198, 207, 216, 233, 257, 288, 307, 313, 357, 386, 412, 468, 501, 503
– als Gabe Gottes 7, 10, 14, 233
– als Kommunikationsgeschehen 153
– als Rede an die Kreatur durch die Kreatur 2, 153
– als Stiftung und Bewahrung von Gemeinschaft 6, 153
– als Urwort 154, 307
– als Versprechen 512
– creatio ex nihilo 3, 5, 7, 507
– creatio solo verbo 3
– durch das Wort 507
– Erfahrung der S. 64
– Fülle der S. 236
– korrupte S. 9
– Mißbrauch der S. 6
– neue S. 13
– Neuschöpfung 7, 12, 19, 136, 296, 402, 412, 418, 432f., 467, 516
– Schöpfungsartikel 64
– Schöpfungsbericht/-erzählung 3, 163, 187, 195
– Schöpfungsgeheimnis 207
– Schöpfungslehre 7, 11, 153, 502, 507
– Schöpfungsmorgen 14, 61, 64f., 68
– Schöpfungsmotiv 62
– Schöpfungswirklichkeit 6
– Sprachcharakter der S. 64
– Störung der S. 210
– ursprüngliche S. 7, 247

– Verkehrung der S. 12
– zugesagte S. 14
Schöpfung
– *Neuschöpfung* 152
Schreiben 5, 124
Schuld 5–7, 211, 233, 242
– S. seiner Vergangenheit 401
– Urschuld 235
– Vergebung der S. 434
Schwermut 4f., 7, 366
Seele 4, 12, 22, 43f., 46f., 50–52, 54, 130, 132, 135, 137, 143f., 162, 192, 204, 208, 234, 242, 279, 286, 290f.
– als Gesamtheit des Selbst 52
– Individualseele 45
– Leib-Seele 43, 45
– Unsterblichkeit der S. 2f., 44
– Verlust der S. 48
– Weltseele 45
Seelsorge 46f., 94, 149, 164, 520
Segen 126, 226, 235, 250, 292
– aaronitischer S. 7, 235
– Segensformel 255
– Segenshandlung 229
Sehnsucht 6, 51, 366
Sein 1f., 5f., 15, 159, 253, 292, 311, 358f., 375, 507
– ens simplex 7
– extensives S. 9
– exzentrisches S. 14
– gerechtertigtes S. 507
– neues S. 7, 211
– Nichtsein 64
– Seinsfrage 5, 507
– Seinsgründung 64
– Seinsvergessenheit 359
– S. oder Nichtsein 47, 250
– S. und Sollen 382
– zugesagtes S. 507
Selbst 1f., 5, 45–47, 50f., 53f., 358
– Ich und S. 47, 50
– Selbstbegründung 239
– Selbstbehauptung 179
– Selbstbeherrschung 50, 125
– Selbstbeobachtung 161
– Selbstbestimmung   siehe Autonomie
– Selbstbezogenheit 14, 22

- Selbstbezug 18, 240
- Selbstdarstellung 161
- Selbstgerechtigkeit 193
- Selbstoptimierung 22
- Selbstrechtfertigung siehe Rechtfertigung (Selbstrechtfertigung)
- Selbstreflexion 7, 161, 240
- Selbstreflexivität 53
- Selbstvergessenheit 16
- Selbstvergewisserung 18
- Selbstverhältnis 16, 47, 53
- Selbstverkrümmung 6, 18 f., 54, 192
- Selbstverständnis 6, 9
- Selbstverwirklichung 22, 378
- Unterscheidung von Ich, S. und Schöpfer 46, 48

Selbstbewußtsein 5, 14 f., 374, 511
- frommes S. 14
- religiöses S. 6, 15, 404

Selbsterkenntnis 48, 92, 121, 135 f., 153, 192, 395–398, 401, 406
- Höllenfahrt der S. 1, 5, 9, 87, 92, 141, 411, 516
- perfekte S. 398

Selbstmord 251, 279
Seligkeit 1, 4 f., 7, 133, 203, 254, 290, 377, 386, 389
Semantik 10
Semiotik 172
Septuaginta (LXX) 11, 199, 234, 358
Sexualität 150
Shoa 180
Signifikant 169
Signifikat 169
Sinn 14
- Sinnlosigkeit 14, 243
Sinnlichkeit 14, 20, 153, 155, 171, 357, 368
Sittlichkeit 10
Skeptizismus 167
Sorge 5 f., 83, 110, 250, 378
- Amtssorge 237
- Daseinssorge 251
- Existenzsorge 13, 237
Soteriologie 440
Sozialethik 406
Sozialismus 21
Sozialphilosophie 406

Spiel 4
Spiritualität 140, 143, 145, 149, 152, 155, 157
Sprache 2–4, 9–11, 13 f., 57, 116, 145, 147, 150, 182, 187, 191, 281, 304–307, 309 f., 312–314, 357, 521
- als ethisches Phänomen 116
- Schriftsprache 308
- Sprachbewegung 12
- Sprachempirismus 305
- Sprachgebrauch 306, 309, 314
- Sprachhandlung 3, 91, 214, 221, 226 f., 235
- Sprachkunst siehe Bibel/Heilige Schrift (als Wörterbuch und Sprachkunst)
- sprachliches Zeichen siehe Zeichen (sprachliches Z.)
- Sprachlosigkeit 178
- Sprachmißbrauch 309
- Sprachraum 1, 44, 283
- Sprachtheorie 308
- Sprachvergessenheit 153, 314
- Sprachverwirrung 309, 313
- Sprachwelt 116
Staat 11 f., 226, 469
- Staatsordnung 13
Staunen 3
Stellvertretung 7, 9, 14
Stiftungstheorie 228
Stille 3–5, 7, 135 f., 155, 177 f., 180, 188, 355, 360
- Ambivalenz der S. 179
- horror vacui 179
- Unerträglichkeit der S. 179
Stoa, stoisch 125, 358, 379
Studentenbewegung 19
Subjektivität 6, 16, 21, 54, 143
- neuzeitliche S. 6, 16
Sühne
- Sühnekraft 14
- Sühneort 244
Sünde 1–12, 14–16, 19, 22, 67, 87, 91, 121, 126, 143, 145, 190, 192, 207, 209–211, 233, 239, 241 f., 246, 250, 252, 256, 258, 290, 292, 298, 378, 382, 392, 396, 399, 409, 415, 418, 420 f., 429, 434–437, 439–441, 466, 468, 509

– als omissio 17
– als Verkehrung (perversio) des Gottesbezugs 18
– alte Welt der S. 433
– Erbsünde 1, 254, 414
– Erkenntnis der S. 179, 396
– gegen den Heiligen Geist 279
– incurvatus in se ipsum 441
– Macht der S. 231
– peccatum regnatum 436
– peccatum remanens 439
– S. der Unterlassung 240
– Sündenbekenntnis 141, 193, 241, 398, 428
– Sündenbewußtseins 376
– Sündenfall siehe Adam (Fall A.)
– Sündenlehre 4, 376, 431
– Sündenschuld 243
– Sündenvergebung 1, 5, 7 f., 12, 91, 190, 286, 389, 400, 410, 417 f., 435, 440, 509 f., 519
– Sündenverständnis 427
– Verborgenheit der S. 193
System 10, 13, 20, 156
– Regelsystem 9
– Systembegriff 354

Tat 3, 6, 43, 115, 211, 295
– böse T. 247
Taufe 4, 6, 8, 13, 124 f., 168, 214, 216, 218 f., 221, 224 f., 227 f., 235, 238, 255, 386, 389, 410, 417, 432, 434, 438 f., 510, 519
– kreatürliches Wasser der T. 10
– Taufgedenken 218
– Taufzusage 437
Technik 11, 168
Teufel 8, 87, 122, 126, 137 f., 197, 207, 223, 242, 254, 256, 290, 402, 429, 466
Texttheorie 118, 125
Theismus 8, 155
Theodizee 11 f., 198, 286, 364
– T. der Weltgeschichte 195
Theogonie 254
Theologie 1, 3–5, 7, 9–11, 13–16, 18–21, 54, 84, 91, 109, 111, 113, 117 f., 121, 124 f., 127, 134, 172, 184 f., 214 f., 220, 291, 296, 305, 351, 366, 384, 406, 416, 431, 465, 501 f.
– als Grammatik der Heiligen Schrift 312
– als Konfliktwissenschaft 3, 20, 224
– als Sprachwissenschaft 12, 89
– als Wissenschaft 221
– apophatische T. 2
– Aufgabe der T. 10, 184, 357
– Bildtheologie 163
– dialektische T. 427
– Gegenstand (subiectum) der T. 20, 400, 405, 431
– Gegenstand (subiectum) theologiae 400
– johanneische T. 149
– jüdische T. 3
– Kontroverstheologie 111
– Kreuzestheologie (theologia crucis) 195, 363
– Mönchstheologie 112
– mystische T. 182, 191
– natürliche T. 222, 363, 418
– negative T. 182, 185, 191
– Offenbarungstheologie 363
– paulinische T. 149, 423
– praktische T. 111
– reformatorische T. 88, 203, 397, 399, 411, 413, 429, 516
– römisch-katholische T. 217, 229, 231
– Sache der T. 3, 12, 93
– scholastische T. 239
– Schöpfungstheologie 467, 502, 504
– sige-Theologie 187
– Studium der T. 4, 129–131, 134
– subiectum theologiae 113, 141, 395
– systematische T. 16
– T. als Konfliktwissenschaft 465
– T. der Gabe 11
– T. der Predigt 82
– T. des Schweigens 188
– theologia viatorum 200
– Theologiebegriff 3, 113, 128
– Theologiegeschichte 384
– theologische Urteilsbildung 6
– T. und Naturwissenschaft 154
– Worttheologie 163, 206, 502, 504
– Zeichentheologie 163
Theologik 352

Theorie und Praxis   113
Tod   1, 4–6, 8, 10, 12 f., 15, 17, 19, 46, 126, 141, 189, 196 f., 207, 209, 223, 236, 240, 243, 246 f., 250, 255, 257, 279, 287 f., 292, 402, 416, 429, 433, 435, 439, 441, 466
– als Gottesferne   256
– Leben und T.   *siehe* Leben (L. und Tod)
– meditatio mortis   8
– Sühnetod   410
– Todesdrohung   250
Tora   195
Torgauer Formel   90
Totalitarismus   8
Tradition   2, 9, 239
Transzendentalien   10
Transzendenz   3, 293
Treue   1, 5, 16, 181, 297
– Gemeinschaftstreue   287
– Treueverhältnis   117
– Untreue   235
Trinität   363
– immanente T.   12, 386 f.
– ökonomische T.   12, 388
– Trinitätslehre   383, 387, 390
Trost   8, 12 f., 17, 164, 202, 283, 286–295, 297, 299, 377, 393, 509
– Trostbotschaft   62
Trotz   8, 202, 298, 411
Tugend   3, 17 f., 115, 296, 427
Tun   4, 12, 87, 177, 238, 367, 391
Typik   6

Übertragungstheorie   219, 229
Universität   221, 352
Urbild-Abbild-Schema   159
Ursache und Wirkung   43, 359
Urteil   5, 8, 12, 48, 91 f., 121, 222
– kommunikative Urteilsform   314
– letztes U.   195
– metakritisches U.   84
– Todesurteil   193
– Urteilsbildung   157
– Urteilsvermögen   11, 14
– Vorurteil   13, 110
Vaterunser   8, 178, 243, 256, 290, 434, 441

Verantwortung   1, 3, 5, 47, 110, 156, 193, 203 f., 219, 395, 471
Verbot   4, 240, 249, 374
– Bilderverbot   *siehe* Bilderverbot
– Fremdgötterverbot   250
Verdammnis   5, 7, 10, 381
Verdienst   2
– V. und Würdigkeit   4 f., 411, 507
Vergangenheit   3, 7, 19, 64, 83, 386, 388, 438
Vergänglichkeit   192, 201 f.
– Unvergänglichkeit   253
Vergebung   8, 13, 67, 91, 192, 227, 233, 235, 241, 250, 285, 292, 294, 296, 389, 519
– Sündenvergebung   *siehe* Sünde (Sündenvergebung)
Vergeltung   5
Verheißung   13, 18, 69, 228, 254, 509, *siehe* Versprechen, *siehe* Zuspruch, Zusage/promissio
Verkündigung   2, 18, 208, 213, 258
– Glaubensverkündigung   2
– Wortverkündigung   225
Vermittlung   365
Vernunft   1–7, 9–14, 20, 23, 86, 93, 120 f., 150 f., 212, 226, 234, 304–306, 309 f., 312–314, 356, 362 f., 382, 468 f.
– als etwas Göttliches   5
– als Gabe   3
– als Hure   5
– Einheit der V.   9
– Herrschaftsauftrag der V.   7
– innerweltliche V.   13
– messianische V.   6
– natürliche V.   379 f.
– praktische V.   1 f., 5, 23
– reinen V.   1, 306
– reine V.   2, 9, 14, 305
– Reinheit der V.   153
– Richterstuhl der V.   13
– spekulative V.   2
– Sprachvernunft   3, 468
– theoretische V.   1, 6
– Unvernunft   4
– Vernunftautorität   9 f.
– Vernunftbegriff   1, 4 f., 9
– Vernunftfeindlichkeit   5

– Vernunftprinzipien 12
– Vernunftvermögen 13
– V. innerhalb der Grenzen der Religion 1
Versöhnung 2, 11, 253, 294
– Versöhnungsgeschehen 425
Versprechen 5, 10, 13, 18, 53 f., 359, 373, 391, siehe Verheißung, siehe Zusage/promissio, siehe Zuspruch
– V. der Schlange 6
Verstand 6, 10, 14, 120 f., 155, 304, 307, 314, 351
– Verstandesbegriffe 305
Verstehen 4, 10, 13, 86–88
Verstockung 198, 211
Vertrauen 1–3, 6, 9, 11 f., 16, 18–20, 48, 85, 121, 185, 195, 287, 292 f., 298, 360, 367, 374, 379, 390, 469
– absolutes V. 14
– als Affekt 18
– als Antwort 14
– als menschliche Aktivität 19
– als Trotz 16
– als Überwindung der Angst 10
– als Wagnis 10, 14
– Bedrohung/Gefährdung des V. 10 f.
– durch Kontrolle 10
– ekstatisches V. 14
– Gottvertrauen 11–17, 19 f.
– Mißtrauen 5, 9, 11 f., 17 f., 20
– Selbstvertrauen 17, 19
– Systemvertrauen 9
– Urvertrauen 9, 11 f., 20
– verlorenes V. 17
– Vertrauensbegriff 19
– Vertrauensbruch 287
– Vertrauensgemeinschaft 15
– Vertrauensverhältnis 20
– Weltvertrauen 13, 17, 19
Verzicht 109 f., 125
Verzweiflung (desperatio) 4, 7 f., 14, 46, 53, 192, 239, 287, 366
vocatio siehe Berufung
Voluntarismus 9
Vorherbestimmung siehe Prädestination
Vulgata 11, 123, 194

Wahrheit 1, 3–5, 7, 9, 12, 14, 16, 18, 86, 88, 122, 144, 149, 168, 186, 189, 193, 205, 222, 252, 256, 293, 299, 305, 308 f., 314, 354, 360, 363, 394, 408, 465
– Geschichtswahrheit 4, 8, 16, 19, 155, 361
– Geschichtswahrheiten 9
– Unwahrheit 210
– Vernunftwahrheit 4, 11, 155, 363
– Wahrheitskontrolle 210
Wahrnehmung 2, 6 f., 12, 48, 82, 93, 190, 219, 229, 236
– Gotteswahrnehmung 10
– Selbstwahrnehmung 10
– Wahrnehmungsraum 3, 5
– Weltwahrnehmung 116
Wahrnehmung 152
Wahrscheinlichkeit 168
Weisheit 5, 7, 11, 113, 120, 207, 253, 373
– sapientia experimentalis 113
Welt 1–8, 10–13, 19, 45, 53, 58, 64, 69, 89, 116, 152, 170, 183, 197, 199, 205, 233, 246, 282, 289, 295, 298, 307, 309, 358 f., 367, 379, 438, 521
– als Schöpfung 10
– alte W. 5, 7, 14, 19 f., 124, 211, 254
– annihilatio mundi 13, 247, 256
– Bekehrung zur W. 412, 516
– Entweltlichung 191
– gefallene W. 14 f.
– nach dem Fall 5
– neue W. 7, 14, 19
– politische W. 19
– Sprachwelt 2
– verkehrte W. 6, 13, 192, 241, 247, 381, 418
– Vollendung der W. 9, 14, 168, 199, 212, 247, 251, 254
– Wahrnehmung der W. 5, 7, 10, 505
– Weltbevölkerung 110
– Weltgeschichte 3, 5
– Weltlauf 296
– weltliche Herrschaft 470
– weltliche Obrigkeit 505
– Weltlichkeit 8, 501, 504 f.
– Weltordnung 6, 13, 353
– Weltproblem 114

- Weltverhältnis   469
- Weltverständnis   9
- Weltvollendung   7, 16, 19
- Weltwende   3
- w. Gewalt   11

Welt
- *als Schöpfung*   152

Weltanschauung   222
- weltanschaulicher Anspruch   10

Werden   2, 5

Werk   4, 8, 10, 13, 53, 93, 111, 113, 115, 145, 163, 177f., 238, 287, 423, 466, 512
- gute W.   1, 16
- W. des Gesetzes   5, 516
- W. des Menschen   *siehe* Mensch (Werke des M.)
- Werkgerechtigkeit   *siehe* Gerechtigkeit (Werkgerechtigkeit)
- W. Gottes   440

Wille   3f., 11, 18, 46, 237
- freier W   12
- freier W.   469
- guter W.   3
- unfreier W.   4
- Willensvermögen   237f., 240

Wirklichkeit   5, 10, 12, 89, 152, 156, 159, 169, 222, 287, 293, 352, 358, 363, 366, 391
- als Anrede   153
- Einheit der W.   123, 354
- empirische Realität   52
- geschaffene W.   2

Wirtschaft   *siehe* Ökonomie

Wissen   2f., 6, 8f., 87, 148, 155, 168, 170, 237, 313, 364f.
- Nichtwissen   6
- Reinheit des W.   123
- W. und Lernen   122

Wissenschaft   3, 5, 7, 11, 14, 20, 113, 122, 168, 309, 352, 365
- Elementarwissenschaften   313
- Naturwissenschaft   153, 352
- theologische W.   *siehe* Theologie
- tote W.   133
- wissenschaftliche Methoden   1, 3, 8, 10, 12f., 89, 93
- Wissenschaftsbetrieb   93

- Wissenschaftstheorie   395

Wort   1–7, 9, 11, 13, 16–19, 44, 52, 61, 63–65, 68, 86, 89, 115, 141, 144, 152f., 156, 177, 182f., 186, 188, 191, 199, 216, 226, 235f., 255, 279, 284, 287, 297, 307, 387, 391, 401, 409, 432, 438, 502, 505, 512, 520
- Absolutionswort   8, 92, 510
- als Kommunikationsmacht   187
- äußeres W.   8, 89, 93, 117, 119, 121, 210
- buchstäbliches W.   4, 93, 112, 117f.
- Christuswort   10f.
- das eine W.   4–6
- Dienst des W.   *siehe* Dienst (D. des Wortes)
- dunkles W.   198f.
- empfangenes W.   120
- Erlösungswort   163
- erstes und letztes W.   11
- ewiges W.   10
- Externität des W.   89
- Festigkeit des W.   298
- fleischgewordenes W.   2, 11, 185
- Freiheit schaffendes W.   16
- Gabewort   4, 7f., 10, 92, 389, 510
- gehörtes W.   7
- gepredigtes W.   7, 116
- Gerichtswort Gottes   398
- heiliges W.   520
- Heilswort   428f.
- kommunikatives W.   2
- kreatürliches W.   10, 209
- lebendiges W.   12, 153, 307
- leibliches Schöpferwort   15
- leibliches W.   6, 8–11, 18, 88f., 93, 117, 119, 142, 144, 184, 228, 364, 410, 417
- leiblich-kreatürliches W.   9
- Licht des W.   69
- Liebhaber des W.   12
- prophetisches W.   167
- sakramentales W.   89
- sakramentales Wortverständnis Luthers   10
- treffendes W.   20, 157
- ursprüngliches W.   239
- verkündigtes W.   223
- verständliches W.   12, 18

- W. der Schrift   280 f.
- W. der Wahrheit   416
- W. des Evangeliums   8, 91, 244, 406
- wirksames W. (verbum efficax)   7, 54, 62, 89, 203, 290, 389
- Wirksamkeit des W.   228
- Wortbruch   1
- Wortwechsel   6, 44, 141, 160, 401 f., 404
- W. und Glaube   512, 520
- W. vom Kreuz   1, 4–6, 8, 13 f., 87, 150, 156, 196 f., 199, 412, 516, 519
- zugesprochenes W.   85

Wörterbuch   *siehe* Bibel/Heilige Schrift (als Wörterbuch und Sprachkunst)

Wort Gottes/Jesu Christi   3–6, 9 f., 12, 14, 16, 20, 44, 47, 57 f., 63, 65–69, 83, 86, 89 f., 115, 117 f., 120, 122–124, 126, 132, 137 f., 167, 179, 186 f., 189, 201–204, 251 f., 281–284, 415, 440, 509, 519
- allmächtiges W. G.   2
- als Machtwort   4
- als Raum   118
- als Segenswort   3
- als Trostwort   203
- als Weisheit   122
- Diener des W. G. (minister verbi divini)   132, 147
- Glaubwürdigkeit des W. G.   7
- Gotteswort und Menschenwort   9
- Machtwort   4, 7
- menschenfreundliches W. G.   171
- schöpferisches W.   8, 11
- Schöpferwort   11, 62, 64, 154
- Schriftlichkeit des W. G.   117
- Wahrheit des W. G.   4
- wirkkräftiges W. G.   187

Wunder   4, 6 f., 9, 11, 16, 22, 65, 84 f., 87, 135 f., 143, 163, 236
- Schauwunder   164
- W. des Glaubens   *siehe* Glaube
- Wundergeschichte   7
- Wunderwerk   8

Würde/Würdigkeit   3 f., 69, 234, 241, 248, 465 f., 468 f., 520

Wüste   5 f., 122, 150, 294

Wut   242, 256

Zeichen   8, 153, 158 f., 161, 164, 168–171
- Geschichtszeichen   5 f.
- sprachliches Z.   90, 158
- Zeichenbegriff   172 f.

Zeit   9, 13, 18 f., 47, 83 f., 94, 119, 123, 150, 201, 229, 252, 254, 278, 280, 284, 290, 438, 442
- endliche Z.   10
- Fülle der Z.   173
- Mitte der Z.   17
- tempus gratiae   94
- tempus legis   94
- Verschränkung der Zeiten   13 f.
- vor aller Z.   232
- Z. des Wortes   218
- Zeichen der Z.   229
- Ziel der Z.   69
- Z. und Ewigkeit   13

Zeitgeist   82, 148
- Zeitgeistjargons   313

Zeitgenosse/Zeitgenossenschaft   9, 19, 82 f., 87, 93 f., 146, 150, 153, 155
- wissenschaftliche Z.   93

Zeitlichkeit   168, 173

Zion   186

Zufall   13 f.

Zukunft   5, 7, 12, 14, 19, 45, 169, 295, 386, 388, 401, 438

Zusage/promissio   1–11, 13–16, 18–20, 91 f., 94, 113, 126, 209, 226 f., 229, 286, 294, 297, 358, 368, 373, 375, 378, 384, 389, 391, 399, 403–405, 414–416, 428 f., 432 f., 435–437, 440, 501 f., 508–512, 516, 520, *siehe* Verheißung, *siehe* Versprechen, *siehe* Zuspruch
- Christuspromissio   93
- göttliche Z.   21
- Lebenszusage   5
- Taufzusage   218
- Urpromissio   438
- Urzusage   5 f., 13, 18, 209, 234, 248, 297, 375
- Z. des Lebens   197
- Z. Gottes   417, 439

Zuspruch   4 f., 7, 9, 13, 47, 183, 224, 235 f., 294, 296–299, 391, 417, 433, 513, *siehe*

Verheißung, *siehe* Versprechen, *siehe* Zusage/promissio
Zuversicht 3, 15, 18, 367, 437

Zweifel 11, 15, 17, 161, 168
Zwei-Regimenten-Lehre 8, 469–471
Zynismus 295, 393

www.ingramcontent.com/pod-product-compliance
Lightning Source LLC
Chambersburg PA
CBHW031718230426
43669CB00007B/177